KB186135

하버드- C.H.베크
세계사

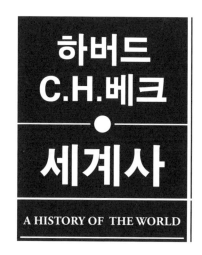

하버드
C.H.베크
●
세계사

A HISTORY OF THE WORLD

1945 이후
서로 의존하는 세계

책임 편집 **이리에 아키라** | 이동기, 조행복, 전지현 옮김

Global Interdependence
Edited by Akira Iriye

민음사

GESCHICHTE DER WELT, 6 Volumes
Series General Editors: Akira Iriye, Jürgen Osterhammel
Co-published by Verlag C.H.Beck and Harvard University Press

GESCHICHTE DER WELT 1945 bis heute:
Die globalisierte Welt
(Volume 6 of GESCHICHTE DER WELT)
edited by Akira Iriye

한국어판을 출간하며

21세기 세계는 더욱 긴밀해지고 변화는 매우 빠르다. 인간의 삶은 더욱 불명료하고 문명의 방향은 가늠하기 어려워졌다. 동요하는 세계와 당혹스러운 삶에 직면해 고전에서 금빛 지혜를 찾아 되새기는 일이 잦다. 기술 발전에 의거해 문명의 향방을 과단하는 미래학도 성하다. 하지만 표피적 현재 진단과 추상적 개념 논의로 인식하는 세계는 '유리알 유희'에 지나지 않는다.

그동안 '세계사'는 전 세계의 역사를 논한다고 주장했지만, 실제로는 유럽이 중심이었다. 흥망성쇠의 철칙에만 매달려 세계의 일부분만을 담아냈다. 즉 우리는 아직 단일한 세계에 걸맞은 세계사를 갖지 못했다. 국제 역사학계는 시대의 요구에 부응해 역사 서술 방식을 일신했다. 각 지역의 역사 모음이 아닌, 전체를 조망하는 연결의 역사. 그 진지한 반성과 오랜 숙고의 묵중한 성취가 바로 『하버드-C.H.베크 세계사』 시리즈다. 이 시리즈는 지난 20여 년간 진행된 새로운 역사 연구의 결산으로, 발간 당시부터 화제를 모았다. 하버드 대학 출판부와 C.H.베크 출판사라는, 미국과 독일을 대표하는 두 명문 출판사의 만남. 시리즈 전체의 구성을 맡은 두 세계적 석학, 이리에 아키라와 위르겐

오스터함멜. 여기에 더해 연구 관점과 주제 영역을 달리하는 저명한 역사가들의 협업 등이 만들어 낸 역사 서술의 찬연한 성취다. 역사 애호가라면 가슴이 설레고 탄성이 터질 수밖에 없는 세계사 프로젝트다.

선사시대에서 시작해 농경민과 유목민의 교류와 대립, 세계 제국의 등장을 거쳐 현재까지 이어지는 여섯 권의 책은 각각 1000쪽이 넘는 방대함으로 압도한다. 또한 국제 역사학계의 최신 연구 성과가 반영된 다양한 주제와 접근법으로 세계 인식의 새로운 차원을 제시한다. 『하버드-C.H.베크 세계사』 시리즈의 핵심 주제는 '연결'과 '상호작용'이다. 이 시리즈는 세계사를 중심과 주변으로, 또는 선진 지역과 후진 지역으로 위계화하지 않으면서도 국가 간 또는 지역 간의 불균등한 권력관계와 문명 전이의 여러 파괴적 양상과 역설적 결과들을 세밀히 살핀다. 특히 인종과 민족, 종교와 문화, 국민국가와 지역의 경계를 가로질러 연결을 중심으로 다원적이고 상호 의존적인 세계를 다룬다. 따라서 전쟁이나 정치 같은 국가 행위를 중심으로 하는 세계사와는 차원이 다르다. 경제와 문화의 여러 행위 주체와 현상들이 지닌 역동성도 놓치지 않았고, 이주와 젠더, 생태와 세대, 일상과 의식 등의 주제에도 적절한 자리를 마련함으로써 역사 서술이 새로운 단계로 진입했음을 과시한다.

21세기 세계의 혼재 상황과 가변성을 조금이라도 감지한 사람이라면 새로운 역사 인식이 필요함을 잘 알 것이다. 『하버드-C.H.베크 세계사』 시리즈는 단선적인 역사 인식에 기초한 모든 인문학 논의에 맞선 '역사의 응수'다. 이 시리즈는 세계 현실의 복합적 맥락과 근원에 주목하면서 역사적 시간과 문명적 공간의 다차원성과 차이들을 감당하도록 자극한다. 지적 지평을 넓히고 현실의 역사적 근거를 살피려는 독자들에게 진정한 '당대의 세계사'를 내놓는다. 돌이켜 보건대 '새로운 세계'란 항상 세계를 새롭게 인지한 사람들의 것이었다.

시리즈의 옮긴이들을 대신하여

이동기(강원대학교 평화학과 교수)

『하버드-C.H.베크 세계사: 1945 이후』 옮긴이

일러두기

1 이 책의 서문에서 2부 1장까지는 이동기가, 2부 2장에서 3부까지는 조행복이, 4부에서 5부까지는 전지현이 옮겼다.

2 본문의 각주는 모두 옮긴이 주다.

3 인명과 지명 등 고유명사의 외래어 표기는 국립국어원 외래어 표기법을 따랐다.

서문

이리에 아키라

Global Interdependence
Edited by Akira Iriye

1945 이후

"편견 없는 사람은 (정말로 그런 사람이 있다면 말이지만) 역사를 흥미롭게 쓸 수 없다."[1] 영국의 수학자이자 철학자이며 평화 투사인 버트런드 러셀Bertrand Russell이 회고록에서 한 말이다. 러셀은 분명 옳았다. 이 책의 저자들은 역사가로서 그 말에 동의할 것이다. 그들은 모두 자신만의 관점, 다시 말해 러셀이 말한 그 '편견'을 갖고 있다. 반면에 독자들은 이 책의 저자들이 몇 가지 생각을 공유하고 있음도 알게 될 것이다. 먼저 우리는 1945년에 제2차 세계대전이 끝난 후 최근 수십 년 동안의 역사로 규정될 수 있는 '현대사'에 관해 신선한 관점을 제공할 생각이다. 둘째, 우리는 이 역사를 (현대사뿐만 아니라 그 어떤 시대사라 하더라도) 단순하게 각기 분리된 민족사나 지역사의 관점에서가 아니라 지구적 맥락에서 이해해야 한다는 신념을 공유한다.

셋째이자 가장 중요한 공유점은 이 지구사가 여러 층위로 구성되어 있다는 생각이다. 그 층위들은 대부분 중첩되지는 않지만, 서로 연관되어 있다. 우선 따로따로건 집단적으로건 개별 국가의 차원에서 이루어지는 세계사가 존재한다. 1945년 이후의 역사에서 그것은 주로 냉전의 큰 틀로 포괄되었다. 하지만 이 책의 각 부를 읽어 보면 알 수 있듯이, 현대사를 온전히 이해하는 데 필요한 일국적·국제적 발전의 양상들은 그것 외에도 많다. 기본적으로 지정학적이라고 할 수 있는 그 층위와는 별도로 나름의 고유한 동력을 갖고 발전한 또 다른 층위들도 존재했다. 하나는 경제, 또 다른 하나는 문화였다. 여기서 민족이라는 단위는 상품이나 자본이나 사상 또는 세계 여러 지역의 여타 성과나 활동보다 더 중요한 변수가 되지 못했다. 이 모든 층위는 서로 중첩되기도 했고 심지어 합쳐지기도 했지만, 각기 고유한 이야기와 연대기와 주제 영역들을 가졌다. 인간이 동물이나 식물, 물이나 공기, 그리고 여타 모든 물리적 존재와 공유했던 자연생활환경이라는 또 다른 층위도 존재한다.

이 층위들 중 항상 특권적 지위를 주장할 수 있는 것은 존재하지 않았다. 특별히 민족문제 또는 국제 관계가 인간이 누리는 삶의 방식을 결정했던 시기가 있었을지 모른다. 또 다른 어떤 때에는 초민족적인 경제와 문화의 변화가 인간이 누리는 삶의 성격을 규정했을 수도 있다. 반면에 자연환경이 더러 (인간에게) 예측 불허의 특수한 방식으로 모든 인간사에 영향을 미칠 수도 있다. 역사는 그런 모든 층위의 행위와 상호작용에 관한 기록이다. 미국의 화가 로버트 머더웰Robert Motherwell(1915~1991)은 일전에 자기 그림이 의식의 층위들로 구성되어 있다고 말했다. 역사가들도 특정한 시점에 여러 주제 영역이 존재한다는 것을 보여 주기 위해 애쓴다. 그럼으로써 역사가들은 독자들이 특정한 층위나 하나의 의미를 인간이 누리는 삶의 결정 요소로 특권화하지 말고 인간 경험의 다채로움과 물리적 세계와 인간의 상호작용을 인식할 수 있기를 원한다.

그렇지만 이것이 이 책의 각 부가 지구사라는 포괄적인 틀 안에서 아무 초점도 없이 그저 이런저런 주제들을 다루기만 했다는 말은 아니다. 이 책은 제2차 세계대전 이후의 역사를 다루며 사람과 공동체, 이념과 상품들 사이에 전례 없는 규모로 경계를 넘나드는 상호작용이 존재했다는 사실을 보여 준다. 그 결과 우리는 정치와 경제, 사회, 문화 등 어떤 주제를 다루든 결국 민족과 문명과 개인의 운명, 그리고 자연생활환경 등은 모두 긴밀히 연관되어 있음을 알게 된다. 이 하버드-C.H.베크 세계사 시리즈의 5권인 『하나로 연결되는 세계A World Connecting』의 저자들은 1870년에서 1945년 사이에 세계가 (심지어 당시에는 민족이 강력한 힘으로 존재했는데도) 점점 초민족적이 되었다는 데 유의했다. 1945년 이후에도 같은 흐름이 이어졌다. 세계의 변화와 관련해 1945년을 전후한 두 시기가 어떤 결정적인 차이점이 있는지는 다음과 같은 사실을 통해 알 수 있다. 1945년 이전에도 세계는 기술혁신과 경제 교역으로 구석구석 밀접히 연결되었지만, 다른 한편으로 너무도 확연히 여러 방식으로, 즉 식민주의자와 피식민자, 자본과 노동, 서구와 비서구, '문명인'과 '비문명인', 그리고 무엇보다 '열강'과 약소국으로 분열되었다. 달리 말하면 초국가화는 두 형태를 띠었는데, 하나는 인류의 결속을 위한 것이었고 다른 하나는 분열을 겨냥했다.

이에 반해 1945년 이후의 세계는 비록 완전하지는 않지만, 인류의 결속과 분열 사이에 있는 그 간극을 메울 정도로 일련의 상호 연동 관계로 빠져들었다. 1945년 이전에는 변화의 동력이 주로 서구에서 발전한 근대 기술과 이데올로기였다면, 1945년 이후에는 문자 그대로 수백만 명이 개인으로든 집단으로든 그 과정에 참여해 앞서 존재했던 수많은 분리의 장벽들을 없앴다. 비서구 지역의 국가와 사람들은 서구가 만들어 놓은 세계에 적응하기보다는 스스로 적극적으로 역사를 만들어 나갔다. 그 결과 심지어 사람들이 서로 간의 차이를 점점 더 많이 인식했을 때조차 인류의 결속에 관한 의식은 계속 성장했다. 그런 상황에서 인간이 (자연생활환경과 함께 공유하는) 자신의 운명을 스스로 결정할 수 있을지의 문제는 21세기에 닥친 핵심 질문이 되었다.

이 책의 각 부는 다양한 각도에서 이 주제들을 다룬다. 1부에서 빌프리트 로트Wilfried Loth는 주로 유럽에 초점을 맞추었지만, 여타 세계의 발전도 주의 깊게 분석하며 제2차 세계대전 이후의 국제정치를 조망한다. 전쟁을 승리로 이끈 반反추축국 동맹이 미국과 소련의 대결로 넘어간 것은 어떤 측면에서 보면 열강들이 서로 경쟁하는, 전통적인 지정학적 이야기다. 그러나 로트가 설명했듯이, 냉전에는 그것 말고 다른 차원도 많다. 특히 오랫동안 열강의 드라마 바깥에 존재했던 세계 여러 지역이 독립을 쟁취하고 점차 독자적인 목소리를 냈기 때문이다. 달리 말하면 세계 정치는 규모로 보아 과거 그 어느 때보다 더 지구적이었다.

물론 냉전 논의의 핵심 질문은 왜 그것이 '차가운' 상태에 그쳤는지, 그리고 제3차 세계대전으로 치닫지 않았는지였다. 1부는 미국과 소련의 관계가 처음부터 적대적이지는 않았다고 전제함으로써 그 질문에 신선한 관점을 제공한다. 1부는 일련의 불운과 오해와 오산이 양극 경쟁을 핵심 요소로 갖는 세계 정치로 귀결되었다는 견해를 택했다. 양측은 모두 내정상의 이유로 위기를 확대하는 것이 편리하다는 것을 알았다. 군사동원, 정치 결속, 경제 전략 등 모든 것이 국가 안보라는 미명으로 강화될 수 있었다. 그렇더라도 양극 상황은 세계 전쟁을 막는 능력만큼은 20세기 전반기의 열강들보다 더 나았다. 다른 한편으로 국지적으로는, 즉 한반도와 베트남, 남아시아, 중동, 아프리카 등지에서는 무장 충돌이 발생했고, 그것은 대략 제2차 세계대전과 같은 규모의 총사상자 수를 기록했다. 로트는 그 충돌들을 모두 다루며 기원과 결과에 관해 중요한 정보를 제공한다.

냉전이 더러 세계를 분열시키는 경향을 띠었던 반면에, 1945년 이후 경제는 그 정반대 방향을 촉진했다. 세계경제가 상호 연결되는 과정은 2부에서 토머스 자일러Thomas Zeiler가 추적했다. 자일러는 무역과 투자, 그리고 그것과 연관된 교류와 관련해 상호 연결된 개방 체제를 발전시키는 데 미국이 수행한 역할을 강조한다. 그 체제는 결국 완전한 규모의 경제 세계화를 낳았다. 자일러가 세밀한 이야기를 통해 잘 보여 주듯이, 그 정책은 항상은 아니지만 자주 소비에트 블록 국가들에 비해 미국의 동맹국들이 상대적으로 강력한 경제력을 갖도록 만든 미국의 냉전 전략과 연계되어 있었다. 물론 경제적 목적과 지정학적 목적이 서로 양립할 수 없는 때도 더러 있었다. 다음과 같은 경우에 특히 그랬다. 무역 관행의 자유화로 인해 독일과 일본, 일부 국가들은 경제력이 강해져 결국 미국의 주요 경쟁자로 발돋움했다. 냉전이 없었다면 경제 세계화는 물론 일어나기는 했겠지만, 상당히 다른 방식으로 진행되었을 것이다.

2부 전체를 흐르는 핵심 질문은 자일러가 명명한 그 '미국식 개방경제체제'의 득실 여부다. 그것은 분명히 세계경제의 지구화에 성공했다. 게다가 유럽과 아시아의 번영에 기여한 점도 부정할 수 없다. 하지만 20세기 말까지 중동과 남미의 대부분 국가는 그 혜택을 받지 못했고, 아프리카는 계속 저개발 상태였다. 21세기가 되어서야 변화가 시작되었다. 그때는 오히려 미국 경제 자체가 심각한 문제에 봉착했다. 여기서 1부와 2부를 함께 읽는 독자들은 세계의 지정학적 층위와 경제적 층위 사이의 상호 관계를 알 수 있다. 세계 전역의 많은 관찰자가 주장하듯이 '미국의 세기'가 끝났다면, 그 이유는 무엇일까? 미국의 군사력과 경제력으로 만들어진 세계가 근본적으로 변해 미국이 더는 과거와 같은 방식으로는 변화의 동력을 이끌지 못하기 때문일까? 아니면 전략이나 경제와는 무관한 발전들이 인류의 운명을 결정하는 데 더 중요해졌기 때문일까?

3부와 4부는 바로 이런 맥락과 관련해 중요한 시사점을 제공한다. 3부의 저자 존 맥닐John McNeill과 피터 엥글키Peter Engelke는 지구와 그 거주자 사이의 관계를 밝히기 위해 인류라는 종의 기원까지 추적한다. 저자들은 최근까지는 양자가 상당히 균형을 이루고 있었음을 보여 준다. 자연환경은 세계 인구의 완만한 증가에 필요한 무수한 활동을 위해 공간과 자원을 충분히 제공했다. 하지만 제2차 세계대전 이후 상황은 급변했다. 지구 인구가 두 배로, 곧 다시 세 배로 증가한 데다, 그들의 상당수가 조상들보다 더 편안하게 살 공간을 찾아 도시 중심지로 이주했기 때문이다. 산업화로 인해 이제 공기와 물은 과도하게 사용되어 결국 오염되었다. 그 결과 오염된 공기로 숨 쉬고 유해한 물을 마셔 고통을 겪거나 심지어 사망하는 사람들이 생겨나기 시작했다. 그러는 사이에 이제 에너지자원도 인간의 활동을 다 지탱할 만큼 충분하지 않음이 드러났다. 1970년대의 석유 위기 때 역사상 처음으로 그 균형이 파괴되었다. 대체에너지원을 찾다가 북미와 유럽과 아시아에서, 결국에는 지구 전역에서 원자력발전소가 건설되었다. 원자력발전소에서 위기('용융')가 발생하는 일은 피할 수가 없었다. 위기는 1970년대부터 발생하기 시작했으며, 미국과 소련과 일본을 비켜 가지 않았다.

이 이야기 또한 냉전과 경제 세계화 못지않게 현대사의 일부를 이룬다. 하지만 환경과 환경주의(자연생활환경을 보호하고 '청정에너지'를 개발하기 위한 일을 하는 운동)의 역사는 여태껏 대체로 다른 것과 분리된 채 다뤄져 왔다. 6권은 환경사를 정치, 경제, 문화와 나란히 놓고 자연생활환경이 민족이나 가족 또는 여타 인공 창조물들과 마찬가지로 인류의 '집'임을 보여 주는 첫 시도다.

그 창조물들 중 문화 산물은 현대사에서 나름의 한자리를 차지한다. 페트라 괴데Petra Goedde는 4부에서 사람들과 공동체가 문화 세계화에 얼마나 영향을 받는지, 또한 그것에 공헌하는지를 알지 못하면 1945년 이후의 역사를 온전히 이해할 수 없다는 것을 소상히 잘 보여 준다. 사실 문화 전통과 사회 관습이 모두 사라지지는 않았다. 다원화와 동질화가 함께 진행되었다. 생각과 취향과 삶의 방식을 공유하고 있다는 의식이 다양성의 옹호와 함께 발전했다. 4부는 이런 큰 틀 안에서 서로 떨어져 있던 사람들을 연결시킨 이주와 여행과 소비 같은 여러 현상을 서술한다. 그 현상들은 하나의 단일한 세계 문화를 만들지는 않았지만, 세계 문화들을 풍성하게 만들었다.

4부는 특히 여성의 삶을 세밀하게 다루므로 독자에게 흥미롭다. 여성들의 이야기는 보통 민족사의 틀에서, 그렇지 않다면 민족을 넘어 여권운동의 틀에서 다루어졌다. 4부에서 괴데는 전 세계의 여성들에 관해 서술한다. 세계 도처에서 (비록 그들 내부에도 차이가 존재하지만) 여성들은 남성들과 마찬가지로 삶의 여러 측면에서 경계를 넘어 많은 생각과 관심을 공유한 존재였다. 어떤 측면에서 보면 그것은 인권에 관한 이야기다. 다른 권리와 마찬가지로 여권 증진도 비록 지역에 따라서 천차만별로 구현되었지만, 지구적 차원에서 공동으로 추구된 목표였다. 그것은 흔한 해피엔드의 역사가 아니다. 그 역사는 제2차 세계대전 이후 지난 70년 동안 상황이 줄곧 개선되었음을 보여 주는 식의 목적론적 서사가 되지 못한다. 인권침해는 21세기에도 지속되고 있으며, 다양성의 불관용은 지금도 여전하다.

그럼에도 불구하고 오늘날의 남성과 여성, 어린이들은 전 세계에서 어떤 일이 일어나는지를 조상들보다 더 잘 알고 있음이 분명하다. 인류 공동의 운명과 상호 의존에 관한 의식의 성장은 현대사의 흥미로운 양상 중 하나다. 바로 그것이 5부가 다루는 주제다. 5부는 앞선 네 개의 부에서 제시한 서술에 기초한 결론부에 해당하며, 세계의 정치, 경제, 환경, 문화에 관련된 상황이 심대한 변화를 겪는 와중에 초국가적 연계에 관한 의식이 어떻게 발전했는지를 다룬다. 그리고 상호 연결 의식을 발전시키는 과정에서 개별 인간들 주위에 일어나는 모든 일을 인식하려는 사유와 태도, 생각을 다룬다. 상호 연결과 관련해 주목할 만한 것은 그것에 관한 의식이 성인 남녀만이 아니라 청년 세대에게서도 나타난다는 사실이다. (그 연령대를 어떻게 규정하든 간에) 청년들이 역사 발전에 어떤 방식으로 기여하는지는 이 6권이 계속 다루는 핵심 논점이 아니다. 하지만 그것은 현대사의 주요 주제다. 4부와 5부는 전 세계 청년들이 초국가주의 이야기의 일부를 구성할 뿐 아니라, 그 이야기에서 실제로 중요한 역할을 수행했다는 것을 암시한다.

분명히 이 초국가적인 연계와 사유가 모두 평화나 정의와 일치하지는 않는다. 1945년 이후의 역사는 낯선 사람과 대상에 대한 몰이해, 심지어 자기 생각을 따르지 않는 사람들에 대한 적대의 무수한 예를 보여 준다. 그럼에도 불구하고 이 6권은 (아울러 이 하버드-C.H.베크 세계사 시리즈의 다른 책들은) 남성과 여성, 어린이, 그들의 주거 공간, 그리고 동물과 새, 물고기, 식물들이 모두 서로 의존하는 존재라는 사실에 관한 자각이 증대했다는 것을 알려 준다.

국가와 권력관계의 변화

빌프리트 로트

1945 이후

1

머리말

유럽 국가 체제의 우위는 근대 세계 사회의 등장 이후 지속되었고 산업화 과정에서 강화되었지만, 제2차 세계대전으로 종말을 고했다.[1] 생산력과 무기 기술의 발전으로 유럽 열강의 자율성이 점차 의심스럽게 된 데다, 미국이 산업국가의 선두로 치고 올라서면서부터 유럽 국가 체제의 우위는 흔들렸다. 그래도 그 우위는 어쨌든 제1차 세계대전의 충격 뒤에도 잠시 지속되었다. 한편으로 대다수 미국인이 미국은 유럽 문제에서 다시 발을 빼는 것이 낫다고 생각했기 때문이며, 다른 한편으로 혁명 후 러시아는 우선 독자적인 권력 주체로 자리를 잡는 것이 급했기 때문이었다. 하지만 고전적 의미의 주권을 패권적인 팽창을 통해 회복하려 했던 나치 '제3제국'의 시도는 결국 순식간에 옛 유럽의 붕괴를 초래하고 말았다. 제2차 세계대전은 경제와 기술의 발전에서 비롯된 그 침식 경향을 가속화했다. 게다가 제2차 세계대전은 미국과 소련을 실질적이고 지속적으로 유럽에 개입하도록 만들었다. 독일이 유럽 대륙을 패권적으로 장악하는 것은 결국 양국의 안보를 위협하는 것이었다. 그런데 독일의 패권은 외부의 개입을 통해서만 제거될 수 있었다. 독일의 공격에 속수무책으로 당했던 유럽 국가들은 더는 유럽에서 자력으로는 경쟁과 균형의 옛 체제를 회복할 수 없었다.

유럽의 손실

옛 유럽의 쇠퇴는 빠른 속도로 진행되었다. 그것은 우선 세계대전이 20세기 과학기술을 사용해 초래한 대규모 손실 때문이었다. 제2차 세계대전은 대략 5200만 명 이상의 목숨을 앗아 갔다. 그중 2700만 명이 소련인이었다. 소련인들이 전쟁에서 가장 큰 희생을 치러야 했다.(희생자 수가 아주 정확하지는 않지만, 규모는 대략 틀리지 않을 것이다.)[2] 소련 다음으로 많은 희생자가 발생한 지역은 동유럽과 남동유럽이었다. 750만 명을 헤아렸다. 그중 유대인이 400만 명에 달했는데, 그것은 전체 인구의 약 9퍼센트에 해당한다. 그리고 (1937년의 국경을 기준으로 계산하면) 독일인 희생자 수는 560만 명으로 인구의 약 8퍼센트에 해당한다. 전쟁의 영향이 그보다 덜했던 여타 유럽 국가들은 총 400만 명의 사망자를 기록했다. 결국 제1차 세계대전의 희생자 수와 비교하면 제2차 세계대전의 인명 손실은 다섯 배에서 여섯 배나 되었다. 또한 유럽 대륙 안에서 5000만 명이 임시적으로, 또는 영구히 실향민의 신세가 되었다. 즉 군인과 전쟁 포로, 동유럽과 로렌과 남부 티롤에서 나치의 '인종 분리 정책'에 희생된 자들(280만 명), 피난민들(독일에서만 620만 명), 전쟁 말기에 오데르-나이세 선 동부와 체코슬로바키아에 있던 독일인 정주지 출신의 난민과 피추방민들,(그중 약 1200만 명은 연합국의 네 개 독일 점령지에 도착했으나, 250만 명은 피난 중에 사망했다.) 폴란드와 발트해 국가들에서 온 난민과 피추방민들도 있었는데, 그들(200만 명)은 과거에 독일제국이었던 지역으로 이주해야 했다. 인간의 유대와 사회 공동체가 얼마나 파괴되었는지를 보여 주는 통계는 따로 없다.

영국과 중립국들을 뺀 유럽의 거의 모든 대도시가 파괴되었다. 특히 동유럽 지역이 피해가 심했다. 그곳에서는 소련군과 독일군 양측 모두 퇴각 시에 '초토화' 작전을 수행했기 때문이다. 다음으로 이탈리아, 유고슬라비아, 그리스, 그리고 댐과 제방이 폭파된 네덜란드, 1944년 6월 연합군의 진공으로 격전을 치른 프랑스 북부가 피해가 심했고, 마지막으로 대규모 폭격의 목표가 되어 도시와 산업 시설이 파괴된 독일도 피해가 작지 않았다. 경제적으로 더 심각한 손실은 교통로의 파괴로 말미암은 것이었다. 프랑스의 철도와 상선 중 35퍼센트만이 운행 가능했으며, 독일의 철도 운행은 사실상 중단된 상태였고, 벨기에와 네덜란드의 수로 체계는 붕괴되었다. 인력과 기계, 교통 연결망의 결손은 농업 생산의 저하로 이어졌다. 1946년에서 1947년에 유럽 전역에서 농업 생산물의 양은 전쟁 이전과 대비해 단지 약 75퍼센트에 불과했다. 추산해 보면 약 1억 명이 매일 1500 혹은 그 이하의 칼로리만으로 살아가야 했다. 기아와 추위와 궁핍이 유럽 주민들의 일상을 규정했다.

종전 당시 유럽의 산업 총생산 상황에 관해 신뢰할 만한 수치는 존재하지 않는다. 1945년에 프랑스의 생산은 1938년 생산의 35퍼센트 정도였다.(이는 세계경제공황이 발생하기 직전인 1929년의 상황과 비교하면 20퍼센트에도 못 미치는 것이다.) 전쟁 중 파괴가 덜했던 국가와 중립국들은 좀 더 많이 생산했으나, 독일과 오스트리아, 그리스는 생산이 더 줄었다. 1946년 말에도 프랑스와 베네룩스 삼국의 산업 생산은 아직 전쟁 이전 상황의 89퍼센트 정도에 그쳤고, 동유럽과 남동유럽, 남유럽은 약 60퍼센트, 독일은 40퍼센트에 지나지 않았다. 1938년과 1946년 사이에 남유럽과 동유럽의 1인당 국민소득은 연간 120달러에서 90달러로 떨어졌고, 프랑스와 베네룩스 삼국은 290달러에서 260달러로 하락했다. 영국과 스위스, 스칸디나비아 국가들에서 국민소득은 420달러에서 580달러로 소폭 상승했다. 전쟁 비용과 전후 비용으로 공공 재정의 근간이 흔들렸고 인플레이션이 발생했다. 독일에서는 전쟁 전과 비교해 통화 유통이 일곱 배로 늘었고, 프랑스에서는 물가가 네 배로 상승했으며, 그리스와 헝가리에서는 통화가 붕괴되었다. 벨기에와 노르웨이는 평가절하를 통해 도산을 겨우 피했다. 패전국뿐만 아니라, 승전국도 전쟁에 비싼 대가를 치러야만 했다.[3]

게다가 유럽 국가의 정치적·경제적 손실은 그동안 유럽인들이 식민화했던 민족들이 해방되는 과정을 촉진했다. 영국은 인도아대륙이 추축국 진영으로 넘어가는 것을 막으려고 전쟁 중에 인도인들에게 전쟁이 끝나면 독립할 수 있다고 믿음을 주고자 애썼다. 1947년에 인도는 독립했다. 1948년에는 버마와 실론도 독립했다. 제1차 세계대전 중 이미 '본국'과의 종속 관계가 점차 느슨해진 캐나다와 남아프리카 공화국, 오스트레일리아, 뉴질랜드 같은 자치령들은 이제 완전히 독자 행보를 걸어갔다. 샤를 드골Charles de Gaulle의 '자유 프랑스' 위원회는 1941년에 비시 정권과 경쟁하면서 위임통치령인 시리아와 레바논의 독립을 약속했고, 그 외의 식민지에 대해서도 '개혁'을 보장해 줄 수밖에 없었다. 1944년에 모로코와 튀니지 공화국에서는 토착민들이 독립의 지위를 얻기 위해 운동을 전개했다. 알제리에서는 1945년에 유혈 충돌이 일어났다. 인도차이나에서는 일본이 권력을 잃고 물러난 뒤 베트남 독립 동맹 운동이 프랑스 제국주의로부터 독립을 선언했다. 마찬가지 방식으로 인도네시아 민족운동은 일본의 항복을 이용해 과거의 네덜란드 식민 지배에서 인도네시아가 독립한다고 선포했다.

프랑스는 분명히 영연방 모델을 따라 식민 권력의 지위를 재건하려고 했다. 영국에서도 최소한 급진 독립 운동만큼은 막아 보려는 움직임이 존재했다. 그러나 제국의 권력 지위를 구해 보려는 시도는 모두 식민지 지역에서 진저리 나는 무장투쟁만을 초래했을 뿐이다. 그 투쟁에서 유럽 식민 권력이 승리할 가능성은 적었다. 제2차 세계대전의 두 승전국은 (소련보다는 미국이 더 그랬지만) 유럽의 지배에서 아시아와 아프리카에 있는 식민지가 해방되는 것을 돕고자 노력했기 때문이다. 식민 지배권을 유지하려는 집착은 프랑스나 네덜란드의 사람들이 바랐던 것같이 해양 제국의 잠재력을 통해 유럽 국가들을 다시 강화하는 대신에 오히려 유럽을 경제적으로나 군사적으로나 도덕적으로 더 약화하는 데 기여했을 뿐이다.

권력 이동

같은 전쟁을 경험했는데도 미국은 경제적으로나 권력정치의 전략상으로나 빠르게 상승했기에 유럽의 손실은 더욱 극적이었다. 1938년과 1945년 사이에 미국의 공업 생산량은 전쟁 중이었던 여타 열강의 요청과 유럽의 생산 능력이 급감한 결과로 세 배 이상으로 상승했다. 이는 종전 당시 세계 생산량의 절반을 훌쩍 넘는 정도였다. 1인당 국민소득은 같은 기간에 550달러에서 1260달러로 상승했는데, 유럽 국가 평균치의 네 배에 해당했다. 유럽 경제의 교역조건도 마찬가지로 악화되었다. 유럽의 해외투자금은 그사이에 대부분 전쟁을 위한 재정 충당으로 매각되었고, 유럽의 서비스산업(특히 선박 항해)은 중단되었다. 그렇기에 유럽의 종합수지 대차대조표에서 적자가 발생했는데, 1947년에는 75억 달러에 이르렀다. 같은 해에 미국은 100억 달러의 흑자를 달성했다.

미국은 채권국이자 전쟁 물자 공급국이라는 역할을 활용해 미국 상품을 위한 새로운 시장과 미국의 영향력이 미칠 새로운 영역의 확대라는 목표를 더욱 적극적으로 추진할 수 있었다. 1944년 여름에 브레턴우즈에서 국제통화기금을 창설할 때 미래의 회원국들은 원칙적으로 자국 통화의 자유로운 태환성을 수용해야 했다. 동시에 미국은 해군과 공군을 통해 세계의 지도적 군사 국가로 부상했다. 미국은 1945년 7월 16일에 미국 뉴멕시코주의 앨라모고도에서 최초로 원자탄 실험에 성공했고, 1945년 8월 6일과 9일에 각각 히로시마와 나가사키에 원자탄을 투하했다. 미국은 원자탄을 통해 자국의 우위를 다지는 수단을 갖게 되었고, 여타 열강은 최소한 당분간은 그것에 그 어떤 것으로도 대적할 수 없었다. 미국은 무엇보다도 역사상 최초로 말 그대로 세계열강이라는 칭호에 걸맞은 국가로 발전했다. 미국은 향후 평화 질서를 만드는 결정 과정에서 여타 열강보다 더 큰 힘을 갖게 되었다.

그에 반해 유럽 국가들은 계속 힘을 잃어 갔다. 소련도 승전국으로서 전략적 이득을 많이 챙겼기 때문이다. 물론 소련의 시각에서 전쟁을 결산하면 미국만큼 긍정적이지는 않았다. 전쟁에서 목숨을 잃은 소련인 2700만 명은 전쟁 이전 인구의 약 14퍼센트에 해당한다. 소련의 서부 지역은 황폐해졌다. 전쟁 피해액은 미국의 추산에 따르면 357억 달러, 1947년 소련의 보고에 따르면 심지어 1280억 달러에 달했다. 1941년에 이제 막 집산화의 영향에서 회복하기 시작했던 농업은 소련 땅이 전장이 된 데다 독일군의 징발까지 겹쳐 만신창이가 되어 버렸다. 공업화 계획은 수년 뒤로 미루어졌다. 소련의 지배 체제는 독일군의 점령과 해방 투쟁의 영향으로 계속 흔들렸다. 소련은 사실 세계열강의 위상과는 거리가 멀었다. 그럼에도 불구하고 이오시프 스탈린Joseph Stalin은 제1차 세계대전 이후 혁명전쟁에서 상실한 지역 대부분을 되찾는 데 성공했다. 게다가 스탈린은 전간기에 반소 동맹의 전진기지로 활용되었던 중동부 유럽과 남동부 유럽 지역을 장악하기에 이르렀다. 마지막으로 소련은 엘베-베라 선까지 붉은 군대가 진격함으로써 유럽 대륙에서 가장 강력한 군사 열강으로 올라섰다. 그럼으로써 동시에 소련은 독일 문제 논의와 관련해 공동 결정권을 확보했다.

독일인들은 나치 제국의 총체적 붕괴로 인해 첫째, 중세 후기부터 보유했던 동부의 식민 정주지를 잃었고, 둘째, 오토 폰 비스마르크Otto von Bismarck가 1866년과 1871년에 만들었던 소小독일 국민국가의 몰락을 경험했다. 전쟁에서 승리한 연합국은 향후 어떻게 하면 또 있을 수도 있는 독일의 침략으로부터 세계를 보호할 수 있을지를 알지 못해 매우 불안해했다. 그럼에도 불구하고 연합국은 독일의 위험으로부터 자신을 보호할 방책, 즉 제1차 세계대전 이후보다 더 견고한 방책을 마련해야 한다는 것에는 의견이 일치했다. 따라서 그들의 모든 계획에는 고전적 전범에 따른 독립적인 독일 국민국가를 더는 허용할 수 없다는 생각이 근간을 이루었다. 미국의 프랭클린 D. 루스벨트Franklin D. Roosevelt 대통령이 전쟁 목표로 정했던, 독일의 무조건항복이 이루어지면서 연합국은 그런 생각을 실현할 수 있었다. 1945년 5월 7일과 9일의 항복문서 조인을 통해 독일의 영토와 주민에 대한 주권은 완전히 승전국 열강의 손으로 넘어갔다. 사실상 그리고 권력정치상 그것은 1871년에 성립된 독일제국의 몰락을 의미했다. 물론 나중에 승전국들 사이에 갈등이 발생함으로써 그 몰락이 국제법적으로 확정되는 일은 발생하지 않았다.

미국과 소련 양국 모두 독일과 오스트리아의 점령국으로서 중부 유럽 지역의 통제권을 거의 장악했고, 자국의 안보를 위해 그것을 포기할 생각이 없었다. 바로 그런 상황만으로도 이미 독일 국민국가의 몰락은 옛 유럽의 몰락을 동반할 수밖에 없었다. 형식상으로는 미국과 소련과 마찬가지로 승전국의 일원으로서 독일과 오스트리아를 함께 점령하고 있던 두 유럽 열강, 즉 영국과 프랑스는 결코 미국과 소련의 동급이 아니었다. 영국은 1940년에서 1941년까지 1년 이상 독일 세계 제국의 위성국으로 전락하지 않으려고 홀로 필사적으로 투쟁했으나, 경제력의 약화로 인해 외교 경험에서 가진 우위가 이제 아무 의미가 없어졌으며 미국의 지도력에 의지하는 것이 불가피함을 확인해야 했다. 영국의 정치가들은 한편으로 소련에 대항하는 축인 미국을 계속 유럽 대륙에 개입시키고, 다른 한편으로는 아직 소련의 세력권으로 빠져들지 않은 유럽의 소국들을 미국이 주장하려고 하는 패권에 대항하는 축으로 만듦으로써 가능한 한 운신의 폭을 더 넓히려 애를 썼다. 물론 고전적인 의미에서 강대국의 자율성은 더는 그런 균형 유지 행위를 통해 되찾을 수 있는 것이 아니었다. 오히려 이제 영국의 국제정치는 유럽의 새 권력관계가 안정되는 데만 영향을 끼쳤을 뿐이다.

프랑스는 1940년 6월에 장군들이 저지른 전술 오류와 군 내부의 전의 상실로 인해 독일의 공격에 패배한 후 다시는 독자적으로 강대국이 될 수 없었다. 레지스탕스와 '자유 프랑스' 군대의 덕으로 프랑스는 애초에 루스벨트 대통령이 염두에 두었던, 영미 해방군의 점령 통치를 겪지 않아도 되었다. 또한 레지스탕스와 '자유 프랑스' 군대는 새로 국민의 합의를 이끌어 냄으로써,(이 점이 더욱 중요하다.) 1930년대의 자멸 행위 이후 다시금 프랑스가 독자 행위 능력을 지닌 주체로 국제 무대에 등장하도록 만들어 주었다. 그렇지만 해방 그 자체를 놓고 보면 프랑스 전사들은 크게 이바지하지 못했다. 경제적인 관점에서 보더라도 프랑스는 독일에 점령당한 후 수년 동안 수탈을 당한 후인지라 미국의 원조에 기댈 수밖에 없었다. 게다가 영국과 마찬가지로 프랑스도 지리 전략적인 문제에 직면했다. 다만 프랑스는 미국의 지도력에 영국보다 더 많이 의존했고, 세계 정치에서 독자적 역할을 수행하는 데 필요한 권력 기반은 영국보다 훨씬 작았다. 프랑스는 영국이 점령 통치의 부담을 경감하려고 노력하면서 뒤늦게 비로소 독일과 오스트리아에서 점령국의 지위를 가질 수 있었다. 1945년 2월과 7월의 얄타 회담과 포츠담 회담에서 이루어진 전후 질서에 대한 협의에 프랑스 대표는 참여하지 못했다. 그로 인해 형식 권력과 실질 권력 사이에 간극이 생겼다. 그 간극 탓에 프랑스는 운신의 폭을 넓힐 수도 있었지만, 비생산적인 독자 행보를 걸어가기도 했다.

유럽의 소국들도 유럽의 이 전반적인 권력 상실과 무관할 수 없었다. 그들은 독일의 미래와 관련해 결코 발언권을 가질 수가 없었고, 여타 유럽 문제를 결정하는 데서도 배우라기보다는 관객에 불과했다. 붉은 군대의 영향권에 빨려 들어갔던 국가들은 소련의 정치에 심히 의존해야 했다. 그중 두 국가, 즉 폴란드와 체코슬로바키아는 민족 간 분쟁 지역을 소련에 양도하지 않을 수 없었다. 서유럽 지역의 국가들과 이탈리아는 안보 정책과 경제적 이유 때문에 서구 국가들의 동맹에 의존해야 한다고 보았다. 그들은 그 동맹에서 미국이 차지하는 우위를 유럽 통합을 통해 상대화하는 동시에, 그 통합 유럽에서 프랑스가 차지하는 우위를 영국의 편입으로 맞대응할 때만 어느 정도 운신의 폭을 가질 수 있었다. 한편 주변적 위치의 유리함 때문이든 능수능란한 정치 덕분이든 동서 블록이 형성되던 초기에 그것을 비켜 갈 수 있었던 국가들조차 계속 행동의 자유에 제약을 받을 수밖에 없었다. 그들의 안전은 이제 두 주요 승전국 사이의 관계 형태에 달려 있었다. 이때 그 국가들이 이 관계에 의미 있는 영향을 미칠 가능성은 없었다.

요컨대 유럽은 세계 정치에서 그동안 수행했던 전통적인 지도 역할만을 상실한 것이 아니라, 독자적인 정치를 만들 능력 자체를 잃어버렸다. 유럽의 권력균형 체제 대신에 두 주요 승전국 사이의 양극화가 들어섰다. 독일의 권력 공백으로 말미암아 서로 협력 파트너를 찾던 유럽의 국가들은 그 양극화의 소용돌이 속으로 빠져들어 갈 수밖에 없었다.

선택의 여지들

물론 옛 유럽의 몰락이, 유럽이 보기에 이제 세계열강으로 등극한 미국과 소련이 유럽을 단순히 그들의 휘하로 분할해 버렸다는 것을 의미하지는 않았다. 그렇게만 보기가 어려운 이유는 유럽이 전시에 파괴를 당했는데도 아직 상당한 경제 잠재력을 보유하고 있었기 때문이다. 폐허를 보며 얼핏 갖는 외적 인상과는 달리 본체의 손실은 그리 심각하지 않았다. 이를테면 루르 지역은 전쟁 전에는 하루에 40만 톤의 석탄을 채굴했지만, 종전 후에는 고작 2만 5000 톤을 채굴했다. 하지만 수리가 불가능한 상태에 놓인 기계의 비율은 고작 15퍼센트에서 20퍼센트 사이에 불과했다. 1946년에 독일 산업 시설의 가치는 10년 전보다 더 높았다. 산업 시설의 파괴가 도리어 생산을 촉진하기도 했음이 드러났으며, 더욱이 평범한 상황에서보다 더 빠르게 기술혁신을 이끌어 낼 수도 있었다. 많은 수의 난민과 피추방민은 부양과 통합의 문제를 발생시켰다. 하지만 그들은 사실 양질의 노동력을 지닌 산업예비군이기도 했기에 저임금 수준을 유지하도록 만들었고, 아울러 그 결과 출자 비율의 상승을 이끌기도 했다.

　게다가 미국과 소련은 유럽 대륙이 빨리 안정되기를 바랐다. 미국은 전후 유럽이 능력 있는 교역 당사자이자 수익 시장(판로)이 되지 못하면, 자국이 심각한 과잉생산 위기에 빠지지 않을지 우려했다. 소련은 허약해진 유럽의 국가들이 미국의 헤게모니에 종속되는 일이 발생하지 않기를 원했다. 그렇기에 미국은 전쟁이 끝나자마자 차관과 구호품을 지원해 유럽인들이 처한 경제적 곤경을 덜고자 했다. 물론 이때 미국은 유럽에 필요한 구호의 정도를 맨 처음에는 너무 낮게 잡았다. 소련은 (당시 서구의 평론가들이 예상했고 오늘날까지도 사람들이 더러 주장하는 것과는 달리) 각국 공산당을 통해 영향력을 미칠 수 있는 한에서는 유럽 주민들을 상대로 소비를 포기하고 시급히 재건에 나서도록 독려했다. 교통 연결망이 다시 이어지고 정치조직 문제가 어느 정도 해결되고 나니 생산은 상대적으로 빠르게 재가동되었다. 사실 유럽 경제는 전체적으로 보았을 때 1940년대 후반에 매우 비슷하게 다시 상승했다. 그것은 아직 마셜플랜을 통한 지원이 영향을 미치기 전의 일이었고, 각국의 체제 유지 정책의 방식과도 무관했다.[4]

　그렇기에 헤게모니 권력에 완전히 종속된 곳은 소련 지도부의 영향권 아래에 놓인 국가들뿐이었다. 나머지 국가들은 경제 종속이 극심하지는 않았다. 특히 자원을 결집해 상황을 조정했을 때는 괜찮았다. 또한 그 국가들은 자신들을 미국의 동맹국이 되도록 내몰아 유럽 대륙에서 미군 주둔을 계속 강화하는 것에 소련 지도부가 아무 관심이 없었다는 사실을 통해서도 득을 볼 수 있었다. 더욱이 그 국가들은 미국이 계속 협력 파트너들에 의존하며 경험 부족으로 인해 유럽의 주장에 귀를 기울이는 상황을 잘 이용했다. 미국의 협력 파트너들은 고비용의 정치적 개입에 질린 미국 여론을 무마시켰다.

　게다가 신생 패권 열강이 유럽에서 전략 목표를 반드시 대결과 블록 형성에 둔 것도 아니었다. 두 주요 승전국이 서로 대립적인 체제 구상을 가지고 들어섰다는 것은 분명하다. 미국 민주주의자들은 파시즘에서 해방된 국가들에 자유민주주의적 체제 형식을 도입하려는 희망을 품었고, 스탈린은 역사적으로 필연적인 부르주아-자본주의 체제 상태를 극복해 낼 혁명운동의 선두에 서겠다는 야심을 가졌다. 그렇게 근본적으로 서로 다른 사회체제로 인해 외교 전략도 서로 대립하게 되었다. 미국은 자유무역 원칙의 확장과 자유주의 이상의 강력한 선전을 외교 전략으로 가졌다. 반면에 소련은 자본주의 세력과 자유주의 흐름에 대항하는 방어를 외교 전략으로 가졌다. 미국도 소련도 모두 외부 세력을 다루는 경험이 일천했다. 전통적으로 보면 두 국가 모두 국제 문제를 이데올로기적으로 해결하는 경우가 많았다. 그것은 상호 이해를 방해하는 또 하나의 요인이었다.

다른 한편으로 아돌프 히틀러Adolf Hitler에게 반대하는 연합의 승리를 이끌었던 우호 협력이 전후에도 지속되어 평화 체제를 위한 조정에 합의가 이루어질 것이라고 믿을 근거도 적지 않았다. 미국과 소련의 지도자들은 모두 전쟁 재발을 원치 않았다. 먼저 미국 지도부가 전쟁을 원치 않은 이유는 비용과 고통을 빼더라도 이제 막 끝낸 그 전쟁에 자국민을 끌어들이려면 엄청나게 노력해야 했다는 점이었다. 종전 시 공적 삶의 영역을 전체적으로 지배하던 것은 동원 해제 요구였기 때문이다. 반면에 소련 지도자들이 전쟁을 원치 않은 이유는 지난 전쟁 당시 소련 정권이 무너질 뻔한 상황에서 가까스로 벗어났으며 전쟁 전의 상황을 재건하기 위해서만도 수년 동안의 복구 작업이 필요했기 때문이다. 또한 기술의 진보로 인해 대규모 전쟁의 비용과 파괴력도 증가했기에 그것을 피하고자 했던 것처럼 보인다. 많은 사람이 점차 알게 되었듯이, 전쟁이 발발하면 원자폭탄 같은 위험한 무기가 투입될지도 모르기 때문에 더욱 그랬다. 전쟁이 미국과 소련의 관계를 결정하는 수단으로 전혀 고려되지 않는다면, 갈등 잠재력을 낮추는 것이야말로 이성의 계명이었다. 그것은 다시 두 권력 블록이 적대적으로 대치하는 상황이 아예 발생하지 않도록 만드는 것을 시사했다.

미국과 소련은 경제체제와 정치 질서가 서로 달랐지만, 애초에 구체적인 경제 이익의 여러 차원에서는 상호 보완적이었다. 미국은 전쟁 수요에 의한 생산 확대가 끝난 뒤 실업 증가와 경기후퇴를 초래할 과잉생산을 피하기 위해 새로운 시장을 개척해야 했다. 반면에 소련은 전쟁으로 인한 파괴의 결과를 극복하고 전후 주민들의 기대를 소비 상승으로 충족해 주기 위해 더 많은 공업 제품을 공급할 필요가 있었다. 먼저 미국이 소련에 필요한 차관을 제공하면, 소련은 미국 상품을 구매해 수입 욕구를 채울 수 있었다. 그것과 관련한 소련 시장의 개방은 세계 전역에 다자 무역 체제를 확립하려는 미국의 관심과 맞아떨어졌다. 대미 무역수지 적자를 해소하기 위해 소련은 미개발 원자재를 미국 산업에 개방할 수 있었다. 바로 그 자유주의적 상업 세계로 인해 미국 지도부는 소련과 계속 협력하지 않을 수 없었고, 소련의 테크노크라트들 또한 같은 방향으로 나아가고자 했다는 것은 전혀 놀랄 일이 아니었다.

특히 미국과 소련은 모두 정책 수단을 선택할 때 어느 정도 유연한 태도를 취할 수 있었고, 서로 대립하는 안보 정책을 추진할 때도 사실상 심각한 위협으로 생각하지 않았다. 미국은 자유주의에 의거해 정치와 경제의 세계 체제를 만들고자 했다. 그때 미국은 정치 상황으로 보든 경제체제로 보든 미국의 이념상과 조응하지 않는 파트너들과도 경제 팽창이라는 이익을 위해서라면 얼마든지 협력할 수 있었다. 소련의 안보 정책에서 가장 중요한 곳인 동유럽이 미국에는 권력정치의 전략으로 보나 경제적으로 보나 어떤 특별한 의미도 없었다. 제2차 세계대전 이전에 동유럽을 상대로 미국의 수출은 전체 중 2퍼센트 정도였고, 수입은 3.5퍼센트, 해외투자는 5.5퍼센트에 불과했다. 그렇기에 루스벨트 대통령은 소련이 동유럽에서 영향력을 발휘하는 것을 옹호했고, 소련이 전쟁의 폐허로부터 재건할 때 차관을 통해 지원하겠다고 말했다. 그것은 스탈린과 모스크바의 정치국이 서구 '제국주의자들'에 대해 영구적인 불신을 거두고 지속적인 협력의 토대를 닦는 데 도움이 될 수 있었다.

반면에 스탈린을 비롯해 소련의 권력 엘리트들은 모두 레닌주의 이데올로기의 사유 방식에 사로잡혀 있었다. 그 이데올로기에 따르면, 발전한 자본주의국가들은 전부 몰락하고, 러시아의 10월 혁명으로 첫 성과를 이룬 사회주의의 승리는 멈추지 않을 것이었다. 제국주의 열강, 그리고 그들의 지도부와 지속적으로 협력하는 일은 불가능하고, 다만 한시적으로 전술적인 동맹만 가능하다고 보았다. 그럼에도 불구하고 스탈린은 자본가 그룹과 그 대리인들을 '반동적인' 세력과 덜 반동적인 세력으로, 또는 '공격적인' 세력과 덜 공격적인 세력으로 구분할 줄 아는 현실주의자였다. 동시에 그는 현실의 권력관계를 민감하게 파악할 줄도 알았다. 그는 유럽 어디에서도 혁명의 징후가 없다는 사실을 알았고, (또는 그 사실을 고통스럽게 인지해야 했고) 미국은 전쟁으로 인해 파괴된 소련과는 비교할 수 없을 정도로 강하다는 사실도 잘 알고 있었다. 스탈린은 미국의 원자폭탄 개발 성공을 히틀러의 독일에 대해 소련이 이제 막 쟁취한 승리를 무효화할 수도 있을 심각한 패배로 인지했다.

그리하여 스탈린은 이미 획득한 것을 지키고 공격적인 제국주의자들이 소련을 다시 위협하지 않게 하기 위해 서구 승전국들과 타협하고자 했다. 스탈린은 영국 지도부의 실용주의와 루스벨트 행정부의 진보적인 태도를 보며 그와 같은 타협의 기반을 가질 수 있다고 생각했다. 그것을 토대로 전쟁 연합은 평화 동맹으로 전환될 수 있었다. 1943년 9월에 스탈린이 구성한 '평화협정과 전후 질서 문제 위원회'는 1944년 11월에 유럽의 영향권을 구분하는 문건을 제출했다. 그것에 따르면 '소련의 최대 관심 영역'에는 핀란드와 스웨덴, 폴란드, 헝가리, 체코슬로바키아, 루마니아, 발칸 국가들, 터키가 속했다. 네덜란드와 벨기에, 프랑스, 에스파냐, 포르투갈, 그리스는 '영국의 분명한 영향권'에 속한다고 여겨졌다. 관심 영향권을 그렇게 나누면서 "영국은 우리 권역에 있는 국가들과 그 어떤 종류의 긴밀한 관계도 맺어서는 안 되고" 그곳에 군사기지를 보유할 수도 없다고 밝혔다. 정반대로 소련은 영국의 영향권에 있는 국가들과 관련해 같은 사항을 적용해야 했다. 노르웨이와 덴마크, 독일, 오스트리아, 이탈리아를 아우르는 제3의 중립지대에서는 "양측 모두 동일한 기반을 갖고 정기적인 상호 협의를 통해 협력하면 되었다."[5]

안보 권역을 고집하는 것이 스탈린이 그곳에서도 똑같이 소비에트 체제를 도입하고자 했음을 의미하지는 않는다. 1944년 1월 11일에 이반 마이스키 Ivan Maisky 외무부 차관은 소련 지도부에 전후 질서를 다룬 포괄적인 문서를 보냈다. 그 문서는 모든 해방 국가, 즉 프랑스와 독일과 폴란드의 경우 '인민전선 이념의 정신에 입각한 폭넓은 민주주의 원칙'을 따르자고 제안했다. 승전국들은 '전후 유럽의 민주화'를 위해 긴밀히 협력해야 했다.[6] 그 결과 동유럽의 공산주의 지도자들에게조차도 사회주의혁명과 소비에트 체제의 채택은

——1945년 2월, 얄타의 윈스턴 처칠 총리와 프랭클린 루스벨트 대통령과 이오시프 스탈린 원수. 이 '삼거두'는 공동의 전후 질서 원칙에 합의했다. (Library of Congress)

아직 미정이라고 전달되었다. "그것은 일부 사람들이 생각하듯 쉬운 일이 아니다."[7] 그 문서에 기초해서 독일과 오스트리아를 염두에 둔 승전국 공동 개조 프로그램이 생겨났다. 독일 공산주의자들은 반反히틀러 연합의 통일 대오를 흔드는 모든 시도에 맞서야 하며 1848년 '부르주아-민주주의 혁명의 완성'을 위해 노력하라는 지령을 받았다.[8]

미국과 소련의 지도부는 종전 후에도 승전국 간의 협력을 지속하기 위해 몇 차례 노력했다. 얄타 회담에서는 독일과 오스트리아의 점령지 분할을 결정했고, 독일의 수도인 베를린과 오스트리아는 각각 소련 점령지 안에 위치했지만, 승전국들이 공동으로 관리할 수 있도록 결정했다. 포츠담에서는 '삼거두(스탈린, 루스벨트의 후임자인 해리 S. 트루먼Harry S. Truman, 영국 총리 윈스턴 처칠

Winston Churchill과 그의 후임자 클레먼트 애틀리Clement Attlee)'가 연합국 통제 위원회의 주관하에 네 개 점령지를 공동으로 관리하고 외무 장관 회의에 평화협정 준비를 위임하기로 합의했다. 일단 독일 중앙정부 수립은 좀 미루기로 했다. 다만 경제와 재정, 교통과 같은 주요 부문을 위한 '개별 중앙행정관청'들은 설치하게 했다.

한편 같은 시기에 '삼거두'는 세계 평화기구인 유엔을 창설했다. 그것은 평화를 주요 승전국들의 합의 지속에 종속시켰으며, 그럼으로써 그들 사이에 협력이 불가피함을 부각했다. 1945년 6월 26일에 샌프란시스코에서 서명된 유엔 헌장은 안전보장이사회의 상임이사국인 미국과 소련, 영국, 중국, 프랑스를 기타 회원국과 구분했다. 상임이사국은 안전보장이사회 결의에서 거부권을 행사할 수 있었다. 모든 회원국이 참여하는 총회는 '평화 질서'를 창출할 수 있는 조치를 권고하는 것에 만족해야 했다.

전쟁이 끝났을 때, 독일과 유럽 그리고 새로운 세계국가 체제의 미래는 여러 측면에서 열려 있었다. 독일제국이 몰락한 후의 독일에서 승전국의 공동 통제가 점차 자치 통제로 넘어갈지, 아니면 두 개의 독일 국가가 건설되어 동서 대결의 권력 블록으로 각각 통합될지는 아직 결정되지 않았다. 그 권력 블록들이 어떤 정도로 강력할지, 그리고 그 블록 사이에 협력과 대결 중 어느 것이 우세할지도 마찬가지로 아직 결정되지 않았다. 소련의 영향권에 있는 국가들이 어느 정도로 내적 자율성을 잃고 스탈린주의 사회 모델을 따라야 할지도 열려 있었다. 그리고 여타 유럽 국가들이 소련과 미국 사이에서 안정 요인으로 작용할지, 아니면 그 대결의 대상 내지 희생물이 될지, 그리고 어느 정도로 그럴지도 불명확했다. 이 네 부문에서 일어날 결정들은 서로 긴밀히 연관되어 있었다. 이때 미국은 권력정치 전략과 경제에서 우위를 점유하고 있었기에 특별한 책임을 졌다. 하지만 스탈린의 태도에도 많은 것이 달려 있었다. 물론 서유럽인들의 활동에 달린 일들도 적지 않았다.

1   전후의 변혁

합의를 통해 전후 질서를 만들 수 있는 여지는 계속 활용되지 못했고, 그 대신에 냉전이 개시되면서 유럽은 분열되었다. 그것은 우선 매우 특별한 무능력의 결과였다. 공산주의 지도자들은 자신들의 협력 제안을 신뢰할 수 있도록 만들 줄 몰랐다. 마찬가지로 서구 사회도 그와 같은 협력에 필요한 통찰력을 갖기가 쉽지 않았다. 그로 인해 다음 상황, 즉 쌍방 간의 인지 오류가 발생했다. 양측은 점점 더 상대방을 침략자로 간주하기 시작했다. 아울러 그런 인식이 확산될수록 다음 상황, 즉 적대 세력 간 경쟁 상황에서 항상 발생하는 안보 딜레마가 점점 더 강력히 작동했다. 양측은 모두 혹시라도 있을 상대방의 침략에 대한 대책을 강구했다. 그런데 그것은 상대방에 의해 공격 의도를 가진 증거로 해석되었고, 계속 또 다른 대책을 필요하게 했다. 이중적 악순환이었고, 그것에서 쉽게 벗어날 수가 없었다.

동유럽의 소비에트화

동유럽에서 파시즘의 사회적 근원을 제거하고 인민들을 소련에 우호적으로 만드는 일은 모스크바가 기대했던 것만큼 쉽지는 않았다. 유럽을 분할하는 과정은 소련 지도부가 그런 사실에 직면하면서 개시되었다. 이제 공산주의자들은 소련군이 권력 장악을 돕는 곳이라면 어디든 민주주의와 법치주의의 원칙을 벗어난 레닌주의의 방법, 즉 대중 선동, 배후 조작, 폭력 협박, 그리고 법치국가의 통제를 받지 않는 경찰과 군대의 억압 등을 채택했다. 따라서 소련 지배권의 '반파시즘-민주주의 변혁'은 사실 레닌주의 혁명을 연상시키는 특징을 지녔다.

오랫동안 스탈린은 폴란드 공산주의자들이 곧장 권력을 장악하는 것은 그곳의 반소 경향을 해결하는 적절한 방법이 아니라고 보았다. 그래서 스탈린은 1920년에 폴란드가 획득한 지역을 소련에 반환한 뒤 향후 소련과 협력할 준비가 되어 있는 세력들을 1944년 여름까지 런던 주재 폴란드 망명정부에서 찾았다. 그런 세력이 존재하지 않는다는 사실이 명료해진 뒤에야 비로소 스탈린은 공산당이 주도하는 정권을 세우려는 폴란드 공산당의 요구에 동의했다. 스탈린은 1944년 8월에 비공산주의자들이 바르샤바에서 봉기했을 때 돕기를 거부했다. 저항운동의 지도자들은 1944년에서 1945년의 겨울에 소련군이 바르샤바에 진입한 뒤 권력 참여에 관해 협상하기를 원했지만, 스탈린은 그들을 체포하도록 조치했다. 1945년 6월 말에 미국의 압력으로 스탈린은 스타니스와프 미코와이치크Stanistaw Mikotajczyk가 주도하는 폴란드 농민당에 '루블린 위원회' 정부의 각료직 네 개를 제공했고, 사회당에도 하나를 내주었다. 물론 공산당이 내각을 통제했다. 농민당의 다수파가 공산당과 사회당이 이끄는 '민주 전선'에 참여하기를 거부하자, 공산당은 제헌의회 선거를 1947년으로 미룬 뒤 선거를 조작해 민주 전선이 총 444석 중 394석을 차지하도록 만들었다. 공산당은 이제 지도권을 맘껏 누릴 수 있게 되었다. 물론 공산당은 애초에 '사회주의 독자 노선'을 표방하며 농민 대중과 가톨릭교회 성직자들도 사회주의국가 건설에 동참시키고자 노력했다.

스탈린은 폴란드 망명정부로부터 얻을 수 없었던 협력 의사를 체코슬로바키아 망명정부로부터는 구할 수 있었다. 체코의 대통령 에드바르트 베네시 Edvard Beneš와 민주 세력 다수파는 1938년에 체결한 뮌헨 조약의 경험과 유럽 대륙의 세력 관계 변화에 의거해 체코슬로바키아가 독립을 지키려면 소련을 보호국으로 얻어야 한다는 결론을 도출했다. 그리하여 베네시는 소련이 이의를 제기하자 폴란드-체코슬로바키아 연방을 건설하겠다는 계획을 내던져 버렸고, 1945년 6월에 카르파티아-우크라이나 지역을 소련에 양도하는 것에 동의했다. 국제정치에서 베네시는 대체로 소련의 입장을 따랐다. 그 결과 소련군과 (적은 수의) 미군이 이루어 낸 해방 이후 정권은 공산당과 사회민주당, 민족사회당, 가톨릭인민당, 슬로바키아 민주당으로 구성된 '민족 전선'으로 넘어갔다. 그 안에서 공산당이 강력한 입지를 구축했지만, (수데텐란트Sudetenland 독일인의 추방을 포함한) 사회변혁은 모든 연정 파트너의 폭넓은 정치 합의하에 이루어졌다.

독일의 동맹국이었던 헝가리는 소수 상층부가 헌정 권위주의에 입각해 통치하고 있었다. 1944년 12월에 소련군은 공산당과 사회당, 독립소농당으로 '인민전선' 정부가 구성되는 것을 지원했다. 인민전선 정부는 조심스럽게 사회개혁을 시도했다. 친소 정책의 대중 기반이 존재하지 않았기 때문이다. 공산당은 1945년 11월의 선거에서 17퍼센트의 지지를 획득하면서 패배했다.(독립소농당은 57퍼센트, 사회당은 17.4퍼센트를 획득했다.) 독립소농당은 이제 총리(처음에는 틸지 졸탄Tildy Zoltáin, 1946년 2월부터는 너지 페렌츠Naay Ferenc)와 내각 각료 절반을 내정할 수 있었다. 하지만 그 당은 공산당으로부터 점점 더 심한 압박을 받았다. 1947년 1월에 당의 몇몇 지도급 인사가 쿠데타 모의에 연루되어 체포되었다. 1947년 5월 말에 독립소농당의 주요 각료들이 내각에서 축출되었다. 마침 휴양차 스위스에 머물던 너지는 사퇴를 선언하고 망명을 선택했다. 그 결과 공산당은 권력을 독점할 수 있었다.

루마니아에서 소련 지도부는 맨 처음에는 반체제 그룹의 군 장성과 정치가들을 상대로 협력을 시도했다. 그들이 1944년 8월에 히틀러의 동맹자인 이온 안토네스쿠Ion Antonescu 원수의 정권을 고꾸라뜨렸다. 루마니아 공산당 지도자들이 권력 지분율을 높여 달라고 요구하자 스탈린은 받아들이지 않았다. 그러나 반공주의 성향의 농촌 주민들 사이에 불만이 확산되는 것을 보고 소련 점령군은 1945년 3월에 국왕 미하이Mihai를 압박해 페트루 그로자Petru Groza가 주도하는 '민족 민주 전선' 내각을 구성하게 했다. 그 내각을 통제한 것은 물론 공산당이었다. 신생 정권에 대한 저항은 거셌고, 심지어 계속 커져 갔지만 결국 꺾였다. 1945년 8월에 미하이는 정부 전복을 꾀했지만, 실패했다. 미국이 압력을 행사해 1946년 1월에 두 명의 야당 대표가 입각했으나, 그들은 사실상 정부에서 그 어떤 영향력도 행사할 수 없었다. 1946년 11월에 유권자들이 공산당에 치명적 패배를 안기자 선거 결과는 조작되었다. 1947년에 야당 지도부는 체포되었고, 중간층의 야당 지지자들은 화폐개혁으로 인해 물질적 기반을 빼앗겼으며, 집권 '민주정당 블록' 내의 독자 세력들은 축출되었다. 왕은 여전히 인기가 있었지만, 1947년 12월 30일에 결국 강압에 의해 퇴위해야 했다.

불가리아에서는 1944년 9월에 소련군이 진격해 오자 농민당과 공산당, 사회당, 그리고 초당파 정치결사체인 즈베노Zweno 그룹의 장교들이 '조국 전선'을 결성한 뒤 나치 독일의 동맹이자 권위적이었던 정권에 대항해 쿠데타를 일으켰다. 공산당은 대중 기반을 급속히 확대했고, 소련 점령군의 주둔을 배경으로 해서 집권 연정 안에서 금방 지도적 지위를 확보할 수 있었다. 인접국인 그리스에 공산당 성향의 파르티잔 운동에 대항하고자 영국군이 진격해 들어오자, 부총리인 니콜라 페트코프Nicola Petkov는 고무되어 1945년 8월에 농민당의 일파를 데리고 '조국 전선'을 떠나며 공산당과의 대결을 시험해 보았다. 하지만 11월 선거에서는 '전선'의 단일 후보만 허용되었다. 그것은 85퍼센트의 투표율과 88퍼센트의 찬성으로 통과되었다. (불가리아와 관련해 소련 지도부가 미국에 원래 약속했던) 2명의 야당 정치가를 내각으로 다시 받아들이는 협상은 공산당이 야당에 실질적인 권력 지분을 주기를 거부하면서 실패로 끝났다. 1947년 4월 10일에 평화조약이 발효되고 야당을 어느 정도 보호해 주었던 연합국 통제 위원회가 해체된 뒤 페트코프는 체포되어 사형을 언도받았으며, 이미 힘이 빠졌던 농민당은 완전히 무너졌다.

유고슬라비아에서는 요시프 브로즈 티토Josip Broz Tito가 이끈 공산주의 파르티잔 운동이 반反추축국 전쟁에서 줄곧 독자적인 힘으로 여타 저항 단체들과의 경쟁을 뚫고 주도권을 확보했다. 스탈린은 티토에게 부르주아 세력과 망명 군주와 협력하라고 독촉했지만, 티토는 그 비공산주의 당파들에는 '인민전선' 내의 종속적인 지위만을 부여했을 뿐이다. 티토는 소련 모델을 따라 대

토지와 산업의 몰수를 추진하고 과거에 자신의 경쟁 단체였던 체트니치Cetnik
의 세르비아 민족주의 운동과 크로아티아 우스타샤Ustaša의 열렬한 투사들을
형사처벌했다. 또한 앞선 망명정부의 수반 이반 슈바시치Ivan Šubašić 중심의 부
르주아 세력은 1945년 8월과 9월에 인민전선 정부에서 축출되었다. 티토 정권
은 공산주의 체제 구상에 가장 충실한 셈이었다. 그럼에도 불구하고 티토 정
권은 곧바로 스탈린과 긴장 관계에 빠졌다. 스탈린은 유고슬라비아 동지들의
혁명 열정이 지나치고 경솔하다고 보았다.

　핀란드에서는 유고슬라비아와는 정반대의 방향으로 소련의 영향력이 제
한적이었다. 핀란드 군대가 1939년과 1940년의 겨울 전쟁과 1944년의 카렐리
야 공격에서 소련군의 진격을 두 번이나 저지한 뒤에 스탈린은 휴전을 결정했
다. 스탈린은 그 휴전으로 독일을 향한 진격을 앞당길 수 있다고 보았다. 핀란
드 공산당은 휴전 상황을 엄수하려는 모든 세력과 협력하라는 지시를 받았
다. 전후에 수립된 유호 쿠스티 파시키비Juho Kusti Paasikivi 내각은 소련의 이익을
침해하지 않기 위해 유의했고, 소련 지도부가 핀란드에 개입할 구실을 주지
않았다.

서유럽과 독일

　한편 미군과 영국군의 영향하에 놓인 국가들, 특히 프랑스와 이탈리아
에서 공산당은 스탈린의 지시에 따라 모든 가동 자원을 재건에 바쳤다. 그런
데 재건은 전통 엘리트와 협력해야 성과를 낼 수 있었다. 프랑스에서 공산당
은 '자유 프랑스' 지도자인 샤를 드골 장군이 레지스탕스 민병대를 무장해제
하는 것을 도왔다. 그 후에도 공산당은 사회주의를 지향하는 연정 파트너들
이 모든 거대 산업의 국유화와 경제계획, 정부 참여를 요구했을 때 반대 입장
을 표명했다. 이탈리아에서는 팔미로 톨리아티Palmiro Togliatti가 이끄는 공산당
이 자유당과 (특히) 기독민주당과 협력할 요량으로 저항운동에서 발원한 행동
당과 사회당의 급진 변혁 구상에 반대했다.

　물론 미국 지도부는 서유럽 공산주의자들의 이 안정화 정책을 무시했다.
그 대신 미국은 동유럽 공산주의자들의 공세를 얄타 합의를 깨는 행위로 파

———1947년에서 1954년 사이, 이탈리아와 트리에스테의 경계. 윈스턴 처칠이 1946년 3월 5일에 미주리의 풀턴에서 말한 그 "발트해의 슈체친에서 아드리아해의 트리에스테까지 걸친 철의 장막" 은 블록이 형성되던 시기에 계속 두터워졌다. (Wikimedia Commons)

악했다. 얄타에서 스탈린은 모든 해방 국가에 "인민의 뜻에 부합하는 정부"를 보장해 주었기 때문이다.[9] 마찬가지로 서유럽의 여러 국가에서 공산당이 전후 첫 선거에서 확보한 적지 않은 지지는 서유럽과 독일에서 공산당이 권력 장악을 노리는 전조로 간주되었다. 경제적 빈곤화와 공산주의의 선동이 결합하면 폭발력이 엄청날 것으로 여겨졌다. 미국 국무부의 재정 담당 국장인 윌리엄 클레이턴William Clayton은 1947년 3월 5일 자 문서에서 대부분의 유럽 국가는 "심연의 끝자락에 버티고" 서 있으며, "언제라도 추락할 수 있다."라고 경고했다. 특히 그리스와 프랑스는 머지않아 경제 붕괴에 뒤이어 공산당이 권력을 장악하는 과정을 볼 날이 올 것이라고 말했다.[10]

트루먼 행정부는 소련의 팽창을 (미국의 외교관 조지 프로스트 케넌George F. Kennan이 1946년부터 주창한 구상대로) '억제'하기 위한 노력으로서 경제원조를 활용해 공산주의의 영향을 막고, 사회당과 기독민주당에 각료 구성에서 공산당원을 배제하라고 요구했다. 애초에 공산당의 내각 파트너들은 자신들의 개혁 강령을 관철하려면 공산당의 지지를 받아야 했기에 미국의 요구에 따를 생각이 별로 없었다. 그러나 곧 그들은 동서 대결의 개시로 탄력이 붙은 각국 반공 세력으로부터 압박을 받았다. 프랑스에서는 드골이 1946년에 총리직을 사퇴한 뒤 여러 세력을 포괄하는 '우파' 정치조직Rassemblement du Peuple Français: RPF을 창립해 기독민주당과 경쟁했다. 그 조직은 기독민주당이 '좌파' 연정 파트너들과 결별하도록 압박했다. 이탈리아에서도 기독민주당이 공산당과의 관계를 끊으라는, 전통적 명사들과 바티칸의 압박을 받았다. 결국 정부 안에서 공산당의 지위는 점차 더 약해졌고, 소련 지도부가 지시한 긴축 조치에 대한 공산당 지지자들의 불만은 높아져 갔다. 1947년 초에는 한편으로는 공산당 평당원들의 불만이 커졌고, 다른 한편으로는 공산주의에 적대적인 자들의 공세도 거세졌기에 공산당과의 연정 동맹은 벨기에에서 3월 11일에, 프랑스에서 5월 5일에, 이탈리아에서 5월 13일에 모두 깨졌다.

　　동서 대결 초기에 그 영향을 가장 많이 받은 곳은 승전국들이 공동으로 통치하고자 했던 독일이었다. 루스벨트는 소련이 독일에 요구한 배상(200억 달러어치의 생산 설비를 해체해 그중 절반을 소련이 수송해 가는 것)에 원칙적으로 동의했다. 반면에 트루먼은 배상을 그 정도로 많이 하면 유럽 경제가 붕괴하고 말 것이라고 우려했다. 그래서 포츠담에서 승전국들은 일단 각기 자신의 점령지에서 물자를 빼 가는 것으로만 배상 요구를 충족시키자고 결의했다. 소련에는 서구 열강의 점령지에서 해체된 설비 중에서 10퍼센트를 따로 더 제공하기로 했다.(또한 따로 15퍼센트는 동독 지역의 생필품과 석탄과 교환하기로 했다.) 이때 해체된 설비의 전체 규모는 아직도 불명확하다.

　　포츠담 회담의 불참국인 프랑스는 4대국의 점령지 전체를 다룰 공동 관리 기구의 설치를 반대했다. 그 결과 배상 문제를 둘러싼 분열은 더욱 치명적인 결과를 낳았다. 드골은 혹시라도 독일 국가연합이 건설되더라도 라인란트를 떼어 내고 루르 지역을 국제적으로 관리하고자 했다. 드골은 장래에 프랑스의 안보를 위해서는 그것이 불가피하다고 보았다. 그러나 실제로는 각국 점령지 모두를 다룰 포괄적인 기구가 존재하지 않게 되면서 독일의 동부와 서부에서 서로 다른 탈나치화가 진행되었을 뿐이다. 서부 점령지의 탈나치화는 철저하지 못했지만 법치국가의 원칙을 따랐고, 동부의 탈나치화는 잔인하고 자의적이었다. 사회민주당(사민당)이 제1당이 될 듯하자 소련 점령군은 사민당에 공산당과 합치라고 종용했다. 그리하여 1946년 4월 21일과 22일에 열린 베를린 당대회에서 '독일사회주의통일당(사통당)'이 탄생했다. 물론 사통당은 소련 점령지에만 한정된 정당이었다. 동부 독일과 서부 독일은 더욱 심각하게 분열되었다.

더욱이 사민당과 공산당의 가혹한 강제 통합으로 인해 서구 열강은 소련의 독일 정책에 대해 불신을 갖지 않을 수 없었다. 스탈린이 독일 전체를 소련의 세력권으로 만들려고 한다는 의심으로 인해 서구 열강은 4대 점령지 전체에 대한 공동 해결책을 만들고자 했던 생각이 한풀 꺾였다. 독일 전체를 위한 해결 방안들, 즉 미국이 제안한 독일의 탈군사화를 위한 4대 열강 보장 협정안, 또는 영국이 제안한 점진적 임시정부 건설안 등은 1947년 3월과 4월에 모스크바 외무 장관 회의 때까지 계속 진지하게 논의되었다. 하지만 배상 문제를 둘러싼 소련과 미국의 거듭된 대결로 인해 돌파구가 생겨나지 못했다. 1946년 초에 영국 정부는 소련의 참여를 배제하고 서구 열강 점령지만으로 국가를 건설하는 방안으로 기울었다. 1년쯤 지나 미국 정부도 그 방안을 받아들였다. 1947년 1월 1일부터 영국과 미국의 점령지들은 '이중 지대Bizone'로 합쳐졌다. 그에 반해 스탈린은 독일 전체를 묶는 목표 설정을 포기하지 않았다. 하지만 소련의 점령 통치는 나치즘을 극복하는 과정에서 민주주의의 기본 원칙을 무시했다.

상황이 그러했기에 유럽인들의 '제3세력' 구상은 진전이 없었다. 블록 형성에 맞설 동유럽과 서유럽의 사회주의정당들의 인터내셔널 재건은 동유럽인들과 영국 노동당이 자신들의 자유가 제한되는 것을 두려워했기에 좌절되었다. 프랑스와 체코슬로바키아의 동맹안같이 동유럽과 서유럽의 국가들 사이의 관계를 심화하려는 노력도 진전이 거의 없었다. 프랑스와 영국 중심의 서유럽 연합을 건설하려는 발의도 영국은 주저하고 프랑스는 라인란트를 독일 영토에서 떼어 내는 것에만 관심을 가졌기에 그저 프랑스와 영국 사이에 됭케르크 조약(1947년 3월 4일)으로 귀결되는 데 그쳤다. 그 조약은 영국과 프랑스가 다시 독일의 침략을 받을 시에 서로 돕기로 약속한 것을 빼면 어떤 의미 있는 협력 규정도 갖지 못했다.

다른 한편으로 서유럽을 미국과 결합해 블록을 만들어 소련의 팽창에 맞서게 하려는 시도도 처음에는 성공하지 못했다. 1946년 3월에 이제는 야당 지도자가 된 처칠은 미국 미주리주 풀턴에 있는 트루먼의 선거구에서 공개 연설을 통해 동서 간에 '철의 장막'이 드리워지고 있으며, 대서양 양안의 연대가 필요하다고 말했다. 1946년 9월에 처칠은 취리히 대학에서 한 연설을 통해 프랑스인과 독일인들에게 서유럽에 국한되는 '일종의 유럽 합중국' 건설에 나설 것을 촉구했다. 서유럽에서 그의 연설은 두 번 다 동의보다는 비판 여론을 더 많이 불러일으켰다.

전환점이 된 마셜 플랜

유럽 대륙이 장기 분열로 전환하게 된 계기는 1947년 초에 미국 정부가 서독을 포함한 서유럽의 안정화 정책을 강화하겠다고 결정한 것이었다. 서유럽을 안정화하려는 노력은 트루먼 행정부의 입장에서 보면 필수적이었다. 이제까지 유럽 국가들에 제공된 원조가 너무 적다는 것이 확인됨에 따라, 유럽인들이 보호주의로 되돌아갈 위험이 있었기 때문이었다. 그러나 그 노력은 또한 매우 어려웠다. 미국 의회는 유럽을 위한 새로운 채권 발행을 허용하지 않으려 했고, 프랑스 정부도 유럽 경제의 안정적 회복에 불가피한 서독 산업을 빠르게 재건하는 데 동의하지 않았다. 트루먼 행정부는 소련의 위협을 의식적으로 과장해서 알림으로써 의회의 저항을 극복했다. 1947년 3월 12일에 그리스와 터키를 원조하기 위한 기금을 요청하고자 대통령이 의회에서 발표했던 '트루먼 독트린'은 소련과 미국의 갈등을 이제 '테러와 압제' 대 '자유' 체제의 세계적 투쟁으로 규정했다. 트루먼은 세계 도처에서 이 자유를 지키는 것이 미국의 사명이라 밝혔다. 이제 국무부 정책 기획관이 된 케넌과 국무 장관 조지 C. 마셜George C. Marsall은 유럽 각국을 위한 개별 원조 계획을 하나의 다자적 재건 프로그램으로 포괄함으로써 프랑스의 저항을 극복했다. 그것은 동시에 프로그램 참여국의 통합을 위한 길을 열어 주었다. 이제 원조가 다시 수포로 돌아가지 않도록 보장되었을 뿐만 아니라, 프랑스를 비롯한 여러 서유럽 국가에 유럽 통합이라는 새로운 형식으로 독일의 부활을 통제할 수 있음을 보여 주었다. 1947년 6월 5일에 국무부 장관이 프로그램을 설명한 뒤 그것은 '마셜 플랜'으로 알려졌다. 공산주의와 사회주의의 세력이 강한 서유럽 국가에서 마셜 플랜을 관철하기 위해 동유럽 국가들과 소련에도 참여가 제안되었다. 그리하여 이미 시작된 유럽 분열을 다시 돌릴 기회가 (적어도 이론상으로는) 생겼다.

실제로 마셜 플랜이 발표되면서 서유럽과 동유럽 모두에서 '제3세력'의 구현에 대한 희망이 크게 일었다. 스탈린은 마셜 플랜에 참여하지 않으면 서유럽 블록이 만들어질 것이고, 반면에 마셜 플랜에 참여하면 자신의 동유럽 지배권이 유약해지거나 붕괴할지도 모를 일이었기에, 걱정하며 선뜻 결정하지 못했다. 그리하여 스탈린은 마셜 플랜에 참여하기 위한 조건을 제시하며 서유럽 정부들이 자신의 편에 서기를 기대했다. 그러나 그것이 거부되자 스탈린은 사실상 마셜 플랜에 더는 미련을 두지 않았다. 1947년 7월 2일에 소련 외무부 장관 뱌체슬라프 몰로토프Vyacheslav Molotov는 이른바 미 제국주의가 주도하는 '유럽 정복 계획'을 거부했다. 동유럽 국가의 정부들은 예외 없이 마셜 플랜에 참여하기를 원했다. 유고슬라비아를 제외하면 그들은 소련이 참여하지 않기로 결정한 뒤에도 여전히 참여하겠다고 나섰다. 이에 소련 지도부는 그들에게 참여 결정을 되돌리라고 압박했다. 핀란드는 소련 지도부의 화를 돋우지 않기 위해 스스로 참여 포기를 결정했다.

스탈린은 미국의 계획에 어깃장을 놓기 위해 1947년 여름 내내 나름의 전략을 개발했다. 그것은 이른바 미국의 정복에 대항하는 서유럽의 반대 운동을, 소련을 모델로 동유럽 정권을 변화시키고 소련 지도부의 통제를 강화하는 것과 결합시켰다. 9월 말에 주요 공산당 지도자들은 슐레지엔 지방의 슈라이베르하우(폴란드어로는 슈클라르스카 포렝바) 회의에서 소련 정부의 새 노선을 학습해야 했고, '공산당 정보국(코민포름)'에 협력할 의무를 가졌다. 트루먼 독트린을 거울로 반사하듯이, 소련 대표단의 단장 안드레이 즈다노프Andrei Zhdanov는 동서 갈등을 미국 주도의 '제국주의적이고 반민주적인 진영'과 소련 주도의 '반제국주의적이고 반파시즘적인 세력' 사이에 벌어지는, 승리와 몰락을 건 세계적 대결이라고 정의 내렸다.

　　동유럽 국가들은 이제 소련의 강압과 재건으로 인한 전반적 위기에 영향을 받아 (또한 미국의 원조가 들어오지 않아) 여태껏 조금이나마 남아 있던 자율적인 정치 세력의 활동 여지도 사라지기에 이르렀다. 체코슬로바키아에서는 공산당과 그 외의 민주적 연정 파트너들 사이의 아슬아슬한 세력 대결 실험이 공산당 통제하의 정부 수립(1948년 2월 29일)과 민주 세력의 완전한 제거로 끝났다. 체코슬로바키아와 마찬가지로 여타 동유럽 국가들에서도 아직 잔존해 있던 비판 단체들이 파괴되었다. 사민당들은 대대적으로 숙청된 후 공산당에 흡수되었다. 노동자 조직들은 모두 공산당 소속 간부들의 통제하에 떨어졌다. 스탈린에게 항시 완전히 충성하지 않는 듯 행동한다는 의심을 받은 공산당 지도자들도 점차 당 지도부에서 축출되었다. 사회개조는 철저히 소련을 모범으로 이루어졌으며, 부분적이나마 개혁적인 단체들과 실용적으로 연합하기보다는 소수자의 경찰국가식 테러가 횡행했다. 도처에서 소련식 모델에 따라 중공업 건설을 최우선 과제로 설정했다. 중앙 집중적 계획 방식을 도입했으며, 강력한 저항에도 불구하고 농업 집산화도 추진했다. 경제 생산은 점차 소련의 재건에 따른 수요에 맞추어졌다. 서구 시장과의 교류도 현저히 줄어들었다. 소련의 다양한 간접 지배로 동유럽에서는 폐쇄적인 소비에트 블록이 탄생했다.

　　서유럽 공산당 지도부는 종전 후 계속 쌓인 사회적 불만을 지지자들이 자유롭게 폭발시키도록 내버려 두었다. 그 결과 프랑스와 이탈리아에서는 1947년과 1948년의 겨울에 대규모 파업 운동이 일었다. 그것은 때로 폭동의 양상을 띠었다. 물론 그것은 서유럽에서 미국의 정책 목표가 관철되는 것을 저지하기는커녕 오히려 정반대로 촉진했다. 지금까지 소련이 서유럽으로 팽창할 것이라는 미국의 공포를 근거 없다고 무시했던 대다수 서유럽인은 대규모 파업 행동과 이른바 제국주의자들을 겨냥한 전투적 공세를 보면서 서유럽 공산당들이 현존 질서의 전복을 획책하고 소련이 유럽 전역을 자기 통제 하에 장악하려고 한다는 확신을 얻었다. 그리하여 이제 공산주의자들이 다시 내각에 참여하는 일은 사실상 배제되었다. 공산주의자들은 '대항문화'의 게토로 추방당했다. 정치의 무게 추는 뚜렷이 우파로 기울었다. 마셜 플랜을 통한 재건은 반공주의라는 광범위한 동의를 토대로 수행되었다.

서유럽의 복구

1947년과 1948년의 겨울부터 냉전은 서유럽 국가의 내정적 현실이 되었다. 프랑스에서 사회당은 기독교 민주주의자와 보수주의자 들과 함께 구성한 연정에서 어쩔 수 없이 좌익 역할을 떠맡아야만 했다. 연정은 전후 초기 정부들의 개혁 강령에서 점점 더 멀어졌다. 이탈리아에서는 1948년 4월의 선거에서 기독민주당이 공산당과 좌파 사회주의자들의 선거 동맹에 맞서 압도적으로 승리했다. 공산당을 게토화함으로써 기독민주당은 그 후 수십 년 동안 내각을 장악할 수 있었다. 서독 지역의 사민당은 소련 점령지에 있는 사민당의 아성을 잃어 기반이 약화되었고, 기독교민주연합(기민련) 내의 기독교 사회주의자들은 주요 지위를 잃었다. 새로운 반공주의 합의와 소련의 위협에 대한 공포의 증대로 말미암아 나치와 협력하거나 나치의 세력 확장에 직면해 무능력함을 보여 평판이 좋지 않았던 전통 부르주아 엘리트들이 전반적으로 명예를 회복하고 다시 권력을 장악할 수 있게 되었다. 영국에서는 집권당인 노동당이 보수당의 거센 공세에 직면했다. 노동당은 1945년에 획득한 다수파 지위를 1951년에 잃었다.

미국이 유럽 경제의 급속한 재건과 통합을 독촉함으로써 전통적인 질서가 복구되는 경향이 결정적으로 강화되었다. 트루먼 행정부는 사회민주주의의 개혁 구상을 원칙적으로는 거부하지 않았지만, 서유럽의 곤궁한 정치 상황과 경제 상황으로 인해 더는 실험이 불가능하다고 믿었다. 결국 트루먼 행정부는 독자적인 자유주의 성공 모델에 따라 마셜 플랜을 통해 재건을 조직했다. 서독 중공업의 재건을 막는 고삐가 이제 안보상의 이유로 풀렸고, 그 결과 독일 경제는 곧 유럽 전역에서 다시 전통적인 지도적 역할을 수행할 수 있었다. 독일 기독민주당에서 프랑스 사회당까지 개혁 요구 사항 중 핵심이었던 루르 지방 산업의 사회화는 1947년 가을에 미국의 압력이 너무 거세서 총선을 통해 서독 정부가 수립된 후로 미루어졌고, 그로 인해 사실상 좌절되었다. 서독에서 화폐개혁을 준비하면서 미국 점령 당국은 전통적인 자유주의 세력들과 긴밀히 협력했다. 유가물 소유자의 보호와 즉각적인 손해배상의 부재不在로 인해 기본적으로 현존 소유관계를 침해하지 않는 시장경제 질서로 가는 길이 결정되었다. 미국의 마셜 플랜 기금은 매년 의회에서 새롭게 신청해야만 했고, 미국 경제협력국Economic Cooperation Administration: ECA이 기금 운용을 최종적으로 결정했다. 그렇게 되니 마셜 플랜 참여국들은 장기적인 경제계획을 잡기가 쉽지 않았다. 반면에 미국은 각국의 투자 정책에 개입할 가능성을 일정하게 확보했고, 그것을 이용해 자유주의적 체제를 강화했다.

마셜 플랜을 집행하는 과정에서 서유럽인들이 더 큰 자율성을 확보하지 못한 것은 상당 부분 그들 자신의 책임이었다. 트루먼 행정부는 1947년 여름에 원조 프로그램의 형식 확정을 위한 발의권을 명시적으로 참여국들에 넘겨주었다. 미국은 유럽 국가들을 장기적으로나 구조적으로나 자국에 종속시키는 것에 관심이 없었다. 오히려 강하고 자립적인 무역 파트너를 다시 얻는 것에 관심이 컸다. 유럽이 통합 재건 프로그램에서 의견을 일치시키지 못했고, 참여국 통합을 위한 첫 단계인 유럽 관세동맹 프로젝트도 실패하자, 미국은 자신들이 최적이라고 생각하는 재건 프로그램을 지시하기 시작했다. 프랑스 정부가 다시 마셜 플랜 국가들의 통일을 이끌어 내려고 애를 썼지만, 영국의 노동당 정부는 분명하게 유럽 대륙과 결합하는 데 주저했다. 대륙의 유럽인들 대부분, 특히 유럽 좌파와 베네룩스 삼국은 영국의 참여가 없이는 유럽 통합을 개시할 생각이 없었다. 결국 1947년에서 1949년에 유럽 통합 운동이 상당히 고양되었는데도 통합 정치는 초기 단계에서 벗어나지 못했다. 1949년 5월의 유럽 평의회 창설은 대륙 유럽인의 관점으로 보면 지난한 협상 끝에 이루어진 유럽 연방 건설의 첫걸음이기는 했지만, 사실은 구체적인 통합 정치가 계속 지체된다는 것을 의미했다. 영국 정부는 유럽 평의회 대표들의 제안을 수용하기를 거부했고, 그것을 무의미하다고 평가했다.

서유럽의 블록 형성

유럽 통합은 정체되었고, 그 결과 '제3세력' 구상은 실패했다. 반면에 서유럽의 블록 형성은 빠르게 진행되었다. 이미 1947년 12월에 영국의 외무 장관 어니스트 베빈Ernest Bevin은 소련의 서유럽 침략 가능성을 믿고 심히 불안해져서 미국의 동료인 마셜에게 "미국과 영국, 프랑스, 이탈리아, 그리고 자치령 Dominions을 포괄할 서구 민주주의 체제"를 결성해 유럽인들에게 미국의 군사적 보호를 보장하자고 촉구했다.[11] 베빈은 선행 급부로서 미국에 영국과 프랑스, 벨기에, 네덜란드, 룩셈부르크의 집단 방어 조약을 제공했다. 1948년 3월 17일에 체결된 브뤼셀 조약이다. 1948년 2월 말에 체코슬로바키아 공산당의 충격적인 권력 장악으로 많은 서유럽인은 소련이 침공할 수도 있다는 공포를 생생하게 느꼈다. 그 후 블록 형성 정책은 서유럽에서 광범위한 지지를 얻었다. 마찬가지로 미국도 직접 참여함으로써 브뤼셀 조약을 지원하기 위한 준비를 마쳤다. 1948년 6월 11일에 미국 상원은 미국사에서 최초로 평화 시기인데도 방어 연맹을 결성하도록 한 선언을 통과시켰다.

서구 블록이 형성되는 과정을 촉진한 것은 서독의 국가 건설을 마지막 순간까지라도 막아 보려는 스탈린의 필사적인 노력이었다. 서독의 국가 건설은 세 개의 서구 점령지를 서유럽 재건 프로그램으로 편입한 과정의 자연스러운 귀결이었다. 1948년 6월 초에 미국과 브뤼셀 조약국의 대표들은 런던에서 서독의 국가조직 형식에 관해 합의했다. 그 후 스탈린은 서독의 화폐개혁을 서베를린 지역까지 관철한 것을 베를린과 서독 지역 사이의 연결망을 6월 24일부터 봉쇄하는 계기로 이용했다. 스탈린은 그렇게 해야 런던 결의의 실행을 멈추고 전 독일적 해결에 관해 새로 협상을 진행할 수 있다고 보았다.

사실 미국 국무부는 당시 모든 점령지에서 전면적으로 철군하는 계획을 진지하게 고려했다. 그렇게 하면 베를린에서 서구 점령군이 어쩔 수 없이 일방적으로 철수해서 생겨날 위신 상실을 피할 수 있을 것으로 기대했다. 주독 영국 군사령관과 프랑스 군사령관도 같은 입장을 표명했다. 하지만 영국과 미국의 점령지로 항공수송을 하면 그해 겨울에도 서베를린 주민들을 부양할 수 있다는 사실이 금방 명료해졌다. 이에 마셜과 트루먼은 견디기로 결심했을 뿐만 아니라 심지어 베를린 봉쇄를 중단하려는 협상도 의식적으로 질질 끌었다. 베를린 봉쇄는 소련의 공격성과 잔인함을 여실히 증명했기 때문에, 서구의 블록 형성에 대해 아직 남아 있던 반대, 즉 소련 점령지의 독일인들과의 사이를 벌어지게 할 건국에 나서기를 주저했던 서독인들, 강력한 인접 독일 국가의 재건에 대해 두려움을 가졌던 프랑스인들, 유럽에 미국이 큰 비용을 들이며 장기적으로 군사개입 하는 것을 받아들이지 않는 미국 의회 등의 반대를 극복할 탁월한 도구였다. 1949년 4월 4일에 미국과 캐나다, 영국, 프랑스, 베네룩스 삼국, 이탈리아, 노르웨이, 덴마크, 아이슬란드, 포르투갈의 대표들은 워싱턴에서 북대서양 방어 조약에 서명했다. 5월 8일에는 서독 주 의회들의 의회 평의회가 본에서 독일연방공화국 기본법을 통과시켰다.

스탈린은 서베를린으로 가는 통행로를 봉쇄한다고 해서 독일연방공화국의 건국을 막을 수 없다는 사실을 알았다. 스탈린은 고속도로 통행과 해상 통행을 다시 개방하는 것 외에 달리 할 수 있는 것이 없었다. 1949년 5월 12일에 베를린 봉쇄가 풀렸다. 하지만 스탈린은 여전히 서독의 국가 건설에 반대하는 광범위한 민중운동을 기대했다. 사통당 지도부는 동부 지역에서도 정부를 수립해 서독을 따라잡자고 제안했지만, 스탈린은 승낙하지 않았다. 그 대신에 스탈린은 독일 동지들에게 '민족 전선'을 만들어 독일의 '경제적·정치적 통일'을 위해 투쟁하라고 지시를 내렸다.[12] 8월 14일에 첫 독일연방의회 선거가 열렸고, 연합국 외무 장관 회의의 새 회합에 대한 기대가 수포로 돌아갔다. 그러자 9월에 스탈린은 '독일 인민 회의'가 이미 5월 30일에 충분한 정당성을 갖지 못한 채 가결했던 '독일민주공화국' 헌법이 우선 소련 점령지에서만이라도 적용된다는 데 동의했다. 헌법은 1949년 10월 7일에 발효되었다. 그 헌법에 따라 정해진 선거는 우선 1년 연기되었다가 1950년 10월 15일에 선택 가능성을 철저히 배제한 '통일 리스트'로 시행되었다. 그리하여 독일민주공화국은 처음부터 민주적 정당성이 없었다.

1949년 말에 유럽의 세력균형 체제가 붕괴한 자리에 이렇게 서로 대립하는 두 개의 권력 블록이 만들어졌다. 그 블록은 제2차 세계대전의 두 승전 주역에 의해 지배를 받았고, 유럽은 동반구와 서반구로 나뉘었다. '제3제국'의 몰락이 남긴 유럽의 권력 공백은 채워졌고, 세계열강의 영향권은 명확히 구분되었으며, 그들은 기본적인 이익 관철을 보장받았다. 이와 같은 분단을 낳은 대결이 지속될지, 얼마나 오래 지속될지, 미국과 소련의 유럽 개입이 어느 정도까지 받아들여질지, 그리고 결과적으로 이 분단이 얼마나 오래갈지는 모두 불분명했다.

중국 혁명

동아시아와 동남아시아에서 일본 제국의 몰락은 유럽에서 독일제국의 붕괴가 그랬던 것과 달리 냉전으로 인한 지역 분단을 초래하지 않았다. 그것은 무엇보다 그 지역의 해방이 서구군과 소련군의 연합이 아니라 본질적으로 미군 덕분에 이루어졌다는 사실에 기인한다. 소련은 전쟁 막바지인 1945년 8월 7일에야 일본에 대항하는 전쟁에 참여했다. 만주에 주둔한 일본군에 대한 소련군의 공격이 1945년 8월 10일에 있었던 일본 지도부의 항복 결정에 큰 역할을 했다고 하더라도, 스탈린은 일본 점령에 소련이 형식적으로 참여하는 것 외에 다른 어떤 것을 얻을 수는 없었다. 공식적으로 점령에 참여했던 나라는 11개국이었다. 하지만 미국은 배치된 점령군의 90퍼센트를 차지했고, 총지휘관 더글러스 맥아더Douglas MacArthur 장군은 연합군사령관으로서 거의 전권을 행사했다.

그럼에도 불구하고 동아시아 지역이 동서 갈등의 소용돌이로 빠져들었던 것은 레닌주의 정치 모델이 그 지역 주민들에게 매력적이었기 때문이었다. 그들의 전통적인 삶의 방식은 서구 근대와 충돌하면서 도전을 받고 있었다. 그것이 공산주의-민족주의 운동을 탄생시켰고, 이는 미국뿐 아니라 소련에도 골칫거리가 되었다.

그 상황은 중국에서 가장 극명히 나타났다. 일본군은 만주에서 광저우까지 중국 동부를 점령했었다. 하지만 중국 측 전투 세력들은 일본군을 자기들의 힘으로 몰아내지 못했다. 그런 일본군이 물러나자 장제스蔣介石가 이끄는 국민당과 당시에 마오쩌둥毛澤東이 이끄는 공산당 사이에 내전이 재발했다. 미국은 해방자로서 양측이 합의하도록 독촉했다. 하지만 서남 지방의 쓰촨을 근거로 일본군 대부분을 무장해제하고 일본군이 지배하던 지역에 진군했던 국민당은 공산당과 권력을 나눌 생각이 전혀 없었다. 반면에 북부의 일부 거점 지역에서 작전을 수행하던 공산당은 단지 연립정부에 참여할 수 있을 때만 병력을 되돌릴 생각이었다.

스탈린도 명백히 국민당이 장악하고 있는 정부에 공산당이 복속하도록 설득할 수 없었다. 스탈린은 소련군이 점령한 만주의 농촌 지역에서 공산당의 게릴라 부대가 기반을 다지는 것을 허용했다. 하지만 그는 공산당에 포괄적인 군사원조와 경제원조를 제공하기를 거부했고, 그 대신 이미 1945년 8월 14일에 장제스 정부와 동맹을 체결했다. 그 동맹으로 스탈린은 외몽골을 장악했고, 만주의 철도와 항만에 관한 러시아의 권리를 확보했다. 소련군은 일본의 산업 설비 대부분을 실어 간 후, 미국 정부와 합의했던 대로 1946년 초에 그 지역에서 완전히 물러났다.

반면에 트루먼은 장제스 정부에 막대한 돈과 무기를 제공하기로 결정했다. 하지만 그는 미군이 내전에 직접 참여하는 것에는 반대했다. 그 대신에 유명한 마셜 장군이 1945년 12월 15일에 미국의 특임 대사로 중국에 파견되어 양측을 연립정부로 참여하게 만드는 임무를 맡았다. 그러나 그는 1946년 1월에 있었던 짧은 휴전 이상의 성과를 내지 못했다. 1946년 7월에 장제스는 북부 지역의 공산당 거점을 재차 공격하기로 결정했다. 장제스는 430만 명의 병력을 동원하면 무장 상태도 신통치 못한 120만 명의 공산당 전사를 순식간에 자신의 휘하에 복속시켜 드디어 국제적으로뿐 아니라 국내적으로도 자기 정부의 권위를 세울 수 있을 것으로 믿었다.

양측이 다시 적대적이 되었지만, 미국과 소련은 자신들의 입장을 수정할 수 없었다. 미국의 관찰자들은 장제스 군대가 공산당 전사들을 군사적으로 꺾을 수 없다고 생각했다. 동시에 그들은 부패한 국민당 정권은 인기도 없고 점점 더 지지 기반을 잃고 있다고 보았다. 그렇기에 효과가 순식간에 사라진다 해도 경제원조만이 그럴듯했고, 그 이상은 의미가 없어 보였다. 그와는 정반대로 스탈린은 공산당이 빠르게 승리를 거두리라고는 믿지 않았다. 게다가 스탈린은 중국 내전이 뜻하지 않게 미국과의 군사적 대결을 초래할 수도 있다고 우려했다. 그래서 스탈린은 어떤 지원도 거부했고, 중국 동지들에게 신중하라고 재차 경고했다. 내전 발발 여부를 결정한 것은 결국 중국 내부의 당파 투쟁이었다.

장제스의 기대와는 달리 상황은 군사 영역이 아니라 정치 영역에서 판가름 났다. 농촌 주민들에게 국민당 지휘자들은 그저 군사를 징집하고 세금을 부과할 뿐인 무정한 조직가들이었다. 그에 반해 공산주의자들은 자신들의 통제 지역에서 '토지혁명'을 도입해, 농촌 상류층의 재산을 몰수해 경작지 중 총 43퍼센트를 농촌 주민의 60퍼센트에게 재분배했다. 반면에 국민당 정부는 도시 주민들에게서도 점점 더 평판을 잃었다. 노동자들은 탄압받았고, 앞서 일본인들로부터 몰수한 공장들은 탐욕적인 관료들에게 양도되었으며, 정치 억압이 지배했기 때문이다. 게다가 과도한 인플레이션 탓에 공무원을 비롯해 고정 수입으로 살아가는 자산가들은 점점 빈곤의 나락으로 추락했다. 다만 정권의 추종자들만 엄청난 이득을 보았다. 1947년 말에 국민당은 정당성을 완전히 상실했다.

공산당은 애초에는 무기와 병력이 부족했다. 그런데 시간이 흐르면서 인민의 지지가 그 부족을 메웠다. 1948년 초부터 중국 전역의 국민당 군대에서 부대원들이 공산당의 '인민해방군'으로 넘어갔다. 공산당 조직들이 북부 농촌 지역과 중부 농촌 지역 대부분을 연이어 장악한 후, 1948년 11월 초에 쉬저우(중국 중부의 핵심 철도 교차지)가 결전장이 되었다. 전투는 1949년 1월까지 지속되었다. 게릴라 지휘자인 덩샤오핑鄧小平은 인접한 네 개 지방에서 200만 명의 농민을 전투부대를 도울 병참병으로 동원할 수 있었다. 그것이 결정적이었다. 그 후 장제스 군대는 북부 대도시에서 참호를 쌓고 버텼지만, 그곳들도 (처음에는 톈진, 1949년 1월 31일에는 베이징의 순으로) 큰 저항 없이 공산군의 손으로 넘어갔다.

중국 중부에서 공산당이 승리하자 장제스는 휴전 협상을 제안했다. 하지만 아무 성과가 없었다. 1949년 4월에 마오쩌둥은 스탈린의 다급한 충고에도 아랑곳하지 않고 양쯔강을 건너기로 결정했다. 마오쩌둥의 군대는 이제 놀라운 속도로 진격해 사실상 남부와 서부도 장악했다. 5월이 되자 상하이의 국민

———1949년 1월에 공산당 군대가 베이핑(베이징)에 입성하고 있다. 마오쩌둥은 4월에 양쯔강을 건넌 후 중국의 남부와 서부 전역을 장악했다. 12월 말에는 결국 국민당 수중에 놓인 마지막 주요 도시인 청두가 항복했다. (Wikimedia Commons)

당 군대는 항복할 수밖에 없었다. 1949년 10월 1일에 마오쩌둥은 베이징에서 '중화인민공화국'을 선포했다. 2주 후 인민해방군은 광저우를 점령했다. 12월 말에는 국민당 군대가 장악하고 있던 마지막 주요 도시인 쓰촨성의 청두가 무너졌다. 그러자 장제스는 타이완으로 후퇴했다. 약 50만 명의 군대가 그를 따랐다.

　　미국 정부에 중국공산당의 승리는, 1949년 12월에 열린 국가 안보 회의의 문서에 나와 있듯이, "고통스러운 정치적 패배"였다.[13] 물론 미국 지도부는 그것을 미국 안보에 대한 위협이라고 보지는 않았다. 중국의 막대한 사회적·경제적 문제들이 그 신생 공산당 정권을 괴롭힐 것이기 때문이었다. 트루먼은 베이징 정권을 인정할 수 없었다. 하지만 그는 장제스를 구하는 군사작전을 고려하지는 않았다. 1950년 1월 12일에 딘 애치슨Dean Acheson 국무부 장관은 아시아의 미국 '방위선'(이른바 애치슨 라인)은 일본에서 필리핀 군도까지라고 공식적으로 발표했다. 그것에 따르면 타이완의 국민당도, 아시아 대륙의 여타 다른 정권들도 미국의 군사 지원을 기대할 수 없었다.

스탈린은 참모들의 조언에 따라, 승리를 만끽하고 있는 마오쩌둥에게 만약 미국이 침략하면 경제원조와 군사 지원을 제공하겠다고 약속했다. 중·소 우호조약이 1950년 2월 14일에 체결되었지만, 구체적인 내용은 단지 1945년에 장제스가 소련에 약속했던 영토 양보를 확인한 것뿐이었다. 스탈린의 시각에서 보면 중국의 신생 정권은 아직 공산주의가 아니었고, 그렇기에 마오쩌둥은 결코 믿을 만한 동맹 세력이 아니었다. 실제로 신생 중국 정부의 장관 스물네 명 중 열한 명은 공산당 소속이 아니었다. 연합 정권을 공산당 국가로 바꾸기 위해 마오쩌둥은 계속 여러 캠페인을 벌여야 했고, 대개 그것은 유혈 테러를 낳았다. 1958년에서 1962년의 '대약진운동' 과정을 통해 1500만 명에서 4600만 명에 이르는 중국인이 아사했다. 1966년에서 1969년의 '프롤레타리아 문화대혁명' 때는 광신적인 '홍위병'들이 교육 엘리트와 행정 엘리트들을 조직적으로 공격했다.

한국전쟁

중국이 사회주의로 변혁하는 과정은 한국전쟁으로 촉진되었다. 1945년 8월에 약 40년 동안의 한반도 지배가 끝나자, 일본 총독은 재빨리 좌파 성향으로 매우 명성이 높았던 여운형呂運亨에게 상황 관리를 맡겼다. 여운형은 전국인민대표자회의를 열었다. 1945년 9월 6일 '조선인민공화국'이 선포되고, 한반도 전역에서 '인민위원회'가 조직되었다. 광범위한 연립정부가 토지 귀족의 재산 몰수와 대기업의 국유화, 제한된 사회 개혁을 담은 강령을 실천하기 시작했다. 그사이 소련군이 만주에서 한반도 북쪽으로 진입했고, 미군은 남쪽에 도착했다. 트루먼 대통령이 히로시마와 나가사키에 원자탄을 투하한 후에 얄타 협약과는 달리 한반도 점령에 미국이 참여할 뿐 아니라 38선을 따라 미국과 소련의 점령지를 나누자고 요구했을 때, 스탈린은 어떤 이의도 제기하지 않았다.

소련 점령군이 인민공화국 정부와 그 위원회를 승인하자, 미국은 군사정부를 세워 일제 시기의 관료들을 다시 불러들였고, 인민위원회를 무력으로 자주 탄압했다. 한반도 전체를 대표하는 새 정부를 설립하려는 시도는 양측 과격파들 때문에 수포로 돌아갔다. 그러자 1947년 9월에 미국 정부는 유엔에 선거 실시를 위임했다. 공산주의자 김일성金日成이 이끄는 북쪽의 인민공화국 임시 위원회는 유엔 대표단의 입국을 거부했다. 그 결과 선거는 (1948년 5월에) 남쪽에서만 실시되었고, 미군 점령지에 한정된 '대한민국'이 건립되었다. 인민 공화국의 추종자와 온건파들은 나라가 분단되는 것을 우려해 선거를 보이콧했다. 그 결과 보수 정치가로서 미국에서 오랫동안 망명 생활을 했던 이승만 李承晩이 대통령이 될 수 있었다. 북측은 1948년 8월 25일에 그들 나름의 선거로 응수했다. 김일성이 '조선민주주의인민공화국'의 수상이 되었다. 정권이 수립된 후 1948년 말에 소련군은 철수했다. 1949년 6월에는 미군도 철수했다.

하지만 이승만을 비롯해 자산가와 부역자 출신인 그의 추종자들도 그렇고, 김일성을 비롯한 민족해방운동 세력도 모두 분단을 받아들일 생각이 추호도 없었다. 양측은 무장했고, '해방전쟁'을 후원할 보호국을 얻기 위해 애썼다. 김일성은 오래 채근한 끝에 스탈린의 화답을 얻었지만, 이승만은 워싱턴의 반대에 부딪혔다. 1950년 6월 중순에 스탈린은 북한군의 남침에 동의했다. 김일성은 스탈린에게 전쟁은 불가피하고 이승만 정권은 금방 무너질 것이며 미군이 그를 구하기 위해 돌아오지는 않을 것이라고 설득했다.

1950년 6월 25일에 북한군은 38선을 넘어 빠른 속도로 남진했다. 7월 말까지 북한군은 부산 주변의 동남 지방을 빼고 한반도 전역을 장악했다. 트루먼과 참모들은 그 침략으로 소련의 군사 팽창 전략이 드러났다고 파악했다. 이제 그것에 맞설 필요가 있었다. 그들은 특히 중국을 안일하게 공산주의자들에게 빼앗겼다는 여론의 비판을 받고 있었기에 주일 미국 총독인 더글러스 맥아더 장군에게 빨리 공군과 해군을 동원해 한국 정부를 도우라고 명령했다. 당시에 소련 정부가 (중국 의석을 여전히 장제스 정부가 차지하고 있는 것에 분노해서) 안전보장이사회에 참석하는 것을 거부했기 때문에 미국은 한국을 방어하도록 유엔의 위임을 받아 내는 데 성공했다. 총 16개국이 맥아더 장군의 휘하에 군대를 보냈다. 오스트레일리아와 캐나다, 영국 등이 참전했다. 물론 군대의 절반은 미군이었으며, 40퍼센트는 한국군이었다.

9월 15일에 인천에 상륙하면서 맥아더의 반격이 시작되었다. 2주 만에 서울이 수복되었고, 연합군은 38선을 넘어 북진하기 시작했다. 미국과 직접 충돌하지 않기 위해 온 신경을 곤두세웠던 스탈린은 이미 미국의 승리를 예상하고 받아들였다. 그는 모스크바 정치국 회의에서 다음과 같이 말했다. "뭐, 어쩔 것인가? 미국이 극동에서 우리의 인접국이 되도록 내버려 두자. 미국이 그곳으로 오겠지만, 지금 우리는 싸울 준비가 되어 있지 않다."[14]

김일성 정권의 구원자는 마오쩌둥이었다. 맥아더 군대가 넓은 전선을 따라 중국 국경을 향해 다가오자 10월 13일에 마오쩌둥은 저우언라이周恩來 총리의 반대를 무릅쓰고 스탈린의 개입 요청에 따르기로 결심했다. 마오쩌둥은 맥아더 군대가 압록강에서 멈추지 않을 것으로 내다보았다. 특히 그는 미국이 한반도에서 승리하면 그것이 국민당 세력에는 중국을 장악하려는 투쟁을 재개하라는 신호가 되리라고 보았다. 11월 25일에 유엔군이 압록강에 도착하자마자, 중국은 대공세를 개시했다. 맥아더 군대는 남쪽으로 후퇴했다. 12월 31일에 중국군과 북한군은 38선을 넘어 다시 남진했고, 그 후 잠시나마 서울은 다시 그들의 수중에 떨어졌다.

당시 맥아더는 국민당 군대를 대륙에 상륙시키고 중국에도 원자폭탄을 투하하자고 요구했다. 패전의 위험이 닥치자 트루먼 대통령은 맥아더의 요구에 응하려고 했다. 하지만 전선이 다시 안정을 찾자 그는 생각을 바꾸었다. 전쟁은 계속 한반도에 국한되었다. 미국은 반격했고, 1951년 3월에 서울은 다시 수복되었으며, 결국 중국의 연초 공세는 실패로 돌아갔다. 그 후 전쟁은 진지전과 소모전으로 바뀌었다. 4월 초에 맥아더가 미국 의회를 설득해 중국으로 확전하고자 했을 때, 트루먼은 명령 불복종을 이유로 들어 그를 해임했다. 트루먼 행정부는 미국이 동아시아로 개입을 확대할 경우 소련이 그것을 유럽과 페르시아만에서 계속 팽창하는 데 이용할까 봐 우려했다. 미국에 대중국 전쟁은 "잘못된 적에 맞서 잘못된 시간과 잘못된 장소에서 벌이는 잘못된 전쟁"이었다.[15]

미국 지도부는 한국전쟁을 계속 '제한전'으로 불렀지만, 그마저도 희생자를 많이 양산했다. 한국인 사망자 수는 군인과 민간인을 포함해 남한 130만 명, 북한 140만 명에 달했다. 그것은 전체 인구의 10퍼센트 정도였다. 거기에 중국군 약 100만 명, 미군 5만 4000명이 죽었다. 도시와 산업 시설은 대부분 파괴되었다. 1951년 6월에 중국군과 북한군의 지도부는 휴전협정을 제안했다. 하지만 그것은 상당 기간 별 성과를 내지 못했다. 무엇보다도 스탈린이 동맹국들에 서둘러 양보하지는 말라고 경고했기 때문이다. 미군을 한국에 묶어두는 것은 철저히 스탈린의 이익에 맞았다. 1953년 3월에 스탈린이 사망하자 비로소 후임자들은 "가능한 한 빨리 한국에서 평화를 이끌 수 있는 방안"을 강구했다.[16] 그 후 1953년 7월 27일에 군사분계선 근처에 있는 판문점에서 휴전협정이 체결되었다.

휴전선은 38선의 남과 북을 따라 만들어졌다. 한국은 이제 영구히 분단되었다. 북쪽의 강압적인 정권은 점점 더 스탈린주의의 양상을 띠면서도 인접한 두 열강인 중국과 소련 사이에서 균형을 유지하려고 했다. 남쪽은 미국의 원조에 절대적으로 의존했다. 미군의 보호하에 이승만은 매우 권위적으로 통치했다. 그 후 학생과 교수들의 반정부 시위에 군대가 맞서지 않으면서 이승만은 1960년 4월 26일에 하야할 수밖에 없었다. 남한은 잠시 민주주의를 경험했다. 그러나 곧 박정희朴正熙 장군이 주도하는 군사정부가 들어섰고, 광범위한 근대화가 실행되었다.

일본의 민주화

한국전쟁의 여파로 일본도 원래 계획보다 더 오랫동안 미국의 개입을 받았다. 미국 점령군은 탈군사화, 전범 징계, 포괄적인 토지개혁과 의회제 확립을 비롯한 민주화 프로그램을 개시했다. 1946년 10월에 미국은 미국 관료들이 작성한 헌법을 일본 의회가 의결하게 했다. 헌법은 천황의 역할을 "국가와 국민 통합의 상징"으로 제한하고 양원제를 확립했다. 헌법은 시민권과 인권을 보장했으며, 여성은 모든 면에서 남성과 법적으로 동일한 권리를 부여받았다. 게다가 일본은 헌법 9조에서 "국민주권으로서의 전쟁과 국제분쟁을 해결하는 수단으로서 폭력 사용과 위협을 영구적으로" 포기했다.

일본인들은 특히 이 조항을 놓고 격렬히 논쟁했다. 1947년 4월 25일에 선거로 사회당 중심의 내각이 구성되었는데, 다수가 탈군사화를 지지했다. 얼마 지나지 않아 일본을 경제적으로든 군사적으로든 공산주의의 팽창을 막을 완충국으로 만들어야 한다는 생각이 워싱턴을 지배했다. 일본 재벌을 해체하려는 노력은 약해졌고, 노조가 강성이라는 이유로 파업권은 다시 제한되었으며, 극우 민족주의자들 대신에 좌익 세력들이 숙청되었다. 한국전쟁이 발발하자 일본은 탱크와 전투기와 군함으로 무장한 7만 5000명의 '국가경찰 예비대'를 창건할 수 있는 권리를 얻었다.

미국 국방부는 일본과 강화조약을 체결하는 것에 반대하다가 일본 영토에 미군 기지를 계속 보유한다는 조건을 전제로 찬성했다. 실제로 미국은 1951년 9월 8일에 조인된 샌프란시스코 강화조약으로 오키나와섬에 대한 사법재판권 일체를 보유했다. 오키나와는 117개 미군 기지와 함께 미국의 태평양 방어선 구축에서 핵심 역할을 수행하게 되었다. 샌프란시스코 강화조약과 동시에 체결된 미·일 안보 조약에서 일본은 자국 영토에 미군이 주둔하는 것에 동의했다. 하지만 국내 분위기를 고려해서 보수 정치가 요시다 시게루吉田茂 총리는 당시 미국 정부가 원한 일본군 창설 의무를 조약에 포함하기를 거부했다. 반면에 미국도 일본이 침략을 받을 때 일본을 방어할 의무를 공식적으로 확인하지는 않았다.

요시다는 미국 교섭자들에게 5만 명 규모의 일본군을 창설하는 것에 동의한다고 내밀히 말했다. 하지만 '자위대'를 창설하는 법안이 1954년 3월에 의회에서 다수의 지지를 얻을 때까지는 시간이 조금 걸렸다. 그 후 불평등한 안보 조약을 수정하라는 요구가 거세졌다. 협상의 진통 끝에 1960년 1월 21일에 수정 안보 조약이 탄생했다. 그에 따르면 미국은 일본에 군대를 계속 주둔시키고 기존의 공군기지를 확장할 수 있는 권리를 가졌다. 그 대신에 이제는 수정 조약에 군사원조 보장과 상호 자문 의무가 담겼다. 그 외에도 일본은 조약을 일방적으로 파기할 권리를 가졌다. 이런 양보에도 불구하고 조약은 사회당과 공산당, 노조의 강한 반대에 부딪혔다. 대규모 시위와 총파업이 일었지만, 그것으로 조약 비준을 막을 수는 없었다. 그 후 자유민주당(자민당)으로 통합한 보수주의자들은 1960년 11월의 선거에서 압도적 다수의 지지를 얻었다. 그 후 좌파들은 야당 역할에 계속 만족해야만 했다.

미국의 압력으로 일본은 여타 전쟁 상대국과도 관계를 개선했다. 1952년에 일본은 타이완의 국민당 정부와 강화조약을 체결했다. 미국 의회에서 안보 조약이 통과되게 하기 위해 요시다는 베이징의 중국 정권을 결코 인정하지 않았다. 버마(1954), 필리핀(1956), 인도네시아(1958), 남베트남(1959) 같은 국가들과의 협상은 오래 걸렸다. 그들이 각기 제기한 보상 요구를 해결해야 했기 때문이다. 가장 어려운 협상국은 한국이었다. 일본의 한국 지배는 특히 지독한 유산을 남겼기 때문에 양국의 외교 관계는 1965년이 되어서야 정상화되었다. 당시 한국에서 야당의 저항은 격렬했다. 1956년 10월에 일본은 소련과 전쟁 상태를 종식하는 협정을 맺었다. 그것은 영토 분쟁의 타협을 포함했다. 소련은 일본이 반환을 요구한 영토 중 일부, 즉 쿠릴 열도 남쪽과 하보마이 군도歯舞群島와 시코탄色丹島을 돌려주기로 약속했다. 물론 그 약속은 나중에 철회되었다.

동남아시아치의 탈식민화

인도차이나에서 공산주의-민족주의 운동은 우선 프랑스 식민 권력에 맞서야 했다. 점령국 일본이 1945년 8월 14일에 항복하자, 민족 독립을 주장하는 대중 시위가 여러 도시에서 일어났고, 베트남 독립 동맹(베트민Vietminh)의 지방 위원회가 권력을 인수했다. 9월 2일에 베트민의 지도자인 공산주의자 호찌민胡志明은 하노이에서 '베트남 민주공화국'을 선포했다. 하지만 호찌민은 국제 무대에서 승인을 얻지 못했다. 오히려 드골은 영국의 옛 점령지였던 남부 지방으로 자국 군대를 파견했다. 1946년 2월에 프랑스군은 그곳에서 군사적으로나 정치적으로나 지배권을 확립할 수 있었다. 한편 호찌민은 북부를 점령한 중국군을 몰아내기 위해 프랑스와 협상할 생각을 가졌다. 1946년 3월 6일의 협정에 따라 프랑스군은 북쪽으로 가는 통로를 확보했다. 그 대신에 프랑스는 5년 후에 베트남에서 철수하기로 동의했다. 그리고 통일은 국민투표로 결정하기로 했다. 베트남은 '자유국'으로서 인도차이나 연방에 속하기로 했는데, 이는 프랑스 연합의 일원이 되는 것을 의미했다. 프랑스는 베트남 전체가 프랑스의 영향권에 머무는 것을 전제로 베트민이 지배권을 남부로 확장하는 것을 사실상 보장해 주었다.

하지만 타협은 오래가지 못했다. 베트남 남부의 프랑스 총독 티에리 다르장리외Thierry d'Argenlieu는 베트민에 지배권을 넘겨줄 생각이 전혀 없었다. 그 대신에 그는 1946년 6월 1일에 사이공에 코친차이나라는 '자치' 정부를 세웠으며, 장기적으로는 그 권력을 북부로 확장하려고 했다. 파리의 그 누구도 다르장리외에게 맞서려 하지 않았기에 3월 6일의 타협을 실현하기 위한 협상은 곧 막다른 골목에 부딪혔다. 그와 동시에 양측 모두 무장 대결을 옹호하는 자들이 우세를 점했다. 베트민 게릴라들이 프랑스 군인들을 몇 차례 살해하자 프랑스군은 11월 23일에 항구도시 하이퐁의 베트민 진지를 폭격해 베트남인 6000명을 죽였다. 그러자 그새 10만 명으로 늘어난 베트민군의 최고사령관 보응우옌잡武元甲 장군은 하노이의 프랑스 주둔지를 공격하는 것으로 응수했다.

전쟁은 승부를 보지 못한 채 오래갔다. 프랑스는 대부분의 도시를 통제했다. 하지만 농촌과 밀림은 거점을 알 수 없는 게릴라군의 수중에 놓였다. 프랑스인들은 응우옌 왕조의 옛 황제 바오다이保大를 '프랑스 연합의 독립국' 통치자로 세웠지만, 효과를 보지 못했다. 대다수 베트남인이 보기에 황제는 너무도 부패한 인물이었다. 그는 옛 식민 권력자들에게 오히려 부담이 되었을 뿐이다. 마오쩌둥이 승리를 거두자 베트민은 중국으로부터 무기와 군수품을 제공받았다. 프랑스는 이제 미국을 설득해 자신들의 반공 투쟁을 위해 전쟁 물자를 지원하게 하는 데 성공했다. 하지만 라오스로 가는 국경에 위치한, 하노이에서 서쪽으로 300킬로미터 떨어진 디엔비엔푸에서 1954년 5월 7일에 프랑스의 방어진지가 무너지면서 전투가 끝났다. 이 전쟁에서 이길 수가 없다는 생각이 파리를 지배했다.

스탈린이 마오쩌둥의 영향을 억제하려고 했고 마오쩌둥도 미국과 다시 대결하기를 꺼렸기 때문에, 프랑스의 패배가 곧장 베트민의 승리가 되지는 못했다. 두 베트남 정부 외에 프랑스와 영국, 미국, 소련, 중국의 대표단이 참여한 제네바 협정의 결과로 베트남은 북위 17도선을 중심으로 임시로 분단되었다. 호찌민은 실망했지만, 어쩔 수 없이 그것을 받아들여야 했다. 1954년 7월 21일의 휴전협정에서 프랑스군은 북위 17도선을 기점으로 해서 남쪽으로 퇴각하기로 합의했다. 그리고 2년 후 양쪽 모두에서 자유선거를 치르기로 했다.

하지만 선거는 없었다. 사이공에서는 몇 달 뒤에 가톨릭 지도자 응오딘지엠吳廷琰이 미국의 도움으로 새 수상이 되어 프랑스군을 베트남 남부에서 물러나도록 몰아붙였다. 응오딘지엠은 바오다이를 하야시키고 국가원수를 자처했다. 1956년 5월에 그는 자기 정부가 휴전협정에 서명한 것은 아니라며 앞서 선거를 시행하기로 한 합의를 따르지 않았다. 그로 인해 베트남의 재통일은 다시 미래의 일이 되었다. 호찌민은 북쪽에서 종종 강권적인 방법까지 사용하면서 사회주의 변혁을 추진하고 권력을 다졌다. 반면에 남쪽의 응오딘지엠 정권은 부패한 데다 권위적으로 지배했기에 게릴라 부대들을 저항 투쟁으로 적극 내몰았다. 남쪽 게릴라 부대들의 채근으로 베트남 노동당은 1960년 9월에 재통일을 위해 무장투쟁을 확대하기로 결의했다. 인도차이나 전쟁의 두 번째 단계가 시작되었고, 그것은 추후 역사책에 베트남 전쟁으로 기록된다.

인도네시아에서도 독립 운동과 옛 식민 권력 간에 대결이 벌어졌다. 일본이 항복한 후인 1945년 8월 17일에 인도네시아 독립 운동 세력들은 독립 공화국을 선포했다. 반면에 옛 식민 권력은 영국군의 잠정 점령이 끝나자 원래 지배했던 지역으로 돌아왔다. 1946년 3월에 네덜란드군이 인도네시아로 진입하기 전에 이미 아크멧 수카르노Achmed Sukarno를 중심으로 한 인도네시아 공화국 정부는 자바Java와 수마트라Sumatra와 마두라Madura를 장악했다. 초기에 인도네시아 공화국은 네덜란드의 공격을 물리쳤다. 하지만 인도네시아 공화국은 1946년 11월 15일에 링가자티Linggadjati 협정에서 자바와 수마트라로 지배권이 제한되고 장차 인도네시아 연방국가로, 그리고 네덜란드-인도네시아 연합으로 편입되는 것을 받아들여야 했다. 하지만 그런 타협마저도 오래 지속되지 못했다. 1947년 7월에 네덜란드는 인도네시아 공화국 정부가 협정을 위반했다고 주장하면서 경찰을 동원해 유혈 작전을 전개해 자바의 여러 도시와 수마트라의 많은 지역을 점령했다.

유엔의 개입만이 인도네시아 공화국 정부를 구할 수 있었다. 유엔 중재 위원회는 1948년 1월 17일에 인도네시아 공화국의 영토주권을 자바 중부와 수마트라의 하이랜드로 더욱 제한하는 새로운 협정을 관철시켰다. 자바 서부의 주요 쌀 생산지와 수마트라의 농장 및 유전은 여전히 네덜란드의 손 안에 놓였다. 물론 네덜란드 정부는 그 잔여 공화국을 인도네시아 연방에 편입하라고 압박했다. 수카르노가 그것을 단호히 거부했기 때문에, 1948년 12월에 네덜란드는 다시 무기를 들었다. 욕야카르타에 있는 공화국 정부의 청사가 침공받은 후, 대통령 수카르노와 부통령 모하맛 하타Mohammad Hatta를 비롯해 거의 모든 정부 관료가 체포되었다.

베트남 독립 운동과는 달리 인도네시아 독립 운동에서는 공산주의자들이 결코 중심 역할을 하지 않았다. 그것이 이 갈등을 해결하는 데 결정적인 요소가 되었다. 1948년 9월에 자바 동부 마이둔Maidun에서 공산주의자들이 참여했던 봉기가 실패한 후, 공산주의자들의 입지는 더욱 줄었다. 그 결과 미국에서는 인도네시아 민족주의자들을 지지하는 여론이 매우 높았다. 미국 정부는 한목소리로 인도네시아 독립을 인정하라고 요구했던 아랍 연맹과 인도네시아 국가의 편에 섰다. 1949년 가을에 미국 정부는 마셜 플랜과 관련한 경제원조를 중단하겠다고 네덜란드 정부를 압박했다. 그러자 네덜란드 지도부는 재빨리 입장을 바꾸었다. 1949년 11월 2일에 네덜란드는 서뉴기니(이리안바랏Irian Barat)를 제외하고 모든 영유권을 포기했다. 그곳은 수카르노가 1963년에 군대를 동원한 후에야 지배권을 행사할 수 있었다.

인접국 필리핀에서는 미국이 바로 식민 권력이었다. 미국은 이미 1946년 7월 2일에 필리핀의 독립을 승인해 주었다. 그것은 미국이 1930년대 중반부터 실천했던 점진적 해방 계획에 따라 경제적·군사적 특권을 유지하면서 진행된 것이었다. 그렇기에 미국은 독립선언 후 정치 지배 세력인 대지주에게 대항해 농민 봉기가 일어났을 때 정부 편을 들었다. 항일 인민군에서 발원한 후크Huk 운동은 공산주의자들의 지원을 일부 받은 측면이 있으나, 결코 그들에게 조종당하지 않았다. 그럼에도 불구하고 미국은 그들을 위험한 공산주

세력으로 간주했다. 그렇기에 미국은 마누엘 로하스Manuel Roxas 대통령의 정부를 강력하게 지지했다. 후크단은 여러 지역에서 지지 기반을 다졌지만, 결국 1954년 5월에 항복하지 않을 수 없었다. 그 후 미국은 1980년대 말까지 필리핀에서 경제적 영향력을 강화하고 군사기지를 유지할 수 있었다.

말레이반도에는 영국이 있었다. 영국은 일본이 항복한 후 식민 권력으로 돌아왔고, 독립 운동에 맞섰다. 공산주의 지도자들이 독립 운동을 이끌었지만, 그것은 중국계 주민들에게만 국한되었다. 그래서 1948년에 봉기한 반란군을 진압할 때 영국 고등판무관은 말레이 출신 군인과 경찰에게 의지할 수 있었다. 50만 명 이상의 중국계 농민들이 게릴라 점령지에서 이른바 '새마을new villages'로 이주한 뒤 반란군들은 태국 국경 지대에서만 계속 세력을 유지할 수 있었다. 영국은 그곳의 경제 발전에 투자를 많이 했다. 1955년에 서로 경쟁하던 민족 집단인 말레이인과 인도인, 민족주의 성향의 중국인들이 합의해 선거 동맹을 결성했을 때 영국은 아무런 저항 없이 물러났다. 이런 방식으로 영국은 말라야 연방이 1957년 8월 1일에 독립한 후에도 연계를 유지했다.

요컨대 공산주의가 성공을 거둔 곳은 공산주의가 빈농이 빈궁한 삶을 개선하도록 돕고 옛 식민 권력과 결탁한 상류층이 그것을 저지하지 못하는 곳이었다. 냉전으로 인해 미국은 그들의 반식민 원칙보다 더 강력히 그 대결에 휩쓸려 들어가서 태평양 지역의 군사적·경제적 헤게모니를 장악한 열강으로 부상하게 되었다. 하지만 이 지역은 대서양 지역과 같은 정치 결속을 갖지 못했다. 일본과 일본의 옛 지배 지역 사이에 반목이 지속되었고, 국가를 형성하는 과정에서도 수많은 문제가 생겼다. 그로 인해 1954년 초에 미국이 '공산주의 침략자들'에게 맞서자며 제안한 군사동맹에는 영연방국가들인 영국과 오스트리아, 뉴질랜드를 빼고는 단지 필리핀과 태국, 파키스탄만이 참여했다. 1954년에 정식 창립된 '동남아시아 조약기구Southeast Asia Treaty Organization: SEATO' 는 정치적 의미가 거의 없었다.

인도 분단
탈식민화 과정은 옛 일본 제국의 영토에만 그치지 않았다. 근동과 중동,

서남아시아와 아프리카에서는 유럽 열강인 영국과 프랑스가 제국을 청산하는 도도한 흐름에 직면했다. 라틴아메리카에서는 미국에 대한 경제 종속을 극복하려는 노력이 뚜렷했다. 동아시아와 동남아시아에서와 마찬가지로 여기서도 식민 열강으로부터 탈피하는 것은 근대화 과정과 근대국가 형성이라는 웅대한 노력과 결부되었다. 그렇기에 그것은 동서 대결의 소용돌이로 직접 빨려들어 가지 않는 곳에서도 갈등을 일으켰다. 옛 식민 지배자들과 민족주의 성향의 근대화 추진 세력들은 서로 다른 방식으로 기민하게 움직였기 때문에 그 결과 역시 단일하지 않다. 그것을 '제3세계'의 등장, 또는 비동맹국가의 증대라는 식으로 다루는 것은 문제가 많다.

전쟁이 끝날 무렵 영국의 지배에서 인도가 독립하는 것은 너무나도 당연했다. 1942년에 즉각적으로 독립을 요구했던 인도 국민 회의의 지도자와 지지자 6만 명이 체포되자 북인도에서 유혈 폭동이 일어났다. 영국과 인도의 연합군으로 소집되었던 200만 명 이상의 인도군을 통제할 방법을 아는 사람은 어디에도 없었다. 하지만 무엇보다도 전쟁을 수행하기 위해 발전했던 저가품 생산의 인도 공업이 이제 세계시장에서 영국의 수출 전망을 어둡게 만들어 버렸다. 영국이 군수 조달을 위해 이 생산에 완전히 의존하면서 인도는 영국의 채권국이 되었다. 영국의 대對인도 부채는 영국 국민총생산의 5분의 1에 달했다.

문제는 다만 인도아대륙의 상이한 지역과 다양한 지방의 행정 통솔권을 누구에게 넘겨야 할지가 불분명했다는 사실이었다. 자와할랄 네루Jawaharlal Nehru가 이끄는 국민회의는 다양한 민족 집단과 카스트와 종교 공동체를 결속할 하나의 인도 중앙 통합 국가를 건설하기 위한 파트너를 자청했다. 하지만 무함마드 알리 진나Muhammad Ali Jinnah가 이끄는 무슬림 연맹은 이슬람 주민을 위한 독자적인 국가(그의 모국어로는 '순수한 땅'이라는 의미의 '파키스탄')의 건설을 주장했기에 국민회의의 권위는 도전받았다. 아마도 진나는 느슨한 형태의 인도 국가연합의 틀에서 이슬람 주와 힌두 주들이 서로 동등한 권리를 향유하는 방식을 꾀했던 것으로 보인다. 하지만 이 구상은 국민회의의 단일 전체 국가 건설 계획과는 합치할 수 없었다. 그 결과 인도에서 독립은 실상 분단을 대가로 달성될 수밖에 없었다.

1947년 3월에 영국 노동당 정부는 루이스 마운트배튼Louis Mountbatten 경을 인도 총독으로 임명해 파견하면서 1948년 8월까지 인도 독립을 완수하라는 임무를 맡겼다. 진나가 통합 국가 방안을 지지하도록 만들려는 시도가 실패로 끝나자, 마운트배튼은 종교적 기준에 따른 분단을 결정했다. 그것은 진나의 파키스탄을 북동부의 펀자브와 남동부의 벵골 지역 전체로 확대하지 않고 다만 이슬람 신자가 다수를 차지하는 지역으로 한정하는 것을 뜻했다. 펀자브의 비옥한 동부 지역과 대도시 캘커타Calcutta(콜카타)는 인도 영토로 남았다. 소요와 무정부 상태를 막기 위해 마운트배튼은 계획을 서둘러 실천했다. 1947년 6월 3일에 관련 협정이 체결되었고, 1947년 8월 15일에 인도와 파키스탄은 독립국가로 선포되었다.

물론 힌두교도와 이슬람교도 사이의 유혈 사태는 피할 수 없었다. 벵골 총리였던 샤히드 수라와디Shaheed Suhrawardy는 1946년 8월에 캘커타에서 이슬람교도들에게 힌두교도 노동자들을 살해하고 추방하라고 선동했다. 그는 그렇게 해서 캘커타를 파키스탄에 귀속하도록 만들려고 했다. 인도 독립 운동에서 가장 영향력이 큰 지도자인 마하트마 간디Mohandas Gandhi는 독립선언 시에 수라와디를 자신과 함께 캘커타 빈민굴에 살게 하면서 유혈 사태를 일으킨 데 대해 수라와디가 용서를 구하게 했다. 그 일에다가 그 후 며칠 동안 간디가 단식 농성을 지속한 결과로 벵골 서부 지역에서 폭력 사태는 진정되었다. 하지만 펀자브에서 폭력 사태는 더 격렬했다. 수십만 명의 힌두교도와 시크교도가 델리Dehli로 도주했고, 그곳에서 이슬람교도들에게 복수하겠다고 위협했다. 간디는 델리에서 공포와 증오의 폭발을 막고자 서둘러 서쪽으로 달려갔다. 인도 중앙정부의 내무부 장관이 인구수에 따라 파키스탄인들이 받아야 할 국고의 몫을 그들에게 제공하지 않자, 간디는 다시 단식 농성에 돌입했다. 1948년 1월 30일에 간디는 힌두교 과격파 청년의 총격으로 사망했다. 청년은 간디의 조정 노력을 반역으로 여겼다.

분단되는 과정에서 얼마나 많은 사망자가 발생했는지는 알려지지 않았다. 25만 명에서 100만 명 사이일 것으로 추산된다. 국경의 이쪽저쪽으로 이주해야 했던 난민들은 1400만 명에 달했다. 수십만 명의 공직자와 철도 공무원이 서로 자리를 바꾸었다. 행정 자산도 깔끔히 분리되었다. 독립 제후국이었기에 인도와 파키스탄 중 어디로 귀속할지를 스스로 선택해야 했던 카슈미르Kashmir에서는 심지어 무장 대결도 발생했다. 파키스탄 의용병들이 이슬람이 다수인 지역을 파키스탄에 강제로 합병하려 하자 힌두교도인 마하라자maharaja는 인도 정부에 군사원조를 요청했고, 인도공화국과 합병을 선언했다. 1949년 1월에야 비로소 유엔은 휴전을 중재할 수 있었다. 그때부터 카슈미르 영토의 3분의 2는 인도 땅이다.

네루가 이끌었던 인도 정부는 이미 약속한 카슈미르주의 국민투표 실시를 계속 거부했다. 하지만 그 외의 측면에서 보면 인도 정부는 의회제를 안정적으로 확립하는 데 성공했다. 인도 의회제는 개별 주들과 연방국가 사이의 권력균형에 기반을 두었다. 1951년 10월과 1952년 2월 사이에 열린 최초의 전국 선거에서 국민회의가 압도적으로 다수표를 얻었고, 그것은 그 후 1990년대까지 계속 이어진다. 선거의 승리로 네루는 사회주의 근대화 노선을 추진할 수 있었다. 그 결과 인도는 중공업에서 괄목할 만한 발전을 거둘 수 있었다. 하지만 카스트제도를 비롯한 지방의 전통적인 지배 구조를 철폐하지는 못했다. 어쨌든 인도는 수백 명의 독립 제후를 사실상 비폭력적으로 국가에 편입하는 데 성공했다. 아울러 인도는 연방국가를 영리하게 다시 구획함으로써 수많은 언어 갈등을 조정할 수 있었다.

반면에 1948년 9월에 사망한 진나의 후임자들은 1600킬로미터 이상 떨어진 무슬림 영토의 두 지역을 묶어 하나의 통일국가로 만드는 데 심각한 어려움을 느꼈다. 파키스탄 지도부는 남부에서 피신해 온 무슬림 연맹 추종자들과 펀자브 지역 엘리트들로 구성되었다. 여타 서부 지방과 동부 벵골 지역은 국가 지도부의 권위주의 체제를 수용해야만 했다. 1956년에서야 대통령 중심제의 '파키스탄 이슬람공화국' 헌법이 발효되었다. 하지만 선거는 계속 연기되었다. 그 이유는 무엇보다 선거 결과로 벵골인이 다수 세력으로 등장할 것을 두려워했기 때문이다. 무함마드 아유브칸Mohammad Ayub Khan 장군은 대통령 재임 중(1958~1969)에 경제성장을 통해 나라를 어느 정도 안정시켰다. 1971년 초에 서파키스탄의 소수파들이 선거를 통한 국민의회의 구성을 방해하자 동부 벵골인들은 국가 연방에서 빠지기로 결정했다. 서파키스탄 군대는 폭력적으로 이 분열을 저지하려고 나섰으나, 동파키스탄을 도우려고 달려온 인도군에 항복하지 않을 수 없었다. 1971년 12월 16일에 방글라데시 인민공화국은 독립을 인정받았다.

팔레스타인 갈등

유럽 열강은 근동과 중동에서 아랍 민족주의의 등장과 대면해야 했다. 아랍 민족주의의 발전 배경은 근대적 중간층의 성장이었다. 아랍 민족주의는 제국주의자들에게 종속되는 것에 대항했을 뿐만 아니라, 유럽인들이 그 지역을 장악할 때 협력했던 전근대 지배 엘리트들에게도 각을 세웠다. 그렇기에 유럽인들은 공식적으로 독립을 승인한 것을 빼면 경제 부문과 군사 부문에서 어떤 영향력도 발휘하지 못했다. 유럽인들이 권력을 상실한 것은 종종 일어난 내부 봉기와 소요에서 비롯된 결과였다.

아랍 민족주의의 발전은 기본적으로 팔레스타인의 갈등으로 가속화되었다. 그것은 1917년 11월에 영국이 그 지역에서 '유대 민족을 위한 국가 거주지 건설'을 지원하겠다고 약속한 것으로 말미암아 촉발되었다. 영국 정부가 팔레스타인에 대한 권한을 아랍인과 유대인을 위한 이중 국가에 넘기고자 했을 때, 유대인 이주민들은 종전 즈음에 서둘러 독자적인 유대인 국가를 건설하려고 했다. 1945년 10월부터 이어진 팔레스타인의 영국 시설에 대한 습격과 폭력 행위로 인해 독자적인 유대인 국가를 건설하라는 요구가 탄력을 받았다. 이에 대응해 영국 정부는 1947년 9월에 팔레스타인에서 다음 해 여름까지 철수할 것이라고 발표했다. 영국 정부는 인도의 경우와 마찬가지로 독립을 하게 되면 아직 갈등 중인 당파들이 어떻게든 알아서 서로 머리를 맞댈 것으로 기대했다.

시온주의자들은 나치의 인종 학살 이후에도 아직 유럽에 남아 있는 유대인 난민들에게 시급히 새 고향을 마련해 주어야 한다고 주장했다. 그들이 적극적으로 로비를 한 끝에 1947년 11월 29일에 유엔 총회는 3분의 2의 지지로 두 개의 국가를 건설해 서로 결속시키는 분단 계획을 통과시켰다. 그 안에 따르면 양국은 경제 연합을 구성해야 했고, 예루살렘은 국제화되어 유엔의 신탁 관리로 들어와야 했다. 총회가 열린 당일에도 유대인 군대와 팔레스타인의 아랍 민병대 사이에는 전투가 벌어졌다. 양측은 각각 상대측의 국가 건설을 저지하거나 최소한 자국 영토를 확장하려고 애썼다.

1948년 5월 14일에 영국군은 최종적으로 팔레스타인을 떠났는데, 형식적으로는 권력을 누구에게도 양도하지 않았다. 당시에 유대인 군대는 이미 강자의 지위를 차지했다. 다비드 벤구리온David Ben-Gurion 유대인 국가 평의회 의장은 곧장 독립 '이스라엘 국가'를 선포했다. 미국뿐만 아니라 소련도 이스라엘을 즉각 승인했다. 소련은 유대인 국민국가의 건설을 근동에서 경쟁자 영국의 영향력을 밀어낼 좋은 기회로 보았다. 소련의 무기 조달과 군사훈련은 유대인들이 현대화된 군을 창립하고 초반에 패색이 짙던 전쟁을 승리로 이끄는 데 도움이 되었다.

팔레스타인의 아랍인들은 당연히 아랍 국가들의 지지를 받았다. 하지만 아랍 국가의 지배자들에게 중요한 것은 유대인을 축출하는 것이 아니라 경쟁국의 팽창을 저지하는 것이었다. 실제로 이스라엘군은 계속 공격을 전개해 유엔이 상정했던 경계를 넘어 상당한 영토를 장악하기에 이르렀다. 약 100만 명의 아랍인이 추방되거나 도주했으며, 350개 이상의 아랍인 마을이 파괴되었다. 1949년 상반기가 지나면서 아랍 국가들은 각기 휴전에 나섰다. 즉 처음에는 이집트(2월 24일), 다음은 레바논(3월 23일)과 요르단(4월 3일), 마지막으로 시리아(7월 20일) 순이었다. 요르단강 서안 지구는 요르단 왕에게 이양되었고, 가자 지구는 이집트의 관할로 넘어갔다. 팔레스타인 지역의 5분의 4에서는 이제 이스라엘 국가가 자리를 잡았다. 이스라엘은 잔존 아랍인들을 통합할 생각이 전혀 없었다. 추방당한 아랍인들은 대부분 인접국의 임시 수용소로 몰렸다. 수용소에서 주어진 삶의 조건은 대부분 비참했다. 그 수용소 속에서 팔레스타인 해방기구PLO가 탄생했다. 팔레스타인 해방기구는 1960년대에 팔레스타인 갈등을 새로운 국면으로 이끌었다.

아랍의 자결

이스라엘과의 전쟁에서 패한 것을 계기로 아랍 민족주의자들은 전통적 지배자들에게 맞서 봉기를 일으켰다. 1946년 4월 14일에 프랑스군과 영국군이 최종적으로 철수한 후 주권을 되찾은 시리아에서는 1949년 3월에 군사 쿠데타가 발생해 옛 도시 엘리트가 이끄는 정부를 제거했다. 그들은 팔레스타인의 패배에 책임이 있다고 비난을 받았다. 쿠데타가 연이어 발생했다. 쿠데타와 그에 반격하는 쿠데타가 교대로 반복되는 와중에 아랍 사회주의 바트당('재생당'Baath Party)이 가장 강력한 정치 세력으로 성장했다. 시리아와 마찬가지로 1946년 봄에 독립했던 요르단에서는 압둘라abdullah 왕이 동요르단인과 서요르단인과 팔레스타인 난민을 통합하는 데 큰 어려움을 겪었다. 압둘라 왕은 1951년 7월에 이슬람 극단주의자에게 피살되었다. 압둘라 왕의 손자인 후세인Hussein은 1953년 5월에 미성년으로서 왕위를 물려받아 시리아와 이라크의 팽창 야욕에 맞서 힘겹게 버텼다.

이집트에서는 1952년 초에 지배자들의 부역 행위에 대한 불만이 터져 나왔다. 이집트는 1922년부터 형식적으로 독립국가였으나, 실제로는 영국이 (프랑스와 함께) 여전히 수에즈 운하와 이른바 운하 지대의 군사기지를 확장한 복합 단지를 장악했다. 1952년 1월에 영국군이 순종적이지 않았던 한 이집트 경찰대 숙소에 불을 지르면서 경찰 쉰 명을 사살하자, 카이로에서 폭동이 일어났다. 파루크Farouk 왕은 국가를 통제할 수 있는 힘을 점차 잃었다. 1952년 7월 23일 밤에 가말 압델 나세르Gamal Abdel Nasser와 안와르 사다트Anwar Sadat가 중심이 된 '자유 장교'단이 권력을 넘겨받았다. 파루크는 망명해야 했고, 무하마드 나기브Muhammad Naguib 장군이 총리가 되었다. 2년 후 나세르는 권력을 충분히 강화해 총리직을 넘겨받을 수 있었다. 나세르를 암살하려는 시도가 실패한 후 근본주의 단체인 이슬람 형제단은 금지되었고, 헌법 제정 회의를 위한 선거는 무기한 연기되었다.

1954년 10월에 이집트는 영국과 협상한 끝에 협정을 체결했다. 영국 정부는 20개월 내에 자국 군대를 철수하는 데 동의했다. 아랍 국가들 또는 터키가 이스라엘을 제외한 외부의 어떤 국가로부터 침략을 받는다면,(그럴 것으로 예상되는 국가는 당연히 소련이었다.) 영국은 1961년까지 군사 거점으로 돌아올 수 있는 권리를 가졌다. 나세르는 그 협정을 통해 이집트를 근대화하는 과정에서 영국과 미국의 지원을 받을 수 있을 것으로 기대했다. 그러나 1955년 9월에 나세르가 이스라엘의 침략을 염려해 소련과 무기 조달 협정을 체결하자, 서구 열강은 아주 적대적인 태도를 취했다. 영국과 미국은 나세르가 에너지 공급뿐만 아니라 농산품 생산 합리화를 위해서도 매우 중요하게 여겼던 아스완 하이 댐 건설을 위한 재정 지원을 중단해 버렸다. 1956년 7월에 미국 국무 장관 존 포스터 덜레스John Foster Dulles는 공식적으로 그 댐 프로젝트에서 완전히 철수한다고 선언했다.

나세르는 이에 대한 대응으로 수에즈 운하를 국유화한다고 발표했다. 댐 건설을 위해 영국과 미국이 제공하기로 했다가 빼 버린 비용을 선박 통과로 얻는 수입이 메우게 될 것이었다. 운하 회사의 주식을 소유한 자들은 보상을 받았다. 1956년 9월 15일에 운하 경영은 다시 이집트의 휘하에 들어갔다. 영국은 유엔을 상대로 그 국유화 조치에 이의를 제기했다. 하지만 유엔의 후원 하에 마련된 협정에 따라 이집트와 운하 이용국 협회 사이에 운하 이용 규정이 정해졌다.

하지만 영국 정부와 프랑스 정부는 그 굴욕을 그냥 참고 지나갈 수가 없었다. 그들은 나세르가 아랍 민족주의의 지도자로 부상했으며 근동에서 영국의 지위를 위협할 뿐만 아니라 알제리에서 프랑스의 입지를 침해한다고 보았다. 그래서 프랑스 총리 기 몰레Guy Mollet는 영국 총리 앤서니 이든Anthony Eden과 협의해 이스라엘이 팔레스타인 게릴라와 그들을 후원하는 이집트를 공격하도록 만들 계획을 짰다. 그리고는 영국군과 프랑스군이 그 갈등에 개입할 의도였다. 그들은 싸우는 당사자들을 분리한다는 명목을 내세웠지만, 실제로는 운하 지대를 다시 점령하고 나세르를 무너뜨릴 속셈을 갖고 있었다. 1956년 10월 29일에 이스라엘 군대는 이집트군 진지를 공격했다. 영국과 프랑스는 협약대로 최후통첩을 보냈고, 10월 31일에 운하 지대의 도시들에 공습을 개시했다.

두 열강의 군대가 이집트에 대한 통제권을 되찾기 일보 직전에 드와이트 D. 아이젠하워Dwight D. Eisenhower 미국 대통령은 상황을 중단시켰다. 아이젠하위의 입장에서 보면, 미국 대통령 선거 전야에 유럽 식민 열강이 저런 식으로 자기 이익을 관철하려는 것은 극도로 부적절했다. 그뿐만 아니라 아이젠하워는 소련이 그 상황을 이용해 곧 모든 피억압 민족의 대변자로 자칭하며 나설 것을 우려했다. 당시에 헝가리 봉기를 진압하고 있던 소련 지도부는 모든 교전 당사자에게 무기 사용을 즉각 중단하지 않으면 '끔찍한 살상 무기'를 투입하겠다고 위협했다. 미국 정부의 요구로 유엔 안전보장이사회는 11월 6일에 즉각 휴전과 침략군의 철수를 요구하는 결의안을 가결했다. 이든 총리가 먼저 굴복했고, 뒤이어 몰레와 벤구리온도 어쩔 수 없이 따랐다.

이 패배는 영국과 프랑스가 근동 지역에서 우월적 지위를 완전히 상실했음을 의미했다. 나세르는 범아랍주의 운동의 지도자로 우뚝 섰다. 범아랍주의 운동은 아랍의 모든 인접국에서 호응을 얻었고, 1958년 1월 2일에 '통일 아랍 공화국'이라는 이름으로 이집트가 시리아를 합병했을 때 정점에 달했다. 1958년 7월 14일에 이라크에서는 나세르를 추종하는 군인들이 국왕 파이살 2세Faisal II를 축출하고 현대적인 아랍 정권을 세워 영국군의 철수를 강제했다. 소련은 신생 아랍 국가들의 보호국으로 주가를 높였다. 소련은 이집트와 시리아, 이라크에 상당한 규모의 군사원조와 경제원조를 제공했다. 1958년 11월에 소련은 아스완 하이 댐 건설을 위한 재정 충원에서 가장 많은 분담금을 책임지기로 약속했다. 그에 맞서 미국은 이 지역에서도 소련의 서구 측 상대자 역할을 떠맡아 최소한 요르단과 레바논이라도 반이집트 진영으로 묶어 두기 위해 애썼다.

하지만 당시에 미국은 무엇보다도 이스라엘의 보호국을 자처했다. 이스라엘은 수에즈 전쟁으로 군사적으로는 강력해졌지만, 정치적으로는 완전히 고립되었다. 팔레스타인 의용병이 가자 지구의 진지에서 이스라엘 국경 방향으로 공격을 개시했지만, 그 진지들은 파괴되었고, 이집트의 아카바Aqaba만 해상봉쇄도 해제되었다. 유엔군이 그 두 지역의 현상 유지를 감시했다. 1956년 10월에 이스라엘군의 전광석화 같은 돌격으로 말미암아 아랍인들은 이스라엘군의 강력함을 인정했지만, 그것으로 평화의 지속이 보장되지는 않았다. 이스라엘 민주주의는 이제 미국의 군사원조와 경제원조에 점점 더 의존적이 되었다.

미국은 이스라엘을 비롯해 레바논과 요르단의 나세르 반대파를 지지하면서, 동시에 주요 산유국의 보수적인 봉건 세력들과도 동맹했다. 1951년에 이란에서 민족주의를 지향하는 연정이 영국-이란 석유 회사Anglo-Iranian Oil Company(1954년 이후의 브리티시 퍼트롤리엄British Petroleum Company)를 국유화했고, 샤(이란 왕의 칭호)의 권력을 박탈했다. 하지만 미국중앙정보국CIA은 1953년 8월에 모하마드 모사데크Mohammad Mosaddeq 총리를 무너뜨리고, 샤의 왕좌를 되찾기 위한 군사 쿠데타를 지원했다. 샤는 이제 매장된 원유를 채굴하기 위해 주로 미국 회사들과 협력했다. 영국은 할당량의 축소를 받아들여야 했다. 사우디아라비아에서 사우드Saud 왕은 애초에는 아랍 민족주의에 공감했지만, 곧 미국의 동맹자가 되어 혁명운동에 맞섰다. 그의 동생인 파이살Faisal은 1958년에 총리로서 국무를 넘겨받았고, 정치적으로나 이데올로기적으로 범아랍주의의 맞수로 떠올랐다. 미국과 사우디아라비아는 오랫동안 석유 생산의 이익을 절반씩 나누어 가졌다.

석유는 1830년대 초부터 프랑스 식민지였던 알제리에서도 중요한 문제였다. 하지만 이곳의 경우 프랑스계 이주민이 많았다는 사실이 더 중요했다. 프랑스계 이주민들은 지주로 기반을 다졌고, 그 과정에서 전통적인 현지 문화를 계속 파괴했다. 1950년대 초에는 80만 명 이상, 즉 인구의 대략 11퍼센트가 프랑스인들이었다. 헌법에 따르면 알제리는 3도 체제를 갖추며, 모국 프랑스의 일부였다. 프랑스는 인도차이나에서도 쫓겨 난 뒤라 1956년에 유혈 소요를 겪은 후 모로코와 튀니지에 있는 보호령을 상대적으로 쉽게 포기할 수 있었다. 그렇지만 알제리에서는 달랐다. 아메드 벤 벨라Ahmed Ben Bella를 중심으로 한, 알제리 민족주의의 급진 분파인 민족 해방 전선FLN이 1954년 11월부터 테러를 행하자 식민 권력은 단호히 폭력으로 응수했다. 모로코와 튀니지를 독립시키는 조약에 서명했던 몰레 정부가 사회 개혁과 평등한 시민적 권리를 보장해 줌으로써 이슬람 주민들에게 다가가려던 노력을 중단해 버린 것은 충격적이었다. 프랑스 정착민들의 분노에 영향을 받았기 때문이다. 전쟁은 점점 더 강력해진 알제리 게릴라 부대에 대항해 프랑스군이 대규모로 투입되는 양상으로 전개되었다. 양측 모두 끔찍한 테러 사건들을 겪었다.

알제리의 갈등은 1958년 5월에 프랑스에서 드골이 다시 권력을 잡은 뒤에나 해결의 조짐이 보였다. 겁을 집어먹은 정착민들도, 알제리의 독립을 지지하지만 무력감을 가졌던 사람들도 모두 드골을 구원자로 여겼다. 민족 해방 전선에 타협안을 제시함으로써 전쟁을 끝내려는 시도들이 수포로 돌아가자 드골은 1961년 1월에 국민투표를 실시했다. 국민투표의 결과로 드골은 알제리에서 철수할 수 있는 전권을 가졌다. 협상이 진행되는 동안에도 장군들이 모반을 일으켜 쿠데타를 시도했고, 알제리의 독립을 옹호했던 유명인들이 공격을 받았다.(드골도 두 차례나 암살 목표가 되었다.) 그러던 끝에 1962년 3월 18일에 에비앙Evian에서 독립 협정이 조인되었다. 프랑스는 석유 채굴권과 사하라 Sahara에서 핵실험을 할 권리를 보유했고, 메르스엘케비르Mers-el-Kebir에 해군기지를 계속 둘 수 있었다. 하지만 수십만 명의 프랑스 정주민은 보복 행위가 두려워 황급히 알제리를 떠났다.

사하라 이남 아프리카의 재앙

동남아시아와 아랍 지역과 비교하면 종전 무렵에 사하라 이남 아프리카 지역은 근대 민족주의의 동력, 즉 수출 지향 농업과 무역 네트워크, 공업 성장 등이 아직 충분하지 못한 상태였다. 그렇기에 영국 정부와 프랑스 정부는 '동반 협력 관계를 통한 발전'의 가능성을 믿었다. 그것은 아프리카 대륙에 매장된 풍부한 지하자원을 채굴해 근대화를 이루는 것을 의미했다. 동시에 그렇게 하면 전쟁으로 피폐해진 도시들을 재건하는 데도 유용할 것으로 여겨졌다. 근대화로 근대 엘리트가 생겨날 것이며, 그들이 점차 책임을 떠맡게 될 것이었다. 어느 정도 규모가 될지는 몰랐다. 근대화 과제를 떠맡은 사람들 대부분은 30년 이상의 장기적인 과정이 될 것으로 생각했다.

하지만 그 계획도 농업 사회가 압도적이고 백인들의 관심이 무역에 한정된 곳에서만, 즉 서아프리카의 일부 지역에서만 어느 정도 실현되었다. 오랫동안 '모범 식민지'로 간주되던 골드코스트Gold Coast에서 영국은 1946년에 입법 회의를 도입했다. 1951년 1월 1일부터 발효된 헌법은 선출된 정부가 한정 공

_____가나에서 콰메 은크루마는 1954년에 순수 아프리카 내각을 구성하며 내적 자치권을 확보
했다. 1956년에 은크루마가 재선된 후 가나는 마침내 완전히 독립했다. 그 서아프리카 신생국가
는 '동반 협력 관계를 통한 발전'이라는 영국의 계획이 결실을 맺은 드문 사례 중 하나였다. (John
F. Kennedy Presidential Library and Museum)

동통치를 하도록 규정했다. 1954년에 콰메 은크루마Kwame Nkrumah는 선거에서
승리해 순수 아프리카 내각을 구성함으로써 내적으로 자치권을 관철했으며,
1956년 선거에서 재선된 후 완전 독립을 쟁취할 수 있었다. 1957년 3월 6일에
가나Ghana라는 국가가 등장했다. 국경에 대해 입장이 달랐던 분리주의 세력들

도 결국 가나의 유권자 다수에게 고개를 숙이지 않을 수 없었다.

프랑스 정부는 코트디부아르의 부유한 카카오 재배자인 펠릭스 우푸에부아니Félix Houphouët-Boigny가 이끄는 아프리카 민주 연합Rassemblememt Démocratique Africain: RDA이 발전하자 영국이 가나에서 그랬던 것과 유사하게 대응했다. 아프리카 민주 연합은 초기에는 탄압을 받았지만, 1950년 7월에 향후 프랑스 공동체의 소속 국가로 머물 것이라는 원칙을 밝히는 대가로 자유로운 활동을 보장받았다. 1956년 1월에 우푸에부아니는 몰레 정부에서 장관직에 올랐다. 그의 활약으로 프랑스 국민의회는 1956년 6월 23일에 해외 영토 기본법을 가결했다. 그 법은 프랑스의 아프리카 영토 전역에 보통선거에 입각한 의회를 설치하고, 그로부터 생겨나는 행정기관에 정부의 책임을 갖게 하는 것이었다. 그것에 따라 코트디부아르는 1958년 12월 4일에 프랑스 공동체 안의 자치공화국이 되었다. 우푸에부아니가 바로 총리직을 넘겨받았고, 코트디부아르가 독립한 뒤에는 사망할 때까지 대통령직(1960~1993)을 수행했다.

하지만 이미 가나의 인접국 기니만 해도 상호 합의를 통한 발전 구상이 어그러진 경우였다. 기니는 보크사이트, 금, 다이아몬드 같은 천연자원이 풍부했고, 프랑스는 그것의 채굴에 계속 관심을 가졌다. 그러니 프랑스는 양보할 생각이 적었고, 노동자들에게 기반을 둔 기니의 독립 운동은 점점 더 전투적이 되었다. 독립 운동 지도자인 아메드 세쿠 투레Ahmed Sékou Touré는 국민투표를 한 후 프랑스 공동체에 가입하는 것에 반대했다. 기니는 1958년 10월 2일에 완전히 독립했다. 그런데 그것은 재정 지원을 비롯해 식민 모국으로부터 모든 지원이 끝남을 의미했다. 식민 지배자들은 물러가면서 전화기조차 모두 걷어 갔다.

겁을 먹게 만드는 조치로 고안된 것이 정반대의 효과를 발휘했다. 이제 여타 모든 행정부도 완전 독립을 요구했다. 주로 알제리 문제에 골몰했던 드골은 경제적 연루 관계도 인종적 차이도 무시한 채 작은 규모로 나누는 일이 잦았던 식민 지역의 분할 형식과 개별 국가마다 다른 발전 상태를 무시하고 모두 독립을 보장해 주었다. 1960년 9월까지 아프리카에 있는 14개 프랑스 식민지 지역이 공식적으로 독립국가가 되었다. 우푸에부니조차도 급진 세력에 영향력을 뺏기지 않을까 우려해 그 흐름에 동참했다. 물론 프랑스에 대한 경제 종속은 변함없었다. 다만 이제 프랑스 회사들은 서구 국가의 여타 경쟁자들과 천연자원 채굴권을 나누어 가져야만 했다.

동부 아프리카와 남부 아프리카는 백인 이주민들의 존재가 더 뚜렷했다. 그 결과 '동반 협력 관계의 발전'에 대한 비판이 거셌다. 케냐와 우간다, 탄자니아, 로디지아(현재의 짐바브웨)의 영국 정착민들은 영국이 원주민에게도 동등한 선거권을 보장하려는 것에 상당 기간 반대했다. 마침내 이곳의 민족운동도 프랑스가 항복하는 것을 보고 그 영향을 받아 완전 독립을 주장하기 시작했다. 첫 주자인 줄리우스 니에레레Julius Nyerere가 1961년 5월에 탕가니카(1964년에 잔지바르Sansibar와 함께 탄자니아Tansania로 통일)에서 그 목적을 이루었다. 1962년 10월에는 밀턴 오보테Milton Obote 총리가 우간다를, 1963년 12월에는 조모 케냐타Jomo Kenyatta가 케냐를 독립으로 이끌었다. 1964년 5월에 향후 말라위로 불릴 니아살랜드Njassaland가 독립했고, 1964년 10월에는 북로디지아가 케네스 카운다Kenneth Kaunda의 주로도로 잠비아 공화국으로 독립했다. 1923년부터 영국 식민지로서 백인 정착민들이 자치 정부를 통해 통치했던 남로디지아는 1965년 11월에 독립을 선언했지만, 아프리카계 주민 다수에게는 자유의 권리를 인정하지 않았다. 백인 이주민 국가인 남로디지아는 1980년까지 영국 정부와 민주화를 놓고 계속 협상했다.

영국은 프랑스보다 피식민 민족의 발전에 대해 더 큰 책임감을 가졌다. 반면에 유럽 소국들은 그런 책임감이 전혀 없었다. 포르투갈은 앙골라와 모잠비크와 기니비사우의 해방운동을 군사적으로 탄압하기만 했다. 식민 모국인 포르투갈에서 독재가 무너진 후에야 비로소 해방운동의 지도자들은 권력을 넘겨받을 수 있었다. 벨기에는 콩고에서 광업을 발전시키고 산업화를 지원했지만, 동시에 정치 활동을 엄격히 금지했다. 벨기에는 1959년 1월에 수도 레오폴드빌Léopoldville에서 소요가 격렬해지자 가능하면 빨리 콩고를 독립시키겠다고 결정했다. 콩고는 1960년 6월 30일에 독립이 인정되었다. 유럽인들이 대규모로 콩고를 떠나고 행정이 붕괴되자, 카탕가Katanga와 카사이Kasai 지방의 분리 문제와 중앙정부의 최고 자리를 둘러싼 권력투쟁으로 인해 무장 충

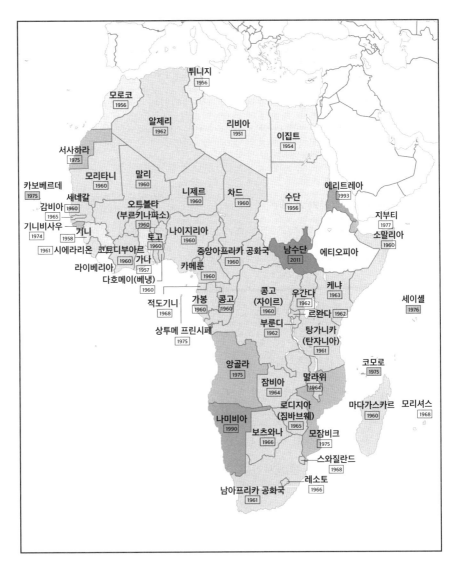

튀니지 1956
모로코 1956
알제리 1962
리비아 1951
이집트 1954
서사하라 1975
카보베르데 1975
모리타니 1960
말리 1960
니제르 1960
차드 1960
수단 1956
에리트레아 1993
세네갈 1960
감비아 1965
오트볼타 (부르키나파소) 1960
지부티 1977
소말리아 1960
기니비사우 1974
기니 1958
시에라리온 1961
토고 1960
나이지리아 1960
코트디부아르 1960
가나 1957
중앙아프리카 공화국 1960
남수단 2011
에티오피아
라이베리아
카메룬 1960
다호메이(베냉) 1960
우간다 1962
케냐 1963
적도기니 1968
가봉 1960
콩고 1960
콩고 (자이르) 1960
르완다 1962
세이셸 1976
상투메 프린시페 1975
부룬디 1962
탕가니카 (탄자니아) 1961
앙골라 1975
잠비아 1964
말라위 1964
코모로 1975
로디지아 (짐바브웨) 1965
마다가스카르 1960
모리셔스 1968
나미비아 1990
보츠와나 1966
모잠비크 1975
스와질란드 1968
남아프리카 공화국 1961
레소토 1966

—— 아프리카 독립국의 증가(1945~2012).

돌이 발생했다. 1965년 11월에 조제프 모부투Joseph Mobutu 장군이 억압적인 군사독재를 세웠을 때에야 비로소 갈등은 끝났다. 1962년에 벨기에는 르완다와 부룬디를 모두 독립시켰다. 물론 벨기에는 그에 앞서 투치족과 후투족 사이의 적대를 해결하기 위해 특별한 노력을 기울이지 않았다.

신속한 탈식민화를 위해 지불해야 했던 대가는 경제 침체와 억압 부활의 악순환이었다. 그 신생국들에서 경제 발전이 자립적으로 이루어지는 일은 극히 드물었다. 무역과 광업과 공업을 장악했던 유럽 회사들과 지역 금권정치가들 사이의 비열한 동맹이 더 일반적인 양상이었다. 원주민들이 생산성 진보를 전혀 경험하지 못했던 곳인 사하라 이남 아프리카는 장기적으로 그 어떤 발전 전망도 없는 '제4세계'로 전락했다.

미국의 라틴아메리카 개입

반면에 중남미 국가들은 이미 오래전부터 탈식민화의 도정에 들어섰다. 20세기 전반기에는 인접국인 미국이 가장 중요한 외국 투자국으로 올라섰다. 그 결과 미국은 중남미의 토착 경제 상류층과 전략 동맹 관계를 가졌다. 그런 상황 탓에 불이익을 본 사람들, 즉 농민과 공장노동자와 여타 하층민들은 코포라티즘corporatism 정권에서 구원의 길을 보았다. 멕시코와 브라질에서 그랬고, 곧이어 아르헨티나에서 특히 심했다. 상황이 이런 정도라면 미국이 직접 개입할 이유가 없었다. 멕시코와 브라질에서 석유 회사들이 국유화되었을 때, 미국은 그 회사 생산물을 보이콧하는 정도로만 응수했다. 1952년에 볼리비아에서 농민과 노동자가 지지하는 혁명운동이 권력을 넘겨받자, 아이젠하워 정부는 생필품을 지원하고 경제원조를 제공하면서 새로운 권력자를 도와주었다. 그것을 통해 신생 정권의 온건파들을 강화하겠다는 속셈이었다.

라틴아메리카 혁명가들이 공산주의자들과 연합하자마자, 미국은 단호히 그들에게 맞서기로 결정했다. 첫 사건은 과테말라에서 발생했다. 1952년 6월에 하코보 아르벤스 구스만Jacobo Árbenz Guzmán 대통령이 불용 농지를 몰수해 분배하기 시작했다. 작은 정당이었지만 점점 영향력을 높여 가던 공산당이 그것을 지지했다. 주요 몰수 대상자는 미국의 유나이티드 프루트 컴퍼니United Fruit Company였다. 그 회사는 대규모 바나나 농장 재배로 과테말라 경제를 지배했다. 그 회사 간부들은 개혁을 소련의 권력 장악이라고 비난했고, 아이젠하워가 CIA를 통해 아르벤스 정부를 전복하도록 만들었다. 1954년 6월에 CIA는 온두라스에서 과테말라로 수백 명의 무장 군인을 투입했다. CIA 폭격기들은 과테말라시티를 비롯해 여러 도시의 중심지들을 폭격했다. 이에 상당수의 장교가 아르벤스 정권에서 이탈했고, 대통령은 도주해야 했다. 군사정권은 농민들에게서 그들이 얼마 전 분배받은 토지를 다시 빼앗았다.

피델 카스트로Fidel Castro가 약 2년 동안 게릴라 투쟁을 한 후 1959년 초에 쿠바에서 권력을 잡고 즉각 토지개혁을 실시해 미국 사탕수수 농장을 위협했을 때도 미국은 같은 방식으로 대응했다. 카스트로는 공산주의자는 아니었지만, 혁명정부의 지도부를 둘러싼 투쟁에서 공산당PCC, 즉 쿠바섬의 유일한 정치 대중조직에 점점 더 의지했다. 1960년 2월에 카스트로는 소련과 무역협정을 맺어 미국의 설탕 구매자에게 종속된 정도를 줄이고자 했다. 그런 상황은 아이젠하워의 눈에 카스트로가 남미 전체를 장악할 수 있을 반란 우두머리처럼 보이기에 충분했다. 아이젠하워는 CIA에 과테말라의 사례를 모범으로 삼아 쿠바 침공을 준비하라고 명령했다. 카스트로가 쿠바에 주재한 미국 주요 기업들을 국유화한 뒤, 미국 의회는 설탕 수입을 제한하고 일부 영역의 무역 엠바고를 결의했다. 1962년 2월에 엠바고는 쿠바로부터 들어오는 모든 물품으로 확대되었다.

1961년 4월의 쿠바 침공은 아이젠하워의 후임자인 존 F. 케네디John F. Kennedy 대통령 아래에서 수행되었다. CIA는 1400명의 망명 쿠바인을 무장시키고 훈련시켰지만, 그들은 과테말라에서와는 달리 성공하지 못했다. 카스트로는 이미 쿠바군을 전면적으로 재건했고, 10만 명의 반정부 인사를 미리 구금했다. 게다가 기대했던 민중 봉기도 일어나지 않았다. 침략자들은 사흘 만에 비참하게 항복했다. 미국은 카스트로를 무너뜨리기는커녕 오히려 그의 입지를 더 강화했다. 여러 남미 국가에서는 쿠바 혁명을 본받아 혁명 투사들이 게릴라 투쟁으로 넘어갔다. 미국의 대對게릴라 작전 전문가에게 배우고 미국의 군사 지원금에서 재정 지원을 받기도 한 경찰과 군부대들이 게릴라들을 패퇴시켰다. 그렇다고 위협이 완전히 사라지지는 않았다. 미국은 유럽 제국주의가 몰락한 후 그것을 대신해 제국주의 세계열강이 되었다는 비난을 들었다.

2   지구적 냉전

탈식민화가 냉전의 틀로 해석되면서 유럽의 블록 형성은 더욱 수월해졌다. 1949년에 유럽에서 만들어진 여러 제도는 애초에는 임시적인 성격을 지녔다. 트루먼 행정부와 미국 여론은 북대서양조약으로 인해 미군이 유럽에서 계속 주둔하는 것이 확정되었다고 보지는 않았다. 오히려 그들은 독일과 오스트리아에서 점령 기간이 끝나면 군대를 철수하게 될 것으로 생각했다. 독일연방공화국Bundesrepublik Deutschland: BRD(이하 서독)의 헌법도 다만 "이행기 동안" 서독에서 국가의 틀을 마련해 "새로운 질서를 부여"하는 "기본법"으로 구상되었을 뿐임을 강조했다.[17] 다른 한편 스탈린에게 독일민주공화국Deutsche Demokratische Republik: DDR(이하 동독)은 "평화 지향의 민주 독일"[18]로 가는 첫걸음이었지만, 사실은 내키지 않는 방식이었다. 스탈린이 그 신생국가의 지도부에 보낸 경축 메시지에 독일 사회주의라고는 일언반구도 없었다.

물론 그 임시 조치들은 곧 굳어졌다. 하지만 유럽 분단이 영속될 위험이 생기자마자 곳곳에서 저항이 일었다. 유럽의 블록 형성을 둘러싸고 격렬한 대결이 전개되었다. 그 결말은 1950년대 중반에야 비로소 뚜렷해졌다.

나토와 유럽 방위공동체

1949년 8월 29일에 마침내 소련이 원자탄 실험에 성공하자 미국은 태도를 바꾸었다. 그때까지만 해도 트루먼 행정부는 미국의 핵무기 독점이 오랫동안 지속될 것으로 믿었고 그렇기에 재래식 무장은 소규모라도 괜찮다고 보았다. (물론 그럴 가능성은 아주 낮아 보였지만) 소련이 서유럽을 침공할 경우에 대비한 전략계획에 따르면, 미군을 대서양 연안으로 물려 놓고 유사시 대규모로 공습하면 그만이었다. 하지만 이제 핵무기의 우위에 기댈 수 없었다. 아울러 중국에서 공산당이 승리함으로써 경제 수단을 통한 봉쇄, 즉 마셜 플랜 같은 방식만으로는 충분하지 않다는 생각도 일었다. 원래 미 국무부 장관 딘 애치슨과 정책 기획관 폴 니츠Paul Nitze가 작성한 1950년 4월 7일 자 국가안전보장회의 문서(NSC-68)는 공산주의의 "세계 지배 공세"를 군사적 우위를 통해 분쇄하도록 요구했다. 그렇게 하려면 서구 방어를 위한 효과적인 기구를 만들어야 하고, 국방 예산을 네 배에서 다섯 배로 늘려야 했다.[19]

효과적인 서구 방어 기구를 만들려면 독일군이 창설되는 것은 당연했다. 서독은 서구 안보의 전초지였다. 그렇기에 서독을 지키지 않은 채 내버려 둘 수도 없었고, 서구 방어를 위한 서독의 기여를 포기할 수도 없었다. 그러나 독일이 재무장해 다시 위협적인 국가가 될 것이라는 두려움이 컸기에 초기에는 독일을 끌어들이는 일이 간단치 않았다. 북한이 대한민국을 침공하면서 동독의 공산주의자들이 서독을 침공한다는 시나리오가 상당 부분 설득력을 얻게 되자, 비로소 서독의 재무장을 옹호하는 자들은 공세에 나섰다. 연방 총리 콘라트 아데나워Konrad Adernuer는 1950년 8월 29일에 "서유럽 국제군이 창설될 경우 독일은 분담의 형식으로 일정한 역할을 수행하겠다."라고 발표했다.[20] 2주 후에 애치슨은 영국 정부와 프랑스 정부에 군비 예산을 증대하고 아울러 대략 열 개 사단 규모의 독일군 창설에 동의해 줄 것을 요구했다. 미국 정부는 단지 이런 전제 조건하에서만 유럽에 군사 개입을 강화하고 나토North Atlantic Treaty Organization: NATO(북대서양조약기구) 통합 참모부의 사령권을 떠맡을 것이라고 밝혔다.

프랑스 정부는 이런 협박에 유럽 방위공동체European Defence Community: EDC

방안으로 응수했다. 꼭 독일군을 창설해야 한다면 서독 정부가 아니라 서유럽 공동체가 군 통수권을 가져야 한다는 주장이었다. 1950년 10월 24일에 르네 플레방Ré Pleven 총리가 언급한 대로, 그것을 통해 프랑스는 유럽 방위 장관의 관할하에 놓이는 유럽군을 창설하기를 원했다. 그것은 "가능한 한 가장 소규모 부대에 기초해" 국가별 할당 군인들로 구성되는 것이었다.[21] 그렇게 되면 독일 참모부는 따로 존재할 이유가 없었다. 그 대신에 유럽에 이미 존재하는 군대를 그저 유럽 방어에 필요한 정도로 새로 조직해 편입하면 될 일이었다. 해외 영토에서 유럽의 이익을 사수하는 일은 계속 각국별로 수행하면 되었다.

물론 서구 방위 공동체에서 독일을 차별하는 이 방안이 서독에서 수용될 리는 만무했다. 아데나워는 그것을 단호히 거부했다. 그는 오히려 독일군이 필요하다는 사실을 서구 점령국이 서독에 부과한 점령 조례의 속박을 벗겨 내는 지렛대로 삼고자 했다. 미국 정부와 영국 정부도 프랑스의 제안을 엉뚱한 발상으로 간주했다. 정치적으로 관철할 수 없을 뿐 아니라 군사적으로도 아주 어리석다는 것이다. 1950년 12월 6일에 주독 미군이 한국으로 이전할 상황이 닥치자 프랑스 정부는 나토의 틀 내에서 독일 전투부대를 창설하는 것에 원칙적으로 동의했다. 다만 독일의 방위 분담 형식은 아직 결정되지 못했다. 그에 상응해 12월 18일과 19일에 브뤼셀에서 열린 대서양조약의 장관 회의는 통합 나토군의 창설을 결의했다. 제2차 세계대전 당시 연합군의 전설적 총사령관이었던 드와이트 D. 아이젠하워 장군이 나토의 첫 총사령관으로 결정되었다.

나토 내 서독의 분담 형식에 대해서는 오랜 협상 끝에야 비로소 합의가 이루어졌다. 1951년 중반에 애치슨은 유럽적 해결책을 마련하지 않으면 프랑스가 동의할 수 없을 것이라는 인식에 도달했다. 물론 그 대신에 프랑스 외무 장관인 로베르 쉬망Robert Schuman은 유럽군에서 독일도 여타 회원국가들과 같은 권리를 보유하는 데 동의해야 했다. 1952년 5월 27일에 프랑스와 독일연방공화국, 이탈리아, 벨기에, 네덜란드, 룩셈부르크의 대표들이 파리에서 서명한 유럽 방위공동체 협정은 장관 회의에서 만장일치로 모든 결정이 이루어진다는 내용을 담았다. 군대는 사단별로 통합되며 서독은 독자적으로 국방부를 가질 수 있었다. 서독은 일단 나토에 가입하지 않았다. 그러나 서독 정부는 유럽 방위공동체의 장관 회의와 나토 회의의 공동 연석회의를 열자고 요구할 수 있었다. 게다가 1952년 5월 26일에 서독 정부가 서구 점령국들과 체결한 일반조약은 점령 조례의 폐기를 결정했다. 물론 서구 승전국들은 '독일 전체'와 관련한 모든 권리를 보유하며 독일인들에게 주요 전략무기의 생산을 금지했다.

한국전쟁 때문이기도 하고, 안보를 위해 타협점을 찾으려는 유럽인들의 의지 때문이기도 해서 군비를 강화하는 야심 찬 프로그램인 'NSC-68'은 의회의 장벽을 쉽게 넘었다. 미국 의회는 유럽에 주둔하는 미군을 (두 개 사단에서 여섯 개 사단으로) 확대하고, 유럽 동맹국에 대해 군사원조를 강화할 뿐만 아니라 수소탄을 개발하며,(1952년 11월에 처음으로 실험에 성공했다.) 미군 수를 150만 명에서 350만 명으로 증강하는 계획을 통과시켰다. 미국의 국방 재정은 1950년의 130억 달러에서 1953년에는 500억 달러 이상으로 증가했다. 결과적으로 국민총생산GNP에서 국방비 지출이 차지하는 비율이 5퍼센트에서 13퍼센트로 상승했다. 그리하여 미국은 이제 서구 동맹국 중 군사 지도 국가로 우뚝 섰다.

소련의 제안들

서구가 군비를 강화하고 서독의 군사화를 결정하자 스탈린도 나름의 방식으로 군비를 강화하며 맞대응했다. 스탈린은 미군이 아직 한반도에서 전쟁을 계속하는 동안에는 서구가 유럽 내 소련 거점들을 공격하지는 않을 것으로 보았다. 하지만 스탈린은 그 후라면 얼마든지 서구가 침략할 가능성이 있다고 믿었다. 그렇기에 동유럽 인민민주주의국가들의 당 대표와 국방부 장관들은 1951년 1월 둘째 주에 모스크바에서 열린 전략 회담에서 1953년 말까지 병력 수를 300만 명으로 늘리는 군비 계획에 합의했다. 또한 소련은 수소탄 개발에 박차를 가했다. 1953년 8월에 소련은 처음으로 수소탄 실험에 성공했다. 미국의 첫 수소탄 실험이 이루어진 뒤 10개월 쯤 되는 때였다.

그와 동시에 스탈린은 협상을 진척시켜 독일과 평화협정을 체결하기 위해 무진 애를 썼다. 소련과 독일이 평화협정을 맺으면 최소한 잠재력이 있는 독일의 무장력이 서구의 군사력으로 편입되지는 않을 것이기 때문이었다. 1950년 11월에 소련 정부는 연합국 외무 장관 회의를 재소집해 회담을 준비하자고 제안했다. 1951년 2월에 외무 장관 회의는 회담에 제출할 평화협정안을 작성하기 시작했다. 하지만 애치슨은 서독군 창설 결의가 이행되지 않는 한 독일 문제에 대해 협상하기를 거부했다. 그러자 소련은 평화협정안의 '개요'를 공개하기로 결정했다. 그렇게 하면 서독과 서구 열강에서는 "의회와 정부 모두 인민의 강한 압력을 받아" 평화협정을 체결할 준비에 나설 수밖에 없을 것으로 보았다.[22] 1952년 3월 10일에 소련 정부는 서구 열강의 정부에 보내는 각서를 발표했다. 각서는 독일인들에게 점령 통치의 종식과 모든 점령군의 철수를 보장하는 내용을 담고 있었다. 물론 그 대가로 독일은 승전국에 대항하는 그 어떤 종류의 동맹에도 가담하지 않아야 했다.[23]

하지만 서독을 비롯해 세계 여론이 독일 중립화를 지지하도록 만들려는 소련의 시도는 참담하게 실패했다. 서구 열강은 응답 각서에서 중립으로 구속하지 않은 채 독일 전역에서 자유선거를 실시할 것을 요구했다. 그러자 스탈린은 동독도 자신의 군비 계획에 포함해 버렸다. 발터 울브리히트Walter Ulbricht는 "사회주의 건설을 가속"시켜도 된다는 허락을 받았다. 1953년 3월 5일에 스탈린이 사망한 뒤 그의 후계자들은 평화협정안을 재점화했다. 라브렌티 베리야Lavrentiy Beria는 스탈린보다 더 분명하게 통일 독일이 "부르주아-민주주의 공화국이 될" 것이라고 강조하며,[24] 사통당 지도부에 동독에서 사회주의를 건설하는 노선을 중단하라고 지시했다. 사통당 정치국은 1953년 6월 24일까지 토론한 끝에 울브리히트를 실각시키는 계획을 마련했다.

1951년에 다시 영국 총리가 된 처칠은 스탈린이 사망하자 이제 소련 정부와 협상할 때가 왔다고 보았다. 그렇기에 독일과 맺을 평화협정을 놓고 실제로 협상이 이루어질 가능성이 커졌다. 1953년 5월 11일의 하원 연설에서 처칠 총리는 즉각 정상회담을 개최하자고 제안했다. 정상회담에서 소련은 독일이나 서구의 공격을 받지 않을 확실한 보증을 얻게 될 것인데, 처칠이 측근인 피어슨 딕슨Pierson Dixon에게 밝혔듯이, 그것은 무엇보다 "독일 중립화 통일"을 통한 것이었다.[25]

1953년 6월 17일

당시에 블록이 형성되는 흐름에 비추어 독일 문제에서 합의를 이루기는 쉽지 않았다. 그렇기에 두 사건으로 인해 합의가 달성되지 못한 것은 당연했다. 우선 동독은 한편으로 통일을 지향하는 '신노선'을 발표했고, 다른 한편으로 1953년 6월 16일에 노동 과업을 상향해 조정했다. 그런 뒤엉킨 상황 탓에 동베를린 노동자들은 들고 일어났다. 봉기는 다음 날 동독 전역으로 확산되었다. 베리야는 비상사태를 선포하고 소련 탱크로 시위대에 맞서도록 조치했다. 사통당 지배에 대항하는 봉기는 쉰한 명의 희생자를 남기며 진압되었다. 그것은 서구 여론에 한목소리로 분노를 불러일으켰고, 독일 중립화의 지지자들을 수세로 내몰기에 충분했다. 7월 중순에 아데나워는 4대 열강 회담의 개최 시 처음부터 독일 전체에서 자유선거를 보장하고 모든 독일 정부에 선택의 자유를 보장하도록 요구하자고 서구 열강에 제안해 지지를 얻었다. 처칠이 제안하려고 했던 방안에 대해서는 그 누구도 더는 언급하지 않았다.

그런데 6월 26일에 베리야가 체포되어 6개월 뒤 교수형에 처해졌다. 소련 국무 최고 회의에서 한발 앞서 행동해 실각을 모면하고 권력을 장악한 베리야의 경쟁자들은 독일 문제에 대해 근본적으로 다른 노선을 추구하지는 않았고, 서구 열강과의 관계에서도 긴장 완화를 모색했다. 하지만 그들은 오래전부터 독일의 정치 현실을 인지하는 데 베리야만큼 명료하지 않았고, 그 결과 베리야만큼 유연하거나 수미일관하게 행동하지도 못했다. 7월 초에 외무장관 몰로토프는 울브리히트의 실각을 막게 했다. 7월 18일에는 울브리히트에게 맞섰던 반대파들이 사통당 정치국에서 소수파로 전락했다. 7월 26일에 사통당 중앙위원회는 그들을 축출하기로 결정했다. 사통당의 총노선은 다시 동독에서 "사회주의를 건설하는" 것으로 맞추어졌다.

1953년 8월 15일에 소련 지도부는 이미 베리야가 권력을 쥐고 있을 때부터 궁리했던 계획, 즉 전 독일 임시정부에 헌법 제정 국민 회의를 위한 선거 준비를 위탁하는 방안을 제시했다. 그런데 그 제안에는 베리야가 애초 구상에 포함했던 점령군의 동시 철수가 더는 언급되지 않았다. 그 대신에 분단된 두 독일 정부는 전 독일 헌법이 통과될 때까지 역할을 계속 수행하는 것으로 제시되었다. 그것은 선거 결과가 소련에 만족스럽지 못할 때를 대비하는 조치로 보였다. 그런 제안은 매력적이지 못했다. 오랜 외교적 진통 끝에 1954년 1월 25일에 베를린에서 4대 열강의 외무 장관 회의가 열렸을 때, 몰로토프는 다시 유연한 태도를 보였다. 평화협정이 발효될 때까지는 아직 독일에 점령군 일부가 계속 주둔해 "통제 업무"를 수행해야 한다는 것이었다.

하지만 그 정도 양보로 독일 중립화안에 대한 지지를 끌어올릴 수는 없었다. 소련에 안전을 보장해 주자는 처칠의 요구는 완전히 무시되었다. 그 대신에 베를린 회담의 서구 열강 대표들은 선거 감시 위원회가 다수 결정권을 갖고 미래의 전 독일 정부가 "평화적 목적을 위해" 타국과 동맹을 맺을 권리를 가져야 한다고 주장했다. 그것은 독일통일을 넘어 유럽 방위공동체 협정을 구출하고 동독을 자신들의 권력 휘하로 흡수하는 것을 목표로 했다. 몰로토프가 그것을 수용하지 않는 것에 그 누구도 놀라지 않았다. 사실 서구 측의 협상 전략은 회담의 실패였다. 그래야 유럽 방위공동체 조약이 방해받지 않고 무사히 승인될 수 있었기 때문이다.

반면에 몰로토프의 유럽 집단 안보 조약안은 서구에서 호응을 얻지 못했다. 몰로토프안은 통일되기 전까지는 동독과 서독 모두가 회원국으로 그 조약에 가입하는 것을 담았다. 그에 반해 미국에는 단지 참관국의 지위만을 보장했고, 유엔 안보리의 또 다른 상임이사국인 중국에도 미국과 같은 지위를 보장했다. 서구 측 정부들은 그 안을 받아들일 수가 없었다. 몰로토프가 집단 안보 조약 체결로 곧장 나토가 해체될 필요는 없다고 말했지만, 상황은 달라지지 않았다. 1954년 2월 18일 독일 문제에 대해 어떤 진전도 이루지 못한 채 회담은 끝나고 말았다. 3월 말에 소련 정부는 각서를 통해 미국이 유럽 집단 안보 체제에 동등한 자격으로 참여할 수 있으며 소련도 나토에 가입하겠다며 수정안을 제시했다. 그러나 아무 소용이 없었다. 서구는 서독을 서구에 통합시키겠다는 입장이 확고했다.

유럽 방위공동체의 실패

소련 지도부는 여러 공세와 제안으로 결국 하나의 목표를 달성하는 데는 성공했다. 즉 소련은 유럽 방위공동체의 추진을 좌절시켰다. 소련의 유럽 집단 안보 조약 구상이 알려지자 프랑스에서는 동서 간 조정이 가능할 수도 있다는 생각이 크게 퍼졌다. 그것은 독일의 재무장과 자국의 주권 포기라는 인기 없는 두 정책의 결합을 비켜 갈 수 있는 우회로로 보였다. 그렇기에 당시 미국 정부가 유럽 방위공동체 조약 비준을 압박하자 오히려 반작용이 일었다. 결국 프랑스 의회에서는 유럽 방위공동체 조약을 통과시킬 만한 다수파가 형성될 수 없었다. 프랑스에서는 내각 교체가 빈번했기에 조약 비준도 계속 연기되었다. 동맹국들은 조약을 수정해 주며 프랑스 국민의회의 비준 가능성을 높여 주었다. 그럼에도 불구하고 국민의회는 1952년 협상 결과의 그런 수정에 조응하지 못했다.

1954년 8월 30일에 프랑스 총리 피에르 망데스 프랑스Pierre Mendès France는 유럽 방위공동체 조약을 표결에 붙였다. 그는 찬성 결과를 위해 모든 것을 걸지는 않았다. 결과는 예상대로 부결이었다. 더 정확히 말해 결과는 처참했다. 319 대 264로 의원의 다수는 유럽 방위공동체 조약에 대해 토론하는 것 자체를 거부했다. 아데나워와 미국 동맹 세력들은 경악했다. 반면에 소련 지도자들은 오랜 노력이 끝내 성과를 냈다고 반겼다.

물론 소련 지도자들의 기쁨은 오래가지 못했다. 서구 안보 체제가 완전히 무너질 위험이 닥치자 서구 협상국들은 모두 순식간에 양보할 자세를 갖추었다. 지금까지 보기 어려웠던 모습이었다. 망데스 프랑스는 서독이 나토에 정식으로 가입하는 것을 받아들였다. 처칠의 후임자인 앤서니 이든은 서독과 이탈리아가 (나중에 서유럽 연합이 될) 브뤼셀 조약에 참여하는 것에 동의했다. 미국 국무 장관 존 포스터 덜레스는 유럽에 주둔하는 미군의 규모를 늘릴 계획이라고 밝혔다. 아데나워는 서독이 대량 살상 무기와 여타 전략 병기의 생산을 포기할 것이라고 확인했다. 게다가 아데나워는 자르 조항에 동의함으로써 평화협정 때까지는 자를란트가 경제적으로 프랑스에 결속됨을 인정했다. 1954년 10월 23일에 서구 외무 장관들은 이러한 내용을 담은 '파리 조약'에

서명했다.

소련 지도자들은 다시금 평화협정 절차와 집단 안보 체제 결성과 관련한 전략 문제들에서 다양한 양보 신호를 보내며 파리 조약의 인준을 막으려고 달려들었다. 가장 크게 효과를 본 곳은 오스트리아였다. 1955년 3월 말에 소련은 오스트리아에서 철군하는 것의 전제 조건으로 독일과의 평화조약 체결을 더는 걸지 않겠다고 양보했다. 오스트리아 정부가 자발적으로 무장중립을 제안했기에 오스트리아 국가 조약은 금방 체결될 수 있었다. 1955년 5월 15일에 빈에서 서명이 이루어졌다. 소련군은 오스트리아 동부 지역에서 철수하기 시작했다. 소련 언론은 같은 일이 독일에서도 일어날 수 있다고 줄기차게 강조했다. 6월 초에 아데나워는 수교를 위해 소련을 방문했다. 초대장에서 언급되었듯이, 수교는 "독일 민주국가로의 통일 재달성"에 기여할 것이었다.[26]

하지만 그 모든 것도 서독의 다수파가 서구 통합을 지지하는 상황을 뒤흔들 정도는 아니었다. '파울 교회 운동'의 대표자들은 파리 조약에 반대하며 총파업을 호소했지만 실패했다. 1955년 2월 27일에 연방의회는 안정적 다수파의 지지로 파리 조약을 비준했다. 정확히 한 달 뒤에 프랑스 하원도 파리 조약을 비준했다. 그리하여 파리 조약은 1955년 5월 5일부터 발효되었다. 서독 정부의 대표들은 그로부터 4일 뒤 처음으로 나토 장관 회의에 참석했다. 1955년 11월에 첫 자원자들이 서독 방위군 연병장에 입영했다. 물론 병역의무자들이 더 큰 규모로 소집되려면 아직 2년이 넘는 시간이 더 필요했다.

서독의 나토 가입을 막으려는 소련의 노력은 모두 실패로 끝났다. 소련 지도부의 새 권력자 니키타 흐루쇼프Nikita Khrushchev는 유럽 정책을 점차 사통당의 동독 지배를 안정시키는 방향으로 바꾸었다. 1955년 5월 14일에 바르샤바에서 동유럽 블록의 정부 수반들이 "우호와 협력 및 상호 지원 협정"에 서명했을 때 동독 총리도 그 자리에 함께했다. 애초에 동독은 바르샤바 조약에 참관국으로만 참여했지만, 곧 정회원국이 되었다. 흐루쇼프는 1955년 7월의 제네바 정상회담에서 마지막으로 탐색한 뒤 그런 것이 아무 소용없음을 확인하고 동베를린의 한 집회에서 "독일민주공화국의 이익을 희생하면서 독일 문제를 해결"할 수는 없으며 "동독의 정치적·사회적 성과를 모두" 없애는 것은 불가능하다고 밝혔다.[27] 두 달 뒤인 1955년 9월 20일에 소련은 동독과 상호 관계 조약을 맺었다. 조약은 동독이 내정과 외정의 문제에 대해 "자유롭게 결정"한다고 규정하며 다만 "독일 전체"에 미치는 4대 열강 협약에 대해서만 유예를 둔다고 밝혔다. 1956년 초에 동독의 병영 주둔 인민 경찰은 국가 인민군 Nationale Volksarmee: NVA으로 바뀌었다. 1956년 1월 28일에 바르샤바 조약국 이사회의 결정에 따라 국가 인민군은 소련 최고사령부 휘하의 바르샤바 조약 군사 기구로 통합되었다. 이제 동쪽의 블록 형성도 완결되었다.

제네바 정신

동서 양 진영의 중립화 주창자들이 우려했던 것과는 달리, 블록 형성이 완료된 후 바로 긴장이 격화되지는 않았다. 서구 동맹국과 소련 양측 모두 유럽에서 세력을 확장하는 것을 즉각적인 목표로 삼지는 않았다. 그렇기에 현상 유지에 의거해 타협하려는 흐름이 도리어 힘을 얻었다. 1954년 초에 수소탄 폭파 실험이 이어지면서 양 진영 모두에서 인류의 자멸 위험이 극명해짐에 따라 그런 흐름은 더욱 강화되었다. 자기 진영의 공고화에 대한 안도와 핵전쟁을 막으려는 관심으로 인해 제2차 세계대전이 끝난 후 10년이 경과하면서 블록의 경계를 넘는 대화가 재개되었다.

그것이 처음으로 분명하게 드러난 것은 1955년 7월 18일에서 23일까지 제네바에서 열린 정상회담이었다. 서구 열강은 오스트리아 국가 조약에 서명한 후부터 그 회담을 준비했다. 회담에서 소련은 핵무기 생산을 통제하는 문제를 거부권이 없는 유엔의 한 기구에 넘기고 양측 모두에 재래식 군비의 상한을 동일하게 적용하는 군축안을 제시했다. 1953년 1월부터 트루먼에 이어 미국 대통령이 된 아이젠하워는 그와 같은 야심 찬 군축안을 따를 생각이 전혀 없었다. 소련의 군축안은 재래식무기에서 뒤지는 것을 핵무장을 통한 공포로 응수하려던 아이젠하워의 구상을 위험에 빠뜨리는 것이었다. 아이젠하워는 실용적인 첫걸음으로 상호 간의 영공 정찰("영공 개방")과 모든 군사시설에 대한 정보 교환에 합의하자고 제안했다. 양측은 군축 대화를 지속하기로 합의했다. 양측 모두 상황을 잘 인식하고 있었다. 흐루쇼프는 다음과 같이 말했다. "우리는 새로운 전쟁의 전야에 살고 있는 것이 아니다. 우리가 우리의 적들을 두려워하듯 그들도 우리를 같은 방식으로 두려워한다."[28]

소련 정부가 서독에 수교를 제안한 것 또한 현상 유지에 기초한 합의로 나아가는 데 도움이 되었다. 소련의 수교 제안은 아데나워에게 양면적 성격을 지녔다. 한편으로 모스크바와 직접 소통하는 것은 그에게 중요했다. 다른 한편으로는 동독 지역 주민들을 대표하는 것도 자신이라는 주장이 흔들릴 위험이 있었다. 1955년 9월 9일에서 13일까지 아데나워가 모스크바를 방문했을 때, 소련 지도자들은 강제 노동 선고를 받고 수용소에 복역 중인 마지막 독일군 포로 1만 명의 송환을 제안했다. 아데나워는 거부할 수 없었다. 서독 외교관들은 소련이 두 독일 국가를 모두 인정해서 어쩔 수 없이 생겨나는 피해를 줄이기 위해 안간힘을 썼다. 여타 국가들에 만약 동독을 인정하면 외교 관계의 단절까지 포함하는 "심각한 결과"가 발생할 것이라고 겁박했다. 이미 그렇게 한 동유럽 블록의 국가들과는 외교 관계를 맺지 않을 것이라고 선언했다. '할슈타인 원칙'의 실천은 동독을 국제적으로 고립시키는 데는 유용했지만, 독일 분단을 극복하는 데는 장애로 작용한다는 사실이 드러났다.

아데나워의 통일 구상에 맞추어 덜레스가 미국 대선 과정에서 말했던 동유럽 '해방 정책'은 핵전쟁의 상호 위협 상황에서는 그저 수사에 불과했다. 1956년 10월 23일에 헝가리에서 스탈린주의 체제에 대항하는 봉기가 발생했을 때, 덜레스는 서둘러 미국은 소련의 위성국가들을 "군사동맹이 가능한 나라로 간주하지 않는다."라고 밝혔다.[29] 하지만 신임 총리인 개혁 공산주의자 너지 임레Nagy Imre는 다당제 민주주의를 도입하고 바르샤바 조약을 탈퇴한다고 선언했다. 그러자 흐루쇼프는 자기 권력 유지에 대한 걱정과 동유럽 블록 해체에 대한 두려움 때문에 10월 31일에 소련군을 보내 봉기를 진압하게 했다.

11월 4일에 소련군은 부다페스트를 공격하기 시작했다. 11월 10일까지 소련군은 헝가리 도처에서 일어난 그 격렬한 저항을 완전히 짓밟았다. 그러나 아이젠하워 행정부는 유엔 총회에서 항의 결의안을 채택하는 것에 만족했다.

핵전쟁 위협 체제로 인해 동유럽 국가들의 공산당 간부들은 지배를 수월하게 유지했고, 소련은 동맹국들에 대해 계속 손쉽게 헤게모니를 행사할 수

_____1956년의 헝가리 반공 봉기 당시 소련의 전차가 부다페스트로 진입하고 있다. 흐루쇼프는 자기 지위를 잃을 수도 있다는 우려와 동유럽 블록 전체가 흔들릴지 모른다는 걱정으로 헝가리로 군대를 보내 스탈린주의 정권에 맞선 봉기를 진압하게 했다. (Wikimedia Commons, © FOTO: FORTEPAN / Nagy Gyula)

있었다. 바르샤바 조약은 탄생 때부터 그런 지배 유지의 도구임이 확인되었다. 이때 그것은 외부로부터 오는 위험뿐만 아니라 자기 진영 내부의 해방운동에 대해 더 맞서는 것이었다. 그동안 서구에서 노동운동과 지식인 자본주의 비판가들 사이에서 상당히 먹히던 소련 모델은 헝가리 봉기가 진압되면서 매력을 크게 잃었다. 공산주의 지배를 유지하기 위한 폭정은 서유럽의 경제 재건 성공과 민주주의의 안정적 발전에 확연히 대비되었다.

유럽 통합

유럽 방위공동체의 건설이 수포로 돌아갔다고 해서 단일 유럽을 건설하려는 노력이 사라진 것은 아니었다. 유럽을 통합하려는 노력은 냉전이 개시되기 전부터 이미 시작되었는데, 소련 블록과의 대결에서 서구를 강화하는 목적만 지닌 것이 아니었다. 유럽의 평화 구축은 제2차 세계대전 중 망명과 민주적 저항운동에서 발생하기 시작한 유럽 통합 운동의 가장 중요한 동기였다. 게다가 유럽이 세계경제의 대국 미국과 맞서 경쟁력을 유지하려면 경제권의 확대가 필요하다는 점도 주목되었다. 그 두 요인이 합해져 유럽인들이 서로 협력하고 경제 통합을 지속할 때만이 (그리고 그 결과로 번영할 때만이) 제1차 세계대전 직후와는 달리 유럽에서 민주주의가 확고히 뿌리내릴 수 있을 것이라는 생각이 자라났다. 그것은 독일에 특히 중요했다. 강한 유럽 공동체에 독일이 통합된다는 것은 독일로부터 더는 위험이 생겨나지 않음을 보장해 줄 수 있었다. 마지막으로 통합 유럽은 두 주요 승전국, 즉 미국이든 소련이든 또는 양자 모두든 그들에게 일방적으로 종속되지 않는 데 도움이 될 수도 있었다.

유럽 통합 운동은 유럽 전체의 운동이었다. 전쟁이 끝나면 국가연합을 건설하자는 내용을 담은 첫 협정은 1942년 1월 15일에 그리스와 유고슬라비아의 망명정부 사이에 체결되었다. 그로부터 일주일 뒤 폴란드와 체코슬로바키아의 망명정부도 비슷한 협약을 체결했다. 1944년 9월 5일에 벨기에와 네덜란드, 룩셈부르크의 정부들은 베네룩스 관세동맹을 결성하는 데 합의했다. 그것은 1948년 1월 1일부터 효력이 발휘되기로 정해졌다. 스탈린은 동유럽 국가의 정부들에 마셜 플랜에 참여하지 말라고 지시를 내렸기에, 그것과 관련한 계획과 협의는 서유럽 차원에서만 진행될 수밖에 없었다. 첫 번째 의미 있는 발전은 1948년 7월에 프랑스 정부가 차후 "유럽 연방 기구의 중핵"이 될 유럽 의회 회의European Parliament Assembly의 구성을 제안한 것이었다.[30] 이미 서부 독일에서 국가 건설이 불가피했기에, 그것은 최소한 유럽 공동체의 통제에 놓여야 했다.

대륙의 유럽인 대다수는 처음부터 영국을 유럽 공동체에 포함시키고자 했다. 하지만 영국인들은 초국가기구의 결정에 따르기를 주저했다. 그렇기에 우선은 유럽 평의회Council of Europe 건설에 그쳤다. 1950년 5월에 프랑스 외무장관 로베르 쉬망이 다시 나섰다. 쉬망은 광산 연합을 건설해 주요 광업을 공동의 감독 기구 아래에 두자고 제안하면서 영국인들은 초국가적 유럽에 참여할지 말지를 결정하라고 압박했다. 대부분의 사람들이 예상한 대로 영국은 불참을 결정했다. 유럽 석탄철강공동체European Coal and Steel Community: ECSC 결성 조약에는 프랑스와 서독, 이탈리아, 벨기에, 네덜란드, 룩셈부르크만이 참여했다. 1952년 7월 23일에 조약이 발효됨으로써 초국가적 "6자 유럽Europa des Sechs: Inner Six"이 생겨났다. 장 모네Jean Monnet를 의장으로 하는 집행 기구는 룩셈부르크에 자리를 잡았다. 유럽 석탄철강공동체 집행 기구는 유럽 중공업의 재건과 현대화가 다시 독일 헤게모니로 귀결되지 않을 뿐만 아니라 동시에 해당 산업 노동자들에게도 부담이 되지 않도록 애썼다.

유럽 이념의 투철한 지지자들은 유럽 정치 공동체를 보조하기 위해 유럽 방위공동체 조약을 되살리려고 했다. 이탈리아의 총리 알치데 데가스페리 Alcide de Gasperi가 보기에 외교와 국방에 대한 결정권을 가지는 초국가기구의 설립은 유럽군을 건설하는 데 정치적으로 꼭 필요한 요건이었다. 그렇게 하면 독일이 독단적으로 치고 나갈 위험을 영구적으로 막을 수 있으리라는 생각은 프랑스에서도 반향이 컸다. 1952년 9월의 유럽 석탄철강공동체 의회 회의는 정치 공동체를 건설하기 위한 조약 초안을 작성하는 작업을 위임받았다. 그러나 정치 공동체 프로젝트는 정부 위원회의 협상에서 계속 삐거덕거렸다. 네덜란드는 자국이 정치 공동체에 참여하는 조건으로 6개국 공동시장의 창설을 내걸었다. 프랑스는 자국 경제가 아직 경쟁력이 부족하다고 보았기에 그럴 생각이 없었다.

1954년 8월 30일에 프랑스 의회가 유럽 방위공동체의 비준을 거부함으로써 그사이에 마련된 유럽 정치 공동체EPC 조약안도 소용이 없어졌다. 광산 연합을 넘어선 유럽 프로젝트의 발전을 이끌 대안을 찾는 과정에서 장 모네는 우선 유럽 원자력 기구를 건설하자고 설파했다. 프랑스와 여타 유럽 국가들이 제3차 산업혁명의 경쟁에 동참하려면 그것은 불가피해 보였다. 아울러 그것을 관철하기란 경제 공동체나 방위 공동체를 만드는 것보다 훨씬 수월해 보였다. 일국 차원의 원자력산업은 충분히 발전하지 못했기에 초국가기구를 만드는 것에 맞설 로비 조직들이 아직 존재하지 않았다. 그에 반해 네덜란드 외무 장관 빌럼 베이언Willem Beyen은 곧 다시 공동시장 프로젝트를 내세웠다. 그는 독일로의 수출을 염두에 두었는데, 그러려면 공동시장이 더 중요했다. 그가 보기에는 통합을 석탄과 철강 또는 원자력산업 같은 일부 경제 부문에 한

정 짓는 일은 경제적으로 비생산적이었다.

6개국은 원자력 공동체와 경제 공동체 둘 모두에 합의함으로써 비로소 실제 통합을 진전시킬 수 있었다. 6개국 외무 장관들은 1955년 6월 초에 메시나Messina에서 회담을 열어 전문가 위원회에 두 공동체의 건설안을 검토하도록 위임했다. 그것을 통해 타협이 이루어졌다. 전문가 위원회의 의장 폴앙리 스파크Paul-Henri Spaak은 실천할 수 있는 안이 나오도록 협상력을 발휘했다. 서독 총리 아데나워와 프랑스 총리 몰레도 협상이 위기를 잘 넘기고 성공적인 결과를 내도록 자주 도왔다. 그때 그들은 둘 다 자국 내 반대에 직면했다. 몰레는 경제 공동체에 회의적이었던 의회 내 다수파와 갈등을 빚었고, 아데나워는 경제인들과 장관들 중 일부와 대결했다. 경제 장관 루트비히 에르하르트Ludwig Erhard는 단지 6개국만 참여하는 관세동맹을 "경제적으로 보면 엉터리 짓"이라고 평가 절하했다.[31]

협상에서 돌파구가 생긴 것은 경제적 이익보다 더 강한 통합에 대한 정치적 관심 때문이었다. 그 결과 1957년 3월 25일에 로마 조약이 탄생했다. 로마 조약은 유럽 경제공동체European Economic Community: EEC의 결성과 유럽 원자력공동체European Atomic Energy Community: EURATOM의 건설을 담았다. 물론 유럽 경제공동체는 총 12년 또는 길게는 심지어 15년 동안 3단계로 진행되며, 유럽 원자력공동체는 기업의 역할이나 군사 부문의 통제 역할을 수행하지 않기로 했다. 관세동맹과 농업 관련 공동 정책, 핵분열물질 소유 협정 등 그것은 모두 유럽 공동체를 형성하기 위한 기본 틀을 만드는 조약이었다. 그러나 여타 정치 영역을 유럽 공동체 차원으로 이월할지의 문제는 회원국 정부들이 모두 찬성하는지의 표결 여부에 달려 있었다. 유럽 합중국 집행위원회Action Committee for the United States of Europe가 조약이 비준되도록 숨은 활동을 전개했다. 모네는 유럽 석탄철강공동체 집행 기구 의장직을 마친 뒤 이 집행위원회로 회원국의 핵심 정치가들을 불러들였다. 두 조약은 1958년 1월 1일부터 발효되었다. 유럽 경제공동체의 업무를 이끌 9인의 독립 위원회는 일단 임시로 브뤼셀에서 활동을 개시했다.

프랑스와 서독의 타협에 기초해 로마 조약으로 합의가 이루어지면서 골치 아픈 문제가 하나 해결되었다. 파리 조약에 대한 자를란트 주민들의 반응이었다. 프랑스 정부와 서독 정부가 기대했던 것과는 달리, 자를란트 주민들은 1955년 10월 23일의 주민 투표에서 압도적 다수로 파리 조약의 자를란트 유럽화 조항을 거부했다. 그 결과 이제 자를란트가 서독에 편입하는 것만이 유일하게 가능했다. 하지만 그렇게 되면 프랑스는 자르 지역의 석탄을 활용할 기회를 잃을 위험이 있었다. 전후 프랑스의 정부와 여론은 자르 지역의 석탄 활용을 포기할 생각이 전혀 없었다. 경제 공동체에 대해 협상하는 과정에서 아데나워는 자를란트에서 석탄을 계속 채굴하는 것에 동의했고, 모젤강의 운하 건설을 위한 재정 지원에 참여할 것이라고 확약했다. 모젤강 운하는 프랑스의 광석과 강철을 채굴하는 데 중요했다. 그 결과 1957년 1월 1일에 자를란트는 서독에 편입되었다. 자를란트의 경제와 통화권이 프랑스에서 독일로 이전되는 것은 이행기를 거쳐 1959년 7월 6일에 완료되었다.

영국은 유럽 경제공동체와 유럽 원자력공동체 중 그 어디에도 참여하지 않았다. 그 대신에 영국은 유럽 경제협력기구OEEC 회원국 전체를 위해 자유무역 지대를 만들고자 했다. 자유무역 지대를 만들어 회원국 간 공업 관세는 점차 없애고 제3국에 대해서는 개별 관세장벽을 그대로 유지하면 영국 경제가 6자 통합 시장에 진입할 수 있을 것으로 보았던 것이다. 하지만 자유무역 지대를 설립하기 위한 협상은 1958년 말에 결국 실패로 끝났다. 프랑스 정부가 공동시장을 지키기 위한 보호 규정을 요구했기 때문이었다. 그러자 영국 정부는 서로 다른 이유에서이기는 하지만 마찬가지로 유럽 경제공동체에 가입하지 않았던 유럽 경제협력기구 국가들을 모아 소규모 자유무역 지대, 즉 유럽 자유무역연합European Free Trade Association: EFTA을 결성했다. 그것은 1960년 5월 3일부터 효력을 발휘했다. 영국과 덴마크, 스웨덴, 노르웨이, 오스트리아, 스위스, 포르투갈이 회원국이었다. 1961년에는 핀란드가 준회원국으로 가입했다.

드골과 정치적 유럽

1958년 5월에 드골이 권력을 인수하면서 원자력 공동체와 경제 공동체는 중요도가 바뀌었다. 드골 대통령은 미국의 원자력산업으로부터 완전히 독립하는 것이 공동 핵 프로그램을 통한 시너지 효과보다 더 중요하다고 보았다. 그 결과 하필이면 원자력 공동체를 탄생시키는 데 가장 결정적으로 공헌했던 중핵 회원국인 프랑스가 이제 빠져나갔다. 그로 인해 원자로 공동시장을 창출하는 일도, 핵 연구 프로그램을 통합하는 일도 모두 실패로 끝났다. 그에 반해 경제 공동체는 애초 합의보다 훨씬 빠른 속도로 꼴을 갖추었다. 드골은 프랑스를 급속히 현대화했고, 그것을 위해 공동시장을 이용했다. 당시 서유럽의 호경기는 드골에게 유리했다. 국민경제의 경계가 점차 흐릿해진 것도 호경기의 지속을 도왔다. 경제 공동체 건설을 둘러싼 협상이 아무 문제없이 순조롭게 진행된 것은 아니었지만, 마침내 6개국 관세동맹은 1968년 7월 1일을 기점으로 완전히 발효되었다. 그것은 계약상의 기한보다 18개월이나 빠른 진전이었다.

더 나아가 드골은 6개국 정치 연맹을 결성하자고 나섰다. 6개국 정치 연맹은 우선 유럽이 독자 방위력을 갖추고 미국에 대한 외교 종속을 극복하는 데 기여할 것이었다. 소련의 핵무기를 탑재한 장거리 폭격기가 미국 영토를 (1950년대 말부터) 사정권으로 갖게 된 후, 드골은 방어가 필요할 때 소련에 핵무기를 투입하겠다는 미국의 보증을 믿을 수 없었다. 그렇기에 유럽은 따로 핵 열강이 될 필요가 있었다. 드골은 유럽의 이익을 위해서 프랑스 핵무기를 사용할 의향이 있었다. 그는 장기적으로 여타 유럽 국가들도 핵무기를 보유하고 심지어 공동 지휘부를 가질 수도 있을 것으로 생각했다. 1960년 2월에 프랑스가 처음으로 핵폭탄 실험에 성공한 뒤 드골은 9월 5일에 유럽 경제공동체 회원국들에 공동의 외교와 국방 정책을 결정할 유럽 정부 수반 상시 위원회를 만들자고 제안했다.

서독 연방 총리 아데나워는 드골의 제안에 큰 관심을 보였다. 아데나워도 드골과 마찬가지로 미국의 안전보장이 의미가 없을 경우를 대비한 예비 보장책을 찾았다. 게다가 아데나워는 프랑스가 서독을 무시한 채 소련과 합의하는 일을 막고자 했다. 반면에 벨기에 정부와 네덜란드 정부는 드골의 제안에서 별 이점을 찾을 수 없었다. 그들은 미국의 보호막 대신 서독과 프랑스의 공동 헤게모니가 등장할 것으로 우려했고, 그것을 저지하려면 영국을 공동시장으로 끌어들일 필요가 있다고 보았다. 게다가 드골은 새로 장관 평의회를 신설해 이미 설치되어 있던 유럽 기구들을 그 아래에 두고 그 신설 장관 평의회ministerial committee는 일시나마 만장일치 의결 방식을 채택하도록 만들고자 했다. 그렇게 되면 사실상 초민족 기구로 되돌아가는 셈인데, 그것을 수용할 사람은 많지 않았다.

정치 연합안에 대한 협상은 순조롭지 않았다. 1961년 10월 19일에 프랑스는 드골의 보좌관 크리스티앙 푸셰Christian Fouchet가 작성한 제안을 제출했다. '포셰안'에 따르면 유럽 연합 조약은 3년 뒤 외교정책과 안보 정책의 단일화와 현존 공동체 기구의 중앙 집중화를 위해 갱신되어야 했다.

그에 반해 네덜란드와 벨기에와 이탈리아는 3년 후 유럽 의회의 권리를 강화해야 하고 장관 평의회에 다수결 제도를 도입해야 한다고 주장했다. 드골이 공동체 기구의 강화를 위한 그 구속 조항을 거부하자, 그들은 1962년 4월에 협상을 중단했다. 그러자 드골은 프랑스와 서독으로 구성되는 양자 연합 프로젝트를 실현시키고자 시도했다. 처음에 아데나워는 주저했다. 하지만 곧 아데나워는 1963년 1월에 파리를 방문해 서독과 프랑스 간 우호와 협력 조약에 서명해 세상을 놀라게 했다. 조약은 양국이 외교정책과 국방 정책에서 서로 협력할 의무가 있다고 밝혔다. 그것에 따라 양국은 최소한 1년에 두 차례 정상회담을 개최해야 했고, 외무 장관과 국방 장관은 각기 3개월마다 만나야 했으며, 그 아래의 관료들은 더 빈번히 만나 현안을 논의해야 했다. 그 밖에도 양국 국민 간의 상호 이해를 영속적인 토대 위에 놓기 위해 서독-프랑스 청년 협회가 만들어졌다. 양국 정부는 "모든 중요한 외교 문제와 관련해서는 결정하기 전에 서로 협의"하고 국방 문제에 관해서도 "공동의 입장에 도달하기 위해서 쌍방의 견해를 서로 접근시키도록" 노력해야 했다.[32]

물론 여당이건 야당이건 대다수 서독 정치가에게 그것은 너무 과했다. 장 모네는 미국으로부터 유럽이 분리되는 것과 유럽 기구의 약화를 우려했다. 서독 정치가들은 모네의 비판에 호응해 연방의회가 비준하는 과정에서 조약에다 전문을 부가해 사실상 조약의 구현을 막았다. 연방의회 의원들은 전문에

_____1962년 7월 8일에 랭스에서 서독과 프랑스의 군사 행진을 지켜보는 콘라트 아데나워와 샤를 드골. 프랑스 대통령 드골은 서독 총리 아데나워를 국빈으로 초대해 프랑스와 서독의 양자 연합 구상을 추진했다. 아데나워는 그것을 받아들여 1963년 1월 22일에 서독과 프랑스 긴 우호와 협력 조약(엘리제 조약)에 서명했다. (Wikimedia Commons, © Bundesarchiv, B 145 Bild-F013405-0006 / Steiner, Egon)

서 미국과의 결속을 강력히 유지하며 빠른 시일 내에 영국을 공동체에 참여시키도록 노력한다는 의지를 표명했다. 드골이 그것을 모욕으로 간주한 것은 당연했다. 1964년 7월에 드골은 아데나워의 후임자인 루트비히 에르하르트를 설득해 공동의 외교 안보 정책을 추진하려고 애를 썼지만, 성과가 없었다. 그후 드골은 서독과 이탈리아가 정치 연합 협상을 재개하자고 나서자 그저 회의적으로 바라보았다.

자립적인 유럽이 구현될 전망이 불투명했기에 드골은 이제 미국 동맹국들에 독립에 대한 자신의 생각을 예시적으로 보여 주기 위한 일에 몰두했다. 1965년 6월 30일에 발터 할슈타인Walter Hallstein이 위원장인 유럽 경제공동체 위원회가 공동 농업정책Common Agricultural Policy을 위한 공동체 차원의 재정 지원에 프랑스가 관심을 보이는 상황을 유럽 의회와 위원회의 권리를 동시에 강화하는 데 이용하려고 시도하자 드골 대통령은 "빈 의자 정책"으로 대응했다. 1965년 6월 30일에 프랑스 외무 장관은 농업 시장의 재정 지원에 대한 협상을 이행기가 끝날 때까지 중단했다. 그 후 드골은 유럽 경제공동체 장관 평의회와 장관 소위 회의에 참석하는 것을 모두 거부했다. 회의에 다시 참석하는 조건으로 그는 경제 공동체 위원회를 징계하고 1966년 1월 1일부터 장관 평의회에 다수결 제도를 도입하기로 한 계획을 철회하라고 요구했다.

물론 드골이 지나쳤다. 유럽 공동체의 회원국들은 프랑스도 자기들만큼 경제 공동체가 절실히 필요하다는 사실을 잘 알고 있었다. 그래서 한편으로는 유럽 의회의 강화가 연기되었고, 다른 한편으로는 농업 시장을 위한 재정 지원 결정도 연기되었다. 중요한 국가이익과 관련된 경우라면 계속 장관 평의회에서 만장일치가 필수적이라는 프랑스의 입장에 유럽 경제공동체 회원국들이 동의하지는 않았지만, 1966년 1월 말에 드골은 보이콧을 철회했다. 다만 유럽 경제공동체 위원회의 역할과 관련해서 드골은 다시 1년이 넘게 질긴 위신 투쟁을 벌인 끝에 성과를 올릴 수 있었다. 세 공동체 기구의 집행부를 통합하고 공동의 에너지 정책을 발전시키는 일을 더는 미루지 않게 하기 위해서 연방 총리 쿠르트 게오르크 키징거Kurt Georg Kiesinger는 1967년 4월 말에 유럽 석탄철강공동체와 유럽 경제공동체, 그리고 유럽 원자력공동체 협력 위원회 위원장을 맡고 있던 할슈타인의 임기를 6개월로 줄이고 곧 후임자를 정하는 데 동의했다. 하지만 할슈타인은 그렇게 할 생각이 전혀 없었다. 그래서 1967년 7월 1일에 세 기구의 집행위원회가 합쳐지자마자 벨기에의 장 레이Jean Rey가 할슈타인의 자리를 대신했다.

1966년 3월 7일에 드골은 대서양 간 통합에 맞서 자신이 추진했던 유럽적 대안이 점차 눈앞에서 멀어지자 나토의 군사 조직에서 프랑스는 탈퇴한다고 선언했다. 프랑스는 대서양 동맹 회원국 지위를 유지했지만, 나토 사령부의 통제권에서 자국 군대를 뺐고, 동맹국들에 프랑스 영토에서 군사기지를 철수하라고 요구했다. 동맹국들은 그 요구를 따랐다. 나토 본부는 파리에서 브뤼셀로 옮겼다. 그렇게 함으로써 드골은 핵 열강으로서 프랑스의 독립을 지켰지만, 6개국 정치 공동체는 이제 저 먼 곳으로 날아가 버렸다. 유럽 국가들은 드골이 일방적인 공세로 자신들을 함부로 대했다고 간주했고, 그 결과 다시 미국과 협력할 방안을 더욱 강력히 찾아 나갔다. 1967년 말에 잔존 나토 회원국들은 "유연한 대응"이라는 공동 전략을 통과시켰다.

영국의 가입

1961년 여름에 영국의 해럴드 맥밀런Harold Macmillan 내각은 이미 유럽 통합에 영국이 불참하기로 한 결정을 수정하기 시작했다. 그러자 유럽 공동체의 장기 발전을 둘러싼 논쟁은 더욱 격렬해졌다. 영국 경제를 위해서는 역동적인 여섯 개 유럽 공동체 국가와의 교역이 영연방의 낡은 결합보다 더 중요하다는 사실이 분명해졌다. 동시에 프랑스 또는 심지어 독일이 유럽에서 정치적 우위를 차지할 위험이 있었다. 그래서 1961년 8월 9일에 영국 정부는 유럽 경제공동체에 가입을 신청했다. 아일랜드 정부와 덴마크 정부도 곧이어 가입을 신청했다. 아일랜드는 영국과 경제적으로 깊이 연루되어 있었기 때문이고, 덴마크는 서독 시장에 자유롭게 진입하는 데 관심이 컸기 때문이다. 1962년 4월에 노르웨이도 뒤질세라 가입을 신청했다. 앞서 신청한 국가들의 가입이 받아들여진다면 노르웨이는 경제적 고립을 면치 못할 것이었기 때문이다.

가입 신청은 6개국 유럽의 회원국가들에서 호의적 반응을 불러일으켰다. 영국을 비롯한 회원 가입 신청국들은 유럽 공동체의 경제 발전 측면에서든 정치적 영향의 측면에서든 모두 환영받을 수 있었다. 그들의 가입은 회원국 내 소국들에 프랑스 또는 서독의 헤게모니에 맞설 보장책으로 여겨졌다. 반면에 드골을 비롯해 유럽의 정치적 독자성을 옹호했던 사람들은 형태를 갖추기도 전에 확장부터 하면 유럽 통합 프로그램이 좌초할지 모른다고 우려했다. 특히 드골이 보기에 영국의 정책은 미국과 협력하는 것을 지향했기에 유럽의 독립이라는 목표가 위기에 빠질 것이었다.

그런 상황에서 맥밀런이 보수 기득권 세력의 눈치를 보면서 영연방의 결속과 관련한 특별 규정을 고집하고 유럽 핵무장 열강의 문제에 대해서도 명료한 입장을 보여 주지 못하자 역효과가 발생했다. 1962년 8월에 영국의 가입 협상은 미로에 빠졌다. 수개월이 지나도록 어떤 진전도 없자 드골은 1963년 1월

14일의 기자회견에서 일방적으로 협상 중단을 발표했다. 드골의 거부는 영국의 가입을 지지했던 국가들에서 격렬한 분노를 불러일으켰지만, 결국에는 달리 어쩔 도리가 없었다. 나머지 국가들의 가입 신청도 의미가 없어졌다.

4년 뒤 회원 가입 문제는 다시 의사일정에 올랐다. 맥밀런의 후임자인 해럴드 윌슨Harold Wilson은 1967년 5월 11일에 다시 가입을 신청했다. 이어 아일랜드와 덴마크와 노르웨이의 정부들도 각기 가입을 신청했다. 영국은 경제 하락이 지속되었다. 그런 상황에서 가입은 보수당 소속의 전임 총리들보다 노동당의 현임 총리 윌슨에게 훨씬 더 시급했다. 그리하여 윌슨은 처음부터 특별 규정을 포기할 생각이 있다고 단호히 말했고, 정치적 유럽 통합의 목표를 지지한다고 밝혔다. 그것을 통해 그는 회원국 중 소국들뿐만 아니라 이탈리아와 서독의 지지도 받았다. 1961년 당시와는 달리 유럽 경제공동체 위원회도 가입 신청국들의 가입을 적극 밀었다. 드골은 1967년 11월 27일에 다시금 일방적인 선언을 통해 협상의 재개를 미루기는 했지만, 결국에는 가입을 더는 막을 수가 없었다.

드골이 가입 협상의 재개에 계속 반대하는 한 베네룩스 삼국의 정부는 프랑스도 이익을 보게 될, 유럽 공동체를 강화하기 위한 모든 노력, 즉 이번에는 서독 정부의 발의로 새롭게 일던 정치 연합 시도뿐만 아니라 미국 경쟁사를 따라잡을 공동의 에너지 정책과 과학기술 정책의 발전, 그리고 서독의 경제력 때문에 점점 더 시급해진 통화 연합 계획 등에 반대했다. 프랑스가 참여하지 않는데도 회원국들이 영국과 정치 협력에 대해 협상을 시작하자 마침내 드골도 굴복했다. 1969년 2월 4일에 드골은 영국 대사 크리스토퍼 솜스Christopher Soames에게 유럽 공동체들의 재조직화에 대해 협상할 의향이 있다고 밝혔다.

윌슨은 간단치 않을 재조직화보다는 현존 공동체에 가입하는 것을 선호했기에 애초에 드골의 재조직화 의향은 영국과 프랑스의 관계에 크게 부정적인 영향을 미쳤다. 그러나 드골의 후임자인 조르주 퐁피두Georges Pompidou는 1969년 12월의 헤이그 정상회담에서 마침내 영국과 가입 협상을 개시하겠다고 밝혔다. 보수당 소속의 에드워드 히스Edward Heath가 윌슨을 대신해 총리가 된 후 5주가 된 때인 1970년 7월에 협상이 개시되었다. 히스는 뉴질랜드의 낙 농 제품과 카리브 지역의 설탕과 관련해서 퐁피두의 양보를 얻어 냈지만, 영국 이 경제 공동체의 규약에 따라 비례 이상으로 재정 분담을 떠맡는 것을 수용 하지 않을 수 없었다. 1971년 6월에 협상이 끝났고, 영국은 1972년 1월 22일 에 브뤼셀에서 나머지 세 신청국과 함께 가입 조약에 서명했다.

새 회원국의 가입이 특정 부문의 경제 이익에 영향을 직접 미치는 것은 불 가피했다. 해당 국가들에서 협상 조건과 가입 결정에 대해 저항이 일었다. 윌슨 은 격렬한 저항에 직면해 사후 협상을 요구하겠다고 말해야 했다. 1972년 7월 13일에 영국 하원은 과반수를 가까스로 넘겨 가입을 비준했다. 아일랜드 의 회는 압도적 다수가 찬성했다. 덴마크는 상황이 달라 국민투표가 치러졌고, 63퍼센트의 지지로 통과되었다. 반대로 노르웨이는 국민투표에서 54퍼센트 로 거부를 결정했다. 그 결과 1973년 1월 1일부터 유럽 공동체 제1차 확대 조 약이 발효되었을 때 노르웨이는 빠졌다.

공동체의 강화

회원 가입 문제에서 프랑스가 굴복하자 그동안 가입을 지지하던 국가들 이 전술적인 이유로 막고 있던 공동체 프로젝트가 발전하는 길도 열렸다. 헤이그 정상회담에서 만난 국가 정상과 정부 수반들은 공동체 자원으로 공 동 농업 시장에 재정을 지원하기로 결의했다. 그것은 유럽 의회의 예산편성권 강화와 관련된 것이었다. 또한 그들은 다음 해에 유럽 경제공동체 위원회와 긴밀히 협력해 경제 연합과 통화 연합의 결성을 위한 단계적 발전 방안을 마 련해 보기로 결의했다. 마지막으로 그들은 외무 장관들에게 "정치 통합 부문 의 발전" 방안을 마련하도록 위임했다.[33]

프랑스가 유보적인 태도를 보였기 때문에 외교정책과 국방 정책에서 나 타난 협력은 빌리 브란트Willy Brandt가 생각했던 정도로 발전하지는 못했다. 벨 기에의 외교관 에티엔 다비뇽Étienne Davignon이 주도하는 전문가 위원회가 작성 한 보고서에 따라 1970년 10월에 유럽 정치 협력European Political Cooperation이 결성되었다. 즉 공동체의 외무 장관들은 정례 회담을 통해 주요 국제정치 문제에 대해 공동 입장을 만들기 위해 노력해야 했다. 외무 장관 간 회합의 행정적 토대는 해당 부처의 정책국 소위에 한정되었다. 그럼에도 불구하고 유럽 공동체의 정부들은 공동의 근동 정책과 남아프리카 정책을 마련하는 데 성공했다. 1973년에서 1975년까지 유럽 안보협력회의Conference on Security and Cooperation in Europe: CSCE의 준비 과정과 개최 과정에서도 그들은 한목소리를 내며 자신들의 요구를 상당 부분 관철할 수 있었다. 알도 모로Aldo Moro는 평의회 의장으로서 유럽 안보협력회의 최종 의정서에 유럽 공동체들을 대표해 서명했다.

통화 공동체와 관련해서는 룩셈부르크 총리인 피에르 베르너Pierre Werner를 의장으로 하는 전문가 위원회가 마찬가지로 1970년 10월에 각국 정부의 경제정책과 재정 정책, 통화정책을 결합할 방안을 제시했다. 그것은 유럽 공동체 기구들을 점진적으로 확장하는 것과 결부되었다. 그것에 따르면 10년 안에 공동 화폐가 도입될 것이었다. 회원국 정부들은 1971년 3월에 그 방안을 약간 수정해 통과시켰다. 그러나 통화 교란이 심각해지면서 그것이 현실화될 가능성은 금방 사라졌다. 뒤이어 프랑스의 주권 상실 우려와 서독의 인플레이션 공포로 인해 단계적 실천 방안에 대해 의견이 일치하기가 쉽지 않았다.

그렇지만 결국 1972년 4월에 유럽 공동체 6개국은 영국과 아일랜드, 스칸디나비아 국가들과 함께 유럽 환율 체제European Exchange Rate Mechanism, 즉 이른바 공동 변동 환시세제curreny snake의 설립에 동의했다. 그것은 약세 통화를 사고 안정 통화를 팔아 세계 전역의 투기 소용돌이에서도 통화안정성이 높은 지대를 만드는 것을 목표로 삼았다. 그러나 이 중간 단계조차도 욕심이 과했던 모양이다. 영국은 이미 유럽 공동체에 가입하기 전에 그 공동 변동 환시체제를 떠났고, 서독은 1973년 3월에 약세 통화의 지원을 중단했다. 1973년과 1974년에 석유 가격이 네 배로 상승하며 세계경제가 위기로 진입한 후에는 프랑스도 더는 그 체제를 유지할 수 없었다. 그리하여 공동 통화는 먼 훗날의 일로 넘어갔다.

정치 연합과 통화 연합을 구현하는 과정의 난관을 보며 빌리 브란트는 정상회담의 제도화를 주장했다. 마치 공동 통화 프로젝트 당시에 장 모네가 제안한 자문에 따른 것 같았다. 유럽 공동체를 확대하는 협상이 종결된 후 브란트는 다시 정상회담을 개최하자고 제안했다. 퐁피두가 동의해 두 사람은 먼저 1972년 10월에 파리에서 회담했다. 1년 뒤 브란트는 국가 정상과 정부 수반의 정례 회동 문제에 대해 퐁피두의 동의를 얻었다. 유럽 통합 과정의 걸림돌을 제거하기 위해 한 해에 세 차례의 정상회담을 개최하게 했다. 공동체 내 소국 정부들은 그와 같은 유럽 평의회European Council로 인해 유럽 공동체 위원회가 무력화될 수 있으며 초민족적 성격이 사라질 위험이 있다고 우려했다. 그렇기에 1973년 12월의 코펜하겐 정상회담에서는 정상회담의 제도화와 관련해 어떤 결의도 만들지 못했다. 1974년 12월의 파리 정상회담에서야 비로소 유럽 평의회를 설치하기로 결정했다. 위원회 의장을 정상회담 회의에 참석하도록 조치함으로써 위원회의 역할과 관련한 우려를 불식시켰다. 동시에 1978년부터 유럽 의회 선거가 직선으로 이루어지도록 그 기반을 마련하기로 결의했다.

유럽 평의회가 구성된 후 장 모네는 자신이 이끈 실행 위원회의 해체를 의결했다. 모네가 보기에 유럽 공동체의 위기관리와 발전 지속은 이제 국가 정상과 정부 수반의 손에 달렸기에 실행 위원회는 더는 필요하지 않았다. 모네는 "우리 위원회는 집행 메커니즘을 만들어 작동시키는 데 공헌했지만, 이제 반드시 필요하다고 볼 수는 없다. 조약에 따르면 명백히 공동체 기관들이나 정부나 새로운 기구들에 귀속되는 일을 우리 위원회가 잘 처리할 수도 없다."[34] 실제로 유럽 통합은 숱한 대결과 타협을 통해 진행 방식과 형식에서 이제 지속 가능한 일정한 형태를 갖추었다.

베를린 위기

서구 열강과 동유럽 블록 국가 모두 재정적인 이유로 재래식 군비 계획을 1950년대 초에 계획했던 규모대로 이행할 수는 없었다. 그래서 미국과 소련의 지도부는 모두 점차 핵 억지력에 의존했다. 핵폭탄 투입을 경고하면서 재래식 군비의 결함을 보충하거나 고비용이 드는 재래식무기고의 감축을 가능하게 만들 수 있었다. 물론 핵 억지 체제로 넘어가니 핵무기로 인한 절멸 공포가 생겨났다. 그래서 핵무기를 보유한 양대 열강 지도부는 대화를 지속해야 한다고 생각했다. 그러나 이데올로기 때문에 생긴 인지 오류와 핵무기 대치 상태에 대한 경험 부족으로 인해 대화가 지속되기는 극히 어려웠고, 그 결과 동서 관계에서 새로운 긴장이 계속 발생했다.

미국은 이미 아이젠하워 재임 당시부터 재빠르게 핵무기 보유고를 확대했다. 1955년에 미국은 소련 영토에 도달할 수 있는 장거리미사일 1309기를 보유했고, 유럽에 투여하려는 목적으로 '전술' 핵무기 698기를 보유했으며, 핵탄두를 총 3008개 보유했다. '대량 보복'이라는 독트린을 통해, 만약에 소련이 재래식무기로 공격하는 경우에도 미국은 소련 영토에 핵무기를 통해 대규모로 반격할 것이라고 경고했다. 유럽 동맹국들은 1956년으로 예정된 주유럽 미군부대의 감축을 메울 요량으로 자국 군대가 근접전에 유용할 소형 핵무기로 무장할 수 있도록 애썼다. 1957년 초에 미국 지도부는 핵탄두는 미국이 보관한다는 조건을 걸었지만, 기본적으로 그것을 수용했다. 다만 미국의 동맹국들은 미국의 발사용 로켓을 보유할 수는 있었다.

소련이 그것을 그냥 보고만 있지는 않았다. 흐루쇼프도 재래식 무장에서 핵무장으로 전환을 추진했다. 스탈린 생애 말기에 높은 수준의 군비를 갖추었던 소련군은 1955년의 570만 명에서 1959년에는 360만 명으로 줄었다. 반면에 유럽을 사정권으로 갖는 중거리 미사일 무기고를 건설했다. 그러나 소련 중거리 미사일 무기고가 만들어지는 속도는 빠르지 않았다. 아울러 미국 영토를 사정권으로 갖는 장거리미사일과 대륙간탄도미사일의 생산은 더욱 어려웠다. 그렇기에 소련 지도부는 유럽에서 나토의 전략무기고가 확장되는 것을 새로운 군비 확대의 일환으로 보았으며, 자신들이 따라갈 수 없을 것이라고 생각했다. 더구나 소련은 그 군비 확대로 인해 서구 열강과 서독은 새로운 선택 가능성을 갖게 되기에 더욱 위험해졌다고 보았다. 그리하여 폴란드 외무장관인 아담 라파츠키Adam Rapacki가 동서 독일과 폴란드를 비핵지대로 만들자고 제안했을 때 흐루쇼프는 그를 지지했다.

라파츠키의 제안은 서구에서도 호응이 적지 않았다. 1958년 3월에 흐루쇼프는 정상회담을 새로 개최해 중부 유럽에서 군비를 억제하고 감시 지대를 만드는 문제를 논의하자고 주장했다. 그는 서구로부터 회담 제안에 동의를 받는 데 성공했다. 물론 이때 흐루쇼프는 서구 여론을 움직여 두 독일 국가와 평화조약을 체결하는 문제도 회의 주제로 삼으려고 시도했다. 서구 열강의 정부들은 흐루쇼프의 그런 과한 요구를 실제로는 군비를 감축하려는 의지가 부족한 징후로 해석해서 회담 개최를 연기했다. 그 대신에 아데나워는 3월 말에 연방의회에서 연방군의 핵무장을 지지하는 다수를 확보했다. 4월에 서독과 프랑스와 이탈리아의 국방 장관들은 핵무기 공동 생산에 대한 협정에 조인했다.

라파츠키의 제안이 실패한 것은 흐루쇼프에게 아쉬운 일이었다. 특히 당시에 흐루쇼프는 울브리히트에게 서구 열강의 서베를린 주둔에 대항해 무슨 조치라도 취하라고 강력하게 요구받고 있었기 때문이다. 울브리히트는 서구 열강의 서베를린 주둔 때문에 체제 대결에서 경제적 승리를 노리는 자신의 노력이 성과를 내지 못한다고 생각했다. 매달 수만 명의 동독 주민이 베를린의 경계지를 이용해 서독으로 망명했다. 특히 주로 교육을 잘 받은 청년 전문직 종사자들이 동독을 떠났다. 그것은 독일의 '노동자·농민 국가'라는 동독의 경쟁력만이 아니라 결국 생존력을 위기에 빠뜨렸다. 1958년 11월 27일에 흐루쇼프는 베를린 최후통첩으로 이 상황에 대응했다. 서구 열강 삼국과 두 독일 정부에 보내는 각서에서 흐루쇼프는 서구 군대가 없는 '자유 도시'로 서베를린을 전환할 것과 베를린을 오가는 통행에 대해 동독과 협상할 것을 요구했다. 흐루쇼프는 그런 내용을 담은 합의가 6개월 내에 달성되지 않으면 동독과 평화협정을 따로 체결할 것이라고 발표했다.

흐루쇼프는 동독과 평화협정을 따로 체결하겠다고 위협함으로써 우선 서구 열강이 동독을 인정하도록 압박할 생각이었다. 그렇게 하면 그 '노동자·농민 국가'가 더 매력적으로 보일 수 있을 것이고 탈주 행렬을 멈출 수 있을 것이라고 희망했다. 게다가 평화협정은 두 독일 국가를 군사동맹에서 떼어 낼 것이었다. 또한 그렇게 되면 중부 유럽에도 비핵지대가 생겨날 수 있을 것이었다. 사회주의는 군사 대결의 구속에서 벗어나 더 나은 사회 모델임을 보일 수 있을 것이었다.

사실 서구 열강은 최후통첩의 압박 때문에 동독을 인정하는 쪽으로 잠시 기울었다. 그러나 소련의 끔찍한 위협으로 인해 독일에서 열강의 퇴각을 옹호한 사람들은 더 수세에 몰렸다. 그리하여 1959년 5월 11일부터 4대 승전국이 제네바에서 외무 장관 회담을 열어 독일 문제와 베를린의 지위에 대해 협상했지만, 아무 성과가 없었다. 흐루쇼프가 1959년 9월 말에 미국을 국빈으로 방문했을 때 아이젠하워와 합의했던 정상회담은 열리기도 전에 이미 끝나 버렸다. 이미 그사이에 서구는 독일 문제와 관련해 그 어떤 양보도 하지 않을 것임이 명료해졌다. 그렇기에 흐루쇼프는 소련 영공에서 미군 정찰기가 비행한 것을 핑계로 삼아 1960년 5월 16일에 파리에서 협상을 개시하기 직전에 아이젠하워에게 사과를 요구했고, 그가 사과하지 않자 심하게 욕을 퍼붓고는 파리를 떠나 버렸다.

또 다른 합의 시도는 아이젠하워의 후임자인 존 F. 케네디와의 만남이었는데, 그것 또한 협박에 넘어가지 않으려는 케네디의 결심으로 아무 성과가 없었다. 흐루쇼프와 케네디가 1961년 6월 5일과 6일에 빈에서 만났을 때 케네디는 베를린을 어떤 경우에도 "포기"하지 않을 것이라고 알렸다. 그에 맞서 흐루쇼프는 이미 오래전에 기한이 지난 최후통첩을 되풀이했다. 케네디는 베를린으로 향하는 진입로를 둘러싸고 무력 대결이 벌어질 가능성에 대비했고, 여론에도 대비하게 했다. 케네디는 공개적으로 전의를 밝히면서도 혹시라도 남아 있을 양해 조정 가능성을 없애지 않으려고 자신에게 꼭 필요한 것을 구체적으로 밝혔다. 베를린을 오가는 통행의 자유, 서구 열강의 군사적·비군사적 베를린 주둔, 서베를린에서의 자유로운 이동이었다.

그것을 기회로 흐루쇼프는 점점 더 심해지는, 동독을 탈출하는 흐름을 저지할 조치를 취했다. 그것은 도시를 가로질러 벽을 세워 베를린의 영역 경계를 봉쇄하는 것이었다. 그 조치는 서베를린을 중립화하거나 심지어 동독에 합병하겠다는 애초 목적과는 조응하지 않았다. 앞서 이미 울브리히트는 그 조치를 반복해서 요구했지만, 흐루쇼프는 거부했었다. 당시 흐루쇼프에게 그것은 전쟁 위험이 매우 커 보였기 때문이다. 그러나 이제 케네디가 베를린 전체에 대한 연합국의 권리를 자신이 싸워 지키고자 하는 "핵심 요구" 리스트에 포함하지 않았기에 흐루쇼프는 베를린의 영역 경계를 임시적으로 봉쇄하는 것은 선택할 수 있는 일로 간주했다. 1961년 8월 1일에 울브리히트는 봉쇄 허락을 받았고, 8월 13일 밤에 그것은 집행되었다.

케네디의 반응은 격렬하지 않았다. 그는 서베를린의 자유가 보장되기만 한다면 동독을 인정하는 문제에 대해 협상할 의사가 있다고 신호를 보냈다. 그것으로 인해 흐루쇼프는 최후통첩을 유화했고, 연말까지 동독과 평화협정을 따로 체결하려는 계획을 포기했다. 울브리히트는 그 때문에 매우 실망했다. 물론 두 독일과 베를린과 연관된 문제 해결을 놓고 벌인 비공식 탐문 대화는 그 어떤 성과도 가져오지 못했다. 아데나워와 드골이 다시 그런 식의 양보를 거부했기 때문이다.

쿠바 위기

이런 상황에서 피델 카스트로는 흐루쇼프에게 미국의 재침략에 맞서 쿠바를 지킬 수 있도록 도와 달라고 간절히 부탁했다. 이에 흐루쇼프는 건곤일척의 승부를 던져 세계를 제3차 세계대전 전야로 내몰았다. 당시에 소련은 쿠바의 무장을 강화하거나 미국의 침략에 맞서 싸울 군대를 보낼 방법이 마땅치 않았다. 그래서 흐루쇼프는 쿠바도 재래식 무장 대신 핵무장을 갖추게 하겠다는 생각을 갖게 되었다. 게다가 소련의 중거리 미사일을 쿠바에 배치하면 미국의 기습 공격에 당할 위험이 줄어들 것으로 보았다. 그사이 핵무장에서 미국의 우위는 엄청나게 강화되었다. 미국은 이제 소련의 열일곱 배나 되는 장거리 폭격기와 대륙간탄도미사일을 보유했으며, 그렇기에 기습 공격을 하면 소련 핵무기의 대부분 또는 전체를 무력하게 만들 수 있었다. 쿠바에 소련의 중거리 미사일을 배치하면 그 미사일이 미국 도시에 도달할 수는 있지만, 그것으로 어떤 변화가 일어나지는 않는다. 그러나 그 가시성으로 말미암아 소련의 중거리 미사일은 미국 지도부가 실제로 그런 선제공격의 기회를 활용하지 못하게 할 수는 있었을 것이다. 1962년 5월 말에 흐루쇼프는 소련공산당 중앙위원회 의장단 회의에서 중거리 미사일을 배치하기로 결정했다. 7월부터 미사일 여든 기와 탄두 마흔 개가 쿠바로 향했다.

흐루쇼프가 예측하지 못한 것은 케네디에게 닥칠 미국 국내 정치의 압박

—————1962년 10월 18일에 케네디가 소련의 외무 장관 안드레이 그로미코를 만나고 있다. 22일에 케네디는 텔레비전 연설을 통해 해상봉쇄를 발표했고, 흐루쇼프에게 이미 쿠바에 배치된 핵미사일을 철수하라고 요구했다. 그것을 통해 케네디는 핵전쟁 위험을 막기 위해 흐루쇼프가 자극적인 책동을 중단하고 협력을 증진하는 노선을 채택하도록 압박을 가했다. (John F. Kennedy Presidential Library and Museum)

이었다. 피그만 침공이 실패한 후 케네디는 쿠바의 해방을 위해 하는 일이 거의 없다고 비판받았다. 그렇기에 9월 초에 처음으로 쿠바에 미사일을 배치한다는 소문이 떠돌자 케네디는 곧장 공격용 미사일의 쿠바 배치를 용인하지 않을 것이라고 공표했다. 10월 중순에 추측이 사실로 드러나자 케네디는 말과 행동이 일치해야 한다고 생각하지 않을 수 없었다. 애초에 그는 쿠바의 미사일 기지가 아직 전투 채비를 갖추기 전에 그곳을 공중 기습 공격으로 파괴하려고 했다. 그것은 전쟁 위험과 직결되기에 케네디는 일단 10월 21일에 소련의 미사일과 탄두의 수송을 막기 위해 해상봉쇄를 실시하고 흐루쇼프에게 미사일을 철수하라고 요구하기로 결정했다. 10월 22일에 케네디는 텔레비전

연설에서 미사일 배치 소식을 알렸고, 흐루쇼프와 세계 여론을 향해 자신의
대응 방침을 밝혔다.

처음에 흐루쇼프는 동요하지 않았다. 하지만 10월 24일 밤에 그는 소련
선박이 해상봉쇄선 바로 앞에 멈추어 서도록 명령했다. 흐루쇼프는 중앙위원
회 의장단 회의에서 미국이 쿠바를 점령하지 않겠다고 약속하면 미사일을 다
시 철수할 수 있는 전권을 위임받았다. 이런 방식의 양해가 일어나지 못했던
것은 우선 흐루쇼프가 10월 27일의 라디오 담화 발표에서 미국도 터키에 배
치한 중거리 미사일을 철수해야 한다고 요구 사항을 덧붙였기 때문이다. 소련
이 제시한 쿠바 배치 미사일 철수의 부속 조건에 케네디는 미동도 하지 않았
다. 케네디는 동맹국의 신뢰 상실을 우려했기 때문이다. 참모들이 48시간 내
쿠바 침공을 요구했을 때 비로소 케네디는 흐루쇼프에게 보내는 비밀 통지문
에서 터키에서 일어날 양보가 공개되지 않는 것을 조건으로 동의했다. 흐루
쇼프는 그것을 받아들여 (워싱턴 시간으로) 10월 28일 오전에 또 한 번의 라디
오 담화 발표에서 쿠바 미사일 기지의 해체만을 발표했다. 그것으로 전쟁 위
험은 제거되었다.

핵전쟁을 통한 자멸 직전까지 가 보았던 공통의 경험 때문에 케네디와 흐
루쇼프는 (비록 양자의 입장 차이는 컸지만) 평화를 유지하기 위한 대책 마련에
함께 나섰다. 양측의 강경파 탓에 세부 사항을 둘러싸고 힘겨루기가 상당 기
간 지속되었다. 1963년 초와 여름에 마침내 의견이 접근해 합의가 성사되었
다. 흐루쇼프는 서베를린을 '자유 도시'로 바꾸자는 요구를 철회했다. 베를린
의 이른바 임시 격리는 이제 영구적 조치가 되었다. 미국 정부와 소련 정부 사
이에는 오해로 인한 핵전쟁 발발 위험을 방지하기 위해 텔렉스 라인과 직통
무선 연결망("붉은 텔레폰")이 설치되었다. 영국과 미국과 소련의 외무 장관들
은 지상 핵실험을 금지하는 최초의 핵실험 협정에 서명했다.

1963년 6월에 케네디는 자국민들에게 소련과 냉전에 대한 입장을 "한 번
더 숙고"해 보기를 요청했다.[35] 흐루쇼프는 핵실험 협정 서명을 완료한 뒤 '제
네바 정신'의 전통에 선 '모스크바 정신'을 선전했다. 그해 가을에 케네디는 흐
루쇼프와 다시 정상회담을 갖고 관계 개선을 더욱 확대할 요량이었다. 즉 우

주 비행 협력과 무역 관계 확대, 상호 군 감축 등이 그의 관심사였다. 흐루쇼프는 그것을 넘어 우주 공간에서 핵무기 사용 금지, 비핵지대와 나토와 바르샤바 조약 간 불가침조약 체결 등을 의제로 삼고자 했다.

그렇게 시작된 긴장 완화를 위한 대화는 1963년 11월에 케네디가 암살되고 1964년 10월에 흐루쇼프가 실각하면서 더 진전을 보지 못했다. 그렇더라도 이제 대화를 중단하기가 어려웠다. 미국과 소련은 현상을 바꾸려는 시도가 순식간에 핵전쟁의 파국으로 치달을 수 있다는 것을 알고 있었다. 미국과 소련은 각기 자기 진영에 대해 통제권을 다지고 핵무기의 확장과 투여 가능성을 제한하는 정책에 집중했다. 미국의 린든 존슨Lyndon Johnson 대통령 정부와 소련의 레오니트 브레즈네프Leonid Brezhnev 서기장과 알렉세이 코시긴Alexei Kosygin 총리를 중심으로 한 흐루쇼프의 후임자들 사이에 벌어진 협상 결과 1966년에 핵무기 확대 금지 협정을 체결하기로 합의되었다. 비핵 국가들 및 "핵무기 개발도상국들"과의 협의가 난항을 겪은 끝에 1968년 7월 1일에야 그 협정에 서명이 이루어졌다.

베트남 전쟁

긴장을 완화하려는 대화를 교란한 또 다른 요인은 미국의 베트남 개입이었다. 북베트남 공산주의자들이 남쪽의 응오딘지엠 정권에 맞서 게릴라 전쟁을 확대하고 여러 저항 단체와 함께 민족 해방 전선National Liberation Front: NLF을 결성하자, 케네디 행정부는 복합적인 '평온 계획pacification program'으로 맞섰다. 그것은 먼저 시골 주민들을 봉기 세력으로부터 보호할 수 있는 '전략촌'에 모아 두는 것, 둘째, 현대 무기와 군사훈련으로 남베트남 전투 병력을 강화하는 것, 셋째, 미국 군사 자문관들을 독자적인 특수부대에서 활동하게 하는 것 등이다. 그렇게 하여 북베트남의 침투는 18개월 내에 저지되어야 했다. 케네디는 응오딘지엠 정권이 허약하다는 것을 잘 알고 있었지만, 남베트남에서 공산주의자들이 승리하면 한국과 일본에서 반미주의 세력들이 힘을 얻을 것이고 서구 자유세계의 기수라는 미국의 지위에 대한 신뢰가 무너질 것으로 우려했다.

그러나 1963년 가을까지 그 수가 이미 1만 6000명까지 증가한 미국 '자문관'의 '평온' 작전들은 결국 허사였다. 무엇보다 응오딘지엠의 오만한 친동생 응오딘누吳廷瑈와 응오딘누의 부인으로 말미암아 남베트남의 불교도들이 응오딘지엠의 지배에 저항했기 때문이다. 1963년 8월에 응오딘누가 군대를 불교사원에 난입시켜 수많은 승려를 살해하거나 상해를 입혔을 때 케네디 행정부는 군사 쿠데타를 지지한다는 암시를 보냈다. 1963년 11월 1일에 실제로 군사 쿠데타가 일어났다. 응오딘지엠과 응오딘누는 총살당했다. 그 후에도 사이공에서는 정권이 수차례 교체되었다. 반면에 민족 해방 전선은 통제권을 농촌 지역에서 점점 더 확장할 수 있었다.

존슨 대통령 치하에서는 비밀 작전들이 (비록 선전포고는 없었지만) 곧장 정규전으로 발전했다. 1964년 2월 1일에 남베트남 군대가 미국의 지원을 받아 북베트남 해안의 군 진지를 노린 작전을 감행했다. 1964년 8월 2일 밤에 북베트남 군함은 통킹만에서 미군 구축함을 폭격했다. 8월 5일에 존슨은 처음으로 북베트남 식량 저장고를 폭격하도록 명령했다. 북베트남 정권은 정규군 동원으로 맞섰다. 그들은 서둘러 남베트남의 베트콩Vietcong을 도왔다. 그것을 보며 존슨의 참모들은 공산주의자들의 승리를 막으려면 미군의 대량 투입과 강화가 필수적이라고 결론을 내렸다. 1965년 3월에 북베트남과 베트콩이 장악한 지역을 겨냥해 폭격(코드명 '롤링 선더Rolling Thunder')이 쉼 없이 전개되었다. 같은 해 5월부터는 미 육군의 신병들이 계속 도착했는데, 그들은 베트콩이 장악한 지역을 수복할 때 돌파를 담당해야 했다.

베트남 전쟁에 참전한 미군의 수가 1965년 5월의 4만 명에서 7월에 27만 5000명으로, 12월에는 44만 3000명으로 늘었다. 1966년 6월에 미국 원정군의 수는 54만 2000명에 달했고, 그중 대부분은 의무병이었다. 그것에 더해 약 5만 명의 한국군, 1만 1000명의 태국군, 1500명의 필리핀군, 8000명의 오스트레일리아군과 500명의 뉴질랜드군이 참전했다. 모두 동남아시아에서 공산주의의 영향이 커지는 것을 두려워했다. 남베트남도 마찬가지로 군을 강화해 50만 명 이상의 군인을 동원했다. 1965년 6월에 응우옌반티에우阮文紹와 응우옌까오끼阮高祺가 중심이 된 군부가 정권을 직접 장악했다. 하지만 전쟁 수행은 전적으로 미군 참모진에 달려 있었다. 1968년 10월 말까지 미 공군은 10만 7700번의 공격 비행을 수행했고, 250만 톤의 폭탄을 투하했다. 제2차 세계대전에서 사용된 총량보다 더 많은 규모였다.

그렇게 많은 인력과 물자를 투입했지만 남베트남을 '평온'하게 하려는 미국의 시도는 기대에 미치지 못했다. 베트콩과 북베트남군은 (약 23만 명의 게릴라군과 5만 명의 정규군으로 구성되어) 수적으로는 열세였지만, 정글을 엄폐물로 삼아 전투를 벌였다. 그들은 터널을 수없이 건설했고, 그것을 통해 동에 번쩍 서에 번쩍했다. 그들은 북으로부터 오는 물자 보급을 유지하기 위해 주로 라오스와 캄보디아의 동부를 가로지르는 ('호찌민 루트'로 불리는) 은폐 도로망을 활용했다. 미군은 적들이 나뭇가지를 가림막으로 사용하지 못하도록 막대한 양의 다이옥신 가스를 뿌렸다. 독가스의 투여로 네덜란드 크기 규모의 삼림지대가 황폐해졌고, 무수한 베트남인이 간암과 간질과 알레르기를 앓았다. 하지만 그런 식으로는 전황에서 반전이 일어날 수 없었다. 오히려 미군의 작전 수행이 잔인했기에 주민들에게서 베트콩 전사들에 대한 동정심이 일었다. 북베트남의 탄약고와 공장에 대한 폭격 피해는 소련과 중국이 지원하는 물자로 메울 수 있었다. 마오쩌둥은 동남아에서 미국의 지위를 약화시키되 베트남을 너무 강력하게 만들지 않으려면 제한된 정도로 지원할 필요가 있다고 생각했다. 소련 지도자들은 공산주의 운동에서의 위신이 중요했다.

그 위신에 손상이 가지 않을 요량으로 브레즈네프와 코시긴은 미국에서 군축 문제를 논의하자는 존슨 대통령의 초대와 제안을 거절했다. 1967년 2월과 6월에 소련 지도자들은 존슨의 평화 제안을 지지하면서 그것을 호찌민에게 전달해 주었다. 그러나 존슨이 기대했던 것과는 달리 그들은 북베트남 지도부에 그 제안을 놓고 협상해 보라는 식의 압력을 특별히 행사하지는 않았다. 북베트남 공산주의자들은 북베트남에 대한 폭격을 중단시키기 위해 남베트남을 포기한다든지 미국과 평화 대화에 나서겠다든지 하는 생각이 일절 없었다. 존슨과 코시긴은 1967년 6월 23일과 24일에 뉴저지의 작은 도시 그린즈버러Greensboro에서 열린 유엔 총회에서 만나 우호적 분위기에서 의견을 나누었지만, 어떤 구체적 성과도 없었다.

1968년 1월 31일에 베트콩이 남베트남의 여러 도시에서 ('구정 공세'로 불리는) 동시다발적 공격을 개시했을 때, 미국 여론뿐 아니라 미군 지도부에서도 마찬가지로 그 전쟁에서 이길 수 없을 것이라는 생각이 커졌다. 베트콩은 내부 분열로 인해 상당한 피해를 겪었다. 그럼에도 불구하고 존슨은 협상을 하겠다고 공개적으로 나섰다. 3월 31일에 존슨은 북베트남 정부가 평화 대화에 나선다면 북베트남 폭격을 중단할 의향이 있다고 밝혔다. 북베트남 지도부도 구정 공세의 실패로 승리를 확신할 수 없었기 때문에 이제 대화 제안에 응하기로 결정했다. 1965년부터 미국의 베트남 전쟁에 대한 반대자로 명성을 얻었던 드골의 중재를 통해 1968년 5월 13일에 파리에서 정전 협상이 개시되었다. 1968년 11월 1일에 북베트남 폭격이 중단되었다.

데탕트로 가는 길

데탕트를 위한 대화가 중단되자 군비경쟁은 그대로 지속되었다. 미국은 새로운 기종의 대륙간탄도미사일(미니트맨minuteman)을 배치했고, 잠수함 탑재 미사일의 보유고를 늘렸다. 잠수함 탑재 미사일의 수는 1962년의 144기에서 1964년에 416으로 늘었고, 대륙간탄도미사일의 수는 같은 기간 내에 296기에서 834기를 거쳐 1054기로 늘었다. 소련도 쿠바에서 경험한 좌절을 딛고 미국과 마찬가지로 대륙간탄도미사일과 핵무장 잠수함의 생산에 박차를 가했다. 물론 속도가 빠르지는 않았다. 쿠바 위기 전에 소련은 20여 기도 안 되는 대륙간탄도미사일을 보유했지만, 1964년에는 약 190기를 보유했다. 1967년까지 그 수는 500기로 늘었다. 덧붙여 소련은 1963년부터 잠수함 탑재 미사일 100기도 보유했다. 그럼으로써 소련도 이제는 분명 반격 능력을 가진 셈이었다. 물론 확전 시 미국이 우세를 차지할 것이라는 점은 여전했다.

1964년에 소련의 미사일 전문가들이 우선 모스크바 영공과 발트해 서부 연안의 경계를 핵미사일의 진입으로부터 방어하는 미사일 방어 체제를 마련하기 시작했다. 그러자 미국 국방 장관 로버트 맥나마라Robert McNamara는 얼른 그런 방어 체제 설치를 금지하는 협약을 체결하자고 재촉했다. 그가 보기에 그런 체제는 실제 방어는커녕 그저 군비경쟁만을 강화할 뿐이었다. 그렇기 때문에 양측은 상호확증파괴mutual assured destruction: MAD에 만족해야만 했다. 소련 지도부는 전략 군비제한도 동시에 논의하는 조건하에서만 그것에 대해 협상할 수 있다고 밝혔다. 그것은 다시 미국 지도부의 다수가 수용할 수 없는 입장이었다. 분명 소련을 전략무기상 대등한 지위로 끌어올리는 것을 겨냥했기 때문이다. 결국 군비제한 문제를 둘러싼 접촉은 시간만 걸렸을 뿐 실제 협상으로는 연결되지 못했다.

미국과 소련의 대화가 계속 교착 상태에 빠지자 드골이 나서서 데탕트에 자기 나름의 유럽적 색깔을 입히기 시작했다. 드골의 데탕트 방안은 현상 극복을 목표로 삼았다. 즉 동서 간 관계 심화를 통해 유럽 군사블록과 소련 제국의 전체주의적 성격을 모두 점차 해체하는 것이었다. 1960년 3월에 드골은 흐루쇼프에게 다음과 같이 말했다. "두 개의 단일 블록을 서로 대립시킬 것이 아니라 유럽 대륙의 틀에서 데탕트와 양해와 협력을 차례로 연습하면서 우리는 해결책을 찾아야 합니다. 이런 방식으로 우리는 대서양에서 우랄산맥까지 유럽인들 사이에서 관계를 조성하고 연결 고리를 만듭시다. 새로운 분위기를 만들어 베를린을 포함해 독일 문제에서 독성을 제거하고, 연방공화국과 당신들의 동부 공화국을 서로 접근시키고 협력하도록 만들며, 궁극적으로는 전 독일을 평화와 진보의 유럽 속에 확고히 안착시킵시다. 그 속에서 유럽이 새롭게 일어날 수 있을 것입니다."[36]

마찬가지 맥락에서 드골은 소련을 상대로 협력을 확대했다. 1963년에 프랑스와 소련은 문화 교류 협약을 체결했다. 이어 1964년 10월에 양국은 무역협정을 체결했는데, 프랑스가 소련에 장기차관을 제공하는 것도 포함되었다. 1965년 3월의 양국 간 협약으로 소련은 컬러텔레비전을 도입할 때 프랑스 기술을 채택하기로 했다. 두 달 뒤 양국은 핵에너지의 평화적 사용을 위한 협력에 합의했다. 마지막으로 1966년 6월 말에 드골이 폼 나게 모스크바를 국빈으로 방문했을 때 양국은 상설 공동위원회의 준비에 의거해 고위급 정례 회동을 갖기로 합의했다. 또한 우주 비행 협력에 대해서도 협약을 맺었다. 게다가 드골은 서구 정부 수반으로서는 최초로 중국의 마오쩌둥 정권과도 외교관계를 맺었다. 1967년 9월에 폴란드를 국빈으로 방문했을 때 드골은 아주 노골적으로 폴란드 당국자들에게 지금까지보다 더 강력히 소련 패권에서 벗어나기 위해 노력하라고 말했다.

드골의 영향으로 서독도 긴장 완화 정치에 돌입했다. 1964년에 에르하르트 내각은 폴란드와 헝가리, 루마니아, 불가리아 등과 무역협정을 맺었다. 시장 브란트의 주재로 서베를린 시의회는 동독 정부와 '통행증 협정'을 체결했다. 그것은 1963년의 성탄절 휴가 때 서베를린 주민들이 동독의 친지를 방문하는 것을 승인했다. 같은 종류의 방문 규정이 1964년의 만성절과 성탄절, 1965년의 부활절과 오순절, 성탄절, 1966년의 부활절과 오순절을 위해 마련되었다. 브란트가 외무 장관으로 참여한 대연정 내각은 1966년 11월에 그것을 넘어 동유럽 국가들과 수교할 의향이 있다고 밝혔다. 이로써 할슈타인 독트린은 사실상 의미가 없어졌다. 니콜라에 차우셰스쿠Nicolae Ceauşşescu의 통치하에서 소련에 맞서 공공연히 독자 노선을 추구해 왔던 루마니아와 서독은 1967년 1월 말에 수교했다. 이어 1967년 12월에 유고슬라비아와 서독의 외교 관계가 회복되었다.

물론 루마니아의 예를 따르려고 했던 국가들, 즉 헝가리와 불가리아, 체코슬로바키아의 정부들에 소련 지도부는 동독이 고립되는 일이 생겨서는 안 된다고 명료하게 말했다. 1967년 4월 말에 카를스바트Karlsbad에서 열린 (루마니아와 유고슬라비아는 불참한) 유럽 공산당 회의는 서독 정부의 '단독 대표권 포기', '유럽 현존 경계의 불변성' 인정, '특별 정치권 서베를린과 동독 간' 관계 정상화 등을 서독과의 관계 정상화를 위한 전제 조건으로 발표했다.[37] 프랑스와 서독의 접근 정책들에 숨겨진, 바르샤바 조약을 침식하는 위험을 막기 위해 소련 지도부는 (이전까지 항상 소련의 군비 감축안에 포함되어 있었던) 유럽에서 군대를 대규모로 감축하자는 주장을 뒤로 물렸다. 동시에 심각한 위기에 처한 동독을 지원하기 위해 동유럽 국가들은 소련의 지시에 따라 동독과 우호 및 원조 협정을 체결했다.

유럽의 데탕트 방안은 1968년 초에 체코슬로바키아가 체제의 자유화를 추구했을 때 그 한계가 더 명료해졌다. 경제문제가 심각해지고 슬로바키아 소수민족과 긴장이 높아지고 학생들의 저항이 크게 번지자 당과 국가기관 내부의 개혁 세력들이 앞으로 치고 나왔다. 당시 당 총재인 슬로바키아 출신 알렉산데르 둡체크Alexander Dubček의 주도로 체코 공산당은 4월 5일에 '인간의 얼굴을 한 사회주의'를 약속하는 행동 강령을 발표했다. 상당수 지식인은 그것을 유고슬라비아가 선전했던 '자주 관리'로 이해했다. 경제개혁가들은 서구 무역의 대규모 확대를 요구했고, 외교관들은 소련과의 관계에서 실질적인 주권과 동등한 권리를 원했다. 비밀경찰은 해체되었고, 당과 국가의 분리가 도입되었다. 신임 내무부 장관 요세프 파벨Josef Pavel은 소련의 비밀 정보국인 국가보안위원회KGB에 맞서 투쟁을 전개했고, 군에서도 소련을 추종하는 세력이 축출되었다. 당기관들은 '민주집중제'의 폐지를 준비했다.

'프라하의 봄'은 매우 역동적이었기에 곧 기성 질서의 옹호자들도 등장했다. 최전선에는 발터 울브리히트가 섰다. 그는 체코와 유사한 경제문제로 골치를 썩고 있었다. 그다음으로 브와디스와프 고무우카Władysław Gomułka는 폴란드에서 학생 소요에 직면해 있었고, 우크라이나 공산당의 당수 페트로 셸레스트Petro Shelest는 우크라이나 공화국에서 민족주의 정서가 퍼지고 있다고 보았다. 군 지휘부는 바르샤바 조약의 단합이 무너지는 것을 걱정했다. KGB 지도부도 무시할 수 없었다. 울브리히트와 고무우카는 이미 5월 8일에 체코슬로바키아의 '반혁명'에 군사적으로 맞설 것을 요구했다. 당시에 브레즈네프는 아직 그렇게 할 생각이 없었다. 그러나 군사훈련을 통해 소련군을 과시하는 것만으로는 체코슬로바키아 당 최고 위원회에서 개혁가들을 물리치고 역전을 이끌기가 어려워졌다. 아울러 KGB는 체코 인민 봉기가 서구의 음모라며 조작된 증거를 제시했다. 그렇게 되자 8월 14일에 브레즈네프는 개입을 지지하는 자들의 요구를 받아들여 개입을 결정했다. 8월 20일 밤에 소련군의 체코 점령이 시작되었다. 소련군 외에도 폴란드와 헝가리, 불가리아의 군대들도 가담했다. 동독군은 병참 지원을 수행했다. 둡체크를 곧바로 숙청할 수는 없었다. 하지만 그는 점차 '정상화'에 순응해야만 했다. 1969년 4월에 둡체크는 당수직을 잃었고 순종적인 구스타프 후사크Gustáv Husák가 그 자리를 꿰찼다.

브레즈네프는 '프라하의 봄'을 진압하는 결정을 통해 자신의 권력 지위를 과시했다. 공산당 관료라는 '새로운 계급'(밀로반 질라스Milovan Djilas)의 특권 옹호가 소련 정치의 중심이 되었다. 《프라우다》의 사설은 "사회주의국가의 주권과 자결권은 사회주의 세계 체제의 이익에 종속된다."라고 공표했다.[38] 서방은 '브레즈네프 독트린'과 그것의 잔인한 적용에 분노했다. 드골처럼 동유럽을 향한 문호 개방에 희망을 크게 걸었던 사람들은 매우 실망했다.

그렇지만 데탕트 과정이 체코 침공이라는 "불쾌한 사고"(존슨)로 곤란을 겪은 것은 잠시뿐이었다. 체코를 침공하기로 한 결정을 내리기 직전에 미국과 소련의 지도자들은 드디어 탄도탄요격미사일ABM 금지와 전략 군비제한에 대해 협상하기로 의견의 일치를 보았다. 미국 대통령 존슨이 새로 정상회담을 채근하자 소련 지도부는 그것을 받아들여 10월 초에 모스크바로 존슨을 초대했다. 그러나 프라하의 봄을 진압한 것에 모두 분노하는데, 존슨이 그 초대에 마냥 응할 수는 없는 노릇이었다. 존슨의 임기가 1969년 1월까지여서 새로운 방문 날짜를 잡기도 어려웠다. 기본적으로 모든 서구 지도자는 당시의 데 탕드와 평회 구축 정치가 지속되어야 한다는 데 이견이 없었다. 1968년 11월에 존슨의 후임자로 선출된 리처드 닉슨Richard Nixon 미국 대통령도 생각이 같았다. 과거에야 반공 수사를 남발했지만, 그사이에 닉슨은 소련의 팽창을 막고 핵 절멸의 위험을 해결하려면 '평화 구조'[39]를 만드는 것이 가장 중요하다고 생각할 만큼 충분히 현실주의자로 변해 있었다.

소련 지도부도 1960년대 말에 중국 지도부와 긴장이 고조되자 점점 더 서구를 상대로 한 합의에 기대할 수밖에 없었다. 중국과 소련의 긴장은 마오쩌둥의 '대약진' 선전 후 뚜렷해졌다. 중국은 1964년 7월에 '흐루쇼프의 유사 공산주의와 세계를 위한 역사적 교훈에 대하여'라는 논설을 발표하며 사회주의 모국인 소련과 관계를 단절했다. 그 후 1969년 3월에는 우수리강에 있는 중국과 소련의 국경에서 심각한 충돌이 발생했다. 이로써 중국은 지구적 세력 다툼에서 더는 결코 소련의 입장을 지지하지 않을 것임이 분명해졌다. 오히려 중국은 이른바 제3세계에서 영향력의 발휘를 두고 소련과 다투는 강력한 경쟁국으로 성장했다.

연방공화국의 동방조약들

1960년대의 쓰라린 수련 과정이 끝나면서 데탕트 대화는 마침내 의미 있는 성과를 낼 기회를 만났다. 체코슬로바키아에 개입하기로 한 결정으로 브레즈네프는 소련 권력의 중심에 섰다. 그는 권력 유지에 골몰하는 당 관료였고, 평화 유지가 최고 관심사였다. 브레즈네프는 데탕트 대화가 성공하면 자기 지위가 상승할 것으로 생각했다. 그 후 미국에서도 현실주의로 선회한 공화당 정치가인 닉슨이 권력을 장악했다. 닉슨은 소련 정치가들과 대화할 때 이데올로기적인 강경파들과 '군산복합체'(아이젠하워)에 대해 두 선임 민주당 대통령보다 신경을 덜 써도 되었다. 마지막으로, 그리고 무엇보다도 1969년에 독일 연방공화국에서 사민당과 자민당의 연정이 구성되어 브란트가 총리로 선출되었다. 독일은 더는 데탕트 흐름에 장애가 되지 않았으며, 오히려 데탕트를 이용해 두 독일 국가 사이의 경계에 틈을 냈다.

닉슨은 존슨이 애써 마련한 미국과 소련의 정상회담과 전략 군비제한 협상의 개시를 일단 연기했다. 닉슨은 소련과 협약하는 것에 뛰어들기 전에 먼저 상황을 제대로 파악하고 싶었고, 서구 동맹을 자신의 주도 아래로 결속하고자 했다. 그 결과 브레즈네프는 데탕트 대화에서 이전보다 더 강력히 유럽인들을, 특히 독일인들을 고려해야 했다. 1969년 3월 17일에 부다페스트 선언을 통해 브레즈네프는 1967년 4월의 카를스바트 결의에 담긴, 서독에 관련된 강경한 입장을 수정했다. 동독과 오데르-나이세 국경을 인정하는 것이 더는 관계 정상화의 전제 조건이 되지 않았다. 그것은 이제 유럽 안보 회의의 틀에서 이루어질 중간 단계의 목표로 여겨졌다. 바르샤바 조약 국가들은 더는 '두 나라의 존재를 전제로 한 평화 조치'가 아니라 다만 '동독의 존재 인정'을 요구했다. 그들은 그 인정 형식과 관련해서 일정한 유연성을 허용했다.

서독의 대연정 내각은 부다페스트 선언에 대해 양측 간에 폭력을 포기할 것을 둘러싼 협상을 재개하자고 역으로 제안했다. 물론 협상이 어떻게 진행되어야 할지에 대해서는 연정 파트너 사이에 이견이 존재했다. 1969년 9월 28일의 총선 당일 밤 브란트는 기민련보다 동유럽에 대해 더 개방적이었던 자민당(자유민주당FDP)과 연정을 꾸리기로 마음먹었다. 1969년 10월 28일의 정부 성명에서 브란트는 독일 문제의 타협에 필수적인 중요한 양보를 제안했다. 즉 동독이라는 국가의 존재를 인정하겠다고 말했다. 발표문의 마지막 문단에는 다음과 같은 구절이 있다. "독일에 두 국가가 존재하더라도 그 국가들은 서로에게 외국이 아니다. 두 국가 사이의 관계는 단지 특수한 종류일 뿐이다."[40] 한 달 후 신생 연방 정부는 기민련이 계속 거부해 왔던 핵확산방지조약에 서명했다.

1969년 12월에 모스크바 외무부에서 개시된 서독과 소련의 정부 간 협상에서 소련의 외무 장관 안드레이 그로미코Andrei Gromyko는 재차 동독을 무조건 국제법적으로 인정하고 독일을 재통일하려는 계획을 완전하고 분명하게 포기하라고 종용했다. 그러나 브란트를 대신한 중재자인 에곤 바르Egon Bahr는 KGB 수장 유리 안드로포프Yuri Andropov의 내밀한 도움으로 동독을 인정하지만 원칙상 독일 문제가 아직 해결되지 않았음을 인정하는 문구를 잘 조합해 만들어 관철할 수 있었다. 1970년 8월 12일에 브란트와 코시긴이 서명한 서독과 소련 사이의 모스크바 조약은 "폴란드 인민공화국의 서쪽 경계인 오데르-나이세 경계와 동서 독일의 경계를 포함"해 유럽에 존재하는 국경의 "불가침성"만을 인정했다. 동시에 소련 정부는 어떤 이견도 달지 않고 서독의 외무 장관 발터 셸Walter Scheel의 서한을 받아들였다. 편지에서 연방 정부는 "이 조약이 독일연방공화국의 정치 목표, 즉 유럽의 평화를 구현하기 위해 노력하면서 독일 민족이 자유롭게 자결권을 사용해 통일을 달성하는 것과 충돌하지 않는다."라고 밝혔다.[41]

서독은 이제 모스크바 조약을 통해 동독과 폴란드, 체코슬로바키아와도 조약을 맺을 수 있는 틀을 갖추었다. 가장 먼저 접촉한 나라는 폴란드였다. 폴란드는 애초에 자국의 독자성을 강조하기 위해 모스크바 조약의 조인에 앞서 먼저 서독과 조약을 체결하고 싶어 했다. 1970년 12월 7일에 바르샤바에서 조약을 체결한 직후 브란트는 바르샤바 게토의 위령탑 앞에서 무릎을 꿇었다. 그것은 독일이 죄를 인정하고 동유럽 지역의 영유권을 모두 포기하는 것으로 해석되었다.

소련이나 폴란드보다 협상하기 더 어려웠던 나라는 동독이었다. 서독에

_____서독 총리 빌리 브란트는 1970년 12월 7일에 폴란드와 연방공화국 간의 조약에 서명한
뒤 바르샤바 게토의 희생자 위령탑 앞에서 무릎을 꿇었다. 세계 전역에서 이 행동은 독일인들
이 참회하며 동유럽의 독일 영토에 관한 권리를 완전히 포기하는 의사의 표현으로 여겨졌다.
(Wikimedia Commons, © Bundesarchiv, B 145 Bild-F057884-0009 / Engelbert Reineke)

서 '신동방 정책'이 내정상의 이유로 위기에 빠졌을 때에야 비로소 동독 지도
부는 기본 조약에 서명할 의사를 밝혔다. 1972년 12월 21일에 체결된 기본 조
약은 서문에서 "민족문제에 대해 서로 다른 견해"가 있음을 확인했지만 동독
과 서독 간 교류의 활성화를 약속했다.[42] 협상이 더 오래 걸렸던 나라는 체코
슬로바키아였다. 핵심 쟁점은 수데텐란트를 독일제국에 넘겨준 1938년 9월의

뮌헨 협정이 유효한지였다. 1973년 12월 11일의 양국 간 조약은 그 문제를 다음과 같이 해결했다. 양측은 수데텐란트 독일인의 국적 문제를 다루지 않은 채 뮌헨 협정은 "무효"라고 선언했다.

한편 모스크바 조약은 베를린 문제를 해결하는 길도 닦았다. 서독 정부는 모스크바 조약이 실효를 거두려면 베를린 문제가 만족스럽게 해결되어야 한다고 밝혔다. 그로 인해 4대 열강은 1970년 3월부터 타협적인 태도로 베를린에 대해 협상하기 시작했다. 바르는 공식적으로는 협상에 참석할 수 없었지만, 적극적으로 중재에 나섰다. 바르의 중재로 소련의 대사 발렌틴 팔린Valentin Falin과 미국의 대사 케네스 러시Kenneth Rush는 다음과 같은 합의에 도달했다. 즉 서베를린은 연방공화국에 속하지는 않으나, 양자의 "연결"은 "유지되고 발전되어"야 했다. 소련은 분명 서베를린과 연방공화국 사이의 자유로운 교통을 보장하는 책임을 졌다. 연방 정부는 영사 업무로 서베를린 주민들을 보호하며 특정한 조건을 갖추면 국제조약으로 편입시킬 수 있는 권리를 지녔다. 1971년 9월 3일에 4대 열강의 대사들은 이 베를린 협정에 조인했다.[43] 그 후 브레즈네프는 브란트에게 사적으로 잠시 만나자고 제안했다. 9월 셋째 주에 크림반도의 오레안다Oreanda에서 둘이 만났을 때 브레즈네프는 데탕트를 군축으로 심화해 발전시키자는 브란트의 주장에 크게 공감했다.

미국과 소련의 협정

대통령 닉슨과 안보 보좌관 헨리 키신저Henry Kissinger는 서독과 소련의 접근에 영향을 받아 전략무기 제한 협상Strategic Arms Limitation Talks: SALT에 대해 유보적이었던 기존의 태도를 바꾸었다. 1969년 11월에 헬싱키에서 사전 회담이 열렸고, 중요한 협상은 1970년 4월부터 빈에서 시작되었다. 미국은 우선 소련이 1960년대 후반부터 추진했던 것, 즉 대륙간탄도미사일 배치에서 미국을 따라잡으려고 하는 것을 중단시키는 것이 중요했다. 회담이 개막했을 때 미국은 지상 대륙간탄도미사일만 감축하고 '현대 중무장 미사일' 배치의 상한을 정하자고 제안했다. 그사이에 미국이 개발한 다탄두각개유도미사일MIRV은 소련이 지상 관찰을 받을 의향이 있을 때만 금지할 수 있다는 입장이었다.

소련이 그런 지상 관찰을 수용할 리가 없었다. 처음에는 협상이 진전을 보지 못하고 늘어지기만 했다. 1971년 5월에 미국과 소련 양측은 탄도탄요격미사일 체제의 제한만이 아니라 대륙간탄도미사일의 일정한 제한에 대해서도 협정을 맺기로 합의했다. 그때 미국 측이 여전히 붙들었던 것은 미국이 전략적 우위를 유지해야 한다는 생각이었다. 미국은 소련에 탄도탄요격미사일 체제 하나를 인정해 주는 대신 자신들은 네 개를 가져야 한다고 주장했다. 동시에 소련 측이 미국보다 현저히 뒤떨어지는 해상 대륙간탄도미사일 보유고를 그 상태로 동결하고자 했다. 이로 인해 협상은 잘 진행되기가 어려웠다.

1972년 2월에 닉슨은 중국을 공식적으로 방문했다. 주요 동기는 베트남에서 미군이 "명예롭게" 철수하는 데 마오쩌둥이 도와주기를 원해서였다. 지금까지 적대적이었던 중국공산당과 관계를 개선하면 소련 지도부가 세력 관계를 둘러싼 전략적 문제에서 더 양보하도록 만들 수 있는 부수 효과도 챙길 수 있으리라고 보았다. 그 기대가 헛것임이 명료해지자 닉슨은 결국 소련을 전략적으로 대등한 국가로 인정했다. 키신저는 이제 소련에 해상 미사일의 상한을 정하자고 제안했다. 그것은 소련의 계획과 맞아떨어졌다. 게다가 1972년 4월에 키신저는 모스크바를 기습적으로 방문해 양국 모두가 탄도탄요격미사일 체제를 두 개씩 (하나는 사령부 본부 방어에, 다른 하나는 미사일 기지 방어에) 갖는 방안을 수용했다. 그 결과 전략 군비제한을 위한 첫 번째 협정 패키지가 'SALT-I'이라고 불리며 발표되었다. 그것은 탄도탄요격미사일 협정 외에도 대륙간탄도미사일 발사대를 거의 동등한 수준에 달한 현재의 상태로 동결할 것과 잠수함 발사대 최상한도에 대한 기록 작성을 포함했다. 마지막 두 규정의 연한은 5년으로 정했다.

닉슨은 오래전부터 예정되어 있던 모스크바 방문 시에 그 협정에 서명할 계획이었다. 그러나 북베트남군의 대공세로 베트남 전쟁의 '베트남화'라는 자신의 구상이 위기에 빠지자 닉슨은 해안 지대에 지뢰를 매설하고 하노이와 하이퐁에 폭격을 재개하게 했다. 그런 상황이 되자 소련의 군비제한에 반대하는 세력들은 브레즈네프가 사회주의 형제 국가를 폭격하는 미국 대통령을 맞이할 수는 없다고 주장했다. 며칠 동안이나 결정을 못 내리고 토론한 끝에 브레즈네프는 닉슨의 방문을 거부하면 서독 연방의회에서 열릴, 동방조약들을 비준하는 절차가 위험에 처할 것이라고 주장하면서 닉슨의 방문을 받아들였다. 브란트는 그런 사실을 전혀 몰랐지만, 어쨌든 브레즈네프와 닉슨을 도운 셈이었다. 역으로 소련과 미국은 동방조약들이 의회의 장벽을 넘도록 영향력을 발휘했다. 4월 27일에 브란트가 불신임 표결로 실각할 위험에 처하자 동독은 심지어 한 명의 기민련 의원을 매수해 브란트를 도와주었다. 1972년 11월 19일의 연방의회 선거 직전에 기본 조약 협상이 종결되었다. 연방의회 선거는 사실상 '신동방 정책'에 대한 국민투표가 되었다.

1972년 5월 22일에서 26일까지 닉슨의 모스크바 국빈 방문은 데탕트 정치의 정점이었다. 브레즈네프는 즉시 그 기회를 활용해 닉슨과 사적인 관계를 발전시켰다. 닉슨도 친교를 다지려는 브레즈네프의 노력에 쉽게 감동받았다. 닉슨과 브레즈네프는 SALT-I 패키지를 넘어 미국과 소련 간 양자 협력과 관련한 일련의 협정에 서명했다. 전략 군비, 특히 다탄두 같은 기술혁신을 제한하는 협상을 지속하기로 합의했다. 닉슨은 바르샤바 조약기구가 요구한 유럽 안보협력회의가 이듬해에 열리는 데 동의했다. 그것을 위해 재래식 군대를 감축하는 문제를 특별 회의에서 다루어야 한다는 데도 합의했다. 군을 감축하는 문제는 양측의 동맹 체제 모두와 관련되기 때문이었다. 그렇더라도 브레즈네프와 닉슨은 향후 사적으로 계속 연락을 취하기로 약속했다. 세계열강의 두 지도자 사이의 정상 회합이 안정적인 논의 기구가 되어야 한다는 것이었다. 두 정상은 그렇게 함으로써 평화로운 협력의 근간이 만들어졌다고 믿었다.

1972년 10월에 미국과 소련 간의 무역협정 협상이 무사히 끝났다. 그 협정은 소련에 최혜국대우를 보장했다. 그것을 위해 무역 차관, 시장 교란을 막고 무역 분쟁을 해결하기 위한 약관, 워싱턴과 모스크바에 공식 무역 사절단의 설치가 약속되었다. 특별 협정으로 양국은 무역항을 서로 개방하기로 했고 교역 물품을 미국과 소련의 선박에 균등하게 나누기로 했다. 그 밖에도 닉슨은 수출입은행에 전권을 부여해 대對소련 차관 업무를 수행하게 했다. 그것으로 미국의 자본과 지식과 경험을 소련의 원료 개발을 위해 사용할 수 있는 길이 닦였다. 소련 지도부 내의 경제 대표들에게 그것은 데탕트의 핵심 목표였다. 그것은 현상 유지에 기초해 평화를 유지하면서 군비경쟁으로 인한 자원 낭비를 억제하는 목표에 뒤지지 않았다.

1973년 6월에 브레즈네프는 미국을 답방했다. 애초에 브레즈네프는 워싱턴에 체류했지만, 닉슨의 간곡한 요청에 따라 대통령 전용기로 캘리포니아주 산 클레멘테 소재의 별장으로 날아갔다. 거기서 여러 협정, 특히 문화와 학술의 교류 강화 및 핵에너지의 평화적 이용에 대한 협정이 이루어졌다. 브레즈네프는 향후 정상회담을 매년 번갈아 가며 열자는 닉슨의 제안에 동의했다. 마지막으로 핵전쟁을 방지하기 위한 협정을 체결했다. 그것은 핵무기를 먼저 사용하는 것을 서로 단념하는 데 합의하자는 소련의 오랜 요구에 기원을 두고 있었다. 앞서 미국은 그것을 계속 거부했다. 그것은 유럽 동맹국에 대한 억제 보증을 철회하는 것을 의미했기 때문이다. 진통 끝에 닉슨은 이제 핵 갈등의 위험이 있을 때 협의할 의무를 명시하는 것을 포함한 포괄적인 폭력 사용을 거부한다는 원칙에 동의했다. 그것은 선의를 천명하는 것을 넘어 당시 존재하던 협의 구조의 공식화를 의미했다.

미국과 소련의 관계가 발전하던 시기에 미국은 베트남에서 철수했다. 닉슨이 베이징을 방문한 뒤 중국공산당이 지원을 중단했기 때문에 북베트남 지도부는 미국의 대량 폭격을 맞아 사실상 미국에도 최소한 "명예로운 평화"의 외양을 갖출 수 있게 하는 협정을 맺는 것으로 기울었다. 그 협정에 따르면 1972년에 이미 7만 8000명 규모로 줄어든 미군은 베트남에서 완전히 철수하고 응우옌반티에우 정부와 민족 해방 전선의 혁명정부는 남베트남에서 열릴 새로운 총선거까지 그 역할을 유지하는 것이었다. 응우옌반티에우는 반대했다. 하지만 그는 미국의 군사 지원만으로는 계속 베트콩에 맞서 싸울 수가 없을 것으로 걱정했다. 1972년의 성탄절에 폭격이 일시적으로 재개되자 세계 여론의 비판이 거셌다. 결국 응우옌반티에우는 굴복했다. 1973년 1월 23일에 파리에서 키신저와 북베트남 대표 레둑토黎德壽는 베트남 협정에 서명했다. 그로부터 5일 뒤 잠시이기는 했지만 총소리가 멎었다.

유럽 안보협력회의와 군비 상호 균형 감축 회의

유럽 안보협력회의를 준비하는 회담은 1972년에 헬싱키에서 시작되었다. 1973년 6월 초에 드디어 알바니아를 제외한 모든 유럽 국가와 미국과 캐나다 등 서른다섯 개 참가국은 회의 일정에 대해 합의했다. 크게 네 주제를 다루기로 했다. 첫째, 유럽 안보 문제, 둘째, 경제와 학문, 기술, 환경의 분야에서 협력하는 문제, 셋째, 인도적인 문제와 그 외의 문제에서 협력하는 문제, 마지막으로 회의의 연속 문제였다. 비공식적으로 '바스켓 I'로 불린 첫 번째 합의점에는 우선 참가국들이 관계를 맺는 데 지켜야 할 원칙 목록을 만들기로 했다. 다음으로 유럽의 나토 회원국과 일부 중립국들이 군사 부문에서 신뢰를 구축할 수 있는 조치에 대해 협상하기를 원했는데 받아들여졌다. 세 번째 합의점으로, 서독을 비롯한 서유럽 국가들은 가족 재결합, 여행과 정보의 자유 및 문화를 비롯한 다양한 부문의 교류에 대한 협상을 챙겼다. 소련 지도부와 여타 바르샤바 조약 회원국 대표자들은 마지못해 그것을 받아들였다. 그들은 결국 그렇게 하지 않으면 자기들에게 가장 중요한 안건이었던 경제협력 분야(바스켓 II)에서 어떤 진전도 없을 것으로 보았기 때문이다.

1973년 7월 3일에 헬싱키에서 시작된 뒤 제네바에서 외교관들이 지속한 본회의에서 서구 열강의 대표들은 협력과 평화적 변화라는 서구의 원칙을 공동선언에 담아야 한다고 요구했다. 중립국은 대체로 그것을 지지했다. 소련 대표단을 이끌면서 동시에 소비에트 제국의 누수 방지도 신경 써야 했던 그로미코는 강하게 거부했지만, 결국에는 매번 양보했다. 이 회의는 그동안 소련이 주창했던 데탕트 구상의 핵심 계기로 여겨졌다. 그렇기에 그는 이 회의가 실패할 때 생겨날 책임 문제를 감당할 자신이 없었다.

실제로 회의 최종 문서는 현상 인정보다는 현상 변화에 더 많은 의무를 규정했다. 물론 원칙 성명에서 참가국들은 영토 불가침과 경계 불변, 타국의 내정 간섭 금지를 확인했다. 하지만 동시에 참가국들은 모든 국가의 "자유와 정치적 독립"을 인정했고 민중의 자결권을 인정했다. 참가국들은 "참가국 중 다른 한 국가에 대해 어떤 형식으로든 무장 개입을 하거나 그런 개입을 하겠다고 위협하는 것"에 반대한다고 다짐했다. 또한 "인권과 기본권"을 존중할 것을 약속했다. 참가국들은 이 권리를 존중하는 것이 그들 사이의 "우호 관계와 협력의 발전"을 위한 전제 조건이라고 선언했다. 서독 정부의 요청에 따라 원칙 성명에는 심지어 국가들에 "평화적 수단과 협의를 통해" 국경을 변경할 수 있는 권리를 인정하는 구절이 포함되기도 했다. 바스켓 3에서는 "사람과 정보, 견해의 자유로운 교류"가 보장되었다. "신뢰 구축 조치를 위한 문서"에서 참가국들은 대규모 군사작전을 전개할 경우 사전에 알릴 의무가 있다고 밝혔다. 후속 회의는 합의 준수 여부를 심사할 것이라고 규정되었다.[44]

소련공산당 정치국에서는 서구의 원칙을 이렇게까지 받아들이면 서구 열강이 소련의 지배라는 영역의 내정에 간섭할 수 있도록 문을 열어 두는 것이 아닐까 하는 의구심이 일었다. 그래도 브레즈네프는 조인을 밀어붙였다. 서구와 협력해야 한다는 생각도 분명했고, 혹시라도 체제 비판가들이 생기면 지금까지의 방식대로 마음대로 처리하면 된다는 생각이었다. 1975년 7월 30일에서 8월 1일 사이에 35개국 정부 수반과 국가원수가 헬싱키에서 만나 대규모 의식을 진행하며 회의의 최종 의정서에 서명했다. 최종 의정서는 곧바로 바르샤바 조약 국가의 당과 정부의 기관지에 게재되었다. 그것은 당시 사회주의국가들의 일반적인 관행이기도 했지만, 이번 경우에는 특히 브레즈네프의 협상 성과를 과시하는 의미를 지녔다. 하지만 동유럽 국가의 주민들이 그 최종 의정서를 소환할 수도 있다는 생각은 아무도 하지 못했다.

한편 유럽 군축 협상에서 서구는 큰 성과를 내지 못했다. 유럽 안보협력회의의 경우와는 달리 그들은 공동 입장으로 의견을 모을 수가 없었고, 그로 인해 성과를 내기가 어려웠기 때문이다. 서독 정부는 외국 주둔군, 즉 미군과 소련군 및 자국군의 실질적 감축이 유럽 평화 체제의 형성에 기여할 것으로 보고 그것을 원했다. 하지만 프랑스는 미군 감축에 반대했다. 네덜란드와 벨기에는 감축의 영향을 받기를 꺼렸다. 미국은 바르의 구상에 처음에는 관심을 가졌으나, 곧 아주 제한적인 감축에 동의했을 뿐이다. 의견 조정이 실패한 후 1973년 1월 31일에 빈에서 나토와 바르샤바 조약 대표들 사이에 예비회담이 열렸다. 6월 말이 되어서야 '군비 상호 균형 감축Mutual and Balanced Force Reduction: MBFR' 회의를 열기로 합의했다. 서구 측에서는 서독과 베네룩스 삼국 외에 주둔군 국가인 미국과 영국, 그리고 캐나다가 참여했다. 동구 측에서는 동독과 폴란드와 체코슬로바키아 및 주둔군 국가인 소련이 참여했다. 군 감축에 영향을 직접 받지 않는 나라도 참관국으로 참여할 수 있었다. 동유럽에서는 헝가리와 루마니아, 서유럽에서는 노르웨이와 덴마크, 이탈리아, 그리스, 터키가 그렇게 참여했다. 프랑스는 불참했다.

1973년 10월에 나토가 제시안 1차 협상안은 양 군사동맹이 비율에 따라 감축하는 것이 아니라 동일한 규모로 감축하는 것이었다. 나토는 군인 수를 70만 명 이하로 줄이자고 제안했는데, 그렇게 되면 바르샤바 조약은 23만 5000명이나 감축해야 하는 반면에, 나토는 단지 8만 명만 감축하면 되었다. 바르샤바 조약은 9000대의 탱크를 철수해야 했던 반면에, 나토는 그럴 필요가 전혀 없었다. 감축의 질이 논의되지는 못했다. 게다가 동유럽 측에 부담이 되는 이 불균형한 감축이 어떤 단계를 거쳐 이루어질지에 대해서도 언급이 없었다. 그에 반해 바르샤바 조약의 회원국가들은 적당한 규모로 3년간 매번 같은 정도로 감축할 것을 요구했다. 물론 주둔군은 완전히 해체되는 것이 아니라 자국으로 귀환하는 것이었다. 그렇게 되면 미국과 소련이 중부 유럽에서 떨어져 있는 거리가 차이가 있기에 서구 국가들이 일방적으로 불리했다.

나토는 바르샤바 조약이 재래식무기에서 우위를 차지하는 상황을 깨야 한다는 생각에서 벗어나지 못했다. 그렇기에 브레즈네프도 소련군 감축에 과감히 나설 필요를 특별히 못 느꼈다. 브레즈네프는 사실 바르와 브란트와 회담하면서 실질적 감축을 수차례 언급했다. 하지만 양자 균형이라는 인습적 사고를 뚫고 나오지 못했다. 그리하여 회의는 서로 다르게 이해한 균형 개념을 둘러싸고 별 의미 없는 논쟁을 지치도록 되풀이하는 것 이상이 아니었다. 합의를 도출하기는 불가능했다. 서독 정부가 그 악순환의 고리를 깰 만큼 충분히 강하지는 못했고, 결국 그 어떤 것에도 총대를 메지 않았다. 그것으로 독일 동방 정책의 아주 중요한 한 요소가 당분간 빠진 상태가 되었다.

SALT-II로 가는 험로
브레즈네프와 닉슨이 함께 만들었던 '사적 외교'는 전략 군비 협상에서 곧 한계를 명료히 드러냈다. 1974년에 브레즈네프는 데탕트 정치의 두 동반자를 잃었다. 5월에 브란트가 총리직을 사퇴했다. 동독 첩자인 귄터 기욤Günter Guillaume의 정체가 밝혀진 뒤 자신의 삶이 망가지고 있음을 알았기 때문이다. 8월에는 닉슨이 사퇴를 발표했다. 하원이 워터게이트 스캔들에서 닉슨이 보인 태도 때문에 그를 탄핵한 직후였다. 독일의 데탕트 정치가들은 동력을 상실했고, 미국의 데탕트 정치가들은 위신을 잃었다. 브레즈네프조차 건강 악화로 상황을 돌파할 수 있는 힘을 갖지 못했다. 11월에 브레즈네프는 1차로 심장마비를 겪었고, 그 뒤 다시 정상 상태로 회복하는 데 상당한 시간이 걸렸다.

닉슨은 이미 위신이 추락했기에 소련에 다탄두각개유도미사일 배치를 미국과 동수로 맞추도록 허용해 주기가 어려웠다. 그래서 1974년 6월 말에 브레즈네프와 가진 (모스크바에서 먼저 만난 뒤 앞서 브란트와 접견할 때 그랬던 것처럼 오레안다에 소재한 브레즈네프의 여름 별장에서 이루어진) 세 번째 회담에서는 부차적인 문제에서만 합의가 이루어졌다. 즉 탄도탄요격미사일 체제를 두 개에서 한 개로 감축해 허용하기로 했고, 150킬로톤이 넘는 폭발력을 지닌 지하핵실험은 금지하기로 했으며, 낡은 전략무기를 해체하고 교환하기 위해 규정을 정하기로 했다. 닉슨의 후임자 제럴드 포드Gerald Ford는 1974년 11월 23일과 24일에 블라디보스토크에서 브레즈네프와 만나 협정을 맺었다. 그것에 따르면 소련은 그동안 전략 발사체의 양적 규모에서 미국을 능가한 것을 뒤로 물리고, 그 대신 다탄두미사일 배치에서 뒤진 것을 점차 따라잡을 기회를 부여받았다. 그러나 1975년 1월에 양국 전문가들이 그 합의에 따라 세부 사항에 대해 논의하기 시작했을 때, 미국 대표들은 돌연 소련 측의 신종 '백파이어' 폭격기도 최대 보유 한도 산정에 포함해야 한다고 고집을 부렸다. 그러면서도 미국 대표들은 자신들의 신종 크루즈미사일을 거기에 포함할 생각은 전혀 없었다.

게다가 미국 상원은 1972년 10월의 무역협정에서 약속한, 소련에 대한 최혜국대우 내지 특혜 이자에 기초한 신용 대부 보장을 유대계 소련 시민들의 국외 이주 자유를 보장하는 문제에 연계해 버렸다. 소련은 이런 식의 과도한 요구를 받아들일 생각이 추호도 없었다. 다만 브레즈네프는 무역협정의 난파를 막고자 국외 이주 비율을 슬쩍 높여 주기는 했다. 그러나 민주당의 상원 의원 헨리 잭슨Henry Jackson이 국외 이주를 경제 지원의 전제 조건으로 정한 후 브레즈네프는 더는 무역협정을 살릴 길이 없다고 생각했다. 무역협정은 폐기되었다. 국외 이주 비율은 줄었다. 브레즈네프는 데탕트가 경제적으로 어떤 성과를 낳지 못한 상황에서 블라디보스토크 협정의 군사적 양보를 도대체 어떻게 정당화할 수 있을까 하는 문제에 봉착했다.

긴장 완화 정치에 대한 잭슨의 도덕적 공격은 인도차이나에서 미국이 패배함으로써 또 다른 반향을 낳았다. 1973년 1월의 파리 협약으로 처음에는 패배가 어느 정도 덮일 수 있었지만, 1975년 초가 되면서 너무도 분명해졌다. 새로 북베트남이 대규모 공격을 전개하자 이미 혼란에 빠지고 부패했던 응우옌반티에우 정권은 붕괴할 수밖에 없었다. 1975년 4월 30일에 북베트남은 수도 사이공을 접수했다. 미국 대사관의 지붕으로 도주한 응우옌반티에우 정권 지지자들을 모두 탑승시키지 못한 채 떠나는 마지막 미군 헬리콥터를 담은 텔레비전 화면은 미국 군사력의 굴욕을 만천하에 드러냈다. 그 며칠 전에 이미 이웃 국가인 캄보디아의 수도 프놈펜은 크메르루주의 손에 떨어졌다. 그들은 일종의 석기시대-공산주의 지지자들이었기에 먼저 도시 주민들을 청산하거나 재교육하기 시작했다. 라오스도 마찬가지로 베트남 전쟁에 연루되었다. 그곳에서도 베트남 전쟁 후 공산주의자들이 권력을 장악했다. 8월 말에 저항운동인 파테트 라오Pathet Lao가 국가 통제권을 쥐었다.

공산주의가 약진 중이라는 인상을 더욱 강화한 것은 포르투갈 식민 제국의 붕괴였다. 1974년 4월에 좌파 청년 장교 집단이 안토니우 드 올리베이라 살라자르António de Oliveira Salazar의 후계자인 마르셀루 카에타누Marcello Caetano를 무너뜨리고 아프리카 소유지를 순식간에 독립시켰으며, 급속히 성장한 공산당의 도움으로 남부 지역 대지주에게서 토지를 몰수했다. 이 카네이션 혁명은 가장 오랜 나토 동맹국에서 공산주의자들이 권력을 장악하는 것을 보여줌으로써 서유럽에서 두려움을 불러일으키기에 충분했다. 물론 혁명은 길지 않았다. 1975년 가을에 온건파 장교들이 급진파 장교들을 몰아내고 권력을 잡았다. 게다가 그 후 쿠바가 앙골라의 마르크스주의 해방운동을 지지하자 다시 공산주의 확산에 대한 근심이 일었다. 소련은 무기를 제공하고 물자를 공수함으로써 카스트로 군대를 도왔고, 미국 CIA는 앙골라 독립 운동 내 비공산주의 세력을 지지했던 남아프리카 공화국인들을 도왔다. 1976년 2월에 앙골라 내전에서 마르크스주의자들이 우세했을 때, 그것은 소련의 승리로 보였다.

키신저는 줄기차게 이스라엘을 공격했지만 결국에는 실패하고 만 이집트를 1973년 10월에 서구 측으로 끌어오는 데 성공했다. 그 후 브레즈네프가 1977년 6월부터 소말리아 군대의 공격을 받던 에티오피아의 마르크스주의 지도자 멩기스투 하일레 마리암Mengistu Haile Mariam의 지원 요청을 받아들이는 일은 아무것도 아니었다. 심지어 힘을 과시하기 위해 소련은 의식적으로 통상 수준을 넘어 지원했다. 1977년 12월부터 소련 비행기는 수많은 무기와 전차를 실어 날랐고, 1500명의 군사고문관과 1만 2000명의 쿠바 전투병을 에티오피아로 보냈다. 소련이 도왔기에 멩기스투는 1978년 2월에 소말리아인들을 몰아내는 데 성공했다. 소련공산당 정치국은 그런 성공이 공산주의 팽창 전략이 응집력이 있다는 인상을 강화할 것으로 여겼다.

1976년 11월의 미국 대선에서는 헨리 잭슨이 아니라 당 동료인 지미 카터Jimmy Carter가 승리했다. 정치 신참이었던 카터 대통령은 긴장 완화를 계속 추진할 작정이었다. 그러나 그는 어설프게 행동함으로써 오히려 합의를 점점 더 어렵게 만들었다. 카터는 전략 군비를 제한하는 정도가 아니라 과감하게 감축하고 싶어 했다. 그 결과 미 국방부는 새 협상안을 마련했지만, 그것은 블라디보스토크에서 어렵게 달성된 양보안을 다시 미국의 헤게모니 지위에 유리하게 만들었고, 그로 인해 소련 군부가 그것에 맞서는 요구를 제출할 수밖에 없게 만들었다. 동시에 카터는 소련 내의 체제 비판가들에 대한 지지를 과시하듯이 공개적으로 표명했다. 그것은 오히려 체제 비판가들을 더 심하게 탄압하도록 만들었을 뿐이다. 게다가 그런 행동으로 인해 브레즈네프는 카터와 직통선을 만들 수가 없었다.

아프리카에서 소련의 팽창 전략이 성공한 것처럼 보이는 상황에서 카터는 안보 보좌관 즈비그뉴 브레진스키Zbigniew Brzezinski의 자문을 받아 들여 '중국 카드'를 더 적극적으로 사용하기로 결심했다. 1978년 5월에 카터는 브레진 스키를 베이징으로 보내 전략 협력과 기술 지원의 가능성을 타진하게 했다. 중국 정부는 미국이 중국과 소련의 국경 분쟁에서 중국을 지지한다는 입장을 표명한 것에 상응해 이전처럼 타이완을 포기하도록 종용하지 않고 미국과 관계를 정상화할 의지가 있음을 밝혔다. 10월 중순에 미국과 중국은 공동성명을 통해 외교 관계 채택을 알림으로써 세계 여론을 놀라게 했다. 중국의 최고 실력자인 덩샤오핑은 1979년 1월 말에 워싱턴을 방문해 미국 지도자들에게 반소 동맹을 맺자고 요구했다.

1979년 2월 17일에 중국군은 베트남 북부를 침공했다. 당시 베트남은 소련과 형식적인 동맹을 체결했고 캄보디아에서 크메르루주에 대항해 전쟁을 하고 있었다. 카터는 중국 방문 시에 시급히 덩샤오핑에게 그러지 말 것을 충고했지만, 그때서야 비로소 자신이 반소 진영에 너무 깊숙이 발을 담갔음을 깨달았다. 2월 27일에 카터는 브레즈네프에게 "우리 양국의 선린 관계 발전"을 대통령으로서 자신이 가져야 할 "가장 큰 책임"으로 간주하며, 그렇기에 현재의 긴장을 극복하는 일이 시급히 필요하다고 알렸다.[45] 그 후 카터는 전략무기 제한 협상에서 지난 블라디보스토크 합의에 다가가려고 국방부와 브레진스키의 반대를 무릅쓰고 개인적으로 나섰다.

1979년 6월 15일에서 18일까지 빈에서 열린 정상회담에서 카터와 브레즈네프는 'SALT-II' 패키지에 서명했다. 브레즈네프는 건강이 좋지 않아 워싱턴 방문은 접었다. 그 SALT-II 패키지는 소련의 전략무기 수송기 총수를 급격히 줄여 양측 모두의 상한인 2250기로 제한하는 대신에, 미국은 다탄두 탑재 미사일 수를 1200기로 제한하며, 중폭격기당 순항미사일 수를 제한하는 것을 담았다. 양측은 신형 대륙간탄도미사일만큼은 하나 따로 개발할 수 있었다. 백파이어 폭격기를 275개로 제한하는 대신에, 소련의 대륙간탄도미사일의 수를 150개로 줄임으로써 백파이어 폭격기 문제도 해결되었다. 물론 그것으로 핵 군비를 실질적으로 감축하지는 못했지만, 무제한적인 군비경쟁의 잠재력에 분명하게 한계를 정했고, 그럼으로써 협약이 계속 발전할 수 있는 근거를 마련했다.

브레즈네프와 카터는 (그사이에 소비에트 최고 회의 의장직도 넘겨받은) 브레즈네프 서기장의 건강 상태가 좋지 않고 카터가 준비를 잘하지 못한 상태에서 만났다. 그렇지만 두 사람은 모두 국제 긴장 완화 과정이 지속될 것이라고 확인했다. 그들은 사적으로도 더욱 친해졌다. 처음에는 매우 딱딱했던 카터가 셋째 날이 되니 "새로운 내 친구 브레즈네프 서기장을 위해" 건배를 제의했고, 브레즈네프는 가까운 사람들에게 카터 대통령이 "기본적으로 아주 괜찮은 친구"라고 말했다.[46] 두 사람이 협상 끝에 SALT-II 협정에 서명을 한 뒤 브레즈네프는 카터에게 키스했다. 그 장면을 담은 사진은 빈 정상회담의 상징으로 전 세계로 퍼져 나갔다.

3 　세계 정치의 새로운 행위자

동구와 서구가 서로 사이좋게 지내려고 용을 쓰는 동안, 세계 정치에는 새로운 권력정치의 중심과 행위자들이 등장했다. 우선 그것은 탈식민화의 결과이거나 아니면 일부 국가가 미국과 소련의 헤게모니에서 벗어난 결과였다. 다음으로는 1960년대와 1970년대에 몇몇 아시아 국가가 근대산업사회로 부상한 결과도 이목을 끌었다. 마지막으로 석유 수출국들도 카르텔을 만들어 세계 체제의 양극화 구조에 맞서 권력관계의 변화를 이끌었다. 서구 산업국들은 이런 변화들에 적응하느라 꽤 힘들었다. 그 과정에서 특히 미국과 서유럽 동맹국들 사이에 논쟁이 없지 않았다.

비동맹 운동

비동맹국 운동movement of nonaligned states의 시작은 1947년까지 거슬러 올라간다. 당시에 자와할랄 네루는 아직 인도가 독립하기 전이라 과도정부의 총리 자격으로 아시아와 아랍의 정부와 독립 운동의 지도자들을 뉴델리로 초청해 '아시아 관계 회의Asian Relations Conference'를 개최했다. 인도 총리 네루는 아시아 대륙의 피식민 민족들 간의 연대를 조직하고 열강에 맞서 단결력을 갖추고자 노력했다. 그것은 어려운 일임이 분명했다. 네루가 초대한 그 참가국들로 상설 기구를 조직하는 것은 큰 의미가 없었다. 1952년 12월에 나세르가 카이로에서 개최한 회의에서 처음으로 공동 원칙들, 특히 양대 세계열강에 대한 동맹 탈피freedom of association와 중립neutrality 원칙을 만들었다. 1955년 4월에 인도네시아의 반둥에서 열린 회의에는 아프리카 6개국과 아시아 23개국이 참여했다. 네루의 권유로 중국도 참여했다. 반둥 회의는 앞의 원칙을 포함해 더 많은 원칙, 즉 주권의 상호 인정, 타국 내정에 관한 불간섭, 평화적 수단을 통한 갈등 해결과 협력 등의 목록을 발표했다. 핵무기 전면 금지도 목록에 들어갔다.

같은 해인 1955년에 네루는 티토와 접촉을 개시했다. 1948년에 스탈린은 자기 말을 잘 따르지 않는 티토를 몰아내고 맹종자들에게 권력을 넘기려고 시도했다. 티토는 이겨 냈고 그 후 줄곧 유고슬라비아의 독자 사회주의 노선을 밀고 나아갔다. 네루와 티토의 접촉으로 이전까지 매우 느슨한 형태로만 유지되었던 아시아와 아프리카의 연대가 더 확대되고 강화되어 비동맹국가들이 집단적 결집을 이루었다. 1961년 9월에 비동맹 25개국의 대표들이 베오그라드에 모였다. 가나와 기니를 비롯해 얼마 전에 독립을 쟁취한 아프리카의 몇몇 국가와 쿠바도 회의에 참가했다. 이제 네루는 그 단체를 세계 평화의 수호자로 과시하고자 했다. 하지만 그다지 성공하지 못했다. 세계열강에 협상 테이블로 돌아오라고 촉구한 결의들은 너무도 거창해 베를린 장벽 건설 같은 소련의 침해를 호도할 정도였다.

1962년 10월에 중국이 라다크Ladakh의 동부를 침략하면서 비동맹 운동은 심각한 위기에 빠졌다. 동부 라다크는 주민은 없지만 티베트로 가는 주요 길목이었고, 법적으로는 인도 땅이었다. 네루는 중국에 대한 대항마로 소련을 아시아와 아프리카의 세력권으로 끌어들이고자 했다. 그것을 인도네시아도 받아들이기 어려워했지만, 특히 파키스탄은 절대로 받아들일 수 없었다. 인도네시아 대통령 수카르노가 제2차 반둥 회의를 소집하기를 강력히 원했지만, 협상은 결국 1965년 10월에 날짜를 정하지 못한 채 회의 소집을 연기하며 실패로 끝났다. 그러는 사이에 비동맹 운동을 존속시키고 조직하는 일은 티토와 나세르의 몫이 되었다. 그들은 1964년 10월에 카이로에서 제2차 비동맹 회의를 개최했다. 중국은 초대받지 못했다. 그 대신 적지 않은 수의 아프리카 국가가 회의에 참여했다.

방향을 새로 정하고 그것을 통해 장기적으로 비동맹 운동을 강화하는 데 자극을 준 인물은 피델 카스트로였다. 그는 '아시아-아프리카-라틴아메리카 인민 연대 회의'를 주창하며 1966년 1월에 82개국의 대표들을 아바나로 초대했다. 대표들은 이때 처음으로 산업국들에 대한 탈식민 국가들의 경제 종속이 지속되는 문제를 다루었으며, 세 대륙 국가들의 공동 관심사를 명확히 드러냈다. 회의 참가자들은 남미 학자들이 발전시킨 종속이론의 영향을 받아 이른바 제국주의와 신식민주의의 "착취자"들을 겨냥해 날선 요구 사항을 던졌다. 1967년 10월에 알제리의 수도 알제에서 열린 후속 회의에는 77개국 대표들이 참여했다. 요구 사항이 더욱 명료해졌다. 그들은 개발도상국의 원료와 상품에 대한 최혜국 관세 인정, 선진 산업국들의 개발원조 증대 및 국제통화기금을 통한 신용 대부 시 부과금 면제 등을 요구했다. 이로써 '77 그룹'은 이른바 제3세계를 위한 경제 압력단체로 자리를 잡았다.

1970년대에 개발도상국들은 채무 문제가 심각한 경우가 많아 세상의 주목을 끌었다. 비동맹국가들은 이제 3년마다 정례적으로 정상회담을 개최했다. 회담에는 점차 라틴아메리카 국가가 많이 참가했다. 동시에 77 그룹은 유엔의 포럼을 적극 활용했다. 1974년에 그들은 유엔 제6차 특별 총회에서 '신세계경제 질서' 확립 결의를 통과시키는 데 성공했다. 1976년에 나이로비에서 열린 제4차 유엔 무역 개발 회의UNCTAD에서 그들은 원자재 가격의 급격한 변동을 막기 위해 원자재 통합 프로그램에 대해 합의했다. 1979년과 1983년 두 차례의 유엔 무역 개발 회의의 후속 회의는 의미 있는 성과를 낳지 못했다. 1987년에 제네바에서 열린 제7차 유엔 무역 개발 회의에서는 개발도상국과 선진 산업국 사이에 접근이 이루어졌다. 선진 산업국은 개발도상국의 자발적인 개발 노력을 증대하기 위해 대상을 정해서 지원해 주기로 약속했다.

물론 유엔 무역 개발 회의의 합의는 구속력이 부족했기에 난관에 부딪혔다. 비동맹 운동도 다시 정치 불화로 약해졌다. 1970년대 말에 카스트로는 비동맹국가들을 소련에 더 친화적이 되도록 시도했다. 하지만 티토가 그것을 내버려 둘 리가 없었다. 에티오피아와 소말리아 사이에 충돌이 발생했을 때 쿠바는 소련과 함께 무장 개입을 했다. 그것은 비동맹 운동 국가들의 큰 비판을 야기했고, 비동맹 운동 안에서 카스트로의 영향력은 쇠퇴했다. 남-남 관계가 긴밀한 경우는 시기적으로나 일부 국가들 차원에서나 제한적이었을 뿐이다. 쿠바가 앙골라 해방인민운동MPLA 정권을 지원한 것과 브라질이 아프리카의 여러 국가와 무역 관계를 발전시킨 것 등이 대표적이었다. 그럼에도 불구하고 비동맹국가들의 결속은 동서 간 양극화를 저지했다. 동시에 그들은 저개발 문제를 국제정치의 주제로 끌어올리는 데 성공했다. 그럼으로써 그들은 동서 갈등이 끝난 뒤 그 문제에 대해 더 진지한 논의를 시작할 수 있는 기반을 만들었다.

일본과 호랑이 국가들

국제정치의 전개에서 앞의 흐름보다 더 영향이 컸던 것은 일본과 동아시아의 소국인 한국과 타이완, 홍콩, 싱가포르가 주요 산업국으로 도약한 사실이었다. 기본적으로 그것은 19세기부터 시작된 산업화 과정의 결과였다. 그과정은 20세기 전반의 내전과 분쟁들로 인해 심각하게 훼손되었지만 완전히 중단되지는 않았다. 비록 국가별로 차이가 좀 있기는 하지만, 그들의 개발 전략은 기민했고 보호 열강인 미국이나 영국도 진중하게 지원했다. 그 결과 이국가들은 앞선 산업국들은 경험해 보지 못한 정도의 발전 동력을 발휘하며급부상할 수 있었다.

먼저 일본에서 그 발전을 볼 수 있었다. 일본은 1950년대 중반부터 산업화의 가속화를 겪었다. 그것은 관세장벽을 높이고 엔화를 평가절하했기에 가능했는데, 미국은 냉전 시기에 안보를 위해 그 둘을 다 용인했다. 점점 더 많은 사람이 농촌을 떠나 도시로 몰렸다. 교육투자는 상당히 높은데 임금은 낮으니 국제시장에서 경쟁력을 갖춘 생산 부문들이 성장할 수 있었다. 생산성향상을 노린 시장의 정치적 조직화도 성장을 도왔다. 경쟁력을 갖춘 부문은우선 섬유업과 광학기기 제조업이었다. 1960년대 중반에는 철강업과 조선업이, 그 바로 다음에는 자동차 산업이 경쟁력을 갖추었다. 그 뒤에는 전자 산업도 호경기를 맞았다. 그사이에 이루어진 고임금은 그 호황에 도움이 되었다. 그런 방식으로 이미 1968년에 일본은 서독보다 더 높은 국민총생산을 창출했다. 일본은 미국 다음인 제2위의 경제 대국으로 부상했다. 일본의 국민소득은 10년도 안 되는 기간에 두 배로 올랐다. 농업 부문에서 일하는 일본인의 비율은 1955년의 38퍼센트에서 1975년에는 12.6퍼센트로 하락했다.

성장률은 1970년대에 둔화되었다. 한편으로 그것은 1973년 말에 원유 가격이 네 배로 올랐던 탓이지만, 다른 한편으로 생활 상태를 개선하려 하는 압력이 높아진 탓이기도 했다. 국민총생산 대비 공공 지출의 비율은 1973년의 12.7퍼센트에서 1980년에는 17.7퍼센트로 올랐다. 그래도 기본적으로 성장은 지속되었다. 일본은 이제 고부가가치를 지녔지만 여전히 저가인 상품들을 가지고 세계시장에 나섰기 때문이다. 일본 경제는 외국의 경쟁사보다 더 뛰어난 그들만의 산업 노하우를 지녔고, 그 장점을 살려서 그렇기도 했다. 상당한 규모의 연구 지원과 고기술 산업(컴퓨터, 전자)의 집중 개발을 기반으로 해서 1980년대 전반에 유례없는 수출 붐이 일어났다.

경제 열강으로 부상하면서 일본은 미국의 지배 권력에서도 벗어났다. 이미 1967년에 일본 정부는 오키나와를 일본의 주권지로 반환해 줄 것을 요구했다. 1969년에 요구가 관철되었다. 즉 당시 일본의 총리인 사토 에이사쿠佐藤榮作는 워싱턴을 방문해 오키나와 제도를 1972년 5월 15일까지 돌려받기로 약속받았다. 미군 기지는 그대로 존속하지만, 재판 관할권은 다시 일본 당국에 귀속되기로 했다. 1970년 6월에 미일 안보 조약을 갱신하면서 양측 모두 1년 전의 예고로 조약을 해지할 수 있는 권리를 가진다고 규정했다. 1972년 초에 닉슨이 중국 정부와 접촉하면서 사전에 동맹국인 일본 정부와 상의도 하지 않자 일본도 미국의 이익을 고려하지 않고 중국과 외교 관계를 맺는 데 착수했다. 1972년 9월에 일본 총리 다나카 가쿠에이田中角榮는 베이징을 방문해 일본은 1952년에 타이완의 국민당 정부와 맺은 평화조약을 무효로 간주한다고 선언했다. 일본은 타이완을 중화인민공화국의 일부로 간주했다.

일본과 마오쩌둥의 중국은 외교 관계를 맺자마자 관계가 심화되었다. 소련과 평화조약을 체결하는 문제를 둘러싼 협상은 일본이 남쿠릴 열도의 반환을 요구하면서 실패로 끝났다. 이에 반해 일본은 소련과 미국이 모두 반대했는데도 1978년 8월 12일에 중국과 평화 우호조약을 체결했다. 그것으로 미일 안보 조약이 영향을 받지는 않았다. 하지만 일본은 그것을 통해 태평양 지역의 평행 4변의 세력 관계에서 독자적 역할을 수행할 수 있는 기반을 쌓았다.

그 지위를 더욱 강화한 것은 일본 대외투자의 가파른 상승이었다. 1975년에서 1987년 사이에 일본이 외국의 생산 설비에 직접투자한 규모는 열 배로 늘었다. 해외시장의 보호 조치를 피하기 위해서이기도 했고, 생산을 저임금 국가로 옮기기 위해서이기도 했다. 게다가 외국 차관과 주식과 채권에 대한 투자도 점증했다. 미국의 무역 적자로 1985년이 되자 일본은 세계경제의 지도적 채권국으로 발돋움했다. 1987년에는 도쿄가 뉴욕을 제치고 최대 주식시장으로 등극했다. 하지만 바로 그해에 일본 은행들이 동남아 투자와 부동산 투기를 잘못해서 심각한 손해를 입었다는 사실이 드러났다. 주식시장은 붕괴했고, 은행과 기업들은 막대한 손실을 입었다. 다만 불균형성장이 끝났다고 해서 그사이에 일본이 국제 산업과 금융 열강의 지위를 확고히 다졌다는 사실이 바뀌지는 않았다.

한국과 타이완의 경우 일본보다는 늦게 산업사회로 전환을 시작했다. 하지만 그 과정은 더 역동적이었다. 양국 모두 정치적 동기가 깔린 미국의 재정 지원이 중요한 역할을 수행했다. 일본과는 다른 역할을 떠맡은 것도 마찬가지로 매우 중요했다.

일본 기업들은 저임금의 득을 보기 위해 한국에 투자했던 반면에, 타이완 기업들은 일본 원자재와 반제품을 가공하고 완성하는 데 매달렸다. 한국과 타이완 모두 산업 성장은 처음부터 수출 지향적이었다. 저가의 고급 제품들을 특히 미국으로 많이 수출했다. 초기에는 노동 집약적인 저가의 섬유제품과 완구품들이, 1970년대에는 중공업 부문 상품들과 선박과 건설 부문이, 1980년대에는 고도로 발전한 전자 제품들이 중심이었다. 특히 한국은 전자 제품 부문에서 독자적인 기술 노하우를 발전시켰다.

수출 지향적인 성장이 더 역동적이었던 곳은 도시 국가인 홍콩과 싱가포

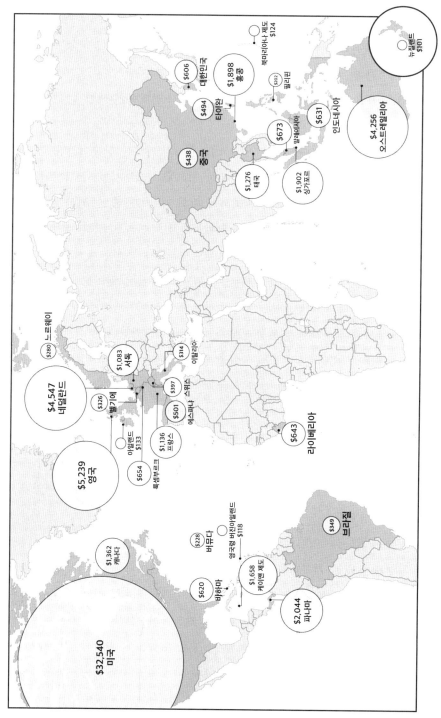

북마리아나 제도 $124
뉴질랜드 $101
대한민국 $606
홍콩 $1,898
필리핀 $202
인도네시아 $631
타이완 $494
오스트레일리아 $4,256
말레이시아 $673
중국 $438
태국 $1,276
싱가포르 $1,902
노르웨이 $280
독일 $1,083
이탈리아 $314
네덜란드 $4,547
스위스 $397
벨기에 $326
에스파냐 $501
영국 $5,239
아일랜드 $133
프랑스 $1,136
룩셈부르크 $654
라이베리아 $643
버뮤다
바하마 $620
영국령 버진아일랜드 $118
캐나다 $1,362
$228
케이맨 제도 $1,658
브라질 $349
파나마 $2,044
미국 $32,540

——— 일본의 대외 직접투자의 주요 상대국(100만 달러 기준).

르였다. 이곳에서 일어난 이행은 농업에서 공업으로가 아니라 무역에서 생산으로였다. 과거에 두 도시는 모두 영국 제국의 무역 거점이자 군사기지로 발전했다가 이제 각기 배후 세력권과 단절되었다. 홍콩의 경우 중국에서 마오쩌둥 정권이 자급자족 경제에 매달렸기 때문이었고, 싱가포르는 1965년에 말레이시아 연방에서 이탈했기 때문이었다. 고품질의 상품생산으로 방향을 전환할 때 홍콩은 교육 수준이 높은 중국 난민들의 유입과 중국 자본에서 득을 많이 보았다. 싱가포르는 사회 설비의 개발을 국가의 통제하에 두면서도 외국 자본의 투자에 문호를 개방했다. 홍콩과 싱가포르는 당연히 처음부터 세계시장을 노리며 생산했다. 양 도시 국가 모두에서 한국과 타이완과 유사한 생산 부문들이 발전했다. 다만 중공업 부문은 아니었는데, 그렇게 하기에는 영토가 너무 작았다. 1980년대까지 양국은 모두 금융 중심지로서도 중요했다.

그 결과 1980년대에 홍콩과 싱가포르의 1인당 국민소득은 한국과 타이완의 두 배 이상으로 올랐다. 네 나라를 모두 합치면 1988년에는 세계무역의 8.1퍼센트에 달했다. 그것은 일본이 차지하는 비율(9.6퍼센트)보다 조금 낮았을 뿐이고, 라틴아메리카의 모든 국가를 다 합한 비율(4.2퍼센트)의 두 배에 가까웠다. 그렇기에 그들의 경제성장은 세계 정치의 차원에서 매우 중요해졌다. 그 비율이 팽창의 초기인 1963년에는 1.6퍼센트에 불과했다는 것을 염두에 두면, 이 국가들을 서구 세계에서 왜 "호랑이 국가"로 간주하는지 이해할 수 있을 것이다.[47] 물론 그들 자신은 "네 마리의 작은 용"이라는 표현이 더 낫다고 여겼다.

정치적으로 보면 동아시아 국가들의 부상은 다소간 권위주의 체제하에서 이루어진 셈이었다. 일본에서는 여당인 자민당이 선거에서 항상 이기며 권력을 유지할 수 있었다. 물론 자민당은 실제로는 경쟁 집단들의 연합이었다. 1980년대 말에 경제가 붕괴한 후 1993년에야 비로소 야당들이 수년 동안 연정을 펼칠 수 있었다. 한국에서는 1961년 5월에 박정희 장군이 군사 지배 체제를 확립했다. 그 체제는 선거를 통한 승인과 억압 사이를 오갔다. 1987년에야 비로소 자유선거가 가능해졌다. 타이완을 지배한 것은 장제스를 중심으로 한 이주민 출신 국민당이었다. 장제스는 1950년부터 1975년에 죽을 때까지 총통이었다. 1987년에 계엄령이 해제된 후에야 비로소 민주화 과정이 시작되었다. 싱가포르에서는 애초에 사회주의적이었던 인민행동당People's Action Party: PAP이 선거 승리를 이어 갔고, 당의 오랜 지도자 리콴유李光耀는 1959년에서 1990년까지 총리였다. 1970년대 중반부터 리콴유는 저항이 거세지는 것을 막기 위해 자주 억압 조치를 취했다. 마지막으로 홍콩은 여전히 영국의 식민지였다. 1984년에는 1997년에 중국으로 반환하기로 합의했다. 당시에 홍콩 당국은 나름 선의를 가졌지만, 주민들의 참여권은 극히 제한되었다.

민주적 권리의 억제가 경제 근대화에 이로웠는지를 둘러싸고는 정치적으로 평가가 갈린다. 분명한 사실은 앞의 다섯 국가 모두 기업의 자유와 경제정책상의 명료한 방향 설정이 대단히 기민하게 결합되었다는 점이다. 물론 일인 대통령 또는 1당의 장기 지배로 인해 한국과 일본은 부패가 심각한 지경에 이르렀다. 덧붙여 다섯 국가 모두에서 경제 근대화의 사회적 결과로 점차 권위주의 지배의 기반이 무너졌다는 사실도 중요하다.

중동 갈등과 산유국

세계 여론이 주목하지 못해서 그렇지, 산유국들은 이미 오래전부터 부상하기 시작했다. 1960년대부터 유럽의 선진 산업국들과 일본은 에너지 조달을 점점 더 석유 수입에 의존했다. 미국도 마찬가지여서 원유 수입이 10년 새에 50퍼센트가 늘었다. 미국의 자체 석유 보유고는 점차 바닥을 드러내기 시작했다. 선진 산업국의 에너지를 조달하기 위해서는 근동과 중동에 매장된 석유가 점점 더 중요해졌다. 석유 생산에서 그 지역이 차지하는 비율이 제2차 세계대전 말에는 단지 7퍼센트에 불과했는데, 1973년에는 38퍼센트에 달했다.[48] 그 결과 근동과 중동의 지역 정부의 자의식이 높아졌다. 당연히 원유를 채굴해 얻은 이익에서 원유 생산국들이 차지하는 비율도 올랐다. 1970년에 무아마르 카다피Muammar Gaddafi는 리비아의 석유산업을 국유화해 유가와 이익 배당률을 모두 엄청나게 올려 버렸다. 서유럽 국가들이 수입하는 석유 중 4분의 1이 리비아에서 왔기에 카다피의 공략은 성공을 거두었다. 아울러 그로 인해 여타 산유국들도 가격과 이익 배당을 올릴 수 있었다. 동시에 영국은 근동과 중동의 석유 중 3분의 1이 넘는 양을 공급하는 페르시아만의 쿠웨이트와 아랍에미리트에서 군대를 철수했다.

유가는 가파르게 상승하면서 곧 중동 갈등과 연계되었다. 나세르는 이미 1967년 2월에 이스라엘을 재차 공격하기로 결심했다. 사실 먼저 나섰다기보다는 그렇게 결심하도록 내몰렸다. 그러나 1967년 6월 5일에 이스라엘 정부가 공습으로 선제공격했다. 그로 인해 이집트와 요르단, 시리아, 이라크의 항공기들이 지상에서 완전히 파괴되었다. 그 뒤 아랍 연합 측의 지상군도 아무 소용이 없었다. 4일 만에 이스라엘군은 예루살렘의 옛 시가지와 요르단강 서안지구West Bank, 시나이반도, 수에즈 운하를 점령했다. 이스라엘은 6월 10일에 시리아와 경계지인 골란 고원을 점령한 뒤에야 비로소 유엔의 휴전 요청에 따랐다. 하지만 6일 전쟁의 결과로 인해 이스라엘이 이제 평화적 해결을 찾을 길은 더 멀어졌다. 아랍 국가들은 여전히 이스라엘의 국가로서의 생존권을 부정했다. 접경지에서는 소모전이 빈발했다.

아랍인들은 1967년의 패배를 계속 감내하고 있을 수만은 없었다. 나세르의 후임자 안와르 사다트는 1973년에 이스라엘을 재공격하지 않을 수 없는 상황에 놓였다. 물론 이번 공격 목적은 양측 모두가 받아들일 수 있는 국경을 새로 정하도록 만드는 것이었다. 게다가 이집트군은 수에즈 지역을, 시리아군은 골란 고원을 수복해야 했다. 사다트는 그것을 협상 카드로 삼아 이스라엘에 평화를 압박할 생각이었다. 이때 석유 수출국들, 특히 사우디아라비아가 서구 정부들에 압력을 행사할 필요가 있었다. 1973년 8월에 사우디아라비아의 국왕 파이살에게서 지원을 약속받은 뒤에 사다트는 마침내 전쟁을 개시하기로 결정했다.

이집트와 시리아의 군대는 1973년 10월 6일에 이스라엘을 침공했다. 그날은 유대교의 속죄일(욤 키푸르Yom Kippur)이었다. 1967년보다 더 잘 무장했기에 침공은 완전히 성공했다. 물론 10월 8일에 이스라엘은 전차 부대와 전투기로 골란 고원을 탈환했다. 이집트군이 시나이반도의 산악 지대에서 구호 공세를 펼치자 이스라엘은 수에즈 운하의 서안 지대에 교두보를 구축했다. 전황이 그렇게 교착 상태에 빠진 후 사우디아라비아의 탁월한 석유 장관 아흐마드 자키 야마니Ahmed Zaki Yamani가 소집한 석유수출국기구OPEC는 10월 17일에 쿠웨이트에서 회합해 유가를 70퍼센트 올리고 이스라엘을 돕는 국가들에는 석유 공급을 점차, 즉 매달 5퍼센트씩 줄이겠다고 결의했다. 이틀 뒤 미국의 닉슨 대통령은 이스라엘에 22억 달러 규모의 원조를 지원하겠다고 발표했다. 이에 파이살 국왕은 미국에 전면 무역 금지를 선언했다.

압박을 받은 닉슨 정부는 이제 조속한 휴전과 영구 평화협정을 체결하도록 나섰다. 소련은 전쟁 초기에 공수작전을 수행하며 아랍 측을 지원했다. 그렇게 하지 않으면 영향력을 잃을 수도 있다는 우려 때문이었다. 그렇지만 동시에 소련은 휴전을 요구했다. 닉슨 정부도 유사하게 한편으로는 이스라엘을 지원하는 공수작전으로 전쟁에 개입했지만, 다른 한편으로 소련의 휴전 요구를 지지했다. 이스라엘은 휴전 요구에 응할 생각이 없었고, 수에즈 운하의 서안 지대로 진격했다. 브레즈네프는 10월 24일에 닉슨에게 전문을 보내 소련과 미국이 합동으로 군사를 투입할 필요가 있다고 압박했다. 브레즈네프는 긴급한 경우 소련 정부가 "단독으로라도 필요한 조치를 취할" 것이라고 덧붙였다.[49] 그 전문에 놀란 키신저는 세계 전역의 미군들에 최고 단계의 경계령을 내리게 했다. 하지만 키신저도 곧 이스라엘을 압박했다. 그리하여 10월 25일 밤에 전투가 중단되었다.

임시 휴전을 평화협정으로 정착시키기 위해 키신저는 카이로와 텔아비브와 다마스쿠스를 오가며 외교 협상을 적극 전개했다. 1974년 1월 18일에 마침내 키신저는 이스라엘과 이집트의 중재에 성공했고 양국은 철수 협정을 체결했다. 협정에 따라 이스라엘군은 시나이반도의 고갯길까지 물러났고, 그곳에서 수에즈 운하까지의 지역에 대한 통제권은 유엔군에 넘어갔다. 시리아와의 협상은 훨씬 많은 시간이 걸렸다. 잠시 전투를 다시 치르고 난 뒤 1974년 5월 말에야 비로소 시리아 대통령 하피즈 알아사드Hafez al-Assad는 조정안에 동의했다. 그에 따라 이스라엘군은 1973년 10월에 점령한 영토에서 철수했고, 골란 고원의 경계에는 유엔군의 또 다른 완충지가 세워졌다. 석유수출국기구 회원국들은 키신저의 노력을 인정해 미국에 대한 석유 엠바고를 풀었다.

물론 합의하기 어려운 여러 요구 사항이 존재했기에 평화가 정착되기는 어려웠다. 1977년 11월에 사다트는 교착 상태에 빠진 협상을 타개하기 위해 극적인 시도를 감행했다. 사실 이집트는 파국에 이를 정도로 부채가 심해 시급히 평화가 달성될 필요가 있었다. 사다트는 평화를 위해서라면 "지구 끝까지라도", 즉 심지어 크네세트Knesset(이스라엘 의회)에도 갈 용의가 있다고 밝혔다. 이스라엘 정부는 사다트를 초청하지 않을 수가 없었다. 11월 20일에 사다트는 이스라엘 의원들 앞에서 이스라엘을 영구적으로 인정하고 이스라엘과 평화적으로 협력하는 대가로 자신이 요구하는 것을 밝혔다. 그것은 1967년에 이스라엘이 점령한 지역에서 철군할 것과 요르단강 서안 지구에 팔레스타인 국가를 건설하는 것이었다. 그것은 서구 세계에서 큰 지지를 얻었기에 이스라엘은 수세에 몰렸다.

이집트와 이스라엘이 양자 협상을 진행했지만 소용이 없었다. 그 후 미국의 지미 카터 대통령은 1978년 9월 6일에서 17일 사이에 사다트와 이스라엘의 메나헴 베긴Menachem Begin 총리와 회담하는 자리에서 이스라엘이 요르단강 서안 지대와 가자 지구의 군사 통제를 종식할 것을 강력히 요구했다. 이스라엘은 그것을 거부했지만, 카터는 1979년 3월에 카이로와 예루살렘을 번갈아 방문하며 상황을 돌파했다. 1979년 3월 26일에 워싱턴에서 이집트와 이스라엘의 평화조약이 조인되었다. 카터 대통령도 '증인' 자격으로 서명했다. 그 조약에 따라 이스라엘군은 1982년까지 두 단계로 나누어 시나이반도에서 철군했다. 시나이 지구의 유대인 정착촌들도 철거되었다. 협상이 발효되고 두 달 뒤부터 팔레스타인 자치 실현에 대해 협상이 개시되었다. 물론 그 문제 때문에 곧 갈등이 다시 발생했다. 그때는 이스라엘인들과 팔레스타인인들이 직접 맞붙게 되었다.

한편 산유국의 대표들은 1973년 11월 4일과 5일의 제2차 회합에서 또 다른 결의를 통과시켰다. 10월 초를 기준으로 해서 유가를 네 배로 올린다는 것이다. 산유국들은 사다트의 동맹 전략으로 알려진, 중동 갈등에서의 전략적 역할을 이용해 이제 경제적 역학 관계를 자신들에게 유리하게 전면적으로 바꾸었다. 석유수출국기구 국가들의 석유 총수익은 1973년 한 해만 보더라도 330억 달러에서 1080억 달러로 세 배 이상으로 올랐다. 그것은 전 세계 수출 총액의 13퍼센트에 달하는 양이었다.[50] 그리하여 석유수출국기구 국가들은 순식간에 경제정책 행위자가 되어 경제변동에 영향을 미칠 뿐만 아니라 외국인 노동자들을 끌어들이고 막대한 이익의 일부를 세계 전역, 특히 선진 산업국들에도 투자했다.

아랍 국가들은 부유해지자 사실상 반￬유목 봉건사회에서 온정주의적 복지국가 체제로 급변했다. 그 결과 지배 제후 가문들은 권력을 강화할 수 있었다. 그들은 더는 부유한 상인 가문에 의존하지 않아도 되었고, 경쟁 부족의 지도자들을 부를 관리하는 행정관으로 끌어들였다. 얼마 전까지 근근이 살아가던 주민들도 다양한 부조 혜택을 받아 유순해졌다. 세계 최고의 건축가들이 전통적인 지배자 주거지와 항구들을 헐어 초현대식 도시로 확장해 건설했고, 외국 노동자들이 석유산업을 완벽하게 만들어 놓았다. 그러는 사이에 정부는 포괄적인 교육과정을 도입했고 독자적인 산업 생산을 시작했다. 물론 국민총생산에서의 그 비율은 아직 낮았다. 교육 층 주민 중 상당수는 그사이에 급속히 성장한 행정 부문, 이른바 석유-관료제로 진입했다. 지역의 맹주 사우디아라비아에서는 왕족들이 영향력이 강한 와하브파Wahhabism 종교 지도자들을 성나게 하지 않도록 유의했다. 그렇게 하자 종교 지도자들이 저항의 중심 세력이 될 가능성은 사라졌다.

반면에 이란의 부는 매우 발전한 복합사회와 조응했다. 하지만 지배자인 모하마드 레자 팔라비Mohammad Reza Pahlavi 는 그 부를 나누는 데 완전히 서툴렀다. 샤는 전통적인 중간계급을 희생시키며 근대산업을 일방적으로 발전시켰다. 그는 막대한 부를 비생산적인 군사력 발전에 투자했다. 그는 새로운 근대적 엘리트들을 경찰력으로 억압해 권력에 참여하지 못하도록 만드는 동시에, 근대화 조치로 종교 지도자들을 자극해 저항하도록 만들었다. 그리하여 1978년에 투자 실패로 이란이 불황에 빠져들자 아야톨라 루홀라 호메이니Ruhollah Khomeini의 비난, 즉 불신자인 샤가 서구 악마들과 내통하고 있다는 비난이 엄청난 반향을 일으켰다.

샤 정권은 철권통치로 저항운동을 탄압했지만 오히려 탄압으로 저항은 더욱 거세졌다. 1978년 8월에 호메이니는 추방당했지만 오히려 그 추방으로 그의 영향력은 더욱 커지기만 했다. 파리 근교의 망명지에서 호메이니는 이슬람 사원이나 집회실로 카세트 녹음기를 보내 자신의 메시지를 알렸다. 12월 초에 호메이니는 시아파 지도자 후사인 이븐 알리Husayn ibn Ali의 순교를 기리는 종교적 추념 행사를 이용해 대규모 저항운동을 촉발했다. 12월 10일에는 테헤란에서 거의 200만 명에 달하는 사람이 샤의 지배에 항거하는 시위에 참여했다. 팔라비는 민간 정부를 구성하고 1979년 1월 16일에 가족과 함께 이란을 떠남으로써만 자신을 구할 수 있었다. 물론 정세가 호전되면 돌아올 생각이었다.

하지만 상황은 다르게 진행되었다. 1979년 2월 1일에 호메이니는 망명을 접고 개선장군처럼 이란으로 돌아왔다. 그는 즉각 대안 정부를 구성했고 군 장성들이 중립을 유지하도록 만드는 데 성공했다. 왕의 근위대와 공군 사이에만 유혈 전투가 있었고, 그 후 2월 11일에 샤 정권은 무너졌다.

새로 도입할 정치 질서를 둘러싼 권력 다툼에서 두 가지 사건이 호메이니에게 유용했다. 첫 번째는 1979년 11월 4일에 일어난, 강경파 학생들의 테헤란 주재 미국 대사관 점령이었고, 두 번째는 1980년 9월 22일에 이라크의 새 지도자 사담 후세인Saddam Hussein의 침략으로 촉발된 대對이라크 전쟁이었다. 서구 친화적인 정치가들의 추악함을 드러내는 문서들이 미 대사관에서 발견되었다. 게다가 미국이 (사우디아라비아와 쿠웨이트와 프랑스를 뒤따라) 이란 혁명이 이라크로 이월되는 것을 막고자 사담 후세인을 돕자 이란에서 반미 열풍은 더욱 거세졌다. 1979년 12월에 국민투표로 새 헌법이 통과되었다. 헌법은 최고 종교 지도자에게 광범위한 행정 전권을 부여했다. 이라크와 전쟁하는 동안 온건파 정치가와 전투적 테러주의자 모두가 숙청되었다. 지도자 원칙에 반대했던 보수적 이슬람 성직자들도 열외로 내몰렸다.

서구와 접촉하면서 급속히 사회와 경제의 근대화를 이룬 결과 이슬람이 정치화되고 강력해진 곳은 이란만이 아니었다. 리비아에서 파키스탄에 이르기까지 지역의 여타 정부들도 심각한 물질적 급변을 겪는 자기 사회와 국가의 결속을 다지기 위해 이슬람의 결속력을 활용했다. 주민 상당수가 근대적인 개인주의화 경향에 맞서 가부장적인 가족 체제를 유지하기 위해 이슬람에

———1979년 11월 4일에 이란 학생들이 테헤란 주재 미국 대사관의 문과 벽을 오르고 있다. 아야 톨라 루홀라 호메이니는 불신자인 샤가 서구 '악마'들과 내통한다며 비난을 퍼부어 대중을 동원하는 데 성공했다. (Wikimedia Commons)

과거보다 더 큰 의미를 부여했다. 개발의 위기와 관료제의 고루함으로 자신들이 사회적으로 상승할 기회는 끝장났다고 본 청년 학생들도 결국 근본주의적 이슬람주의의 전사가 되는 일이 드물지 않았다. 근본주의적 이슬람주의는 곧 독자적인 정치 세력으로 등장하게 되었다. 1979년 11월에 400명이 넘는 이슬람주의 학생이 메카Mecca의 대사원을 점거했다. 그것은 이슬람주의의 중요성을 알리는 첫 징표였다.

샤 정권이 붕괴한 후 유가는 두 번째로 급격한 파동을 겪었다. 1981년까지 배럴당 원유 가격이 열 배로 치솟았다. 인플레이션을 감안해도 그런 추산이 나왔는데, 그것은 그전 10년 동안에도 보지 못했던 상황이었다. 물론 이번 가격 상승은 산유국들이 짜고 만든 것이 아니라 이란 혁명의 과정과 결과에 대한 불안 때문에 시장이 공포에 휩싸였기에 일어났다. 게다가 산유국들 중 큰 나라였던 이란과 이라크 사이에 전쟁이 발생했기에 유가 상승은 계속 가팔랐다. 그리하여 산유국들은 경제성장과 근대화를 다시 한번 가속화할 수 있었다. 하지만 동시에 석유수출국기구는 1973년에 확보했던 권력의 상당 부분을 잃었다. 이제는 복잡한 권력 작동 기제가 만들어졌다. 그 결과 1985년부터는 유가도 다시 떨어졌다.

랑부예 회의

2차 석유파동의 결과는 1차 때와는 달리 심각하지 않았다. 그사이에 선진 산업국들도 그 새로운 문제에 어떻게 대처할지를 알았기 때문이다. 1차 석유파동은 서구 산업국들에 큰 충격을 안겨서 전시 파괴를 딛고 일어서던 서유럽의 회복 과정에 종지부를 찍었고 베트남 전쟁의 부담을 짊어진 미국을 무역 적자로 내몰았다. 이에 닉슨 정부는 1971년 8월 15일에 미국 달러화의 금 태환 정지를 선언하는 것으로 대응했다. 통화 균형 체제를 유지하려던 힘겨운 노력은 1973년 초에 명백히 실패했다. 유가 추산으로 인해 부담이 증가한 결과, 물가가 전반적으로 올랐고 인플레이션이 발생했다. 성장이 멈춘 상태가 지속되었고, 각국 정부가 위기관리에 나서도 통화 변동으로 먹히지 않았다.

인플레이션과 경제 침체, 실업이 낳을 정치적 결과에 대한 우려가 커지자 프랑스 대통령 발레리 지스카르 데스탱Valéry Giscard d'Estaing과 독일 총리 헬무트 슈미트Helmut Schmidt는 선진 산업국들의 위기를 극복할 전략을 함께 모색해보기로 했다. 그것을 위해 그들은 미국 대통령 제럴드 포드와 영국 총리 해럴드 윌슨을 소규모 정상회담으로 초대했다. 회담은 1975년 11월 중순에 파리에서 서쪽으로 50킬로미터 떨어진 랑부예에서 열렸다. 당시에 일본이 지닌 경제적 무게를 고려해 일본의 총리 미키 다케오三木武夫도 초청했다. 이탈리아의 총리 알도 모로도 초대받았는데, 이유는 유로코뮤니즘Eurocommunism 신봉자들의 입각을 막기 위해서였다.

6개국 정상은 소비를 촉진해 산유국의 카르텔을 막는 데 합의했다. 석유 채굴을 인위적으로 막는 일이 더는 발생해서는 안 된다고 못을 박았다. 그들의 합의에 따르면 석유를 생산하는 회사들은 서로 경쟁해서 더 많은 이익을 얻도록 노력해야 했다. 그 밖에 미국과 프랑스 사이에 통화 문제를 둘러싼 입장 차이가 해소되었다. 회담 참석자들은 데스탱 대통령이 요구한, 고정 환율제로 회귀하는 것에는 합의하지 못했다. 하지만 그들은 "통화 안정성을 다시 높이기 위해 노력"하고 "시장 조건의 교란이나 환율 변동의 예측 불능"을 막기 위해 조치를 취하기로 의견 일치를 보았다.[51] 그 합의에 따라 임시 위원회가 1976년에 국제통화기금IMF에 대한 협정 보충안을 작성했다. 각국 정부는 재정 정책과 경제정책에서 규율을 강화하기로 약속했고, 국제통화기금은 그것을 감독할 의무를 가졌다.

6개국 정상은 랑부예 정상 회의의 성과에 고무되어 주요 선진 산업국의 국가 정상 내지 정부 수반들의 만남을 제도화하고자 했다. 1976년에 곧장 제2차 회의가 열렸고, 이번에는 캐나다도 참여했다. G7 회담은 신생 세계 정치 행위자들이 부상함으로써 발생한 문제들을 해결하는 데 기여했다. 물론 성과는 기대에 못 미치기 일쑤였다. 즉 경제 열강으로서의 영예를 만끽하고자 하는 경향이 실제 필요한 조정 의지를 능가하는 경우가 잦았다.

전략무기 제한 협상 비판과 재무장

미국은 재정 정치와 통화 정치에서 헤게모니를 잃었다. 더욱이 테헤란 미국 대사관의 점령은 치욕적인 경험이었다. 둘 모두 미국이 데탕트 정책을 포기하게 하는 흐름을 강화했다. 카터 대통령은 쉰두 명의 미 대사관 직원을 구출하는 데 성공하지 못했다. 미국 국내의 이란 자산 동결 같은 단호한 제재 조치도 외교 접촉도 모두 의미가 없었다. 인질을 구출하기 위한 1980년 4월의 군사작전마저 참담하게 실패했다. 미국 외교관들은 444일 동안이나 갇혀 있다가 1981년 1월 20일에야 풀려났다. 1980년 내내, 그리고 그 뒤에도 미국의 무능력과 이슬람 근본주의자들의 증오가 미국 텔레비전 방송의 중심 주제였다. 야당은 정부가 소련에 미국의 이익을 너무 손쉽게 내주고 굴복했다고 비난했고, 그런 상황에서 정부 비난은 손쉽게 먹혔다.

1979년 6월에 빈에서 SALT-II에 서명하면서 브레즈네프와 카터가 포옹

하는 장면은 수개월 동안 그 협정에 반대했던 데탕트 비판가들에게 좋은 먹 잇감이었다. 지난 정부에서 일한 적이 있는 유명한 강경파인 유진 로스토 Eugene Rostow와 폴 니츠, 딘 러스크Dean Rusk 등으로 구성된 현존 위험 위원회 Committee on Present Danger는 소련의 군비 증강에 미국이 충분히 맞서지 못하고 있다고 경고했다. 미국은 소련의 선제 결정타에 당할 위험에 처했다는 것이 다. 다탄두미사일과 크루즈미사일의 수를 제한한 것을 비판하는 이들도 있었 고, 소련은 중형 대륙간탄도미사일을 보유했지만 미국은 그것에 맞먹는 것이 없다는 비판도 거셌다. 소련이 인권을 존중하지 않고 제3세계에 영향력 확대 를 멈추지 않는 한 군비 억제 협정은 전부 다 폐기되어도 무방하다고 생각하 는 사람도 적지 않았다. 카터가 빈으로 향하기 직전에 '유화' 정책을 추진한다 고 비난했던 상원 의원 헨리 잭슨은 상원에서 그 조약을 폐기하겠다고 선언 했다. 미국의 전략무기 제한 협상 대표단의 합동 참모단 대표인 에드워드 로 니Edward Rowney는 그 위원회의 공세에 맞선 저항의 표시로 사임했다.

소련의 군비 강화에 대한 암울한 경고는 실제 현실과 별 관련이 없었다. 물론 1975년에 소련이 대륙간탄도미사일을 다탄두미사일로 계속 재정비하기 시작한 것은 사실이다. 소련은 잠수함의 미사일 수도 미국을 능가할 정도로 증대했다. 1972년 6월 30일의 469기에서 1979년 9월 30일에 923기로 늘린 데 비해 미국이 보유한 잠수함발사탄도미사일SLBM은 656기에 머물렀다. 또한 소 련은 구형 미사일을 정확도를 높인 신형 미사일로 대체했고, 함대도 계속 증 강했다. 그렇지만 미국 전함은 소련 전함보다 압도적으로 우월했기에 해군 무 장과 관련해서 보면, 소련이 미국을 따라잡는 것은 전혀 상상할 수조차 없었 다. 1970년대 중반에 미국 항공모함 한 척은 소련 해외 해군의 모든 전함을 합 친 것보다 더 많은 화력을 보유했다. 미국이 다탄두각개유도미사일을 장착하 는 속도는 소련보다 훨씬 더 빨랐다. 1980년대 초에 미국은 대륙 간 공격용 미 사일 탄두를 대략 9500개를 보유했던 반면에, 소련의 보유고는 단지 5000개 에 불과했다. 미국은 무기 체계의 현대화에서 결코 소련에 뒤지지 않았다. 게 다가 미국은 심지어 레이더에 잡히지 않는 크루즈미사일을 보유함으로써 소련 이 전혀 그것에 견줄 수 없는 무기를 가진 셈이었다. 소련의 국방비 지출은 정

체되었다. 1976년 이후 신종 무기 체계의 구축에서 단절이 분명히 존재했다.[52]

SALT-II에서 무기 현대화 과정을 억제하고 미사일 한 기당 다탄두 수를 합의했다고 해서 그것이 미국 땅에 배치된 대륙간탄도미사일을 무력화하는 선제 결정타의 위험을 완전히 없었다고 볼 수는 없다. 하지만 같은 가능성은 미국도 가졌다. 소련이 미국에 가할 수 있는 타격보다 더 큰 비율로 미국은 소련의 무기고들을 선제 결정 공격해 무력화할 수 있었다. 미국은 여러 발사대 사이에 이리저리 옮겨다 놓을 수 있는 MX형 신종 이동 대륙간탄도미사일을 개발했다. 그것으로 미국은 다시 선제공격에 당하지도 않으며 식별도 잘 안 되는 무기를 일방적으로 갖추게 되었다. 그렇기 때문에 소련만 '중형' 대륙간탄도미사일을 보유하는 상황도 아니었고, 미국은 이미 그것을 훌쩍 넘어서 있었다. 게다가 SALT-II의 규정에 따르면, 소련만 미사일 보유고를 실질적으로 줄여야 했다. 소련은 1981년 1월 1일까지 350개의 전략 미사일 또는 폭격기를 감축해야 했다. 미국은 소련 영토에 신형 크루즈미사일로 폭격할 수 있는 가능성도 지니고 있었다.

이에 반해 헬무트 슈미트의 우려는 더 정당했다. 슈미트 총리가 보기에, 전략무기 제한 협상에서 언급한 양대 열강 사이의 "전략 균형"은 나토의 전술 핵무기의 선제 투입 또는 미국의 대응 공격으로 위협에 맞선다는 것을 점차 믿지 못하게 했다. 소련은 1977년부터 SS-4와 SS-5의 구형 미사일 500개를 SS-20이라는 신형 중거리 미사일로 대체했다. SS-20 미사일로 소련은 유럽의 나토 동맹국들을 선제공격할 수 있는 능력을 가졌다. 구형과는 달리 신형 SS-20 미사일은 이동이 자유로웠기에 쉽게 파괴되지 않을 수 있었다. 사정거리가 더 길었고 발사체 무게도 가볍고 폭발력도 작지만 목표물 적중도가 더 높았다. 게다가 미사일 한 개당 세 개의 탄두가 장착되었다. 소련 지도부가 그것을 속도가 빠르고 제어하기 어려운 '백파이어' 폭격기로 연결해 기습 공격하면서 나토의 육군과 공군 및 유럽에 배치된 핵무기들을 완전히 궤멸하는 것이 이론상으로 가능해졌다. 그렇게 되면 미국이 유럽의 동맹국으로서 정말로 핵무기로 소련에 반격할지에 대해 유럽인들은 확신할 수 없었다. 그렇기에 소련의 선제공격을 예방할 수 있는 적절한 조치를 취하려는 것은 수긍이 갔다.

설사 그렇다고 해도 소련이 유럽 동맹국들을 공격할 경우 미국이 보복 공격할 것이라는 믿음을 잃지 않게 만드는 것은 소련의 2차 공격 능력이었다. 고정된 장소의 미사일 저장고가 대부분 파괴되어도 감당할 수 없을 정도의 보복 공격을 할 수 있는 미국 미사일의 수는 과거 어느 때보다도 더 많았다. 그것을 선별해서 투입할 수 있는 가능성은 여전했다. 덧붙여 미군은 이미 소련을 사정권으로 갖는 해상 배치 탄두의 수를 다섯 배, 즉 80개에서 400개로 늘려 두었다. 유럽을 위해 그것을 사용할 수 있는 권한은 나토 총사령관에게 있었고, 미사일은 폴라리스에서 포세이돈으로 교체되었다. 또한 미국은 F-111라는 핵 탑재 전투기를 두 배 이상으로 즉 80개에서 164개로 증가시켜 놓았다. 영국은 그 전투기로 소련 땅 깊숙이 침공할 수 있었다. 결국 원칙적으로 보면, 서유럽에 대한 소련의 선제공격에 맞서 나토는 "적절히" 응수할 수 있었다.

그렇기에 브레즈네프는 슈미트의 불안을 이해할 수 없었다. 브레즈네프가 보기에 SS-4와 SS-5는 고장도 자주 나고 허약했기에 교체하는 것이 마땅했고, 그것은 지극히 정상적인 과정에 불과했다. 그것은 서유럽에서도 마찬가지로 진행했던 단거리 미사일과 전진기지 배치 체제의 현대화와 유사할 뿐이었다. 미국이 전진기지 배치 체제를 군비 통제 협정으로 끌어들이는 데 완강히 반대하고 프랑스와 영국과 중국이 모두 각각 자신들의 중거리 무기들을 현대화하며 그것을 넘어 더 확대하는 마당에 소련에 SS-20의 배치는 오히려 더욱 필요한 조치였다. 상황이 그러하니 슈미트가 1974년 10월에 처음으로 소련을 방문했을 때 브레즈네프와 대담하면서 "유럽 전략"의 불균형 문제를 언급했을 때, 브레즈네프는 이해할 수 없다는 반응을 보였다. 1979년 6월에 슈미트는 브레즈네프를 설득해 SS-20 미사일 수를 줄이도록 시도해 보았지만, 소련 국방 장관 드미트리 우스티노프Dmitry Ustino의 반대에 부딪혀 실패했다.

유럽에 배치된 핵무기의 일부를 이른바 (기반 시설에는 피해를 미치지 않는) "뉴트론 무기"로 교체하는 문제를 둘러싸고 불편한 갈등을 계속 유지하다가 1979년 초에 카터와 슈미트, 지스카르 데스탱, 영국 총리 제임스 캘러건James Callaghan은 카리브해의 프랑스 국외령 과들루프Guadeloupe에서 만나 소련의 무기 현대화에 대한 대응으로 유럽에 신형 중거리 미사일을 배치한다는 원칙에 합의했다. 유럽의 방위 전문가들의 의견에 따라 소련의 미사일 방어망을 뚫을 수 있는 크루즈미사일 464개와 몇 분도 안 되어 소련 내 전략목표 지점을 타격할 수 있는 퍼싱Pershing II 미사일 108개를 배치하기로 결정했다. 그것으로 나토는 또 하나의 선제공격 옵션을 갖추었다. 물론 이론상으로는 그것으로 소련 SS-20 미사일의 선제 결정타 위협이 사라지지는 않았다. 반면에 미국의 신형 중거리 미사일로 전략 균형은 서구 측에 훨씬 더 유리하게 기울었다. 그 전략 균형이라는 것도 사실 소련 입장에서 보면 전진기지 배치 체계를 포함하지 않았기에 애초부터 존재한 적이 없었다. 소련으로서는 소련을 노리는 미국 미사일이 미국 대륙에서 발사되든, 미국 잠수함에서 발사되든, 유럽 대륙에서 발사되든 달라질 것은 없었다.

그런 양면성 때문에 유럽 전략 차원의 재무장 계획은 서유럽에서도 비판에 봉착했다. 미사일 배치에 대한 우려를 고려하고 반대를 미연에 방지하기 위해 나토의 외무 장관과 국방 장관들은 1979년 12월의 미사일 배치 결정을 소련에 유럽 전략 차원의 무장 제한 협상을 제안하는 것과 연결시켰다. 새 미사일의 배치는 1983년 말부터 개시될 예정이었다. 그때까지 협상을 해 보고 구체적인 성과가 없을 경우에만 배치하기로 결정했다.

아프가니스탄 위기

물론 초기에는 미국도 소련도 모두 협상하려고 하지 않았다. 1979년 12월 12일, 즉 브뤼셀에서 '이중 결정Double-Track Decision: Doppelbeschluss'이 통과된 바로 그날 소련공산당 정치국은 아프가니스탄으로 군대를 파병하기로 결정했다. 아프가니스탄에서는 얼마 전, 즉 1978년 4월에 하피줄라 아민Hafizullah Amin을 위시한 일군의 공산주의 과격파가 쿠데타로 권력을 잡았다. 그들은 아프가니스탄을 근대화하고자 정력적으로 강령을 밀어붙였지만, 도처에서 전통적인 이슬람주의 세력의 봉기에 부닥쳤다. 소련 지도부는 아민에게 온건 정책을 펼치고 권력 기반을 다지도록 설득했다. 소련 지도부는 설득이 실패하자 공산주의 과격파를 무너뜨리고 그 자리를 온건파들로 대체하겠다고 결정했다. 온건파들이 아프가니스탄에서 더 큰 지지를 받을 것이고 소련군이 도우면 그들이 잔존 이슬람교도들의 저항을 분쇄할 것으로 보았던 것이다.

그 결정은 모스크바에서도 논란이 없지 않았다. 아프가니스탄 산악 지대에서 벌어질 게릴라 전쟁에서 과연 이길 수 있을지가 처음부터 의문스러웠고, 제3세계 국가에 다시 소련이 개입해 데탕트가 위기에 빠질 위험 때문이었다. 그런데도 국방 장관 우스티노프는 파병을 지지했다. 아마도 아프가니스탄에서 신속히 승리하면 브레즈네프의 후임을 둘러싼 논란에서 자신이 유리해질 것이라는 생각 때문이었을 것이다. 우스티노프와 안드로포프가 공산주의 과격파들이 미국과 동맹을 결성할 위험이 있다며 상황을 과장하자 브레즈네프는 넘어갔다. 1979년 12월 25일에 소련군은 카불과 아프가니스탄 서부로 공수되었다. 동시에 차량화 부대도 국경을 넘었다. 총 7만 5000명의 군인이 동원되었다. 12월 27일 저녁에 카불의 대통령 관저가 붕괴되었다. 아민과 몇몇 충직한 부하는 총살되었다. 동시에 공산주의 온건파의 지도자인 바브락 카르말Babrak Karmal은 라디오를 통해 혁명평의회 의장의 자격으로 소련 동지들에게 폭력 지배인 아민을 몰아내는 데 도움을 요청했다고 알렸다.

소련 지도부는 아프가니스탄 침공으로 데탕트에 역풍이 불 것이라는 것을 잘 알았지만, 실제 역풍은 생각보다 더 거셌다. 카터는 카불의 쿠데타로 SALT-II의 비준 가능성이 모두 날아가 버렸다고 생각했을 뿐만 아니라, 사적으로도 브레즈네프가 빈에서 정직하게 행동하겠다고 약속해 놓고는 자신을 속였다고 느꼈다. 그래서 카터는 소련의 아프가니스탄 침공이 파키스탄과 이란을 거쳐 인도양까지 팽창하려는 첫걸음이라는 즈비그뉴 브레진스키의 해석을 따랐다. 1980년 1월 3일에 카터는 상원에 SALT-II 조약에 대한 토론을 무기한 연기해 달라고 요청했다. 며칠 뒤 카터는 텔레비전 연설에서 소련을 상대로 문화와 경제의 교류를 최대한 중단한다고 밝혔다. 곡물 수출 중단, 고도 기술을 비롯한 여타 전략 생산품 엠바고, 뉴욕과 키예프에 신설하기로 한 총영사관 개설의 연기, 위기에 빠진 것으로 알려진 파키스탄에 대한 군사적·경제적 지원 등이 그 일부였다. 1월 20일에 카터는 미국 운동선수들에게 1980년 여름에 모스크바에서 열리는 올림픽 경기에 불참해 달라고 요청했다.

_____1987년, 아프가니스탄의 이슬람 전사들. 1979년 12월에 아프가니스탄을 침공한 소련은 이슬람주의자들의 저항을 7만 5000명의 침략군으로 궤멸할 수 있을 것으로 여겼지만, 그 희망은 얼마 안 가 사라졌다. (Wikimedia Commons, ⓒ Erwin Lux)

유럽 동맹국들은 데탕트 정치의 이런 과시적 단절을 받아들일 생각이 없었다. 그들은 이미 그사이에 동유럽 블록을 상대로 경제 관계와 (정치범 구매를 비롯해) "인간과 정보와 견해"의 교환을 확대한 상태였고, 그 때문에라도 진영 간 대결의 극복이라는 프로젝트를 포기하려고 하지 않았다. 그들은 소련의 아프가니스탄 침공에 대한 응수로 무역을 제한하자는 요구를 전면적으로 거부했다. 그들은 오히려 미국이 애초에 협력을 통해 발전시키려고 했던 부문으로 자주 대신 뛰어들어 갔다. 그 결과 1980년에 유럽과 소련 사이의 무역은 전체적으로 보면 현저히 늘었다. 모스크바 올림픽 보이콧에도 단지 (중국과 일본과 함께) 서독만 함께했다. 서독의 보이콧 동참은 격렬한 내부 갈등을 겪고 난 뒤에, 그리고 서구 동맹에 부담을 주어서는 안 된다는 우려로 말미암아 가능했다.

지스카르 데스탱 대통령과 슈미트 총리는 동서 간 대화를 유지하려고 안간힘을 썼다. 지스카르 데스탱은 서구 열강과 사전에 상의도 하지 않은 채

1980년 5월 19일에 브레즈네프를 만나러 바르샤바로 날아갔고, 슈미트는 카터와 격렬한 논쟁을 벌인 뒤 6월 30일에 모스크바로 향했다. 아프가니스탄 분쟁과 관련해서 보면, 그들의 노력은 아무 성과가 없었다. 그렇지만 슈미트는 소련 지도부를 설득해 중거리 미사일에 대해 협상하도록 만드는 데 성공했다. 카터는 동의하지 않고 버텼다. 하지만 8월 21일에 브레즈네프가 카터에게 협상을 하자고 제안하자 카터는 이중 결정의 협상 부분과 서구 동맹의 결속을 고려해 협상을 거부하지 못했다. 9월 25일에 그로미코와 미국 국무 장관 에드먼드 머스키Edmund Muskie는 유엔 총회 무대의 한 자락에서 만나 10월 16일에 제네바에서 중거리 미사일의 제한에 관해 예비회담을 개시하자는 데 합의했다.

하지만 11월 4일에 카터가 대통령 선거에서 패배하자 대화의 돌파구는 다시 금방 사라질 위험에 처했다. 소련의 아프가니스탄 개입 후 카터는 분명하게 노선을 바꾸었지만, 그것만으로는 유권자들이 단호한 데탕트 비판가의 대표 인물인 로널드 레이건Ronald Reagan에게 보낸 지지를 다시 찾아오기에는 부족했다. 레이건은 키신저조차도 카터와 마찬가지로 미국의 이익을 팔아먹었다고 비난했고, 자신은 이제 미국의 우위를 다시 확고히 다지겠다고 공약했다.

레이건과 평화운동

대통령에 취임할 당시의 레이건은 비교적 단순한 세계상을 가졌었다. 레이건이 더러 공표한 세계상에 따르면 데탕트는 서구의 허약일 뿐이었다. 그런 허약함 때문에 소련은 "세계 역사상 유례없는 가장 큰 규모의 군사 기제를 세"우고[53] 제3세계에서 일방적으로 지리 전략의 이점을 확보할 수 있었다는 것이다. 소련의 목표가 "세계혁명의 촉진"이라는 점에서 그것은 점점 더 우려스러운 일이었다. 소련 지도자들은 어떤 범죄도 저지를 수 있으며, 세계의 위기 지역에서 발생하는 모든 소요에는 그들이 있다는 것이다. 1983년 봄에 레이건은 소련 지도자들이 "악의 제국"을 이끌고 있다고 말했다.[54] 레이건은 미국이 그에 맞서 "강력함", 즉 군사와 경제와 도덕의 강력함을 재건해야 한다고 밝혔다. 미국은 서구 세계의 지도적 역할을 떠맡아야 하며 나토도 더 강력해져야 한다는 입장이었다. 그것이야말로 평화를 보장할 뿐만 아니라 소련을 군축으로 강제한다는 것이다. "소련 지도자들은 군사 부문 생산을 더는 크게 확대할 수 없다. 그들은 이미 민중을 죽음 직전까지 끌고 갔기 때문이다."[55]

그러니 레이건 정부는 중거리 미사일 협상 합의를 실현할 생각도 전혀 없었고, 전략 군비 협상을 지속하는 일에도 아무 관심이 없었다. 그 대신에 레이건 정부는 소련에 대한 공적 비판과 군비 증강 조치에만 집중했다. 임기를 맡은 지 2주일 만에 레이건은 원래의 국방 예산 2003억 달러에 326억 달러를 보태는, 즉 16퍼센트를 올리는 법안을 통과시켰다. 1981년부터 1985년까지 국방 예산은 51퍼센트, 즉 절반 넘게 올랐다.[56] 1982년 5월의 대통령 훈령(NSDD 332)으로 그대로 들어간 국방부의 정책 방침은 재래식무기이든 핵무기이든 소련과 전쟁해서 승리하고 압도할 수 있는 능력을 요구했다. 그러려면 소련 지도자들을 노린 "참수 작전"을 수행하고 적의 특정 지역 공략에 대항해 다른 전쟁터로 "지평을 확전"해 맞설 수 있어야 했다. 덧붙여 소련이 따라 올 수 없는 신형 무기 체계를 개발할 계획이었다. 그것에는 우주무기도 명시적으로 포함되었다.

미국 정부가 소련을 적으로 간주해 "강경 대응"을 계속 과시하자 유럽인들은 데탕트의 소실에 불만을 가졌고 곧 반미 지향의 평화운동을 광범위하게 전개했다. 미국에서도 군비 증강 정책의 방향과 그 비용 전망에 대한 충격으로 역풍이 일기 시작했다. 유럽에서 평화운동은 미군의 핵심 주둔국이었던 서독에서 가장 강력했다. 1981년 10월 10일에 서독의 수도 본의 호프가르텐에서는 25만 명이 재무장 결정에 반대하는 시위를 벌였다. 슈미트는 자기 당이 그 결정 집행에 반대표를 던지는 것을 점점 더 막을 길이 없었다. 미국에서는 평화운동이 특히 핵무기를 현재 상태에서 동결할 것을 요구하는 결의문으로 표현되었다. 1982년 2월과 3월에 그것에 조응하는 "동결" 결의안이 양원에 제출되었다. 레이건 정부는 가까스로 그 결의안 통과를 막을 수 있었다. 그 결의안 통과를 막을 수 있었던 이유는 순전히 레이건 정부가 동결을 막기 위해 실질적인 군비 감축을 담은 대안 결의안을 지지했기 때문이다.

이런저런 방식으로 등장한 내외적 압력 때문에 레이건 정부도 어쩔 수 없이 1981년 5월 4일과 5일의 나토 회의에서 서독에 중거리 미사일 협상을 지속하도록 승인할 수밖에 없었다. 1년 뒤에는 레이건 정부도 전략 군비 협상을 재개할 의사가 있다고 밝혔다. 물론 두 경우 모두 미국 정부는 자국의 우위를 재건하는 것을 출발점으로 제시했다. 그것은 이른바 중거리 미사일의 "제로 해결zero solution"인데, 사실은 영국과 프랑스의 미사일과 마찬가지로 나토의 해상 배치 미사일을 배제하는 것이었다. 아울러 미국 정부는 병과에 따라 등급을 나누어 전략 군비를 감축하는 것을 노렸다. 그렇게 된다면 미국은 탄두 수에서도 소련보다 세 배나 많은 상태에 도달할 수 있었다. 1982년 7월에 제네바에서 중개 협상가들은 중거리 미사일 협상을 통해 합의에 도달했다. 이른바 "숲 산책 규정"으로 불린 그것은 미사일 발사대를 각기 세 개의 탄두를 가진 SS-20 미사일 일흔다섯 개와 각기 네 개의 탄두를 가진 크루즈미사일 일흔다섯 개로 제한하는 내용을 담았지만, 미국과 소련 모두로부터 거부당했다.

소련 지도부는 미국의 공세에 역공했다. 목표는 레이건 정부에 대해 공공의 압력을 강화하도록 만드는 것이었다. 폴란드 전역에서 전개되는 파업 운동은 공산주의 정권의 자유화로 귀결되고 있음이 분명했지만, 소련 지도부는 서구에 관계 악화의 구실을 다시 만들어 주지 않으려고 신중한 태도를 유지했다. 특히 소련 지도부는 데탕트 정치의 동반자인 서유럽을 더는 불필요하게 자극하려고 하지 않았다. 그렇기에 1980년 9월 17일에 레흐 바웬사Lech Wattęęsa 위원장을 중심으로 독립 연대 노조가 결성되었지만, 소련은 이의를 제기하지 않았다. 파업이 지속되고 정치적 요구가 폴란드의 "사회주의" 정체 자체를 문제 삼는 것으로 치닫자 그들은 폴란드 지도부에 계엄령을 선포하도록 종용했다. 그럼에도 불구하고 소련 지도부는 프라하의 봄을 분쇄한 것같이 군사를 보내 개입할 생각은 없었다. 1981년 12월 초에 폴란드 총리이자 당수인 보이치에흐 야루젤스키Wojciech Jaruzelski가 군사적 도움을 요청했을 때조차 소련공산당 정치국은 여전히 파병을 고려하지 않았다. 안드로포프는 "심지어 폴란드가 연대 노조의 통제하에 들어가도 어쩔 수 없다."라고 밝혔다. "우리는 먼저 우리나라부터 챙겨야 하고 소련을 강화하는 데 신경 써야 한다."[57]

소련 지도부로서는 경제협력의 확대와 핵무장의 억제가 너무도 중요했기에 브레즈네프 독트린에 담긴, 동유럽을 지배하는 형제 정당들과의 연대를 사실상 포기했다. 그러자 야루젤스키는 단독으로 폴란드의 자체 보안 기구들을 동원해 민주화 운동을 분쇄하도록 결정했다. 야루젤스키는 소련이 개입하지 않을 것이라는 것을 알았지만, 1981년 12월 13일에 계엄령 공표에 동의했다. 그렇게 하지 않으면 분명 폴란드에서 반혁명이 승리할지도 모른다는 걱정 때문이었다. 연대 노조는 금지되었고 노조를 비롯해 여타 독립 단체의 지도자들은 구금되었다.

브레즈네프 독트린의 포기에 깔린 소련의 계산은 들어맞았다. 서유럽 정부들은 야루젤스키의 도발에 대한 응수로 미국이 원했던, 소련에 대한 제재 조치의 강화 요구를 받아들이지 않았다. 중거리 미사일 협상을 중단하려던 계획도 1982년 1월 초에 슈미트 총리가 레이건을 만나고 난 뒤에 없던 일이 되었고, 경제제재를 하는 나라도 미국 혼자뿐이었다. 미국은 그해 6월 경제제재를 기술 장비 부문으로 확대하고자 했다. 그런데 서유럽 국가들은 바로 그것을 통해 시베리아에서 유럽으로 가스 파이프라인을 건설하려고 했다. 결국 동맹국들 사이에서 갈등이 격렬해졌다. 1982년 10월에 슈미트 총리가 물러나고 기민련의 헬무트 콜Helmut Kohl이 총리직을 맡았지만, 동독과 서독의 관계는 흔들리지 않고 변함없이 계속 확대되었다. 외무 장관직은 계속 한스-디트리히 겐셔Hans-Dietrich Genscher가 맡았다. 1983년에 바이에른 주지사인 프란츠-요제프 슈트라우스Franz-Josef Strauss는 동독에 싼 이자로 차관을 제공했다. 그것으로 동독은 일단 국가파산의 위기를 극복할 수 있었다. 슈트라우스 지사는 과거 서독의 동방조약을 가장 강력히 반대했던 인물이었다.

협상의 종말

물론 두 독일의 관계 발전이 유럽에 신형 미사일이 배치되는 것을 막을 수는 없었다. 그렇게 되기에는 에리히 호네커Erich Honecker가 소련 지도부에 미치는 영향력이 너무 미약했고, 서독의 입장은 일관성이 부족했다. 사민당 내에서는 레이건 정부의 협상 의지 결핍에 재무장 거부로 대응하자는 주장도 일었다. 하지만 슈미트는 그런 식으로 서구 동맹에 균열이 발생하는 것에 겁을 집어먹었다. 게다가 사민당의 연정 파트너인 자민당도 그렇게 할 생각이 없었다. 외무 장관 겐셔는 사민당의 다수파가 재무장을 문제 삼는 것을 보고 새연정 구성을 지지했다. 새 연정도 미국 지도부에 제로 해결을 넘어 타협에 나설 것을 종용했지만, 신형 미사일 배치에 대한 지지를 미국의 협상 태도에 종속시키지는 않았다.

1982년 11월 10일 브레즈네프가 급사한 뒤 소련의 입장에도 변화가 감지되었다. 이미 그해 5월에 중앙위원회 비서로 임명되면서 실질적으로 브레즈네프의 후계자가 된 유리 안드로포프는 이제 신임 총서기로서 미국의 중거리 미사일 배치 포기를 위해 우스티노프보다 더 많은 대가를 지불하고자 했다. 1982년 12월 21일의 텔레비전 연설에서 안드로포프는 미사일을 162개로 제한하겠다고 제안했다. 그것은 영국과 프랑스가 함께 보유하고 있는 정도였다. 협상 과정에서 그는 다시 122개나 127개로 줄이겠다고 제안했다. 그것은 나토가 새로 배치하려는, 바로 그 정도의 탄두를 소련이 포기할 의향이 있음을 의미했다. 소련은 유럽 대륙의 나토 기지에 대한 선제 타격 능력, 즉 SS-20 미사일 배치에 대한 불안의 객관적 근거를 이제 포기했다.

그렇지만 미국 지도부는 소련이 중거리 미사일 보유를 완전히 포기하지 않는 한 퍼싱 II 배치를 포기할 생각이 여전히 없었다. 1983년 3월 30일에 레이건은 자신도 미국과 소련이 같은 수의 탄도탄을 갖는 조건이라면,(정확한 수를 언급하지는 않았다.) 그 "중간 해결"에 동의할 것이라고 밝혔다. 9월에 레이건은 세계 전역의 탄도탄 수를 각기 420개로 정하고 이때 아시아에 있는 소련 미사일을 고려해 미국 미사일을 모두 유럽에 배치할 필요는 없을 것이라고 말했다. 그것은 유럽에 배치한 SS-20을 대략 쉰 개로 줄이는 것에 대한 반대급부로 재무장을 4분의 1로 축소하는 것을 의미했다. 유럽인들의 동요를 막으면서 재무장을 완료한 후에도 미국이 계속 강자의 입장에서 협상할 수 있으려면 더는 양보할 필요가 없다고 생각했다.

사실상 이제 미국 정부는 상황을 돌파한 셈이었다. 안드로포프의 양보안은 무엇보다 영국과 프랑스가 이제 막 개시한 다탄두미사일 구축을 중단시키려는 목적을 갖고 있었다. 그렇기에 1981년 5월에 지스카르 데스탱의 후임자가 된 프랑스 대통령 프랑수아 미테랑François Mitterand은 1983년 초부터 재무장 결정의 실현을 위해 적극 나섰다. 미테랑은 그해 1월 20일에 서독을 방문해 연방의회에서 소련의 중거리 미사일 위협에 맞선 연대를 촉구했고, 5월 30일과 31일에 미국 윌리엄스버그에서 열린 세계경제 정상 회의에서 미국과 소련의 협상에 "제3국" 핵무기를 끌어들이지 말라는 성명을 발표하게 하는 데 성공했다. 콜 총리는 (미국의 전임 군축청장 폴 웡키Paul Warnke가 제안한) 낮은 단계의 유럽 전력 균형을 지지하지 않았고, 서독 연정의 연방 의원단은 소련 측이 협상 의지를 충분히 보이지 않는다는 그 성명을 지지했다. 11월 22일에 연방의회의 다수파는 퍼싱 II 미사일의 배치를 비준했다.

그러자 소련 지도부는 이미 앞서 경고한 대로 제네바 중거리 미사일 협상을 중단하고, (당시에 선전용으로 전략무기감축협상Strategic Arms Reduction Talks: START으로 불린) 전략 군비 협상도 그만두었다. 동시에 소련 지도부는 퍼싱 II와 크루즈미사일 배치에 대응하는 조치를 밝혔다. 그것은 소련 영토 내의 유럽 지역에 순항미사일을 배치하고 전술 운영용 미사일을 동독과 체코의 서독 경계지로 옮기는 것이었다. 안드로포프가 보기에 협상의 지속은 더는 아무런 의미가 없으며 심지어 비생산적일 뿐이었다. 협상의 지속은 미국이 굴복할 것이라는 헛된 기대를 낳는 위험만 가져옴으로써 군비경쟁에 반대하는 저항운동의 격렬함에 김만 뺄 뿐이었다.

워싱턴에서 거푸 쏟아져 나오는 일련의 호전적인 언사도 실제로 레이건이 소련에 대해 전쟁을 적극적으로 준비하고 있을지도 모른다는 소련 지도부의 우려를 강화했다. 소련을 겨냥해 "악의 제국"이라고 비난한 지 일주일 뒤인 1983년 3월 23일에 레이건은 전략방위구상Strategic Defense Intiative: SDI을 통해 우주에 미사일 방어 체계를 구축하겠다고 발표했다. 그것은 사실상 위협 체제의 종식 선언과 다름없었다. 전략방위구상이 성공적으로 확립되면 미국은 반격을 걱정할 필요 없이 소련에 핵무기로 선제공격할 수 있는 위협을 갖출 수 있게 된다. 이제 유럽에 배치된 중거리 미사일은 공격 무기가 될 것이고, 그것은 유럽에 한정된 핵전쟁을 촉발할 수 있게 될 것이었다. KGB는 이제 미국의 선제공격 징후를 주시하고 그것을 소련 지도부에 상세히 알리라는 지시를 받았다. 그해 12월에 핵미사일을 탑재한 소련 잠수함이 미국 해안 가까이로 출동했다. 그렇게라도 해야만 "소련에 대한 핵 위협 강화"를 막을 수 있다고 생각했기 때문이다.[58]

레이건은 재선을 염두에 두고 1984년 1월에 다시 소련 지도부에 대화를 제안했다. 그러자 미국의 침공이 곧 닥친다며 생긴 공포가 가라앉았다. 그래도 소련 지도부는 여전히 신중했기에 자신들의 눈에는 위험인물로밖에 보이지 않는 레이건의 재선을 돕는 일에 나서고 싶지는 않았다. 그리하여 그들은 원칙적으로 레이건의 대화 제안에 응하지 않았다. 다만 고위 직책을 맡은 소련 학자 대표단이 미국의 초대에 응하도록 허용했다. 물론 그들이 미국 정부의 대표들과는 어떤 대화도 하지 않는 조건을 걸었다. 5월 8일에 소련은 미국 로스앤젤레스에서 열리는 하계 올림픽이 소련에 대한 반대를 과시하는 행사가 될 위험이 너무 분명하자 올림픽 불참을 선언했다. 루마니아를 제외한 바르샤바 조약 회원국들도 어쩔 수 없이 올림픽 불참을 따랐다. 쿠바와 베트남도 이번 기회에 올림픽에 불참함으로써 혁명적 연대를 과시했다. 소련의 압력 탓에 그해 8월에 동독의 호네커 총리는 서독 방문을 일단은 거절할 수밖에 없었다.

그런 노선을 정한 것은 집단 지도부였다. 그로미코와 우스티노프 외에 콘스탄틴 체르넨코Konstantin Chernenko와 미하일 고르바초프Mikhail Gorbachev도 그 일원이었다. 안드로포프는 사실상 더는 국정을 수행할 수가 없었다. 1983년 11월 이후 그는 신장 부전으로 병석에 누워 있어야만 했기 때문이다. 그는 1984년 2월 9일에 사망했다. 임시방편으로 브레즈네프의 옛 심복이자 제2비서였던 체르넨코가 후임자가 되었다. 안드로포프는 고르바초프의 능력을 보고 '2인자'로 삼고자 했지만, 고르바초프는 아직 그럴 힘을 갖지 못했다. 우스티노프가 고르바초프를 후임자로 제안했지만, '옛 동지'의 몇몇 대표자가 우려를 표했다. 하지만 체르넨코가 이미 건강에 이상이 있었고 정치력이 뛰어난 인물도 아니었기에 고르바초프가 지도력을 발휘했다. 안드로포프의 사망 몇 달 전에도 그랬던 것처럼 고르바초프는 정치국의 회의를 대부분 주재했다.

보수 혁명을 내걸었던 레이건 대통령의 재선이 확실시되자 소련 지도부도 이제는 그와 합의에 도달할 기회를 노렸다. 8월 말에 레이건이 그로미코에게 다음 유엔 총회를 기회 삼아 대화를 하자고 제안했을 때 그로미코는 거부하지 않았다. 9월 28일에 대화한 후 체르넨코는 레이건이 정말로 협상할 의지가 있다면 "소련은 분명 함께할 것"이라고 밝혔다.[59] 11월 7일에 레이건이 체르넨코에게 사적인 통지문을 보내고 난 뒤 정치국은 핵무기와 우주무기에 대한 협상에 동의했다. 11월 22일에 양국 외무부 장관인 그로미코와 조지 슐츠 George Shultz가 1985년 초에 제네바에서 만나 새로운 협상 일정을 준비하기로 합의했다.

소련 정치가들은 대화의 실마리를 다시 잡는 것에 큰 기대를 걸지 않았다. 미국의 대화 제안은 너무 어정쩡했고, 미국 정치가들이 소련에 반대하는 수사는 여전히 격렬했기 때문이다. 이를테면 선거전 당시 마이크 테스트를 하면서 레이건은 농담 삼아 "5분 뒤 러시아 공격을 개시할" 것이라고 말한 적도 있었다. 또한 그로미코가 백악관을 방문한 직후에는 언론에 CIA 비밀문서를 슬쩍 흘렸다. 그것에 따르면 소련은 "몰락 직전에 와 있기에 이전보다 더 위험"했다.[60] 하지만 레이건과 만나고 난 뒤 그로미코는 최소한 레이건이 재선된 뒤에는 그와 합의할 수도 있다고 믿었다. 그런 가능성을 타진하는 것은 중요했다.

고르바초프와 동서 갈등의 종식

체르넨코와 동료 정치국원들은 레이건의 협상 제안에 일단 응해 보기로 결정했다. 보수 혁명의 대통령 레이건은 1984년 여름이 되자 그동안 미국의 강력함을 충분히 재건했다고 생각했다. 그렇기에 그는 이제 단순히 협상 의지를 과시하는 것이 아니라 소련 지도부와 실제로 새로 합의를 달성하고 싶어 했다. 게다가 그동안의 일로 그는 협상에 열린 입장을 대변할 수 있게 되었다. 물론 그렇게 될 때까지 시간이 허망하게 많이 흘렀다. 레이건 정부는 진지하게 협상을 준비하지 못했다. 인적 역할과 구상 내용을 둘러싸고 경쟁과 갈등이 계속 생겨 일관성 있는 입장을 만들기 어려웠다.

협상은 이미 시작부터 극히 어려웠다. 소련 지도부는 우주무기도 대화의 주제가 되어야 한다고 고집했다. 그것의 저지가 그들의 1차 목표였기 때문이다. 반면에 레이건 정부의 국방 장관 캐스퍼 와인버거Caspar Weinberger는 전략방위구상 프로그램에 대한 협상을 단호히 거부했다. 한참 옥신각신하다가 마침내 양측은 1985년 3월 12일에 제네바에서 세 그룹으로 나누어 협상을 진행하기로 합의했다. 첫 번째 그룹은 전략방위구상과 우주무기, 두 번째는 전략 공격 무기 감축, 세 번째는 중거리 미사일을 다루기로 했다. 한 그룹에서 협상의 성과가 나온다 해도 다른 그룹들에서 합의가 될 때까지 유예하기로 했다.

협상을 개시하기 이틀 전에 체르넨코가 사망했다. 그의 죽음은 큰 사건이 아니었다. 서기장이었던 체르넨코가 쇠약해지자 이미 고르바초프가 모든 업무를 더 직접 챙기고 있었기 때문이다. 이제 고르바초프가 서기장으로 선출되는 것을 막기는 어려웠다. 1985년 3월 11일에 정치국은 만장일치로 고르바초프를 서기장으로 추대했다. 고르바초프는 외교정책에서 "역동성을 더 많이" 발휘할 것이라고 천명했고, 실제로도 그랬다.[61] 고르바초프는 '56' 세대였다. 그것은 흐루쇼프가 스탈린주의를 공격할 때 사회화되었으며 기본적으로는 마르크스-레닌주의 세계관을 가졌지만 사회주의의 '개선'을 희망했던 당의 관료들을 말한다. 그를 서기장으로 끌어올린 '옛 동지' 대표자들과 고르바초프의 근본적인 차이는 고르바초프는 이데올로기의 확신에 사로잡혀 소련 제국의 불편한 현실을 보지 못하는 오류를 범하지 않는다는 점이었다.

고르바초프가 서기장이 되면서 가진 신념 중 하나는 "공동 안보 정책"이 필요하다는 생각이었다. 신뢰를 구축하는 조치가 없으면 안보와 군축을 현실화하기는 어렵다는 생각이 그 신념의 근간이었다. 고르바초프는 올로프 팔메 Olof Palme를 의장으로 한 유엔 군축 안보 위원회의 작업에서 그런 생각을 갖게 되었다. 그렇기에 레이건이 직접 만나자고 초대했을 때 고르바초프는 즉각 응했다. 1985년 11월 19일과 20일의 제네바 회담을 준비하는 과정에서 고르바초프는 양측 모두 우주무기를 포기하는 대가로 전략 공격 무기를 절반으로 줄이자고 제안했다. 게다가 그는 유럽 전략 미사일에 대해서는 프랑스와 영국도 참여하게 해서 특별 협상을 하자고 제안했다. 마지막으로 그는 서구의 재무장이 완료된 후 소련 영토의 유럽 지대에 추가 배치된 SS-20 미사일 27개를 다시 묶어 두겠다고 말했다.

그 제안은 레이건의 환심을 살 만했다. 물론 국방 장관과 안보 보좌관의 영향으로 레이건은 전략방위구상 계획을 금방 포기할 의사는 없었다. 그래서 제네바 회담은 단지 핵무기의 50퍼센트 감축 '원칙'에 대한 합의만을 성과로 낼 수 있었다. 하지만 레이건은 고르바초프의 성명, 즉, 핵전쟁은 이길 수도 없고 결코 발생해서도 안 된다는 입장에 동의했고, "군사적 우위를 노리지 않겠다."라고 약속했다.[62] 2년 전 전쟁 편집증의 분위기와 비교한다면 그 성과는 놀랍고 고무적이었다.

고르바초프가 레이건의 전략방위구상 계획을 포기하도록 설득한 방법은 미국의 반소 수사 공세에 아랑곳하지 않고 계속 더 많이 양보하는 것이었다. 미국과 소련의 중거리 미사일을 유럽에서 완전히 철거할 것, 유럽 주둔 재래군 감축에 소련 영토의 유럽 지역도 포함할 것, 아시아에 배치된 소련의 중거리 미사일을 동결할 것 등을 제안했다. 급히 일정을 잡아 1986년 10월에 아이슬란드의 레이캬비크에서 레이건을 다시 만났을 때 고르바초프는 이 모든 제안을 하나의 패키지로 묶어 제안했다. 미국이 공동 안보 약속을 포기하지 않는 한 미국 측은 그것을 더는 거부할 수 없었다. 양자는 실제로 협정 준비 작업을 진행했다. 협정은 5년 내 전략핵무기의 절반 감축, (영국과 프랑스의 무기 체계를 염두에 두지 않은) 유럽에 배치된 미국과 소련의 모든 중거리 미사일의 철거, 유럽 외부에서 양측 모두 각각 중거리 미사일을 100개로 제한하는 내용을 담기로 했다. 레이건과 고르바초프는 직접 대화할 때 심지어 10년 내에 모든 핵무기를 제거하는 데도 동의했다.

물론 그 합의가 얼마나 가치 있을지는 아직 의문이었다. 양측 지도자는 마지막에 다시 한번 우주 미사일 방위 체계 문제에 부닥쳤기 때문이다. 레이건은 탄도탄요격미사일 조약을 10년 기한으로 양보하고는 그 뒤에는 우주에 방어막을 설치할 자유를 확보하고자 했다. 고르바초프가 레이건을 설득하려고 시도하자, 레이건은 화를 내며 대화를 중단했다. 두 지도자는 큰 실망을 안고 귀국했다. 둘은 모두 자신들이 확보해 놓은 양보 방안에 대한 분노를 접했다. 유럽 동맹국들은 모든 핵무기의 제거는 유럽에서 재래식무기의 절대적 균형이 이루어진 뒤에나 있을 수 있는 일이라며 수정을 요구했다. 그 후 제네

—1987년 12월 8일에 로널드 레이건이 백악관 마당에서 미하일 고르바초프와 악수하고 있다. 두 국가 지도자는 중거리 미사일의 완전 철거를 위한 조약에 서명했다. 그들은 공격 미사일 보유고를 절반으로 줄이고자 한 협정과 관련한 일련의 세부 문제들에 관해서도 합의했다. (Ronald Reagan Presidential Library & Museum)

바 협상의 미국 대표자들은 군축 과정의 제2단계에서 모든 탄도미사일 공격 무기를 제거한다는 방안을 다시 빼 버렸다.

레이캬비크에서 이룬 합의가 다시 수포로 돌아갈 위험이 생기자 고르바초프는 또 한 번 결정적인 양보로 나아갔다.

1987년 2월에 고르바초프는 유럽에 배치된 중거리 미사일을 전략방위구상 포기와 연결하지 않고 철거하며 서유럽의 재무장에 대한 응수로 동독과 체코슬로바키아에 배치한 단거리 미사일도 함께 제거하는 방안을 정치국에서 관철했다. 그 자체로만 보면 그것은 소련의 지위가 약하다는 것을 일방적으로 보여 주는 것이었다. 소련의 군과 외교의 담당자들 중 많은 이는 그 제안을 수용하되 매우 불편하게 바라보았다. 반면에 고르바초프는 중거리 미사일에서 돌파구가 열리면 전략 부문의 군비를 통제하는 과정도 다시 진행될 것이며 그러면 전략방위구상 계획도 실현될 수 없을 것이라고 상당히 확신했다.

실제로 레이건은 곧장 유럽 전략 미사일에서 제로 해결을 종결하고자 했다. 그럼으로써 가장 높은 수준의 협상이 다시 진행되었고, 그것은 더는 중단될 수가 없었다. 나토 전략가들은 여전히 중거리 미사일을 포기하는 위험을 단거리 미사일을 배치하는 권리를 통해 보충하려고 시도했다. 하지만 그것을 보고 고르바초프는 4월 13일과 14일에 미국 국무부 장관 슐츠가 방문했을 때 소련의 잔존 단거리 사정권 미사일의 폐기를 즉각 제안했다. 그것은 소련의 군사 전략가들도 나토 전략가들 못지않게 불편하게 만드는 일종의 이중적 차원의 제로 해결이었다. 미 국방부와 유럽 동맹국들이 자신의 제안에 응하기를 주저하자 고르바초프는 그 제안을 아시아 영역으로까지 확대해 버렸다. 그러자 레이건은 확신을 가지고 진영 내의 우려를 딛고서 제안을 수용했다. 1987년 12월 8일에 워싱턴에서 레이건과 고르바초프는 중거리 미사일을 전면적으로 철거하는 조약에 서명했다. 동시에 전략 공격 무기의 절반을 감축하기 위한 협정 과정에도 일련의 구체적 성과가 이어졌다.

페레스트로이카의 양상

고르바초프는 군축을 개시하는 동시에 일련의 개혁을 도입했다. 그 개혁으로 인해 단순히 소련 체제에 대한 서구의 이미지만 바뀐 것이 아니라 결과적으로 소련 체제의 본질이 바뀌었다. 우선 고르바초프는 소련 시민들이 '글라스노스트glasnost(개방)', 즉 지속적인 이데올로기적 자기기만 대신에 진실에 대한 용기, 그리고 투명성과 공공 영역을 갖도록 조치를 내렸다. 검열은 풀어졌고, 소련 역사의 어두운 면을 다루는 비판 소설도 처음으로 출간될 수 있었다. 학문은 정치적 고려에서 벗어났고, 관직 보유자들은 점차 공개 비판에 직면하게 되었다. 1980년 1월에 아프가니스탄 침공을 비판한 뒤 당 지도부가 고르키 시로 쫓아낸 안드레이 사하로프Andrei Sakharov의 추방이 1986년 12월에 철회되었다. 1987년 초에는 거의 모든 정치범이 구금에서 풀려났다.

개혁 강령은 다층적인 의미로 '페레스트로이카perestroika(재건 또는 재편)'로 불렸다. 페레스트로이카의 논리상 그다음에 올 조치에 대해서는 물론 저항이 거셌다. 1985년에서 1987년 사이에 시와 구raion의 당 비서까지 지도 직위 보유자의 절반이 새롭게 임명되었다. 그렇지만 고르바초프는 몇 차례나 실패한 뒤 1987년 1월에야 비로소 중앙위원회 회의에서 관직 보유자들을 앞으로는 복수 후보 중에 비밀투표로 뽑자고 제안할 수 있었다. 그 원칙은 1988년 6월의 공산당 전당대회에서야 비로소 통과되었다. 그것도 아직은 위에서 아래로만 가능한 방식이었다. 당내 선거는 여전히 자유재량 규정이 남아 있었지만, 소비에트는 향후 비밀선거로 구성되게 했다. 소비에트의 권능은 강해졌다. 하지만 동시에 제1서기가 각 단위의 소비에트 의장으로 선출되도록 정해졌다.

고르바초프는 당대회의 결의를 실천하면서 중요한 성과를 계속 올렸다. 이제 서로 다른 색깔을 지닌 독립 조직이 많이 만들어졌고, 다양한 성향의 신문과 잡지들이 민주화의 수호자를 자처하며 등장했다. 그뿐만 아니라 인민 대표 회의 선거도 이미 1989년 3월로 예정되었다. 바로 그 회의에서 최고 소비에트Supreme Soviet가 생겨난다. 중앙위원회 소속 부처는 권한도 인원도 모두 줄었다. 고르바초프의 멘토인 알렉산드르 야코블레프Alexander Yakovlev와 바딤 메드베데프Vadim Medvedev가 핵심 지위를 차지했다. 선거와 관련하여 750명의 의원은 사회조직의 대표로 구성되지만, 1500명의 의원은 인물을 보고 직접선거로 선출하기로 정했다. 선거 결과로 1989년 5월 25일에 인민 대표 회의가 구성되었다. 그것은 진정으로 견해의 다원성을 보여 주었고, 거기서 노멘클라투라nomenklatura(특권층)의 대표들이 이제 더는 다수를 장악하지 못했다. 의원의 15퍼센트는 당원도 아니었다.

여기서 고르바초프는 사회주의사회의 자기 책임 강화를 추진했다. 그것은 이제 사회주의 형제 국가들에도 마찬가지로 적용되었다. 고르바초프가 보기에 그것은 브레즈네프 독트린의 포기에서 나오는 당연한 결과였다. 게다가 그것은 이미 브레즈네프 집권 말기에 내용상으로는 나타났다. 외국의 당 지도자 등은 이제 더는 소련의 군사 지원을 바랄 수 없기 때문에 스스로 알아서 자국 인민의 동의를 얻거나 유지할 수 있도록 정치를 수행해야 했다. 이미 체르넨코의 장례식 때 여러 접견을 통해 고르바초프는 그 점을 명확히 알렸다. 그러나 고르바초프의 말을 이해한 사람은 많지 않았다. 추후 만남에서 고르바초프가 더 분명하게 말했지만, 적지 않은 사람이 그것을 이해하려고 하지 않았다. 그리하여 그는 1988년 6월의 당대회에서 민중이라면 누구나 갖는 '선거 자유'라는 말을 완전히 자유롭게 사용했으며, "누군가에게 사회체제나 삶의 방식이나 정치를 임의로 또는 군사 수단으로 강제하려는" 시도는 모두 '위험천만'한 일이라고 비난했다.[63] 1988년 12월에 그는 유엔 포럼에서 자기 생각을 재차 알렸다.

브레즈네프 독트린을 버리자 지금까지 군축 협상의 근본적 장애였던, 유럽에서 갖는 재래식무기의 우위에서도 벗어날 수 있었다. 1987년 5월의 바르샤바 조약은 '공격적 방어' 독트린에서 '방어적 균형' 구상으로 이행한다는 것에 동의했다. 고르바초프는 워싱턴 정상회담에서 레이건 대통령에게 재래 군비 부문에서 비대칭 감축을 제안했다. 수개월이 지난 뒤에도 레이건이 그 제안에 응할 기미가 보이지 않자 1988년 12월에 고르바초프는 바르샤바 조약의 병력 규모를 일방적으로 감축한다고 선언해 버렸다. 병력 수의 감축은 단지 10퍼센트에 불과했지만, 공격 능력을 현저히 떨어뜨리는 셈이었다. 그것으로 고르바초프는 마침내 1989년 3월 9일에 빈에서 유럽 재래 병력CFE에 대해 새로 협상을 시작하도록 만들었다. 거기서 나토도 곧 중요한 제안을 했다.

마지막으로 고르바초프는 1989년 2월 말까지 아프가니스탄에 주둔한 소련군의 철수를 완료했다. 서기장을 맡은 이후 고르바초프는 그 일이 매우 시급하다고 보았다. 거의 10년이나 지속된 전쟁이라면 이길 가능성이 없음이 분명했다. 그 전쟁으로 인해 소련은 인명 피해만 컸고, 재정 부담만 높았으며, 오랫동안 국제적 명성만 손상되었을 뿐이다. 그럼에도 불구하고 군은 승리가 바로 코앞에 있다고 거듭 주장했다. 1988년 2월에 고르바초프는 마침내 1988년 5월 15일에 아프가니스탄과 파키스탄 간 협정이 발효되면 소련군이 철수하기 시작할 것이라고 발표했다. 미국과 소련이 보장한 그 조약이 4월 14일에 조인된 후 바로 소련군의 절반이 아프가니스탄을 떠났다. 공표한 대로 나머지 절반은 1989년 2월에 철수했다. 앞서 소련이 지원했던 아프가니스탄 정부는 어쨌든 그 후에도 3년 동안 권력을 유지했다. 그렇기에 애초에 소련의 패배는 겉으로는 그렇게 심각해 보이지 않았다. 하지만 실제는 달랐다. 1만 5000명의 소련 군인이 말 그대로 아무 의미도 없이 죽었다.

동유럽 블록 해체

고르바초프와 그의 동지들의 생각과는 달리, 또는 최소한 그들의 기대와는 달리, 1989년에 소련 제국의 인민들이 '선거 자유'를 가지면 결코 공산주의를 붙들지는 않을 것이라는 사실이 분명해졌다. 인민 대표 회의에서 급진 개혁 소수파가 결집했고, 사하로프가 1989년 12월에 사망할 때까지 주도했다. 그들은 다당제와 시장경제로 이행할 것을 요구했고, 사회 세력의 광범위한 연대를 촉구했다. 리투아니아와 라트비아와 에스토니아의 의회는 각기 자국의 독립 주권을 결정했다. 조지아(그루지야)와 투르크메니스탄, 우즈베키스탄, 카자흐스탄에서도 민족주의 성향의 소요가 발생했다.

폴란드에서는 1989년 4월에 소요가 다시 일어나자 야루젤스키 정권이 연대 노조 대표들과 협상해 선거 타협이 이루어졌다. 결과는 공산당의 참담한 패배였다. 그 뒤 의회Sejm는 자유롭게 후보로 나선 의원들로 채워지기 시작했다. 의석의 35퍼센트는 6월 3일과 4일의 선거로 구성되었는데, 비판 세력 후보들이 거의 모든 의석을 차지했다. 신생 상원은 권한이 크지 않았다. 하지만 아무 제약도 받지 않고 자유롭게 치러진 선거의 결과로 야당 후보들이 의석의 99퍼센트를 장악했다. 전국 단위의 목록에서 여당을 대표하는 서른다섯 명의 유명 후보 중 단지 두 명만이 다수표를 얻어 제1차 선거를 통과했다. 그러자 당 대표인 미에치스와프 라코프스키Mieczysttaw Rakowski는 연대 노조 대표자의 주도 아래에 모든 정당이 참여하는 정부 구성을 받아들이겠다고 발표했다. 8월 24일에 바웬사의 참모 출신 타데우시 마조비에츠키Tadeusz Mazowiecki가 총리로 임명되었다. 9월 12일에 의회는 마조비키 내각을 승인했다.

헝가리 당의 혁신 과정도 유사한 방식으로 진행되었다. 이미 1988년 5월에 당의 제1서기 카다르 야노시Kádár János가 사임했고, 당은 1989년에 점차 권력을 완전히 잃어 갔다. 포주거이 임레Pozsgay Imre를 중심으로 한 개혁가들은 1989년 2월 말의 중앙위원회에서 자유선거를 보장하는 헌법 초안을 통과시켰다. 그 후 기술 관료 출신인 네메트 미클로시Németh Miklós 정부는 당 지도부로부터 벗어났고, 7월의 부분 선거에서 야당 후보들이 승리를 차지했다. 11월 29일에 키시 야노시Kis János를 중심으로 한 급진 민주파들은 곧 구성될 의회에서 대통령을 선출하는 방안을 국민투표에서 관철했다. 애초에 개혁 공산주의자들은 대중적 인기가 높은 포주거이를 대통령을 직접 선출하게 함으로써 권력을 조금이나마 분점하려고 했지만, 이제 그 가능성이 사라졌다.

　중요한 결과를 초래했던 인상적인 사건은 5월 2일에 헝가리 정부가 오스트리아로 향하는 국경에 있는 철책 장막을 철거하기로 한 결정이었다. 여름이 되자 수천 명의 동독 이탈 주민이 헝가리로 몰려들었다. 그들은 헝가리 국경을 넘어 서유럽에 도착할 수 있으리라는 희망을 안고 왔다. 8월 말에 네메트 정부는 동독 주민들이 오스트리아로 넘어갈 수 있도록 허용한다는 결정을 공식적으로 발표했다. 9월 11일부터 동독 주민들은 헝가리를 거쳐 제3국으로 합법적으로 이주할 수 있었다. 몇 주 만에 2만 5000명이 넘는 동독인이 그 이주 경로를 활용했다. 합법적인 이주 절차를 밟으며 기다리기 싫었던 또 다른 동독 주민 수천 명은 프라하와 바르샤바와 부다페스트의 서독 대사관과 동베를린의 서독 상주 대표부로 도주해 들어왔다. 9월 셋째 주에 동독 정부가 헝가리로 여행하는 것을 금지하자 시위가 발생하기 시작했다. 시위대는 단순히 여행의 자유가 아니라 동독의 근본적 개혁을 요구했다.

　동독의 상황 전개에서 결정적인 사건은 10월 9일 저녁에 라이프치히에서 벌어진 시위에 7만 명이나 참여했지만 도처에 산재한 국가 안보 기구들이 그 시위를 어쩌지 못한 것이었다. 고르바초프가 자유를 쟁취하려는 운동을 폭력으로 진압하는 것을 명확히 반대했기에 동독 지도부 누구도 감히 폭력 진압 명령을 내릴 수가 없었다. 그것으로 사통당의 지배는 사실 끝이 났다. 동독 주민들은 두려움이 없어졌다. 그 뒤 몇 주 동안 수십만 명이 거리를 메웠고 지배자들을 내몰았다. 10월 17일에 에곤 크렌츠Egon Krenz는 때늦은 궁정 봉기로 호네커를 대체한 뒤 동독 주민들이 외국으로 자유롭게 출입하도록 허용하는 여행법을 11월 9일에 정치국이 결의하게 했다. 정치국 대변인 귄터 샤보브스키Günter Schabowski의 오해가 있기는 했지만, 11월 9일 저녁에 어쨌든 새 여행법을 결의한 사실이 알려지자 그날 밤 동베를린 주민 수만 명이 경계로 몰려가서 강제로 통행로를 터 버렸다. 아직은 새 여행법이 발효되기 전이었다. 11월 22일에는 지금까지 불법이었던 비판 단체들의 대표들과 함께 논의하는 '원탁

회의'가 결성되었고, 1990년 초에 자유선거를 치르기로 합의했다. 12월 3일에 정치국원 전원이 사퇴했고, 3일 뒤에는 크렌츠도 국가 평의회 의장직을 내려 놓았다.

베를린 장벽의 붕괴가 세상의 이목을 집중시켰지만, 바르샤바 조약의 여타 회원국들에서도 공산당의 권력 독점은 무너졌다. 11월 10일에 불가리아 당 지도부 내의 고르바초프 지지자들은 오랜 기간 당과 국가의 최고 권력자였던 토도르 지프코프Todor Zhivkov를 권좌에서 끌어내렸다. 11월 18일의 대규모 시위 후 불가리아에서도 '원탁회의'가 구성되어 자유선거를 준비하기로 했다. 체코슬로바키아에서는 11일째 시위가 계속되던 11월 28일에 체제 비판 운동의 대표들과 정부 수반인 라디슬라프 아다메츠Ladislav Adamec가 연정 구성과 헌법의 민주화에 합의했다. 12월 11일에 연정이 구성되었지만, 공산당은 단지 소수파에 불과했다. 12월 20일에 의회는 체제 비판 세력의 지도자인 바츨라프 하벨Václav Havel을 대통령으로 선출했다. 12월 21일에 루마니아의 철권 지배자인 차우셰스쿠는 대통령궁 앞 공식 대중 행사에서 야유를 받았고, 다음 날 격앙된 군중에게 말 그대로 궁에서 쫓겨났다. 이데올로기적으로 더는 공산주의를 고집하지 않는 온건파들이 권력을 넘겨받았다. 차우셰스쿠와 그의 부인 엘레나 차우셰스쿠Elena Ceauşescu는 도주 중에 잡혀서 12월 25일에 처형 부대로부터 총살당했다.

권력 독점이 무너지자 동유럽 공산당의 당원 수는 급격히 줄었다. 부분적으로는 당이 분열되기도 했고, 유관 '대중조직'들은 독자적으로 길을 찾아갔다. 신생 체코슬로바키아 정부는 바르샤바 조약 소속 군대의 전면 철수를 요구했다. 1990년에 헝가리 정부도 같은 것을 요구했다. 동시에 조지아와 우크라이나, 리투아니아 등에서는 수십만 명이 시위에 나서 자국의 민족 독립을 요구했다. 소련에서도 다당제를 요구하는 여론이 높아졌다. 고르바초프에게 (물론 그에게만 해당되지는 않지만) 그것은 "단순히 정치적인 차원에서만 불가능한 일이 아니라 그 현상을 사상적으로 정리할" 때가 왔다는 것을 의미했다.[64] 1990년 1월 초에 고르바초프는 소련에서도 다당제 도입을 더는 유예할 수 없다고 명확히 인식했다. 정치국에서 격렬한 토론을 치른 후 2월 5일에서 7일까지 열린 중앙위원회 회의에 헌법에서 소련공산당의 권력 독점을 삭제하는 내용을 담은 '강령'이 제출되었다. 그것이 통과되면서 페레스트로이카는 이제 원칙적으로는 사회주의 체제를 넘어섰다.

평화 질서 구축

그사이에 동독에서는 인민의 자유 요구가 독일통일에 대한 요구로 발전했다. 수주일 동안 수십만 명의 동독 주민은 새로운 여행의 자유를 만끽하며 서독으로 완전히 넘어갔다. 1989년 말까지 12만 명 이상이 서독으로 이주했고, 그 흐름의 끝은 보이지 않았다. 서독을 방문하고 다시 돌아온 동독 주민의 수는 1000만 명에 달했다. 그중 대부분은 처음으로 서독을 방문한 것이었고, 서독과 동독의 생활수준 차이를 생생하게 보았다. 같은 시기에 동독 경제의 심각성은 더욱 뚜렷해졌고, 동독 지도부에 속하는 인물 상당수의 부패가 만천하에 드러났다. 그런 상황에서는 반체제 단체들이 애초에 추구했던 전망, 즉 동독에서 민주주의 사회주의를 재건하겠다는 전망은 더는 다수의 지지를 받기가 어려웠다. 그 대신 동독 주민의 압도적 다수는 될 수 있는 한 이른 시일 내에 서독에 편입하기를 원했다. 12월 19일에 연방 총리 헬무트 콜이 드레스덴에서 동독의 임시 총리인 한스 모드로Hans Modrow를 만났을 때, 콜 총리는 독일통일을 원하며 열광하는 대규모 군중에게 휩싸였다.

콜은 정세를 신중하게 살피면서 그 요구를 따라갔다. 먼저 1989년 11월 28일에 콜은 시기는 확정하지 않은 채 재통일을 위한 '10개조 계획'을 발표해 독일통일 달성에 대한 자신의 태도를 명확하게 했다. 그 뒤 1990년 2월 6일에 콜은 동독 정부에 6개월 내에 서독 화폐를 도입하라고 제안했다. 그 결과 3월 18일로 앞당겨진 동독 인민 의회 선거는 기본법 23조에 따른 편입 방식의 급속한 통일과 콜에 대한 국민투표의 성격을 지니게 되었다. 기민련이 중심이 된 '독일을 위한 동맹Allian für Deutschland'이 48퍼센트의 득표율로 선거 승리 세력으로 등극했다.

콜 총리의 10개조 계획에 고르바초프는 매우 화가 났다. 고르바초프는 영국 총리 대처와 프랑스 대통령 미테랑이 독일 재통일에 분명히 거부 의사를 가진 상황을 활용하고자 노력했다. 하지만 소련의 각 기관이 동독은 주민들의 거부로 더는 유지하기가 어렵다고 한목소리로 보고하자 고르바초프는 단호히 공세적으로 나가기로 결심했다. 1990년 1월 26일에 각급 책임 단위의 핵심 인물이 모인 내부 회의에서 '6자' 회담, 즉 4대 열강과 양 독일 국가의 회담을 발의하기로 결정했다. 6자 회담을 통해 독일 재통일의 형식과 미래의 통일된 독일의 국제적 지위를 결정하자는 것이었다.

6자 회담 발의를 통해 고르바초프는 독일통일의 결과로 나토가 오데르강까지 확대되는 일을 막고자 했다. 하지만 그는 레이건의 후임자인 조지 H. W. 부시George H. W. Bush의 반대에 직면했다. 부시 대통령은 고르바초프와는 정반대로 통일의 결과로 독일이 중립화가 될 것을 우려했다. 새로운 안보 구조에 대한 고르바초프의 전망이 독일인들에게 지지를 얻을 수도 있었지만, '독일을 위한 동맹'이 선거에서 승리함으로써 그 가능성은 사라졌다. 1990년 5월 중순에 체코슬로바키아와 폴란드와 헝가리의 정부들이 연달아 통일 독일의 나토 귀속을 지지한다고 발표했다. 미테랑도 고르바초프에게 그것을 더는 저지할 수 없게 되었다고 분명히 말했다. 5월 31일의 대화에서 부시가 고르바초프에게 '선거의 자유'를 존중한다고 말하지 않았냐고 밀어붙이자 고르바초프는 독일은 '어떤 동맹에 속할지를 스스로 결정'할 수 있다고 인정했다.[65]

고르바초프가 그 결정을 모스크바의 정치국에서 관철하는 것을 돕고자 부시와 콜은 7월 5일과 6일의 나토 정상회담에서 소련의 공동 안보 구조 요구에 맞서는 일련의 결의를 통과시켰다. 그것은 핵무기를 '최종 의존 무기'로 만들고 신속 대응 부대로 전진 방위를 대체하는 새로운 전략, 재래식 군대와 단거리 핵무기의 감축, 연례 정상회담, 비서제 신설, 선거 감독, 갈등 방지 센터와 의회 이사회의 설립 등으로 유럽 안보협력회의를 강화하는 것 등이었다. 그 뒤, 즉 1990년 7월 15일과 16일에 고르바초프는 모스크바와 캅카스 북부 휴양지에서 콜과 만나 동독의 편입 조건에 대해 협상했다. 결과는 모든 소련군이 철수할 때까지 3년에서 4년의 이행기 동안 나토 명령권을 옛 동독 영토로 확대하지 않을 것, 소련군의 철수와 민간 생활 복귀를 위해 재정을 지원할 것, 통일 독일의 군인 수를 37만 명으로 제한할 것 등이었다. 관련 규정을 담은 2+4 조약은 9월 12일에 모스크바에서 조인되었다. 연방공화국은 그 조약을 통해 오데르-나이세 국경을 최종적으로 인정했다. 동독(독일민주공화국)은 10월 3일까지 바르샤바 조약과 코메콘에서 탈퇴하고 연방공화국에 편입했다.

유럽의 재래식무기 군축 협상은 바르샤바 조약의 붕괴를 따라잡을 수가 없었다. 체코슬로바키아와 헝가리와 동독에 주둔한 소련군의 철수로 인해 양 동맹 체제에 의미 있는 상한을 정하기가 어려워졌다. 2+4 회담의 협상이 끝난 뒤에는 폴란드도 소련군의 철수를 요구했다. 헝가리는 이미 바르샤바 조약을 탈퇴할 것이라고 밝혔다. 어쨌든 11월까지 공격 시에 중요한 무기 체계에서 균형을 정하는 데 성공했다. 1990년 11월 20일에 유럽 재래 병력 조약에 따라 1994년까지 나토는 탱크 2100대를 폐기해야 했고, 소련은 심지어 1만 2000대의 탱크를 폐기해야 했다. 조약은 11월 19일에서 21일까지 파리에서 열린 유럽 안보협력회의 회원국의 국가 정부 수반 정상회담에서 조인되었다. 게다가 정상회담은 무장 병력과 군사 활동에 대한 정보 교환 의무를 현저히 강화한 신뢰 형성 조치를 담은 빈 회의 문서도 승인했다. 마지막으로 이미 런던에서 열린 나토 정상회담에서 수용한 대로 유럽 안보협력회의의 새 기구를 창립하기로 결정했다.

반면에 전략 군비의 절반을 감축한다는 안을 담은 전략무기감축 조약이 조인되기까지는 상당한 시간이 더 걸렸다. 우선 소련 측이 해상 배치 크루즈 미사일을 원래 약속한 상한에서 배제하는 것을 수용하지 않으려고 했다. 다음으로는 미군도 미사일 개당 탄두 수의 단순한 감소 방식의 군축에 반대했다. 1991년 7월 30일과 31일에 모스크바에서 열린 부시와 고르바초프의 정상회담에서야 비로소 전략무기감축 조약이 서명되었다. 정상회담이 계속되면서 부시는 오랫동안 망설였던 최혜국대우 조항을 보장하겠다고 천명했다.

소련의 종말

동유럽 블록의 붕괴로 소련이 해체되는 속도도 빨라졌다. 1990년에 소련 내 각 공화국에서 치러진 의회 선거의 결과 연방Union에서 독립할 것을 주장하는 민족주의 성향의 정치 세력이 다수파로 대두했다. 최고 소비에트가 결정한 소련의 새 대통령제에 따라 공화국들도 각기 대통령을 세울 수 있었다. 그들은 공화국들이 정치적으로 독자 행동을 할 수 있게끔 만들었다. 리투아니아가 가장 먼저 소련에서 탈퇴하겠다고 선언했다. 에스토니아와 라트비아가 금방 뒤따랐다. 6월에는 러시아 연방이 스스로 '주권 주체'라고 선언했다. 러시아 연방은 소련을 탈퇴하지는 않았지만, 탈퇴 권리를 가지고 있음을 명확히 했다. 우크라이나는 1990년 7월에 주권을 선언한 뒤 독자 화폐와 독자 국적 도입 및 중립화에 대한 논의를 진행했다. 조지아는 10월 선거 후 소련 소속 여부를 국민투표로 결정한다고 밝혔다.

상황이 그러하니 소련은 결속을 유지하기가 어려웠다. 게다가 1987년 이후 제대로 된 구상도 없이 계속 진행된 경제개혁도 부정적인 결과를 쏟아 냈기에 이제는 소련의 결속이 더욱 위기에 빠질 수밖에 없었다. 부문별로 획정된 공장의 자기 책임제를 이행한 결과 혼란이 발생했고, 여러 형태로 공급 부족 상태가 나타났다. 법적 안정성과 경험이 부족하니 전략 투자가 생겨나지 못했다. 1990년 내내 기초 소비품과 기본 생필품이 부족하고 가격이 오르자 고르바초프의 인기도 시들해졌다.

반면에 모스크바 시 위원회 공산당 제1서기 경력을 지닌 보리스 옐친Boris Yeltsin이 주민들의 열렬한 수호자로 명성을 얻었다. 옐친은 1987년 가을에 자의 반 타의 반의 자살 시도 후 완전히 밀려났다가 인민 대표 회의 선거에서 화려하게 부활해 정치 무대로 복귀했다. 옐친은 이제 러시아 연방의 최고 소비에트 의장을 맡아 러시아 연방이 소련 기구의 통제로부터 벗어나도록 박차를 가했다. 옐친은 1990년 7월 12일에 소련공산당 28차 당대회 연설을 통해 마치 연극하듯 불쑥 탈당했다.

고르바초프는 1990년 3월에 최고 소비에트에서 대통령으로 선출되었기에 공산당 정치국으로부터 벗어나 대통령직을 수행할 수 있었다. 그는 애초에 옐친과 권력을 공유할 생각도 잠시 갖고 있었다. 1990년 여름에 양 진영의 경제 전문가들은 "500일 내에" 시장경제로 이행할 것을 약속하고 징세권과 천연자원 소유권과 가격 결정권을 각 공화국에 위임하는 것을 내용으로 하는 강령을 함께 작성했다. 처음에 고르바초프는 그 강령을 매우 반겼으나 곧 그것이 실현되면 소련이 해체될 것이라는 생각을 갖게 되었다. 그러자 고르바초프와 옐친 사이의 관계는 끝장났고, 고르바초프는 도처에서 권력을 잃어 큰 불만을 갖고 있던 정치국을 비롯한 당 기구의 보수 세력들에 다시 의존했다. 야코플레프는 권력의 중심에서 완전히 멀어졌다. 페레스트로이카의 핵심 지지자인 외무부 장관 예두아르트 셰바르드나제Eduard Shevardnadze는 그해 12월에 군의 공격을 받은 후 사임했다.

　1991년 1월에 KGB의 특수부대가 리투아니아와 라트비아의 비폭력 시위 참여자들을 살해했다. 그때 고르바초프는 자신이 비상사태를 선포해 무력으로 옛 질서를 재건하려는 세력들과 동맹하고 있음을 명확히 깨달았다. 고르바초프는 다시 방향을 돌렸다. 그는 발틱해 국가들에서 폭력 사용을 전면적으로 금지했고, 3월에 "동등한 권리를 지닌 주권 공화국들의 새로운 연방으로 소련을 존속"할지를 놓고 국민투표를 실시했다. 발틱해 국가들과 몰다비아와 조지아와 아르메니아는 국민투표 실시를 반대했다. 나머지 공화국에서 진행된 투표 결과 70퍼센트 이상의 다수가 찬성했다. 하지만 러시아 연방에서는 지지가 53퍼센트에 불과했다. 고르바초프는 그 투표 결과에 의지해 아홉 개 잔존 공화국 대표들과 새로운 연방 조약에 관해 협상했다. 연방 조약에 따르면 권력은 상당 부분 각 공화국으로 넘어가게 되었다. 연방 조약 조인은 1991년 8월 20일로 예정되었다.

　그러자 정치국과 정보기관과 군의 보수 세력은 이제 고르바초프가 함께하지 않거나 반대하더라도 무력을 통해 권력을 다시 장악할 때가 왔다고 보았다. 8월 19일에 고르바초프는 크림반도의 휴가지에 머물고 있었는데, 비상사태가 선포되었다. 자칭 '비상사태 위원회'는 언론과 행정기관에 대한 통제를 시도했다. 그러나 성공하지 못했다. 두 달 전 직접선거로 러시아 연방의 대통령으로 선출된 옐친은 러시아 의회 의사당에서 쿠데타 세력에 맞선 저항을 호소했다. 군인과 정보기관 요원들은 상부의 명령을 따르기를 주저했다. 쿠데타 세력도 옐친과 의원들을 지키기 위해 의사당 앞으로 몰려든 수십만 명의 시민을 감히 공격하지 못했다. 이틀 뒤에 쿠데타 세력은 흐지부지 자멸했다. 그들과 그들을 공개적으로 지지한 동조자들은 즉각 체포되었다. 러시아에서 공산당의 활동은 전면적으로 금지되었고, 8월 말도 안 되어 공산당은 해산되었다.

옐친은 사실상 독립국이나 다름없는 러시아 연방의 상황을 자기 뜻대로 끌고 갈 수 있었다. 고르바초프는 여전히 소련 대통령직을 유지했지만, 공산당 총서기이기도 했기 때문에 위신이 땅에 떨어졌다. 고르바초프는 공화국들의 독립을 저지할 수 있는 권력 수단을 전혀 갖지 못했다. 1991년 12월 8일에 세 슬라브 공화국, 즉 러시아와 벨라루스와 우크라이나의 대통령은 소련을 해체할 것이라고 알렸다. 12월 21일에 그들은 여타 8개국(아르메니아, 아제르바이잔, 카자흐스탄, 키르기스스탄, 몰다비아, 타지키스탄, 투르크메니스탄, 우즈베키스탄) 대표들과 함께 독립국가연합Commonwealth od Independent States: CIS을 결성하며 소련은 연말로 해체된다고 선포했다. 고르바초프가 할 수 있는 일이라고는 12월 25일에 텔레비전 연설로 대통령 사임을 알리는 것뿐이었다. 폭력 포기, 또는 궁극적으로 말하면, 소련 제국 인민들의 자기해방이 낳은 결과는 단순히 공산주의의 종말만이 아니었다. 그것은 또한 19세기를 버티고 살아남았던 마지막 다민족국가의 해체이기도 했다.

4 새로운 세계 질서

동서 갈등의 종식으로 (체코슬로바키아 신임 대통령 바츨라프 하벨이 역설한) '유럽으로의 귀환'이 가능해진 것은 과거 동유럽 블록에 속했던 국가들뿐만이 아니었다. 이유는 달랐지만, 냉전 시기에 중립을 택했던 국가들도 이제 유럽 통합 프로젝트에 참여할 수 있게 되었다. 과거 서유럽의 통합에 대해서 (그것으로 인해 유럽이 분열된다는 이유로) 유보적이었던 정치 세력들은 유럽 민주주의와 유럽의 독자 입장을 정력적으로 옹호할 계기를 잡았다. 그 모든 것에서 유럽 통합 과정의 열정이 새롭게 등장했다. 사실 그것은 냉전이 채 끝나기도 전에 벌써 시작되었다. 그것은 개방적인 지향을 드러냈기에 냉전 극복에도 기여했다. 위기와 지체가 불가피했지만, 유럽 통합 과정의 결과로 세계 정치 무대에 유럽이 새로 강력히 등장했다.

유럽 동맥경화증과 재가동

유럽 평의회가 설립되었다고 해서 그 주도 인물들이 기대했던 것처럼 그렇게 신속히 통합의 역동성을 발휘하지는 못했다. 1973년과 1974년의 유가 충격으로 말미암아 회원국은 우선 해결책을 찾아 각자도생의 길을 걸어갔다. 1974년 2월의 선거에서 노동당이 승리한 후 영국은 심지어 유럽 공동체 참여를 재고하기도 했다. 해럴드 윌슨의 제2차 내각은 구조 취약 지역을 위한 보조금과 유럽 공동체에 대한 재정 분담의 축소를 요구했다. 그렇게 얻어 낸 타협안은 1975년 6월 5일의 국민투표에서 통과되었다. 유럽 공동체는 지역 기금을 만들어 회원국 내 후진 지역의 발전을 지원하기로 결정했다. 물론 초기에 재정을 마련하기란 쉽지 않아 매우 적은 기금만 모였다. 게다가 유럽 공동체는 산업 정책, 학문 연구와 과학기술 정책, 환경 정책과 에너지 정책, 그리고 마지막으로 교육정책과 문화 정책의 분야에서도 활동을 펼쳤다.

유럽 평의회의 위임을 받아 벨기에의 총리 레오 틴데만스Leo Tindemans가 수집하고 제안한 유럽 공동체의 장기 발전 방안들에 대해 공동체 아홉 개 회원국의 국가 정부 수반들은 아직 한 번도 토론하지 않았다. 지스카르 데스탱 대통령 치하의 프랑스는 유럽 의회의 권리 확대에 완강히 반대하는 정책을 유지했고, 슈미트 총리는 공동체 경비 분담금의 증대에 반대했으며, 해럴드 윌슨 총리는 영국 유권자들에게 더는 유럽 프로젝트로 부담을 줄 수 없다고 생각했다. 1975년에 그리스가, 다음에는 1977년에 에스파냐와 포르투갈이 제기한 유럽 공동체 가입 신청도 마찬가지로 큰 문제였다. 이제 막 독재를 극복한 남유럽 국가들은 낙후된 상태였기에 가입하면 공동체의 재정에 심각한 부담을 줄 것이고, 동시에 그 국가들의 농산물은 유럽 농업 시장의 균형을 깨버릴 위험이 있었기 때문이다.

'유럽 동맥경화증Eurosclerosis'을 극복하는 도정에서 이정표는 1979년 3월 13일의 유럽 통화제도European Monetary System: EMS의 도입이었다. 유럽 공동체 집행위원회의 위원장인 로이 젱킨스Roy Jenkins가 그것을 추진했고, 슈미트와 지스카르 데스탱이 정치적으로 관철했다. 유럽 통화제도는 1972년에 실패한 스네이크(공동변동환율제)보다 통화 통합을 달성하고 스태그플레이션 위기를 극복하는 데 더 큰 자극을 제공했다. 각국 화폐의 격차가 2.25퍼센트가 넘지 않도록 한다는 합의에 더해, 이번에는 만약 자국 화폐의 가치가 그 경계를 넘게 될 조짐이 있으면 금융시장에 개입하고 자국 예산을 안정시키는 조치를 취할 의무가 부가되었다. 그 개입이 효과를 발휘하게 하기 위해 회원국들은 자국의 금과 외화 보유고의 20퍼센트를 유럽 통화협력기금European Monetary Cooperation

Fund에 이월하게 했다. 유럽 통화단위European Currency Unit: ECU가 회원국들 간 금융거래의 투명성을 보장했다.

이 제도는 통화가치가 약한 프랑스 같은 국가들을 돕고 인플레이션을 막으며 서독에는 미국 달러화가 약해지면서 생긴 마르크화의 가치 절상 압력을 견디게 해 주는 기제를 만들었다. 전체적으로 보면 유럽 공동체 회원국들은 그런 방식으로 경제성장의 길로 다시 돌아올 수 있었고 달러로부터 벗어날 수 있었다. 물론 영국은 참여하지 않았다. 윌슨의 후임자 제임스 캘러건은 유럽 통화 연대에 참여하는 것은 필요하지도 않고 가능하지도 않다고 보았다. 이탈리아와 아일랜드같이 통화가치가 극히 약한 나라들에는 개입을 의무화하기 전에 예외 조치를 꽤 많이 허용해 주었다.

공동체는 남유럽으로 확대되었다. 그리스의 총리 콘스탄티노스 카라만리스Konstantinos Karamanlis는 원조 요구와 예외 규정 확보를 관철하는 데 성공했다. 그것으로 카라만리스 총리는 그리스의 가입 협상을 이베리아반도의 두 국가, 즉 에스파냐와 포르투갈의 가입 협상과 분리하는 데 성공했고, 1979년 5월에 협상을 잘 종결지었다. 1981년 1월 1일에 그리스는 공동체의 열 번째 회원국이 되었다. 그런데 정권 교체로 카라만리스의 후임자로 등장한 사회주의자 안드레아스 파판드레우Andreas Papandreou 총리는 가입 조건의 개선을 최후통첩 형식으로 요구했다. 그는 유럽 평의회의 신임 위원 자격으로 거부권을 사용해 가입 전제 조건으로서 에스파냐와 포르투갈에 '통합 지중해 프로그램'을 강요했다. 파트너 국가들과의 연대를 막는 행위였다. 그렇지 않아도 이미 농업 생산과 어업에서 경쟁이 심해 에스파냐와 포르투갈의 가입 협상은 난항에 빠졌는데, 그리스의 새로운 요구로 더욱 곤란해졌다. 1985년 6월에야 비로소 에스파냐와 포르투갈의 가입 조약은 조인되었고, 1986년 1월 1일부터 발효되었다.

에스파냐와 포르투갈의 가입 협상이 합의되는 데 시간이 많이 걸린 또 다른 이유는 유럽 공동체가 기금이 고갈될 상황에 처했기 때문이었다. 한편으로 가격이 보장되자 터무니없을 정도로 생산이 넘쳐 난 결과, 공동 농업정책을 위한 재정지출이 무한정 치솟았다. 다른 한편으로 1979년 5월에 총리직을 맡은 영국 보수당의 마거릿 대처Margaret Thatcher는 영국 분담금의 대폭 삭감을 고집했다. 대처는 그 분담금이 결국 가당치 않은 농업정책을 위한 일방적 재정 지원으로 흘러들어 간다고 보았기 때문이다. 유럽 평의회 위원들 사이의 분위기를 오랫동안 망친 그 문제는 1984년 6월 25일과 26일에 프랑스 퐁텐블로에서 열린 정상회담에서 마침내 해결되었다. 대처 총리에게 영국의 분담금을 40퍼센트 줄일 수 있다고 양해해 주었다. 그 대신에 대처는 공동체 자체 자금을 부가가치세Value added tax: VAT의 1.4퍼센트까지 올리는 데 동의했다. 농업 부문의 생산과잉은 우유 할당제 도입(1984), 고정 가격 인하(1986), 농지 휴경 보조금 제도 확대(1988) 등으로 점차 줄어들었다.

콜과 미테랑에게 퐁텐블로 합의는 유럽 연합 프로젝트 재가동의 서막이었다. 유럽 통합을 적극 추진한 두 사람의 공동 관심사는 독일을 유럽에 묶어 두어야 한다는 생각과 아시아 신흥 경쟁국들에 맞선 유럽 경쟁력에 대한 우려, 미국의 대對소련 강경 노선에 대한 불만이었다. 1984년 2월에 유럽 의회가 압도적 다수의 찬성으로 통과시킨 유럽 연합 조약안의 비호하에 콜과 미테랑은 퐁텐블로에서 유럽 통합 기구 문제를 다룰 소위원회를 소집하도록 만들었다. 아일랜드 의원 제임스 두지James Dooge를 위원장으로 한 소위원회는 어떤 제도로 확대해 발전하는 것이 가능할지를 밝힐 의무를 부여받았다. '시민들의 유럽' 소위원회도 만들어졌다. 그 소위원회는 유럽 공동체 시민들의 일상에서 유럽 공동체가 더 의미 있게 존재감을 드러낼 수 있는 방안을 발전시킬 의무를 부여받았다.

독일과 프랑스의 공동 노력은 그 뒤로도 계속 성공했다. 결정적인 요인은 1985년 1월 1일부터 자크 들로르Jacques Delors가 유럽 위원회 위원장을 맡은 일이었다. 들로르는 유럽 정치가 영국의 이익에도 조응하는 개혁 문제에 집중해야 한다는 것을 알았다. 그것은 단일 시장의 완성이었다. 대처가 보기에도 유럽이 미국과 극동의 신흥 경제 강국들과 경쟁할 수 있으려면 유럽 공동체 내의 모든 비관세장벽을 제거할 필요가 있었다. 대처는 코포라티즘 경제구조의 분쇄도 일국 차원에서보다는 유럽 차원에서 더 수월하다고 보았을 것이다.

들로르는 단일 시장의 완료 시점을 구체적으로 1992년 말까지로 정하면서 각국 정부를 압박했다. 그것을 위해 필요한 300개의 조치를 꼼꼼히 열거한 1985년 6월 15일의 단일 시장 백서를 통해 들로르는 그 압박을 강화할 수 있었다. 유럽 의회의 만장일치 표명으로 이루어진 압박에 더해 기업과 금융권 및 일부 노동자들도 단일 시장 전망의 현실화를 요구하며 압박을 가했다. 그 이중 압박에 직면해 대처 총리뿐 아니라 유럽에 회의적인 입장을 지닌 덴마크 정부와 그리스 정부도 더는 유럽 공동체를 단일 시장으로 확대하는 것을 거역할 수 없었다. 물론 1985년 6월 28일과 29일에 밀라노에서 열린 유럽 평의회 회의에서 그들은 여전히 유럽 공동체 조약들을 수정하기 위해 정부 회담을 소집하는 것에 반대표를 던졌다. 하지만 평의회 위원의 다수가 정부 회담을 개최하자는 결정을 고집하자 소수파였던 그들은 더는 그것을 감히 보이콧하지는 못했다.

정부 회담의 결과로 1985년 12월 3일에 단일 유럽 의정서가 채택되면서 유럽 공동체의 확대가 결정되었다.(공식 조인은 1986년 2월에 이루어졌다.) 물론 그것은 모든 영역에서 동일하게 발전하지 못했다. 회원국 모두가 동의한 것은 단일 시장을 실제로 1993년 1월 1일을 기점으로 완료한다는 점이었다. 경제와 화폐의 연합과 관련해서도 기본적인 합의가 이루어졌다. 하지만 영국뿐 아니라 서독 정부도 반대했기에 세부 일정을 확정하지는 못했다. 유럽 경제공동체는 환경보호, 연구, 화합의 강화 및 사회 대화의 촉진 등의 영역에서 새로운 권한을 부여받았다. 외교에서도 서로 상의해야 한다고 정해졌다. 외교 관련 결의들은 심지어 일부 국가가 찬성하지 않더라도 적용하기로 정했다. 다른 방식으로는 단일 시장을 만들기가 어려웠기에 영국 정부도 유럽 평의회에서 다수결 방식의 확대를 수용했다. 위원회의 집행 권한이 강화되었다. 의회는 평의회가 과반수를 넘겨 반대하지 않는 한에서는 일정한 영역의 경우 제출 법안을 변경할 수 있는 권리를 부여받았다.

총 아홉 장으로 된 이 의정서는 타협적인 성격을 지녔다. 그럼에도 불구하고 1987년 7월 1일부터 효력을 발휘하면서 유럽 통합 프로젝트의 정체를 극복하는 의미 있는 걸음이 되었다. 그 의정서가 촉발한 역동성에 의해 1989년 6월에 화폐 연합의 첫 번째 조치, 즉 자본 이동의 자유와 영국과 남유럽 국가들의 화폐 연합 가입이 1990년 7월 1일부터 개시되기로 결정되었다. 콜 총리는 원래 주변 경제 전문가들의 권고에 따라 경제 상황과 경제 정책에서 일치와 조화가 이루어져야만 공동체 단일 화폐에 동의할 생각이었다. 하지만 콜은 1989년 12월 8일과 9일에 유럽 평의회에서 미테랑의 압력을 받고 화폐 연합을 구현하기 위한 정부 회담의 소집을 받아들였다. 그전에 콜이 연방의회 선거에서 살아남아야 해서 일단은 1990년 12월로 정해 두었다. 그리하여 이제 화폐 연합은 머지않아 어쨌든 다가올 현실이 되었다.

냉전 후 유럽

소비에트 제국의 붕괴로 인해 새로운 과제가 닥쳤을 때 유럽 공동체는 비교적 잘 준비되어 있었다. 지금까지는 세계열강과 그 블록이 수행했던, 유럽 대륙의 질서를 유지하는 기능을 유럽 공동체가 떠맡는 것이 필요했고 가능했다. 그중 하나는 통일과 승전국 군대 철수 후 독일을 봉쇄하는 노력을 강화하는 것이고, 다른 하나는 동유럽 국가들의 회생을 위해 갑자기 공동으로 책임을 지게 된 것이었다. 동시에 유럽 자유무역연합EFTA 소속 경력의 중립국들에도 장벽을 열어 경제적으로 성공적인 유럽 공동체에 가입하도록 만들었다. 미국이 유일한 세계열강으로 부상한 상황에서 유럽이 세계 정치 무대에서 독자적인 역할을 수행할 수 있을지가 화급한 문제로 떠올랐다.

동유럽의 붕괴가 낳은 여러 문제 중에서 유럽 공동체가 가장 성공적으로 해결한 것은 통일 독일의 통합이었다. 그것은 무엇보다 콜 총리의 공으로 볼 수 있다. 그는 1989년과 1990년에 독일통일의 방향과 과정을 결정하면서, 유럽 중앙에서 더 거대해진 독일이 미래에 헤게모니 역할을 수행하게 될지도 모른다는 유럽 주변국들의 두려움을 해소할 필요가 있다는 것을 알았다. 콜은 통일 독일을 유럽 프로젝트에 더 단단히 결박하는 조치를 빠르게 추진함으로써 그 두려움을 해소하고자 했다. 1990년 12월에 화폐 연합을 위한 정부 회담을 소집하자는 제안을 콜이 지지한 것도 바로 그러한 점을 고려한 결과였다. 결정적인 것은 그다음이었다. 1991년 12월 9일과 10일에 네덜란드의 마스트리히트에서 열린 유럽 평의회를 앞두고 콜은 1997년까지, 아니면 늦더라도

1999년까지 화폐 연합을 실현하자는 일정 제안을 수용했다. 이때 콜은 독일 금융계와 여론의 반대가 높았는데도 그 결정을 관철했다. 1993년 11월 1일 자로 마스트리히트 조약은 효력을 개시했고, 2002년 1월 1일 자로 화폐 연합 참여국의 유일한 지불수단으로 유로가 도입되었다.

화폐 연합이 이루어졌지만 사실 회원국들은 모두 독일의 요구에 따라갈 수밖에 없었다. 독일 마르크화가 사실상 유럽 통화 체제의 주도 화폐인 것을 부정할 수가 없었기 때문이다. 유럽 중앙은행은 독일연방 모델을 따라 정치적으로 독립적인 통화 기구로 만들어졌다. 화폐 연합을 이행하기 위해 객관적인 수렴 기준을 준수하기로 합의했다. 화폐 연합 참여국들은 재정을 안정시키기 위해 향후에도 재정 적자가 국내총생산의 3퍼센트를 넘지 않게 하고 공공 부채도 국내총생산의 60퍼센트가 넘지 않도록 지킬 의무를 지녔다. 영국과 덴마크는 화폐 연합이 최종 단계로 이행하는 것이 결정되기까지 참여 여부를 유예하면서 사실상 자국 화폐를 유지했다.

새로운 문제들이 생기자 콜도 유럽 공동체의 강화와 정치적 협력을 위해서는 '단일 유럽 의정서'로 합의한 정도의 개혁 조치들을 넘어서는 것이 필요하다고 보았다. 그래서 콜은 1990년 4월 18일에 미테랑과 함께 정치 연합 조약을 작성할 정부 회담을 다시 소집하자고 요구했다. 콜과 미테랑은 "연합의 민주적 정당성을 강화하고 연합의 기구들을 더 효율적으로 만들며 경제와 통화와 정치의 분야에서 연합의 통일과 일치를 확보하고 공동 외교 안보 정책을 정하며 그것을 실천에 옮기"자고 요구했다.[66]

독일과 프랑스가 발을 맞추어 공동으로 발의했는데도 그 야심 찬 강령은 많은 부분이 삭제된 채 일부만 관철될 수 있었다. 제도와 관련해서 보면 마스트리히트 조약으로 각료 이사회Council of Ministers의 다수결 제도와 유럽 의회의 참여권이 확보되었다. (물론 자문만 할 수 있는) 지역 소위원회가 설립되었고, 유럽 사법재판소European Court of Justice와 유럽 회계감사원European Council of Auditors의 권한이 강화되었으며, 유럽 시민권이 도입되었다. (이제는 유럽 연합 조약으로 불리는) 유럽 공동체 조약에는 경제와 통화의 연합 규정 외에도 교육과 문화, 보건, 소비자 보호, 사회정책 부문의 관할권이 새로 도입되었다. 학문 연구와 환경 정책으로도 관할권이 확대되었다. 아울러 구조 취약 지역의 환경과 교통 부문 프로젝트를 위해 재정을 지원해 줄 수 있는 결속 기금Cohesion Fund이 마련되었다.

공동 외교 안보 정책Common Foreign and Security Policy: CFSP과 내정과 법무 분야의 협력은 공동체 조약의 외부, 즉 회원국 정부의 조직적인 협력의 틀에 머물렀다. 다만 공동 외교 안보 정책과 관련해 협력이 원활히 이루어지도록 각국 외무부의 국장들로 구성된 정치 위원회Political Committee가 만들어졌다. 유럽 공동체 조약들과 앞의 두 정부 간 협력 부문은 이제 '유럽 연합European Union'으로 합쳐졌다. 유럽 연합의 그 세 지주에 대해서는 집행위원회도 단지 제한적인 발의권만을 지니며 의회도 그저 협의권만 가졌다. 아울러 서유럽 연합Western European Union: WEU도 유럽 연합의 일부로서 "국방 정책과 관련"해 일부 결정과 집행권을 위임받았다.[67] 공동체의 활동을 확대하려면 이제 유럽 차원의 아주 복잡한 절차를 거쳐야만 했다. 이사회의 권한이 늘어난 것에 비해 유럽 의회의 권리는 보잘것없었다. 그 결과 유럽 공동체의 정당성 결여 문제가 점점 심각해졌다.

마스트리히트 조약으로 유럽 공동체는 공동 외교 안보 정책과 관련해 '정책 선언'을 많이 발표했다. 하지만 그것을 실행할 수 있는 능력이 커지지는 않았다. 그래서 1991년 10월에 콜과 미테랑은 독일과 프랑스의 합동 군단을 창설한다고 선언했다. 그것은 프랑스와 독일 간의 오랜 안보 정책의 차이를 극복하는 중요한 첫걸음이었다. 벨기에와 에스파냐와 룩셈부르크도 참여했다. 그 다자간 군대는 '유럽군Eurocorps'의 이름으로 1995년 11월에 창설되었고, 스트라스부르에 사령부를 두었다. 1991년에서 1992년의 유럽 연합 조약과 관련해서 마스트리히트 규정이 어정쩡했기에 회원국들은 후속 정부 회담을 개최했고, 결국 1997년 10월 2일에 암스테르담 조약에 서명했다. 그 조약에 따라 공동 외교 안보 정책 고위 대표High Representative for the Common Foreign and Security Policy가 생겨났고, 운용 의결을 위해 다수결 제도를 도입했으며, 사무국과 전략계획 및 조기 경보 담당부를 설치했다.

그뿐만 아니라 암스테르담 조약으로 정책 결정에서 유럽 의회가 참여할 수 있는 권리를 확대했고, 집행위원회 위원장의 권한도 강화했다. 다만 위원장을 임명할 때 유럽 의회의 동의가 필요했다. 법무와 내정 부문과 관련한 정부 협력 규정의 핵심 내용과 마스트리히트 조약의 사회정책 의정서도 유럽 연합 조약에 수용되었다. 유럽 공동체 내의 국경 통제를 중앙 정보 체계와 유럽 외부 국경의 공동 통제로 대체했던 셍겐 조약도 마찬가지로 유럽 연합 조약으로 흡수되었다. 공동 경찰 기구 유로폴Europol의 권한도 확대되었고, 보건과 환경과 소비자 보호의 정책 규정도 확장되었다.

유럽 자유무역연합에 속했던 국가들의 유럽 연합 가입은 비교적 수월했다. 오스트리아는 이미 1989년 6월에 가입을 신청했다. 1991년 6월에는 스웨덴이, 1992년에는 핀란드와 스위스와 노르웨이가 뒤를 따랐다. 유럽 연합과 유럽 자유무역연합이 합쳐 창설되는 유럽 경제권European Economic Area: EEA에 스위스는 1992년 12월의 국민투표를 통해 참여하지 않기로 결정했다. 그 후 스위스의 유럽 연합 가입 신청은 보류되었다. 반면에 여타 유럽 자유무역연합 국가들의 가입 협상은 1993년 1월에 개시되었다. 1994년 6월에 가입 조약들이 조인되었고, 1995년 1월 1일부터 발효되었다. 노르웨이는 물론 가입하지 않았다. 이미 1972년과 1973년의 1차 확대 시도의 경우처럼 이번에도 국민투표에서 승인이 좌절되었다. 이제 12개국 유럽에서 15개국 유럽으로 바뀌었을 뿐이다.

앞의 경우보다 더욱 어려웠던 것은 1990년까지 동유럽 블록에 속했던 국가들의 가입이었다. 영국과 덴마크와 독일은 전략과 경제상의 이유로 될 수 있는 한 조속히 유럽 공동체가 동부로 확대되어야 한다고 주장했지만, 프랑스와 베네룩스 삼국과 남부의 결속 기금 수혜국들은 그 프로젝트를 기껏 다음 세대의 일로 보았을 뿐이다. 그리하여 유럽 공동체는 우선 중동부 유럽 국가들의 정치와 경제의 개혁을 지원하는 것에 만족했다. 지원 제공은 1989년 가을에 만들어진 'PHAREPoland and Hungary: Association for Restructuring Their Eoconomies' 프로그램, 유럽 투자은행과 1991년에 창립된 유럽 재건 발전 은행의 채권, 옛 사회주의국가들의 명령 경제를 비대칭 자유화에 의해 현대화하도록 지원하는 제휴 협정association agreement을 통해 이루어졌다. 1991년 10월에 폴란드와

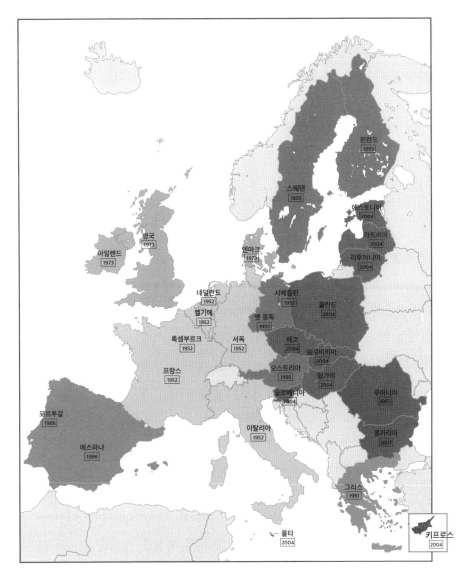

_____ 유럽 연합의 확대(1952~2013).

헝가리, 체코슬로바키아와 1차 협정이 체결되었다. 1996년까지 루마니아와 불가리아, 슬로베니아, 발틱해 국가들과도 협정이 이어졌다.

　　1993년 6월에 코펜하겐에서 열린 평의회 회담에서야 비로소 중동부 유럽 국가들에 원칙적인 차원에서 가입 전망이 열렸다. 1994년 12월에 독일 에센에서 열린 평의회 회담에서 콜 총리의 채근으로 재정 지원에 기초한 '견인 전략'이 결의되었다. 그것은 가입을 원하는 국가들이 제도적인 차원의 대화를 통해 통합을 준비할 수 있도록 돕는 방안이었다. 3년 뒤에 유럽 평의회는 룩셈부르크에서 집행위원회의 투표 결과 가입 요건을 충분히 채웠다고 인정된 가입 희망국들과 협상을 시작하기로 결정했다. (1990년에 이미 가입을 신청한) 키프로스 외에 헝가리와 폴란드, 체코, 에스토니아, 슬로베니아가 해당되었다. 나머지 국가들과는 1998년 4월부터 예비회담을 시작했다.

스물일곱 개 회원국 유럽

1990년대 내내 유럽 연합의 활동은 여러 영역에서 매우 어렵게 발전했다. 유럽 연합의 활동이 역동적으로 발전하기 시작한 것은 새로운 천년으로 접어들 때인 1990년대 말이었다. 그것은 상당 부분 두 가지 요인 덕분이었다. 먼저 1997년 5월에 토니 블레어Tony Blair가 영국 총리가 되면서 영국은 현실주의 유럽 정책을 추진했다. 아울러 프랑스 대통령 자크 시라크Jacques Chirac와 독일 총리 게르하르트 슈뢰더Gerhard Schröder가 주도한 학습 과정도 중요했다.

1999년 9월에 로마노 프로디Romano Prodi를 의장으로 한 집행위원회가 발족해 가입을 신청한 국가들과 열정적으로 협상을 전개했다. 귄터 페어호이겐Günter Verheuyen이 유럽 확대 담당 위원을 맡아 그것에 필요한 실제 업무를 이끌었다. 1999년 12월에 헬싱키에서 유럽 평의회는 라트비아와 리투아니아, 슬로바키아, 루마니아, 불가리아, 몰타와도 가입 협상을 개시하기로 결정했다. 2000년 2월에 다시 정부 회담을 열어 신입 회원국을 수용하기 위한 제도적 조건을 만들기로 했다. 2000년 12월 7일과 8일에 프랑스 남부 니스에서 열린 정상회담에서는 유럽 연합의 회원국이 27개국에 달할 것을 고려해 유럽 의회의 의석 배분과 각료 이사회의 표결 비중을 새로 정했고, 적절한 다수결 절차 규정 절차를 새로 마련했다. 또한 집행위원회는 향후 나라당 한 명의 집행위원으로만 구성하기로 결정했다. 동시에 될 수 있으면 2000년 말까지 가입 협상을 끝내 2004년 초까지는 신입 회원국의 가입을 종결할 수 있도록 합의했다. 그 결과 아홉 개 신입 회원국의 시민들은 2004년 6월의 유럽 의회 선거에 투표할 수 있게 되었다.

일정이 야심 찼지만, 실제로 준수될 수 있었던 것은 무엇보다 페어호이겐의 협상력 덕분이었다. 그는 중동부 유럽의 신입 회원국들과 이행 규정들을 (3년에서 12년까지) 다양하게 합의해 냈다. 신입 회원국들에 재정을 이월하는 문제에 대해서도 협상은 복잡했지만 결국 성공했다. 그 후 2003년 4월 16일에 아테네에서 10개국(폴란드, 헝가리, 체코, 슬로바키아, 슬로베니아, 라트비아, 에스토니아, 리투아니아, 키프로스, 몰타)과 가입 조약이 조인되었다. 유럽 연합의 신입 회원국들은 정해진 시기 안에 비준 절차를 마쳤고, 2004년 5월 1일부터 가입 조약이 발효되었다. 불가리아와 루마니아는 가입 요건 충족이 상당히 버거워 2007년 1월 1일부터 가입 조약이 발효되었다.

제도 개혁과 관련해서 보면, 니스 조약(공식 조인은 2001년 2월 26일, 발효 개시는 2003년 2월 1일)은 성과가 작았다. 슈뢰더와 시라크는 과거 콜과 미테랑과는 달리 정부 회담 전에 서로 간의 이익을 조정하는 데 실패했다. 그렇기 때문에 니스 조약으로 다수 결제와 의회의 참여권이 다시 확대되기는 했지만, 그 안들은 전혀 일관성이 없었다. 니스 조약의 규정에 따르면, 평의회 의결은 열네 번의 서로 다른 절차를 거친 후에나 가능했고, 의회의 참여와 관련해서도 열한 개의 서로 다른 방식이 존재했다. 그렇다 보니 의사 결정 과정은 계속 투명성을 잃었고, 책임 소재도 점점 더 불분명해졌다.

니스 조약에 대해 여론의 반응은 매우 비판적이었다. 앞서 독일 외무부 장관 요슈카 피셔Joschka Fischer가 유럽 연방European Federation을 건설하기 위해 헌법 조약을 체결하자고 공개적으로 주장했기에 니스에서 큰 진전이 달성되리라는 기대가 있었기 때문이다. 다만 니스에서 슈뢰더는 차기 정부 회담을 2004년에 열리도록 만드는 데 성공했다. 그 회담 준비에 유럽 의회와 각국 의회들 및 시민사회가 함께 참여하도록 결정되었다. 시라크는 회담을 준비하기 위해 독일 정부와 공동의 입장을 마련하라는 건의를 받아들였다. 벨기에의 총리 기 베르호프스타트Guy Verhofstadt는 평의회 의장으로서 2001년 12월 14일과 15일에 브뤼셀의 라켄 궁정에서 열린 평의회 회의에서 설치한 유럽 미래 공회가 실제로 유럽 연합의 장기 발전을 제안할 책임을 지니도록 만들었다.

다수 여론이 피셔가 말한 성과를 기대했기에 유럽 미래 공회는 그 기회를 살렸다. 공회의 회의 결과 2003년 6월 20일에 '유럽 헌법 조약' 초안이 마련되었다. 그것은 투명성과 활동력을 상당히 끌어올렸다. 즉 평의회와 의회의 결정과 참여에서 다수결을 상례로 합일시키는 것, 유럽 외무 장관직의 설치, 평의회 의장의 지위 확대 등과 함께 평의회 의장이 반드시 회원국 정부 수반일 필요는 없다고 제안되었다. 국가 정부 수반들은 에스파냐와 폴란드의 대표성 강화를 위해 약간의 양보를 하고는 2004년 6월 18일과 19일에 브뤼셀에서 그 초안을 받아들였다.

한편 공동 외교 안보 정책은 블레어가 유럽 신속 대응군의 창설을 지지하면서 실질적인 성과를 보였다. 1998년 10월에 오스트리아 푀르트샤흐에서 열린 비공식 평의회 회담에서 블레어는 처음으로 그것을 지지한다는 입장을 밝혔다. 블레어와 시라크 간의 합의에 따라 1999년 12월에 헬싱키에서 열린 평의회 회담은 2003년까지 6만 명 규모의 유럽 대응군을 창설하기로 결정했다. 다음 해 니스에서 열린 정상회담에서 서유럽 연합에 속한 대부분의 기구들을 유럽 연합이 넘겨받기로 했다. 공동 외교 안보 정책의 첫 고위 대표인 하비에르 솔라나Javier Solana는 서유럽 연합 사무총장직을 넘겨받았다. 공동 외교 안보 정책 정치 위원회는 정치·안보 위원회Political and Security Committee: PSC로 확대되었고, 보조 기구로 군사 소위원회를 두었다.

미국의 이라크 침공을 둘러싸고 적나라한 차이가 발생했다. 그 뒤에 국가 정부 수반들은 2003년 12월 12일과 13일에 브뤼셀에서 열린 유럽 평의회 회의에서 유럽 인근의 안전과 국제 질서를 유지하기 위한 효과적인 다자주의를 목표로 하는 공동 안보 전략에 합의했다. 2004년 6월에 헌법 조약을 채택했기에 그들은 "군사력을 점차 개선"하고 "유럽 연합의 공동 국방 정책"을 추진할 의무를 지녔다.[68] 고위 대표를 유럽 연합의 외무 장관으로 대체했기에 독자적인 외무 업무 기관을 만들 수 있는 전망도 생겼다. 군사 통합을 더 확고히 다지려는 회원국들에는 유럽 연합 내의 '구조적 협력'이라는 형식을 통해 그것을 할 수 있도록 허용했다.

하지만 헌법 조약은 예기치 않은 난관에 봉착했다. 2005년 5월 말과 6월 초에 프랑스와 네덜란드에서 각각 유권자의 과반수가 조약 비준에 반대표를 던졌다. 그러자 독일 총리 앙겔라 메르켈Angela Merkel과 프랑스 대통령 니콜라 사르코지Nicolas Sarkozy는 민족적 지향을 가진 유권자들이 받아들일 수 있도록 조약 문구를 수정하자고 발의했다. 재차 정부 회담을 갖고 난 뒤 2007년 12월 12일에 유럽 평의회에서 수정 조약을 가결했다. 하지만 조약이 2009년 12월 1일부터 효력을 발휘하기도 전에 아일랜드 국민투표에서 다시 부결되는 바람에 국민국가의 잔존 주권을 보장하는 추가 조치가 또 필요했다. 유럽 창립의 복합성은 계속 아킬레스건이었다.

초열강의 한계

소비에트 제국이 붕괴하고 그 제국을 결속했던 공산주의 이데올로기가 파탄 난 후 20세기 말에는 미국만 유일하게 초열강의 지위를 유지했다. 미국 경제의 우월성이 확인되었고, 미국은 새로운 정보 기술을 신속하고 효과적으로 활용해 다시 세계 전역에서 경제성장의 상당한 몫을 차지했다. 미국이 정치적으로 다양한 방법을 통해 지켜 냈던 서구 민주주의는 옛 경쟁국인 소련의 경계를 넘어 확산되어 긍정적 반응을 불러일으켰고, 미국의 지도력을 믿고 따르도록 만들었다. 한편 미국은 군사기술의 차원에서 누구도 따라올 수 없는 단계에 도달했다. 미국은 계속 군비에 투자했기 때문에 월등히 앞선 군사 열강의 지위를 유지했다. 1998년에 미국은 여전히 전 세계 국방비의 35퍼센트를 차지했던 반면에, 러시아 연방의 국방비는 미국의 10분의 1 정도에 불과했다.[69] 민주주의 모델을 무장력으로 수출하려는 시도는, 비록 앞의 상황을 놓고 보면 꽤 그럴듯해 보였지만, 곧 처참히 실패할 것이며 초열강의 한계를 드러낼 것이었다.

이라크 대통령 사담 후세인이 1990년 8월에 인접국 쿠웨이트를 침공했을 때 미국의 기술적 우위는 너무나 분명했고 충격을 던졌다. 끝내 승부를 보지는 못했지만 많은 것을 잃은 이란과의 전쟁이 끝난 지 2년 뒤에 바그다드의 독재자 후세인은 원유가 많은 쿠웨이트를 점령하는 것이 전쟁 부채를 갚고 내부 불만의 증대를 걸프 지역에서 권력을 확대함으로써 해소할 최선의 방법이라고 생각했다. 미국의 조지 부시 대통령은 개입하기로 결정했다. 두 가지 이유가 중요했다. 먼저 이라크가 쿠웨이트를 점령하면 세계 전체 기준에서 이라크의 석유 보유고가 20퍼센트로 올라가면서 후세인이 위험한 권력 지위 수단을 확보하게 되기 때문이다. 두 번째, 이라크와 쿠웨이트의 분쟁은 세계 전역의 평화 질서 구축에서 미국이 주도 역할을 떠맡고 있음을 과시할 좋은 계기였다. 실제로 유엔 안전보장이사회의 열다섯 개 회원국이 한목소리로 이라크의 침략을 규탄했다. 고르바초프도 이라크에 대한 제재와 군사작전을 지지했다. 최후통첩의 기한이 지난 1991년 1월 17일에 이라크 방어 체계를 겨냥해 폭격이 개시되었다.

　이라크 전쟁을 수행하기 위해 부시가 결집한 약 30개국 연합은 장기간의 유혈 전쟁을 예상했다. 실제는 달랐다. 미국 장군 노먼 슈워츠코프Norman Schwarzkopf의 지휘 아래에 연합 육군 79만 명(미군 54만 명, 동맹군 25만 명) 병력으로 이라크군을 몰아내는 데 100시간도 안 걸렸다. 장비가 우월했고 전략이 탁월했기 때문이다. 부시 대통령은 2월 24일에 개시된 지상 작전을 이미 2월 27일에 중지시켰다. 불필요하게 공격적인 인상을 불러일으킬 이유가 없었기 때문이다. 그렇게 되니 사담 후세인은 이라크에서 일단 권력을 유지할 수 있었다. 미국에서는 새로운 자신감이 퍼졌고 베트남 악몽과 이란 인질 사건의 치욕을 잊을 수 있게 되었다.

　미국은 걸프 전쟁의 승리를 활용해 근동의 평화 과정을 중재하는 외교를 펼쳤다. 미국 국무 장관 제임스 베이커James Baker는 교차 왕복 외교를 집중적으로 전개한 끝에 1991년 10월에 이스라엘과 시리아, 요르단, 레바논의 대표들을 마드리드로 초대해 회담을 갖도록 만드는 데 성공했다. 팔레스타인 해방기구 대표들은 요르단 대표단의 일원으로 협상에 참여했다. 초기에 협상은 어떤 성과도 없었다. 하지만 1992년 6월의 이스라엘 총선에서 노동당의 이츠하크 라빈Yitzhak Rabin이 승리한 뒤 노르웨이 오슬로 근교 한 시골집에서 이스라엘과 팔레스타인 해방기구 사이에 비밀 회담이 전개되었다. 그곳에서 이루어진 협정이 1993년 9월 13일에 워싱턴에서 빌 클린턴Bill Clinton의 주재 아래에 조인되었다. 라빈과 팔레스타인 해방기구 의장 야세르 아라파트Yasser Arafat는 가자 지구와 예리코Jericho 시가 팔레스타인의 통치권으로 귀속된다는 원칙에 합의했다. 1995년 9월의 두 번째 협정("오슬로 II")은 팔레스타인 자치권을 요르단강 서안 지구의 여섯 개 시와 450개 마을로 확대한다고 규정했다. 그것은 대략 1967년에 이스라엘이 정복한 영토의 4분의 1 정도였다.

이제 근동 분쟁은 2국가 방식으로 해결의 실마리가 잡힌 듯했다. 물론 그 해결 과정은 지속될 수가 없었다. 1995년 11월에 라빈은 한 광신교도에게 살해당했고, 1996년 5월에 우파인 리쿠드Likud 당이 다시 정권을 넘겨받았다. 이스라엘은 약속과는 달리 팔레스타인 지역에서 철군하기를 계속 주저하고 미루었다. 점령지의 유대인 정착촌이 오히려 확대되자 아라파트는 마냥 기다리고 있을 수가 없었다. 2000년 9월 말에 팔레스타인 자치 도시들에서 새로운 소요가 발생했고 유대인 정착촌 공격과 자살 폭파의 파고가 일었다. 이스라엘군은 팔레스타인 지역의 거점 시설들을 체계적으로 파괴하고 팔레스타인의 과격파들을 찍어 살해하는 방식으로 대응했다. 아라파트도 일시나마 자택 구금 상태에 빠졌고, 2002년 3월에 라말라Ramallah에 소재한 그의 집무실도 파괴되었다. 그 후에는 양측 모두 폭력 사용을 영구적으로 종결짓기가 어려워졌다. 팔레스타인 지도부는 전투적인 집단들의 압력 때문에 이스라엘을 인정하기가 불가능했다. 2006년에 이스라엘은 가자 지구에서 철수했지만, 동시에 요르단강 서안 지구의 상당 부분과 동부 예루살렘을 이스라엘 영토라고 주장하기를 멈추지 않았다.

옛 유고슬라비아의 인종 분쟁의 경우 미국은 초기에는 주저하다 곧 적극 개입했다. 1980년 5월에 사망할 때까지 티토가 이끌었던 다민족국가가 해체되기 시작했다. 세르비아 당수인 슬로보단 밀로셰비치Slobodan Milošević 같은 당 지도자들이 공산주의 이데올로기가 파탄 난 후에도 민족주의 감정의 조장을 권력을 유지할 수 있는 수단으로 발견하면서부터였다. 1991년 6월에 슬로베니아와 크로아티아가, 10월에 보스니아-헤르체고비나가, 11월에 마케도니아가 각각 유고 연방에서 탈퇴했다. 세르비아 중심의 연방군은 슬로베니아에 잠시 개입하고는 금방 철수했다. 하지만 크로아티아에서는 연방군은 세르비아인 밀집 촌락지들을 점령하고 그곳에서 크로아티아 주민들을 추방한 뒤에야 (1992년 1월 2일에) 휴전에 동의했다. 유엔 평화유지군이 크로아티아의 휴전을 감독하는 동안, 세르비아인들은 보스니아를 공격하기 시작했다. 라도반 카라지치Radovan Karadžić의 주도 아래에 보스니아의 세르비아인들은 자신들의 점령지에서 '인종 청소'를 개시했다. 1993년 초부터 보스니아의 크로아티아인들도 이슬람 주민들을 대상으로 '청소'를 저질렀다.

국제사회는 오랫동안 그곳의 인종 살해를 무력하게 지켜보고만 있었다. 유엔 평화유지군의 권한이 보스니아-헤르체고비나로까지 확대되었다. 하지만 그들은 유엔 안전보장이사회가 결의한 다양한 인종의 주민들을 위한 보호구역을 만들 수 없었고, 오히려 세르비아군의 인질이 된 상태였다. 미국의 클린턴 정부는 1994년 3월에 먼저 크로아티아인과 이슬람 주민들 간에 휴전을 중재한 후, 1995년 여름에 세르비아 침략군을 공격했다. 크로아티아군은 용기백배해 1991년에 빼앗긴 영토를 수복하고자 했다. 8월 말부터 2주 동안 나토는 보스니아-헤르체고비나의 세르비아 진지에 집중적으로 폭격했다. 10월에 세르비아는 미국의 중재로 휴전 의사를 밝혔다. 오하이오주 데이튼Dayton에서 이루어진 평화 회담의 결과 1995년 12월 14일의 평화협정이 조인되었다. 협정은 보스니아를 무슬림-크로아티아 연방의 일부로 편입하고 세르비아 공화국을 따로 두며, 나토의 지휘와 러시아 부대의 참여로 6만 명의 국제평화군이 그 이행을 감독하기로 했다.

원래는 세르비아의 자치주였던 코소보에서는 1998년 초에 다수 인종인 알바이나인들이 '해방군'을 조직했다. 그러자 그해 3월부터 세르비아 경찰은 알바니아계 민간인들을 추방하고 대량 학살로 응수했다. 수십만 명의 알바니아인이 도주해야만 했다. 처음에 국제사회는 여기서도 중재를 통해 문제를 해결하려고 했다. 1999년 3월에 세르비아 정부가 평화협정에 조인하기를 거부하자 나토는 세르비아 진지를 공습했다. 그것은 초기에 코소보 지역의 분쟁을 자극하고 상황을 더 악화시켰을 뿐이었다. 미국 대통령 클린턴이 5월 말에 지상군 파견을 결정하자 비로소 밀로셰비치는 입장을 바꾸었다. 1999년 6월

_____1999년, 코소보의 알바니아 난민. 다수 인종인 알바니아인들이 '해방군'을 결성하자, 세르비아 대통령 슬로보단 밀로셰비치는 민간인 대량 추방과 학살로 대응했다. (Wikimedia Commons, © Jonuz Kola)

9일에 세르비아군의 철수와 유엔 평화유지군의 코소보 진입을 담은 협정이 조인되었다. 코소보는 (공식적으로는 임시로) 유엔의 감독하에 귀속되었다. 코소보에서 소요는 끊이지 않았고, 2006년에는 몬테네그로도 세르비아에서 이탈했다. 그 후, 즉 코소보 평화협정이 체결된 지 약 9년 만인 2008년 2월에 코소보는 독립을 선포했다.

나토의 변화

나토는 보스니아-헤르체고비나와 코소보에 군사를 투입해 성공했다. 그것은 나토가 바르샤바 조약 붕괴 후 빠져든 위기를 극복하는 데 도움이 되었다. 동맹 영토가 아닌 곳에서도 평화 작전을 수행할 수 있는지는 애초에 동맹 내부에서 논쟁거리였지만, 이제 옳다는 것이 증명되었고 동맹에 새로운 의미까지 부여했다. 게다가 동맹 영토 외부에 존재하는 공동의 안보 위험을 인지하고 유럽의 새로운 주변국들을 위한 안보에도 책임을 떠맡고자 하는 의지가 증대했다. 1997년에 폴란드와 체코, 헝가리가 가입을 요청받았고, 1999년 3월에 가입이 완료되었다. 나토의 1차 동유럽 확장에 러시아가 불만을 가지자 나토는 1997년 5월에 나토-러시아 공동위원회를 창설해 무마에 나섰다. 공동위원회는 러시아에 "상시 자문과 협력"의 발전을 보장했다.[70]

하지만 나토-러시아 공동위원회로는 나토의 코소보 개입에 대한 러시아의 분노를 어찌하지 못했다. 러시아 정부가 세르비아를 공격하는 군사작전에 동의하지 않았으므로 나토 회원국들은 유엔의 위임 없이 개입하기로 결정했던 것이다. 물론 러시아는 그 뒤 세르비아-유고슬라비아 정부에 1999년 6월 9일의 휴전을 수용하라고 촉구했다. 러시아와 나토의 접근을 새로운 방식으로 가속화한 것은 2001년 9월 11일에 뉴욕의 세계무역 센터와 펜타곤을 겨냥한 이슬람주의 테러리스트들의 공격이었다. 테러 공격으로 거의 3000명에 달하는 사람이 목숨을 잃었다. 러시아와 나토는 이제 새로운 종류, 즉 세계 전역에서 테러 네트워크로 활동하는 알카에다al-Quaeda가 가하는 위협에 공동으로 처해 있다고 보았다. 알카에다는 아프가니스탄에서 공산주의에 맞서 투쟁하던 세력들로부터 생겨난 지하드 전사 조직이었다. 그 위협에 맞서 함께 방어하는 것이 필요했다. 2002년 5월에 나토와 러시아는 나토-러시아 공동위원회를 공동 안보 문제에 대해 결정권을 가진 기구로 확대해 발전시키기로 합의했다. 2002년 11월에 의결되어 2004년 4월 1일부터 실현된 나토의 2차 동유럽 확장은 러시아와의 관계를 손상하지 않고 진행되었다. 에스토니아와 라트비아, 리투아니아, 불가리아, 루마니아, 슬로바키아, 슬로베니아가 가입해 나토 회원국은 스물여섯 개로 늘었다.

동시에 미국 권력의 상징에 대한 유례없는 테러 공격은 유럽과 미국의 연대를 강화했다. 2001년 9월 12일에 나토는 나토 역사상 처음으로 '집단적 자위'를 선언했다. 나토 정찰기들이 미국 상공의 감시를 도왔다. 대결 상황이 지속될 경우를 대비해 나라별 방위 체계도 그 새로운 방식의 위협에 맞추기로 결의했고, 시급히 투입할 수 있는 나토 대응군NATO Response Force이 만들어졌다. 영국과 독일과 이탈리아 같은 나토의 주요 동맹국은 알카에다 전사들에게 활동 영토를 내주고 있던 아프가니스탄의 탈레반 정권에 맞선 전쟁에 참여했다. 미국의 공습으로 2001년 10월 7일에 탈레반 정권은 궤멸되었다. 12월 초에 독일의 본 근교인 페테르스베르크에서 열린 유엔 회의는 하미드 카르자이Hamid Karzai를 수반으로 하는 아프가니스탄 임시정부를 세우기로 결정했다. 물론 그 정부는 수년 동안 계속 나토 동맹국 평화군의 지원에 의지해야만 했다.

조지 W. 부시George W. Bush 미국 대통령에게 대테러 전쟁이 공동 관심사라는 것은 보조적인 의미일 뿐이었다. 우선 부시 정부는 무엇을 해야 할지를 단독으로 결정하고자 했다. 자유와 민주주의를 위한 세계적 투쟁에서 어떤 지원도 환영하지만 미국은 필요한 경우 단독으로도 행동하고자 했다. 탈레반 정권을 제거한 후 부시의 표현대로 하면 세 개의 '불량 국가'가 아직 더 남아 있었다. 즉 미국은 북한과 이란과 이라크를 공격하려고 예의 주시를 했다. 사담 후세인이 대량 살상 무기를 만들어 테러리스트에게 제공하고자 한다는 이유로 먼저 이라크가 정권 교체의 제물이 되었다. 유엔 감시단이 그런 무기를 소유하거나 제작한다는 그 어떤 증거도 찾지 못했는데도 2003년 3월 20일에 미군은 이라크를 침공했다. 4월 9일에 미군은 바그다드를 점령했고, 5월 1일에 부시는 "주요 전투"는 끝났다고 선언했다.

이 전쟁에서 미국을 지지한 국가들은 '의지의 연합'으로 불린 나토 동맹국인 영국과 이탈리아, 에스파냐, 폴란드, 오스트레일리아였다. 반면에 프랑스 대통령 시라크와 독일 총리 슈뢰더는 러시아 대통령 블라디미르 푸틴Vladimir Putin과 마찬가지로 그 전쟁은 국제법을 위반한 침략이라며 전쟁에 단호히 반대했다. 비판가들은 결국 자신이 옳았다고 보았다. 이라크에서 그 어떤 대량 살상 무기도 발견되지 않았으며 테러 네트워크와 그 어떤 연결도 확인되지 않았고 오히려 미군의 잔인함이 테러주의를 새로 조장했기 때문이다. 사담 후세인을 무너뜨리고 이라크에 안정적인 정부를 세우려는 시도도 실패했다. 그 대신에 점령군은 수년 동안 테러 공격과 시아파 민병대의 공격에 시달려야 했다. 2008년도 통계에 의하면, 15만 명에서 100만 명 사이의 이라크인이 목숨을 잃었다. 미군도 4000명이 넘게 죽었고 수만 명이 중상을 입었다.

부시는 이슬람주의 테러주의가 초래한 취약성에 대한 전 세계의 공포를 초열강 미국의 일방주의 헤게모니를 강화하는 근거로 활용하고자 했다. 하지만 그 시도는 다극화 경향만 강화한 채 끝쳤다. 미국의 위신은 땅에 떨어졌다. 특히 미군들이 이라크인 포로들을 고문했고 다양한 출신의 테러 혐의자들을 관할 외 지역인 쿠바섬의 관타나모 미군 기지에서 무제한으로 구금하며 불법 심문을 진행했다는 사실이 알려졌기 때문이다. 북한이나 이란을 공격하는 것은 이제 더는 가능하지 않았다. 비록 이란에 관해서는 미국과 유럽 동맹국들 간에 갈등을 겪는 과정에서 자주 언급되곤 했지만 말이다. 부시의 후임자 버락 오바마Barack Obama는 2009년 1월에 대통령에 취임하면서 이라크에서 미군 전투부대를 철수하겠다고 밝혔다. 오바마 대통령은 아프가니스탄에서도 작전을 끝낼 것이라고 동맹국들에 약속했다.

2000년대에 미국의 위신이 추락한 것은 나토 내에서 유럽의 지위가 강화된 것과도 관련이 있다. 그것은 조지아 대통령 미하일 사카슈빌리Mikhail Saakashvili가 2008년 8월에 친러시아 자치 지방인 압하지야Abkhazia와 남오세티야South Ossetia를 공격하면서 조지아의 나토 가입 신청을 신속히 받아들이도록 시도했을 때 드러났다. 러시아 정부가 그에 맞서 조지아로 군대를 보내자 휴전을 중재한 인물은 미국 대통령이 아니라 유럽 평의회 의장이었던 사르코지 대통령이었다. 8월 15일에 사르코지는 사카슈빌리와 러시아 신임 대통령 드미트리 메드베데프Dmitri Medvedev 사이의 협정을 성공시켰다. 협정에 따르면 러시아는 군대를 철수하고 조지아 군대도 원래의 주둔지로 철수하기로 했다. 그 후 압하지야와 남오세티야의 자치권은 확고해졌다. 동시에 유럽은 다수의 반대로 조지아를 나토에 받아들이기를 거부했다. 우크라이나의 나토 가입도 일단 유보되었다.

동맹 내에서 유럽의 영향력이 증가한 결과 나토에 관한 미국의 평가도 달라졌다. 새 미국 지도부는 부시가 추진한 선교 방식의 '테러와의 전쟁'이 봉착한 실패에서 교훈을 얻었다. 테러 공격에 맞선 안전과 보급망의 확보는 물질적으로나 도덕적으로 유럽 동맹국들과 함께해야만 가장 잘 이루어질 수 있다는 것이었다. 2008년 7월 24일에 오바마는 선거를 염두에 두고 행한 베를린 티어가르텐의 연설에서 의식적으로 유럽의 지지를 호소했다. 오바마는 그것을 통해 실제로 유럽의 지지 의지를 얻었다. 부시의 일방주의 전쟁에 대한 유럽의 비판은 반미주의의 강화를 낳은 것이 아니라 세계 정치의 책임을 떠맡고자 하는 의지를 강화했다.

그것은 2011년 초에 무장 반군들이 리비아의 독재자 카다피에 맞선 투쟁을 개시했을 때도 명확했다. 프랑스 대통령 사르코지는 서둘러 반군을 위해 군사적으로 개입할 것을 요구했다. 그러자 영국 총리 데이비드 캐머런David Cameron은 사르코지를 지지했다. 물론 독일의 메르켈 총리는 지지하지 않았다. 3월 11일에 유엔 안전보장이사회는 카다피 군대와 기반 시설을 공습해 반군을 지원하기로 결정했다. 그 후 프랑스와 영국의 군대가 가장 먼저 투입되었다. 나토의 조정에 따라 미국은 기술 지원에 그쳤다. 그런 방식으로 8월 말에 결국 카다피 정권을 무너뜨리고 수도 트리폴리에 '이행 평의회'를 세우는 데 성공했다.

카다피에 맞선 봉기는 아랍 세계의 권위주의 정권에 대항한 저항과 혁명 운동의 일부였다. 그것은 튀니지에서 시작해 북아프리카와 근동의 여러 국가를 휩쓸었다. 튀니지에서는 이미 2011년 1월 14일에 대통령 지네 엘아비디네 벤 알리Zine el-Abidine Ben Ali가 실권했고, 2월 11일에는 이집트 장기 집권자인 대통령 호스니 무바라크Hosni Mubarak가 사퇴했으며, 예멘에서는 대통령 알리 압둘라 살레Ali Abdullah Saleh가 수개월 동안의 저항과 무장투쟁 끝에 11월에 부통령 압드라보 만수르 하디Abdrabbuh Mansour Hadi에게 권력 위임을 정한 협정에 서명했다. 모로코와 알제리와 요르단에서도 저항운동 끝에 정권 교체와 개혁이 이루어졌다. 반면에 바레인과 사우디아라비아에서는 저항운동이 무력으로 진압당했다. 시리아에서는 내전이 발생해 2013년까지 7만 명 이상의 인명을 앗아 갔다. '아랍의 봄'을 통해 새로운 문제들이 발생했고, 그것은 유럽의 지중해 전략에 새로운 도전이었다.

중국의 부상
미국과 유럽은 협력 관계를 발전시켰다. 또한 아시아 지역에서 발생하는 위협을 막기 위해서도 공동으로 노력했다. 그것은 양 경제권이 점점 더 깊이 서로 연루되어 있음을 반영했다. 2007년을 기준으로 보면 양자 간의 무역과 투자는 거의 4조 유로에 달했다. 미국과 유럽의 경제는 역사상 그렇게 깊이 연루된 적이 없었다. 양자는 각각 13조 유로의 수익을 올렸고, 둘을 합하면 그것은 세계경제의 약 절반에 해당했다. 동시에 중국이 미국의 제2위 교역국(제1위 교역국은 캐나다)으로 부상하면서, 미국 경제에서 아시아 경제권이 점점 더 중요해졌다. 미국과 아시아 간 무역량은 심지어 미국과 유럽 간 무역량보다 더 컸다. 물론 미국과 아시아 양자 간 투자 규모는 미국과 유럽 간 투자 규모보다는 상당히 뒤떨어졌다.

중국은 마오쩌둥이 발의한 문화대혁명으로 끔찍한 대가를 치렀다. 그런 중국이 세계적 차원의 '지주 국가anchor country'[71]로 부상한 것은 1976년 9월에 마오쩌둥이 사망한 후부터 덩샤오핑이 나라를 실용주의 노선으로 끌고 가기 위해 애쓴 장기적인 과정의 결과였다. 덩샤오핑은 단순히 교육제도의 정상화와 대규모 확대만이 아니라 사기업과 성과제 촉진을 겨냥한 경제개혁도 추진했다. 국영기업들이 스스로 결정권을 가질 수 있도록 허용했으며, 농업에서도 농민들의 가족 경작을 권장했고, 국제무역과 외국자본을 위해 경제 특별 구역(경제특구)을 개방했다. 그 결과 매년 성장률은 평균 7퍼센트에 달했고, 산업화가 빠르게 진행되었으며, 소득과 생활수준의 차이도 상당해졌다. 1987년에 중국인의 평균 소득은 1978년보다 두 배나 되었다.[72]

1986년에 당 총서기 후야오방胡耀邦과 총리 자오쯔양趙紫陽은 경제개혁이 장기적으로 성과를 낳으려면 정치적 자유가 더 많이 보장되어야 한다고 생각했다. 지방과 기업 차원에서 국가와 당을 분리하는 강령이 도입되었다. 지식인과 학자들은 자유의 확대를 누려 서로 다른 견해들을 표현할 수 있게 되었다. 그 결과 곧장 부패의 만연과 사회적 상승의 전망 부재로 비분강개한 학생들 사이에 광범위한 민주주의 운동이 등장했다. 1986년 겨울에 우한과 베이징, 상하이에서 대규모 시위가 일어났다. 시위대는 인권 존중과 권력 분립과 민주 선거를 요구한다고 주장했다.

당 지도부는 개혁 노선에 제동을 걸었다. 후야오방은 1987년 1월에 총서기직을 사임해야 했다. 수만 명의 대학생이 시골의 노동 현장으로 투입되었다.

하지만 그렇게 한다고 민주주의 운동을 막을 수는 없었다. 1989년 4월 8일의 정치국 회의에서 후야오방이 격렬한 논쟁을 벌이다 심장마비로 사망하자 다시 시위가 불붙었다. 베이징에서는 50만 명에서 100만 명 정도 규모의 학생이 톈안먼 광장을 점거했다. 점거 학생들 중 핵심 그룹은 단식투쟁에 돌입했다. 권력을 잃을 위험이 생기자 덩샤오핑의 영향 아래에 있던 정치국은 후야오방의 후임자인 자오쯔양이 반대했는데도 5월 19일에 계엄령을 선포하기로 결정했다. 전국 각지로부터 병력이 수도로 집결했다. 주민들이 장벽을 세우고 연좌 농성을 벌이며 군의 진입을 막았다. 하지만 군은 6월 3일에 탱크와 장갑차를 앞세워 베이징으로 밀고 들어왔다. 그것을 저지하던 800명에서 2600명의 민간인이 잔인하게 사살되었다.(아직도 그 수는 정확히 알려져 있지 않다.) 군이 6월 4일 새벽에 톈안먼 광장을 소개할 때는 유혈 사태가 심각하지 않았다. 정권은 지나친 잔인성을 드러내고 싶지는 않았다.

시위를 해산한 후 중국 당국은 수많은 사람을 체포했고 '주모자'들에게 사형을 선고했다. 학생들과 대화해야 한다고 주장했던 자오쯔양과 동료들은 직책을 박탈당했다. 하지만 민주주의 운동의 압살이 시장경제개혁 강령의 포기를 뜻하지는 않았다. 장쩌민江澤民이 당 총서기가 되었다. 그는 이미 상하이 시장을 지낼 당시에 경제 근대화를 추진하면서도 학생들과 일부 주민층에 대한 통제를 잃지 않는 법을 잘 보여 주었다. 덩샤오핑은 잠시 국가의 중앙 권력을 집중하고 강화한 뒤 '사회주의 시장경제'를 추진했다. 장쩌민은 국가 주석이자 중앙 군사 위원회 의장으로 선출되었다.(그럼으로써 그는 덩샤오핑의 후계자가 되었다. 덩샤오핑은 1997년에 92세의 나이로 사망했다.) 경제특구 규정들이 저개발된 내지로 확대되었다. 해외 자본이 점차 중국으로 들어왔다. 홍콩과 싱가포르의 화교들 외에 특히 일본 투자사들이 중국 투자에 열심히 매달렸다.

결국 이 모든 조치로 인해 경제성장은 계속 속도가 올라갔다. 처음에 1인당 소득이 두 배로 올라가는 데 11년이 걸렸다면, 이번에 두 배로 올라가는 데는 8년밖에 걸리지 않았다. 1995년에 생긴 일이었다.[73] 1990년대 후반에 중국은 세계의 공장이 되었다. 2001년에 세계무역기구wTo에 가입한 후 수출 비율은 하루 규모가 1978년 한 해에 맞먹는 수준이었다. 연구와 개발에 대한 투자도 급증했다. 동시에 중국 경제는 중앙아시아와 동남아시아, 사하라 사막 이남 아프리카에도 투자하기 시작했다. 정치적 영향력을 확대하기 위해서이기도 하지만, 원료 공급을 확보하기 위해서이기도 했다. 상당수의 아프리카 국가와 이란, 파키스탄, 미얀마, 북한 등은 중국의 군사원조를 받기도 했다. 인도주의와 생태적 기준을 무시하는 중국의 국가자본주의는 서구의 개발 정책에는 불편한 경쟁자였지만, 세계적 차원의 중요성을 지닌 경제행위자가 되었다.

요컨대 중국 공산주의의 현대화는 같은 시기에 소련에서 시작된 공산주의 개혁과는 전혀 다른 길을 밟았다. 양자의 발전을 비교하면, 마르크스-레닌주의 정권의 유산을 극복할 때 결정적인 것은 최고 지도자들의 태도라는 사실이 명료하다. 결정적인 순간에 덩샤오핑은 고르바초프와는 다른 길을 선택했다. 어떤 선택이 적절했는지의 문제에 관해서는 정치 입장에 따라 서로 다른 답이 나올 것이다. 분명한 것은 각 선택은 그에 따르는 대가가 필요했고 두 경우 모두 또 다른 선택의 길들이 존재했다는 사실이다.

권력 격차, 연합, 다극화

중국 외에도 또 다른 '지주 국가'들이 등장했다. 그들은 역동적인 경제 발전을 이루어 세계경제에 영향을 발휘함으로써 세계 정치 무대에서도 독자적인 행위가 가능해졌다. 인도는 1990년대 전반에 시장경제개혁의 결과로 경제성장을 경험했다. 인도의 경제성장은 중국의 발전과도 견줄 수 있을 정도였다. 인도 회사들은 중국과 마찬가지로 연구와 개발에 많이 투자해 세계시장에서 충분한 경쟁력을 가질 수 있게 되었다.

인도네시아는 1997년과 1998년의 아시아 경제 위기의 충격을 심하게 받은 나라였다. 하지만 인도네시아는 군사독재를 22년 이상 이끌었던 수하르토 Suharto를 1998년 5월에 무너뜨리고, 부패와 정실 경제에 맞서 싸우면서 점차 견고한 성장의 길로 들어설 수 있었다.

브라질의 경우도 20년이 넘게 존속한 군사독재를 1980년대 전반에 점차 몰아내면서 경제가 개선되고 안정적으로 성장할 수 있게 되었다. 여러 번 정권 교체가 일어나면서(1992년과 1994년에는 자유주의자 페르난두 콜로르 지 멜루 Fernando Collor de Mello에서 사회민주주의자인 페르난두 엔히크 카르도주Fernando Henrique Cardoso로, 2002년에는 카르도주에서 사회주의자인 루이스 이나시우 룰라 다시우바Luiz Inácio Lula da Silva로) 브라질은 라틴아메리카 경제 발전의 기수로 발전했다.

멕시코의 경우, 1990년 이후 외채 증가를 막는 조치가 정력적으로 도입되었다. 아울러 정당 제도를 다원화하고 사기업을 촉진하며 마약 마피아들과 맞서 싸우는 일도 함께 진행되었다. 두 차례의 경제 위기가 지난 1990년대 말에 멕시코의 성장률은 다시 올랐고, 경쟁력은 강화되었다.

남아프리카 공화국에서는 유엔의 경제봉쇄 조치에 1990년부터 미국과 영국이 참여하자 결국 아파르트헤이트 체제는 무너질 수밖에 없었다. 넬슨 만델라Nelson Mandela가 대통령으로 재임하는 기간(1994~1999)에 모든 주요 정치 세력은 함께 사회복지 규정을 통해 제한을 둔 시장경제로 기울기 시작했다. 그 결과 남아프리카 공화국은 지역에서 주도권을 쥐게 되었다.

2000년대에 접어들면서 지주 국가들은 협력을 통해 영향력을 강화하기 시작했다. 2003년 8월에 브라질은 인도와 중국과 남아프리카 공화국의 지원을 받아 개발도상국들의 G20 모임 결성을 발의했다. 그 모임은 세계무역기구의 도하 라운드 협상을 위한 경제협력개발기구OECD 국가들의 계획에 반대했다. 그러자 선진 산업국들은 협력 구조를 점차 개방했다. 2006년에 러시아는 G7 클럽에 진입했다. 러시아는 1990년대 전반에 경제가 심각히 추락해서 산업 생산과 국민소득 모두 반 토막이 났기에 지주 국가들에서 흔히 보이는 양상들을 드러냈다. 2007년 6월에 독일 하일리겐담에서 열린 G8 정상회담은 향후 중국과 인도, 브라질, 멕시코, 남아프리카 공화국과의 대화를 제도화하기로 합의했다. 그 국가들은 그 후 비공식 자격이지만 G8 연례 정상 회의에 참여했다.

양극 세계 질서를 대신해서 들어선 것은 미국 헤게모니도 아니었고, 주권 국가들이나 권력 차이가 더는 중요하지 않은 하나의 지구촌도 아니었다. 오히려 새로 들어선 것은 다극화라는 개념으로도 충분히 다 설명할 수 없는 복잡한 세계 질서였다. 서로 다르지만 상호 의존하는 미국-유럽 복점 외에 서로 다른 정도이기는 하지만 지역적 또는 초지역적 차원에서 영향을 발휘하는 여러 국가가 존재한다. 그 권력 구조에서 아시아 선수들이 강해지는 경향은 뚜렷하다. 하지만 그 결과로 머지않아 서구의 우세가 사라지지는 않을 것이다. 미국 체제가 보유하고 있는 새로운 자원 획득의 역동성과 경제적인 이유로 러시아 연방도 유럽 연합에 접근할 수밖에 없는 상황 등은 모두 서구의 우세가 쉽게 사라지지 않을 것임을 보여 준다.[74]

평화를 지키고 복리를 증진하고 자연환경을 보존하려면 국가들은 계속 협력해야 한다. 국가들, 그리고 국가가 의존하는 사회들이 그 협력에 필요한 통찰을 가질 수 있을지, 그리고 어느 정도나 가질 수 있을지는 아직 모른다.

세계경제의 문호 개방

토머스 W. 자일러

1945 이후

2

머리말

1995년 일본인 투수 노모 히데오野茂英雄가 로스앤젤레스 다저스와 계약하면서 야구의 세계화가 시작되었다. 이 스포츠는 시장의 힘을 끌어안았고 시장의 힘은 전 세계적인 경제적 교환을 강화했으며 세계 전역에서 이 사업을 통합하여 지구 차원에서 문화적 수렴을 부추겼다. 이는 제2차 세계대전 후 미국이 설계한 세계경제의 결과였다. 노모는 세계화의 여러 추진력을 결합한 연결 조직의 역할을 수행했고, 그러한 발전은 미국의 초국적 법인인 메이저리그 야구MLB가 촉진했다. 위성방송 기술과 기업형 방송사들이 결합하면서 메이저리그 시청권이 세계 전역으로 확대되었다. 동시에 메이저리그 사무국은 피고용자인 선수들과 소비자의 지구적 풀을 가동해 경기를 더 흥미롭게 만들고 여타 스포츠와의 경쟁에서 이겨 수익이 늘도록 공들였다. 그 결과 2009년 수익은 60억 달러를 넘었다. 그 과정의 어두운 면을 가릴 수는 없다. 이를테면 라틴아메리카의 가난하고 어린 선수들이 국제 노동보호 규정을 따르지 않는 탐욕적 스카우트 체제의 표적이 되었다. 그러나 외국 선수들이 메이저리그에 등록된 선수의 4분의 1이 넘음으로써 야구 시장은 세계화의 혜택을 받아 번창한 대표적 사례가 되었다.

메이저리그는 다른 나라들에 자국 선수들을 미국의 '빅 쇼'에 보내도록

_____2005년 8월 6일, 마운드에서 투구하는 노모 히데오. 노모는 메이저리그 야구에서 활약한 최초의 일본인 선수로서 프로 스포츠에서 국가의 경계를 뛰어넘는 시너지 효과를 만들어 냈다. 그러한 효과는 현대 세계화 시대의 요체였다. (Wikimedia Commons, © Ryosuke Yagi)

유인하고는 결국 그들이 팽창과 수렴이라는 그 쇼의 미래상, 전부 미국 상표로 된 미래상의 주주가 되기를 원했다. 세계 전역의 야구 팬들은 위성방송으로 경기를 즐겼으며, 방송은 힌디어, 파피아멘투어, 아랍어, 한국어 등 10여 개 이상의 언어로 중계되었다. 메이저리그와 외국 방송 네트워크 기업이나 회사 사이의 복잡하고 포괄적인 중계권 계약은 지역적으로, 광역권에서, 세계적으로 수지맞는 협력 관계를 낳았다. 2006년 프로 선수들의 첫 번째 국제대회(월드 베이스볼 클래식)가 끝난 뒤 칼럼니스트 톰 버두치Tom Verducci는 "언젠가 그 경기가 여러 대륙에서 열리고 메이저리그 상표에 대한 수요가, 즉 방송 프로그램, 첨단 매체, 국제적인 기업 협찬, 그리고 당연히 티셔츠와 모자의 수요가 지구를 뒤덮는 날"을 보는 것이 애초의 의도라고 말했다.[1] 메이저리그의 성장을 방해하는 남은 장애물은 선수들의 이동을 제약하는 거리(초음속 여객기가 구상 단계에 있었다.)와 민족주의의 흔적뿐이었다. 그러나 여러 국가는 2006년과 2009년의 월드 베이스볼 클래식에서 일본처럼 미국이 만든 경기에서 미국을 이겼을지라도 아직은 미국의 규칙에 따라 경기를 해야 했다.

노모의 사례는 제2차 세계대전 후 세계경제가 미국의 힘과 그 힘의 수용을 반영했다는 중요한 사실을 보여 준다. 그러나 미국의 힘이 중요하기는 했어도 항상 패권적이지는 않았다. 2부는 세계화가 세계경제를 지배하기 시작한 이후 수십 년 동안 국가와 초국가 기업과 일반인 들이 미국 시장 모델을 수용하고 흡수하며 배척하는 과정을 다룬다. 이를테면 야구와 관련해 미국은 여전히 세계 무대를 장악하고 있지만, 그 시장은 외국인을 받아들였고 외국인의 출현은 가장 순수한 미국적 유희가 변할 기미가 있음을 보였다. 전후 미국의 지도력은 복구와 성장의 토대 역할을 수행했지만, 그 뒤 수십 년 동안 미국의 세계경제 지배는 다자간 관리에 의해 침식되었다.(대체되지는 않았다.) 그 결과로 나타난 세계경제는 미국의 자유 시장 원리와 미국의 힘이 만든 것으로서 부유한 나라와 가난한 나라에서 똑같이 성장을 촉진했고, 세계 대부분 지역에서 불평등을 초래했으며, 전 세계를 상품과 용역, 화폐, 사람들이 과거 그 어느 때보다도 더 큰 규모로 더 격렬하게 국경을 넘어 이동하는 체제로 통합했다. 다음 이야기는 전후에 미국의 영향으로 진행된 세계화의 역사다. 미국은 그 이야기의 중심에 있지만 당연하게도 세계경제의 유일한 행위자는 아니었다. 대공황은 국제 자본주의를 파괴했고 인류사에서 가장 파멸적인 전쟁을 낳았다. 그 격변으로 미국은 세계경제 위계제의 맨 위에 있는 패권의 지위로 올라섰다. 그때부터 지금까지 경쟁국들은 미국을 그 최고 자리에서 떨어뜨리려고 애를 썼다. 반복되는 위기는 분명히 미국의 발판을 침식했을 것이다.

그 발전의 중심에는 항상 시장의 힘이 자리 잡고 있었다. 패권 국가인 미국은 전 세계가 경제적 교류에 문호를 개방해야 하고 장애물에 속박됨이 없이 그 상태를 유지해야 한다고, 장벽은 다자 협정을 토대로 축소되어야 한다고 역설했다. 여기서 이데올로기와 실천에서 공히 그러한 접근 방식은 '문호 개방' 신조, 시장주의나 시장 정책, 또는 자유기업 체제라고 부를 것이다. 문호 개방 개념은 19세기 중반 영국의 통상 정책이나 1899년 이후 미국의 중국에 대한 접근 방식과 유사하지만 그것과 혼동해서는 안 된다. 여기서 문호 개방은 시장 접근market access과 무역과 금융 교류의 자유화와 확대를, 그리고 세계 전역에서 상호 의존을 낳은 긴밀한 경제적 관계를 의미한다. 무엇이라고 부르든 간에, 이 개방적이고 팽창적이며 통합적인 세계화 체제는 전 세계의 여러 국가와 지역, 단체, 네트워크, 사람들에게 상이한 방식으로 영향을 미쳤다. 전쟁과 외교적 긴장, 빈곤과 경제적 혼란으로 찢긴 세계에서 세계화가 관철된 이유는 미국이 강요를 통해서든 정부 간 다자 협상을 통해서든 시장 자본주의에 영향력을 행사했기 때문이다. 그러므로 2부의 핵심 논지는 행위자는 민간 거래로 번창한 초국적 기업들이었지만 국가 간의 관계가 그 세계화 과정을 인도했다는 것이다.

세계화의 길은 쉽지 않았고 모두에게 이익이 되지도 않았으며 언제나 다원적인 것도 아니었다. 다시 말해 미국은 세계경제의 압도적인 힘이었지만, 그 힘은 종전 직후에 가장 강력했고 뒤이은 몇십 년 동안 경쟁자들에게 밀려났다. 또한 1945년 이후 세계경제를 결정한 것으로는 다음과 같은 심한 충격들이 있다. 영국의 재정 붕괴, 식민주의의 종말, 열전과 냉전들, 에너지 가격의 급등, 문호 개방에 대한 제3세계의 저항, 참담한 빈곤과 막대한 부채, 일본과 유럽, 중국, 산유국, 인도의 대두, 전후 화폐제도의 붕괴, 전 세계를 점점 더 강력한 위기에 몰아넣은 신용과 투자, 무역 시장의 주기적인 와해. 성공의 이야기들뿐만 아니라 이러한 좌절의 이야기도 좋든 싫든 결국 세계를 역동적인 세계화의 시대로 이끈 미국 시장 모델을 반영했다.

1   닫힌 문

제2차 세계대전 중 연합국이 전략물자의 추축국 유입을 막고 미국 제품을 더 많이 공급받기 위해 노력하면서, 미국과 영국은 전후 세계경제 제도의 틀을 잡기 시작했다. 목표는 유럽과 여타 주요 무역 지대의 문호를 개방하여 미국의 상품과 자본, 영향력을 받아들이도록 다자 협정을 기반으로 세계경제를 촉진하는 데 맞춰졌다. 그러기 위해서는 미국 경제를 외국의 경쟁에 드러내야 했다. 미국은 영연방 비회원국의 제품을 차별하는 영국의 제국적 무역 제도를 겨냥했다. 영국은 비록 크게 보면 개방적인 세계경제라는 관념을 수용했지만 연방 회원국들에 무역 특혜를 베푸는 반半폐쇄적 체제를 옹호했다. 영국은 끔찍했던 전쟁 기간과 전후 재건 시기에 미국이 자국 경제의 부양을 아낌없이 지원하자 그 대가로 제국적 보호무역주의의 고삐를 차츰 늦추면서 생존 태세에 들어갔다. 새로운 국제경제 제도의 틀을 둘러싼 협상과 영미 간 세력 관계의 변화는 미국의 우세를 반영했다. 물론 진정한 다자간 협상 과정은 협력 국가들이 다시 자립할 때까지 기다려야 했다. 종전 직후에는 세계화가 아니라 세계경제에서의 미국 일방주의가 미국의 시장 패권을 견고히 다졌다.

이러한 미국의 힘은 세계 전역을 덮친 전쟁의 참화로 생겨난 것임이 분명하다. 유럽과 아시아는 대부분 폐허 상태였다. 미국에는 유럽 경제가 빠르게 회복될 것이라는 낙관적 견해를 표명하는 사람들이 있었지만, 그러한 희망은 꺾여 버렸다. 전쟁으로 인한 파괴가 엄청났을 뿐만 아니라 자본주의라는 펌프에 마중물을 부어 항구적 회복을 꾀하려던 약간의 지원과 경기 자극적 재정 조치가 비효율적이었기 때문이다. 미국은 여타 국가들이 전쟁의 파국을 겪는 동안 자국의 생산력을 발전시킴으로써 해외에서 막대한 경제적 이익을 보았고 존재를 과시했다. 통계상의 수치는 충격적이었다. 미국은 역사상 전무후무한 생산과 소비의 거인이었다. 1945년 전 세계 인구의 6퍼센트에 불과했던 미국은 세계 에너지의 거의 절반을 생산했고 40퍼센트를 소비했다. 미국은 압도적인 세계 석유 보유량(59퍼센트) 덕분에 자동차를 영국과 프랑스, 독일의 생산량을 합한 것보다 여덟 배(새로운 경쟁국인 소련보다는 100배) 많이 생산했고 전 세계 차의 60퍼센트가 미국의 도로를 달렸다는 사실은 놀랍지도 않다. 1950년 무렵 미국 소비자들은 냉장고와 전화, 텔레비전을 가장 많이 보유했다.(텔레비전의 경우 미국 구매자들이 거의 100퍼센트를 보유했다.) 물론 소득수준이 이런 구매력을 가능케 했다. 1940년대 말 미국인 노동자는 영국인에 비해 두 배, 프랑스인에 비해 세 배, 독일인에 비해 다섯 배, 러시아인에 비해 일곱 배나 되는 임금을 받았다. 세계무역에서의 압도적 지위와 모든 국제통화와 금 보유고를 절반 가까이 보유했다는 사실에 더하여, 한 역사가가 요약했듯이, 미국은 다른 국민경제들이 절망적인 상황에서 고투하는 와중에 진짜로 "젖과 꿀이 흐르는 땅"이었다.[2]

한편 미국은 전쟁의 조건에 기인한 어마어마한 과제에 직면했다. 아직 다자간 문호 개방이라는 처방을 내리기에 적절한 때는 아니었던 것이다. 미국은 오랫동안 유럽과 영연방을 상대로 한 무역에서 상당한 흑자를 보았고 아시아와 남미를 상대로 한 교역에서는 무해할 정도의 작은 적자를 보았다. 하지만 1946년 미국의 무역 흑자는 폭증했다. 유럽 무역에서는 총 33억 달러, 영연방국가들과는 10억 달러, 아시아와는 약 5억 달러, 남미와는 3억 2000만 달러에 달했다. 무역 상대국들은 아마도 미국과의 무역 불균형을 교정할 수단을 찾아낼 수도 있었겠지만,(예를 들면 프랑스와 독일 같은 몇몇 나라는 회복이 비교적

_____필리핀을 차지하기 위한 전투, 1945년 2월 27일. 제2차 세계대전의 이 영웅적인 전투에서 미군 소대가 마닐라의 성벽 도시 인트라무로스(Intramuros)를 순찰하고 있다. 파괴는 전후 재건에 막대한 원조가 필요하다는 사실을 암시한다. (Wikimedia Commons)

빨랐다.) 전쟁의 참화로 인해 재건이 쉽지 않았기에 세계경제가 균형을 찾기도 어려웠다.[3]

　제2차 세계대전은 서유럽과 동유럽, 중국, 일본에서 영토와 재산, 정치체제, 이데올로기, 생계 수단과 삶을 파괴했지만, 자본주의의 금융가였던 영국은 파시즘을 무찌르려다가, 나중에는 생존하려다가 파산했다. 모든 국민경제가 작동을 멈추었거나 고장 났고, 수천만 명이 죽거나 다쳤으며, 수억 개의 집과 사업체가 파괴되었다. 세계 대부분의 지역에 기근이 덮쳤는데, 특히 유럽과 아시아에서 심했다. 함부르크와 마닐라, 바르샤바 같은 대도시가 파괴되었고, 공중폭격 작전으로 독일의 공장들이 초토화했으며, 런던, 도쿄, 로테르담 같은 주요 항구의 상업 운송이 방해를 받았다. 유럽의 교통망은 누더기가 되어 시골 지역은 상업 중심지와 격리되었다. 일본과 독일에는 상품을 운송할

상선이 사라졌다. 소련은 영토와 공장, 농장을 강탈했고 소련의 이익을 위해 노동자들에게 고된 노동을 강요했다. 이 억압 체제로 인해 독일은 더 허약해 졌고 소련은 중부 유럽에서 우위를 점할 수 있었다. 1946~1947년 겨울, 전쟁으로 기진맥진하여 아무런 전망도 보이지 않았던 유럽 전역에 지독한 추위가 덮쳤다.

미국이 여타 지역을 구조해야 할 이유는(그리고 기회도) 분명했다. 미국은 전쟁 중에 대여 협정으로 연합국에 420억 달러에 달하는 물품과 용역을 원조함으로써 국제경제 질서를 지배했다. 그 정책의 주된 목적은 원조를 통한 군사적 승리에 있었지만, 미국의 협상 대표들은 영국이 대여 협정으로 수십억 달러를 지원받는 대가로 무역과 금융에서 외부인에 대한 제국적 규제를 완화해야 한다고 주장했다. 프랭클린 루스벨트 대통령은 지원을 유예함으로써 영국의 곤경을 이용할 생각은 전혀 없었지만, 종전 후 시장의 힘을 확고한 기반 위에 올려놓는다는 목적은 분명했으며, 영국은 마지못해 현실을 받아들였다. 그래서 전시의 지원은(1946년 영국에 37억 5000만 달러의 차관을 제공하는 문제를 둘러싼 논의는) 거칠게 진행되었고 제국 체제의 수호자들은 강한 불만을 표출했다. 대여 정책은 미국의 이익에 기여했지만,(주된 목표는 나치즘과 일본 군국주의를 쳐부수는 것이었다.) 그 지원은 자유로운 기업 활동이라는 미국의 이상이 전후 세계에서 실현되는 데 발판을 제공했다.

미국을 우월한 지위에 올려놓은 것은 전시 생산이었다. 군수품의 생산과 해외 수송은 미국 수출액의 세 배가 넘었고, 이는 다시 국내총생산을 두 배로 늘리는 데 기여했다. 제조업자와 농민, 노동자는 지속적인 성장으로 생계가 보장되리라고, 파산과 실업의 대공황 시대로 되돌아가는 일은 없으리라고 기대했다. 대외무역은 국내 경제의 안정과 성장에 점점 더 중요해졌다. 그래서 미국 지도자들은 세계경제가 유동자산과 투자자산을 충분히 보유하고 상품과 용역의 무역에서 최대한 장벽을 줄여 모든 국가가 번성하고 미국 상품을 구매할 수 있도록 하는 데 노력을 집중했다. 놀랄 일도 아니지만, 미국의 이기적인 시장 메커니즘 옹호는 전후 통화와 무역을 관리할 세계 기구의 창설을 뒷받침했다.[4]

패권을 위한 출자

1944년 7월 마흔네 개 연합국의 대표자 700여 명이 뉴햄프셔의 한 휴양지에 모여 전후 국제 통화제도의 기반이 될 브레턴우즈 협정을 고안했다. 영국과 미국은 시장과 국가 감독이 어느 정도로 경제 관계를 결정해야 하는지를 둘러싸고 2년 동안 논쟁을 벌인 끝에 세 가지 핵심 문제를 다루는 계획을 마련했다. 세 가지 문제는 다음과 같다. 세계적인 경제적 교환을 안정시키는 데 어떠한 규제가 필요한가? 그러한 규제를 어떻게 관철할 것인가? 누가 그 체제를 지킬 것인가? 과거에는 안정적인 교역 관계를 해칠 것으로 보이는 금융상의 변동을 막기 위해 금본위제로써 환율을 영구히 고정했지만, 이러한 엄격한 방식에서 각국은 경기가 좋지 않을 때면 통화를 수축시키거나 대공황 시기의 미국처럼 금본위제를 완전히 포기해야 했다. 브레턴우즈 체제는 금의 높은 지위를 유지했지만, 미국 정부는 달러로 금을 보강하기로 동의했고, 달러는 이제 세계의 지배적 통화가 되었다.

미국이 그와 같이 유례없는 영향력을 아무런 싸움 없이 얻은 것은 아니지만, 모든 국가가 다자 무역협정에 따른 세계경제를, 즉 한두 개 패권 국가가 아니라 여러 나라가 협력하여 합의를 이끌어 내는 체제를 추구했다는 점을 강조해야 한다. 다만 그들은 그러한 체제를 창출할 방법에 관하여 의견이 달랐을 뿐이다. 이는 특히 영국인들에게 어려웠다. 저명한 경제학자 존 메이너드 케인스John Maynard Keynes가 이끈 영국 대표단은 뉴욕이 런던을 대신해 세계 금융의 중심지가 되었다고 이해했다. 그로 인해 영국 제국은 약화될 것이고 영국은 국내 경제를 신중하게 통제해야 할 것이었다. 그렇게 곤란한 점이 있었지만, 1947년에 발효된 브레턴우즈 협정에 따라 무역 거래를 위해 필요한 유동성을 공급할 국제통화기금IMF이 창설되었다. 브레턴우즈 협정은 또한 국제부흥개발은행IBRD을 창설했다.(지금의 세계은행 그룹WBG으로 통합된 다섯 개 기구 중 하나다.) 자본금 100억 달러의 이 은행은 경제개발에 필요한 자금의 대출과 특히 전쟁으로 폐허가 된 지역의 신속한 복구를 위해 설립되었다. 브레턴우즈 체제의 두 기구에서 결정적인 것은 미국의 우월한 지위였다. 미국은 국제통화기금에 가장 많은 자금을 출자했고 그 대가로 국제통화기금의 비축 자금인 공동 통화와 금에서 출자 규모에 상응하는 권한을 부여받았다. 국제통화기금과 세계은행World Bank은 미국 달러가 전후 세계의 준비 통화로 쓰일 것을 보장했다.

미국은 인플레이션으로 가격의 안정이 저해될 것을 우려해 자국의 막대한 영향력을 이용했다. 세계 최대 채권국인 미국은 국제통화기금 회원국들에 긴축 조치를 취하라고 요구하여 가격 변동을 막기 위한 규정을 강요했다. 미국은 회원국들이 전쟁의 충격에서 벗어날 때까지 무역과 지불을 제한할 수 있도록 허용하여 초기의 적응 기간을 갖도록 하려 했다. 이를 위해 미국은 회원들이 시장의 힘으로 움직이는 다자간 협정 세계에 참여하려면 통화 조작을 제한하고 통화 수축이나 자산 매각 같은 다른 조치를 취해야 한다고 주장했다. 소련은 예외였다. 소련은 애초에 국제통화기금의 세 번째 큰 출자국으로서 브레턴우즈 체제에 참여하기로 동의하기는 했지만, 서방 국가들은 경제적 이유 때문이 아니라 우호적 외교 관계를 촉진하기 위해 러시아의 가입을 환영했다. 1945년 12월 소련은 국제통화기금에서 이탈했다. 한편으로는 국제통화기금 체제가 자본주의국가와 소련의 잠재적 경쟁자인 미국을 더 강하게 만든다는 사실을 깨달았기 때문이다.[5]

미국 금융계와 의회의 보수주의자들은 소련의 이탈에 개의치 않았지만, 실제로 미국의 힘과 이익을 구현할 금융거래에 노력을 집중했다. 그들은 브레턴우즈 체제로 미국이 잠재적으로 소모적인 대규모 해외 원조 정책을 그만두어도 되리라고 기대하며 달러의 지위를 그 통화 체제의 '기축통화'로 끌어 올렸다. 실제로 그것이 의미하는 바는 비록 각국은 자국 통화를 금에 '연동'(국제통화기금 체제 안에서 합의된 환율 패리티 범위로 통화가치를 고정하는 것)해야 했지만, 달러가 사실상 환율을 결정했다는 사실이다. 본질적으로 달러는 새로운 금본위가 되었다. 국제 거래는 달러로 이루어졌고, 모든 국가는 자국 통화가치를 달러에 대한 비율로 규정했다.(35달러가 금 1트로이온스로 교환되었다.) 이 체제는 1950년대 초 전후 재건 국면이 끝났을 때에야 비로소 제대로 작동되지만, 세계 전역에서 상품과 용역의 값은 달러로 지불되었다. 따라서 다자간 협정 체제의 토대는 달러였다. 미국 재무 장관 헨리 모건소Henry Morgenthau는 국무부에 이렇게 말했다. "세계 금융의 중심은 뉴욕이 될 것이다. 그것은 우리에게 득이 되며, 나는 개인적으로는 우리가 그 이점을 취해야 한다고 생각한다."[6] 미국은 그렇게 했고 세계경제에 패권을 행사했다.

다자 무역 체제의 추구

미국은 브레턴우즈 협정에서 그랬던 것처럼 관세무역일반협정GATT으로 무역 체제를 수립할 때에도 세계화한 시장 체제를 만들기 위해 공들였다. 미국 국무 장관 코델 헐Cordell Hull은 자유무역과 국가 안보 간의 연계를 철저하게 믿는 신봉자였다. 그는 완전한 자유무역 체제(보호무역주의의 장애물이 없는 체제)라는 실현 불가능한 꿈을 추구하지는 않았다. 어느 나라에서든 국내 생산자들을 위한 관세와 여타 보호막의 철폐를 허용할 정치는 없을 것이기 때문이었다. 그러나 헐은 각국 시장에서의 공정한 대우(차별 철폐)와 기회 균등, 교환 규칙 준수를 평화 증진과 결합했다. 그는 무역 장벽과 시장 윤리에 관한 다자간 협상을 기반으로 하는 문호 개방의 통상 체제가 엄격한 통제를 통해 "인권 탄압과 너무나 잦은 전쟁 준비와 타국에 대한 도발적 태도로" 추락하는 것을 막아 주리라고 보았다.[7] 헐은 금의 유통 제한에 난색을 표했지만, 영국의 제국적 무역 특혜 제도에 내재된 경제적 민족주의는 한층 더 심하게 혐오했다. 미국 정부의 주된 통상 협상 기관이었던 국무부는 헐의 주도로 세계 전역의 닫힌 통상의 문을 열어젖히려고 애썼다. 헐은 시장 자본주의를 미국 무역정책의 주춧돌이자 세계화 과정의 토대로 보고 그것을 추구하기 위한 기준을 세웠다.

전후에 전개된 상황은 국가 주권에 대한 공격이 아니라(각국은 복구와 재건을 위해 자국 경제를 보호해야 했다.) 무역 체제와 통화 체제에 세계화의 씨앗을 뿌리는 것이었다. 다시 말해 세계경제가 결핍과 불안정의 1940년대 중반보다 더 정상적인 단계에 도달하게 될 훗날에 결실을 맺도록 문호 개방 신조가 뿌리를 내렸던 것이다. 특히 영국, 그러나 본질적으로는 모든 국가가 아무런 규제 없는 통상 관계를 추구하려 하지는 못했다. 각국은 모두 수입품과의 경쟁에 취약한 국내 유권자들이 있었고, 종전 후 평시에 자국 경제를 정상화하려고 분투했으며, 시장 이데올로기의 배후 이론을 버린 이해관계자들이 있었다. 요컨대 순전한 경제가 정치와 통상 외교를 지배할 가능성은 전혀 없었다. 세계화는 이상주의자와 실용적 정치인 사이에서 출현했던 것이다. 1947년 관세 무역일반협정의 출현은 자유로운 기업 활동을 정착시키려는 다자 무역주의 추세를 동반했다. 그러한 추세는 보호무역주의와 격돌했지만, 국가는 시장이 추동하는 번영을 통해 평화가 보장되리라는 헐의 희망을 채택함으로써 그러한 추세를 이끌었다.

다자 무역 체제는 규제 없는 자유로운 교역 관계(시장 자본주의의 궁극적인 목표이지만 달성할 수 없다.)와 수출이나 보호무역주의에 따른 수입 규제를 통한 이윤이라는 협의의 경제적 이익 사이의 타협을 반영했다. 영국의 제국적 특혜 유지와 오스트레일리아의 모직물 관세 지지, 소련의 반反시장적 국영 무역 체제, 유럽과 일본의 카르텔 찬성, 미성숙한 국내 생산자들의 보호와 선진국 시장 진입을 바라는 제3세계 식민지들의 요구 같은 교섭과 손실 회피 조치 등의 결과는 하나의 무역 체제로서 (통화 체제처럼) 시장을 반영했다기보다는 약화된 자유기업 체제를 반영했다. 심지어 미국조차도 경제 부문별로 일정 비율에 따른 관세 폐지를 허용하지 않았다. 미국의 통상법은 다른 나라들도 자국의 관세를 인하하기로 동의하는 상호주의에 의해서만 선별적으로 관세 인하를 허용했다. 1945년 상호 무역협정법RTAA(지금까지도 미국의 통상 교섭을 지배하는 법이다.)의 갱신으로 미국은 대폭적인 관세 인하를 요구함으로써 권역별 과정이 아닌 전 세계적인 다자 무역주의를 향해 전진했다. 영국은 수입 할당제를 완화하고 제국 내부의 일부 특혜무역을 종결하는 대가로 미국이 관세를 대폭 인하해야 한다고 주장했지만, 캐나다와 호주를 비롯한 영연방 회원국들처럼 문호 개방을 통한 팽창에 초점을 맞추기보다는 모든 나라의 수출입 균형을 맞추는 통제된 무역 체제를 선호했다. 종전 직후 지속된 토론의 결과로 관세 협상에서 타협이 이루어졌다. 각 나라는 품목별로 양자 협정을 모색했고 뒤이어 협정으로 용인된 권리를 관세무역일반협정의 협상 과정에 참여한 더 많은 교역 상대국에 적용했다.(즉 다자간 협정으로 확대했다.)

그렇지만 영국과 미국의 관료들은 브레턴우즈 통화 체제를 보완할 통상 제도를 구상했을 뿐만 아니라 관세무역일반협정의 협상장을 넘어서는 더 야심 찬 제도를 염두에 두었다. 그들은 무역 관계를 감독하고, 미국인이 볼 때에 시장 법칙의 우세를 보장할 단일 기구가 고용과 보조금, 수출세, 수입 할당제, 카르텔, 특혜무역협정, 개발, 관세 등 무역과 관련된 모든 쟁점을 포괄적으로 다루기를 원했다. 이 구상은 국제무역기구ITO 헌장으로 발전되었는데, 1945년부터 수많은 회의를 거쳐 1948년 쿠바의 아바나에서 윤곽이 드러났다. 미국은 헌장에 제한 규정을 최대한 적게 집어넣으려고 했지만 이전과 마찬가지로 시장주의 다자 무역 체제에 반대하는 저항에 직면했다. 각국은 자유무역주의를 고수해야 할 책임을 줄이는 수정 조항을 부가했다. 일부 규정은 앞선 관세 인하 합의에서 이탈하는 것을 가능하게 했고, 다른 규정들은 은행의 역할을 이윤 추구에서 산업화 증진으로 바꿈으로써 저개발국가에 투자한 것을 보호하려는 미국 은행의 노력을 방해했다. 라틴아메리카 국가들의 느슨한 연합은 국제무역기구가 보호무역주의와 반제국주의의 정신을 받들어야 한다고 요구했다.

이러한 변경으로 헌장은 결국 파멸할 운명에 처했다. 냉전 이데올로기가 국제무역기구에 침투했다. 당시 보수파가 장악한 미국 의회와 기업계의 순수한 자유무역주의자들은 그 수정이 미국 자유기업 체제를 위험에 빠뜨린다고 보았기 때문이다. 그들이 보기에 미국의 자유기업 체제는 공산주의의 위협에 내몰리고 있었다. 기업 경영자 필립 코트니Philip Cortney는 세계무역기구 헌장이 차별적 무역협정을 촉진했고, 따라서 "세계 도처에서 사회주의"를 조장하기 때문에 "우리는 공산주의에, 결국 전쟁에 휘말릴 것"이라고 경고했다.[8] 그래서 미국은 자신들이 만든 그 기구를 공격했다. 시장 윤리를 거부했던 국제무역기구는 사산하고 말았다. 결국 해리 트루먼 대통령이 1950년 그 문제의 의회 의결을 철회했던 것이다. 1950년대 중반 그 구상의 핵심 내용이 다시 부상했지만 역시 사라졌고, 40년이 지난 뒤에야 세계화가 부활하면서 세계무역기구가 통상 관계에 관하여 유사한 전체론적 접근 방식을 옹호했다.

전쟁에서 평화로 이행하던 그 시기에 문호 개방정책에 닥친 난관을 가장 잘 보여 주는 사례는 당시 세계화가 가장 많이 진척된 산업의 하나였던 할리우드였다. 역사상 최악의 금융 위기를 겪던 영국의 국제수지 적자, 즉 '달러 부족'은 1947년 20억 달러라는 놀라운 수준에 도달했다. 영국은 해외 사업들을 감당할 수 없었고,(그래서 중동과 근동으로부터 철수를 시작했고 그 과정은 결국 1956년 제국적 사업에서 완전히 손을 떼는 지경에 이르렀다.) 그 지도자들이 두려워했듯이 국내 경제를 지탱할 수도 없었다. 영국이 시장경제를 얼마나 많이 받아들였든 간에, 아직 자유기업 체제를 수용할 때는 아니었다. 영국이 미국으로부터 수입한 것 중에서 영화와 담배가 가치로 40퍼센트를 차지했기에, 영국 정부는 "담배와 영화에 앞서 식량을" 구매하라는 긴축정책(국제통화기금이 소비재에 관하여 지시한 것과 같은 정책)으로 돌아섰다. 영국에서 상영될 미국 영화의 수입 할당량이 축소되었다. 한때는 전체 상영 영화의 45퍼센트가 국내에서 제작된 것이어야 했다. 미국은 스크린쿼터제가 무역 규칙에 위배되는 차별적 규제라고 주장하며 항의했다. 미국의 영화 산업 경영자들은 문호 개방 해법을 제안했다. 미국 영화 산업은 영국이 이 사치품의 소비 억제를 철회하면 대신 영국의 영화 수출을 후원해 1948년에 영국에 3000만 달러의 수입을 안겨 주겠다고 했다. 영국은 그 개선책을 헛된 약속으로 치부했다. 미국 영화 제작사들이 국내외의 모든 영화 산업을 장악했기 때문이다. 영국은 보호무역주의를 향해 한 발 더 나아가 스크린쿼터제에 더하여 미국 영화에 특별 관세를 부과했다. 그 세금은 결국 1948년 3월에 폐지되었지만 미국 제작사들이 영화의 영국 수출을 거부한 뒤의 일이었다. 영국은 고군분투하는 자국 영화 산업 부문의 운명을 시장이 결정하도록 내버려 두지 않았다. 스크린쿼터제는 이후로도 수십 년간 유지되었다.[9]

그러한 무역 분쟁, 그리고 세계시장과 국내 경제의 결합에 내재하는 복잡한 일들은 국제무역기구 같은 복잡한 규칙 제정 기구에는 흉조여서 관세무역일반협정이 세계무역 관리를 위한 보완 제도가 되었다. 그러나 관세무역일반협정은 그 시기에 어느 정도 힘을 발휘하여 관세를 낮추거나 동결함으로써 약간의 성공을 거두었다. 1947년에서 1951년 사이의 세 차례 협상 회의, 이른바 '라운드'에서 많은 국가가 거의 7만여 건에 달하는 관세양허를 교환했다. 세 번째 라운드가 끝날 때쯤 관세는 1948년에 비해 25퍼센트가 인하되었다.

시장 지향적 추동력은, 특히 영국의 제국적 특혜관세에 반대하는 동력은 제네바의 첫 번째 라운드에서 긴장을 촉발했다. 영국이 달러 부족으로 말미암아 양보할 의사를 보이지 않자 미국 협상 대표들이 분통을 터뜨렸다. 어느 영국 관리의 고백에 따르면, 그 때문에 "다자 무역 체제는 사실상 불가능한 일"이 되었다.[10]

영국을 구원한 은총은 소련이라는 유령이었다. 냉전 초기에 출현하여 냉전이 끝날 때까지 지속된 유형인바, 미국 관료들은 무역 협상을 세계 공산주의에 맞선 투쟁이라는 더 큰 맥락 속에 집어넣었다. 정치가 경제를 집어삼킨 여러 사례 중 하나는 1949년 관세무역일반협정의 안시Annecy 라운드에서 나타났다. 이탈리아산 레몬 수입에 직면한 미국의 레몬 생산자들이 관세 인하에 반대하여 강력한 로비를 펼쳤는데, 결국 시칠리아의 농민반란을 막고 이탈리아의 나토에 대한 충성을 장려하려면 양보할 수밖에 없다는 말을 들었다.[11] 냉전 시대에 무역은 외교 수단으로 활용되었다. 미국은 종종 무역 상대국들을 돕고자 자국 시장을 개방하는 동시에 자국 제품의 해외 수출을 차별하기도 했는데, 그 모든 것은 자본주의 세계의 안정을 촉진하고 장기적으로 자유롭고 개방적인 무역 체제를 발전시킨다는 명목으로 이루어졌다.[12]

위기 시의 자유기업 체제

서구 세계가 재건의 어려움에 더하여 공산주의의 위협에 직면하자 미국의 지도력이 한층 더 긴요해졌다. 브레턴우즈 체제는 경제적 위기에는 무용지물이었다. 불안정한 국가의 통화는 달러로 태환될 수 없었고, 월가가 주도하는 국제통화기금은 대부 조건을 완화하는 것이 아니라 금융과 생산 부문의 관행에서 엄격한 기준을 강요했다. 미국은 1억 2000만 명에 달하는 이전의 추축국 국민에게 식량과 숙소를 제공하고 전쟁으로 폐허가 된 연합국 지역을 지원해야 했으며, 더불어 독일과 일본, 오스트리아에서 비용이 많이 드는 점령지 정부도 조직했는데 이는 신속한 재건의 낙관적 기대를 저버렸다. 예를 들면 일본의 산업 생산은 1913년 생산의 5분의 1 수준에서 정체했고, 독일의 산업 생산은 그 비율의 절반 수준에서 삐걱거렸다. 한편 소련은 독일의 경제

자산 중 일부를 배상금으로 강탈함으로써 이 유럽 경제의 동력에 의한 산업 부흥에 제동을 걸었다. 영토 분쟁으로 소련과 서방의 분열이 더 심해진 상황에서 핵 기술 공유부터 이전의 적국이었던 점령 지구의 공동 관리, 서유럽과 그리스, 터키 등지에서 소련이 사회주의정당과 사회주의적 소요를 후원한 것까지 일군의 문제에서 외교적 긴장이 발생하자 미국은 러시아의 영향력과 세력을 봉쇄할 수밖에 없었다.

팽창주의적이고 위협적이라고 볼 수밖에 없었던 소련의 외교정책에 맞서 미국이 가장 먼저 보인 대응은 경제적 봉쇄였다. 미국의 새로운 대응 방식으로 세계가 두 진영으로 분열했기에, 다자 무역주의적 시장 체제의 확립은 더 지연되었다. 실제로 냉전의 시작은 시장의 탈세계화 과정을 촉발할 정도로 세계경제를 크게 바꿔 놓았고, 그 과정에서 미국의 일방적 지도와 광역권별 경제조직이 몇십 년간 일반적인 현상이었다. 이렇게 제한된 체제 안에서 소련 진영(곧 중국도 등장한다.)의 반자본주의적 이데올로기와 실천에 맞선 대결이 미국 정부와 기업 이사회 회의실에 핵심 고려 사항이 되면서, 미국은 시장 지향성이 한층 더 강한 이데올로기를 채택했다. 세계화는 40여 년 뒤 안보가 세계경제보다 우위를 차지하는 상황이 종결되고 난 후에야 비로소 결정적으로 다시 등장하게 된다.[13]

1948년 냉전의 긴장이 세계를 심하게 갈라놓아 군사화와 무역의 외교 종속이 경제를 대신해 국가 안보를 증진하는 수단이 될 때까지 경제적 봉쇄는 지속되었다. 이는 처음에는 일관된 노력이 아니었다. 미국이 1946년에 프랑스에 6억 5000만 달러의 차관을 제공하고 1947년에도 차관을 제공했던 반면, 민주주의 체제의 정치적 생존이 불투명했던 이탈리아에는 얼마 되지 않는 차관을 제공한 것이 이를 보여 준다. 불행하게도 미국 지도부는 프랑스와 이탈리아 어느 곳에서도 만성적인 경제 위기나 공산주의자들의 음모를 끝내지 못했다. 관세무역일반협정의 제네바 라운드에서 유럽이 미국 수출품을 더 많이 받아들여야 한다는 주장도 마찬가지였다. 이는 오히려 유럽의 무역수지 적자와 달러 부족을 악화시켰다.[14] 세계은행은 미국의 원조를 보충할 수 있는 150억 달러의 자산을 보유했지만, 달러 위기 동안 한 푼도 지출하지 않았다. 유엔은 미국으로부터 재원을 지원받아 인도적 원조를 제공했지만, 그것으로는 부족했다. 1947년 트루먼 독트린의 노골적으로 독단적인 방식이 해결책을 제시했다. 트루먼 독트린은 공산주의의 중동 침투를 저지하기 위해 의회의 승인을 받아 4억 달러의 직접 지원을 허가했다. 더 중요했던 것은 트루먼 독트린이 행정부와 의회에 서로 협력하여 유럽의 재건을 대하는 소극적 접근 방식을 끝내고 부흥과 광역권의 자본주의적 통합, 공산주의 봉쇄의 포괄적 정책에 착수하도록 자극한 것이었다.[15]

유럽 부흥계획ERP, 즉 마셜 플랜은 서유럽의 경제적 궁핍과 공산주의의 정치적 위협과 안보 위협에 해결책을 제공했다. 미국의 서유럽 우방국들 상황은 긴박했다. 서방 연합국의 독일 점령 지구는 소련이 설치한 봉쇄 장벽과 점령국들의 탈산업화 정책 때문에 서서히 굶주렸고 산업 생산이 미약했는데, 소련이 공장을 해체하여 자국으로 가져감으로써 상황은 더욱 나빠졌다. 독일 탄광의 가동 중단으로 석탄이 부족해지자 1946~1947년 겨울 서유럽 전역에서, 특히 독일에서 많은 사람이 동사했고 난방 없이 지내야 했다. 베를린 주민들은 '굶주린 겨울'에 난방 불량과 식수 부족, 기본적인 위생을 유지하기 위한 몸부림으로 절망에 빠졌고 구체적인 외국의 원조가 오지 않을 것이라는 점이 분명해지자 활력이 넘치는 암시장으로 눈을 돌렸다. 주부들은 가정별로 배급된 담배나 우유 카드를 농민에게 주고 식량과 맞바꾸는 불법 거래에 의존했다. 어느 여성은 굶주림에 어떻게 대응했는지 설명하면서 이렇게 회상했다. "나는 암시장의 큰손은 아니었지만 식량을 얻는 기술이 좋았다." 특히 청년들은 불법적인 거래에 능숙했다. 미국은 자국 점령 지구에 베를린 주민들이 물건을 팔고 다른 물건을 구입할 수 있는 증명서를 얻는 물물교환 센터를 열어 암시장을 억제하려 했지만, 점령국 병사들조차 종종 담배와 섹스를 교환하는 거래에 빠져들었다. 독일에서는 합법적 경제 옆에 출현한 "모호한 도덕 경제"가 더 효과적인 생존 수단이었다.[16]

게다가 1947년 유럽의 농업 생산량은 1938년 생산량의 83퍼센트에 불과했고, 공업 생산고도 별반 나을 것이 없었으며, 수출량은 전쟁 이전 수준의 59퍼센트에 그쳤다. 이 수치들은 점점 더 심해지는 달러 부족과 그에 부수되는 다자간 무역협정과 금융협정의 기능 장애를 설명했다. 미국 경제는 수출에 의존하지 않았다. 1947년 미국의 수출은 국민총생산의 6.5퍼센트에 그쳤다. 그렇다고 해도 농민과 제철 회사, 자동차 공장의 매출에서 해외 판매가 차지하는 몫은 상당히 컸으며, 240만 노동자가 수출에 의존하여 생계를 꾸렸다. 그러나 비록 경제적 논거가 미국 의회와 기업가들을 설득하여 유럽의 부흥을 전면적으로 지원하게 했을 수도 있었겠지만, 유럽 민주주의가 위협받고 있다는 주장이야말로 행정부의 비책이었다. 세계은행의 적립금과 민간 대출, 신용 대출을 이용하는 계획이 수립되었지만, 대규모 공식 지원 프로그램이 필요하다는 공감이 확산되었다.[17] 그러한 지원 정책이 없으면 굶주림과 절망이 혁명으로 이어질지도 모를 일이었다. 수백만 명이 서서히 굶주리고 공산주의자들이 그 고통을 이용하면서 정치가 경제적 현실을 반영했기 때문이다.

마셜 플랜 자체는 서유럽의 경제 위기를 해결하지 못했고 즉각 세계경제를 움직여 시장의 교환에 적합한 상태로 만들지도 못했다. 하지만 1952년 5개년 지원 계획이 종료될 때까지는 자유기업 체제의 부활에 토대를 놓았다. 도합 130억 달러에 달하는 원조는 유럽인에게 생산을 증진하고 분배의 장애를 개선하며 전반적으로 자신들의 경제 제도에 대한 신뢰를 되찾을 수 있는 자원을 제공했다.[18] 마셜 플랜이 유럽의 분열을, 특히 원조를 제안받았으나 거부한 소련 진영 국가의 분열을 조장한 것은 분명하다. 마셜 플랜은 유럽의 부흥을 자극하는 동시에 자본주의 세계를 세계화의 요소들을 유지한 시장 지향적 교환 체제로 통합했다. 실제로 유럽 부흥계획 참여국들은 문호 개방 신조에 따르지 않았다. 그들은 마셜 플랜을 자국의 전통에 어울리게 만들었으며, 영국과 동유럽 사회주의국가의 교역을 억제하려는 시도 같은 미국의 여러 계획을 방해했다.[19] 그러나 미국은 제 갈 길을 갔다. 미국은 소득재분배(사회주의적 목표)가 아니라 생산(시장 윤리)을 강조함으로써 서유럽의 통합을 추진하고 촉진했다. 생산주의productionism는 세계경제 관계의 정상화를, 다시 말해 미국식 자유기업의 진정한 다자 무역 체제를 향한 일보 전진을 가능하게 할 것이었다.[20] 그러한 성공은 당연히 미국에 이로울 것이었다. 면화 상인 출신인 국무부 관료 윌리엄 클레이턴은 이렇게 밝혔다. "우리가 추구하는 목표의 배경

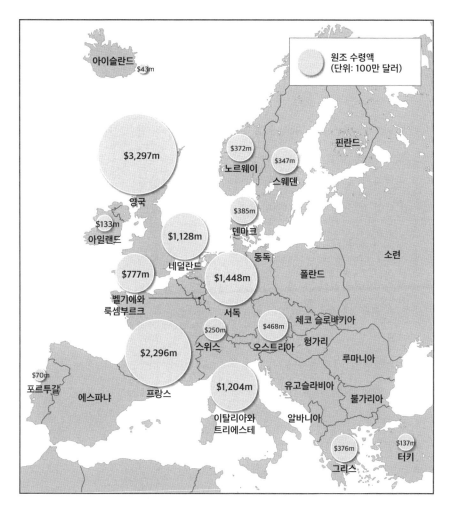

마셜 플랜 참여국(1948~1951).

은 미국인의 필요와 이익이라는 사실을 솔직히 인정하자. 우리는 물건을 사고 팔 시장, 큰 시장이 필요하다."[21] 미국은 더 큰 선을 위해, 명백히 자국의 이익을 위해 그 힘을 쓰려 했다.

　시장 정책의 묘목을 실제로 키운 것은 미국 원조 정책을 담당한 경제협력 국과 유럽 상대 기관들의 초국적 결합이었다. 원조 활동을 위해 정부에 들어 온 저명한 기업가들을 직원으로 둔 경제협력국은 국제경제의 전 부문에 관하여 조언하는 자문 위원회들을 후원했는데, 이 위원회들은 부흥의 해법을 연구했을 뿐만 아니라 재계와 노동계, 정부의 지도자들로 구성된 서유럽 '생산성 팀'과 협력 체제를 만들었다. 예를 들면 경제협력국 책임자들과 미국 상공회의소는 영국의 기술자와 공장장, 관리자와 함께 일했고 이들은 국가 합동 자문 위원회National Joint Advisory Council의 공무원들과 협력했다. 프랑스 기업가와 노동자 들은 유럽 통합의 아버지인 장 모네의 지도에 따라 프랑스 경제의 여러 부문을 조화롭게 조정할 '현대화 위원회'를 결성했으며, 서독과 이탈리아에도 유사한 조직이 출현했다. 이런 노력들은 생산 목표와 경제 통합을 진척시켜 훗날의 다자간 결합에 토대를 놓았지만, 또한 미국이 유럽 경제의 틀을 뉴딜 방식으로, 즉 정부가 공업과 노동, 농업 부문의 협력적 네트워크를 장려하는 방식으로 변경한다는 목적을 훼손해야 했음을 보여 주었다. 마셜 플랜이 조장한 초국적 연결이 광역권의 통합을 자극했지만, 유럽인들은 당분간 경제적 파이를 키우기보다는 부를 재분배하는 자신들 고유의 모델을 선호했다.[22]

마셜 플랜이 세계경제에 미친 영향은 이 점에서 중요했다. 견실한 부흥의 토대로서 유럽 통합을 촉진하기 위해(부흥은 세계적인 문호 개방 체제를 가능하게 할 것이었다.) 관료들은 유럽 부흥계획을 관리할 유럽 경제협력기구를 설립했다. 유럽 경제협력기구는 결국 1961년에 자유 시장 세계경제의 증진을 목적으로 30개국이 참여하여 만든 경제협력개발기구로 통합되었다. 스튜드베이커 사Studebaker Corporation의 폴 호프먼Paul Hoffman이 지휘한 경제협력국뿐만 아니라 유럽 경제협력기구도 1950년의 유럽 지불동맹EPU과 이듬해 창설된 유럽 석탄철강공동체로 초국적인 경제 통합을 유도했다. 유럽 석탄철강공동체는 중요하지만 정치적 의미가 담긴 자원의 매매를 토대로 프랑스와 서독을 협력 관계에 집어넣었고, 따라서 사실상 자유 시장 원리에 위배되는 카르텔이었는데도 미국의 지지를 얻어 냈다.[23] 이 기구들은 세계경제 구조의 특징이 된 제한된 형태의 다자 무역주의를 반영했다. 예를 들면 유럽 지불동맹은 일방적인 달러 차별이 지속될 수 있게 했고 유럽 차원의 단일한 통화제도가 아니라 달러 원조에 의존했다. 그러한 노력은 또한 1957년 유럽 경제공동체, 즉 공동시장의 창설로 이어졌다. 물론 이 기구도 비회원국들의 수출을 차별했다. 문호 개방은 바로 그러한 광역권 경제통합으로 계속 제한되었지만, 그러한 노력은 유럽 내 정치적 협력(종국에는 더 강력한 무역자유화)과 냉전 동맹국들 간의 외교적 단결, 그리고 상황이 좋을 경우 시장 세계화의 가능성을 촉진했다.

시장주의적 접근 방식의 중요한 씨앗 하나가 서유럽에 뿌려졌다. 소비가 경제적 동력으로서 매우 중요한 의미를 갖게 된 것이다. 유럽인들은 자신들의 경제를 지도할 구조와 정책에 관하여 고유의 관념을 갖고 있었지만,(어쨌거나 전쟁 이전에 오랫동안 시장경제의 전통을 유지했다.) 이제 높은 생활수준이 좋다는 미국인들의 시각에 끌렸다. 유럽인들도 행복을 얻기 위해 정부가 만들어 낸 고임금뿐만 아니라 사적 이익도 추구한 시민-소비자, 즉 '카를 마르크스Karl Marx와 코카콜라의 자식'이 되었다. 미국인들은 유럽인들을 압박하여 노동자가 수출 주도 성장의 부활을 위해 고임금과 직업 안정성을 희생하는 '생산성의 정치'를 수용하게 했다. 여기에는 경제를 위해 정치를 무시하는 소비자 경제와 소비자 문화를 구축할 대량 판매 기술이 필요했다. 달리 말하면 '공짜 점심'을 약속하는 '공산당 노선' 대신 '미국의 조립라인'이 '훌륭한 정찬 도시락'을 제공할 것이었다.[24] 마셜 플랜의 결과 중 영향력이 가장 컸던 것은 대서양 소비 동맹, 즉 소비자 민주주의로 제휴한 국가들의 블록이 창출된 것이었다. 이 동맹은 미국의 시장 지향적 세계경제 구상에 토대가 되었다.

냉전 경제

미국은 서유럽에 막대한 원조를 쏟아부으면서 소련과 동유럽의 그 위성 국가들, 위성국가가 될 가능성이 있는 나라들에 맞서 자본주의 진영을 강화하려 노력했다. 목적은 서유럽과 사회주의 세계 사이의 경제적 연계를 제한하는 것이었다. 그렇게 하면 주의를 요하는 기술과 핵심 군사 장비 같은 전략물자들이 냉전의 적국에 넘어가지 않을 뿐만 아니라 동유럽 위성국가들은 소련에 더욱 의존하게 될 것이고 그로써 소련은 소중한 에너지를 군대에 쓰지 못하고 권역 내 동맹국들에 돌리게 되리라고 기대했던 것이다. 게다가 미국은 사회주의 계획경제, 국영무역과 정부의 독점 관행, 통화가치 조작, 기타 시장 경제에 대한 간섭을 오랫동안 마땅치 않게 여겼다. 소련이 브레턴우즈 체제와 관세무역일반협정, 마셜 플랜에 참여하지 않기로 한 것이 입증하듯이 소련은 다자 무역주의와 문호 개방의 원칙에 따를 생각이 없었다. 1947년 중반 냉전의 국제정치가 제2차 세계대전의 대동맹을 파괴한 것이 분명해지자, 유럽 부흥계획 참여국들은 미국의 인도에 따라 공산권 세계로 수출하는 것을 제한하거나 금지했다.

전략적 통상 금지라는 올가미는 점점 더 강하게 죄면서 서구의 공산권 봉쇄정책에서 중추가 되었는데 세계경제에 심대한 영향을 끼쳤다. 이를테면 앨리스–차머스Allis-Chalmers는 1947년 체코슬로바키아의 어느 철강 회사에 기계를 판매하기로 했다가 그 공장이 소련의 경제적 이익에 이바지한다는 이유로 이를 취소했다. 유럽 정부들은 부흥에 몰두해 있었기 때문에 폭넓은 제재에 점차 안달이 났지만, 공산권 판매가 금지된 품목은 군사 장비를 넘어 기술 이전과 민간인이 사용하는 제품으로 확대되었다. 1948년 동유럽과 서유럽의 교역은 전쟁 이전의 3분의 1 수준으로 하락했다. 재건과 안정, 성장에는 팽창이 필요했기 때문에, 이는 우려할 만한 상황이었다. 서유럽은 폴란드 석탄이 필요했는데, 폴란드는 세계은행이 소비재를 구매할 경화 부족을 극복하는 데 필요한 차관을 거부했는데도 다량의 석탄을 수출했다. 1950년 폴란드는 세계은행에서 탈퇴했지만, 그 문제는 유럽의 국민경제들이 서로 긴밀히 얽혀 있음을 분명하게 보여 주었다. 제재는 꾸준히 확대되었으나, 유럽 경제협력기구 회원국들은 종종 미국이 요구하는 대로 희생하려 하지 않았다. 그래서 영국과 미국은 긴 금수품 목록을 확정했지만, 영국을 포함한 유럽 경제협력기구 회원국들은 소련과 그 위성국가들과 양자 무역협정을 지속하여 그러한 노력을 훼손했다.[25]

영국은 분명 미국이 시키는 대로 하는 수동적인 추종자가 아니었다. 이를테면 중요한 항공 부문에서 영국은 성장하는 항공기 시장을 두고 미국 회사들과 직접 경쟁했다. 그러한 노력은 당연히 달러 부족과 국내 경제 위기를 극복하고 수출을 증진할 필요성과 관계가 있었지만 또한 미국의 동서 무역 통제에 대한 불쾌함을 반영했다. 영국은 신형 항공기 모델인 브라바존Brabazon을 개발 중이었고, 일찍이 1945년에 민간항공사를 세우려는 나라들에 최첨단 제트엔진을 수출하기 시작했다. 애틀리 내각이 최소한의 감독만 수행하며 회사들에 롤스로이스의 넨Nene 엔진과 더웬트Derwent 엔진 같은 최신식 군용 모델을 포함하여 가장 진보한 엔진까지도 누구든 원하는 자에게 팔 수 있도록 허용했다는 점에서 엔진 수출을 결정한 일은 특별했다. 영국은 적이 그 엔진을 입수하면 기술 선도자의 위치가 위태로워진다는 사실을 알면서도 경제적 필요성 때문에 자신들의 장점을 희생했다. 그리하여 1946년 영국은 나치에 찬동하여 유엔에서 축출된 아르헨티나에 민항기를 판매했고 뒤이어 이오시프 스탈린에게도 제트기를 팔았다. 미국은 영국의 경쟁이 전후 항공 산업을 지배한 자신들의 독점을 위협하리라는 것을 깨닫고 항의했지만, 동시에 비군사적 용도의 기술이라도 적의 전쟁 수행 능력을 증진할 수 있다고 주장하며 냉전의 비책을 활용했다. 더욱 나빴던 것은 1948년 소련의 대량 주문을 채우느라 넨 엔진과 더웬트 엔진의 공급 물량이 소진되는 바람에 영국 공군 비행단이 엔진을 빼앗겼다는 것이다. 1947년 고위급 회담에서 차후로는 정부의 군사고문과 안보 고문이 항공기 수출을 철저히 조사하겠다는 영국의 약속을 받아 냈는데도 이러한 일이 벌어지자, 미국은 소련에 엔진을 판매한 것은 비도덕적이고 어리석으며 위험한 일이라고 비난했다.[26]

1949년 감독을 수행할 정책 수립 위원회를 갖춘 기술 전문가들의 상설 조정 위원회CoCom가 설치된 것은 동서 무역에서 항공기처럼 안보에 민감한 품목들을 둘러싸고 서방 동맹국들 사이에 갈등이 지속된 결과였다. 서방 국가들은 다자간 수출 금지를 확립하면서 129개 군수품과 전략물자부터 향후 신중히 검토할 소수의 품목에 이르기까지 물품들을 분류하고 목록을 작성했다. 그 이후로 미국은 목록을 계속 확충했지만 유럽 국가들은 대개 목록의 축소를 원했다. 이는 확실히 무역에 문호를 개방한다는 미국의 시장 윤리에 조응하지 않았지만, 냉전의 압도적 영향을 반영했다. 국무부는 수출 금지를 유럽 부흥계획 참여국들의 경제적 요구에 맞게 조정할 필요가 있다고 보았지만, 상무부와 의회, 신생 기관인 국가 안보 회의NSC는 그러한 수출을 냉전의 안보 정책과 동일시하는 경향이 있었다. 1950년대 중반, 냉전의 교착 상태로 세계가 두 개의 군사 진영으로 얼어붙은 후에는 국무부조차도 더 광범위한 동서 교역 금지를 승인하는 등 더 엄격한 제재 방침을 따랐다. 영국은 적어도 1950년 6월 한국전쟁이 발발하기까지는 동유럽 국가와 전략물자가 아닌 물품을 교역하는 경우에는 조정 위원회 목록의 확대를 거부했으며, 그렇게 공산주의 세계를 상대로 공산품의 교역을 지속했다. 그렇지만 결국 정치가 경제를 이겼다. 영국 총리 클레먼트 애틀리의 경제정책 위원회는 이렇게 경고했다. "소련 진영의 단기적 타격력을 억제하는 것만 아니라 장기적인 전쟁 수행 능력의 발전을 지연시키는 것도 필요하다."[27] 전후 유럽의 통상 체제와 지불 체제가 경제 전쟁의 수준에 이르렀다는 사실에 단일한 세계를 꿈꾸었던 이상주의자들과 인도주의자들, 세계화주의자들은 낙담했지만, 냉전은 문호 개방의 꿈보다 우선했다.

예를 들면 분쟁 지역 베를린에서 소련은 서방 측이 점령 지구들 간의 경제 교류를 통해 그 도시를 약탈한다고 비난했던 반면 서방 민주주의국가들은 주민들이 공산주의자들로부터 괴롭힘을 당하지 않도록 보호하겠다고 맹세했다. 소련은 서방이 아니라 자신들이 실제로 유럽 경제의 통합에 관심이 더 많다고 주장했다. 소련은 독일에 관한 영국과 프랑스, 미국의 공통된 견해가 별개의 독일 국가 수립을 전제한다는 점을 알았기 때문이다.[28] 베를린에 드나드는 교역을 통제하지 못하자 좌절한 소련은 1948년 6월부터 베를린을 봉쇄하여 부의 유출을 막고 새로운 통화를 도입하여 점령 지구들 간의 분리를 한층 더 강화하기로 결정했다. 소련군이 독일을 가로질러 베를린으로 진입하는 모든 육상 운송을 차단하자 위험을 느낀 미국은 자신들의 고립된 점령 지구에 항공기로 물자를 보급했다. 물자의 공수는 거의 1년간 지속되었다. 그 첫 번째 베를린 위기는 냉전의 뜨거운 순간이었다. 그 위기 때문에 양측 모두 경제적 수단으로는 적에 대항할 수 없다고 확신했던 것이다. 양측 모두 동맹과 무기, 대결이라는 군사적 방식을 선택했다. 미국은 시장 자본주의에 따른 다자 무역이라는 목표를 달성하지는 못했지만 마셜 플랜 시절에 독일에서 권리를 지키고 영향력을 시위할 수 있었다.

역설적이게도 소련이 유럽 부흥계획에 맞서 내놓은 대응 기구는 새로운 사회주의 권역 국가들의 경계 안에서 상당히 많은 나라가 참여하는 다자간 협력 조직으로 핵심 국가는 독일민주공화국, 즉 동독이었다. 소련은 서방의 경제적 도전과 유럽 부흥계획의 유혹에 맞선 방어 조치로서 1949년에 동유럽 경제 상호 원조 회의COMECON를 창설하여 조정 위원회를 통한 서방의 수출 통제 체제에 맞섰다. 베를린에서 태평양 연안의 블라디보스토크까지 이어진 이 사회주의경제 블록은 1991년까지 존속했고 마셜 플랜이나 10년 뒤의 유럽 경제공동체보다도 더 넓은 영역을 포괄했다. 동유럽 경제 상호 원조 회의는 소련과 폴란드, 불가리아, 루마니아, 체코슬로바키아, 헝가리의 여섯 개 창설 국가 간의 강요된 양자 협약을 토대로 수립되었지만(1950년에 동독과 알바니아가 합류했다.) 실제로는 생산과 무역, 금융을 포함하여 경제의 모든 핵심 영역에서 다자간 교환과 활동에 관여했다. 그 조직자들이 선언했듯이 동유럽 경제 상호 원조 회의는 "동등한 대표성"의 원리에 입각하여 "경제 분야의 경험 교환과 상호 기술 지원, 그리고 원료와 식량, 기계, 설비 등과 관련된 상호 지원을 과제로 설정하여 인민민주주의국가들과 소련 사이에 한층 더 폭넓은 경제협력을 확립"하려 했다.[29]

코민포름Cominform이 전 세계 공산당들을 결합하고 바르샤바 조약이 소련 진영의 군사 기구 역할을 수행했듯이, 동유럽 경제 상호 원조 회의는 세계 전역의 사회주의경제를 통합했다. 이를테면 1950년대 중반 중화인민공화국과 쿠바, 베트남이 참관국이 되었고, 특히 핀란드와 이라크, 니카라과, 모잠비크는 정부나 기업 단체가 참여한 위원회를 통해 간접적으로 동유럽 경제 상호 원조 회의에 관여했다. 동유럽 경제 상호 원조 회의가 그렇게 세계 전역으로 확산됨으로써 공산주의자들은, 최소한 의도나 평판에서는, 자유기업 자본주의의 대안으로 실행 가능한 것을 제공할 수 있음을 증명했다.[30] 서구 열강은 동유럽 경제 상호 원조 회의가 소련의 지배를 감추는 인위적 수단이라고 조롱했지만, 실제로 그것은 서방에 자리 잡은 관세무역일반협정의 비차별적 문호 개방 무역 체제에 맞서는 데 필요한 대항 기구였을 뿐만 아니라 동유럽 역사에 오랫동안 뿌리 내린 체계적인 경제계획의 역사에서 나온 것이다. 그렇지만 인상적인 것은 체코슬로바키아와 폴란드, 루마니아, 헝가리 같은 사회주의국가들이 자신들의 무역에 해로운 차별 조치들을 불러온 미국의 강한 반대를 극복하고 관세무역일반협정에 참여했음에 주목할 필요가 있다. 중화인민공화국도 관세무역일반협정에 가입하려 했다. 그러나 사회주의국가들의 무역 관행이 복잡했기에, 동유럽 경제 상호 원조 회의같이 시장에 의존하여 경제 관계를 중개하지 않고 대신 정부 간 협약에 따라 가격을 결정하고(보통은 인위적으로 높게 유지했다.) 시장 의존부터 국가의 거래 독점까지 다양한 방식의 교역을 지지하는 진정한 다자간 연합체가 필요했다. 게다가 동유럽 경제 상호 원조 회의는 조정위원회를 통한 서구의 제재 도발에 맞선 대응이었다. 서구의 제재는 단지 소련이 지배하는 사회주의 권역 경제정책에 협력하려는 욕구를 강화했을 뿐이다.[31]

동유럽 경제 상호 원조 회의도 확실히 시장 규칙을 요구하지 않는 폐쇄된 체제였다. 그리고 진정한 초국적 기구로 발전하여 각국의 경제계획과 실천을 공동의 정책으로 조화시킬 수 있는 잠재력을 지녔지만, 그러한 결과는 각국 공산당의 권위와 스탈린 자신의 권위까지도 위협했다. 이 시기에 동유럽 경제 상호 원조 회의는 스탈린의 변덕에 좌우되었다. 1950년, 회원국들이 중앙집권적 통제 없이 결정을 내릴 수 있었던 짧은 밀월 기간이 끝난 후, 이 소련 독재자는 갑자기 이 기구의 협의 과정을 중단시키고 그것을 단순한 무역 촉진 기구로 바꿔 버렸다. 목적은 동유럽 동맹국들이 단합하여 자신에게 맞서는 일이 없도록 예방하고 자신의 권력을 강화하는 것이었다. 동기가 무엇이든 간에, 소련은 동유럽과 발칸반도에서 다자 무역주의적 교역을 억제했으며 산업화가 더 진척된 동유럽 국가들에 뒤처진 나라들(소련도 그중 하나다.)이 쉽게 기술을 습득할 수 있게 한 원칙을 강요했다. 동유럽 경제 상호 원조 회의는 또한 부패한 국영무역을 막지도 못했다. 모든 회원국에서 독점이 경제를 지배했기 때문이다. 그러나 동유럽 경제 상호 원조 회의는 부족한 경화를 비축하고 경제를 안정시키고 세계시장으로부터 경제를 보호하는 데에는 효과적이었다. 동유럽 경제 상호 원조 회의가 자유기업이나 의미 있는 환율에 입각하여 움직인 것이 아니라 국영무역과 물물교환으로 작동했기 때문이다. 회원국들은 국가의 무역 독점 때문에 외국의 경쟁으로부터 격리되었는데, 그 때문에 동유럽 경제 상호 원조 회의의 국제무역은 수십 년간 점진적으로 쇠퇴했다. 그렇지만 이 기구는 공산주의 세계의 경제 관계를 구축했으며, 동유럽의 교역 관계를 제도화하고 전후 복구를 뒷받침했다는 점에서 소련에 마셜 플랜에 대한 해법을 제공했고, 냉전으로 분열된 세계에서 소련 진영이 생존할 수 있는, 나아가 팽창할 수 있는 경제적 수단을 주었다.[32]

베를린 공수가 끝나고 1년 뒤에 한국전쟁이 발발하자, 양 진영이 공유한, 의도적인 차별적 경제 체제라는 논리는 동서 무역을 더욱 쉽게 얼어붙게 했다. 마치 냉전의 발전이 진정으로 개방적인 다자 무역주의적 세계경제의 발전을 동결시킨 것 같았다. 실제로 1951년에 미국이 소련에 수출한 물품은 고작 200만 달러어치에 불과했던 반면에, 서유럽 국가가 소련 진영에 수출한 것은 6억 8200만 달러어치로, 즉 1938년 수준의 절반 이상으로 증가했다. 이러한 수치는 미국의 엄격한 조치가 부분적으로만 실패였음을 보여 주었다. 동맹국들의 총 수출액은 정점을 찍었던 1949년의 9억 9400만 달러에서 3분의 1이 감소했기 때문이다.[33] 이에 더하여 북대서양조약기구로 군사동맹이 견고해진 것뿐만 아니라 마셜 플랜 수혜국들의 경제가 지속적으로 회복되고 관세무역일반협정으로 적당히 무역 자유화가 진척됨을 생각하면, 미국은 냉전의 엄한 현실 속에서도 시장이라는 이상을 향한 동력이 있다고 주장할 수 있었다.

아시아 전장

유럽이 위기를 겪으며 경제적 외교보다 군사적 봉쇄가 더 중요해졌을 때, 아시아는 세계경제의 안보 전략화와 그에 따른 다자 무역주의 시장 노선에 대한 위협의 시험대가 되었다. 실제로 장차 있을 수 있는 일본의 공격을 예방하고 중국의 내전을 중재하는 것이 세계 지도자들의 최우선 관심사였지만, 냉전은 아시아 지역이 세계경제에 미칠 영향에 관하여 우려를 낳았다. 미국은 유럽에서 그랬듯이 아시아에서도 다자간 무역 체제와 지불 체제로 지역을 재통합하는 데 앞장섰으나, 때때로 버터 대신 총이 지역 정치의 추진력이 되었다.

그런 경향은 미국의 일본 점령 통치에서 잘 드러났다. 미국은 애초에 일본 정치체제를 탈군사화와 자유주의화에 초점을 맞추었지만 1947년부터는 개혁을 제한하고 경제 재건을 추진함으로써 일본을 미국의 전략적 이익 속에 두는 것으로 방향을 바꾸었다. 이는 어떤 점에서는 미국이 유럽에서 경험했던 것, 즉 문호 개방의 추구가 경제 재건의 실용주의에 밀려난 것과 비슷했다. 비슷한 점은 이것이 전부가 아니다. 일본은 180만 명 이상이 사망했고 도시 지역은 거의 40퍼센트가 파괴되어 종전 후 무기력한 상태에 놓였다. 600만 명의 군인과 본국으로 돌아온 식민지 이주자들이 본토의 동포와 합류하여 함께 대량 실업 사태에 직면했다. 1946년 실업자는 1300만 명으로 증가했다. 일본은 미국에 종속되었다. 종전으로 해외 영토를 잃었고 식량과 원료를 입수할 수 없었으며 산업 생산이 급격히 곤두박질쳤기 때문이다. 독일과 마찬가지로 일본도 한때 거대한 세계 공장이었지만 이제는 그 지위를 유지할 수 없었다. 흉작으로 농사를 망치면서 기근이 발생했다. 약탈 같은 범죄가 만연했으며, 주민들을 고통으로 몰아넣은 치솟는 인플레이션과 물자 부족이 결합하여 상황은 더욱 나빠졌다. 1948년에는 370만 가구가 거처가 없었다. 물가가 공식 상품 가격의 대략 서른네 배였던 것이 1949년이면 두 배 수준으로 하락하기는 했지만, 일본에서도 독일처럼 암시장이 번성했다.(일본에서는 "자유 시장"이라고 불렀다.) 점령을 감독했던 연합군 총사령관 더글러스 맥아더는 애초에 일본의 빈곤보다는 군국주의의 부활을 더 우려했다.[34]

맥아더는 일본에서 민주화를 추진하면서 긴밀히 결합되어 일본 경제의 전 부문을 장악했던 금융과 산업의 복합기업들을 제거하는 데 착수했다. 자이바쓰(재벌)에 대한 이 공격은 루스벨트의 반反카르텔 투쟁과 흡사했다. 미국인들은 부의 집중이 개인의 권리와 자유, 자유기업 체제를 억누름으로써 국민을 공격적으로 만든다고 믿었다. 거대 기업 미쓰이三井 하나가 유에스US 스틸과 제너럴 모터스, 스탠더드 오일, 알코아Alcoa, 국제 사무기기 회사IBM, 내셔널 시티 뱅크, 듀폰을 포함한 미국의 큰 회사 여러 개를 합한 것과 맞먹는 규모에 이르렀다. 개혁은 좌파 선동가들과 노동조합에 용기를 주었지만, 이는 정치체제 내의 엘리트 지위는 물론 카르텔도 방어했던 일본의 보수주의자들을 더욱 동요하게 했다. 맥아더가 1500명의 기업인과 은행 간부를 축출했을 때, 보수주의자들은 해고자 수를 스무 배나 부풀렸다. 처음에는 많은 일본인이 미국 점령군을 재건에 결정적으로 중요한 자이바쓰를 끌어안을 동료 자본가 세력으로 환영했지만, 이는 순진한 생각으로 판명되었다. 미국은 처벌에 집중했고 일본 기업은 강한 타격을 받았다. 보수주의자였던 요시다 시게루 총리마저 봉건 시대의 유물인 부유한 지주에게 여전히 지대를 바치고 있던 농민에게 토지를 재분배하기로 동의했다. 그러나 1947~1950년 인플레이션으로 농촌 경제는 황폐해졌고 소작인 비율은 8퍼센트로 급감했다.[35]

이러한 내부의 시련과 배상금 지불, 그리고 주민에게 기아와 가난을 남겼던 국내 소비 필요량의 저평가는(더불어 삐걱거리는 세계경제도) 1947년이 끝날 무렵 빈약한 생산고를 초래했고 경제 회복을 방해했다. 산업 생산은 1930년대 초 평균의 절반에도 못 미쳤고 수출은 10퍼센트에 불과했다. 1947년 한 해에만 미군이 점령 비용으로 4억 달러를 썼는데도, 소득수준은 1930년대의 절반에 머물렀다. 미국 정부 관료들은 일본이 장기적 경기 침체와 경제의 사회화로 추락하는 것을 막으려면 배상을 종결하고 자이바쓰에 대한 공격도 중단해야 한다고 결론을 내렸다. 에스파냐가 지중해에서 서방 동맹에 중요한 전략적 지위를 차지했던 것처럼 일본은 바로 동북아시아의 핵심 국가였는데, 경제적 재앙이 임박했기에 이런 상황에서 일본인들에게 권력의 고삐를 넘겨주는 것은 정책 참모이자 봉쇄정책 입안자인 조지 케넌이 말했듯이 "바로 공산주의자들이 원하는 것이 될" 것이었다.[36] 공산주의 혁명에 대한 두려움이 일본 군국주의에 대한 우려를 대체했다.

미국은 전략적 염려 때문에 정책의 방향을 되돌렸다. 미국은 탈카르텔화 과정을 억제했고 고비용의 점령 통치를 끝내기 위한 평화협정 체결을 지지했지만, 동시에 더 자유로운 무역을 받아들여 관세무역일반협정과 브레턴우즈 체제에 통합되도록 일본을 압박했다. 1948년 맥아더는 자이바쓰를 겨냥한 반反트러스트 조치를 끝내고 배상을 단계적으로 중단하며(1949년 5월에 종결되었다.) 경제에 대한 통제를 전반적으로 완화하기로 동의했다. 제한 조치가 완전히 제거되지는 않았고 일본은 계속해서 미국 수출품을 차별했지만, 그렇게 하도록 내버려 둔 이유는 아시아에서 미국의 반공산주의 동맹의 협력자로서 일본의 경제를 강화하고 그 정치체제를 안정시키기 위함이었다.[37]

냉전 전략가들은 일본이 동남아시아로 무역을 확대하여 이웃의 저개발 국가들로부터 잉여를 남기고 이를 재건과 대미국 달러 채무의 상환에 쓰도록 해야 한다고 주장했다. 그러면 미국은 그 자금을 점령 비용에 재투입하여 일본을 위해 원료를 구입할 수 있을 것이며 그로써 강력한 지역 경제를 구축할 수 있을 것이었다. 요시다 정부는 신중상주의를 통해 일본 중공업을 복원하는 대신 수출 주도형 경제를 실행하기 위해 1949년 통상산업성을 설립했다. 통상산업성은 일본은행 총재 이치마다 히사토—萬田尙登와 복합기업 닛산日産의 창립자 아이카와 요시스케鮎川義介의 구상을 받아들여 노동 집약적인 경공업에 집중했다. 경공업 제품은 화학 제품이나 여타 중공업 제품보다 더 쉽게 만들고 팔 수 있었으며,(가격이 저렴했다.) 해외에서도 경쟁력이 있어 외화를 벌어들일 수 있었다.[38] 아시아를 위한 마셜 플랜은 예정에 없었지만, 이 시기에 미국의 자본 투자는 만개했다. 일본이 경공업과 수출 확대를 채택하면서 요시다와 그가 이끄는 자민당(1990년대까지 일본 정치를 지배했다.)은 미국의 자유기업 신조와 다자 무역주의적 세계경제와 결속되었다. 1947년의 '노선 전환'은 한국전쟁으로 견고해진다. 한국전쟁 발발 다음 해인 1951년 일본과 미국은 평화협정을 체결했다. 미국은 군사기지를 제공받고 일본 안보를 책임졌으며, 그 대가로 일본은 비록 미국식 통치와 경제구조의 틀 안이었지만 자주권을 얻었고 보호를 받았다.

일본은 순탄하게 성장하여 아시아에서 미국 경제체제의 핵심 국가가 되었다. 재건과 자급은 역내 생산적 구매자들이 일본의 수출품을 구매할 수 있도록 미국이 극동 지역 경제를 전체적으로 개선한 이후에야 지속될 수 있었다. 그것은 세계적인 시장 자본주의와 협력의 체제가 아니었다. 냉전의 분열과 공산주의에 대한 공포가 낳은 지역적 산물이었다. 지역주의는 더 큰 경제적 통합과 지속 가능성, 안보로 나아가기 위한 디딤돌이었다. 예를 들면 프랑스에는 인도차이나에 있는 동남아시아의 식민지, 영국에는 말레이시아, 네덜란드에는 인도네시아가 오랫동안 유럽 부흥의 주춧돌로 여겨졌다. 민족주의자들의 반란과 폭동은 공산주의자들의 권력 장악 가능성을 보여 주는 위험한 전조였다. 이제 미국은 역내 전체를 소련이 광물자원을 강탈하거나 지역을 두 진영으로 분열시키지 못하도록 관리했다. 중국 공산주의의 임박한 승리가 이미 그러한 위험을 보여 주는 징조였지만, 중국은 미국이 오랫동안 관여했는데도 일본과 달리 경제가 발전하지도 못했고 세계경제에 통합된 역사도 없었다. 따라서 미국의 동남아시아 개입은 부분적으로는 서유럽과 일본을 위해 원료 공급지와 시장을 유지할 필요성에서 비롯했다.[39]

지역주의가 세계화의 토대를 흔들었지만, 유럽과 아시아의 위기는 본질적으로 서로 연관되어 있었다. 미국이 세계 전역에서 민주주의와 자본주의를 파괴할 수 있는 세력에 맞서 싸우기 위해 많은 노력과 자금을 투입했기 때문이다. 미국은 두 지역 모두 훗날 미국의 이익과 시장의 이상이 잘 침투할 수 있도록 개방해 놓기로 결심했다. 케넌의 말을 빌리면 "동양과 서양의 가장 큰 두 산업 단지"였던 일본과 서독은 공산주의로부터 구원해야 했다. 두 나라는 그렇게 면역력을 갖게 되면 반공 연합의 역내 기반이 될 수 있었다.[40] 이는 또한 일본이 이류 경제의 대우를 받는다는 의미였다. 일본은 미국과 유럽의 시장이 아니라 개발도상국 시장에서 경쟁하게 될 것이었다. 일본 정부의 계획가들이 과학과 선진 기술, 고급품 제조업에 대한 장기 투자를 발판으로 최첨단 경제를 수립하려 했다는 사실을 당시 미국인들은 알아차리지 못했다. 둘 다 냉전의 안보 위협이라는 그림자 속에서 나타난 달러 부족과 문호 개방 신조가 결합하면서 미국은 일본에 동남아시아로 팽창하라고 압박할 수밖에 없었다. 1930년대와 전쟁 시기에 일본이 주장한 대동아공영권의 논거를 생각하면 이는 뜻밖의 결과였다. 이로써 미국은 강경한 식민주의 반대자에서 유럽이 아시아에 공식적으로 존재하는 것을 지지하는 나라로, 그리고 중국의 오랜 우방에서 강경한 적으로 돌아섰다.[41]

중국은 문호 개방 운동이 실패한 경우였다. 트루먼 행정부는 국민당 지도자 장제스의 미국 의회 로비에 시달린 끝에 마오쩌둥이 이끄는 공산당과 내전을 수행하라고 1948년 유럽 부흥계획 법안에 부가하여 4억 6300만 달러의 일괄 지원을 승인했다. 지원에는 장제스 총통이 부패한 자신의 정부와 지도부를 개혁한다는 조건이 붙었지만, 개혁은 전혀 없었다. 상황은 장제스에게 불리하게 전개되었다. 장제스는 극히 적은 지원금만 받았고, 1949년 마오쩌둥은 장제스의 국민당 정부에 승리하여 그들을 타이완으로 쫓아냈다. 이러한 사태는 미국의 외교정책은 물론 미국인들의 정신에도 통렬한 타격을 가했다.

미국은 적어도 한국전쟁이 발발하기까지는 동유럽의 경우만큼이나 이 신생 공산당 정부와도 교역을 제한하지 않았는데, 이는 한편으로 영국이 홍콩과 중국 본토의 자국 은행과 투자 자본, 해운업의 안전을 염려했기 때문이다.[42]

미국은 중국에 공산주의가 출현한 것을 소련 진영의 위협으로 보았지만, 영국의 판단은 달랐다. 미국은 마오쩌둥이 스탈린에게 부담스러운 식객이 되리라고 기대하며 중국과의 모든 경제적 교류를 단절함으로써 소련과 중국을 이간시키려 했지만, 영국은 중국 경제 안으로 한 발을 내딛고자 신생 정부와 관계를 유지하는 매우 현실주의적인 정책을 고수했다. 이런 태도는 1949년 10월 중국에서 공산 정권이 들어서기 전에 이미 명백해졌고, 1950년 초에 영국이 장제스의 타이완 정부에 대한 지지를 거두고 중화인민공화국을 승인했을 때 영미 관계에 장애를 일으키는 문제가 되었다. 이러한 상황 전개는 미국의 안보 정책뿐만 아니라(미국 정부는 홍콩에 대한 군사적 지원을 철회했다.) 외교와 경제에도 영향을 미쳤다. 1950년 봄, 미국 정책 입안자들은 국제 공산주의와의 충돌로 유발된 안보 정책 대안에 관한 최고위급 비밀 보고서인 국가안전보장회의 문서(NSC-68)를 발간했다. 이 문서에서 중국은 거의 언급되지 않았지만, 미국이 세계 전역에서, 심지어 중요하지 않은 주변부로 여겨진 곳에서도 공산주의와 싸울 준비가 되어 있다는 점은 분명하게 드러났다. 국무부 장관 딘 애치슨은 또한 타이완의 독립 지지와 '공산주의' 중국과의 교역 같은 뜨거운 쟁점들에 관하여 미국의 가장 가까운 동맹국인 영국과 견해 차이가 있다는 것을 숨기려 애썼다.[43]

영국은 중국과 더 많이 교역하면 평화가 증진될 뿐만 아니라 항공 사업 같이 수익성이 좋은 산업 부문에서 자신들이 다시 우세를 차지할 수 있으리라는 생각에 점점 더 강하게 끌렸다. 그러나 미국은 완강히 반대했고 중소 분쟁을 조장하려면 중국을 고립시켜야 한다는 분열 이론을 고수했다. 그렇지만 1953년 (한국전쟁의 결과로) 조정 위원회가 중국을 상대로 동유럽에 대한 금수품 목록보다도 더 긴 목록을 적용했는데도, 영국은 다른 서방 국가들과 마찬가지로 대중국 통상 금지를 거부했다. 시장경제는 여전히 국제정치와 충돌했다. 중화인민공화국은 당시 미국의 시장 윤리에서 그다지 중요하게 나타나지 않았다. 미국의 대중국 무역은 문호 개방 옹호자들의 반백 년에 걸친 꿈에 부응하지 못했다. 미국의 대중국 수출은 유럽으로 수출한 것에, 심지어 일본에 수출한 것에 비해서도 규모가 작았다. 장제스의 타이완 국민당 망명정부에 들어간 지원금은 1950년 1800만 달러에서 1952년 8000만 달러로 증가했지만, 이는 사업의 팽창으로 인한 것이 아니라 냉전 때문이었다. 그렇지만 제너럴 일렉트릭General Electric과 아메리카 은행Bank of America 같은 일부 기업까지도 투자금을 지키기 위해 마오쩌둥 정부의 승인에 찬성했으며,(1950년에 미국인들은 여전히 중국 본토에 1억 8000만 달러의 자산을 보유하고 있었다.) 내전 후 중국 당국이 신속하게 질서를 회복하고 외국자본을 환영하자 고무되었다. 그러나 트루먼 행정부와 의회의 압박 때문에 그 회사들은 중국에서 철수할 수밖에 없었고, 중화인민공화국은 마오쩌둥과 공산주의가 권좌에서 내려올 때까지 미국의 다자 무역주의적 세계경제체제에 참여하지 않으려 했다.[44] 세계 자본주의 무대에서 중국인을 대표하는 자리는 타이완이 가져갔다. 중국은 20년 넘게 미국 경제체제 밖에 고립되었다.

전쟁과 무역

1940년대 후반 세계경제에서 다자 무역주의가 쇠퇴했다면, 한국전쟁은 적들 간의 항구적 대결 상태를 고착시켰고 그로써 시장 주도의 세계화를 방해했다. 1950년 6월 25일 한국전쟁이 발발하자 서구 지도자들의 마음속에는 일방주의와 보호가 개방과 국제주의를 대체했다. 동맹국들에 대한 미국의 군사 지원이 1950년까지 이어진 4년 동안 5억 2300만 달러로 다섯 배로 증가하면서, 트루먼 행정부는 이미 무역과 원조로 공산주의를 봉쇄할 수 있으리라는 희망을 대체로 버렸다. 수출 통제 정책은 동맹국들의 물자 부족을 완화하거나 소련과 그 위성국가들이 극히 중요한 전략물자를 얻지 못하게 방해하는 수단이 아니라 냉전의 전형적인 도구로 전환되었는데, 한국전쟁은 이러한 과정을 완결했다. 한국전쟁은 국가 안보를 우선시하는 국가를 더욱 명료하게 드러냈고 미국식 시장주의의 저점을 대표했다고 할 수 있었다.

한국전쟁은 한편으로 자본주의 체제와 공산주의 체제의 안보 구조를 명료하게 드러냈지만 동시에 아시아 경제에 심대한 영향을 끼쳤다. 남한은 전후 경제 침체를 겪었으나, 북한은 중국과 소련이 원조를 퍼부은 덕분에 한동안 은 경기가 좋았다. 역내 '공장'이라고 할 수 있었던 일본도 외부의 원조 덕에 비슷하게 호황을 누렸다. 일본의 재건은 엄청난 활력을 얻었다. 심각한 경기 침체의 와중에 나라가 미군 부대의 주둔지이자 병참 기지가 되면서, 일본 경제는 절실히 필요했던 경기 부양의 힘을 얻었다. 일본은 1950년 중반 다시 후퇴하여 2년 동안 모진 불황을 겪었다. 실업자는 50만 명에 달했고 주가는 곤두박질쳤으며 수많은 중소 기업체가 파산했다. 도요타는 강력한 노동조합과 유동성 위기에 직면하여 1950년 6월에 생산한 트럭이 겨우 300대에 불과했다. 바로 그때 한반도에서 전쟁이 발발했고, 다른 기업들과 마찬가지로 도요타의 운명도 역전되었으며, 일본은 세계경제에서 달라진 위상을 마음껏 즐겼다.

일본은 주한 유엔군의 보급 거점으로서 매우 귀중한 달러를 벌어들였다. 이 물자 조달 활동은 영향력이 매우 컸기에 반년간 전쟁이 지나간 후 1950년 말 미국과 유럽 국가가 심각한 군수품 부족에 직면하면서 일본의 교역 지위는 급격하게 높아졌다. 1950년부터 1954년까지 미국은 무기와 탄약, 차량, 의복을 구입하며 일본에서 거의 30억 달러에 가까운 돈을 썼다. 앞선 5년의 점령 기간에 지출한 것보다 더 많은 액수였다. 그러한 뜻밖의 횡재로 일본의 달러 부족은 역전되었고, 일본은 제2차 세계대전이 끝난 후 처음으로 세계경제에서 경쟁할 수 있었다. 세계경제는 이제 일본 기업에 이익이 되는 판매자 시장seller's market[1]이 되었다. 이제 일본은 고가의 상품을 만드는 소규모 생산자가 아니었다. 그 대신 전쟁이 촉진한 세계경제에서 경쟁력 있는 제품을 생산하는 거대한 제조업 국가가 되었다. 일본의 정책 입안자들은 한국전쟁으로 생긴 큰 혜택을 "하늘이 내려 준" 것이라고 떠받들었고, 요시다 총리는 '신의 도움'으로 경제가 안정되고 성장 궤도에 들어서서 자신의 내각이 살아나는 것을 목격했다.[45] 도요타는 차량 주문이 40퍼센트 증가하여 파산 직전에서 회생했다. 도요타는 1년 안에 5000대의 트럭을 판매하면서 월간 생산량을 2000대로 늘렸

---

1 상품의 공급이 부족하여 판매자의 의사가 지배하는, 판매자에게 유리한 시장.

고 임금을 두 배로 인상했으며 제2차 세계대전 이후 처음으로 배당금을 지급했다. 강철 생산은 38퍼센트 증가했고 수출은 한국전쟁의 첫 여덟 달 동안 세 배로 늘었으며 주식 시장은 80퍼센트 성장했다. 섬유업에서 건축 부문까지, 금속 회사에서 통신 회사에 이르기까지 호황이 이어져 이후 20년 동안 연간 성장률이 10퍼센트에 달했다.[46]

군수품 조달로 인한 경기 자극은 일본의 무역 회복을 영구적 토대 위에 올려놓지는 않았지만, 펌프에 마중물을 붓는 역할을 수행했으며 기간 산업에 상당한 투자를 끌어왔고 자본재와 수출 성장을 위한 신용을 확대했다. 그러나 또한 두 가지 중대한 변화가, 하나는 일본 경제에서, 다른 하나는 세계 경제에서 발생했다. 첫째, 노동자와 공장은 기술의 향상을 경험했고, 현대화 속도가 빨라졌다. 미국의 지시에 따라 일본은 자본 집약적 회사들이 출현하여 발전하고 번창하도록 지원할 특허권과 상용 면허를 취득했다. 일본 정부는 자국의 가장 강력한 복합기업과 협력하여 군사적 목적과 민간 용도에 같이 쓸 수 있는 미국의 기술을 도입했다. 그와 같은 이중 용도의 상품에는 무기도 만들었던 미쓰이의 강철 제품과 일본 회사들이 트랜지스터라디오와 카메라 생산으로 넘어갈 수 있게 했던 통신 장비가 포함되었다. 예를 들면 미국의 RCARadio Corporation of America는 일본에 기술을 이전하는 회사들에 특허를 인가하여 일본 가전산업을 육성했다. 1951년에서 1984년 사이에 일본 기업들은 그러한 기술을 도입하기 위해 4만 2000건 이상의 계약을 체결하고 170억 달러를 지불했다. 투자할 만한 가치는 충분했다. 일본이 훗날 최첨단 상품 무역에서 우위를 점하는 밑거름이 되었기 때문이다.[47]

한국전쟁이 낳은 두 번째 변화는 무역의 지리에서 나타났다. 미국은 일본 점령 통치를 끝내려면 일본 경제를 생존 수준에서 유지시키는 것에서 벗어나 일본 무역이 동남아시아로 팽창하도록 장려금과 보조금, 지원책으로써 경제협력에 임해야 한다고 생각했다. 1951년 강화조약을 둘러싼 협상에 미국과 일본의 경제 관계가 재설정되었는데, 미국의 무역 체제와 산업 체제가 미국의 원조를 대체했다. 일본 경제는 중국에서 벗어나 미국 경제는 물론 동남아시아 경제로 향해야 했다. 일본은 1952년 조정 위원회에 합류했으며, 대중국

무역에서 엄격한 수출 통제 조치를 발했고, 이러한 조치로 공산권과의 교역은 전체 수출의 0.04퍼센트로 감소했다.(이와 대조적으로 1941년에는 수출의 27퍼센트가 중국으로 들어갔다.) 일본이 직물을 비롯한 여러 제품을 미국 시장에 더 많이 수출할 수 있도록 하여(의회의 보호무역주의자들을 격노하게 만든 정책) 미국이 얻은 이득은 일본이 냉전 동맹을 충실히 지지한 것이었다. 영국이 동남아시아에 일본의 저렴한 상품이 쏟아져 들어올 가능성을 두고 불평했을 때, 미국은 이렇게 유사하게 대응했다. 영국은 "상황의 현실을 직시하고 일본이 공산주의의 위협에서 벗어나 서방을 향하게 하려면 일본과 경쟁할 각오가 되어 있어야" 했다.[48] 그리하여 일본은 서방과 아시아의 서방 동맹국들과 긴밀한 유대를 형성함으로써 자신들의 이익이 '자유세계'에 있음을 인식했고, 그러한 결속은 그때 이후로 경쟁적 시장 정책을 고수하게 했다.

저개발 경제들과 원조

새로운 무역 형태와 경제적 통합, 소비 증가에 기초한 세계 자본주의 체제를 만들어 공산주의와 싸우려는 미국의 노력은 서유럽과 일본처럼 위협 받고 있다고 여겨진 특정 지역에 안정을 가져다주었으나, 그 노력은 또한 제3세계로 알려진 곳, 즉 저개발 경제나 개발도상국 경제, 신흥 경제에 대한 미국의 시선을 넓혔다. 아시아와 라틴아메리카, 아프리카, 중동에서 냉전은 미국의 경제력이(그리고 군사력이) 발휘되도록 했고, 이는 때로 수천만 명의 종속국민에게 중대한 영향을 미쳤다. 식민주의는 전쟁 이전의 세계경제를 떠받치는 근간이었으나, 미국은 1945년 후 제국주의를 비난했다. 그렇지만 미국은 안보에 관한 염려 때문에 유럽 동맹국들의 식민지 보유를 한동안 허용했으며,(1946년 미국은 필리핀의 독립을 승인했다.) 영토를 점령할 필요 없이 경제적으로 지배하는 유리한 지위를 얻었다. 문호 개방정책으로 미국은 위장한 제국주의 국가가 되었다. 미국은 제3세계에 이윤과 안정, 안보의 세 가지 목표에 이바지할 서방의 시장 정책을 주입하려 했던 것이다.

일본을 동남아시아로 끌어들일 때에도 이러한 목적은 분명했다. 종전 후 새로운 형태의 대동아공영권을 만드는 이 얄궂은 행태를 몇몇 사람은 알아챘지만, 일본을 중국에서 떼어내 자유세계 영역에서 그 지위를 유지하도록 새로운 판로를 제공할 필요성이 그러한 우려를 집어삼켰다. 이 정책은 미국에 외교정책적 함의와 지정학적 함의를 지녔다. 미국 정부는 일본과 아시아의 다른 동맹국들에 안전한 자원 공급지와 안전한 무역을 제공하기 위해 호찌민이 이끄는 민족주의적 공산주의자들의 저항에 맞서 인도차이나의 식민지를 지키려는 프랑스를 지원하기로 결정했다. 결국 미국의 베트남 전쟁은 공산주의에 대항하는 십자군이 되지만, 애초의 목적은 회복 중인 일본을 아시아의 다자간 무역과 금융 체제의 중심 국가로 바꾸어 역내에 안정을 가져오고 일본에 평화를 정착시키며 더 큰 세계 자본주의 체제의 반공산주의 투쟁을 강화하는 것이었다.[49] 미국의 제3세계 개발 정책은 자유기업 체제를 갈망하는 욕구만큼이나 안보에 대한 염려도 반영했다.

과연 미국은 자국 경제와 세계경제의 활력을 유지하는 수단으로서 세계의 원료를 자유롭게 쓸 수 있도록 문호를 개방시키기로 결정했지만, 동시에 미국 정부는 저개발국가 시장을 중국과 소련의 영향력으로부터 보호하고자 지배하려 했다. 투자 이익과 정부와 기업, 특히 다국적 회사에 의한 수출 확대 사이에는 상승작용의 효과가 있었다. 그리고 그 긴밀한 관계의 결과는 아무리 좋게 보아도 대체로 균일하지 않았다. 투자 유치 국가의 발전보다는 권위주의 정권이 대다수 주민을 착취하여 서방 투자자와 정부의 이익에 봉사하는 상황이 빈발했던 것이다. 요컨대 선진국으로부터 원조를 받은 국가는 복잡한 결과를 경험했다. 몇몇 나라는 근대화를 이루고 번영했지만, 대다수 국가는 서방 진영이나 공산주의 진영에 원료와 농산물, 값싼 경공업 제품을 공급하는 체제에 갇혔고, 그동안 외국 기업이나 사회주의 정부가 현지 경제를 너무나 철저히 지배한 나머지 발전은 왜곡되고 민주적 개혁은 지체되었다. 냉전은 신흥국 세계의 주민 대중에게 어떤 점에서는 안전을 가져다주었지만 자유와 권리, 특권, 부를 가져다주지는 못했다.

선진국과 세계은행과 국제통화기금 같은 그들의 자본주의적 기관은 실제로 개발도상국 세계가 자원과 값싼 노동력을 착취하는 발판으로 쓰이는 것을 환영하지 않았다. 미국의 패권은 긴요한 원료를 원활히 조달하기 위해 비민주적 관행과 인권침해를 묵인했지만, 냉전 시기 내내 제3세계에 대한 외국인 투자와 무역은 (석유를 제외하면) 안정적이지도 못했고 지속적으로 이윤을 내지도 못했다. 기업들은 대개 개발도상국에 투자하기를 주저했고, 그 때문에 미국과 유럽은 다자 무역주의적 시장 체제에 의존하는 대신 직접 원조나 간접 지원에 나설 수밖에 없었다.[50] 게다가 선진국들은 이따금씩 보호무역주의를 발동하여 섬유와 철강에서 농산물에 이르기까지 제3세계의 값싼 생산물을 제한했고, 이는 역설적이게도 '주변부' 국가들이 '중심부' 자본주의국가들을 상대로 한 무역에 더 심하게 의존하게 했다. 교역조건은 원료를 소비해 고가의 공산품을 생산하는 선진국에 유리했고, 반면 개발도상국 경제는 그 반대였다. 세계적 은행가와 관료 들은 '비정치적인' 국제주의적 발전 전략이 번영과 근대화, 평화의 시대를 열 것으로 믿고 그러한 접근 방식을 호소했을지도 모르지만, 중심부의 정치인들은 민족주의(국내에서는 제3세계 생산품을 겨냥한 보호무역주의를, 외국에서는 군사적 목적을 포함한다.)를 세계는 하나라는 이데올로기보다, 심지어 시장 원리보다 위에 두었다. 게다가 개발을 추진하는 주요 비정부기구였던 세계은행조차도 정치 개혁이 아니라 경제 영역을 목표로 삼았다. 어느 정도였는가 하면, 가난한 나라들을 개방적인 세계시장으로 통합하려는 움직임이 있었는데도 국제적인 노동 분업에는 어떤 근본적인 변화도 일어나지 않았다.[51] 그리하여 제3세계의 인도주의적 부담과 난폭한 정치에 대한 인식은 점차 증대했지만, 경제 관계를 규정하는 정책과 유형은 세계화가 진행되는 수십 년 내내 일관성이 없고 불균등했다.

이 시기 동안 미국 정책에서는 안보가 이윤 동기를 압도했기 때문에, 더 많은 투자와 교역을 이끌어 낸 추진력은 제3세계 국가로부터 나왔다. 이들은 미국을 자국 근대화의 가장 중요한 원천으로 보고는 그 나라에 의존했다. 제3세계 국가들은 1947년 국제무역기구의 아바나 회의에서 자신들의 유치 산업을 보호하려 했으나,(미국은 이것이 비차별적 무역정책에 해롭다고 보았다.) 국제무역기구의 요청이 거부되고 미국의 관세가 관세무역일반협정의 협상 라운드에서 인하되기는 했지만 여전히 비교적 높은 수준에 머무르자 외국의 원조에 의존했다. 그러나 1949년 포인트포 계획Point Four Program에 관한 기록이 보여 주듯이 미국은 문호 개방과 민간투자에 의존하는 것이 이롭다고 추정하고 원조보다 이를 선호했다. 의회는 트루먼 행정부가 요청한 기술 원조 3450만 달러만 승인했다. 이는 필요한 것에 한참 모자라는 액수였고 서구의 개발 지원 약속과 실천 사이의 간극을 잘 드러냈다. 원조를 안보와 국방, 외교의 맥락 속에 집어넣는 것은 가난한 나라들에 항상 이롭지만은 않았다.[52]

미국은 자유기업 체제가 자국에 준 혜택을 자랑스럽게 얘기했고, 개발도상국들은 이를 경청했다. 게다가 여러 개발도상국이 번영이라는 아메리칸 드림을 좇아 미국에 많은 이주민을 보냈다. 미국은 평판이 높았고 그 덕에 그들의 시장 자본주의 홍보는 훨씬 더 강력해졌다. 그리고 종전 직후에는 미국의 방식에 맞설 경쟁자는 거의 없었다. 소련은 국가의 경제 지도와 직접 지원이라는 대안적인 개발의 수단과 모형을 제시했지만 스탈린 사후인 1950년대 중반에야 비로소 제3세계에 관심을 가졌다. 유럽의 식민국들은 파산했으며, 비록 몇몇 나라는 다시 권력의 지위를 차지했지만, 독립 운동의 물결이 전 세계를 휩쓸면서 제국주의 시대는 종말을 고했다. 미국이 세계경제를 바꿔 놓으면서 아메리카니즘이라는 이상이, 다시 말해 "세탁기와 식기세척기, 진공청소기, 자동차, 냉장고가 제공하는 자유"라는 관념이 신흥국들을 현혹시켰다.[53]

문호 개방의 기업 체제가 해외에서 호응을 얻었다고 하더라도 제3세계가 다자 무역주의와 자유 시장 자본주의를 받아들였다고는 말할 수 없다. 인도가 적절한 사례였다. 네루 정부는 혼합경제를 계획했지만, 농업 생산 증대(특히 기근을 종식하기 위한 것이었다.)와 농촌 개발, 전력 공급과 산업화 증진을 위한 5개년 계획은 서구 자본주의 노선을 따랐다. 토지 재분배는 거의 없었고, 산업의 국유화도 통신과 전기, 무기, 운송의 감제고지에 한정되었다. 나머지는 자유기업이 관장했다. 미국 관료들은 식량 증산, 그리고 라디오와 자전거, 의류 같은 소비재에 집중하는 것을 더 원했다. 1952년 인도 주재 미국 대사 체스터 볼스Chester Bowles는 시장 중심의 자유주의적인 농촌 개발 계획을 추진하면서 이렇게 주장했다. "이곳에 시어스 로벅Sears, Roebuck and Company이 들어와 인도 시장에 적합한 소비재 상품을 저렴하게 공급하는 문제에 달려드는 것을 정말로 보고 싶다."[54] 그러나 경제적 전망과 계획 목표, 자본주의적 행태, 문화에 드러난 차이는 자유기업 체제의 꿈에 생긴 균열을 보여 주었다. 일반적으로 인도인들은 미국인을 지나치게 많이 소비하지만 무역과 금융에서 패권적인 힘을 갖고 있어 인정을 받을 만한 탐욕스러운 물질주의자로 보았다. 미국인들은 비축과 같은 인도인들의 경제적 관행을 미숙한 것으로 폄하했던 반면, 인도인들은 식량과 자금이 필요했다. 1947년 인도가 독립을 획득하고 파키스탄과 분리된 뒤 의지할 수 있는 나라는 미국뿐이었다. 빚더미에 내려앉은 영국에 도움을 청할 수는 없었다.

　미국은 남아시아에서 영국을 대신하려고 급히 뛰어들지 않았다. 미국은 유럽과 일본이 원료 공급지와 시장으로서 과거와 현재의 식민지가 필요했다고 이해했기 때문이다. 따라서 1948년에서 1953년 사이에 미국은 인도와 파키스탄을 상대로 한 무역에서 흑자를 보았다. 물론 이 교역은 남아시아 교역으로는 대단하지 않았고 당분간은 미국에 큰 경제적 이익을 주지도 않았다. 그러나 인도는 망간과 녹주석 같은 전략물자를 보유했다. 미국은 이러한 품목들을 안보 비축 물자에 추가하려 했지만, 그러한 노력은 외국인의 원료 수탈에 반대한 네루 정부의 저항은 물론 인도 정부의 자체적인 비축에도 부딪혀 어려워졌다. 인도 정부는 복잡한 규제 조치를 만들어 투자자들을 겁주어 쫓아냈다. 인도가 외국자본을 환영하지 않았기 때문에 미국 자금이 인도로 유입되지 못했던 것이다. 그러한 문제들과 더불어 인도가 근대화하기에는 너무 낙후되었다는 인식 때문에 미국인들은 인도가 시장 원리에 따라 움직이는 역동적인 세계경제에 통합될 수 없을 것이라고 믿게 되었다.

　한국전쟁이 발발하자 인도의 식량 증산을 위한 자금이 들어오기 시작했고, 뒤이어 미국의 관심이 아시아에 집중되면서 밀 200만 톤의 차관이 제공되었다. 그러나 도움의 손길이 닿기 전에 아시아에서 미국의 냉전 의제가 어떠해야 하는가를 둘러싼 논쟁으로 원조가 연기되면서 기근의 망령은 한층 더 위협적으로 다가왔다. 미국은 인도와 파키스탄의 역내 군사협정 체결과 카슈미르 지역을 둘러싼 두 신생국의 분쟁 종식을 추구했고 한국에서 전쟁을 속행했다. 반면 인도는 중국과 회담을 통해 포로 송환이라는 곤란한 문제의 해결을 도우려 했는데도(실패했다.) 그러한 세 가지 목적을 다 방해했다. 인도 지원 프로그램이 축소되고 미국의 역내 지원이 경제보다 군사적 측면에 더 집중되면서 긴장은 더욱 악화되었다. 인도는 미국의 세계경제 지배 모델에 어울리지 않는 골칫거리였다. 미국 정부의 초점은 지역 개발이 아니라 인도를 세계적인 냉전의 맥락 속에 집어넣는 것이었기 때문이다.[55]

냉전과 국제경제의 결합은 천연자원, 특히 광물의 획득 문제에서도 분명하게 드러났다. 국가 안보 정책의 수혜자는 거대 다국적 석유 회사들이었다. 그 회사들은 사우디아라비아와 이란의 친서방 왕정을 지지하고 페르시아만 지역을 확보하여 남아메리카 국민경제에 대한 미국의 전통적 영향력을 유지하려 했던 영미의 노력에서 이익을 얻었다. 1950년대 미국의 대외 직접투자와 민간투자의 급증을 초래한 것은 바로 석유였다. 1945년부터 1950년까지 미국의 외국 투자는 겨우 20퍼센트 정도 증가했으나, 그 5년간 미국의 채취 산업 투자는 두 배 이상으로 폭발적으로 증가하여 12억 달러에 달했고 1960년까지 다시 두 배로 늘었다. 다만 남아메리카에서는 영국의 투자 감소로 그 증가분이 상쇄되었다. 저렴한 석유뿐만 아니라 고무와 커피처럼 국가 안보나 소비에 꼭 필요하다고 여겨진 몇몇 광물도 외국에서만 구할 수 있었다. 다른 자원들도 제2차 세계대전 이후에 공급이 달려서 때로 국내산 자원보다 저렴한 비용으로 수입하여 비축할 필요가 있었다. 1948년 세계 최대의 석유 소비국인 미국이 처음으로 석유 순수입국이 된 것은 바로 그러한 염려의 결과였다. 냉전의 두 진영은 석유 공급을 두고 경쟁했다.[56]

석유와 중동은 미국이 이익을 지키기 위해 공격적 행동을 취한 제3세계의 한 가지 상품과 한 지역이었다. 미국은 석유 재고량이 감소하자(미국은 전세계 석유 공급량의 대략 15퍼센트를 보유했다.) 외국의 에너지 공급에 의존하게 되었다. 미국의 해외 석유 투자는 1946년부터 10년 동안 550퍼센트가 늘어 90억 5000만 달러로 급증했다. 미국 정부는 캘리포니아 스탠더드 오일 회사(소칼Socal)와 텍사스 사(훗날의 텍사코Texaco)가 합병하여 탄생한 아랍-아메리카 석유 회사(아람코Aramco)가 이끄는 여러 회사의 연합체와 제휴했다. 이 기업 연합체는 소코니배큠 석유 회사Socony-Vacuum Oil Company와 뉴저지 스탠더드 오일 회사Standard Oil Company of New Jersey로부터도 자금을 끌어와 1950년 사우디아라비아와 이윤 분배 협약을 맺어 유전을 개발했다. 그 결과로 미국은 자국이나 남미의 유전에서 생산되는 석유보다 대략 40퍼센트 낮은 가격으로 석유를 공급받았다. 그에 앞서 1947년에 아람코는 사우디아라비아에서 레바논까지 이어지는 아라비아 횡단 송유관TAPLINE 건설 계약을 체결했는데, 이 송유관은 서방으로 가는 유조선에 하루에 30만 배럴의 석유를 보낼 수 있었다. 여기에는 절박한 경제적 필요 때문에 정치적으로 거친 결정을 내릴 수밖에 없는 일종의 고압적인 '외교'가 수반되었고, 이는 곧 제3세계 지도자들을 격노하게 했다. 아람코는 송유관 때문에 통행권을 확보해야 했다. 레바논은 미국의 요구를 흔쾌히 받아들였지만, 호전적인 아랍 민족주의자인 시리아의 지도자 슈크리 알쿠와틀리Shukri al-Quwatley는 달랐고, 트루먼 행정부는 1949년 3월 시리아 육군 참모총장을 비밀리에 지원하여 알쿠와틀리 정부를 무너뜨리게 했다. 아라비아 횡단 송유관의 장애물이 제거되었다. 1년 뒤 사우디아라비아는 아람코와 이윤을 균등히 배분하는 협약을 체결했고, 사우디아라비아 왕국의 세입은 엄청나게 폭증했다. 베네수엘라가 로열 더치 쉘Royal Dutch Shell과 뉴저지 스탠더드 오일 회사에 이윤의 50퍼센트를 내놓도록 압박하여 많은 세입을 확보한 것과 마찬가지였다. 미국 정부는 독점금지법과 국세청 규정을 적용하지 않았고 자국 회사에 외국에서 납부한 세금에 대한 세액공제를 인정하여 베네수엘라와 사우디아라비아에 빼앗긴 절반의 이윤을 메워 주었다. 그 대가로 미국은 유전과 아라비아 송유관을 통해 점점 더 많은 석유를 헐값으로 공급받을 수 있었고, 이는 유럽의 부흥은 물론 중동의 다른 친親서방 국가들의 개발을 촉진했을 뿐만 아니라 역내에 사우디아라비아라는 견고한 동맹국을 확보하게 해 주었다. 석유 회사들에 세금 감면 조치를 취한 것과 더불어 우호적인 산유국들에 원조와 무기 공급이 이어졌다. 그것이 미국의 국익에 도움이 되었기 때문이었다. 사우디아라비아의 생산은 60퍼센트, 왕국으로 들어간 채굴권 사용료는 135퍼센트 증가했다. 1954년이면 아람코는 사우디아라비아 국왕 사우드에게 2500억 달러가 넘는 돈을 지불했다. 1949년에 지불한 총액의 네 배였다.[57]

중동 석유에 대한 미국의 지배력은 소련이 이란에서 위협을 가하면서 더

───이란의 모하마드 모사데크, 1952년 무렵. 미국중앙정보국이 모사데크가 이끄는 정부를 전복한 뒤, 이 전임 총리는 미국의 오랜 협력자인 이란의 샤에 맞서 쿠데타를 시도했다는 죄목으로 재판을 받았다. 모사데크는 이란의 석유 회사들과 대결했지만, 샤는 매우 중요한 그 에너지원을 자유롭게 채굴하도록 허용했다. (Wikimedia Commons)

욱 확대되고 강화되었다. 미국은 종전 직후 이란에서 소련의 침투에 맞서 영국의 입지를 강화한 뒤 영국과 협력하여 서구 제국주의를 혐오한 모하마드 모사데크가 이끄는 세력의 이란 석유산업 국유화 시도를 방해했다. 1951년 모사데크가 아바단의 영국 정유 공장을 몰수하자, 영국은 보이콧을 선언하여 이란 석유의 해외 판매를 효과적으로 막았다. 영국과 이란이 합의에 이를 때까지 아바단 공장의 재가동에 자금을 공급하고, 유전과 그 공장의 수탁자 역할을 맡겠다는 세계은행의 경제계획은 변덕스러운 정치 탓에 틀어졌다. 모사데크는 정권의 명운을 걸고 영국을 몰아내려 했고, 영국은 제국의 권리를 지키고 과격파가 중동의 안정을 해치지 못하도록 막으려고 단호하게 행동했다. 미국은 제3세계 전역으로 몰수 시도가 퍼질 것을 걱정하여 불매운동이 진행되는 동안에 모사데크의 금융 지원 요청을 거부했으며, 오히려 쿠데타를 공작하여 샤를 권좌에 앉혔고 이전에 영국-이란 석유 회사Anglo-Iranian Oil Company가 통제했던, 영국의 중요한 이권 40퍼센트를 미국의 5대 회사에 넘겼다.[58] 이후 20년간 이란과 그 석유 공급은 소련의 손아귀에서 벗어나 미국의 확고한 지배를 받았다. 당시 석유 회사는 중동 지역에서 미국의 외교정책 도구로 보였다. 그러나 어느 역사가가 지적했듯이 석유 회사와 미국 정부 사이의 협력으로 이란은 "유전이 미국의 국가 안보 영역으로 통합된 중동 국가들의 늘어나는 목록"에 추가되었다.[59]

2   닫힌 문과 열린 문

두 초강대국의 신흥국에 대한 관심은 냉전이 군사적인 교착 상태였을 뿐만 아니라 시장과 이데올로기의 싸움터가 되었음을 드러냈다. 1953년에 스탈린이 사망한 후, 소련은 1954년부터 개발도상국 세계 곳곳에서 무역과 원조로 공세에 착수했고, 이에 미국은 문호 개방 전술의 개념을 재정립해야 했다. 세계 도처의 어렵게 사는 사람들이 가난의 책임을 미국에 돌리면서, 미국은 공산주의의 위협 고조와 반서구 정서의 표현, 냉전에서의 중립 추구에, 그리고 근대화와 생활수준 향상, 더 나은 교역조건을 얻고자 안달하는 상황에 점점 더 많은 관심을 갖게 되었다. 민간투자자들이 제3세계를 돕는 데 열의가 없다는 사실도 명백했다. 미국은 소련의 도전을 처리할 해법이 필요했다. 공산주의의 침투를 막는 것이 지난 10년간 세계경제의 회복과 발전을 위해 미국이 내린 처방의 주된 목적이었다. 이제는 전 세계 인구 5분의 3의 마음과 정신, 욕구를 차지하기 위한 경쟁에 힘을 쏟았다.

소련은 제3세계에 대한 경제원조를 70퍼센트, 즉 1954년의 8억 5000만 달러에서 2년 뒤 14억 4000만 달러로 늘려 이 경제적 경쟁을 촉발했다. 신용차관과 물물교환 교역, 기술 지원이 한층 더 증가했고 여기에는 긴축정책의 요구나 여타 부대조건이 따르지 않았다.(미국이나 세계은행은 그런 것을 강요했다.)

소련은 극복해야 할 선전 활동 문제가 있었다. 스탈린은 자국 편에 선 나라들은 사회주의를 자처한 다른 국가들과만 교역해야 한다고 주장했는데, 많은 나라가, 특히 아시아 나라들이 스탈린의 견해에 동의하지 않았기 때문이다.[60] 소련의 새 지도자 니키타 흐루쇼프는 제3세계와의 연대를 수용하여 그들과 협조하고 미국이 주도하는 제국주의 세계에 대응하려 했다. 미국 노선에 따른 다국 간 협력이 열쇠였다.

그 노력은 말끔한 성공도 아니었고 비방하는 자가 없지도 않았다. 경제적 유대는 강화되었고, 특히 중요했던 것은 1953년부터 1960년까지 중국에 대한 원조가 일곱 배로 증가하여 소련 국민소득의 7퍼센트에 이르렀다는 사실이다. 강력한 인민공화국은 이 원조를 이용하여 아시아 공산주의와 동유럽, 세계 도처의 좌파 활동가들과 연계하여 '베를린부터 상하이까지' 주기적인 국제회의를 통해 생산공정과 교통 체계, 연구와 훈련, 기술혁신을 표준화할 수 있을 것 같았다. 이는 서구 자본주의의 경제 통합 모델을 따른 것이었다. 그러나 중국은 이에 저항했다. 개발에서 신중함은 버리고 즉각적인 도약을 더 추구했으며 소련의 지도는 확실히 사양했다. 중소 불화는 1959년이면 명확해졌다. 특히 마오쩌둥이 서방과 평화롭게 경쟁한다는 소련의 태도와 이집트와 인도 같은 비사회주의권 중립국과 맺은 그 관계를 격하게 비난했기 때문이다. 소련은 이러한 중립국과 다른 나라들에 상당한 원조를 제공하면 서방과 경제적으로 협력하는 일은 없을 것이라고 주장했다. 1960년대 초 소련은 중국에서 기술 전문가들을 철수시켰고, 양국의 동맹은 끝났다.

중소 불화는 소련이 이끄는 사회주의권 다자 무역 체제에 일격을 가했지만, 소련은 제3세계의 수많은 다른 장소에 집중하여 소련식 근대화를 촉진하려 했다. 미국이 자유기업의 성과를 통해 동맹국에 자국의 개발 과정을 모방하라고 가르쳤듯이, 소련은 여러 나라에 자국의 1950년대 개발이 큰 성공을 거두었음에 주목하라고 조언했다. 이에 따르면 신흥국들은 식민주의의 멍에를 떨치려는 자국의 민족해방운동을 끊임없이 성장하는 사회주의적 생산의 꿈과 연결해야 했다. 그러한 꿈이야말로 빈곤에서 자신들을 구하고 독립을 보장할 것이기 때문이었다. 흐루쇼프는 소련이 외국 자본주의의 독점에 의한 서구에의 종속과 지지부진한 개발의 대안을 제시했다고 선언했다. 자본주의자들은 제3세계를 역동적인 현대 국가가 아니라 단순한 벌목꾼으로 생각했다. 반면 소련의 지시를 받는 나라들은 독립국이 될 것이고 자국의 천연자원을 이용하여 산업화를 촉진함으로써 주민에게 '더 나은 삶'을 시작할 수 있게 해주는 동시에 사회주의 세계 전체를 강화하고 식민주의를 관 속에 묻을 것이었다. 소련은 한 세대 안에 사회주의가 필연적으로 전 세계를 휩쓴다는 주문을 외웠다. 서방이 제3세계의 혁명을 막으려 하지 않는 한, 세계경제는 공산주의 진영에 들어온 대중에게 진보의 도구가 될 수 있었다.[61] 세계화는 자본주의가 아니라 사회주의의 노선에 따라 이루어질 수 있었다.

소련의 세계경제 접근법에 나타난 큰 변화는 성과가 있었다. 1954년이면 소련은 대규모의 다각적인 경제 지원을 약속하여 인도와 버마(미얀마) 등지에서 지도자들의 환심을 샀다. 몇 년 전부터 남아시아와 중동 전역의 공산당이 고립되었을 때였다. 예를 들면 1955년 2월 소련은 마디아프라데시주의 빌라이에 거대한 철강 공장을 짓기로 인도와 계약을 체결했다. 계약에는 1억 1200만 달러의 장기 저리 차관이 제공되었고, 소련이 원료와 현지 통화를 받고 공산품을 보내는 무역의 확대도 제안되었다. 그해 말 소련 고위급 인사의 방문으로 국가 간 경제협력의 새로운 정책이 추진되었다. 이러한 유형의 특정한 경제적 계획은 미국인들의 화를 돋우었다. 미국은 인도의 산업 개발을 대체로 무시했기 때문이다. 미국 정부는 서둘러 인도 최대의 민간 철강 회사인 타타 철강TISCO의 팽창을 지원하여 인도 철강의 한몫을 차지하려고 덤벼들었다. 그러나 미국 재무부는 미국 수출입은행이 제안한 특별 이자율 조건 앞에서 멈칫했다. 어느 한 채무자에게만 특혜를 줄 수 없었기 때문이다. 타타 철강은 결국 세계은행에서 자금을 조달했다. 소련의 경제적 공세는 이제 완전한 궤도에 올랐고, 비단 인도에서만 그런 것도 아니었다. 1956년 중반에 소련은 열네 개 신흥국과 8억 2000만 달러에 이르는 신용 차관 협정을 체결했고, 추가로 1억 8000만 달러의 신용 차관 협정을 추진하고 있었다. 미국 정부는 차관이 불길하게도 거의 전부 유고슬라비아와 이집트, 인도, 아프가니스탄의 비동맹국가를 향했음에 주목했다. 이 네 나라는 인상적인 공공 부문 사업에 대한 소련의 능숙한 관리로 사회주의권으로 넘어갈 수도 있었다. 미국 국무 장관 존 포스터 덜레스가 쓴 바에 따르면, 소련 군부의 '우거지상들'이 후한 경제적 선물의 "미소를 띠면서" 제3세계에서 시장 이데올로기를 기반으로 한 미국의 매력은 사라졌다.[62]

소련은 미국의 경제적 영향권으로 추정되는 라틴아메리카에서도 마찬가지로 대담했다. 1956년 1월 소련 지도자들은 개발도상국으로 눈을 돌리면 초강대국 간의 긴장이 고조될 것이라는 드와이트 아이젠하워 대통령의 경고를 무시한 채 라틴아메리카에 '상호 이익을 토대로' 무역과 기술 지원을 더 많이 제공하겠다고 제안했다. 그 지역의 인심을 얻으려는 공세의 일환이었다.[63] 소련과 라틴아메리카 사이의 교역은 전해에 비해 3분의 1이 증가했다. 특별히 쿠바가 중심이었는데, 쿠바는 소련에 50만 톤 이상의 설탕을 판매했다. 그 이후로 소련과 라틴아메리카 사이의 교역은 실제로 감소했지만, 관심의 표명은 미국을 불안하게 했다.

라틴아메리카 지역은 국제 원조 기구들뿐 아니라 두 초강대국에도 어려운 도전이었다. 냉전은 라틴아메리카에 부담이 되었다. 미국은 소련 공산주의의 위협에 집착했지만, 라틴아메리카 국가들은 역사적 경쟁자나(에콰도르와 페루 사이의 긴장이 한 예다.) 만연한 빈곤에 초점을 맞추었다. 그렇지만 라틴아메리카 국가들도 특히 미국이, 그렇지만 소련도 마찬가지로, 정치 안정과 개발 문제에 더 많이 주목할 것임을 깨달았다. 물론 이는 북쪽의 거인이 국내 문제에 더 많이 간섭할 수 있다는 뜻이었다. 생긴 지 얼마 안 되는 미국의 CIA는 1954년 과테말라의 보수주의자들과 다국적기업 유나이티드 프루트 컴퍼니와 합세하여 온건 자유주의 정부의 토지개혁 정책을 방해했다. 유나이티드 프루트는 정부가 제안한 일괄 보상안을 거부했다. 미국 정부는 국유화는 사회주의로 가는 위험한 길로서 자국의 문호 개방 윤리에 위협이 된다고 보았다. CIA가 지원하는 쿠데타가 발생하여 개혁주의자인 아르벤스 구스만은 과테말라를 떠나 도피했다. 군부 훈타가 아르벤스 구스만을 대체했고 이후 30년간 (미국의 암묵적인 지원을 받아) 주민을 억압했다. 덜레스는 차후 유사한 개혁과 반란을 방지할 수도 있는 경제적 지원 요청을 고려하지 않고 그 지역을 떠났

다.[2] 그러나 냉전과 시장주의의 융합은 더없이 명백했다.[64]

역사가들은 소련의 공세가 미국의 라틴아메리카 정책을 실제로 바꿔 놓았는지를 두고 논쟁을 벌였다. 소련의 공세는 미국 정부에 경고음을 울렸고, 그래서 외국 공식 방문이 늘어났다.(부통령 리처드 닉슨의 1958년 순방과 쿠바 혁명에 대한 광포한 반응이 눈에 띈다.) 그러나 정보기관들은 소련이 도전을 제기하기 전에 이미 과테말라 같은 곳에 집중하고 있었다. 경제의 근대화가 민주주의와 서방에 우호적인 정책으로 이어질 것이라는 가정은 외부의 위협이 없을 때에만 타당하다는 점을 미국은 깊이 깨닫고 있었다. 소련의 공세는 균형을 깨뜨렸고, 미국은 어쩔 수 없이 단순히 시장경제의 선언에만 의존할 것이 아니라 좀 더 활발한 경제정책을 추구하여 그 지역의 생활수준을 높일 것을 고려해야 했다. 라틴아메리카 정부들은 이를테면 경제개발을 논의할 미주 위원회 Inter-American Committee 설립 같은 노력에 긍정적으로 반응했다. 아이젠하워 행정부는 자유기업을 강화하기 위해 원조 지출 확대를 긴급히 고려했다. 그러나 결국 자유기업의 추구라는 노선이 정부의 명령에 의한 의미 있는 개혁이라는 노선을 제압했다. 시장 불간섭을 통한 개발을 고집하는 미국의 전통적인 접근법은 이후 행정부들까지 지속되었다. 라틴아메리카 지역은 계속 분투했다.[65] 소련의 공세는 실패로 끝났지만 그럼에도 미국의 라틴아메리카 개발 약속이 공허했음을 드러냈다.

소련의 경제적 공세가 제3세계에서 환영을 받자, 소련은 고무되었고 그 경제정책은 정치적 이익으로 전환되었다. 소련은 평균 40년이 넘는 긴 상환 기간에 좋은 대출 조건(이자율이 대체로 2~2.5퍼센트)을 부여했다. 이는 서방 국가들이 제공하는 것보다 나은 조건이었다. 공산품을 내주고 이집트의 면화나 버마(미얀마)의 쌀을 받는 것 같은 물물교환 협정도 개발을 촉진했다. 설탕 가공 공장부터 직물 공장까지 다양한 개발 프로그램도 중대한 부문들로 근대화를 확산시켰고 지도자들과 사업가들도 곧 기뻐했다. 게다가 경제원조 덕에

_____ 2 존 포스터 덜레스는 유나이티드 프루트 컴퍼니의 변호사였고 당시에도 급여를 받고 있었으며, 당시 중앙정보국 국장이었던 동생 앨런 덜레스Allen Dulles는 그 회사의 이사였다. 중앙정보국을 통해 과테말라 군부의 쿠데타를 조종한 것도 덜레스였다.

신흥국은 소련과 미국 양쪽으로부터 더 나은 조건으로 자본을 차입할 수 있었다. 인도네시아는 미국으로부터 더 많은 농업 원조를 받았고, 아프가니스탄은 소련의 지정학적 관심에 편승하여 군사 지원을 얻어 내 역내에서 입지를 강화했다. 제3세계 교섭은 미국으로서는 외교정책의 실패였다. 미국 원조 사절단은, 비록 나중에 다시 초청을 받지만, 버마가 소련과 협정을 체결한 뒤에 그 나라에서 쫓겨났다. 소련은 이집트 원조로 중동과 수에즈 운하에서 귀중한 교두보를 확보했다. 흐루쇼프는 이집트의 면화를 받고 이집트와 시리아에 무기를 건넴으로써 냉전의 긴장을 고조시켰다. 소련은 또한 역내 원료 생산자들을 편들어 아랍과 이스라엘의 분쟁에 관여했다. 어느 역사가가 결론 내렸듯이, 전체적으로 보아 원조 수혜국들은 "일반적으로 소련의 노력에 감명을 받았다." 그리고 원조는 세계경제에 사회주의의 영향력을 주입했다.[66]

원조

미국 대통령은 그 점을 알았다. 아이젠하워는 냉전을 자유와 존엄을 얻기 위한 인류의 궁극적인 투쟁이라고 말했지만, 어느 보좌관이 경고했듯이 이제 "소련은 산타클로스 옷을 입고 비집고 들어와" 미국의 이익을 해치고 있었다. 소련이 정치적 지배력을 확보하고자 '못된' 계략으로써 제3세계를 경제적으로 침투하려 한다는 점을 명백하게 인식한 아이젠하워는 상호 안전보장 정책에 따라 의회에 더 많은 원조 예산을 요청했다. 1957년 회계연도에 요청된 액수는 앞선 해에 승인된 것보다 20억 달러가 더 많았다. 이 책정액에는 중동과 아프리카, 아시아를 위한 1억 달러가 포함되었다. 소련의 경제적 공세에 자극을 받은 미국은 마침내 신흥국을 위한 일종의 마셜 플랜을 향해 조금씩 움직였다. 의회는 대규모 원조 제공을 주저했으며 인도와 유고슬라비아, 에스파냐처럼 불확실한 동맹국의 문전에 원조를 던져 준다고 기대했던 결과가 나타날지 여전히 회의적이었다. 보수파는 원조를 효과를 보증할 수 없는 뇌물로 보았고, 자유주의자들은 원조를 독재 지원으로 보거나 원조가 생산을 촉진하거나 빈곤을 완화하는 데 쓰이지 않고 무기 구매에 쓰일 것이라고 걱정했다. 다른 이들은 단순히 미국이 제3세계에서 소련의 특정한 계획을 능가할 수 없을 것이라고 믿었다. 어느 의원의 주장에 따르면 소련이 "아시아 사람들이 원하는 것은 무엇이든 주겠다는, 심지어 달이라도 따다 준다고 약속하는 판매 프로그램을 제안할" 수 있었기 때문이다.[67] 의회는 특별 기금을 개발 지원 프로그램으로 통합했고, 비록 삭감액의 대부분은 군사원조로 다시 들어갔지만, 요구액을 10억 달러 삭감했다. 행정부가 조사한 결과를 보면 많은 나라가 경제개발과 냉전 중립 둘 모두에 관심이 있었다. 따라서 미국은 소련보다 더 좋은 조건으로 가난한 나라에 생산품을 제공할 수 있음을 증명하여 세계경제를 대하는 안보 중심의 접근법을 수정할 필요가 있었다. 인도 총리 자와할랄 네루는 1956년 미국을 방문했을 때 미국 지도자들이 이전보다 훨씬 더 친절했음을 느꼈고 원조도 더 많이 올 것을 알았다.

　서방의 원조 프로그램도 그 무역정책처럼 자원을 통제한 확고한 기반의 엘리트층에 유리했고 오직 단기적으로만 문제를 어느 정도 완화했다. 전략적 이유로 제공된 원조(경제적 이유로 제공된 것이 아니다.)는 대부분 현대화의 자금을 대기에는 부족했기 때문이다.(가장 현저한 예외는 미국 직접 원조의 최대 수혜국인 이집트와 이스라엘이다.) 냉전이 추동한 원조는 시시각각 변화하고 매우 단호하게 표현된 제3세계의 열망과 충돌했다. 제3세계는 개발 목적에서 원조를 원했기 때문이다. 미국 행정부는 경제에 강조점이 있음을 분명하게 인식했지만, 1950년대 이후로 수많은 정부 보고서는 성장이 어떻게 안정된 세계 질서와 민주주의, 공산주의에 대한 승리라는 목적에 이바지할 것인가라는 맥락에서 원조를 바라보았다. 그러나 미국 정부는 또한 원조를 제공할 때 순수하게 시장에 관한 고려에서 출발하기도 했다. 미국이 세계은행과 미국 수출입은행에 의존하여 상업적 토대의 개발에 자금을 공급했지만(1958년 세계은행에 의존하여 대부분 제3세계 국가인 47개국에 38억 달러를 투자했다.), 아이젠하워 행정부는 긴 상환 기간과 낮은 이자율 같은 우호적인 조건의 소프트론softloan 차관도 제공했다. 예를 들면 1950년대 중반 상호 안전보장법Mutual Security Act에 따라 많은 나라가 미국에 화폐가 아니라 전략물자로 차관을 상환할 수 있었고, 볼리비아와 인도, 중동과 아프리카의 여러 나라가 미국에 진 채무는 최소한 절반이 소프트론이었다.[68]

그렇지만 미국은 1956년 신흥국들의 간곡한 요청에 따라 설립된 유엔 경제개발 특별 기금SUNFED의 다자간 프로그램보다 양자 간 지원 프로그램을 선호했으며, 따라서 경제성장을 촉진하기 위해 20억 달러의 개발차관기금 조성에 착수했다. 이 계획은 헝가리 위기와 수에즈 운하 위기에 대한 대응일 뿐만 아니라 소련의 경제 공세에 대한 직접적인 대응이기도 했지만, 아이젠하워는 공적 자금으로 개발 재원을 마련하는 데 반대하는 정부 안팎의 의견을 극복해야 했다. 1957년 의회는 거의 즉각 아이젠하워의 예산 요구액에서 3분의 1을 삭감했고 군사원조와 경제원조의 분리를 거부했다. 그럼에도 아이젠하워는 경제성장에 대한 장기적인 공약을 국가 안보 정책과 연결했다. 오로지 민간투자나 미국의 잉여 생산품 판매를 통한 기금 조성에만 의존하기보다 정부를 신용 차관 영역에 밀어 넣음으로써 그렇게 했다.[69]

이번에도 라틴아메리카는 사고 전환의 주된 표적이었다. 1958년 베네수엘라에서 미국 부통령 닉슨에 반대하는 폭동이 일어나고 의회에서는 자유주의자들이 이웃 나라들을 도우라고 압력을 가하면서 권역 내에 미주개발은행IADB이 설립되었다. 의회는 브라질을 비롯한 몇몇 나라가 요구한 대로 미주개발은행에 50억 달러라는 거금을 투자할 생각이 없었지만, 이 기관은 차관과 기술 지원을 제공했고 투자자들에게 그 가난한 나라들로 자본을 공급한다는 확신을 주었다. 미국은 4500만 달러만 출자하여 미주개발은행을 비교적 작은 규모로 유지했다. 게다가 라틴아메리카는 미국의 대외 경제원조에서 아주 작은 부분을 받았다. 1958년에 총액 21억 달러에서 라틴아메리카 권역에 할당된 액수는 대략 6000만 달러였다.(군사원조로 제공된 5400만 달러보다 약간 더 많았다.) 그렇지만 민간 기업이 움직이는 세계경제의 시장 이데올로기는 이 보수적인 행정부에서 냉전의 새로운 현실에 순응했다. 미국 행정부는 좀 더 공격적으로 민간 자본과 공적 자본을 끌어모아 투자했으며, 국가의 개입은 세계화의 경로에 강한 힘을 행사했다.

케네디 대통령은 역내에 사회주의를 가져온 쿠바 혁명에 자극을 받아 아이젠하워의 원조 정책을 크게 확대했다. 케네디는 취임하고 몇 달 지난 뒤 피델 카스트로 정권을 무너뜨리려 했으나 실패했는데, 그 시도가 무산되기 며칠 전 1960년대를 "개발의 10년"으로 만들기로 결심했다. 그 방법은 "집, 일과 땅, 보건과 학교 등 라틴아메리카 주민들의 기본적인 욕구를 충족하기 위해, 목적의 중대함과 고귀함에서 비할 것이 없는 방대한 협력 노력"을 서반구 전 역에서 펼치는 것이었다.[70] 케네디는 라틴아메리카에서 적어도 네 나라, 즉 베 네수엘라와 브라질, 콜롬비아, 아르헨티나는 1970년이면 도약과 자족적인 성 장의 준비가 되어 있을 것이라고 근대화 주창자인 월트 로스토Walt Rostow에 게서 들어 알았다. 흐루쇼프가 자본가들에게 맞선 국민 혁명을 환영하며 공 세를 재개하자, 케네디는 라틴아메리카를 위해 물가 안정을 위한 차관과 기 타 자금 제공과 더불어 5억 달러 상당의 특별 식량 지원을 요청했다. 이어 케 네디는 진보 동맹Alliance for Progress을 선언하고 1962년 미국의 라틴아메리카 원조로 10억 달러 제공을 약속했으며 이후 10년간 200억 달러를 제공하여 1970년까지 1인당 소득을 연평균 2.5퍼센트 증가시켜 생활수준을 높이려 했 다. 케네디는 이러한 목표를 달성하고 더불어 토지개혁을 촉진하며 성인 문맹 을 없애고 원료 가격을 안정시키며 민주주의를 장려하기 위해 라틴아메리카 국가 스스로 800억 달러의 내부 투자를 이행할 것을 기대했다.[71]

이 대담하고 인기 있는 정책의 단기적 성공은 궁극적으로는 냉전과 미국 의 시장주의 둘 다 진보 동맹을 방해했다는 사실을 가렸다. 결과는 결코 말과 같지 않았다. 지역의 엘리트들이 개혁하지 않으려 했고 많은 인구 같은 구조 적 문제가 교육과 보건, 주거의 향상을 방해했기 때문이다. 미국 정부가 복지 향상보다 반공주의 독재자를 우선시했기에 민주주의도 쇠퇴했다.[72] 라틴아메 리카 경제는 연간 1.5퍼센트의 무기력한 성장을 보였다.(7개국만 2.5퍼센트의 목 표치에 도달했다.) 1970년부터 1974년까지는 역내 총생산 증가율이 3.8퍼센트 에 이르기도 했지만, 실업이 증가했고 지주 과두 집단의 소수 독재정치는 굳 건했다. 미국이 제공한 자금은 1968년까지 연간 14억 달러에 달했고,(이후 닉 슨 행정부는 그 예산을 삭감했다.) 민간투자까지 포함하면 연간 총 원조는 평균 33억 달러에 이르렀다. 진보 동맹은 그 존속 기간에 라틴아메리카에 223억 달러를 보냈으나, 원조는 극소수에게만 의미가 있었다. 극빈층은 거의 지원을 받지 못했고, 라틴아메리카 사람들이 그 프로그램으로 받은 것은 1인당 평균

10달러에 불과했다. 라틴아메리카의 수출은 1960년 80억 달러에서 1968년 120억 달러로 증가했지만 세계무역의 전체적인 팽창을 따라가지 못했다. 마찬가지로 돈이 잘 벌리는 미국 시장에서 그 지역이 차지한 몫도 1970년대 초가 되면 절반으로 감소했다.[73]

한편 자유기업 윤리는 특히 공산주의의 확산을 막으려는 국제적인 운동의 보호를 받아 여전히 강력했다. 미국의 재계는 정부를 설득하여 라틴아메리카 정부에 민간 자본의 흐름을 확대하도록 압력을 넣게 했을 뿐만 아니라 라틴아메리카 수출품의 경쟁을 제한하고 원조 수혜국에 미국 기업 제품을 구매하게 했다. 미국 회사들의 힘은 1973년 국제전화 전신 회사ITT의 간곡한 요청에 따라 칠레의 사회주의적인 살바도르 아옌데Salvador Allende 정부를 무너뜨린 것에서 분명하게 드러났다. 같은 해 미주기구OAS는 진보 동맹을 관리했던 상설 위원회를 폐지했고, 그 프로그램은 역사의 뒤안길로 사라졌다. 라틴아메리카에 대한 미국의 직접투자는 실제로 증가했으며 채취 산업에서 제조업으로 이동하여 경제의 다각화에 도움이 되었다. 그러나 미국 투자자들은 다른 곳에서 문호 개방을 모색했다. 그 결과, 많은 라틴아메리카 국가가 미국 정부에 의존하는 상태에 머물렀거나 가난에 허덕였다.

반反식민지 시기

어느 쪽이든 초강대국의 대외 원조 프로그램에 의존하여 살아남을 생각은 없었던 신흥국들은 1954년 자와할랄 네루가 중국과 인도의 분쟁을 다루면서 선언했던 상호 협력과 존중이라는 틀에 의지했다. 1955년 4월 대부분 독립국으로 세계 인구 절반을 대표했던 아시아와 아프리카의 29개국이 인도네시아의 반둥에 모여 서구 제국주의와 소련의 신식민주의적 공세(많은 사람이 그렇게 보았다.)의 종식을 요구했다. 이 회의로 탈식민주의 세계는 냉전에서 처음으로 비동맹 중립국의 태도를 취했다. 참여국들은 일군의 지역적 분쟁을 겨냥했고 국제 관계를 종족적 위계질서에 따라 구축한 이른바 '피부색 커튼color curtain'에 반대했으며 세계 평화를 이룰 방법을 모색했다. 반둥 회의는 경제 발전 영역에서는 참여국 간의 협력을 추구했다. 물론 이는 외국자본을 포함하여 외부인들과 연계하는 것을 배제하지는 않았다. 목적은 권역 간 무역 박람회와 은행, 정보의 교환을 통해 자조를 기반으로 하는 지역적 경제권과 협의 기구를 만들면서 동시에 외부에 도움을 청하는 것이었다. 반둥 회의는 미국과 세계은행이 지분 투자를 수행하고 물가를 안정시키며 무역 다각화를 지원할 필요가 있다고 강조했다. 요컨대 경제협력이 불평등한 무역 관계와 약탈적인 금융협정, 불충분한 원조와 개발 노력을 시정할 것이었다. 반둥 회의 참여국들은 상호 간에 교역을 증진하고 기술 정보를 공유함으로써 세계경제 문제를 직접 떠맡겠다고 서약하여 제3세계를 개발도상국들을 위한 다자간 경제 운동으로 이끌었다.[74]

이들의 노력은 1961년 베오그라드 비동맹 운동Non-Aligned Movement 정상 회의를 촉발했다. 2007년까지 약 118개국을 포함한 이 조직은 북대서양조약기구나 바르샤바 조약기구에 비유되었다. 회원국들은 서로 협력했던 만큼이나 충돌하기도 했고 중립을 지키기보다는 초강대국의 어느 한 편을 들었으며 협조하지 않고 운동에서 이탈하기도 했다. 그렇지만 세계경제에 관해서는 전체적으로 초강대국들이 식민지 시대에 가난한 나라들을 착취하고자 만들어 낸 불공정한 교역조건을 바꾸려는 노력이 경주되었다. 경제적 이득과 발전의 관점에서 판단할 때(이들의 투쟁은 오늘날의 세계화 시대에도 지속되고 있다.) 이들의 항의가 가져온 결과는 모호하지만, 비동맹국가들은 사회주의경제 질서와 자본주의경제 질서의 구조를 바꾸지는 못했어도 대화는 바꿔 놓았다.

소련은 반둥 회의 회원국들에 호소하고자 경제적 공세에 나섰고, 미국의 대응은 냉소에서 우려까지 다양했다. 미국 정부의 몇몇 인사는 반둥 회의를 공산주의의 음모로 보았고, 아이젠하워를 포함한 다른 이들은 사회주의자들과 이 중립국들이 식민주의를 서구 자본주의와 연결함으로써 외교 관계에서 점수를 딴 것에 실망했다. 미국 정부는 소련이 제국처럼 처신했다는 것과 네루의 인도가 따른 비시장적 개발 접근법이 주민을 돕는 데 대체로 실패했다는 것을 떠올리도록 선전전을 수행하려 애썼다. 미국은 또한 반둥 회의가(그리고 소련의 공세가) 세계경제의 세력 구조에 나타난 변화를 의미한다고 이해했지만, 식민주의의 소멸을 어떻게 다루어야 할지는 잘 몰랐다. 동맹국들이 곧 제국이었기 때문이다. 해답은 식민주의에서 질서정연하게 안정적으로 빠져나오는 길을 택하라고 서방을 압박하는 것이었다. 이는 미국의 문호 개방 접근법과 부적절하게도 미진한(제3세계가 볼 때 그렇다.) 세계경제의 개혁을 유지한다는 의미였다.[75]

미국과 소련은 이제 전 세계적인 냉전의 '시장'에서 움직이고 있었다. 미국은 어려운 과제를 안겨 준 세계경제의 변화 안에서 시장 이데올로기와 관행을 유지하고 촉진하기 위해 신흥국들을 설득할 다양한 방법을 고려했다. 미국 정부에 필요했던 것은 다자 무역 체제와 문호 개방을 넘어서 자유기업에 우호적인 이론적 토대를 마련하는 것이었다. 특히 약탈적인 자본주의자들에 의해 오랫동안 강제로 조금씩 문이 열린 제3세계에서는 다자 무역 체제와 문호 개방을 의혹의 눈초리로 보기 때문에 그러한 이론적 토대는 더욱 필요했다.

그러한 압박은 정책 입안자들로 하여금 서구 지향적 근대화 이론에 대한 로스토의 기본적인 설명을 찾게 했다. 로스토는 근대화는 미리 정해진 성장 단계에 따라 단선적인 발전 과정을 거치며 몇십 년 후가 되면 세계화라는 세계 체제에서 경제들의 통합으로 끝난다고 단정했다. 국가들이 원시적인 빈곤에서 정교한 자본주의적 부의 절정으로 상승하는 과정에 관한 이 구조주의적 견해에서, 발전은 관습(전통)이 아니라 경제와 제도(근대성)에 가장 큰 영향을 받으며 또 그래야만 했다. 국가들과 국민들은 미국과 다른 대국들의 도움을 받아 단계적으로 근대화에 이를 뿐이었다. 국가는 은행 제도와 기업가 계급, 기술의 이용 같은 근대적 경제 수단을 채택하면 산업화가 성장을 촉진하고 경제를 다각화하는 '도약' 시기를 통과할 것이었다. 대중 소비와 빈곤의 축소로 가능해진 높은 생활수준이 특징인 성숙한 사회가 출현할 것이었다. 로스토는 근대화가 "부자와 빈자를 가리지 않고 자유로운 사람들 간의 새로운 협력 관계"를 통해 "자유로운 세계의 북쪽 절반과 남쪽 절반 사이의 새로운 탈식민지 관계"를 구축할 것이라고 단언했다.[76]

로스토의 이 모델을 비판하는 자들이 없지 않았다. 언제나 있었다. 어떤 이들은 로스토의 이론이 큰 나라와 시장경제, 단선적 발전에는 적합하지만 작은 나라와 국가 통제경제, 불규칙적인 발전은 무시한다고 주장한다. 로스토의 이론은 서구 지향적일뿐만 아니라 미국 경제의 성공과 대중 소비사회로 진화하는 것을 지지한다는 점에서 미국 중심적이기도 했다. 로스토는 그 정도로 완고하지는 않았지만, 1960년에 비공산주의적 '자본주의 선언'을 발표했을 때 그의 구상에서 가장 중요했던 것은 냉전이었다. 따라서 로스토는 이렇게 단선적인 근대화 여정을 따라 '최고 단계'의 발전에 성공적으로 도달한 미국을 염두에 두었다. 물론 전체주의적 경제 지도라는 공산주의의 길도 다른 하나의 길이었다. 성장 단계를 거치는 과정을 둘러싼 이 싸움은 세계경제에서, 특히 제3세계에서 이루어진 냉전 경쟁의 밑바탕이었다. 요컨대 이 자유주의적 경제 이론은 저개발 세계에 제시된 사회주의를 대신할 근원적인 미래상이었으며, 그 성패는 근대화를 실현할 시장의 힘을 보존하는 것에 달렸다.[77]

제3세계의 반란

가난한 나라와 개발도상국은 미국의 근대화 계획을 쉽게 받아들이지 않았다. 자유 시장 성장 전략의 미약하거나 해로운 효과를 경험했기 때문이다. 20세기 중반, 빈곤의 원인에 관한 논쟁에 자유주의적 근대화의 실증주의가 아닌 다른 이론들이 끼어들었다. 마르크스주의는 자본주의 세계 체제에서는 외국의 독점적 금융업자와 상인들이 외국 정부와 엘리트 피보호국의 연합체로부터 지지를 받아 신흥국을 영원한 불평등 교환의 상태에 고착시켰기 때문에 개발도상국 세계가 불리하다고 주장했다. 저개발 국가들은 자신들을 농산물과 원료, 경공업 생산에 몰아넣은 교역조건terms of trade[3](수출품 가격을 수입품 가격으로 나눈 것) 때문에 금융자본에 빚을 지고 경제적 왜곡으로 고통을 당했기에 그 체제를 떠나거나 바꾸거나 혁명을 통해 파괴하지 않고는 빈곤에서 벗어날 수 없었다. 베트남과 쿠바, 앙골라의 민족주의적 반란으로 마르크스주의 정권이 권력을 잡기는 했어도, 그러한 방식을 취한 나라는 거의 없었다. 실제로 제3세계는 자신들이 처한 곤경을 비판하기 위해 구조주의에 의존했다. 구조주의자들은 폴 배런Paul Baran 같은 마르크스주의자들에게 동의했다.

_____ **3** 수입품 한 단위를 얻기 위해 지불해야 하는 수출품의 단위.

세계 자본주의는 불평등한 교역조건으로 부유한 선진국에 유리했고 개발도상국 세계에서는 후진성을 영구화했다는 것이다. 유엔 라틴아메리카 카리브해 경제 위원회UNECLAC의 위원이었던 아르헨티나 경제학자 라울 프레비시Raúl Prebisch는 종속이론을 채택하여 제3세계 주변부에서 선진 자본주의 중심부로 부가 이전하는 이유를 설명함으로써 자유주의에 반대한 초기 사상가 중 한 명이었다. 훗날 이매뉴얼 월러스틴Immanual Wallerstein은 이 과정을 '세계 체제'라고 명명했다. 개발도상국이 수출하는 값싼 일차산품은 선진국 세계에서 끊임없는 수요가 있지만(반드시 증가하는 것은 아니다.) 경쟁에 직면했고, 부유한 나라들은 개발도상국에 고가의 공산품을 보냈다. 개발도상국은 자국의 발전을 위해 선진국의 공산품을 구매할 수밖에 없었다. 따라서 불균등 교역 관계는 선진국으로 소득을 이전했으며, 외국인 투자자들은 제3세계를 피했거나 개발도상국 세계에서 선진국 세계로 더 많은 이윤 유출을 촉진한 수출 부문에 집중했다.

　마르크스주의자와 구조주의자의 차이점은 이 무역으로 인한 빈곤의 순환을 해결하는 방법에 있었다. 마르크스주의적 종속이론가들은 혁명을 설파했던 반면, 프레비시 등은 지역적 통합과 개발도상국 간의 투자와 교역 확대, 수입 대체 정책을 통해 세계경제의 규칙을 바꿀 것을 주장했다. 이 처방이 시장 다자 무역 체제에 반대하는 구조주의자의 항변에서 핵심이었다. 물론 가난한 나라들은 때로 외국인 투자 재산을 국유화하거나 외국자본을 금지하고 국내 생산자에게 보조금을 지급하여 단일경작 경제를 다각화해야 했다. 1930년대부터 라틴아메리카 국가들이 추진했고 1950년대 말이면 아프리카 국가들도 채택한 수입 대체는 일차산품 생산에서 제조업과 서비스, 유치산업의 육성으로 다변화할 것을 요구했다. 특히 수입 대체에는 관세와 수입 할당제, 기타 양적 무역 장벽으로 국내 산업을 보호하고 생산을 수출보다는 국내 소비로 국한하며 교역과 생산, 소비 유형의 국가 통제를 통해 성장을 관리하는 것이 필요했다. 이 보호무역주의적 수단은 효과가 있을 수 있었다. 유엔이 식민주의에서 새롭게 해방된 수십 개 국가의 가입으로 바뀌던 때에 개발도상국 세계가 서구 자본주의 체제에 맞서 그러한 수단을 이용했기 때문이다. 수입 대체는 제3세계가 다자 무역 체제의 시장경제에서 고립되는 것을 의미하지 않았다. 다국적기업들의 외국인 투자에 의한 개발을 장려했고 외국의 원조를 환영했기 때문이다. 그러나 강조점은 무역 개방이 아니라 국내 시장에 놓였다.

내부 지향적 산업화의 강력한 추진은 다자 무역주의 시장 체제를 공격했지만, 그 결과는 모호했다. 아르헨티나와 브라질, 멕시코, 베네수엘라 같은 라틴아메리카의 몇몇 큰 나라에서는 효과가 있었다. 국내에서 성장한 제조업이 꽤 큰 소비 시장을 가졌기 때문이다. 상대적으로 작은 나라들은 그만큼 성공하지 못했고, 관세율이 높은 한국과 필리핀 같은 동아시아 경제들은 미국의 냉전 원조와 투자, 다양한 수출 무역으로 움직였으므로 수입 대체 필요성이 거의 없었다. 한편 라틴아메리카는 보호무역주의로써 산업 기반의 발전을 모색했지만 대체로 실패했다. 선진국의 세계시장 지배나 교역 관계를 좌우한 개방의 규칙을 피할 수 없었기 때문이다. 1960년에 개발도상국 세계의 수출 총액은 1950년대에 비해 거의 3분의 1이 증가했는데, 라틴아메리카가 22퍼센트, 아프리카가 42퍼센트의 증가율을 기록했다.(아시아는 10퍼센트 증가율에 그쳤다.) 이 수치는 아시아가 직물 같은 공산품 수출을 지배했다는 사실을 감춘다. 직물은 세계경제에서 제3세계 판매고의 15퍼센트를 차지했다. 수입 대체는 전반적으로 경제개발에 실패했으며 전 세계 수출에서 제3세계의 몫을 늘리지도 못했다. 제3세계의 수출은 전 세계 총 수출의 비율로 따지면 사실상 감소했다. 높은 관세가 경쟁을 억누르고 국내의 비효율을 조장하는 동안 다국적기업들은 현지 경제를 계속 지배했고 지배력을 더욱 키웠다.

그럼에도 신흥국들은 도전했고 어느 정도 효과도 있었다. 먼저 시작한 나라는 근대화를 환영했다. 근대화가 원조와 더불어 왔기 때문이다. 그러나 케냐의 톰 음보야Tom Mboya 같은 사람들은 원조에 조건이 붙어서는 안 된다고 주장했다. 음보야는 1961년 영국에 이렇게 훈계했다. "이 점을 명심하라. 우리는 도움을 제안하는 모든 이의 숨은 동기를 판단할 수 있다."[78] 게다가 분투하는 나라들은 1958년에 무역 체제를 표적으로 삼았다. 관세무역일반협정의 전문가들로 구성된 위원단은 선진국 세계에 호혜적인 다자 무역주의 협정을 고집하지 말고 저개발국 상품을 일방적으로 더 많이 구매하라고 권고했다. 구조주의는 경제 분야에서 중립국의 외교적 비동맹 운동과 같은 활동으로 귀결되었다. 구조주의는 선진국들에 제3세계의 욕구와 기대를 깨닫게 했으며, 그 실패는 개발도상국 세계에 국내에서 발전의 해법을 찾기보다 국제적 해법을 모색하게 했다. 요컨대 이는 미국이 주도하는 금융과 무역의 세계 자본주의 질서에 맞서는 반란을 의미했다. 관세무역일반협정이 개발 욕구에 집중하지 않았기에 한국과 멕시코, 자메이카, 아르헨티나 같은 신흥국은 무역 협상에 참여하지 않았다. 이들은 미국의 도움에 의지했고 1964년 유엔 무역 개발 회의에서 77 그룹을 창설했다. 77 그룹은 개발도상국 세계의 경제적 이익을 대변할 항구적 경제블록이 되었다. 77 그룹은 1967년 알제에서 첫 회합을 가진 후 국제통화기금과 세계은행은 물론 유엔의 모든 기관에도 지부를 두었다. 유엔 무역 개발 회의의 주된 목적은 관세무역일반협정을 설득하여 국제무역 체제의 발전을 목표로 삼게 하는 것이었다. 결국 구조주의 모델은 유엔 무역 개발 회의에 침투했다. 1964년 시작할 때부터 1969년까지 회의를 지도한 첫 번째 사무총장이 오랫동안 개혁가였던 라울 프레비시였기 때문이다.[79]

유엔 무역 개발 회의는 협의와 연구, 정책 분석, 기술 지원을 위한 정부 간 기구로서 4년마다 모일 조직을 설립한 후(2009년까지 191개 회원국이 가입했다.) 주로 관세무역일반협정의 다자 무역주의 시장 체제를 공격했다. 장애물은 헤아릴 수 없이 많았다. 선진국들이 관세무역일반협정 안에서 오랫동안 자신들의 무역에 초점을 맞추었고, 1963년부터 1967년까지 이어진 케네디 라운드에서는 새로운 유럽 공동시장(유럽 경제공동체)에 집중했기 때문이다. 1962년, 선진국 세계에 제3세계 수출품에 대한 새로운 관세와 양적 제한을 철폐하고 열대 상품과 반제품에 대한 장벽을 제거하거나 축소하라는 권고에 21개국이 응했다. 이 발상은 유럽 공동시장의 저항에 부딪혔다. 유럽 공동시장의 여섯 개 나라는 이미 자신들과 관련된 과거의 식민지에 여러 수출품에 대한 특혜를 제공하고(다른 나라보다 더 낮은 무역 장벽) 그 대가로 호혜주의를 요구하지 않음으로써 그 나라들에 무역 특혜를 부여했다. 그러한 무역 특혜는 협정 밖의 나라들을 차별하는 체제를 만들어 냈지만, 특히 프랑스는 그 체제를 유지하고자 했다. 1963년 카메룬의 야운데에서 아프리카 해외 준국가연합AOC의 열여

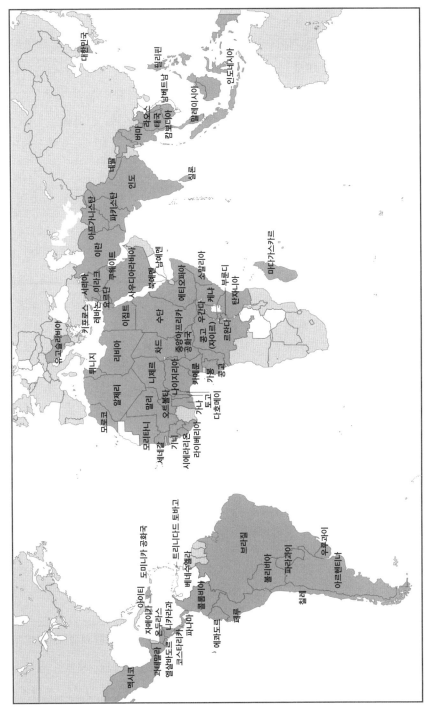

대한민국 필리핀 인도네시아 남베트남 타이 캄보디아 라오스 말레이시아 버마 네팔 인도 실론 파키스탄 아프가니스탄 이란 이라크 쿠웨이트 요르단 레바논 시리아 키프로스 이집트 유고슬라비아 튀니지 리비아 알제리 모로코 모리타니 세네갈 기니 시에라리온 라이베리아 말리 오트볼타 나이지리아 가나 토고 다호메이 니제르 차드 카메룬 가봉 콩고 수단 중앙아프리카 공화국 콩고 (자이르) 우간다 예티오피아 소말리아 남예멘 북예멘 사우디아라비아 부룬디 케냐 탄자니아 르완다 마다가스카르

과테말라 엘살바도르 온두라스 니카라과 코스타리카 파나마 멕시코 아이티 도미니카 공화국 자메이카 트리니다드 토바고 베네수엘라 콜롬비아 에콰도르 페루 칠레 볼리비아 파라과이 우루과이 아르헨티나 브라질

_____ 1964년 유엔 무역 개발 회의에서 일흔일곱 개 개발도상국 공동선언에 서명한 나라들.

덟 개 회원국과 어느 정도 배타적인 협정을 체결했기 때문이다. 야운데 협정
은 프랑스에 프랑화를 기반으로 한 저렴한 식품 수입을 보장하고 알제리에서
식민지를 상실하던 바로 그때 아프리카에서 식민지 해방의 옹호자라는 이미
지를 제고했는데, 1962년 제3세계의 행동 강령은 그러한 야운데 협정을 위태
롭게 했다. 라틴아메리카는 야운데 협정에서 배제된 것에 항의했고, 미국은
이들을 지지했다. 부분적으로는 야운데 협정이 대다수 신흥국을 차별했고 또
서반구의 바나나와 커피의 유럽 수출을 제한함으로써 미국이 국제수지가 점
점 더 심한 적자를 보는 상황에서 더 많이 구매할 수밖에 없도록 만들었기
때문이다.[80]

모든 제3세계 상품에 일반 특혜관세를 인정하는 제도는 자유무역을 원
하는 미국의 입맛에는 맞지 않았다. 미국 정부는 점점 나빠지는 제3세계의
불리한 사정을 교정할 필요성은 인정했지만, 특혜관세는 미국의 문호 개방정
책을, 또 자유주의적 통상 정책에 대한 의회의 미약한 정치적 지지를 위협했
다. 국내의 보호무역주의자들은 이를테면 설탕 같은 경쟁 상품의 자유로운
진입을 받아들일 만큼 친절하지 않았고, 특혜관세는 세계경제의 시장 발전에
서 사라지는 경향을 보였다. 미국은 가난한 나라들이 원조와 개별적 상품 협
정,(보편적 협정이 아니다.) 광역권 통합을 통해 자국 경제를 다각화하도록 돕는
것을 선호했다. 린든 존슨 행정부는 케네디 라운드에 대비하면서 모든 국가
에 미국의 특정 관세를 절반으로 줄이겠다고 제안했으며 선진국 세계와 개발
도상국 세계 간 무역의 부드러운 '상업적 토대'(개입보다는 시장에 의존한다는 의
미)를 역설했다. 재앙의 조짐을 알아챈 관세무역일반협정의 관료들은 앞다투
어 경공업 수출품에 대한 특혜관세를 연구함으로써 제3세계 국가들을 달래
려 했다. 좌절한 개발도상국들은 단념했고 대신 유엔 무역 개발 회의 체제에
서 국제무역의 규칙을 개정하는 데 착수했다.

유엔 무역 개발 회의에 가입한 120개국과 여러 국제기구의 2000명이 넘
는 대표는 개발도상국의 손실을 회복할 수 있도록 서방 선진 세계의 '중심부'
국가들에 자신들의 수출품에 대한 특혜관세를 제공하라고, 그리고 교역조건
이 더욱 악화될 경우 보상을 제공하라고 압박했다. 소련은 (비록 공산권과 개발

도상국 사이의 이전의 경제적 거래가 못쓰게 되었지만) 이러한 생각을 너그럽게 받아들였고 이에 반대하는 '제국주의 국가들'을 비난했으며 유럽 경제공동체가 아프리카 국가들과 맺은 탈식민지 시대의 관계를 비판했다. 공산국가들은 안정된 고정 가격으로 상품을 구매하겠다고 제안했고 그로써 제3세계가 서방의 자유 시장 제도에서 이윤의 불확실성을 피할 수 있게 했다.

자본주의 중심부는 싸울 준비를 했다. 서유럽은 대체로 '선택적이고 통제된' 북-남 교역의 요구에 굴복하여 미국이 주도하는 관세무역일반협정 체제의 자유기업 다자 무역 체제를 대체하려 했으며, 영국 지도자들과 관세무역일반협정 지도자들 둘 다 문호 개방에 대한 과도한 이론적 집착이 교역 관계를 지배했다는 데 동의했을 때, 미국은 어느 편에 설 것인지 선택해야 했다. 국내의 보호무역주의적 압력, 그러한 체제를 받아들일 협상 권한의 부족, 전체적인 원칙 때문에 미국은 특혜관세의 열차에 탑승할 수 없었다. 그것은 거의 200년에 걸쳐 비차별을 규칙으로 삼은 미국 최혜국 정책의 핵심을 타격했다. 물론 미국-필리핀 무역협정이 특혜에 가까웠고(1974년에 종결되었다.) 1965년 캐나다-미국 자동차 협정APTA도 특별 대우를 한 것이었지만 다른 나라에 불리하지는 않았다. 특혜관세는 또한 식민지 관계의 변형처럼 보이기도 했다. 유엔 무역 개발 회의의 첫 번째 회의는 실제로는 미국에 만족스럽게도 사무국을 만드는 데 그쳤지만, 미국은 확실히 혼자였다. 미국 정부는 차별적인 야운데 협정과 부정적인 언론의 출현을 피하기 위해 1966년에 경제협력개발기구에 의존하여 모든 나라에 보편적인 일반 특혜관세 제도를 만들려 했다.[81]

프랑스가 아프리카 국가들과 체결한 특별 협정을 버리기로 동의했을 때, 미국은 제3세계에 특혜관세 대우를 함으로써 유리한 지위를 부여했다. 당시 미국의 기업가 단체와 노동단체는 대부분 미국의 생산자와 노동자가 다치지 않는 한 이 조치를 지지했다. 라틴아메리카는 서반구에만 특혜를 주는 체제를 원했지만, 미국은 전 세계적인 체제에 찬성했다. 1968년 인도에서 모인 제2차 유엔 무역 개발 회의UNCTAD II는 선진국 시장에 진입하려는 다양한 제품에 일반 특혜관세를 인정했다. 그렇지만 제3세계는 계속 다투었고 선진국 세계에서는 공산품의 면세와 특정 상품의 특혜관세에 대한 저항이 증가했으며,

그 결과로 개발도상국을 돕겠다는 약속은 약해졌다. 결국 일반 특혜관세 제도는 1976년에 발효되고 3년 뒤 영구적인 제도가 되었지만, 제3세계의 핵심 수출품에 대해서는 면세의 혜택을 주되 다른 것들의 이익은 제한한 일시적인 거래였을 뿐이다. 과연 부유한 나라들은 경제협력개발기구에 속하지 않은 거의 모든 나라에 특혜관세를 인정했지만, 예외가 있었다. 미국은 1990년대 중반까지 베트남에 관세 포기tariff waiver를 부여하기를 거부했다. 게다가 선진국 세계의 보호무역주의는 직물과 유리, 철강, 가죽 제품 같은 핵심 공산품 수출에 대한 특혜관세를 방해했다. 신흥국들이 잘 만들고 무역 경쟁력을 갖춘 제품들이었다. 특혜관세는 모든 제품에 일반화되었지만, 신흥국을 상대로 한 진정으로 세계화한 무역협정 체제는 결코 발전되지 않았다. 게다가 수출 우선 전략으로부터 혜택을 본 것은 더 많이 발전한 선진국들이었다. 1980년대에 이르면 세계무역을 개발도상국에 유리하게 재조정하려는 시도는 대체로 실패했다. 일반 특혜관세는 1950년대 구조주의가 고취한 대담한 발상이었지만 기대에 못 미쳤다.[82]

냉전기의 선진국 세계와 개발도상국 세계

기대가 높아지는 이 시기의 세계경제에서 신흥국들은 미소 냉전 경쟁을 유리하게 이용하는 데 착수했다. 한 가지 방법은 세계은행 같은 비정부기구들과 협력하여 개발 사업의 자금을 확보하는 것이었다. 다른 대안은 다국적기업의 이윤을 국내에 유보시키는 데 초점을 맞추었다.

1954년 가말 압델 나세르의 새로운 이집트 혁명정부는 나일강에서 전력을 생산하고 농업 발전을 촉진하며 매년 반복되는 홍수를 통제하기 위해 아스완 댐 건설 비용을 마련하려 했다. 이 거대한 사업은 나라의 생활수준을 높이고 나세르의 혁명을 공고히 할 것이었다. 세계은행이 신속하게 댐 건설비 조달 계획을 세웠지만, 나세르는 4억 달러의 차관에 댐 하류의 영국 식민지 수단이 정당한 몫의 물을 얻어야 하고 마을이 수몰되어 쫓겨난 주민에게 보상해야 한다는 단서가 붙자 주저했다. 비동맹국인 이집트는 세계은행의 요구 배후에 영미의 공모와 제국주의가 도사리고 있다고 생각했지만, 그 국제기구의 관료들은 차관의 조건부 승인은 경제적·기술적 고려에서 비롯했다고 반박했다. 1955년 공사 입찰을 둘러싸고 다른 혼란이 초래되었지만, 그 사업 주변에는 늘 냉전이 맴돌았다. 인도양과 지중해를 연결하고 중동에서 선적되는 유럽 석유의 3분의 2가 통과하는 전략적 수로인 수에즈 운하는 이집트를 통과했다. 나세르가 체코슬로바키아로부터 무기를 구입하겠다고 선언했을 때, 영국과 미국은 공산주의 진영이 중동의 이 지역에 침투하여 운하의 안전을 위험에 빠뜨리고 영국의 위신을 손상시킬지 모른다고 걱정했다. 게다가 나세르는 곧 중화인민공화국을 승인했고 요르단의 영국인 관리 추방을 지지했으며[4] 이스라엘을 혐오한다는 점을 드러냈다. 게다가 미국 남부의 의원들은 이집트의 면이 미국에 들어와 경쟁하는 공포를 느꼈다. 냉전에서 중립을 지키는 것을 혐오했던 국무 장관 덜레스는 공개적으로는 세계은행의 아스완 댐 재정 지원을 지지하면서 중동에서 나세르 반대 진영의 결집을 조장했다.

두 정부 모두 나세르의 마음을 얻기 위해 아스완 댐의 건설비 절반을 성급하게 떠맡기로 했다. 결국 미국은 2억 7000만 달러를 제안했다. 한편 세계은행은 미국 재무부와 협조하여 영국 런던에 대규모로 쌓여 묶여 있는 이집트의 파운드화를 풀어놓으라고 압박을 가했고 수단의 요구가 수용될 만한 합의를 협상했다.[83] 그러나 세계의 은행가들은 나세르가 편애한 독일 회사에 댐 건설을 맡기는 것보다 경쟁 입찰을 장려하여 국제 차관의 기준을 지켜야 한다고 고집했다. 나세르는 이러한 구속을 이집트 주권의 침해로 보고 분노했지만, 미국은 1956년에 이집트가 사업을 완수할 수 없을 것이라는 이유로 차관을 취소함으로써 큰 위기를 촉발했다. 세계은행이 나세르의 경제적 능력을 입증했기에, 사업 완수가 불가능하다는 것은 사실이 아니었다. 나세르는 수에즈 운하 통행료로 아스완 댐 건설비를 마련하고 제국주의 국가와 그 기업 들에 맞선 아랍 세계의 저항에서 이집트를 지도 국가의 자리에 올리기 위해 극적으로 수에즈 운하의 국유화를 단행하여 대응했다. 뒤이은 위기에서 1956년

---

4 1956년 요르단 국왕 후세인 빈 탈랄Hussein bin Talal은 글럽 파샤Glubb Pasha로 알려진 영국 군인 존 글럽John Glubb을 요르단군 사령관에서 해임하면서 영국인 장교를 전부 축출했다.

_____이집트 아스완 상부 댐의 건설 현장을 시찰하는 가말 압델 나세르 대통령, 1963년. 8년 전에 혁명가 나세르와 유럽의 금융가와 관료들 사이에 이 거대 사업을 둘러싸고 충돌이 일어났고, 이에 나세르는 사회주의국가들에 지원을 요청했다. 이 분쟁은 1956년의 수에즈 운하 위기로 이어졌고, 나세르는 운하를 국유화했다. 미국은 냉전의 긴장을 고조시킨 영국과 프랑스, 이스라엘의 침공을 중지시켜 위기를 끝냈다. 그 사업은 몇 년 뒤에 시작되었다. (Bibliotheca Alexandrina)

10월과 11월에 이스라엘과 프랑스, 영국이 이집트를 침공했지만 유엔에서 소련과 미국을 포함한 여러 나라의 비난을 받았을 뿐이다. 그 위기가 반서구 정서에 불을 지피고 중동의 매우 중대한 지역에서 소련에 발판을 마련해 줄 것을 두려워했던 아이젠하워는 격노했고 영국을 겨냥하여 파운드화 보유고를 매각하여 파운드화를 붕괴시키겠다고 위협하는 경제 외교 술책을 썼다. 패권 국가 미국은 서구 동맹국들의 돈줄을 쥐고 있었던 것이다. 한편 사우디아라비아는 영국과 프랑스에 대한 석유 수출을 금지했다.[84] 유럽과 이스라엘은 우방과 적에 의해 구석에 몰렸음을 깨닫고 수에즈 운하에서 물러났다.

수에즈 운하 위기는 세계경제와 그 안에서 제3세계가 차지하는 지위에 큰 반향을 가져왔다. 세계은행 같은 비정부기구들은 계속해서 차관을 제공했지만,(이 경우 더 큰 선박이 통과할 수 있도록 수에즈 운하의 폭과 깊이를 확장하는 데 필요한 자금을 제공했다.) 이집트 등이 채택한 자신들의 경제적·사회적 개혁이 냉전 정치에 짓눌리는 것을 막을 수는 없었다. 수에즈 운하 위기는 특히 중동과 아프리카에서 프랑스와 영국의 식민지 종식을 앞당겼으며 북대서양조약기구 동맹의 안정도 해쳤다. 특히 프랑스가 미국의 신뢰성을 점차 깊이 의심했기 때문이었다. 그리고 역내 세력균형은 1958년 아스완 댐 공사비를 지원한 소련 쪽으로 약간 더 기울었다. 공사는 소련으로부터 중장비와 기술자를 지원받아 1960년에 착수되었고, 4년 후 담수가 시작되었으며, 1976년에 처음으로 최대 담수량을 채웠다. 아스완 댐은 초기에 나라의 전력 사용량 절반을 공급했다. 이집트는 아스완 댐이 가져온 발전에 힘입어 세계 외교와 역내 분쟁에서 중요한 존재가 되었다. 나세르는 의기양양하게 범汎아랍 운동의 지도자로 등장했다. 신흥국 이집트는 냉전 게임을 성공적으로 수행했다.[85]

나세르와 유엔 무역 개발 회의가 거둔 성공이 인상적이기는 했지만, 개발도상국 세계는 여전히 가난했고 선진국 세계는 계속 통제력을 유지했다. 제3세계 국가들은 국제통화기금이 정한 엄격하고 보수적인 차관 조건에 맞서 싸웠다. 국제통화기금은 이 나라들이 관료적 무책임이나 부패 때문에 협약을 존중하지 않았으므로 세세하게 통제해야 한다고 확신했다. 다국적기업에 대한 의존과 건실한 국내시장의 부재로 인한 빈곤의 순환이 저개발을 낳았다. 예를 들면 에콰도르는 속박을 무시하려 했지만, 미국 수출입은행과 국제통화기금의 차관에는 단서가 붙었다. 다국적기업이 국내에서 더 많은 사업 기회를 얻도록 허용함은 물론 높은 휘발유 가격과 전기 요금, 통화의 평가절하 같은 긴축정책을 요구했던 것이다. 1867년 텍사코-걸프 코퍼레이션Texaco-Gulf Corporation이 에콰도르의 아마존에서 큰 유전을 개발하고 뒤이어 풍부한 매장량을 발견했어도 나라의 경제적 재난은 해결되지 않았다. 1977년이면 유전과 송유관에서 발생하는 소득으로 수출은 일곱 배로 늘었고, 그 10년간 세계의 석유 수요 증대와 석유 가격 인상으로 국내총생산은 더욱 증가했다. 그러나 다국적기업들이 투자한 외국자본이 생산과 수출을 지배했고, 텍사코-걸프가 규제 강화에 저항하여 석유의 해외 판매를 거부했을 때에는 에콰도르 군사정권이 몰락하기도 했다.

에콰도르는 다국적기업과 비정부기구, 신흥국 사이의 복잡한 관계를 보여주는 사례로서 세계경제 체제에 내재한 기본적인 불평등을 노정했다. 1950년대에 외국의 경쟁으로 카카오와 쌀의 가격이 내려갔을 때, 에콰도르는 바나나로 방향을 틀었고 미국에서 수요가 증대한 덕에 세계 최대 생산국이 되었다. 바나나 수출은 1948년 280만 달러에서 1960년 9000만 달러로 증가하여 1961년에는 수출의 약 3분의 2를 차지했다. 수출과 판매는 다섯 개 외국 대기업이 장악했지만, 대략 3만 가구가 바나나를 생산했다. 유나이티드 프루트 컴퍼니의 농장에서 노동자들은 값싼 주택과 안전한 식수, 저렴한 식량, 병원, 유급휴가, 질병 휴가, 그리고 에콰도르의 다른 이들에 비해 높은 임금 등 많은 혜택을 누렸다. 그렇지만 바나나는 폭넓은 복지나 근대화를 가져오지는 않았다. 에콰도르 경제가 다른 라틴아메리카 경제들과 마찬가지로 거대 수출 기업에 의존했기 때문이다. 에콰도르 국가는 도시의 발달과 관리, 성장에 필요한 산업화나 중간계급 형성에서 별다른 진전을 보이지 못했다. 전체적으로 보면 1960년대 초 에콰도르가 유엔 라틴아메리카 카리브해 경제 위원회의 수입 대체 권고를 받아들였는데도, 1970년에 국내총생산에서 공업이 차지하는 몫은 1940년과 똑같았다.[86] 그렇게 된 이유는 냉전으로 세계경제가 지속적으로 탈세계화 과정을 거쳤고 미국이 전통적으로 추진했던 자유로운 기업 활동의 효과가 억제된 데 있었다.

동서 무역

소련 진영을 상대로 한 무역 관계, 소련 진영 내부의 무역 관계도 이러한 안보 문제가 세계경제에 가져온 억제 효과를 반영했다. 일찍이 스탈린은 동유럽 경제 상호 원조 회의 국가들의 생산과 교역을 내부로 향하게 함으로써 그 나라들을 가차 없이 통합했다. 그런데 이제 소련은 서방을 상대로 상업적 거래를 확대하려 했다. 평화 공존으로 냉전의 차가운 분위기가 가셨다. 아이젠하워는 잉여 농산물 판매를 모색한 미국 농민들의 지지를 받아 1955년 정상 회담에서 공산권과 서방 사이의 교역을 제한한 일부 무역 제재를 없애겠다고 약속했고 다국 수출 통제 협력 위원회Coordinating Committee for Multilateral Export

Controls: CoCom[5]의 세 가지 목록을 해제했다. 아이젠하워는 소련이 적의를 품고 있다는 선입견을 버리라고 조언했고 상품 거래를 통해 평화와 안전을 촉진하려 했다. 의회는 대체로 동의했고, 행정부는 금수 목록의 제한 조치를 완화했다. 2년 후 영국이 중국에 관련된 몇몇 기계류 교역의 통제를 완화해 줄 것을 미국에 요청했을 때 아이젠하워는 악의적인 반공주의의 벽에 정면으로 부딪쳤다. 아이젠하워는 일본과 '공산국가' 중국 사이의 외교 관계를 장려하기 위해서가 아니라 양국 간의 자연스러운 교역 형태를 촉진하기 위해 문제를 신중히 조사할 것을 옹호했다. 의회와 유관 부처인 상무부는 아이젠하워가 공산국가와 교역한 나라들에 원조 제공을 금지한 배틀 법Battle Act[6]을 위반했다고 고발당하자 그에게 물러서도록 했다. 예를 들면 댈러스의 드레서 인더스트리스Dresser Industries는 소련에 바위 굴착 비트에 관한 자료를 주고 새로운 터보천공기 제작 권리를 받으려 했는데, 상무부는 이를 거부했다. 메시지는 분명했다. 중국-소련 진영에 대한 금수 목록의 완화는 결코 없을 것이었다.[87]

이러한 엄격함은 1960년대에 냉전으로 경제 관계에 관한 대화가 변화하면서 서서히 바뀌었다. 케네디 행정부는 1962년 괴로웠던 쿠바 미사일 위기 이후 동서 무역을 초강대국들의 관계 개선 수단으로 이용하자고 권고했다. 구체적으로 말하면 미국은 1963년 소련에 밀을 대량으로 판매하는 것을 승인했고 동유럽과의 교역 확대를 옹호했다. 존슨 대통령은 의사 결정 과정을 소련과의 화해를 추구한 백악관과 국무부에 집중시킴으로써 동서 무역의 자유화 과정을 더욱 촉진했다. 그래서 린든 존슨은 미국 재계와 노동계의 지지를 얻어, 그리고 중앙정보국과 국방부의 찬성을 받아 무역협정을 체결함으로써 다리 놓기에 몰두했다. 다국 수출 통제 협력 위원회의 통제는 소련의 제3세계 침투나 첨단 무기 체계의 발전에 필요한 경제적 기반 건설을 막지 못했다. 미국이 베트남에서 공산주의와 열전을 벌이고 있었기에 전략적으로 중요한 물

_____ **5** 제2차 세계대전 후 동유럽 경제 상호 원조 회의 국가에 무기 수출을 금하고자 설립된 17개국의 회의체.

_____ **6** 상호 방위 원조법Mutual Defense Assistance Act. 발기인인 앨라배마주 의원 로리 배틀Laurie C. Battle의 이름을 따서 그렇게 부른다.

품들의 제한과 금지는 그대로 남았지만, 존슨 행정부는 공산권 국가들에 최혜국대우를 확대하기로 결정했다. 이는 변화를 가져오고 그들을 자유 시장 세계경제 안으로 끌어들이기 위한 협상 수단이었다.

미국이 동서 교역을 공산주의 진영의 행동에 영향을 미치는 당근과 채찍으로 쓰는 것은 규칙이 되었다. 자유화를 향한 추세는 리처드 닉슨 행정부에서 정점에 달했다. 닉슨이 공산주의 진영과의 화해를 향해 나아갔기 때문이다. 중국에 대한 제한 조치가 점차 사라지면서, 교역은 1971년 500만 달러에서 3년 뒤 9억 달러로 증가했다. 1972년 미소 간에 전면적인 무역협정이 체결되면서 수많은 계약이 이어져 미국으로 총액 11억 달러에 달하는 수입품이 들어왔고, 소련에는 10억 달러가 넘는 곡물이 판매되었다. 상무부는 겨우 몇 달 만에 통제 품목을 550개에서 73개로 축소했고, 다국 수출 통제 협력 위원회는 전략물자 목록을 지속적으로 갱신하기보다 점차 항목 적용을 보류했다. 미국의 면제 요구는 1962년에 2개였으나 1978년에는 1000개가 넘었다. 소련이 세계적인 자본주의 시장에 진입하고 미국이 소외된 중국과 소련을 달래는 데 무역을 이용하면서 서방과 공산권 사이의 교역은 번창했다. 특히 중동에서 전쟁이 발발하여 미국의 석유 공급이 위협을 받은 이후로는 석유 채굴 협력에 관한 회담도 시작되었다. 그러나 1974년 미국 의회가 인권 침해와 유대인 이주 제한에 대한 처벌로서 소련에 주던 무역 특혜를 철회하면서 동서 무역 관계에 점진적으로 정치가 끼어들었다.[88]

후속 정부들은 소련의 외교정책에 대한 자신들의 판단에 따라 통제를 적용했다. 지미 카터 행정부는 소련의 행태와 외교를 더욱 긴밀히 연결했고, 그 결과로 1979년 소련의 아프가니스탄 침공 후 교역은 급감했다. 카터는 곡물 금수 조치를 취했고 올림픽 참가를 거부했으며 기술에 대한 통제를 강화했다. 로널드 레이건은 소련 정부를 파산시키려고 교역을 최소한으로 줄이려 했다. 그러나 그러한 처벌이 공산주의 세계와 자본주의 세계가 그 어느 때보다도 더 가까웠다는 사실을 바꿀 수는 없었다. 이는 공산주의가 무너진 뒤 러시아가 세계화에 참여하는 데 토대가 되었다.

통합으로 가는 길은 또한 공산주의 체제 내부의 균열로도 촉진되었다.

동유럽 경제 상호 원조 회의 체제가 유럽 사회주의국가들 사이에서 다소 거짓된 경제적 연합을 대표한다는 점은 분명했다. 동유럽 위성국가들은 소련의 지배와 1960년대 말 시장 사회주의 개혁의 억압에 분노했으며, 소련의 패권 정책에 역사적 경쟁의식과 의심이 더해져 통합 추진을 조롱했다. 동유럽 경제 상호 원조 회의의 중앙집권을 산업 협회들의 계획과 의사 결정으로 대체하려는 시도도 완전한 실패로 끝났다. 그러한 수평적 명령 계통조차도 다루기 어렵고 과도하게 관료적인 것으로, 서로 다른 경제들의 통합에 필요한 재정적·행정적 기반을 만들어 낼 수 없는 것으로 판명되었기 때문이다.[89] 본질적으로 1970년대 중반이 되면 미국이 주도하는 자본주의 세계경제는 비록 이전보다는 꽤나 위태로웠지만 소련의 경제적 공세를 견뎌 냈으며 여전히 지배적 구조였다.

유럽의 도전

미국의 문호 개방정책이 지배력을 행사한 것은 한편으로는 순전히 미국이 지닌 힘 때문이었지만 다른 한편으로는 역설적이게도 미국의 패권을 위협했던 서유럽과 동아시아의 급성장하는 경제들 때문이기도 했다. 서유럽은 1950년대 초 석탄과 철강의 시장을 연결한 뒤 통합의 노선을 따라 로베르 쉬망과 장 모네의 실용주의적 미래상을 추구했다. 미국은 1975년 6개국으로 출발한 이 유럽 경제공동체가 서독을 반공산주의적인 민주주의국가들의 우리 안에 가두고 전쟁으로 자주 찢어진 대륙에 번영을 통한 평화를 촉진하려는 것으로 보았다. 경제적인 의미에서 프랑스와 서독, 벨기에, 룩셈부르크, 네덜란드, 이탈리아의 공동시장은 잠재적으로 자유로운 기업 활동과 외부인에 대한 문호 개방을 지지하는 거대한 다국 간 관세동맹의 창설을 의미했다. 공동시장(영국은 유럽 경제공동체를 공동시장Common Market이라고 불렀다.)의 영향력은 매우 강력하여 유럽 석탄철강공동체는 물론 유럽 원자력공동체의 힘도 곧 무색해졌다. 두 기관 모두 유럽 경제공동체의 관할권에 편입되었다. 1973년까지 유럽 경제공동체는 네 개 회원국(영국, 그리스, 덴마크, 아일랜드)을 추가하여 확대하였고, 이후 더 많은 나라가 참여하여 2009년이면 회원국은 전부 스물일곱 개가 된다.[90] 유럽 경제공동체는 유럽의 경제적 동력이 되었다.

유럽 경제공동체의 출현은 또한 현존하는 세계경제의 세력 구조에 직접적으로 도전했다. 유럽 경제공동체는 1억 6800만 명의 서유럽 주민과 인접 지역의 6300만 명을 포괄하는 꽤 큰 교역권이었다. 창설자들은 그 관세동맹이 10년 안에 세계 최대의 통상 주체가 되는 것뿐만 아니라 그 경제조직이 관리이사회의 개별 국가 장관이 아니라 관료적 행정 기구인 유럽 위원회European Commission가 의사 결정권을 갖는 초국적인 정치적 연합의 설립으로 확장될 것도 기대했다. 공동시장의 힘과 더불어 프랑스의 국력도 신장시키려 했던 프랑스 대통령 샤를 드골은 이 유럽 위원회의 주도권을 방해했다. 또한 드골은 영국이 핵심 6개국Inner Six에 합류하는 것도 막았다. 드골은 미국이 유럽 경제공동체에 침투할까 봐 두려워했는데 영국을 미국의 대리자로 보았기 때문이다. 유럽의 초국가주의는 1990년대에 와서 단일 통화의 발전과 더불어 실현되지만, 공동시장은 1960년대에 효율적인 관세동맹을 구축함으로써 통상의 거인으로 출현했다.

유럽 경제공동체 내부에서 많은 논의를 거친 후, 각국의 통상 정책은 세계에 대한 통합된 접근법으로 대체되었다. 이는 비차별적 교역이라는 미국의 전후 정책에 도전했고 미국의 세계경제 장악력을 훼손했다. 핵심 6개국은 공동의 대외 관세를 설치하여(국가별로 관세율 표를 분리하지 않았다.) 공동시장과 외부 세계 사이의 공산품 교역에 적용했으며, 이로써 의도적으로 미국의 다자 무역주의적 개방정책을 차별했다. 핵심 6개국은 관세를 조정하여 평준화했고,(프랑스와 이탈리아는 인하했고 베네룩스와 서독은 인상했다.) 이어 이 공동 관세를 수입품에 적용하면서 자신들끼리는 공산품의 무관세를 유지했다. 이에 더하여 이 경제권은 식량 수입에 보호무역주의적 세금과 할당제를 도입했다. 공동 농업정책Common Agricultural Policy이라는 이 제도는 농업이 발달한 프랑스에서 어느 정도까지 농가를 보호할 것인지를 두고 프랑스와 유럽의 교역 상대국들 사이에 큰 의견 차이를 불러일으켰다. 소동이 있었지만,(대체로 프랑스를 새로운 유럽의 지도자로 인정받으려 했던 드골의 강공이 초래했다.) 서유럽의 교역권은 비유럽, 특히 미국의 교역권보다 우선했다. 미국은 실제로 이 유럽 중심적 정책을 정치적인 이유로 환영했다. 다자 무역 체제의 원리보다 정치적 이유가 더 중요했던 것이다. 결국 유럽 통합은(그리고 일본을 서구에 연결한 것은) 미국 외교정책의 큰 성공담이었다. 그러나 유럽의 교역과 소비력이 미국의 경제적 전망에 끼칠 잠재적으로 해로운 효과는 무시할 수 없었다.

유럽 경제공동체는 모든 경제적 범주에서 미국의 지도력과 패권에 도전한 발전소로 등장했다. 미국과 유럽의 생산력 격차는 심지어 1950년대에도 빠르게 줄어들고 있었다. 유럽의 철강 생산은 1959년이면 연평균 6290만 톤으로 증가했고,(7년 전에 3660만 톤이었다.) 반면 미국의 생산량은 8450만 톤으로 정체했다. 1960년 공동시장의 공업 생산은 미국 제조업을 앞질렀고, 그 결과 미국이 전 세계 국민총생산에서 차지하는 몫은 줄었지만 유럽 경제공동체의 몫은 그 10년 내내 증가했다. 미국은 여전히 최대 교역국이었지만, 1960년에 핵심 6개국의 교역 규모를 합치면 미국을 능가했다. 또한 미국이 유럽과의 교역에서 얻은 무역 흑자가 줄어들면서, 유럽은 수출에서도 미국을 따라잡았다. 물론 이는 전부 1950년대 말 제2차 세계대전의 상처에서 확실하게 회복하면서 나타난 대체로 필연적인 과정이었으며, 미국은 종전 직후의 엄청난 경제적 우세를 유지할 수 없었다. 그러나 핵심 6개국과 영국이 주도하는 7개국의 유럽 자유무역연합(유럽 경제공동체보다 느슨한 결사로 정치적 통합에 반대했다.)은 내부 지향적 교역권을 만들어 미국이 들어오지 못하도록 문을 닫을 우려가 있었다. 실제로 유럽 경제공동체와 유럽 자유무역연합에 대한 미국의 수출은 서서히 감소했으며, 대서양 건너편에서는 유럽의 보호무역주의에 대한 불안이 커졌다. 동시에 미국은 국내의 인플레이션으로 괴로웠다. 일견 유지할 수 없을 것 같은 대對서유럽 수출 때문에 불가피해진, 감당하기 어려운 국내 경제의 팽창이 한 가지 이유였다.

미국을 구원할 것은 부분적으로는 공동시장 보호무역주의를 다룰 무역 협상에 있었다. 관세무역일반협정의 케네디 라운드 중(1964~1967)에 미국은 유럽과 일본에 전통적인 무역 자유화를 촉구함으로써 서구 경제 체제를 다시 지휘하려 했다. 특별히 중요했던 것은 미국이 농산물 교역의 비교 우위에서 득을 보고 그 잉여 생산물을 판매할 수 있도록 유럽 경제공동체 공동 농업정책의 제약을 푸는 것이었다. 미국 정부는 또한 미국 회사들이 무역 장벽을 넘어 유럽에 투자하고 그곳에서 생산하려 하기보다 국내에서 생산하여 수출하도록 유럽이 공산품에 매기는 관세를 낮추려 했다. 프랑스는 이를 거부했다. 공동시장의 성패는 자신들이 서독의 공산품에 시장을 개방하는 것과 맞바꾸어 독일 농업 시장에 진입하는 것에 달려 있다고 이해했기 때문이다. 미국이 영국을 유럽 경제공동체에 가만히 집어넣어 프랑스의 비타협적 태도를 무너뜨리려 했을 때, 드골은 그 책략을 공동시장의 통합 자체를 중단시키려는 시도로 보고 영국의 가입 신청을 거부했다. 유럽은 케네디 라운드에서 공산품 관세를 실제로 낮추었지만, 화학제품과 철강의 교역은 여전히 교묘한 비관세장벽에 가로막혔다. 게다가 대서양을 오가는 농산물 교역은, 오늘날에 그렇듯이, 오랜 보호무역주의적 경향은 물론 프랑스와 독일의 주고받기 때문에 방해를 받았다. 그것이 미국에 미치는 효과는 분명했다. 1969년 핵심 6개국에 대한 미국의 곡물 판매는 불과 3년 전에 비해 절반 이하로 감소했다.[91] 미국은 문호 개방을 유지하려 엄청난 노력을 기울였지만, 유럽 경제공동체는 미국의 무역정책을 방해했다.

서유럽 경제가 보여 주는 수치들은 놀라웠지만, 역내 경제활동은 세계경제를 훨씬 더 크게 바꿔 놓은 것으로 판명되었다. 1960년대 중반 핵심 6개국의 생산은 미국의 3분의 1밖에 되지 않았지만, 그 관세동맹의 실질 구매력은 미국의 절반에 도달했다. 서유럽은 애초에 생산과 노동자 공급을 담당한 곳이었지만 이제는 노동자들이 높은 소득과 소비력을 누리는 소비자 지역으로 바뀌었다. 유럽은 미국 다국적기업들을 끌어들이는 자석이 되었다. 미국 다국적기업들은 일터에 대량 판매 기술을 주입했고 유럽인들을 노동자, 주부, 월급쟁이, 보수적인 행정관이라는 사회적 성층에서 세련된 소비자로 완전히 바꿔 놓았다. 광고는 경영자뿐만 아니라 노동자도 스키를 타고 패스트푸드 식당에서 음식을 사 먹고 맵시 좋은 자동차를 모는 모습을 묘사했다. 프랑스에서 판매된 컬러텔레비전은 1954년에 겨우 5000대뿐이었는데 1965년이 되면 420만 대에 이르렀다. 소비자 혁명이 유럽인을 상점으로 몰아갔던 것이다. 벨기에인들은 자전거를 버리고 자동차로 여행을 했으며, 네덜란드에서는 독일제 세탁기와 이탈리아제 냉장고가 팔렸다. 유럽 경제공동체 회원국들은 국경을 개방하고 소비재 교역을 번성하게 한 낮은 관세 덕분에 신발에서 음식까지 다양한 시장을 공유했다. 신용 구매가 더 많이 허용되었다. 유럽이 유럽 경제공동체 창설 15년 이내에 미국과 대등한 생활수준을 누리게 될 것이라는 장 모네의 예측은 꽤 정확했다. 유럽 경제공동체의 역내 총생산은 1974년까지 연평균 3.5퍼센트로 성장했고, 같은 기간 미국의 성장률은 2.1퍼센트였다. 미국의 소비 지수도 유럽에 뒤처졌다. 임금노동자와 월급 생활자의 가처분소득이 배가되면서, 공동시장 내부의 교역 규모는 세 배로 늘어났다. 이는 유럽의 구매력이(그리고 관행이) 급격하게 변했음을 보여 준다.[92]

다국적기업

미국 회사들이 유럽의 무역 장벽을 뛰어넘고 옛 생산주의 윤리에서 새로운 소비자 모델로 옮겨 간 이 이행을 이용하는 한 가지 방법은 그 지역의 공장들에 투자하는 것이었다. 달리 말하면 미국 회사들은 밖으로부터 유럽에 침투하려 애쓰지 않고 공동시장과 자유무역 지대 안에서 교역에 참여할 수 있었다. 서유럽에서 다국적기업들은 급속하게 팽창했다. 미국이 가장 많이 투자하는 곳은 여전히 캐나다였고 영국이 그 뒤를 이었지만, 1970년대에 유럽 경제공동체(1973년에 영국이 추가로 합류했다.)는 이 점에서 미국의 북쪽 이웃 나라를 능가했다. 다국적기업들은 공동시장 안의 기회를 잡아 투자를 거의 세 배로 늘렸다. 그렇지만 미국 정부는 해외투자를 미국의 국제적 지불 능력의 고갈이자 국내 경제에서 자본이 유출되는 것으로 보았기에 지원에 열의가 없었다. 결국 존슨 행정부는 무역 적자와 자본 유출로 국제수지 불균형이 지속적으로 심해지자 대규모 해외투자를 금지했다. 그러나 다국적기업들은 세계화의 구조적이고 이데올로기적인 씨앗을 뿌리기도 했다. 학자들은 이를 국민국가와 그 중상주의적 정책의 대안으로 보았다. 미국 기업들의 해외 이전은 세계의 지리를 축소하여, 국가를 우회하거나 국가와 협상하고 아니면 단순히 국가를 압도하면서 세계 도처에 사업을 확장하고 인력을 파견하며 기술을 전파했다. 시장 옹호자들은 빠르게 전 세계로 퍼지는 이러한 회사들의 출현을 찬미했다. 유럽 회사들과는 다르게 도덕적이고 사회적인 의식이 부족하며 이윤만 추구하는 통제 불능의 난폭한 자본주의자들이라는 평판을 얻었어도 역동적인 민간 기업 활동과 공동의 번영, 세계 연방주의적 정부의 전파자로, 그리고 궁극적으로는 평화의 전파자로 보았던 것이다.

유럽 경제공동체의 다국적기업들이 사회적 대의에 공을 들였던 반면, 미국 다국적기업의 공세는 유럽에 소비재를 퍼부어 반발을 초래했는데, 그 반발은 경제적 영향보다 정치적 영향이 더 컸다. 잠재적인 대규모 투자자는 대부분 유럽의 반미주의와 경제가 과도한 규제를 받는다는 인식, 노동자 소요가 두려워 물러났지만, 규제 완화와 미국의 경기 침체가 다국적기업의 해외 활동에 시동을 걸었다. 미국 기업의 대유럽 직접투자는 1958년 46억 달러에서 8년 후 162억 달러로 거의 네 배 증가했다. 이 액수는 미국의 모든 해외 직접투자에서 대략 3분의 1에 해당했으며 미국이 세계시장에서 차지한 몫으로는 최대치였다. 기업들은 식품과 화장품, 주방 기기처럼 눈에 띄게 빨리 성장하여 높은 이윤을 내는 부문을 겨냥했다. 자동차 부문에서는 미국이 새로운 장치와 상당한 동력 성능을 지닌 값싼 자동차를 팔았는데, 이는 유럽 회사 제품들, 특히 프랑스의 저압 실린더 모델들과 충분히 경쟁했다. 크라이슬러 홀로 프랑스의 모든 자동차 회사의 생산량을 합한 것보다 더 많은 자동차를 생산했으며, 제너럴모터스의 연간 판매고는 네덜란드의 국민총생산을 10퍼센트 초과했다. 제이 월터 톰프슨J. Walter Thompson 같은 미국의 마케팅 대행사는 재건된 프랑크푸르트에 사무소를 열고 유럽 전역에서 크래프트 푸즈Kraft Foods의 식품부터 드비어스De Beers의 다이아몬드에 이르기까지 117개 품목의 광고를 대행했다. 제너럴 일렉트릭의 20만 개 제품이 유럽의 공업을 압도했고, 큰 도시들에 미국식 슈퍼마켓이 출현하여 주인이 개별 상품을 넘겨주는 방식이 사라지고 한 지붕 아래에서 이루어지는 셀프서비스 관행이 나타났다. 미국 기업들과 그 기술, 광고는 매우 효과적이어서 드골을 비롯한 유럽인(특히 프랑스인)의 목소리는 유럽의 '미국화Americanization'나 영국의 '접수take-over'를 통한 미국 제국주의를 경고했다. 심지어 미국 회사들이 별다른 제약 없이 원료를 개발했던 캐나다에서도 민족주의 물결이 일어 미국 기업의 지배를 비판했고 북아메

리카의 대륙 통합에서 독립할 것을 요구했다.[93]

　전문가들은 미국 다국적기업들이 유럽 경제공동체보다도 더 많이 생산한다는 사실을 깨닫고 유럽인들에게 핵심 6개국에 그러한 기업들을 세우고 자본을 조성하여 전기통신과 정보 같은 다가올 첨단 기술 시장에서 미국의 도전에 맞서라고 조언했다. 유럽은 대서양 건너편에서 들어오는 투자의 물결을 막을 수 없었다. 그래서 변화에 적응했다. 유럽 회사들은 기술을 갖춘 미국 회사들과 짝을 이루었다. 예를 들면 프랑스의 오랜 향수 산업은 뉴저지의 인조향 제조업체들과 협력했는데, 1970년이면 프랑스의 주요 향수 회사 열한 개를 미국인이 인수했다. 연쇄점과 셀프서비스 상점이 영국과 독일, 스위스, 이탈리아를 휩쓸었고,(미국인의 85퍼센트는 그러한 상점에서 물건을 구매했다.) 크래프트 푸즈와 켈로그 등의 회사들이 유럽 시장에서 큰 힘을 획득했다. 그렇다고 소규모 공급자들이 사라진 것은 아니지만, 다국적기업은 가격을 10퍼센트만 인하해도 현지 회사를 파산시킬 수 있었기에 그 수는 점차 줄어들었다. 한편 굿이어Goodyear와 파이어스톤Firestone 같은 미국 타이어 제조업체들은 경쟁이라는 자본주의 윤리의 위반을 비난하면서도 프랑스 자동차 회사들에 타이어 가격의 할인을 제안함으로써 규제를 피했다. 결국 미국의 도전에 관해서는 불평이 많았지만, 프랑스인까지도 코카콜라를 마시고 모빌Mobil 사의 휘발유를 구매했다. 그리고 1970년대 초 드골이 물러난 뒤 프랑스 정부가 미국 달러를 끌어들이려고 혈안이 되었는데도 규제가 사라지지 않자, 미국 기업들은 마음을 접고 점차 독일 시장으로 눈을 돌렸다. 다국적기업들은 국가의 꼬리표를 버리고 대신 지역적 정체성이나 세계적 정체성을 채택했다.[94]

　경제적 문화들이 서로 충돌하기는 했지만, 유럽 공동시장의 탄생과 동시에 운송과 통신의 실질적인 세계적 혁명이 다국적기업 활동의 팽창을 크게 촉진했다. 다국적기업들은 (미국 정부의 지지를 받아) 투자 활동의 대부분을 제3세계에서 진행했다. 특히 의회가 대외 원조에 난색을 표했기 때문이다. 선진국 세계에서는 대체로 미국이 만들어 낸 신기술 덕분에 다국적기업의 활력이 만개했다. 미국은 주요 국가의 연구 개발에서 69퍼센트를 책임졌다. 예를 들면 IBM은 일본과 서유럽에서 현지 마케팅 대리자를 내세워 판매를 촉진하면서 컴퓨터 시장을 지배했다. 1960년 IBM이 거둔 수입에서 해외 판매가 차지하는 비중은 20퍼센트였는데 1974년에는 54퍼센트로 늘었다. 1964년 이 회사는 서유럽 컴퓨터의 62퍼센트를 공급했다. IBM은 자국인에게 판매하라는 정부의 압력에 아랑곳하지 않고 외국 자회사를 완전히 통제했다.

교통으로 말하자면 사람과 화물은 점점 더 빠른 속도로 세계 곳곳을 누볐다. 보잉은 순자산의 4분의 1을 장거리 여객용 제트기 개발에 투자한 뒤 1957년 대서양 건너편으로 707기를 보냈다. 그 비행으로 시간과 공간이 축소되어 특히 미국인 사업가들은 더 빠르고 더 안락하고 더 저렴하게 서유럽으로 여행할 수 있었다. 여러 곳에 기착하는 이전 비행에 비하면 시간은 절반밖에 걸리지 않았다. 관광객들이 저가 요금을 이용하면서 승객도 1957년 430만 명에서 1973년 1890만 명으로 늘었다.(관광객은 1980년에 2억 7800만 명, 2009년에는 8억 8000만 명이었고 그해의 여행객 총수는 23억 명을 넘었다.) 1974년 화물 운송을 위해 설계된 넓은 동체의 항공기 보잉 747이 좌석 마일seat mile[7] 비용을 거의 절반으로 줄임으로써 항공 여행의 효율성을 한층 더 크게 높였다. 뒤이은 모델들은 뉴욕에서 도쿄를 여행하는 승객의 수용력을 233명까지 끌어올렸으며, 1989년 상업용 제트기는 412명을 태우고 24시간 동안 아음속으로 비행했다. 전세기는 비용을 한층 더 줄였으며, 유럽이나 미국과 캐나다로 떠나는 젊은이들을 보는 것은 흔한 일이 되었다. 최고급 여행과 사업을 위한 비행기로는 영국-프랑스 컨소시엄이 제작한 콩코드기를 들 수 있는데, 이 비행기는 1976년 런던과 파리에서 뉴욕과 워싱턴 D.C. 사이를 오가는 정기 초음속 비행 노선을 처음으로 개설했다. 콩코드기는 27년 넘게 겨우 4시간 만에 대서양을 건넜다. 그 항로는 아시아와 라틴아메리카를 포괄하여 확장되었으나, 2000년 파리에서 발생한 추락 사고와 과도한 운용비 때문에 콩코드기 운항은 완전히 중단되었다. 그때쯤이면 항공 여행 혁명은 어느 역사가가 말했듯이 세계화 과정을 촉진함으로써 "해외투자의 가능성을 현실로 변환"시켰다.[95]

상업용 운송도 신기술로 얻은 효율성을 통해 세계화한 팽창 유형을 따랐

---

7 항공기의 여객 운송 능력을 재는 척도. 가용 좌석에 비행 거리를 곱하여 산출한다.

───보잉의 새로운 제트기 스트래토라이너(Stratoliner)에 탑승한 승객들, 1940년에서 1947년 사이. 1937년에 도입된 보잉 307은 새로운 내부를 자랑했다. 이 제트기는 아흔여덟 명의 승객을 태웠고, 에어컨과 개별 통풍구, 수돗물, 독서등 같은 편의 장치를 갖추었다. 이 스트래토라이너 다음에는 더 큰 제트기들이 등장했는데, 이를테면 곧 보잉 707이 기업의 이사들을 태우고 대서양을 건넜다. 항공 여행은 비용은 더 적게 들었지만, 더 효율적이었고, 따라서 사업의 세계를 축소했다. (State Library and Archives of Florida)

다. 1957년에서 1973년 사이에 국제항공 화물 총량revenue ton-mile이 866퍼센트 늘어나면서 항공 운송도 팽창했다. 이것이 이후 10년간 항공 화물 시장의 큰 성장을 준비했지만, 무역과 다국적기업의 거래에 쓸 수 있는 다른 대안들도 있었다. 1960년 두 개의 미국 트럭 운송 회사가 항구로 물건을 실어 나르는 트레일러를 표준화했고, 다른 회사들도 곧 이 컨테이너 운송 사업에 뛰어들었다. 1980년대에 들어서면 많은 선박이 너무 커서 파나마 운하를 통과할 수 없기는 했지만, 곧 컨테이너 운송선이 정기적으로 바다를 오갔고 태평양과 대서양을 가로지르는 무역의 속도를 높였다. 게다가 자동차를 2000대까지 실을 수 있도록 설계된 큰 선박과 엄청난 양의 석유와 액화천연가스를 운반할 수 있도록 건조된 유조선이 운송 산업을 팽창시켰고 세계 전역의 운송 체계를 통합했다. 운송 혁명은 대서양 전역과 그 너머에서 기업 활동의 폭증을 부채질했다. 1966년 공산품의 국제 교역 규모는 전 세계 생산을 두 배 이상 늘렸다. 그렇게 생산을 촉진한 것은 대체로 세계경제를 더욱 긴밀히 통합한 화물 운송비의 급락이었다. 1980년대가 되면 컨테이너 운송선은 태평양에서 북대서양, 지중해, 그리고 그 너머까지 퍼졌으며, 컨테이너 운송은 도처에 확산되어 장거리 교역이 급증했다. 2001년에서 2005년 사이 운송 능력은 연간 10퍼센트씩 확대되었고, 선박은 어마어마하게 커져 많은 선박이 길이 40피트 (약 12.2미터) 컨테이너를 4000개까지 적재할 수 있었다. 달리 말하면 한국과 일본, 중국의 회사들은 29인치 컬러텔레비전 130만 대나 휴대전화기 5000만 개 이상을 실을 수 있는 컨테이너 운송선을 건조했다. 하역 트럭을 한 줄로 세우면 68마일(약 110킬로미터)이 될 정도로 운송 가능한 컨테이너의 수를 두 배 이상 늘리려는 계획이 수립되었다. 유일한 제약 조건은 지리적인 것이었다. 수에즈 운하는 물론 세계에서 가장 번잡한 바닷길인 말레이시아와 인도네시아 사이의 믈라카 해협이 이 거수들을 제한하는 자연의 장애물이었다.[96]

새로운 통신 기술도 다국적기업의 폭증에 도움이 되었다. 텔렉스 덕분에 빠르고 명료한 통신이 가능해져 멀리 떨어진 곳에서도 거래를 조정하고 사업을 관리할 수 있었고, 대서양 횡단 전화(최초의 극초단파 증폭 케이블을 이용했다.)는 1957년 25만 통화에서 1961년 430만 통화로 급증했다. 텔렉스와 전화 덕분에 미국 기업들은 본사에서 해외의 보유 재산을 관리할 수 있었으며, 세계 곳곳의 대도시 중심지는 통신망을 통해 점차 연결되었다. 이후 몇십 년간 인공위성은 지구의 외진 곳들을 세계경제에 통합하는 수단을 제공했다. 나아가 텔레비전(이 시기에 급속하게 발전하고 있었다.)은 시각적 인식을 제공하여 사람들에게 이국적인 것을 소개하고 외국을 더 친숙한 이미지로 바꿔 놓았다. 해외의 기회에 대한 시각과 지식이 확대되면서 경영진의 사고도 바뀌었다. 세계 도처의 경영자들은 국경과 거리를 무시하는 세계상을 공유했다. 기술은 정치와 외교까지도 즉석에서 이루어지게 함으로써 시간과 공간을 무너뜨렸다. 1970년대에 이르면 기술은 라디오와 비디오카세트 녹화기VCR, 카세트테이프, 콤팩트디스크CD, 위성을 매개로 한 개별 비디오 연결 같은 개인용 전자 매체를 통해 사람들에게 정보를 제공했다. 2010년 초가 되면 전 세계의 휴대전화 가입자는 지구 인구의 90퍼센트인 46억 명이 넘었다.(불과 15년 전에 5550만 명이었다.) 캐나다의 미디어 이론가 마셜 매클루언Marshall McLuhan이 1962년에 만들어 낸 용어를 빌리면, 통신과 교통의 혁신으로 물자와 용역의 이동이 늘어났을 뿐만 아니라 취향과 문화를 조화시키고 나아가 동질화시킨 상호적 유대가 만들어진 '지구촌global village'이 출현했다.[97]

브레턴우즈 체제의 종언

미국이 유럽의 통합과 번영, 경쟁을 촉진하는 데 수행한 역할에 자부심을 느끼기는 했지만, 우방의 융성은 미국의 전체적인 국제수지 계정에 흙조였다. 이는 냉전 시기에 미군이 해외에 주둔한 대가였다. 서유럽 부흥의 직접적인 결과였던 미국의 국제수지 적자는 미국 수출 흑자의 감소와 직접투자의 외부 유출, 냉전으로 인한 군비 지출과 원조를 반영했다. 브레턴우즈 체제의 환율 제도에서 달러를 챙겨 둔 나라들은 달러를 오로지 이자를 낳는 지폐로만 간직한 것이 아니라 필요할 때 미국의 금으로 바꿀 수 있었다. 미국은 금이 국제 화폐제도의 경제적·심리적 토대였기에 이 협정을 존중했고, 달러는 미국의 힘과 지도력을 떠받친 기축통화였다.

1958년 유럽의 10개국 정부는 자국 통화를 좀 더 자유롭게 달러로 환전할 수 있게 했다. 이는 지역 경제들이 건전하다는 신호였지만,(그리고 미국의 전후 회복 정책이 성공했다는 신호였다.) 태환성은 곧 미국에서 빠르게 금이 유출되는 원인이 되었다. 미국의 금 보유고는 그해에 20억 달러어치가 감소했으며 이듬해에 더욱 급감했다. 서방 동맹의 지도자가 된 대가로 여겨졌던 이 태환 과정으로 1958년에서 1968년 사이에 미국 금 보유고는 거의 절반이나 줄어들었다. 미국 정부는 무역 증진과 기타 조치로써 달러의 가치를 유지하려 했다. 미국 재무부는 달러의 평가를 절하하는 대신 미봉책으로 버텼으며 동맹 내에서 여러 나라가 더 많은 부담을 나누어야 한다고 역설했다. 그러나 국제수지 불균형은 더욱 나빠졌고, 이에 드골 등은 미국 외교정책을 제어할 수단을 얻었다. 포트녹스Fort Knox[8]에 몰려가 금의 지불을 요구하겠다고 위협할 수 있었기 때문이다.[98]

세계경제의 불안정이 지속되는 가운데 인플레이션이 미국 국내 경제를 괴롭히는 상황에서, 베트남 전쟁 비용은 적자를 악화시켰다. 동남아시아의 전쟁 비용이 연간 100억 달러에서 140억 달러에 이르자 의회는 이 분쟁이 세계 화폐제도를 파괴할 수 있다고 걱정했다. 국내에서는 부정적인 영향이 뚜렷이 드러났다. 임금과 물가가 같이 상승했다. 전비 지출 때문에 1966년과 1967년 소비자 물가지수는 두 배로 뛰었고 이듬해에는 거의 세 배로 증가했다. 린든 존슨은 베트남 전쟁이 인플레이션에 미치는 영향을, 즉 그 전쟁이 향후 수십 년간 미국 경제의 골칫거리가 될 것임을 잘 인식했다. 전비와 원조 지출로 서방 동맹 내부의 긴장이 고조되었다. 각국 중앙은행이 지속적으로 달러를 금과 바꿈으로써 동맹국들은 미국이 세계에서, 특히 서유럽 방어의 관리에서 차지하는 역할을 의혹의 눈길로 바라보았다. 이제 경제 상황이 미국 외교정책을 위협했다. 미국 정부는 달러를 지킬 것인지 유럽을 지킬 것인지 어려운 선택에 직면한 듯했다.[99]

브레턴우즈 체제의 토대는 급속히 붕괴되고 있었다. 오랫동안 압력을 받은 파운드화는 미국이 주기적으로 구제 조치를 취해 가치를 유지했지만, 1967년의 금융 위기는 마침내 파운드화의 평가절하로 이어졌다. 중동의 6일 전쟁 중에 수에즈 운하가 폐쇄되었을 때, 영국의 수출은 곤두박질쳤고 아랍 국가들은 대규모로 보유한 파운드화를 달러로 교환하여 처분했다. 그러자 프랑스는 화폐제도를 안정시키기 위해, 그리고 미국이 국내의 인플레이션을 해외에서 적자를 봄으로써 해소하는 관행을 끝내기 위해 다른 화폐로 달러를 보완하자고 요구했다. 그 결과물이 유로 달러Eurodollar와 국제통화기금이 후원

_____ 8 켄터키주에 있는 미국 지금 저장고를 말한다.

하는 특별인출권SDR 제도였다. 유로 달러는 미국과 모든 중앙은행의 보유고를 합친 것보다도 더 큰 초국적 통화 시장이었고, 국제통화기금의 특별인출권은 국제적 유동성을 더 많이 공급했으며 각국의 국제수지 적자를 극복했다. 두 조치 모두 충분하지 않았다. 1968년 3월 초까지 금 유출이 지속되자,(미국은 어느 날 하루 만에 1억 7900만 달러어치의 금을 잃었다.) 브레턴우즈 체제를 지속할 수 있다는 희망이 사라졌다. 은행가들이 민간 시장에서 달러와 금의 연동을 끊기로 합의하자, 금값이 치솟았다. 이 미약한 새 협정은 민간 자본 유출이 걷잡을 수 없이 급증해도 과대평가된 달러를 지킬 수 있다는 확신에 의존했다. 미국은 자본 유출을 단속하여 간신히 불안정을 억제했지만, 서방 동맹내부에서는 서독처럼 달러가 풍부한 나라들이 통화를 재평가해야 하는지 아니면 프랑스 프랑의 평가절하를 단행해야 하는지를 두고 팽팽한 긴장감이 돌았다. 드골은 결국 프랑화의 평가절하를 거부했다. 전문가들은 브레턴우즈의 고정환율 제도를 완전히 끝내고 달러 가치가 다른 통화에 대해 '변동'할수 있게 하자는 발상을 꺼냈다. 이는 본질적으로 미국이 금본위제에서 이탈하는 것을 의미했다. 그로써 지금地金과 달러의 연계는 끊어질 것이고, 미국의패권은 타격을 입을 수 있었다.

처음 2년간 화폐제도를 무시했던 닉슨 행정부는 현대 세계화 시대의 산파 역할을 한 더 극적인 처방에 의존했다. 통화주의자들이 믿었듯이 국내 인플레이션이 죄인인지, 미국의 국제수지 적자(원조의 부담으로 악화되었다.)를 시정해야 하는지 논쟁이 일었다. 닉슨은 인플레이션에 초점을 맞추었다. 인플레이션은 점차 가중되어 통제를 벗어났고 무역 흑자와 화폐 태환성을 위협했기 때문이다. 닉슨은 좌절한 세계 은행가들에게 이렇게 말했다. "달러는 우리의통화일지는 몰라도 당신들의 문제다."[100] 실제로 이 미국 대통령은 재정 지출억제라는 이전의 정책을 지속했으며, 그러한 긴축 조치들은 1969년 국제수지흑자로 이어졌다. 9년 만이었다. 그러나 그 성취는 재현되지 않았고, 닉슨 행정부는 실업과 채무의 급증으로 난처했다. 게다가 1970년 중간선거에서 공화당이 의석을 잃어 1972년 재선을 노리는 백악관에 경고를 보냈다. 경기를 부양할 때였지만, 이는 1971년 세계 통화 시장에서 달러에 불리한 투기 물결을

조장했다.[101]

브레턴우즈 체제는 달러를 다른 모든 국가의 통화가치를 평가하는 기준이 되는 주요 교환 수단으로 만들었지만, 국제 화폐 규칙에서 국제수지 적자를 교정하려고 달러의 평가절하를 단행하는 것은 가능하지 않았다. 그렇게 하면 달러의 금 태환을 포기하는 것이었는데, 그 과정은 분명코 기능 장애를 일으킬 것이어서 실행할 수 없었다. 그해에 미국의 국제수지 적자가 220억 달러라는 어마어마한 액수에 이르자 닉슨은 행동에 나섰다. 재무부는 유럽, 특히 서독의 북대서양조약기구 분담금 증액에만 초점을 맞추지 말고 브레턴우즈 체제를 철저히 조사하라고 권고했다. 이는 다양한 방법으로 수행할 수 있었고, 여러 가지가 이미 논의되고 있었다. 그러나 각국 통화를 강제로 재조정하고, 유럽이 계속해서 달러 자산을 처분할 경우 달러 보유고의 금 태환을 중단하며, 융통성 있는 완전히 새로운 화폐제도를 협상하는 것이 더 효과적일 것이었다.

미국이 추구한 일방주의가 확실히 동맹국들을 놀라게 했고 다자 무역주의 윤리를 시험하긴 했지만, 브레턴우즈 체제의 환율 제도를 파괴한 이후의 조치들은 혁명이 아니라 점진적 변화였다. 미국 정부가 1971년 8월 15일 역사적인 관료 회의 뒤에 선언한 새로운 정책들은 강경했고, 수사적 표현은 훨씬 더 거칠었다. 불길하게도 국무부에 소속된 자들은 한 명도 초청받지 못했고, 심지어 국가 안보 보좌관 헨리 키신저도 그 모임에 대해 알지 못했다. 그 대신 경제적 국가주의자들이 결정권을 쥐었다. 국제 은행가들에게 미국은 이제 더는 미국의 장기적 이익을 보장하지 않는 체제에 관여하지 않겠다고 알렸던 재무 장관 존 코널리John Connally가 행정부를 지휘했다. 정부는 임금과 가격의 통제, 관세 인상, 그리고 가장 중요하게는 달러의 금 태환 중단이라는 대담한 신경제정책을 내놓았다. 닉슨은 금의 창문gold window을 쾅 닫아 버림으로써 국내 추종자들에게 호소했지만 나라 안팎에서 화폐와 무역의 자유화를 소망했던 자들을 불안하게 했다. 나중에 닉슨은 너무 서둘렀다고 인정했지만, 이 대통령은 달러 위기가 국내 경제정책과 자신의 재선 시도를 방해하지 못하도록 새로운 국제 화폐제도를 만들려 했다. 그러한 조잡한 중상주의는 미국을 문호 개방 자본주의 체제의 옹호자로 기대한 이들을 충격에 빠뜨렸다. 25년 간 이어진 브레턴우즈 체제의 생명이 끝날 찰나에 있었기 때문이다.

닉슨은 세계 금융 네트워크를 갑작스러운 변화 속에 빠뜨렸다. 닉슨은 달러의 평가절하를 거부했으며, 따라서 각국 중앙은행은 자국 통화 환율의 하향 변동을 허용함으로써 대체로 이 새로운 방식에 따랐다. 프랑스는 처음에는 프랑화를 보강하려고 자본을 통제했다가 곧 포기했다. 일본은 옛 체제의 가장 충실한 수호자로 판명되었다. 일본 정부는 닉슨의 성명이 발표되고 나서 첫 2주 동안 40억 달러를 매입하여 달러당 360엔의 환율을 유지하려 했기 때문이다. 일본은 달러 저장고처럼 보였지만, 무역과 국방에서 미국에 의존하는 나라였기에 을러대면 변동환율 체제를 받아들이게 할 수 있었다. 다른 나라들처럼 일본도 미국의 힘이라는 현실에 굴복했다.

1971년 11월, 열 개 자본주의 대국이 워싱턴에 모여 스미스소니언 협정 Smithsonian Agreement을 체결했다. 미국이 금 1온스당 38달러로 달러 가치를 낮춘 데 대응하여 일본은 자국 통화의 가치를 16.9퍼센트라는 터무니없는 비율로 높였고(수출품 가격이 더 비싸졌다.) 서독은 13.5퍼센트 이상으로 통화가치를 높였다. 브레턴우즈 협정은 일종의 안정화 장치로서 각국에 고정된 환율의 1퍼센트 이내에서 서로 통화를 거래할 수 있게 했지만, 스미스소니언 협정은 그 변동 폭을 2.25퍼센트로 확대했다. 이 제도조차도 일시적인 것으로 드러났다. 화폐제도 전체가 곧 그 어느 때보다도 더 크게 변동했기 때문이다. 이후 2년간 다시 미국에서 달러가 쏟아져 나왔다. 그 결과 달러 가치가 금 1온스당 38달러에서 42달러 이상으로 재평가되면서 외국 통화들의 평가절상을 강요하려는 외교적 노력이 강화되었다. 1973년 초 유럽 통화 시장이 폐쇄된 후, 시장은 달러에 대해 자유롭게 상하로 움직이는 통화의 변동환율을 허용했다. 유럽과 일본은 이러한 방향에 반대했다. 달러 가치의 하락이 자국 무역에 부담으로 작용한다고 보았기 때문이다. 그러나 이들도 끝까지 버티려 했을 때는 미국의 인플레이션을 수입하고 있었다.(미국 경제에 의존하고 있었기에 어쨌거나 감내해야 했다.) 미국은 특히 인위적인 수단으로 달러를 뒷받침하기를 거부했다. 1973년 새로운 재무 장관 조지 슐츠가 "산타클로스는 죽었다."고 선언했을 때, 브레턴우즈 체제는 매장되었다.

화폐제도의 철저한 검토는 미국에 즉각적인 성공을 가져다주었고 세계경제의 거버넌스에 오랫동안 영향을 미쳤다. 달러가 과대평가되면서 미국의 경쟁력이 떨어진 것은 분명했고, 따라서 닉슨이 가져온 경제적 충격은 국내에서 투자를 유지하고 해외에서 수출품을 판매하는 것이 목적이었다. 브레턴우즈 체제의 기관이었던 국제통화기금과 세계은행은 직무 내용이 바뀐 것을 알았다. 국제통화기금은 이제 각국의 통제를 감독하거나 선진국의 국제수지 적자를 보조할 필요가 없어졌다. 대신 국제통화기금은 제3세계 국가들을 세계경제 안으로 통합하고 관료들에게 시장 개방과 관세무역일반협정 무역 체제 합류를 교육하는 데 착수했다. 요컨대 이 기관은 신자유주의적·자유기업 시장 이데올로기의 대리인이 되었다. 세계은행도 계속해서 개발도상국에 대한 금융 지원과 기술 지원에 집중하고 또한 제3세계의 국제 투자자들을 보호하려 노력하면서 이 움직임에 합류했다. 한편 자본 통제가 완화됨에 따라 미국 다국적기업들은 지배력을 더하기 위해 다시 해외시장으로 사납게 달려들었다. 그리고 유럽이 아직도 단일 통화를 만들어 미국과 경쟁하려면 25년이 더 지나야 했기에, 달러는 세계의 교환 수단이라는 그 특권적 지위를 되찾았다. 변동환율의 달러는 다자 무역 체제의 개방성을 떠받치는 토대가 되었다. 세계적인 무역과 금융의 팽창은 이후 몇십 년간의 시장 혁명과 세계화 과정의 기초가 되었다.[102] 닉슨 팀과 세계는 비교적 짧은 시간 안에 곤경에 처한 세계경제를 대면한다.

3 강제 문호 개방

시장의 힘이 국제금융 제도에 나타남과 거의 동시에 선진국들은 세계경제의 부침에서 대공황 이후 최악의 침체를 경험했다. 미국에서는 이자율이 기록적인 수준으로 오른 데 뒤이어 인플레이션이 치솟았다. 실업도 크게 늘었으며, 실질 국민총생산은 2퍼센트 하락했다. 1970년대 초에 인플레이션이 빠른 속도로 증가하고 1974년 비공산주의권의 열 개 큰 나라에서 연평균 13퍼센트를 기록하면서, 다른 공업국에서도 유사한 문제들이 발생했다. 1960년대 중반에 물가는 대략 2.5퍼센트 올랐지만, 1968년부터 1975년까지 이 나라들의 소비자는 상품 값으로 47퍼센트에서 127퍼센트까지 더 많은 돈을 지불했다. 전문가들은 과도한 경제 규제(새로운 환경보호 제도도 한 가지 원인이었다.)와 방종, 정부의 복지 정책, 그리고 다른 나라들로 하여금 미국의 저렴한 차관에 탐닉하게 함으로써 국경 너머로 인플레이션을 이전시키려 한 미국의 금융 헤게모니에 책임을 돌렸다. 인플레이션과 경기 침체를 초래한 한 가지 중요한 요인은 원료 가격 급등, 다시 말해 식량 가격과 특히 석유 가격 급등이었다. 하늘 높은 줄 모르고 치솟는 유가는 물가를 경기순환의 호황과 불황과 관련짓는 일반적인 경제적 예측을 허용하지 않는 것 같았고 미국이 효과적으로 세계경제를 통제하고 그 개방 이데올로기에서 이득을 취할 수 있음을 부정하는 것 같았다.

유가 급등으로 인한 미국의 추락은 세계경제에 파급효과를 가져왔다. 미국인은 전 세계 인구에서 겨우 6퍼센트를 차지했지만 전 세계 석유 소비량에서는 거의 3분의 1을 차지했다. 제2차 세계대전 이후, 미국의 공급자들은 수입을 제한했고 어마어마한 국내시장을 지배했으며 미미한 소비세를 통해 낮은 가격을 유지하는 데 성공했다. 그 결과, 낮은 소매가는 소비를 부추겼다. 제2차 세계대전 이후로 세계의 석유 수요 전체는 10년마다 두 배로 늘었지만, 미국의 소비량과 나머지 세계 소비량 사이의 격차는 벌어졌다. 서유럽과 일본은 자체의 유전이 없었기에 막대한 양을 수입했지만, 1950년에는 미국도 순수입국이 되었다. 부족한 공급과 결합된 수요의 단순한 방정식은 가격 인상으로 이어졌다. 석유가 풍부한 국가들은 막대한 이익을 얻을 기회를 포착하고 1960년에 석유수출국기구를 설립했다. 이 생산자 카르텔의 목적은 공급을 조절하고 가격을 올려서 큰 이익을 추구하는 것이었다.

석유수출국기구는 제3세계의 단체가 선진국 세계에 제기한 역사상 가장 중대한 경제적 도전이었다. 선진국은 오랫동안 세계 석유 시장을 지배했고, 그로써 유리한 정치적 환경과 군사적 안보, 그리고 주요 석유 회사들인 이른바 세븐 시스터스Seven Sisters(브리티시 퍼트롤리엄과 영국-네덜란드 합작사 로열 더치 쉘, 그리고 미국의 다섯 개 회사)의 이익을 보장하는 데 기여했다. 이 '메이저' 회사들은 과점 체제를 확립하여 유전을 분할하고 가격을 결정했으며 경쟁자들보다 낮은 가격에 석유를 판매했다. 이 회사들은 생산국을 볼모로 잡아 세계시장을 완전히 장악했으며 그 대가로 지불한 것은 소액의 고정된 채굴권 사용료뿐이었다. 공업국의 수입량이 증가하면서 생산국 정부는 채굴권 사용료와 세입을 늘릴 수 있었지만, 세븐 시스터스는 다른 회사들이 개발과 정유, 유통, 판매 과정의 어느 한 부분에도 진입할 수 없도록 방해함으로써 비공산주의권 석유 생산을 계속해서 지배했다. 서구의 석유 수요량이 증가하고 아랍 민족주의가 고조되며 신흥국들이 미국 주도 세계경제체제에서 자신들의 하찮은 수익에 불만을 품자, 미국 CIA는 1960년에 이렇게 결론을 내렸다. "일종의 '살며시 다가오는creeping' 민족주의가 발전하여 그 회사들이 점차 지역 정부를 대리하는 관리자의 역할로 물러날 가능성이 있다."[103]

석유수출국기구가 우세한 지위에 올라설 수 있었던 요인은 여러 가지다. 알제리와 리비아, 나이지리아 같은 새로운 석유 생산국들이 새로운 선수로 경기에 뛰어들었고, 정유 공장이 더 많이 건설되어 세븐 시스터스가 더 심한 경쟁에 직면했으며, 수요의 급증으로 그 과두 체제가 공급을 제한하는 방식으로 가격을 통제하기는 더 어려워졌다. 게다가 1959년 아이젠하워 정부가 저렴하여 경쟁력이 있는 외국 석유로부터 자국 생산자들을 보호하려고 석유의 수입 할당제를 시행했을 때,(시장주의라는 그 신조를 배반한 것이다.) 세븐 시스터스는 석유 사업의 쇠퇴를 보았다. 세븐 시스터스는 1952년에 북아메리카와 공산주의 국가를 제외하면 원유의 90퍼센트를 생산했지만, 1968년에는 전체의 75퍼센트를 생산했다. 경쟁과 보호무역주의 때문에 메이저 회사들은 석유의 공식 고시 가격을 낮출 수밖에 없었고, 이는 산유국에 지불하는 채굴권 사용료가 줄어드는 결과를 낳았다. 산유국들은 리비아와 사우디아라비아의 주도로 스스로 방어하기 위해 메이저 회사들과 협상을 다시 하여 사용료를 재조정했고 결과적으로 외환 보유고를 늘렸다. 이란과 이라크, 쿠웨이트, 사우디아라비아, 베네수엘라 다섯 나라는 미국의 수입 할당제에 격분하여 석유수출국기구 내부에 자신들만의 집단을 만들었다. 이 카르텔은 1960년대에 고시 가격의 하락을 막는 데 성공했지만 미국을 압박해 할당제를 없애게 할 수는 없었고 회사들에 생산을 줄여 가격을 올리게 할 수도 없었다. 그러나 1970년 석유수출국기구는 강한 패를 쥐게 된다. 서유럽 공업국들이 에너지 사용을 석유에 의존하고 있음을 드러냈기 때문이다. 이때쯤이면 그 카르텔은 세계에서 가장 중요한 상품의 흐름을 장악했다.[104]

석유수출국기구는 공업국의 약점으로 드러난 기회를 잡았다. 1972년 서유럽과 일본은 각각 필요한 에너지의 60퍼센트와 73퍼센트를(미국은 거의 절반을) 석유에 의존했으며, 그 석유의 5분의 4를 중동과 북아프리카에서 도입했다. 리비아의 독재자 무아마르 카다피는 1970년 독립적인 거대 기업 옥시덴탈 퍼트롤리엄Occidental Petroleum을 국유화하여 생산을 감축하겠다고 위협함으로써 석유 혁명을 촉발했다. 서유럽 정부나 세븐 시스터스의 지원을 받을 수 없었던 옥시덴탈은 굴복했고 유가를 인상했을 뿐만 아니라 리비아에 사용료와 세금을 20퍼센트 올려 주기로 했다. 다른 독립적 기업들도 굴복했고, 석유수출국기구는 그해 말 메이저 회사들에 비슷한 요구를 제시했다. 석유 공급의 일방적인 감축에 직면한 세븐 시스터스는 1971년 5년간 유효한 협약을 체결했다. 협정은 페르시아만 석유 가격을 배럴당 1.8달러에서 2.29달러로 인상했고 인플레이션을 상쇄하기 위해 매년 가격을 인상하고 사용료도 올린다는 조건을 달았다. 메이저 회사들은 그 대가로 5년간 가격 동결을 얻어 냈다. 브레턴우즈 체제의 와해로 달러가 약세에 들어가면서 유가 하락 효과가 나타났고, 새로운 석유 협정은 환율의 심한 변동을 감안하여 고시 가격을 배럴당 2.48달러로 상향 조정했다. 옥시덴탈 퍼트롤리엄의 소유주인 아먼드 해머 Armand Hammer는 이렇게 경고했다. "서구에서 트랙터나 트럭, 자동차를 모는 사람은 누구나" 석유수출국기구의 "영향을 받을 것이다."[105]

석유수출국기구의 힘자랑은 이제 겨우 시작이었을 뿐이다. 독립적인 석유 회사들은 사우디아라비아와 카타르, 아부다비(아랍 에미리트)와 산유국의 석유 생산 시설의 소유권 확대를 논의했다. 그러한 국유화는 소유권의 4분의 1부터 시작하여 1982년이면 51퍼센트까지 늘어난다. 1973년 리비아는 10여 개 석유 회사를 완전히 통제했다. 이듬해 이란의 샤는 모든 석유 생산 시설을 몰수했으며, 이어 쿠웨이트는 브리티시 퍼트롤리엄과 걸프 오일 Gulf Oil이 자국에서 갖고 있던 공동 면허에 대해 5000만 달러를 보상했다. 1970년대 중반 아람코 ARAMCO가 오랫동안 보유했던 엑손 Exxon과 모빌 Mobil, 소칼 SoCal, 텍사코 Texaco의 지분은 다란 Dhahran 유전의 판매권과 맞바꾸어 사우디아라비아에 양도되었고, 이라크 정부는 이라크 석유 회사IPC 지분을 인수했으며, 베네수엘라는 외국인의 석유 이권 몰수를 완료했다. 카타르와 두바이(아랍 에미리트)는 1970년대 말까지 외국인 지분을 국유화했다. 세븐 시스터스의 과점은 실제로 사라졌다.

그러나 석유수출국기구 혁명의 진짜 희생자는 회사들이 아니라 소비자였다. 메이저 회사들은 계속해서 이익을 냈다. 석유 수요가 폭증하여 자연스럽게 가격이 인상되었는데도 고시 가격은 5년간 동결되었기 때문이다. 덧붙이자면 서구의 인플레이션과 달러의 가치 하락 때문에 실질적인 이익은 소소한 수준으로 유지되었다. 그리하여 1973년 10월 초 석유수출국기구와 세븐 시스터스는 석유 가격 인상을 위한 협상에 돌입했다. 이 카르텔은 달러 가치의 하락을 상쇄하기 위해 15퍼센트 가격 인상을 요구했다. 메이저 회사들은 회담을 지연시켰는데, 이는 큰 실수로 드러났다. 회합이 열리기 겨우 이틀 전, 욤키푸르 전쟁이 발발하여 아랍 석유수출국기구OAPEC(1968년 6일전쟁 후 석유를 정치적 지렛대로 쓰기 위해 만들어진 석유수출국기구의 보완 기구)가 이스라엘 편에 섰던 서방 국가와 소비자, 회사에 대립했던 것이다. 메이저 회사들이 15퍼센트 가격 인상 제안을 선뜻 받아들이자, 사우디아라비아 석유 장관 아흐마드 자키 야마니는 그 회사들에 이제 석유수출국기구는 가격을 100퍼센트 인상하려 한다고 말했다. 다국적기업들은 2주 동안 회의를 중단하고 자국 정부와 협의했다. 이 회사들은 닉슨 행정부와 의논하면서 이스라엘을 지지하면 "중동에서 미국의 석유 형세 전체"가 위험에 빠질 것이라고 경고했다.[106]

과연 아랍 석유수출국기구 국가들은 며칠 만에 배럴당 5.12달러로 원유 가격을 두 배 이상으로 올렸으며, 리비아와 이란은 경매로 최고가를 부르는 자에게 원유를 공급함으로써 그 수치보다 더 높게 가격을 인상했다. 이어 이 카르텔은 월간 생산량을 5퍼센트 감축하기로 결정했고 이스라엘이 전쟁 중에 얻은 영토를 돌려줄 때까지 미국에 대한 석유 수출을 금지했다. 12월 23일까지 석유수출국기구는 일방적으로 페르시아만 석유 가격을 배럴당 11.65달러로 두 배 인상했다. 세븐 시스터스는 동의했다. 서구의 소비자들이 높은 가격의 부담을 떠안을 것이고 라틴아메리카와 아프리카의 생산량이 부족분을 채울 것임을 알았기 때문이었다. 닉슨 대통령은 자신의 정부가 앞선 행정부들처럼 메이저 회사들의 국제 석유 사업을 허용했어도 곧 에너지가 부족할 것이라고 미국인들에게 경고했다.

석유 수출국들은 수요가 안정되고 공급은 한정된 상황이 지속되는 한 순수한 시장경제학에만 몰두할 수 없었다. 석유 수출국들은 자신들끼리 생산 속도를 조정하여 생산자의 단결력을 보여 줌으로써 가격을 완전히 통제했다. 주요 생산국인 사우디아라비아와 쿠웨이트는 주도적으로 생산을 감축하여(그리고 비용을 부담하여) 가격 하락을 막았다. 시장 상황이 매우 어려워서 회사들은 석유수출국기구에 항복했다. 산유국에 소유권을 넘기는 대신 기술과 운송 부문의 계약을 따냈던 것이다. 소비 국가들로 말하자면, 1974년에 미국은 석유 구매를 보이콧하고 이스라엘에 적대하는 산유국들에 대해 경제적 조치나 심지어 군사적 조치까지도 취하고자 일본과 서유럽을 설득하여 소비자 카르텔을 결성하려 했다. 미국의 동맹국들은 이를 거절하고 자신들이 석유를 의존하는 산유국들과 대화하는 것을 선택했다. 미국의 동맹국들은 국제에너지기구IEA를 만들어 석유를 비축하고 공유하자는 미국의 계획에 실제로 동의했고 대안적인 에너지원 개발을 기대했으나 공업국들은 대체로 서로 협력하지 않았다. 미국 정부는 새 기구와 산유국들의 단합을 깨뜨리자는 제안을 신뢰했지만, 유럽과 일본은 석유수출국기구와 양자 협정을 체결하여 소비자 블록의 토대를 흔들었다. 미국은 유가 인상이 세계경제에 미치는 악영향을 끝내기 위해 우방국들에 경고와 설득의 방법을 썼지만, 이란의 샤 같은 협력자들조차 미국 소비자에게서 최대한 많은 이익을 뽑아내려 했다. 석유는 선진국을 경제적으로 갈취할 길을 열어 주었다.[107]

석유수출국기구의 석유파동은 세계경제 전체의 구조를 바꿔 놓았다. 석유수출국기구는 대규모 부의 이전에 박차를 가해 산유국의 국제수지를 크게 떠받쳤으며 공업국의 재정을 약화시켰고, 석유의 축복을 받지 못한 제3세계 국가들은 더 많은 액수의 수입 계산서를 받아들어 더욱 가난해졌다. 1977년이면 미국은 에너지 공급량의 4분의 1 이상을 외국에서 수입했다. 1960년에 비해 거의 세 배로 늘었다. 미국도 서유럽과 일본처럼 석유수출국기구에 의존했으며, 이에 석유수출국기구는 1400억 달러의 수입을 올렸는데 1973년에 비해 일곱 배로 증가한 것이다. 석유를 가진 셰이크들은 1970년대 말에 돈을 탕진하여 적자에 빠졌으나 석유를 소유했기에 수입이 보장되었다. 높은 유가 때문에 석유에 대한 의존은 세계 전역에서 경제성장을 억눌렀다. 그 상황은 아메리카와 아프리카에 가장 큰 해를 끼쳤다. 아시아는 조금 덜했는데, 많은 개발도상국이 서구에 공산품을 더 많이 수출하여 석유 대금을 지불했기 때문이다.(일본도 마찬가지였다.) 그러나 그 과정에서 미국 제조업자들의 강한 보호무역주의적 압력이 생겨났다. 이를테면 미국의 자동차 회사들은 저렴하고 품질 좋고 매력적인 외국산 소형차가 물밀 듯 들어오면서 새로운 경쟁에 직면했다. 닉슨의 화폐 쇼크 이후 미국의 힘에 그다지 큰 매력을 느끼지 못한 서방 동맹국들은 점차 아랍 국가들에 무기와 상품을 판매하여 빈의 석유수출국기구 본부에 있는 석유 장관들을 달래려 했다. 한편 일본은 아랍 세계를 포용했다. 닛산은 사우디아라비아에서 자동차를 가장 많이 판매하는 회사가 되었고 그 대가로 일본은 석유를 받았다. 세계경제는 세계화로 들어서는 시기에 진입했다. 이 시기에 미국은 여전히 지배적인 국가였지만 여러 지배적인 국가 중 하나일 뿐이었다.[108]

사우디아라비아(석유수출국기구의 최대 산유국이자 수출국으로 세계 최대의 석유 매장량을 보유했다.)의 지휘로 산유국들은 세계의 석유 공급이 과잉인지 부족인지에 따라 생산량을 조절할 수 있게 됨으로써 막대한 재정 적립금을 축적했다. 페르시아만 국가들은 터무니없이 높은 가격을 요구하지 않았다. 그렇게 하면 소비자의 수요가 억제되고 석유를 기반으로 하는 세계경제의 토대가 흔들릴 수 있었기 때문이다. 페르시아만 국가들은 또한 선진국들이 북해와 알래스카, 소련에서 다른 유전을 찾으려 하고 소형차를 판매하여 환경보호 노력을 기울인다는 사실에 주목했다. 사우디아라비아는 베네수엘라와 이란, 이라크, 나이지리아같이 매장량은 적지만 야심 찬 개발계획을 지닌 공격적인 석유수출국기구 국가들을 단속하여 불경기에 생산량 감축을 부담하게 하거나(1978) 공급이 제한적일 때에는 생산량을 늘리게 하여(1979~1980) 생산을 제어하려 했다. 페르시아만 국가들은 또한 과격한 정책을 온건하게 조절하려는 노력도 기울였다. 서구는 대체로 고유가에 적응했고 불평하기는 했지만 안정된 가격을 받아들였다. 그러나 이러한 방식에는 지불할 대가가 있었다. 미국 중서부 전역에서 자동차 공장들이 문을 닫았고 실업이 증가했다.(물가도 올랐다.) 지미 카터 대통령은 에너지 위기에 맞서 전쟁을 선포했고 미국인들에게 소비 습관을 조절하라고 강력히 권고했지만, 미국은 수입 석유에 탐닉했던 상황에서 벗어날 수 없었다.[109]

1978년 이란 혁명으로 사우디아라비아가 주도하는 온건 노선이 완전히 끝났다. 서구는 1975년 말 최악의 침체에서 벗어났으며, 석유 수요가 회복되었다. 그러나 석유수출국기구 수출량의 17퍼센트를 차지했던 이란이 소동에 휩싸여 샤 정권이 무너졌으며 1979년이면 이슬람 정부는 서방에 석유를 공급하지 않았다. 페르시아만 국가들이 대체로 그 차이를 메웠지만, 기업들과 소비 국가들은 예견된 공급 축소를 벌충하기 위해 석유를 비축했다. 불안정한 세계 석유 시장에서 가격은 급등했다. 1978년 석유수출국기구는 5년 만에 처음으로 큰 폭으로 가격을 인상했으며, 이란 혁명 이후 장기 계약과 유연한 단기 '현물'시장 둘 다 공황에 빠졌다. 계약되지 않은 석유는 전부 시장 상황에 따라 조절된 이 현물시장에서 판매되었고, 세계 도처의 불안정한 정세 때문에 현물시장의 석유는 1979년 초 사우디아라비아 경질 원유의 배럴당 13.34 달러라는 약정가격보다 한참 더 높은 수준에서 거래되었다. 누구나 덤벼들 수 있는 세계 석유 경제에서 사우디아라비아조차 가격 상승과 혼란을 막을 수 없었다. 1979년 3월 석유수출국기구는 유가를 배럴당 14.5퍼센트 인상한다고 선언했다. 7월에 가격은 다시 올랐다. 이임하는 미국 에너지부 장관 제임스 슐레진저James Schlesinger는 이렇게 선언했다. "우리는 반백 년 전 처칠이 설명했던 것보다 엄청나게 더 중요한 세계적 위기에 직면했으며 석유 문제는 이를 더욱 악화시켰다. …… 에너지의 미래는 암담하며 앞으로 더 암울해질 것이다."[110]

비록 소비 국가들이 얻은 유예는 일시적이었지만, 판매자 시장이 곧 변했다. 1980년대 중반 사우디아라비아의 생산과 세계의 소비는 균형을 이루었지만, 9월 이라크와 이란이 전쟁에 돌입하여 두 나라의 석유 수출이 중단되었다. 전 세계의 석유 공급은 10퍼센트 하락했고, 석유수출국기구는 약정가격을 배럴당 33달러로, 현물 가격을 41달러로 올릴 수 있었다. 이 두 번째 석유 파동으로 미국이 샤와 이스라엘을 너그럽게 대해 준 것이 잘한 일인지, 또 소비자의 이익을(시장을) 대외 정책의 관심사보다 우선시해야 하는지 냉철한 분석이 필요해졌다. 사우디아라비아와 다른 석유수출국기구 국가들은 미국에 대한 신뢰를 어느 정도 잃었다. 미국은 세계를 지도할 수 있는 능력, 구체적으로는 특히 15개월 동안의 이란 억류 사태 기간에 중동을 안정시킬 수 있는 능력을 입증하지 못했다. 소비 국가에는 암울했던 이 시절에 전문가들은 세계

경제에 불확실한 시기가 도래할 것이고 미국의 문호 개방 다자 무역주의가 끝날 것이라고 예측했다.

1980년대 초 석유수출국기구는 회원국들의 부와 다양성 때문에 조직을 그토록 부유하게 했던 합의가 깨지면서 스스로 자체의 가장 나쁜 적이었음을 입증했다. 석유수출국기구가 초래한 높은 에너지 비용 때문에 경기 후퇴기에는 천연가스와 원자력, 석탄 같은 석유의 대용물이 세계의 에너지 수요를 충족했다. 게다가 새로운 공급자들이 시장에 뛰어들어 석유수출국기구의 지배를 조금씩 잠식했다. 소련은 자본주의국가들에 더 많은 석유를 수출하여 더 많은 외환을 벌어들였고, 영국과 노르웨이는 북해에서 유전을 발견하여 석유 사업에 진출했으며, 브라질과 인도, 중국은 생산량을 늘렸고, 미국은 좀 더 가까운 캐나다와 멕시코, 베네수엘라에서 안전한 공급자를 찾았다. 1980년에서 1990년 사이에 서반구에서 들여온 석유는 240퍼센트 폭증하여 729배럴에 이르렀던 반면, 중동에서 들여온 석유는 4분의 1이 하락하여 681배럴로 감소했다. 석유수출국기구는 1973년 세계시장의 63퍼센트를 차지했지만, 10년 뒤 그 비중은 3분의 1 이하로 하락했다. 결과적으로 사우디아라비아의 수입은 1981년 1020억 달러에서 1983년 370억 달러로 급감했고, 페르시아만 국가들도 똑같이 손실을 보았다. 1983년, 사우디아라비아 석유 장관 야마니가 석유수출국기구의 유가가 세계시장이 감당할 수 없을 만큼 너무 높다는 뜻을 내비친 후, 석유수출국기구는 처음으로 가격을 낮추었다.

1980년대에 여러 회원국이 합의된 한도를 초과하여 생산함으로써 부정을 저지르고 온건한 나라들은 혼란을 완전히 끝내지 못하면서 이 카르텔은 붕괴했다. 그 결과, 정부들이 결정한 가격보다는 미국 시장의 힘들이 중요해졌다. 알제리와 이란, 리비아, 베네수엘라, 나이지리아 전부 석유수출국기구의 상한선을 넘겨 생산했고 동시에 소비 국가들과 개별적으로 운송료와 신용 조건을 협상했다. 사우디아라비아와 페르시아만 국가들은 가격을 낮추어 속임수를 쓴 나라들을 벌하겠다고 위협했고, 석유수출국기구의 새로운 내부 협정은 생산을 제한하여 생산량을 줄이고 사우디아라비아에 공급 조절의 책임을 지웠다. 그러나 석유 회사들이 더는 가격 상승을 두려워하지 않으면서 현물거래

시장에서는 더 많은 석유가 거래되었다. 가격은 결국 안정되었지만, 공급과잉으로 촉발된 그 10년간의 가격 전쟁 때문에 수입은 좋지 않거나 아주 미미하게만 증가했다. 1985년 영국과 멕시코, 노르웨이는 사실상 석유수출국기구가 정한 수준 아래로 가격을 낮추었다. 그래서 석유수출국기구는 유가를 배럴당 28달러로 인하할 수밖에 없었고, 사우디아라비아는 생산을 정상 수준의 4분의 1(하루 250만 배럴)로 감축한 데 이어 그 카르텔의 조정자 역할을 포기했다. 그해 말 석유수출국기구는 석유의 배럴당 가격 결정을 시장에 맡기기로 결정했다. 1986년에 생산은 증가했지만, 새로운 목표 가격인 18달러는 그 10년의 초기보다 훨씬 더 낮은 것이었다. 실제로 그 가격은, 인플레이션을 감안하여 조정하면, 1973년 석유수출국기구가 강요한 11.65달러보다 4분의 1이 적었고, 생산은 불과 5년 전 수준의 3분의 2로 하락했다.[111]

1988년 이란-이라크 전쟁의 종결은 석유 시장에 영향을 미쳤다. 두 나라 모두 경제 재건을 위해 석유를 더 많이 생산하려 했지만, 석유수출국기구가 생산 조절에 합의할 수 없게 되자 사우디아라비아는 시장에 석유를 쏟아냈다. 가격은 배럴당 13달러로 하락했다. 실질적으로 1974년 수준 이하였다. 석유수출국기구의 생산량과 가격 책정에 관한 규율은 완전히 깨졌고, 갈등이 이어졌다. 이라크는 전쟁 중에 진 막대한 채무를 갚기 위해 고유가를 추구함으로써 이 기능 이상을 더 악화시켰다. 이웃 나라인 쿠웨이트는 석유수출국기구 밖의 생산을 방해하고 우호적이지 않은 이라크의 군대 재편을 저지하는 방편으로 가격을 낮추려 했다. 그리하여 쿠웨이트는 새로운 할당제에 따른 가격 인상을 거부했다. 석유수출국기구가 생산과 가격에 관한 두 나라의 차이를 해결하려 한 후, 1990년 8월 사담 후세인의 이라크 군대가 쿠웨이트를 침공했다. 산유국과 소비 국가 모두 쿠웨이트 편으로 몰려들었다. 쿠웨이트 왕국이 알려진 세계 석유 매장량의 5분의 1을 차지했으므로 이라크의 독재자가 그곳을 차지하면 사우디아라비아를 위협하고 석유수출국기구의 석유 흐름을 방해할 수 있었기 때문이다. 여러 나라의 동맹이 이라크 석유의 금수 조치를 발했고, 이에 전 세계 석유 수출량의 7퍼센트에 해당하는 하루 430만 배럴의 수출이 중단되었다. 그 결과로 유가는 치솟았지만, 그 동맹은 석유수출국기구와 다른 생산국들의 비축량과 생산 증가분에 의존하여 1991년 1월 미국이 주도하는 군사동맹이 유엔으로부터 권한을 위임받아 쿠웨이트를 해방할 때까지 유가를 40달러에서 33달러로 끌어내렸다.

이란-이라크 전쟁이 끝나면서 석유수출국기구는 관리하기 어려운 조직으로 드러났다. 사우디아라비아가 영향력이 있었지만, 석유수출국기구 회원국들은 서로 다른 방향으로 나아갔다. 게다가 그 카르텔은 또한 멕시코와 영국 같은 비회원국들과 협력하지 못했다. 두 나라 모두 생산량과 가격과 관련해서는 독립적인 길을 걸었다. 멕시코는 1994년 페소화 위기로 석유수출국기구와 협정을 체결할 힘이 더욱 제한되었다. 따라서 페르시아만 전쟁은 1990년대에 소비 국가들에 이로웠던 세계 석유 시장의 혼란을 부채질했다.

석유수출국기구는 세계화의 힘이 안보 정책을 압도할 수 있음을 암시했다. 냉전의 논리 때문에 미국은 사기업 활동보다 안보에 근거한 규제를 우선시했다. 그러나 미국 정부는 다국적 석유 기업에 큰 자유를 허용하여 독점금지법에 의한 기소나 의회의 방해를 걱정하지 않고 세계 석유 시장을 움직일 수 있게 했다. 이 체제는 산유국들이 그 힘을 행사하여 1970년대에 사영私營을 중단시킬 때까지 지속되었다. 그때쯤이면 미국이 세븐 시스터스를 과점적 지위에 올려놓은 의사 시장 정책을 개혁하기에는 때가 너무 늦었다. 선진국들은 이후 수십 년 동안 징벌적 유가와 수입 감소로 대가를 치렀다.[112]

제3세계의 꿈

치솟는 '석유수출국기구 세금'은 불길하게도 선진국보다도 제3세계 비산유국의 재정에 훨씬 더 큰 부담이 되었다. 유가의 충격은 교역 확대를 통한 성장을 억제함으로써 개발 노력을 중단시켰다. 요컨대 비싼 에너지 비용은 국제수지를 악화시켰다. 석유 수입액이 수출로 거둔 수익을 압도했기 때문이다. 라틴아메리카의 과테말라와 엘살바도르는 무역수지 적자를 기록했는데, 1972년에 1200만 달러에서 1975년에 각각 1억 1200만 달러와 1억 400만 달러로 치솟았다. 적자를 해결하는 한 가지 방법은 석유수출국기구 국가나 선진국으로부터 자금을 빌리는 것, 즉 채무의 굴레를 쓰는 것이었다. 이 나라들은 실제로 '제4세계'의 지위를 차지했다. 채무에서 벗어날 가망이 전혀 없어서 제3세계라는 유감스러운 지위에 오를 수도 없었다.[113]

　　다른 나라들로 말하자면 절망적인 시절이 기회를 제공했다. 구리와 보크사이트, 철광석, 바나나, 커피의 생산국들은 1970년대에 공급을 제한하고 가격을 인상하기 위한 목적에서 카르텔을 형성함으로써 미국의 개방적인 무역 체제에 조직적으로 반대했다. 선진국은 주석과 커피를 수입에 의존했으며, 천연자원이 부족했던 유럽과 일본은 제3세계의 구리와 인산염, 기타 물자가 필요했다. 그래서 자메이카는 보크사이트의 세금과 채굴권 사용료를 올리는 데 성공했고, 모로코는 인산염 가격을 일방적으로 인상했다. 단기적으로 보면 시장 상황은 생산자 카르텔에 유리했고, 몇몇 부문(바나나, 보크사이트)의 구조는 다국적기업에 과세하거나 심지어 생산을 국유화하는 것도 가능하게 했다. 그러나 장기적으로 보면 카르텔들은 석유처럼 귀하고 공급탄력성이 적은 상품을 갖지 못했다. 구리의 구매자들은 알루미늄을 대용품으로 쓸 수 있었고, 차는 커피로 대체할 수 있었다. 그러나 석유의 대용물은 없었다. 게다가 거의 모든 생산자 카르텔은 단기적인 이익을 선호했기에 자금을 비축할 정도로 장기적인 시각을 갖추지 못했다. 마지막으로 선진국들은 적절한 공급에 진정한 위협이 가해질 경우 국유화를 막기 위해 정치적으로나 군사적으로 행동에 나설 수도 있었다.[114]

　　고생하는 몇몇 나라는 다국적기업들이 자신들의 자원을 확고히 장악하고 있음을 인식했고 석유수출국기구의 국유화 노력이 성공했음을 보았기에 빈곤에 대한 대응으로 몰수에 의존했다. 칠레의 자칭 마르크스주의자 살바도르 아옌데의 당선이 한 가지 사례다. 닉슨 행정부는 아옌데가 소련과 쿠바의 서반구 작전에서 침투 지점이 될 수 있다고 두려워했다. 칠레는 저성장과 저개발로, 그리고 외국 회사들이 그 경제를, 특히 구리 광산을 과점하여 고초를 겪었다. 아옌데는 이 불균형을 교정하는 데 착수해 국유화 대상으로 국제 전신 전화 회사ITT를 선택했다. 미국인 투자자들은 그 나라에 총 9억 6400만 달러어치의 주식을 보유했는데, 국제 전신 전화 회사는 그중 2억 달러를 차지했다. 미국은 이 조치가 케니콧 구리 회사Kennecott Copper와 애너콘다 구리 광

_____살바도르 아옌데, 1952년. 이 사회주의자 지도자는 칠레의 대통령으로 재직하던 1973년
에 군사 집단의 쿠데타로 권좌에서 쫓겨나 암살되었다. 미국인들은 그가 국제 구리 회사들을
국유화하면 제3세계에서 시장경제에 반대하는 움직임이 더 많이 촉발될 것으로 두려워했다.
(Wikimedia Commons, © Biblioteca del Congreso Nacional)

산 회사Anaconda Copper Mining Company의 설비를 몰수하기 위한 준비라고 걱정
하여 아옌데를 축출하기로 결정했다. 이 작전의 성공(아옌데는 1973년 9월에 살
해되었다.)에는 미국 CIA가 불법적으로 연루되었을 뿐만 아니라 칠레에 대한
국제통화기금의 차관 제공을 막고 파업을 조장하여 사회주의 정부의 안정을
해치는 등의 경제적 조치도 이용되었다. 냉전은 경제적으로 비참한 이 시기에
여전히 다른 것보다 중요했으며, 신흥국들은 이익을 증진하기 위해 다른 방법
을 찾아야 했다.[115]

미국은 1960년대를 개발의 10년이라고 불렀지만, 그다음 10년은 절망과
채무의 시절이었다. 그 상황은 세계경제 관계의 문제를 해결하기 위한 '북-남
대화' 운동을 촉진했다. 이 점에서 새로웠던 것은 유가를 개발계획과 연결한

것이었다. 미국의 자유기업 제도 안에서 개발도상국을 특별히 배려하자는 지속적인 요구는 새로울 것이 없었다. 1960년대 중반 유엔 무역 개발 회의 반란 이후, 개발도상국의 77 그룹은 전 세계적 부의 재정리를 요구했다. 석유파동은 견고한 성장과 근대화를 약속했지만, 늘 주지는 못한 자본주의 질서 안의 진행 중인 빈곤화 추세를 돋보이게 했으며, 국제사회의 빈곤 퇴치보다 반공산주의를 더 중요하게 만들었다. 항의는 1974년 5월 77 그룹이 발표한 일련의 제안인 신국제경제 질서NIEO 수립 선언을 통해 변화를 모색하는 전략으로 구체화했다. 이 노력은 개방적인 무역 체제와 금융 체제의 불평등을 시정하는 다른 기회의 장이 되었다. 개발도상국들은 선진 공업국의 일방적인 희생을 요구했다. 신국제경제 질서 체제에서 이러한 요구에는 조건 없이 원조와 기술이전을 제공하고 개발도상국의 호혜적 조치를 고집하지 않으며 일반 특혜관세를 인정한다는 일방적인 약속 같은 이전의 요구들이 포함되었다. 77 그룹은 자국에서 영업하는 다국적기업들을 규제하고 통제하겠다고 주장했다. 생산자 카르텔이 제안되었으며, 신국제경제 질서는 그 성공을 보장하기 위해 선진 공업국들이 간섭하지 않겠다고 서약하기를 원했다. 요컨대 그 조치들은 과거의 폐해에 대한 배상을 얘기했을 뿐만 아니라 고유가와 석유수출국기구의 발상으로 초래된 새로운 현실을 다루기 위해 더욱 대결적인 자세를 취했다. 신국제경제 질서는 미국과 서유럽, 일본의 세력에 정면으로 도전했다.[116]

유엔 총회가 이 선언을 승인했지만, 그 노력은 큰 장애물에 부딪혔다. 첫째, 신흥국들은 미래상은 공유했지만 세계경제의 개혁을 달성하기 위한 공동 전략을 갖지 못했다. 이 약점은 체제 변화를 위한 일치된 노력을 오랫동안 방해했다. 라틴아메리카의 브라질과 칠레, 멕시코, 그리고 타이완과 한국, 홍콩, 싱가포르의 '아시아 호랑이들' 같은 신흥공업국은 최빈국과는 전망과 욕구, 목표가 달랐다. 홍콩을 제외하면 전부 제2차 세계대전 후 제조업 기반을 다지기 위해 수입 대체 정책을 채택했지만, 1970년대가 되면 이 나라들은 수출 시장과 자본시장을 더 많이 개방했고 무역과 금융, 원조, 투자 사업에 대한 규제는 줄였다. 아시아의 호랑이들은 수입 대체 계획을 내버리려 했다. 그 때문에 수출 동력이 차별을 받았기 때문이다. 게다가 석유수출국기구 국가들과 협조가 거의 없었다. 세계는 산유국과 비산유국으로 나뉘었던 것이다. 산업화 단계에 진입하지 못한 제3세계 국가들은 난폭한 세계경제의 황무지 속에 고립되었다. 경기후퇴와 에너지 위기(그리고 식량 위기)의 차별적 영향뿐만 아니라 그것이 세계경제 속에 그린 상이한 궤적에 전통적인 정치적·경제적 경쟁이 부가되어 신국제경제 질서 선언에 관한 합의는 거의 불가능해졌다.

신국제경제 질서의 전망에 똑같이 중요했던 것이 이 대결 전략에 대한 선진 공업국의 반응이었다. 미국 진영의 자본주의국가들은 특히 첫 번째 석유파동으로 무역과 통화에서 새로운 시대가 열린 후에 국제경제의 변화에 관한 대화에 기꺼이 참여했다. 선진 공업국은 곡물과 금속, 비료, 면직물, 모직물, 고무의 가격 상승으로 방글라데시와 베트남, 여러 아프리카 국가 같은 절망적인 빈곤에 빠진 나라들이 부담해야 할 식량 가격이 올랐음을 깨달았다. 미국은 처음에는 저개발국에 부담이 적은 조건으로 차관을 제공한다는 국제통화기금의 계획에 반대했다. 이유는 생산자 카르텔의 다자 무역 체제 이탈을 조장할 수 있다는 것이었다. 그렇지만 미국은 국제통화기금이 특별 석유 기구의 지배를 받는 은행처럼 움직여 잉여 국가에서 자금을 빌려 채무국에 대부하는 것을 마지못해 허용했다. 1974년 8월, 아홉 개 산유국이 36억 달러를 빌려주어 국제통화기금의 특별인출권이 설치되었다. 결국 44개국(대부분은 제3세계 국가였지만 석유파동으로 큰 타격을 입은 그리스와 이탈리아가 포함되었다.)이 1974년의 이편의 제도로 자금을 빌렸다. 이자율은 연 7.7퍼센트였다. 이듬해, 유럽 국가와 산유국의 중앙은행들은 이탈리아와 영국, 핀란드, 그리스, 뉴질랜드, 에스파냐, 그리고 소수의 개발도상국에 다시 자금을 제공했다. 미국은 열의 없는 지지자로 남아 여러 나라가 참여하는 이러한 대부 노력보다 원조를 선호했다.(원조는 그 10년 동안 감소했다.) 미국은 77 그룹에 의한 세계 금융 체제의 개조 앞에서 뒷걸음질 쳤다.

1975년 신국제경제 질서를 논의하기 위해 27개국(신흥국 19개국, 미국을 포함한 선진 공업국 8개국)이 파리 국제경제협력 회의CIEC에 참여했다. 중동과의 협력이 아니라 대결적인 석유 소비자 블록을 요구한 미국에 분노한 프랑스는 회의에 기대어 미국의 세계경제 지배에 대한 대안을 찾으려 했다. 미국은 석유수출국기구와 개발도상국 간의 견고한 유대를 깨뜨리고 생산자 카르텔을 제한하며 산업화한 경제적 동맹국들이 시장 정책과 조화를 이루도록 만들기를 원했다. 미국 국무 장관 헨리 키신저는 그 회의를 경멸했지만, 미국의 이익에 반하는 반란을 막기 위해 1976년 나이로비에서 열린 후속 회의에 참석할 수밖에 없었다. 키신저는 미국의 목적을 위해 세계은행이 관할하고 여러 나라가 참여하는 대부 기구를 설립하여 광물자원 부문으로 민간 자본을 끌어오자고 제안했다. 석유수출국기구는 자체의 자금 조성 계획을 시작했는데, 아랍 경제 사회 개발 기금AFESD과 이슬람 개발은행IDB, 아프리카 개발은행AfDB, 그리고 석유수출국기구 장관들이 운영하는 50억 달러의 목적자금을 설정한 다른 기금이 포함되었다.[117] 그러나 세계경제의 침체는 지속되었고, 이러한 대부 기구들의 자본 투입을 계속해서 더 많이 요구했다.(그 기구들은 1979년 제2차 석유파동으로 더 많은 자금을 빌려주었다.) 그리고 개발도상국들은 선언의 여러 핵심 요소에 대한 미국 주도의 반대를 극복할 수 없었다. 소련이 자체의 경제적 문제 때문에 대신 나서지 못하고 개발도상국들의 동맹에 균열이 가자, 신국제경제 질서는 확연히 곤란에 빠졌다.

그 회의는 공동성명도 발표하지 못했다. 물가를 안정시키고 더 큰 원조 목표를 달성하기 위해 공동 기금을 설치한다는 합의가 있었고, 신흥국들에 10억 달러를 제공한다는 약속이 있었다. 유엔 무역 개발 회의는 1980년에 공동 기금을 창설했지만, 충분히 많은 나라가 비준하지는 않아 기금은 탄생하지 못했다. 선진국들이 각각 국민총생산의 0.7퍼센트를 내놓는다는 원조 목표는 전혀 달성되지 못했으며, 10억 달러의 약속은 이미 공언된 액수였기 때문에 눈속임에 불과했다. 신국제경제 질서의 모색은 1970년대 말이면 끝나 가고 있었고, 자조의 노력과 민간자금 조달, 시장의 처방으로, 즉 미국의 다자무역주의와 자유기업이라는 프로그램으로 대체되었다.

그렇지만 신국제경제 질서의 여러 가지 목표는 제도적으로, 또 경제적으로 실현되었다. 1975년 유럽 공동체(1967년에 유럽 경제공동체에서 명칭이 바뀌었다.)는 아프리카와 카리브해, 태평양의 마흔여섯 개 제휴 국가와 로메 협정Lomé Convention을 체결했다. 서유럽은 미국보다 무역 의존도가 더 높았기에

1970년대의 어려운 시절에 공급 중단을 예방할 필요가 있음을 인지했다. 그래서 유럽 공동체는 원조를 늘리기로 하고 로메 협정이 유지되는 동안 유럽 개발 기금EDF을 통해 수십억 달러를 투입하기로 약속했다. 로메 협정은 세 차례 갱신된 후 2000년에 코노투 협정Conotou Agreement으로 대체되었다. 투자 원조도 이루어지고 있었다. 그 밖에도 로메 협정은 쇠고기와 설탕 같은 경쟁력 있는 상품들에 할당제를 적용하여 이 나라들의 대對유럽 공동체 수출을 호혜주의 없이 우대했다. 마지막으로, 로메 협정은 수출 수입금 안정 제도STABEX라는 금융 제도를 만들어 특히 세계시장의 가격 변동에 민감한 열두 개 상품에서 수출 소득을 안정시키려 했다. 전형적인 형태의 개방을 고수한 미국은 특혜 거래는 비회원국 상품을 차별한다고 주장하며 로메 협정에 항의했다. 1990년대 중반 세계무역기구는 미국에 동의했고, 유럽 공동체와 미국은 협정을 도출하기 위한 협상에 들어갔다. 상품에 관한 논쟁(가장 유명한 것은 카리브 해 지역 바나나의 유럽 수출 우대에 관한 논쟁이다.)은 미국이 급진적 프로그램보다 원칙과 자유 시장에 더 많은 관심이 있음을 보여 주었다.[118]

미국은 개발도상국이 전통적인 자유무역 논의의 장인 관세무역일반협정을 통해 개발의 욕구를 실현하기를 원했다. 물론 미국의 정책은 위선적일 수 있었다. 제조업 부문의 경기가 침체했기 때문이다. 도쿄 라운드(1975~1979)에서 신흥국들은 상호주의와 비차별 규칙의 면제, 일반 특혜관세 제도의 영구적인 법적 지위, 그리고 최빈국의 특별 대우를 얻어 냈다. 그 대가로 개발도상국은 개발이 도약 단계에 들어서면 점차 특혜를 잃어버리게 되어 있었다. 관세무역일반협정의 의무들이 효력을 발할 것이기 때문이었다. 미국은 마흔여섯 개 개발도상국이 참여한 우루과이 라운드(1986~1994)에서도 관세무역일반협정의 다른 협상의 장에서 했던 것보다 더 강하게 특혜에 반대했다. 미국에 특별히 중요했던 나라는 아시아의 호랑이들이었다. 이 나라들은 수출 주도 성장 정책으로 유력한 경쟁자가 되었기 때문이다.

이 아시아 국가들은 세계경제에 접근하는 새로운 방식, 즉 관세무역일반협정의 다자 무역 체제와 개방에 초점을 맞춘 실용적인 접근법을 돋보이게 했다. 아시아의 호랑이들은 경공업을 개발의 수단으로 삼았지만, 직물 같은 상품은 미국에서 상당한 고객을 확보했다. 선진국은 아시아의 호랑이들이 덤핑과 수출 보조금, 중상주의적인 수입 규제 같은 불공정 무역 관행을 유지하고 있다고, 특혜를 베풀어 응석받이를 키울 필요가 없다고 불평했다. 1970년대 중반 개발도상국들이 선진 공업국이 쓰는 공산품의 가장 중요한 공급자로 등장하자, 값싼 노동력으로 생산되는 제3세계 수출품에 대한 항의는 더욱 거세졌다. 미국은 그 개방정책에 위배되는 보호무역주의적 대응으로서 직물을 포함한 여러 제품에 대해 여러 가지 치명적인 자발적 억제 협정의 체결을 강요했다. 1978년 무렵 그러한 협정의 거의 절반이 제3세계 수출품에 적용되었다. 우루과이 라운드에서 유럽 공동체와 일본, 미국은 철강 수입의 55퍼센트, 의류 수입의 80퍼센트, 신발과 양말 수입의 25퍼센트 이상을 포함한 수입품에 대해 비관세 장벽을 높였다. 그래서 신흥국들은 시장 접근성 확대와 보호무역주의 조치의 철회를 위해 로비를 벌였다. 실제로 섬유 할당제는 우루과이 라운드 이후 10년간 폐지되었고, 반면 개발도상국들은 미국이 제안하고 열네 개 소규모 생산국의 케언스 그룹Cairns Group이 지지한 야심적인 제안에 따라 새로운 1000년기에 농업 보조금을 20퍼센트 삭감하기로 약속했다. 이 약속은 2000년에 지켜지지 않았으며, 보조금 종식에 반대한 유럽 공동체와 카길Cargill 같은 거대 농산품 가공 유통 회사의 대표들이 포함된 미국 협상자들 모두 그 조건을 제한했다는 의혹이 일었다.[119] 그리하여 농산물 무역에 의존하는 보통의 개발도상국은 실질적인 발전을 이루기 어려웠다.

아시아의 호랑이들과 여타 제3세계의 발전된 국가들은 선진국 세계의 보호무역주의 정서를 심화시켰지만 또한 개방의 신조를 설파하되 준수하지는 않는 위선을 드러냈다. 이 나라들은 시장 접근성을 확보했지만 금융 서비스 시장을 개방하고 외국인 투자 규제를 완화하며 지식재산권 규정을 준수하라는 압력에는 저항했다.(둘 다 관세무역일반협정에는 새로운 영역이었다.) 이 나라들은 또한 우루과이 라운드를 1990년대에 등장한 지역적 결합을 탐색하는 발판으로 이용했다. 그럼에도 우루과이 라운드는 간신히 종착점에 도달했다. 1994년 4월 125개국이 서명한 그 무역협정은 미국의 신임 대통령 빌 클린턴이 회담 개시에 주목할 정도로 농업 보조금과 여타 문제에 관하여 매우 격한 논쟁을 수반했다. 보조금 반대 약속과 무관하게 농산물 무역 장벽은 높게 유지되었고, 이 과제는 제3세계에 가장 큰 영향을 미쳤다. 관세무역일반협정 의장은 우루과이 라운드를 지속 가능한 발전에 필수적인 것으로 치켜세웠지만, 기자들은 미국과 유럽이 "세계무역이라는 파이"에서 제몫을 두고 흥정했던 반면 "개발도상국들은 그 안에 자신들을 위한 것이 있는지 궁금했다. 이제, 어떤 이들에게, 그 답변은 분명하다. 빵부스러기뿐이다."[120]

채무와 상호 의존

실제적인 개혁은 한편으로는 금융 부문의 경제적 악몽 때문에 이루어졌다. 석유파동에 휩싸인 공업국들이 현금이 달렸기 때문에, 신흥국들은 공적으로 조성되는 원조와 차관의 유입에 기댈 수 없었다. 1978년 제2차 석유파동이 시작되고 1980년대에 재정적으로 보수적인 레이건 정부가 들어선 후, 선진 공업국들은 개발을 지원할 방법을 찾았다. 여러 나라가 참여하는 원조 계획이 한 가지 방법이었지만, 레이건은 원조 제공의 비용과 원칙에 난색을 표했다. 그 대신 미국은 세계은행과 국제통화기금의 차관 확대로, 그리고 점차 민간은행의 대출로 방향을 틀었다. 대공황 시기에는 국제적으로 많은 은행이 파산했는데, 그때는 개인 채권자들 때문이었다. 그 기억은, 1960년대 아르헨티나와 브라질, 페루의 채무 규제와 제3세계 국가들의 마구잡이 민간 상업 차관에 대한 전반적인 제한과 결합되어, 신용 대부를 방해했다. 1965년 멕시코는 법률을 개정하여 공사의 차용인에 대한 외국 민간 금융기관의 대출을 허용했고, 곧 다른 나라들도 뒤따랐다. 대공황의 기억이 없는 젊은 세대의 미국인 은행가들은 새로운 세계 자본시장이 열릴 가능성에 군침을 흘렸다. 이들은 민간의 국제 대출 정책을 붙잡았다. 브레턴우즈 체제가 끝난 뒤 자본시장의 규제가 풀리면서, 상업적 대부업자들은 현지 은행에 높은 이자를 내야 하는 부담 없이 외국에서 효과적으로 경쟁할 수 있었다. 그리고 이슬람은 이자를 받는 대부를 금지했기 때문에, 이 은행들은 석유수출국기구의 막대한 예금을 멋대로 이용하여 개발도상국의 필요를 충족시킬 수 있었고, 개발도상국은 자금을 빌리기 위해 기꺼이 높은 이자율을 감수했다. 은행가들은 위험

성이 크지만 이익도 큰 국제적 대부에 발을 들였다.[121]

빌려주는 자와 빌리는 자가 점차 이러한 민간 금융 체제를 낙관적으로 생각하면서 개발도상국 세계로 들어가는 자금이 급증했다. 석유수출국기구의 풍부한 현금을 거머쥔 은행들은 라틴아메리카와 아프리카, 아시아의 시장으로 쇄도했다. 1973년에서 1981년 사이, 개발도상국 세계의 비산유국들이 빌린 자금은 연간 65억 달러에서 2930억 달러로 증가했다. 이 나라들의 수출도 급격하게 증가했고, 국내총생산도 선진국 세계의 두 배를 넘어섰다. 따라서 신흥국들은 채무를 감당할 수 있을 것 같았다. 미국 민간 대출의 대략 3분의 2가 라틴아메리카로 갔다. 지리적으로 가까웠을 뿐만 아니라 은행가들이 미국에서 교육 받은 라틴아메리카 엘리트들과 친했기 때문이다. 라틴아메리카의 문해력과 기대 수명도 증가했다. 다국적 대부 기관과 석유수출국기구는 최빈국을 원조했다. 미국과 유럽의 금융기관은 민간 대출 시장의 돈궤 앞에서 잔치를 벌였다. 이들은 대부금을 지키기 위해 제3세계 대출자들에게 높은 이자율이라는 '위험 프리미엄'을 지웠으며, 곧 작은 은행들도 시장에 뛰어들어 큰 은행들처럼 비정상적인 이윤을 획득했다. 채무자들이 더 유리한 조건으로 대출을 받으려고 기존의 채무를 조기에 상환하면서, 시간이 지날수록 이전 채무에 새로운 채무가 더 쌓였다. 민간은행들은 상환을 원했기에 고객들이 선행 채무를 갚을 수 있도록 추가 대출을 해 줄 수밖에 없었다. 서류상의 상호 의존도는 단계적으로 강화되었다. 1982년, 제3세계의 대외 채무는 1975년 대비 264퍼센트가 많았다. 이자율이 인플레이션에 비해 낮게 유지되는 한 채무자들은 이자를 감당할 수 있었으며, 이 사상누각은 온존할 것이었다.

그러고 나서 제2차 석유파동과 이자율 상승의 바람이 휩쓸고 지나가면서 제3세계의 대규모 채무 위기가 촉발되었다. 유가가 상승할 때마다 비산유국은 예산을 위해 연간 거의 20억 달러를 찾아내야 했다. 민간 자본이 신용 대부의 거의 절반을 공급했다. 이 상황에서 국제 은행가들은 위험성은 크지만 매력적이었던 대부에 빠졌다. 1979년 모든 제3세계 국가에서 이자 상환 비용이 평균 21퍼센트까지(최악의 국가들에서는 거의 39퍼센트까지) 오르면서, 빌려주는 자들은 좀 더 신중해졌고 단기대부에 집중했는데, 그 이자율은 미국과 서유럽의 인플레이션이 치솟음에 따라 계속 높아졌다. 빌리는 자들은 투자와 생산자본이 아니라 소비 때문에 그 돈이 필요했다. 멕시코는 철강 공장과 석유 시설, 발전소를 건설했으나 비효율적인 국가기관과 부패한 회사들이 이를 통제했다. 다른 경우에 공격적인 은행가들은 판촉을 벌여 순진한 고객들에게 돈을 빌리게 했다. 그 결과, 멕시코가 외국 은행에 갚아야 할 돈은 1978년에서 1982년 사이에 세 배로 늘었으며, 아르헨티나와 칠레의 채무는 500퍼센트가 증가했다. 브라질은 경제개혁으로 활발한 성장을 보인 이후 대규모 공공사업에 필요한 자금을 끌어모으는 데 혈안이 되었다. 이 나라는 외국의 신용 대부를 열렬히 환영했으며, 특히 시티뱅크Citybank와 뱅크 오브 아메리카Bank of America, 모건 개런티Morgan Guaranty, 매뉴팩처러스 하노버Manufacturers Hanover가 석유수출국기구의 여유 자금에 의존하는 절차를 거쳐 자금을 공급했다.[122]

　　이 체제는 지속될 수 없었다. 높은 이자율은 라틴아메리카 자본의 이탈을 조장했다. 이 나라들의 외환 사용에서 가장 큰 용처는 차입금 상환이었고 그다음이 자본 수출이었다. 아르헨티나와 브라질, 칠레, 멕시코, 베네수엘라의 채무 증가액 2520억 달러의 3분의 1 이상이 결국 외국 은행 계좌로 들어 갔다. 라틴아메리카는 개발도상국의 전체 채무 중에서 가장 큰 몫을 차지했고, 채무 증가 속도가 가장 빨랐다. 1981년 라틴아메리카 전체는 346억 달러를 빌렸지만 이자로 282억 달러를 지불하여 순수하게는 겨우 64억 달러만 남았다. 1982년에서 1985년 사이 그 지역 전체는 1067억 달러의 자본 순 유출을 기록했는데, 이는 이전 9년간 유출된 자본보다 많았다. 1인당 국민총생산이 5분의 1로 축소되고 실업은 거의 3분의 1이 증가했으며, 전체 민간 부문이 거의 완전히 파산한 칠레가 최악의 고통을 당했다. 경기 침체는 너무도 혹독하여 몇몇 제3세계 은행은 외국에서 빌린 자금을 다시 외국에 빌려주어 이익을 냈다. 그러나 그 관행은 곧 중단되었다. 아르헨티나는 1982년 포클랜드(말비나스) 제도에서 영국에 패한 뒤 370억 달러의 채무에 대해 디폴트(채무불이행)를 선언했다. 베네수엘라는 불황에 빠진 지 4년째 되는 해에 위기가 시작되자 극심한 빈곤에 빠졌다. 외국 자금에 의존했던 브라질의 경제적 운명은 너무도 철저히 역전되어 1985년 야당이 실업가들과 결탁하여 군부를 권좌에서 내몰고 민정을 도입했다. 8월에 미국의 몇몇 대부업체가 파산했다는 소식에 뒤이어, 멕시코 정부는 더는 이자를 지불할 수 없다고 깜짝 놀랄 선언을했다. 유가는 하락세로 돌아섰고, 이는 석유가 풍부한 멕시코 경제의 토대를 흔들었다. 미국 정부는 이 중요한 이웃 나라에 서둘러 원조와 차관을 제공했으며, 민간은행들은 멕시코의 대출금 상환을 유예한다고 발표했다. 채무 위기는 최고조에 달했고, 라틴아메리카 거의 전역에서 채무불이행의 연쇄 반응이 나타났다.[123]

　이후 몇 년간 라틴아메리카 나라들은 높은 이자율을 비난했고, 미국인들은 1985년 베이커 플랜을 제안했다. 재무 장관 제임스 베이커의 이름을 딴 이계획은 채무자들에게 미국 정부의 차관을 공여했고 자본 도피를 억제했으며 소비 지출을 제한하기 위한 긴축정책을 강권했다. 그 10년의 나머지 기간에 민간은행들은 국제 대부 시장에서 전반적으로 철수하면서 손실을 감가상각으로 처리했다.(시티코프Citicorp는 1987년에 10억 달러의 손실을 입었다.) 손실을 지움으로써 미국의 아홉 개 은행이 그 지역에 빌려준 대출금의 미회수 액수는 1982년에 자본금의 177퍼센트에서 84퍼센트로 하락했지만, 베이커 플랜은 그저 시간을 벌어 주었을 뿐이다. 1989년 미국의 새로운 재무 장관 니컬러스 브레이디Nicholas F. Brady는 은행들에 각 나라와 협상하여 자발적으로 채무를 축소하고 상환을 연장해 주라고 요청함으로써 채무 위기를 완전히 끝내기 위한 조치를 취했다. 민간은행들은 할인된 이자율의 '브레이디' 채권으로 이전의 채무를 맞바꿔 줌으로써 멕시코의 채무 690억 달러를 재조정했다. 국제통화기금과 세계은행, 멕시코 정부, 일본은 18개월 동안의 이자 지불을 보증했다. 이것은 상업은행들이 국제적 채무를 탕감한 첫 번째 사례였다. 1994년 브라질이 주요 채무국으로는 마지막으로 750개 채권 은행과 협정을 체결한 뒤, 이 위기는 종결되었다.[124]

　국제 대부 기관의 감독이 민간은행의 대부 네트워크를 대체했지만, 국제통화기금과 세계은행은 시장주의를 장려하는 수단이 되었다. 냉전이 물러가고 세계화 시대가 도래하면서 이 기관들은 미국과 일본, 서유럽의 지지를 받아 자유로운 기업 활동을 옹호하는 보수적 거시 경제정책에 의거하여 대출

조건을 정했다.[125] 구조 조정 프로그램Structural Adjustment Programs: SAP[9]에 따라 이 기관들은 국내의 규제 해제, 국유재산의 민영화, 국내의 긴축정책, 무역 자유화, 더 개방적인 투자 환경을 강력히 요구했다. 민간 투자가 급증하고 민영화로 현지 기업가들 중에서 백만장자가(심지어 억만장자도) 등장하면서, 채무국들은 적어도 일시적으로는 소소한 성장의 시기로 되돌아갔다. 그러나 최빈국들은 계속해서 이자 상환의 의무와 불평등한 교역조건, 시장에 대한 통제력 상실로 초래된 침체에서 헤어나지 못했다.[126]

아프리카의 침체

아프리카는 이 슬프고 놀라운 상황의 교과서 같은 본보기였다. 특히 사하라 사막 이남의 아프리카는 세계에서 가장 빈곤한 지역이었다. 식민주의가 끝났지만, 아프리카의 대부분은 1980년대 이후로 재정의 완전한 붕괴에 직면하여 비틀거렸다. 많은 전문가는 경제적·정치적·사회적 혼란 때문에 아프리카에서는 세계시장의 역동성과 세계화의 혜택이 사라졌다고 믿었다. 원인은 내부의 부패와 비효율, 그리고 불리한 교역조건과 불평등한 교환 관계, 구조 조정 프로그램 같은 외부의 영향이었다. 아프리카는 세계경제의 최악의 상황을 보여 주는 전형적인 사례가 되었다.

아프리카 대륙의 국민경제는 다른 곳과 비교할 때 대체로 기능 장애에 빠져 있었다. 나이지리아와 앙골라, 콩고 공화국, 가봉, 카메룬은 확실히 석유 위기로부터 뜻밖의 이익을 누렸다. 남아프리카 공화국은 이례적인 경우였다. 남아프리카 공화국은 제2차 세계대전 후 광물자원과 산업화 과정의 숙련된 관리, 정교한 수입 대체 체계, 그리고 미국의 냉전 세력권에서 유리한 위치를 차지하여 자본을 제공받은 것 덕분에 견고한 성장을 이루었다. 그러나 1970년대 초 경제적으로 어려웠던 시절에 수입 대체는 효력을 다했고, 수출 지향적 전략으로 전환하기에는 시기가 적절하지 않았다. 1980년대에 인종주의적 아파르트헤이트 제도는 자본 유출을 부추겼다. 외국 투자자들이 폭력을 염려했

---

9 국제통화기금과 세계은행이 경제 위기를 겪는 나라에 대출해 주는 제도.

거나 자국 민권 지지자들의 압력에 보유 재산을 빼냈던 것이다. 석유파동과 인플레이션, 투자 급감, 1980년대 말 아파르트헤이트가 폐지된 후 저렴한 흑인 노동력의 소멸로 곤란했던 남아프리카 공화국은 아프리카 경제의 전반적인 쇠퇴라는 전후 역사의 한 장을 차지했다.[127]

사하라 사막 이남의 나머지 42개국은 사정이 더 나빴다. 1995년 그 광대한 영역의 1인당 국민총생산은 서구 경제의 50분의 1이었다. 미국인의 1인당 평균 소득이 2만 6980달러였던 반면, 모리타니 같은 중앙아프리카 국가에서는 고작 460달러였고, 모잠비크 같은 최빈국의 1인당 소득은 겨우 80달러였다. 인구 추세는 경제 문제를 악화시켰다. 인구 폭발에 높은 유아 사망률과 기아, 질병이 겹쳐 노동계급의 안정적인 발달을 저해했다. 1990년대 중반이 되면 문맹률이 40퍼센트를 넘어 교육받은 노동력을 찾기가 어려웠다.[128]

그렇게 암울한 기록의 배후에 놓인 원인은 많지만, 아프리카는 개발도상국이 겪은 불평등 교환의 주된 사례였다. 커피 단일 경작이 지배적이었던 르완다는 세계시장가격의 변동에 좌우되었고 수확에 실패하거나 외국시장이 둔화하거나 세계시장의 가격이 하락하면 추가 소득을 얻을 수 없었다. 14개국은 한 배를 탔다. 부룬디와 우간다는 오직 커피만 생산했고, 잠비아는 구리, 소말리아는 가축에 의존했다. 다른 나라들은 두 가지에서 네 가지 상품만 생산했다. 몇몇 나라는 상대적으로 운이 좋았다. 석유를 가졌거나 우라늄(니제르)과 보크사이트(기니와 가나), 다이아몬드(시에라리온) 같은 귀중한 광물을 가졌기 때문이다. 그러나 이 나라들도 주기적인 경기 침체를 겪었고, 이는 정치 불안정을 초래하고 발전을 저해했다. 11개국(남아프리카 공화국, 튀니지, 레소토, 짐바브웨, 탄자니아 등이 속한다.)만 좀 더 다양한 수출 경제를 누렸는데, 이 나라들도 종종 세계적 계층구조에서 맨 밑바닥을 차지했다.

그 결과, 본질적으로 구매자들이 폐쇄적인 체제에서 가격을 결정했기에 가격을 후려쳤던 신식민지적 관계 속에서 아프리카는 선진 공업국 세계에 계속 의존하게 된다. 예를 들면 프랑스의 쉬크당Sucden 사는 1988년 코트디부아르에서 수확된 코코아를 모조리 헐값에 구매했다. 다른 구매자가 없었기 때문이다. 이러한 유형은 아프리카 대륙 전체에서 되풀이되어 아프리카의 수출이 1980년에서 1995년 사이에 20퍼센트 하락하는 결과를 가져왔다. 전형적인 불평등 교역조건들은 이러한 어려움을 더욱 심화시켰다. 아프리카인들은 자신들의 저렴한 상품을 최저 가격에 외국에 판매했을 뿐만 아니라 가격이 훨씬 더 높은 공산품을 수입해야 했기 때문이다. 외국인 투자자들은 개발 사업에 자본을 파묻기를 주저했으므로, 불평등한 교역조건은 아프리카의 원료로 만든 공산품 가치의 15퍼센트만 다시 아프리카 대륙으로 돌아오는 결과를 초래했다. 나머지는 선진 공업국이 가져갔다. 관세무역일반협정의 무역 협상은 도움이 되는 것 같지 않았다. 1994년 우루과이 라운드 이후, 아프리카 대표들은 아프리카가 "그것으로부터 얻을 것이 없음을" 알았으면서도 "도살장으로 끌려가는 양처럼 이끌려 협정에 고무인을 찍었다."[129] 미국의 시장 제도가 아프리카를 덫에 가두고 그 생존을 위태롭게 했다.

아프리카는 외채를 포함하여 수많은 조치를 통해 개발에 필요한 자금을 모으려 했지만, 1990년대의 아프리카는 채무에 허우적거렸다. 사하라 사막 이남 아프리카 지역이 외국은행에 갚아야 할 채무는 터무니없게도 국민총생산의 90퍼센트에 달했다. 다양한 농작물의 가격은 하락했다. 1981년 코코아 수출의 가치는 1973년 대비 4분의 1에 불과했다. 석유가 없는 수많은 나라는 열악한 교역조건에 에너지 비용이 추가되어 더 깊은 채무의 늪에 빠졌다. 1994년, 연료 수입국인 잠비아의 채무는 52억 달러로 국내총생산의 161퍼센트에 달했다. 라틴아메리카의 경우처럼 은행들은 잠비아가 이자를 지불할 수 있으리라고 기대하며 신용 대부를 지속했다. 잠비아는 채무를 갚을 수 없었다. 결국 아프리카는 매년 수출 소득의 21퍼센트를 이자 지불에 허비했으며, 1991년 사하라 사막 이남 아프리카의 대외 채무는 연간 국민총생산을 초과했다. 세계의 다른 지역에 비해 두 배나 더 많았다. 세계은행과 국제통화기금은 이 대륙을 구원하기 위해 구조 조정 프로그램을 갖고 개입했다.[130]

이러한 차관의 대가로 아프리카인들은 자국 경제를 개방해야 했다. 투자자들에게 경제를 개방하고 국가의 개입을 억제해야 했다. 이 과정은 1980년대에 케냐와 말라위, 모리셔스부터 시작했으며, 1995년이면 모든 나라가, 심지어 사회주의국가인 잠비아와 탄자니아도 감수해야 했다. 정부의 계획은 폐지되거나 시장으로 대체되었으며 민영화와 자원의 재분배를 통해 더 효율적으로 바뀌었다. 비효율적인 수입 대체로 국가로부터 가장 큰 혜택을 입은 것은 도시 중심지였다. 도시의 관료와 산업 노동자, 기업가, 정치인에게 낮은 가격으로 식량을 공급하기 위해 농민들이 시장가격보다 낮게 곡물을 판매해야 했기 때문이다. 이제 국제통화기금은 공업 종사자가 아니라 농민이 수출 성장의 동력이 되도록 농민이 식량 가격을 제대로 받아야 한다고 요구했다. 보호하는 국가는 자유주의적인 유럽과 미국에서 그랬던 것처럼 쉽게 근절할 수는 없는 뿌리 깊은 사회 정치적 현상이었지만, 구조 조정 프로그램은 수출입에 관한 국가의 규제를 제거했고 관세를 철폐했으며 시장이 규칙을 강요함에 따라 정부 지출을 축소했다. 따라서 외국자본가들을 한편으로, 편안한 관료들과 그들을 후원하는 부르주아를 다른 한편으로 하는 양자 사이에 알력이 생길 수밖에 없었다.[131]

개방의 결과는 실망스러웠고 경우에 따라 비극적이었으며 심지어 위험하기도 했다. 1994년 세계은행의 연구에 따르면, 사하라 사막 이남 아프리카의 여섯 나라가 실질적인 개선을 이루었고 아홉 나라가 약간의 긍정적 변화를 경험했지만 11개국은 상황이 더 나빠졌다. 17개국은 채무가 너무 막대하여 외부 자본의 대규모 유입 없이는 구조 조정 프로그램의 실효성이 없었다. 농촌 지역의 일차산품 수출 확대를 강조한 것은 세계시장에 새롭게 의존하는 결과를 초래했다. 세계화의 압박을 받는 상황에서 시장은 공급 증대에 가격 인하로 대응했기 때문이다. 구조 조정 프로그램은 외부 자본을 끌어들이지 못했다. 초국적 기업들이 이 취약한 경제로부터 물러났기 때문이다. 게다가 개혁으로 산업 보호 조치들이 사라지고 공공 부문의 자금이 삭감되면서 도시 지역에서는 실업이 증가했다. 국가의 보조금이 사라져 식량 가격이 비싸지자, 세계은행은 기아를 피하기 위해 구조 조정 프로그램에 '빈곤 완화 프로그램'을 추가했다. 경제 위기는 실제로 민주적 변화를 촉진했다. 국민이 도움을 요청하며 이제는 실패로 돌아간, 수혜자 중심의 국가 제도를 파괴했기 때문이다.(잠비아와 말라위) 그러나 경제 위기는 파업, 정부에 대한 믿음의 상실, 새로운 민족 간 갈등, 반란(수단과 라이베리아), 국가의 붕괴(자이레와 소말리아) 같은

정치적 분란도 일으켰다.[132]

세계은행이 기울인 노력의 두 가지 부정적 측면은 미국의 개방 체제가 의도하지 않은 결과를 초래했음을 보여 주었다. 1989년 이후 잠비아에서는 8500명에 달하는 직물업 노동자가 실직했고 의류 공장의 가동률은 20퍼센트를 넘지 못했다. 공공 부문에서 6만 명이 해고되었고, 이에 더해 국적 항공사와 버스 회사, 호텔 기업, 기타 사업체들이 사라져 2만 5000명의 실직자가 발생했다. 가나에서는 구조 조정 프로그램으로 코코아의 생산자가격이 67퍼센트 인상되었다. 뒤이어 국가가 보증하는 195개 회사가 민영화되었다. 아샨티 금광Ashanti Gold Fields 같은 회사들이 외국 기업에 매각된 뒤 쇄신되어 한 번 더 생존 가능한 회사로 탈바꿈했다. 가나 경제는 1980년대 중반 수출 소득이 증가하면서 안정을 찾았으나, 지속적 발전으로 이어지는 로스토의 '도약'은 없었다. 통화가치가 하락하고 코코아 가격이 세계적인 생산 증가로 하락함으로써 가나의 채무는 증가했다. 산업 노동자들이 해고되었으며, 많은 사람이 고등교육이나 보건을 유지할 수 없었다. 종전에는 국가가 보조금을 지급했지만 이제는 사용자들이 비용을 부담해야 했기 때문이다. 식량 가격이 올라 부담은 더욱 늘었다. 변화의 요구는 1992년에 비록 현재의 집권자로 신자유주의적 시장 개혁가들의 총애를 받는 군사독재자 제리 롤링스Jerry Rawlings가 과반수를 득표하기는 했지만 다당제 선거 시대를 열었다. 요컨대 아프리카는 (최상의 시나리오에서는) 곳에 따라 잘 굴러갔지만, 많은 경우에 "경제적 낭떠러지에 불편할 정도로 가까이" 다가서 있었다.[133]

또한 아프리카 대륙과 다른 곳에서 경제적 세계화 때문에 많은 사람이, 특히 젠더의 구분선을 따라, 주변부로 밀려나는 추세가 새롭게 분명해졌다. 여러 사회에서, 특히 개발도상국에서 빈곤은 압도적으로 여성이 떠안았다. 시장이 초래한 경제의 구조 조정이 높은 실업률로 이어졌기 때문인데, 제일 먼저 일자리를 잃은 자들은 사회적 등급의 가장 밑바닥에 있는 존재인 여성이었다. 새로운 기술, 유연하고 불안정한 노동시장, 성의 구분을 없애는 시장의 발전 과정은 빈곤을 키웠고 성의 차별을 점점 더 강하게 압박했다. 국제적 은행과 기관이 구조 조정 계획에 따라 개조를 강요하고 국가는 자국민에게 봉사하지 못하면서, 가난한 여성은 한층 더 어려운 경제적 상황에 처했다. 개발 정책과 노동 분배에 성차별이 존재하는 상황에서(가난한 나라에서는 여성 노동의 75퍼센트 이상이 급여가 지급되지 않는 노동이었다.) 교육 받을 기회가 없고 문맹인 여성은 소득이 하락했고 남성 지배의 착취 제도에 종속되었다. 세계화의 개방 이데올로기와 실천이 제3세계 경제를 국가가 제공하는 사회복지 서비스에서 끌어내 정부의 안전망을 잃은 생계 활동으로 내몰면서, 여성은 육체노동의 큰 부분을 담당했다. 1975년 이후로, 첫 번째 유엔 여성 10년 회의UN Conference on the Decade of Women이후로, 활동가들은 전 세계 가난한 여성의 곤경을 개선하고 일터에서 여성의 권한을 확대할 해법을 요구했다. 그러나 자유무역을 비판하는 자들은 여성에 불리한 뿌리 깊은 차별과 남성 지배의 전통이 착취 체제와 결합하여 노동시장을 젠더의 구분선을 따라 분할했음에 주목했다. 이는 실제로 세계화를, 그리고 그 어두운 측면을 강화했다.

예를 들면 세계 최빈국인 모잠비크 여성들은 농사의 부담을 떠안아 가족을 부양했다. 1994년 이 나라는 국민총생산의 다섯 배에 가까운 54억 달러라는 막대한 채무를 지고 있었다. 세계 금융 체제와 생산 체제로부터 사실상 단절되어 있었기 때문이다. 외국의 원조는 채권자였던 기부자들에게 되돌아갔고, 식량 원조는 전체 주민에게 혜택을 주지 못했다. 그 결과로 1995년 10월에 수도 마푸토에서 대규모 기아와 식량 폭동이 발생하여 문제의 심각성이 확연하게 드러났다. 모잠비크 노동력의 거의 절반을 차지한 그 나라의 여성들이 이 위기를 정면으로 받아 냈다. 무자비한 세계화로 남성들이 도시와 외국으로 일자리를 찾아 떠났던 반면 여성은 가구주로서 시골에 남아 있었기 때문이다. 그러나 사회적 전통과 환경 때문에 여성이 토지와 대출을 얻을 가능성은 제한되었다. 여성은 남성 친척을 통해서만 땅을 점유할 수 있었고 배타적인 사적 점유가 확대되면서 불모지로 밀려났다. 높은 식량 가격과 저임금, 국가 지원의 축소(낮은 식량 가격과 적절한 교통을 유지하기 위한 보조금의 폐지, 의료보험의 민영화 따위)로 곤경에 처한 여성들은 수도 인근의 작은 농장에서 일하며 필사적으로 가족을 부양하려 했다. 구조 조정 프로그램은 농촌의 회복으로 이어지지 않았고 (특히 모잠비크의 17년에 걸친 내전이 끝난 후에) 대신 일군의 서비스에 대한 정부 지출을 제한했다. 그 결과로 여성들은 날마다 단지 일하러 가기 위해 먼 길을 힘들게 걸어야 했고 이를 마친 뒤에는 땔감 줍기와 먹을 물 긷기 같은 기본적인 허드렛일을 해야 했다. 여성은 수단을 갖지 못했기에 남자보다 훨씬 더 크게 시장에 희생되었다. 가족을 돌보아야 할 책임(아이 양육, 교육, 노인 돌보기)이 여성에 남겨진 상황에서 시장은 토지를 사유화하고 국가의 프로그램을 축소했기 때문이다. 결과적으로 여성은 건강도 해쳤다. 모잠비크의 여성들은 세계화로 널리 퍼진 노동조건과 선진 공업국이 개발도상국에 강요한 자유로운 기업 체제 때문에 뒤처지게 되었다.[134]

태평양의 시대

미국의 시장 체제에서 아프리카 국가들이 패자라면, 동아시아 국가들은 대부분, 즉 네 마리 호랑이와 일본, 중국은 승자였다. 그러나 젠더화한 빈곤은 이 지역에서도 수백만 명에 해당되는 기본적인 현상이었다. 예를 들면 필리핀도 모잠비크처럼 빚의 악순환에 빠졌다. 그러나 사회적 지출의 부족에 일부 책임이 있었지만, 수출자유지역export zone의 설치도 한 가지 원인이었다. 수출자유지역은 1970년대 이후로 나라의 발전에 도움을 받고자 다국적기업에 제공한 유인의 산물이었고 1990년대에는 세계화의 흡인력이 가져온 결과였다. 수출자유지역은 외국 회사에 면세로 완전한 소유권을 주었고, 정부는 외국에서 무역 규제를 피하기 위해 대출을 제공하여 이를 지원했다. 외국에서 수출물량 제한에 직면한 일본과 한국, 홍콩, 타이완 등 아시아의 투자자들은 전자제품과 섬유, 기타 경공업 제품들을 필리핀에서 생산한 뒤 필리핀의 할당량으로 미국이나 유럽의 시장에 내보냈다. 이러한 수출자유지역은 그 나라에서 수출 지향적인 성장과 시장 윤리를 추동했으며, 여성 착취도 강화했다.

수출자유지역은 빈곤에서 벗어날 기회를 제공했는데, 이는 실제라기보다는 약속이었다. 반도체 조립 같은 일은 높은 수준의 기술을 요하지 않는 것으로 생각되었고, 이는 대다수 노동자가 여성임을 뜻했다. 이러한 수출자유지역에 고용된 노동자의 90퍼센트 이상이 주변 농촌 출신의 여성이었고, 따라서 이 여성들은 전통적인 사회 체제와 빈곤에서 벗어남과 동시에 구조 조정 프로그램의 높은 사회적·경제적 비용에 부딪쳤다. 예를 들면 높은 실업률과 빈곤에 처한 바탄Bataan주 농촌의 가구들은 딸들(상당수가 젊은 여자로 노동력의 평균 연령은 열일곱 살에서 스물아홉 살 사이였다.)을 수출자유지역에 보내 일하게 했지만, 임금은 마닐라의 공업지대에 비해 적었다. 실제로 여성의 약 40퍼센트가 법정 최저임금보다 낮은 임금을 받고 일했는데,(하찮은 대우를 받는 남성의 급여에 비해도 17퍼센트밖에 되지 않았다.) 여성은 가난을 더 잘 견딜 것으로 생각되었기 때문이다. 생활 조건과 노동조건으로 보면 흔히 지독하게 과밀했고 비용이 많이 들었으며 위험했다. 여성들은 또한 그들에게 이러한 상황을 바꿀 기회를 전혀 주지 않은 가부장적 제도에 직면했다. 욕실을 사용하는 것부터 일터로 가는 것까지 모든 움직임은 남성의 규제를 받았다. 그리고 성희롱과 판에 박힌 성적 관념이 만연했다. 그래서 수출자유지역의 필리핀 여성들은 세계화와 미국 시장 정책의 세력들과 대면한 다른 많은 사람처럼 경제적으로 뒤처졌고 사회적으로 소외되었다.[135]

그러나 이러한 이야기들은 아시아의 성공에 가려 잘 보이지 않았고, 나중에 가서야 인류학자와 사회 평론가에 의해 발굴되어 빛을 보게 된다. 여러 나라(필리핀 포함)의 경제성장과 빈곤 탈출의 이야기는 대단했으며 자유로운 기업 활동과 문호 개방이라는 신자유주의의 시장 신조가 유효함을 확인하는 듯했다. 예를 들어 한국은 놀라운 성장의 시기를 보냈다. 1960년에 1인당 국민총생산이 힘을 다 소진한 동포 국가인 북한보다도 더 낮은 78달러로 세계 최빈국에 속했던 한국은 미국인들로부터 근대화 이론을 채택하여 서구의 관념을 버리고 도약 정책의 토대를 종교적·가족적 전통에 두었다.[136] 개발 과정은 박정희 장군이 지도한 외향적 산업화 전략이 결정했다. 박정희는 1961년에 민주주의 정부를 무너뜨렸고 생산과 산업을 독점한 가족 기업인 재벌에 의존했다. 이 계획은 직물과 화학제품, 전자 제품, 공구 같은 저렴한 공산품, 최종적으로는 자동차의 판매를 통한 도시 중심의 노동 집약적이고 수출 지향적인 성장에 초점을 맞추었다. 국내 저축률이 상승하고 국내시장이 성장을 뒷받침할 정도가 될 때까지는 국제 대부 기관과 상업은행뿐만 아니라 미국과 일본의 외국인 투자가 개발 자금을 공급했다. 한국의 선진국 '따라잡기' 결과는 매우 놀라웠다. 1962년에서 1989년 사이 강력히 추진된 수출은 해외 판매액이 4억 8000만 달러에서 1270억 달러까지 증가한 상품 교역을 통해 연간 8퍼센트의 성장률을 가져왔다. 인플레이션의 부담이 있었고 1980년대에 제3세계에서 네 번째로 채무가 많기는 했지만, 한국은 정부의 능숙한 지도와 숙련된 경영 덕분에 1986년이면 국제수지 흑자를 기록했다. 1인당 소득은 4380달러에 달했고,(쉰두 배라는 말도 안 되는 증가였다.) 국내 저축은 열 배로 늘었다. 한국은 호랑이라는 지위를 획득했다. 50년이 못 되어 1조 달러의 부국으로 바뀐 나라가 된 것이다.[137]

한국의 발전이 놀라웠다면, 일본은 세계 두 번째의 경제 대국이 되어 세계경제를 바꿔 놓았다. 1950년대 이후로 미국으로부터 사실상 '무상 안전'을 제공받은 일본은 미국의 자금과 한국전쟁 지출의 혜택에 의존하여 경제를 현대화하고 확대했다. 미쓰이三井와 미쓰비시三菱 같은 개혁된 자이바쓰 기업집단은 은행의 자금을 공급받고 정부의 감독을 받는 거대한 무역 회사로 등장했다. 미국 회사들은 일본 시장이 발전하기에는 너무 작다고 믿었기에 일본 회사들에 기술을 판매했고, 일본 회사들은 산업 기반을 현대화하고 첨단 기술 제품을 수출하는 전략을 채택했다.[138] 미국의 강력한 항의에 일본의 통상산업성은 점점 더 과민해졌고 자발적으로 수출을 제한했지만, 1960년대 말이 되면 일본은 날이 갈수록 부담스러운 경쟁자가 되었다. 그러나 일본은 자국 생산품이 규제를 받으면서 홍콩 같은 아시아의 호랑이들이 미국에서 더 나은 기회를 받고 있다고 불만을 토로했다. 게다가 미국 정부도 비록 강하게 요구하지는 못했지만 일본을 위해 유럽이 시장을 개방해야 한다고 요구했다. 위기는 서서히 모습을 드러냈고, 일본의 무임승차에 대한 인식은 강화되었다. 저평가된 엔화가 대외 수출을 끌어올렸다. 어느 역사가가 지적했듯이, 일본 정부는 "세계무역이라는 뷔페를 즐겼지만 그 비용을 함께 부담하기를 거부했다."[139]

그러나 일본이 미국의 기업 경영 권위자 에드워즈 데밍W. Edwards Deming(미국인들은 대체로 그를 무시했다.)의 가르침을 깊이 새겼다는 사실과 안목이 높은 외국 소비자를 위해 고품질의 제품을 생산했음은 누구도 부인할 수 없다. 일본은 장기간 유지된 국제 마케팅 전략으로, 즉 문호 개방과 경쟁, 구속받지 않는 경제성장에 의존하는 미국의 시장 철학보다 노사 협력과 제로섬의 신중 상주의 정책을 강조한 전략으로부터 득을 보았다. 경쟁력 있는 회사와 정부의 지도가 결합하여 순응주의 문화를 강화했지만, 이는 생산의 효율과 수출 잠재력의 관점에서 경이로운 성공을 거두었다. 수출에 보호무역을 결합한 이 방식의 결과는 명백했다. 평생 고용과 상여금으로 보상을 받는 안정된 노동자 층, 수입과 노동비용의 엄격한 통제, 높은 세금과 전략적으로 신산업에 유리한 국가의 산업 정책, 국가가 주식시장에서 단기적인 이익에 의존하지 않고 회사들과 산업에 장기적으로 자본을 공급한 것이 경제성장을 가져왔다. 일본은 1960년에 50만 대의 자동차를 생산했지만 1970년대 말이 되면 350만 대 이상을 생산했다. 이는 세계에서 두 번째로 큰 자동차 생산국인 서독의 생산량보다 더 많은 것이다. 일본 조선업은 경쟁국 세 나라의 조선업을 합친 것보다 두 배나 규모가 컸다. 미국과 유럽의 대對일본 무역 적자는 차츰 증가했다. 1970년대 말 일본은 미국과의 무역에서 연간 100억 달러의 흑자를 보았다. 1960년대에 샤를 드골은 일본이 트랜지스터라디오를 만들 뿐이라고 빈정댔지만, 1970년대 말의 일본은 그렇지 않았다. 일본은 석유파동 때 연료 효율이 높은 자동차를 생산한 것처럼 해외 소비자의 취향에 기민하게 대응했다.[140]

일본이 꼭 시장 자본주의의 원리에 따라 움직인 것은 아니었지만, 일본이 세계시장경제에서 큰 이익을 보았다는 사실은 미국에 큰 도전이었다. 일본은 미래상과 잘 훈련된 경영진과 관료, 전략을 통해 혁신과 시장 장악의 게임에서 미국을 무찔렀다. 일본은 또한 해외에서 원자재와 광물을 구하면서 자본 수입보다 자본 수출이 더 많았기.때문에 엔화는 강력한 통화로 탈바꿈했다. 한편 미국은 자금의 유출을 초래한 군사 활동(베트남, 한국과 일본의 기지, 유럽의 북대서양조약기구)에 많은 돈을 썼다. 미국이 일본에 무역과 자본시장을 개방해야 한다고 주장하자, 일본은 1970년까지 미국 200대 기업 중 일흔여덟 개 기업을 허가했지만 정부가 엄격히 통제했다. 일본 내 투자는 결코 자유롭지 않았다. 이 나라는 또한 미군 군수품을 생산함으로써 미국의 베트남 전쟁 지출에서 연간 40억 달러라는 거금을 끌어왔다. 일본 정부는 미국이 1971년 닉슨 선언으로 공산주의 중국과 외교 관계를 수립했을 때 아마도 충격을 받았겠지만, 이미 일본은 특별 무역협정과 신용거래 협정을 통해 중국의 첫째가는 무역 상대국이 되었다. 또한 일본의 투자는 한국으로 흘러들어 그 시장의 64퍼센트를 장악했는데, 이는 미국이 한국에 투자한 자본의 거의 네 배에 달했다. 요컨대 일본은 세계경제의 유형을 바꾸고 있었다. 미국인들은 대서양에서(그리고 미국에서) 태평양 쪽으로 힘의 균형이 바뀌고 있다고 얘기했다.[141]

일본은 새로운 세계화 시대를 추동하는 발전기가 되었으며 미국의 세계경제 지배에 협력자인 동시에 경쟁자가 되었다. 미국의 기업가들은 1971년 닉슨 대통령에게 일본이 미국에서 원료만 구매하고 이윤이 큰 고가의 완제품을 판매하므로(동시에 미국의 수출품에 자국 시장을 개방하지 않으므로) 일본인들은 미국을 마치 신흥국처럼 대우한다고 경고했다. 어느 기업 대표는 이 나라를 "100대 타수를 칠 때 받았던 25타 핸디캡을 80대 타수를 칠 때에도 받는 골퍼"에 비유했다.[142] 그런 나라를 너그럽게 받아 줄 때는 지났다. 그러나 미국의 제조업체들은 또한 통상산업성의 조정에 따라 자원을 공동으로 구매하고 정부와 노동계와 협력하여 비효율을 극복하고 시장을 장악한 일본 실업가들의 성공에 주목했다. 특히 이는 반도체 부문에 해당하는 사례였다. 1970년대 말 3년 넘는 기간에 걸쳐 일본 정부는 세금 감면과 보조금을 통해 미쓰비시와 일본전기NEC, 후지쯔富士通, 도시바東芝 등을 포함하는 연구 협회에 자금을 공급했고 이들은 특허를 개발하여 일본 컴퓨터 산업을 미국과 대등한 수준으로 끌어올렸다. 미국인들이 곧 '주식회사 일본Japan Inc.'으로 얕보았던 이 정부와 기업의 결합은 과연 공정하지 않게 움직였다. 일본이 미국 반도체 회사들의 자국 시장 진입을 막았던 것이다. 그러나 일본인들은 미국인들이 경영과 생산을 개선하지 않았다고 비난했다.[143] 바로 이러한 신중상주의적 행태와 (시장에 대한) 냉혹한 태도 때문에 재무 장관 존 코널리(텍사스 사람이다.)는 이렇게 선언했다. "이 카우보이는 좋은 말도 너무 심하게 달리면 죽을 수 있다는 것을 안다. 그리고 이 세상은 전후 시대에 여태껏 미국이라는 좋은 말을 죽음에 이르도록 몰아댔다. 이제 그만해야 한다."[144]

석유파동과 에너지 인플레이션이 진행 중일 때 상황에 대처하기는 더욱 어려워졌지만, 일본은 미국보다 훨씬 더 효과적으로 새로운 상황에 적응했다. 닉슨과 그 후임자들은 일본 정부가 시장주의에서 벗어난다고 불평했고 달래기도 하고 심지어 위협하기도 했지만, 그러한 방법은 미국의 안심과 부적응이라는 질병이 아니라 실업과 이윤 감소, 파산이라는 그 증상에 책임을 물었다. 미국인들은 유가 폭등의 희생양을 찾았지만, 일본의 통상산업성 관료들은 중공업과 핵 발전소 건설, 중동 산유국들과의 양자 협정, 중국으로부터의 정유 수입 확대로써 국가적인 에너지 보존 정책을 단호히 수립했다. 일본이 서비스업과 전자 같은 지식 기반 부문으로 방향을 전환하면서, 1973년에서 1986년까지 국내총생산은 50퍼센트가 증가했는데도 에너지 소비는 겨우 7퍼센트 늘었다.[145] 일본과 미국은 무역과 화폐 정책에서 마찰이 있었는데도 우방으로 남았지만, 일본은 불공정한 경쟁자라는 오명을 받았으며 정치적으로나 대중적으로 비난의 초점이 되었다.

유서 깊은 미국 자동차 산업도 비판을 쏟아냈다. 도요타 자동차와 혼다 자동차의 수입은 미국 미드웨스트에서 항의를 촉발했다. 1992년 어느 신문사의 만평 만화가는 '디트로이트' 운동복을 입은 뚱뚱한 미식축구 선수가 미국 정부가 역할을 맡은 심판에게 엔드존(미식축구의 득점 구역)에서 '일본'이라는 문구로 장식한 셔츠를 입고 환호하는 군살 없는 선수가 부정한 게임을 하고 있다고 푸념하는 장면을 그렸다. 그러나 일본 자동차 회사들은 연료 효율성이 높고 내구성이 강한 자동차를 만들었다. 고유가에 힘겨운 소비자들은 이러한 수입품을 원했다. 결과적으로 1975년에서 1986년 사이에 일본산 수입 자동차의 시장 점유율은 두 배로 늘었다. 1981년 일본 정부가 강요에 못 이겨 자발적인 수출 제한 협정을 받아들여서 가격이 높아졌는데도 그렇게 증가한 것이다. 일본은 보호무역주의의 강화와 수출 가격 인상을 초래할 엔화 가치의 상승이 두려워 오하이오와 테네시, 켄터키의 '미개발 지역green-field'에 조립 공장을 세웠다. 이러한 해외 설비 덕분에 일본은 관세를 피했고 현지인을 고용함으로써 미국 노동자들을 한편으로 끌어들였다. 1978년 일본은 미국에서 자동차를 생산하지 않았다. 10년 뒤, 미개발 지역에 세운 '옮긴 공장transplant'은 69만 5000대의 자동차를 쏟아냈다. 1980년대가 되면 일본 자동차 회사들은 미국 자동차 시장의 4분의 1을 차지했으며(포드와 크라이슬러보다 많은 몫이다.) 유럽에서도 많이 팔았다.

　　이 비율은 1990년대에 3분의 1로 높아졌다. 일본의 거대 자동차 제조업체들이 영리하게도 세계의 변화하는 상황에 맞게 변신했던 반면 미국의 자동차 회사들은 한 걸음 뒤처진 것처럼 보였다. 미국의 3대 자동차 회사와 미국 정부는 외관과 성능에, 그리고 국내 부품 제조업체들을 매수하고 일본의 소규모 회사들(마쓰다, 스즈키, 미쓰비시)에 투자하여 생산을 조절하는 전통적인 전략에 초점을 맞추었다. 크라이슬러는 1979년 파산을 선언했고 3년 후 연방 정부로부터 구제 자금을 받아 다시 수익을 낼 수 있었다. 1980년대에 유가가 하락하자, 일본은 렉서스와 인피니티, 아큐라 같은 모델로 최고급품 시장의 문을 두드렸다. 1981년 자유무역주의자로 소문난 로널드 레이건이 수출 규제에 나섰을 때, 혼다와 닛산, 도요타는 4년 후 그 기간이 끝나고 나서도 홍보 목적으로 계속해서 수출 최대한도를 고수했다. 그러나 이와 상관없이 미국의 자동차 수입은 연간 185만 대에서 230만 대로 증가했다. 미국의 보호무역주의는 일본의 지배를 저지하지 못했다. 미국인들이 단기 이익을 생각할 때, 일본은 장기적인 전략을 추구하여 미국 시장을 국제화했다.

　　그 전략에 미국은 마침내 일본에 자동차 산업의 큰 몫을 넘겨주게 되었다. 1992년 미국이 일본과의 무역에서 입은 적자는 494억 달러에 달했는데, 미국 시장에 들어온 일본산 수입 자동차가 그 적자의 43퍼센트를 차지했다. 미국 자동차 부품 회사들은 일본 시장에 진출해 적자를 줄이려 했다. 1992년 조지 H. W. 부시 대통령은 일본을 방문하여 그 회사들의 목적을 옹호했으며 미국 자동차가 일본 시장에서 더 큰 몫을 차지해야 한다고 주장했다. 부시는 별다른 성과 없이 돌아왔다. 달러 가치의 약세가 수출 가격을 뒷받침했는데도 미국 3대 자동차 회사들의 일본 내 판매는 전년도의 보잘것없는 실적인 3만 대를 넘지 못했다. 미국 자동차 제조업체들은 차체 크기를 줄인다든가 운전대를 오른쪽으로 바꿔 놓는 것처럼 일본 내 수요를 자극할 수도 있는 변화를 거부했다. 한편 공장 이전 전략으로 미국에서 제작되는 일본 자동차는 거의 200만 대에 이르렀고, 이는 일본산 자동차 수입이 연간 130만 대로 급락했을 때 그 격차를 메우고도 남았다. 제너럴 모터스는 새롭고 인기 있는 새턴을 선보였지만, 디트로이트는 곧 대형 승용차와 스포츠 유틸리티 차량을 만드는 일로 복귀했다. 21세기 첫 10년이 끝날 무렵, 미국의 3대 자동차 회사는 일본의 3대 자동차 회사가 미국 시장을 점점 더 강하게 장악하는 데 비례하여 무너져 갔다. 2009년 미국 자동차 회사들은 정부에 구제 자금을 요청하여 생존을 간청하는 처지에 몰렸다.[146]

자동차 무역의 경쟁에서 세계에서 두 번째로 큰 경제가 최대 경제를 무찔렀지만, 일본의 문호 개방정책이 가져온 변화의 바람은 미국의 3대 자동차 회사만 느낀 것이 아니었다. 미국의 반도체 산업도 일본으로부터 충격을 받았고, 정부가 시장주의를 기꺼이 제쳐 놓을 의사를 보임으로써만 상황이 개선될 수 있었다. 일본의 수출은 거듭해서 미국 산업을, 자동차와 철강, 컴퓨터, 텔레비전 산업을 절름발이로 만들었다. 1969년 미국은 국내 텔레비전 시장의 82퍼센트를 차지했지만 1988년에는 미국산 텔레비전을 거의 볼 수 없었다. 2000년이 되면 컬러텔레비전에 뒤이어 일본산 대화면 텔레비전이 수입되면서 미국의 경쟁 회사들은 본질적으로 전부 사라졌다.[147] 냉전의 종식으로 현대의 세계화 시대가 출발하면서, 미국인들은 자국의 통상 헤게모니를 위협하는 일본의 도전을 해결할 방법을 찾고 있었다.

일본이 미국의 무역 지배에 일격을 가했다면 투자에 관해서는 미국의 정신을 강타했다. 1985년 세계 5대 경제 대국은 플라자 협정Plaza Agreement을 체결했다. 이 협정은 달러에 대해 다른 통화, 특히 엔화의 시세를 올렸다. 엔화 가치는 두 배로 올랐다. 이는 레이건 행정부가 자발적인 자동차 규제를 고집하지 않는 것이 좋겠다고 본 이유 중 하나였다. 새로운 환율 체제에서 일본의 자동차 수출 비용이 올라갈 것이기 때문이었다. 레이건의 세계관에서 시장의 경제적 자유는 외교정책과 국내 정책의 목표를 달성하는 데 매우 중요했다. 경제적 자유에는 외국인 투자와 상당한 해외 차입을 허용하여(높은 이자율의 유혹 때문에 이미 증가하고 있었다.) 큰 규모의 적자 예산을 메우는 것이 포함되었다. 석유수출국기구 국가들이 서방에 석유를 판매하여 벌어들인 달러를 대외 투자에 썼던 것처럼 일본도 미국의 자산을 사들이는 데 많은 소득을 썼다.

1980년대 말 달러의 가치가 하락했을 때, 일본이 보유한 미국 유가증권의 가치는 하락했지만 엔화는 달러 생산품을 이전보다 두 배나 더 많이 구매했다. 일본은 대신 염가의 특별 판매 가격에 구매하는 쪽으로 방향을 틀었다.[148]

이러한 구매 잔치에 유명한 장소와 이름이 포함되었다. 물론 미국인은 일본을 포함하여 해외 여러 곳에서 세간의 이목을 끄는 투자에 익숙했다. 맥도널드와 IBM, 애플 컴퓨터, 음료에서 전자까지 다양한 회사들이 일본에서 시장 점유율을 높였고, 도쿄만의 디즈니 테마파크는 1983년에 신데렐라 성의 문을 처음 열 때부터 사람들의 마음을 빼앗고 지갑을 열었다. 그러나 일본 회사들은 미국의 문화와 경제의 성소에 침투했다. 일본 회사들은 유니버설 스튜디오와 CBS 레코드, MCA 엔터테인먼트(요세미티 국립공원 광고권 포함), 록펠러 센터(크리스마스트리 포함), 컬럼비아 영화사, 그리고 도쿄 인근에 경주장을 건설하기 위해 매입한 인디애나폴리스 자동차 경주장Indianapolis Motor Speedway 상표처럼 상징적인 것들을 사들였다. 콘도미니엄과 주택, 목장, 스키장, 경주장(그리고 경마장), 골프장, 하와이 해변 자산 등 1985년에서 1990년 사이에 일본인이 매입한 부동산은 총 650억 달러에 달했다. 여기에 1700억 달러어치의 미국 유가증권(같은 기간 재무부 장기 채권의 약 40퍼센트)을 더하면 일본인이 사들인 것은 심리적인 충격으로 다가왔다. 외국인의 미국 부동산 투자에서는 여전히 영국과 네덜란드가 일본을 제치고 선두였지만, 미국인들은 일본인들의 마구잡이 매입에 깜짝 놀라고 우울해했으며 이를 나쁜 말로, 심지어 인종주의적인 정서가 실린 말로 표현했다.[149]

그러나 강력한 일본조차도 시장경제의 영향을 감수해야 했다. 투자 자본의 유입은 미국인의 연금을 불리고 침체된 경제에서 현금이 궁했던 지역사회에 활력을 줌으로써 미국에 도움이 되었다. 1990년대 중반 일본 경제가 정체하면서 투자는 금융상의 크나큰 실수로 판명되었다. 강한 엔화와 수출 둔화, 국내 수요 부진, 소비재에 돈을 쓸 생각이 없고 담보대출에 짓눌린 늙어 가는 주민은 일본의 운을 역전시켰다. 노동자들은 정리 해고로 일을 그만두었고, 일본은 세계 최대 채무국이 되었다. 일본이 시장점유율을 유지하기는 했지만, 1990년대 들어서 미국의 자동차 회사들은 더 좋은 품질의 자동차를 더 저렴하게 생산하기 시작했다. 닛케이Nikkei 지수는 1990년대 말에 폭락했다. 재난을 보여 주는 한 가지 지표는 1999년 전자 제품 수요가 세계적으로 확고했는데도 소니의 이익이 3분의 1이나 하락했다는 것이다. 일본은 대략 7조 달러의 자산 손실을 입었다. 미국에 큰 부담을 주었던 안보 동맹은 냉전이 끝나면서 더는 긴요하지 않았다. 평생 고용과 정부의 지도, 폐쇄적인 공급망이라는 일본의 정책은 규제 완화와 세계적 경쟁의 새로운 시대에 적합하지 않은 것처럼 보였다. 일본은 여전히 미국 무역에서 흑자를 누렸고 세계 2위의 경제 대국이었지만, 일본 국민은 어리석어 보였고 활짝 열린 문호 개방의 새로운 현실에 대비하지 못한 것 같았다.

일본 정부는 세계 전역에서 무역 공세에 나섰고 세계경제의 세력 구조를 바꿔 놓았다. 그러나 미국의 힘에 대한 거센 도전으로 보였던 것은 결국 잘 조직한 임기응변이었다. 자스닥Jasdaq 시장은 뒤늦게 2000년에 처음으로 세계의 다른 주식시장들과 연계했으며, 같은 해 산와三和 은행과 아사히朝日 은행, 도카이東海 은행이 합병하여 역사상 최대의 금융회사가 탄생했다. 그렇지만 일본 정부는 경제 지도를 포기하지 않았고 미국과 국제통화기금의 시장 근본주의에 반대했다. 2005년 일본 정부는 고속 웹 서비스를 통제하려는 계획을 세웠다. 물론 미국과 유럽과의 치열한 경쟁은 피할 수 없었다. 이윤이 많은 일본의 전기통신 시장은 여전히 외국 회사에 개방되지 않았다. 특정 목적의 산업 정책들이 여전히 마련되었지만, 세계 통합의 시대에 몇십 년 전의 효과적인 중상주의는 과거의 기억이 되고 말았다.[150]

중국과 인도

중화인민공화국이 세계경제의 강자가 되면서, 미국처럼 일본도 새로운 경쟁자를 맞이했다. 1979년 미국과 중국이 외교 관계를 수립하면서 중국은 경제적으로 서방과 세계 무대와 연결되었다. 중국은 수입 대체와 수출 지향적 공업 발전을 결합하여 이전 20년간 문화혁명 시기에 저질렀던 자발적 고립의 실수를 극복하려 했다. 그 고립은 성장을 정체시켰다. 일본과 미국 간의 양자 무역은 1970년대에 각각 40억 달러에 가깝게 증가했다. 중국과 일본이 정치적으로 긴장 관계에 있었지만, 두 나라 사이의 무역은 1990년대 중반에 이르러 열다섯 배로 증가했다. 일본은 중국에서 석유를 구입했고 화학 공장과 철강 공장에 투자했다. 1980년대에 중국과 공산국가 간의 무역은 1950년대 가치의 8퍼센트로 하락했고, 공산주의 세계가 대부분 사라진 1990년대에 이르면 당연하게도 자본주의국가들과의 무역이 급증한다. 일본 관료들은 늦어도 2010년이면 세계 최대 경제 대국으로 성장할 나라인 중국에 미래가 있다고 생각했다. 일본 정부는 전시의 점령 정책에 대해 사과했으며, 일본 제품의 구매와 연계된 원조로써 중국 시장에 침투했다. 이것이 더 중요했다.

일본은 중국의 최대 무역 상대국이었고 홍콩과 유럽이 그 뒤를 이었다.(홍콩의 경우 타이완과 한국에 거주하는 550만 재외 동포와의 간접적인 교역 덕분이었다.) 미국과의 교역은 어느 유럽 국가와의 무역보다도 규모가 컸다. 1981년 중국은 공산국가 중 미국의 최대 무역 상대국이 되었다. 그해 코카콜라는 중국에 병입 공장을 세웠지만, 실제로 무역은 일방적이었다. 중국 시장이라는 꿈은 19세기부터 있었으나, 중국의 신발과 의류, 전자 제품, 소비재가 미국 시장에 넘쳐나는 반면 중국은 기술 제품을 기대만큼 구입하지 않으면서 무역은 불균형이었다. 중국 무역에서 일본은 흑자를 보았지만 미국과 유럽 모두 적자를 보았다.(2000년 미국은 판 것보다 840억 달러어치를 더 샀다.)

덩샤오핑의 분권적 개혁이 이 성장을 자극했다. 중국 농민들은 토지 사용권을 매매할 권리를 얻었다. 이로써 세계 최대의 사회주의국가에 사유권이 도입되지는 않았지만 농업에서, 종국에는 어업과 경공업, 요식업에서 자원이 확대되고 좀 더 효율적으로 배분되었다. 1980년대 말이 되면 산업의 개혁에는 경공업으로의 전환, 소비자에게 더 많이 집중하기, 공개 시장에서의 이윤 발생이 포함되었다. 주식시장이 발전했으며, 은행 제도가 다양해졌다. 덩샤오핑은 또한 국영 무역 회사와 제조업체에 스스로 수출 정책과 수입 정책을 마련하고 정부의 목표치를 초과했을 때는 수출로 벌어들인 소득을 보유하는 정도까지 권한을 부여했다. 국가가 주도한 생산 이상으로 소비를 늘렸던 새로운 시장 체제에서 이 기업들도 손실을 보았다. 어쨌거나 이러한 변화의 결과는 눈부셨다. 1978년에서 1999년 사이에 중국의 국내총생산은 연평균 9.5퍼센트로 급증했다. 1인당 소득은 비록 1999년에도 800달러에 못 미쳤지만(중국은 여전히 신흥국이었다.) 이 성장을 뒤따랐다.

덩샤오핑은 수출로써 경화를 벌어들임은 물론 무역과 투자에 문호를 개방함으로써 중국의 고립을 끝내기로 결심했다. 그는 이렇게 썼다. "서구에서 산업혁명이 일어난 이후 중국이 후진성을 탈피하지 못한 한 가지 중요한 이유는 그 쇄국정책에 있다." 덩샤오핑은 미국식 자유기업 모델을 수용하면서 문호를 개방해야 한다는 점을 역사가 보여 주었다고 믿었다. "우리는 외부에 문을 열지 않으면 앞으로 나아갈 수 없다."[151] 중국은 자본재와 철강, 석유와 가스 채굴 장비, 곡물을 수입하면서 섬유와 석유, 장난감, 기타 소비재를 수출했다. 덩샤오핑과 그 후임자인 장쩌민은 또한 전 세계적 기관에 합류함으로써 세계에 문을 열었다. 1980년 중국은 국제통화기금과 세계은행에 가입하여 두 기관으로부터 가장 많은 지원을 받는 나라가 되었다. 중국은 개발도상국과 양자 협정을 체결하여(최대 협정은 일본과 체결한 것이다.) 1999년까지 1540억 달러라는 꽤 많지만 과도하지 않은 채무를 졌다. 중국은 또한 1986년에 관세무역일반협정에 가입을 신청했다. 그렇지만 자본주의 세계가 이 공산국가를 받아들이기까지는 15년이 걸렸다.[152]

중국은 세계경제에 합류하려는 노력에서 나라 전역에, 특히 해안 도시에 경제특구SEZs를 설치하여 세금 우대 조치와 이윤의 본국 송금 보장 같은 유인을 통해 외국인 투자와 자본주의 세계와의 합작 사업을 장려했다. 완전한 외국인 소유 회사와 외국 회사, 합작 기업은 시장 지향적인 '미기후微氣候, microclimates'[10]에 투자했다. 이러한 영역은 1998년에 400억 달러에 달하는 외국인 지출을 유인했는데, 이는 8년 전 금액의 네 배였다. 중국 화폐의 불태환성과 관료적 규제, 노동자와 경영진의 태도로 인한 장벽이 남아 있었지만, 북동부 지역과 해안 지역으로 해외의 중국인 기업과 다국적기업의 수출 지향적 상품에 대한 직접 투자가 쇄도했다. 이러한 투자 합의는 이어 양쯔강 유역을 따라 동남아시아와 남아시아로 이어지는, 즉 상하이의 푸둥 신구浦東新區에서 중국

─── **10** 주변과 차이를 보이는 특정 지역의 대기 조건을 말한다. 경제특구의 은유로 보인다.

동부와 서부를 연결하는 '대륙 교량'의 철도를 따라 사방으로 이어지는 전통적인 교역로에 집중한 다방면의 개발 노력으로써 중국 내륙을 세계시장에 연결했다.[153]

쑤저우 공업 원구蘇州工業園區는 세계적 자본주의의 침투를 보여 주는 사례이다. 1994년에 싱가포르와 중국의 협정에 따라 건설된 쑤저우 공업 원구는 2002년까지 103개 외국인 투자 기업으로부터 160억 달러가 넘는 자금을 유치했다. '작은 정부, 큰 사회'라는 주문에 따라 서비스 지향적인 효율적 간부진이 국가 개입을 최소한으로 줄이고 친기업적 과제를 추구함으로써 외국의 투자자를 유인했다. 노동자들은 고용주가 직원 개인의 계좌에 기여금을 납부하는 견고하지만 합리적인 싱가포르식 사회보장제도 모델을 채택했다. 지역사회 활동과 공공주택이 풍부했다. 국가가 아니라 경영진이 유능한 인재를 충원하면서 시장이 노동력을 결정했다. 그곳에서 사업을 하려고 회사들이 몰려들었다. 필립스 반도체Philips Semiconductors는 신설 공장의 부지로 쑤저우 공업 원구를 선택했다. 쑤저우 공업 원구는 국가와 민간 자본의 협력으로 이루어진 초국적 금융 전략과 광역권 사업 네트워크(싱가포르의 해운, 공학 거대 기업인 케펠Keppel과 유나이티드 인더스트리얼 쑤저우United Industrial Suzhou 둘 다 인도네시아 최대의 초국적 기업인 살림 그룹Salim Group이 통제했다.)의 모델이었다. 1990년대 중반 중국에서 경작지의 대규모 개발에 대한 반대가 나타난 후(그리고 세계화를 중국에 맞지 않는 잘못된 정체성이자 서방의 신제국주의의 도구로 본 중국 지식인들 사이에 불만이 생기면서) 그 팽창에 문제가 생겼다. 그러나 쑤저우 공업 원구는 풍부한 인적 자원의 지원을 받는 세계 일류 기반 시설의 모델이 되었다. '공원 같은 도시 구역'은 국제적으로 경쟁력 있는 첨단 기술 공업단지의 창출로 세계적으로 널리 칭송되었다.[154]

이 세계화 시대에 걸쳐 역사와 외교정책 둘 다 경제의 풍광 속에 들어왔다는 사실은 분명했다. 1989년 6월 톈안먼 광장의 대결, 인권침해(티베트), 정치적 긴장(타이완, 일본 등과의 긴장), 노동자 착취(특히 수출 주도 산업화가 점차 여성을 더 많이 끌어들이면서 초래된 여성의 착취)가 그 증거다. 1995년 중국의 정책에 반대하는 항의 때문에 미국 자동차 회사들은 중국에 공장을 건설하는 계약을 놓쳤으며, 정치적 반대자들이 없던 독일의 한 회사가 기회를 잡았다. 그렇지만 세계화에 따른 높은 상업의 파고가 중국과 선진국을 휩쓸었다. 2000년 중국 지도자들은 외국인에게 문호를 개방함으로써 '저우추취走出去(세계로 나가기)'라는 적극적인 정책을 선언했다. 목적은 세계경제로부터 공격적으로 이윤을 획득하고 기업체들을 초국적 회사로 바꿔 놓는 것이었다.[155] 전 세계 경영진의 마음속에서 중국은 정치와 무관하게 기업 확장의 금광으로 등장했다. 세계 최대의 소매 회사인 월마트는 상품생산 기반의 대부분을 중국에 두었다. 2000년 미국 의회와 빌 클린턴 대통령이 억압적인 중국 정부에 대해 더는 주저하지 않고 중국에 영구적인 최혜국대우를 허용하기로 결정한 뒤, 중국은 개방의 확대, 수입과 외국 회사에 대한 국가 규제 축소, 서구 수준의 노동자 안전과 보건을 조건으로 세계무역기구(관세무역일반협정의 계승 기구)에 가입했다.[156]

중국은 또한 광역권 경제 통합의 추세에도 합류하여 일본과 싱가포르, 한국 등과 공동으로 금융 사업을 추진하고 아시아 생산품에 대한 관세 인하에 협력했다. 2006년 '저우추취' 운동은 공산당 5개년 계획에 통합되면서 국내에서 외국자본이 투입된 사업이 엄청나게 급증했다. 동시에 345만 명의 노동자가 외국에서 일했고, 건설부터 관광까지 다양한 부문에서 3만 개 기업이 200곳이 넘는 해외 국가와 지역에서 활동했다. 몇몇 큰 회사는 홍콩과 뉴욕의 주식시장에 상장되었으며, 그로써 중국의 모회사들은 수십억 달러를 끌어모아 외국 회사를 획득하고 합병했다.[157] 국내에서는 1980년에서 2008년 사이에 개인 소득이 1인당 954퍼센트 증가했는데, 이는 동일 광역권의 경쟁국인 한국에 비해 세 배나 많은 것이었다.[158]

세계시장은 이 공산국가의 용을 세계경제 공동체의 핵심 구성원으로 바꿔 놓았다. 세계경제 공동체는 시장의 옹호자인 미국이 아니라 중국과 초국적 사업체들에 유리했다. 2008년 미국은 중국으로의 수출은 지체되고 그 아시아의 거인으로부터 들여오는 수입은 급증하여 2663억 달러의 적자를 보았는데, 이는 미국이 단일 국가와의 무역에서 기록한 최대의 적자였다. 소매 업체인 월마트가 이 적자에 큰 책임이 있었지만, 미국에는 불길하게도 저렴한 공산품은 물론 첨단 기술 제품의 판매도 20여 년에 걸친 무역 불균형의 원인이었다. 2009년이면 중국은 이렇게 수지맞는 교역으로부터 2조가 넘는 달러 보유고를 유지했으며, 이자율을 낮추고 미국 소비자로 하여금 그 상품을 계속 구매하도록 비축 달러의 대부분을 미국 자산에 재투자했다.[159] 월마트 같은 초국적 기업들은 이 큰 파고를 환영했지만, 작은 경쟁자들과 미국 노동자들은 그렇지 않았다. 그리고 이들이 인위적으로 저평가된 중국 통화의 가치를 올려 그 수출의 우세를 낮추라고 강력히 요구했을 때, 다른 이들은 그 문제가 중국 자체에 관한 것이 아니라 초국적 기업들(많은 미국 기업이 포함된다.)에 이로웠던 세계화 과정에 관한 것이라는 데 주목했다. '중국산Made in China'이라는 표식은 그 나라가 서로 경쟁하는 시장의 힘들이 결정한 세계적 공급의 사슬로 일본과 미국, 아시아의 호랑이들 등을 통해 들어간 상품의 최종 조립 지점이었을 뿐임을 가리켰다.[160]

비록 중국보다는 속도가 느렸지만 인도도 이 세계화의 폭발 시기에 아시아의 거인이 되었다. 세계 최대의 민주주의국가는 오랫동안 사회주의와 자본주의 중간의 혼합경제 모델(국가의 규제로 통제하는 시장)을 고수했다. 자본주의 세계에 꽤나 우연히 극적으로 문을 연 중국과 달리, 인도는 질서 있게 시장으로 다가섰다. 1980년대에 총리 라지브 간디Rajiv Gandhi는 국내 산업에 대한 통제를 제거했지만, 1990년대 초 재무 장관 만모한 싱Manmohan Singh은 유가 상승과 가장 큰 무역 상대국인 소련의 붕괴에 자극을 받아 더 대담하게 환율과 세제를 바꾸었다. 국제통화기금으로부터의 과도한 차입은 국제수지 위기를 초래했고, 이에 지도자들은 개방으로 기울었다. 인도 정부는 수입과 투자, 산업 면허의 라이선스 라지Licence Raj[11]를 내버렸고 국가 독점 사업을 억제했으며 외국인의 직접투자를 장려했다. 비공산주의 세계에서 가장 규제가 심했던 나라가 가장 "시장 친화적이고 외부를 바라보는" 나라가 되었다고 인도 정부는 얘기했다.[161]

남부의 도시 방갈로르는 시장 지향적 개발과 세계화의 효과가 가져온 풍요의 요체였다. 황소와 인력거, 아방가르드 건축의 도시 방갈로르는 전자 도

_____ **11** 1947년에서 1990년까지 인도에서 유지된 면허와 규제 제도.

시Electronics City를 유치했다. 100개가 넘는 첨단 기술 회사가 입주한 공업지구인 전자 도시는 세계시장과 연결된 세계화된 인도의 중심지 역할을 했다. 소프트웨어 설계사들과 공학자들(정보 기술혁명의 가장 총명한 청년들이다.)은 방갈로르에 둥지를 틀었고, 방갈로르는 1981년 정보 기술의 거인 인포시스Infosys의 탄생지가 되었다. 이 다국적기업은 세계 도처의 회사들과 사람들이 개인용 컴퓨터를 프로그램하고 관리하고 조정하는 데 도움을 주었다. 2008년 인포시스는 인도의 아홉 개 센터와 전 세계 서른 개의 영업소에 10만 명이 넘는 직원을 두고 40억 달러가 넘는 수입을 거둔 소프트웨어와 아웃소싱의 거대 회사가 되었다.[162]

방갈로르의 정보 기술혁명은 나라 전체를 변화시켰고, 그 덕에 인도는 혁신과 서비스의 원천이라는 이름을 얻었다. 콜 센터가 전화 사용법과 주방 용품, 컴퓨터에 관하여 도움을 청하는 국제사회의 고객을 응대했으며, 연구 개발 시설은 중국이 아니라 영어로 대학 교육이 이루어지는 방갈로르에 자리를 잡았다. 인도는 세계화의 파도에 올라탔다. 다시 말해 외국 기업들은 적어도 인도를 설계와 연구, 제작의 하청을 주어 비용을 절감할 수 있는 최적의 장소로 보았다. 제조업과 항공 산업, 부동산, 특히 영화에서 성장률이 급증했다. 소비자의 지출은 가파르게 상승했고, 600만 명의 사치품 구매자가 주택과 토지를 포함하여 값비싼 상품을 구매했다. 서른일곱 명의 인도인이 세계 최상위 부자에 들 정도였다. 도이체 방크Deutsche Bank와 시티그룹Citigroup, 골드만삭스 Goldman Sachs, 바클리스Barclays, 기타 외국 투자은행들이 줄지어 인도에 들어왔다. 소비가 폭증했고, 2006년 전기통신 부문에서 인도의 휴대전화 가입자는 매달 700만 명이 늘어 중국의 폭증 추세를 능가했다.[163]

그러나 인도가 세계화의 연료로부터 혜택을 입었지만, 지구상의 빈민 중 4분의 1이 그 나라에 산다는 사실은 부인할 수 없다. 따라서 다른 나라들처럼 인도도 시장이 신흥국의 빈곤에 미치는 영향에(또는 영향 없음에) 관하여 상당히 걱정했다. 문호 개방정책의 비용과 편익에 관해서는 새로운 1000년에 들어선 후에도, 특히 냉전 이후의 세계경제에서 고삐 풀린 시장 자본주의의 추세가 뿌리를 내리면서 논쟁이 계속되고 있다.

4 　문호 개방

　　1989년 소련 제국이 붕괴되었다. 붕괴는 어떤 곳에서는 격렬하게, 어떤 곳에서는 상대적으로 큰 소란 없이 진행되었다. 소련 자체는 1991년 약간의 소동 끝에 파산했다. 언론의 날카로운 눈에서 벗어나 있던 냉전 이후 세계화 시대는 갑자기 주목을 받았다. 세계화는 통신과 교통의 발달이 낳은 결과물이요, 특히 미국에서는 규제 완화의 환경이었고, 국경의 개방과 인력과 자본, 상품의 더 자유로운 이동이었으며, 미국과 유럽의 재계, 정치권, 법조계, 학계의 지도자들이 주도한 시장 개방 이데올로기의 부활이었다. 세계화 과정은 세계 경제의 수렴과 성장, 투명성, 민주화를 촉진했다. 국민국가의 지위는 초국적 기업 다음이었다. 변화의 작인은 이제 정부가 아니라 기업과 생산자, 은행가, 이민자, 여행객, 다시 말해서 이 세계의 사사로운 시민들이었다. 시장은 생산자와 소비자를 통합한 유일한 권위가 되었다. 이는 국가와 국제기구, 개인, 기업, 사업 네트워크가 전 세계적인 통합과 조화를 촉진하기 위해 만들어 낸 것이다. 1970년대의 삼자 협상 위원회Trilateral Commission[12]와 스위스의 다보스에

_____**12** 1973년 미국인 은행가 데이비드 록펠러David Rockefeller가 미국과 서유럽, 일본 사이의 협력을 강화하기 위해 세운 비정부 논의 기구.

모인 세계경제 포럼WEF은 1982년 이후로 규제적인 자본주의를 자유로운 기업 활동으로 대체하는 계획을 내비쳤다. 통화정책에 의한 경제관리, 세금 감면, 노조 봉쇄, 규제 완화, 변동환율, 자유무역이 세계화론자들의 정책이었다. 상품과 자본, 정보, 인력, 기술의 더 빠르고 규모가 더 큰 흐름은 이들이 장려한 메커니즘이었다. 냉전의 소멸로 경제적 세계화를 정점으로 끌어올릴 정치적·외교적 환경이 마련되었다.

초강대국 간의 교착 상태가 끝나기 전, 미국인들은, 특히 로널드 레이건은 자유라는 주문으로써 세계화에 정치적 동력을 공급하고 전 세계적인 경제적 통합에 박차를 가했다. 레이건은 그 자극적이고 과장된 반공주의 표현과 엄청난 군비 증강, 중동과 라틴아메리카에 대한 개입을 통해 부패하고 빈곤한 소련을 겨냥하면서 동시에 국내에서는 규제 완화와 민영화, 해외에서는 자유 시장, 세계 전역에서는 사업의 확대라는 과제를 추구했다. 레이건은 경제를 안보의 관심사에 종속시키는 구조를 거부했으며(공산주의의 봉쇄와 롤백이라는 냉전 정책을 계속하기는 했다.) 그 대신 시장의 자유로운 기업 활동(이는 기술에 의해 변화했다.)과 초강대국 간의 경쟁으로 시장에 가해진 제약의 제거를 환영했다. 1980년대 유가의 하락은 미국 경제에서 규제를 제거하는 레이건의 정책에 도움이 되었다. 저렴한 석유와 낮은 세금으로 주머니가 두둑해지고 일본 등지에서 잘 만들어진 제품들이 수입되면서 소비자들은 시장에서 정부를 배제하고 미국 자본주의라는 수호신을 해방하려 했다.

그 혁명은 국내에서 시작했다. 예를 들면 레이건은 세계 최대 기업인 AT&T를 해체하여 미국 통신망에 대한 통제를 서둘러 해제했다. 이른바 베이비 벨스Baby Bells의 출현으로 전화망이 민영화되었고 나라는 외국의 경쟁사들에 개방되어 이들이 미국 시장을 장악했다.(그렇지만 이 나라들이 미국 회사에 자국 통신망을 동등하게 개방하지는 않았다.) 정보 기술에서는 거대 컴퓨터 회사인 IBM에 대한 반反트러스트 조치가 간접적으로 개인용컴퓨터의 탄생으로 이어졌다. IBM이 인텔의 마이크로프로세서와 마이크로소프트의 운영체제를 자사의 하드웨어와 결합했던 것이다. IBM의 개인용컴퓨터는 자사의 부품에만 의존하지는 않았으므로 독점이 아니었으며, 곧 세계 전역에서, 특히 아시아의 개발도상국에서 부품과 집적회로, 드라이브 등이 쏟아져 나왔다. 이 미국 컴퓨터 제조 회사는 외국의 제조업체들을 위한 판매 조직으로, 다시 말해 생산 기반은 없으나 저렴한 노동력에 의존하여 최첨단의 효율적인 기술을 개발하는 지휘 조직만 갖춘 '공동空洞 기업'으로 바뀌었다. 컴퓨터 사용자 수가 노동력의 절반에 이를 정도로 늘어나면서 1980년대 중반에서 1998년까지 정보 기술 부문이 국내총생산에서 차지하는 몫은 4.9퍼센트에서 8.2퍼센트로 증가했다. 레이건의 두 번째 임기가 되면, 미국은 일본과 중국 등의 압력에 무역수지는 적자를 보았지만 기술의 비교 우위 덕분에 서비스 수지 잉여가 증가했다. 이에 정부는 미국의 민간 자본과 사업을 해외시장에 들여보내고 저작권 침해를 막는 규정을 마련하여 자신들의 아이디어와 서비스를 보호하려 했다.

세계화는 세계 금융 제도 안에서 명백하게 드러났다. 우선 애기할 것은 서비스가 장대한 규모로 세계 곳곳에 퍼졌다는 것이다. 비자VISA 신용카드는 전 세계적 상표가 되었다. 1970년에 3000만 장이던 카드 발급 수는 2000년에 10억 장으로 늘어 이 초국적 기업은 세계 금융 서비스 시장을 약 57퍼센트 장악했다. 130개가 넘는 나라에서 평균 5초마다 한 번씩 승인되는 비자 카드의 거래액은 연간 1조 달러에 달한다. 둘째, 1970년대 중반 캐나다와 독일, 네덜란드, 스위스, 미국이 고정환율을 포기하고 자본 규제를 완화하면서(몇년 뒤 영국과 일본이 뒤를 이었다.) 이 세계화 과정이 촉진되었다. 또한 1970년에서 1990년 사이에 컴퓨터 가격이 낮아지고 대서양을 건너는 전화 통화료가 90퍼센트 하락하면서 주식거래자와 투자자, 자금 관리인은 세계 도처에서 지속적으로 거래를 계획하고 조직하고 실행했다. 채권과 주식의 국제적 거래가 1980년 미국 국내총생산의 9퍼센트에서 1996년 164퍼센트로 증가하면서 세계적 금융거래가 급증했다. 미국인이 보유한 외국 유가증권은 2000년에 23억 8000만 달러였는데 1984년에 890억 달러로 증가한 반면, 외국인이 보유한 미국의 주식과 채권은 같은 기간에 2억 6800만 달러에서 36억 5000만 달러라는 경이적인 액수로 급증했다. 그리고 미국의 민간 자본은 차츰 제3세계로 가는 대부와 여타 교역을 지배했다. 1994년에 투자 자금의 78퍼센트가 은행에서 나왔는데, 국제기관에서 나온 것은 4퍼센트였다. 세계 금융은 세계화 체제의 영향을 받아 점차 통합되고 확장되었다. 각국의 은행 제도는 서로 매우 긴밀하게 연결되어 한 나라의 은행 제도에 영향을 미치는 정책과 사건은 곧 다른 모든 은행 제도를 좌우했다.

이러한 경제적 수렴과 나란히 인구학적이고 문화적인 상승작용이 나타났다. 과거 그 어느 때보다도 더 많은 사람이 관광객이나 이민자, 학생으로서 국경을 넘었다. 2000년에 이르기까지 25년간 미국의 공항에서 국제선을 타고 움직인 사람의 수는 240퍼센트 증가하여 5550만 명에 달했다. 1970년에서 1990년까지 연간 약 50만 명이 미국에 입국했는데, 1989년에 그 수는 100만 명에 이르렀고, 그 이후로도 확인할 수는 없지만 상당한 수가 밀입국자로서 미국의 국경 안으로 쏟아져 들어왔다. 라틴아메리카인의 이주는 광역권 이민 추세와 세계적 이민 추세를 반영하여 유입 이민에서 유출 이민으로 바뀌었고, 그 대부분은 미국을 향했다. 이들은 1991년에 캘리포니아주 인구의 4분의 1을 차지했다. 아시아인의 이민도 1980년대에 두 배로 늘었다. 그 밖에 미국에서 공부하는 외국인 학생의 수는 1990년대 중반에 거의 45만 4000명에 육박하여 외국 학교에 등록한 미국인의 약 다섯 배에 달했다. 그리고 전 세계에 퍼진 이 모든 여행객과 수백만 명의 '가상' 관광객은 인터넷을 통해 서로 연결되었고 경험을 공유했다. 1997년, 인터넷으로 연결되어 소통했던 지구인은 4000만 명에 못 미쳤는데 단 1년 만에 1억 명이 넘었다. 세계는 정보 시대에 접어들었고, 이는 세계화 과정을 추동하고 문화와 경제, 정치를 혁명적으로 바꿔 놓았다.[164]

통합

냉전 전후로 강화된 시장의 통합과 인간의 통합은 이상하게도 수십 년간 미국이 옹호한 보편적 다자 무역 체제에서 벗어나 지역주의로 나아가는 결과를 초래했다. 이는 1980년대에 관세무역일반협정의 무역 장벽 축소 협상을 유지하려는 노력이 낳은 소산이었지만, 세계 최대의 경제권으로 1993년 마스트리흐트 조약에 따라 유럽 공동체에서 이름을 바꾼 유럽 연합의 성공을 반영하기도 했다. 2009년 현재 서유럽과 동유럽, 남유럽의 27개국이 유럽 연합을 구성했고 발칸반도의 여러 나라와 터키가 가입 후보국으로 대기했다. 유럽 연합이 상품과 자본, 서비스가 자유롭게 이동하는 단일 시장(공동시장)의 수립에 초점을 맞춘 단일 유럽 조약SEA에 합의한 뒤, 마스트리흐트 조약은 그 통합을 더욱 증진했다. 미국인들은 보호무역주의와 차별적 대우(관세동맹에 내재하는 것이다.)를 걱정했지만, 유럽인들은 대부분 유럽 성채라는 심성보다 자신들의 기업(보조금을 받는 민항기 제조업체 에어버스Airbus Industrie 같은 기업)을 더 소중히 하는 산업 정책을 채택했다.[165]

미국은 걱정할 필요가 없었다. 1999년 여러 회원국에서 단일 화폐인 유로화euro가 도입되면서 추가 통합이 이루어졌고, 3년 뒤 영국과 덴마크를 제외한 모든 회원국에서 국가 화폐가 점차 사라졌다. 유로화 채택 과정은 정치적으로 어려웠고 회원국들의 경제정책 차이는 통합의 진전을 가로막는 장애물이었지만, 유로가 세계의 준비 통화로서 달러와 경쟁한다는 점에는 의심의 여지가 없었다. 유럽 연합의 중대성은 세계경제의 유형을 바꿔 놓을 것 같았다. 2007년이면 5억 명에 달하는 회원국 시민이 전 세계 국내총생산의 3분의 1에 가까운 약 17조 달러를 차지했기 때문이다. 1980년대 중반 이후로 미국식 대중 소비주의가 이 지역을 휩쓸었고, 생산자주의producerism와 관료 국가라는 사회주의의 주문과 더불어 전통적인 사회의 토대를 흔들었다. 유럽 연합은 또한 지구상 최대의 수출 지역이 되었고 인도와 중국이라는 가장 역동적인 제3세계 국가들의 가장 큰 무역 상대국이 되었으며, 세계무역에서 두 번째로 큰 수입 지역인 동시에《포천》이 선정한 500대 기업Fortune Global 500 중 170개의 본사가 있는 곳이었다. 1990년대에 미국이 경제적 성공을 거두었지만, 유럽은 상호 연동된 수많은 이사회를 통해 역내 전역에서 수평적으로 연결된 자신들만의 초국적 금융자본 네트워크를 발전시켜 미국과 경쟁했다.[166] 다시 말해 유럽에서 시장의 힘은 점점 더 많은 특권을 얻었다.

유럽 연합은 2000년에 리스본에서 도출된 지침에 따라 미국과 경쟁하기 위해 민영화, 기술혁신과 현대화, 노동생산성을 촉진하여 경제력을 키우기로 결정했다. 어떤 이들은 옛 제국주의만큼이나 무자비한 새로운 유럽 제국주의 탄생을 말했지만 이번에는 제3세계만큼이나 대서양 세계와도 관련지어 말했다. 유럽 연합은 관세동맹으로써 미국의 개방 모델에 도전했지만, 다자 무역 체제에서 벗어나려는 유혹도 물리쳤다. 리스본 조약Treaty of Lisbon은 일부 의견 차이가 있었지만 결국에는 스물일곱 개 회원국의 만장일치로 비준되어 2009년 12월 1일자로 발효되었는데, 이 조약에 구현된 유럽 연합의 주된 내부 개혁이 마침내 통과됨으로써 새로운 유럽은 경쟁할 준비가 되어 있음을 보여 주었다. 리스본 조약, 즉 개혁 조약Reform Treaty은 더 효율적인 제도적 구조를 통해 상호 의존을 더욱 촉진하고자 의사 결정 과정을 간소화했고, 민주적 절차를 약화하지 않으면서 집행력을 보강했으며, 유럽 연합의 대외 관계를 조정하기 위해 외교·안보 정책 고위 대표HR라는 새로운 직책을 신설했다. 이 마지막 혁신은 외교에서 응집력이 부족하다는 회원국들의 오랜 문제를 직접 다루었다. 그러한 응집력의 부족은 유럽 연합의 대외적 영향력을 줄였다. 유럽 연합은 단일한 견해가 아니라 여러 가지 목소리를 냈고 따라서 미국과 중국, 심지어는 러시아와 인도, 브라질 같은 신흥 강국들에 비해서도 영향력이 작았기 때문이다. 2008년 초 세계를 뒤흔든 금융 위기는 이렇게 엉망인 대외 정책 수립 절차를 내버리고 더 긴밀한 통합으로 나아갈 기회를 보여 주었고, 유럽인들은 국제 협상에서 무역과 금융, 투자, 지원에 관해 단일한 정책을 내놓았다.[167] 따라서 유럽도 미국처럼 심각한 경기 하락의 와중에도 세계화 과정을 촉진했다.

    1990년대에 세계 전역에서, 특히 개발도상국에서 지역주의를 향한 움직임이 더욱 빨라졌다. 개발도상국은 수십 년간 수입 대체와 무역 특혜제도, 채무에 실망한 뒤 지속적으로 발전의 대안을 모색하고 있었다. 라틴아메리카와 아시아는 광역권 내부의 무역에서 성장을 기대했고, 반면 유럽 연합과 연결된 아프리카의 여러 나라는 1990년대 말에 교역 관계를 다시 협상해 2000년에 코토누 협정Cotonou Agreement을 체결했다. 이 협정은 유럽 시장 접근을 개선함으로써 빈곤을 줄이고 지원을 늘리려는 좀 더 단호한 노력의 결과물로서 로메 협정을 대체한 것이다.[168]

    1992년 캐나다와 미국, 멕시코는 유럽 연합의 잠재적 경쟁력에 대응하여

——북미 자유무역협정의 가서명식, 1992년 10월 7일, 텍사스주 샌안토니오. 멕시코와 미국, 캐나다의 지도자(카를로스 살리나스 데고르타리(Carlos Salinas de Gortari), 조지 H. W. 부시, 브라이언 멀로니(Brian Mulroney))가 서 있다. 북미 자유무역협정은 무역과 투자의 자유화를 촉진해 그 대륙의 개발과 이익, 세계화를 자극했다. 북미 자유무역협정은 보호무역주의자들과 환경보호주의자들, 노동자, 시장 세계화에 반대한 여타 집단의 공격 표적이 되었다. (National Archives and Records Administration)

북미 자유무역 지대NAFTA를 설치했다. 인접한 세 나라의 이 경제권은 투자, 무역 자유화, 다자간 협력을 촉진했다. 환경보호주의자들과 소기업, 노동자는 맹렬히 반대했다. 대기업의 약탈적 행위와 더불어 멸종 위기종, 아동노동과 수감자 노동, 노동조합을 보호하는 미국과 캐나다 법률의 무력화를 걱정했기 때문이다. 캐나다는 세계화가 시작되는 시기의 항구적 조건으로서 더 자유로운 무역을 받아들였고 조약을 승인했다.[169] 가장 약한 경제적 연결 고리였던 멕시코는 북미 자유무역 지대가 발전을 촉진하고 부자 나라에 더 잘 침투할 수 있게 해 주리라고 추정함으로써 얻을 것이 많다고 보았다. 그러나 클린턴 정부는 그 협정을 승인받기 위해 필사적인 노력을 기울였다. 1990년대 북미 자유무역협정NAFTA에 반대하는 자들은 그것을 무역 협상과 세계화에 항의하는 발판으로 삼았다. 북미 자유무역협정은 반대파를 달래기 위해 환경과 노동 관행에 관한 부속 협정들을 포함했지만 막혀 있던 멕시코의 금융 서비스와 육상 운송의 개방은 물론 직물과 자동차, 자동차 부품 같은 민감한 상품들에 관한 장벽의 점진적 제거도 요구했다. 지지자들과 비판자들은 그 영향력에 관하여 논쟁을 벌였다. 어떤 이들은 북미 자유무역협정이 세 나라와 나머지 세계 사이의 성과를 뛰어넘는 수준으로 삼국 간의 투자와 무역을 증진하는 촉진제일 뿐만 아니라 외교정책의 승리라고 주장했다. 다른 이들은 북미 자유무역협정으로 미국 제조업의 일자리가 개발도상국으로 이전된다고 반격했다. 반대파는 또한 멕시코에 초점을 맞추었다. 멕시코의 소농들은 토지에서 쫓겨나 불법으로 미국에 이주했다. 막대한 보조금을 받는 미국의 농업 관련 산업이 옥수수 가격을 떨어뜨렸기 때문이다.(그렇지만 현지인들이 가공된 옥수수 토르티야에 지불하는 비용은 증가하여 이들은 더욱 가난해졌다.) 세 나라의 사업 엘리트들은 이익을 얻었다. 월마트 같은 거대 기업이 멕시코에 진입하여 (값싼 중국인 노동력에 의존하여) 낮은 가격에 물건을 판매하면서, 장난감과 과자, 신발을 만드는 수많은 소규모 제조업체가 파산했다. 여기에서는 북미 자유무역협정이 미국식 자유기업 자본주의의 이익과 위험을 드러냈다는 점만 얘기하고 넘어가자.[170]

1991년 아르헨티나와 브라질, 파라과이, 우루과이가 자신들 사이에서는 물론 남아메리카의 여섯 개 준회원국과도 더 자유로운 무역을 추진하기 위해 남미 공동시장Mercosur을 결성하면서 지역주의를 향한 주목할 만한 노력이 이루어졌다. 1999년에 1조 2000억 달러의 역내 총생산을 기록했던 이 관세동맹은 외부 국가와 협력적 자유무역협정을 체결하려는 목표도 지녔다. 남미 공동시장은 2004년에 안데스 공동체Comunidad Andina의 다섯 개 회원국과 자유무역협정을 체결했으며 3년 뒤에는 이스라엘과도 자유무역협정을 체결했다. 안데스 공동체 회원국인 에콰도르와 페루, 볼리비아, 베네수엘라, 콜롬비아가 남미 공동시장에 결합하면서 세계에서 다섯 번째로 큰 인구 3억 4100만 명의 잠재적 무역권이 탄생했다. 남미 공동시장과 안데스 공동체의 역내 교역은 1991년에 23억 달러로 증가했으며 10년 뒤에는 350억 달러로 치솟는다. 라틴아메리카는 내부의 교역이 전체적으로 증대했으며, 이는 2005년에 권역 전체 무역액의 19퍼센트에 달했다.[171]

그러나 이들은 무역의 절반가량이 미국에 집중되었다는 사실을 무시할 수 없었다. 몇몇 나라의 궁극적인 목적은 미국이 주도하는 일종의 미주 자유 무역 지대 창설을 봉쇄함으로써 북미 자유무역 지대와 유럽 연합의 균형을 맞추는 것이었다. 미주 자유무역 지대FTAA는 북미 자유무역협정을 34개국으로 확대해 무역과 투자의 초대형 권역을 만들고 세계무역 협상 포럼을 대신하여 자유로운 무역과 투자를 촉진하려 했다. 남아메리카와 중앙아메리카의 여러 나라는 그것이 서반구에서 미국 제국주의의 대리 기구 역할을 할까 봐 두려워 그 발상에 멈칫했으며, 강력한 브라질과 멕시코의 지도자들은 미국이 역내 수출품에 대한 무역 장벽을 낮추겠다고 약속하지 않으면 그것이 쓸모없는 기구가 될 것이라고 생각했다. 이와 반대로 미국 정부는 미주 자유무역 지대를 남미 공동시장과 안데스 공동시장의 개방성을 유지하는 수단으로 보았으므로 미국의 관세 인하를 그다지 중요하게 여기지 않았다. 아메리카의 거인을 신흥국의 요구에 따르도록 하려 했던 그 자유무역 지대는 미국이 협조하지 않으면서 통합에 관한 회담으로서 구상 단계에 머물렀다. 그리고 새로운 1000년의 첫 10년간 발전은 계속해서 라틴아메리카와 북아메리카의 두 경로로 이루어졌다. 그러나 시장 친화적 내부 개혁과 세계적 문호 개방이라는 '워싱턴 합의Washington consensus'[13]의 효과는 여전히 강력했다. 결과적으로 그 지역에는 좋은 영향(인플레이션 축소, 채무 이행, 재정 불균형 교정)과 나쁜 영향(빈곤, 상품 시장의 부진, 국내 금융의 혼란, 뒤처지는 교역조건)이 모두 나타났다.[172]

통합의 물결은 또한 아시아와 태평양 지역도 휩쓸었다. 1992년, 창설된 지 25년이 지난 동남아시아국가연합ASEAN은 자유무역 지대를 만들었는데, 여섯 개 회원국(2012년까지 12개국으로 확대할 계획이었고 참관국도 여럿 두기로 했다.)은 애초에 2008년까지 특정 상품의 역내 관세를 없애거나 5퍼센트 미만으로

_____ 13 국제통화기금과 세계은행, 미국 재무부 등 워싱턴 D.C.에 기반을 둔 기관들이 1980년대 위기에 처한 라틴아메리카 개발도상국을 위해 내놓은 열 가지 경제적 처방. 1989년 영국 경제학자 존 윌리엄슨John Williamson이 만든 용어다.

축소하고 이 품목들에 관련된 비관세장벽을 제거하려 했다. 동남아시아국가연합은 2003년에 이 공동 특혜관세의 시행 기한을 앞당겼고, 2000년에 역내 교역이 950억 달러로 두 배 늘어나면서 관세는 평균적으로 3.87퍼센트 하락했다. 2006년이 되면 관세는 1.74퍼센트에 머물렀다. 한편 개별 국가는 저마다 역외 국가에 적용되는 관세율을 유지했다.[173] 2001년, 동남아시아국가연합과 중국은 자유무역 지대에 관한 회담을 시작했고,(일본의 관심도 끌었다.) 양자간의 교역액은 2008년에 2000억 달러로 급증했다. 1994년, 스물한 개 선진국과 개발도상국을 포함하는 훨씬 더 큰 집단인 아시아태평양경제협력체APEC가 자유로운 무역과 투자, 그리고 공업과 자원, 금융 관리의 협력 벤처 사업을 2010년까지는 역내 선진국(캐나다와 미국, 일본)에서, 2020년까지는 역내 개발도상국에서 달성하겠다는 목표를 설정했다.[174]

지역주의가 이렇게 무역의 도약기를 이끌었지만, 관세무역일반협정에서 발달한 다자 무역 체제는 여러 개의 특혜무역 권역으로 갈라질 것이라는 우려가 있었다. 그렇게 되면 무역을 왜곡하는 배타적 협정들 때문에 미국이 추구하는 개방 체제의 토대가 흔들릴 수도 있었다.[14] 다자간 무역 자유화의 노선에 따라 권역별 조직을 전부 이끌 수 있는 세계적 중재자가 필요했다. 이러한 생각은 오래전인 1948년에 국제무역기구ITO가 계획 단계에서 좌초하면서 처음으로 제기되었고 이어 1950년대 중반에 규모가 약간 축소된 무역협력기구OTC로 다시 제기되었다가 또 거부되었다. 일련의 포괄적인 무역 규정을 제도화하고 국제적인 상업 제도를 무역과 이에 관련된 문제들의 전 범위를 다룰 수 있도록 경신하기 위해, 1995년 관세무역일반협정의 마지막 회의였던 우루과이 라운드가 끝난 뒤 유럽 연합과 관세무역일반협정의 일흔다섯 개 회원국은 협상 포럼을 세계무역기구로 통합했다. 관세무역일반협정의 나머지 쉰두 개 회원국도 2년 안에 전부 합류했다. 2007년, 세계무역기구의 회원국은 151개였다. 세계무역기구는 자유무역의 원칙을 감시하고 집행했으며, 협상 포럼의 울타리 역할을 수행했고, 협정이 잘 이행되는지 감독했다.[175]

———— **14** 1982년 존 무어John Muir가 설립한 미국의 환경보호 단체.

세계무역기구의 강력한 관료들은 본질적으로 각국의 무역정책을 자유무역의 규칙과 양립하도록, 그리고 세계경제의 개방성이 유지되도록 관리하면서 수없이 많은 역할을 수행했고, 이는 곧 비판자와 모든 지지자의 관심을 끌었다. 세계무역기구는 연구와 분석의 중추 역할을 했으며, 개발도상국 지도자들이 효율적인 무역 관계에 참여할 수 있도록 훈련의 장을 제공했고, 세계적 상업 체제를 국제통화기금과 브레턴우즈 체제와 연결하는 고리 역할을 했다. 세계무역기구는 그 분명한 태도와 포괄적인 책임 때문에 무역 체제 내의 불평등과 기업 권력, 세계화, 선진국 세계의 헤게모니에 대한 불만의 피뢰침이 되었다. 시에라 클럽Sierra Club과 세계 야생 생물 연맹World Wildlife Federation 같은 비정부기구들은 환경을 보호할 세계적 경제정책을 수립하고자 세계무역기구에 자리를 요구했다. 그러나 다른 한편에는 이익 단체의 지배를 받는 미국의 규제 정책에 반대하는 나라들이 포진했다. 일종의 역할 전도였는데, 1998년 아시아의 여러 나라는 바다거북이 어망에 걸려 죽지 않도록 보호하지 않는 나라에서 새우의 수입을 금지하는 미국의 금수 조치를 세계무역기구에 제소했고 승리했다. 이 경우에는 시장 옹호자가 국가 규제 옹호자가 된 격이지만, 세계무역기구는 그 법규를 사업가들에게 유리하게 바꾸지 않을 수 없었다. 한편 보수적인 단체들은(일부 자유주의적 단체들도) 세계무역기구가 비민주적이라고 생각했다. 각국 정부는 선출직이 아닌 관료들이 결정한 규칙을 따라야 했기 때문이다. 이 정부 간 기구는 여러 이익 단체와 충돌했고, 제3세계는 선진국으로부터 그 통제권을 빼앗으려 했다. 그러나 이 세계적인 경제적 우산 기구가 여러 나라에 압박을 가하여 상품과 자본, 서비스가 국적과 무관하게 국경을 넘어 교환되는 '하나의 세계'라는 이상을 채택하도록 했다는 점은 부정할 수 없다. 그 결과는 통합 과정에 좋기도 했고 나쁘기도 했다.[176]

새로운 지역주의와 세계무역기구 출현의 한 가지 귀결은 국제 거래의 증가, 따라서 세계 최대의 통합 경제였다. 일곱 개 주요 공업국(미국, 캐나다, 일본, 서독, 프랑스, 영국, 이탈리아)은 1950년부터 1999년까지 상품 수출이 17퍼센트 증가한 덕에 세계시장에 더 깊이 통합되었다. 역사적으로 자급자족 경제였던 미국조차도 국민총생산의 4분의 1에 가까운 수준으로 수출입이 증가했다. 1990년대 이후로 중국이 주요 수출국이자 주된 해외 투자국이 되면서 경제적 연결은 더욱 뚜렷해졌다. 일본은 무역 확대와 해외 직접투자에 몰두했으며,(도요타와 혼다가 미국에 생산 공장을 세운 것을 예로 들 수 있다.) 미국인들은 세계 도처에서 상품을 판매한 해외의 세계적 기업들에서 일했다.(제너럴 모터스는 독일에서 자동차를 생산하여 일본에 수출했고, 컴팩Compaq 컴퓨터 회사는 타이완에서 하드 드라이브를 구매했으며, IBM은 한국과 필리핀에서 물품을 구입했고, 17개국이 보잉에 항공기 부품을 공급했다.) 1950년 이후 무역이 부활하면서 1870년에서 1913년 사이에 유럽이 주도한 자본주의적 융합의 이른바 황금기 동안보다 더 높은 수준의 통합이 선진국들 사이에, 그리고 선진국과 세3세계 사이에 이루어졌고 더 큰 성장이 이루어졌다. 그러한 문호 개방과 시장이 추동한 융합을 보고 분석가들은 세계화가 세계 정치에 유익한 영향을 끼쳤다고 박수를 보냈다. 어떤 이들은 경제적 상호 의존이 전쟁을 예방한다고 생각했다. 각 나라는 가까운 교역 상대국과 갈등을 벌여 이윤이 되는 무역과 금융 관계를 해치려 하지는 않을 것이기 때문이었다. 물론 통합이 불화의 가능성을 높이거나 민주주의 체제로 하여금 안보에 충분히 주목하지 않고 경제에 지나치게 집중하게 만든다고, 그로써 권위주의 체제의 압박을 받기 쉽게 만든다고 믿는 자들도 있었다. 이론적으로는 어떠하든 간에, 통합의 시대에 늘어난 경제적 교류가 세계화를 촉진한 것만은 분명했다.[177]

무역 전쟁

미국도 세계시장에 점점 더 크게 의존했기 때문에 시장 혁명을 부추긴 자유무역정책에 찬성했다.(1997년에 총리가 되자마자 영국 사회주의와 결별하고 1980년대 보수당 마거릿 대처의 자유기업 정책을 지속한 토니 블레어의 신노동당 정부도 마찬가지였다.) 미국과 영국은 마치 두 나라가 제2차 세계대전 이후 시장과 국가주의적 방식의 혼합을 통해 세계경제의 재건을 감독했던 것처럼 세계화 과정을 밀어붙였으며, 세계화는 상업의 성장에 불을 지폈다. 해외시장 진입은 성장을 유지하고 확대할 것이었다. 미국과 영국은 특히 세계경제에 석유와 채무, 일본의 충격이 퍼지면서 문호 개방정책을 기회이자 숙명으로 받아들였다.

역사적으로 볼 때 미국은 수출과 수입에 의존하여 소득을 벌어들이지 않았다. 1945년에서 1970년까지 상품과 서비스의 대외무역이 국내총생산에서 차지하는 비율은 10.8퍼센트를 넘지 않았으며 연평균 8퍼센트에 머물렀다. 그 비율은 1970년대에 두 배로 증가하여 20.5퍼센트가 되었으며, 21세기에 들어설 무렵에는 수출입이 국내총생산의 26퍼센트에 이르렀다. 교통과 통신이 개선되고 달러가 강세를 유지하고 해외투자가 늘어나면서,(해외투자는 1980년대에 두 배로 늘었고 1990년부터 2000년까지는 세 배로 늘어 2조 2000억 달러에 달했다.) 선진국들은 미국의 주도에 따라 관세무역일반협정과 세계무역기구에서 무역 장벽을 낮추는 협상에 나섰다.[178]

이는 기존의 노동 집약적인 산업들이 무너지고 노동력이 저렴한 신흥국들이 한때 미국과 유럽, 일본이 만들었던 상품을 제조하는 생산의 세계화로 대체됨을 의미했다. 세계적 시장 혁명으로 초래된 그 변화로 선진국들이 해외의 심한 경쟁에 직면했을 뿐만 아니라 반드시 강국에 이익이 되는 것만은 아닌 구조적 변화들이 생겨났다. 다시 말해서 거대한 초국적 기업들은 대부분 미국에 본부를 두기는 했지만 자유무역 체제를 열렬히 옹호했다. 자유무역은 수입을 장려하여 소비자에게 혜택을 주고 서비스 부문의 일자리를 늘릴 것이며, 이에 미국의 제조업자들은 값싼 부품을 획득하여 국내 생산 비용을 낮추고 세계시장에서 더 강한 경쟁력을 갖출 것이었다. 시장 자유주의는 또한 투자에 대한 내부 규제 완화와 재산과 제품 표준 등을 보호하기 위한 규제 강화에 찬성했다. 그 목적은 세계 곳곳에서 자본과 수출의 원활한 흐름을 확대하는 것이었다. 그래서 값싼 수입품이 미국 시장에 쏟아져 들어왔고, 그 결과 산업과 노동의 전망이 달라지면서 의회에서, 또한 중소 규모의 기업과 조직노동자, 소비자, 소농 등이 맺은 새로운 동맹에서 항의가 솟구쳤다. 유행에 뒤진 산업들은 파산했고, 그 결과 시장의 효율성이 높아졌다. 자동차 제조업체들은 현대화와 간소화를 단행하여 경쟁에 대응했다. 비숙련 노동자나 교육받지 못한 노동자, 고립된 공업지대에 살았던 늙은 노동자들은 호황을 구가하는 최첨단 서비스 부문과 기타 초국적 기업들의 싸움터에 끼어들 수 없었다. 특히 철강과 직물, 자동차, 전기 부문의 노동조합은 수십만 개의 일자리를 잃었으며, 남은 일자리에서도 임금은 곤두박질쳤다. 더 자유로워진 무역이 야기한 혼란은 노동조합원이었던 자들에게 고통을 안겨 주었다. 경비, 패스트푸드 식당, 문지기 등 저급한 서비스 부문의 일자리를 받아들여야 했기 때문이다. 그러한 상황은 1990년대 말 조직노동자들로부터 시작된 반세계화 운동에 자양분을 제공했다. 실제로 1972년에서 1992년 사이에 미국에서 생겨난 순 일자리는 440만 개에 달했지만, 그중 국제적으로 거래되는 물품을 만드는 산업에서 생긴 것은 전혀 없었다. 그러한 일자리는 일본으로, 자유무역 국가라기보다는 오로지 수출에만 힘을 쏟아 개방된 미국 시장에 침투한 타이완과 브라질, 한국 같은 신흥공업국으로 이전되었다.[179]

통계의 이면을 보면 협상과 통합 덕분에 국제무역이 전후 세계경제의 그 어느 때보다도 더 많은 이윤을 내고 크게 팽창했음을 알 수 있다. 세계화한 무역의 역사는 승자와 패자, 권력의 복잡한 과정을 드러낸다. 티셔츠의 '여행'을 예로 들어 보자. 티셔츠는 텍사스주 어느 농장의 목화밭에서 출발하여 상하이의 36호 무명실 공장Number 36 Cotton Yarn Factory과 선명도 5호 의류 공장Brightness Number 5 Garment Factory의 착취 노동으로 만들어져 플로리다주 남부의 약국에서 팔린 후 마지막으로 헌 옷이 되어 가난한 아프리카인들이 입기까지 착취와 기회를 동시에 보여 주었다. 1달러 42센트짜리 티셔츠(24센트의 관세가 포함된다.)는 미국의 무역 장벽과 상하이의 의복 생산을 통제했던 중국의 관료들, 농민에게 보조금을 주고 직물 산업을 보호했던 미국 정치인들 같은 장애물과 싸워 이겼다. 소비자가 입을 때까지 티셔츠는 외국의 회사와 노동자 들에게 이익을 주었다. 외국 회사들은 수입 할당제로 어느 정도 영업을 보장받았다, 외국 노동자들은 자신들을 녹초로 만드는 고된 농장 노동과 문화적으로 뒤처진 삶보다는 지루하고 때로 위험하기도 했던 낮은 급여의 공장 노동을 더 좋아했다. 1974년에 시작되어 여러 차례 갱신된 국제 의류 무역 제도는 저개발 국가의 제품을 일정량 수입하도록 했는데 30년 뒤 이 제도가 사라질 때까지 이러한 방식은 지속되었다. 그때까지는 보호무역주의의 나쁜 영향이 여러 작은 나라의 산업 발전에 실질적인 도움이 되었다. 그러나 할당 제도가 무너진 뒤, 중국이 제조 과정을 접수했고, 중국이 세계 최대 소매업체인 월마트와 거래를 튼 후(미국 소비자에게 최저 가격으로 보답했다.) 의류 수출이 급증했다. 미국의 소매업체들은 의회에 압력을 가하여 무역 장벽을 낮추도록 했고, 제3세계의 다른 나라들은 일자리를 잃었던 반면, 이전에 직물 산업 노동자였던 미국인들은 월마트와 타깃Target, 제이시 페니JC Penny 등에서 새로운 직업을 얻었다. 그러한 일자리는 이전의 직물업 일자리보다 급여가 적었고 보험금도 훨씬 적었다. 이것이 전 세계적으로 연결된 무역의 엄한 현실이었다. 그 무역에 참여한 자들은 운과 인내심, 경영 기술에 따라 이득을 보기도 하고 손실을 보기도 했다. 티셔츠의 역사는 세계화의 적과 동지 사이의 논쟁을 복잡하게 만들었을 뿐만 아니라, 생산 체계와 유통 체계가 전 세계에 침투함에 따라, 점차 타당성을 잃게 만들었다.[180]

　　관세무역일반협정 체제(각국 시장의 개방을 촉진하는 동시에 제한했다.)에 내재한 더 자유로운 무역과 보호무역주의 사이의 타협은 이러한 상황에 부분적으로 책임이 있었다. 1979년 도쿄 라운드가 끝날 때, 선진국들은 시장 접근성을 높이고 지식재산권을 보호하고 근대 무역의 특징이었던 쟁점들을 해결할 방법을 찾기 위해 관세장벽을 넘어섰다. 공산품 관세는 1960년대 케네디 라운드부터 지속적으로 하락했지만, 가장 중요한 것은 보조금과 상계관세, 덤핑(헐값 판매), 정부 조달 같은 비관세장벽에 관한 규약이 처음으로 정해졌다는 것이다. 그러한 보호무역주의적인 장애물은 관세의 의미가 줄어들면서 크게 늘었다. 요컨대 이러한 규약으로 각국은 상계관세를 부과하거나 손해를 입은 경우에 국내의 '긴급수입제한safeguard' 조치로써 공정한 대우를 요구할 수 있었다. 비관세장벽 협상 과정에 감시와 협의, 분쟁 해결의 제도가 확립되었지만, 이는 협약에 서명한 나라들에만 해당되었다. 따라서 이 규약에 서명하지 않은 여러 개발도상국은 여전히 차별을 받았다. 도쿄 라운드는 또한 자발적인 수출 제한, 유럽 공동체의 특정 국가를 차별하는 긴급수입제한 조치, 농업 보호무역주의(앞선 관세무역일반협정 협상의 폐해)를 다루지 못했다. 유럽도 일본도 농업 보호무역주의를 포기할 생각이 없었기 때문이다.[181]

　　도쿄 라운드와 1986년에 시작된 우루과이 라운드의 일련의 새로운 회담 사이에, 세계화 세력은 자유무역 질서를 방해하는 잠재적 장애물의 목록에 새로운 내용을 추가했다. 여기에는 금융과 전기통신, 증권 거래, 보험, 광고, 정보처리 같은 서비스 거래가 포함되었다. 흔히 국가별로 엄격한 허가제와 과세 규정을(그리고 차별 과세를) 갖춘 부문들이었다. 서비스 부문은 관세무역일반협정에서 다뤄지지 않았지만 1980년대에 세계무역의 약 30퍼센트를 차지했다. 마찬가지로 지식재산권도 특히 제3세계 국가들이 개발비와 저작권료를 피하기 위해 컴퓨터 소프트웨어와 시청각 자료를 복사하면서 새로운 무역 문제로 떠올랐다. 게다가 관세무역일반협정은 무역과 투자에 관한 협정을 만들어 낼 필요가 있었다. 각국 정부가 국내 조달 요구, 현지 공장에 유리한 특별 허가제, 투자자는 생산물을 일정 비율 수출해야 한다거나 수입하는 경우 수출로써 균형을 맞춰야 한다는 요구로써 자국 시장을 보호할 수단을 채택했기 때문이다.

이러한 문제들은 1995년 거의 반백 년 동안 논의의 장이었던 관세무역일반협정이 더 포괄적인 세계무역기구로 전환되기 전 마지막 회의였던 우루과이 라운드(1986~1994)에서 논의되었다. 세계화의 압력은 무역 규정을 심히 복잡하고 어렵게 만들었다. 그래서 각국 정부는 앞서 언급했듯이 자국의 이익을 보호하기 위해 권역별로 무리를 지었고, 무역을 관리하고 특정 상품과 부문에 대한 접근을 모색하며 분쟁을 해결하기 위해 양자 간, 3자 간, 4자 간(미국, 캐나다, 유럽 공동체, 일본) 협상을 수행했다. 관세무역일반협정의 틀 밖에서 이루어진 그러한 회담은 다자 무역 체제의 토대를 흔들었다. 1980년대 전후 국제무역 체제는 10년 전 브레턴우즈 체제가 경험한 것과 유사한 붕괴에 직면했던 것이다. 미국이 주도하는 세계경제의 무역 원칙은 위험에 빠졌다. 그래서 우루과이 라운드는 감독 제도와 조사 제도의 수준을 높이고 국제통화기금과 세계은행과 이어지는 연계를 강화하고 새로운 영역으로 활동 범위를 확대함으로써 실질적인 무역 문제뿐만 아니라 관세무역일반협정의 쇄신도 다루었다.

협상은 때때로 적의가 충돌하는 어려운 과정이었고 8년 동안 가시적인 성과 없이 지체되다가 마침내 1994년 124개국이 관세무역일반협정의 가장 광범위했던 이 라운드를 종결하기로 결정했다. 공산품 관세는 3분의 1이 축소되었고, 직물 수입 할당제는 점차 사라졌다. 농산품에 대한 장벽은 남아 있었지만, 관세무역일반협정의 협상 라운드에서는 처음으로 시장 접근성 개선, 잠복한 수입 할당제의 관세 대체, 보조금 제한에 관한 합의가 이루어졌다. 긴급수입제한에 관한 규약은 좀 더 엄격해져 유해 무역의 범위가 한정되고 보호무역주의 조치의 이용이 규제되었다. 서비스 거래에 관한 협정도 체결했는데, 이에 따르면 당사국들은 비차별적 대우를 보장해야 했고 한 나라에서 영업할 수 있는 외국계 은행 수의 제한 같은 공식적인 정책의 목록을 제시해야 했다. 비록 개발도상국들을 만족시키기 위해 오랜 기간에 걸쳐 단계적으로 도입될 예정이었지만 특허권과 상표권, 기타 지식재산권이 이제 규정으로써 보호되었다. 협상은 또한 무역 투자에 관한 규약을 향해서 첫발을 내딛었고, 전기통신 협약에 관해서도 논의를 시작하여 1997년에 완결 지었다.[182]

    우루과이 라운드는 국가 기간 시설에 접근할 수 있도록 전자 상거래에 관한 규정을 도입할 필요성, 국내 생산자를 부당하게 지원하여 외국 생산자에 비해 이점을 갖게 한 카르텔을 억제할 경쟁 정책, 환경과 노동에 관한 규정처럼 새로운 문제들을 노정했다. 환경과 관련해서 미국은 멕시코 참치의 수입을 제한하려 했다. 멕시코의 어망에 돌고래가 죽었기 때문이다. 돌고래는 그물을 피할 수 없었다. 미국의 참치 회사들은 그물을 쓰는 것이 금지되어 있었고, 따라서 미국 정부는 멕시코 참치의 판매를 금지하여 환경보호주의자들의 박수를 받았다. 멕시코는 이의를 제기했고, 세계무역기구는 무역 규정은 생산물의 내용에만 적용되는 것이지 생산 방법에는 적용되지 않는다는 논거를 들어 결국 멕시코의 손을 들어 주었다. 다르게 판결한다면 무역을 제한할 핑계를 제공함으로써 개방 체제에서 차별을 억제한다는 목적을 해치는 선례를 만들 수 있었다. 개발도상국들은 경계를 늦추지 않았다. 기업 사냥꾼에서 정치인으로 변신한 유럽인 제임스 골드스미스James Goldsmith처럼 이들도 "부유한 나라의 빈민이 가난한 나라의 부자에게 보조금을 주었기에"[183] 우루과이 라운드는 결국 제3세계를 응징할 것이라고 믿었기 때문이다. 신흥국들은 하나의 문제였음이 드러났다. 이는 국제무역 질서의 중심이 바뀌었고 그 질서가 차후 여러 도전에 직면할 것임을 보여 주는 징후였다.

핵심 국가의 행동주의자들은 세계무역기구와 여타 기구들이 가난한 나라들의 고투에 지금보다 더 크게 유의해야 한다는 점을 그 어느 때보다도 더 절실히 인정했다. 사람들이 국가에 의존하지 않고도 국경을 넘어 초국적으로 사적인 거래를 하는 세계화 시대에, 많은 집단과 비정부기구들, 개인들이 신흥국의 경제 발전을 돕는 데 관여했다. 학자들과 전문가들은 수많은 자원봉사 단체와 사회단체가 정부 기관과 기업 사이에 출현하여(국가와 시장이 남긴 간극을 채워) 세계경제에 변화를 가져오는 '시민사회' 운동을 거론하기 시작했다. 이들의 노력은 안전에서 사회 개혁까지 다양했고, 자유시장이 흉포하게 세계화됨으로써 끼치는 해악과 그로 인한 손실을 교정하는 성격을 띠었다.[184]

이 활동의 대부분은 인기 있는 영화배우 오드리 헵번Audrey Hepburn과 브래드 피트Brad Pitt, 앤젤리나 졸리Angelina Jolie가 아동·입양·난민 문제에서 활동한 것처럼 중재와 외교, 사회 개혁의 영역으로 진입했다.(앤젤리나 졸리는 경제학자 제프리 색스Jeffrey Sachs와 긴밀히 협력하여 아프리카 도처의 마을에서 활동했고 전 세계적인 경제 문제와 사회 문제와 관련하여 세계경제 포럼에 참여했으며 대의를 위해 수백만 달러를 기부했다.) 세계경제 포럼은 세계 도처의 보건과 경제의 고통을 완화할 조치를 토론하고 계획하는 논의의 장을 제공했다. 세계경제 포럼은 대중에게 보건 프로그램의 주된 노력을 알리는 데 기여했다. 빌 앤드 멜린다 게이츠 재단Bill and Melinda Gates Foundation은 세계경제 포럼의 다보스 회의에서 세계 전역의 질병을 퇴치하기 위해 상당한 액수의 기금을 제공했다. 민간 재단인 게이츠 재단은 마이크로소프트의 소유권에서 자금이 나오는데 보건 운동에 연간 14억 달러를 기부한다. 이는 세계보건기구World Health Organization: WHO의 연간 예산보다 많은 액수다. 그 노력은 몇십 년 전부터 시작되었지만 세계화 과정으로 인한 통신 덕분에 규모와 효율성이 크게 증대되었다. 비틀스 멤버였던 조지 해리슨George Harrison은 1971년에 유명 인사들을 모아 방글라데시를 위한 기금을 마련했지만, 밥 겔도프Bob Geldof의 1984~1985년 밴드 에이드Band Aid/라이브 에이드Live Aid 콘서트와 2005년 7월 10개국에서 동시에 진행되어 세계 전역에서 약 30억 명이 시청한 라이브 8Live 8 행사는 위성 기술 덕분에

———라이브 8 콘서트, 2005년 7월 2일, 런던. 이 공연은 유명 인사들이 세계의 가난한 나라들을 지원하려고 벌인 운동의 일환이었다. (Wikimedia Commons, ⓒ Siztrust)

더욱 큰 기금을 모았다. 제3세계의 빈곤을 퇴치하기 위해서 열린 밴드 에이드/라이브 에이드 콘서트는 15시간 동안 진행되어 1700만 명이 시청했고 1억 달러를 모금했다. 겔도프는 개발도상국에 훨씬 더 많이 지원하겠다는 정치인들의 공약을 끌어내 연간 약 400만 명의 목숨을 구하기 위해 라이브 에잇 행사를 기획했다. 겔도프는 선진국은 크게 부유한 마당에 세계적 빈곤이 지속되도록 내버려 두었다고 현 세대의 정치인들을 비난하면서 선진 공업국들이 2010년까지 연간 500억 달러를 제공하여 에이즈와 여타 질병을 퇴치하려 노력하고 38개국(2005년에만 18개국)의 채무를 말소하며 수백만 명의 가난한 아이에게 무료로 교육과 건강관리를 제공해야 한다고 그답게 거친 방식으로 요구했다.

다른 유명인들도 자연재해가 발생했을 때 해당 지역의 생존과 회복을 돕고자 종종 행동에 나섰다. 다이애나Diana 영국 왕세자비는 전쟁에 희생된 자들을 도운 것으로 유명했다. 축구 선수 데이비드 베컴David Beckham은 아프리카뿐만 아니라 2004년 지진해일이 일어난 태국에서도 유엔의 친선 대사로 활동했다. 언론계 거물인 CNN의 테드 터너Ted Turner는 1998년부터 10년간 인도주의적 목적에 쓰라고 유엔에 10억 달러를 기부했으며, 그 자금은 보건과 교육 분야에 쓰였다. 전직 미국 대통령 지미 카터의 재단은 아프리카에서 국민 경제와 지역 경제에 부담을 주고 대륙 전역에서 건강한 노동력의 발달을 저해한 메디나충과 여타 질병을 근절하는 데 적극적으로 활동했다. 윌리엄 클린턴 재단William J. Clinton Foundation도 비슷한 사업을 했다. 말라위와 르완다에서 질병 퇴치 운동을 벌였고 농민이 공정가격을 받고 시장에 물건을 내다 팔 수 있게 했다. 이와 같은 클린턴 재단의 세계적 활동은 실제로 세계화의 힘에 의존했다. 이 재단은 각국 정부로부터도 자금을 지원받았지만 주로 할리우드 영화계 거물들처럼 부자이면서 세계시민사회와 잘 연결된 자들과 산유국이 받은 채굴권 사용료, 인도의 부유한 기업가들로부터 자금을 얻었다. 이 전직 대통령(빌 클린턴)은 기업과 정부, 비영리단체가 운영하는 시장 기반의 프로그램을 통해 빈곤과 고난을 덜어 준다는 목표로 마흔 개가 넘는 나라에서 약 1400명의 유급 직원과 자원봉사자를 모았다. 클린턴은 세계화 추세의 새로운 과정, 다시 말해 기업과 국가 사이의 중도를 전형적으로 보여 주었다.[185]

그러나 제3세계에서 가장 많은 노력을 기울인 자는 인기 로큰롤 가수 보노Bono(폴 휴슨Paul Hewson)였다. 보노는 자신의 유명세와 혁신적인 사고를 토대로 일급 정치인들과 친분을 맺었다. 그러한 연고 덕분에 보노는 2005년 스코틀랜드의 글렌이글스와 2년 뒤 독일의 하일리겐담에서 열린 세계 최고 부유국의 G8 정상 회의에 참석할 수 있었다. 보노는 일찍이 선진국들에 개발도상국의 채무 탕감을 요구했다. 그리고 선진국들이 국민총생산의 7퍼센트를 아프리카의 빈곤 퇴치 프로그램에 기부해 줄 것을 요청했다. 이 시민사회 운동은 이와 관련하여 제3세계의 인기인들을 배제하지 않았다. 아프리카 음악인 유수 은두르Youssou N'Dour, 바바 말Baaba Maal, 안젤리크 키조Angélique Kidjo는 라이브 8 무대에 겔도프와 함께했다.[186] 세계 곳곳의 사람들이 스스로 무엇이든

하기 위해 움직인 것만은 분명하다. 그들은 국가들이 협상을 통해 무역협정과 원조 협정을 체결할 때까지 마냥 앉아서 기다리지 않았다. 그리고 기술과 경제적 세계화의 통합이 그들에게 힘을 보탰다.

다음번 무역 회담은 2001년에 카타르에서 시작하기로 일정이 잡힌 도하 개발 라운드Doha Development Round로 세계무역기구 체제에서 이루어진 첫 번째 일련의 회담이었다. 도하 라운드는 세계화에 반대하는 항의와 2011년 미국을 겨냥한 테러 공격에 뒤이어 시작되었다. 두 사건은 모두 세계경제에 변화를 초래했다. 이 다자간 협상은 1999년에 밀레니엄 라운드Millenium Round라는 이름으로 시애틀에서 시작하기로 예정되었지만, 미국과 유럽 연합이 전통적으로 어려운 문제였던 농산물 무역 장벽에 관한 회담에서 개발도상국을 배제하자 이 나라들이 참여하기를 주저했다. 분개한 개발도상국은 논의에서 빠졌고, 시애틀 회담은 실패했다. 조직 노동자와 환경보호주의자, 무정부주의자, 학생, 종교 단체, 소비자 운동가, 정치적 행동주의자의 있을 법하지 않은 동맹이 동시다발적으로 대규모 거리 시위를 주도했다. 이들은 기업의 방해, 정부의 보호조치를 억제하고 무제한의 자본주의를 밀어붙이는 다국적기업의 힘, 노동조합의 약화, 제3세계의 빈곤, 엘리트주의적 국제 거버넌스, 지구의 퇴화에 반대하여 압력을 행사했다. 이미 많은 기업이 시위자들의 진노를 감지했다.[187]

나이키가 적절한 사례다. 나이키는 다양한 요소의 세계화 과정에 의존하여 프로 농구 선수 마이클 조던Michael Jordan을 상표로 제품을 만들어 전 세계에 판매했다. 나이키의 '스우시swoosh' 로고는 '에어Air' 조던이 경기장에서 보여 준 멋진 몸동작과 한 짝을 이루어 전 세계적인 스포츠 열기를 위성통신과 광고, 중국에서 급증한 외국인 투자, 아시아의 저렴한 노동력과 결합했고, 조던은 1980년대에 세계 전역에서 우상의 지위에 올랐다. 그러나 동시에 나이키와 여타 신발 회사들이 해외로 생산을 옮기면서 수많은 미국 노동자가 시간당 5.95달러라는 괜찮은 급여의 일자리를 잃었다. 나이키는 인도네시아에서 49달러에서 125달러에 이르는 신발 제품을 만드는 노동자들에게 시간당 겨우 14센트를 지불했다. 1990년대 중반 이 초국적 기업은 생활임금을 지불하지 않고 초과 노동을 시키며 노동조합 설립을 방해하고 비인간적인 조건에 처하게 하여 노동자들을 착취했다는 맹렬한 공격을 받았다. 인도네시아와 베트남, 중국의 상황도 저임금과 열악한 노동조건으로 동일했다. 1997년 약탈적인 초국적 기업으로부터 해외 노동자들을 보호하려 노력했던 미국의 활동가 단체인 베트남 노동 파수꾼Vietnam Labor Watch의 어느 회원은 베트남의 나이키 공장을 방문한 후 관리자들이 부지런히 일하지 않았다는 이유로 여성들을 무릎 꿇리고 뜨거운 햇빛에 서 있게 하는 벌을 주어 모욕했다고 썼다. 3만 5000명의 나이키 노동자 중 90퍼센트가 지치고 영양 결핍에 걸린 여성들이었다. 이들은 하루 12시간 일하며 신발 한 켤레당 2달러를 벌었고, 그 신발은 최종적으로 미국에서 마흔 배에서 쉰 배나 되는 가격에 팔렸다. 이는 시장경제에서 세계화된 노동의 성차별을 보여 주는 다른 지표다.

뒤이은 언론 보도와 소란에 클린턴 행정부는 나이키와 엘엘빈L. L. Bean, 리복Reebok, 여타 제조업체들에(그리고 그 대변인들에게) 노동시간을 주당 60시간으로 제한하고 국가 차원의 균일 임금을 요구하는 행위 준칙에 서명하도록 유도했다. 항의자들은 더 많은 것을, 다시 말해 노동조합의 인정과 최저임금의 인상을 원했다. 기존 임금은 적당한 음식과 주거의 비용을 대기에 충분하지 않았기 때문이다. 비판은 지속되었지만, 1997년 아시아의 경제 위기와 그에 대한 반작용으로 나이키 제품 판매고가 최고 기록이었던 96억 달러에서 절반가량 급락했다. 마이클 조던은 여전히 판매에 주효한 강점이었고 이 기업은 많은 이윤을 거두었지만, 세계화 자체의 이미지는 더럽혀졌다.[188]

시애틀의 분출 이후 몇 달간 추가로 항의가 이어졌다. 1999년 시애틀 사건 이전에도, 개방의 영향으로 초국적 기업들이 경제를 지배하고 심지어 문화적 관습까지 바꿀 수 있게 된 것에 불만과 분노가 표출되는 일은 빈번했다. 나이키는 공장을 소유하지 않고 대신 전문가들에게 의존하여 여러 나라의 수많은 제조업체와 선적업체들과 협상하여 생산과 비용을 결정했다. 이와 달리 거대 패스트푸드 회사 맥도널드는 100개가 넘는 나라의 수천 개 식당에서 현지인에게 운영과 직원 선발, 공급을 맡겼다. 일리노이주에 있는 본사는 이러한 회사들의 소유권을 절반만 보유했다. 문제는 그 이윤이 아니었다. 그것이 아이들의 식습관과 건강(체중 증가, 10대의 열광, 소비주의), 가족의 관행, 그리고 네트워크에서 벗어나 개인으로 기울고 새로운 형태의 친목을 포용하는 구조(집안에서 하는 전통적인 잔치가 아니라 맥도널드에서 하는 생일 파티)에 미치는 악영향과 시장가치 및 기업가 정신에 나타난 변화였다.[189]

이 강력한 초국적 기업이 만들어 낸 이와 같은 변화는 약탈적 자본가들이 전통을 바꾸고 사회의 안정을 해치는 수단(전부 현대화와 소비주의의 이름으로 수행되었다.)으로 개방을 이용한다는 것을 알아챈 반세계화 항의자들의 먹이가 되었다. 다른 항의 운동들은 더 구체적이었다. 여기에는 때때로 수만 명이 참여했다. 2000년과 2001년에 각각 프라하와 퀘벡, 제노바에서 열린 국제통화기금과 세계은행, 아메리카 정상 회의,(서반구의 자유무역 지대를 계획했다.) G7 회의 중에 일어난 항의 시위에서 많은 사람이 체포되고 부상을 당했으며 한 사람이 죽기도 했다. 무역 대표단들은 2년 후, 9·11 공격이 겨우 두 달 지났을 때 도하에서 다시 모였다. 그 끔찍한 사건은 협상자들이 회담을 계속하도록 유인했다. 세계경제의 회복을 돕고 테러에 반대하는 평화로운 교역국들의 단합을 과시할 필요가 있었기 때문이다.

7년간의 도하 라운드 회담은 선진국과 개발도상국 세계의 분노한 무역 대표단 사이에 벌어진 의지의 대결이었다. 2003년 멕시코 칸쿤에서 모인 회의에서 브라질과 중국, 인도, 남아프리카가 주도한 이른바 G20이라는 제3세계의 새로운 무역 블록은 그 전해에 세계무역기구 회의에서 제기되어 이제 도하 라운드에서 논쟁이 된 이른바 네 개 '싱가포르 의제'(무역과 투자, 경쟁, 정부조달, 관세)의 해결을 방해했다. 개발도상국과 선진 공업국은 또한 거의 모든 무역 품목에 관하여 다투었다. 가장 두드러진 품목은 농산물이었고, 좀 더 구체적으로 말하면 세계시장에서 가격을 인위적으로 조정하여 유럽과 미국의 농민에게 개발도상국 상품에 대한 우세를 허용했던 수출 보조금이 큰 분쟁의 대상이었다. 유럽 대표단은 보조금을 중단하겠다고 약속했지만, 그 회원국들, 특히 전통적으로 유럽 연합의 농업 보호무역주의를 환영했던 프랑스는 동의하지 않았다. 2006년 중반 도하 라운드는 곤경에 처했으며, 미국 의회가 농업 보조금을 갱신하여 5년간 연장하면서 위기는 더욱 심화되었다. 인도의 상업부 장관이 보조금을 허용하여 "수백만 농민의 생계를 위험에 빠뜨리지"

않겠다고 선언하고 중국이 개발도상국의 가난한 생산자들을 보호하기 위한 관세를 요구하며 그를 지지한 뒤, 2008년 7월 도하 라운드의 회담은 결렬되었다. 도처에서 상호 비난이 이어졌고, 뒤이은 세계경제 붕괴로 회담이 재개될 희망은 사라졌다.[190]

세계무역기구의 첫 번째 무역 회담 라운드가 멈췄다는 사실은 협상의 무산을 의미하지 않았고 개방 노력의 종결이나 세계화의 제한을 의미하지도 않았다. 결의는 가능했다. 주요 다자간 무역 회담이 합의를 도출하지 못한 경우는 없었기 때문이다. 그러나 협상자들은 도하 의제를 2009년 늦가을까지 내내 세계무역기구의 정식 장관 회담 회기가 아니라 다른 경제 회의에서 논의했다. 무역 회담은 실패했지만 세계화는 지속되었다. 그렇지만 그 과정에는 모든 국가가, 특히 개발도상국들이 제시한 제한 조건과 단서가 끼어들었다. 세계경제가 어려운 상황에서 협상자들은 타협을 쉽게 받아들일 수 없었기 때문이다.

시장 세계화의 힘과 효과를 뚜렷하게 보여 준 한 가지 영역은 환경이었다. 21세기 첫 10년에 세계 도처에서 사람들은 세계경제와 자신들이 살고 있는 환경 사이의 관계를 잘 알게 되었다. 공기와 물, 토양의 질적 퇴화는 모든 국가에 영향을 미쳤고, 기후변화, 즉 유행어로 말하자면 '지구온난화'의 악영향을 다루는 일은 국제사회의 최우선 관심사가 되었다. 1997년 교토 의정서는 2012년까지 온실가스 배출량을 합의된 수준으로 감축하려는 시도였다. 가장 두드러진 오염 국가인 미국은 교토 의정서가 협상을 통해 결정되기 전 배출량의 36퍼센트 이상을 차지했는데 협약에 서명은 했지만 비준은 하지 않았다. 경제를 과도하게 규제하여 방해할까 두려웠기 때문이다. 중국과 인도 같은 신흥국들도 교토 의정서의 당사국이 아니었다. 이 큰 오염 국가들은 자신들에게는 개발이 환경보다 우선하기 때문에 요구 조건을 면제받아야 한다고 주장했다. 제3세계는 세상을 깨끗하게 청소하고 안전하게 지키는 부담을 선진국이 져야 한다고 주장했다.[191]

그렇지만 2005년 몬트리올 의정서와 2009년 코펜하겐 협정 같은 이후의 협약들은 온실가스 배출량 감축을 공약했으며,(언제까지 어느 정도로 감축할지는 모호했다.) 국가별로 나름대로 수용 수준을 채택했다. 세계 도처에서 자발적인 국제적 협력에 따라 대체에너지원을 개발하자는 협상이 이루어졌다. 기업들과 초국적 사업체들도 뛰어들었다. 영국 전기통신BT과 휼렛 패커드HP, 도요타, 지멘스, 폭스바겐을 포함한 스물 네 개 회사가 각국이 배출할 수 있는 온실가스의 한계를 정하고 '배출권'을 규정할 세계적인 배출 거래제를 제안했다. 이 탄소 '배출권 거래cap-and-trade' 제도는 기업과 여타 단체에 일정량의 '한도', 즉 배출권을 할당했는데, 한도를 초과한 거대 오염자들에게 배출권을 판매할 수 있었다. 오염을 적게 유발하는 사업체들은 배출권을 팔아 이익을 얻었고, 그렇지 못한 사업체들은 오염의 대가를 지불해야 했다. 회사들은 장기적 투자의 확실성과 더 동등한 경쟁 조건에 관심이 있었기에 이러한 유형의 제한을 추구했다. 달리 말하면 시장의 원리와 관행이 환경 분야에 침투한 것이다.

기술도 마찬가지였다. '탄소 발자국carbon footprint'[15]을 줄이는 데 집중한 선도적 기업 중 하나는 커피 소매업체인 스타벅스였다.(스타벅스는 2003년에 북아메리카에서만 29만 5000톤의 탄소를 배출했다.) 스타벅스는 운송과 로스팅에 필요한 동력원을 더 정확하게 측정하는 데 집중했으며 에너지 사용량의 20퍼센트를 풍력에서 만들어 내는 데 전념했다. 스타벅스는 또한 '녹색 대의를 위한 녹색 우산Green Umbrellas for a Green Cause'과 소비자의 '녹색 생활'을 장려하기 위한 온라인 게임 '푸른 지구 게임Planet Green Gamee' 같은 운동에 관여했다. 2009년 구글도 마흔 개 회사(스타벅스 포함)를 인도하여 에너지 효율이 더 높은 컴퓨터를 조립하고 구매하는 것을 목표로 한 기획인 '기후 지킴이 컴퓨팅 이니셔티브Climate Savers Computing Initiative'를 시작함으로써 환경 친화적 시장을 만드는 데 일조했다. 구글도 스타벅스도 기타 여러 회사도 자사의 탄소 발자국 자료를 드러내고 싶어 하지 않았다. 그렇게 되면 경쟁과 관련된 정보가 밝혀질 것이기 때문이었다. 그럼에도 구글은 자사의 탄소 배출량 규모를 주시했으며 필요한 동력의 대부분을 탄소를 배출하지 않는 에너지원으로 충당하려 노력했

_____ **15** 단체나 행사, 생산품, 개인이 초래한 온실가스 배출량 총량.

다. 그 나머지에 대해서는 탄소 상쇄권carbon offset[16]을 구매했다. 최근에 구글은 마운틴뷰에 있는 본사의 지붕에 1.6메가와트의 태양광 전지판을 설치했다.

몇몇 유럽 국가, 그리고 2009년 오바마 행정부는 비록 결과적으로는 보호무역주의와 다름이 없었고 세계무역기구의 시장 법칙에 위배되었지만 '불결한' 수입품에 '탄소세'를 부과할 것을 고려했다.[192]

가난한 나라와 개발도상국의 주민들은 환경 퇴화의 희생양이 되기 일쑤였는데, 이들의 곤경을 덜어 줄 치유책들이 나타났다. 이는 시장과 자연이 뒤섞인 결과였다. 세계화로 외진 곳까지 교통망과 통신망이 침투한 탓에 훼손되고 고갈된 숲과 섬, 바다, 야생 생물을 구하기 위해 세계 도처에서 생태 관광과 지속 가능한 관광 노력이 크게 퍼졌다. 또한 많은 가난한 나라는 새로운 에너지원을 찾을 능력이나 이를 수입할 자금이 부족했다. 대략 전 세계 인구의 3분의 1은 (전기통신과 정보 기술은 고사하고) 조명과 냉장, 교통에서도 현대의 에너지를 이용하지 못했다. 빈곤 지역의 임박한 인구 폭발은 해법을 찾는 것이 어려움을 암시한다. 그러나 세계은행은 상황을 절망적으로 보지 않았다. 지원이 이루어지고, 요금이 적절하다면 약 10억 명이 감면된 특별 요금을 지불할 수 있을 것이기 때문이었다. 이들은 등유와 전지 같은 불결하고 값이 비싼 에너지원을 버리고 부자들은 이미 매우 저렴하게 쓸 수 있었던, 보조금으로 건설된 송전망을 이용할 수 있을 것이었다.

시장적 사고방식의 직접적인 결과로, '소규모 발전micropower' 접근법이 세계를 휩쓸었다. 소규모 발전은 가난한 사람과 집단에 자율성을 줄 뿐만 아니라 초기 비용은 많이 들지만 시간이 지나면서 더욱 저렴하게 에너지를 공급할 수 있었다. 예멘에서는 현지인들이 세워 사사로이 소유하고 운영하는 소규모 발전기들이 그 나라의 부적절한 송전망이 도달하지 않는 곳의 가구들에 전력을 공급했다. 인도에서는 타타 에너지 연구소Tata Energy Research Institute가 촌락의 '청정green'을 위해 수많은 작은 부락에 에너지 공급망을 설치했고 등

_____ **16** 탄소 감축 노력을 계량화한 것으로 기업이나 정부가 불가피하게 탄소 배출량 한도를 초과했을 때 탄소 감축 사업에 재정을 지원하여 획득하거나 구매하여 초과분을 상쇄할 수 있다.

유와 중유, 바이오매스의 보존 효율성을 높이기 위해 노력했다. 프리퍼드 에너지 인코퍼레이티드Prefered Energy Incorporated라는 비영리 기구는 필리핀의 어느 시내에 소수력발전 설비를 건설하여 주변 마을에 전기를 공급했다. 이 사업은 여러 기부 단체와 현지 주민이 협력하여 수행했다. 기부자들은 필요한 장비를 제공했고, 마을 주민들은 노동력과 물자를 제공하고 조직을 결성했다. 세계화의 힘은 지구상의 가장 외지고 곤궁한 지역에서 분명하게 드러났다.[193]

위기

사실 냉전 이후 세계경제 체제의 거듭된 재정 문제들도 무역 분쟁의 원인이었다. 예를 들면 1994년 멕시코 페소화의 갑작스러운 평가절하는 통화 위기를 촉발했다. 채무불이행으로 미국의 은행들이 멕시코에 빌려준 막대한 대부금을 떼일 처지에 놓였기 때문이다. 미국 정부가 국제 대부 기관들과 협력하여 500억 달러를 투입하고서야 페소화가 안정되었고 여러 미국 은행이 파산을 면했다. 소련과 그 제국의 해체는 세계 전역에 영향을 끼쳤는데, 아무리 좋게 보아도 활력 없는 경제적 성취였고 최악으로는 위기 그 자체였다. 동유럽의 새로운 민주주의 체제들은 자유주의적 자본주의로 이행하는 과정에서 서유럽과 북아메리카의 대규모 지원이 필요했지만 이를 얻지 못했다. 대신 미국과 국제통화기금은 하버드 대학의 경제학자 제프리 색스 같은 조언자들의 권고를 받아 단계적 돌봄보다는 '충격요법'에 의한 시장화를 옹호했다.(마오쩌둥의 몰락 이후 중국에서 그런 일이 벌어졌다.) 목적은 자유기업 자본주의로 결정적인 전환을 이루어 공산주의 체제와 결별하고 민주주의로 완전히 이행하도록 하는 것이었다. 비록 폴란드가 근본적인 정밀 검사를 통과했고 대다수 발칸 국가도 일이 순조로웠지만, 자본의 대부분을 공급한 서유럽 투자자들의 관심은 지역의 장기적 성장보다는 신속한 수익 확보에 있었다. 소련의 위성국가였던 나라들은 상황을 낙관하지 않은 서유럽이 큰 지원을 하지 않자 유럽 연합 가입에 기대어 발전하려 했다. 서유럽은 자신들의 문제에 몰두해 있었을 뿐만 아니라 이슬람 근본주의에 민감한 남부 유럽인들을 받아들임으로써 유럽 연합이 약해질 것을 두려워했기에 지원에 소극적이었다. 유럽 연합은 확대되었지만, 충격요법이 손해를 끼친 이후에야 확대되었다. 러시아로 말하자면 그 실험은 매우 어려운 것으로 판명되었다.[194]

1991년 말 러시아 연방 대통령 보리스 옐친은 미국과 국제통화기금이 옹호한 긴축정책을 통한 급진적인 시장 개혁 계획을 내놓았는데, 그 결과 러시아는 경제 위기에 빠졌다. 충격요법은 급격한 민영화와 가격통제 폐지로 사회주의 체제를 무너뜨렸고 대략 주민의 3분의 1을 빈곤에 빠뜨렸다. 국내총생산과 산업 생산고 둘 다 절반으로 축소되었다. 1995년 신자유주의적 시장 혼란으로 러시아는 외채를 갚지 못했고, 민영화로 국영기업은 조직범죄와 연결된 부패한 관료들의 손아귀에 들어갔다. 부자가 된 러시아의 어느 마피아는 그 나라에서 새롭게 벌어들인 부의 대부분을 수십억 달러의 자본도피로 해외로 빼돌렸다. 동시에 독재자 통치가 경제 고지를 단속하면서 러시아는 경기 침체와 환경 퇴화로, 그리고 이따금 폭력적인 무법 상태로 퇴락했다. 그 결과 자본주의 세계는 급속한 변화라는 정책을 포기했고 대신 클린턴 정부의 어느 관료가 말했듯이 "러시아 국민에게 충격은 더 적게 주고 치료는 더 많이 주는" 방법을 모색했다.[195] 공산주의는 마르크스주의의 대들보인 이 나라에서 확실히 사망했지만, 세계화 과정은 러시아 사회의 구조 자체를 허물었으며 그 나라의 생존 능력을 의문스럽게 했다.

세계시장경제는 1997~1998년 이른바 아시아 위기 때 다시 그 취약성과 상호 의존성을, 그리고 미국의 시장 관념과 미국의 힘과 지도력 사이의 긴장을 드러냈다. 태국의 투자자들은 외환을 빌려 주식과 부동산에 투자했으나, 값이 시들해지자 태국 통화(바트화)를 팔고 달러나 엔화에서 피신처를 찾았다. 간단히 말하면 태국 정부는 달러에 대한 바트화 가치를 유지하기 위해 거금 200억 달러어치 바트화를 사들였지만, 이 노력은 실패로 돌아갔고 바트화 가치는 자유롭게 변동했다. 따라서 바트화는 정부의 대규모 개입이 있었는데도 단 며칠 만에 거의 절반이나 가치가 하락했고, 1997년 9월이면 달러 대비 환율이 70퍼센트 하락했다. 태국이 동남아시아국가연합에 속했기에 태국 경제에 대한 신뢰의 부족은 인접한 말레이시아와 한국, 인도네시아, 싱가포르, 필리핀으로 불안을 확산시켰다. 자본이 다른 곳에서 피난처를 찾으면서 이

나라들의 통화는 엄청난 매도 행진을 이어 갔다. 투자자들이 현지 통화의 가치 폭락으로 회사들이 채무를 갚을 수 없을 것이라고 판단하면서 주식시장은 곤두박질쳐 그 가치가 3분의 1에서 절반까지 하락했다. 인도네시아 주식 가치는 46퍼센트 하락했으며, 말레이시아의 주식 가치는 절반으로 하락했다. 환율도 하락했다. 필리핀 페소화 가치는 4분의 1이 줄었다. 폐업하거나 영업을 중단한 아시아의 금융기관 약 150개가 국유화되었거나 국제통화기금의 통제를 받았다.

세계화를 통해 왕성하게 성장해 이름을 날린 지역이 갑자기 심한 경기 후퇴에 휩쓸리기도 했다. 그중 하나인 한국은 국내총생산을 기준으로 했을 때 세계 11위의 경제를 유지했는데 두 달 만에 17위로 떨어져 인도와 러시아, 멕시코에 뒤졌다. 네 마리 호랑이는 길들여졌으며,(한국은 수백만 명의 노동자를 해고하면서 국제통화기금의 구제금융을 받아들였다.) 이미 경제적 고통을 겪고 있던 일본도 쓰라린 아픔을 느꼈다. 그 영향은 1년쯤 지속되었다. 예를 들어 필리핀은 1998년에 성장률이 제로였다. 아시아에 퍼진 악영향은 역내를 벗어나 러시아와 브라질, 아르헨티나로 퍼졌고 전 세계에 침투할 것 같았다. 1997년 10월 말 미국 주식시장은 아시아 위기에 대한 걱정 때문에 7.2퍼센트 하락했다. 인도네시아에서는 경기 하락으로 인한 고통에 항의하는 폭동이 발생했고, 그 독재자는 30년간 누렸던 권좌에서 물러났으며 태국의 총리도 사임했다.[196]

세계화는 떠들썩하게 역사의 종말을 안내했다.(인류의 마지막 거버넌스 형태로서 개방적 자본주의를 포함하는 자유주의적 민주주의의 도래를 의미한다.) 그러나 미국의 자유 시장 이데올로기와 워싱턴과 월가의 그 옹호자들에게는 세계경제를 위협하는 요인이라는 낙인이 찍혔다. 국경 없는 세계에서 금융 자유화를 통해 자본이 전 세계를 돌아다녔기에, 국제통화기금은 미국의 자유기업을 전파하는 자들에게 합세하여 각국에 자본계정을 개방하여 경상수지 적자를 정리해야 한다고 요구했다. 미국 정부는 위기의 원인으로 외국의 부패와 부적절한 회계기준을 비난했고 치유책으로 개방의 확대를 강하게 요구했다. 4년 전 멕시코 페소화의 구제금융을 조정했던 재무부 장관 로버트 루빈Robert Rubin과 연방준비제도이사회 의장 앨런 그린스펀Alan Greenspan은 1980년대 라틴아메리카 채무 위기 때 미국이 했던 것과 비슷하게 국제통화기금에 의지하여 혼란을 수습했다. 그래서 1998년 초부터 그린스펀은 미국의 금리를 여섯 차례 낮춰 아시아 상품의 수입을 촉진했다. 이는 아시아 국가들의 채무 상환에 도움이 되었지만 의류 제조업 같은 미국의 취약한 산업에 더 큰 시련을 안겼다. 미국의 의류 제조업은 공장을 폐쇄하고 노동력이 더 저렴한 멕시코나 파키스탄, 중국으로 공장을 옮겼다. 아시아에서 태국과 말레이시아는 외국 투자자를 끌어들이기 위해 다른 나라들에 앞서 은행을 규제하고 긴축 조치를 시행하여 국내 경제의 혹독한 개혁을 추진했다. 위기는 확실히 탐욕과 지나친 확장에서 기인했지만, 초국적 생산 원리와 대규모 자본 이전, 수백만 명을 부자로 만들었으되 수십억 명에게는 도움이 되지 않았던 세계화 과정의 기타 요소들도 원인이었다.[197] 아시아의 금융 위기는 가라앉았다. 그렇지만 9·11의 비극으로 세계경제가 흔들리고 세계 전역에 퍼진 공급 사슬의 약점이 드러나서 상승 국면이 오래가지는 않았다.

시장인가, 국가인가?

오사마 빈라덴Osama bin Laden이 지휘한 테러 공격은 시장주의의 위험과 함정을 보여 주었다. 세계화가 개방이라는 오랫동안 유지된 전후 미국의 희망을 완성했지만 역설적이게도 개방의 고유 속성이 그러한 행태를 조장했기 때문이다. 국경의 개방으로 기업들이 세계 도처에 들락거릴 수 있었을 뿐 아니라 범죄자들과 테러리스트들도 손쉽게 출입할 수 있었다. 각국은 수십 년 동안 마약 판매망과 초국적 폭력단, 범죄 폭력을 상대했다. 새로운 1000년이 시작될 무렵 마약 거래 규모는 연간 약 5000억 달러에 이르렀으며, 폭력단은 연간 400만 명에서 500만 명을 국경 너머로 데려다주면서 약 70억 달러를 갈취했다. 범죄자들은 기업을 모방하여 동맹 관계를 수립해서 효율성을 극대화했고, 협력을 증진하여 이윤과 기회를 향상시켰으며, 지배적인 문화 안에서 활동할 수 있는 다양한 배경의 사람들을 끌어들였다. 빈라덴은 정보화 시대의 이점을 취했다. 인터넷에서 폭발물 제조 방법을 습득하여 손쉽게 기술적 비법을 얻었던 것이다. 수백만 명이 국경 너머로 이주했기에 그의 자살 공격 팀은 저비용 여행이 팽창하는 이 시대에 학생과 관광객으로 위장할 수 있었다. 세계경제를 통해 운송 체계가 통합되면서 컨테이너 해운이 폭증하고 지친 미국 세관원이 보안 절차를 느슨하게 수행해서 매일 수만 개의 컨테이너가 비교적 정밀한 조사 없이 항구를 들락거릴 수 있었다. 거대한 개방 시장은 단순히 통상의 규모만 보아도 단속하기가 어려웠으며 쉽게 접근하고 침투할 수 있었다. 그러한 개방 시장에서 마약 운반자들 및 폭력단과 나란히 테러리스트의 연락망도 번성했다.[198]

2002년이면 세계가 9·11 공격의 충격에서 벗어나 회복되고 있다는 징후가 뚜렷하게 드러났으며, 비록 뒤이어 국가와 국가 안보 관심사, 전쟁에 의존하는 상황이 전개되었지만, 세계화가 지속되리라는 냉정한 인식에 따라 국제적인 교역과 투자가 재개되었다. 본질적으로 세계는 미국 정부가 주도하는 반백 년 전의 틀로 되돌아갈 수 없었지만, 시장이 국가를 대신하여 세계경제의 유일한 활력 요소가 되지 못했다는 것은 분명했다. 그리고 세계경제의 침체가 모호하고 부적절한 과거의 결과물로 보이지 않았기에 역사는 다른 식으로 되풀이될 수 있었다. 2006년 말 세계는 한 번 더 70년 전과 마찬가지로 금융과 제조업의 붕괴를 향해 나아갔다. 그리고 시장의 주도 국가인 미국은 다시 한번 문제의 전면에 섰다.

미국의 물가가 하락세에 접어들었을 때, 서브프라임 주택 저당 대출(신용 등급이 낮은 저소득 주택 소유주의 대출)의 채무불이행이 빈발하여 대량 압류 사태가 촉발되었다. 서브프라임 대출을 기반으로 한 주택 저당증권의 가치가 폭락하여 미국의 금융업과 보험업, 뒤이어 전 세계의 금융업과 보험업이 큰 압박을 받았다. 전 세계적인 신용 위기가 이어졌다. 2008년 중반 석유 가격이 급등하여 1970년대 석유파동 이후 최고치에 이르면서 세계경제가 흔들렸다. 10월 국제통화기금은 선진국들은 이미 심한 경기후퇴에 들어섰거나 다가가고 있고 이듬해 성장률은 9·11 비극 이후 가장 낮을 것이라며 냉혹한 전망을 내놓았다. 투자 시장에서 위험을 무릅쓰는 주요 회사들, 즉 베어스턴스Bear Stearns, 아메리칸 인터내셔널 그룹American International Group, 리먼 브러더스Lehman Brothers, 메릴린치Merrill Lynch, 시티그룹Citygroup은 파산했거나 종전 가치의 아주 작은 부분에 해당하는 값에 경쟁 회사들에 넘어갔다. 미국의 큰 대부업체인 프레디맥Freddie Mac(연방 주택 대출 저당 공사)과 패니메이Fannie Mae(연방 저당 공사)의 5조 달러에 달하는 주택 저당증권이 정부의 관리에 들어갔다.[199] 각국 중앙은행이 얼어붙은 자금 시장에 앞다투어 급히 유동성을 공급하자, 국제통화기금은 미국과 에스파냐 등지의 집값 폭락이 선진국 세계를 어렵게 할 뿐만 아니라 개발도상국들도 식량과 연료의 가격 폭등과 수요의 감소로 고통을 당할 것이라고 경고했다. 그해 말 국제통화기금 보고서는 이렇게 얘기했다. "세계경제는 지금 1930년대 이후로 성숙한 금융시장에 나타난 가장 위험한 충격에 직면하여 큰 하강 국면에 진입하고 있다."[200]

그 보고는 예언과도 같았다. 2009년 3월에 세계 도처에서 경제 뉴스는 냉혹한 소식을 쏟아냈다. 타이완의 생산고는 2008년 마지막 사분기에만 8퍼센트 넘게 축소되었고, 러시아와 미국의 실업률은 8퍼센트를 상회했으며, 동유럽의 통화는 유로와 달러 대비 가치가 곤두박질쳤고, 일본은 (1990년대의 '잃어버린 10년'을 포함하여) 몇십 년 만에 최악의 경기 침체를 겪었으며, 전 세계 자동차 회사들은 파산으로 나아가고 있었다. 심지어 몇몇 평자는 자본주의와 미국의 완전한 실패와 세계의 장기 공황을 내다보기도 했다.[201]

민영화한 은행의 무모한 투자를 경험한 아이슬란드는 탐욕의 위험성뿐만 아니라 세계화로 너무 긴밀하게 통합되어 어느 한 경제가 동요하면 다른 많은 경제가 영향을 받을 수밖에 없는 불안정한 세계 신용 제도의 위험성도 증명했다. 아이슬란드의 재정은 말 그대로 붕괴했지만, 미국의 서브프라임 주택 저당 대출에 영향을 받았기 때문이 아니라 지나친 투기적 자본 차입(레버리징 leveraging, 투자 수익을 높이는 수단으로 채무에 과도하게 의존하는 것) 때문이었다. 외국의 대부자와 예금자로부터 많은 자금을 빌린 은행은 투자자들에게 마구 대출을 해 주었는데, 이들은 적절한 적립금에 의존하여 거래하기보다 주식시장이 계속 상승할 것이라는 막연한 생각에 따라 유럽 전역에서 주식을 투기적으로 흥청망청 사들이는 데 대출금을 썼다. 아이슬란드인들은 국내의 이자율보다 낮은 저렴한 이자로 자금을 제공한 외국 은행들로부터 차입하여 채무를 크게 늘림으로써 부유해졌다. 아이슬란드 크로나가 강세를 유지하는 한,

_____극심한 경기 침체는 2008년 11월 15일에 시작되었다. 아이슬란드 정부의 부적절하고 관대한 은행 정책에 반대하는 사람들이 레이캬비크에 모여 시위를 벌였다. 세계 금융 붕괴와 더불어 파산이 증가하고 아이슬란드 크로나의 가치가 하락하자, 정부는 은행을 국유화했다. (Wikimedia Commons, ⓒ OddurBen)

차입금은 반제할 수 있었다. 그러나 2008년 반제 불능 상황이 전 세계 금융 시장을 강타하자, 외국 은행들은 대출을 중단했고 아이슬란드 크로나의 가치는 달러 대비 43퍼센트가 하락했다. 곧 어떤 외환 거래자도 크로나를 매입하지 않았고, 은행 간 대출도 중단되었다. 파산이 세계 전역과 아이슬란드를 휩쓸었고, 주식시장은 일시적으로 폐쇄되었다. 아이슬란드 정부는 은행을 국유화했다. 그러나 아이슬란드의 은행들에 크게 투자한 영국(예를 들면 영국이 맡긴 돈은 13억 달러였다.)과 덴마크, 독일, 네덜란드, 오스트리아, 노르웨이의 수많은 개별 예금자는 빚을 갚으라고 요구했다. 반제가 이루어지지 않자 몇몇 나라는 아이슬란드에 일시적으로 대부하는 것에 동의했지만, 네덜란드와 영국은 자국 내에 있는 아이슬란드 자산을 동결했으며 아이슬란드에 소송을 제기했다. 2008년과 2009년에 세계 신용 대출 시장을 위기로 몰아넣은 주가 폭락

은 본질적으로는 불균형적인 세계 채무 때문이었다.[202]

증권시장이 단 하루 만에 수백 포인트 하락했다가 곧이어 급등하는 급변 장세에 들어서자, 각국 정부와 금융업자들은 해법을 찾기 위해 급히 전략을 수립했다. 비록 경제의 혼란은 지속되었지만, 중앙은행들은 서로 협력하여 이 자율을 낮추었다. 그러한 혼란을 겪은 아시아에서는 달러 가치의 급락이 걱정이었다. 매우 중요한 대외 수출이 하락했다. 일본의 자동차 회사들은 미국의 소비자 수요 급락과 사반세기 만에 최악의 자동차 경기 하락에 빠진 세계에 직면하여 도요타 자동차가 1937년 출범한 이후 처음으로 손실을 볼 정도였다. 그 산업의 다른 회사들과 마찬가지로 도요타 자동차는 노동자 수당을 억제하고 나아가 강제 휴직을 신중히 고려함으로써 허리띠를 졸라맬 수밖에 없었다. 인도네시아의 주식시장은 그 시기에 연거푸 거래를 중단했으며, 투자자들은 아무리 잘 봐주어도 불안정한 상황이었지만 은행에서 안전한 피난처를 찾았다. 돈을 묻어 둘 안전한 곳은 많지 않았다. 분석가들은 이자율 인하로는 충분하지 않다는 데 의견 일치를 보았다. 통상적인 거시 경제 수단으로는 대공황 이후로 최악의 세계적 경제 붕괴를 예고했던 시장의 격한 소용돌이를 막을 수 없었다.[203]

곧 대다수 나라는 망해 가는 은행들을 구하기 위해 세계 금융 네트워크의 국유화라고 할 만한 조치로써 거대한 금융 지원 종합 계획을 발표했다.(조지 부시 행정부도 개입하여 세금을 감면했고 이어 금융 부문에서 총액 7000억 달러에 이르는 막대한 구제 조치를 취했다.) 미국 자동차 회사 '빅 스리Big Three'도 국회에 모여 사면초가에 빠진 미국 자동차 산업에 정부가 지원할 것을 요청했다. 부시는 의회가 지원을 거부하자 최소한의 지원만 제공했고, 이어 오바마 행정부는 자금을 투입하여 디트로이트의 자동차 산업을 지원하는 동시에 제너럴모터스와 크라이슬러의 파산 논의를 감독하여 수백만 개의 일자리를 구할 수 있는 구조 조정을 강요했다. 세계화가 대가를 취하면서, 미국 경제의 이러한 붙박이 요소들이 생존할 것인지는 여전히 불분명하다.[204]

전망은 서서히 개선되었지만 여러 점에서 세계경제가 더 나빠진 것은 분명했다. 2010년 봄 미국의 은행들은 약 8850억 달러를 잃었고, 영국의 금융기관들은 4450억 달러의 유출을 겪었으며, 유로 지역 은행들에서는 6650억 달러가 계좌에서 빠져나갔고, 아시아의 손실은 23억 달러에 달했다. 에스파냐와 헝가리, 그리스는 채무불이행에 빠질 처지에 놓였고, 프랑스와 독일, 오스트리아의 지나치게 확장한 은행들은 더 큰 혼란과 불안정이 기다리고 있다는, 심지어 유로의 토대가 훼손될 수 있다는 두려움을 야기했다. G20 정상 회의의 지도자들은 금융과 무역을 개혁하고 더 많은 고용을 창출하겠다고 약속했지만, 공채 증가와 경상수지 적자를 해소하려는 구체적인 조치는 거의 취하지 않았다. 그러나 2010년 말이 되면 세계경제의 지속 성장 지표는 개선되었고, 2012년까지 고용 상황은 유럽에서는 처졌지만 미국에서는 조금씩 회복되었다.

국제 경기가 회복될 것이라는 더 나은 예측이 있었지만, 많은 사람은 세계 전역의 국가와 다국적기업이 저마다 잃어버린 10년에 진입하고 있다며 두려워했다. 아이슬란드의 경험은 하나의 사례였다. 일본인들이 15년간의 오랜 경기 침체에 좌절하여 오랫동안 일본을 지배했던 정당이 권좌에서 쫓겨난 것도 마찬가지였다. 신흥국 세계에서도 '실패한 국가들'의 수가 늘어났다. 소말리아에서는 농업 수출 경제의 혜택을 받는 사람이 매우 적어서 많은 이가 다시 해적질에 나섰다. 짐바브웨의 부패한 정부는 폭력을 유발했고 나라에서 움직일 수 있는 경제구조를 앗아 갔으며 국민에게는 소말리아의 600달러라는 애처로운 수준보다도 적은 1인당 국내총생산을 남겼다.(2009년 미국의 1인당 국내총생산은 4만 9900달러였다.) 인플레이션은 치솟았다. 외부인들은 짐바브웨 국민이 다섯 명에 네 명꼴로 절망적인 가난 속에 산다고 추정했으며, 이 나라는 완전한 붕괴 직전에 있었다. 평균적으로 아프리카는 세계화라는 시장 체제에서 전혀 성공하지 못했지만, 2008~2009년의 경제 위기는 그 전망을 더욱 나쁘게 만들었다.[205]

유럽과 북아메리카, 아시아의 거대한 경기 부양책은 적어도 세계경제가 어떻게 서로 연결되어 있는지를, 어떠한 나라나 기관, 투자자도 다른 이들과 무관하게 독립적으로 움직일 수 없음을 증명했다. 인도와 브라질, 남아프리카처럼 중국도 2000년대 첫 10년간 활발한 주식거래를 지속했다. 2007년 주식

거래 규모는 국내총생산의 230퍼센트에 이르렀다.(7년 만에 네 배로 늘었다.) 중국의 상품 거래도 같은 기간에 급증했다. 그리고 중국은 미국 채권의 상당 부분을 보유했기에 이 점에서 미국인들에게 경고를 보냈다. 미국인들 편에서는 중국이 자국 경제에서 점점 더 두드러지는 것을 걱정했다. 미국인들은 자국이 다른 강국의 영향력을 벗어날 수 없을 정도로 금융시장이 세계화하는 것을 전혀 받아들일 수 없었다.[206] 미국의 경제학자이자 노벨상 수상자인 폴 크루그먼Paul Krugman은 국제적 협력이 절실히 필요하다고 말했다. "우리가 갖고 있는 세계화한 금융 체제에서는 플로리다의 아파트와 캘리포니아의 맥맨션McMansion[17]에 거품이 끼어 초래된 위기가 아이슬란드 금융 재난의 원인이 되었기 때문이다. 우리는 전부 그 체제 속에 있으며 공동의 해법이 필요하다."[207] 그러한 정서는 널리 공유되었고 사람들은 그 바탕 위에서 행동했다.

2000년 9월 경제 규모가 큰 스무 개 나라의 G20 정상 회의가 펜실베이니아주 피츠버그에서 열려 경제 위기와 세계시장을 보호할 정책 전환 방법을 논의했다. 지도자들은 허약한 경제와 더불어 안보와 환경 문제를 포함하는 일군의 초국적 문제에 관하여 토론했다. 이들은 작금의 회복 과제에 집중했지만 동시에 상당한 변화를 수용했다. 향후 세계경제 문제의 과제를 논의할 때 배타적인 G8 모임을 중국과 브라질, 인도 같은 신흥국을 포함하는 G20으로 대체한다는 데 동의했던 것이다. 몇몇 전문가는 이러한 상황 전개를 하나의 분수령으로, 세계시장의 여러 세력을 중재할 힘이 미국과 유럽의 영향에서 벗어난 역사의 시점으로 보았다.[208]

예측하는 사람들은 비록 크게 흥분하지는 않았지만 곧 세계경제를 좀 더 긍정적으로 보았다. 고소득 국가들은 2010년에서 2012년 사이에 약 2.7퍼센트 성장할 것으로 예상되었다. 반면 가난한 나라들의 경제는 주가 하락과 신용 부도를 겪지 않았기 때문에 꽤나 안정적이었다. 유로존 밖에서는 회복과 성장이 예상되었고, 중국과 러시아, 브라질, 멕시코, 인도는 견고하게 성장할 것으로 예측되었으며(그렇지만 이를테면 중국의 경우처럼 이전만큼 뛰어난 성장률을

_____ **17** 대지에 비해 과도하게 크고 주변과 어울리지 않는 호화 주택을 지칭하는 경멸적인 용어.

보일 것 같지는 않았다.), 미국 경제까지도 은행의 자산 손실이 예상보다 적어서 어느 정도 활력을 회복할 것 같았다. 영국은 회복을 준비하기 위해 극심한 긴축을 감내했다. 그러나 아일랜드와 에스파냐까지 확산된 지속적인 채무 위기로 인한 유럽의 불확실성은 경제학자들을 난처하게 했다. 유럽 최강의 경제인 독일조차도 2010년 1.2퍼센트의 무기력한 성장률을 보였다. 이듬해 더 상승하기는 했지만 고작 1.7퍼센트였다. 2010년 유로존 국가들은 전체적으로 1퍼센트의 낮은 성장률을 기록했다. 개발도상국으로 향하는 자본 흐름이 증가했지만, 부자 나라의 재정 억제는 제3세계에 대한 지원 규모의 축소로 이어질 가능성이 있었다. 이는 제3세계 경제와 근대화에 심각한 결과를 초래할 것이었다. 개발도상국은 중국과 인도같이 견실하게 성장하는 나라들을 제외하면 여전히 침체되어 있었다.

요컨대 수치상으로 전 세계적인 경제활동은 더디지만 꾸준히 상승했다. 그러나 수치는 세계경제가 중기적으로 매우 침체되어 있을 것임을(그리고 특히 절실히 필요한 고용 활동의 큰 증가를 달성할 수 없을 것임을) 보여 준다.[209] 경제활동의 꾸준한 상승에 전 세계 증권시장과 은행가들은 기운을 얻었지만, 2011년 10월 에스파냐에서 시작하여 세계 전역으로 확산된 항의 시위의 물결이 낙관론을 진정시켰다. 시위자들은 자본주의 체제의 중심지인 월가 시위에 자극을 받아 인구의 '99퍼센트'를 차지하는 중간계급과 하층계급을 희생하여 이득을 얻는 상위 부자 '1퍼센트'의 책임을 요구했다. 2010년에 시작된 아랍의 봄이 대다수 이집트인은 근근이 살아가는데 극소수 엘리트층은 번영을 누렸음을 증명한 것처럼, 권력자들은 정치인의 도움을 받아 회복했던 반면 중간계급과 노동계급의 대다수는 여전히 경기 침체에 빠져 있었다. 수십 년 동안 노동계급과 중간계급의 토대는 멀리 떨어진 곳의 세계적 관료와 금융가 들(선거로 뽑힌 자들이 아니다.)의 손에 훼손되었다. 시위자들이 생각하기에 그들은 보통의 유권자에게 아무런 책임도 지지 않았으며 시대의 큰 움직임, 즉 시장 세계화의 수혜자들이었다.[210] 제2차 세계대전 후 미국은 문호 개방을 통해, 일단의 국가와 초국적 기업의 경제적 희망과 정치적 저항, 정책, 전망을 인도한 자유로운 기업 활동과 세계화의 체제로 나아갔다. 세계경제의 향상은 환영할 만한 발전이었지만, 역설적이게도 그러한 미국의 행보가 지닌 위험성과 가능성을 다 보여 주려면 세계적인 금융 전염병이 한 번 더 필요했다.

기록

2008~2009년의 극심한 경기 침체가 세계경제의 규제 완화에 따르는 장점에 의문을 제기했지만, 그 하락세는 세계 전역에서 주식시장과 은행, 생산자의 통합을 보여 주는 신호였다. 문호 개방 모델은 압박을 받았지만 하나의 패러다임으로 계속 굴러갔다. 이는 한편으로는 자연스러웠지만 대체적인 이유는 1945년 이후로 그랬듯이 성장과 이윤, 발전의 잠재력을 제공했다는 데 있었다. 유럽과 아시아의 새로운 세력이 미국의 헤게모니에 도전하면서 미국의 지도력은 약해졌다. 그리하여 미국의 주도로 가장 두드러진 성공을 거둔 것이 역설적이게도 미국의 힘을 해쳤다. 다시 말해서 미국은 자유로운 기업 활동이라는 원리에 입각하여 세계적 자본주의경제를 만들어 내고 실행했지만, 그것은 심히 개방적이고 널리 퍼져서 무역과 금융의 관리에 민주화를 끌어들이는 결과를 낳았다. 다원주의와 권력의 공유는 수십 년 동안 미국의 목표였던 진정한 세계화의 신호탄이었다. 세계경제에는 이제 종전 직후의 일방주의나 나아가 닉슨 시대의 고압적인 정책도 끼어들 여지가 없었다. 세계화는 세계적 협력을 요구했다. 이제 누구도, 어떤 기업이나 어떤 나라도 고립된 섬이 아니었다.

세계화는 진행형으로 지속되고 있지만, (주로 그것이 세계적 자본주의 질서에서 교류의 최종 결과물이 아니라 하나의 과정이기 때문에) 1945년 이후의 기록은 미국의 문호 개방과 다자 무역주의 체제에서 누가 승자이고 누가 패자인지를 드러낸다. 모든 교역과 투자의 행위자는 이 긴 시기 동안 부침을 겪었다. 일본이 기적과도 같이 흥했다가 1990년대에 깜짝 놀랄 정도로 후퇴한 것은 적절한 사례이며, 독일이 제2차 세계대전의 잔혹함과 파괴에서 일어나 유럽 자본주의의 절정에 올랐다가 최근 높은 실업률과 씨름하게 된 것도 마찬가지다. 미국은 제2차 세계대전 후 세계경제를 지배했고 1970년대에는 침체에 빠졌으나 1990년대에 세계화의 투사로 등장했다. 태국은 대다수 개발도상국보다 더 부유해졌으나, 삶의 질은 오히려 낮았다. 태국 국민은 높은 소득을 올렸지만, 적절한 하수도 체계를 갖추지 못했고, 홍수로 고생했으며, 첨단 기술과 관련된 전문 지식이 부족했기 때문에 정보화 시대에 앞선 나라들을 기를 쓰고 쫓아가는 처지에 있다. 몇몇 나라는 탈식민지 시대의 경제적 위용을 결코 회복하지 못했지만, 영국과 프랑스, 네덜란드 같은 유럽의 제국주의 국가는 지역적 통합에 성공했다. 아프리카와 라틴아메리카, 중동 지역, 유럽의 옛 공산주의 진영 일부에서 경제 관리 실수의 폐해와 채무, 자연의 위기, 불안정, 교조적인 시장 정책, 선진국의 다양한 발전 모델(특히 미국 모델)에 대한 부적절한 관대함과 인내, 자급 능력의 부족은 수억 명을 빈곤에 빠뜨렸다.(유엔에 따르면 전 세계적으로 극도의 경제적 속박에서 살아가는 사람의 수가 1990년 18억 명에서 15년 후 14억 명으로 하락하기는 했다. 이는 대체로 중국의 번영 때문이었다.)[211] 또한 세계화의 황금기 중 한 시기(교통과 통신의 개선과 높은 성장률, 금융과 투자의 안정, 세계적인 경제 통합을 목도했던 19세기 말과 20세기 초)가 1914년 세계 전쟁의 재앙으로 갑자기 끝났음을 잊어서는 안 된다. 정치와 권력은 언제라도 다시 세계화 과정에 개입할 수 있다.

세계경제가 누구는 이롭게 하고 누구는 해롭게 했어도, 지구 전역의 사람들이 희망을 품을 수도 있고 절망할 수도 있지만, 지도자들이 계속해서 경제의 이론과 모델, 결과와 씨름하리라는 것은 분명하다. 제2차 세계대전 중에, 또 그 이후에 그랬듯이, 전문가들과 정치인들은 세계경제의 경제구조와 경제 과정, 권력 공유 투쟁의 문제, 나아가 도덕성 문제까지 계속해서 논의할 것이다. 사람들과 기업들, 여타 초국적 실체들은 변화와 항의, 성장의 씨앗을 지닌 채 국경을 넘나들 것이다. 각 나라는 새로운 계획을 내놓을 것이고 협상을 통해 영원히 팽창할 이윤 체제를 만들기로 합의하여 욕구와 야심을 채울 것이다. 미국은 세계경제에 영향을 미치려 분투하면서도 전성기를 지난 이류의 지위에 굴복하는 징후는 보이지 않았다. 미국 계획의 중심에는 미국을 그 크기와 경제력과 더불어 세계 곳곳에 주입했던 시장의 힘이 있었다. 전후 미국의 자유로운 기업 활동이라는 이데올로기와 그 실천은 세계화를 폭발시키는 문을 열었고, 지구 곳곳의 여러 나라와 국민은 세계화를 북돋고 환영할 뿐만 아니라 공격하고 맞서 싸우기도 할 것이다. 시장의 힘은 여러 방식으로 변화를 가져오고 다양한 결과를 가져왔다. 미국이 풀어놓은 자유로운 기업 활동의 힘은 수십억 명의 삶을 부정적으로, 또 긍정적으로 만들었다.

인류세:
인간과 그들의 행성

J. R. 맥닐, 피터 엥글키

1945 이후

3

머리말

　　19세기 이후로 지질학자와 지구과학자, 진화 생물학자, 이들의 동료들은 지구의 역사를 일련의 연대, 시대, 시기로 구분했다. 이것들은 느슨한 의미에서 우리 행성의 환경사를, 특히 지구상 생명의 진화에 나타난 우여곡절을 토대로 구분되었다. 우리는 지금 신생대 제4기에 있다.(오랫동안 그 시기에 있었다.) 그리고 신생대 제4기 안에서도 지난 약 1만 2000년을 의미하는 충적세에 살고 있다. 충적세는 다른 무엇보다도 그 기후로 규정되는바, 그 이전에 비해 지금까지는 상대적으로 안정되었다는 데 동의할 수 있는 간빙기다. 농업과 문명의 전 역사를 포함하여 흔히 인류의 역사로 이해되는 것은 지금까지 전부 충적세에 일어났다. 아니면 그것이 전부 충적세에 일어난 과거라고 말해야 할지도 모른다.

　　3부는 지구의 역사에서 새로운 시기가 시작되었다는 견해를, 다시 말해 충적세는 끝났고 다른 새로운 시기, 즉 인류세人類世, Anthropocene가 시작되었다는 견해를 취한다. 인류세는 1995년에 대기 중 오존층 감소에 관한 연구로 노벨상을 받은 네덜란드의 대기화학자 파울 크뤼천Paul Crutzen이 널리 퍼뜨린 개념이다. 크뤼천은 대기의 성분 변화, 특히 충분히 입증된 사실인 이산화탄소의 증가는 아주 극적이고 지구상의 생명에 매우 중대한 결과를 초래할 가능성이 있어서 지구의 역사에서 새로운 단계, 인류가 지구의 생태 환경에 가장 강력한 영향을 미치는 존재로 출현한 단계가 시작되었다고 결론을 내렸다. 이 개념의 핵심은 바로 이렇다. 소리 없이 지속된 미생물과 지구궤도의 끝없는 흔들림과 이심률보다 인간의 행위가 더 중요하고, 그래서 그 시대를 규정하는 새로운 시기.[1]

크뤼천과 그 동료들은 인류세가 18세기에 화석연료 에너지 체제와 근대의 세계 인구 증가와 더불어 시작되었다고 주장했다.[2] 석탄의 이용은 1780년 대가 되면 영국 경제생활의 한 부분으로 통합되었으며, 이후 세계경제에서 점점 더 큰 역할을 수행했다. 새로운 기술과 새로운 에너지 수요는 다른 화석연료, 즉 석유와 천연가스의 개발과 이용을 초래했다. 1890년대에 이르면 지구의 에너지 사용량의 절반이 화석연료였고, 2010년이면 그 몫은 거의 80퍼센트까지 치솟았다. 근대사는 화석연료 에너지 체제와 에너지 사용의 급격한 증가라는 배경에서 펼쳐졌다.

근대사는 또한 인구가 폭증하는 가운데 전개되었다. 1780년에는 약 8억 명에서 9억 명의 인간이 지구 위를 걸어 다녔다. 1930년 인구는 약 20억 명이었고, 2011년에는 70억 명에 거의 가까웠다. 지구상 생명의 역사에서 어떤 영장류도, 짐작컨대 어떤 포유동물도 그렇게 광포한 번식과 생존을 누리지 못했다. 인류의 인구사에서 근대의 인구 증가와 비슷한 사례는 없으며 아마 다시는 없을 것이다.

이렇게 급격한 에너지 사용과 인구 성장이 향후 어떻게 전개될지는 추정할 수밖에 없다. 어쨌든 18세기 이후로 인류는 대담하게 역사상 그 어느 곳에서도 유사한 사례를 찾을 수 없는 새로운 모험에 착수했다. 그 기간 안에서, 지난 두 세대 내지 세 세대는 인류세를 규정하는 대부분의 추세가 무서운 속도로 촉진되었음을 목도했다. 예를 들면 인간 때문에 대기에 축적된 이산화탄소는 4분의 3이 1945년에서 2011년 사이에 쌓였다. 지구상의 자동차 수는 4000만 대에서 8억 대로 증가했다. 인구는 거의 세 배로 늘었고, 도시 거주자 수는 약 7억 명에서 35억 명으로 치솟았다.

1945년 이후의 이 시기는 인간의 평균 기대 수명과 대체로 일치한다. 지금 살아 있는 사람 중에서는 열 명 중 한 명꼴 정도만이 1945년 이전에 일어난 일을 기억할 수 있다. 거의 모든 사람에게서 삶의 경험 전체는 인류세의 정점으로 보이는 시기에, 다시 말해서 25만 년에 달하는 인류와 생물권 사이 관계의 역사에서 분명코 가장 파격적이고 이례적인 시기에 일어났다. 그렇기에 우리는 모두 현재의 어느 특정한 흐름이 영원히 지속되리라는 기대는 하지 않는 것이 좋다.[3]

그럼에도 인류세는 파국을 막아 내며 단호히 지속될 것처럼 보인다. 인류는 그 수에 전혀 어울리지 않게, 다른 종의 영향력을 크게 압도하면서 환경과 지구 생태에 지속적으로 영향력을 행사할 것이다. 그러나 어떻게, 얼마나 오래 그렇게 할지는 분명하지 않다. 먼 훗날 인류세는 하나의 지질 연대로 보기에는 너무 짧은 것으로 드러날지도 모른다. 국제 지질학회는 지금 인류세를 그 학문적 개요에서 정식으로 인정하는 문제를 두고 씨름하고 있다. 시간이 말해 줄 것이다. 우리 편에서 보면 다행이기도 하고 속박이기도 한데, 인류세는 앞선 지질시대들만큼이나 오래 지속될 수도 있다.

화석연료 시대의 도래

역사상의 모든 발전은 서로 뒤얽힌 복잡한 원인들을 갖는다. 얼마나 깊이 뻗었는가는 따져 볼 문제이지만, 인류세의 원인들은 과거 속에 깊이 뿌리를 내리고 있다. 중국과 영국에서는 사람들이 중세에 화석연료를 사용했다. 그러나 1750년까지도 화석연료가 150년 만에 세계 에너지 체제의 중심이 되리라는 징후는 없었다. 논의의 여지가 있는 어느 가설에 따르면, 인간의 행위는, 즉 농업을 위한 토지 개간은 8000년 동안 기후에 영향을 미쳐 빙하기 상황으로 되돌아가는 것을 막았다. 이 가설이 옳다면, 이것이 인류세의 깊이 뿌리 내린 주근이다.[4]

1700년부터 1950년까지 이어진 과도기에 집중하기 위해 불의 이용과 식물의 재배 같은 인류세의 가장 깊은(그리고 가장 가는) 뿌리들은 건너뛰겠다. 그 시기 동안 인류는 유기 경제에서 화석연료가 추동하는 경제로, 더디고 한결같지 않은 인구 성장과 경제성장에서 급속하고 지속적인 성장으로, 환경에 미치는 영향이 주로 소소하고 국지적인 것에서 깊고 침투성 강한 것으로 이행했다.

1700년 지구는 6억 명 내지 7억 명에 달하는 사람의 고향이었다. 대략 오늘날 중국 인구의 절반이나 미국 인구의 두 배에 해당하는 수치다. 이들 중 거의 80퍼센트가 유라시아에 살았다. 오늘날의 기준으로 보면 거의 전부 절망적인 가난 속에 살았고 환경의 지배자라기보다는 환경에 좌우되는 존재였다. 이들은 흉작과 잔혹한 전염병을 두려워하며 살았다. 제대로 통제할 수 없었고 일반적으로 신의 징벌이라고 이해했기 때문이다.

이들은 세상을 자신의 선호도에 적합하게 맞추려고 최선을 다했다. 그 과제 수행에 가장 효율적인 수단으로 사람들이 지녔던 것은 불이었다. 사람들은 앞서 조상들이 했던 것과 마찬가지로 일상적으로 산림이나 관목 숲을 태워 경작지나 초지를 마련했다. 불 외에 사람들이 가졌던 것은 길들인 동물과 자신들의 수족에서 나오는 근력이었다. 사람들은 그 힘으로 땅을 일구고 습지에서 물을 빼내며 도시를 건설하는 등 할 수 있는 모든 일을 다 해서 환경을 바꾸었다. 그 직접적인 영향력은 대체로 느리게 다가왔고 작았으며, 이전에 경작되지 않은 채 남겨졌던 땅으로 농경을 확대하기에 이르렀다. 이를테면 모로코 산 중턱에 새로이 개간된 계단식 경작지, 잉글랜드의 배수된 늪지대, 벵골의 밀림에 들어선 경작지, 남중국의 구릉지 사면을 깎아 내 만든 논, 자메이카에 만들어진 사탕수수 밭 등이다.[5] 이러한 변화는 지역 차원에서 보면 인상적일 수 있다. 그렇지만 세계적으로는 자그마한 변화였으며 때로는 전쟁이나 전염병 때문에 토지가 방치되면서 효과가 상쇄되었다. 예를 들면 아메리카에서는 1492년 유럽인의 도래에 뒤이은 인구학적 파국(100년 만에 인구의 50퍼센트 내지 90퍼센트가 감소했다.)으로 이전에는 경작지였던 경관이 1700년 무렵에는 황무지로 바뀌어 갔다. 좀 더 정확히 말하면 그 땅은 생태학적 천이 과정에 조화를 이루는 새로운 유형의 식생과 야생 생물을 키우고 있었다. 오래 지속된 전쟁으로 농경 주민이 내쫓긴 곳이라면 어디서나 이와 비슷한 일들이 좀 더 국지적으로 발생했다. 30년전쟁(1618~1648) 중 중부 유럽의 많은 경작지에서 그런 일이 있었다.

그렇게 기술이 부족했는데도 이 6억 명의 지구인은 비록 간접적이었을지언정 환경에 강력한 영향력을 행사했다. 그 주된 이유는 근대 초의 세계화, 다시 말해 대양 항해를 통한 세계 해안의 연결이었다. 16세기와 17세기에 해양 항해, 특히 인도양과 대서양의 항해, 그리고 어느 정도는 태평양의 항해까지도 이전에는 광대한 난바다로 분리되었던 사회와 생태계를 연결했다.

근대 초 세계화의 가장 극적인 귀결은 새로운 땅과 주민에게 전염병이 확산된 것이었다. 이 전염병의 확산은 아메리카와 남아프리카, 오스트레일리아, 뉴질랜드에서 무서운 유행병과 급격한 인구 감소를 초래했다. 그러나 질병은 차츰 널리 퍼져 점점 더 많은 감염증이 풍토병(혹은 소아병)이 되었고 유행병은 드물어졌다. 이와 같은 '세균에 의한 세계 통합'은 흔히 더 높은 유아 사망률과 아동 사망률을 초래했지만, 많은 질병이 아동보다는 성인에게 더 위험했기에 시간이 지나면서 전체적인 질병 사망률은 하락했다. 게다가 감염에 대한 유전적 저항성이 개선될 수도 있었다. 질병에 걸리기 가장 쉬운 자들보다 생존자들이 자손을 볼 가능성이 더 컸기 때문이다. 전 세계 인구 성장률은 18세기에 장기적인 상승 과정에 들어섰는데, 부분적으로는 이것의 결과였다.[6] 당시에는 누구도 그 과정을 이해하지 못했고, 누구도 그것을 꾀하지 않았으며, 세균에 의한 통합이 인류세의 길을 닦는 데 일조하리라고 누구도 예상할 수 없었다.

인구 증가의 상승 추세는 근대 초 식량 작물의 세계화에도 빚을 졌다. 아메리카 주민들은 전염병의 세계화로 큰 고초를 겪었지만 밀과 보리, 바나나, 오렌지, 사과, 그 밖의 많은 식량의 전래로 혜택을 입었다. 그중 일부는 아메리카 토착종이 자라지 않는 곳에서 자랄 수 있었고, 다른 것들은 토착 작물보다 훨씬 더 많은 소출을 냈다. 따라서 서반구의 식량 공급은 개선되었고, 급속한 인구 증가의 조건이 마련되었다. 인구 증가의 대부분은 서유럽과 서아프리카, 앙골라에서 넘어온 자발적 이민과 비자발적 이민 탓이었다.

동시에 새로이 전래된 아메리카의 작물들은 유럽과 아시아, 아프리카에서 식량 공급을 개선했다. 감자와 옥수수, 카사바(매니옥manioc으로도 알려져 있다.)는 토착 작물에 적합하지 않은 유라시아와 아프리카의 환경에서도 잘 자랐다. 감자는 북유럽에서 인구 성장을 부양했고, 옥수수는 중국의 산악 지대에서 유사한 효과를 냈다. 자료의 부족 때문에 인구에 미친 영향이 분명하지 않지만, 옥수수와 매니옥은 아프리카에서 중요한 작물이 되었다.

19세기에는 의학과 과학도 인구 성장에 큰 영향을 미쳤다. 식량 공급 개선과 전염병의 감소 초기에는 과학이 한 역할이 거의 없었다. 그런데 이제 질병 전파와 토양과 식물의 화학적 성질에 관한 지식이 향상되면서 인구 성장의 제약 요인을 완화한 일련의 발전이 이루어졌다. 가장 중요했던 것은 아마도 위생과 티푸스, 콜레라, 이질 같은 수인성 질병의 통제였을 것이다. 철도와 증기선 덕분에 아메리카나 오스트레일리아의 외진 변경에서 인구가 지역의 식량 생산을 뛰어넘을 것 같던 곳으로 곡물을 실어 나를 수 있게 되면서 교통의 개선도 일익을 담당했다. 인구는 19세기와 20세기 초에 계속해서 조금씩 증가했다. 두 차례 세계대전의 사망자 수도 이 추세를 전혀 늦추지 못했다.

근대의 인구 증가뿐만 아니라 경제성장도 우리를 인류세 안으로 밀어 넣는 데 일조했다. 세계경제는 1700년 이전에는 성장이 더뎠다. 그때 세계경제의 규모는 대략 오늘날 멕시코 경제의 절반 정도에 지나지 않았다.[7] 이후 몇백 년 동안 세계경제는 한편으로는 인구 성장 덕분에, 또 한편으로는 기술의 발전 덕분에, 그리고 점점 더 세계적 규모로 전개되는 전문화와 교류에서 생기는 효율성 덕분에(경제학자들이 흔히 스미스의 성장Smithian growth이라고 부른다.) 번창했다. 두 차례 세계대전으로 인한 후퇴와 1930년대 대공황이 있었지만, 1950년이면 세계경제는 1700년보다 열네 배가량 성장했다.

이 정도의 경제성장에는 상당한 환경 변화가 필요했다. 벌목꾼들은 온갖 종류의 건축에 필요한 목재를 공급하기 위해 숲에서 나무를 잘라 냈다. 농민과 노예들은 직물 산업에 원료를 공급하느라 고생스럽게 토지를 면화 플랜테이션 농장으로 바꾸었다. 광부들은 땅을 파내 주석, 구리, 철과 제련에 쓸 여타 광석을 공급했다. 기술자들은 항해에 편하도록 강을 직선화했으며 농업을 위해 물길을 바꾸었다. 이전에는 전혀 없던 일이다. 물론 농부들은 세계 전역에서 더 많은 땅을 갈아 자신들과 항상 늘어 가기만 하는 이웃들을 먹였다. 경제활동 덕분에 인류는 무심코 지질학적 세력이 되어 지구 표면의 모습을 바꿔 놓았다.

──터널 안의 독일인 광부, 1961년 1월. 석탄과 석유와 천연가스 같은 다른 화석연료는 1945년 이후 세계경제에 동력을 제공했지만, 채굴과 사용에 관련된 공중 보건과 환경 비용이라는 중대한 문제를 남겼다. (Wikimedia Commons, ⓒ Bundesarchiv, B 145 Bild-F009346-0008 / Steiner, Egon)

그 경제활동의 대부분은 화석연료 이용의 결과물이었다. 1700년 사람들은 화석연료를 거의 사용하지 않았다. 그러나 이러한 사정은 곧 변했다. 비록 세계의 일부분에서만 사용되기는 했지만, 석탄은 1790년에서 1890년 사이에 전체적으로 점차 가장 중요한 에너지원이 되었다. 1910년이면 석유도 에너지 세계에 진입한다. 석탄과 석유는 곧 인류의 에너지 사용량에서 4분의 3을 차지했다. 석탄과 석유는 경제활동과 부, 소비, 여유를 사람들이 이전에 알았던 것보다 훨씬 더 많이, 그리고 생물권의 파괴도 훨씬 더 많이 허용했다. 1945년이면 대다수 사람이 여전히 석탄 한 덩어리나 석유 한 방울도 구경하지 못했지만, 세계는 확고하게 화석연료 시대로 진입했다. 다른 어떤 단일한 변화보다도 화석연료의 사용이 인류세를 열었다.

1 에너지와 인구

에너지는 곤혹스러울 정도로 추상적인 개념이다. 이 낱말은 아리스토텔레스Aristotle가 운동이나 노동을 의미하기 위해 만들어 낸 것이 분명한 용어에서 유래한다. 근대 물리학자들은 이 훌륭한 그리스인보다 아주 조금 더 나아갔을 뿐이다. 이들은 에너지가 우주 안에 무한정으로 존재하지만 그 형태는 여러 가지라고 믿었다. 에너지는 만들거나 파괴할 수 없지만, 하나의 형태에서 다른 형태로 바뀔 수는 있었다. 예를 들면 사람이 사과를 먹으면 화학에너지(사과)가 체열로, 근육의 움직임으로, 다른 형태의 화학에너지(뼈와 조직)로 전환된다.[8]

지구는 에너지로 차고 넘친다. 거의 모든 에너지가 태양에서 온다. 인간의 목적에 쓰이는 에너지의 주된 형태는 열과 빛, 운동, 화학에너지다. 태양에너지는 주로 열과 빛의 형태로 온다. 그 3분의 1은 즉시 우주로 반사되어 돌아가지만, 대부분은 잠시 동안 머물러 땅과 바다, 대기를 데운다. 아주 적은 양의 빛은 식물이 흡수하여 광합성을 통해 화학에너지로 전환한다.

모든 에너지 전환에는 유용한 에너지의 일부 손실이 따른다. 식물은 평균적으로 태양이 전달하는 에너지의 1퍼센트 미만을 간신히 획득한다. 나머지는 주로 열기로 사라진다. 그러나 식물이 흡수하는 것은 매년 바다에 있는 약

1100억 톤의 생물자원과 육지에 있는 약 1200억 톤의 생물자원을 키우기에 충분하다. 동물은 그중 작은 부분을 먹어 이를 체열과 운동, 새로운 조직으로 전환한다. 그리고 그 새로운 동물 조직의 작은 부분은 육식동물이 먹는다. 이러한 각각의 영양 단계에서 이용 가능한 에너지의 10퍼센트에도 한참 못 미치는 양만 성공적으로 회수된다. 그러므로 유입 에너지의 대부분은 지구상의 어떤 목적에도 쓰이지 않는다. 그러나 태양은 아주 관대하고, 여전히 많은 에너지가 돌아다닌다.

불을 이용하기까지 우리 선조들은 이 에너지와 생명의 그물에 참여했고 그 상황을 바꿀 수 없었다. 조상들이 이용할 수 있는 유일한 에너지는 찾아낼 수 있는 먹을 것이었다. 대략 50만 년 전의 일이었을 텐데, 우리의 사람족 hominin 조상들은 일단 불로 무장하자 다른 경우라면 소화할 수 없을 것이었으나 요리법 덕분에 먹을 수 있게 된 음식의 형태로, 또 열의 형태로 더 많은 에너지를 거두어들일 수 있었다. 불은 더 효율적으로 먹을 것을 찾아다니고 사냥하는 데 기여하여 고기의 형태로 화학에너지를 입수하는 능력을 키웠다. 이 저低에너지 경제는 소소한 변화가 약간 있었지만 약 1만 년 전 농업이 시작할 때까지 그 자리를 지켰다.

고대의 농부들은 곡물 재배와 동물 사육으로 이전의 선조들보다 훨씬 더 많은 에너지를 얻을 수 있었다. 곡식 작물은 쌀이나 밀, 옥수수 같은 식물의 씨앗이며, 에너지(그리고 단백질)로 가득했다. 따라서 농경과 더불어 일정한 크기의 땅은 인간의 신체에 농사가 없었을 때보다 훨씬 많은 가용 에너지를 제공했다. 아마 10배에서 100배는 되었을 것이다. 길들여진 큰 동물들은 많은 양의 먹이가 필요하기는 했지만 스텝 지역과 사바나 지역, 습지의 거의 쓸모없던 초목을 유용한 에너지로 전환할 수 있었으며 쟁기 끌기(황소, 물소)나 운송(말, 낙타)에 도움이 되었다. 농업은 결코 보편적이지 않았지만 서서히 퍼져 나갔다.

마침내 물레방아와 풍차가 인간의 목적에 쓸 수 있는 에너지의 양을 조금 더 늘렸다. 물레방아는 아마 2000년 전에, 풍차는 1000년 전에 등장했을 것이다. 물이 확실하게 흐르고 적당한 바람이 꾸준히 불어오는 알맞은 장소라면 이 장치들은 사람 여럿이 하는 노동을 할 수 있었다. 그러나 대부분의 장소에서 바람과 물의 흐름은 너무 적거나 너무 불규칙했다. 따라서 이 에너지 체제는 여전히 기계적인 힘은 인간과 동물의 근력에 의존하고 열은 목재와 다른 바이오매스에 의존하는 유기적인 체제였다. 유기적 에너지 체제는 18세기까지 지속되었다.

그러다가 18세기 말 영국에서 석탄의 이용으로 유기적 에너지 체제의 제약 요소들이 깨져 버렸다. 화석연료를 쓰면서 인류는 억겁의 얼어붙은 햇빛을 이용할 수 있게 되었다. 아마 과거 5억 년간의 광합성에 값할 것이다. 아주 먼 과거가 주는 이 보조금을 이용하려는 초기의 노력은 비효율적이었다. 초창기 증기기관은 화학에너지를 열로, 다시 운동으로 전환하면서 투입된 에너지의 99퍼센트를 낭비했다. 그러나 점진적인 개선이 이루어지면서 1950년대가 되면 광합성이나 육식보다 에너지 낭비가 훨씬 적은 기계가 등장했다. 그런 의미에서 문화는 자연을 개선했다.

최근의 몇십 년간에 엄청나게 팽창한 에너지 사용은 상상을 뛰어넘는다. 1870년 무렵 인류는 매년 지구 전체의 연간 광합성 총량에서 얻는 것보다 더 많은 화석연료 에너지를 소비했다. 인류가 1920년 이후로 소비한 에너지는 아마도 그 이전 인류 역사 전체에서 사용한 에너지보다 많을 것이다. 1950년 이전 반백 년 동안 전 세계 에너지 사용량은 두 배를 약간 넘게 증가했다. 그 다음 50년간은 1950년 수준에서 다섯 배로 늘었다. 1970년대의 에너지 위기(1973년에서 1979년 사이 석유 가격의 급등)는 어지러울 정도로 증가한 화석 햇빛 사용을 늦추기는 했지만 멈추지는 못했다. 1950년 이후 인류는 5000만 년에서 1억 5000만 년 치의 화석 햇빛을 태워 버렸다.

화석연료 에너지 체제는 여러 국면을 포함했다. 석탄은 1890년 무렵 바이오매스를 뛰어넘어 세계의 주된 연료가 되었다. 석탄은 약 75년간 왕으로 군림하다가 1965년 무렵에 석유에 왕좌를 물려주었다. 최근에는 천연가스의 중요성이 커져서 2010년 세계 에너지 비율은 표 3.1에 제시된 것처럼 보였다.

이 자료는 바이오매스를 포함하지 않는다. 그 수치는 불완전하기 때문이다. 그러나 바이오매스가 전체의 약 15퍼센트를 차지하고 화석연료가 약 75퍼

표 3.1 세계의 상업용 에너지 비중, 2010

에너지 유형	비율(%)
석유	34
석탄	30
천연가스	24
수력	6
원자력	5

출처: *BP Statistical Review of World Energy*, June 2011.

센트, 수력과 원자력이 합해서 약 10퍼센트를 차지한다고 추정하면 최선일 것이다. 45년간 지속된 석유의 지배는 석탄의 지배처럼 짧은 것으로 판명될 가능성이 있지만, 아직 두고 봐야 한다. 인류는 석유를 1860년 무렵 상업적 생산이 시작된 이후로 약 1조 배럴을 소비했으며, 현재 매년 320억 배럴을 쓰고 있다.[9]

총합 수치는 전 세계 에너지 사용에 일어난 엄청난 변동을 보여 주지 못한다. 21세기 초, 북아메리카인들의 평균 에너지 소비량은 모잠비크인의 평균 에너지 소비량의 약 일흔 배였다. 표 3.2에 나타난 1965년 이후의 수치는 중국과 인도의 성장과 전 세계 부의 분배를 보여 준다.

1960년, 유럽과 북아메리카 밖의 세계는 대부분 여전히 에너지를 거의 사용하지 않았다. 에너지 집약적 생활 방식은 대략 전 세계 주민의 5분의 1에게 퍼졌을 것이다. 그러나 1880년 무렵 이후로 고착된 그 유형은 20세기 말 빠르게 변했다. 1965년 이후 45년간 중국의 에너지 소비량은 열두 배, 인도는 아홉 배, 이집트는 아홉 배 내지 열 배로 증가했다. 그동안 미국의 에너지 소비량은 약 40퍼센트 증가했다. 1965년 미국은 전 세계 에너지 소비량의 3분의 1을 차지했지만 2009년에는 겨우 5분의 1을 소비했다. 반면 중국은 1965년에 전 세계 에너지의 겨우 5퍼센트를 소비했지만 2009년에는 5분의 1을 소비했

표 3.2 연간 에너지 소비, 1965~2011년(단위: 석유 100만 톤의 등가)

연도	세계	중국	인도	미국	일본	이집트
1965	3,813	182	53	1,284	149	8
1975	5,762	337	82	1,698	329	10
1985	7,150	533	133	1,763	368	28
1995	8,545	917	236	2,117	489	38
2005	10,565	1,429	362	2,342	520	62
2009	11,164	2,177	469	2,182	464	76
2010	11,978	2,403	521	2,278	503	81
2011	12,275	2,613	559	2,269	477	83

출처: *BP Statistical Review of World Energy*, June 2010 and June 2012.
주: 수치는 바이오매스를 제외한 상업용 에너지만 포함한다. 바이오매스를 추가하면 10퍼센트에서
15퍼센트 정도가 늘어날 것이다.

고, 2010년에는 미국을 뛰어넘어 세계 최대의 에너지 소비국이 되었다.

　요컨대 근대사에서 급격히 늘어난 에너지 사용은 우리 시대를 인류 과거
의 그 어느 때와도 크게 다른 시대로 만든다. 1850년 이후 대략 100년 동안
많은 에너지 사용이 유럽과 북아메리카에, 그리고 정도는 약간 덜하지만 일
본에 국한되었다는 사실은 이 지역들이 국제 체제에서 누렸던 정치적 지배와
경제적 지배의 배후에 있는 단 하나의 가장 중요한 이유다. 1965년 이후 전체
에너지 사용량은 증가율만 미세하게 감소했을 뿐 지속적으로 증가했다. 그러
나 확대의 대부분은 유럽과 아메리카 밖에서, 주로 동아시아에서 발생했다.

화석연료 에너지와 환경

　화석연료 사회의 등장과 확산은 환경의 측면에서 근대의 가장 중대한 발
전이었다. 그렇게 된 한 가지 이유는 석탄과 석유, (정도는 크게 덜하지만) 천연
가스의 추출과 운송, 연소가 가져온 직접적인 영향에 있다. 이는 주로 공기와

물, 토양의 오염에 관한 문제였다.(지금도 그렇다.) 다른 한 가지 이유는 저렴하고 풍부한 에너지의 간접적인 영향에 있다. 그러한 에너지 덕분에 다른 경우였다면 비경제적이었을 활동들, 일어나지 않았거나 아마도 훨씬 더 더디게 일어났을 여러 활동이 가능해졌기 때문이다.

지구의 딱딱한 표면을 뚫고 화석연료를 추출하는 것은 언제나 번잡한 사업이었다. 1945년 이후 일흔 개가 넘는 나라에서 상업적으로 채굴되었던 석탄은 가장 널리 영향을 미쳤다. 지하 채굴은 땅과 공기, 물에 변화를 가져왔다. 지표면 아래에서 갱도를 파내느라 사우스웨일스와 루르 지방, 켄터키주 동부, 돈바스(도네츠크 분지), 산시陝西성 같은 탄전 지대는 벌집처럼 구멍이 숭숭 뚫렸다. 2008년 자를란트(독일)에서 일어난 사건처럼 이따금 지하 갱도가 붕괴되어 작은 지진이 일어났다. 중국에서는 2005년의 일처럼 탄광으로 인한 침강이 스위스만 한 크기의 지역에 영향을 미쳤다. 광산 폐석과 광재 더미는 탄광 주변의 풍광을 볼꼴 사납게 바꿔 놓았다. 중국에서는 (2005년) 탄광 광재가 뉴저지주나 이스라엘만 한 크기의 지역을 뒤덮었다. 어디서나 폐석과 광재는 지역의 물을 황산으로 오염시켰다. 1960년대 펜실베이니아주와 오하이오주의 몇몇 수로에서는, 일부 지점에서는 다시 생명이 돌아오긴 했지만, 광산에서 배출된 오수의 산성 액체 때문에 수생생물이 몰살당했다. 깊은 채굴은 종종 대기 속에 메탄을 추가하기도 하여, 이 강력한 온실가스의 자연 상태 분포량에 대략 3퍼센트 내지 6퍼센트를 더했다.

지하 채굴은 언제나 사람들을 위험한 환경에 놓이게 했다. 예를 들면 중국에는 대약진大躍進운동 기간(1958~1961)에 대강 10만 개의 작은 광산이 문을 열었는데 광산 사고로 그 당시 연간 약 6000명이 사망했으며, 1990년대에도 연간 최소한 그 정도 수가 사망했다. 영국에서는 1961년에 약 4200명이 광산 사고로 목숨을 잃었다. 미국에서 광부들에게 가장 위험했던 해는 1907년으로 3000명 넘게 사망했으며, 1990년 이후로 연간 사망자 수는 열여덟 명에서 예순여섯 명 이내로 오르내렸다. 오늘날 중국에서는 연간 약 2000명의 광부가 사고로 죽는다. 러시아나 인도에 비해 여러 배나 되는 수치다. 여러 해 동안 지하에서 탄가루를 흡입한 결과인 진폐증塵肺症은 석탄이 채굴되는 곳이면

어디서든지 더 많은 사람을 죽였다.[10]

미국에서 흔히 노천 채굴이라고 부르는 지상 채굴은 광부들에겐 훨씬 더 안전했다. 노천 채굴은 수백 년 전 단순한 도구로 시작되었지만, 20세기 초에 증기 기술로 실용성이 더 커졌다. 1945년 이후 새로운 채굴 장비와 저렴한 석유 덕분에 노천 채굴의 황금기가 열렸다. 오늘날 노천 채굴은 전 세계 석탄 채굴의 약 40퍼센트를 차지하며, 중국 밖에서는 대체로 지하 채굴보다 훨씬 더 흔했다. 거의 지하 50미터까지 채굴할 수 있는 노천 채굴에서는 거대한 기계가 석탄층을 덮고 있는 흙과 바위를 끌어내기 때문에 식물과 토양을 파괴한다. 미국에서는 여러 지역사회에서 노천 채굴을 극심하게 반대하여 1977년 이후 연방의 규제를 이끌어 냈다. 그때 이후로 광산 회사들은 경관 복구에 필요한 자금을 조성해야 하는 법적 의무를 졌다.

특별히 인기가 없던 노천 채굴의 한 가지 사례는 주로 저유황 석탄이 많은 켄터키주와 웨스트버지니아주 지역에서 시행된 '산꼭대기 없애기' 방식이었다. 1970년대에는 에너지 가격이 높아지면서 이러한 방식은 그 어느 때보다도 수지맞는 일이었다. 1990년대에 대기오염에 관한 법률이 더 엄격해지면서 고유황 석탄을 쓰기가 더 어려워졌고, 이에 산꼭대기 없애기 방식의 경제적 논리가 강화되었다. 애팔래치아산맥의 정상부를 날려 버리면 환경이 큰 영향을 받았고, 시냇물과 계곡을 폐석으로 메우는 것('뒤덮기overburden')만큼 중요한 것은 없었다. 폐석은 숲과 시냇물을 메웠고 침식을 촉진하고 때때로 산사태를 일으켰다.

산꼭대기 없애기를 비롯한 전체적인 노천 채굴은 1930년대 이후로 열렬한 반대를 유발했으며 애팔래치아산맥 지역 전역에서 보통의 농촌 사람들을 환경보호주의자로 만들었다. 그들의 농장과 고기 잡는 시냇물, 사냥터가 석탄 생산의 제물이 되었다. 1960년대와 1970년대에 노천 채굴에 대한 반대는 애팔래치아산맥 지역에서 절정에 달했으며, 인근에 일자리가 많지 않은 상황에서 광산 회사들이 일자리의 대부분을 제공한 지역에서는 분열이 나타났다. 그러나 산꼭대기 없애기 방식은 계속 경제성이 있었고 21세기에 들어선 후로도 지속되었다.[11]

석유 채굴은 다른 성격의 환경 문제를 가져왔지만 석탄 채굴 못지않게 큰 불화를 초래했다. 20세기 초, 석유 채굴은 텍사스주 동부와 남부 캘리포니아, 중부 루마니아, 바쿠 시, 당시 오스트리아 영토였던 갈리치아처럼 인구밀도가 높은 지역에서 이루어졌다. 분출 유정과 유출된 원유, 불은 단란한 가정생활을 위협했다. 그러나 20세기 중반이 되면 굴착 기술과 저장 기술이 개선되어 유전은 이제 기름기로 번질거리는 아우게이아스Augeias[1]의 축사일 필요는 없었다. 그리고 생산 장소는 사우디아라비아와 시베리아처럼 점차 사람들이 적은 곳으로 바뀌어서 석유로 인한 오염의 결과를 처리하는 비용은 적어도 경제적인 관점과 정치적인 관점에서는 줄어들었다.

그러나 1970년대 에너지 가격의 인상은 해저와 열대우림, 북극권처럼 때로 도전적인 새로운 환경에서 석유를 채굴할 마음이 생기게 했다. 북극의 추위와 심해의 압력 때문에 누출과 사고, 파열이 흔하게 발생했다. 원유는 농도가 옅은 경우를 제외하면 대부분의 생물에 유독하며 정화하기가 지극히 어렵다. 2005년에 전 세계에는 약 4000개 유전이 있었는데, 이 중 어느 것도 오염으로부터 자유롭지 못했다. 일상적인 채굴에는 불가피하게 새로운 기간 시설의 건설과 때로 무게가 수천 톤이나 나가는 중장비의 이동, 엄청난 양의 석유와 오염된 물이 주변 환경으로 뿌려지는 일이 뒤따랐다. 1980년 이후 몇십 년간 매년 약 3000만 톤(2억 4000만 배럴)의 석유가 자연환경 속으로 흘러넘쳤다. 그리고 그중 약 5분의 2는 러시아의 자연에 쏟아졌다.[12]

근해 채굴은 1890년대에 캘리포니아 해역에서 처음 시작되었는데 몇십 년 동안 얕은 수역에 국한되었다. 1920년대에 이 방식은 베네수엘라의 마라카이보 호수와 카스피해로 퍼졌고,(두 곳 모두 이 때문에 오염되었다.) 1930년대에는 멕시코만으로 전파되었다. 기술 발전에 더해 석유 회사들이 1940년대부터 이용할 수 있었던 엄청난 투자 자본은 심해에서 새로운 근해 변경을 열었다. 1990년대에 이르면 심해 원유 채굴선이 특히 북해와 멕시코만, 그리고 브라질

_____ 1 그리스 신화에 나오는 인물. 엘리스Elis의 왕으로 축사에 엄청나게 많은 소를 두었으나 한 번도 치우지 않은 것으로 유명하다.

과 나이지리아와 앙골라, 인도네시아, 러시아의 해안에 점점이 산재했다. 거대한 채굴선들이 수면 위로 600미터 이상 높은 곳에 서 있어서 가장 높은 마천루들과 경쟁했다.

근해 채굴 과정은 본질적으로 위험했다. 열대 폭풍이나 길을 잘못 든 유조선에 부딪히면 채굴선은 주변 바다로 원유를 뿌렸다. 최악의 사고는 멕시코만에서 발생했다. 1979년 멕시코 국영 석유 회사가 운영하는 채굴선에서 폭발이 일어나 성공적으로 마개를 덮을 때까지 아홉 달 넘게 원유가 흘러나왔다. 약 330만 배럴이 쏟아져 나왔다.(1979년 미국 석유 소비량의 6분의 1에 해당한다.) 그 결과 대강 레바논이나 코네티컷주 정도 크기의 표면에 유막이 생기면서 멕시코의 어업을 몰락하게 했고 텍사스의 어업에 손해를 끼쳤다.[13]

2010년 4월, 브리티시 퍼트롤리엄이 임차한 석유 채굴선 딥워터 호라이즌 Deepwater Horizon호가 폭발한 뒤 침몰해 노동자 열한 명이 사망하고 루이지애나 연안 해수면 아래 약 1500미터 해저에 원유가 누출되었다. 도합 약 500만 배럴이 멕시코만으로 쏟아져 나왔다. 이는 역사상 최대의 원유 유출 사건이었다. 연안의 습지 생태계와 이전에는 관광객으로 가득했던 멕시코만 해안 해변이 떠돌아다니는 원유의 일부를 빨아들였다. 타르 덩어리와 원유가 루이지애나와 미시시피, 앨라배마, 플로리다의 해안을 덮었다. 어업은 중단되었고, 죽거나 다친 새가 무더기로 쌓였다. 희생된 조류 중에는 루이지애나 갈색 펠리컨도 있었다. 갈색 펠리컨은 1950년대와 1960년대에 DDT 살충제 때문에 한때 멸종 직전에 몰렸으나 보호 활동 덕분에 두 번째 삶을 살다가 2009년 연방 정부의 멸종 위기종 목록에서 빠진 종이었다. 브리티시 퍼트롤리엄 원유 유출 사건이 발생하고 처음 두 달 동안 갈색 펠리컨의 알려진 개체 중 40퍼센트가 기름투성이로 죽었다. 약 4만 8000명의 임시 노동자와 노르망디 상륙작전 이후 볼 수 없었던 대규모 선단이 생태계 손상을 줄이기 위해 노력했다. 해양학자들과 해양생물학자들이 수년간 원유 유출의 영향을 평가할 것이고, 변호사들은 누구에게 책임이 있는지, 어떻게 수백억 달러의 주인이 바뀔 것인지 알아내느라 수십 년 동안 바쁠 것이다.[14] 멕시코만에서는 작은 규모의 원유 유출이 일상적으로 발생했고, 큰 규모의 원유 유출은 몇 년마다 발생했다.

그러나 딥워터 호라이즌호의 재앙과 견줄 것은 없다.

　에콰도르의 숲에서 석유를 채굴하는 것은 연안 환경의 경우와는 다른 난제를 제기했다. 1967년 텍사코-걸프 컨소시엄은 아마존강 유역의 상류 오지에서 석유를 발견했다. 이후 반백 년에 걸쳐 그 지역은 20억 배럴이 넘는 원유를 생산했고, 그 대부분은 송유관을 거쳐 안데스산맥을 넘었으며, 그 덕에 에콰도르는 남아메리카에서 두 번째로 큰 석유 수출국이 되었고 그 정부는 지급 능력을 유지했다. 열대우림에서 작업하기 위해 그 컨소시엄은, 그리고 1992년 운영을 전부 인수했던 에콰도르의 국영 석유 회사는 도로와 송유관, 펌프장 등의 새로운 기간 시설을 건설해야 했다. 에콰도르에서 석유 채굴은 거의 아무런 규제도 받지 않았기에 특별히 마구잡이로 진행되었다. 엄청난 양의 독성 액체가 하천과 강으로 내버려져(아니면 새어 나와) 뜻밖의 불행한 결과를 초래했다. 지구상에서 물이 가장 풍부한 지역에서 많은 사람이 마실 만한 물을 갖지 못한 것이다. 1989년 너비가 약 1킬로미터에 달하는 리오나포강으로 많은 석유가 누출되어 한 주 동안 강이 검게 변했다.[15]

　우아오라니Huaorani족이라는 이동 수렵 채집인인 현지 토착민의 일부는 석유의 침입을 격퇴하려 했다. 창으로만 무장한 우아오라니족은 실패했고 정부는 이들을 이주시켰다. 에콰도르의 다른 토착민 집단들도 석유 생산을 저지하기 위해 투쟁했지만 대체로 성공하지 못했다. 몇몇 유행병 학자에 따르면, 유전 근처에 살던 주민들은 질병 발생률, 특히 암 발생률의 증가를 보였다.

　석유에서 나오는 세입은 아주 매력적이어서 에콰도르 국가는 아마존강 유역의 3분의 2에서 석유와 가스를 탐사했다. 2005년까지 에콰도르는 야수니Yasuni 국립공원 안의 구역들을 포함하여 그 대부분을 임대했다. 종래의 계산에 따르면 에콰도르(그리고 석유 회사)가 오리엔테 지역(에콰도르 사람들은 그렇게 불렀다.)에서 석유 채굴로 돈을 버는 것은 합리적이었다. 석유 채굴로 삶이 파괴된 토착민들은 국가에 아무런 기여도 하지 않았기 때문이다. 마찬가지로 생물학적으로 전 세계에서 가장 풍요롭고 다양한 곳인 아마존 열대우림의 서부도, 비록 그 정부가 국립공원에서는 채굴을 허용하지 않았지만, 국가에 귀중한 것은 전혀 생산하지 못했다. 2010년 에콰도르와 유엔 개발계획UNDP은

———유전에서 나온 기름으로 오염된 에콰도르 열대우림. 에콰도르와 다른 석유 생산지의 오염
은 외국 회사와 현지 주민들 간에 격렬한 환경 투쟁을 초래했다. (Wikimedia Commons, ⓒ Julien
Gomba)

협정을 체결해 신탁 기금이 에콰도르에 36억 달러를 지불하고 대신 10억 배
럴에 가까운 석유가 매장되어 있는 야수니 국립공원 안의 한 구역에서 석유
를 생산하지 않기로, 광대한 열대우림을 (당분간) 보존하기로 했다. 나이지리
아 당국은 당연하게도 즉각 이 새로운 협정에 관심을 보였다.[16]

작은 열대우림 지대로 세계 최대의 습지에 속하는 나이지리아 동남부의
니제르강 삼각주 지역은 한때 어업이 번성했던 강과 늪, 석호의 미궁이었다.
오리엔테의 경우처럼 니제르강 삼각주의 주민들도 여러 민족으로, 특히 이조
Ijaw족과 이보Igbo족, 오고니Ogoni족으로 나뉘어 있었다. 니제르강 삼각주는 수
백만 명의 고향으로 오리엔테와는 달리 인구밀도가 높았다. 쉘 석유 회사와
브리티시 퍼트롤리엄은 1950년대에 이곳에서 석유 사업을 시작했고 기쁘게
도 휘발유로 정제하기 쉬운 저유황 원유를 발견했다. 뒤따라 다른 회사들이

약 160개의 유전을 팠고 7000킬로미터의 송유관을 설치했다. 몇백 년 전에는 목선들이 노예를 태웠던 곳에서 수십 년 동안 원유가 저장 탱크들을 가득 채웠다.

나이지리아 정부는, 줄여 말했다고 할 수 있는데, 1976년에서 2005년까지 니제르강 삼각주 지역에서 약 300만 배럴의 원유를 포함하여 약 7000번의 석유 누출을 기록했다.[17] 일부 누출 사고는 일상적인 것으로서 그 산업에 보통 있는 일이었지만, 니제르강 삼각주에서는 관리의 부실과 지리적으로나 정치적으로 어려운 상황 때문에 각별히 더 빈번했다. 나머지는 현지인들의 생산 방해 행위가 낳은 결과였는데, 현지인 중 어떤 이들은 무엇인가에 대한 복수를 추구했고 나머지는 석유 회사들에 무엇을 요구하여 얻어 내거나 보상받기를 원했다. 니제르강 삼각주는 수십억 달러 가치의 석유가 채굴되었는데도 나이지리아에서 가장 가난한 지역에 속했고 지금도 사정은 바뀌지 않았다. 대다수 거주민에게 석유 생산은 삶을 더 고되게 만들었다. 석유 탐사를 위해 수로를 준설하면서 물고기의 산란지인 맹그로브 습지가 대부분 없어졌고, 이는 석유 오염을 가져옴과 동시에 니제르강 삼각주에 오래 유지되었던 생계의 원천을 도려냈다. 대체로 유정의 불기둥에 기인한 대기오염과 산성비는 작물에 해를 끼쳤다. 1990년대 초, 유엔은 니제르강 삼각주가 전 세계의 삼각주 중에서 생태계가 가장 큰 위험에 처한 곳이라고 선언했다. 현지인들은 외국 회사들과 나이지리아 국가가 자신들의 풍요로운 자연을 파괴했거나 도둑질했으며 국가의 지도부는 석유 자원에서 최상의 이익을 챙기는 데 놀라운 끈기를 보여 주었다고 생각했다.(지금도 그렇게 생각한다.) 그 결과로 나타난 좌절은 현지 소수민족의 해방운동과 범죄 연합 조직에 똑같이 자양분이 되었다. 최근에 나이지리아와 그 다국적 협력사들은 앞바다에서 채굴할 것을 강조했다. 그곳에는 고려해야 할 현지 주민이 없기 때문이다.[18]

석유를 찾으려는 노력은 열대우림뿐만 아니라 시베리아와 알래스카의 쌀쌀한 위도에서도 새로운 채굴을 낳았다. 소련은 1960년대부터 시베리아 서부에 거대한 유전과 가스전을 개발했다.(소련은 1978년에서 1985년 사이에 지진을 조사하는 데 핵폭발을 이용했고, 그래서 시베리아에서 채굴한 석유에는 약간의 방사능이 포함된 것이 있다.)[19] 알래스카 북부의 훨씬 더 소소한 유전은 1970년대에 개발되었다. 시베리아가 특히 더했지만, 두 지역에서 똑같이 전형적인 사고들이 있었고 석유, 즉 '생산된 물'과 다른 유독성 물질의 의도적인 방출이 있었다. 앞으로 보겠지만, 생물학적 과정이 더디게 진행되는 고위도 지역의 습지와 타이가, 툰드라에서는 누출의 악영향이 사라지기까지 일반적으로 열대 지역보다 더 오래 걸린다.

오리엔테와 니제르강 삼각주는 희생당한 지역의 가장 극단적인 사례다. 그곳에서는 에너지 채굴 비용에 광범위한 생태학적 퇴화가 포함되었기 때문이다. 현지 종 가운데에서는 오직 석유를 먹어치우는 박테리아만이 그 지역의 토양오염과 물 오염으로부터 혜택을 보았다. 그러나 아주 멀리 떨어져 있는 사람들도 이득을 보았다. 소비자는 저렴한 값에 석유를 이용했고, 관련 회사들은 만족스러운 수익을 올렸으며, 국가 관료들은 넉넉한 세입을 거두었다. 세계는 석유 채굴 덕분에 큰 이익을 누렸지만, 특정 장소들은 큰 대가를 치렀다. 노천광 인근에 살던 사람들은 석탄 채굴의 역사에 관해서 같은 얘기를 할 것이다.

석탄과 석유의 운송

석탄과 석유의 채굴이 일정한 광산 지대와 유전 지대에 환경적 희생을 요구했다면, 화석연료의 운송은 곳곳에 영향을 미쳤다. 석탄 운송은 주로 철도 화차와 바지선으로 이루어졌다. 사고는 거의 발생하지 않았으며, 실제로 사고가 일어나 땅 위나 운하 속으로 석탄이 쏟아져도 그 효과는 미미했다.

석유의 경우는 달랐다. 석유가 석탄보다 더 매력적이었던 이유의 하나는 운송의 편리함이었다. 석유는 액체이기에 (매우 무거운 종류를 제외하면) 송유관을 통해 흐를 수 있다. 그리고 훨씬 더 많은 양이 유조선에 실려 바다 위로 운송되었다. 1950년 이후 석유는 점차 생산지와 소비지가 달라졌는데, 이는 페르시아만에 거대 유전들이 출현한 것을 반영한다. 그래서 공해를 왕복하는 유조선의 수는 점점 더 크게 늘어났다. 오늘날 석유는 해상 화물의 절반을 차지하며, 전 세계의 송유관 총연장은 철도의 총연장보다 더 길다.[20]

송유관과 유조선은 놀랍도록 사고가 발생하기 쉬웠다. 유조선 사고가 그렇게 많았던 한 가지 이유는 너무 커서 멈추기가 쉽지 않았다는 사실에 있다. 1945년 대형 유조선은 2만 톤의 석유를 실었는데, 그 적재량은 1970년대에는 50만 톤, 오늘날에는 100만 톤에 이른다. 초대형 유조선은 길이가 300미터에 달하는데 바다 위에서 민첩성이 가장 떨어지는 선박이다. 초대형 유조선은 속도를 늦추기 시작해서 멈추기까지 수 킬로미터가 필요하다.

다행스럽게도 같은 몇십 년 동안 유조선은 더 단단해져 쉽게 뚫리지 않았다. 1970년대에 새로운 유조선은 대부분 선체가 이중으로 되어 있어서 암초나 빙산, 다른 선박과 충돌해도 누출 사고가 발생할 가능성이 크게 줄어들었다. 그러나 누출이 발생했을 때에는 규모가 엄청났고, 언제나 해안 근처에서 발생하여 풍요로운 생태계와 귀중한 자산을 망칠 수 있었다. 최악의 누출 사고는 1983년 케이프타운 근해에서 발생했는데, 1989년 그 유명한 엑슨 밸디즈호 사고보다 여섯 배나 많은 석유가 누출되었다.[2] 유조선의 석유 누출은 거의 어디서나 일어날 수 있었지만, 멕시코만과 북아메리카 동해안 근해, 지중해, 페르시아만에서 가장 많았다.[21] 가장 최근에 일어난 큰 유조선 누출 사고는 2002년 에스파냐 북서 해안 근해에서 단일 선체 선박이 폭풍에 파손되면서 발생했다.

1945년 이후 송유관으로 운송되는 석유는 전 세계 석유에서 작은 부분을 차지했지만 그 비중은 점차 늘어났다. 송유관 건설사들은 송유관의 수명을 15년 내지 20년으로 예상했지만, 아마도 대부분이 그러할 텐데 많은 송유관이 그 연한 이상으로 이용되었다. 송유관은 부식되어 균열이 갔다. 특히 매우 거친 기후 조건에서 그러한 현상이 더 심했다. 대체로 보아 송유관 설계는 시간이 흐르면서 개선되었지만, 전 세계의 송유관 망이 매우 빠르게 확대되었기 때문에 사고는 증가했다.[22]

가장 심한 피해를 입은 풍경은 러시아에서 볼 수 있었다. 단일 사고로 가

_____ 2 1983년 카스티요 데 벨베르Castillo de Bellver호 사고로 약 187만 배럴이 누출되었고, 알래스카 인근에서 발생한 엑슨 밸디즈Exxon Valdez호 사고 때는 최소 25만 배럴에서 최대 75만 배럴이 누출된 것으로 추산된다.

장 심각했던 송유관 누출 사고는 1994년 모스크바 북동쪽으로 약 1500킬로미터 떨어진 러시아 코미 공화국의 우신스크 인근에서 발생했다. 외부인들은 누출량을 60만 배럴에서 100만 배럴로 추산한다. 관계 공무원들은 처음에는 누출이 전혀 없다고 부인했다가 곧 이를 번복했다.[23] 2006년에는 다른 큰 누출 사고가 발생했다. 1990년대에 전부 합해 러시아에서 생산된 석유의 약 7퍼센트에서 20퍼센트가 결함이 많은 송유관에서 누출되었다. 이는 특히 경제적으로 비참했던 시기에 일상적인 정비를 소홀히 한 기업 문화, 외진 곳이라는 점, 그리고 기후라는 어려운 문제를 반영했다. 1990년대에는 매년 크고 작은 수많은 누출 사고가 발생했다. 송유관과 다른 석유 시설은 코미 공화국(대부분이 북극권에 있다.)의 유전 같은 지역의 영하로 떨어지는 겨울 추위를 견디기 어려웠다.[24] 일부 시베리아 토착민이 석유와 가스의 개발에 조직적으로 반대했던 것은 놀라운 일도 아니다. 송유관 석유 누출은 그들의 사냥과 어로, 순록 목축을 위험에 빠뜨렸다. 적어도 한 번은 무장 저항의 시도가 있었는데, 에콰도르 우아오라니족의 노력보다 나은 성과를 내지 못했다.[25]

인간의 관점에서 볼 때, 최악의 송유관 사고는 1998년 니제르강 삼각주에서 셸 석유 회사와 나이지리아 국영 석유 회사가 관리하는 송유관에서 석유가 누출되면서 발생했다. 마을 사람들이 모여 석유를 얻으려다 폭발이 일어나고 화염이 솟구쳐 1000명 이상이 불에 타 죽었다. 두 마을이 전소했다. 2006년 나이지리아에서 송유관 화재가 두 건 발생하여 약 600명이 사망했다. 채굴 지점에서 사용처로 에너지를 운반하는 수단이었던 유조선과 송유관은 석탄 운송보다 더 경제적이었지만 더 위험했다.[26]

화석연료 연소와 대기오염

1945년 이후 몇십 년간 탄광 사고와 송유관 폭발 사고는 수많은 목숨을 앗아 갔지만, 어디서든 화석연료의 평화로운 일상적 연소만큼 많은 인명을 해치지는 않았다. 대기오염은 주로 석탄과 석유의 연소 때문인데, 수천만 명을 죽였다.

석탄 연소로 인한 대기오염을 이해하려면 2000년대 초 수십 년간의 규제와 기술 발전을 거친 후 미국의 평균적인 발전소에서 발생하는 연간 오염량을 고려해야 한다. 평균적인 발전소는 주된 온실가스인 이산화탄소를 연간 수백만 톤 배출하며 산성비의 주요 성분인 이산화황을 수천 톤 배출한다. 또한 수십 킬로그램의 납과 수은, 비소를 대기 중에 내뿜는다. 이것은 석탄을 전기로 바꾸는 데 따르는 대가의 일부이며, 40년 전에는 석탄 연소가 더 많은 오염을 초래했기에 그 대가는 훨씬 더 컸다.

도시의 대기오염 역사는 길다. 12세기, 마이모니데스Maimonides[3]는 똥과 밀짚을 태우는 도시였던 카이로의 공기 질에 관해 불평했다.(의심의 여지없이 정당했다.) 100년 후 런던은 대기오염을 막기 위한 법령을 제정했는데, 이는 기록상 최초였다. 석탄을 기본 연료로 채택하면서 상황은 더욱 악화되었고, 1952년 12월 둘째 주의 런던이 최악이었다.

12월 초 토머스 밸리Thomas Valley[4] 위에 한랭기단이 머물러 기온이 영하로 내려가자, 런던 사람들은 난로에 석탄을 더 많이 집어넣었다. 수백만 개의 굴뚝이 날마다 1000톤의 석탄 매연과 400톤에 가까운 이산화황을 토해 냈다. 사람들이 정오에 길을 건널 수 없을 정도로 가시거리가 짧았다. 손바닥 보듯이 그 도시를 속속들이 알았던 원주민들이 날마다 길을 잃었다. 몇몇 사람은 템스강에 빠져 사망했다. 12월 5일에서 9일까지 약 4700명이 죽었는데, 이는 통상적인 사망자보다 약 3000명이 더 많은 수치였다. 이후 석 달 동안 사망률은 보통의 런던 겨울 사망률보다 한참 높게 유지되었고, 그래서 지금의 유행병 학자들은 그 12월의 사건에서 1200명의 죽음을 오염 탓으로 돌린다.[27] 1952년에서 1953년으로 넘어가는 겨울에 석탄 연기와 매연, 이산화황은 런던 사람을 1940~1941년 전격전에서 독일 공군부가 처리한 것보다 대략 두 배를 죽였다. 장의사의 관이 동났다.[28]

대중과 언론은 심한 비난을 쏟아냈고, 이에 각료의 한 사람이었던 해럴드 맥밀런은 현명하게도 평생 비밀리에 간직한 메모에 이렇게 적었다. "이러저러

_____ 3 모세 벤 마이몬Moshe ben Maimon, 1135~1204. 중세의 유명한 세파르디 유대인 철학자, 천문학자. 마이모니데스는 라틴어 표기.
_____ 4 북극권의 한 지역인 빅토리아 랜드Victoria Land에 있는 계곡.

한 이유로 '스모그'가 언론과 백성의 상상력을 사로잡았다. …… 우습게 보이겠지만 나는 우리가 위원회를 구성해야 한다고 제안한다. 우리는 할 수 있는 일이 많지 않지만 매우 바쁜 것처럼 보일 수는 있다."[29] 대기오염과 그 영향에 관한 맥밀런의 무관심은 그 시대의 특징이었다. 맥밀런은 1957년부터 1963년까지 총리를 지낸 것을 포함하여 계속해서 눈에 띄는 정치 이력을 쌓았다. 런던 사람들이 가장 짙은 안개에 붙인 이름인 피수퍼pea-souper[5]는 런던에서 몇 년 더 지속되었다. 그러나 1956년에서 1960년대 중반 사이에 주로 맥밀런의 시계에 따르면 대기오염에 관한 법률과 (석유와 천연가스로) 연료를 전환한 덕분에 런던의 살인 안개는 과거의 일이 되었다.[30]

석유는 석탄을 태웠을 때보다 뒤가 깨끗했다. 석유와 휘발유 같은 그 파생물이 연소되면 납과 일산화탄소, 이산화황, 산화질소, 휘발성 유기화합물 VOCs이 배출된다. 유기화합물이 햇빛과 만나면 광화학스모그가 발생한다. 석유는 배기관을 통한 도시 대기오염의 주범으로 굴뚝보다 책임이 더 크다. 차량의 배기가스는 광화학스모그의 원료였고, 광화학스모그는 제2차 세계대전 중에 로스앤젤레스에서 처음으로 관측되었다. 광화학스모그는 자동차가 많이 보급된 곳과 태양이 밝게 비치는 곳에서 발생했다. 저위도의 도시, 특히 인근에 오염 물질이 바람에 날려 가는 것을 막는 산이 있는 도시가 각별히 큰 영향을 받았다. 로스앤젤레스와 산티아고, 아테네, 테헤란이 있었고, 세계 챔피언은 멕시코시티였다.

멕시코시티의 자동차는 1950년에 10만 대였는데, 아직 그 도시가 멀리 떨어진 화산들의 뚜렷한 전경으로 유명했을 때였다. 거의 늘 혼탁한 안개에 휩싸였을 때인 1990년에 그 도시의 거리는 400만 대의 자동차로 꽉 막혀 있었다. 트럭과 버스, 승용차가 멕시코시티 대기오염의 약 85퍼센트에 책임이 있었다. 1985년이면 이미 대기오염은 때때로 너무 극심해 여 중앙 광장(소칼로 Zócalo) 위를 날아가던 새들이 하늘에서 뚝 떨어졌다. 1986년에 면밀한 조사가 시작된 후, 멕시코시티가 여러 가지 주요 오염 물질에서 시간적으로 90퍼

———— 5 'pea soup'라고도 했다. 짙은 안개가 완두콩 수프의 색깔과 비슷해서 붙은 이름이다.

센트 이상 법정 한계를 초과했음이 밝혀졌다. 1990년대의 추정치는 연간 약 6000명에서 1만 2000명의 사망이 그 도시의 대기오염 때문이라는 점을 암시한다. 연간 살인 사건으로 죽는 사람의 네 배에서 여덟 배나 되는 수치다. 1980년대 이후 대기오염을 억제하려는 다양한 노력은 복합적인 결과를 낳았지만, 사망률은 1990년대 초부터 근소하게 감소한 것처럼 보인다.

석탄과 석유는 둘 다 전 세계 도시에서 대량 학살자였음이 판명되었다. 2000년 무렵 서유럽에서 자동차의 배기가스로 인한 사망률은 대체로 자동차 사고로 인한 사망률과 비슷했다.[31] 한편 중국에서는 온갖 원인으로 발생한 대기오염으로 해마다 약 50만 명이 사망했으며, 오염 물질이 바람을 타고 동쪽으로 날려 간 탓에 한국과 일본에서 11만 명이 더 사망했다.[32] 1990년대에 대기오염 탓으로 돌릴 수 있는 사망은 전 세계에서 연간 약 50만 명으로 추산된다. 2002년의 어느 연구는 그 수치를 연간 80만 명으로 잡았다.[33] 1950년부터 2010년까지 대기오염은 3000만 명에서 4000만 명을 죽였을 것으로 보이는데,(최근에는 대다수가 중국인이었다.) 이는 1950년 이후 전 세계에서 벌어진 모든 전쟁의 사망률과 거의 같다.[34] 그 외에도 수백만 명이 오염 물질을 흡입한 결과로 악화된 천식과 기타 질환으로 고통을 당했다. 화석연료 연소는 이러한 사망과 질병의 큰 원인이었다.

화석연료, 특히 석탄은 이렇게 인간의 건강에 불행한 영향을 미쳤을 뿐만 아니라 산성화의 만연에도 원인이 되었다. 화산과 산불은 대기에 많은 양의 황을 배출했지만, 1970년대가 되면 석탄 연소가 그보다 열 배나 많은 양을 배출했다. 이산화황이 구름 물방울과 만나면 황산이 되고, 이는 비(일반적으로 산성비라고 부른다.)나 눈, 안개에 섞여 대지로 돌아온다. 산성비는 석탄이나 석유의 연소에서 생성된 산화질소도 포함할 때가 많다. 미국의 중서부와 중국, 벵골 등지에서 나는 고高유황 석탄은 도처에서 생태계를 산성화했다. 산림 생태계와 담수 생태계가 가장 심각한 결과를 보였고, 몇몇 민감한 종(민물송어와 사탕단풍)은 산성도가 높은 환경에서 완전히 자취를 감추었다. 얼추 얘기하면 20세기 말 전 세계는 유럽의 북부와 중부, 북아메리카 동부, 중국의 동부, 특히 동남부, 이렇게 세 곳의 산성화 지대가 있었다.

산성비는 1960년대 말에 정책 문제가 되었다. 지역사회가 가장 쉽게 채택할 수 있는 해법은 문제가 되는 가스를 더 멀리 날려 보내는 높은 굴뚝을 규정화하는 것이었다. 1970년대에 산성비는 국제적인 문제가 되었다. 캐나다는 (주로) 미국의 발전소에서 배출되는 가스로 자국의 호수들이 산성화하는 데 항의했고, 스칸디나비아 사람들은 영국과 독일의 석탄 연소 때문에 자신들의 수로가 해를 입는다는 사실을 발견했다. 황의 함량이 각별히 높은 석탄을 사용한 폴란드와 그 이웃 나라들은 산성비로 주변국의 경관을 적셨는데, 그 산성비의 산성도ph는 때로 식초 수준에 이르렀다. 폴란드 일부 지역에서는 산성 부식으로 철도 궤도가 약해져서 열차가 속도 제한을 준수해야 했다. 1980년 이후 중국의 석탄 소비량이 급증하면서 국경을 뛰어넘는 산성화는 동아시아에서도 분쟁의 원인이 되었다. 한국과 일본, 타이완이 중국의 발전소와 공장이 미치는 영향을 느꼈던 것이다.

산성 배출 가스는 민감한 생태계뿐만 아니라 인간의 건강에도 소소한 영향을 미쳤고 석회석이나 대리석으로 지어진 건물에는 큰 영향을 미쳤다. 그리스 당국은 아크로폴리스의 매우 귀중한 조각상들이 산성비에 부식되지 않도록 실내로 옮기는 것이 현명한 처사라고 판단했다. 인도의 도시 아그라에서는 다른 무엇보다도 인근 정유 공장에서 발생한 오염이 타지마할의 대리석을 위험에 빠뜨렸다.[35]

다행스럽게도 산성화는 다루기 가장 쉬운 환경 문제로 밝혀졌다. 유럽과 미국에서는, 석탄 사업과 그 정치적 협력자들의 반대로 약간 지연되기는 했지만, 탄소 배출권 거래 제도를 만들어 오염 유발자가 배출 가스를 줄일 방법을 선택하고 오염 배출권을 매매할 수 있게 했다. 1990년 무렵부터 시작된 이 제도로 황의 배출량은 곧 40퍼센트에서 70퍼센트까지 감소했으며, 여기에 들어간 비용은 애초 예상했던 것보다 매우 적었다. 생태계가 산성화에서 벗어나 원 상태로 되돌아가기까지는 시간이 걸렸지만, 북유럽과 북아메리카 동부에서는 2000년 무렵부터 회복의 징후가 드러났다. 산성비를 뒤집어쓴 중국은 이산화황 배출 문제를 해결하려 했지만 석탄에 크게 의존했던 탓에 그 노력은 무력해졌고, 2006년 이후에야 이산화황 배출량이 아주 조금 감소했다. 중국 북부에서는 알칼리성 먼지가 널리 확산된 덕에 산성비의 영향이 억제되었지만,(산성을 중화했다.) 남부에서는 북유럽과 북아메리카 동부만큼이나 토양과 생태계가 취약했음이 드러났다.[36]

부유한 세계에서는 대체로 1970년 이후 이산화황과 석탄에 기인한 여타 오염 물질이 상당히 감소했다. 예를 들면 코펜하겐에서는 1970년에서 2005년 사이에 이산화황 농도가 90퍼센트 감소했다.[37] 런던은 1920년대에서 2005년 사이에 연기와 매연을 98퍼센트 낮추었다.[38] 1950년에 스코틀랜드의 글래스고 주민들은 해마다 1인당 약 1킬로그램의 매연을 흡입했는데, 2005년에 그들의 폐에 들어간 매연은 거의 없었다. 1960년대 중반까지 오염 유발자의 천국이었던 일본에서는 공업 도시 오사카 같은 이산화황 배출의 온상조차도 1990년이 되면 공기를 깨끗하게 하는 데 성공했다.[39] 도시의 대기오염에 나타난 이 놀라운 변화는 (석탄은 적게, 석유와 가스는 많이 쓰는) 연료 전환, 탈산업화, 그리고 주로 새로운 규제 덕분에 경제적으로 실행 가능했던 신기술들 때문에 일어났다. 대부분 새로운 규제의 배후에는 시민의 여론이 있었다. 독일은 시민 활동의 중요성을 보여 준다. 비밀경찰이 시민들에게 의견을 표명하지 말아야 할 충분한 이유를 주었던 동독에서는 1989년 공산주의 체제가 종말을 고할 때까지 대기오염이 억제되지 않았다.

화석연료 연소는 대기의 다른 변화, 즉 이산화탄소의 사정없는 증가에서도 중요한 역할을 했다. 이 문제에서 이산화황의 역사와는 대조적으로 공공 정책은 오늘날까지도 효과가 없었다. 교토 협상(1997)과 코펜하겐 협상(2009)처럼 고위급에서 이루어진 국제적인 노력은 의미 있는 탄소 배출량 감축을 가져오지 못했다. 1990년 이후 중국이 배출한 것만으로도 세계 도처에서 달성할 수 있었던 작은 감축량을 압도했다. 1950년 이후 화석연료 사용의 눈부신 증가가 대기 중 탄소량 증가의 주된 원인이다.

원자력의 이상한 역사

원자력은 다른 에너지 이용 형태들과 달리 생일이 있다. 1942년 12월 2일이다. 망명한 이탈리아인 물리학자인 엔리코 페르미Enrico Fermi는 그날 시카고 대학의 풋볼 운동장 관람석 밑에 있는, 용도를 바꾼 스쿼시 경기장에서 최초의 통제된 핵반응을 감독했다. 원자의 결합력은 인류가 얻을 수 있는 다른 에너지원의 힘을 무색하게 한다. 우라늄 한 줌이면 한 트럭 분량의 석탄보다 더 많은 에너지를 만들 수 있다. 이 깜짝 놀랄 만한 힘은 처음에는 폭탄에 쓰였는데, 수천 개가 만들어졌고 그중 두 개를 1945년 8월 미국이 일본에 써서 제2차 세계대전을 끝냈다.

곧 원자력은 평화적으로 이용되었다. 1954년 모스크바 인근의 작은 송전망에 전기를 공급한 최초의 원자로가 작동에 들어갔다. 1956~1957년에 영국과 미국에 훨씬 더 큰 원자로들이 전력 생산을 시작했다. 1950년대 중반 원자력의 전망은 끝없이 밝게 보였다. 과학자들은 원자력을 이용하여 화성에 도달하리라고 내다보았다. 어느 미국인 관료는 전기가 곧 "너무 저렴해져 계량기로 측정할 수도 없게 될 것"이라고 예견했다. 미국과 소련에서 똑같이 몽상가들은 핵폭발을 새로운 파나마 운하의 개통이나 위협적인 허리케인의 분쇄 같은 거대한 공학적 용도에 쓰는 것을 상상했다.[40] 원자력 기술은 많은 나라에서 막대한 지원을 받았다. 특히 미국의 법은 원자력 기업에 대한 소송액의 최대치를 낮게 고정하여 이들이 보험에 가입할 수 있게 했다. 그렇지 않았더라면 어떤 보험회사도 받아 주지 않았을 것이다. 1965년에서 1980년 사이에 핵 발전소에서 생산된 전기가 전 세계 전력 생산에서 차지하는 몫은 1퍼센트 미만에서 10퍼센트로 증가했다. 2013년 그 수치는 13퍼센트에 육박했다.

화석연료는 극히 적지만 과학과 공학의 자원을 갖춘 나라들은 거의 완전히 원자력으로 전환했다. 2010년 프랑스와 리투아니아, 벨기에는 전력의 절반 이상을 원자력에 의존했으며, 한국과 일본은 약 4분의 1, 미국은 5분의 1을 원자력에 의존했다.

원자력의 미래에 대한 장밋빛 기대는 1970년대와 1980년대에 널리 알려진 사고들 때문에 시들었다. 1950년대와 1960년대에 민간 원자로에서 크고 작은 수십 건의 사고가 발생했고, 최악의 사고는 소련에서 있었다. 그러나 이 사고들은 최대한 비밀에 부쳐졌다. 1979년 펜실베이니아주 스리마일섬에서 발생한 사고는 공적 조사를 받았다. 스리마일섬 사고는 핵 관련 사고들이 계속되면서 작은 사고로 판명되었지만 더 심각해질 것처럼 보였고 감춰지지 않았다. 그 사고는 미국 여론이 원자력에 등을 돌리는 데 기여했다.[41] 그 재난이 원자력 산업을 갖춘 모든 나라에서 반핵운동과 감시 단체들을 활발하게 했지만, 세계의 다른 지역 국민들은 대체로 잘 몰랐다. 핵 안전성에 관한 이들의 관심은 개혁과 더 엄격한 통제, 더 높은 건설비와 운영비를 초래했다. 1986년 3월 영국의 지식인 잡지 《이코노미스트》는 이렇게 의견을 밝혔다. "원자력 산업은 여전히 초콜릿 공장만큼이나 안전하다."[42]

4주 후 우크라이나(당시는 소련) 체르노빌에서 건설한 지 3년 된 원자로의 압력 용기가 폭발했다. 뒤이은 화재로 약 41년 전 일본의 히로시마와 나가사키에 퍼진 것보다 수백 배 큰 방사능 버섯구름이 퍼졌다. 미하일 고르바초프가 이끄는 소련 정부는 며칠 동안 그 사실을 비밀에 부치려 애쓰며 지역 주민들에게 밖에 나가거나 우유를 마시면(풀에서 가축을 거쳐 우유로 방사능이 이동한다.) 위험하다고 경고하기를 거부했다. 방사능은 바람을 타고 유럽으로 확산되었고 결국 북반구의 모든 주민이 소량의 방사능에 누출되었다. 약 83만 명의 군인과 노동자('체르노빌의 정리자들')가 강압으로 정화 작업에 동원되었고, 방사능 중독으로 곧 스물여덟 명이 사망했고 곧이어 수십 명이 더 사망했으며 시간이 지나면서 이 불운한 정리자 수천 명이 더 사망했다. 보험 통계표가 예측한 것보다 더 많았다. 집이 오염된 탓에 약 13만 명이 적어도 200년 이상 위험한 수준의 방사능이 머물 유령 지대를 떠나 영구히 다른 곳에 재정착했다. 소수의 용감하고 완고한 사람은 아직도 그곳에 산다.

체르노빌 출입 금지 구역은 그 이후로 사실상 야생 생물 보호 구역이 되어 특히 멧돼지와 무스, 사슴, 늑대, 황새, 독수리가 우글거렸다. 이 동물들은 인간에게 위험하다고 판단되는 수준의 방사능으로 오염된 지역을 돌아다녔다. 잡아먹히거나 굶주려 죽는 위험 때문에 암이 발생할 정도로 오래도록 살아남은 야생동물은 거의 없었다. 그러나 딱정벌레부터 멧돼지에 이르기까지 모든 종에서 종양과 이른 노화, 유전적 돌연변이의 비율이 보통 이상으로 높았다. '금지 구역'(현지인들은 그렇게 불렀다.) 내의 식물도 높은 돌연변이 비율을 보였다. 지금까지 연구된 바로는 아주 작은 부분이었지만 토양 미생물도 마찬가지였다. 인체는 평균적으로 약 3킬로그램의 박테리아와 바이러스, 미세 곰팡이를 갖고 있기 때문에, 체르노빌 사고로 인한 이것들의 변이는 인간에게 흥미로운 영향을 미치는 것으로 입증될지도 모른다. 금지 구역은 1986년 대재난의 여파로 기이한 생물학적 모순이 되었다. 풀베기와 잡초 제거, 도로포장, 사냥 같은 인간의 일상적인 활동이 없었기에 풍부한 야생 생물과 식생이 부활하여 주변 지역보다 훨씬 더 풍요로워졌지만, 동시에 바로 그 사고 때문에 다른 곳의 야생 생물과 식생보다 건강하지 못했다.[43]

체르노빌이 인간의 건강에 미친 영향은 여전히 논란거리로 남아 있다. 암 발병률, 특히 어린이의 갑상선암 발병률이 그 재앙 이후 몇 년간 치솟았고 2004년까지 약 4000건의 초과 발병이 이어졌다. 정부가 사건을 덮으려 하지만 않았어도 희생자 수는 훨씬 더 적었을 것이다. 이 정도는 널리 받아들여지고 있다. 체르노빌 사고가 건강에 미친 온전한 영향은 큰 논란거리다.

유행병 학자들은 종종 히로시마와 나가사키에서 살아남은 생존자들의 경험으로부터 추론하여 체르노빌 사고의 사망률을 대담하게 여러 가지로 추정했다. 유엔 기구들이 모여 만든 체르노빌 포럼Chernobyl Forum은 2006년에 체르노빌 사건과 관련된 사망과 질병을 각각 9000명과 20만 명으로 추산했고, 그 대변인은 이 수치에 안심했다. 이 수치는 전문가들이 밝힌 의견 범위 중에서 가장 낮은 것이다. 최근에는 러시아 과학원과 벨라루스 방사능 안전 연구소가 강력한 잠행성 효과가 있다는 보고서를 발표했다. 예를 들면 방사능에 노출된 자들의 조기 노화와 노쇠의 징후들, 그리고 체르노빌 사건 이후 몇 달간 유럽 도처에 나타난 다운 증후군과 저체중 신생아, 유아 사망률의 급증에 주목했다. 1994년 우크라이나에서는 체르노빌의 정리자들 중 90퍼센트 이상이 병에 걸렸으며, 소개된 자들의 80퍼센트와 부모가 방사능에 노출된 아이들의 76퍼센트도 마찬가지였다. 아주 많은 사람이 면역 체계 약화로 고통을 당했는데, 보건 종사자들은 그것을 '체르노빌 에이즈'라고 불렀다. 가장 심한 고통을 당한 주민들은 체르노빌 인근에 살았기에 많은 방사능에 노출된 자들과 체르노빌 정리자들, 1986년 4월 이후에 몇 달간 태어난 아기들(태내는 그해 봄에 매우 위험한 곳이었다.)이었다. 이 연구자들은 구소련의 방사능 누출 지역에 나타난 사망률 증가를 토대로 체르노빌 사고가 2004년까지 러시아와 우크라이나, 벨라루스에서 이미 약 21만 2000명을 죽음에 이르게 한 것으로 계산했고, 전 세계에서 거의 100만 명을 죽게 했다고 추정했다. 이러한 수치는 그 범위의 가장 높은 것에 가깝다. 그러나 죽음의 원인을 평가하고 소련이 체르노빌 정리자들의 보건 기록을 고의로 위조한 것을 평가하는 데 따르는 내재적 어려움 때문에 체르노빌 사고가 초래한 인적 손실을 제대로 알 사람은 전혀 없을 것이다.[44]

체르노빌 사고는 세계 유가의 급락과 같이 찾아왔다. 핵 발전소 건설의 생태학적이고 경제적인 논리는 갑자기 설득력이 떨어져 보였다. 전 세계의 전력에서 원자력이 만드는 몫은 빠르게 증가하고 있었는데 이후 20년간 다시 감소했다.

체르노빌 사고는 원자력 산업에 찬물을 끼얹었고 그 효과는 수십 년간 지속되었다. 그러나 영원하지는 않았다. 1987년 이탈리아는 국민투표로써 원자력에 반대했으나 2009년 그 결정을 철회했다. 특히 중국에서는 계속 늘어가기만 하는 전력 수요 때문에 당국이 더 많은 핵 발전소를 건설했다. 2010년을 기준으로 전 세계(44개국)에서 가동 중인 핵 발전소는 약 440기였고, 추가로 약 50기가 공사 중에 있었는데 그중 20기는 중국에, 10기는 러시아에, 5기는 인도에서 건설 중이었다. 원자력은 안전을 걱정하고 정부 보조금에 의존해야 했으며 위험한 핵폐기물을 어떻게 처리할 것인가라는 아직 해결되지 않은 문제가 있었지만 온실가스를 거의 배출하지 않는다는 사실 때문에 지구온난화를 심각하게 생각하는 많은 사람에게 인기를 끌었다. 2010년까지 미국에는 약 6만 2000톤의 사용 후 핵연료가 쌓였으며 보관할 곳이 없었다.[45] 미국 환경보호청EPA에 따르면 폐핵연료는 1만 년이 지나면 더는 인간의 건강을 위협하지 않을 것이므로 그 문제는 저절로 해결된다. 원자력은 환경에 관한 걱정을 불러일으키고 시장에서 경쟁력을 지니려면 보조금이 필요했지만, 체르노빌의 잿더미에서 벗어나 2010년이면 세계 거의 전 지역에서 정치적으로 실행 가능한 수단이 되었다.

그때 후쿠시마福島 사고가 터졌다.[46] 2011년 3월에 리히터 지진계로 진도

9.0에 달하는 강력한 지진이 일본의 북동쪽 해안으로 지진해일을 보냈다. 약 14미터 높이의 엄청난 파도가 해안으로 밀려와 약 2000명이 사망했고 역사상 가장 막대한 희생을 가져온 자연재해라고 할 만큼 큰 파괴를 초래했다.

세계 최대 규모였던 후쿠시마 제1원자력발전소는 1971년에 가동을 시작했다. 이 발전소는 1978년 지진을 견뎌 냈다. 운영자는 도쿄 전력 주식회사 TEPCO였다. 그러나 2011년 파도는 지진해일을 막기 위해 건설된 방호벽을 쉽게 넘었다. 방호벽의 높이는 그 지진해일 높이의 절반도 못 되었기 때문이다. 가동 중인 원자로 여섯 기가 정지되었고, 발전기와 축전지가 망가졌으며, 발전소는 전력을 완전히 잃어서 연료봉 위로 냉각수를 퍼 올릴 능력을 상실했다. 핵분열 생성물이 계속 붕괴하는 탓에 연료봉은 원자로가 작동하지 않는 동안에도 열을 발생시킨다. 화재와 폭발이 이어졌다. 원자로 세 개가 녹아내렸다. 도쿄 전력 직원들은 최악의 사태를 방지할 수 있기를 바라면서 연료봉을 바닷물에 집어넣었다. 지진해일 이후 첫 달에 주변 환경으로 누출된 방사능의 양은 체르노빌 사고 때 누출된 양의 약 10퍼센트였다. 후쿠시마 제1원자력발전소에서 일한 수십 명의 직원은 대량의 방사능에 피폭되었다.

일본 정부는 초기에는 재앙의 심각성을 뚜렷하게 이해하지 못했으나 결국 발전소에서 반경 20킬로미터의 출입 금지 구역을 설정했다. 약 35만 명이 더 안전한 곳으로 대피했다. 처음에는 구체적으로 어디라고 말하기 어려운 곳들이었다. 정부는 또한 남쪽으로 약 200킬로미터 떨어진 도쿄에 공급되는 수돗물이 방사능 때문에 유아에게 안전하지 않다고 공식적으로 결정했다. 도쿄 전력과 정부 모두 똑같이 미흡한 준비와 은폐로 일본 내부의 격한 비난을 받았다.[47]

소량의 방사능이 북반구 곳곳을 떠다니며 북아메리카의 우유를 오염시켰고 도처에서 불안을 초래했다. 독일 정부는 노후 원자로 몇몇을 폐쇄한다고 선언했으며, 여러 나라가 원자력 안전 절차를 재검토하겠다고 선언했다. 중국은 그 재난에서 대부분의 다른 나라보다 더 가까웠는데도 기록적인 핵 발전소 건설 속도를 유지했다.

일본에서는 핵 발전소 반대 정서가 들끓었고, 나중에 두 기가 재가동되기는 했지만 사고가 난 뒤 14개월 안에 나라의 원자로 쉰네 개가 전부 먼지만 뒤집어쓰고 있었다. 가동되는 핵 발전소를 보유하기를 원하는 지역사회는 없었다. 그 결과로 부족하게 된 전력을 보충하기 위해 일본은 화석연료 수입량을 절반가량 늘렸고, 이는 처음에는 그 에너지 비용을 높였다. 후쿠시마 발전소의 지진해일이 오랫동안 원자력에 대한 열정을 식힐 것인지는 두고 볼 일이다.

논란거리인 수력의 역사

출력의 관점에서 볼 때 수력은 원자력에 버금갔다. 논쟁과 비극의 관점에서도 크게 뒤지지 않는다. 인간은 오랜 옛날부터 수력을 이용하여 곡물을 빻았고 18세기부터는 공장에 동력을 공급했지만, 물이 터빈을 통과해 전기를 생산한 것은 1878년의 일이었다. 유럽과 북아메리카에는 1890년에서 1930년 사이에 수백 기의 소규모 수력발전소가 건설되었다. 미국은 소련을 재빨리 따라 하여 1930년대에 대규모 수력발전소 건설을 선도했다. 이 거대한 괴물은 핵 발전소와 마찬가지로 뛰어난 기술과 근대성의 상징이 되었다. 1947년에서 1964년까지 인도의 총리였던 자와할랄 네루는 종종 수력발전 댐을 '근대 인도의 사원'이라고 부르곤 했다. 세계는 1945년 이후 계속해서 댐 건설에 탐닉했고, 그 절정기였던 1960년대와 1970년대에 이르면 부유한 나라들의 좋은 입지에는 대체로 댐이 들어섰다.

수력은 큰 매력이 있었다. 공학자들에게 수력은(저수량이 고갈되는 큰 가뭄이 발생할 때를 제외하면) 언제라도 전력을 제공하는 이점을 지녔다. 저수의 잠재력은 고정된 것이며 아무런 비용을 들이지 않고 쓸 수 있었다.(이집트 아스완 댐의 인공호수인 나세르호처럼 증발률이 높은 곳은 예외다.) 게다가 저수는 관개수나 여흥의 장소, 어업 등 여러 용도로 쓸 수 있었다. 흔히 여러 가지 이유로 거대 댐에 반대하는 환경보호주의자들에게도 수력은 발전 중에 온실가스를 배출하지 않는 장점을 지녔다. 댐 건설은 다른 문제였지만, 모든 면을 다 고려하더라도 수력발전은 기후변화의 관점에서 볼 때 화석연료를 사용하는 것보다 분명히 더, 훨씬 더 좋은 최선의 발전 방식이었을 것이다.

그러나 그 결점은 무수히 많다. 거대 댐은 1975년 중국 허난河南성의 반차오 댐板橋水庫大坝의 경우처럼 큰 사고를 가져올 수 있다. 태풍에 댐이 붕괴하여 큰물(내륙 해일)이 흘러내렸고 수만 명이 익사했다. 뒤이은 기아와 수인성 전염병으로 추가로 14만 5000명이 사망했다. 재난의 규모는 작았어도 수백 개의 다른 댐에서도 사고가 발생했다. 상대적으로 지루한 얘기가 되겠지만, 댐의 저수에는 침적토가 쌓였다. 그래서 수력발전소의 유효 사용 연한은 몇몇 잘못 설계된 사례에서는 겨우 10년이나 20년밖에 되지 않았다. 그러한 경우는 대부분 중국에 있었다. 또한 저수는 때때로 소중하게 보존된 경관을 해쳤다. 파라나강에 건설되어 1982년에 담수를 시작한 이타이푸 댐의 경우 브라질은 파라과이와 협력하느라 국립공원 하나를 침수시켰다. 그 댐의 발전소는 세계에서 두 번째로 크다. 일부 저수는 고고학적 보화를 없애 버렸다. 이집트의 아스완 댐과 터키가 아나톨리아 동부의 티그리스강과 유프라테스강에 세운 여러 기의 댐이 그러했다. '구조 고고학salvage archaeology'[6]은 대개 저수 밑으로 사라진 것의 극히 작은 부분만 구해 낼 수 있었다.[48]

댐 건설에서 정치적으로 가장 민감한 측면은 주민의 이주였다. 저수에는 많은 공간이 필요했다. 전부 더하면 이탈리아 면적의 두 배가량 된다. 가나나 러시아의 몇몇 거대 댐의 담수 면적은 키프로스나 코네티컷주의 크기와 같다. 전 세계적으로 약 4000만 명에서 8000만 명(인도 한 나라에서만 2000만 명)이 저수를 피해 떠나야 했다. 드문 경우이기는 하지만 사전에 아무런 고지도 없어서 목숨을 구하기 위해 줄행랑을 친 사람들도 있었다.[49] 이주자는 대체로 급류가 흐르는 험한 산악 지대에 살던 소수민족들로 나라의 다른 곳에 필요한 전기의 생산을 위해 고향을 떠났다.[50]

1947년 이후 댐 건설이 국가 개발계획에서 주된 부분을 차지했던 인도에서는 1980년대가 되면 농민의 댐 건설 반대가 하나의 운동으로 발전하여 널리 퍼졌다. 저항이 좀처럼 국가의 목표를 꺾지는 못했지만, 인도 서부 나르마다강을 따라 늘어선 댐들의 경우 엄청난 항의 시위와 정치적 소요, 오랜 소송을 초래했다. 나르마다강 개발 사업NRD에는 크고 작은 댐 수천 개가 포함되었

---

6 대형 공사 직전에 빠른 속도로 실행하는 발굴 조사로, 'rescue archaeology'라고도 한다.

고 건설은 1974년에 시작되었다. 지역의 저항은 주로 이주 때문에 발생했는데 1980년대에 점점 더 조직화했고 국제 환경 단체들에 지원을 요청하는 데 성공했다. 오랫동안 인도의 댐 건설을 지원했던 세계은행은 1993~1994년에 지원을 철회했다. 외국의 비판은 인도 민족주의에 불을 지폈다. 인도의 소설가들과 배우들이 이 문제에 휩쓸려 각각 추가 댐 건설에 찬성하거나 반대했다. 그러나 인도 대법원은 정부와 공학자들 편에 섰고 공사는 지속되었으며, 따라서 나르마다강의 담수를 수용하기 위해 10만여 명의 인도인(이들은 인도에서 '추방된 자들'로 알려져 있다.)이 추가로 이주했다.[51]

1980년이 되면 유럽과 북아메리카에서는 수력발전의 최적지가 고갈되었지만, 나머지 세계는 계속해서 빠르게 댐을 건설했다. 1950년 이후 건설된 거대 댐의 절반은 중국에 있었다. 1991년에서 2009년 사이, 중국은 지금까지도 역사상 최대의 수력발전소인 싼샤 댐長江三峽大坝을 건설했다. 나르마다강 개발 사업처럼 싼샤 댐에서도 대략 130만 명이 수몰로 이주해야 했기에 환경과 관련된 논란이 일었다. 싼샤 댐이 배후에 엄청난 양의 충적토를 가두었기에, 댐의 수위가 올라가면서 하류의 양쯔강 삼각주가 서서히 침식되었다. 동중국해로 유입되는 유기물이 줄어들면서 중국의 풍요로운 어업이 위험에 처했다.[52] 게다가 댐이 붕괴될 경우 초래될 잠재적 재앙은 상상을 초월한다.(싼샤 댐은 지진단층 위에 세워졌다.) 그러나 싼샤 댐은 수력발전의 환경적 타협을 보여 주는 실례다. 싼샤 댐이 없다면 중국은 석탄을 연간 수천만 톤 더 때야 할 것이기 때문이다.

2013년 현재, 아프리카와 남아메리카에는 수력발전의 가능성이 엄청나게 남아 있다. 전기 시장이 크지 않아 이용되지 않았던 것이다. 그러나 기후변화에 점점 더 많은 관심이 쏠리면서 주민 이주와 다른 문제들이 있다고 해도 남아 있는 수력 개발의 기회가 이용될 확률은 높아졌다.

대체에너지의 (시험적) 출현

화석연료와 원자력, 수력의 명백한 환경상의 결함 때문에 사람들은 건강한 '녹색' 에너지원을 갈망하게 되었다. 여기에 화석연료 고갈에 대한 염려가 더해져 대안을 찾으려는 노력이 강화되었다. 1917년 스코틀랜드계 미국인 발명가인 알렉산더 그레이엄 벨Alexander Graham Bell은 석탄과 석유는 언젠가 고갈될 것이라는 이유에서 곡물 찌꺼기로 만든 연료인 에탄올을 쓰자고 주장했다. 그러나 화석연료의 가격 하락과 원자력 초기의 낙관론 때문에 대체에너지 개발은 1970년대에 이르기까지 억제되었다. 그 이후 1973년과 1979년에 석유 가격이 치솟고 원자력에 대한 환멸이 1986년 체르노빌 사고로 정점을 찍으면서 조력과 지열은 물론 태양에너지와 풍력, 그리고 상대적으로 전망이 적은 다른 에너지들에 대한 관심이 고조되었다. 에탄올로 말하면 1970년대 초부터 브라질에서 주된 연료가 되었다. 사탕수수 줄기는 휘발유 75퍼센트에 에탄올 25퍼센트를 혼합한 연료를 연소시키는 자동차들에 기본적인 에너지를 공급했다.

바람보다 더 재생성이 뛰어난 것은 없다. 풍차를 이용해 곡물을 빻는 것은 이란이나 아프가니스탄에서 시작되었다. 대수층의 지하수를 끌어올리는 부채꼴 모양의 펌프는 특히 북아메리카의 대평원에서는 100년 전에 이미 흔하게 볼 수 있었다. 풍력발전은 1979년 덴마크의 공학자들이 현대적 풍력 터빈을 건설하면서 실제로 이용되었다. 기술은 빠르게 향상되었고, 그 결과 풍력은 정부 보조금의 지원까지 받아 2010년이면 덴마크 전기 생산량의 약 5분의 1을 생산했다. 에스파냐와 포르투갈에서는 그 수치가 약 15퍼센트에 이르렀다. 미국에서 풍력으로 생산되는 전기는 전체의 2퍼센트에 못 미쳤지만 계속 증가하고 있으며, 중국의 경우도 마찬가지다. 2008년 이후 세계적으로 해마다 수력보다 풍력에 더 많은 자본이 투입되었다.

어디서든 풍력의 매력은 주로 환경의 측면에 있었다. 거대 풍력발전 단지는 경관의 외양을 바꾸고 경우에 따라 새와 박쥐를 죽였기에 여기저기에서 소소한 논란을 불러일으켰지만, 풍력이 환경에 미치는 영향은 대체로 무시할 수 있는 수준이었다. 환경 친화적인 시민과 정부에 풍력은 기후변화의 늪에서 빠져나올 길을 보여 주는 것 같았다. 더 정확히 말하면 풍력은 부분적으로만 해법을 제시하는 것 같았다. 풍력에는 바람이 필요한데, 덴마크와 포르투갈에서도 전기가 필요할 때 늘 바람이 부는 것은 아니었기 때문이다. 바람이 잠잠할 때를 대비해 전력을 저장하기는 쉽지 않다.

환경 친화적 시민들이 애호하는 다른 대체에너지인 태양에너지에도 동일한 한계가 있다. 구름과 밤은 태양에너지의 꾸준한 전달을 방해한다. 그러나 태양에너지의 잠재력은 거부하기 어렵다. 태양은 한 시간에 인류가 1년 동안 쓸 것보다 더 많은 에너지를 지구에 전달한다. 그리고 태양의 1년치 혜택에 담긴 에너지는 지각에 묻혀 있는 화석연료와 우라늄 전체에 담긴 것보다 더 많다. 지금 이용할 수 있는 에너지원 중에서 태양은 그 어느 것보다도 더 무한한 에너지를 약속한다.

태양광 전지 기술은 19세기 말에 등장했으나 수십 년간 시들었다. 풍력처럼 태양에너지도 1970년대에 높은 유가 때문에 많은 사람의 관심을 끌었다. 태양광 전지판은 송전선로에 연결되지 않은 외진 곳에서 매우 실용적이었음이 입증되었다. 태양에너지에 대한 투자는 주로 1985~1986년 유가 하락 때문이었지만 여러 해 동안 발전이 더디다가 2000년 이후 다시 급증했다. 보조금을 지급한 유럽 국가들, 특히 독일이 큰 역할을 했다. 그렇지만 2000년에 실행 중인 단일 태양에너지 사업으로 최대였던 것은 중국에 있었다. 신장과 티베트 같은 서부 지역은 햇빛이 풍부하지만 중국의 석탄 공급지에서는 아주 멀리 떨어져 있었다.[53]

풍력과 태양에너지는 최근에 급격하게 성장했지만, 2010년 전 세계의 에너지 소비에서 차지하는 그 몫은 1퍼센트 미만이었다. 풍력과 태양에너지는 화석연료와는 달리 저장하기가 어렵다. 풍력과 태양에너지는 온실가스 배출량을 줄이는 데 최선의 방책이겠지만, 화석연료에 도전하기까지는, 특히 석유의 이점이 강력한 운송 부문에서는 갈 길이 매우 멀다.

풍부한 에너지의 간접적인 효과

화석연료 에너지의 경로는 인간의 건강은 물론 세계의 공기와 물, 토양에 심대한 영향을 미쳤다. 다른 모든 것을 떠나서 (과거의 기준에 비해) 저렴한 에너지라는 단순한 사실이 온갖 환경의 변화를 초래했다. 저렴한 에너지, 그리고 이를 사용하는 기계들은 여러 산업 중에서도 벌목과 농업에 변화를 주었다. 전체적으로 저렴한 에너지는 경제적으로 이득이 되는 것의 범위를 확대했으며 그로써 에너지를 마구 써 대는 활동들의 규모나 강도를 크게 했다.

목재 수확을 생각해 보자. 1960년대 세계 도처에서, 특히 습한 열대우림에서 급증한 삼림 벌채는 근대사의 거대한 환경 변화 중 하나였다. 그것은 저렴한 석유 덕분에 가능했다. 벌목꾼들이 도끼와 톱을 사용했다면, 동물의 근력과 수로에만 의지하여 통나무를 운송했다면, 남벌은 실제보다 훨씬 덜했을 것이다. 휘발유 엔진 기계톱을 쓰는 벌목꾼들은 도끼와 가로톱을 쓰는 자들보다 100배에서 1000배 더 효율적으로 나무를 잘랐다. 1990년대부터 '다른 행성에서 온 곤충'처럼 보이는 커다란 디젤 엔진 기계톱이 나무 밑동을 싹둑 잘라 사람이 숲 바닥에 발을 딛지 않고도 벌목이 가능해졌다.[54]

석유는 농업에도 한층 더 근본적인 변화를 가져왔다. 1980년대 북아메리카 대초원에서는 연료통을 가득 채운 커다란 트랙터 한 대면 혼자서 하루에 110에이커(약 44만 5000제곱미터)의 땅을 갈 수 있었다. 70년 전이라면 쉰다섯 명과 말 110마리가 필요한 작업량이었다. 이러한 종류의 기계화는 북아메리카와 유럽의 농지에서 말과 사람을 치워 버렸다. 1920년 미국은 경작지의 거의 4분의 1을 말의 사료인 귀리를 심는 데 썼는데, 1990년에 귀리 재배지는 거의 전무했다. 트랙터는 아시아의 일부 지역에서도 농업을 바꿔 놓았다. 이제 아시아에서도 트랙터는 500만 대가 넘는다.(아프리카에는 대략 20만 대의 트랙터가 있을 것이다.)[55]

기계화는 저렴한 에너지가 농업에 가져온 변화 중 가장 분명한 것이다. 막대한 양의 질소비료 사용도 저렴한 에너지에 의존했다. 전 세계 천연가스의 약 5퍼센트는 전적으로 비료 생산에 쓰인다. 여러 살충제는 석유를 화학적 원료로 사용했다. 관개도, 특히 대수층에서 물을 끌어올릴 때, 저렴한 에너지에 의존했다. 현대 농업의 이 모든 관행은 생태계에 깊은 영향을 미치며, 전부 저렴한 에너지가 필요했다.

저렴한 에너지는 광업과 어업, 도시 설계, 관광을 포함하여 인간이 자연과 상호작용을 하는 여러 영역의 규모와 강도, 환경적 함의에 변화를 가져왔다. 저렴한 에너지가 없었다면, 기계가 단 몇 그램의 금을 찾느라 오스트레일리아의 산을 몇 톤씩 파헤칠 수는 없었을 것이다. 또 트롤 어선이 몇 킬로미터에 이르는 그물로 해저를 긁을 수는 없었을 것이다. 토론토와 시드니 같은 도시가 숲과 농지를 집어삼키며 그 정도로 넓게 퍼지지도 못했을 것이다. 수백만 명의 북아메리카인이 코수멜Cozumel[7]로, 유럽인이 세이셸 군도로, 일본인이 사이판이나 괌으로 일상적으로 비행기를 타고 날아가지도 못했을 것이다. 이런 곳들은 전부 지난 40년간 대중 관광에 의해 경제와 사회는 물론 환경도 변화를 겪었다. 이런 곳들과 그 밖에 많은 곳에서 사용된 저렴한 에너지는 대개 화석연료로 생산되었지만, 에너지원이 달랐어도 저렴하게 생산되었다면 그것이 산악 지대와 물고기, 숲, 농지, 해안가에 미친 영향은 대동소이했을 것이다. 에너지가 환경에 미치는 간접적인 영향은 에너지의 대량 이용에 기인했다. 에너지원의 특정한 속성 때문이 아니라 에너지가 많고 저렴했기 때문에 나타난 것이다.[56]

인류세를 형성한 모든 힘과 과정을 해명하기를 바랄 수는 없지만, 어떤 관점에서 보더라도 에너지는 이 새로운 시대의 중심에 있는 것 같다. 1945년 이후 사용된 에너지의 양은 너무도 막대하여 그 이전까지 사용된 에너지의 양을 압도한다. 화석연료와 원자력, 수력의 특정 성질은 오염과 방사능 누출, 저수 등등으로 생물권에 선명한 흔적을 남겼다. 저렴한 에너지는 인간에게 새로운 지렛대를 제공했다. 그것을 수단으로 인간은 일을 성취했고 더 빠르고 멀리 이동했으며 돈을 벌었고, 때로는 의식하지 못한 채 무심코 환경을 변화시켰다. 저렴한 에너지를 이용할 수 있는 사람은 거의 누구나 그렇게 했다.

인구 폭탄

1945년 이후 인류의 인구사는 그 이전의 역사와 전혀 달랐다. 인구의 증가는 1940년대 말부터 내내 당대의 평자들에게 큰 인상을 심어 주었다. 이 문제에 주목한 자들은 대부분 인구 성장을 때때로 (언제나 그 이유 때문만은 아니었지만) 환경적인 이유로 비난했다. 인구에 관한 걱정을 드러낸 고전적인 성명

---

7 멕시코 유카탄반도 동쪽 카리브해의 관광지 섬.

은 아마도 폴 얼리치Paul Ehrlich의 말일 것이다. 스탠포드 대학의 생물학자였던 얼리치는 1968년에 『인구 폭탄Population Bomb』을 출간하여 그 용어를 널리 알렸다. 얼리치의 예언은 여러 점에서 틀렸지만, 인간이라는 동물이 그때 인구 폭발 중에, 그 오랜 역사에서 그때까지 가장 큰 폭발 중에 있었다는 말은 옳았다.

제2차 세계대전으로 약 6000만 명이 제명을 다 못 채우고 일찍 죽었다. 그 전쟁 중에 세계 인구는 20억 명을 족히 넘었고, 매년 약 6000만 명에서 7000만 명에 이르는 아기가 태어났다. 중국과 일본, 소련, 폴란드, 독일, 유고슬라비아, 기타 여러 나라에서 전시의 사망률과 억눌린 출산율은 인구통계에 날카로운 흔적을 남겼다. 그러나 전 세계적으로 보면 이 죽음은 치솟는 출산의 파고에 압도되었다.

그렇지만 제2차 세계대전은 인구통계의 효과를 약간 지연시켰다. 전쟁의 종결은 세계 여러 지역에서 출산의 급증을 초래했다. 더 중요했던 것은 전쟁 중에 습득하거나 개선한 의학과 보건의 기술 발전이 생존율, 특히 유아와 아동의 생존율을 크게 높이는 데 기여했다는 사실이다. 전쟁이라는 절박한 사정 때문에 공중 보건에 폭넓게 개입하는 것이 정당해졌고 행정관과 보건 전문가는 어려운 상황에서도 대중에게 적당한 비용으로 백신을 접종하고 항생제를 처방하며 위생 시설을 제공하는 법을 배웠다. 그래서 1945년 이후 인간의 인구통계는 20만 년에 걸친 그 역사에서 가장 독특한 시기에 접어들었다. 1945년에서 2010년에 이르는 인류의 삶의 한 구간에서 세계 인구는 약 23억 명에서 69억 명으로 세 배로 늘었다. 연간 1퍼센트 이상 인구가 지속적으로 성장한 이 별난 막간극은 당연하게도 이제는 지구상의 거의 모든 사람이 정상으로 여기는 상황이다. 그것은 결코 정상이 아니다.

첫 번째 10억 명이 되기까지가 가장 어려웠다. 인류가 10억 명의 규모에 이르기까지는 한두 차례의 절멸 위기를 포함하여 수천 년이 걸렸다. 대략 1800년에서 1820년 무렵이었다. 1930년 무렵 인류의 수는 두 배로 늘어 20억 명이 되었다. 세 번째 10억 명이 추가되는 것은 1960년 무렵으로 겨우 30년밖에 걸리지 않았다. 네 번째 10억 명은 1975년에, 그다음 10억 명은 1987년에 추가되었으며, 이어 1999년까지 10억 명이 더 늘어났다. 2011년이나 2012년 무렵 전 세계 인구는 70억 명을 헤아렸고, 두 세대 동안 12년 내지 15년마다 10억 명씩 증가했다. 인류 역사에 나타난 인구 성장의 약 3분의 2가 1945년에서 2010년 사이 인간의 한 생애에 발생했다. 과거 그 어느 때에도 이와 같은 인구 증가는 없었다.

이 유별난 인구 성장의 폭발을 바라보는 한 가지 방법은 연간 인구의 절대적 증가, 다시 말해 순수한 출생자 수에서 사망자 수를 뺀 연간 증가분을 고려하는 것이다. 1920년부터 1945년까지 세계는 연평균 200만 명을 상회하는 인구 증가를 보였다. 1950년경 연간 증가분은 500만 명에 달했고 이후 1970년대 초가 되면 약 7500만 명으로 급증했다가 잠시 안정을 유지했으나 1980년대 말에는 역사상 최대치로 여겨지는 연간 8900만 명에 도달했다. 이는 1년마다 (2010년의 인구를 기준으로) 독일이나 베트남을 새로 추가하는 것과 맞먹는 수치였다. 표 3.3은 1950년부터 2010년까지 이 기록을 개괄한다.

인구의 급증을 바라보는 또 다른 방법은 성장률에 초점을 맞추는 것이다. 인류 역사 대부분의 기간에 성장률은 극미했다. 어느 조심스러운 추정치에 따르면 1650년 이전의 1700년 동안 연간 성장률은 약 0.05퍼센트에 이르렀다. 19세기에 인구 증가율은 연간 약 0.5퍼센트였고, 20세기 전반기에는 약 0.6퍼센트였다.[57] 제2차 세계대전 이후는 급격히 증가한다.(표 3.4 참조) 성장은 1970년 무렵 연간 약 2퍼센트로 정점에 도달했다. 이후 성장률은 다시 하락했고 1990년 이후 하락 속도가 매우 빨라져 2010년이면 연간 1.1퍼센트를 기록한다. 미래가 어떨 것인지는 추정할 수밖에 없지만, 유엔의 인구통계학자들은 2050년에 성장률이 1800년의 성장률보다 낮은 0.34퍼센트로 약해질 것이라고 예측한다. 어쨌거나 전 세계의 인구 성장률이 연간 1.75퍼센트를 넘었던 1950년부터 1990년까지는 재생산과 생존이 폭증했다. 이는 인류 역사에서 그 이전에 도달한 적이 없고 이후로도 결코 되풀이될 수 없는 것이었다. 인류가 앞으로 몇백 년 동안 어떻게 해서든 인구 증가율을 유지한다면, 지구는 곧 빛의 속도에 가까운 시선視線속도로 바깥쪽으로 팽창하는, 인간의 몸으로 뒤덮인 거대한 공 안에 가려 보이지 않게 될 것이다. 그럴 가망성은 없다.[58]

표 3.3 세계 인구의 연간 증가, 1950~2010년(단위: 1000명)

기간	연간 인구 증가
1950~1955	46,822
1955~1960	51,981
1960~1965	61,663
1965~1970	70,821
1970~1975	75,108
1975~1980	75,258
1980~1985	81,728
1985~1990	88,841
1990~1995	84,524
1995~2000	80,459
2000~2005	79,382
2005~2010	79,282

출처: UN Population Division.

그러므로 우리는 지금 인류의 인구사에서 가장 이례적인 상황이 쇠하는 단계에 있다. 출산율이 가파르게 하락하는 주된 이유는 (여러 가지 이유가 있지만) 본질적으로 환경과 관련이 있다. 도시화 때문이다. 도시민은 거의 언제나 농촌의 동료 인간보다 아이를 적게 낳는 것을 선호한다. 세계가 눈부신 속도로 도시화를 겪으면서 인간의 출산율은 내리막길을 걸었다.

그럼에도 최근의 생물학적 성공은 놀랍다. 2010년 현재 인간의 수는 지구상의 다른 큰 포유동물의 수를 큰 차이로 능가했다. 실제로 인간의 바이오매스 총량(약 1억 톤)은 가축을 제외한 다른 어느 포유동물의 바이오매스보다 훨씬 더 많다. 가축을 제외한 포유동물 전체는 약 13억 마리로 그 바이오매스는 1억 5600만 톤에 달한다. 인간(신체의 평균 크기는 1800년에서 2000년 사이에 절반가량 커졌다.)[59]은 이제 지구상의 동물 바이오매스에서 약 5퍼센트를 담당한

표 3.4 세계 인구 증가율, 1950~2010년

기간	인구 증가율(%)
1950-1955	1.77
1955-1960	1.80
1960-1965	1.94
1965-1970	2.20
1970-1975	1.94
1975-1980	1.77
1980-1985	1.76
1985-1990	1.75
1990-1995	1.54
1995-2000	1.36
2000-2005	1.26
2005-2010	1.28

출처: UN Population Division.

다. 이는 모든 가축의 바이오매스를 합친 것의 절반에 해당한다. 그러나 개미가 인간을 아주 쉽게 능가한다.

인류의 인구사에 왜 이렇게 유별난 상황이 발생했는가? 가장 기본적인 수준에서 말하자면 전 세계적으로 사망률이 급격하게 하락했기 때문이다. 1800년에 연간 1000명당 30명 내지 35명이었던 것이 1945년에는 1000명당 약 20명으로 줄어들었고 이후 1980년대 초가 되면 10명으로 급락한다. 지금 전 세계적 사망률은 8.4명이다. 출생률도 하락했지만 사망률보다는 더 점진적이었다. 전 세계적으로 일반 출생률은 1950년의 1000명당 37명에서 2010년의 1000명당 20명으로 하락했다. 현저하게 줄었지만 사망률의 급락에 비할 수는 없다.

기본적인 수준을 약간 벗어나서 말하면 죽음을 제어하는 기술이 일시적으로 산아 제한 기술을 능가했기 때문이다. 18세기에 지구상의 몇몇 지역, 특히 중국과 서유럽에서 농업 기술이 향상되었고 식량 부족에 대한 정부의 대응이 개선되었으며 여기에 더하여 질병 저항력이 점차 강화되면서 사망률이 낮아졌다. 19세기에 이 과정은 지속되었고 추가로 도시 위생의 혁명적 변화, 특히 깨끗한 식수의 공급이 이루어졌으며, 20세기 초에는 예방접종과 항생제도 등장했다. 국가(그리고 식민지 행정부)는 공중 보건 기구를 창설하여 가능하다면 어디서든 예방접종과 위생 제도를 시행하려 했다. 의학 연구도 예를 들면 이, 진드기, 모기 같은 여러 가지 질병의 매개체를 확인했으며 몇몇 경우에서는 그러한 매개체와 인간을 떼어 놓을 방법을 발견했다. 모기를 성공리에 통제함으로써 황열병과 말라리아 같은 질병의 세력 범위를 축소했다. 게다가 1920년대와 1930년대의 식품학자들은 특정 비타민과 무기물이 영양 부족으로 인한 질병을 억제한다는 점을 알아냈으며, 농학자들은 농민이 단위면적당 생산량을 두세 배로 늘릴 수 있도록 도와줄 방법을 찾아냈다.[60]

1945년 이후 이 모든 발전의 효과가 합쳐져 세계 대부분의 지역에서 사망률을 매우 빠르게 낮추었다. 그 결과로 기대 수명이 엄청나게 늘어났는데, 주로 앞선 시대였다면 아주 어려서 사망했을 아이 수십억 명이 생존했기 때문이다. 20세기 후반에는 가난한 사람들조차도 100년 전의 조상들보다 훨씬 더 오래(평균하여 약 20년 이상) 살았다. 부자와 가난한 자의 기대 수명 차이는 거의 없다고 할 정도로 좁혀졌다.[61]

이러한 사망의 감소는 인류의 뛰어난 업적이었고 근대의 가장 큰 사회적 변화 중 하나였다. 20세기가 끝나면서 일반적인 법칙을 증명하는 두 가지 예외가 나타났다. 첫째, 러시아와 우크라이나, 그리고 그 인근의 작은 이웃 나라들에서 기대 수명(소련 시절인 1946년에서 1965년 사이에 급속하게 늘었다.)은 적어도 1957년 이후 남성의 경우에는 하락했다. 널리 퍼진 추세에서 벗어나는 이 이탈은 대체로 알코올 중독에 원인이 있다. 둘째, 1990년 이후 에이즈의 습격을 당한 아프리카 지역 대부분에서 이와 유사한 기대 수명 연장의 역전이 발생했다. 이 두 가지 예외가 수명의 연장과 더 빠른 인구 성장이라는 전체적인 경향에 끼친 영향은 미미했다. 이 경향은 주로 환경적인 이유에서 상당히 큰 우려를 낳았다.

인구 억제 노력

오래전에도 어떤 사람들은 인구과잉을 걱정했다. 기원전 500년 무렵 중국의 현자 한비韓非는 이렇게 괴로워했다. "오늘날 아들 다섯을 두어도 많다고 생각하는 사람이 없다. 이 다섯 아들이 다시 각각 아들을 다섯씩 낳으면, 할아버지가 죽기 전에 손자가 스물다섯이 된다. 그렇게 인구는 증가하고 물자는 부족해지며 사람은 보잘것없는 삶을 위해서 노예처럼 분투해야 한다."[62] 기원후 200년 무렵 라틴 작가 테르툴리아누스Tertullian(북아프리카 출신의 초기 기독교 옹호자)는 이렇게 썼다. "세상은 현재 그 어느 때보다도 더 많이 경작되고 개발되고 있다. …… 어디를 가나 집이 있고 사람이 많다. …… 사람이 많다는 명백한 증거: 우리는 세상에 짐이 되고 있으며, 자원은 우리에게 결코 충분하지 않다. …… 자연은 이미 우리를 부양하지 못한다."[63] 수백 년 동안 이따금 이러한 염려의 목소리가 되풀이되었으며, 1798년 홍양길洪亮吉[8]과 토머스 맬서스 Thomas Malthus는 각각 인구과잉이라는 개념을 이론적으로 뒷받침할 수 있는 글을 발표했다.[64]

과거에 표명되었던 이러한 근심의 현대판은 1940년대에 널리 퍼져 인구 성장을 억제하려는 지속적인 노력을 낳았다. 인류 역사의 대부분에서 통치자들은 영역 내의 인구에 관심을 쏟았는데, 그들의 목적은 군사력을 위해 신민의 수를 최대로 늘리는 것이었다. 1870년대 이후 사회적 다윈주의가 등장하면서 몇몇 사상가는 우생학 이론을 개발했는데, 본질적으로 그 논지는 다른 ('열등한') 사람들이 자손을 적게 낳아야 한다는 것이었다. 그러나 제2차 세계대전이 끝난 후, 과잉 인구와 임박한 대량 기아, 폭력적인 사회 불안, 그리고 경우에 따라서는 환경의 퇴화를 경고하는 목소리들이 일제히 쏟아졌다. 그리고 그들의 견해는 권력자들의 관심을 끌었다.

가장 두드러진 견해는 유럽과 아메리카에서 나왔는데, 이러한 견해는 주

_____ 8 청나라 사람으로 『치평편治平篇』에서 인구 증가로 인한 사회적·경제적 영향을 논하였다.

표 3.5 인도와 중국의 일반 출생률(단위: 연간 1000명당 태어난 사람의 수)

연도	인도	중국
1950~1955	43	44
1970~1975	37	29
1990~1995	31	19
2010	21	14

출처: UN Population Division(http://esa.un.org/unpp/p2k0data.asp).

로 나머지 세계, 특히 아시아에 인구 제한을 강요했다. 확실히 여러 가지 동기가 연관되어 있지만, 어쨌거나 아시아의 여러 나라에서 식민지 통치가 끝나고 권력을 잡은 자들에게는 인구 제한이 합리적으로 보였다.

예를 들면 1947년 이후 독립국가가 된 인도는 1952년에 인구 제한에 착수했다. 1970년대에 인도는 심지어 5개년 경제계획에 출생률 목표치를 포함시켰고 이미 세 자녀를 둔 자들에게 불임 시술을 강요하려 했다. 이 조치는 강력한 저항에 직면하여 폭력 사건을 유발했고 1977년 인디라 간디Indira Gandhi 정권의 몰락에 일조했다. 인도의 출생률 감소(표 3.5 참조)는 그것을 원했던 자들의 바람보다는 훨씬 더 천천히 진행되었다.[65]

중국에서는 가혹한 조치들이 더 큰 결과를 초래했다. 1949년 혁명과 내전에서 탄생한 중화인민공화국은 한참을 돌아 산아제한에 이르렀다. 수천 년 동안 중국의 황제들은 높은 출생률을 좋아했고, 쑨원孫文과 장제스 같은 후대의 중국 민족주의자들도 인구 증가 옹호론자였다. 혁명기에 마오쩌둥은 대다수 마르크스주의자가 그랬듯이 공산주의 사회에서는 집단농장이 그때까지 자본주의에 억눌렸던 생산력을 해방하여 식량을 풍부하게 생산할 것이기 때문에 산아제한이 필요 없다는 데 동의했다. 곧이어 마오쩌둥은 제3차 세계대전이 임박했으며 중국은 모을 수 있는 인력이 전부 필요하다고 판단했다. 1958년 공산당 서열 제2위인 류사오치劉少奇는 중국 인구가 60억 명이 되는 날을 내다보았지만 그 장밋빛 미래에서 누구나 자신의 침상을 가져야 할 것이라고 말했다. 마오쩌둥의 다른 참모들은 중국의 엄청난 인구가 더 성장한다면 경제가 위험에 처할 것이라고 문제를 다르게 보았으며, 1959~1961년 대약진의 무시무시한 기근 이후 이들의 견해는 더 큰 중요성을 획득했다. 그러나 중국을 행정과 경제의 혼돈 속에 몰아넣은 격렬한 정치 운동이었던 문화혁명(1966~1976)이 효율적인 정책을 방해했다. 1970년 중국은 피임약을 무료로 배포하여 산아제한을 장려하기 시작했다. 1970년대가 지나면서 사이버네틱스를(특히 로켓 유도 시스템을) 교육받은 공학자들이 로마 클럽의 암울한 생태학적 예언에 영향을 받아 출생률의 급격한 축소에 찬성하는 과학적 근거를 만들어 냈다. 이들의 견해는 그들과 당 지도부 사이의 개인적 관계를 통해서, 우선은 소가족을 장려하기 위해 고안된 일련의 당근과 채찍으로, 1979년에는 '한 자녀 정책'으로 점차 널리 퍼졌다. 그리하여 당 간부진은 누가 언제 아이를 낳을 수 있을지 결정하는 큰 힘을 갖게 되었으며 지시를 따르지 않은 부부를 엄히 처벌했다.(직업과 아파트, 교육 기회를 박탈했다.) 도시의 부부들은 대체로 방침을 따랐지만, 시골 사람들은 때때로 그러지 않았고 종국에는 큰 재량을 허용받았다. 소수민족들은 이 정책에서 예외였다. 이들은 아마도 그 정책에 격하게 저항했을 것이다. 중국에서는 부부가 언제 아이를 가질 것인지에 관하여 확대가족과 장손이 오랫동안 영향력을 행사했다. 이 전통 때문에 중국인들은 인도인들보다 더 쉽게 국가가 규제하는 출생률이라는 관념을 받아들였다. 근대사에 나타난 사회공학 시도 중 가장 강력했던 이 조치들로써 중국은 연간 인구 성장률을 1960년대 말의 2.6퍼센트에서 2010년 0.6퍼센트로 줄였다. 인구정책의 성공은 중국의 경제 기적에 일조했다.[66]

동아시아와 동남아시아의 다른 사회들, 특히 한국과 싱가포르, 말레이시아는 1970년대와 1980년대에 덜 엄격하기는 했지만 인구 제한 정책을 도입했으며, 이 나라들의 인구 성장률도 급격하게 하락했다. 그래서 아마도 이 나라들은 인구 제한 정책을 시행하지 않았을 경우보다 개개인이 훨씬 더 부유해지는 데 도움을 받았을 것이다. 이는 그 나라들의 환경사에도 어느 정도 중요한 문제였다. 이 나라들은 시대의 흐름을 탔다. 말하자면 출생률 하락은 국가의 정책이 있든 없든 1970년 이후에는 거의 어디서나 나타난 현상이었다. 출생률 하락은 동아시아에서 가장 빨랐고 그중에서도 국가 정책이 큰 역할을 한 중국에서 가장 빨랐음은 의심의 여지가 없다.

1980년대가 되면 세계 전역의 대다수 국가가 일종의 인구정책을 보유했다. 유럽에서 그 정책은 대개 출생률을 높이려는 비효과적인 조치들로 이루어졌다. 나머지 세계의 대부분에서는 출생률을 낮추어 인구 폭탄의 뇌관을 제거하려는 조치들로 이루어졌는데 때로는 헛되고 때로는 강력했다. 이러한 정책들이 없었다면 세계는 수억 명의 인구를 더 갖게 되었을 것이며 그중 다수는 중국인이었을 것이다.

인구와 환경

인구 성장이 특히 폭증했던 1945~2010년 시기에 환경이 파괴되었다고 보는 것은 일견 타당하다. 이러한 견해는 현대 환경보호주의의 대다수 분파에서 수용되는 하나의 원리였다. 그 논리는 간명하다. 다시 말해서 사람이 더 많다는 것은 인간의 활동이 더 많다는 뜻이며, 인간의 활동은 생물권을 교란한다. 그러나 이러한 견해가 언제 어디서나 옳은 것은 아니라는 점이 밝혀진다. 그러한 견해가 옳은 시기와 장소가 있는 경우에도 어느 정도로 옳은지는 매우 일정하지 않다. 그렇게 된 주된 이유는 '환경'이라는 개념의 범위가 너무 크다는 데 있다. 그래서 토양 침식에 들어맞는 견해가 대기오염에는 해당하지 않을 수 있다. 예를 들면 인구 성장은 1950년 이후 서아프리카 숲의 소멸과 큰 관계가 있겠지만 소련 핵무기 설치 장소의 방사능 오염과는 거의 무관하다.

인구 성장이 환경에서 수행한 가장 큰 역할은 식량 생산과 연관된 과정을 통해서 이루어졌다. 인구가 (1945년에서 2010년 사이에) 세 배로 늘어나면서 그에 비례하여 식량 생산도 확대되어야 했다. 그러나 이 점에서도 문제는 간단하지 않다. 토양이 훌륭한 사례를 제공한다. 인구 성장이 식량 수요를, 그리고 농지 수요를 늘렸다는 데에는 의심의 여지가 없다. 이를테면 중국에서는 늘어나는 인구와 식량 요구량에 국가가 북쪽의 초지로 이동하여 스텝 지역의 풀밭을 곡물 재배지로 바꾸는 것을 후원했다. 변경의 팽창은 중국사에서 오랜 전통이었지만 1950년대 이후 몇십 년간만큼 빠른 속도로 진행된 적은 없었다.[67] 연중 계속 자라는 풀이 일년생 작물로 대체된 경우에 흔히 그렇듯이, 중국인들이 스텝 지역으로 몰려든 결과로 토양 침식과 사막화, 모래 강풍의 비율이 높아졌다. 인구 압력은 또한 농민들을 서아프리카와 중앙아프리카의 사헬(사하라 사막의 남쪽 가장자리)에 있는 반건조 지대로 밀어냈다. 이 전략은 그 지역의 강수량이 풍부했던 1960년대까지는 효과가 좋았지만 비가 내리지 않은 1970년대에는 재앙으로 바뀌었다.

인구 압력은 사람들이 새로운 농지를 찾아 열대우림을 잘라 내고 불태우도록 몰아대기도 했다. 과테말라와 코트디부아르, 파푸아뉴기니, 그 사이의 수백여 곳에서 변경 농업은 오래된 숲속으로 발을 들이밀었다. 토양에 미친 영향은 깊고 지속적일 때가 많았다. 농민이 경사지를 개간할 때는 언제나 침식 토양이 쏟아져 나왔는데, 초원의 경우 바람 때문이었지만 이 경우는 흐르는 물 때문이었다. 게다가 여러 환경에서 산화철 함량이 높은 토양은 강한 햇빛에 노출되면 표면이 벽돌처럼 단단한 홍토로 빠르게 변했다. 열대의 산림 벌채와 그에 따라 토양에 가는 부수적인 효과는 언제나 주로 인구 압력의 문제는 아니었다. 실제로 라틴아메리카와 동남아시아에서는 방목장과 목재를 얻으려는 욕구가 더 큰 역할을 했다. 그렇지만 어디서나, 특히 아프리카에서 인구는 그 방정식의 일부였다.

몇몇 곳에서는 사정이 매우 달랐다. 인구 성장이 사실상 경관의 안정에 도움이 되었기 때문이다. 농민들이 경사지에 새로운 농경지를 만들면 토양 침식의 위험성이 크다. 그러나 노동력이 충분하면, 농민들은 비탈을 계단 모양의 대지로 만들어 땅의 안정을 확보할 수 있었다. 예를 들면 케냐 고지대의 마차코스 구릉지Machakos Hills에 사는 아캄바Akamba족은 급속한 인구 성장 덕분에 계단식 대지를 만들고 유지하기에 충분한 노동력을 얻었고, 그로써 경작지와 기타 부지의 침식이 줄어들었다.(케냐의 토양보전국도 힘을 보탰다.) 계단식 경작지는 고대와 근대에서 공히 세계 전역, 특히 안데스산맥 지역과 지중해 구릉지, 히말라야산맥 지역, 동아시아와 동남아시아에 널리 퍼졌다. 그러한 환경에서 높은 인구밀도는 계단식 대지와 토양을 적절히 유지할 수 있었다. 1960년 이후 남유럽의 구릉지처럼 인구가 희박한 곳에서는 종종 토양 침식이 발생했다.[68]

인구, 물, 물고기

인구 성장은 민물 사용이 빠르게 증가하는 현상의 주된 요인이기도 했다. 표 3.6에서 보듯이, 인구가 세 배로 증가한 1950년에서 2010년 사이에 물의 사용도 마찬가지로 증가했다. 추가된 물 사용량은 대부분, 아마도 90퍼센트는 되었을 텐데, 관개에 쓰였다. 관개수는 상당량이 면화와 다른 섬유 작물에 쓰였지만 대체로 식량 작물을 키우는 데 들어갔다. 전 세계의 관개 지역도(1945년에서 2010년 사이에) 세 배로 늘어났는데, 인도와 중국, 파키스탄이 그 선두에 섰다. 그러나 미국을 포함한 몇몇 지역에서는 1980년 이후 인구와 경제는 계속 성장했는데도 물 사용은 평형 상태를 유지했다.(효율성이 개선된 덕분이다.) 그렇지만 물 사용량이 세 배로 증가한 주된 이유가 인구가 세 배로 증가해서라는 결론은 합리적으로 보인다. 식량 생산을 위한 관개가 가장 큰 몫을 가져갔기 때문이다.[69]

바다에서도 비슷한 얘기가 전개되었다. 1950년에서 1960년 사이에 전 세계 바닷물고기 어획고는 두 배로 늘었고 이어 1970년까지 다시 두 배로 늘었다. 1970년대에는 정체했지만 1980년대에 다시 4분의 1가량 증가했으며, 이후 상당히 꾸준했다. 당시 전 세계의 주요 어장들이 전부 그 생산량 이상으로 남획되었기 때문이다. 가장 유명한 사례를 들면 북대서양, 즉 케이프 코드에서 뉴펀들랜드에 이르는, 역사적으로 풍부했던 대구 어장은 파괴된 뒤 다시는 회복되지 않았다.[70] 그러나 바다 어업의 가장 빠른 확장은 아시아 해역에서 이루어졌다. 부분적으로는 그곳이 식량 수요가 가장 빠르게 증가한 지역에 가장 가까웠기 때문이다. 예를 들면 인도네시아는 1950년에 50만 톤 미만의 어획고를 올렸는데 2004년에는 400만 톤이 넘는 물고기를 잡아들였다. 어부들은 거의 어디서나 다른 이들이 먼저 물고기를 잡지 못하도록 최대한 빨리 최대한 많이 잡아야 할 동기가 있었다. 후일을 위해 물고기를 보호하는 어

표 3.6 전 세계의 물 사용량, 1900~2009년

연도	사용량(km^3)
1900	580
1950	1,366
1980	3,214
2011	3,900

출처: Peter H. Gleick, "Water Use," *Annual Review of Environment and Resources* 28, no. 1(2003): 275‒314; World Bank, http://data.worldbank.org /indicator/ER.H2O.FWTL.K3/countries?display=graph .

장 관리 체제는 실행에 옮기기가 유달리 어려웠다.[71]

숲과 토양에 일어난 변화와 마찬가지로, 인구는 어업 이야기에서도 일부분이었을 뿐이다. 전 세계적인 바닷물고기 어획량은 1950년에서 2008년 사이에 네 배로 증가했으며, 그동안 인구는 세 배 가까이로 증가했다. 대강 계산해 보면 증가한 바닷물고기 어획고의 60퍼센트는 인구 성장에 기인한다고 말할 수 있다.[72] 그러나 이는 대강 어림한 것이며, 어쨌거나 비용을 낮춘 신기술 덕분에 어획고가 엄청나게 증가한 사례들을 포착하지 못한다. 북대서양 서부에서 수백 년 동안 잡힌 변변찮은 생선 청어는 1945년 이후 어선이 어군을 추적하기 쉽도록 탐지 항공기가 동행하는 강도 높은 산업적 어업의 표적이 되었다. 인구 성장은 청어 어장의 급속한 고갈과는 오히려 아무런 관계가 없었다.[73]

인구와 대기

몇몇 환경 변화는 식량 생산과 직접적인 연관이 없었다. 이러한 경우에 인구 압력의 역할을 구체적으로 말하기 어렵다. 예를 들면 가장 중요한 온실가스인 이산화탄소의 대기 축적을 생각해 보라. 지난 200년간 배출된 탄소의 주된 원천은 화석연료 사용(약 4분의 3)과 숲 태우기(4분의 1) 두 가지였다. 인구 성장은 분명 화석연료 수요를 확대했고 전 세계 숲의 잠식에 일조했다. 그래서 인구 성장은 어느 정도 탄소 배출의 증가를 낳았다. 그런데 얼마나 많은 탄소를 배출했을까?

나중에 더 상세히 보겠지만, 대기에 축적된 이산화탄소는 산업혁명 이후 늘어났다. 1945년에 약 310ppm이었고, 2010년에는 약 385ppm이었다. 그 기간에 탄소 배출량(농도가 아니다.)은 약 여덟 배로 증가했다. 그러므로 같은 기간 인구가 세 배로 늘었음을 감안하여 우선 대강 어림하면 인구 성장이 이산화탄소 축적의 약 8분의 3, 즉 37.5퍼센트에 책임이 있다고 추정할 수 있다.

그러나 이는 대강의 추정치일 뿐이다. 인구가 크게 성장한 아프가니스탄은 탄소를 매우 적게 배출했다. 영국이 배출한 총량의 2퍼센트도 채 되지 않는다. 인구 성장이 탄소에 미치는 영향은 장소에 따라 크게 달랐다. 아프가니스탄의 한 사람보다는 영국의 한 사람이 더 많은 탄소를 배출했을 뿐만 아니라, 아프가니스탄에서도 카불에 있는 한 사람(화석연료를 더 많이 소비할 가능성이 크다.)과 외진 마을에 있는 한 사람 사이에 차이가 있었다. 인구 성장이 언제 일어났는가도 중요했다. 1980년 이후 부유한 나라들에서는 에너지 효율 정책, 탄소를 많이 함유한 석탄을 덜 사용하는 방향으로 이루어진 연료 전환, 탈산업화, 기타 상황 전개로 인구 한 명이 늘어날 때 나타나는 영향이 1950년대에 비해 줄어들었다. 1975~1996년에 수학적으로 엄밀한 성향의 어느 학자는 인구 성장이 탄소 배출의 주된 요인이지만 흥미롭게도 매우 가난한 나라와 매우 부유한 나라에서는 똑같이 주된 요인이 아님을 발견했다. 애석하게도 시간의 흐름에 따라 인구 성장이 탄소 배출에 미치는 영향을 계산할 믿을 만한 방법은 없다.[74]

때로 인구는 전혀 중요하지 않았다

탄소 배출의 중요한 사례를 포착하기는 어려운 반면, 인구 성장이 전혀 중요하지 않았다고 확신을 갖고 말할 수 있는 환경 변화의 사례들을 찾기는 쉽다. 1945년 이후 여러 종류의 고래(예를 들면 흰긴수염고래, 귀신고래, 혹등고래)를 멸종 직전으로 몰고 갔던 고래잡이가 인구와 맺는 관계는 아주 작다. 노르웨이와 아이슬란드, 일본, 소련 같은 주요 포경 국가는 인구 성장률이 낮았으며,

그 포경업자들은 인구 증가 때문에 더 많은 식량을 찾았다기보다는 고래 고기를 선호하는 오랜 문화적 전통을 따르고 있었다.

　성층권의 오존층 붕괴는 거의 전적으로 1945년 이후에 발생했는데, 이 또한 인구 성장과는 사실상 아무런 관계가 없었다. 성층권의 오존을 파괴한 방출 화학물질들, 특히 프레온가스(염화불화탄소CFCs)는 주로 절연재와 냉각제, 연무질 분사제, 용매로 사용되었다. 인구가 크게 성장한 곳에서는 프레온가스 방출에 기여한 일들이 거의 발생하지 않았다. 농업에서 유일하게 오존을 파괴하는 물질인 살충제 브롬화메틸은 주로 캘리포니아 같은 곳에서 딸기와 아몬드 같은 고수익 작물에 쓰였으며, 그 수요는 높아진 미각과 개선된 해운 능력과는 밀접한 관계가 있지만 인구 성장과는 거의 아무런 관계도 없다.

　마지막으로 한 가지 사례를 더 들면 1945년 이후에 매우 잦았던 환경 재앙과 인구 성장 사이에는 이렇다 할 관계가 없다. 1976년 밀라노 북쪽 시골에 다이옥신을 퍼뜨렸던 큰 산업재해는 인구 성장이 지극히 낮은 곳인 세베소 인근에서 발생했다. 역사상 최악의 산업재해는 1984년의 유니언 카바이드Union Carbide 사의 화학 공장에서 발생했는데, 중부 인도에 있는 인구 100만 명의 도시 보팔에 40톤의 치명적인 아이소사이안화메틸이 누출되어 수천 명이 사망하고 많은 사람이 병에 걸렸다. 이 사고도 인구 성장과는 전혀 무관했다.[75] 체르노빌의 대재난은 1986년에 발생했다. 원자로는 전기를 공급하기 위해 존재했고, 사고는 설계 결함과 인간의 실수로 일어났다. 1980년대 우크라이나의 인구 성장은 미미했다.

이주와 환경

　인구 성장과 마찬가지로 이주도 환경에 다양한 영향을 행사했다. 1945년 이후 최대 이주는 시골 사람들이 도시로 몰려든 것인데, 이는 환경에 무수히 많은 영향을 주었다. 인구가 희박했던 곳에 새로운 도시가 성황을 이룬 경우가 아니라면 한 도시에서 다른 도시로의 이주는 영향이 훨씬 더 적었다. 그러나 농촌 지역에서 농촌 지역으로 옮겨 간 이주는 종종 심대한 환경 변화를 촉발했다.

1945년 이후 몇십 년간은 이주의 시대였다. 수천만 명이 한 나라에서 다른 나라로 이동했다.[76] 새로운 환경으로 간 경우가 많기는 했지만 자신들의 나라 안에서 이동한 사람은 훨씬 더 많았다. 수백만 명의 미국인이 '러스트 벨트Rust Belt'[9]에서 '선 벨트Sun Belt'[10]로, 특히 플로리다와 텍사스, 캘리포니아로 이주했다. 1940년에 25만 명이던 샌안토니오의 인구는 2010년 무렵 150만 명에 육박하여 미국에서 일곱 번째로 큰 도시가 되었다.[77] 피닉스와 라스베이거스 같은 도시는 거의 허허벌판에서 시작하여 주변의 사막으로 퍼져 수 킬로미터 주변의 가용한 물을 전부 빨아들인 큰 대도시로 성장했다. 주민들은 거의 연중 내내 집과 일터에 냉난방을 하는 전기 집약적 생활을 영위했는데, 이는 화석연료의 사용을 더 늘리고, 특히 이미 너무 많은 댐이 차 있는 콜로라도강에 더 많은 수력발전 댐 건설을 조장했다.

좀 더 작은 규모였던 중국의 선 벨트 이주는 1950년 이후 훨씬 더 건조한 지역인 신장과 티베트를 향했다. 공기 조절보다는 정부 정책이 이 이주와 더 많은 관계가 있었다. 수백만 명의 한족이 북서쪽의 신장으로 이동했다. 신장은 인구가 적은 소수민족들이 거주하는 일련의 오아시스로 이루어진 곳이다. 많은 이주자는 특히 문화혁명(1966~1976) 때 강제로 옮겨 왔다. 신장의 한족은 위구르족과 다른 현지 주민들보다 출생률이 훨씬 더 낮은데도 지금은 과반수를 차지한다. 이 이주는 문화적이고 민족적인 알력을 낳았지만 물과 땔감의 부족이나 사막화처럼 환경에 관련된 새로운 시련도 초래했다. 부분적으로는 이주자의 유입 때문에 초래된 물 수요의 증가로 1950년 이후 신장의 호수 면적은 절반으로 줄었다.[78]

티베트는 히말라야산맥에 붙은 고원지대로 1950년대에 중국에 병합되었는데, 마오쩌둥 시대에 그곳으로 이주한 한족은 거의 없었다. 그러나 1980년대와 1990년대에 수십만 명이 대개 도로 사업이나 철도 사업에 투입된 노동자로 그곳에 갔다. 1980년대 이후 정부는 한족의 이주를 장려했다. 공식 인구

_____ 9 미국 북동부와 오대호 주변, 중서부까지 이어지는 지역으로 공업 부문의 축소로 경제가 쇠퇴하고 인구가 감소했으며 도시가 쇠락했다.
_____ 10 미국의 남쪽 3분의 1에 해당하는 지역.

조사에 따르면 한족은 1953년에 티베트 인구의 6퍼센트를 차지했고 2000년에는 그보다 약간 더 많았다. 그러나 비공식적 추산에 따르면, 공식 거주가 아니라 실질 거주를 계산한다면, 지금 티베트에는 한족이 티베트인들보다 많다. 신장의 경우와 달리 이주자들은 주로 티베트의 도시에 모여 살았으며 광산 지구와 건설 공사 현장 주변의 노동자 숙소에도 몰려 있었다. 최근 몇 년간 중국 정부는 이를테면 이동성 야생동물을 위한 생태 통로를 건설하여 철도가 야기한 환경 교란을 억제하려 했으며, 티베트인과 그 가축 떼가 초지를 파괴한다는 이유에서 생태계의 안정이라는 이름으로 티베트인 유목민을 마을에 정착시키려 했다.[79]

미국과 중국의 이주자들만큼 브라질과 인도네시아의 이주자들도 열대우림에 변화를 가져왔다. 그리고 이 점에서도 국가정책은 결정적으로 중요한 역할을 수행했다. 브라질과 인도네시아를 포함하여 많은 나라가 보조금을 지급하며 이주를 장려하는 경우가 종종 있었다. 게다가 국가들은 이주자들에게 공교롭게도 강력한 환경 영향을 초래하는 특정 행위를 강요하거나 권장했다.

몇백 년 동안 외부인들은 아마존 열대우림(면적이 텍사스주의 아홉 배이자 인도의 두 배에 가깝다.)에서 개발을 기다리는 부와 자원의 보고를 보았다. 고무 호황(1880년경부터 1913년까지)은 어느 정도의 부가 쏟아져 나올지 보여 주는 증거로서 주목을 끌었다. 그러나 헨리 포드Henry Ford처럼 육감과 재원을 갖춘 사업가들조차 아마존 열대우림의 자연을 돈으로 바꾸려는 노력에서 실패를 맛보았다. 포드는 1920년대 중반부터 포르들란지아라고 부르는 고무 플랜테이션 농장의 제국을 건설하려고 했지만 그 자신의 망상과 비협조적인 현지 상황, 특히 고무나무 곰팡이 때문에 일이 틀어졌다. 1945년에 포드의 손자가 포르들란지아의 폐허를 팔아치웠을 때, 아마존 열대우림 안에 사는 사람은 겨우 3만 명뿐이었다.[80]

1950년대와 1960년대, 브라질 정부는 브라질 영토인 아마존 열대우림의 3분의 2를 개발하려는 다른 계획에 착수했다. 이를테면 그곳은 땅 없는 사람을 위한 사람 없는 땅이었다. 정부(1964년부터 1985년까지 존속한 군사정권)의 의도는 북동부 브라질 건조 지대에서 빈곤을 제거하는(그리고 반복되는 토지개혁

_____농지로 전환하기 위해 깨끗이 벌목된 브라질 아마존강 유역 열대우림의 한 구역, 2007년. 아마존 열대우림의 숲 지역은 1965년에서 2012년 사이에 20퍼센트가량 축소되었다. (Wikimedia Commons, ⓒ Pedro Biondi/ABr)

의 압력을 제어하는) 것이었다. 브라질 정부는 또한 국경 지대에 충성스러운 브라질인을 이주시키고자 했으며 세계에서 가장 습한 열대우림에 있을 것으로 추정되는 천연자원을 끌어내려 했다. 곧 수천 킬로미터에 이르는 간선도로가 열대우림을 관통했고, 수백만 명의 이주민이 그 지역 안으로 밀려들었다. 이들은 숲에서 나무를 잘라 내고 불태웠다. 주된 목적은 새로 개간한 땅에서 가축을 키우는 것이었다. 아마존 열대우림의 여러 지역이 점차 가축을 키우는 인간을 위한 나무 없는 땅이 되었다. 지역 내 토양은 거의 대부분 영양분이 적어서 목장 주인들은 대개 몇 년 지나면 다른 곳으로 옮겨 더 많은 숲에서 나무를 자르고 불을 질러야 가축들을 초지에 풀어놓을 수 있음을 깨달았다. 1990년대부터 점차 우세해진 콩 재배 농민들도 같은 상황에 직면했음을 알았다. 2010년이면 1970년에 숲이었던 지대의 약 15퍼센트 내지 20퍼센트가 개간되어 목초나 곡물 재배지로 바뀌었으나, 숲 개간 비율은 급격하게 하락했다. 아마존 열대우림의 남벌 문제는 브라질 정치에서, 그리고 세계 환경 정치에서도 영속적인 문제가 되었다.[81]

1949년 인도네시아는 비록 허약했지만 독립국이 되었다. 주민 대다수와 지도부 전체는 비옥한 화산섬 자바에 살았다. 다른 섬들은 대부분 토양이 더 척박했고 인구가 희박했으며 대체로 자바인의 지배를 좋아하지 않는 소수민족들이 살았다. 1949년 독립국 인도네시아의 통치자들은 이전의 식민지 주인이었던 네덜란드인들이 추진했던 작은 계획에 따라 이른바 이주 사업에 착수했다. (브라질의 통치자들처럼) 군인이었던 그 통치자들은 정치적으로 의지할 수 있는 약 5000만 명의 자바인이 다른 섬들, 주로 보르네오와 수마트라에 재정착하기를 바랐다. 이 계획은 자바섬의 인구 압력과 빈곤을 덜고 외부 섬의 천연자원을 거두며 지속적으로 충성을 바칠 자바인들로 현지 주민들을 덮어버리는 것이었다.

이주 사업이 느슨해진 1990년까지 500만 명에 약간 못 미치는 자바인 이주자가 외부 섬들에 무상으로 땅을 준다는 미끼를 물었다. 이들은 수마트라와 보르네오의 척박한 땅에서는 자신들의 쌀농사 방식이 유망한 결과를 내지 못한다는 사실을 알게 되었는데, 1984년까지는 정부의 법령에 따라 이들이 오직 쌀만 재배해야 했다. 아마존 열대우림의 목장 주인들처럼 이들도 새로운 땅을 찾아 빈번히 이동해야 했고 이전의 숲을 잿더미로 만들어 영양분을 얻도록 가는 곳마다 불을 질러야 했다. 자바인들은 숲이 철저히 제거된 섬에서 왔기 때문에 외계인의 서식지처럼 보이는 것을 제거하는 것이 대체로 편안했다. 이들의 노력은 인도네시아의 삼림을 더욱 빠른 속도로 축소시켰다. 인도네시아는 1970년부터 2000년까지 세계에서 가장 활발한 삼림 파괴 변경에 속했다.[82]

이와 같은 대규모 이주는 비슷한 다른 이주와 마찬가지로 상당히 중요한 환경 변화를 초래했다. 삼림 벌채는 어디서든 대기 전체의 이산화탄소 축적량을 크게 늘렸지만, 환경 변화의 범위는 주로 국지적이고 지역적이었다. 그 범위가 제한되었다고 해도, 이주가 유발한 환경 변화는 온실가스 축적이나 기후변화보다 더 철저하고 훨씬 더 중요한 결과를 가져오는 경우가 많았다. 적어도 현재까지는 그렇다.

이주는 에너지 집약도가 한층 더 심한 생활을 영위할 수 있는 곳으로 사람들을 재배치함으로써 지구라는 온실의 온도를 높이는 데도 기여했다. 중앙아메리카나 카리브해 지역에서 미국과 캐나다로, 북아프리카에서 서유럽으로, 남아시아에서 페르시아만으로 수천만 명이 이동했다. 이들이 새로운 거주지의 생활 방식(자동차 운전과 화석연료를 이용한 주거지의 냉난방)을 성공적으로 채택하는 만큼 그들의 이주는 전 세계 에너지 소비를 늘렸고 그로써 온실가스 축적량과 지구 온난화를 가중시켰다.

1945년에서 2010년에 이르는 시기는 전 세계 인구사의 절정을 목도했다. 비슷한 기간(인간의 일생)의 어느 시기도 이처럼 독특하지 않았다. 인구 성장이 환경 변화에 늘 중요했다면, 이 몇십 년간에 분명히 중요했어야 한다.

실제로 중요했다. 그러나 언제 어디서나 중요한 것은 아니었으며, 반드시 명백하지도 않았다. 서아프리카의 산림 파괴 같은 몇몇 형태의 환경 변화에서는 인구 성장이 주된 역할을 했다. 고래잡이 같은 다른 환경 변화에서 인구 성장이 수행한 역할은 아무리 잘 봐주어도 미미하다. 인간사에서 흔히 그렇듯이, 인구 성장은 그 무엇에서도 유일한 원인은 결코 아니었으며 늘 다른 요인들과 공동으로 작동했다.

이주에 대해서도 같은 얘기를 할 수 있다. 1945년 이후 몇십 년 동안 장거리 이주가 늘어났다. 이것 또한 환경의 영향을, 특히 사람들이 한 환경에서 친숙하지 않은 매우 다른 환경으로 이동한 경우에 초래했다. 쌀농사든 목축이든 이들에게 익숙했던 일은 새로운 삶의 터전에서 예상하지 못한 극적인 환경적 영향을 가져올 때가 많았다.

환경보호주의자들은 50년 넘게 근심스러운 마음으로 인구 성장을 환경 변화의 주된 원인으로 지목했다. 그 주장은 정당한 경우도 많았지만 보편적인 진리라기에는 한참 부족하다. '환경' 개념을 해체하여 특정한 생물 군계와 과정 속에 집어넣으면 이 포괄적인 명제보다는 좀 더 나아갈 수 있다. 인구학자들이 옳아서 인구 성장이 멈추거나 그에 가까워진다면, 앞으로 50년이 더 지나 우리는 인구 성장이 환경 변화에 갖는 중요성을 일반적으로나 1945년에서 2010년에 이르는 왕성한 시기에 관해서나 더 확실하게 이해할 것이다. 거대한 생태 재앙이 발생하여 이 분석을 복잡하게 만드는 일이 없기만을 바라자.

2   기후와 생물 다양성

지구의 기후는 태양과 대기, 대양, 암석권(지각), 토양권(흙), 지상 생물권 (대체로 숲) 사이의 완벽하게 이해되지 않은 미묘한 관계들을 포함하므로 엄청나게 복잡하다. 그러나 20세기가 지나는 동안, 특히 1950년대 말 이후로 지구의 기후에 관한 지식은 매우 빠르게 발전했다. 20세기 말이 되면 과학 연구는 지구의 기후에 관하여 오랜 발전의 결과에서 나온 걱정스러운 예언이 정확하다는 데 거의 의견의 일치를 보았다. 당연하게도 그 견해는 산업혁명이 시작된 이후 인간의 활동이 기후를 바꾸었고 지구를 뜨겁게 했다는 것이다. '온실효과의 강화'나 '지구온난화', '인위적 기후변화'로 다양한 이름이 붙은 이 문제는 주로 인간이 지구의 탄소순환에 개입한 것에 집중되었다. 인간은 화석연료를 태우고 이산화탄소와 여타 가스를 방출하여 열을 가두는 효과가 강력한 가스를 대기 중에 점점 더 많이 농축시켰다. 과학자들은 이러한 추세를 막지 못하면 세계의 기후에 대재앙이 초래될 가능성이 있다고 두려워했다. 지구 기후를 더 잘 추적할 수 있게 한 신기술들은 물론, 이 주제에 관한 연구의 양적·질적 증대 덕택에 이러한 예측은 더욱 암울해졌다. 그러나 과학자들이 파국을 피하기 위해 해야 한다고 생각하는 것과 세계적 기후변화 정책의 현실 사이에는 엄청난 간극이 존재한다. 2013년이면 지구의 기후와 여러 생태계의 작동이 높은 이산화탄소 수준에 반응하여 이미 변하기 시작했다는 강력한 증거, 점점 더 확실해지는 증거가 나타났다.

기후와 산업혁명

지구의 대기는 이 행성이 차갑게 얼어붙지도 않고 뜨겁게 타 버리지도 않는 이유다. 매우 간단하게 말하면 태양의 복사에너지 중 거의 3분의 1은 즉시 반사되어 우주로 되돌아간다. 지구에 부딪치는 태양복사에너지의 3분의 2를 약간 넘는 양은 지구의 표면과 대양, 대기에 흡수되어 적외선 에너지(열)로 전환되고 다시 사방으로 퍼진다. 여러 가지 형태가 있는 온실가스GHGs가 이 적외선 에너지(장파 에너지)의 대부분을 흡수한다. 자연적으로 발생하는 온실가스로는 수증기와 메탄, 이산화탄소, 아산화질소가 있다. 자연에서 발생하지 않지만 인간이 만든 온실가스도 여러 가지가 있다. 가장 중요한 것은 프레온 가스인데 1920년대에 실험실에서 처음 발명되었다. 각각의 온실가스는 상이한 파장의 에너지를 포획하며, 흡수력과 대기 중 존속처럼 상이한 특성을 갖는다. 나아가 대기 중에 상이한 농도로 존재한다. 각 가스의 농도는 지질학적 시간대에 따라 상당히 다양했다. 아주 최근이라고 할 수 있는 산업혁명이 시작되었던 때에 자연 발생 농도는 메탄이 약 0.7ppm, 이산화탄소는 280ppm, 아산화질소는 299ppb였다. 이 가스들의 농도는 이후 계속 증가했다.[83]

대기 중 가스 농도가 기후를 결정하는 유일한 인자는 아니다. 지표면에 도달하는 태양복사에너지의 양과 흡수되거나 반사되는 양에 영향을 미치는 다른 요인들이 있다. 지구의 내부와 표면에서 일어나는 일들도 기후에 영향을 미친다. 그리고 이것은 다시 대기 중에 축적된 온실가스와 복잡한 방식으로 상호작용을 할 수 있다. 태양의 출력은 다양할 수 있고, 이는 지구에 도달하는 태양복사에너지의 양에 영향을 미친다. 지구의 자전과 공전에 나타나는 미세한 변동은 기후에 영향을 주는 다른 요인이다. 밀란코비치 주기Milanković cycle로 알려진 이 변동은 수천 년에 걸쳐 발생하며 지구 빙하기의 시기를 결정하는 데 도움을 준다. 지표면에 도달하는 태양복사에너지의 양은 연무질의 영향도 받는다. 공중에 떠다니는 미립자인 연무질이 유입되는 복사에너지를 차단하기 때문이다. 화산 폭발도 지구의 온도에 영향을 끼칠 수 있다. 화산이 방출하는 재와 매연은 성층권에 도달하여 지구를 에워싸 연무질의 양을 증가시킬 수 있다. 크기가 상당하다면 화산 하나만 폭발해도 비가 내려 대기 중의 미립자들이 씻겨 나갈 때까지 일시적(몇 년)일지언정 지구의 온도를 낮추기에 충분하다. 기록으로 남은 역사상 최대의 화산 폭발은 이런 식으로 지구의 온도에 단기적으로는 상당한 효과를 냈다. 예를 들면 1783년 라키 화산(아이슬란드), 그리고 1815년 탐보라 화산과 1883년 카르카타우 화산(둘 다 자바 인근)이 그러한 경우였다.

충적세(현세로, 대략 1만 2000년 전부터 시작한다.)의 기후는 그 이전보다는 더 안정적이었지만 변화무쌍했다. 충적세 초기에 기온은 앞선 빙하기의 저점보다 섭씨 5도가 더 높았다. 충적세에서 최고점은 8000년 전에서 5000년 전 사이에 있었는데, 그때 기온은 가장 높은 위도(북쪽 끝)에서 충적세 전체 평균보다 섭씨 3도가 더 높았다. 자연의 온도 변화는 최근의 역사에서도 나타났다. 1100년에서 1300년 사이에 유럽은 이른바 중세의 따뜻한 시기를 경험했고, 그 뒤를 이은 소빙하기는 대략 1350년에서 1850년까지 지속되었는데 기온은 현재보다 섭씨 1도 정도 낮았다.

인위적인 기후변화에 대한 관심은 주로 인간이 산업화 시기에 탄소의 자연 순환에 개입한 것에 집중되었다. 지구의 탄소 비축량은 암석권과 토양권, 생물권, 대기, 대양 사이를 순환한다. 그러나 산업혁명 이후 인간의 활동은 이러한 영역에 분배된 탄소의 양에 변화를 주었다. 본질적으로 기후변화 문제는 인간이 지구에서 탄소를 빼앗아 자연적으로 이루어지는 것보다 훨씬 더 빠르게 대기 속으로 옮긴다는 사실에 기인한다. 인간은 또한 탄소를 함유한 다른 온실가스의 축적량을 늘렸다. 천연가스로 알려진 메탄CH_4은 태우면 이산화탄소와 물로 바뀐다. 그러나 메탄의 주된 문제는 대기 중에 직접 배출될 때 생긴다. 분자 단위로 계산할 때, 메탄은 열을 가두는 효과가 이산화탄소보다 훨씬 더 강력하다.[84]

인간이 대기 중의 탄소를 늘리는 방법은 기본적으로 두 가지다. 첫째, 산림 벌채, 다시 말해 나무가 불에 타거나 부식되면서, 또 탄소가 많은 토양이 새롭게 노출되면서 탄소가 배출된다. 산림 벌채는 오래된 현상이지만, 산림 벌채가 세계적 차원에서 매우 빠르게 진척된 것은 1945년 이후의 일이다. 반대로 손상되지 않은 숲은 대기 중의 탄소를 흡수한다. 따라서 산림 벌채로 대기에 추가된 탄소의 양은 언제나 산림 벌채로 증가된 양에서 조림으로 흡수된 양을 뺀 순수한 증감분이다. 현재 산림 벌채와 여타 토지이용의 변화가 대기 중에 인위적으로 증가된 탄소에서 책임져야 할 몫은 약 15퍼센트다.[85]

둘째, 이것이 더 중요한데, 탄소는 화석연료의 연소로 배출된다. 인간은 화석연료를 태움으로써 암석권에 (석탄과 석유, 천연가스의 형태로) 저장된 탄소를 대기로, 따라서 대양으로도 옮겼다. 화석연료 연소로 대기 중에 배출된 탄소의 양을 생각해 보자. 1750년, 산업혁명이 시작되기 전에 인류는 이러한 방식으로 연간 대략 300만 미터톤의 탄소를 대기 중에 배출했다. 100년 뒤인 1850년에 그 수치는 5000만 톤가량이었다. 다시 100년이 더 흘러 제2차 세계대전이 끝날 때면, 그 수치는 스무 배 이상이 되어 약 12억 톤에 달했다. 그다음 1945년 이후 인류는 화석연료 연소의 축제에 돌입했다. 제2차 세계대전이 끝나고 15년이 지나지 않아 인간은 해마다 약 25억 톤의 탄소를 대기 중에 배출했다. 1970년에 이 양은 40억 톤으로 늘었고, 1990년에는 60억 톤 이상으로, 2006년에는 약 82억 톤(1750년에 비하면 약 2700배, 1945년에 비하면 7배 정도 되는 양이다.)으로 증가했다. 21세기에 접어들 때, 화석연료는 대기 중에 인위적으로 추가된 탄소의 약 85퍼센트에 책임이 있었다.[86]

인위적으로 증가된 탄소 배출량은 대기 중 이산화탄소 농도를 증가시켰다. 이산화탄소 농도는 산업화 이전의 280ppm을 기준으로 비교할 때 현재 약 400ppm이다. 이 농도는 지난 수백 년간 도달한 이산화탄소 농도의 최고 수준이며 아마도 지난 2000만 년 동안에 도달한 것으로도 최고일 것이다. 대기 중에 있는 이산화탄소를 직접적이고 지속적으로, 신뢰할 수 있게 측정하기 시작한 1958년에 이산화탄소 농도는 315ppm에 머물렀다. 그때 이후로 이산화탄소 농도 측정치는 해마다 증가했다. 대기의 오랜 역사에서 이산화탄소 농도가 50년 만에 4분의 1이 증가한 적은 없었다.

최근의 배출 추세는 특히 더 주목할 만했다. 2000년대에 이산화탄소 배출 증가율은 1990년대의 두 배를 넘는다.(세계적 연간 증가율이 3.3퍼센트 대 1.3퍼센트다.) 세계경제의 지속적인 성장은 원인의 일부일 뿐이다. 더 걱정스러운 것은 세계경제의 탄소 집중도(경제활동 단위당 이산화탄소 배출량)였다. 세계경제는 대략 1970년부터 탄소 배출을 줄였지만, 2000년 이후 그 과정은 역전되었다. 경제성장은 탄소를 다량으로 포함한 연료에 더 많이 의존하게 되었다. 특히 중국에서 석탄을 많이 소비했다.[87]

20세기 마지막 몇십 년에 즈음해서는 대기 중에 이산화탄소와 메탄, 여타 온실가스가 증가한 결과로 세계 기후가 변화하는 것처럼 보였다. 기온 자료를 보면 지표면 대기의 평균 온도가 20세기 평균보다 섭씨 0.8도 정도 높아졌다. 20세기 말이 되면 변화 속도는 더욱 빨라졌다. 증가분 중에서 약 4분의 3은 1970년대 중반 이후에, 나머지는 1940년 이전에 발생했다. 1970년대 이후로, 10년이 지날 때마다 앞선 시기의 기록을 갈아 치웠다. 2010년에 미국항공우주국NASA은 2000년대의 그 10년이 기록상 가장 더운 시기였다고 발표했다. 기온 상승은 북반구 고위도 지역에서 가장 심했다. 이는 기온 상승이 극지방에서 가장 심하고 열대지방에서 가장 약할 것이라고 예측한 기후 모델과 일치한다.[88]

대기 중 이산화탄소 증가는 또한 세계의 대양에도 중대한 귀결을 초래했다. 대기의 경우와 마찬가지로, 측정치는 20세기 후반에 대양의 온도가 올라갔음을 보여 준다. 대양의 수심 300미터 이상 상층부는 1950년 이후 섭씨 약 0.2도에 약간 못 미치는 온도 상승을 보여 주었고, 수심 3000미터 위쪽의 온도는 겨우 0.04도 높아졌다. 이는 그다지 큰 변화로 보이지 않지만, 물의 밀도와 대양의 엄청난 부피를 생각할 때 이 미미한 증가는 엄청난 양의 열에너지에 상당하는 것이다. 1950년 이후로 대양의 수심 3000미터 위쪽 상층부가 흡수한 에너지는 대륙들이 흡수한 에너지의 열네 배가 넘었다.

대양 온도의 상승은 특히 해수면과 해빙海氷에 실질적인 효과를 미쳤다. 20세기 동안 해수면은 약간 상승했다. 약 15센티미터가 높아졌는데, 대략 절반은 물의 열팽창에, 나머지 절반은 그린란드 같은 곳의 빙상 용해에 원인이 있다. 북극해의 빙하도 녹아내렸다. 봄과 여름에 북극해를 뒤덮고 있던 해빙은 20세기 후반부에 10퍼센트 내지 15퍼센트 후퇴했다. 대기 온도와 마찬가지로, 변화의 속도는 20세기 말과 21세기 초에 가까워질수록 더 빨라졌다. 남극을 둘러싼 해빙의 추세는 덜 분명했다. 2009년 4월 당황스러운 사건이 발생했다. 남극대륙의 어마어마한 윌킨스 빙붕氷棚의 일부가 붕괴된 것이다. 그러나 남극대륙의 일부 지역에서 빙하가 사라지고 있을 때, 다른 지역에서는 빙하가 늘어나고 있었다. 남극지방 해빙의 총량은 1970년대 이후로 증가했을 수도 있다.[89]

　　기온 상승이 전 세계 대양에 나타난 유일한 결과는 아니었다. 대기 중 이산화탄소의 일부는 토양과 숲, 대양, 바위를 뜻하는 이 세상의 '싱크(흡수원)sinks'에 흡수된다. 싱크의 정확한 기능은 여전히 논란거리이지만, 화석연료 연소를 통해 배출되는 이산화탄소의 대략 절반은 결국 다양한 싱크로 들어간다. 이러한 대양의 봉사가 없다면 대기 중의 이산화탄소 농도는 훨씬 더 높을 것이다. 불행하게도 이러한 봉사에도 뒤따르는 영향이 있다. 21세기에 접어들 무렵, 대양이 추가로 흡수한 이산화탄소의 누적이 그 화학적 성질에 변화를 준다는 뚜렷한 증거가 나타났다. 이산화탄소의 수준이 높아지면서 대양의 산성도가 높아졌고, 그렇게 되면 일부 생물은 골격과 껍데기를 만들기가 어려워진다. 이렇게 위험에 처한 소수의 생물은 고래와 물고기에게 매우 중요한 먹이이다. 더욱 불길한 것은 대양과 숲 같은 다른 싱크가 대기 중의 이산화탄소를 흡수하는 것이 점점 더 어려워질지 모른다는 우려가 나타나고 있다는 사실이다. 몇몇 싱크가 이산화탄소의 흡수원이 아니라 순 생산자로 바뀌는 것은 가능한 일이다. 열대우림이 높은 기온 때문에 완전히 말라 사라진다면 그런 일이 발생할 것이다.[90]

　　기후변화의 잠재적 위험은 수없이 많으며, 그중 가장 위협적인 것은 세계적 물 공급에 나타난 변화다. 대기 온도 상승의 효과는 여러 가지가 있겠지만, 지구의 매우 많은 생태계에 변화를 초래할 것이고, 지역적으로 강우 유형을 바꿔 놓을 것이며, 더 극심한 기후 사건들을 더 빈번히 야기할 것이고, 전염병을 더 널리 확산시키며 열과 관련된 인간의 사망을 늘릴 것이다. 21세기가 시작할 무렵, 대다수 과학자는 대기 온도의 상승이 이미 그러한 영향을 내

놓기 시작했다고 믿었다. 빙하가 녹는 것이 단적인 사례였다. 지구의 빙하가 20세기가 시작할 때보다 끝날 때 훨씬 더 빠른 속도로 후퇴했다는 증거가 더 확실해졌다. 예를 들면 알프스산맥의 빙하는 1975년에서 2000년 사이에 연간 1퍼센트의 비율로 용해되었는데, 2000년 이후에는 그 비율이 2퍼센트 내지 3퍼센트였다. 이것은 세계적인 추세였다. 세계 전역에 산재한 서른 개 '기준' 빙하를 과학적으로 추적한 결과, 1996년 이후 녹아 사라진 빙하는 1975년에서 1985년 사이에 녹은 빙하의 네 배나 되었다.[91]

빙하 후퇴에 관한 염려는 난해한 것처럼 보일 수 있다. 빙하는 마음속에서나 지리적으로나 멀리 떨어져 있다. 지구의 얼음은 대부분 극지방에, 그린란드와 남극대륙을 뒤덮은 빙하 속에 갇혀 있다. 극지방 빙하의 용해로 해수면이 상승할 위험이 있다는 말은 누구나 들었지만, 이 특별한 문제는 먼 미래를 위한 걱정인 것 같았다. 게다가 극지방에 있지 않은 빙하라면 녹아도 상관없지 않은가? 이를테면 곧 부적절하게도(몬태나주에 있는) 국립 빙하 공원Glacier National Park이라는 이름을 얻게 될 곳의 빙하가 거의 사라졌다는 것이 대다수 미국인에게 얼마나 중요한가? 미학적으로 한탄스럽다는 일부 사람을 제외하면 그다지 중요하지 않을 것이다. 그렇지만 세계 여러 지역에서 봄과 여름에 녹은 빙하는 생사의 문제가 된다. 극지방을 제외하면 얼음을 가장 많이 보유하고 있는 히말라야산맥과 인근 중앙아시아의 산맥에서 녹은 빙하는 이 점을 잘 보여 주는 중대한 사례다. 그 산맥들은 아시아에서 매우 중요한 강으로 전부 합해서 20억 명 이상을 부양하는 인더스강과 양쯔강, 메콩강, 갠지스강, 황허강, 브라마푸트라강, 에야와디강의 원천이다. 히말라야산맥, 특히 높은 고도의 온도 상승은 지난 수십 년간 빙하가 더 많이 녹는 결과를 초래했다. 두려운 것은 줄어든 빙하와 설괴 빙원의 크기가 강물의 수량과 계절적인 흐름에 변화를 주어 이 강물에 관개농업과 식수, 그 밖의 많은 것을 의존한 하류의 지역사회들에 극적이고 부정적인 영향을 끼칠 것이라는 점이다. 실제로 이 20억 명을 부양했던 생태계는 중대한 변화를 겪을 가능성이 크다.[92]

인간이 의존한 빙하의 용해는 일부 평자의 마음을 미래에 대한 불길한 예감으로 채웠지만, 기후변화에 무관심한 수백만 명은 그 간접적인 효과를

_____항공기에서 본 에베레스트산, 2006년. 19세기 말 이후로 세계 전역의 많은 빙하가 평균기온 상승으로 말미암아 후퇴했다. 1980년 이후 히말라야산맥에서는 빙하가 빠르게 후퇴했으며, 이는 남아시아와 동남아시아, 동아시아에서 물 부족을 초래했다. (Wikimedia Commons, ⓒ shrimpo1967)

느꼈을 것이다. 대기 온도 상승이 가져온 한 가지 간접적인 영향은 수증기를 저장하는 공기의 힘이 커진 것이다. 이는 역설적이지만 가뭄의 확률과 호우의 확률을 모두 높였다. 건조 지대에서는 따뜻해진 공기가 더 많은 수증기를 간직할 수 있어서 비로 내리는 양은 적었다. 이미 폭우가 내리는 지역에서는 따뜻해진 공기가 더 큰 강우를 가져왔다. 구름에서 빠져나올 수증기가 더 많기 때문이다. 따라서 미국 남서부 같은 지역은 가뭄에 더 많이 시달리게 되었고, 억수같이 쏟아지는 계절풍 강우는 히말라야산맥 발치에 더 사나운 홍수를 일으켰다.[93] 한편 바다 표면 온도의 상승은 열대 사이클론을 더 많이 발생시켰을 것이다. 2005년의 허리케인 카트리나든 2010년 파키스탄의 대홍수든 어느 특정한 기후 사건의 원인을 기후변화에 돌릴 수는 없지만, 시간이 흐르면서 그러한 사건들은 기온 상승의 결과일 가능성이 더욱 커졌다. 레온 트로츠키Leon Trotsky는 (아마 와전된 것이겠지만) 이렇게 말했다고 한다. "당신은 전쟁에 관심이 없을지 모르지만, 전쟁은 당신에게 관심이 있을 것이다." 이 말은 뉴올리언스의 저지대 구역에 살든 인더스강 유역에 살든 기후변화와 이 세계의 취약한 주민들에게도 적용된다. 그들은 기후변화에 관심이 없을지 모르지만, 기후변화는 그들에게 관심이 있을 것이다.

기후변화와 과학사

지구 기후의 복잡성을 감안하면, 기후의 과학적 이해가 아주 최근에야 진전되었다는 사실은 놀랍지 않다. 과학적 이해에는 지구물리학자와 해양학자, 기상학자, 생물학자, 물리학자, 지질학자, 수학자, 그 밖에도 일단의 학문 전문가들을 포함하는 고도의 학문 간 협력이 필요했다. 전 세계적 현상인 기후변화는 국경을 초월하는 학문적 협력을 이끌었다. 그러므로 이 두 가지 형태의 협력이 기후학의 역사가 지닌 두드러진 특징이었다. 기후가 어떻게 변하는지에 관해서는 아직 알아야 할 것이 많지만, 지난 반백 년 동안 상당한 학문적 진전이 이루어졌다. 이 문제가 과학적으로 주목을 받게 된 데에는 이산화탄소 수준의 증가에 대한 염려가 큰 몫을 차지한다. 냉전이 시작된 이후에야 이용할 수 있었던 위성 같은 기술적 도구는 그러한 관심을 정보와 이해로 바꾸는 데 일조했다. 이러한 도구들은 지구 기후의 역사를 파악하고 그 작동 모형을 세우고 (뚜렷한 한계 안에서) 미래를 예측하는 데 필요한 자료를 수집하고 평가할 때 매우 중요했다.

지구가 왜 인간이 거주하기에 알맞은 대기를 가졌는지를 설명하려는 첫 번째 시도는 19세기에 있었다. 프랑스의 자연철학자 장바티스트 조제프 푸리에Jean-Baptiste Joseph Fourier는 1820년에 쓴 글에서 대기가 유입되는 태양복사 에너지의 일부를 가두어 그렇지 않을 때보다 기온을 훨씬 높게 올린다고 주장했다. 푸리에는 대기가 기온에 미치는 영향을 온실을 뒤덮은 유리에 비유했다. 불완전한 유비였지만 그런데도 사라지지 않았다. 19세기가 지나는 동안 유럽의 다른 지역에 사는 과학자들은 지구의 기후가 어떻게 작동하는가에 관한 기본적인 질문들을 붙들고 씨름했다. 이들은 대체로 스위스의 박식가 루이 아가시Louis Agassiz의 자극을 받았다. 1840년 아가시는 지구가 과거에 빙하시대를 겪었다고 썼다. 그래서 그 이후의 과학 연구는 기후가 시간이 지나면서 어떻게 그처럼 극적으로 변할 수 있었는지를 이해하는 데 집중했다. 호기심 많은 과학자 중 한 사람이었던 존 틴들John Tyndall은 영국인 물리학자로 1850년대에 이산화탄소의 적외선 흡수 능력을 발견했다. 이보다 더 중요했던 것은 스웨덴 과학자 스반테 아레니우스Svante Arrhenius의 연구였다. 1896년 아레니우스는 이산화탄소와 기후 사이의 기본적인 관계를 개설한 획기적인 논문을 발표했다. 아레니우스는 이산화탄소의 수준이 높아지거나 낮아지면 초래될 지구의 기온 변화를 계산했다. 아레니우스는 이산화탄소가 두 배로 늘어나면 기온이 섭씨 5.7도 높아질 것으로 계산했지만, 인간이 대기 중에 그렇게 많은 탄소를 배출할 가능성은 없다고 치부했다.[94]

아레니우스의 논문은 상당한 논란을 촉발했지만, 지구의 여러 계system에 대한 기본적인 과학적 이해의 부족, 빈약한 자료, 인간이 지구의 기후를 변화시킬 힘을 지녔다고 생각하기를 거부한 개념적 틀이 그 영향력을 제한했다. 예를 들면 아레니우스는 대기 중 이산화탄소 농도를 어림잡아 계산할 수밖에 없었다. 그때까지 누구도 그것을 확실하게 측정할 수 없었기 때문이다. 그러나 20세기 초에 기후의 연구에 관련된 다른 분야에서 과학의 발전이 두드러졌다. 두 대전 사이 유럽에서 세르비아의 수학자 밀루틴 밀란코비치Milutin Milanković는 빙하기가 지구의 진동과 태양 궤도 때문에 생겼다는 정교하고 치밀한 이론을 제시했다. 밀란코비치가 공들여 내놓은 계산 덕분에 그의 이름이 붙은 주기를 이해할 수 있게 되었다. 거의 같은 시기에 소련에서는 지구화학자 블라디미르 베르나츠키Vladimir Vernadsky가 자연계의 탄소순환을 연구하고 있었다. 베르나츠키는 생물권의 살아 있는 유기체들이 대기 속의 질소와 산소, 이산화탄소 대부분을 증가시킴으로써 그 화학적 조성의 원인이 된다고 주장했다. 따라서 식물과 기타 살아 있는 유기체는 지구 기후의 역사에서 기초가 되었다.[95]

지구의 여러 계에 대한 기본적인 이해는 19세기와 20세기 초에 발전했지만, 기후학에서 큰 약진이 이루어진 것은 1945년 이후였다. 냉전이 자연과학을 위한 공적 자금의 증대를 촉진했기에 미국의 과학자들이 중요한 인물이 된 것도 놀랍지는 않다. 1950년대에 샌디에이고 인근에 있는 스크립스 해양학연구소Scripps Institution of Oceanography의 과학자들이 국방과 관련된 자금을 조

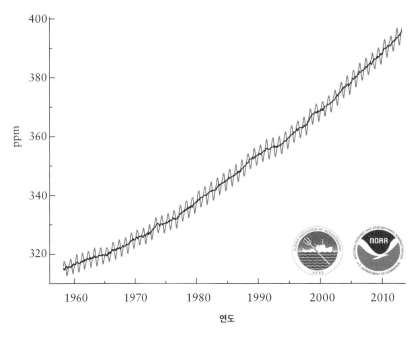

───── 하와이 마우나로아 관측소의 대기 중 이산화탄소.

금 빼내 대기와 대양 속의 이산화탄소를 연구하는 데 썼다. 이들 중 찰스 킬링Charles Keeling과 로저 레벨Roger Revelle 두 사람은 처음으로 대기 중 이산화탄소를 확실하게 측정하는 관측소를 만들었다. 두 사람은 하와이의 마우나로아 화산 꼭대기에 새로이 개발한 정교한 장비를 설치했다. 마우나로아산이 선택된 이유는 외진 곳 주변을 순환하는 공기는 지역의 발전소나 공장에서 나오는 배출 가스에 오염되지 않았기 때문이다. 마우나로아 관측소 덕분에 과학자들은 대기 중 이산화탄소 농도를 최초로 올바르게, 신뢰할 수 있게 측정할 수 있었다. 2년 만에 관측소는 농도가 실제로 높아지고 있음을 입증했다. 마우나로아 관측소의 시계열은 1958년 이후로 계속 자료를 생산했다. 그 과정에서 톱니 같은 상승 곡선은 인위적 기후변화를 보여 주는 시각적 표현 중 가장 널리 알려진 것이 되었다.[96] 톱니 형태는 북반구에 보이는 이산화탄소의 계절적 변화를 나타낸다. 잎이 다 나오는 여름철에는 대기보다는 나무와 관목에 탄소가 더 많이 머물러 있다. 겨울에는 이산화탄소가 대기에 약간 더 많다.

마우나로아 관측소의 선도적인 관측은 미국과 소련의 기술과 과학의 힘을 돋보이게 한 전 세계적 협력 연구 노력의 결과물인 국제 지구물리학의 해 IGY라는 배경에서 이루어졌다. 그러나 국제 지구물리학의 해는 또한 최근에 와서 입수할 수 있게 된 강력한 새 도구들을 이용하여 지구물리학의 관측 평가 체계를 개발하려는 과학자들의 욕구에 부응했다. 1950년대에서 1970년대 사이에 과학자들은 초기 위성을 이용하여 지구를 연구하고 최초의 대형컴퓨터를 이용하여 지구 기후의 투박한 모델을 개발하여 조작할 수 있었다. 냉전으로 촉발된 극지방 탐구로 빙하 코어 표본을 채취하는 첫 번째 일정이 만들어졌다. 이로써 과학자들은 수십만 년 된 극지방 빙모에 묻힌 기포를 분석하여 과거의 기후에 관한 정보를 캐낼 수 있게 되었다. 미국은 1950년대 말에 순수하게 군사적인 이유로 그린란드의 캠프 센추리Camp Century에서 처음으로 빙하 코어 표본을 채취했다. 소련은 남극지방의 보스토크 기지에서 자신들만의 일정을 갖고 있었다. 소련은 1970년대부터 시추를 시작하여 결국 40만 년 전까지 거슬러 올라가는 빙하 코어 표본들을 채취했고, 과학자들은 여러 빙하기에 걸친 에어 포켓을 입수할 수 있었다.[97]

냉전과 관련된 연구는 다른 국제적 상황에서 이루어진 과학적 노력의 증대와 중첩되었다. 연구 문제의 크기, 그 문제를 다루는 데 필요한 재원, 전문 지식을 공유하려는 욕구는 학문적 협력의 증대뿐만 아니라 세계기상기구 WMO와 훗날의 유엔 환경 계획UNEP 같은 국제기구들의 더 큰 지원을 끌어냈다. 1960년대에는 다수의 저명한 과학자가 인위적인 기후변화가 일어날 가능성을 다루기 시작했다. 연구는 충분하게 진척되었고, 이 문제는 유엔이 후원하는 1972년 스톡홀름 환경 회의의 의제에 올랐다. 1970년대 내내 기술과 방법론의 지속적인 개선과 더 좋은 자료, 더 정교한 연구 네트워크의 도움으로 과학적 발전이 계속되었다. 미국의 과학자들이 지속적으로 이 분야를 선도했다. 부분적으로는 국립 과학원NAS과 같은 기구들이 제공한 지원 덕분이었다. 1970년대는 오로지 기후변화만 다룬 최초의 국제회의로 막을 내렸다. 이 회의는 1979년 세계기상기구와 유엔환경계획의 준비로 제네바에서 개최되었다.[98] 그때까지는 정밀과학을 훈련한 전문가들의 영역이었던 기후학은 곧 어지러운 정치 영역으로 들어간다.

과학이 정치를 만나다

1980년대 이전에는 인위적 기후변화에 관한 논의가 대체로 학문 공동체에 국한되었다. 1970년대에도 약간의 정치적 인식이 보였고 언론 매체가 다루기도 했지만, 그 문제는 너무 새롭고 추상적이어서 크게 주목을 받지 못했다. 게다가 온난화에 관한 과학적 합의는 상대적으로 약했다. 그러나 1980년대가 분수령이 된 10년이었다. 인위적 온난화에 관한 과학적 합의가 강화되었고, 그 문제가 처음으로 정치적 문제가 되었다.

이러한 변화는 부분적으로는 대기 환경 문제에 대한 인식이 높아진 데 기인했다. 산성비는 1970년대 말부터 유럽과 북아메리카 동부에서 지역의 중요한 정치적 문제가 되었다. 1980년대에는 오존층 축소에 대한 정치적 관심이 갑자기, 그렇지만 산성비의 경우와는 대조적으로 전 세계적으로 나타났다. 1986년 남극지방 상층의 오존층에서 '구멍'이 발견되자 대중의 관심이 자극을 받았고, 이는 1987년 몬트리올 의정서의 협상을 부추긴 주된 요인이었다. 이 협정은 가맹 국가들에 프레온가스 배출을 줄이라고 요구했기에 과학자들을 전 세계적 대기 정치에 끌어들였다. 오존층 구멍에 대한 대중의 인식은 1988년까지도 새로운 현상이었는데, 그때 북아메리카에 기록적인 더위와 가뭄이 찾아와 대중과 정부의 관심을 환기시키며 세계적 차원에서 기후변화의 정치를 제도화할 필요성을 느끼게 했다. 그해에 세계기상기구와 유엔 환경계획은 인위적인 지구 온난화에 관하여 합의된 견해를 도출하는 책임을 맡은 과학 단체인 기후변화에 관한 정부 간 합동 조사단IPCC을 창설하는 데 기여했다. 그 이후로 합동 조사단은 1990년과 1995년, 2001년, 2007년에 한 차례씩 광범위한 평가 보고서를 제출했으며, 다섯 번째 보고서는 2014년에 나왔다. 보고서는 전부 기후변화를 둘러싼 과학적 증거를 포괄적으로 검토하여 작성되었다. 보고서들은 기후변화와 인간의 활동을 결부하고 세계적 차원의 정치적 대응이 긴요하다고 단호하게 경고했다. 2007년 보고서는 최고로 명시적인 용어를 썼다. 지구온난화의 증거는 '모호하지 않다'고 서술했으며 21세기 말이 되면 향후의 탄소 배출 시나리오에 따라 섭씨 1.8도에서 4도까지 기온이 상승한다고 '최상의 추정치'를 내놓았다. 합동 조사단 지도부는 각각의 보고서를 옹호해야 했다. 특히 합동 조사단의 조사 방법과 증거, 동기, 합법성을 작지만 강한 목소리로 공격한 높은 지위의 기후 회의론자들climate skeptics을 막아야 했다.[99]

합동 조사단의 활동은 인위적인 이산화탄소 배출량을 낮추려는 전 세계적인 정치적 협상과 나란히 진행되었다. 그 과정은 유엔 총회가 기후변화에 "인류 공동의 관심사"라는 이름표를 붙인 1988년에 진지하게 시작되었다. 깜짝 놀랄 정도로 짧은 시간에 외교관들은 기후변화 기초 협약Framework Convention on Climate Change을 만들어 냈고 1992년 리우 정상 회의에서 서명했다. 비록 그 조항들은 구속력을 지니지 않았지만, 그 조약은 더 실질적인 협정을 도출하려는 목적의 외교적 협상을 정례화했다. 이후 몇 년간 이어진 후속 회의들은 1997년 교토 의정서를 위한 협상의 장을 마련했다. 구속력을 갖춘 이 협정은 부자 나라들에 이산화탄소 배출량의 작은 삭감을 (교토 의정서에 설정된 기준 연도인 1990년에 비교해서) 의무적으로 요구했다.

그러나 세계 최대의 온실가스 배출국들 간의 불화로 교토 의정서의 토대가 흔들리자 곧 문제가 뚜렷하게 드러났다. 이 분열은 뒤이은 모든 외교에 어두운 그림자를 드리웠다. 이 문제는 가장 큰 오염원인 두 나라, 즉 미국과 중국과 더불어 시작했다. 교토 의정서 이후, 두 나라는 온실가스 배출에 관한 공격적이고 구속력 있는 협정에 반대했다. 미국의 경우 국내 정치적 저항 때문에 가장 적극적인 행정부조차 큰 폭의 온실가스 배출 삭감을 공약하기는 지극히 어려웠다. 그렇게 하기에는 단기적으로 너무 많은 비용이 든다고 거의 누구나 예상했기 때문이다. 2006년 이후 미국은 중국 다음으로 세계에서 두 번째로 큰 온실가스 배출국이었고, 1인당 배출량도 가장 많은 축에 속했다. 미국의 태도를 말하자면, 미국은 큰 개발도상국들, 특히 중국과 인도, 브라질이 의무적인 삭감 계획에 포함될 필요가 있다고 강조했다. 반면 중국은 선진

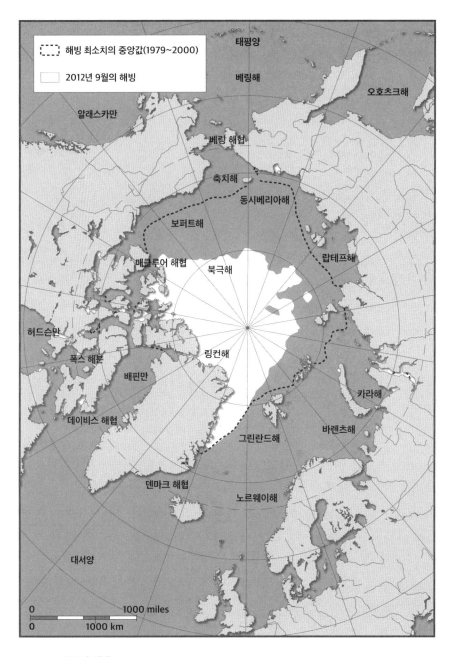

_____ 북극권 해빙(1979~2012).

공업국들이 먼저 큰 폭의 삭감을 실천해야 한다고 주장했다. 중국의 비타협적 태도는 점점 중요해졌다. 대체적인 이유는 그 경제가 석탄에 크게 의존했기 때문이다. 중국의 석탄 의존도는 2000년 이후 더 커졌다. 그러나 중국은 2012년에 중국의 두 배에 달했던 미국의 1인당 배출량을 책임의 주된 척도이자 미국이 솔선수범하여 온실가스 배출량을 삭감해야 하는 이유로 지적했다.[100]

이 문제에 관해서 다른 큰 개발도상국들도 유사한 태도를 취했다. 예를 들면 인도는 부자 나라들에 온실가스 배출량을 삭감할 도덕적 책임과 더 많은 능력이 있다고 주장했다. 중국처럼 인도도 가난한 나라들에는 경제 발전을 위해 온실가스 배출량을 늘릴 권리가 있다고 주장했다. 나아가 개발도상국들은 부유한 나라에서 가난한 나라로 배출 완화 기술과 전문 지식을 이전할 장치를 만들어야 한다고 강력하게 로비를 벌였다.

이 방정식의 반대편에는 소수의 부자 나라가 있었다. 선두에는 유럽 연합 국가들이 있었고 여기에 해수면 상승으로 바닷물에 잠길 처지에 놓인 일군의 섬나라가 있었다. 이 나라들은 부유한 세계부터 시작하여 온실가스를 의무적으로 감축하는 제도를 이끌어 내기 위해 함께 강력한 운동을 벌였다. 프랑스와 영국, 독일 같은 유럽 국가들의 1인당 배출량은 지금 미국에 비해 훨씬 더 적다. 한편으로는 지난 몇십 년간 석탄에서 천연가스와 원자력으로 연료 전환을 이루었기 때문이다.

중간에는 일본과 캐나다, 러시아, 오스트레일리아와 같은 나라들이 있다. 이 나라들은 때에 따라 다양한 수준의 열의로 협상에 참여했다. 예를 들면 2004년에 러시아 의회는 교토 의정서를 비준했다. 비준을 한 한 가지 이유는 1990년대에 러시아 경제가 붕괴하여 이미 온실가스 배출량이 교토 의정서가 요구한 것보다 훨씬 적었기 때문이었다. 그래서 러시아는 교토 의정서가 정한 온실가스 배출권 거래 제도로부터 이익을 얻을 수도 있었다. 그러나 이와 동시에 러시아는 석유와 가스의 주요 생산국이었고, 따라서 러시아 지도부의 국제적 기후 협약 지지는 아무리 잘 봐주어도 미온적이었다. 많은 러시아인은, 특히 대통령 블라디미르 푸틴은 기후가 더 따뜻해지면 잃는 것보다 얻는 것이 더 많으리라고 기대했다.(그러나 2010년 여름 러시아는 그 역사상 비할 데 없는 매우 심한 무더위를 겪었다.) 다른 나라들도 국내의 정치적·경제적 상황에 따라 태도를 바꾸었다. 예를 들면 2007년 선거로 집권한 오스트레일리아 행정부는 기후 협약에 크게 반대하지 않는 것처럼 보였다. 반면 캐나다는 2002년에 교토 의정서를 비준했지만 그 목표치를 달성하는 데 실패했으며, 2006년에는 배출 규제에 반대하는 총리가 선출되었고 2012년에는 교토 의정서 비준을 철회했다.[101]

21세기의 두 번째 10년에는 기후변화에 관한 과학자들의 경고와 이를 다루려는 정치적 의지 사이에 상당한 간극이 벌어졌다. 다수의 저명한 과학자는 위험한, 심지어 대재앙에 가까운 인위적 지구온난화를 막을 시간이 충분히 남아 있다는 생각에 점차 회의를 품었다. 이들에게 남은 질문은 지구의 기온이 얼마나 올라갈 것인지, 기온 상승이 지구 생태계에 어떠한 영향을 미칠 것인지가 전부인 것처럼 보였다. 과학적 진단에 상응하는 규모로 외교적 돌파구가 열릴 전망은 매우 적었다. 20년 이상, 기후 정책은 동일한 장애물에 막혀 있었다. 첫째, 정치인들은 권력을 유지하는 데 힘을 집중했기에 기후변화를 다루는 것은 그다지 매력이 없었다. 무대응이 초래할 손실은 대부분 이들이 정치 무대를 떠나고 한참 지난 후에야 감지되겠지만, 탄소 배출량의 축소는 권좌에 앉은 이들에게서 대중의 지지를 빼앗는 희생을 수반했기 때문이다. 그러므로 이것은 꾸물거려야만 보상을 줄 것 같은 정치적 문제였다. 둘째, 기후 안정화는 공익이었다.(지금도 그렇다.) 기후 안정화를 달성하기 위해 누가 희생하든 상관없이 모두가 그로부터 혜택을 받는다는 뜻이다. 따라서 협상에 나선 자들은 '무임승차'의 유혹을 받았다. 다시 말해 모두에게 혜택을 줄 희생을 다른 이들에게 미루려 했다.

낙관론자들은 재생 가능한 에너지원에 희망을 걸었다. 그것이 시장에서 화석연료와 경쟁할 수 있는 힘을 점점 더 많이 갖추었기 때문이다. 다른 이들은 지구 공학geoengineering[11]이 최선의 대안이라고 생각했다. 지구 공학적 계

_____ **11** 기후 공학climate engineering이라고도 한다. 기후변화의 해로운 영향을 막기 위해 기후 시스템에 개입하는 인간의 의도적인 활동.

획으로 대기에 거울을 늘어놓아 유입되는 태양복사에너지를 반사시킬 수 있고, 그리 대단하지는 않지만 탄소를 토양이나 지하에 격리할 수도 있었다. 아마도 이러한 대안들 중 어느 것이라도 기후에 관련된 곤경에서 벗어날 탈출구를 제공할지가 21세기의 가장 큰 질문이리라.

생물 다양성

몇몇 사라지는 종에 관한 과학적이고 철학적인 관심, 이따금 보이는 대중의 관심은 몇백 년 전까지 그 기원을 추적할 수 있지만, 인류가 지구의 생물유산을 체계적으로 축소시킬 수 있다고 걱정한 사람은 최근까지도 거의 없었다. 전후 시대에 들어서야 이러한 상황이 변했다. 소수의 과학자가 인간이 지구의 생물군계에 미치는 누적된 효과를 신중히 고려하기 시작했다. 이러한 관심은 1950년대와 1960년대에 이따금 몇몇 사람이 먼저 표명했는데 충분한 수준에 도달하기까지는 대략 20년에 걸친 관찰과 논증이 더 필요했다. 생물다양성biological diversity(축약형biodiversity)이라는 용어는 1970년대와 1980년대가 오기까지는 학계에 일반적으로 알려지지 않았다. 그러나 이 용어는 1980년대, 특히 저명한 생물학자 에드워드 오즈번 윌슨E. O. Wilson이 워싱턴 D.C.에서 이 주제에 관하여 조직한 1986년 회의 이후 학문적으로나 대중적으로 급격하게 널리 유포되었다. 이 회의의 의사록은 『생물 다양성Biodiversity』이라는 적절한 제목을 달고 책으로 출판되어 경보를 울렸다. 윌슨은 이렇게 썼다. 이 책은 "10억 년 넘게 생물 형태의 다양성을 촉진했던 환경을 우리가 빠르게 변화시키고 파괴하고 있다는 절박한 경고를 담고 있다." 이 메시지는 전 세계 언론에 입수되어 전파되었고 열대우림의 산림 벌채부터 오존 고갈까지 지구의 환경 상태에 관한 대중과 과학계의 두려움이 커지면서 강화되었다. 놀랄 만큼 짧은 시간에 전 세계적 멸종에 대한 관심은 환경 정책의 주된 특징이 되었으며, 생물 다양성이라는 낱말은 세계적으로 널리 쓰이는 용어가 되었다.[102]

생물 다양성 개념은 큰 호소력을 지녔지만 학문적 실천에서는 어렵고도 무딘 도구였음이 드러났다. 생물 다양성이란 정확히 무엇을 의미했나? 무엇을 어떻게 측정할 것인가? 생물 다양성은 예를 들면 유전적 다양성이나 종의 다양성, '개체군'(특정 종 내부에서 별개의 지리적 영역에 분포한 동물이나 식물의 군집)의 다양성을 의미했나? 척도에 관해 합의가 이루어졌다고 해도, 그것이 얼마나 중요할 것인가? 많은 과학자는 종의 수나 많은 유전물질을 붙들고 씨름하기보다 생태계 작동과 건강한 생물 경관을 측정하고 유지하는 데 집중하는 것이 훨씬 더 나을 것이라고 주장했다. 이러한 문제들은 여전히 뜨거운 논쟁의 대상이지만, 과학자들은 종 다양성이 대중의 강력한 반향을 불러일으키는 단순하고 매우 이해하기 쉬운 척도임을 인정한다. 그 논거에 따르면 종의 소멸이라는 개념은 비록 결함이 있어도 여전히 지구 생물의 쇠락을 측정하는 가장 확실한 방법이다.[103]

지구의 종을 확인하고 분류하려는 시도는 몇십 년 전부터 시작되었지만, 생물학자들이 진지하고 지속적으로 노력했는데도 현존 종의 전체 수는 겨우 추측만 할 수 있을 뿐이다. 추정치는 수백만 종에서 1억 종 이상까지 매우 다양하다. 생물학자들은 이 범위의 낮은 쪽 끝으로 결정하는 경향을 보였지만 자신들이 제시한 수치가 대강 추정한 것임을 거리낌 없이 인정한다. 편차의 일부는 계산에 포함된 것 때문이지만,(예를 들면 박테리아 같은 미생물의 포함 여부) 대부분의 종이 아직도 과학에 알려지지 않았다는 단순한 사실로부터 문제가 발생한다. 과학자들이 확인하여 '설명'한 것은 200만 종에 못 미치며, 철저하게 조사된 것은 이 중 아주 작은 부분뿐이다. 설명된 종 중에서 무척추동물(전체 종의 약 75퍼센트)이 가장 많으며 식물(18퍼센트)과 척추동물(4퍼센트 미만)이 뒤를 잇는다.[104]

대부분의 생명 형태가 어디에 있는지에 관해서는 좀 더 큰 합의가 존재한다. 지구상의 종 대부분이 남아메리카와 아프리카, 동남아시아의 열대우림에 있다. 지표면의 겨우 10퍼센트가 지구 종의 절반에서 3분의 2 사이를 보유하고 있다고 생각된다. 활엽수가 많은 열대우림에 가장 많은 종이 분포한다. 지금까지 설명된 포유류와 조류, 양서류의 종 대다수가 그곳에서 발견된다. 지중해 분지와 남아프리카의 케이프주 같은 다른 지역과 생물군계에도 풍요로운 식물 다양성이 발견되지만, 열대우림은 식물 종이 가장 풍부한 곳이기도 하다. 예를 들면 에콰도르의 저지대 열대우림의 육상경기장 크기만 한 땅에 1000종이 넘는 식물과 관목, 나무가 서식하고 있다. 에콰도르(대략 영국만 한 크기의 작은 나라) 한 곳만 유럽 전체보다 40퍼센트가 더 많은 식물 종을 보유하고 있다고 여겨진다. 식물 다양성 등급의 낮은 쪽 끝에는 지구상의 사막(직관에 반하게 극소수의 사막은 상대적으로 식물 다양성이 풍부하다.)과 매우 높은 (북쪽) 위도의 경관들이 있다.[105]

　육상 종은 지구 생물 다양성에서 일부분을 차지할 뿐이다. 나머지는 대양과 바닷속에, 그리고 약간 적지만, 민물에 있다. 몇몇 과학자는 지구 전체 종의 약 15퍼센트가 대양에 산다고 계산하지만, 이는 당연히 추정치다. 담수계는 지구 전체 표면과 수계에서 작은 부분을 차지하고 있지만 비교적 많은 수의 종을 포함하고 있다. 어떤 추정치에 따르면 설명된 전체 종의 7퍼센트에 이른다. 종의 수와 풍부함을 추정할 때의 문제는 수중 환경의 성격 때문에 더욱 어려워진다. 대양과 바다는 광대하며, 해양 환경은 찾아가 연구하기가 지극히 어려울 수 있다. 따라서 20세기가 지나는 동안 해양 종의 다양성과 풍요로움에 관한 지식은 육상 종에 비해 한참 뒤처졌다. 아주 최근에 와서야 그 상황에 변화가 시작되었다.[106]

　대양과 호수는 육상 생태계와 몇 가지 유사성을 보이는 것 같다. 예를 들면 수생생물은 지구상의 수역에 고르게 분포하지 않는다. 열대우림의 경우와 마찬가지로 일부 수생 생태계에는 믿을 수 없을 만큼 풍요롭게 종들이 서식하고 있다. 대륙붕과 산호초, 대양에서 (뉴펀들랜드의 그랜드뱅크스Grand Banks 같이) 영양물질이 풍부한 조류에 노출된 부분은 엄청난 종의 풍부함과 다양성을(또는 풍부함이나 다양성을) 보유한다.(예를 들면 누벨칼레도니 외해 열대 수역의 어느 한 지점에 서식하는 연체동물 종을 전부 헤아리려는 시도가 있었는데 서로 다른 종 2738개가 발견되었다.) 그렇지 않은 경우, 대양의 대부분은 육지의 사막과 비슷하게 상대적으로 메말랐다. 게다가 육상 종의 경우처럼 매우 많은 수생 종이 큰 이동성을 갖지 못한다. 특정 종, 특히 거대 유영 어종들(일부 종의 고래와 돌고래, 상어, 깊은 바다에서 발견되는 어류)은 매우 먼 거리에 걸쳐 이동한다. 그러나 이는 다른 많은 종에 해당되는 얘기는 아니다. 많은 종은 특정 서식지에만 살아서 몇몇 지역에서만 발견된다. 그러므로 육상생태와 마찬가지로 지역성은 담수 생태계와 해수 생태계의 중요한 특징이다. 이를테면 그루퍼grouper는 열대와 아열대의 수역에 살아남은 어류인데, 그루퍼의 개별 종은 특정 지역에서만 발견된다.[107]

　종의 감소에 관한 걱정은 전 세계에 존재하는 종의 수를 헤아리려는 노력의 배후에 놓인 주된 동인이다. 특히 지난 30년간 인류가 '여섯 번째 멸종'을 시작했는지에 과학적 관심이 집중되었다. '여섯 번째 멸종'이란 지구의 역사에서 알려진 다섯 번의 멸종 사건과 규모 면에서 필적할, 종의 대량 소멸을 뜻하는데, 그 마지막 사건은 6500만 년 전에 발생했다. 대량 멸종에 관한 과학적 염려는 1970년대와 1980년대에 열대 산림 벌채와 그 영향에 관한 관심의 증대와 때를 같이했다. 생물학자들은 인간의 활동이 많은 종의 소멸을 통상적인 속도, 즉 '기본' 속도background extinction rate[12]보다 훨씬 더 빠르게 초래했다고 추정하게 되었다. 이번에도 윌슨은 그러한 관념을 주된 흐름으로 만드는 데 앞장선 생물학자였다. 1986년 윌슨은 열대우림 지역에서 벌어지는 멸종이 인간의 활동 때문에 통상적인 경우보다 1000배에서 1만 배 더 많다고 계산했다. 이후 다른 많은 생물학자가 진정한 멸종 속도에 관하여 상이한 추정치에 도달했으며, 그 불일치는 역시 알려지지 않은 종의 수와 인간이 주는 영향에 대한 부정확한 평가로 설명되었다. 그러나 현재의 멸종 속도가 기본 속도보다 여러 배 빠르다는 점은 모두가 인정한다. 나아가 이들은 인간이 지구의 생태계에 점점 더 많이 간섭한 것이 지난 20세기 후반 멸종 속도가 급격하게 빨라진 이유라는 데 대체로 동의한다. 2000년이 되면 몇몇 과학자는 20세기에 최대 약 25만 개의 종이 사멸했다고 추산했으며, 21세기에는 열 배에서 스무 배 더 많은 종이 사라질 것이라고 염려했다. 대다수 종은 과학자들이 설명할 수 있기도 전에 사라졌기에, 20세기의 사멸한 종의 대다수는 인류에게 알려지지 않은 생물이었다.[108]

　멸종 위기에 처한 종의 목록을 만들자는 생각은 일찍이 1920년대에 널리

_____ **12** 개별 종들이 자연 상태에서 발생하는 환경 요인이나 생태적 요인에 의해 오랜 기간에 걸쳐 사멸하는 매우 낮은 수준의 속도.

퍼졌지만, 1949년이 되어서야 유럽의 환경보호주의자들이 시험 삼아 첫 번째 목록을 작성했고, 여기에는 포유동물 14종과 조류 13종이 포함되었다. 같은 해, 유네스코 초대 사무총장 줄리언 헉슬리Julian Huxley(작가 올더스 헉슬리Aldous Huxley의 형)를 포함한 환경보호주의자들은 국제자연보호연맹IUPN을 창설했다. 스위스에 본부를 둔 이 단체는 '지구상의 모든 생물군집'을 보호하는 책임을 떠맡았다. 1950년대 동안 국제자연보호연맹(1956년에 단체의 이름에서 '보호 Protection' 대신 '보전Conservation'을 썼다.)은 멸종 위험에 처한 종의 목록을 만드는 데 착수했고, 1960년대에 들어서 이를 발표했다. 멸종 위기종 적색 목록Red List of Threatened Species으로 알려진 이 목록은 세계적으로 가장 높이 평가되는 것으로서 수천 명의 과학자가 편집에 참여했다. 그렇지만 적색 목록을 만드는 데 들인 이 엄청난 노력조차 전체 종 가운데 적은 일부 종의 상태에 관해서만 알게 해 주었다. 2012년에 발표된 가장 최근의 목록에는 거의 6만 4000종이 포함되어 있으며, 이 중 약 2만 종(32퍼센트)이 멸종 위기에 처한 것으로 분류되었다. 이 목록은 육상 종에 크게 편향되어 있어서 수생 종보다는 조류와 포유류, 양서류, 일부 식물 종류에 관해서 더 많이 알려 준다.[109]

육상 생물 다양성에 나타난 변화

20세기의 마지막 몇십 년간에 나타난 환경 변화의 여러 영역에서 그렇듯이 인구 성장과 경제 발전, 기술의 역량이 결합되어 생물 다양성의 쇠퇴를 초래했다. 육상에서 주된 원인은 서식지 파괴였다. 20세기에 경작지와 방목지에 돌려진 지구상의 면적은 두 배 이상 증가했고 대체로 그 절반은 1950년 이후에 늘어났다. 이러한 증가는 숲과 초원에 직접적인 타격을 가했다. 이는 육상 종에 매우 큰 위협이었다. 식물 다양성과 동물 다양성이 풍부한 이질적인 경관들을 인간이 자신들만의 목적을 위해 관리하는 지극히 단순화한 경관으로 대체했기 때문이다. 그러한 경관들은 몇몇 토착종을 부양할 수 있었고 또 실제로 부양했지만, 매우 많은 다른 종은 그 변경된 경관 안에서 번성할 수 없었다. 원래의 서식지가 다른 용도의 토지로 체계적으로 대체되면서 야생 생물의 서식 공간이 축소되었다. 예를 들면 경작지와 방목지로 들어오는 조류는 손상되지 않은 초원과 숲에서 발견되는 조류의 극히 적은 일부였다. 이미 오래전에 영농이나 목축으로 전화되어 생물학적으로 단순해진 경관들은 1945년 이후 훨씬 더 단순해졌다. 경작지는 거의 어디서나 기계화와 집약적인 단일경작, 화학 제초제에 점점 더 심하게 종속되었다. 토지이용의 변화 다음으로 생물 다양성을 크게 위협한 것은 생계와 교역을 위한 사냥과 수확, 밀렵에 원인이 있는 불법적 토지이용이었다. 그 밖에 도입종도 생물 다양성에는 큰 문제였다. 도입종들은 토착종을 먹이로 삼거나 토착종보다 더 많이 퍼졌고, 자신들이나 다른 외래 도입종을 위해 '새로운' 틈새 서식지를 만들어 냈으며, 생태계의 역동성 전체를 바꾸어 놓거나 붕괴시켰다. 마지막으로 20세기 말이 되면 몇몇 과학자는 기후변화의 해로운 영향을 받기 시작하는 종들의 사례를 보고했다.[110]

전 세계적인 산림 벌채는 1945년 이후 토지이용 변화의 가장 중요한 유형으로 특히 지구상의 종 대부분이 서식하고 있는 열대지방에서 가장 심했다. 열대우림의 파괴는 1980년대에 과학자들을 자극하여 생물 다양성을 국제적인 의제에 올려놓게 했다. 그러나 전후 몇십 년간 소실된 열대우림의 양이 정확히 어느 정도인지는 여전히 모른다. 분석가들은 종의 수를 헤아릴 때처럼 열대우림의 남벌을 측정할 때에도 서로 다른 계산에 도달했다. 갖가지 방법론과 자료를 이용했기 때문이다. 산림 벌채는 지금도 격렬한 논쟁과 의견 차이를 자아내는 주제이지만, 급속하게 진행되었다는 데는 이의가 없다. 예를 들어 어느 추정치에 따르면 열대우림의 총 손실량은 1950년 이후 50년간 5억 5500만 헥타르(555만 제곱킬로미터)에 달한다. 중국의 절반보다 약간 더 큰 면적이다.

이와는 대조적으로 같은 기간(주로 북반구에 있는) 온대 지방의 숲은 산림 육성으로 얻은 것보다 개간으로 잃은 것이 약간 더 많아 대체로 균형을 유지했다. 이 차이는 상대적 행운의 갑작스러운 전환을 대표했다. 18세기와 19세기에 산림 벌채는 열대지방보다 북반구에서 훨씬 더 빠르게 진행되었다. 이 불균형은 20세기 초까지도 지속되었다. 북아메리카의 숲이 세계 최대의 목재와 임산물 공급처가 되었기 때문이다. 그러나 그때 온대 지방의 숲에서 열대우림으로 전환이 이루어졌다. 목재 부족의 망령이 미국 등지에서 개혁을 유인했고, 이는 큰 면적의 숲이 보호림의 지위를 획득하고 적극적인 조림 조치들이 취해지는 결과를 가져왔다. 유럽의 제국들도 빠르게 감소하는 운송비에 편승하여 이를테면 아프리카와 동남아시아의 열대지방 식민지에서 수출용 벌목을 늘렸으며 자국 숲에 가해지는 압력을 덜었다.[111]

　　제2차 세계대전이 발발할 무렵, 세계적으로 산림 벌채가 온대 지방에서 열대우림으로 이동하는 과정은 대체로 완료되었다. 전쟁 이후, 경제적 팽창은 특히 열대지방에서 숲에 대한 압력을 더욱 가중시켰다. 적도 지역의 새로 독립한 정부들은 북아메리카와 유럽, 일본에 기꺼이 목재를 공급했다. 숲은 빠르게 벌채되어 수출용 목재를 토해 냈으며 이는 절실히 필요한 외환을 획득하는 손쉬운 방법이었다. 열대지방의 급증하는 인구도 산림 벌채의 주된 동인이었으며 열대우림 안으로 더 많은 이주민을 끌어들였다. 각국 정부는 흔히 그러한 이주를 장려했다. 정치적으로 논란이 일기 쉬운 토지개혁 법률을 제정하기보다 토지 없는 노동자들이 새로운 경작지와 목초지를 개간하는 것이 더 나았기 때문이다. 마지막으로 제2차 세계대전 종전 후 기술의 변화로 열대지방의 삼림을 벌채하기는 훨씬 더 쉬워졌다. 트럭과 도로, 기계톱의 확산은 최소 규모의 경영자에게도 더 효율적으로 일할 수 있게 했다. 이 모든 요소는 서로 협력했다. 1970년대 말과 1980년대 초, 열대지방에 관한 과학적 관심은 대부분 아마존 열대우림의 파괴에 집중되었다. 동남아시아의 숲도 놀라운 속도로 파괴되었지만, 아마존강 유역의 삼림 벌채는 어마어마한 크기와 실질적인 원시 상태, 상징적 중요성 때문에 전 세계적인 주목을 받았다.[112]

　　비록 방식은 달랐지만 섬 생태계도 열대우림만큼이나 심하게 침해되었다. 섬은 식물과 포유류, 조류, 양서류의 많은 고유종을 포함하는 고립된 생태계의 근거지였다. 섬에 서식하는 종은 인간이 와서 사냥을 하거나 그 서식지에 변화를 주거나 도입종을 들여올 때 피할 곳이 없다. 그러므로 섬나라는 국제자연보전연맹IUCN의 멸종 위기종 적색 목록의 맨 위에 멸종 위기종의 비율이 가장 높은 곳으로 나타난다. (멸종 위기종의 절대적인 수가 가장 많은 것은 아니다.) 예를 들면 마다가스카르의 토착 식물과 토착 동물은 수천 종에 이른다. 프랑스가 그 섬을 병합했던 1896년 이후, 그 숲에서 체계적으로 나무들이 베어졌다. 1960년 독립 이후에도 삼림 벌채와 서식지 변경은 지속되었으며, 이는 대체로 그 나라의 높은 인구 성장률과 그에 따라 농업을 위해 더 많은 땅을 개간해야 한다는 압박 때문이었다. 그 결과로 20세기가 끝날 무렵 마다가스카르 토착 식물의 80퍼센트 이상이 소멸되었고 고유종은 가혹한 압박에 시달렸다. 고립은 또한 섬이 도입종에 매우 취약했음을 의미했다. 섬은 큰바다쇠오리부터 도도새까지 지구상의 알려진 멸종 조류 대부분의 서식지였다. 1950년 무렵 우연히 괌에 들어온 갈색나무뱀은 그 미크로네시아섬이 아주 마음에 들었고 엄청나게 번식했다. 이후 몇십 년간 뱀은 그 섬의 고유종 조류 상당 부분을 먹어치웠고 덤으로 소수의 포유류 종도 먹어 버렸다. 괌에서 갈색나무뱀을 박멸하려는 노력은 실패했고, 생물학자들은 갈색나무뱀이 태평양의 다른 취약한 섬들로 무심코 수출될 것을 걱정하고 있다. 태평양에 널리 퍼진 작고 외진 섬들은 일반적으로는 생물 다양성 손실에, 특수하게는 도입종에 가장 취약했다.[113]

수생생물 다양성에 나타난 변화

1945년 이후 몇십 년간 담수 생태계와 해양생태계에 극적인 변화가 일어났다. 제2차 세계대전 이후 인간은 대대적으로 전 세계의 강을 통제했고 결국 큰 강은 어디서나 원 상태를 유지하지 못했다. 공학자들은 수만 개의 댐과 저수지, 제방, 수로를 건설했다. 1960년대에 건설된 나일강의 아스완 댐은 세상이 거대 댐에 심취했음을 보여 주는 상징이었다. 공학자들은 하상과 강바닥을 준설하고 강 전체의 물길을 바꾸어 물이 흐르는 형태와 기온에 변화를 주었다. 도시와 산업에서 나오는 오염 물질은 여러 가지 유형과 독성의 화학약품을 추가했다. 농업 배수agricultural runoff[13]는 하천과 강의 유기물 비중을 높였다. 그 결과로 하류 수역의 부영양화가 초래되었고 멕시코만 일부와 발트해, 황해의 경우처럼 산소가 결핍된 '죽음의 지대dead zones'가 출현했다. 광업과 농업, 산림 벌채로 늘어난 침니沈泥도 하천과 강, 만, 하구의 서식 환경을 바꾸어 놓았다. 마지막으로 진기한 어류와 조류, 양서류, 포유류, 식물, 곤충이 많이 모여 서식하는 지구의 늪과 습지대는 급격하게 축소되었다. 이는 속도는 크

―― **13** 경작지에서 흘러 들어온 빗물.

게 차이가 있었지만 거의 어디서나 일어나는 일이었다. 늪과 습지대는 다른 용도로 전환되었고 매립되어 농업이나 도시에 필요한 땅이 되었다. 특히 관개용수가 귀한 건조 지역에서는 강의 물줄기를 인위적으로 바꾸면서 늪과 습지대에서 물이 고갈되었다. 남아프리카의 오렌지강이나 미국의 콜로라도강처럼 몇몇 강에서 벌어진 물길의 변경은 유량을 크게 줄여 계절적으로 강이 마르는 현상이 나타났고 많은 종이 서식하는 강 하구의 습지대를 위험에 빠뜨렸다.[114]

섬의 경우와 마찬가지로 담수 생태계의 도입종은 1945년 이후 점점 더 파괴적인 효과를 나타냈다. 외래종의 침투가 전혀 새로운 현상은 아니었지만, 그때 이후로 그러한 종들이 우연히 들어오거나 의도적으로 도입되는 사례가 흔해졌다. 1950년대 어느 때쯤 아프리카의 다른 지역에서 빅토리아 호수로 도입된 나일퍼치Nile Perch[14]는 외래종이 고유종과 만나면 어떤 일이 벌어질 수 있는지를 보여 주는 극적인 사례였다. 1970년대가 되자 이 거대한 포식자는 빅토리아 호수에서 왕성하게 번식했다. 나일퍼치는 빅토리아 호수에서 작고 아름다운 여러 시클리드cichlid 종을 포함하여 고유종 어류들을 먹이로 삼았고 호수 생태계 전체를 위험에 빠뜨렸다. 생물학자들은 나일퍼치가 빅토리아 호수의 변화에 정확히 어떤 역할을 했는지 논쟁을 벌였지만 그 물고기가 아프리카 최대 호수의 생물 다양성 감퇴에 크게 기여했다는 데 동의한다.[115]

도입종은 담수 생태계와 염수 생태계 사이의 전이 지대인 전 세계의 큰 강어귀에 가장 많은 영향을 끼쳤을 것이다. 강어귀는 또한 자연 항구이며 세계경제에 많은 항구를 제공한다. 20세기에 강어귀는 여러 힘의 결합이 초래한 파괴적 영향을 받았다. 강 상류 수계에 가해진 변화는 특히 퇴적과 온도의 수준을 바꾸어 놓았다. 농업 배수는 영양물질의 균형에 변경을 가했다. 도시와 공업 중심지는 오염 물질을 증가시켰다. 습지대의 변환은 강어귀의 동물 서식지를 축소시켰다. 강어귀가 그렇게 교란된 상태에서 종종 선박의 오수 탱크를 통해 들어온 외래종이 이 서식지에 쉽게 정착했다. 샌프란시스코만은 좋은 사례다. 20세기 말, 샌프란시스코만은 100년 넘게 도시의 성장과 농업 배

───── **14** 농어과의 민물고기.

수, 그리고 그 강들과 습지대의 배수를 감내해야 했다. 게다가 오클랜드 항구와 샌프란시스코 항구는 미국 서해안의 가장 중요한 항구에 속했다. 도입종을 옮길 가능성이 있는 원양항해 선박이 해마다 수천 척씩 샌프란시스코만을 통과했다는 말이다. 그 결과 샌프란시스코만은 지금 200종이 넘는 도입종의 서식지이며, 그중에는 새롭게 지배적인 생태적 지위ecological niche를 누리게 된 것들이 있다.[116]

민물 환경과 강어귀 환경과 마찬가지로, 1945년 이후 인간이 해양 생물 다양성에 미친 영향도 더 커졌다. 인간은 심해 생태계에 간섭하기 시작했다. 그때까지 심해는 인간의 존재라면 어떠한 성격이든 거의, 아니면 전혀 감지하지 못했다. 인간은 수천 년 동안 대양과 바다에서 물고기를 잡았지만, 제2차 세계대전 이후 원양어업의 규모와 장소, 영향은 전례 없이 크게 증가했다. 부의 증대와 세계 인구의 성장으로 전 세계적인 물고기 수요가 급증했다. 공급도 증가했는데, 대체로 전후의 기술 발전으로 어부들이 점점 더 깊은 수역에서 점점 더 많은 물고기를 포획할 수 있었기 때문이다. 그 기술은 대체로 처음에는 군사적 목적에서 개발한 것들이었다. 예를 들면 소나sonar(수중 음파탐지기)는 제2차 세계대전 중에 잠수함을 추적하여 파괴하려는 목적에서 정교해졌지만, 전쟁이 끝난 후에는 물고기 떼의 위치를 찾는 데도 쓰였다. 이후 몇십 년에 걸쳐 개선된 냉전 시대의 소나 덕분에 결국 어부들은 해저의 지도를 만들 수 있었고 가장 유리한 지점에 저인망과 그물을 설치할 수 있게 되었다. 어선은 선상 컴퓨터와 위치 확인 시스템GPS, 단섬유 어망처럼 전후 시대에 개발된 다른 기술과 결합하여 매우 치명적인 기계가 되었다. 게다가 국가는 심해어류를 더 많이 포획할 수 있을 뿐만 아니라 잡은 물고기를 선상에서 가공하고 냉동할 수 있는 대양 항해 선박의 건조에 보조금을 지급했다. 이러한 '공장' 어선들은 바다 위에 오래 머물 수 있었기에 물고기들은 편히 쉴 수가 없었다. 1980년대와 1990년대에 이르면, 이러한 기술을 갖춘 대규모 선단이 7대양을 누비며 인도양과 태평양, 대서양의 깊은 바다에서 물고기를 잡았고 과감하게 극지방의 수역 안으로도 들어갔다.[117]

제2차 세계대전 종전 후 초기에는 거의 모든 사람이 원양어업은 무한정 계속해서 물고기를 잡을 수 있다고 믿었다. 1940년대와 1950년대에 미국의 강력한 제안에 따라 전 세계의 어업 경영자들은 대양의 풍요로움에 대한 이 믿음을 반영한 최대 산출량MSY이라는 모델을 채택했다. 최대 산출량은 물고기가 감소하지 않고 특정 수준(최대 산출량)까지 그 수를 쉽게 되찾을 수 있는 회복력이 뛰어난 생물이라는 견해를 제시했다. 이 논지에 따르면 상업적 어획은 더 오래되고 더 큰 물고기를 포획함으로써 상대적으로 어린 물고기가 먹이를 찾을 공간을 더 많이 열어 주어 더 빠르게 큰 물고기로 성장하고 더 빨리 번식할 수 있게 했다. 그러므로 최대 산출량의 옹호자들은 물고기를 낚는 데 강조점을 두었고 본질적으로 어느 종의 보존 정책을 고려하려면 먼저 감소의 징후가 있어야 한다고 주장했다. 최대 산출량 접근 방식은 과학자들이 물고기의 개체 수를 계산하여 적절한 할당량을 정할 수 있고 그로써 어업을 지속 가능하게 관리할 수 있다는 전제 위에 있다. 이러한 확신은 해양생태계에 대한 이해가 매우 빈약하고 해양생태계가 끊임없이 변화한다는 사실, 물고기의 수를 헤아리기는 불가능하다는 사실을 모른 체했다.[118]

어업의 노력이 증대하면서 1945년 이후 전 세계적인 어획량은 상당히 크게 늘었지만, 이는 대양에 중대한 결과를 초래했다. 심해 어업은 새로운 방법의 도움으로 효율성이 계속 증대되었는데 참다랑어(참치) 같은 상위 포식자의 수를 크게 줄였다. 대양에서 그물을 이용하는 조업은 바닷새와 돌고래, 거북, 상어를 포함하여 원하지 않는 불운한 종들, 완곡하게 '부수 어획물'이라고 부르는 것을 엄청나게 많이 잡아들였다. 저인망은 점점 더 깊은 해저에 도달하여 모든 것을 훑어 제거했다. 이 심해 밑바닥 환경에 서식하는 풍부한 해양 생물은 해수면까지 끌려 올라왔다가 팔 수 없는 것들은 다시 갑판 밖으로 내버려진다. 1980년대와 1990년대에 전 세계의 주요 어장은 대부분 쇠퇴하고 소수는 파괴되어 곤경의 징후를 보였다. 어업은 계속 더 정교해지는 기술을 이용하여 점점 더 깊은 바다에서 끊임없이 줄어들기만 하는 물고기를 포획하고 양식에 투자하여 수요를 맞출 수 있었다. 2000년 무렵 양식은 전 세계에서 소비되는 어류와 갑각류, 연체동물의 약 27퍼센트를 책임졌다.[119]

포경업도 거의 비슷했다. 19세기 말과 20세기 초에 창의적인 포경업자들

(다수가 노르웨이인이었다.)은 작살포와 증기 추격선, 거대한 모선 같은 일련의 신기술을 이용하여 죽은 고래를 신속히 갑판 위로 끌어올려 가공할 수 있었다. 이러한 여러 기술 덕분에 포경업자들은 더 외진 수역으로 조업을 확대하고 그때까지는 너무 빨라서 잡을 수 없었던 특정 종들을 표적으로 삼을 수 있게 되었다. 특히 노르웨이와 소련, 일본의 포경업자들은 이제 19세기에 닥치는 대로 잡아들였던 향유고래와 참고래에 더하여 흰긴수염고래와 긴수염고래, 밍크고래까지 포획했다. 20세기에 사냥꾼들은 고래의 기름과 고기, 뼈, 기타 부산물을 팔아 얻을 이익 때문에 전 세계적으로 100만 마리가 넘는 고래를 잡았다. 포경업은 1946년 주요 고래잡이 국가들이 회의를 열어 국제포경위원회IWC를 창설할 때까지 아무런 규제도 받지 않았다. 국제포경위원회는 일견 전 세계 고래 군체를 조사하고 관리하는 것을 목적으로 했지만 포경업을 조정하는 데 관심이 더 많았음이 드러났다. 고양이한테 어물전을 맡긴 격이었다. 이러한 상황에 변화가 나타난 것은 포경 경제가 악화되어 많은 나라가 포경업을 포기할 수밖에 없게 된 이후였다.(1969년에는 일본과 소련만이 남극 주변의 가장 유리한 수역에서 여전히 고래잡이를 하고 있었다.) 이에 못지않게 결정적으로 중요했던 사실은 1970년 이후 환경보호주의자들과 일반 대중의 압력으로 국제포경위원회가 한층 더 엄격한 할당량을 채택할 수밖에 없었다는 것이다. 결국 국제포경위원회는 고래잡이의 완전한 일시 정지에 동의했다.(이 결정은 1982년에 통과되었고 1986년에 이행되었다.) 그러나 고래잡이 문제는 결코 완전히 사라지지 않았다. 국민이 고래 고기를 매우 좋아하는 극소수 나라는 국제포경위원회가 고래잡이의 일시 중지를 부분적으로 해제하도록 운동을 벌였다. 일본과 아이슬란드, 노르웨이는 '과학 연구' 목적의 고래잡이를 허용한 1946년 국제포경위원회 협약 제8조에 의거하여 몇몇 종의 고래를 적게나마 계속해서 포획했다. 일본의 활동이 가장 공격적이었고 많은 논란을 불러일으켰다. 남극권 수역에서 연간 수백 마리의 밍크고래를 잡아들였기 때문이다. 고래잡이와 현대의 고래잡이 규제가 가져온 순수한 효과는 시장성이 있는 모든 고래를 멸종 직전까지 몰고 가되 멸종의 경계를 넘지 않는 수준에서 유지하는 것이었다.[120]

_____오스트레일리아 퀸즐랜드주 앞바다의 대보초에서 헤엄치는 열대어, 2014년. 엄청나게 다양한 해양 생물의 서식지인 전 세계의 산호초가 20세기 말부터 대양의 산성화로 손상되기 시작했다. (Wikimedia Commons, ⓒ Wise Hok Wai Lum)

　　인간의 활동은 심해 생물을 공격한 데서 그치지 않고 산호초 같은 얕은 수역의 환경에도 위협을 가했다. 지구상에서 생물 다양성이 가장 큰 서식지의 하나인 산호초는 산호충coral polyp이라는 작은 생물의 골격 잔해가 오랜 세월에 걸쳐 축적되어 만들어졌다. 1900년에는 비교적 손상되지 않은 채로 남았던 산호초는 지난 100년간 심한 압박을 받았다. 산호초는 음식과 수족관 업종을 위해 매우 집중적으로 채취되었다. 산호초 주변에 숨어 사는 많은 물고기는 색깔이 화사했고 수집가들 사이에서 인기가 많았기 때문이다. 여러 지역에서 침식의 확대로 인해 강에서 생긴 침전물이 인근의 산호초로 흘러들어 산호충을 질식시켰다. 카리브해와 홍해에서는 관광 휴양지의 오염이 산호초를 더 많이 훼손했다. 산호초를 즐겼던 스킨다이버들도 훼손에 일조했다.

대양의 점진적인 산성화도 (대기에 많은 탄소를 뿜어낸 결과) 산호초에 가혹했다. 산호초를 연구한 과학자들은 1980년대 초부터 일반적인 훼손 유형을 확인했고, 이는 산호초 보호에 관한 최초의 회의를 낳았다. 1990년대가 되면 주로 바다의 온도 상승으로 인한 산호 '백화'현상(산호초 스트레스reef stress)은 물론 산호를 죽이는 질병과 포식자도 걱정거리로 덧붙여졌다. 1998년에 세계 곳곳에서 나타난 백화현상은 전 세계 산호초의 약 16퍼센트(주로 인도양과 태평양의 산호초)를 파괴하여 특별히 더 걱정스러웠다. 2005년 극심한 백화현상이 발생하여 카리브해의 많은 산호초가 소멸했다. 2010년 세계 전역의 산호초는 약 70퍼센트가 악영향에 시달리는 징후를 보였다. 산호초는 때때로 놀라운 회복력을 보였지만, 증거에 따르면 기후변화와 다른 힘들이 산호초 서식지를 훼손함으로써 대양의 생물 다양성을 축소시켰다.[121]

해법과 전망

20세기와 21세기 초에 지구상의 종에 가해진 압박을 생각하면, 암울한 얘기를 할 만하다. 그러나 그 시기는 또한 종과 그 서식지를 보존하려는 강도 높은 활동을 목도했다. 야생 생물을 주제로 한 텔레비전 프로그램은 1950년대부터 북아메리카와 유럽에서 인기를 끌었다. 1961년 국제자연보전연맹에서 파생된 세계야생생물기금WWF처럼 새로운 자연보호 단체들이 등장했다. 이후 10년이 지나기 전에 대중적인 환경 운동은 세계 일부 지역에서 종 보존을 대중적인 실천 의제에 올려놓는 데 성공했다. 1973년 미국은 획기적인 멸종 위기종법ESA을 통과시켰다. 멸종 위기종법은 논쟁의 대상이었지만 늑대 같은 몇몇 종을 이전의 서식지 몇 곳에 돌려보내는 데 성공했다. 비슷한 경우인데, 1973년 인도는 프로젝트 타이거Project Tiger 일정에 착수했다. 그 나라에 남은 야생 호랑이를 구하기 위한 이 사업은 멸종 위기종법과는 달리 주로 넓은 땅(보호 구역)을 호랑이 서식지 보호 지역으로 떼어 놓는 데 노력을 집중했다. 1970년대에 그린피스 같은 단체들은 전 세계적으로 고래잡이 금지 운동에 앞장섰고 결국 1986년에 일시적인 포경 중단을 이끌어 냈다.

이러한 국가별 노력에 외교 활동이 결합되었다. 유네스코가 1968년 생물권 회의를 개최했을 때부터 생물 다양성 보존에 초점을 맞춘 중요한 국제 협약들과 노력이 나타났다. 여기에는 다음과 같은 것들이 포함된다. 습지에 관한 1971년 람사르 협약Ramsar Convention, 1973년 멸종 위기종의 국제 거래에 관한 협약CITES, 이동성 종에 관한 1979년 본 협약Bonn Convention, 1992년 리우 정상 회의에서 체결된 생물 다양성 협약CVD. 1970년대 이후로 생물 다양성 문제는 국내에서나 국제적으로나 점점 더 많은 정치적 주목을 받았다.[122]

자연보호 구역과 국립공원은 가장 흔한 자연보호 수단이었다. 19세기의 유산인 보호 구역과 공원은 20세기와 21세기에 세계 전역에서 만들어졌다. 예를 들면 아프리카의 사냥감 보호 구역은 1900년 무렵부터 백인 귀족 사냥꾼들이 애호하는 종들을 보호하기 위해 영국 식민지에 설치되었다. 이 사냥 애호가들이 사냥으로 일부 종이 수가 줄거나 없어진다고 짐작한 것은 옳았지만, 이들은 야생 생물의 무분별한 학살의 책임을 아프리카인과 백인 평민 졸부 사냥꾼들에게 돌리는 경향을 보였다. 좁은 보호 구역을 미국의 방침을 따라 국립공원으로 전환해야 한다는 생각이 점차 뿌리를 내렸다. 1920년대에서 1940년대까지 남아프리카의 크루거(크뤼허르) 국립공원과 탕가니카(지금의 탄자니아)의 세렝게티 국립공원을 포함하여 그러한 공원이 여러 개 탄생했다. 독립 이후의 새로운 아프리카 정부들은 그러한 공원을 지원했으며 이를 관광 수입의 원천이자 국가적 자부심과 정체성의 원천으로 여기고 사실상 여러 공원을 신설했다. 2002년 가봉은 면적이 영토의 10퍼센트에 달하는 열세 개 국립공원을 설치했는데 대부분은 녹음이 우거진 열대우림이었다. 이로써 가봉은 생태 관광의 목적지로서 코스타리카를 모방하고자 했지만, 지금까지는 성공했다고 할 수 없다.[123]

20세기 막바지에 대양에도 보호 구역이라는 관념이 적용되었다. 해양 보호 구역이라는 관념은 1912년에 명확하게 정립되었지만 대체로 잊혔다가 1970년대에 생물학자들이 소규모로 시험 삼아 설정해 보았다. 이러한 시도는 거의 모든 어획이 금지된 지역인 해양 보호 구역이 퇴화된 생태계를 재생할 수 있음을 입증했다. 해양 생물 다양성을 보호하기에 충분할 정도로 상업적 어획을 규제할 수 있다는 징후가 거의 없었기에, 1980년대와 1990년대에 생물학자들은 넓은 보호 구역의 설치를 추진했다. 21세기 초가 되면 그러한 보호 구역이 여러 개 존재했다. 게다가 몇몇 정부는 막대한 크기의 보호 구역을 여러 개 신설했는데, 이를테면 오스트레일리아의 거대한 대보초와 태평양 마리아나 제도와 하와이 제도, 인도양 차고스 군도 주변의 광대한 영역을 예로 들 수 있다.[124]

과학은 이 운동에 지식을 제공하여 어류를 위한 해양 보호 구역을 설치할 수 있게 했으며 고래 보존에 관한 논쟁에도 기여했다. 새로운 연구에 따르면 지구의 대양은 근대의 상업적 포경이 시작되기 이전에는 훨씬 더 풍요로웠을 것이다. 이는 포경업 경영을 방해했기에 단지 학문적 실천에만 그치지 않았다. 예를 들면 2010년 국제포경위원회에서는 1986년의 일시적인 포경 중단 결정을 철회하는 계획을 두고 논쟁이 벌어졌다. 오랫동안 고래잡이를 해 왔던 일본과 아이슬란드, 노르웨이는 사냥을 재개해도 될 정도로 고래의 수가 회복되었음을 보여 주는 국제포경위원회의 연구 결과를 지지했다. 그러나 비판자들은 유전적 특성을 기반으로 한 증거를 제시하며 과거의 고래 수는 국제포경위원회의 모형이 보여 주는 것보다 훨씬 더 많았을 수 있음을 지적했다. 이는 고래 개체 수가 어디서도 사냥 재개에 충분할 만큼 건강하게 회복되지 않았음을 의미했다.[125]

생물 다양성 감퇴의 증거가 늘어나면서 생물 다양성 보존은 아주 짧은 시간에 전 세계적인 규범이 되었다. 실질적인 보존의 성과가 나타나기는 했지만, 1945년 이후 인간의 활동은 지구상의 살아 있는 유기체가 직면한 위협 요소의 수를 크게 늘렸고 그 엄중함을 심히 강화했다. 인간은 세계를 점점 더 강하게 장악했다. 우리는 소수의 선호하는 식물 종과 동물 종을 선택하여 단순한 경관 안에서 관리했으며 이러한 경관에 잘 적응하는 다른 소수의 종들(쥐, 사슴, 다람쥐, 비둘기 따위)을 무의식적으로 선택했다. 그렇게 함으로써 인간은 바로 얼마 전까지만 해도 이러한 경관에 살았던 다른 식물과 조류, 포유류, 곤충, 양서류의 수를 크게 줄이거나 이들을 제거했다. 이 점에서 윤리적 질문은 언제나 거의 동일하다. 우리는 인간과 소, 닭, 돼지는 수십억 개체에 달하지만 호랑이와 코뿔소, 북극곰은 겨우 몇천 마리에 지나지 않거나 전혀 없는 세상에 만족하는가?[126]

　　20세기보다도 21세기가 생물 다양성에 훨씬 더 큰 압력을 가할 수 있다는 불길한 조짐이 보인다. 적어도 일부 사람은 더욱 유복해지고 여기에 더하여 30억 명에서 50억 명의 인구가 증가하면 지구의 숲과 습지, 대양, 바다, 강, 초지는 위협을 받을 것이다. 그러나 기후변화는 아마도 21세기를 둘로 가를 것이다. 과학자들은 아주 소소한 기온 상승도 모든 유형의 생태계에 중대한 부정적 영향을 미칠 것이라고 걱정한다. 어떤 과학자들은 기온이 섭씨 2도 상승하면 모든 종의 5분의 1에서 3분의 1까지 멸종할 수 있다고 추산했다. 그러한 연구가 흔히 종들이 더 시원한 인접 환경으로 퇴각할 능력을 의미하는 완벽한 '소개 능력dispersal capabilities'을 갖고 있다고 낙관적으로 추정했다는 점에 주목해야 한다. 그렇지만 완벽한 소개는 이제 일반적으로 가능하지 않다. 지금 인간이 지배하는 경관(농장, 도로, 울타리, 도시, 댐, 저수지 등등)은 너무 많아서 더워지는 기후를 피하려는 많은 종은 이주할 곳을 전혀 찾을 수 없다. 21세기에 생물 다양성을 보호하는 자들은 그 종들을 위해 크게 노력하고 있다.[127]

3   도시와 경제

우리는 도시 행성에 산다. 2008년 유엔의 인구통계학자들은 인간의 50퍼센트 이상이 도시에 산다고 발표했다. 이는 인류 역사의 뿌리 깊은 변화를 상징적으로 보여 주었다. 이전에는 세계 인구의 과반수가 도시 지역에 산 적이 없다. 오늘날 전 세계에는 최소한 100만 명의 인구를 갖는 도시가 500개는 되며, 인구 500만 명의 도시는 74개, 2000만 명의 도시는 12개가 있다. 세계 최대의 도시인 도쿄의 인구는 권역 전체를 포함하면 3400만 명이 넘는다.[128] 그렇게 많은 도시와 많은 도시민이 초래하는 영향은 아직 온전히 알려져 있지 않다. 알려진 것은 도시가 언제나 주변 자연환경에 의존했고 이를 결정했다는 사실이다.

도시는 인접 환경이 지원할 수 있는 것보다 훨씬 더 높은 수준으로 사람들을 끌어모은다. 도시는 주변 환경과 떨어져 독립적으로 존재할 수 없기에 그 경계 너머의 천연자원과 쓰레기 처리장을 쓸 수 있어야 한다. 투입되는 천연자원은 물자와 에너지다. 물자는 식량과 식수, 광석, 기본적인 건축 자재(석재와 목재)부터 수많은 공산품까지 다양하다. 에너지원은 도시로 들어오는 몇몇 원료와 도시를 통과하여 흐르는 강에서 공장이나 터빈에 끌어와 쓰는 물, 도시 경계 밖에서 전선으로 전달되는 전기에 있다. 산업혁명이 시작되기 전에 도시로 들어오는 원료에서 빼내 쓰는 에너지는 목재와 석탄, 인간이나 동물이 소비하는 식량의 형태를 띠었다. 산업혁명 이후 도시는 훨씬 더 많은 에너지가 필요했는데, 처음에는 공장에, 나중에는 기술혁신에 필요했다. 기술혁신은 이후 도시 생활(전기 조명, 트롤리와 지하철, 자동차 등)과 동의어가 되었다. 화석연료가 이 에너지의 대부분을 공급했다. 19세기에 석탄은 공업화가 급속하게 이루어지던 유럽과 북아메리카의 도시에서 주된 에너지원이 되었다. 석유가 도시의 에너지원으로 점차 중요해진 것은 한참 뒤의 일이다. 20세기 전반에는 소수의 몇몇 도시에서 쓰였고, 제2차 세계대전이 끝난 뒤에야 세계적으로 널리 쓰였다. 20세기에 도시는 핵 발전소와 수력발전소에서도 전기를 끌어다 썼다.

도시가 물자와 에너지를 소비하면 쓰레기가 발생한다. 공장은 광석을 쓸만한 금속(예를 들면 철과 강철)으로 가공하면서 광재(슬래그)와 슬러리, 폐수를 만들어 낸다. 도시 거주자들(인간과 동물)은 도시로 들어오는 식량을 먹고 살지만 배설물도 배출하며, 이는 전 역사를 통틀어 도시의 주된 보건 문제를 야기했다. 도시는 생산의 목적에 에너지를 이용하며, 그 과정에서 오염 물질과 독소가 만들어진다. 이 모든 폐기물은 어디로든 가야 한다. 일부는 도시 경계 안에 저장되는데, 그러한 경우 도시민은 불편함을 감내해야 한다. 몇몇 수중 오염 물질과 대기 독소의 경우, 도시민은 치명적 결과를 초래할 가능성을 묵묵히 참아야 한다.

그러나 도시 쓰레기 대부분은 도시 경계 너머의 처리장이 필요하다. 많은 도시가 강가에 자리를 잡고 강에 쓰레기를 버린다. 도시가 해안가에 있으면 대양과 바다가 흔히 동일한 방식의 쓰레기 처리를 받아 낸다.(예를 들면 1930년대가 되기까지 뉴욕의 쓰레기는 대체로 바다에 버려졌다.) 쓰레기는 도시 주변의 땅에 묻을 수도 있다. 마지막으로 태우는 연료는 이른바 대기오염이라는 쓰레기를 배출했다. 가난한 도시에서는 아직도 큰 문제인 실내 공기 오염은 실내의 풍로와 벽난로에서 목재나 석탄, 등유, 똥을 태우면서 발생한다. 국지적인 대기오염 물질로는 야금 공정에서 발생하는 독성 가스와 석탄에서 나오는 연기와 매연,(19세기와 20세기 대부분의 기간에 대단한 문제였다.) 자동차 배기가스로 인한 지상 오존이 있다. 도시의 대기오염 물질은 바람 탓에 광역권의 문제가 될 수 있다. 산성비와 멀리 떨어진 토양에 퇴적된 독소는 광역권 차원의 오염을 보여 주는 두 가지 사례다. 20세기 후반이 되면 도시는 대기에 엄청난 양의 염화불화탄소(프레온가스)와 온실가스를 뿜어내 전 세계적 대기오염의 중요한 원천이 되었다.[129]

도시와 그 주변 환경 사이의 관계는 결코 단순한 과정이 아니다. 도시는 역동적인 실체로서 어느 환경사가의 말을 빌리면 무수히 많은 요인에 따라 성장하고 수축하는 '늘 변하는 체계'다. 도시의 경제적 토대와 정치적 토대는 물론 그 안에 사는 인간과 동물도 끊임없이 변한다. 그래서 도시 영역 밖의 자원과 폐기물 처리장이 필요했고, 이는 상황 변화에 따라 줄어들 수도 있고 늘어날 수도 있다. 그렇게 유동적인 상황에서 수천 년 동안 도시는 중대한 자원을 확보하고 유지하기 위해 분투했다. 예를 들어 중세의 뉘른베르크는 인근 숲을 지배했으며 도시의 연료 공급원을 지키기 위해 경쟁자들을 체계적으로 밀어냈다.[130]

도시는 자연의 형태를 바꾼다. 도시는 자연적인 물의 순환을 방해한다. 포장도로는 물이 땅속으로 스며들지 못하게 막아 더 많은 물이 강과 하수구로 흘러들어 가게 한다. 우물에서 물을 퍼내면 대수층이 고갈된다. 강에 운하를 내면 물길이 바뀐다. 가장 중요한 것은 도시가 많은 오염 물질을 인근의 수로에 내버리는 것이다. 따라서 도시에 가까운 하천과 강, 해안 수역은 생물 다양성 감소와 부영양화 같은 여러 유형의 퇴화를 겪는다. 도시가 공기의 질에 미치는 영향은 수질에 미치는 영향보다 더 단순하다. 도시는 공기를 오염시키고 더불어 그 온도를 약간 높인다. 도시는 토지이용과 토양의 성격도 바꿔 놓는다. 성장하는 도시에 식량을 공급하는 데 필요한 농경지는 숲과 초지를 단순해지고 관리를 받는 다양성이 줄어든 생태계로 대체했다. 도시가 요구하는 금속과 화석연료를 대기 위해 파헤쳐진 광산은 종종 오염 물질과 광물 쓰레기로 주변 경관을 해쳤다. 도시의 성장은 또한 야생 생물의 서식지와 개체 수에 극적인 효과를 초래한 '위험한 가장자리'를 만들어 냈다.[131]

도시와 자연 사이의 관계는 이러한 직접적 효과들이 암시하는 것보다 더

미묘하다. 물론 도시는 5000년 전에 탄생한 후로 발명과 창의성, 부의 중심지였다. 잘 계획된 도시는 농촌 지역보다 1인당 자원 요구량이 더 적을 수 있다. 도시의 높은 인구밀도는 상품의 생산과 분배, 사회복지의 제공을 더 효율적으로 할 수 있게 한다. 주민이 조밀하게 모여 살면 따뜻하게 하는(또는 시원하게 하는) 데 필요한 연료가 줄어든다. 게다가 도시는 출산율을 낮추는 데 일조한다. 아이를 낳기로 하는 결정은 언제나 여러 요인을 고려해야 하는 복잡한 것이고 시간과 장소에 따라 상당한 편차가 있지만, 도시에 사는 여성은 농촌 여성보다 아이를 적게 낳는 경향이 있다. 도시의 부부는 가족계획 수단을 더 잘 쓸 수 있으며, 도시 여성은 농촌 여성보다 경제적으로나 교육적으로, 사회적으로 더 많은 기회를 갖는다. 대체로 도시 환경에 사는 아이들은 가족에 유용한 노동을 적게 수행하며 양육하는 데(그리고 교육하는 데) 더 오래 더 많은 지출이 필요하다. 그래서 도시 주민은 아이를 적게 낳기로 결정한다.[132]

도시의 발흥

산업혁명이 시작되기 이전에는 도시가 흔하지 않았다. 도시에 사는 주민은 세계적으로 매우 적었다. 1800년 이전에 주민 수가 100만 명에 가까운 도시는 극소수였다. 고대 로마는 제국의 전성기에 100~200년간 그 수에 가까웠을 수도 있다. 그 이후를 예로 들면 9세기의 바그다드, 16세기 이후 베이징, 17세기 이후 이스탄불 같은 극소수의 도시에 대해서도 동일한 이야기를 할 수 있을지 모른다. 이러한 인구를 오랫동안 유지할 수 있는 도시는 거의 없었다. 18세기 말까지도 주민 수가 50만 명을 넘는 도시는 소수일 뿐이었다. 근대 이전에 큰 규모에 도달할 수 있었던 도시는 정치적 운명에 따라 부침을 거듭했던 제국의 중심지와 해외 교역망에 의존했던 상업 중심지가 전부였다.[133]

큰 도시들이 거의 없었던 데에는, 실제로 근대 이전에는 전혀 없었던 데에는 몇 가지 기본적인 이유가 있다. 도시는 농업의 잉여에 의존하여 생존한다. 인류 역사의 대부분에 걸쳐 농업 생산성이 낮았기 때문에 대다수 사람은 식량을 재배하고 수확하는 데 종사했고 따라서 대체로 시골에서 살았다. 운송 기술에 한계가 있었던 탓에 이러한 제약은 배가되었다. 식량을 멀리 떨어진 곳으로 가져가는 데 비용이 많이 들었던 것이다. 큰 배와 작은 배, 거룻배는 가장 편리하고 저렴한 운송 수단이었으므로, 배가 다닐 수 있는 강이나 해안을 따라 자리 잡은 도시는 뚜렷한 이점을 지녔다. 특히 부피가 큰 상품에 해당되는 이야기다. 예를 들면 목재는 낮은 비용으로 강물에 띄워 하류의 도시로 보낼 수 있었지만 육로를 통해서나 상류로 먼 거리를 운반하는 데는 많은 비용이 들었다. 도시가 살아남으려면 그보다 훨씬 더 큰 면적의 농지가 필요했다. 그리고 대체로 목재와 숯이었지만 연료로도 훨씬 더 큰 면적이 필요했다. 도시는 생태계의 커다란 육식동물 같았다. 큰 면적의 공간에 의존하여 생존했으며 따라서 수가 매우 적을 수밖에 없었다.[134]

도시는 또한 건강에 해로운 곳이었다. 일반적으로 도시는 비위생적인 환경과 과밀로 어려움에 처했다. 농촌보다 도시에서 사망률이 더 높은 것은 그 전형적인 귀결이었다. 이른 사망은 일상적이었다. 특히 영유아는 아동 질병으로, 일반 대중은 무섭도록 빈번히 도시를 휩쓴 전염병으로 일찍 죽는 경우가 흔했다. 수백 년 동안 도시는 격리 외의 다른 대응 수단을 갖지 못했다. 상업 도시는 외부 세계와 맺는 관계 때문에 전염병에 제일 먼저, 제일 심하게 타격을 받는 경우가 많았다. 19세기 초 인도아대륙에서 유럽과 북아프리카 전역의 항구도시로 콜레라가 확산되었다. 가래톳 페스트도 대체로 촌락보다 항구와 도시에 더 심한 타격을 입혔다. 모든 도시가 비슷한 치사율을 보이지는 않았음에 주목하는 것이 중요하다. 예를 들어 17세기와 18세기에 일본의 도시들은 유럽이나 중국의 도시들보다 위생 상태가 상당히 더 좋았을 것이다. 당시 일본 도시들의 급수 체계와 하수도망은 더 발전했으며, 이들의 문화적 관습도 더 위생적이었다. 따라서 일본의 도시들은 전염병으로 고생하는 일이 더 적었다.[135]

그러나 1800년 이후 도시는 여러 제약을 극복하고 성장했다. 세계 최고의 부자 나라들에서는 19세기에 급속하게 도시화가 진척되었다. 처음으로 인구 100만 명을 넘은 도시들이 이때 출현했다. 19세기가 시작할 때 100만 명에 조금 못 미쳤다가 끝날 때 500만 명을 넘어선 런던이 선두에 섰다. 1800년에는 작은 도시였으나 100년 뒤에는 세계에서 두 번째로 큰 도시가 된 뉴욕의 성장은 한층 더 인상적이었다. 1930년이면 뉴욕은 1000만 명의 인구를 가진 역사상 최초의 대도시권이 되었다. 그 성장 속도는 아주 인상적이어서 허버트 조지 웰스H. G. Wells는 2000년이 되면 뉴욕이 4000만 명의 집이 될 것이라고 예상했다.[136] 런던의 성장은 대부분 세계 최고 제국의 정치적 중심지라는 역할 덕분이었다. 런던은 빠르게 성장하는 세계경제에서 영국이 중심을 차지하여 세계 전역의 상품을 얻을 수 있었다는 사실로부터 큰 혜택을 입었다.[137] 유럽인들은 제국을 건설하면서 식민지에 새로운 도시도 세웠다. 예를 들면 영국은 19세기 전반에 동아시아의 무역 도시 싱가포르와 홍콩을 세웠으며 오스트레일리아의 주요 정착 도시 대부분을 건설했다. 식민화의 여러 측면에서 그랬듯이, 현지인들은 도시의 위치를 정하는 데에서도 별다른 역할을 하지 못했다. 나이로비가 현재의 그곳에 자리를 잡은 것은 영국이 우간다와 몸바사 사이를 오가는 철도의 연료 공급지로 그곳이 적합하다고 판단했기 때문이다.[138]

그러나 19세기에 도시화를 촉진한 것은 제국주의보다는 산업혁명이었다. 17세기와 18세기에 이루어진 영국의 농업 근대화는 식량 생산을 늘렸다. 그로써 더 많은 사람이 먹을 것을 얻게 되었지만 동시에 농촌 지역에 잉여노동력이 생겼다. 토지가 없고 직업이 없는 사람은 도시로 몰려들었고, 1820년이면 도시에서는 산업혁명이 한창 진행 중이었다. 맨체스터 같은 곳은 농촌에서 도시로 몰려든 사람들과 값싼 영국 석탄으로 가동되는 공장의 생산이 결합되어 거의 하룻밤 새에 큰 도시가 되었다. 시간이 약간 더 지나면 유럽 본토에서도, 특히 석탄이 풍부한 곳에서 유사한 과정이 되풀이되었다. 다른 곳에서는 정치가 산업화를 재촉했다. 일본은 이미 도시화가 크게 진척된 나라였지만, 1868년 메이지 유신으로 국가가 장려하는 맹렬한 산업화의 시기에 접어들었다. 이후 몇십 년 동안 엄청나게 많은 사람이 도시로 이끌려 들어왔다. 1868년에는 일본 인구의 약 10퍼센트가 도시에 살았는데, 1940년이 되면 그 비율은 거의 네 배로 늘었다. 1940년 일본에는 인구 10만 명이 넘는 도시가 마흔다섯 개였고, 이 중 네 도시(도쿄, 교토, 나고야, 오사카)는 100만 명이 넘었다.[139]

산업혁명은 또한 운송에도 중대한 변화를 가져왔다. 증기선으로 더 저렴하고 더 빠른 대양 운송이 가능해졌고, 이는 도시 간의 세계무역을 강화했다. 증기선은 19세기 후반에 대양을 횡단하는 대규모 이주를 가능하게 하여 미국과 캐나다, 아르헨티나, 브라질, 남아프리카, 오스트레일리아의 도시 성장에 크게 이바지했다. 훨씬 더 중요했던 것은 아마도 철도였을 것이다. 증기선처럼 철도도 19세기 초에는 신기한 것이었지만 19세기가 끝날 때에는 주된 운송 수단이 되었다. 철도가 육상 운송비를 급격하게 줄인 덕분에 도시는 말과 도보, 짐마차로 인한 제약을 크게 뛰어넘어 지리적 범위를 확장할 수 있었다. 예를 들면 1850년 이후 시카고의 비할 데 없이 큰 성장은 그 도시가 북쪽과 서쪽으로 먼 곳까지 뻗어나간 철도망의 중추가 되었다는 사실에 크게 힘입었다.(1902년 웰스는 시카고가 뉴욕처럼 언젠가 인구 4000만 명을 넘는 도시가 될 것이라고 생각했다.)[140] 철도 덕분에 시카고는 북아메리카의 광대한 중심지에서 나는 곡물과 가축, 목재의 장거리 교역을 발전시킬 수 있었다. 시카고는 사방으로 수백 마일 펼쳐진 지역을 지배함으로써 이 지리적 도달 범위를 막대한 힘으로 바꿔 놓았다. 그리하여 시카고는 이 지역의 숲과 초지를 미국 중서부의 고도로 생산적이고 철저히 상품화하며 생태적으로 단순한 경관으로 조직하고 변모시키는 데 중요한 역할을 수행했다.[141]

산업화가 도시에 미친 다른 중요한 영향도 수없이 많다. 산업화는 도시의 부를 증대했지만 단기적으로는 오염과 쓰레기, 질병, 불결, 과밀의 문제를 악화시켰다. 성장의 규모와 속도만으로도 큰 문제들이 야기되었다. 농촌 지역에서 새롭게 들어와 공업에 종사했던 노동계급은 대개 습하고 더러운 주택에서 조밀하게 모여 살 수밖에 없었다. 뉴욕의 악명 높은 공동주택과 똑같이 악명을 떨쳤던 베를린의 미츠카세르넨Mietskasernen('임대 아파트')은 최악의 사례에 속했지만, 산업화에는 거의 어디서나 표준 이하의 주택이 동반되었다. 주택 문제는 극심한 오염과 열악한 위생이라는 배경 위에 겹쳐졌다. 노동계급의 주택은 공장의 어두운 그림자 속에 있었는데, 공장은 대기 중에 석탄 연기를 토해 냈고 하천과 강에 독성 찌꺼기를 퍼부었다. 무두질 공장과 도축장, 육가공장이 도시의 한가운데에서 운영되어 온갖 화학적 오염 물질과 유기 오염 물질을 도시의 식수 공급원에 쏟아 냈다. 쓰레기 처리는 훨씬 더 심한 악몽 같은 문제가 되었다. 시 정부에 고형 폐기물을 수집하여 처리하는 부처는 거의 없었고, 따라서 거리는 말똥과 죽은 동물의 시체를 포함하여 무수히 많은 쓰레기로 뒤덮였다. 인간의 쓰레기를 수집하여 처리하는 기본적인 체계는 산업화에 동반된 도시화의 규모에 곧 압도되었다.[142]

공공 당국은 도시의 급속한 성장에서 비롯한 이러한 문제들을 해결하고자 분투했다. 위생은 19세기 중반부터 유럽과 북아메리카에서 중요한 공적 목표가 되었다. 청결과 질병 사이의 관계를 경험적으로 입증하려 노력했던 영국의 에드윈 채드윅Edwin Chadwick 같은 개혁가들이 그 과정을 주도했다. 1850년대에 채드윅의 영향력에 따라 런던과 영국의 다른 도시들은 하수도망을 구축하고 개선했다. 프랑스의 계획가들도 똑같은 일을 했다. 1850년대와 1860년대 오스만 남작(조르주외젠 오스만George-Eugene Haussmann)의 유명한 파리 재건에는 도시의 급수 체계와 하수도망의 철저한 개조와 향상이 포함되었다. 공공 위생 조치는 세균 질병론germ theory of disease을 입증한 1880년대의 세균학적 발견에서 다른 활력을 얻었다. 세균학은 질병의 원인과 전염에 관한 기존의 이해를 뒤집었으며 위생 노력, 특히 물을 정화하려는 시도에 과학적 정당성을 부여했다. 1880년 이후 미국의 도시들은 공공 급수 체계와 하수도망에 크게 투자했다.[143] 현대의 도시계획 분야도 19세기 말과 20세기 초에 계획가들이 산업도시를 개선할 방법을 모색하면서 출현했다. 미국의 프레더릭 로 옴스테드Frederick Law Olmsted와 영국의 에버니저 하워드Ebenezer Howard, 스코틀랜드의 패트릭 게디스Patrick Geddes, 오스트리아의 카밀로 지테Camillo Sitte, 독일의 라인하르트 바우마이스터Reinhard Baumeister는 도시계획과 관련 분야의 초기 역사에서 상징과도 같은 인물들이다.

20세기 초 몇십 년간 자동차가 북아메리카의 도시 공간을 새롭게 고쳐놓았고, 모든 대륙에 큰 도시가 급격히 증가했다. 미국과 캐나다에서는 자동차 산업이 호황을 구가했다. 석유는 1901년 텍사스에서 엄청난 양이 발견된 이후로 점차 중요한 에너지원이 되었고, 동시에 포드 사의 모델 T(1908년에 출시되었다.)는 자가용의 가격을 크게 낮추었다. 두 대전 사이에 미국에서는 자동차의 대중화와 더불어 자동차로 오가는 교외automobile suburb[15]의 출현이 시작되었다. 한편 세계의 다른 지역에서도 빠른 속도로 도시화가 이루어졌다. 아프리카와 라틴아메리카, 아시아에도 이미 유럽과 북아메리카에서 경험한 것과 다르지 않은 과정을 거쳐 큰 도시가 출현하기 시작했다. 예를 들면 카이로는 제1차 세계대전 이후 이집트 전체보다 더 빠르게 성장했다. 주로 농촌 지역의 경기 침체 때문에 카이로로 이주하는 사람들이 빠르게 증가했으며, 동시에 위생의 개선으로 도시 주민의 사망률이 하락했다. 1937년 카이로의 인구는 130만 명으로 반백 년 전보다 세 배 이상 늘어났다. 1870년에 20만 명에 못 미쳤던 부에노스아이레스의 인구는 부분적으로는 유럽에서 들어온 이민 때문에 1910년에 150만 명으로, 1950년에는 300만 명으로 불어났다. 멕시코시티도 거의 같은 기간에 비슷한 성장을 경험했다. 정치적 분쟁과 농촌 경제의 변화, 산업화로 인한 멕시코 농촌 주민의 도시 이주는 혁명기(1910~1920)에 속도를 더했다. 1940년이면 멕시코시티 대도시권은 1910년보다 두 배 이상으로 커졌다.[144]

1945년 이후의 도시

제2차 세계대전 이후에는 도시화가 크레셴도에 들어섰다. 전 세계 인구 중에서 도시에 사는 사람의 비율이 1950년 29퍼센트(7억 3000만 명)에서 현재 인구의 절반(30억 명을 약간 웃돈다.)으로 급증했다. 이는 인류세의 현저한 특징 중 하나였다. 이제 인류의 과반수가 스스로 창조한 환경에서 사는 것이다. 인류는 사실상 도시적 동물이 되었다. 도시는 세계 곳곳에서 농촌 지역보다 더 빠르게 성장했다. 1950년 인구 1000만 명이 넘는 도시는 겨우 두 곳뿐이었지만, 20세기가 끝날 때에는 그러한 거대 도시가 스무 개였다.[145] 그러므로 도시화는 어디서나 이루어졌지만 도시화의 속도와 성격, 귀결은 위치에 따라 달랐다.

전후 시대에 가장 눈부신 도시화의 무대는 개발도상국이었다. 개발도상국에서 도시에 사는 주민의 비율은 1950년에서 2003년 사이에 18퍼센트에서

_____ **15** 자동차로 오갈 수 있는 거리에 있는 넓은 땅에 집을 짓고 사는 문화.

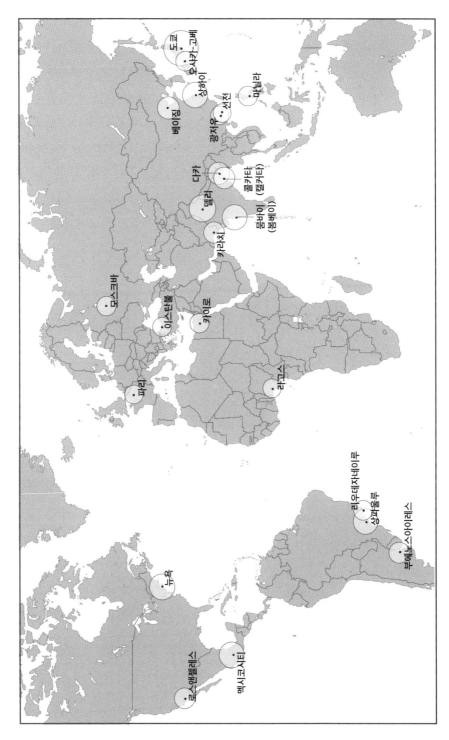

인구 1000만 명 이상의 도시 지역(2011).

42퍼센트로 두 배 이상으로 증가했다. 이는 거의 20억 명에 가까운 순수한 증가(3억 1000만 명에서 22억 명)를 의미했다. 1950년부터 1975년까지 가난한 나라들의 도시 인구는 연평균 3.9퍼센트의 비율로 증가했다. 이는 부유한 나라들의 도시 인구 증가율에 비해 거의 두 배에 가까웠고 개발도상국 농촌 인구 증가율의 두 배를 뛰어넘었다. 1975년에서 2000년 사이에 이 불균형은 훨씬 더 두드러졌다. 가난한 도시들은 연평균 인구 성장률이 3.6퍼센트로 하락했지만, 이는 부유한 도시들의 연평균 인구 성장률(0.9퍼센트)보다 네 배 높았으며 가난한 농촌 지역의 인구 성장률(1.1퍼센트)보다는 세 배 이상 높았다.[146]

1945년 이후 개발도상국에서는 농촌 지역에서 들어온 이주민이 도시 팽창의 주된 동력이었다. 농업 근대화로 많은 소작농이 토지에서 쫓겨났다. 이들은 도시 외에 달리 갈 곳이 없었다. 비록 기회는 적었고 때로 정식 일자리는 아니었지만 취직할 가능성이 한 가지 유인이 되었다. 개발도상국의 도시에서는 제한적이었지만, 학교와 병원 같은 공공시설을 이용할 수 있는 것이 다른 매력이었다. 가족의 유대와 기타 사회적 관계망은 농촌 지역 주민의 이주를 수월하게 했다.[147]

경제적·정치적·군사적 발전도 도시화 과정에 영향을 끼쳤다. 몇몇 지역에서는 경제성장이 도시로 주민을 끌어들였다. 예를 들면 석유가 풍부한 페르시아만의 촌락들은 거의 하룻밤 새에, 특히 1973~1974년 유가 급등으로 막대한 소득이 그 지역으로 들어온 이후에 도시로 변모했다. 두바이와 아부다비 같은 시범 도시들이 출현했는데, 막대한 부와 인근 농촌 지역과 외국, 특히 남아시아에서 들어온 유입 이민이 특징이었다. 1949년 혁명 전후의 중국처럼 국가의 정책도 도시화 과정을 좌우했다. 국가의 정책은 중국의 큰 목표가 산업화에 집중되었던 1950년대처럼 사람들을 도시로 끌어들일 때도 있었고 문화혁명 때처럼 도시화를 의도적으로 늦출 때도 있었다. 전쟁(국제전과 내전 모두)과 독립 투쟁, 반군의 게릴라전도 역할을 했다. 이러한 분쟁은 농촌 지역의 안전을 해쳤기에 어떤 곳에서는 도시 이주를 자극했다. 예를 들어 카라치는 1947년 인도 독립의 여파로 종파 분쟁의 폭력을 피해 도피한 무슬림 난민 수십만 명을 받아들였다.[148]

19세기 산업혁명에 해당되는 경우처럼 이러한 과정으로 초래된 급속한 도시 성장의 규모는 지역 정부를 압도했다. 하나만 예를 들면 방글라데시의 다카는 1950년 인구 40만 명의 작은 도시에서 2007년 1300만 명이 넘는 도시로 성장했다. 다카와 여타 그러한 도시들로 들어온 가난한 이주민은 적당한 주택을 찾지 못했으며, 있는 것들도 그들이 소유할 여력은 없었다. 따라서 아주 많은 사람이 찾을 수 있는 변두리 땅(버려진 땅, 도로 옆이나 철길 옆, 습지나 도시 쓰레기 처리장 옆, 가파른 구릉지)에 무단으로 정착할 수밖에 없었다. 빈곤한 세계의 개발 중에 있는 도시들은 무단 거주지로 가득했다. 이 정착지에 일반적으로 전체 도시 인구의 3분의 1 이상이 거주했다. 그러한 정착지에 사는 주민의 수는 깜짝 놀랄 만한 수준에 이르렀다. 예를 들면 1990년 무렵 멕시코시티에서는 900만 명이 넘었고 상파울루에서는 300만 명이 넘었다. 뭄바이(봄베이)에서는 주민의 절반 이상이 그러한 정착지에 거주했고, 최소 30만 명에서 최대 100만 명이 거리에서 살았다. 많은 도시가 극단적인 공간적 분리를 보여주었는데, 상대적으로 수가 적은 부자가 다수의 가난한 사람과 떨어져 살기를 원했기 때문이다. 카라치의 부자들은 1960년대와 1970년대에 무단 정주자의 수가 늘어난 뒤로는 더욱 단호하게 격리를 시작했다.[149]

이러한 정착 조건에서는 보건 문제와 환경 문제가 심화되었다. 이러한 문제들도 19세기 유럽과 북아메리카에 나타났던 것과 유사했다. 표준 이하의 주택과 부적절한 공공 기간 시설의 결합은 개발도상국 도시들의 많은 사람에게 비참한 생활 조건을 의미했다. 많은 무단 거주지는 깨끗한 식수와 적절한 하수 시설, 쓰레기 수거를 거의 혹은 전혀 이용할 수 없었다. 공공 기간 시설은 의도적으로 부유한 거주민에게 유리하게 이루어졌다. 예를 들면 1980년대 가나의 아크라에서 가난한 가구들의 편의 시설은 부유한 가구들보다 훨씬 더 열악했다. 가난한 가구 대부분은 다른 집과 화장실을 공동으로 이용했다. 이는 부자라면 감내할 필요가 없는 조건이었다. 이러한 유형의 상황에 따르는 건강 효과health effect[16]를 예측할 수 있었다. 20세기 말 전 세계 가난한 도시들

----

16 어느 원인에 노출되어 나타나는 건강상의 변화로 'health impact'라고도 한다.

의 전체적인 질병 부담disease burden[17]은 전염병에서 만성질환으로 서서히 이동했던 반면, 전염병은 극빈층 주민들을 계속 괴롭혔으며 사망률의 주된 원인이었다. 감염증과 기생충병은 특히 가난한 집 아이들을 지속적으로 심하게 괴롭혔다. 모든 무단 정착지는 이렇게 암울한 환경에 처했지만, 각각 고유의 특성을 지녔다.[150]

시간이 지남에 따라 여러 정착지의 상태가 개선되었다. 날림으로 아무렇게나 지은 주택들은 점차 영구적인 주택 지구로 진화했다. 거주민들은 판지나 플라스틱으로 만든 취약한 구조물을 금속과 목재, 콘크리트로 만들어 내구성이 더 강한 건축물로 바꿔 놓았다. 지역 정부와 중앙정부는 시간이 지나면서 여러 정착지에 전기와 하수도, 상수도, 포장도로, 학교 등의 공공 편의 시설을 확충했다. 정치가 필연적으로 선거를 수반하는 곳에서 정치인들은 무단 정착지에 이러한 기본적인 편의 시설을 제공하면 많은 표를 얻을 수 있다는 사실을 재빨리 이해했다. 터키의 총리 레제프 타이이프 에르도안Recep Tayyip Erdoğan은 이스탄불 시장으로 재직하던 중(1994~1998)에 도시의 주택 지구에 물과 전기, 하수도를 제공함으로써 정치적 명성을 얻었다. 이러한 개선이 효과를 냈던 곳에서는 오래된 정착지가 새로운 정착지보다 문제점이 적었다.[151]

개발도상국 세계의 성장하는 도시들에서는 신구를 막론하고 모든 주택 지구가 공기 오염으로 고통을 당했다. 석탄이 값싼 연료였기에, 빠르게 성장하는 나라들은 산업용으로 또 발전용으로 석탄을 이용했다. 20세기 마지막 몇십 년간 특히 아시아의 대도시들은 석탄 연소로 인한 심각한 대기오염으로 악명이 높았다. 베이징과 상하이는 매연과 이산화황의 농도가 매우 높아 고통을 당했는데, 이는 대체로 석탄 연소 때문이었다. 시안西安과 우한武漢의 상태는 더욱 나빴다. 다른 도시들에서는 지리적인 불운이 대기오염을 초래했다. 멕시코시티는 세계 최악의 대기오염을 발생시켰는데, 높은 고도에 자리를 잡은 데다 산에 둘러싸였다는 사실이 한 가지 이유였다. 보고타도 유사한 지형으로 고통을 당했다. 석탄으로 인한 오염은 수천 개 도시를 괴롭혔다.[152]

―――― **17** 금전적 비용이나 사망률 같은 지표로 측정하는 질병의 영향.

개발도상국에서는 극심한 빈곤과 부의 집중 둘 다 도시에 환경적 악영향을 끼쳤다. 자카르타의 경우처럼 이 두 현상은 동전의 양면이었다. 한때 네덜란드령 동인도제도의 활력 없는 수도였던 자카르타(당시에는 바타비아로 알려졌다.)는 1949년 인도네시아가 독립한 후 빠르게 발전한 도시가 되었다. 성장의 두 측면이 자카르타 최근 역사의 특징이었다. 자카르타는 인도네시아의 수도였기 때문에 그 나라의 지도부는 자카르타를 경제적 동력이자 대규모 전시성 사업의 장소로 여겼다. 정부는 자카르타의 기간 시설에 대규모로 투자했으며 공업과 상업의 급속한 발전을 장려했다. 시간이 지나면서 자카르타는 가장 현대적이고 세계적인 도시의 장식을 모조리, 다시 말해 많은 산업과 광범위한 고속도로망, 업무용 빌딩과 호화로운 호텔로 가득한 번득이는 중심가를 갖추게 되었다. 반면 자카르타의 성장은 시골에서 수백만 명의 가난한 이주민을 새롭게 끌어들였다. 이들 중 다수가 캄풍kampung(무단 정착지, 즉 '마을')에서 살아야 했다. 이러한 요소들이 전부 합하여 1949년 이후 자카르타의 환경사를 결정했다. 자카르타의 빈민은 도처의 무단 정착지에서 볼 수 있는 비위생적인 상태로 고통을 당했다. 정부가 상황을 개선하는 데 약간의 진전을 (특히 1970년대 자카르타 지사 알리 사디킨Ali Sadikin의 재임 시절에) 보이기는 했지만, 그 정책은 또한 반대의 목적으로도 시행되었다. 몇몇 캄풍을 철거하여 상업적 개발과 부동산 투기에 길을 내주었고, 결과적으로 무단 거주자들을 남아 있는 캄풍으로 몰아넣어 과밀을 더 심화시켰던 것이다. 한편 새로운 산업들은 도시의 수로에 오염 물질을 퍼부었고, 시멘트 공장들은 도시의 여러 구역을 미세먼지로 뒤덮었다. 부가 증가하고 이에 더하여 정부가 간선도로에 대규모로 투자하면서 자동차 사용이 증가했고, 이는 자카르타의 지독한 대기오염의 주범이 되었다. 이 모든 요인은 자카르타 거주자에게 중대한 건강 문제를 야기했다.[153]

자카르타와 마찬가지로 세계의 부유한 지역 도시들에서도 번영의 확대는 1945년 이후 도시의 환경 문제를 심화시켰다. 도시의 성장은 절대치로 지속되었다. 1950년에서 2003년 사이 부유한 세계의 도시 거주자 수는 4억 3000만 명에서 9억 명으로 증가했다.[154] 그러나 환경의 측면에서는 인구 성장보다 소

비사회로 이행한 것이 더 중요했다고 할 수 있다.

산업화 국가의 개혁가들은 19세기에 이따금 대기오염을 억제하려고 노력했지만, 여러 가지 이유에서 이들의 노력은 제2차 세계대전이 끝난 후에야 성과를 거두었다. 개혁을 원하는 광범위한 대중의 압력은 1950년대에 대서양의 양쪽에서 똑같이 강화되었다. 석탄 연기를 더는 견딜 수 없었고 오염이 야기하는 건강 효과에 관심이 증대되었기 때문이다. 인간의 생명을 앗아 간 여러 유명한 대기오염 재앙이 여론 형성에 기여했다. 1948년 펜실베이니아주 도노라Donora의 스모그와 1952년 런던의 더 심한 스모그를 예로 들 수 있다. 동시에 몇몇 석탄 도시는 첫 번째 중대한 개혁으로 규제에 착수했다. 제2차 세계대전 직전과 전쟁 중에 세인트루이스와 피츠버그는 무연 연료 사용이나 매연

감소 장치 설치를 의무화한 조례로써 석탄 연기를 억제하는 데 나섰다. 이러한 개혁 조치들은 즉각적인 효과를 나타냈고, 이는 다시 다른 곳에서도 개혁의 첫 단추를 꿰도록 자극하는 데 일조했다. 예를 들면 서독 언론의 많은 사람이 그랬듯이 서독의 관료들도 많은 관심을 갖고 감시했다. 1950년대에 서독은 공업 집중도가 심한 루르 지방에서 오염 억제를 더 진지하게 고려했다.[155]

부유한 도시에서는 석탄에서 석유로 연료를 전환하면서 대기오염의 성격이 변했다. 전후 시대에 부유한 세계의 도시에서 대기오염은 이산화황과 미립자 부유 물질(연기와 매연)에서 산화질소와 지상 오존, 일산화탄소로 바뀌었다. 이러한 변화는 대체로 1960년대와 1970년대에, 그 이후에 일어났다. 탈산업화와 산업이 도시 중심지에서 주변부로 옮겨 간 것에 연료의 전환이 겹쳐 이러한 대기오염의 변화가 나타났다. 1970년대에 부유한 나라들에서는 대기오염 관련 법률이 하나의 규범이 되어 몇십 년 일찍 시작된 지역 차원의 규제 조치들에 추가되었다.[156]

석탄 연기로 발생하는 오염이 감소하면서, 자동차 배기가스로 인한 오염이 증가했다. 배기가스는 부유한 도시들의 공기 질 악화에서 점점 더 큰 부분을 차지했다. 광화학 스모그는 제2차 세계대전 중에 로스앤젤레스에서 처음으로 확인되었다. 10년 안에 이 도시의 스모그는 유명세를 떨쳤고, 로스앤젤레스는 곧 광화학 스모그와 동의어가 되었다. 어디서나 자동차가 점점 더 흔해지면서, 스모그도 마찬가지로 흔한 현상이 되었다. 런던과 뉴욕, 도쿄에서 다른 대기오염 문제가 줄어들고 있었는데도 자동차 때문에 발생하는 대기오염은 증가했다. 특히 1970년대 초 규제 조치들이 도입된 이후 자동차 배기가스는 여러 곳에서 훨씬 더 깨끗해졌고, 많은 도시에서 대기오염의 정도가 약해졌다. 그러나 도로 위에 쏟아져 나온 자동차의 절대적인 수가 증가했기에 광화학 스모그는 계속해서 심각한 대기오염 문제로 남았다. 20세기 마지막 몇십 년에 즈음하여 자동차로 인한 오염은 자카르타와 베이징, 상파울루 같은 개발도상국 도시에서도 중대한 문제가 되었다. 아디스아바바 같은 세계 최빈국의 몇몇 도시도 자동차 스모그의 피해를 입었다.[157]

자동차 배기가스로 인한 오염은 전후 시대에 두 가지 주된 이유에서 증가했다. 자동차화(자동차를 소유한 주민의 몫)가 그 첫 번째다. 19세기 이전에 사람들은 도시 안에서 이동할 때 걷거나 말을 이용했다. 19세기 초 유럽에 승합마차(말이 끄는 트롤리)가 출현했고 이어 19세기 말에는 전차가 등장했다. 첫 번째 자동차는 거의 같은 시기에 모습을 드러냈지만 높은 가격과 실용성 부족 탓에 부자들의 사치품으로 남았다. 두 대전 사이에 여러 나라가 고속 자동차용 간선도로(이탈리아의 아우토스트라다와 독일의 아우토반)에 투자를 시작했을 때에도, 미국과 캐나다를 제외하면 어디서나 자동차 소유는 드물었다. 제2차 세계대전이 끝난 후, 미국의 부와 확대되는 교외화, 대규모 공공 간선도로 투자로 이러한 유형이 고착되었다. 북아메리카 사람들은 1인당 보유 대수로나 절대적인 수로나 다른 어느 곳 사람들보다도 더 많은 자동차를 소유했으며, 미국의 자동차 제조업체들은 세계시장을 지배했다. 다른 곳의 소비자에게도 미국의 자동차 문화는 매혹의 대상이 되었다. 공학자들에게 미국의 교통계획은 모방의 대상이었다. 서유럽과 일본, 오스트레일리아에서 자동차는 미국과 캐나다보다 늦은 1950년대에서 1970년대 사이에 대중적 소비 품목이 되었다. 1990년에도 미국인들은 여전히 세계 최고의 자동차 보유국이었지만, 다른 부유한 나라들이 크게 뒤처지지는 않았다.[158]

제2차 세계대전 종전 후 부유한 도시들에서 자동차로 인한 오염이 증가한 두 번째 이유는 교외화suburbanization였다. 교외는 1945년이 되기 훨씬 전부터 존재했지만, 자동차의 대중화는 전쟁 이후 교외가 그토록 크게 확대된 주된 원인이었다. 이 점에서도 각국의 상황에 따라 상당한 차이가 있었다. 미국은 규모와 문화적 중요성에서 선례가 되었다. 마당과 한두 대의 자동차를 갖춘 커다란 단독주택은 교외 문화의 모범과도 같은 세계적 상징이 되었다. 1950년 미국 도시 인구의 3분의 2가량은 도시 한가운데 살았고 3분의 1은 교외에 거주했다. 40년 후 이 수치는 뒤바뀌었다. 같은 기간에 미국의 도시는 물리적 크기가 두 배 이상 확대되었다. 가용한 토지 면적을 생각할 때 북아메리카와 캐나다, 오스트레일리아의 도시들도 다른 곳의 도시들보다 더 빠르게, 밀도는 더 낮게 바깥쪽으로 성장했으리라는 것은 충분히 예상할 수 있다. 유럽의 교외는 북아메리카와 오스트레일리아의 교외보다 세 배 이상으로 조밀했다. 일본의 도시들도 집중도가 줄어들었지만, 그 밀도는 다른 부유한 나라들의 도시보다 훨씬 높게 유지되었다. 일본의 산악 지형은 도시들이 해안가의 좁고 긴 땅에 집결하는 결과를 가져왔다. 이러한 제약이 있었는데도 일본의 자가용 수는 여전히 급증했다. 도쿄 한 곳만 계산해도 1960년에서 1990년까지 250만 대가 증가했다.[159]

교외화와 자동차 보유가 결합하여 중요한 결과들을 낳았다. 운전의 증가가 쉽게 예측할 수 있는 첫 번째 귀결이다. 운전은 북아메리카에서 가장 흔했는데, 교외화의 정도와 평균적으로 낮은 교외 밀도, 그리고 다른 공업국들에 비해 상대적으로 낮은 휘발유 가격 때문이었다. 1990년, 미국인이 자가용으로 여행하는 거리는 유럽인보다 평균하여 두 배 이상이었고 오스트레일리아 사람들보다는 훨씬 더 길었다. 반대로 미국인들은 다른 나라 사람들보다, 특히 유럽의 도시인들보다 걷거나 자전거를 타거나 대중교통을 이용하는 경우가 훨씬 더 적었다. 이것이 전부가 아니다. 미국의 자동차(그리고 캐나다의 자동차)는 또한 20세기 내내 다른 곳의 자동차보다 일관되게 더 컸다. 따라서 미국의 자동차 운전자들은 다른 곳의 운전자들보다 더 많은 연료를 소비했고 이산화탄소도 훨씬 더 많이 배출했다.[160]

부의 증가는 부유한 도시들에서 다른 많은 결과를 초래했다. 도시의 급격한 외부 팽창은 인구가 희박한 부자 나라들(캐나다, 오스트레일리아, 미국)에서는 가용 토지의 아주 적은 부분만 소비했지만 그래도 수백만 헥타르의 시골 땅을 도시 경관으로 변모시켰다. 이미 인구가 조밀한 곳에서 그러한 성장은 시골의 전통에 가혹한 결과를 초래했다. 이러한 곳들은 1945년 이후 영국의 경우처럼 토지이용을 더 엄하게 통제했고 토지를 어떻게 할당할 것인가에 관하여 계획가에게 더 많은 발언권을 주었다. 도시의 부는 또한 에너지와 물의 수요도 늘렸다. 사람들이 제2차 세계대전 중에 개발된 편리한 것들을 획득했기 때문이다. 미국인들은 주택용 물을 엄청나게 많이 요구하는데, 이 중 마실 물과 요리에 쓰이는 물은 극히 적은 일부분이다. 도시에서는 잔디와 자동차, 가정용품, 수세식 화장실에 쓰이는 물이 나머지 거의 전부를 차지했다. 자동 식기세척기 하나만으로 주택의 물 사용을 하루 최대 38갤런(144리터)까지 늘릴 수 있었다. 마지막으로 전후 시대의 소비자 경제는 엄청난 양의 쓰레기를 양산했다. 역시 이 경우에도 미국은 1인당 기준으로, 절대적인 수치에서 가장 많은 쓰레기를 배출했다. 부는 쓰레기의 양을 늘리는 주된 요인이었다. 소비자 경제에서 더욱 중요해진 새로운 물질(특히 플라스틱)도 마찬가지였다. 그러므로 도시는 쓰레기의 급증을 초래하여 지역 정부들로 하여금 끝없이 처리 해법을 모색하게 했다.[161]

녹색 도시를 찾아서

1970년대 이후로 점점 더 많은 사람이 도시의 기본적인 생태학적 상태를 되돌아보려 했다. 이들은 현대의 도시가 20세기의 특징이었던, 모든 것을 움켜쥐고 소비하는 거대 도시로 계속 남아야 하는지, 아니면 어떤 방식으로든 변화하여 도시가 초래한 환경적 손실을 줄이거나 제거해야 하는지 궁금했다. 도시가 요구하는 지구의 자원은 산업혁명이 시작된 이후 몇 배나 증가했다. 이제 도시는 지구 곳곳에서 어마어마한 양의 자원을, 브라질의 콩과 미국의 옥수수, 사우디아라비아의 석유, 방글라데시의 면화, 오스트레일리아의 석탄, 말레이시아의 경질 목재, 남아프리카의 금을 획득한다. 도시는 또한 쓰레기 흐름waste stream[18]을 세계화하여 인류세의 탄소 배출량 대부분의 원천이 되었다.[162]

1990년대 초 브리티시컬럼비아 대학에서 연구하는 생태학자 윌리엄 리스William Rees와 그의 스위스인 학생 마티스 바커나겔Mathis Wackernagel은 '생태 발자국ecological footprint'이라는 개념을 창안하여 도시의 세계적 범위를 개념적으로, 양적으로 표현했다. 리스는 이 개념에 관한 획기적인 초기 논문(1992)에서 모든 도시는 "주민 한 명당 수 헥타르의 연이은 생산적 생태계를 사용한다."고 주장했다. 리스는 자신이 살던 도시 밴쿠버의 모든 주민이 식량을 확보하려면 각각 1.9헥타르의 생산 농지가 필요하다고 계산했다. 리는 밴쿠버가 사우스캐롤라이나나 스코틀랜드만 한 크기의 땅을 '점유'할 정도로 많은 자원(식

_____**18** 재활용되거나 소각되거나 매립되는 고형 폐기물의 총량.

량과 연료, 임산물)을 소비하고 많은 쓰레기를 배출한다고 보았다. 이렇게 리스는 대부분의 기준으로 보아 지구상에서 가장 훌륭한 녹색 도시에 속하는 밴쿠버가 엄청난 생태 발자국을 남긴다는 점을 증명했다.[163]

이론과 실제의 양면에서 생태 발자국 개념에 대한 공격이 있었지만, 그럼에도 생태 발자국 개념은 도시에 관하여 점점 더 일반적인 것이 되어 가는 한 가지 기본적인 생각(걱정)을 담고 있다. 리스와 바커나겔 같은 생태학자들과 계획가들은 도시가 점점 더 많이 지배하는 세상에 골고루 돌아갈 자연이 충분한지 물었다. 기후변화와 오존층 고갈, 그밖의 전 세계적 환경문제에 관한 관심이 고조되면서 이러한 걱정이 생겨났다. 이때에 즈음해 국제 환경 회의가 빈번히 열린 것도 그러한 관심을 반영했다. 가장 대표적인 것은 1992년 6월 리우데자네이루에서 개최된 지구 정상 회의Earth Summit다. 유사한 관심사의 자극에 몇몇 도시계획가는 자신들의 직업을 환경적 논제에 초점을 맞춰 재조정해야 한다고 했고 일부 건축가는 녹색 건물의 기준을 제시했다.[164]

특히 중부 유럽과 북유럽에서 꽤 많은 도시가 1970년대 이후로 다양한 녹색 정책을 실험했다. 이 도시들은 효율적인 열병합발전소를 건설했고(발전 과정에서 나오는 폐열을 재활용했다.) 대체에너지를 장려했다. 그리고 기존 도시 인근의 지정된 장소에 새로운 도시 성장을 집중시켰다. 또한 새로 개발한 단지에서 밀도를 줄이는 것이 아니라 높이려 했다. 이 도시들은 재활용과 공동체 텃밭, 녹화 지붕, 생태계 회복을 위한 프로그램을 만들었다.[165]

이러한 여러 가지 시도는 유럽에서는 남서부 독일의 프라이부르크에서 볼 수 있듯이 흔하게 실천되는 것이다. 이제는 세계적으로 환경 선도자로 인정받는 프라이부르크는 1990년대부터 태양에너지 생산을 도시의 장기적인 경제 발전의 중추로 강조했다. 프라이부르크 시 정부는 공공건물의 지붕에 태양에너지 집열판을 설치했고, 태양에너지 회사에 낮은 비용으로 토지를 사용하게 했으며, 태양에너지를 공립학교 교과과정에 하나의 주제로 도입했고 지역의 연구 기관들과 협력하는 프로그램을 개설했다. 프라이부르크는 태양에너지를 새로운 주거지에 통합했다. 그중 하나인 도시 외곽의 바우반Vauban 구는 녹색 시범 지구로서 크게 이목을 끌었다. 프라이부르크의 정체성은 이

제 태양에너지 도시로서 확고하게 자리 잡는 데 거둔 큰 성공을 반영한다. 프라이부르크는 독일 최고의 녹색 도시임을 홍보하고 있다. 프라이부르크에서는 태양에너지가 환경적으로 의미가 있을 뿐만 아니라 이익이 나는 좋은 사업이다.[166]

1970년 이후 수많은 유럽 도시도 자동차를 중심으로 하는 전후의 계획 추세와 단절했다. 정치적인 이유나 문화적인 이유에서 이 도시들은 다른 교통수단을 장려하여 역사적으로 중요한 도심을 보호하고 자동차 중심의 발전이 야기하는 최악의 귀결, 특히 대기오염과 스프롤현상(도시가 무질서하게 팽창하는 현상)을 방지하기로 결정했다. 예를 들면 1970년대와 1980년대에 취리히의 지도자들은 도시의 궤도전차망을 확대하고 개선하기로 결정했고, 이는 자동차 사용의 증가를 낮추면서 대중교통 이용자 수를 크게 늘렸다. 궤도전차는 거리 경관에 활력을 불어넣었기에 이 노력은 도심의 부활에 일조했다. 네덜란드와 덴마크, 독일의 몇몇 도시에서 자전거가 많이 이용된 것처럼, 유럽의 다른 도시들에서도 사용된 전술은 서로 달랐지만 결과는 비슷했다. 암스테르담과 코펜하겐 같은 도시에서는 대중이 자전거 타기를 지지하면서 시 정부는 자전거 기반 시설에 투자했고, 그로써 세계에서 에너지 효율이 가장 높은 교통수단이 널리 확산되는 데 기여했다.[167]

남부 브라질의 도시 쿠리치바의 사례가 보여 주듯이 환경적인 혁신은 부유한 도시들에만 국한되지 않았다.[168] 1970년대 초 쿠리치바는 몇 가지 혁신적인 계획의 이행에 들어가면서 좋은 환경과 높은 생활수준으로 세계적인 찬사를 받은 도시를 만들어 냈다. 쿠리치바 시 정부는 거의 모든 문제에 대해 혁신적인 접근 방식을 취하여 개발도상국 대다수 도시의 특징인 많은 돈이 드는 전시성 사업 대신에 저비용의 실용적인 사업에 집중했다. 예를 들면 쿠리치바 시 정부는 지역의 만성적인 홍수를 해결하는 데 이례적인 방식으로 접근했다. 도시를 관통하여 흐르는 강을 따라 제방을 쌓는 대신에 작은 댐을 몇 개 건설하여 호수를 만들었다. 그러자 호수 주변 지역은 커다란 도시 공원으로 바뀌었다. 이러한 접근 방식은 두 가지 효과를 가져왔다. 호수들은 여름의 강우를 흡수하여 도시로 강물이 범람하는 것을 줄였으며, 공공녹지 공간이 크게 늘어났다.

쿠리치바가 혁신적일 뿐만 아니라 국제적 명성을 빛내는 데 중요한 여러 정책을 자랑할 수 있다면, 가장 유명한 성공담은 버스 통행 체계일 것이다. 쿠리치바는 1960년대에 당시의 지배적인 계획 추세에 반하여 공공 교통에 우선권을 주기로 결정했다. 브라질을 포함하여 전 세계의 도시계획가들은 자동차를 중심으로 도시를 설계했고 도시를 고칠 때에도 자동차를 중심으로 삼았다. 쿠리치바의 계획가들은 이 모델이 도시 주민 대다수보다 부유한 자동차 운전자들에게 유리한 것으로 보고 거부했다. 게다가 이들은 그 모델이 교통 혼잡을 유발하고 역사적 가치가 있는 도심을 파괴한다고 생각했다. 대신 이들은 1970년대 초부터 시작하여 도시의 버스 교통망을 개편하기로 결정했다. 도심을 관통하는 다섯 개 주요 축에 급행 차로를 설정하여 오직 버스만 다닐 수 있게 했으며, 다른 자동차는 가장자리로 밀어냈다. 색깔로 구별되는 효율적인 지선들이 버스 교통망을 완성했다. 단순하지만 창의적인 디자인 개선을 추가했다. 이러한 혁신의 하나로서 유리와 강철로 만든 우아한 '튜브 정류장 tube station'은 사람들이 빠르게 타고 내릴 수 있게 했는데 쿠리치바가 거둔 성공의 상징이 되었다. 쿠리치바의 계획가들은 토지이용 조례를 제정하고(버스 노선을 따라 이어진 곳에는 더 높은 주거 밀도를 허용했다.) 도심지에 보행자와 자전거 이용자를 위한 기반 시설을 건설하여 이러한 노력들을 보완했다. 이러한 조치들은 빠르게 결과를 만들어 냈다. 1990년대 초가 되면 쿠리치바 주민들의 1인당 자동차 보유 대수는 브라질 평균보다 많았지만, 하루 승객이 100만 명을 넘을 정도로 버스 교통망이 도시 교통의 큰 몫을 차지했다. 쿠리치바의 주민들은 또한 연료도 덜 소비했으며 대기오염도 덜 야기했다. 그러한 개혁이 없었다면 불가능했을 것이다.

쿠바의 아바나에서는 의도적인 계획이 아니라 우연히 취한 조치들이 개발도상국 도시의 녹화 사례를 제공했다.[169] 다른 나라들처럼 사회주의국가 쿠바도 기계화(트랙터와 트럭)와 화학제품(인조비료와 살충제), 수출용 환금작물 특화를 기반으로 농업경제를 확립했다. 1980년대에 들어서면 쿠바는 설탕을 생산하여 수출하고 식량은 대부분 수입했다. 이 나라는 소련의 석유와 시장에 의존했는데, 둘 다 소련이 소멸한 뒤 곧 사라졌다. 석유를 포함하여 온갖 종류의 농업 장비와 비료, 살충제의 갑작스럽고도 급격한 수입 감소로 쿠바는 이제 수입품의 값을 지불하기에 충분할 정도로 설탕을 생산할 수 없게 되었다. 미국의 금수 조치가 지속되는 가운데 이는 한층 더 중대한 문제였다. 간단하게 말해서 이 나라는 식량을 자급할 수 없었기에 기아에 직면했다.

별다른 선택의 대안이 없는 상황에서 쿠바는 1990년대부터 유기농업의 대규모 실험에 착수했다. 농장에서는 트랙터가 사라지고 대신 황소가 들어왔으며 화학비료와 살충제는 유기비료와 유기 살충제로 바뀌었다. 두 가지 다 예기치 않은 긍정적 효과를 가져왔다. 이를테면 트랙터는 토양을 압축했지만 황소는 그러지 않았고, 유기 살충제는 화학 살충제보다 독성이 훨씬 덜했다. 장거리 운송에 필요한 석유가 없었던 까닭에 쿠바 사람들은 식량을 소비처에서 가까운 곳에서 생산해야 했다. 굶주림에 직면한 200만 명의 아바나 거주자는 직접 문제를 해결하고자 가용한 땅이라면 모조리 찾아내 텃밭을 가꾸었다. 10년이 지나면서 아바나 주민들은 그렇게 지붕과 안뜰, 뒷마당에 수천 개의 밭을 일구었다. 이웃 간에 협동조합을 만들어 야구장이나 버려진 땅처럼 더 큰 땅덩어리를 얻어 경작지로 썼다. 행운을 인식한 국가는 아바나 주민들에게 도구와 땅, 종자, 기술적 조언을 제공했으며, 거리 시장의 형성을 허용했다. 2000년 무렵 이러한 노력이 보상받았다. 아바나와 쿠바의 다른 도시들은 생존에 필요한 식량의 큰 몫을 생산했다.

아바나의 실험은 농업의 변화 속도와 규모 면에서 매우 놀라웠지만, '도시 농업'(그렇게 알려졌다.)은 전 세계적으로 널리 확산되었다. 20세기 마지막 몇십 년간 가난한 도시들이 확장하면서 도시 농업의 규모도 빠르게 성장했다. 상업망을 통해 공급되는 식품을 살 여유가 없을 때가 많았던 도시 빈민은 비공식적인 생산과 식품 네트워크에 의존했다. 1990년대에 유엔은 전 세계에서 약 8억 명이 생계나 소득을 위해 비공식적 도시 농업에 의존했다고 추산했다. 이들은 빈곤한 도시들에서 소비되는 식품의 꽤 큰 몫을 공급했다. 20세기가 끝날 때 도시 농업은 가나의 아크라에서 소비되는 신선한 채소의 90퍼센트를 공급했고, 우간다의 캄팔라는 식용 가금류의 70퍼센트, 하노이는 육류의 거

의 절반을 공급했다.[170]

프라이부르크와 쿠리치바 같은 도시는 진정한 진보를 이룬 사례였다. 두 사례는 도시가 획일적이지 않으며 대단한 발명과 창의적 문제 해결의 장소일 수 있음을 다시금 증명했다. 그러나 이러한 사례들도 비판을 면하지는 못한다. 회의론자들은 생태학적으로 이로운 도시를 만들 수 있는지 의문을 제기한다. 도시화 과정은 중단되지 않았다. 대부분의 도시는 21세기에 들어서도 오래도록 절대치로 계속 성장할 것이다. 게다가 세계 도처에서 증가하는 부는 도시가 그 경계 안에서 만들어 내기 어려운 사치품을 지속적으로 매우 많이 요구하는 결과를 초래할 것이다. 예를 들면 자동차의 공급은 인도와 중국 같은 나라가 크게 번영하면서 몇 배 더 증가할 것으로 예측된다. 설계의 기술과 접근법이 개선되어 여러 도시의 환경 상태가 나아졌지만,(지금 인용한 최고의 녹색 도시들에만 해당되는 것은 아니다.) 이러한 노력으로 도시들이 몇백 년 동안 보여 주었던 궤적에 변화를 가져오기에 충분한지는 여전히 의문이다. 도시는 인구와 소비, 공업 생산의 중심지로서 그 크기에 걸맞지 않게 환경 변화에 큰 영향을 미쳤다. 도시는 창의성과 혁신의 중심지로서 최근까지 인간의 환경 영향을 제어하는 데에도 역시 어울리지 않게 큰 역할을 수행했다.[171]

생태학과 세계경제

생태학적 결과의 관점에서 20세기 후반의 가장 중요한 특징은 세계경제의 성취였다. 제2차 세계대전 이후 세계경제는 두 대전 사이의 어려운 문제에서 벗어나 회복되었고 장기간의 전례 없는 성장에 들어섰다. 1950년 이후 반백 년 동안 세계경제는 여섯 배로 성장했다. 연평균 경제성장률은 3.9퍼센트로 그때에 이르기까지 산업화 시대(1820~1950)의 역사적 평균 성장률 추정치인 1.6퍼센트와 '근대 초' 콜럼버스 이후 세계(1500~1820)의 연평균 성장률인 0.3퍼센트를 크게 뛰어넘는다. 성장률은 1950년에서 1973년 사이에 정점을 찍었다. 평자의 국적에 따라 '황금기golden age'나 '경제 기적Wirtschaftwunder', '영광의 30년les trentes glorieuses', '장기 호황the long boom'으로 부르던 시기였다. 1973년 이후 석유 가격의 인상과 높은 인플레이션 등 여러 가지 이유로 세계

경제의 성장은 둔화되었지만 결코 멈추지는 않았다. 전후 시대의 경제성장은 세계무역과 통신, 여행의 부활, 국제 이민의 증가, 기술 발전으로 이어졌다. 이 시기의 특징은 시간대는 달랐지만 이전의 식민지 세계와 사회주의권 세계의 큰 부분이 선진 자본주의 경제로 통합되거나 재통합된 것이다. 아시아의 광대한 영역은 반백 년간 크게 부유해져 번영의 수준과 이따금은 정치적 영향력도 역사적으로 중요했던 선도 경제들(주로 서유럽과 미국, 오스트레일리아, 캐나다, 일본)과 경쟁하기에 이르렀다. 중부 유럽과 동유럽에서 1989~1991년의 혁명들이 일어난 뒤로, 이전의 소련 진영 국가들도 성공의 수준은 다양했지만 이러한 재통합 과정을 시작했다. 그러나 지구상의 부유한 지역과 여전히 빈곤에서 벗어나지 못한 지역 사이의 격차가 벌어진 것도 이 시기의 또 다른 특징이었다.[172]

여러 요인이 결합하여 전후 시대의 급속한 경제성장을 떠받쳤다. 정치적 차원에서는 냉전의 시작으로 전 세계 대부분의 지역이 두 개의 주요 진영으로 재편되었다. 각 진영을 지배한 초강대국은 사용한 방법은 매우 달랐지만 경제의 회복과 성장을 촉진해야 하는 커다란 동기가 있었다. 1940년대 말이면 냉전과 전 세계적 재조직은 완전히 궤도에 들어섰다. 미국의 지도부는 두 체제 중에서 더 역동적인 것으로 판명되는 더 큰 진영, 즉 자본주의 체제에 기반을 제공했다. 제2차 세계대전 중에 서구 연합국(미국과 영국이 이끌었다.)은 이 체제의 토대를 놓았다. 대공황의 재현을 두려워한 연합국은 일련의 기관을 설립하여 금융과 무역, 정치의 협력을 촉진하고 자급자족적 해법을 저지하려 했다. 이러한 제도로는 유엔과 1944년 브레턴우즈 협정에서 비롯한 것들, 즉 국제통화기금과 세계은행의 전신인 국제부흥개발은행이 있다. 이 기관들의 설립 목적은 전쟁으로 파괴된 국민경제의 재건에 자금을 지원하는 것이었다. 관세와 무역 할당, 기타 무역 규제를 축소하기 위해 몇 년 안에 협상을 통하여 관세무역일반협정이 출현했다.

미국의 정치적·경제적 지위가 이 모든 것을 가능하게 했다. 일본이나 중국, 소련, 유럽과 달리 미국은 제2차 세계대전을 치르면서 경제적 기반에 손상을 입지 않았고 도시들도 피해를 입지 않았다. 미국이 입은 피해는 잠재적인 경쟁자들이 감내해야 했던 인적 손실의 극히 일부분이었다. 제1차 세계대전 이후와 마찬가지로, 미국은 제2차 세계대전이 끝난 뒤 채무국이 아니라 채권국이었다. 경제적 의미에서 가장 중요했던 것은 아마도 어느 경제도 미국 산업의 능력에 필적할 수 없다는 사실이었을 것이다. 미국 경제는 몇십 년 전에 영국 경제를 뛰어넘었고 이후 격차를 더 벌렸다. 물론 미국의 막대한 자원과 많은 인구는 물론 미국 산업의 활력과 혁신도 이러한 우세에 기여했다. 예를 들면 미국의 회사들은 20세기 초에 조립라인 기술을 완성했으며, 이 회사들이 노동자에게 제공한 상대적으로 높은 임금은 1941년 미국이 참전하기 전에 이미 세계 최초의 대중 소비사회 출현을 가능하게 했다. 종전 직후 미국 홀로 세계경제의 3분의 1 이상을 떠맡았을 때, 그 재정 능력 덕분에 미국은 세계경제의 안정과 공산주의 봉쇄라는 이중의 목적을 지닌 전 세계적인 대규모 재건 사업의 비용을 부담할 수 있었다. 미국은 막대한 재정 자원으로 유럽(마셜 플랜으로 지원했다.)과 일본의 재건에 수십억 달러의 원조 자금을 쏟아부어 양쪽 모두에 안정을 가져왔고 1950년대에 양쪽 모두의 급속한 경제적 도약에 기여했으며, 동시에 세계 도처에서 정치적·군사적 동맹을 체결했다. 그리고 달러의 힘은 적어도 1970년대 초까지는 세계 금융 제도를 안정시켰다.[173]

  1945년 이후 사회주의권 진영의 이야기는 약간 달랐다. 소련은 제2차 세계대전에서 최대 2000만 명이 넘는 손실을 입어 주요 교전국 중 가장 큰 피해를 입었다. 러시아와 소련은 100년이 약간 넘는 기간에 서쪽에서 세 차례 침공을 받았기에 스탈린은 전쟁이 끝나고 동유럽에서 적군赤軍을 철수할 생각이 전혀 없었다. 따라서 서구 연합국처럼 소련도 자체의 세력권 형성에 착수했다. 소련은 특히 1949년에 창설된 동유럽 경제 상호 원조 회의를 통해 동유럽에 경제권을 만들고자 했다. 동유럽 경제 상호 원조 회의는 회원국들의 경제 발전을 통합하려 했지만, 서방에 정착한 상대적으로 자유로운 교역 체제와는 다르게 좀처럼 경제 통합을 촉진하지 못했다. 오히려 동유럽 경제 상호 원조 회의는 소련과 동유럽 예속 국가들 간의 양자 무역을 촉진하는 데 봉사했다.[174]

  두 대전 사이에 중앙에서 계획한 국가 주도의 거대한 속성 정책(거대한 제철 복합 단지와 댐, 광산, 새로운 공업 도시, 엄청나게 큰 집단농장 등을 광적이라고 할 정도로 성급하게 건설한 것)으로 소련은 낮은 수준의 공업국에서 비교적 높은 수준의 공업국으로 신속하게 탈바꿈하여 전쟁이 발발했을 때 나치를 충분히 격파할 수 있었다. 그러므로 성공을 협소하게 생산주의적 의미에서 정의하고 그토록 짧은 시간에 국가 주도로 이루어진 대규모 공업화에 동반된 것으로 보이는 인간과 자연에 대한 폭력을 무시하면, 이러한 개발 모델은 성공이었다.

제2차 세계대전 이후 소련은 계속해서 같은 모델을 추구했다. 전쟁 중에 파괴된 산업 기반의 일부를 재건했는데, 이전의 적으로부터 배상금(점령지 독일에서 신속하게 해체하여 동쪽으로 운반한 대형 기계와 장비)을 뽑아내는 능력이 이 큰 목표에 도움이 되었다. 그밖에도 소련은 서방처럼 좀 더 유연하고 소비자가 주도하는 경제를 발전시키는 대신 계속해서 큰 국영기업에 집중하여 중공업 생산고를 늘리는 데 초점을 맞추었다. 이는 한편으로는 중공업 생산고(철, 강철 제품)를 맹목적으로 우선시한 이데올로기의 결과였으며, 다른 한편으로는 군수에 지속적으로 대규모 투자를 요구했던 냉전의 결과물이었다. 그러나 공업화를 이루고 나치의 전쟁 기구를 무찌른 소련 모델의 성공과 위세도 한 가지 요인으로 들어가야 한다. 비록 전체적인 규모는 훨씬 작았지만 소련 진영의 경제도 황금기의 서방 경제만큼 빠르게 성장했다. 연평균 국내총생산 성장률은 서방(일본 포함) 3.7퍼센트, 동구권 3.5퍼센트였다. 1928년부터 1970년까지 소련은 (전쟁과 테러, 숙청, 국가의 계획가라는 장애물이 있었는데도) 경제의 호랑이였다. 경제 체제를 변경할 이유가 없는 것 같았기에, 이 몇십 년간 소련 지도자들은 통제가 심하며 관료주의적이고 고도로 중앙화한 계획을 통해 계속해서 중공업 발전을 강조했다.[175]

세계경제의 성장은 어디서나 중요한 물리적 요소인 에너지에 의존했다. 20세기 내내 에너지 사용과 경제 팽창은 함께 갔다. 경제성장에는 에너지 투입량의 증대가 필요했다는 뜻이다. 제1차 세계대전 이전 시기와 제2차 세계대전 이후 시기처럼 세계경제가 호황이었을 때에는 전 세계적 에너지 사용량도 빠른 속도로 증가했다. 두 대전 사이의 시기처럼 경제성장이 둔화되거나 위축되었던 때에는 에너지 사용량도 훨씬 더 느리게 증가했다. 1945년 이후 몇십

년간 세계경제의 막대한 크기는 앞선 시기들을 전부 능가하는 많은 에너지 투입량을 요구했다.[176]

에너지의 생산과 소비에는 지역 간에 큰 편차가 존재했다. 주요 생산국들은 지질학적 행운에서 많은 혜택을 입었다. 19세기에 영국은 막대한 석탄 매장량 덕분에 세계 최대의 화석연료 생산국이 되었다. 그러나 1890년대부터 방대한 양의 석탄과 석유, 천연가스 매장량으로 미국이 영국을 제쳤고 이후 그 지위를 놓치지 않았다. 제2차 세계대전 후 소련도 영국을 따라잡았으며 1991년 소련이 소멸할 때까지 미국 다음의 2인자 자리를 고수했다. 20세기가 끝날 때에는 미국과 소련 붕괴 이후 러시아에 더하여 중국과 캐나다, 사우디아라비아가 에너지 생산 대국의 대열에 합류했다.

에너지 소비는 지질과는 거의 무관한 다른 이야기였다. 일반적으로 말해서 부가 많을수록 안락한 소비 수준을 위해 더 많은 에너지가 필요했으며, 동시에 생산에 많은 에너지를 투입하면 부가 늘어났다. 1950년, 산업화를 이룬 부유한 세계는 상업적으로 생산된 지구상의 에너지를 거의 전부(93퍼센트) 소비했다. 시간이 지남에 따라 다른 지역의 공업 생산과 이에 동반된 부와 인구가 증가하면서 이 비율은 하락했다. 2005년이면 그 비율은 60퍼센트를 약간 웃도는 수준까지 하락했다. 그렇지만 전후 시대 전체에서 절대적인 에너지 소비 수준은 언제나 부유한 나라에서 가장 높았다. 캐나다와 미국은 1945년 이후 대부분의 기간에 연간 1인당 에너지 사용량의 순위에서 늘 맨 윗자리를 차지했으며, 최근에는 페르시아만의 몇몇 작은 나라가 여기에 합류했다. 에너지 소비가 언제나 화석연료의 보유에 의존한 것은 아니다. 예를 들면 일본은 석탄이나 석유는 거의 가진 것이 없지만 전 세계 에너지 소비에서 최상위 등급을 유지하고 있다. 반대편 끝에는 부유한 나라들이 소비하는 에너지의 극소량에 지나지 않는 에너지 소비율을 보이는 가난한 나라들이 있다.[177]

캐나다와 일본의 에너지 소비에 나타난 큰 차이는 다른 중요한 문제, 즉 효율성의 문제를 가리킨다. 20세기 말 일본은 캐나다와 비교할 때 국내총생산 1달러의 가치를 생산하는 데 들어가는 에너지가 캐나다의 약 3분의 1이 필요했다. 유럽의 경제도 거의 일본만큼 효율적이었다. 반대편 끝에는 중국과 인도처럼 급속히 발전하는 개발도상국이 있었는데, 이 나라들의 경제는 일본보다는 대여섯 배 효율성이 떨어졌고 캐나다와 미국에 비하면 두세 배 뒤졌다. 그러한 수치는 두 가지 특성을 강조한다. 첫째, 국민경제의 에너지 효율은 역사적 유형을 따르는 경향이 있다. 전형적인 경제의 국내총생산당 에너지 사용량(에너지 원단위energy intensity, 에너지 효율을 측정하는 척도)은 경제가 급속하고 맹렬한 산업화의 시기에 진입할 때 빠르게 증가했다. 이러한 에너지 원단위의 급증에는 보통, 경제가 에너지를 좀 더 효율적으로 사용하면서 장기적으로 점진적인 하락이 뒤따른다. 이것이 영국(1850년대에 정점을 찍었다.)과 캐나다,(1910년 무렵에 정점을 찍었다.) 미국(1920년 무렵에 정점을 찍었다.)의 역사적 경험이었다. 그러나 모든 경제가 다 이러한 방식으로 작동하지는 않았다. 일본 경제는 20세기 대부분의 기간에 안정되었지만 비교적 낮은 에너지 원단위를 유지했다. 둘째, 부유한 세계 내부의 상당한 효율성 편차는 캐나다나 미국보다 훨씬 낮은 수준에서 에너지를 소비하면서도 부유해질 수 있음을 증명했다. 부유한 세계의 국민경제들이 왜 서로 다른 길을 걸었는지를 설명하는 요인으로는 산업 구조부터 광역권 기후와 교외화 유형까지 여러 가지가 있다. 비교 자료를 보면 핵심적인 삶의 질 지표(유아사망률, 기대 수명, 식품 이용도)는 미국과 캐나다의 연간 에너지 소비 수준의 대략 3분의 1에서 4분의 1 이상으로 개선되지 못했다.[178]

앞서 보았듯이 전후 시대는 세계사에서 지속적인 인구 증가율이 가장 높았던 때이다. 인구 증가가 세계경제의 성장을 설명하는 것은 거의 당연하다. 사람이 많으면 대체로 경제활동도 많아진다. 그러나 달리 보면 그 관계는 간단하지 않았다. 인구 성장이 강력한 경제성장을 경험하는 나라에서 일어나는 때가 있다. 그러나 인구 성장률이 너무 높아서 문제를 일으켜 1인당 경제적 소득을 갉아먹는 경우도 있다. 인구 증가와 경제성장 간의 관계를 일반화할 수 있다면, 급속한 산업화와 근대화, 그리고 도시화와 부의 축적을 포함하는 그 효과는 장기적으로 출생률을 낮추고 따라서 인구 성장률을 낮추는 경향이 있다. 1945년 이 과정은 부유한 세계에서 100년 이상 진행되고 있었다. 전후 시대에도 그 과정은 지속되었고, 그 결과 인구 성장이 더디거나 인구가 전혀 늘지 않는 사회들이 나타났다. 이는 기대 수명이 늘어나는 가운데 나타난 현상이다. 오스트레일리아의 기대 수명은 1950년 69.9세에서 1987년 76세로 늘어났다. 스웨덴은 6년, 이탈리아는 10년, 일본은 거의 20년이 늘었다. 그러므로 부유한 세계의 국민경제는 인구 노령화와 관련하여 사회복지 비용 증대와 노년을 부양할 청년 노동자의 감소같이 경제적으로 곤란한 문제에 직면했다. 인구 성장률의 하락은 급속한 경제적 변화를 겪고 있는 가난한 사회들의 경로에서도 두드러졌다. 동아시아(예를 들면 한국과 타이완)에서는 저렴한 노동력이 풍부하다는 사실이 처음에는 경제에 큰 도움이 되었지만, 시간이 지나면서 그 경제적 성공은 인구 성장률 하락도 초래했다.[179] 따라서 인구 성장은 1945년 이후, 그전에도 그랬듯이, 경제 팽창의 동력이 되었지만 너무 빠르면 1인당 소득을 위태롭게 했다. 1975년 이후 인구 성장률이 둔화되었을 때, 적어도 부유한 세계에서는 세대 간 평등의 문제(주로 지킬 수 없는 연금 약정액)가 불쑥 나타나 불길함을 던져 주었다.

기술, 경제, 자연

기술의 발전도 전후 시대의 급속한 경제성장을 가능하게 했다. 강도 높은 기술혁신은 산업혁명의 출발에서부터 그 특징이었다. 전후 시대에 공공투자와 민간투자로 추진된 과학 연구와 그것의 기술 적용은 세계경제의 중요한 자극제로 작용했다. 인공위성과 인터넷 같은 전후 시대의 몇 가지 혁신은 완전히 새로운 것이었으며, 다른 것들은 단순히 앞선 설계를 개선한 것이었다. 변변찮은 해운용 컨테이너가 더할 나위 없이 좋은 사례다. 제2차 세계대전 이전 원양항해 화물선은 화물 적재와 하역에 엄청나게 많은 노동자와 상당한 시간을 요했던 크기가 제멋대로인 화물을 싣고 다녔다. 그러나 전쟁이 끝난 후 해운 회사들은 전쟁 이전에 개발되었으나 널리 쓰이지 않은 장치인 컨테이너를 개량했다. 컨테이너의 큰 장점은 크기가 제멋대로인 화물을 표준화한 공간 안에 미리 집어넣을 수 있다는 데 있다. 컨테이너는 크레인 기사가 항만 노동자들 없이도 훨씬 더 빠른 속도로 싣고 내릴 수 있었기 때문이다. 이와 같은 선적 효율성의 극적인 증가는 비용을 크게 낮추었다. 1965년 이후 컨테이너는 공산품 해상운송의 기본적인 수단이 되었으며 아마도 모든 자유무역협정을 다 합친 것보다도 더 크게 국제무역을 촉진했을 것이다. 결국 컨테이너는 철도망과 트럭 운송망, 그리고 수백만 개의 개별 컨테이너를 실시간으로 추적할 수 있게 한 정보 기술과 결합했다. 2000년 무렵 전 세계적으로 컨테이너 약 670만 개가 운용 중이었다. 컨테이너의 보급으로 선적 시간이 단축된 것은 시장에 도달하려면 말 그대로 대양을 건너야 했던 동아시아의 수출 지향적 경제들이 발흥하는 데 특별히 중요했다.[180]

전후 시대의 기술혁신은 또한 새로운 유형의 어려운 환경문제도 야기했다. 19세기에 이루어진 과학과 기술의 발전으로 다양한 합성 화학물질과 복합 물질이 만들어졌다. 그러나 20세기에 전체적으로, 특히 1945년 이후에 인공물은 급격하게 증가했다. 연구소들은 가정용 합성세제부터 산업용 윤활유와 농업용 살충제, 제초제, 살균제까지 수없이 많은 새로운 화학물질을 쏟아냈다. 그렇게 많은 신물질이 건강과 환경에 영향을 미칠 수 있다는 인식이 거의 없었기 때문에, 무수히 많은 신물질은 처음부터 예방적 성격의 시험이나 규제 없이 사용되었다. 1960년대와 1970년대에 대중적 환경 운동이 출현하면서 이러한 상황에 변화가 생겼다.[181]

플라스틱의 생산과 사용은 좋은 사례가 된다. 섬유소 같은 자연물로 만든 중합체Polymer(단순한 분자, 즉 단위체의 사슬로 이루어진 분자화합물)는 19세기 말에 발명되었다. 합성 중합체는 1900년 직후에 만들어졌고, 이어 두 대전 사이 시기에 대량으로 제조되어 판매되었다. 1950년대와 1960년대에 연구소의 급속한 발전으로 미국의 듀폰과 영국의 제국 화학 산업ICI 같은 큰 화학 회사들은 많은 합성 중합체를 생산했고 이는 곧 널리 확산되었다. 1960년 이전에는 이 몇십 년간의 플라스틱 제조와 사용이 환경 영향에 관한 염려를 거의 일으키지 않았던 것 같다. 이 시기의 특징이 그렇듯이 이러한 형태의 기술적 성취는 조건 없이 받아들여졌다. 예를 들면 1959년에 《사이언스 뉴스레터The Science News-Letter》(미국 간행물)에 실린 어느 논문은 중합체 연구에 관하여 대서특필했다. 저자는 중합체가 "현재 쓰이는 것보다 무게당 더 튼튼한 미사일과 우주선, 자동차 차체에 더 가볍고 더 강한 혼합물을" 제공할 것이라고 썼다.

저자는 (남성적) 전문 지식이 어떠한 어려움도 극복할 수 있다는 널리 퍼진 믿음을 존중하며 모든 문제는 "중요한 진보"가 이루어지는 중이라고 "확신"하는 "기술자들"이 해결할 수 있다고 주장했다. 플라스틱에 대한 기술적 통달과 사회 진보 사이의 연계는 이미 결정된 것으로 여겨졌고, 환경과 관련해서는 최소한의 고려만 있었다. 전 세계의 플라스틱 생산은 20세기 중반에 폭발했다. 전 세계 생산량은 1930년에는 5만 톤에 못 미쳤는데 1950년에 200만 톤으로 증가했고 10년 뒤에는 600만 톤이 되었다. 새로운 유형의 플라스틱이 시장에 넘쳐났다. 플라스틱은 기존 상품에서 유리와 목재, 종이 같은 물질을 대신했고 쏟아져 나오는 새로운 소비재의 기본적인 재질이 되었다.[182]

그렇게 많은 생산은 필연적으로 플라스틱이 지구 생태계에서 두드러지게 나타나는 결과를 초래했다. 1970년대 초가 되면 대중적인 환경 운동으로 사람들이 인공 물질을 환경에 들이는 것에 관해 생각하는 방식이 변하면서 플라스틱에 관한 이전의 밝은 이야기는 음울해졌다. 평자들은 플라스틱 쓰레기, 특히 전 세계의 수로와 바다에 버려지는 플라스틱 쓰레기에 관하여 불안감을 일으키는 보고서를 수집했다. 1971년 노르웨이인 모험가 토르 헤위에르달Thor Heyerdahl은 대서양이 거대한 쓰레기장 같다는 주장을 담은 책을 출판하여 소동을 일으켰다. 책의 주제는 1969~1970년에 파피루스로 만든 뗏목 라Ra와 라 Ⅱ로 대서양을 횡단한 항해였다. 계획과 목적에서 헤위에르달을 유명하게 만들었던 1947년 콘티키Kon-Tiki호의 태평양 탐험과 유사했다. 대서양 횡단 항해로 헤위에르달은 대양이 석유와 온갖 폐물, 특히 플라스틱으로 뒤덮여 있음을 알았다. 헤위에르달은 1960년대 말의 대서양이 자신이 1940년대 말에 항해했던 태평양보다 훨씬 더러웠다고 말했다. 헤위에르달은 이렇게 썼다. "나는 콘티키호에 올라 해수면 높이로 코를 대고 101일을 보냈을 때 이와 같은 것을 보지 못했다. 인류가 정말로 그들의 가장 귀중한 원천, 우리 행성의 없어서는 안 될 공장, 즉 대양을 오염시키는 과정에 있다는 것이 우리 모두에게 명백해졌다." 2년 뒤 미국 국립해양대기관리청NOAA의 과학자들이 카리브해와 서부 대서양에 관하여 수행한 대규모 연구는 헤위에르달의 주장이 정확함을 확인했다.[183]

그러나 플라스틱으로부터 환경을 보호해야 한다는 새로운 관심은 이후 몇십 년간 플라스틱 사용을 줄이지 못했다. 플라스틱의 응용 범위와 일반적인 효용은 환경에 대한 관심보다 더 중요했고, 그래서 2000년이면 전 세계에서 연간 1억 5000만 톤에서 2억 5000만 톤의 플라스틱이 생산되었다. 이는 1950년에 비해 75배 내지 125배, 1930년에 비해 약 3000배에서 5000배에 해당하는 양이었다.[184] 몇몇 곳에서는 환경과 관련된 규제가 시행되었지만, 플라스틱은 계속해서 쓰레기 매립지는 말할 것도 없고 지구의 대양과 바다에 쌓였다.(21세기 초에 세계를 통틀어 플라스틱은 전체 쓰레기의 약 10분의 1을 차지했다.)

　　21세기 초 과학자들과 선원들은 새로운 형태의 무서운 플라스틱 이야기를 전했다. 지구의 대양에 거대한 쓰레기 더미가 떠돌아다녔던 것이다. 이러한 쓰레기 더미의 하나는 대규모 플라스틱 수프처럼 하와이와 캘리포니아 사이의 태평양을 천천히 빙빙 돌아다녔는데 지난 60년간 생산된 플라스틱의 상당 부분을 담고 있었다. 대부분은 일본에서 온 것이 분명했다.(그 정확한 크기는 누구도 알지 못하지만, 2010년에 텍사스 크기의 두 배로 추정한 사람들이 있었다.) 북태평양 환류의 대부분은 작은 플라스틱 조각들로, 소용돌이치는 갖가지 색깔의 석유화학제품으로 뒤덮였다. 마치 그 옛날의 「플라잉 더치맨*Flying Dutchman*」[19]처럼 끝없이 표류할 운명에 처한 작은 고무보트들과 카약들도 있었다. 남태평양과 인도양, 북대서양과 남대서양에도 상대적으로 더 작지만 플라스틱 무더기가 떠다녔다. 과학자들은 해양 플라스틱이 해양생태계에 어떻게 영향을 미치는지 모르지만, 바닷새와 해양 포유류가 플라스틱 무더기에 갇히고 종종 그것을 먹는다는 사실은 잘 입증되었다. 최근에 조사된 북해의 바닷새는 전부 몸 안에 플라스틱을 갖고 있었으며, 캐나다의 북극해에 서식하는 바닷새의 3분의 1도 그러했다. 작은 플라스틱 조각은 해양 먹이사슬을 따라 이동하며 범고래와 참치 같은 최상위 포식자 안에 축적되었다. 다행스럽게도 플라스틱은 대부분 독성이 없으며, 극소수의 플라스틱만 위험할 정도의 독성

─── **19** 더 플리헨더 홀란더르De Vliegende Hollander. 항구에 들어오지 못하고 영원히 대양을 떠돌아다닐 운명에 처한 전설상의 유령선.

을 지녔다. 몇몇 조류는 플라스틱 조각을 이용하여 둥지를 만드는 법을 알아 냈다. 플라스틱의 역사는 아직 초기 단계에 있지만, 화학자들은 해양 쓰레기 더미의 내용물이 수백 년이나 수천 년 동안 지속될 것으로 예상한다. 그러면 해양의 식물상과 동물상은 오랫동안 플라스틱과 공존해야 한다는 새로운 선 택의 압력을 받을 것이다.[185]

플라스틱의 역사는 기술이 추동한 경제적 변화에는 엄청난 환경 영향이 뒤따른다는 사실을 암시한다. 그러나 기술과 경제, 환경 사이의 관계는 플라 스틱의 사례가 보여 주는 것보다 더 복잡할 때가 많다. 신기술은 경우에 따라 이전에 존재했던 기술에 비해 환경 파괴의 효과가 덜할 수 있다. 반면 그러한 기술혁신은 경제성장이 그로 인한 이득을 없애 버리면 순수한 환경 편익이 없을 수 있다. 냉장고 같은 전기 제품의 역사는 그러한 모순을 보여 주는 적절 한 사례다.

현대의 냉장고 기술은 20세기 초, 특히 1920년대에 겉으로 보기에는 무해한 저렴한 냉매, 즉 프레온가스가 실험실에서 발견된 뒤에 시작된다. 이 발견은 미국에서 냉장고 가격의 급락을 가능하게 한 열쇠였다. 그리하여 미국에서는 제2차 세계대전 이전에 전체 가구의 절반이 냉장고를 보유했다. 전후 부유한 세계에 등장한 대중 소비사회는 몇십 년 동안 냉장고 판매를 강력하게 떠받쳤다. 1970년대와 1980년대에 프레온가스가 지구의 오존층을 얇게 만든다는 사실(1987년 몬트리올 의정서 체결을 낳은 통찰)이 명확해진 후, 전 세계의 거대 냉장고 제조업체들은 그 가전제품을 '환경 친화적'으로 만들고 그러한 상태로 판매하는 운동에 착수했다. 1990년대에 다른 냉매가 시장에 나오면서 이 업체들은 프레온가스를 단계적으로 제거했으며, 재료는 덜 쓰고 에너지 효율은 더 높으며 독성 화학물질을 덜 포함하고 재활용성이 더 뛰어난 제품을 설계하고 제조하기 시작했다. 나아가 회사들은 규제 기관과 비영리단체 들과 협력하여 환경 기준과 성능 기준을 마련했다. 이 모든 활동은 실질적인 효과를 지녔다. 2002년에 제작된 전형적인 냉장고는 1980년 제품보다 거의 80퍼센트 가까이 에너지를 덜 소비했다. 한편 전 세계적으로 냉장고 판매는 그 기간에 확대되었다. 개발도상국, 특히 동아시아의 가구들이 처음으로 냉장고를 구매했으며, 부유한 세계의 일부 가구들은 두 번째나 세 번째 냉장고를 구입했다. 개선된 냉장고의 환경 편익은 사실상 주요 제조업체들의 판매 전략에서 핵심적인 부분이 되었으며 전 세계적 판매 증가에 이바지했다. 결국 냉장고당 소비 에너지 감소분이 다섯 배로 늘었어도, 사용되는 냉장고 수가 증가하여 전체 에너지 소비량을 증대시킴으로써 이를 상쇄했다. 중국에서는 냉장고가 전체 전기 수요의 15퍼센트를 차지했다. 가전제품은 이제 전 세계적으로 막대한 양의 전기를 소비한다.[186]

지역의 경제 변동

1945년 세계 인구의 대다수는 지금은 지구촌 사회 대부분의 특징이 된 에너지와 물자를 많이 사용하는 소비자 주도의 세계경제 밖에서 살았다. 그 이후 60년의 이야기는 점점 더 큰 부분이 그 경제에 편입되는 이야기였다. 제

2차 세계대전이 끝날 때 평시의 소비자 경제로 빠르게 복귀할 수 있는 상태를 유지한 곳은 북아메리카뿐이었다. 전쟁은 서유럽과 일본의 경제를 거의 파괴했는데, 두 곳 모두 전쟁 이전의 소비 발달 수준은 미국과 캐나다에 비해 훨씬 낮았다. 그러나 이 경제들도 1950년대 '황금기'의 시작과 더불어 빠르게 대중 소비사회로 이행했다. 세계의 다른 지역들은 한참 더 늦게 이 경제에 편입되었다. 가장 중요한 곳은 아마도 한국과 타이완, 싱가포르, 홍콩의 '호랑이들'이 선두에 선 동아시아와 동남아시아, 남아시아 국가들일 것이다. 이 작은 국민경제들은 저임금과 다른 이점을 이용한 수출 주도 전략으로써 부유한 세계에 제품을 공급했다. 이들의 성공에 유인되어 역내 다른 국가들도 선례를 따랐다. 중국은 이 후발 참여자 중 가장 크고 가장 중요한 나라였다. 중국은 1970년대 말에 국가주의적이고 중앙화한 자급 경제에서 벗어나 몇몇 핵심적인 자본주의적 특징을 흡수한 경제로 이행했다. 이 선택은 1990년대가 되면 몇 가지 눈부신 결과를 낳았다. 동유럽과 소련의 사회주의경제가 소비자 사회로 이행을 시작하기까지는 1989~1991년의 혁명을 기다려야 했다. 라틴아메리카와 아프리카도 점차 세계적인 무역과 투자의 흐름 안에 통합되었지만 결과는 엇갈려서 소비주의 확산이 매우 제한적이었다.

서유럽의 국민경제는 제2차 세계대전이 끝나고 얼마간의 어려운 시기를 거친 후 빠르게 성장했다. 미국의 안보 우산 아래에서 유럽의 엘리트들은 자국 경제를 소비자 주도 성장을 중심으로 개조하는 서로 연결된 과정들에, 그리고 유럽 대륙의 정치적·경제적 통합을 증진하는 데 초점을 맞출 수 있었다. 이들은 두 전선에서 똑같이 성공했다. 서방 동맹의 주요 유럽 경제들, 즉 서독과 프랑스, 이탈리아, 영국은 1950년 이후 빠르게 성장했는데, 이는 경제를 지도하고 자극한 정부의 행동주의와 높은 저축률과 투자율, 숙련 노동력, 어마어마하게 부유한 미국 시장의 완전한 이용이 결합된 덕분이었다. 저렴한 에너지, 특히 석유의 확산도 경제활동을 진작했다. 석유가 전후 유럽 경제가 고도 소비사회로 이행하는 토대였기 때문이다. 1973년 이후 유럽 경제는 대체로 높은 유가 때문에 상당한 어려움에 처했다. 그러나 1950년대에서 1990년대까지 몇십 년에 걸쳐 유럽의 정치인들과 브뤼셀의 관료들은 대륙의 국민경제들을 긴밀히 결합하여 유럽 연합을 탄생시켰으며, 그로써 21세기에 들어선 이후로도 지속적으로 경제성장을 뒷받침했다.[187]

일본은 유사한 성장 궤적을 보였다. 1945년에 완전히 무너진 일본 경제는 미국 점령기에 곧 전쟁 이전의 생산수준을 만회했다. 1950년대 초 일본 경제는 한국전쟁이 발발하여 미국과 군사 도급계약을 체결한 것이 자극제가 되어 급속한 성장을 이루었다. 이후 20년간 일본은 연평균 8퍼센트로 다른 어느 나라보다 빠른 성장률을 보였다. 일본의 성공은 대체로 강력한 통상산업성을 통해 잘 교육받은 노동력과 높은 수준의 저축과 투자, 경제정책과 기술 개발에서 정부와 대기업 간에 이루어진 협력 덕분이었다. 일본의 성장은 다른 곳의 경우와 거의 마찬가지로 1973년 이후에 둔화되었지만 1990년대까지도 유럽이나 미국보다는 여전히 높았다. 대중 소비사회는 일본의 생활수준 상승을 반영했다. 전쟁 이후 몇십 년 만에 전형적인 일본 가정은 커다란 내구재는 거의 갖추지 못한 상태에서 고도 소비 경제의 특징인 재화를 거의 전부 소유하는 쪽으로 이행했다. 예를 들면 1973년에는 일본 가구의 3퍼센트만 전기냉장고를 보유했는데 1980년에는 거의 모든 가구에 냉장고가 있었다. 1957년에는 일본 가구의 20퍼센트가 전기세탁기를 보유했고 텔레비전 보유 가구는 겨우 7.8퍼센트였다. 1980년에는 거의 모든 가구가 둘 다 갖추고 있었다. 자동차 소유도 급증했다. 1970년에 보유율이 22퍼센트였는데 10년 만에 57퍼센트로 늘었다. 1980년이면 일본은 대중 소비사회 클럽에 가입했다.[188]

유럽과 일본의 경제적 부활은 미국 소비문화의 흡인력을 증명했다. 유럽인들은 두 대전 사이에 유럽 대륙의 '미국화'를 두려워하는 것과 수용하는 것 사이에서 오락가락했지만, 전후 시대에 미국의 문화적·경제적 힘은 유럽 대륙에서 전례 없는 수준에 도달했다. 많은 유럽인이 폭넓은 번영을 누린 덕에 미국이 수출하는 상품과 용역을 소비할 수 있었다. 더 중요했던 것은 많은 유럽인이 자동차와 가정용 제품, 교외의 단독주택, 일상의 소비재에 구현된, 에너지와 재료를 많이 쓰는 미국식 생활 방식에 가까이 다가가려는 욕구와 수단을 지녔다는 사실이다. 이러한 경험이 서유럽에만 국한되지도 않았다.

일본도 전후 점령기에 미국 문화를 직접 경험했기에 자신들만의 미국화를 진척시켰다. 일본 노동자들은 기적의 몇십 년간 높은 임금을 받았기 때문에 미국적인 것의 전형으로 여겨진 유행과 음식, 오락, 의복을 열심히 받아들였다. 광고업자들은 이렇게 미국 제품을 좋아하는 취향을 발견했고 자신들의 광고와 제품을 그러한 요구를 충족시키도록 손질했다. 이탈리아인과 영국인처럼 일본인들도 미국의 관습을 반영한 새로운 소비 방식을 찾아냈다. 예를 들면 1950년대 말 슈퍼마켓이 일본에 들어왔고, 약 20년 뒤에는 24시간 편의점과 패스트푸드 식당도 생겼다. 미국화는 역사가들이 수십 년 동안 논쟁을 벌인 개념이라는 점에 주목해야 한다. 이제 학자들은 미국 문화의 역사적 생산과 전파, 해외 수용이 고도로 복잡하고 단선적이지 않으며 끊임없이 변화하는 것으로 본다. 그럼에도 미국화가 세계 전역에서 소비자의 욕구를 자극한 주된 요인이라고 주장하는 것은 합리적이다.[189]

그렇지만 대중 소비사회는 소련 경제와 1949년 이후 중화인민공화국의 경제와는 무관했다. 마오쩌둥은 어떤 점에서는 두 대전 사이 소련 지도자들 것을 반영한 세계관을 발전시켰다. 마오쩌둥은 서방의 포위에 대한 두려움과 소련을 따라잡고 종국에는 추월하려는 욕망 때문에 급속한 공업 발전을 약속했다. 마오쩌둥은 중국공산당이 뛰어난 조직력과 대중 동원의 의지로써 중국을 거의 하룻밤 새에 가난한 농민의 나라에서 공업국으로 발전시킬 수 있다고 믿었다. 중국이 1949년 이후 산업화를 이룬 것은 사실이다. 산업화로 1976년 마오쩌둥이 사망할 당시 중국 경제는 확대되었고 1인당 국내총생산은 (비록 초기 수준이 낮았지만) 거의 두 배로 증가했다.[190] 그러나 앞으로 보겠지만 소련이 그랬듯이 중국도 인적·환경적 측면에서 그 대가를 혹독히 치렀다.

1960년 무렵 소련 경제는 중국에 비해 더 좋아 보였다. 그러나 1970년대가 되면 소련 경제는 중대한 구조적 문제의 징후를 드러내기 시작했다. 중공업과 군비 지출이 늘 강조되었기에 소비자 경제는 피해를 입었고 개별 소비자보다 중앙 계획가들과 군부, 거대 국영기업이 더 큰 힘을 얻었다. 따라서 소련 경제는 일부 소비재 품목을 포함하여 막대한 양의 물자를 대량으로 쏟아냈지만, 이는 소비자가 좋아하는 것과는 전혀 어울리지 않았다. 이 체제는 공장 관리자들에게 재료와 에너지를 절약하게 하고 노동자들에게 열심히 일하도록 할 유인을 전혀 제공하지 못했다. 게다가 소련 경제는 걸출한 과학자들이 있었는데도 적어도 세계경제를 바꿔 놓기 시작했던 컴퓨터 사용 같은 영역에서 서방의 기술 발전을 따라잡을 수 없을 것 같았다. 농업에서는 집단농장이 매우 비효율적인 것으로 판명되었다. 농민이 스스로 경작할 수 있었던 작은 텃밭이 훨씬 더 효율적이었다. 그곳에서 재배한 농산물을 시장에 내다 팔 수 있었기 때문이었다. 흐루쇼프의 '처녀지' 사업[20] (1956~1963) 같은 대규모 농업 기획은 흙과 물을 포함하여 귀중한 자원을 막대하게 낭비했다. 이 모든 것에 더하여 소련은 만성적인 알코올 중독처럼 경제를 방해한 중대한 사회문제들에 직면했다.[191]

이렇게 문제들이 산적했는데도 1970년대 소련 지도부는 진정한 개혁에 나서려는 의지를 보이지 않았다. 한 가지 이유는 체제의 성공으로 보이는 것에 기인했다. 소련 경제의 버팀목이 된 것은 1960년대에 발견된 엄청난 석유와 천연가스였다. 그 덕분에 국가는 특히 1973년 석유수출국기구의 수출 금지로 세계적으로 연료 가격이 가파르게 치솟은 후에 대단히 많은 수입을 거두었다. 1970년대 내내 석유 가격이 높게 유지되자, 소련은 체제의 결함을 숨길 수 있었다. 미국과 영국을 포함하여 서방의 여러 나라는 1970년대에 중공업 부문의 고통스러운 구조 조정에 들어갈 수밖에 없었지만, 소련은 구조 조정에 전혀 나서지 않았다. 스탈린 체제 때 성년에 도달한 자들이 지배한 늙어 가는 소련 지도부는 또한 점점 더 어려워지는 나라의 지정학적 위치를 재고하기를 거부했다. 냉전으로 군비 지출 부담이 가중되었는데, 이는 국내총생산에서 국방비가 차지하는 몫으로 볼 때 서방보다 훨씬 더 무거웠다. 소련의 세력권도 이 문제에 일조했다. 동유럽은 소련에 혜택을 주기도 했지만 그만큼 자원을 빼내 갔다. 동베를린과 폴란드(1953), 헝가리(1956), 체코슬로바키아(1968)에서 일어난 격렬한 봉기가 증명하듯이, 나중에는 폴란드의 솔리다르노시치(연대 노조) 같은 대중적 저항운동이 다시 증명하듯이, 소련 진영은 서방의 동맹과 달리 강압으로 결합되었다.[192]

_____ **20** 농업 생산을 늘려 식량 부족 문제를 해결하고자 시작한 개간 사업.

1980년대에 오면 소련은 절망적인 궁핍에 빠진다. 1980년대 중반 세계적인 석유 가격 붕괴로 뜻밖의 횡재가 가져다준 수입이 사라졌고 소련 경제의 지독한 약점이 드러났다. 1985년 3월 쉰네 살의 미하일 고르바초프가 크렘린의 보수파를 밀어내고 공산당 서기장이 된 이후 상황은 약간 좋아 보였다. 소련 체제의 결점을 오랫동안 인식하고 있었던 고르바초프는 즉각 근본적인 정치적·경제적·외교적 개혁 일정에 착수했다. 글라스노스트(개방)는 소련의 정치체제를 더 자유로운 정보 교환에 열어 놓았다. 페레스트로이카(재건)는 경제의 개조를 목적으로 했다. 고르바초프는 또한 서방과 관계 개선을 모색했다. 여기에는 핵무기의 대폭적인 감축도 포함되었는데, 냉전의 긴장을 완화하려는 욕구만큼이나 군비 지출이 소련의 경제적 취약성의 주된 원인이라는 고르바초프의 인식도 이러한 결정을 내리게 한 동인이었다. 이러한 개혁은 많은 영역에서 긍정적인 결과를 냈지만 전체적으로는 실패했다. 소련 국민은 그칠 줄 모르고 터져 나오는 국가의 무능함과 부패 소식에 냉소와 대대적인 분노로 대응했다. 글라스노스트는 주변부 공화국의 민족주의자들에게는 혜택을 주었다. 1989년에 고르바초프가 동유럽 혁명의 진행을 용인한 후, 소련 자체의 정치적 통합성도 약해졌다. 더욱 나빴던 것은 경제개혁이 철저하지 못한 수단으로 판명되고 경제의 활력을 되살리는 데 실패했다는 사실이다. 소비를 진작하고 국영기업에 이윤 동기를 도입하려는 시도는 체제의 관료주의적 무기력과 장기적인 부패로 상쇄되었다.[193]

그러므로 소련을 개조하려는 고르바초프의 노력은 성공했지만 그가 바라던 대로는 아니었다. 고르바초프는 자신의 개혁이 빈사 상태의 사회주의를 소생시키기를 원했지만, 실제로 일어난 일은 소련 체제의 종말이었다. 1991년 소련은 사라졌으며 새로운 공화국들이 대신 들어섰다. 1990년대에 이 모든 일은 매우 상이한 이행 과정을 통해 시장을 기반으로 한 경제로 전환되었다. 폴란드같이 일부에 해당되는 얘기이기는 하지만, 이전에 소련 진영에 속했던 일부 경제도 꽤나 큰 성장을 경험했다. 구소련의 핵심이었던 러시아가 가장 큰 타격을 입었다. 러시아가 노후한 중공업 설비를 가장 많이 관리하고 있었던 탓인데, 그 대부분은 세계시장에서 경쟁력이 없었다. 1990년대에 여러 다른 문제가 러시아를 괴롭혔는데, 엘리트층이 나라의 남은 부를 대부분 자신들의 몫으로 챙긴 것이 그중 하나였다. 러시아 경제는 그 10년간 최대 40퍼센트가 축소되어 붕괴했다. 정보가 부족하고 거대한 암시장이 존재했기에 붕괴의 정확한 내막을 제대로 아는 사람은 없다.[194]

중국은 훨씬 더 성공적인 길을 걸었다. 1970년대 중반 중국은 대약진운동과 문화혁명을 포함하는 일련의 격동적인 사건에 휩싸여 나라가 피폐해졌다. 설상가상으로 중국은 경제적으로나 정치적으로나 고립되었다. 중국의 소련인 조언자들과 이데올로기적 차이가 심화되면서 결국 1960년에 소련의 원조가 중단되었고, 이는 공산주의 세계에서 가장 크고 가장 중요하며 군사적으로 가장 강력한 두 정권 사이에 긴장이 고조되는 시점이었다. 소련이 물러나면서 중국은 남은 다른 정치적·경제적 동맹국들과도 사실상 관계가 끊겼다. 1970년대 초에 이러한 상황에 변화가 생겼다. 중국과 서방 강국들은 똑같이 세계적 지정학의 재조정 기회를 보았다. 미국의 정책은 20년간 중국에 적대적이었다. 그러나 1970년대 초에 미국과 중국은 1958~1960년의 중소 분쟁에 편승하여 외교 관계를 열었다. 경제적으로 세계경제에 다시 편입되려면 1976년 마오쩌둥이 사망할 때까지 5년을 더 기다려야 했다. 마오쩌둥의 후임자들은 잠자고 있는 중국 경제를 되살릴 방법을 모색하면서 여러 가지 개혁을 실행했다. 여기에는 남부 해안 지역을 외국인 투자와 무역에 개방하는 것이 포함되었다.[195]

주변의 여러 국민경제는 중국에 자본주의의 장점을 증명했다. 한국과 타이완, 홍콩, 싱가포르, 즉 1970년대와 1980년대의 '호랑이' 경제는 공산품의 수출에 집중하는 개발 전략에 힘을 쏟았다. 1960년대부터 이 국민경제들은 유리한 전략적 환경의 혜택을 입었다. 냉전 때문에 미국이 그 지역에, 이를테면 한국과 일본, 필리핀, 타이완 같은 나라에 지속적으로 관심을 두었으며 수십억 달러의 경제원조를 제공했다. 거의 동시에 부유한 세계의 기업들은 저임금 투자 기회를 찾아 왔다. 이 점에서 일본의 기업들이 선수를 잡아 역내에서 경제적으로 가장 중요한 외부 세력이 되었다. 네 마리 호랑이는 외부 투자를 유인할 방도를 모색하여 다른 무엇보다도 교육받은 저렴한 노동력에 비록 비민주적일지언정 안정된 정치를 제공했다. 호랑이 경제는 급속하게 성장하여 금속과 전자 같은 공업 부문에서 세계적으로 중요해졌다. 호랑이 경제의 평균임금은 상승했고, 그리하여 저임금 체계를 유지하고 있는 역내 다른 나라들이 외국인 투자자를 유인할 수 있었다. 그렇게 그 과정은 태국과 말레이시아, 인도네시아 같은 동남아시아 국민경제에서 되풀이되었다.

1990년대에 들어서면 중국은 완전한 참여자가 되었다. 중국 지도부는 그 막대한 저임금 인구를 이용해 부유한 세계 도처에서 대규모 외자를 유치함으로써 능숙하게 나라를 수출무역의 혜택을 볼 수 있는 위치에 올려놓았다. 그때 이후로 중국 경제는 일본의 황금기를 훨씬 더 큰 규모로 반영했다. 1995년 이후로 매우 높은 경제성장률과 1인당 부의 증가, 기술적인 힘의 증대, 소비 시장의 팽창이 중국의 특징이었다. 다른 성공담과 마찬가지로 국가는 중국의 모험이 성공을 거두는 데 결정적으로 중요했다. 1980년대 소련 지도부와는 달리 중국공산당은 정치를 빈틈없이 통제할 수 있음을 입증했다.[196]

많은 개발도상국이 세계경제 내에서 열등한 구조적 위치에 있던 연유로 고통을 당했다. 세계경제에서 그 나라들은 부유한 세계로부터 완제품(공산품)을 받는 대가로 일차산품을 수출했다. 이는 대체로 식민지 시대의 유산이었다. 그때 제국들의 식민지 투자는 플랜테이션 농장과 광산 같은 채취 산업을 거의 넘어서지 못했다. 1940년대에서 1960년대까지 세계 도처에서 식민지 해방의 물결이 휩쓸고 지나간 후에도 일차산품과 공산품의 교환은 지속되었다. 원료를 파는 것은 경제적 번영의 비책이 아니었다. 특히 개발 중인 경제의 천연자원 토대를 빠르게 유린했으며 장기적으로는 경제 자체를 훼손했다. 또한 부유한 세계에서 이러한 상품들의 수요가 심하게 변동했다. 세계 반대편의 소비자 취향 변화는 개발도상국 전체의 운명에 강력한 영향을 미쳤다. 바나나부터 구리와 코코아에 이르는 상품들의 세계시장 가격은 급격하게 변동하여 생산국들의 경제에 심한 불확실성과 반전을 가져왔다.[197]

개발도상국의 정치 지도자들은 이 일차산품의 덫에서 빠져나올 방법을 찾으려 애썼다. 아시아와 아프리카 국가들, 특히 라틴아메리카 국가들에서 추구한 한 가지 해법은 수입 대체였다. 세계무역은 구조적으로 가난한 나라들에 불리하다는 이론이 그 토대였다. 따라서 개발도상국들은 자체적으로 부유한 세계의 경쟁을 막아 줄 국내 제조업 기반을 구축할 필요가 있었다. 많은 실험 끝에 이 전략은 대체적인 성공으로 판명되었다. 그러나 동아시아의 호랑이들이 사용한 이러한 성격의 수출 주도 성장 모델은 많은 개발도상국이 모방하기에는 어렵기도 했다. 아시아 호랑이들의 경험을 되풀이하는 데 필요한 높은 수준의 외국인 투자를 끌어올 수 없었기 때문이다. 많은 가난한 나라는 싱가포르와 홍콩 같은 물류 중심지 경제처럼 유리한 지리의 혜택을 입지도 못했다.[198]

식민지 해방 이후 아프리카의 1인당 국내총생산 성장률은 연평균 2퍼센트 전후를 유지했지만 다른 지역에 비해 뒤처졌다. 그러나 1973년 이후 아프리카 대륙은 더 중대한 어려움에 처했다. 1973년에서 1998년 사이 1인당 국내총생산 성장률은 거의 0에 가까이 둔화되어 아프리카의 문제는 더 심해졌다. 다른 문제로는 높은 외채 수준과 공직 부패의 만연, 비틀거리는 교육제도, 여러 내전을 포함한 정치적 불안정을 들 수 있다. 아프리카의 교통망은 경제의 개선을 가로막는 특별한 장애물로 드러났다. 아프리카 대륙의 상당 부분은 또한 높은 문맹률과 인간 면역결핍 바이러스HIV로 말미암은 후천면역결핍증AIDS 같은 공중 보건의 위기를 포함하는 심각한 사회문제에 직면했다. 이러한 사정은 외국인 투자를 방해했다. 동아시아의 1인당 성장에 매우 중요했던 인구 배당 효과demographic dividend[21]가 아프리카에는 없었다. 아프리카에서는 전반적으로 출산이 왕성했기 때문이다. 그러나 아프리카는 다른 지역과 마찬가지로 균일하지 않은 장소였고 지금도 그렇다. 보츠와나와 나미비아, 코트디부아르 같은 몇몇 나라는 다른 나라들보다 더 부유하고 더 견고했다.

전후 시대 라틴아메리카는 좀 더 나은 성공의 기록을 보여 주었다. 이번에도 황금기에는 비교적 큰 1인당 경제성장(연평균 약 2.5퍼센트)이 이루어졌는데, 이는 주로 광물과 석유, 밀, 소고기, 커피, 설탕, 기타 일차산품에 대한 전

---

21 유아 사망률이 감소한 결과로 출생률이 하락하는 시기나 그것이 가져오는 경제적 효과. 비생산적 인구가 줄어들고 생산인구는 증가하여 경제성장이 촉진된다.

세계 수요의 증가에 힘입은 바가 크지만 보호받은 산업들의 초기 성공에도 기인했다. 그러나 1973년에서 1998년 사이에 성장률은 1퍼센트 안팎으로 하락했다. 인플레이션과 극심한 외채는 곧 라틴아메리카 여러 나라의 주된 문제가 되었다. 라틴아메리카 사회 내부의 심한 경제적 불평등은 공산품의 국내 시장이 출현할 여지를 제한했으며, 라틴아메리카 제조업 중 국제경쟁력을 갖춘 부문은 거의 없었다. 1990년대에 이르면 경기 침체 때문에 대부분의 나라가 칠레가 이미 했던 것을 따르게 되었으며, 좀 더 개방적인 시장과 덜 간섭적인 국가를 한 번 더 실험했다. 이는 원료와 식량의 수요가 치솟는 중국 경제와 결부된 상품의(2000년 이후) 가격 인상에서 수출무역이 이익을 얻는 데 일조했다.[199]

곳에 따라, 10년 단위마다 상당한 편차가 존재했지만, 1945년 이후 세계경제의 두드러진 특징은 빠른 성장이었다. 저렴한 에너지와 기술의 변화, 시장의 통합 모두가 인류 역사상 최고의 1인당 성장을 가져오는 데 기여했다. 연이은 세 세대가 1945년 이후 65년간 살았던 사람이 목격한 것과 아주 조금이라도 비슷한 것을 경험한 적은 없었다. 그 눈부신 성장은 수십억 명의 소비 수준을 높였고 나머지 대다수의 열망을 크게 했다.

경제, 생태 환경, 반대자들

전후 시대에 세계경제의 생태학적 귀결과 사회적 불공평을 목도한 반대자들이 출현했다. 많은 사람이 있지만 두 부류의 비판자를 실례로 들어 보자. 첫째 부류는 생태 경제학이라는 항목으로 분류할 수 있다. 이전이나 지금이나 그 주된 관념은 세계경제가 유한하고 성장하지 않는 지구 생태계 안의 하위 구성 요소라는 것이었다. 열역학의 법칙이 이 영역의 기본적 개념이었다. 열역학 제1법칙에 따르면 에너지는 만들거나 파괴할 수 없다. 열역학 제1법칙은 우주가 영원한 안정 상태에 있음을 의미하지만, 제2법칙은 그렇지 않다. 제2법칙은 오히려 물질과 에너지가 초기의 응축된 상태, 더 많은 힘을 가진 상태(낮은 엔트로피)에서 확산되고 더 약한 상태(높은 엔트로피)로 퇴락한다고 말한다. 따라서 제1법칙에 따르면 우주 안의 에너지 총량은 언제나 같겠지만, 제2법칙에 따르면 에너지는 필연적으로 사용 가능성이 더 낮은 상태로 바뀐다. 이러한 법칙을 인간의 노력에 적용한 생태 경제학자들은 무한한 성장에 의존하는 체제는 결국 양이 한정되어 있는 지구상의 저低엔트로피 물질과 에너지를 고갈시킬 것이므로 불가능하다고 주장했다. 동시에 정확히 같은 이유에서 그러한 체제는 지구를 고高엔트로피 쓰레기로 오염시킬 것이다. 생태 경제학자들의 질문은 단 하나다. 그 과정이 얼마나 걸릴 것인가?[200]

생태 경제학의 중요한 지적 뿌리가 19세기 말과 20세기 초에 있지만, 이러한 통찰력을 중심으로 일관된 사상 체계가 융합된 것은 1960년대와 1970년대다. 이러한 융합의 일부는 경제성장에 집착한 자신의 학문에 관하여 다른 견해를 지녔던 경제학자들의 선구적인 연구에 기인한다. 여기에는 루마니아인 추방자 니콜라스 제오르제스쿠-로에젠Nicholas Georgescu-Roegen, 영국 태생의 케네스 볼딩Kenneth Boulding, 미국인 허먼 데일리Herman Daly가 속하는데, 이들은 전부 미국의 대학에서 연구했다. 이 융합의 다른 부분은 대중적 환경 운동의 출현에 기인한다. 이 지적 실천은 대중적 환경 운동이 없었다면 눈에 띄지 않을 수도 있었지만 그 덕분에 1970년대에 약간의 영향력을 얻었다. 이 연구 분야가 스스로 '생태 경제학'이라고 규정하며 자의식을 갖춰 등장하는 것은 1980년대. 그 10년이 끝날 즈음에 이 분야는 전 세계 여러 나라에서 회원을 갖는 국제 학회를 설립하고 전문 학회지를 발간했으며 외부인에게 그 분야를 소개하는 기본 문서를 작성했다. 1990년대가 지나는 동안 생태 경제학은 급속하게 발전했다. 학자들은 그 분야의 이론적 기반을 확충했으며 또한 성장의 사회적·생태적 비용을 포함하는 대안적인 경제적 성취 평가 기준을 개발했다. 1997년 학술지 《네이처Nature》에 발표된 어느 유명한 연구는 가루받이와 영양소 순환, 유전자원, 토양 생성 같은 필수적인 생태학적 '혜택services'의 경제적 가치 전체를 측정하려 했다. 이 모든 혜택은 지구가 인간에게 무료로 제공하는 것이지만 시장에서 값을 매기지는 않는다. 그 연구의 저자들은 이 열일곱 가지 혜택이 연간 33조 달러의 가치가 있다고 평가했다. 이 연구는 자연에 값을 매기려는 시도 때문에 비판을 불러일으켰지만, 그럼에도 지구 환경은 가려지고 저평가된 엄청난 혜택을 인류에게 제공한다는 요점만은 분명하

게 밝혀졌다.[201]

두 번째 부류의 비판은 지속 가능한 발전이라는 항목으로 분류된다. 지속 가능한 발전이라는 개념은 생태 경제학과 지적으로 중요하게 연결되지만 주로 학계 밖에서 전개되었고, 전문가와 외교관, 사회운동가와 환경 운동가가 참여한 수많은 국제 토론회에서 논의되었다. 따라서 지속 가능한 발전이라는 개념은 하나의 정치적 개념으로서 결국 주류 사상에 진입했다. 탄생 이후 계속 되풀이된 지속 가능한 발전 개념은 대체로 두 가지 큰 관념을 결합했다. 첫째는 전후 시대에 작동한 세계경제는 사회적으로, 특히 이 세계의 가난한 사람들에게 불공평했다는 것이며, 두 번째는 세계경제가 주로 부유한 세계의 소비 경향 때문에 생태학적 한계를 벗어날 우려가 있다는 것이다. 그 개념은 이러한 기본적인 구성 요소를 뛰어넘어 끝없이 재규정되었다.

생태 경제학의 경우와 마찬가지로 지속 가능한 발전 개념의 지적 뿌리도 19세기까지 거슬러 올라가지만, 직접적인 기원은 최근 몇십 년에 있다. 그 패러다임에 들어 있는 부와 빈곤, 생태학 사이의 기본적인 연결은 1970년대, 특히 유엔의 후원으로 개최된 여러 환경 회의와 개발 회의에서 출현했다. 지속 가능한 발전이라는 용어는 1978년 브룬틀란 위원회(의장인 노르웨이 총리 그로 할렘 브룬틀란Gro Harlem Brundtland의 이름을 땄다.)가 유엔을 위해 발행한 보고서 『우리 공동의 미래Our Common Future』가 출간되면서 널리 유행했다. 보고서는 지속 가능한 발전을 "미래 세대의 욕구 충족 능력을 훼손하지 않으면서 현재의 욕구를 충족하는 발전"이라고 정의했는데, 이것이 그 개념의 전형적인 표현이 되었다. 브룬틀란 보고서는 또한 1992년 리우 정상 회의와 그 이후의 국제 협상에서 지속 가능한 발전을 제도화하는 데 이바지했다.[202]

그러나 이렇게 진지한 비판들이 제기되었는데도 21세기 초 세계경제는 1945년 이후와 거의 동일한 방식으로 작동했다. 수십억 명에 달하는 개발도상국 주민은 부유한 세계의 주민들이 누리는 수준의 위안을 얻고자 분투했고, 부유한 세계의 주민들은 자신들이 누리는 부의 크기를 키우려 노력했다. 이러한 열망이 전후 세계경제의 연속성을 떠받쳤다. 1945년 이후 몇십 년 동안 일본인과 에스파냐인 대부분과 상당히 많은 브라질인과 인도네시아인을 포함하는 수억 명이 조상들은 상상할 수 없었던 소비 수준에 도달했다. 수십억 명이 여전히 그 수준에 도달하지 못하기는 했지만, 이것은 인류 역사의 중대한 변화를 대표했다. 몇 가지 점에서 이 모든 것은 결국 큰 진보에 이르렀다. 많은 사람을 빈곤에서 구제했기 때문이다. 그러나 동시에 세계경제가 지구에 미친 전체적인 영향은 너무도 명백했고, 그 경제는 화석연료와 광물 같은 재생 불가능한 자원의 사용에 철저히 의존했다. 21세기의 주된 질문은 다음과 같다. 소비의 방식과 유형을 유한한 생태계에 적합하게 변경할 수 있는가?[203]

4   냉전과 환경 문화

역사가들은 냉전주의자들처럼 누가 언제 냉전을 시작했는지를 두고 논쟁을 벌였지만, 그 전체적인 개요는 매우 단순하다. 제2차 세계대전 중에나 그 직후에 승리한 연합국은 서로 싸웠고 곧 서로가 적임을 알아챘다. 이오시프 스탈린의 소련과 동유럽 위성국가들은 엘베강에서 블라디보스토크까지 유라시아에 길게 이어진 블록을 만들어 냈다. 미국은 더 크지만 더 느슨한 동맹을 결성하여 대항했다. 여기에는 영국과 서독 같은 유럽 동맹국들, 이란과 터키 같은 중동 동맹국들, 일본을 비롯한 동아시아 동맹국들이 포함되었다. 냉전의 주된 무대는 제2차 세계대전의 싸움터인 유럽과 동아시아였다. 냉전은 당시에 불길하게 보였던 여러 위험한 정치적 변동의 순간에 주된 역할을 했지만, 안정을 가져왔다는 사실은 놀라웠다. 특히 1949년 중국 내전에서 마오쩌둥과 공산당이 승리하여 세계에서 인구가 가장 많은 나라의 노선이 결정된 이후 안정을 가져온 것이 더욱 놀라웠다.

그것은 무장한, 계속 무장하고 있는 두 진영 사이의 안정이었다. 냉전의 두드러진 특징 중 하나는 군국주의의 지속이었다. 근대사에서 대부분의 나라는 큰 전쟁 후에 군비 지출을 급격하게 줄였고 군수품의 대량 구매를 중단했으며 군 직원들을 해고했다. 미국과 소련은 1945년 이후에 잠시 그렇게 했다. 그러나 냉전 시대에 주요 강국들은 시간이 갈수록 높은 수준으로 군비 지출을 유지했다. 두 나라는 지극히 많은 비용이 드는 일이었는데도 자국의 군산복합체를 유지했을 뿐만 아니라 더 크게 키웠다. 아마도 1945~1973년의 눈부신 경제 호황 덕분에 가능했을 것이다. 예를 들면 냉전기에 소련에서는 전체 산업 생산의 최대 40퍼센트가 군사용이었다. 전 세계에서 생산되는 상용 전기의 10분의 1이 핵무기 제조에 쓰였다.[204]

냉전은 또한 국가가 후원하는 거대한 기간 시설 사업과 개발 운동에 과감하게 자금과 노동력을 투입하고 그 계획을 수립하는 것을 정당화했거나 적어도 당시에는 정당화하는 것 같았다. 예를 들면 1956년에 미국은 세계 최대의 공학 사업에 전대미문의 어마어마한 자금을 쓰도록 허용했다. 주와 주를 연결하는 간선도로망의 건설은 특히 교외화를 재촉하고 야생 생물의 이동에 변화를 주어 미국의 경관을 고쳐 놓았다. 다른 대부분의 통치 행위처럼 이 결정도 다양한 동기를 갖고 있었지만, 가장 두드러진 동기는 소련과 전쟁을 벌일 것을 예상하여 군사적 준비를 갖추는 것이었다.[205] 1958년 마오쩌둥의 중국은 단 몇 년 만에 영국과 미국의 산업 생산고를 따라잡겠다는 광적인 운동, 이른바 대약진운동이라는 돈키호테식 여정에 들어갔고, 1964년에는 뒤에서 살펴보겠지만 무에서 새로운 군사복합체를 건설하는 일에 착수했다. 중소 분쟁 이후 소련은 두 번째 시베리아 철도 노선을 건설했는데, 이는 이전의 시베리아 횡단철도보다 중국 국경에서 더 멀리 떨어져 있었기에 태평양 연안이 있는 자국 항구에 더 안전하게 도달할 수 있었다. 이 철도 노선은 소련의 극동 지방에 있는 목재와 모피, 광물을 더 빠르게 거둬들일 가능성을 새롭게 열어 주었다.[206]

냉전이라는 상황은 또한 중국과 소련에서 경제적 자급의 노력을 지속하는 동기가 되었고, 여기에는 환경 영향이 동반되었다. 이러한 큰 목표는 미국에는 전혀 긴급한 일이 아니었다. 미국은 해군과 동맹국들에 의존하여 해상 항로와 상품의 국제적인 이동을 보호할 수 있었기 때문이다. 그러나 스탈린과 마오쩌둥은 일반적으로 원하는 모든 것을 국경 안에서 해결할 수 있어야 한다고 생각했고, 미국의 수출 금지와 제재, 봉쇄는 이러한 생각을 더 굳게 했다. 두 체제 전부 이를 철저하게 수행했다. 예를 들면 스탈린 사망 후 1950년 대 말에 그 후임자들은 중앙아시아의 넓은 건조 지대를 면화 생산지로 전환 하기로 결정했다. 이 사업에는 아랄해의 수원인 여러 강에서 물을 끌어오는 대규모 관개 작업이 필요했고, 결과적으로 1960년대가 되면 그 염호는 점차 축소되었다. 오늘날 아랄해는 1960년에 비해 크기가 4분의 1로 줄었고 50년 전에 비해 용적이 10분의 1로 줄었다. 아랄해의 목을 조른 결과는 21세기의 상징적인 환경 재앙 중 하나였다. 물고기가 사라졌고 삼각주 습지대가 말라 버렸으며 물의 염도가 열 배 증가했고 새롭게 드러난 호수 바닥에서 먼지 폭 풍이 일어 경작지로 소금이 날아가는 등 10여 가지 문제들이 발생했다. 그렇 지만 소련은 면이 필요했고, 냉전 상황에서 인도나 이집트로부터 면을 수입하 는 데는 스탈린의 후임자들이 피하고 싶은 위험이 수반되었다.[207]

똑같이 경제적 자립이라는 목표에 이끌린 마오쩌둥의 중국도 미얀마와 라오스와 국경을 맞대고 있는 메콩강 유역 윈난雲南성 구석의 시솽반나 다이 족 자치주西雙版納傣族自治州라는 열대우림에서 고무를 재배하려는 야심을 키웠 다. 1950년대 초 소련은 중국에 사회주의 연대의 정신으로 고무를 공급해 달 라고 요청했다. 아마존의 나무에서 추출되는 고무는 소련의 쌀쌀한 풍토에서 는 얻을 수 없었다. 고무는 전략적 물자로서 전차와 항공기에 꼭 필요했다.(모 든 항공기는 천연고무 타이어를 쓴다.) 소련과 중국에는 불편하게도 지구상의 고 무는 대부분 당시 영국의 식민지였던 말라야와 미국과 동맹을 맺은 반공주 의 장군들이 지배한 인도네시아에서 생산되었다. 1956년 시솽반나에 처음으 로 고무나무를 식재했다. 중소 분쟁 이후 중국은 확보할 수 있는 고무를 전부 자국의 군사적 목적으로 쓰기를 원했다. 이와 관련된 야만적인 노동은 문화 혁명 중에 정치적 태도를 개선하라고 국경으로 보낸 청년들이 수행했다. 중국 에서 생물학적 다양성이 가장 풍부한 지역에서 이 청년들은 수천 제곱킬로미 터가 넘는 나무를 잘라내 동물 서식지를 파괴하고 현지 주민인 다이족을 더 높은 고도로 쫓아내 그들과 다른 소수민족들 간의 갈등을 유발했다. 시솽반 나가 브라질산 나무의 북방 한계선에 놓여 있었기에 고무나무는 얼어 죽을 때가 많았지만, 결국 이러한 노력으로 중국은 귀한 고무를 공급받게 되었다.

─────우주에서 본 아랄해, 2001년. 한때 세계에서 네 번째로 큰 호수였던 아랄해는 2008년에는
이전 면적의 10퍼센트 이하로 줄어들었다. 소련이 1960년대에 수립한 관개 사업으로 이 호수는
유입 수량의 대부분을 빼앗겼다. (NASA)

1980년대에 중국 경제가 호황을 누리면서 산업용 고무의 수요는 급증했다. 2000년 이후 중국은 넘쳐나는 자동차 때문에 고무가 더 많이 필요했다. 레바논 크기만 한 면적의 숲을 제거하고 고무 플랜테이션 농장을 세우면서 현지의 기후까지 변하여 가뭄과 홍수가 빠르게 되풀이되었고 안개 일수는 훨씬 더 적어졌다. 고무 가공은 인근 강과 호수를 화학 오염 물질로 채웠고, 이는 전부 메콩강으로 흘러들어갔다. 군사적 자급을 추구한 초기의 노력은 시솽반나의 철저한 환경 변화를 초래했다.[208]

냉전은 또한 세계 도처에서 게릴라전을 촉발하고 지속시켰다. 특히 미국과 소련이, 그렇지만 중국과 쿠바, 프랑스, 남아프리카도 시시때때로, 경쟁자의 힘을 약화시킬 수 있는 분리주의자들과 혁명가들, 저항운동 등을 지원하는 것이 비용 효율이 높다고 생각했다. 그리하여 앙골라와 모잠비크, 에티오피아, 소말리아, 베트남, 아프가니스탄, 니카라과 같은 곳에서 냉전의 두 초강대국은 현지의 권력투쟁에 끼어들어 자신들이 선택한 파벌에 무기와 훈련, 자금, 그리고 경우에 따라서 군대를 지원했다. 게릴라전은 보통 숲과 작물의 불태우기, 가축의 도살, 경작지 침수 같은 환경 전쟁의 요소를 많이 수반했다. 일반적으로 이편이든 저편이든 숲을 은폐물로 이용했고 농민들은 적군을 지원했다는 이유로(아니면 단순히 묵인했다는 이유로) 처벌을 받아야 했기 때문이다. 게다가 게릴라전은 많은 난민을 발생시켰다. 의용군과 군대가 생계를 파괴하여 주민들이 전투 지구를 피해 달아나거나 이동했기 때문이다. 다른 이주와 마찬가지로 난민의 이동도 그들이 떠난 곳과 새로 정착한 곳에 똑같이 환경 변화를 가져왔다. 남아프리카와 베트남에 관한 다음 절에서 그러한 문제를 몇 가지 탐구해 보겠다.

군국주의의 지속과 군산복합체, 자연을 정치적 목적에 이용하고 그에 따라 변경하려는 과감한 노력, 게릴라전의 촉발 같은 이 모든 이유에서 냉전은 1945년 이후 몇십 년간 환경과 관련된 소동에 이바지했다. 그중에서 생물권에 가장 오랜 족적을 남기는 것은 핵무기 프로그램이다.

핵무기 제조와 환경

미국은 냉전의 불안 때문에 1945년부터 1990년까지 약 7만 개의 핵탄두를 제조했으며 1000개 이상을 시험했다. 소련은 약 4만 5000개의 핵탄두를 제조했고 최소한 715개를 시험했다. 한편으로 영국은 1952년 이후, 프랑스는 1960년 이후, 중국은 1964년 이후 수백 개의 핵탄두를 제조했다. 핵무기를 만드는 데는 농축 우라늄이나 플루토늄(우라늄으로 만든다.)이 필요하다. 핵무기 산업은 1950년 이후 세계 곳곳에서, 특히 미국과 캐나다, 오스트레일리아, 중앙아프리카와 남부 아프리카, 동독, 체코슬로바키아, 우크라이나, 러시아, 카자흐스탄에서 우라늄 채굴량을 급속하게 늘렸다. 냉전 초기 안전 규정이 거의 없었을 때, 광부들은 일상적으로 많은 양의 방사능에 노출되었고 수천 명의 수명이 단축되었다.[209] 모든 핵무기 보유국은 핵무기 복합 단지atomic archipelago, 즉 전적으로 핵 연구와 우라늄 처리, 무기 제조와 시험에 쓰기 위해 마련한 특별한 보호 지역 네트워크를 조성했다. 그 장소들은 냉전의 비밀주의에 따라 공적 조사를 받지 않았으며, 특히 러시아와 중국에서는 지금도 여전히 어느 정도 사정이 그렇다. 미국에서 이 복합 단지는 약 3000개 장소를 포괄하는데, 그중 하나인 사우스캐롤라이나주의 서배너 리버 사이트SRS와 콜로라도주 로키플래츠 공장Rocky Flats Plant은 둘 다 핵폭탄 제조 노력에 중요했다. 그중에서도 한층 더 중요한 곳인 핸퍼드 공작소HEW(훗날 핸퍼드 사이트Hanford Site로 이름이 바뀐다.)는 워싱턴주 중남부 콜로라도강 강변의 먼지투성이에 바람이 세고 쑥만 자라는 거의 텅 빈 스텝 지역에 약 600제곱마일의 면적으로 1943년 문을 열었다.[210]

핸퍼드 사이트는 냉전기 내내 미국의 주된 핵폭탄 제조 공장이었다.[211] 핸퍼드 사이트는 40년을 약간 웃도는 운영 기간에 5억 퀴리의 핵폐기물을 발생시켰는데, 그 대부분은 그곳에 남아 있으며 2500만 퀴리는 사고로 또 계획적으로 자연에, 대부분은 컬럼비아강에 버려졌다. 문제의 그 양은 당시에 안전하다고 생각되는 것을 초과했다.(안전하다고 여겨지는 한계는 시간이 지남에 따라 서서히 내려갔다.) 비교해 보면 1986년 체르노빌 폭발 사고로 자연에 방출된 방사능은 5000만 퀴리 내지 8000만 퀴리였는데, 전부 대기 중에 누출되었다.

방사능 누출과 방사능 폐기물이 환경과 건강에 미치는 위험은 너무 커서 책임을 맡고 있는 공무원들 편에서 볼 때 항상 비밀 유지가 요구되었고 어떤 설명에 따르면 이따금 거짓말도 필요했지만, 정책 입안자들에게 그 위험성은 더 많은 핵무기를 획득하기 위해 감내해야 할 비용일 만큼 충분히 작았다. 대다수 관료는 핸퍼드 사이트의 운영이 주민들과 현지의 목축업에 끼치는 위험은 극미하다고 믿었으며 적어도 초기에는 폭넓은 생태계 효과에 관심을 갖지도 않았다.[212]

그린 런Green Run의 비밀스러운 이야기는 절박함과 성급함이 어느 정도로 핸퍼드 사이트의 역사를 결정했는지 보여 준다. 단일 사건으로는 최대의 방사능 누출 사건이었던 그린 런은 1949년 12월에 발생했다. 이 사고가 완전히 의도적이었는지 아니면 여하간의 경로를 통해 통제에서 벗어난 것인지는 아직도 명확하게 밝혀지지 않았다.(몇 가지 관련 문서는 60년이 지난 후에도 기밀로 남아 있다.) 그린 런은 아마도 소련의 첫 번째 핵무기 폭발이 북아메리카 서부의 방사능 측정 장비에 걸리면서 촉발된 실험이었을 것이다. 미국의 관료들은 소련이 원자로에서 나온 지 16일에서 20일밖에 되지 않은 '생생한green' 우라늄을 쓰고 있다고 추정할 만했다. 만약 그렇다면, 이는 이미 풍부한 소련 우라늄의 생산 일정이 더욱 빨라졌음을 가리켰다. 미국의 관료들은 이 가설을 검증하기 위해 핸퍼드의 굴뚝 밖으로 그린 우라늄을 배출하고 자신들의 측정이 얼마나 정확한지 확인하기로 결정했다. 지금 몇몇 관련 기술자는 그 실험이 실패했다고 말한다. 어쨌거나 그린 런은 미국에서 전무후무한 규모로 방사능을 배출하여 바람이 부는 쪽에 있는 지역사회에 요오드 131(잠재적으로 인간에게 해롭고 갑상선암과 관련이 있는 방사성 핵종)을 뿌렸다. 그린 런에서 은밀히 배출된 방사능은 1979년 스리마일섬Three Mile Island 사고에서 누출된 것보다 약 400배 많았다. 그 사고는 미국에서 30년간 새로운 핵 발전소 건설을 막았다. 방사능에 노출된 사람들은 1986년에 가서야 그린 런에 대해 알았다. 연방 정부에 관련 문서를 공개하도록 집요하게 노력을 기울인 결과였다. 그 비밀 실험은 냉전 초기 암울한 시절에 미국 관료들이 감수해야 한다고 생각했던 위험이 어느 정도였는지 생생하게 보여 준다.[213]

돌이켜 보면 놀랍게도 정치인들은 방사능의 위험에 대해 종종 느긋한 태도를 취했다. 미국과 영국, 프랑스는 각각 1946년과 1957년, 1966년부터 오세아니아에서 핵무기 실험을 했다. 핵폭발은 여러 곳의 외진 환초를 거듭 뒤흔들었다. 오세아니아가 핵실험에 매력적이었던 것은 인구가 희박하여 실험을 해도 많은 사람이 즉각 위험에 처하지 않고 또 위태롭게 된 사람들이 대부분 자국 국민이 아니었기 때문이었다. 이들은 폴리네시아인과 미크로네시아인으로 정식으로 교육받지 못하고 정치적 목소리를 내지도 못했기에, 정치인들이 그들의 건강을 위태롭게 하기는 더욱 쉬웠다. 제2차 세계대전이 끝나고 11개월이 지난 뒤부터 시작된 미국의 핵실험 때문에 비키니 환초와 인근 환초에 사는 주민들은 거듭 위험한 수준의 방사능에 노출되었다. 이들의 경험은 인체와 그 유전자가 방사능 관련 질병과 돌연변이에 걸리기 쉽다는 점에 관하여 유용한 정보를 제공했다. 핵실험 초기에 이들은, 그리고 일부 미군 직원은 본질적으로 인간 기니피그였다.

프랑스가 태평양에서 실시한 핵실험도 안전은 다른 관심사보다 중요하지 않을 때가 많았다. 1966년 당시 프랑스 대통령이었던 샤를 드골은 모루로아 환초에서 있을 실험을 지켜보려고 위험을 무릅쓰고 직접 폴리네시아로 갔다. 역풍은 실험에서 나온 방사능이 주민이 거주하는 섬들로 흩뿌려질 수 있음을 의미했기에 실험이 이틀간 유예되었다. 드골은 점점 초조해졌고, 자신의 바쁜 일정을 거론하며 바람이 어떻게 불든 실험을 진행하라고 요구했다. 폭발 직후 뉴질랜드의 국립 방사능 연구소는 사모아와 피지, 통가, 여타 남서태평양의 사람이 살고 있는 섬들에 방사능 물질이 심하게 떨어졌음을 기록했다. 드골은 파리로 돌아와 바로 국정에 복귀했다. 1946년 이후 마셜 제도 주민들이 미국의 핵실험에 반대했던 것처럼, 폴리네시아인들도 1966년 이후 프랑스의 태평양 핵실험에 대한 불만의 긴 목록을 작성했다.[214]

소련의 핵무기 복합 단지 운영도 환경 위험과 인간의 건강에 훨씬 더 무관심했다. 스탈린은 냉전이 시작될 때 핵무기의 제조가 '제1목표'라고 선언했으며 1949년에 원하던 것을 얻었다. 소련의 핵무기 복합 단지는 우라늄 광산(수십만 명이 그 안에서 죽었다.)과 핵 연구를 위해 건설한 비밀 도시들, 연료 처리장, 폭탄 공장, 실험 장소로 구성되었다. 플루토늄과 무기를 제조하는 주요 시설은 서부 시베리아의 첼랴빈스크 인근과 중부 시베리아의 톰스크와 크라스노야르스크에 있었다. 이 비밀 시설들은 흔히 톰스크-7이나 크라스노야르스크-26 같은 우편번호로써 은밀하게 지칭되었다. 이 시설들의 역사는 대체로 비밀에 부쳐졌다. 마야크Mayak(등대)라는 이름으로도 불렸던 첼랴빈스크-65가 가장 잘 알려졌다. 한때 수많은 호수에다 자작나무와 소나무의 숲으로 뒤덮인 경관을 자랑했던 첼랴빈스크 지역은 제2차 세계대전 중에 소련 군대가 사용한 전차의 절반을 생산하여 군산복합체의 핵심 고리가 되었다. 첼랴빈스크는 공격당하기 쉬운 국경에서 멀리 떨어져 있었고 금속 산업과 화학 산업이 발전했을 뿐만 아니라 물도 풍부했다. 전부 핵무기 제조에 유리한 조건이었다. 첼랴빈스크는 50년간 지구상에서 가장 위험한 오염 지역이었다.[215]

마야크 화학 복합 단지는 1948년에 문을 열어 소련 최초의 플루토늄을 생산했다. 해가 지나는 동안 마야크에서는 최소한 1억 3000만 퀴리(이는 공식적인 수치이며 어떤 이들은 수십억 퀴리를 말한다.)[216]의 방사능이 유출되어 적어도 50만 명이 영향을 받았다. 그 대부분은 초기에, 특히 1950~1951년에 현지의 강, 즉 수천 명이 식수로 쓰는 테차강의 지류들에 핵폐기물이 버려졌을 때 발생했다. 수천 개 촌락에서 주민이 소개되었고, 남아 있는 사람들은 높아진 백혈병 발병률로 확실히 고통을 당했다.[217] 1957년 고준위 방사능 폐기물 저장소가 폭발하여 약 2000만 퀴리의 방사능이 누출되었고 200만 퀴리의 방사능이 마야크 인근을 흠뻑 적셨다. 약 1만 명이 소개되었고,(사고 이후 여덟 달이 지난 후에 시작되었다.) 200제곱킬로미터가 인간이 쓰기에 부적합한 곳으로 결정되었다.[218]

카라차이 호수에서 바람이 부는 쪽에 있는 지역에는 약간 더 많은 방사능이 퍼졌다. 1951년 이후 핵폐기물 처리장으로 쓰였던 작고 얕은 늪이었던 카라치호는 오늘날 지구상에서 방사능 농도가 가장 높은 곳이다. 카라치호의 방사능은 1986년 체르노빌의 재앙에서 누출된 것보다 스물네 배 많다. 지금 그 호숫가에 한 시간 동안 서 있으면 치명적인 수준의 방사능에 피폭될 것이다. 카라치호는 이따금 건조해지는 경관에 자리를 잡았기 때문에, 그 수면 높이는 자주 낮아져 호수 바닥의 퇴적물이 드러난다. 사나운 시베리아의 바람이 주기적으로 방사능 먼지를 흩날렸는데, 1967년 가뭄이 찾아왔을 때 피해가 가장 심했다. 마야크 복합 단지에서는 1957년과 1967년의 비극에 더하여 여러 차례 다른 사고들이 발생했다. 마야크에 기인한 오염은 전부 합해 약 2만 제곱킬로미터의 면적에 악영향을 끼쳤다.[219]

소련과 러시아의 공식적인 연구를 믿을 수 있다면 마야크의 오염이 인간의 건강에 초래한 효과는 소소했다.[220] 그러나 최고 소비에트의 핵 안전 소위원회 의장이었던 지역 정치인 알렉산드르 페냐긴Alexandr Penyagin은 언젠가 마야크의 혼란이 체르노빌보다 100배 더 심했다고 말했다. 그 지역을 방문한 기자들과 인류학자들이 제시한 증거는 그곳의 인간 건강 문제가 심각하고 광범위했음을 가리킨다.[221] 결론들이 때로 서로 모순되기는 했지만 몇몇 유행병학 연구도 동일한 현상을 가리킨다.[222] 타격이 각별히 심했던 어느 마을에서는 1997년에 기대 수명이 러시아 여성의 전국 평균보다 25년, 남성의 전국 평균보다는 14년이 적었다.[223] 마야크에서 인간이 치른 희생의 진정한 크기는 여전히 불분명하며, 핵 오염의 건강 효과는 자료가 좀 더 완벽한 곳에서도 큰 논란거리다.[224]

핵무기 복합 단지들은 핸퍼드와 마야크보다 더 많은 것으로 구성되었다. 오세아니아와 네바다, 카자흐스탄, 북극권의 노바야제믈랴 제도에 있는 것 같은 핵실험 장소들은 1950년대와 1960년대 초 특별히 더 많은 활동을 했으며 이후 늘 방사능에 노출되었다. 대기권 핵실험(500건이 넘는다.)은 체르노빌 사고보다 약 400배 더 많은 요오드 131을 바람에 내뿜었다. 소련 해군은 폐핵 연료와 오염된 기계류를 버리는 곳으로 바다를 사용하여 태평양과 북극해의 연안 수역, 특히 노바야제믈랴 제도 주변의 수역을 오염시켰다. 아마도 놀라운 일이겠지만 세계 최악의 방사능에 오염된 해양 환경은 소련이 아니라 영국의 책임이었다. 윈드스케일Windscale(나쁜 평판을 벗어던지기 위해 셀라필드Sellafield로 개명했다.)의 단지는 영국의 핵 군비를 위해 핵무기에 쓸 수 있는 플루토늄을 생산했는데 특히 1965~1980년에 아일랜드해에 방사능을 배출했다. 아일랜드해의 조류는 오염 물질을 빠르게 퍼뜨리지 않아서 방사능은 좀처럼 없어

지지 않고 영국의 해산물에서 존재를 드러냈다. 윈드스케일은 또한 1957년에 화재에 휩싸였는데, 영국 정부는 결국 1982년에 이를 인정했고 서른두 명의 죽음과 260건의 암 발병의 책임을 그 화재에 돌렸다.[225]

핵무기 산업은 여섯 나라에서 여러 곳의 '희생 지대sacrifice zone'를 만들어 냈다. 권력을 쥔 자들에게는 현재의 안전 요구가 먼 미래까지 몇천 년 동안 특정 지역의 치명적인 오염을 정당화하는 것처럼 보였다. 모든 광산과 폭탄 제조 공장, 실험 장소, 폐기물 투기장 중에서 가장 철저하게 희생된 것은 마야크 지역의 풀밭과 자작나무 숲, 시내, 연못, 촌락이었다. 마야크 지역은 21세기에 들어선 후에도 여전히 방사능에 추가로 오염되고 있었다.[226]

몇몇 핵무기 개발 장소는 사실상 야생 생물 보호 구역이 되었는데, 이는 냉전과 연관된 많은 역설 중 하나다. 예를 들면 서배너 리버 사이트는 플루토늄과 트리튬을 생산했고, 300제곱마일에 달하는 그 공간은 일상적인 인간 활동에서 벗어나 있었다. 폭탄을 제조하고자 인간의 출입을 금지한 결과, 주변에 3500만 갤런의 고준위 핵폐기물이 널려 있는데도 오리와 사슴, 뱀, 250종의 새, 조지아에서 발견된 것 중 가장 큰 악어(핵에 의한 돌연변이가 아니다.)가 번성했다. 1990년대 중반까지 플루토늄을 생산했던 콜로라도주의 로키플래츠 공장은 사슴과 영양이 100여 마리의 대머리 독수리가 주시하는 가운데 뛰어노는 초원 야생 생물 보호 구역이 되었다. 최초의 핵폭탄이 제조된 핸퍼드 사이트 옆의 컬럼비아 강가에는 그 강의 다른 어느 지점보다도 더 건강한 치누크 연어 떼가 몰려들었다.[227]

이것도 뜻밖의 결과인데, 세계 최초의 환경 협약은 핵무기 실험에서 비롯했다. 대기권 핵실험이 모든 생태계와 인간에 대단히 많은 방사능 낙진을 끼얹는다는 증거가 늘어남에 따라, 실험 폭발의 규모가 점점 커짐에 따라, 방사능 의학의 전문 지식이 축적됨에 따라, 정치인들과 과학자들은 1950년대 말이 되면 실험을 지속해도 된다는 믿음을 조금씩 의심하게 되었다. 실험이 허용된 몇몇 나라에서는 시민 행동이 핵실험을 금지하라는 압력의 형성에 일조했다. 핵에 의한 전멸에 대한 두려움이 1962년 쿠바 미사일 위기로 더욱 강해져 이러한 압력을 강화했다. 1963년 말 소련과 미국, 영국은 부분적인 핵실험 금지 조약(대기권 핵실험의 금지)에 서명했으며, 핵 정책에서 독립성을 소중히 여긴 프랑스와 중국이 빠지기는 했지만 곧 다른 많은 나라가 뒤따랐다. 부분적인 핵실험 금지 덕분에 1964년 이후에 태어난 자들의 뼈 속에는 스트론튬-90과 다른 방사능 핵종이 연장자들에 비해 훨씬 더 적게 들어 있었다. 1950년대와 1960년대 초에 살아 있던 사람은 누구나, 심지어 매우 외진 곳인 태즈메이니아나 티에라델푸에고에 살던 사람들도 이와 뼈에 냉전기 핵무기 프로그램의 흔적을 갖고 있다.[228]

요컨대 냉전의 핵무기 프로그램이 방사능 누출에 의한 치명적인 암으로써 서서히, 간접적으로 죽인 사람은 수십만 명, 많으면 수백만 명일 것이다.[229] 거의 전부 냉전판 오인 사격으로 자국 정부에 의해 죽임을 당했다. 프랑스 대통령 프랑수아 미테랑은 정치인의 가장 필수적인 자질은 냉담함이라고 말했다. 미테랑의 말은 지도자라면 때때로 다른 이들의 죽음과 고통을 초래할 결정을 내려야 한다는 뜻이다. 핵폭탄 연구 개발 프로그램을 지휘했던 과학자들을 포함하여 냉전기 지도자들은 그러한 결정을 되풀이했다. 어떤 이들은 분명 그 과정에서 양심의 가책을 느꼈겠지만, 예외 없이 모든 지도자는 당대의 정치가 자국 국민이나 동료 시민 일부의 희생을 가져올 가능성이 있을 때에도 자신들에게 그렇게 하도록 요구했다고 믿었다.

어디서도, 심지어 마야크에서도 방사능 오염은 수백만 명을 죽이거나 넓은 지역을 폐허로 만들지 않았다. 냉전기에 핵무기 프로그램보다 담배가 훨씬 더 많은 사람을 죽였다. 대기오염과 교통사고도 핵무기 프로그램보다 더 많은 사람을 죽였다. 핵무기를 이용하여 알래스카에 순식간에 항구를 만들거나 파나마를 관통하는 새로운 운하를 만들자는 제안은 냉철한 사고를 지닌 자들에게 압도되었다.[230] 1966년 미국의 폭격기 B-52 한 대가 공중에서 폭발하여 에스파냐 남동해안에 수소폭탄 네 개를 떨어뜨렸을 때, 폭탄은 터지지 않았고 시골에 극소량의 플루토늄만 퍼졌다.[231] 따라서 냉전기 핵무기 프로그램이 인간의 건강과 환경에 미친 영향이 미미하다고 결론을 내리고 싶은 유혹이 일기도 한다.

그러나 그 얘기는 아직 끝나지 않았다. 적어도 10만 년은 더 오래 지속될 것이다. 방사능은 대부분 몇 시간이나 며칠, 몇 달 안에 붕괴하며 생물체에 위험이 되는 시간은 곧 지나간다. 그러나 핵무기에 쓰이는 플루토늄-239 같은 일부 방사능 물질은 반감기가 최대 2만 4000년에 이른다. 핵무기 제조에 쓰인 일부 폐기물은 10만 년 넘게 치명적인 방사능을 유지할 것이다. 후대의 연이은 3만 세대가 물려받을 것이 바로 이 폐기물을 관리할 의무이다. 늘 빈틈없이 처리하지 않으면 이 폐기물은 인간에게, 특히 어린이에게 향후 오랫동안 갑상선암과 기타 암의 발병률을 높일 것이다.

이 의무의 중요성을 깊이 생각할 때, 2만 4000년 전에, 도시나 농업이 일어나기 한참 전에 인류가 북아메리카나 오세아니아에 처음 도달할 때보다 훨씬 전에 마지막 빙하기가 절정이었다는 것을 기억하면 도움이 될지도 모르겠다. 10만 년 전, 마스토돈과 털투성이 매머드, 거대한 검치호가 훗날 소련과 미국의 영토가 될 땅을 돌아다녔을 때, 사람족은 이제 막 아프리카를 벗어나는 이주를 시작하고 있었다. 제2차 세계대전이나 냉전에 관해 조금이라도 아는 역사가가 거의 사라지고도 오래도록, 인간은 미래에 일어날 온갖 정치적 소동과 혁명, 전쟁, 정권 교체, 국가의 파산, 세계적 전염병, 지진, 대홍수, 해수면의 상승과 하락, 빙하기, 소행성의 충격을 거치면서 냉전기의 핵폐기물을 관리하거나 본의 아니게 그 결과로 고통을 당할 것이다.

중국의 대약진과 제3전선

냉전기에 정치적 분위기가 자연의 조작을 정당화한다는 점을 마오쩌둥보다 더 강하게 인지한 사람은 없다. 마오쩌둥은 1949년에 권좌에 올랐는데 자연은 노동으로 정복하는 것이라는 마르크스주의 전통을 독학한 사람이다. 마오쩌둥은 혁명 지도자로서 성공하여 신망을 얻고 경쟁자를 제거하는 능숙한 솜씨를 지닌 덕에 국가라는 배의 조타수로 지내는 동안(1949~1976) 중국 내에서 대단히 강한 영향력을 행사했다. 행운과 재능으로 권좌에 오른 다른 많은 사람처럼 마오쩌둥도 자신의 지혜를 굳게 믿었으며 증거나 명백한 실패에도 쉽게 흔들리지 않았다. 예를 들면 마오쩌둥은 적인 자본주의국가의 경제를 앞지르려는 결의가 단호했는데, 이 때문에 1958년에 시작된 이른바 대약진운동에서 인간의 본성은 말할 것도 없고 화학과 생물학, 물리학의 기본 법칙을 무시했다. 그해 1월 마오쩌둥은 이렇게 선언했다. "새로운 전쟁이 있다. 우리는 자연에 발포해야 한다."[232]

　　학자들은 대약진운동의 배후에 있는 여러 동기 중 무엇이 더 중요한지 아직 합의를 보지 못했다. 그러나 마오쩌둥 편에서 볼 때 중국의 산업화를 최대한 신속히 진척시키고 '수정주의자' 소련보다 더 빠르게 공산주의를 건설한다는 동전의 양면 같은 이데올로기적 충동과 적대적인 세계에서 중국을 강하게 만들려는 지정학적 목표가 있었던 것만큼은 분명하다. 학자들은 또한 대약진운동이 초래한 인간의 희생에 관해서도 의견이 일치하지 않는다. 곡물 징발과 대약진운동의 다른 특징 때문에 굶어 죽은 사람은 1500만 명에서 5000만 명까지 다양하게 추정되고 있다. 중국 인구의 약 2퍼센트에서 7퍼센트에 이르는 수치다.[233]

　　마오쩌둥에게 강철 생산은 특별한 부적 같은 성격을 지녔다. 강철은 근대성과 힘의 증거였다. 마오쩌둥은 제1차 5개년 계획(1953~1957)의 실망스러운 경제적 성과에 대면하고는 강철 생산을 제2차 5개년 계획의 중심으로 삼아 단 몇 년 안에 영국과 미국의 강철 생산량을 따라잡겠다는 환상을 품었다. 소련 총리 니키타 흐루쇼프가 1958년 중국을 방문했을 때 중국이 그 강철 생산 목표를 달성할 수 없을 것 같다고 의문을 표하자, 마오쩌둥은 목표치를 더 높였다.[234] 마오쩌둥은 1958년 당 간부들에게 한 비밀 연설에서 강철 생산량에, 강대국들의 강철 생산에서 중국이 차지하는 순위에 지속적으로 마음을 빼앗기고 있음을 드러냈다.[235] 중국이 현대적인 제철소를 설립할 자본과 기술이 부족했기에 마오쩌둥은 농촌의 모든 인민공사人民公社와 도시 지구가 '뒤뜰 용광로'로 강철을 생산해야 한다고 주장했다. 마오쩌둥의 보좌진과 때로는 그의 경쟁자였던 저우언라이 총리도 강철 생산을 위해 개인적으로 베이징 대학교의 학생들과 교수진을 조직했다. 전국적인 동원의 규모는 대단했다. 60만 개의 뒤뜰 용광로에서 9000만 명이 솥단지와 자전거 틀, 문고리를 녹여 강철과 철을 제련했다. 이들은 엄청난 노력을 기울여 중국의 강철 생산량을 두 배로 늘렸다. 그러나 그 대부분은 깨지기 쉬운 무가치한 것이었다.[236]

이런 방식으로 강철을 제조하는 것은 당연하게도 연료의 측면에서 지극히 비효율적이고 오염의 측면에서 위험했다. 강철 제조의 분산은 중국의 석탄이 풍부한 지역에서는 그저 석탄의 낭비를 의미했으며, 다른 곳에서는 모든 철도 노선이 석탄과 광석으로 꽉 막히고 온갖 목재와 관목이 숯으로 바뀌어 용광로의 연료로 쓰였음을 의미했다. 윈난성과 쓰촨四川성, 그리고 나라 전역에서 잔존 삼림의 약 10퍼센트가 1년 만에 사라졌다. 예를 들면 후난湖南성과 광둥廣東성 같은 몇몇 성에서는 삼림의 3분의 1 내지 절반이 남벌되었다. 이는 분명코 중국 삼림의 오랜 축소의 역사에서 가장 빠른 퇴각이었다.[237] 똑같이 당연한 일이지만, 뒤뜰 용광로에서 숯이 타고 있는 곳이라면 어디서든 짙은 대기오염 물질이 배출되었다. 장강 강어귀 인근에 있는 쑤저우蘇州 시에서는 검댕과 먼지의 낙하량이 제곱킬로미터당 400톤을 기록했으며, 몇몇 지역에서는 그 두 배가 넘었다. 이산화황에 분진까지 섞인 공기는 누구에게도 이롭지 않았다.[238]

대약진운동의 우선순위에서 두 번째 자리를 차지한 것은 곡물 수확이었다. 매우 적절하게도 마오쩌둥은 중국이 더 많은 식량을 생산할 필요가 있다고 생각했다. 그러나 마오쩌둥은 즉각적인 식량 증산을 원했고 그 목적을 위해 엉터리 과학을 장려했다. 당 간부들은 인민공사에 심히 비현실적인 생산 목표치를 할당했고, 인민공사들은 보통 처벌이 두려워 목표를 달성했다고 주장했다. 농민들은 습지와 호수에서 물을 빼고 벼와 밀을 심었다. 이들은 또한 산 정상부까지 계단식 경작지로 만들었고 중국 북부의 초원을 갈아엎어 농지를 일구었다. 농민들은 지시에 따라 씨앗을 촘촘히 파종했다. 마오쩌둥이 같은 종자의 식물은 물과 영양소를 두고 서로 경쟁하지 않고 어느 정도 조화롭게 자란다고 믿었기 때문이다. 나라의 일부분에서 농민들은 고랑을 이전보다 터무니없게 더 깊이 갈았다. 그렇게 하면 토양의 비옥도가 증가하고 뿌리가 더 잘 내린다는 이론(마오쩌둥의 또 다른 덧없는 열정)에 따른 것이었다. 농민들은 관개용수를 얻기 위해 어디서나 날림으로 댐을 건설했고 새로운 우물을 팠다. 마오쩌둥은 각각의 인민공사가 스스로 쓸 물을 모아 저장하기를 원했다. 구호는 이랬다. "한 구획의 땅은 그만큼의 하늘을 갖고 있다." 생산 목표치와 부조리한 농경 방식에 불신을 내비치는 사람들은 즉각 보복을 당했다.

기생생물이나 건강에 해로운 생물로 여겨진 것들을 퇴치하자는 운동이 식량 증산 노력과 연결되었다. 각종 구호가 전파되어 유치원생 같은 어린이들에게도 '4대 유해 생물', 즉 쥐, 모기, 파리, 참새를 제거할 것을 강력히 촉구했다.(마오쩌둥은 일본이 해충에서 벗어났다는 인상을 받았다.)[239] 당 간부들은 인민공사와 도시 지구에 구제해야 할 쥐와 참새의 수를, 심지어 파리의 수까지도 할당했다. 1959년 일곱 달 만에 중국인들은 거의 20억 마리에 가까운 참새를 죽였다. 곡식을 먹어치우는 범죄자였기 때문이다.[240]

이 광란은 큰 실패로 막을 내렸다.[241] 기간 당원들이 도시와 군대, 수출을 위해 점점 많은 곡물을 징발하면서 농민 수백만 명이 굶어 죽었다. 1961년에 가서야 이 농업정책은 완전히 포기된다.(그때는 캐나다와 오스트레일리아에서 곡물을 수입했다.) 깊이갈이와 구릉지 경작, 초원의 경작지 전환은 토양침식과 먼지 폭풍을 심화시켰다. 급조된 댐은 종종 터졌다. 어느 곳에서는 우물이 지하수를 고갈시켰고, 다른 곳에서는 저수지가 지하수면을 높였다. 1950년대 말 북부 중국의 평원에서는 염해를 입은 면적이 40퍼센트 증가했는데 주로 물을 가두어 인공호를 만드는 공사를 서두른 탓이었다.[242] 참새를 죽인 결과로 곤충을 잡아먹을 포식자가 사라지면서 곡물을 먹어치우는 온갖 곤충이 창궐했다.(그래서 1959년에는 빈대가 참새를 제치고 처리해야 할 해충 목록의 첫 번째 자리를 차지했다.) 황허 하류의 지난濟南 시에서는 성공적인 참새 퇴치 운동 후에 털벌레의 습격이 이어졌다.[243] 1960년 저장浙江성에서는 온갖 종류의 해충이 곡물 수확량의 10분의 1을 먹어치웠고, 1961년 허베이河北성에서는 메뚜기 떼가 쌀 수확량의 6분의 1을 해치웠다. 대약진운동의 농업정책은 단기간의 기아를 초래했을 뿐만 아니라 중국의 장기적인 농업 잠재력도 훼손했다.[244]

대약진운동의 실패로 몇 년 동안 마오쩌둥의 위세는 약해졌다. 그러나 1964년 마오쩌둥은 다시 고삐를 다잡았다.(몇몇 역사가는 마오쩌둥이 막후에서 내내 실권을 장악하고 있었다고 믿는다.) 마오쩌둥은 곧 상명하달식으로 군사화한 다른 운동, 즉 '삼선건설三線建設'에 착수했다. 1964년 말 마오쩌둥은 중국의 국제적 지위가 약해졌다는 결론을 내렸다. 1956년에서 1960년 사이에 나타난 중국과 소련 간의 불화는 1962년 무렵 완전한 단절로 이어져 소련은 후원자이자 동맹자에서 적이 되었다. 미국은 베트남에서 전투력을 대규모로 증강할 준비를 하고 있었다. 마오쩌둥은 중국이 전면전에 대비해야 한다고 생각했다. 특히 마오쩌둥은 중국이 한국과 타이완, 오키나와에 주둔한 미군의 폭격기에서 멀리 떨어져 있고 소련 국경에서도 충분히 먼 내륙 깊숙한 곳에 새로운 군산복합체 시설을 건설할 필요가 있다고 느꼈다. 1968년 소련의 체코슬로바키아 침공과 1969년 몇 주간 지속된 국경 충돌에 소련이 중국 안으로 군대(소련군 스물다섯 개 정규 사단이 국경에 주둔해 있었다.)를 들여보낼 수도 있다는 마오쩌둥의 확신은 더욱 강해졌다.

　　이렇게 예상되는 공격을 막기 위해 마오쩌둥은 쓰촨성과 구이저우貴州성, 윈난성에 비밀 군수산업과 부속 시설을 건설하기로 결정했다. 여기에는 광산과 제련소, 제철소, 화학 공장, 수력발전소 등이 포함되었는데, 전부 새로운 철도로 연결되었다. 1930년대 일본이 중국 해안 지역을 점령했을 때 중국국민당은 쓰촨성에 공업을 세우려 했다. 마오쩌둥은 1941년 독일의 소련 침공에 맞서 수백 개의 공장을 우랄산맥 너머로 옮겼던 스탈린의 대응을 칭찬했다. 이제 마오쩌둥은 공격받기 전이었지만 훨씬 더 외지고 거친 시골에서 똑같은 일을 훨씬 더 큰 규모로 하려 했다. 윈난성에 군수산업을 차리는 것은 미국에 맞서 싸우는 북베트남을 지원하기 쉽다는 또 다른 이점을 주었다. 윈난성에는 하노이로 연결되는 철도가 있었다.(1965년 이전에는 유일한 연결 노선이었다.)

　　미봉책을 좋아하는 사람이 아니었던 마오쩌둥은 이 군산복합체 시설이 하룻밤 새에 완공되기를 원했다. 1964년 말부터 해안 지역의 산업 설비가 해체되어 내륙으로 운송되었고 다시 더 먼 곳으로 옮겨졌다. 여기에 더하여 1965년에서 1971년 사이에 새로운 산업에 대한 투자는 거의 제3선에서 이루어졌다. 인민해방군의 건설 여단이 철도 궤도를 부설하고 터널을 뚫고 공장을 건설하며 스물네 시간 쉴 틈 없이 일했다. 가능한 곳이라면 어디서든, 공중 공격에 피해를 덜 입을 동굴과 가파른 계곡에도 공장을 세웠다. 이 모든 것을 다 합하면 삼선건설은 한 나라가 군수산업에 투입한 노력으로는 역사상 가장 강력했다. 완전한 실패로 돌아간 이 정책의 핵심은 판즈화攀枝花 시의 거대

한 강철 공장이었다.[245]

쓰촨성과 윈난성의 경계 근처에 있는 판즈화 시는 세계 최대 매장량의 티타늄을 비롯하여 군사 용도에 쓰이는 광물의 주맥 위에 자리를 잡았다. 이 주맥에는 강철 제조에 필요한 철광석과 석탄이 전부 들어 있었다. 1964년 이전 판즈화 시의 주민은 주로 소수민족인 이족彝族으로 역사적으로 오랫동안 한족과 사이가 좋지 않았다. 1965년부터 수십만 명의 이주 노동자가 판즈화 시로 물밀듯이 쏟아져 들어왔다. 총리 저우언라이가 판즈화 시를 일으켜 잘 움직이도록 하는 책임을 맡았다는 사실은 중국의 정책 순위에서 그 문제가 우선시되고 있음을 가리켰다. 1971년 판즈화 시에서는 강철이 생산되고 있었다. 13년 전 저우언라이의 지도로 베이징 대학의 교수들과 학생들이 만들었던 것보다 품질은 더 좋았을 것이다.

이 질풍노도의 시기에 환경을 생각할 여력은 없었다. 안전에도 충분히 유념할 수 없었다. 그 건설 중에 해마다 판즈화 시 노동력의 최대 5퍼센트가 사망했다. 강철 공장은 엄청난 양의 대기오염 물질을 토해 냈다. 공장이 기온이 빈번히 정반대로 바뀌는 가파른 계곡 안에 자리를 잡았기에 이산화황과 분진은 때로 몇 주 동안이나 축적되어 머문 뒤에야 바람에 날려 갔다. 1975년 분진 물질은 때때로 전국 표준의 300배에 달하는 농도를 보였다. 군사적 관점과 광물학적 관점에서 의미가 있었던 위치는 공기의 질이라는 관점에서는 비참한 결과를 초래한 선택으로 판명되었다. 이 철강 공장은 또한 지역의 강과 토양을 오염시켰다. 국제적 상황이 변한 지 한참 지난 1979년까지 판즈화 시에는 어떠한 환경 규제도 없었다. 이제 중국의 고립은 끝났고 미국은 베트남을 떠났으며 그렇게 외진 내륙에 군수산업을 둘 전략적 이유가 더는 남아 있지 않았다. 오늘날 판즈화 시는 중국에서 네 번째로 큰 강철 생산 중심지이다. 냉전의 절박한 사정에서 시작된 경제 지리의 반전이라 하겠다.(시솽반나의 고무 플랜테이션 농장과 비슷하다.)[246]

대약진운동과 삼선건설에서는 모든 것에 절박함이 충만했다. 대약진운동에서 절박함은 부분적으로만 냉전의 국제적 고려에서 비롯되었다. 삼선건설은 미국이나 소련, 아니면 두 나라와 동시에 곧 전쟁을 벌일 수 있다는 중국인들의 직감이 유일한 이유였다. 이러한 절박함 때문에 환경 영향은 전혀 중요하지 않았다.

그러나 마오쩌둥이 늘 환경 문제에 눈을 감은 것은 아니다. 마오쩌둥은 산림 조성을 지지했고, 적어도 한 번은 숲이 지하수 저장량에 얼마나 큰 영향을 미치는지 큰 소리로 감탄을 쏟아냈다.[247] 마오쩌둥은 곡물 생산량을 늘려야 하는 이유를 여러 가지 언급했는데, 그중 하나는 그렇게 하면 중국의 농경지 3분의 1을 숲으로 전환할 수 있기 때문이었다. 이는 마오쩌둥의 주목을 끈어느 소련 농학자가 러시아에 권고한 비율이었다. 그러나 마오쩌둥의 사고방식은 보통은 때로 '도구주의'라고 할 만한 것이었다. 마오쩌둥은 자신에게 중요한 정치적 안건에 자원을 제공하는 한에서만 환경에 관심을 가졌다. 중국이 행한 극소수의 환경 규제는 1966년 문화혁명 초기에 "자본주의적이고 훼방을 놓는 수정주의적인 것"으로 선언되고 당연히 버려졌다.[248] 1972~1973년에 가서야 중국 지도부는 환경을 무시했던 것에 회의를 내비쳤다. 주로 스톡홀름에서 열린 제1차 국제 환경 회의에 영향을 받은 것이 분명했다.[249] 그러나 오늘날까지 환경문제를 통제하려는 중국의 노력은 경제적 관점에서 보면 진정한 대약진인 1980년 이후 몇십 년간의 뜨거운 도시화와 산업화에 압도되었다. 2010년이 되면 중국은 1958년 마오쩌둥이 품었던 무모한 꿈을 크게 뛰어넘어 미국보다 다섯 배나 많은 강철을 생산하게 되었다. 마오쩌둥은 그 경제적 자립 성향과 농민의 집단적 동원 운동 때문에 중국의 환경을 크게 훼손했다. 그러나 무심코 중국의 경제적 발전을 한 세대 정도 늦춤으로써 중국 환경에, 더불어 지구 환경에 미칠 더 큰 영향을 지연시켰다.

남아프리카와 베트남의 열전과 환경전

마오쩌둥은 1950년대와 1960년대에 제국주의 진영의 의도를 걱정했지만, 그 나라들은 제국주의자로서는 종이호랑이로 판명되었다. 그들은 아시아와 아프리카에 있는 보호령을 확고히 장악하지 못했다. 식민지 해방의 물결(1947~1975)이 일어 세계 정치의 지형이 바뀌었다. 식민지 해방은 냉전 국가들에 신생국의 충성을 두고 경쟁할 기회를, 아니면 그들이 생각했던 대로 의무를 안겨 주었다. 특히 소련은 반제국주의의 옹호자로 처신하려 했으며 영국이나 프랑스, 포르투갈의 식민지 지배를 끝내려는 해방운동을 종종 지원했다. 마오쩌둥도 똑같이 했다. 1960년대와 1970년대에 중국은 반제국주의 투사의 옷을 차지하려고 공공연히 소련과 경쟁했다.

남아프리카에서 냉전은 식민지 해방의 정치에 깊숙이 침투했다. 1960년대에는 앙골라와 모잠비크의 포르투갈인 지배, 로디지아(지금의 짐바브웨)의 백인 정착민 지배, 이후 나미비아가 된 곳의 남아프리카인 지배를 끝내기 위한 정치적 투쟁이, 때로는 게릴라전이 지속되었다. 게다가 남아프리카에서도 여러 단체가 결성되어 백인의 지배와 아파르트헤이트에 맞서 싸웠다. 포르투갈인, 로디지아의 백인, 남아프리카의 백인은 미국과 그 동맹국들의 지원을 기대하며 반공산주의 십자군으로 자처했다.

1974~1975년에 철저한 반공산주의 정권인 포르투갈의 독재 정권이 국내에서 무너졌고 더불어 포르투갈의 아프리카 식민지 지배도 무너졌다. 앙골라와 모잠비크에서는 내전이 뜨겁게 불타올랐고, 서로 경합하는 파벌들은 냉전의 두 상대편에서 기꺼이 도우려는 후원자를 발견했다. 앙골라에서는 소련과 쿠바, 중국, 미국, 남아프리카가 전부 관여하여 여러 파당을 지원했다. 이곳에서, 그리고 다른 경우에서도 마찬가지로, 냉전의 논리는 외국이 개입하게 된 동기의 일부분이었을 뿐이다. 남아프리카는 나미비아와 앙골라, 모잠비크를 침입하며 종종 반공산주의를 평계로 제시했고 몇몇 경우에는 미국의 부추김을 받기는 했지만, 국내의 종족 분리를 유지하고 인접국에서 이에 적대적인 운동이 승리하는 것을 예방하는 것도 싸움의 목적이었다. 피델 카스트로는 여러 점에서 소련의 지원에 의존했지만 소련과 상의하지 않고 수만 명의 쿠바 병사를 앙골라로 파견했으며 아프리카 혁명을 촉진한다는 자신만의 과제가 있었다. 냉전 전략이 직접적인 동인이든 간접적인 동인이든 외부의 지원은 아프리카 남부의 전쟁들을 더욱 파괴적으로 만들었다. 냉전의 힘이 개입되지 않았다면 그렇게 파괴적이지는 않았을 것이다. 외세는 앙골라에 1500만 개의 지뢰를 공급하여 결국 세계 최고의 사지 절단 비율을 초래했다.

북부 나미비아와 남부 앙골라의 인구 밀도가 높은 범람원인 오밤볼란드

Ovamboland에서는 1975년부터 1990년까지 전쟁이 창궐했는데 남아프리카가 빈번히 관여했다. 남아프리카는 쿠바 병사들과 소련 무기의 지원을 받은 앙골라의 한 파벌이 지원한 나미비아 의용대를 괴멸하려 했다. 의용대와 군대는 집과 농장을 불태우고 가축을 도살하고 과수원을 파괴하여 몇 년간 오밤볼란드의 농민들을 공포로 몰아넣었다. 주요 식량 작물인 기장은 크게 자라므로 게릴라들에게 훌륭한 은폐물이 되었으며, 따라서 대게릴라전 전략의 특징은 다 자란 기장을 체계적으로 태워 없애는 것이었다. 수천 명이 피난하여 밭과 농장을 자연에 되돌려 주었다.(인간이나 짐승에 큰 쓸모가 없는 가시덤불이 짙게 뒤덮는 경우가 많았다.)

포르투갈에 반대하는 투쟁에 뒤이어 1970년대 중반에 내전이 벌어진 남부 모잠비크에서는 서로 적대하는 파벌들이 다시 외부의 지원, 즉 중국과 소련, 남아프리카의 지원을, 1980년 이후에는 짐바브웨의 지원을 누렸다. 몇몇 지역에서는 매우 많은 난민이 도피하여 인구가 절반으로 줄었다. 전체 난민 수는 수백만 명에 이르렀다. 여기서도 농장은 버려졌고 덤불이 잠식해 들어왔다. 모잠비크에서 덤불의 잠식은 종종 수면병과 너가너병(가축병의 일종)의 매개체인 체체파리 떼의 출몰로 이어졌다. 게다가 상아처럼 시장성이 큰 부분을 제공한 코끼리 같은 동물은 돈이 궁한 세력에는 유혹적인 표적이었다. 난민들도 종종 보호 구역 안으로 밀려들어와 야생 생물과 과일로 최선을 다해 살아남았다. 짐바브웨의 야생 생물과 가축은 둘 다 독립전쟁에서 고초를 당했다. 전쟁의 방해로 수의사의 활동이 사라진 가운데 탄저균과 광견병이 만연했기 때문이다. 남부 아프리카의 전쟁은 동물의 왕국에, 인간이든 인간이 아닌 동물이든 똑같이 매우 위험했다.[250]

베트남에서 벌어진 충돌은 더 격렬했고, 냉전 국가들도 남부 아프리카의 경우보다 더 깊이 연루되었다. 1945년 이후 베트남 민족주의자들은(그중 일부는 당연히 공산주의자들이었다.) 프랑스로부터 독립을 쟁취하려는 노력을 배가했다. 프랑스는 버티려 했지만, 1954년에 큰 패배를 당한 뒤 베트남의 공산주의에 맞서 싸우는 데 차츰 미국의 도움을 청했다. 미국은 아시아에서 지상전을 벌이는 데는 주저했는데도 1964~1965년에 남베트남의 허약한 의존 국가를 지키겠다고 다짐했고 공산당이 중국과 소련의 지원을 받아 통치한 북베트남 군대에 맞서 싸웠다. 린든 존슨 대통령에게, 그리고 초기에는 대다수 미국인에게 베트남은 싸울 만한 가치가 있었다. 냉전 장기판의 일부분으로 보였기 때문이다.

미군의 화력 때문에 전쟁은 균형이 맞지 않았다. 재래식 무기에 의한 전쟁의 국면들이 있었던 반면, 대부분의 시간과 장소에서 북베트남 군대와 남베트남의 북베트남 협력자인 베트콩(남베트남 민족 해방 전선)은 게릴라전을 수행해야 했다. 이에 미군은 대게릴라전을 수행했는데 어떤 부분은 근자에 경험하지 못한 것이었다. 미군은 좀 더 전통적인 방식으로, 자본 집약적이고 장비 집약적인 전쟁 방식으로 상황에 대처했다. 최신 기술을 이용하여 적에 맞섰던 것이다.

베트남의 대부분을 차지하는 열대우림은 게릴라에게는 좋은 은폐물이었다. 북베트남은 심지어 밀림을 수백 킬로미터나 관통하는 보급선을 열었는데, 그중 가장 유명한 호치민 트레일(쩌엉선 길)은 일부가 이웃 나라인 라오스를 관통했다. 북베트남 병사들은 지형, 특히 식물을 이용하여 매복과 저격, 부비 트랩으로써 미군에 손해를 입혔다. 이러한 전술에 반격을 가하려고 미군은 고엽제와 다양한 화학약품을 써서 나무와 관목, 풀밭을 제거했다. 그중 가장 악명 높은 에이전트 오렌지Agent Orange는 매우 역겹고 오래가는 화학 합성물인 다이옥신을 포함했다. 이러한 형태의 화학전은 1950년대에 영국이 말라야에서 공산주의 반군에 맞서 싸울 때 소규모로 시작한 것이 최초였다. 미군은 이를 훨씬 더 광범위하게 사용했다. 편리하게 비행기로 광대한 면적의 땅에 뿌릴 수 있었다. 미군은 기습 공격으로부터 병사들을 구하고자 매사추세츠주 크기만 한 지역(주로 메콩강 삼각주로 베트남의 약 8퍼센트에 달한다.)에 약 8000만 리터의 고엽제를 살포했다. 오늘날 베트남 정부는 다이옥신 피해로 약 400만 명이 고통을 당했다고 주장한다.

미국은 또한 베트남에서 숲이 적을 보호할 수 없도록 기계적 수단을 썼다. 2톤짜리 날로 나무를 베어 쓰러뜨리는 거대한 불도저인 롬플로[22]의 대열

──── **22** 1967년 제169공병 대대가 도착하면서 본격적으로 쓰인 변형 불도저. 조지아주의 롬플로 컴퍼니Rome Flow Company에서 만들었다.

은 대부분의 식물을 해치웠다. 미군은 이 장비를 베트남의 조건에 맞게 개발했으며 특히 도로 옆의 땅을 깨끗이 치우는 데 썼다. 롬플로는 1967년부터 남베트남 육지의 약 2퍼센트를 밀어 버렸다. 최소한 로마 제정 시기부터 대게릴라전과 반란 퇴치전은 종종 도로에 인접한 좁고 긴 땅에서 나무를 제거했지만, 이전에는 그 누구도 롬플로를 쓴 미군처럼 효율적이고 철저하게 그 일을 수행하지 못했다. 미군은 고엽제와 기계 장치를 통해 약 2만 2000제곱킬로미터의 숲(뉴저지주나 이스라엘의 크기다.)을 제거했다. 이는 1973년 베트남 산림의 약 23퍼센트에 해당한다.[251]

남부 아프리카의 전쟁과는 대조적으로 대규모 폭격도 베트남 전쟁의 특징이었다. 제2차 세계대전의 모든 폭격을 합친 것보다 더 큰 규모였다. 미국 공군은 9년 동안 베트남에 600만 톤이 넘는 폭탄을 투하하여 달이 45억 년 동안 유성의 충격으로 얻은 것보다 더 많은 약 2000만 개의 구멍을 남겼다. 이 폭탄 구멍의 일부는 지금 양어장으로 쓰인다. '데이지 커터daisy-cutter'라는 별명을 지닌 폭탄은 지면 위에서 폭발했고 제대로 작동하면 축구장 네 개 크기의 땅 위에 있는 모든 것을 제거했다. 이 폭탄은 헬리콥터 착륙장이나 야포 포좌에 쓸 공간을 만들고자, 그리고 역시 베트남의 조건에 맞게 설계되었다.

미군은 화력과 기술 덕분에 베트남의 환경을 빠르게 바꿔 놓을 수 있었다. 북베트남과 베트콩도 필요할 때면 작물과 마을을 불태워 똑같은 일을 했다는 것은 의심의 여지가 없다. 그러나 이들은 숲을 제거하고 망가뜨릴 미군의 기술적 능력이나 지속적인 동기를 보유하지 않았다.[252]

베트남 전쟁은 베트남 식물상의 상당한 부분을 지워 없앴을 뿐만 아니라 베트남 동물상의 조건도 변화시켰다. 시체가 쌓여 가면서 썩은 고기를 먹는 종들이 번성했을 것이다. 쥐도 군 식량 때문에 급증했다. 그러나 코끼리는 미군이 짐을 나르는 짐승으로 적군을 돕는다고 의심하여 공중에서 폭격을 가함으로써 희생되었다. 베트콩과 다른 게릴라들은 개를 죽이려 했다. 개는 적군에 기습 공격이 임박했음을 경고할 수 있었기 때문이다. 고엽 작전은 많은 땅에서 동물이 거의 먹을 수 없는 억센 임페라타imperata 속屬의 풀만 살려 두었기에 숲에 사는 동물들은 서식지를 잃었다. 초식동물은 독소가 밴 풀과 잎을

———베트콩의 주둔지를 불태우는 미군, 1968년 4월. 대게릴라전은 때로 적의 은폐를 막기 위해
의도적으로 삼림 등의 근거지를 제거해야 했다. (National Archives and Records Administration)

먹었다. 지뢰밭은 가벼운 동물은 살리고 큰 동물은 도태시켰다.(이후로도 수십
년 동안 그러한 상황은 지속되었다.) 남부 아프리카의 경우처럼 베트남에서도 전
쟁은 소수의 동물 종에는 도움이 되었을지 몰라도 많은 동물 종에는 견디기
어려운 일이었다.[253]

　　과거의 전쟁은 야생 생물이 번성할 수 있는 안전지대를 만들어 주는 경우
가 많았다. 사람들은 폭력이 횡행하는 곳에 정착하는 것이 너무 위험하다고
생각했기 때문이다. 20세기 말, 전쟁이 야생 생물에 미치는 영향은 바뀐 것처
럼 보인다. 무기는 아주 강력해지고 정확해져서 누구나 최소한의 사냥 기술만
지녀도 큰 사냥감을 쉽게 잡을 수 있었다. 1945년 이후 대부분의 전쟁에는 의
용군과 게릴라 등 비정규군이 필요했으며, 이들은 병참 장교단이나 보급망에

의존할 수 없었기에 현지 조달로 살아남아야 했다. 전쟁이 끝나면 야생 생물을 사냥해야 할 직접적인 동기는 일부 사라질지 모르지만, 전후에 풍부하게 남은 총포와 차량, 그리고 경우에 따라서는 새로이 침투한 무법의 문화 때문에 먹을 수 있거나 시장에 내다 팔 수 있는 동물상이 종종 평화의 혜택을 누리지 못했다.[254]

베트남 전쟁은 남부 아프리카의 분쟁처럼 대체로 환경전의 몫이 컸고 식물상과 동물상을 많이 파괴했다. 이것이 냉전과 연결되었든 아니든 세계 전역의 모든 게릴라전에 해당할 수 있음을 기억해야 한다. 냉전 이후 시기에 반란과 게릴라전은 다소 감소했지만, 콩고와 소말리아, 라이베리아, 시에라리온, 이라크, 아프가니스탄, 그 밖의 소수 불운한 나라는 자신들 몫의 비정규전이 부수적으로 생물권에 해를 끼치는 것을 보았다.

철의 장막에서 그린벨트로

냉전은 소수의 전쟁 지역을 야생 생물의 안전지대로 만들기도 했다. 그 지역은 전투 지대가 아니라 철의 장막의 그늘에 있는 통로였다. 1946년 처칠이 소련이 통제하는 지구를 서방이 통제하는 지구와 가른 선을 '철의 장막'이라고 부른 것은 널리 알려져 있다. 철의 장막은 서독과 동독이 바다와 만나는 발트해 해변에서 아드리아해까지 이어졌다. 유고슬라비아가 소련 진영에서 이탈하여 철의 장막 남쪽 구역은 은박지보다도 강하지 않았지만, 헝가리와 오스트리아의 국경부터 발트해까지는 40년간 내내 가시철망과 군 관측 초소로 가득한 출입 금지 지역이었다. 허가받지 않고 들어가면 목숨이 위태로웠다.

일상적인 인간 활동이 배제된 결과, 철의 장막은 차츰 의도하지 않은 자연보호 구역이 되었다. 유럽의 심장부에 북에서 남으로 야생 생물의 통로가 열린 것이다. 국경 경비 경찰은 인간의 출입을 막아 생태계와 야생 생물을 보호함으로써 뜻하지 않게 공원 감시인의 역할을 수행했다. 살충제가 쓰이지 않았기에 희귀 곤충들이 살아남았다. 사슴과 멧돼지가 왕성하게 번식했다. 냉전의 불신 때문에 헝가리와 유고슬라비아를 가르는 드라바강은 준설도 없고 직선화도 없이 자연에 훨씬 더 가까운 상태로 남아 수생생물과 범람원, 만곡부,

사행천, 그리고 물길이 바뀌는 강의 거친 성격을 유지했다. 불가리아와 그리스 사이의 국경을 이루는 로도피산맥은 냉전 중에 출입이 금지된 또 하나의 회랑이었다. 결과적으로 이 산맥은 많은 희귀 멸종 위기종의 서식지가 되었다. 아마도 발칸반도에서 가장 풍부한 생물 다양성을 갖추었을 것이다. 베를린에서는 장벽 주변 지역이 사실상 도시에 서식하는 종의 피난처가 되었다.

1989년 베를린 장벽이 무너지고 철의 장막이 찢어졌을 때, 어느 독일인 의사는 냉전이 남기고 간 대단히 풍요로운 환경을 보존하기 위해 협력자들을 모았다. 독일의 자연보호 단체들의 도움으로, 종국에는 국제자연보전연맹의 도움으로, 이전에 국경이었던 긴 땅이 따로 떼어져 '유럽의 그린벨트'로 알려진 사업을 통해 공원 지구가 되었다.[255]

똑같은 일이 한국에서도 일어날 수 있다. 1953년 한국전쟁이 끝난 후, 비무장지대DMZ가 남한과 북한을 갈라놓았다. 비무장지대는 한국의 허리춤을 가로지르는 좁은 띠 모양의 땅으로 면적은 한반도 전체의 약 0.5퍼센트를 차지했고 너비는 약 4킬로미터인데, 가시철망과 부비트랩, 약 100만 개에 달하는 지뢰, 그리고 살상 훈련을 받은 무장 군인들이 지키고 있다. 5000년 넘게 농경지로 쓰였다가 50년 넘게 버려진 비무장지대는 우연히 자연보호 구역이 된 다른 사례다. 비무장지대에는 해안 습지부터 고산 습지까지 한국 생태계의 폭넓은 횡단면이 존재한다. 비무장지대는 수십 종의 멸종 위기종의 서식지다. 전부 다 합하면 곰과 표범, 스라소니, 그리고 매우 희귀한 산양을 포함하여 약 50종의 포유동물이 살고 있다. 비무장지대는 지금도 많은 조류와 어류를 끌어들이고 있다. 여러 종류의 기품 있는 두루미를 포함하여 동아시아의 많은 철새가 시베리아와 따뜻한 지방을 오가며 비무장지대를 중간 기착지로 쓴다. 이제는 지극히 귀해진 두루미는 한국과 동아시아 전역에서 행운과 장수의 상징이다. 냉전의 마지막 남은 전선인 비무장지대는 두루미의 생존을 연장해 주었다.

1998년 이후 일단의 한국인들(그리고 몇몇 외국인)은 두 개의 한국이 다시 통일되어 비무장지대의 생태계가 더는 정치적 대결의 보호를 받지 못하는 때가 올 경우를 대비하려 했다. 이들은 통일이 되면 비무장지대에서 그 야생 생물이 제거되고 대신 아스팔트와 콘크리트가 뒤덮이지는 않을지 걱정했다. 북한과 남한의 환경 기록을 생각하면 터무니없는 생각이 아니다. 이들이 설립한 단체인 디엠지 포럼DMZ Forum은 비무장지대를 우연히 생겨난 자연보호 구역에서 계획적인 자연보호 구역으로, 평화 공원으로 전환하자고 제안한다. 옛 철의 장막의 서쪽 끝에서 그랬듯이, 아마도 한국에서는 냉전이 남긴 한 가지 환경 유산이 자연보호 구역의 표식이 될 것이다.[256]

냉전의 긴장이 심했던 몇십 년간 강대국의 지도자들은 대개 자국의 생존, 자신들이 이끄는 국민의 생존이 매우 위태롭다고 생각했다. 안보의 개선을 약속할 것처럼 보이는 행동은 무엇이든 그들의 관심을 끌었으며, 마찬가지로 안보 비용을 보장할 번영의 증진을 가져올 것 같은 것도 이들에게는 매력적이었다. 이러한 정치적 환경에서 이들은 마야크나 핸퍼드 같은 선택된 장소를 희생하고 우라늄 광산의 광부나 윈난성의 다이족 같은 많은 사람의 건강과 생계를 위태롭게 하는 것이 정당하다고, 나아가 불가피하다고 생각했다. 세계 지도자들은 안보와 번영을 뒷받침하려는 자신들의 계획을 실행하기 위해서는 어쩔 수 없이 환경을 대수롭지 않게 여겨야 했는데, 이것이 매우 쉽다는 것을 알았다.

1960년대 말까지 그들의 국민도 그랬다. 그러나 역설적이게도 냉전은 현대 환경보호 운동의 급성장에 간접적으로 일조했다. 1960년대 초 핵실험에서 생긴 낙진에 대한 걱정은 한층 더 광범위한 환경보호 운동으로 들어갔다. 그 이후 데탕트 시기(1972~1979)가 와서 냉전의 긴장이 약간 줄어들었을 때 사람들이 환경 관심사에 관하여 목소리를 낼 기회의 문이 열렸다. 서유럽과 북아메리카, 일본에서, 그리고 동유럽 중 통제가 상대적으로 덜한 곳에서 점점 더 많은 사람이 핵무기와 제한 없는 공업 발전에 의심을 표명했다. 데탕트 때문에 사람들이 환경을 중요한 문제로 여기고 더 자유롭게 발언하고 싶은 생각이 들 가능성이 커졌다. 데탕트는 일반적으로 1979년 소련의 아프가니스탄 침공으로 끝난다고 보는데, 그 이후에도 환경보호 운동이라는 정령 지니는 램프 밖으로 나와 있었다. 1980년대에 냉전이 새롭게 싸늘한 국면에 진입했을 때 독일 녹색당을 "소련 정찰대의 트로이 목마"라고 칭했던 바이에른 정치인 같은 일부 정치 지도자들과 재계 지도자들이 최선의 노력을 다했어도 환경 보호 운동이라는 지니를 다시 램프 속에 집어넣을 수는 없었다.[257]

냉전은 모든 대륙과 대양의 생물권에 흔적을 남겼다. 게릴라전에서 농작물과 촌락이 파괴된 것과 같은 여러 가지 영향은 잠깐 동안 지속되었다. 아랄해의 건조 같은 몇몇 효과는 몇 세대 더 지속될 것이다. 나머지 다른 것들은 기억할 수도 없을 만큼 오랫동안 우리와 함께, 우리 후손과 함께 갈 것이다.

환경 운동

세계적인 환경 운동의 출현은 20세기 역사의 큰 이야기들 중 하나였다. 환경 운동이 출현한 이유는 핵실험에 대한 걱정을 포함하여 여러 가지가 있지만, 가장 명료한 것이 가장 좋은 설명이리라. 경제적 팽창은 매우 많은 곳에서 환경 상황에 위협을 가했다. 이에 자신의 생명과 건강, 생계를 걱정한 사람들이 반응을 보였다. 세계경제의 테제가 환경보호 운동이라는 안티테제를 초래했다.

미국에서 대중적 환경 운동의 시작은 흔히 1962년 레이철 카슨Rachel Carson의 『침묵의 봄Silent Spring』 출간과 연결된다. 카슨은 우는 새들이 화학약품 오염의 그물에 걸려 사라질지도 모른다고 주장했다. 우는 새의 소멸이라는, 생각을 일깨우는 비유의 배후에는 인류를 위한 엄정한 메시지가 있다. 말하자면 DDT 같은 화학약품이 생명의 토대 자체를 어떻게 파괴하고 있는지를 전하고 있다. 현대의 화학이 인류를 파멸로 이끌고 있다는 것이 바로 전 세계 독자들에게 울려 퍼진 메시지였다. 이 책 덕분에 카슨은 하룻밤 새에 미국과 세계 여러 지역에서 유명해졌다.(책은 10여 개 이상의 언어로 번역되었다.) 이 책으로 DDT는 나쁜 평판을 얻었다. 『침묵의 봄』이 나오기 전에 화학약품은 농작물을 먹어치우는 해충과 곤충으로 인한 질병을 퇴치할 때 유용한, 신이 보낸 선물로 여겨졌다. 이후 DDT는 인류의 생태학적 폭력의 상징이 되었다.[258]

그러나 환경사가들이 지적하듯이 이질적인 세계적 대중운동의 출현을 한 권의 책으로 명확히 정의하는 것은 지나친 단순화다.[259] 카슨의 책이 나오기 전에도 미국에서는 50년 넘게 공유지, 특히 숲의 적절한 이용에 관하여 논쟁이 이루어졌다. 그 논쟁의 결과로 국립공원들이 생겨났고 20세기에 전체적으로 그 제도는 빠르게 팽창했다. 여러 유럽 국가도 국내와 식민지에서 동시에 국립공원을 설립했다. 공업의 오염에 관한 논쟁도 유럽과 북아메리카의 역사에서 일찍부터 지속되었다. 미국 진보당은 19세기 말부터 석탄 매연에 안달했고, 이는 몇몇 대도시에서 매연을 통제하려는 노력을 낳았다. 제2차 세계대전 이후 서독의 공학자들은 루르 같은 공업지대에서 연기를 줄일 수 있겠다는 바람에서 세인트루이스와 피츠버그의 사례를 따라 했다.[260]

또한 시대가 카슨의 책에 담긴 메시지를 받아들일 준비가 되어 있었다. 제2차 세계대전 후 20년간 세상은 기술을 맹목적으로 신뢰했고 앞뒤 가리지 않고 풍요를 추구했다. 가난하든 부유하든 지구상의 거의 모든 국가가 이러한 합의의 주구가 되었다. 그러나 그 합의는 절정에 이르렀을 때에도 균열의 조짐을 보였다. 핵실험 같은 기술에 대한 염려는 『침묵의 봄』이 나오기 훨씬 전에 국제적 대화 속으로 조용히 들어왔다. 1950년대에 초강대국들의 대기권 핵실험은 방사능 낙진과 그것이 인간의 건강에 미치는 악영향에 관하여 전 세계적 공포가 고조되는 계기가 되었다. 1950년대의 핵실험은 큰 불안을 초래했을 뿐만 아니라 배리 코머너Barry Commoner 같은 몇몇 사람을 자극하여 기술과 자연환경 간의 관계를 체계적으로 생각하도록 했다. 1960년이 되면 영향력 있는 미국인 몇몇이 번영의 부작용에 점차 불쾌함을 느끼게 된다. 한 사람은 캐나다 태생의 경제학자 존 케네스 갤브레이스John Kenneth Galbraith로 1958년에 출판된 인기 도서 『풍요의 사회The Affluent Society』에서 다른 무엇보다도 부에는 자연을 거스르는 역효과가 동반된다고 주장했다. 대체로 여성이 이끌었던 나라 전역의 대중조직들은 미국 사회의 전후 번영의 궁극적인 표현이었던 교외화를 시골의 파괴와 연결시켰다.[261]

부유한 나라들의 대중적 환경보호 운동은 이러한 배경에서 1960년대 말의 '새로운 사회운동'(반전운동, 학생운동, 여성운동, 히피)과 나란히 출현했다. 그렇게 많은 삶의 영역에서 대중의 불안이 나타난 것은 대중 의식의 주변부에서 갓 태어난 환경 운동을 최전선으로 내보내는 데 결정적으로 중요했다. 세계 도처에서 사람들은 인종차별의 부당함부터 젠더 관계, 미국이 베트남 전쟁에서 보인 행태까지 온갖 것에 반대하면서 모든 유형의 권위에 이의를 제기했다. 얄궂게도 그때까지 역사상 물질적으로 가장 편안했던 세대가 가장 혁명적이었다.(적어도 젊었을 때는 그랬다.) 이 대중운동 여럿이 전후의 합의와 그 환경적 귀결에 주목하기까지는 오랜 시간이 걸리지 않았다. 학생 시위와 반전 시위에 참여했던 많은 청년이 결국 환경보호 운동의 동력과 지도력을 공급했다.[262] 그러나 환경과 관련된 항의는 어디서나 동일한 형태를 띠지 않았고 동일한 문제로 움직이지 않았으며 언제나 청년의 현상은 아니었다. 학생들과 히피들은 1960년대와 1970년대에 나타난 행동주의의 전형에 어울릴 수 있었지만, 이들만이 새로운 대중적 환경 운동의 유일한 참여자는 아니었다. 중년 여성들은 여러 경우에 선봉에 섰다. 온갖 유형의 지식인도 여러 곳에서 환경 운동에 참여했다. 전 세계의 모든 사회계층이 직접적인 주변 환경의 퇴보와 대규모 경제활동의 결과, 부적절한 기술에 이따금 괴롭힘을 당했고 환경 운동에 적극적으로 참여했다.

일본은 설득력 있는 사례다. 제2차 세계대전에서 일본의 공장들이 완전히 파괴된 후, 정부와 기업의 지배 엘리트층은 성급히 나라의 산업화에 다시 달려들었다. 이들의 노력은 눈부신 성공을 거두었다. 30년 만에 일본 경제는 쉰 배로 성장해 1970년대 중반이면 세계경제의 약 10퍼센트를 차지했다. 새로운 대규모 산업 단지는 일본의 도시로 엄청나게 많은 사람을 끌어들였다. 불행히도 이는 세계 최악의 대기오염, 수질오염, 토양오염을 초래했다. 1960년대 초가 되면 여러 공업 도시에서 거의 전적으로 건강과 생명을 염려한 주민들이 주도한 지역적 반대 운동이 출현했다. 납과 구리, 수은, 아연, 석면, 기타 오염 물질의 유해한 영향이 공업지역에 널리 퍼졌으며 질병과 기괴한 기형에 확실하게 결부되었다. 일본의 경제 기적은 큰 희생을 치르고 얻은 것이었다. 시민의 불만에 일부 관료가 응답했지만 충분하지 않았고, 1960년대가 끝날 무렵 오염은 전국적인 정치 문제로 비화했다. 일본의 단체들은 부분적으로는 해외의 환경보호주의 항의자들이 보여 준 사례를 따라 움직였는데 1970년대부터 엄격한 오염 규제법을 제정하도록 중앙정부를 설득하는 데 중요한 요인이 되었다. 대체로 보아 일본의 환경 운동은 숲과 야생 생물, 어류, 생태계 전반

에 대한 관심을 포괄하기보다는 오염과 보건에 집중했다.[263]

세계적인 환경보호 행동주의는 1970년 이후 급속하게 강화되었다. 우선 환경보호주의자들은 대중 시위에 많은 사람을 동원할 수 있었다. 이 중 가장 유명한 것은 첫 번째 지구의 날Earth Day(1970년 4월 22일)과 1970년대 말 서유럽에서 벌어진 대규모 반핵 시위이겠지만, 그러한 시위는 아주 많은 곳에서 많은 이유로 발생했다. 전술에 대한 실망과 생태학에 기반을 둔 좀 더 비판적인 견해에 힘입어 더 강하게 대결해야 한다는 단체들이 출현하면서, 오래된 자연보호 단체들은 수세에 몰렸다. 데이비드 브로워David Brower는 1969년에 시에라 클럽 회장직을 사임하고 지구와의 친선을 위한 세계적 단체인 지구의 벗Friend of the Earth을 시작했다. 1970년대 초 경제성장 자체를 문제 삼는 새로운 출판물이 홍수를 이루었다. 1972년 로마 클럽(1968년에 이탈리아인 산업 부호 아우렐리오 페체이Aurelio Peccei가 설립한 단체)이 발표한 보고서 『성장의 한계The Limits to Growth』는 그때까지 나온 이러한 간행물 중 가장 중요했다. 『성장의 한계』는 서른 개 언어로 1200만 부가 팔렸으며 지식인들 사이에서 산업사회와 오염, 수십 년간 지속될 환경에 관하여 열띤 토론을 촉발하는 데 이바지했다.[264]

냉전은 또한 반문화적countercultural 환경보호 운동에도 동력을 제공했다. 1963년의 부분적 핵실험 금지 조약으로 대기권 핵실험은 사라졌지만, 핵보유국들은 전부 해저 실험이나 지하 실험을 지속했다. 1971년 캐나다와 미국의 환경보호주의자들로 구성된 작은 단체가 알류샨 열도의 핵실험 장소로 배를 띄워 미국 정부가 그곳에서 계획한 폭발을 취소하게 만들었다. 이 활동으로부터 큰 위험을 감수하는 환경보호 직접 행동주의와 새로운 초국적 환경 운동 단체인 그린피스Greenpeace가 탄생했다. 이후 몇 년 동안 그린피스는 태평양의 핵실험에 반대하여 지속적으로 대결 방법을 사용했다. 이 전략 때문에 그린피스는 프랑스 정부와 공공연히 충돌했다. 그래서 1985년에 뉴질랜드의 오클랜드 항에 있던 프랑스의 정보기관원들이 그린피스의 선박 '레인보 워리어Rainbow Warrior'를 침몰시키는 일이 발생했다.[265]

냉전의 핵실험뿐만 아니라 핵 그림자nuclear shadow도 환경보호주의자들을 움직였다. 서유럽 전역에 등장한 많은 생태 정당, 즉 녹색당들은 평화운동과 제휴했다. 이 동맹은 1970년대 말과 1980년대 초에 특히 1979년 북대서양조약기구가 유럽에 퍼싱 II 미사일과 순항미사일을 배치하여 대중의 핵전쟁 공포를 급격하게 키운 뒤에 훨씬 더 강력해졌다. 서독의 녹색당은 평화운동과 환경보호 운동 간의 결합을 보여 주는 모범적인 사례가 되었다. 확고한 전쟁 반대도 환경보호주의만큼이나 녹색당 초창기 역사의 특징이었다.

가난한 자들의 환경보호주의

부유한 나라에서 전후의 합의를 이루어 냈던 바로 그 개발 세력들은 가난한 나라에서도 활동했다. 1950년대 이후 세계경제의 급속한 성장은 원료와 식량, 즉 금속과 석유, 석탄, 목재, 물고기, 육류, 온갖 유형의 농산물을 늘 더 많이 요구했다. 이러한 것들의 수요 증대는 상품의 변경을 한층 더 먼 바깥으로, 아직 현대의 경제에 완전히 통합되지 않은 지역들로 밀어냈다. 이 수요는 가난한 나라의 엘리트들이 품었던 목적과 정책에 어울렸다. 그들은 거의 전부 부유한 지역에 널리 퍼진 것과 동일한 경제성장 이데올로기에 찬동했다.

경제적 강화는 농촌 지역의 가난한 사람들에게 실제적인, 종종 매우 부정적인 결과를 가져왔다. 금속을 더 많이 얻으려면 더 많은 곳에 더 많은 광산이 필요했고, 목재를 더 많이 얻으려면 더 많은 숲에서 더 많은 벌목이 필요했다. 채취 산업이 가동을 시작하면서,(아니면 기존의 운용을 더 강화하면서) 그러한 지역의 가난한 주민들에게 최악의 결과가 초래되었다. 그러한 결과는 두 가지 형태를 띠었다. 하나는 온갖 불쾌하고 나아가 치명적인 문제들을 낳은 채취 과정에 기인했다. 광산은 거대한 폐석 더미를 만들어 냈고 주변 수 킬로미터의 식수를 오염시켰다. 목재 채취는 가파른 산비탈에서 나무를 베어 내 토양 침식과 진흙 사태를 유발했다. 수력발전은 농촌 주민이 살던 넓은 영역을 물속에 잠기게 했다. 두 번째 결과는 천연자원 이용에 관련된 것이다. 농촌의 빈민은 훨씬 더 강력한(그리고 탐욕스러운) 산업들이 채취하는 것과 동일한 자원에 생계를 의존했다. 예를 들면 작은 배와 낮은 수준의 기술에 의존하는 어촌은 이제 어장 전체를 싹쓸이할 수 있는 산업적 트롤선과 대결했다.[266]

이러한 결과는 이른바 '가난한 자들의 환경보호주의'를 부채질했다. 이 관넘은 1980년대에 인도 지식인들이 부자 나라의 환경보호주의를 강도 높게 점검하면서 처음으로 나타났다. 그들 생각에 미국과 다른 부유한 나라들의 환경보호주의는 황야처럼 이상화한(그리고 꾸며진) 형태의 자연에 대한 관심으로 촉발되었다. 따라서 그 환경보호주의는 자신들의 나라에서나 지구상의 다른 지역에서나 환경 퇴화, 특히 환경 소비의 근본 원인을 다루지 못했다. 게다가 북아메리카와 유럽의 일부 지식인은 환경보호주의의 기원에 관하여 '탈물질주의postmaterialism'의 이론을 지지했다. 이 이론에 따르면 서구 사람들은 오로지 그들의 기본적인 욕구가 확실히 충족되었기 때문에 환경보호주의자가 되었다. 따라서 환경보호주의가 부유한 세계에서 시작된 것은 그들이 부덕분에 다음 끼니를 걱정할 필요 없이 고래와 곰, 황무지를 걱정할 수 있었기 때문이다. 가난한 나라의 가난한 사람들은 생존에 여념이 없기 때문에 환경과 관련하여 다른 우선순위를 가졌다.[267]

인도의 비판자들은 가난한 사람들이 자연을 의식하지 못하고 환경을 보호할 필요성을 느끼지 못한다는 관념을 논박했다. 이들의 지적 무기는 대부분 자국의 농촌 빈민들이 제기한 항의 주장을 깊이 이해한 데서 나왔다. 인도의 빈민층이 환경문제에 가져다준 활력과 효과는 학자들이 그들의 대의에 관심을 보이게 했을 뿐만 아니라 지적 문제로서 환경보호주의를 재고하게 하는데 일조했다. 계기가 된 사례는 1970년대 초에 인도 히말라야산맥에서 발생했다. 북부의 우타라칸드주에 사는 촌락민들이 벌목권을 판매하는 산지기들에게 맞서 싸웠던 것이다. 국가가 지원하는 벌목으로 산비탈의 숲이 제거되어 홍수가 났고 오랫동안 유지되었던 마을 주민들의 산림 이용 권리가 침해되었다. 그러므로 벌목은 촌락민들의 생명과 재산, 경제적 생계를 위협했다. 1973년 여성과 아이들을 포함한 일단의 촌락 주민들이 나무에 자신들의 몸을 묶어 벌목을 중단시키면서 상황은 위기로 치달았다. 이 행위로부터 그 운동은 치프코Chipko(대강 '껴안다'는 뜻이다.)라는 이름과 불후의 명성을 얻었다. 치프코 운동은 초기에 성공을 거둔 덕에 한동안 히말라야산맥의 다른 지역으로 퍼질 수 있었지만, 이후 쇠퇴했다. 치프코 운동은 도처의 환경보호주의자들에게 '나무를 껴안는 사람들'이라는 별명을 얻어 준 것 이외에 가난한 사

람들의 환경보호주의를 보여 주는 상징적 사례가 되었다.[268]

세세한 내용과 사정은 사례마다 달랐지만, 전후 시대 역사를 보면 세계 도처에 치프코 운동과 매우 유사한 이야기가 많다. 세계적으로 협조 체제를 갖춘 운동은 없었지만, 이러한 사례들에는 공통점이 많았다. 많은 운동이 다른 곳에서는 큰 주목을 받지 못한 지역적 저항이었다. 소수의 운동은 국제적으로도 큰 이목을 끌었다. 거의 전부 자연의 혜택을 누리기 위한 투쟁에 뿌리가 있었다. 1980년대와 1990년대에 인도의 유명한 소송 사건은 나르마다강의 댐에 관한 항의로 옮겨 갔다. 다른 사례들로는 숲을 둘러싼 인도네시아 토착민들의 봉기, 산림 벌채에 항의하는 태국과 버마(미얀마)의 불교 승려들, 금광에 반대하는 페루 촌락민들을 들 수 있다. 여러 사건은 비극으로 끝났다. 고무나무 수액 채취자 치코 멘데스Chico Mendes는 1988년 브라질의 아마존에서 목장 운영에 반대하는 운동을 조직했다가 살해된 뒤 세계적인 우상이 되었다. 나이지리아의 극작가 켄 사로위와Ken Saro-Wiwa는 자신의 동족인 오고니족을 이끌고 니제르강 삼각주가 석유 채굴로 퇴화하는 데 반대했다. 니제르강 삼각주의 개탄할 만한 상황에 이목이 쏠리자 위협을 느낀 나이지리아 정부는 사로위와 일파를 체포했다. 1995년 국제사회의 반대가 있었는데도 이들은 짧은 시범 재판을 거친 후 전부 처형되었다.[269]

가난한 자들의 환경보호주의는 또한 부유한 나라에 사는 빈민의 곤경으로 이어진다. 더러운 곳에 사는 노동자와 그 가족은 산업 시대가 열린 이후로 이따금 공기와 물의 오염에 항의했다. 그러나 이들은 목적을 달성할 수 있는 힘이 거의 없었다. 한편으로는 그들의 조직이 대체로 작고 국지적이고 단명했으며 광범위한 현상보다는 환경 퇴화의 구체적인 사례들에 맞춰졌기 때문이다. 20세기 말에는 이것도 서서히 바뀌었다. 중요한 사건은 1982년에 발생했다. 노스캐롤라이나 주지사가 대체로 아프리카계 미국인이 거주하는 가난한 지역인 애프턴Afton에 독성 폐기물 처리장을 두기로 결정했다. 이 일로 대규모 항의가 촉발되었고, 이로부터 환경 정의environmental justice 운동이 탄생했다. 이 운동의 주창자들은 주류 환경보호주의를 빈민에 무관심한 백인 중간계급 현상으로 보고 거부했으며 환경의 건강함과 민권을 연결하려 했다. 이들은 예를 들면 유독성 폐기물 처리장과 발전소가 부유한 지역보다 가난한 지역에 있는 경우가 훨씬 더 많다는 사실을 강조했다. 1980년대 이후로 환경 정의는 점차 미국의 주요 환경보호주의로 통합되었다. 다른 곳에서는 환경 정의라는 개념이 미국적 맥락의 인종차별주의에 대한 강조가 사라진 형태로 생태학적 과오가 빈민과 소수민족, 토착민을 과도하게 많이 찾는 여러 곳에서 힘을 얻었다.[270]

환경보호주의와 사회주의

사회주의 체제는 자연의 실수를 바로잡는 것을 의무로 여겼고, 환경보호는 그들의 우선순위에서 거의 밑바닥을 차지했다. 그렇게 된 데에는 이데올로기가 큰 역할을 했다. 사회주의의 정설은 환경의 퇴화를 간단하게 자본주의의 문제로 규정했다. 오염은 자본주의에서 발생했다. 이윤을 극대화하려는 회사들이 비용을 줄이는 방법으로 사회에 오염 물질을 떠맡겼기 때문이다. 소련의 이론가들은 사회주의에서는 오염이 있을 수 없다고 주장했다.

그렇게 시야가 좁은 사람들이 실제의 사회주의 체제 환경에 중대한 결과를 가져왔다. 예를 들면 제2차 세계대전 후 소련의 정설은 인구 조절을 반동적인 관념으로 규정했다. 그러한 제안은 전부 토머스 로버트 맬서스로부터 나왔다고 얘기되었다. 이 영국인은 빈곤을 인구학적 관점에서 설명했으며, 따라서 자본주의의 착취에 책임을 돌리지 못하는 잘못을 저질렀다. 마오쩌둥은 중국의 인구 급증을 걱정하지 않았는데, 그 문제에 관해서 소련의 정설을 수용한 것도 부분적인 이유가 된다. 1950년대 중반 중국의 주요 인구학자인 베이징 대학 총장 마인추馬寅初는 인구 성장을 억제하지 않으면 파국을 맞게 될 것이라고 경고했다. 저승에 간 영국인의 영향력을 감지한 마오쩌둥은 마인추를 우파로 낙인찍고 그 입을 막았으며, 1970년대 초까지 인구 조절에 관한 논의를 완전히 금지했다. 그때가 되자 인구 과잉에 관한 걱정이 사회주의의 정설을 압도했으며, 국가는 점점 더 엄격한 가족계획 조치에 의지했다. 이는 결국 1978년 필사적인 '한 아이 정책計劃生育政策'을 낳았다.(앞에서 논의했다.)[271]

환경보호에 대한 저항은 마르크스주의와 그 20세기 변종들의 이론적 토대에서 비롯했다. 마르크스는 인류 역사가 봉건제에서 자본주의를 거쳐 사회주의로 이행한 다음 공산주의에서 정점에 도달할 것이라는 진보적 역사 이론을 세웠다. 공업은 이 과정의 마지막 세 단계의 관문이었다. 자본주의적 공업화는 필수적이고 좋은 것이었지만, 당연하게도 사회주의적 공업이 더 나아야 했다. 이러한 이론적 시각이 군사적으로 서방 강국과 대등해야 한다는 매우 현실적인 과제와 결합했을 때, 사회주의 체제는 공업화를 최대한 강조할 수밖에 없었다.

협소하고 실용적인 자연관은 그 결과였다. 자연보호는 소련의 첫 10년간 성공했지만, 스탈린의 제1차 5개년 계획 때(1929~1934) 국가정책은 가용한 모든 재원을 생산의 목적에 쓰는 쪽으로 급선회했다. 광물 채굴과 벌목은 나라의 널리 퍼진 보호 구역(자포베드니키zapovedniki)을 잠식해 들어갔으며, 농업 집단화가 본격적으로 시작되었고, 나라에서 가장 철저한 자연보호주의자들은 숙청되었다. 1945년 이후 소련의 궤도에 들어온 국가들은 온갖 종류의 거대 사업, 돌이켜 보면 발상이 좋지 않은 사업들에 착수했다. 동유럽의 공학자들은 수많은 수력발전소와 강철 공장을 세웠다. 소련의 공학자들은 북극해로 흘러들어 가는 시베리아의 여러 강을 남쪽으로 돌려 중앙아시아의 면화 밭에 물을 대는 꿈을 꾸었다. 쿠바 정부는 본토와 주변 섬들을 이어 주는 거대한 제방을 건설하여 카리브해를 차단하고 그 안의 물을 빼서 농경지를 만드는 계획을 세웠다. 그러한 사업들 중 가장 큰 것은 실행되었다면 쿠바의 국토 면적을 15퍼센트 이상 늘렸을 것이다. 자연을 개선하겠다는 이러한 계획들이 보류된 것은 생태계를 걱정해서가 아니라 자금이 부족했기 때문이었다.[272]

이러한 배경에서 보면 환경보호는 국가사회주의state socialism의 우선순위에서 매우 낮은 위치를 차지했다. 그러나 환경보호주의는 이러한 나라들에서 일종의 저승 세계에 존재했다. 사회주의 체제는 환경의 퇴화를 자본주의적 현상으로 규정했기에 자신들의 결점이 얼마나 심각한지를 널리 알리기는커녕 인정할 수도 없었다. 대신 이들은 환경문제에 관한 정보를 감출 때에도 공적인 수사학적 표현에서는 환경보호를 끌어안았다. 사회주의 체제는 흔히 다른 세계에 자신들의 장점을 보여 주는 방법으로서 자연을 훨씬 더 잘 다룬다고 주장했다. 그 증거로서 이들은 이따금 서방의 그 어느 것보다 더 엄격한 기준을 담은 법률을 거론하고 국가가 지도하거나 후원하는 환경 단체들의 회원수가 어마어마하다는 점을 자랑하곤 했다. 두 가지 유형의 주장 모두 보통은 근거가 없었다. 환경 법률은 실제로 무시되기 일쑤였으며, 국가가 후원하는 환경 단체들은 회원 수와 자주성 없는 집행부를 부풀려 말했다.[273]

프롤레타리아 독재에서 환경에 관해 솔직하게 말하려면 큰 희생이 따를 수 있었지만, 언제나 그렇지는 않았다. 당국은 상황이 적절하다면 냉전 시대에 등장한 소수의 환경 단체를 묵인하는 것이 바람직하고 판단했다. 그러한 단체들은 규모가 작고 명백히 비정치적 목적을 가지는 한 큰 위협이 되지 않았다. 태곳적 모습을 그대로 간직한 소련의 바이칼호가 1950년대 말 이후로 오염된 사례에서 보듯이, 환경에 관한 진정한 국민적 걱정의 일화들도 제어할 수 있었다. 소련 정부는 바이칼호의 상태에 관한 정보를 숨기면서도 그 '시베리아의 진주'[23]가 오염된 데 쏟아지는 대중의 불만은 어느 정도 허용했다. 바이칼호에 관한 환경적 비판은 너그럽게 봐줄 수 있다고 생각했다. 비판이 매우 좁게 한정된 지역에 초점을 맞추었고 국가의 경제 통제를 문제 삼지 않았기 때문이다.[274] 게다가 몇몇 사회주의 정권은 국내의 평화를 유지하려는 바람에서 환경보호주의자들을 가혹하게 다루지 않았다. 이는 1970년대 초부터 작은 환경 운동이 형성되었던 동독의 경우에 해당된다. 그 운동은 그 나라에서 국가로부터 어느 정도 독립성을 얻어 낼 수 있을 만큼 큰 힘을 지닌 극소수의 제도 중 하나인 프로테스탄트 교회에서 시작되었다. 비밀경찰 슈타지는 환경보호주의자들의 활동을 주시하며 이들을 견제하거나 다른 길로 유도하려 했지만, 국가는 교회와 대결하게 될 것이 두려웠기에 그 운동의 생존을 허용했다.[275]

1980년대에 소련 진영의 일부에서는 대중적 환경보호 운동을 봉쇄하려는 정책이 실패로 돌아갔다. 1980년대 초에 동유럽과 러시아의 넓은 지역이 대기오염과 수질오염, 토양오염으로 눈에 띄게 퇴화했다. 소련에서는 처

_____ **23** 바이칼호의 별칭이다.

음으로 공인받지 못한 생태 환경 단체들이 출현했다. 발렌틴 라스푸틴Valentin Rasputin과 세르게이 잘리긴Sergey Zalygin 같은 영향력 있는 작가들은 국가가 환경문제를 다루는 방식에 공개적으로 이의를 제기했다. 가장 큰 변화는 미하일 고르바초프의 등장과 그 정치적 개혁에 뒤이어 나타났다. 그 덕분에 사람들은 환경에 관하여 사전 승인 없이 공개적으로 목소리를 낼 수 있었기 때문이다. 이러한 견해들은 1986년 체르노빌 사건 이후 일제히 쏟아져 나와 수백 개의 새로운 환경 단체가 등장했다. 많은 단체가 국가가 환경의 퇴화를 설명하지 않았던 소련의 변경 공화국들에서 만들어졌다. 라트비아와 에스토니아 같은 곳에서 환경보호주의는 민족주의에 이용되어 소련의 최종적인 붕괴에 이바지했다. 헝가리와 체코슬로바키아에서도 1980년대에 대중적 환경 운동이 관의 통제에서 벗어나 정치적 불만을 표현하는 수단이 되었다.[276]

　　1980년대에는 중국에서도 중요한 전환이 이루어졌다. 이번에도 핵심적인 변화는 독립적인 시민사회가 움직일 공간이 창출된 것이었다. 1970년대 말과 1980년대 초의 경제개혁은 중국 경제를 사기업 쪽으로 조금씩 밀어냈고 외국 무역을 유인했다. 그 효과는 두 가지였다. 첫째는 1980년대에 시작된 큰 경제성장의 파고에 뒤이어 나타났다. 1945년 이전에 다른 나라에서 볼 수 있었던 것과 마찬가지로 중국에서도 정부는 어떤 대가를 치르더라도, 환경에 어떤 영향을 미치더라도 성장을 이루려 했다. 그 결과로 나타난 것이 지금은 익히 알려진 이야기인 중국의 검게 바뀐 강과 토양침식, 숨 쉴 수 없는 공기다.

　　두 번째 효과는 환경에 관하여 이의를 제기하는 형태로 나타났다. 이는 1980년대에 우선은 대도시를 중심으로 나타났다. 1980년대 말 전국적인 네트워크가 출현했다. 다른 사회주의국가들처럼 중국 정부도 환경에 관련된 비판을 국가가 후원하는 단체로 끌어들이려 했다. 그러나 독립적인 단체들은 어떻게든 모습을 드러내는 데 성공했다. 예를 들면 규모도 꽤 컸고 영향력도 있던 '자연의 벗'[24]은 1994년에 국가 민정부國家民政府에 등록하기로 했다. 이로써 '자연의 벗'은 문화 단체로 규정되었고, 그로써 환경 단체에 대한 국가의 규제와

———— **24** 중국문화서원 녹색문화분원中國文化書院·綠色文化分院, 약칭 자연지우自然之友.

충돌하지 않을 수 있게 되었다. 이후 환경 단체가 급증했다. 21세기 초, 중국 전역에, 다양한 크기의 도시들과 농촌 지역에도 수천 개의 단체가 있는 것으로 추산되었다. 이 단체들은 점점 더 대담해졌다. 몇몇 단체는 중국 환경보호부環境保護部(간혹 당의 노선을 벗어났다.)의 지원을 받아 댐 건설 같은 금기를 건드렸다. 실제로 1990년대에 싼샤 댐長江三峽大壩 사업은 중국 환경보호 행동주의가 힘을 집중한 두드러진 사례였다.[277]

제도적 환경보호주의

1970년대 초는 거의 어디서나 환경에 관한 정부 활동의 큰 증가가 특징이었다. 경제협력개발기구 회원국의 경우 1971~1975년에 주요 환경 관련 법률은 그 이전 5년간에 비해 두 배로 증가했다. 서독 한 나라만 해도 이 시기에 스물네 개의 새로운 법률을 제정했다. 1970년 미국은 환경보호청을 신설했고 영국은 관료 기구를 개편하여 내각 차원의 환경부를 만들었다. 그러한 변화는 부유한 나라에 국한되지 않았다. 예를 들면 멕시코는 일본과 미국과 거의 동시에 포괄적인 오염 억제 법안을 통과시켰다. 뒤이어 라틴아메리카의 많은 나라가 미국 환경보호청을 토대로 환경보호 부처를 설립했다.

1970년대 갖가지 색깔의 정부들이 진보적인 환경 정책을 입안했다. 예를 들면 공화당 출신의 미국 대통령 리처드 닉슨은 1972년 선거에서 환경보호주의를 포용하여 재선에 도움을 받았다. 서독의 중도파 자유민주당FDP의 한스디트리히 겐셔는 한편으로는 엄청나게 인기가 많은 사회민주당 총리 빌리 브란트를 향한 지지를 빼 오기 위해 환경보호주의를 채택했다. 우파 독재 정권들은 그러한 선거상의 동기는 전혀 없었지만, 일부는 어쨌거나 환경 정책의 개혁을 시도했다. 1985년 이전 브라질 군사정부의 경우, 초기 개혁은 대체로 허울뿐이었고 무엇보다도 외부 세계에 근대적인 국가로 비치려는 의도에서 수행되었다. 그러나 도미니카 공화국 독재자 호아킨 발라게르Joaquín Balaguer가 전임자의 파괴적인 임업 정책을 파기하며 실행한 개혁은 좀 더 실질적이었다.[278]

온갖 유형의 국제단체들이 이러한 각국의 환경 정책 수립과 조화를 이루었다. 각국 정부는 일찍이 19세기부터 야생 생물 보호 같은 문제들에 관하여 회의를 개최하고 조약을 체결했다. 제2차 세계대전 후 속도가 조금 빨라졌다. 1940년대 말 탄생한 지 얼마 지나지 않은 유엔은 소수의 환경보호주의자와 협력하여 국제자연보전연맹을 만들었다. 이 단체로부터 나중에 세계야생생물기금이 파생되었다. 1950년대와 1960년대에 유엔은 일련의 회의를 감독했는데, 그중 하나는 성공적인 생물권 보전 지역 프로그램을 낳았다.[279] 그때까지 가장 중요한 국제회의는 1972년 6월 스톡홀름에서 개최된 유엔의 세계 환경 회의였다. 세계 각국의 대표들이 참석한 이 회의는 외교적으로 가장 높은 수준에서 환경보호주의의 정당성을 인정하는 듯했다. 그 회의는 훗날 나이로비에 본부를 두게 되는 유엔 환경 계획의 창설 같은 구체적인 결과를 낳았다. 그러나 그 회의는 뒤이은 환경 외교를 괴롭힐 중요한 분열도 드러냈다. 가난한 나라에서 온 일부 대표가 환경보호주의를 부자 나라들이 자신들의 나라에 개발 수단을 주지 않으려고 냉소적으로 이용한 계략으로 보았기 때문이다.[280]

스톡홀름 회의 이후 국제적인 환경 협약들은 세계 정치에서 일상적인 일이 되었다. 국가들은 생각할 수 있는 모든 주제에 관하여, 이를테면 해양오염과 고래잡이, 멸종 위기종, 유독성 폐기물, 남극대륙, 숲, 지역권 바다, 생물 다양성, 습지, 사막화, 산성비에 관해 교섭하여 협약을 체결했다. 이러한 협약 중 일부는 분명 무력했다. 그러나 일부는 그렇지 않았다. 예를 들면 1987년 몬트리올 의정서는 오존층을 파괴한 프레온가스 배출량을 급격하게 줄이는 토대를 놓았다. 지난 20년간 국가 간 협력 기구들은 2000년이면 세계 환경 정책에서 가장 중요하고 논쟁이 가장 심한 영역이 되는 기후변화에 세간의 이목을 집중시킨 주된 기관이 되었다. 그러한 기구 중에서 가장 의미가 컸던 기후변화에 관한 정부 간 합동 조사단은 1990년대 초에 유엔의 후원으로 설립되었다. 합동 조사단은 기후변화에 관해 쏟아지는 출판물을 섭렵하여 합의된 결과물을 정책 입안자들이 쓰기에 적합한 형태로 제시하려 했다. 합동 조사단의 노력은 유관 학문의 가장 권위 있는 개요를 내놓았지만, 그럼에도 화석연료 사용 억제에 반대하는 세력의 부추김에 격렬한 논쟁이 일었다.

환경 운동이 지나간 경로는 국가의 정치 발전과 국제정치의 발전이 지난 궤적과 교차했다. 많은 경우에 국내의 환경 운동은 초기의 행동주의 폭발 단계를 지나면 조금 물러나 장기간에 걸쳐 제도를 구축하는 국면에 접어들었다. 점점 더 복잡해지는 과학적 문제와 규제 문제를 다루는 데 필요한 능력과 기술적 전문 지식을 쌓는 데 많은 활동이 집중되었다. 이는 어떤 곳에서는 중요했는데, 환경 법률 제정에 대한 반대를 조직하는 산업계의 힘이 점점 더 강해졌기 때문이다. 그러나 환경 운동은 일본과 영국, 미국에서 각기 다른 시점에 그랬듯이 환경과 관련된 반발로 정치적 후퇴를 겪은 후에도 종종 그 힘을 거의 전부 되찾았다.[281] 녹색당이 출현하면서 환경보호주의자들의 정치적 참여도 새로운 형태를 띠었다. 1972년 뉴질랜드에서 세계 최초로 전국적인 녹색당이 출범했다. 10년 남짓 지난 뒤 여러 나라에서, 특히 유럽에서 그러한 정당들은 정치 지형에 뿌리를 내렸다. 1970년대 말에 벨기에에서, 이어 1980년대 초에 독일에서 녹색당이 입법부에 의석을 확보했다. 핀란드 녹색당은 1995년부터 연립정부에 참여했다.

가난한 나라들의 환경 운동에서도 유사한 제도화가 이루어졌다. 그 나라들의 몇몇 환경 단체는 북아메리카나 유럽에서 볼 수 있는 제도적 발전 과정을 따라갔다. 소수의 몇몇 단체는 큰 규모의 안정된 조직으로 성장하여 국경 너머로 영향력을 확대했다. 케냐의 왕가리 마타이Wangari Maathai는 1970년대에 적은 자금과 약간의 외부 지원, 자신들의 대단한 재주만으로 조림을 시작했다. 그 이후로 마타이의 그린벨트 운동은 케냐와 아프리카 다른 곳의 농촌 지역에 수천만 그루의 나무를 심었다. 이 단체는 세계적인 성공담을 기록했으며 다른 운동에 모범이 되었다. 그 공로로 마타이는 2004년에 노벨 평화상을 받았다.[282]

브라질의 환경 운동은 동일한 과정을 더 큰 규모로 보여 준다. 20세기 대부분의 기간에 브라질에는 자국의 놀라운 자연 유산을 보호하는 데 관심을 가졌던 소수의 과학자와 자연보호주의자들을 제외하면 환경 운동이 없었다. 1964년에서 1985년까지 나라를 이끌었던 군사정권을 포함해 대다수 브라질 엘리트는 급속한 경제발전에 초점을 맞춘 합의를 지지했다.[283] 그러나 1970년대 말부터 정권은 정치 개혁을 요구하는 국내의 점증하는 압력에 굴복했다.

다른 곳에서도 그랬듯이 이로써 환경과 관련하여 반대 세력이 형성될 여지가 마련되었다. 그다음 10년 동안 점차 성장한 브라질 환경 운동은 활동 범위를 넓혔으며 전문성과 조직적 정교함을 더했다. 브라질 환경 운동은 세계의 다른 지역과 연대를 구축했다. 브라질과 서독의 환경보호주의자들은 두 나라가 함께 핵 발전소를 건설하기로 합의한 이후 협력을 시작했다. 이 과정은 1992년 유엔 주최로 리우데자네이루에서 열린 두 번째 세계 환경 회의로부터 엄청난 지지를 받았다. 브라질 환경보호 운동가들은 회의 전에 세계 곳곳을 여행했으며, 세계 전역의 환경 단체들이 리우데자네이루에 모였다. 그 결과 1992년을 전후하여 브라질 환경보호 운동은 세계적인 활동가 네트워크 안에 훨씬 깊이 통합되었다.[284]

공식적인 환경 운동, 환경 정치, 환경 정당의 출현은 2013년이면 거의 보편적인 현상이 되었다. 선거 정치가 있는 곳에서는 거의 어디서나 녹색당도 있었다. 2001년부터는 녹색당의 느슨한 국제적 연합이 존재했다.[285] 조직되지 않은 자발적이고 반문화적인 환경보호 운동이 곳곳에서 살아남아 후쿠시마의 방사능 오염처럼 뉴스가 될 만한 생태학적 재난 직후에 표면으로 끓어올랐다. 그리고 환경 기관은 2000년 푸틴 대통령이 환경부를 폐지한 러시아의 경우처럼 때때로 사라졌다. 그렇지만 21세기에 환경보호주의는 일반적으로 하나의 사회운동으로서 세계 도처의 지역적·국가적·국제적 차원의 정치적 구조에서 합법적으로 제도화된 부분이었다. 그러나 거의 예외 없이 작은 부분으로 남았다.

환경보호 운동의 주류 편입

환경보호주의는 이제 지구의 문화에서 영속적인 요소다. 결코 모두에게 그런 것은 아니지만 아주 많은 사람에게 정치적으로나 도덕적으로, 사회적으로 수용할 만한 것이다. 정치적 담론에는 환경과 관련된 수사학적 표현들이 침투했지만, 환경보호주의 자체는 상품화되었다. 이렇게 환경보호 운동이 주류에 편입된 이유는 무엇인가?

재난은 환경보호주의자들에게 거의 끊이지 않는 동력을 공급했고 대중이 소비할 생생한 비극을 제공했다. 석유 누출 같은 몇 가지 유형의 재난은 두꺼운 검은색 침출물로 뒤덮인 해변이나 몸이 뒤틀리는 죽음의 고통에 빠진 바닷새처럼 유달리 강력한 파괴의 이미지를 만들어 냈다. 매우 중요한 재난의 하나가 1967년에 발생했다. 초대형 유조선 토리 캐니언Torrey Canyon호가 콘월 외해의 영국해협에서 좌초한 것이다. 누출된 석유의 확산을 저지할 준비가 전혀 되어 있지 않았던 영국 정부는 태워 없앨 수 있지 않을까 하는 바람에서 난파선에 공중폭격을 가하는 것까지 포함하여 극단적인 조치들에 의존했다. 이 사고는 대재앙을 초래한 유조선 사고로는 역사상 최초였으며 새로운 초대형 유조선에 따르는 위험에 전 세계의 이목을 집중시켰다.[286]

시선을 끄는 큰 재난들이 뒤를 이었다. 1979년 펜실베이니아주 스리마일 섬의 핵 발전소에서 사고가 발생하여 원자로 노심이 일부 용해되었다. 이 사고는 실제의 손해로 보면 작은 사고로 판명되었지만, 그로 인한 공포는 매우 실제적이었다. 1983년 브라질 도시 쿠바탕에서 일어난 산업재해로 인근의 빈민가에 사는 주민 수백 명이 사망했다. 열 달 후 인도의 보팔에 있는 유니언 카바이드의 공장에서 폭발이 일어나 수천 명이 사망했다. 2년이 채 못 지나서 가장 중대했고 무서웠던 체르노빌 사고가 터졌다. 이렇게 널리 알려진 생태학적 재앙들은 환경보호주의가 주류에 편입하는 데 일조했다.[287]

전자 매체는 환경보호주의가 주류에 편입하도록 거들었다. 환경 재앙은 1960년대부터 텔레비전이 세계 전역의 집안으로 노골적인 이미지들을 쏘아줌으로써 문화적으로나 정치적으로나 더욱 중요해졌다. 그러나 텔레비전의 영향은 재앙의 보도보다 훨씬 넓게 퍼졌다. 북아메리카와 유럽에서 텔레비전 수상기가 대중 소비 품목이 된 지 그리 오래 지나지 않아, 방송국들은 대중이 자연을 다룬 프로그램에 큰 관심을 보인다는 사실을 알았다. 1950년대 중반이면 서독 사람들은 프랑크푸르트 동물원장 베른하르트 지메크Bernhard Grzimek 때문에 유명해진 연속물 「동물을 위한 자리Ein Platz für Tiere」를 시청할 수 있었다. 몇 년 뒤 미국인들은 말린 퍼킨스Marlin Perkins와 그가 사회를 본 텔레비전 쇼 「야생의 왕국Wild Kingdom」을 통해 지구상의 야생 생물을 알게 되었다. 그러나 가장 유명했던 이는 프랑스인 해양학자 자크 쿠스토Jacques Cousteau였다. 쿠스토도 지메크처럼 1950년대에 자연에 관한 천연색영화를 제작하여 대중의 찬사와 덤으로 오스카상까지 받았다.(지메크의 영화는 세렝게티 초원에 관한 것이었고, 쿠스토의 영화는 지중해 해양 생물에 관한 것이었다.) 쿠스토는 이러한 성공에 자극을 받아 대양을 부지런히 오가며 수많은 영화와 텔레비전 기록물을 만들기 위한 촬영 필름을 모았다. 이러한 기록물은 전 세계에서 방송되었고, 쿠스토는 세계적 유명 인사가 되고 자연의 장관으로 대중의 상상력을 더욱 확고하게 장악했다.[288]

인터넷과 월드와이드웹은 환경보호주의를 문화와 사회의 주류에 더욱 확고하게 안착시켰다. 인터넷 덕분에 환경보호 활동가들이 서로 어디에 있는지 확인하고 제휴하기가 더 쉬워졌다. 게다가 자금을 모으고 쟁점들을 연구하고 법률 지식을 공유하는 이들의 능력은 인터넷과 소셜 미디어 덕분에 성장했다. 또한 그 새로운 전자 매체는 반환경적 국가들이 환경보호 운동의 조직을 방해하고 정보의 습득을 제한하는 것을 더욱 어렵게 했다. 정권의 억압을 받고 있는 환경보호 운동도 인터넷을 통해서 그늘에서 벗어나 사회의 주류로 가만히 들어올 수 있었다.

자연환경의 상품화는 그 문제에 관한 대중의 관심 고조와 나란히 진행되었다. 이제 기업들은 최대한 친환경적 조건에서 회사를 선전하고 제품을 판매한다. 그것은 대체로 실제의 행동과는 거의 무관한 단순한 광고상의 태도일 뿐이지만, 많은 부분이 소비자의 친환경 감수성에 호소하려는 진정한 관심이었다. 이러한 발전은 안전하고 깨끗하며 에너지 효율이 높은 제품을 요구하는 소비자의 힘이 커졌음을 반영한다. 예를 들면 소비자의 관심은 유기농 식품 운동의 성장을 가져왔고, 이는 지금 세계 여러 곳에서 큰 사업이 되었다.[289] 친환경 제품과 새로운 친환경 산업의 목록은 전기자동차, 에너지 효율이 좋은 설비, 환경 친화적인 의복, 풍력발전기, 친환경 건물, 태양에너지를 공급받는 모든 것 등 거의 끝이 없다.

여러 점에서 이 모든 것은 1950년대부터, 아니면 1960년대부터 이루어진 놀라운 변화들을 대표한다. 그것은 환경보호주의가 하나의 운동으로서 지닌 늘어난 폭과 커진 활력을, 전 세계적 차원, 국가적 차원, 지역적 차원에서 지속되는 그 지구력을 가리킨다. 환경보호에 관한 인식과 관심은 환경 관련 제도와 정치가 그렇듯이 거의 어디에서나 흔히 볼 수 있게 되었다.

1950년 이전에는 주로 새와 사냥감, 재산권, 일반적으로 '보존'이라고 불리는 것을 걱정했던 귀족과 명문가에만 문제였던 것이 점차 그 관심사를 넓혀 갔다. 그것이 환경보호주의가 되었고 1950년에서 1970년 사이에 적어도 유럽과 북아메리카에서는 차츰 정치적 좌파와 반문화의 대의가 되었다. 그러나 뒤이은 몇십 년간 환경보호주의는 더욱 포괄적인 운동으로 진화했다. 정치적으로 다양한 부류의 사람들에게 중요했고 로비 단체와 기금 모집 기구들, 정당 등을 통해 정치에 완전히 통합된 운동이 되었다. 환경보호주의는 청년 자원봉사자들과 풀뿌리 활동가들로부터 지속적으로 에너지를 끌어모았고 그러면서도 귀족 혈통의 유지들과 지주들의 지지도 얻어 냈다. 이상한 동료들의 어려운 동맹이 만들어진 것이다.

환경 운동이 성공을 거두었음은 의문의 여지가 없지만, 세계경제가 지속적으로 팽창하여 환경보호주의자들이 소중히 여기는 그 모든 것을 위협한다는 사실은 변함이 없다. 무한한 경제성장과 질주하는 기술의 진보라는 전후 시대의 미래상은 비록 도전이 없지는 않으나 여전히 그대로이다.

아마도 현대의 환경보호주의는 인류세의 발전에서 하나의 단계를 대표할 것이다. 수십 년 동안 사람들은 지구의 기본적인 생물지구화학적 순환biogeochemical cycle을 어설프게 건드렸지만, 그 사실을 인지하지는 못했다. 부지불식간에 저지른 이 간섭의 규모가 커짐에 따라 인간이 적어도 몇 가지 점에서는 지구에 영향을 줄 수 있다는 사실을 점점 더 많은 사람이 알아챘다. 그 이전에는 아니라고 해도, 1950년대가 되면 인간의 활동이 대기 중의 화학작용과 세계 기후처럼 크고 중요한 문제에 영향을 미칠 수 있음을 알아보는 사람들이 비록 적지만 나타났다. 1960년대 이후의 대중적 환경보호 운동은 인간 활동의 규모와 범위를 더 완전하게 인식하는 길을 닦았다. 그 결과로 21세기 초에 과학자들과 기자들은 인류세라는 용어를 쓰기 시작했다.

지금까지 인류는 기본적인 지구 시스템에 영향을 미쳤으면서도 그것을 의식적으로 관리하지는 않았다. 인류는 지구의 탄소순환과 질소순환에 강력한 충격을 주었지만, 이는 어디까지나 다른 이유에서 수행한 활동의 우연한 부산물이다. 만약 인류가 지구 시스템을 관리해 보기로 결정한다면, 다시 말해서 우리가 명백한 지구 공학을 수행한다면, 그것은 잘되든 못되든 인류세의 다른 단계에 이를 것이다.

세계 문화

페트라 괴데

1945 이후

4

머리말

21세기로 접어드는 세계 주요 대도시에는 공통점이 많았다. 뉴욕이나 파리, 도쿄, 두바이, 뭄바이, 나이로비 같은 도시를 방문하는 사람들은 어느 도시에서나 같은 의류 상표를 볼 수 있고 같은 음식을 먹을 수 있으며 같은 호텔 체인에 묵고 같은 음료를 마실 수 있었다. 사람들은 이렇게 각기 다른 장소에서 같은 것들과 마주치기도 하지만, 한곳에서 더 다양한 것들을 접하기도 했다. 도시 주민, 식습관 그리고 음악, 영화, 연극, 문학 같은 문화 상품은 다민족적이고 다문화적인 성격을 띠어 갔다. 이러한 곳에서는 동질화homogenization와 이질화heterogenization가 나란히 진행되면서 혼성적인 세계 문화creolized global cultures가 나타났다.[1] 학자들은 이러한 문화적 변화의 원인으로 세계화globalization의 위력을 꼽았다. 그런데 세계화는 여전히 정의하기 어려운 개념으로 남아 있다. 세계 각지가 훨씬 복잡다단해진 물적·인적·사상적 교류망web을 통해 연결된 최근의 발전 양상을 설명하려고 '세계화'라는 개념을 사용하지만, 훨씬 오래된 근대 이전의 무역로, 이주, 군사행동 및 탐험의 역사를 서술하는 데 사용하기도 한다.[2] 확실히 각 지역 문화는 지식 생산 및 다른 문화와의 접촉을 통해 안팎의 충격에 대응하며 지속적으로 발전해 왔다. 20세기에 들어서면서, 문화인류학자들이 문화 진화cultural evolution와 문화 변

동cultural changes의 기제를 보다 체계적으로 연구하기 시작했다.[3] 처음에는 문화적 차이의 유형을 설명하는 데 초점을 맞추었지만, 최근 몇십 년간 세계화를 다룬 저술에서는 점점 더 문화 동화cultural assimilation와 문화 적응adaptation을 강조하고 있다. 그렇지만 1945년 이후 전 세계에서 나타난 문화적 변화를 세심하게 살펴보면 동화와 차이가 어떻게 상호작용하고 서로 보완해 왔는지가 드러난다.

제2차 세계대전 이후에 이루어진 문화 세계화cultural globalization 논의는 경제 세계화economic globalization 논의와 떼어 놓을 수 없다. 사실 세계화라는 용어는 1970년대에 경제학자들이 전 세계적으로 벤처기업business ventures의 통합이 늘어나면서 나타난 효과를 설명하려고 처음 사용했다.[4] 세계화를 비판하는 사람이나 지지하는 사람 모두 문화 세계화를 경제 세계화의 산물로 여겼다. 세계화 지지자들은 우월한 경제적·문화적 관행을 광범위하게 수용하고, 아울러 창조적으로 적용함으로써 참여자 모두를 위해 더 많은 부와 권력을 창출할 수 있다고 주장했다. 그들은 세계무역기구 연례 회의와 스위스 다보스에서 열리는 세계경제 포럼을 통해 경제 세계화를 찬양했다. 이런 자리에서 각국 정부와 기업 대표들은 전 세계적으로 경제협력을 증진하는 방안을 논의했다. 그들은 각 나라의 무역 장벽을 낮추는 법률을 제정하기 위해 로비를 하고, 국제적 벤처사업을 지원하며, 개발도상국에는 근대화를, 그리고 선진 산업국에는 경제성장을 약속했다.

반면에 회의론자들은 기업의 탐욕과 경제적 착취가 각 지역의 자결권self-determination을 침해한다고 경고했다. 세계화는 또한 세계시장을 지배하는 이들에게 더 많은 부와 권력을 창출해 주었지만, 주변부 주민들에게는 종속을, 나아가 모두에게 더 큰 불평등을 초래한 것으로 비쳤다. 비판자들에게는 세계화가 서구, 주로 미국의 경제·문화 제국주의나 다름없었다. 세계화가 토착 경제 발전과 지역 자활local self-sufficiency을 짓밟고 지나간 자리에는 새로운 탈식민 속지들postcolonial dependencies이 생겨났다.[5] 규모가 더 크고 비용 대비 효율이 높은 기업체들이 밀려들면서 지역 상인들이 운영하는 사업체들은 문을 닫게 되었다. 토착 생산자들은 거대 기업과의 저가 경쟁을 감당하지 못해 문을 닫거나 비인간적인 대기업 구조에 흡수되었다. 미국 사회학자 조지 리처 George Ritzer는 이러한 과정, 즉 생산과 서비스 산업 분야에서 나타난 합리화, 효율성, 표준화 제고 현상을 세계에서 가장 성공한 패스트푸드 체인인 맥도 날드에서 쓰는 기법에 빗대어 "맥도날드화McDonaldization"라고 칭했다.[6] 비판자 들은 경제적 자활을 문화적 특수성과 결부시켜 경제 제국주의로 인해 각 지 역의 문화 정체성이 손상될 것이라고 내다보았다. 그들은 이른바 기업 권력 corporate powers이 문화 제국주의를 통해 자행하는 맹렬한 공격에 맞서 토착 문 화를 수호해야 한다고 외쳤다. 세계화 비판자들은 세계경제 포럼을 견제하고 인권과 사회정의 같은 보편적 대의를 수호하는 대안 세계화를 추진하기 위해 세계 사회 포럼World Social Forum: WSF을 창설했다. 세계 사회 포럼은 2001년부 터 매년 다보스 세계경제 포럼과 같은 시기에 열렸고, 민주주의와 평등, 인권 을 강화하는 방안에 대해 논의했다.[7]

이와 유사하게 정치 영역에서도 세계화의 영향을 둘러싼 논란이 벌어졌 다. 한편에서는 정치 세계화가 민주화의 진전과 지역 자력화local empowerment 에 이바지한다고 보았다. 이들은 주로 유엔 같은 국제기구를 본보기로 들었 다. 유엔은 1945년에 창설된 이후 전 세계에서 국가와 개인 간에 적용되는 기 본 원칙을 제정하고 수호하기 위해 노력해 왔다. 유엔이 창립 초에 취한 가장 결정적인 행동으로는 1948년 12월에 회원국이 세계인권선언Universal Declaration of Human Rights: UDHR에 서명한 일을 들 수 있다. 이 선언문은 "인류 가족 구성 원 모두의 타고난 존엄성과 평등하고 양도할 수 없는 권리가 …… 세계에서 자유, 정의, 평화를 구현할 토대"임을 확고히 했다.[8] 유엔 및 기타 국제기구는 문화유산이나 정치 이념을 막론하고 모든 사람과 국가의 상호 관계를 지배하 는 보편 법칙과 권리가 존재한다는 전제 위에 설립되었다.

보편권과 보편 법칙이라는 이상을 구현하려는 국제기구가 1945년 이후에 많이 늘어났지만, 이들은 지역 협치local governance에 개입할 권한을 갖지 못했 다.[9] 그런데도 지지자들은 국제기구가 점점 더 많은 사람에게 가시성visibility과 정치적·경제적 자율성을 확대할 수단을 제공함으로써 정치적 자유화 과정을 진전시킬 수 있는 능력을 갖추었다는 낙관론을 설파했다.[10] 그러한 수단으로는 라디오, 텔레비전, 최근의 인터넷 같은 새로운 통신수단과 새로운 사회적·지리적 이동의 기회를 들 수 있다. 옹호론자들은 통신 기술의 발달을 통해 중심부에서는 주변부 사람들의 운명에 대해, 주변부에서는 세계에서 벌어지는 사건에 대해 더 많은 관심을 갖기를 기대했다. 그들은 또한 유동성 덕분에 사람들이 억압적인 체제에서 벗어날 수 있기를 바랐으며, 국제기구를 전 세계적인 연계성connectivity 확대의 반영이자 동력으로 보았다.

반면에 비판자들은 정치적 세계화 탓에 지역 공동체가 정치적 권리를 박탈당했다고 규탄했다. 그들은 유엔 같은 다국적 조직은 가난한 나라의 이해관계를 대변할 수 없다고 주장했다. 도리어 가장 부유한 나라들과 국제적 정경 복합체economic and political conglomerates가 세계 구석구석까지 손을 뻗어 각 지역의 정치, 경제 및 문화적 권력관계를 뒤바꾸어 놓았다. 비판자들은 경제적 자치권을 잃으면 대부분 곧바로 정치적 자치권도 잃게 된다고 주장했다. 따라서 지지자들이 찬양하는 것처럼 정치 세계화를 통해 자결권이 확대되고 민주화가 진전되기는커녕, 오히려 정반대로 경제적 집중과 더불어 정치적 집중도 급속도로 이루어져서 민주주의와 자치가 현저하게 후퇴한다고 보았다.

4부에서는 제2차 세계대전 후에 출현한 세계 문화가 어떻게 이질화와 동질화라는 상충적이면서 보완적인 힘에 대응하며 발전했는지를 추적해 보려고 한다. 1945년 이후 세계 문화를 종합적으로 개관하기보다는 지역과 국가의 경계를 초월해서 전 세계적으로 자취를 남긴 문화적 변화를 중점적으로 살펴볼 것이다. 1945년 이후 문화 세계화 과정은 세 단계로 나누어 볼 수 있다. 첫 번째 국면은 제2차 세계대전이 끝났을 때부터 1960년대까지로, 소련과 미국의 경쟁적인 문화적 전망이 압도한 시기였다. 이 시기에는 두 초강대국과 양 진영에 속한 동맹국들이 각자의 이념적 전제에 따라 국가가 주도하는 매우 강압적인 방식으로 전 세계에서 문화적 순응cultural conformity을 얻어내려 했다. 그러나 동시에 소련과 미국의 세력권 내부에서 각각 문화적 순응에 대한 반발이 가장 심각하게 나타났던 시기이기도 하다. 반체제 대항문화가 철의 장막 양편과 비동맹권에서 국가가 가하는 문화적 순응 압력에 맞선 끝에 결국에는 그것을 약화시켰다. 여기서 사용하는 대항문화counterculture라는 용어는 1960년대 서구 산업 세계에서 나타난 특정한 현상일 뿐 아니라, 더 넓게는 냉전기에 세계 곳곳에서 출현한 대안, 저항, 반체제, 반식민지, 서발턴 subaltern 문화의 확산을 지칭하는 것이기도 하다. 두 번째 국면은 1960년대에서 냉전의 종식까지로, 이 시기에는 식민지였던 신생 독립국들이 문화적 독립을 내세우며 문화적 다양성이 확대되었고, 중심부 주민들도 전에 없던 새로운 형태의 대안 문화를 모색하기 시작했다. 경제적 연결망 확대와 여행 및 이주의 급증, 문화 전이cultural transfer의 활성화를 통해 외국 문화나 문화적 배경이 다른 사람들과의 접촉이 많이 늘어났다. 냉전의 종식과 함께 시작된 세 번째 국면에는 사람과 물자, 정보의 이동이 급속도로 빨라졌다. 동유럽 공산주의 붕괴가 초래한 정치적 변동만으로는 이런 상황을 온전하게 설명할 수 없다. 정보산업communication industry 기술의 발전과 무엇보다 1990년대 초의 인터넷 개통, 해외 이주 및 여행의 증가 덕분에 세계에서 가장 구석진 오지에까지 연락이 닿았고 도시 지역은 더욱 다양해졌다. 도시화 자체의 속도도 20세기의 마지막 20년 동안, 특히 아프리카와 아시아에서 극적으로 빨라졌다. 유엔 인구기금United Nations Population Fund: UNFPA은 2007년 세계 인구의 절반 이상이 도시 지역에 거주한다고 발표했다.[11] 옛 도심뿐 아니라 새 도심에서도 독특한 지역성과 국제적 면모 사이의 복잡한 상호작용을 엿볼 수 있다. 이 상호작용으로 지역적인 것과 세계적인 것이 뒤섞여 독특한 데다 국제적으로도 인정받을 수 있는 혼종 문화들이 탄생했다.

　　세 가지 중심 전제가 4부의 길잡이 역할을 해 줄 것이다. 첫째, 문화적 동질화 과정이 1945년 이후 급속도로 진행되었지만, 21세기 초 세계는 여전히 문화적 획일성보다는 다양성이 두드러진다. 둘째, 세계 문화사는 비록 60년 남짓한 상대적으로 짧은 기간을 다루지만, 개괄적으로 서술할 수밖에 없다. 따라서 4부에서는 줄기차게 살아남은 독특한 지역성보다는 세계 문화의 수렴 현상을 살펴보려 한다. 독특한 지역성은 다행히도 여기서 제대로 다룰 수 없을 정도로 많이 살아남아 있다. 그러한 고로 4부에서는 지난 수십 년에 걸쳐 이루어진 광범위한 변화에 초점을 맞추어 전 세계에 영향을 미친 다양한 문화적 변화를 중점적으로 살펴볼 것이다. 이를테면 세계 정치 발전의 문화적 기원과 영향, 무엇보다 냉전과 탈식민화에 대해, 아울러 물자와 사람, 사상의 이동 및 세계화, 특히 소비주의consumerism를 매개로 하는 경제 세계화의 문화적 영향을 살펴볼 것이다. 셋째, 지역적 다양성의 확대는 문화 세계화의 필수 요소다. 따라서 4부에서는 반체제 세력과 대항문화가 계속해서 나타나고 확산되면서 어떻게 문화적 순응 압력에 저항했는지를 살펴볼 것이다. 보편주의universalism와 특수주의particularism가 어떻게 세계인을 더 가깝게 만들기도 하고 또 더 멀리 떨어뜨려 놓기도 하면서 지속적으로 문화적 영향력을 발휘했는지 밝히고, 마지막으로 세계적 동질화와 지역적 이질화의 상호 증진 과정도 밝혀 볼 것이다. 이러한 것들은 산업 세계의 중심부에서뿐만 아니라 지금까지 세계시장과 외따로 떨어져 있던 지역에서도 강력한 힘을 발휘했다.

순응과 저항, 보편주의와 특수주의, 동질성과 이질성이라는 세 쌍의 힘 사이에서 이루어지는 상호작용을 더 잘 이해하기 위해서 4부에서는 1945년 이후 전 세계적 맥락에서 나타난 특정한 문화적 변화에 집중할 것이다. 냉전 초기에 나타난 변화도 있고, 냉전이 끝난 후에 나타난 변화도 있으며, 전 기간에 걸쳐 완성된 변화도 있다. 동질성과 이질성, 인간의 보편 경험과 특수 경험, 순응과 저항의 공생 관계는 4부에서 되풀이될 주제다. 21세기의 도전은 문화적 변화의 구심력과 원심력을 이해하고 지역 특수성을 문화 세계화의 연결망에 유의미한 방식으로 끼워 넣는 일이 될 것이다.

1　냉전 문화들

　　제2차 세계대전이 끝나고 1960년대까지, 냉전 정치가 국제적인 인적·물적·사상적 교류를 좌우했다. 소련과 미국을 필두로 그들의 동맹국과 피후견국client states들은 비동맹국가들nonaligned nations을 정치적으로 자기 진영에 끌어들이려고 문화 외교에 막대한 투자를 아끼지 않았다. 이는 상대 진영이 영토나 이념 면에서 영역을 확대하지 못하게 하려는 시도였다. 과거 식민 열강이 남긴 문화적 유산을 극복하려 애쓰던 신생국가들은 당연히 냉전의 적대하는 양 진영 중 어느 한편과 손잡기를 주저했다. 1945년에서 1970년 사이에 독립한 64개국 중에는 평화롭게 권력을 넘겨받은 나라도 있었지만, 격렬한 항쟁을 치러야 했던 나라도 있었다.[12] 신생국가들은 제2차 세계대전이 끝나고 아직 식민 제국이 붕괴하기 전부터 식민 본국의 문화와 다른 독립적인 문화 정체성을 재정립하려 했다.[13] 막대한 정치적 변화가 1945년 이후 문화 세계화의 진전에 지속해서 영향을 미쳤다.

　　냉전기 미국과 소련 간 경쟁 및 탈식민화 과정의 문화적 측면은 제2차 세계대전이 초래한 변화와 연관 지어 살펴보아야 한다. 제2차 세계대전으로 인한 참상의 규모는 근대사에 유례가 없을 정도였다. 추정 사망자 수가 5000만에서 7000만 명에 이를 정도로 인명 손실이 막대했고, 그중 600만 명 정도가 유대인이었다.[14] 전쟁은 또한 세계인을 더 밀접하게 접촉하게도 했다. 이는 전쟁으로 인해 민간인 수백만 명이 진군하는 군인들에게 쫓겨 고향을 등진 채 유럽, 북아프리카, 아시아 각지를 떠돌면서 생긴 현상이었다. 유럽 대륙에서는 독일과 독일이 지배하는 지역 당국이 유대인과 여타 바람직하지 않다고 여기는 부류에 속하는 사람들을 강제수용소로 추방한 데다 수천에 이르는 강제 노역자를 독일 공장에 동원했다. 아시아에서는 일본이 1931년에 만주를 침공한 이후 중국 국민의 탈출이 줄을 이었다. 한편 미국 정부도 일본인 이민자와 그 자녀들을 서부 해안 지역에서 포로수용소로 강제로 이송했다.[15]

더욱이 제2차 세계대전 이후 중부 유럽의 국경이 다시 그어지면서 러시아에 할양된 폴란드 동부 지역에서는 폴란드인이, 폴란드에 할양된 영토와 체코의 수데텐란트에서는 독일인이 추방당했다. 홀로코스트 생존자 대부분은 전쟁 후에 유럽을 뒤로하고 새로운 터전을 찾아 미국, 이스라엘, 라틴아메리카 등지로 떠났다. 독일 동부 출신 난민과 추방민들은 독일 중부와 서부 지역으로 이주할 수밖에 없었고, 그곳에서 지역 주민들의 불신과 노골적인 적의에 부딪히곤 했다. 일본 국민도 일본의 지배에서 해방된 아시아 국가들에서 결국 쫓겨나거나 도망쳐야 했다.[16] 전후 이주민은 대부분 자신의 문화유산을 보존하려는 의지와 새로운 터전의 지역 관습에 적응하려는 노력 사이에서 균형을 유지하려 했다.[17] 이러한 시도는 소련이 이끄는 공산 세계와 서방 자본주의 세력이 대치해 양쪽 진영에서 유례없는 수준의 문화적·정치적 순응을 요구함에 따라 국제적 갈등이 다시 고조되던 와중에 이루어졌다.

소련은 자국 영향권 안에서 정치적·문화적 다양성을 거의 용인하지 않았다. 방어선 역할을 하는 동유럽 완충국가들buffer states에 둘러싸인 채, 소련은 그 나라들의 정치·경제·군사 업무를 통제했다. 1947년에 체코슬로바키아에서 일어난 공산주의 쿠데타는 적극적으로 지원했지만, 1953년 동독, 1956년 헝가리, 1968년 체코슬로바키아에서 일어난 봉기와 개혁 운동은 가차 없이 탄압했다. 아울러 소련은 대규모 국내 경찰 기구를 이용해 동유럽에서 언론 자유를 박탈하고 반체제 인사를 수감하며 문화 기관을 직접 통제했다.[18] 표현의 자유가 제한되면서 미술 분야와 문학 분야에서 지하 시장이 활성화되었고, 일부 작품은 서방으로 밀반출되었다. 사미즈다트samizdat라 불린 지하 출판물 장르에는 알렉산드르 솔제니친Aleksandr Solzhenitsyn의 『수용소 군도Gulag Archipelago』[19]와 같은 세계적인 문학 작품도 들어 있었다. 반면에 소련은 자국 영향권 밖에서는 국제 평화의 수호자, 세계 소외 계급의 보호자, 그리고 식민주의와 제국주의의 굴레 아래서 고통받는 사람들의 지지자로 보이고 싶어 했다.

이와 대조적으로, 미국은 전후 세계 무대에서 자유와 정의의 수호자, 그리고 민주적 자본주의 이념을 신봉하는 모든 이에게 번영을 약속하는 현대 소비자본주의의 본보기를 자임하고 나섰다. 그러나 동시에 반공anticommunism을 명목으로 권위주의 체제를 지원하기도 했는데, 특히 라틴아메리카에서 두드러졌다. 미국은 계속 다른 나라의 내정을 공공연하게 혹은 은밀하게 간섭했다. 때로는 국가 안보를 명분으로, 1953년 이란이나 1954년 과테말라에서처럼 민주적으로 선출된 지도자를 축출해 버리기도 했다.[20] 미국인들은 외국 문화 기관을 직접 통제하려 하기보다는 문화 외교를 적극적으로 활용했다. 미국은 또한 권위적 독재 체제라도 반공을 내세우기만 하면 검열이나 반체제 인사 탄압을 눈감아 주곤 했다. 피후견국의 내부 정치 상황에 소련처럼 직접 깊숙이 관여하지는 않았지만, 미국에 우호적인 정책에 대한 답례로 지역 엘리트들의 권력 강화와 반대파 탄압을 지원하기도 했다.[21]

탈식민화가 냉전의 정치적 각축장과 정체성 형성과 관련한 문화적 영역에서 미소 양극체제를 더욱 복잡하게 만들었다. 아시아와 아프리카의 신생 독립국 지식인과 정치 엘리트들은 종종 냉전을 유럽 제국주의 경쟁의 마지막 발현으로 여기곤 했다. 신생 독립국들은 두 적대 진영 가운데 어느 한쪽 편의 문화 공세에 넘어가지 않으려 했지만, 스스로 이 세계적 대결에 영향력을 행사하기도 했다. 그들은 새로 생긴 영향력이 독자적인 탈식민 문화 정체성을 재창조하려는 노력과 상충하지 않는지 살펴보아야 했다. 새로운 정체성은 지역에 따라 독특하면서 다른 지역의 탈식민 정체성과 소통할 수 있어야 했다. 1950~1960년대 내내 국제 토론장에서 지역적 특수주의와 보편적 탈식민주의postcolonialism 사이에 절충이 이루어지면서 냉전 체제의 진화에 상당한 영향을 미쳤다.

아메리칸드림 퍼뜨리기

　미국은 제2차 세계대전이 끝나고 다른 어느 나라보다 향후 세계정세에 크게 영향을 미칠 수 있는 위치에 있었다. 유럽과 아시아의 연합국들과 달리 미국의 도시와 산업은 물적으로 거의 타격을 받지 않았고, 미국인들은 전쟁이 시작되었을 때보다 끝나면서 경제적으로 더 부유해졌다.[22] 더 중요한 점은, 미국인들이 제1차 세계대전이 끝났을 때와 달리 세계정세를 선도하는 역할을 기꺼이 떠맡으려 했다는 것이다. 제1차 세계대전이 끝났을 때는 미국 의회 지도자들과 대중이 우드로 윌슨Woodrow Wilson 대통령의 원대한 새 세계 질서 구상을 거부했다.[23]

　미국이 제2차 세계대전에 참전하기 전에는 몇몇 유력 인사만이 더 적극적인 대외 개입 정책을 주장했다. 대표적인 인사로《라이프Life》소유주 겸 편집장인 헨리 루스Henry Luce를 들 수 있다. 루스는 '미국의 세기The American Century'라는 야심 찬 제목을 단 칼럼에서 미국은 "이제 전 세계에 이상을 전파하는 강국으로, 인류를 짐승의 수준에서 다윗이 천사보다 조금 못하다고 했던 정도까지 향상시킬 신비한 사명을 수행할" 능력뿐만 아니라 사명이 있다고 주장했다.[24] 그는 미국이 세계에 영향력을 행사해야 할 네 가지 분야로 기업, 전문 기술, 자선, 자유와 정의의 이상 수호를 꼽고, 20세기 후반에 이 모든 분야에서 미국이 주도적인 역할을 담당해야 한다고 주장했다.

　루스는 세계에서 미국의 문화적 영향력이 정치적 영향력의 토대가 된다고 보았다. "미국 재즈 음악, 할리우드 영화, 미국 속어 표현, 미국 기계와 특허품은 사실상 탄자니아의 잔지바르에서 독일의 함부르크까지 세계 모든 사회에서 유일하게 다 같이 인정하는 것"이었다. 그가 판단하기에, 미국은 "무턱대고, 무심코, 우연히, 그리고 정녕 부지불식간에 이미 모든 사소한 면에서까지 (매우 인간적인 방식으로) 세계열강이었다."[25] 그래서 20세기 후반에 미국이 해야 할 일은 "인간적" 영향력을 정치 무대에서 발휘하는 것이라고 보았다.

　루스가 선견지명이 담긴 청사진을 내놓았을 무렵, 루스벨트 대통령은 이미 미국의 문화 역량을 정치적으로 활용하려고 준비 작업을 해 둔 상태였다. 1938년에 루스벨트는 미국 문화의 해외 전파를 조직적으로 활성화하기 위해 국무부 안에 문화 교류국Division of Cultural Relations을 설치했다. 문화 교류국을 설치한 동기는 추축국이 라틴아메리카 등지에서 벌이는 선전 활동에 대한 우려가 커졌기 때문이었다.[26] 미국이 제2차 세계대전에 참전하고 나서 루스벨트 행정부는 정밀 정보국Office of Facts and Figures: OFF 같은 선전 기관을 따로 만들었다. 정밀 정보국은 나중에 전시 정보국Office of War Information: OWI으로 이름이 바뀌었다. 1942년 7월부터는 미국의 소리Voice of America: VOA 라디오방송국이 유럽과 아시아에서 선전 방송을 시작했다. 전시 정보국과 미국의 소리 방송국은 전쟁이 끝나고 해체되었으나 냉전이 발발하면서 1947년부터 활동을 재개했다. 1년 뒤에는 미국 의회가 스미스-먼트 법Smith-Mundt Act으로 더 유명한 미국 정보 및 교육 교류법US Information and Educational Exchange Act을 제정해 "세계 여러 나라 국민이 미국을 더 잘 이해할 수 있게 하고 국제 협력을 강화하기 위해" 미국의 소리 등에 자금을 지원했다.[27] 미국의 소리는 스미스-먼트 법이 통과되고 한 달 뒤부터 다시 러시아로 방송을 송출하기 시작했다. 1953년 무렵에 미국의 소리 방송은 2000명에 이르는 직원 가운데 4분의 1이 외국인이었고, 마흔여섯 개 언어로 방송했다. 방송국 예산은 대부분 공산권 국가로 방송을 내보내는 데 사용되었다.[28]

아이젠하워 행정부가 1953년에 설립한 미국 해외공보처United States Informations Agency: USIA는 국무부와 별도로 활동하며, 국가안전보장회의와 대통령에게 업무를 직접 보고했다. 미국 해외공보처는 향후 45년여 동안 해외 교육과 문화 업무에 자금을 지원하고, 외국에 안내 자료를 배포하며, 해외 안내소를 지원했다. 미국의 소리 방송 업무도 해외공보처에 인계되었다. 동유럽과 비동맹권에서 대공 업무 수행이 미국 해외공보처의 주요 임무였지만, 해외공보처는 냉전이 종식된 후에도 살아남았다. 그러나 결국 1999년 클린턴 행정부 시절에 해체되었고, 남은 부서는 국무부에 편입되었다.

미국 정부는 1950~1960년대에 세계 문화 자유 회의Congress for Cultural Freedom: CCF 같은 반공 단체에 은밀하게 자금을 지원했다. 세계 문화 자유 회의의 설립자 중 한 명인 시드니 훅Sidney Hook은 뉴욕 대학 철학 교수로 냉전 초기에 대표적 반공 지식인이었다. 그는 10년 사이에 마르크스주의자에서 반공주의자로 완전하게 전향했다. 조지 오웰George Orwell과 아서 케스틀러Arthur Koestler를 비롯한 다른 과거 좌파 지식인들과 마찬가지로 훅도 억압적이고 권위적인 스탈린주의적 공산주의에 환멸을 느꼈다. 훅은 전쟁이 끝나고 소련 지식인과 공산주의 지식인 들이 세계 평화와 반핵을 내걸고 국제적 조직망을 건설하려는 시도에 경각심을 가졌다. 1949년 4월 국제 공산주의자 및 좌파 평화운동가 들이 뉴욕 월도프 애스토리아 호텔에서 "세계 평화를 위한 문화·과학 회의Cultural and Scientific Conference for World Peace"를 개최하자, 훅은 이를 소련 선전 활동의 일부로 여기고 호텔 근처에서 항의 집회를 열었다. 이 항의 집회를 통해 세계 문화 자유 회의가 태동했고, 1년 뒤 베를린에서 훅과 칼 야스퍼스Karl Jaspers, 멜빈 래스키Melvin Lasky, 테네시 윌리엄스Tennessee Williams, 레몽 아롱Raymond Aron, 버트런드 러셀 등에 의해 정식으로 출범했다. 단체의 공식 사명은 자유민주주의를 찬양하고 공산주의를 평화와 문명의 수호자로 미화하는 소련의 선전에 맞서는 예술적·문화적 시도를 후원하는 데 있었다. 그러나 세계 문화 자유 회의는 비공식적으로는 미국의 문화적 봉쇄 전략의 일환이었다. 1960년대에 미국 신좌파 월간지 《람파츠Ramparts》가 CIA가 초창기부터 세계 문화 자유 회의에 자금을 댔다고 폭로함으로써, 자유주의 지식인계를 대상으로 한 미국 정부의 은밀한 공작이 드러나기도 했다.[29]

미국은 냉전기 내내, 세계 문화 자유 회의를 후원한 것처럼, 미국 문화와 미국 사회를 해외에 널리 알리고, 공산권 국가의 자국민에 대한 이념적 장악력을 약화하려는 기획을 시도했다. 미국의 노력은 냉전 초의 공개 선전 공세부터 해외공보처가 지원하는 더 교묘한 형태의 문화적 '침투infiltration'에 이르기까지 다양했다. 트루먼 행정부는 한국전쟁 기간에 공개 선전 활동을 위해 제2차 세계대전 당시의 심리전 분과Psychological Warfare Division(바뀐 명칭은 심리전략 위원회Psychological Strategy Board: PSB)를 부활시키기도 했다.[30] 재즈와 할리우드 영화를 비롯한 미국 대중문화의 영향력이 점점 더 커지자, 미국 문화 외교관들은 음악과 영화, 소비재 수출에 주력하기 시작했다. 1950년대 말에 미국의 소리 최고 인기 방송은 윌리스 코노버Willis Conover가 진행하는, 동유럽과 아프리카, 아시아의 청취자를 위한 재즈 방송 「뮤직 유에스에이Music USA」였

_____미국의 소리가 중계한 뉴포트 재즈 페스티벌의 무대에 함께 선 루이 암스트롱과 윌리스 코노버, 1958년. 미국 해외공보처의 지원으로 운영되던 미국의 소리 라디오는 동유럽과 아시아, 아프리카의 청취자를 대상으로 코노버의 「뮤직 유에스에이」 같은 인기 재즈 프로그램을 편성했다. 암스트롱의 음악은 방송에서도 인기가 높았다. (Wikimedia Commons, ⓒ Michael Williams)

다.[31] 미국 해외공보처는 또한 해외 재즈 순회공연을 후원하고, 흑인 음악가들이 동참하게 하려고 각별한 노력을 기울였다. 처음에 아프리카계 미국인들은 미국 내 인종 관계를 해외에 실제보다 훨씬 긍정적으로 보여 주는 데 이용당할까 봐 참여를 꺼렸다. 그러나 역사학자 페니 반 에센Penny von Eschen에 따르면, 듀크 엘링턴Duke Ellington과 루이 암스트롱Louis Armstrong을 비롯한, 순회공연에 참가한 음악가들은 결국 순회공연 기회를 이용해 (특히 아프리카에서) 새로운 청중과 만나고 국내외에 독립적이고 때로는 전복적이기까지 한 메시지를 전달하려 했다. 그런 전복적 순간 중 하나로 데이브 브루벡Dave Brubec과 아이올라 브루벡Iola Brubeck이 1961년에 루이 암스트롱과 합작한 뮤지컬 「진짜 대사들The Real Ambassadors」에서 국무부 순회공연을 비꼬고 미국 내 인종 관계를

노골적으로 비판한 장면을 꼽을 수 있다.[32]

소비주의도 미국 문화 외교의 주 무기였다. 제2차 세계대전이 끝나자 미국 경제는 군수품 생산 위주에서 소비재 생산 위주로 전환했다. 이에 따라 대공황기와 전쟁을 거치며 십수 년 동안 궁핍과 배급 제도 아래서 고생해 온 미국인들의 지출이 눈덩이처럼 불어났다. 정책 입안자들이 소비 지출과 국가 안보를 결부시킴에 따라 쇼핑은 전후에 애국적 의무로 부상했다.[33] 게다가 미국인들은 소비주의를 냉전의 선전 도구로도 활용했다. 예를 들어 1959년 7월 모스크바에서 열린 미국 공산품 박람회에는 다양한 소비재와 가전제품을 비롯해 가구가 완비된 미국식 단층 교외 주택까지 전시되었다. 따라서 미국이 주최한 박람회는 그보다 한 달 전에 뉴욕에서 열린, 중공업과 우주 기술을 주로 선보인 소련 박람회와 확연하게 대비되었다.[34] 미국인들은 공산권 관람객들에게 손에 쥐기 어려운 자유와 민주주의보다 주방 기구와 나일론 스타킹, 펩시콜라, 재즈, 최신 여성 의류를 팔기가 훨씬 쉽다는 것을 깨닫게 되었다.

반(反)제국주의 문화들

미국인들이 문화로 동유럽에 침투하기 위해 부지런히 움직인 까닭에 소련은 자신의 영역에서 통제권을 유지하려 애써야 했다. 1953년에 스탈린이 사망하자 니키타 흐루쇼프가 이끄는 새 지도부가 조심스럽게 자유화의 물꼬를 텄다. 이에 따라 정치인과 지식인 들이 좀 더 자유롭게 의사를 표명할 수 있게 되었다. 흐루쇼프는 동서 격차가 점점 커지자 무엇보다 소비재 생산을 독려했다. 그러나 이런 노력은 국외, 특히 1953년 동독, 1956년 헝가리, 1968년 체코슬로바키아에서 감행된 군사 개입, 그리고 소련 국내에서 자행된 탄압과 억압 때문에 중단되곤 했다. 반체제 운동에 대한 가혹한 탄압은 공산권 내에서조차 소련의 평판을 훼손했다.[35]

흐루쇼프의 집권기에 소련의 문화 선전 활동은 점점 더 직접 영향권 밖에 있는 지역, 무엇보다도 동남아시아와 아프리카에 집중되었다. 소련은 국제 선전전에 서구 자본주의 세계의 두 가지 주요 약점, 즉 식민주의 연루와 인종차별의 역사를 이용했다. 전후에 자유주의와 민주주의를 지지한 많은 나라는 19세기에 식민화의 선봉에 섰었다. 실제로 프랑스, 벨기에, 영국을 포함한 식민 열강 대부분은 제2차 세계대전 후에도 식민지 영유를 포기하려 하지 않았다. 따라서 서구 열강의 말뿐인 자유와 민족자결권 지지는 세계 각지에서 공허하게 울릴 따름이었다. 식민지들이 독립한 후에도 서구의 제국주의적 야심에 대한 의심이 사라지지 않아서, 소련의 반제국주의 선전이 효력을 발휘하기에 좋은 여건을 제공했다.

소련은 또한 서구의 암울한 인종차별 전력을 겨냥할 수 있었다. 식민주의는 사회 문화적인 인종 간 위계제를 토대로 세워졌고, 서구 열강은 이 위계제를 이용해 유색인 지배를 정당화했다. 제2차 세계대전은 극단으로 치달은 인종 위계 철학의 소름 끼치는 결과를 보여 주었다. 미국은 최대한 강경한 어조로 히틀러의 유대인 절멸 정책을 규탄했지만, 일본에 맞서서는 군사작전과 인종 비하 선동을 병행했다.[36] 게다가 미국 내 인종차별 체제로 인해 민주주의와 자유, 평등이 연결되어 있음을 주장하는 미국 측 선전의 위력이 줄어들었다. 전쟁 기간 내내 미군은 흑인 부대와 백인 부대로 분리되어 있었다. 한편 소련은, 블라디미르 레닌Vladimir Lenin이 1917년에 발표한, 제국주의와 자본주의를 연관 짓는 이론에 기대어 식민주의와 제국주의를 동시에 규탄했지만, 자국이 동유럽과 중앙아시아의 인접국들을 지배하는 상황은 모르는 척했다. 제2차 세계대전 전후로 많은 반식민 운동가가 레닌의 사상에 고무되었다.[37] 소련 선동가들의 반제국주의 메시지는 서구 제국주의가 아시아와 아프리카에 남긴 횡포의 잔재와 얽혀 미국이 보내는 자유와 민주주의의 메시지를 의심하게 하기에 충분했다.

소련은 종전 후 국제주의 수사를 세계 평화 구호와 엮는 데 뛰어난 수완을 보여 주었다. 1947년 여름, 냉전으로 인해 긴장이 고조된 가운데 소련은 국제 여성 민주 연맹Women's International Democratic Federation, 세계 민주 청년 연맹World Federation of Democratic Youth, 세계평화평의회World Peace Council: WPC 같은 단체들이 세계 평화 사상을 고취하려는 취지로 개최한 국제 행사를 후원했다. 처음 열린 행사 중 하나인 1947년 프라하 세계 청년 축전World Youth Festival에는 주로 유럽과 아메리카 대륙에서 1만 7000명가량이 참석했다. 참가자들은 "청년들이여, 하나 되어 평화 지속을 위해 전진Youth United, Forward for Lasting Peace"이라는 깃발을 들었다.[38] 청년 축전은 그 후에도 국제주의, 평화, 반제국주의를 다양하게 조합한 주제를 내걸고 계속 이어졌다. 참가자들은 대부분 비동맹권 국가와 공산권 국가 청년들이었지만, 비공산권 서구 평화 단체도 일부 참석했다.

세계평화평의회 또한 공산주의자가 다수인, 좌파 성향의 서구 지식인들을 끌어모았다. 1949년 파리에서 열린 제1회 '세계 평화 지지자 대회World Congress of the Partisans of Peace'에서 결성된 세계평화평의회는 명목상으로만 소련으로부터 독립적이었을 뿐 1950년대 들어 점점 더 분명하게 소련을 향한 지지를 드러냈다.[39] 소련은 '평화'라는 말을 빈번하게 사용해 세계 여론이 공산주의와 평화 이념을 함께 떠올리게 했다. 그 때문에 서구 정치인과 전문가들은 세계평화평의회와 다른 평화 단체들이 공산주의자들의 위장 조직이며 회원들은 "공산당 동지들fellow travelers"이라고 맹렬하게 비난했다. 헨리 루스는 1951년에 세계평화평의회는 "세계 자유경제를 복구하고 서구 세계를 방어하려는 노력을 무산시키려는 용의주도한 계책"이라고 규정했다.[40] 평화운동가와 반전 평화주의자들이 체제를 전복하려는 공산주의자이거나 공산주의 선동 계략에 넘어간 순진한 희생양이라며 비꼬는 사람들도 있었다.

비서구 세계를 겨냥한 언론, 출판과 소련 통신사의 대외 선전 활동도 더 활발해졌다. 1970년대에 노보스티Novosti 통신사가 해외에서 발행한 정기간행물로는 영어 주간지와 월간지인 《뉴 타임스New Times》, 《소비에트 위클리The Soviet Weekly》, 《소비에트 유니언The Soviet Union》 등이 있었다. 거기에 다양한 라디오방송이 세계 구석구석에 전송되었다. 청취 지역과 언어, 방송 시간은 1950~1960년대에 꾸준히 늘어났다. 선전가들은 비동맹권을 포섭하려고 온갖 소통 수단을 동원했다. 이념적으로 무난한 소련 문학작품을 엄선해, 1956년에 11개국어로 2800만 권을 펴냈고, 1970년에는 36개국어로 늘려 5550만 권을 출판했다.[41] 소련이 해외에서 벌인 정보 전파 활동은 미국 해외공보처의 활동에 비하면 대놓고 선동적이었지만, 서로 여러모로 비슷했다. 소련이나 미국이나 이제 냉전의 격전지는 비동맹 지역이고, 군사적 무기뿐만 아니라 문화적 무기도 동원해야 함을 잘 알고 있었다.

아시아와 아프리카의 국가들은 옛 식민 열강으로부터 독립하려 싸우고 있었기 때문에 소련의 반제국주의, 인종차별 반대, 평화 메시지에 호의적이었다. 특히 경제 및 재정 원조가 뒤따를 때에는 메시지가 더욱 탄력을 받았다. 그러나 1950년대에 이집트의 가말 압델 나세르가 입증했듯, 소련이 얻은 소득은 대부분 분명하지 않고 모호했다. 나세르는 미국이 아스완 댐 건설 원조를 놓고 압력을 행사하자 서슴없이 소련에 의지했지만, 결코 공산주의에 찬동하지 않았다. 오히려 수에즈 위기 2년 후인 1958년에 이집트 공산주의자들을 대대적으로 탄압하기도 했다.[42]

평화공존과 반제국주의를 결합한 소련의 구호는 다른 신생 독립국들에도 호소력 있게 들렸다. 소련은 인도에서 "정치적·군사적 의무가 따르지 않는" 무역 관계 증진, 기술 및 재정 원조 제공으로 평화론에 힘을 실었다.[43] 인도를 비롯한 옛 식민지들은 여전히 식민 열강의 막강한 군사력을 경계했으며 서구의 원조를 수락하면 다시 경제적으로 종속당할지 모른다고 우려했다. 비록 소련은 몇몇 신생 독립국과 일과성 동맹을 맺을 수 있었지만, 어디서도 어엿한 공산 체제를 수립하는 데 성공하지 못했다.

탈식민주의 문화들

탈식민화와 냉전이 서로 영향을 주고받긴 했지만, 탈식민화의 문화적 영향은 냉전에 앞선 오랜 역사적 과정과 연결 지어 이해해야 한다. 식민 지배 세계 체제는 그 안에 사는 사람들의 문화 정체성을 완전히 바꿔 놓았다. 천연자원을 착취하고 권력을 공고하게 다지며, 식민지에서 종속 관계를 창출해 낸 정치적·경제적 과정은 문화적 예속, 동화, 저항 과정과 불가분 얽혀 있다. 유럽 열강은 오랫동안 유색인의 문명화와 생활수준 향상이라는 문화적 사명을 내걸고 식민지에서 자행한 경제적 착취를 합리화했다. 문화 전환cultural conversion은 결코 식민주의의 주요 목표가 아니었지만, 세계 곳곳에서 식민 정치의 일부가 되었다. 유럽인들은 식민지에 학교와 기타 교육기관을 세워 식민관료 체제를 이끌어 갈 토착 엘리트를 양성했다. 이들 중 일부는 유럽 대학에서 학업을 계속하려고 식민 본국으로 떠났다. 예를 들어 베트남 지도자 호찌민과 마르티니크 태생의 알제리 운동가 프란츠 파농Frantz Fanon은 프랑스로, 인도의 반식민 운동 지도자인 자와할랄 네루와 모한다스 간디는 영국으로 떠났다.[44] 그리하여 서구 사상과 가치, 특히 민족주의 사상이 토착 지도자들이 정치적 독립 투쟁에 임하는 방식에 많은 영향을 끼치게 되었다. 물론 이들이 서구 사상을 접하고 나서 정치 활동에 나섰다고 보는 것은 어폐가 있다. 그래도 반식민주의자들은 서구 사상을 접한 뒤에야 식민 본국의 압도적 힘에 맞서 어떻게 싸울지 효과적인 전략을 개발할 수 있었다.

신생국들은 식민 열강이 정해 놓은 영토 경계가 문화적, 종족적 경계, 심지어 인종적 경계와 일치하지 않더라도 이를 정치적으로 수용했다. 그들은 또한 질서를 확립하고 중앙집권 체제를 수립하려고 유럽식 국민국가 모델을 따랐다.[45] 토착 엘리트들은 새로운 국경 안에서, 경쟁 집단을 제압하고자 폭력 충돌도 불사하는 각 부족과 소수민족을 인위적으로라도 통합해서 독립적인 국민 정체성을 확립하려고 했다. 예를 들어 프랑스령 인도차이나는 라오스, 캄보디아, 베트남, 세 나라로 나뉘었다. 베트남은 1954년에 프랑스가 철수한 이후 제네바 협정Geneva Accords으로 공산주의를 내건 북쪽의 베트남 민주공화국Democratic Republic of Vietnam과 서구와 손잡은 남쪽의 베트남국State of Vitnam으로 나뉘었다. 인도에서는 민족 및 종교 분열 때문에 영국이 서둘러서 인도 아대륙을 두 개의 나라(무슬림이 지배하는 파키스탄과 힌두교도가 통치하는 인도)로 분리했다. 동파키스탄은 서파키스탄과 동떨어져 인도아대륙 북동쪽 모퉁이에 자리 잡고 있었기 때문에 인도의 지원을 업고 유혈 독립전쟁을 치른 뒤 1971년 방글라데시로 분리되어 독립했다. 마찬가지로 중동은 1948년에 이스라엘 국가가 수립된 이후 유대인과 아랍인의 갈등으로 지워지지 않을 상처를 입었다.

르완다와 부룬디에서는 1962년 벨기에에서 독립하기 전부터 인종 갈등이 분출해 후투Hutu족과 투치Tutsi족 사이에 정치적·사회적·문화적 경쟁이 불거졌다. 1959년 르완다에서 후투족이 투치족을 학살하자 투치족은 부룬디를 비롯한 인접국으로 피난에 나섰다. 투치족은 군주제 국가인 르완다와 부룬디에서 왕위 계승권을 가지고 있었고, 벨기에 식민 지배하에서 더 높은 사회적 지위를 누렸다. 우간다 태생의 정치 인류학자 마흐무드 맘다니Mahmood Mamdani에 따르면, 후투족과 투치족 간의 정치적 경쟁은 벨기에 식민 지배자들이 투치족에게 소 떼를 관리하는 책임을 맡기고 식민 체제 내에서 특권적 지위를 부여한 데에서 비롯되었다.[46] 많은 식민지에서 중앙집권적 식민 관료 체제는 식민지 내 어느 한 종족 집단과 손잡고 문화적·인종적 갈등을 무자비하게 억눌렀다. 따라서 토착 집단으로 정권이 이양되면서 서로 경쟁하는 정치집단 또는 종족 집단 간에 권력 투쟁이 발생했고, 때로는 무력 충돌, 심지어 내전으로 격화하기도 했다.[47]

알제리, 나미비아, 로디지아처럼 백인 정착민이 많은 지역에서는 탈식민화로 인해 격렬한 인종 분규가 발생하곤 했다. 이러한 지역의 백인 정착민들은 남아프리카 공화국의 선례를 따랐다. 남아프리카 공화국은 1909년에 백인이 통치하는 중앙집권 국가를 수립하고 계속해서 모국인 영국과 긴밀한 관계를 유지했다. 백인들은 독립 이후 유럽 식민 열강의 군사적 보호를 받을 수 없게 되자, 다수를 차지하는 흑인 토착민을 다스리는 특권적 지위를 유지하려고 극단적 조치를 취하곤 했다. 남아프리카 공화국의 백인 지배계급은 엄격한 인종 분리를 시행하는 아파르트헤이트 체제를 도입하고, 세를 확장해 나가던 아프리카 민족 회의African National Congress를 정치적으로 탄압했다.[48] 알제리의 백인 정착민들도 남아프리카 공화국처럼 프랑스 본토와 긴밀한 관계를 유지하고 있었고, 제2차 세계대전 후 알제리를 프랑스 국가에 편입시키기 위해 활발하게 로비 활동을 벌였다. 그러나 1950년대 들어 알제리 민족주의자들이 힘을 키우고 프랑스 지배에 맞서는 강력한 무장 운동 단체인 민족 해방 전선을 조직했다. 독립 투쟁은 1954년부터 프랑스 정부가 알제리 영토 포기를 선언한 1962년까지 이어졌다. 그 후 '피에누아르pied-noir'라 불리던 유럽계 알제리인 수백만 명이 알제리에서 탈출해 프랑스에 정착했다.[49]

아프리카의 옛 식민지들은 정치적 독립을 추구하면서 자신들의 문화 정체성을 재정립하려 애썼다. 식민 통치자들은 서구의 의례와 관습, 문화를 도입해 토착 관행을 억누르곤 했고, 유럽의 근대성과 식민지의 후진성이라는 잘못된 이분법을 설정했다.[50] 토착민들은 압제자들에게 맞선 반식민 투쟁에 힘을 모았지만, 독립 후에는 토착 이익집단들 사이에 독립에 대한 관점이 엇갈려 새로운 균열이 발생했다. 지역 정치 지도자들의 성패는 종종 인위적으로 함께 놓이게 된 지역 전통과 국제적 근대성을 어떻게 조화하고, 각 나라 구성원 내부의 종족적·부족적·문화적 차이를 어떻게 뛰어넘느냐에 따라 갈렸다.

아프리카의 신생 독립국에서는 문화적 자율성을 되찾으려는 방편으로 1930년대에 등장한 아프리카와 카리브해 연안 출신 지식인들의 '네그리튀드négritude' 운동을 끌어오기도 했다. 네그리튀드 운동은 세네갈의 시인 겸 평론가로 1960년에 초대 세네갈 대통령으로 선출된 레오폴 세다르 상고르Léopold Sédar Senghor와 카리브해 연안 마르티니크 출신으로 시인 겸 극작가인 에메 세제르Aimé Césaire 등에게서 비롯되었다. 두 사람은 독립을 얻고자 하는 정치적 투지에 문화적 근거를 제공해 주었다. 이들은 아프리카 작가들과 아프리카계 미국 작가들, 특히 1920년대부터 흑인의 자긍심과 흑인 문화를 찬양해 온 랭스턴 휴스Langston Hughes와 리처드 라이트Richard Wright 같은 미국 할렘 르네상스Harlem Renaissance 작가에게서 영감을 받았다. 아울러 1790년대에 프랑스에 맞서서 아이티 독립을 쟁취해 낸 투생 루베르튀르Toussaint Louverture처럼 백인 식민 지배에 대항한 역사적 선례들에도 관심을 가졌다.[51]

그러나 두 사람은 각자 고유한 방식으로 네그리튀드 개념을 실제에 적용했다. 상고르에 따르면, 네그리튀드는 "흑인, 더 구체적으로 아프리카 흑인 세계를 특징짓는 문명을 구성하는 문화적·경제적·사회적·정치적 가치의 총체다. (……) 즉 교감 능력, 신화 창작 재능, 뛰어난 리듬감 같은 것들이 네그리튀드를 구성하는 핵심 요소로 흑인들이 만든 모든 작품과 활동에 깊이 아로새겨져 있다."[52] 상고르의 네그리튀드는 제2차 세계대전 이후 아프리카와 카리브해 지역에서 벌어진 정치적 독립 투쟁의 구심점 역할을 했다. 한편 세제르의 네그리튀드 사상은 흑인들의 문화적 독립에 대해 더 유연하게 사고했다. 세제르도 상고르처럼 서구 문화의 우월성이 타당한지에 관해 문제를 제기했지만, 문화적 독립을 주장하는 데 서구의 텍스트가 유용할 수 있음을 부정하지 않았다. 일례로 세제르는 윌리엄 셰익스피어William Shakespeare의 1610년 작 『태풍Tempest』을 흑인 연극으로 개작해, 식민지 주민의 문화적 해방을 강력하게 설

_____세네갈의 시인이자 언어학자인 레오폴 세다르 상고르는 1960년에 프랑스로부터 독립한 세네갈의 초대 대통령으로 선출되었다. 상고르는 에메 세제르, 레옹 다마스(Léon Damas)와 더불어 '네그리튀드' 개념을 발전시켰다. 이는 식민 체제의 문화적 탄압에 맞서 아프리카의 문화 독립을 되찾으려는 것이었다. (Bibliothèque nationale de France)

파하는 매개체로 바꿔 놓았다.[53] 그는 주인공 프로스페로Prospero에게서 "철저한 전체주의자", "냉철한 이성을 가진 체계적인 정복자, 즉 계몽된 유럽인의 초상"을 보았다. 반면에 상대역인 원주민 칼리반Caliban은 "여전히 자신의 기원과 가깝고, 자연 세계와의 연결도 아직 유지하고 있었다." 세제르는 프로스페로로, 더 나아가 계몽된 유럽을 전체주의와 동일시한 반면에, 칼리반을 문화적 정통성authenticity과 동일시했다.[54] 더욱 중요한 점은 그럼에도 칼리반이 피식민자와 식민자의 세계 양편을 넘나들 수 있다는 것이다. 칼리반은 유럽어를 구사하고 서구적 양식을 잘 알고 있으므로 주인인 프로스페로보다 문화적으로 유리하다. 칼리반처럼, 세제르도 서구 텍스트에 토착적 의미를 덧씌워 서구 문화에 관한 지식을 문화적 해방의 무기로 바꾸어 놓았다.

네그리튀드 개념은 강력한 비판자들과 맞닥뜨렸다. 프란츠 파농은 『대지의 저주받은 사람들Les damnés de la terre』에서 유럽 계몽주의 저작의 재해석을 바탕으로 네그리튀드를 주창한 세제르를 비롯한 아프리카와 카리브해 지역의 지식인들이 식민 문화 권력 강화에 공모했다고 주장했다. 그는 이 지식인들이 토착 민족문화를 되살리려 하기보다 유럽인이 아프리카와 카리브해의 문화 모두에 획일적으로 붙여 놓은 명칭을 수용한 점을 꼬집었다. 파농에 따르면, "네그리튀드 개념은 백인들이 인간성에 가한 모욕에 대한, 논리적이지는 않지만 감정적인 반反테제antithesis였다."[55] 백인들이 가한 모욕이란 모든 아프리카인을 출신국이나 문화 정체성과 상관없이 한데 뭉뚱그려 토착 문화의 존재를 부정하고 서구 문화의 가치를 주입하려 한 것이었다. 파농이 보기에, 서구 문화에 물든 토착 지식인들이 저지른 오류는 각기 다른 앙골라, 케냐 또는 가나의 문화가 아니라 하나의 아프리카 문화가 존재한다는 것을 증명하려고 시도한 점이었다. 파농은 그 과정이 기본적으로 식민 체제가 가한 문화적 억압의 전도inversion일 뿐이라고 비판했다. 파농에게 네그리튀드는, 아프리카에서나 미국에서나 문화 정체성의 인종화를 알리는 징후였다.[56]

파농의 비판은 문화 변화 과정과 문화 정체성 개념의 결정적 측면을 드러내 주었다. 원주민들의 고유한 문화적 모태는 강압적으로든 자발적으로든 외래문화와 접촉하면 변할 수밖에 없다. 토착 지식인들이 문화 변용cultural transformation 과정을 뒤집어 식민 지배의 잔재를 지워 버리려 해봤자 소용없을 터였다. 네그리튀드를 주창하는 사람들조차도 완전한 역전reversal을 시도하기보다 서구 식민 문화의 규범을 정치적·문화적으로 토착민들의 필요에 맞게 통합하고자 애썼다. 1990년대 초부터, 문화인류학자와 사회학자들이 이러한 과정을 문화 혼종화cultural hybridization 또는 크리오요creolization화라 부르기 시작했다.[57]

아시아에는 아프리카의 네그리튀드 운동에 비견할 만한 운동이 존재하지 않았다. 하지만 유럽인들이 식민 활동을 진행하면서 아시아를 '동양의 oriental' 타자other로 여기는 특수한 관념이 생겨났다. 팔레스타인계 미국 문학 이론가 에드워드 사이드Edward Said는 1978년에 출간한 『오리엔탈리즘 Orientalism』에서 서구 문화와 문학작품에 중동 식민지 신민들이 열등하다는 생각이 깊숙이 뿌리박혀 있다고 주장했다. 사이드는 오리엔탈리즘이 어떻게 비서구 민족의 탈식민 정체성에 깊이 뿌리내리게 되었는지를 살피기보다 오리엔탈리즘이 근본적으로 서구적 개념임을 보여 주는 데 더 관심을 기울였다.[58] 사이드의 오리엔탈리즘 비평은 새로운 학문적 관심을 촉발했다. 많은 학자가 서양의 동양관이 대중문화와 정치 관계에 미친 영향을 탐구하고, 민족이나 국민 정체성 형성에 관해 문제를 제기하며, 동양과 서양이라는 이분법의 이념적 토대를 분석하기 시작했다.[59] 사이드의 저작은 큰 호응을 얻었지만, 비판을 불러일으키기도 했다. 비판적 학자들은 사이드의 오리엔탈리즘 정의에 이의를 제기하고, 오리엔탈리즘이 단일한지에 대해 의문을 표시하며, 사이드가 학문적 주제를 논란거리로 만들었다고 비난하기도 했다.[60]

사이드는 제국주의의 문화적 영향에 관한 해석을 계속 발전시켜 나갔고, 후기 저작에서는 제국이 문화적 예속뿐만 아니라 통합과 혼종화, 이질화도 불러왔다고 주장했다. 제국의 문화와 식민지의 문화가 상호 영향을 주고받으며 재구성된다는 해석 덕분에 사이드는 세제르가 앞서 시도한 것처럼 셰익스피어 같은 서구 작가들을 탈식민화 기획decolonizing project에 끌어들일 수 있었다. 따라서 셰익스피어의 작품은 특수한 유럽적 정체성을 잃게 되었을지 모르지만, 세계 목록에 오르게 되었다. 사이드는 세제르가 각색한 『태풍』을 바탕으로 주요한 두 식민지 출신의 등장인물 칼리반과 에어리얼Ariel의 재해석을 제안했다. 칼리반은 반항적인 노예였고, 에어리얼은 셰익스피어의 극본에서는 동화한 순응적인 정령이었지만, 세제르의 극본에서는 물라토로 변신했다. 사이드에 따르면, 이 작품은 독립 운동가들에게 중대한 문제, 즉 "제국주의로부터 독립하려는 문화는 자신의 고유한 과거를 어떻게 상상해야 할 것인가?"에 대한 답을 제공해 주었다. 사이드는 『태풍』 속의 에어리얼-칼리반 이분법으로부터 서로 다른 세 가지 선택을 끌어냈다. 첫 번째 선택은 에어리얼을 본보기 삼아 식민 통치 아래서는 굴종적 지위를 감내하다가 이후에는 토착적 자아로 되돌아가는 것이다. 두 번째는 칼리반의 사례를 좇아, '혼혈 과거 Mongrel past'를 인정하고 독립 후에 이를 수용하는 것이다. 세 번째 선택은 칼리반이 과거의 억압에서 벗어나 '식민지 시대 이전의precolonial' 자아로 복귀하기 위해 투쟁하고 있다고 보는 것이다. 사이드는 세 번째 선택과 네그리튀드 이념을 창안해 낸 급진 민족주의를 동일시했다. 사이드도 파농과 마찬가지로 세 번째 방식의 식민지 해방에 깊은 의구심을 표했다. 그것이 유럽 식민자들이 처음 식민화에 나서면서 내건 이유와 별다를 바 없는 단순한 형태의 "국수주의와 외국인 혐오"로 쉽게 변질될 위험이 있기 때문이었다.[61]

1960년대 중엽 신생 독립국 지도자들 사이에서는 아프리카나 아시아에 공통의 정체성이 존재하는지, 그리고 공통의 정체성은 어떠해야 하는지를 놓고 의견이 분분했다. 언어와 종교, 종족 관습 때문에 문화 통합 과정은 상당히 지체되었다. 더욱이 아프리카는 식민 유산으로 인해 프랑스어권과 영어권으로 나뉘었다. 프랑스어를 쓰는 상고르나 영어를 사용하는 나이지리아 작가 치누아 아체베Chinua Achebe처럼 저명한 작가, 시인들이 토착어가 아닌 과거 압제자들의 언어로 아프리카 공통의 정체성을 모색하곤 했다.[62] 국제적으로 상찬받은 소설 『모든 것이 산산이 부서지다Things Fall Apart』를 쓴 아체베는 언어 장벽을 넘어 다른 식민 통치 희생자나 식민자들과 소통하는 것이 중요하기 때문에 영어를 쓴다고 밝혔다.[63] 하지만 아체베도 영어로는 특수한 지역적 경험을 적확하게 표현해 낼 수 없다는 점을 인정하고, 아프리카 고유 사상과 경험도 담아낼 수 있도록 영어의 한계를 확장해야 한다고 주장했다.[64]

이러한 논의들을 통해 한 세기를 넘는 식민 지배가 남긴 상흔뿐만 아니라 탈식민 경험의 다양성도 엿볼 수 있다. 아시아인들보다 아프리카인들이 한층 더 이질적으로 변해 가는 환경 속에서 끊임없이 정체성을 재정립해야 하는 어려움을 심하게 겪어야 했다. 잃어버린 종족 문화를 되찾는 일은 아프리카인들에게 큰 희망인 동시에 끊임없는 분쟁과 전쟁을 초래할지도 모르는 위험이기도 했다. 그리고 분쟁으로 말미암아 삶의 여건이 식민지 시절이나 다름없어지거나 더 열악해질 수도 있었다. 문화적 크리오요화는 인종 분규와 폭력, 전쟁만큼이나 탈식민화 과정의 중요한 일부가 되었다.

탈식민화 과정을 둘러싼 문화적 논의는 냉전기에 동서의 경직된 문화적 합의 구조에 대한 광범위한 문제 제기의 일부로, 동서 대결 구도에 억눌린 문화적 다양성을 들춰냈다. 그 밖에도 인적·물적 이동이 증가하고, 국제적 저항 문화와 동서 분열을 초월하는 국제적 인권 언어가 나타났다. 이러한 도전들 덕택에 1960년대를 거치면서 폭넓은 문화적 전환이 이루어져 각 민족과 국가의 문화적·경제적·정치적·관계를 영구적으로 변화시켰다. 1970년대 말에 소련의 아프가니스탄 침공으로 냉전이 다시 격화되었으나, 두 초강대 세력은 더는 상호 교류의 문화적 조건들을 좌지우지할 수 없었다. 이러한 문화적 전환은 문화적 순응에서 문화적 다양성으로 직선적으로 발전하기보다는 둘 사이의 관계가 재조정되었음을 나타냈다.

2   이동하는 사람들과 물자

제2차 세계대전이 끝난 후 국경선이 다시 그어지고, 식민지가 독립하고, 교통수단이 발달함에 따라, 사람과 물자의 초국적transnational 이동이 급속하게 늘어났다. 난민을 포함한 이민자와 여행자, 일시 이주 노동자들guest workers이 세계적인 문화 이질화 과정에서 주요한 역할을 담당했다. 이들이 옮겨 간 문화와 종교, 물적 전통material tradition이 새 정착지의 문화적 풍경을 바꿔 놓았다. 처음에 이민자들을 상대로 문을 연 식당, 종교 시설, 문화 시설 등이 모여 차츰 각양각색의 민족 문화로 인근을 수놓았다.[65] 이주자들은 어디를 가든 문화적 차이에 대한 관용을 확대한 동시에 새로운 균열을 심화시켜 세계 각지에서 문화적 갈등을 초래하기도 했다. 사람들이 움직이면서 물자도 이동했고, 세계적인 소비 시장을 조성했다. 국제 이주의 물질적 측면은 보통 다국적기업의 부상과 관련이 있었던 터라, 문화 동질화에 관한 책임도 거론된다. 물론 국제적 상표의 급속한 확산처럼 이러한 책임을 뒷받침할 만한 증거도 있지만, 주요 도심지에서 이국적인 식당들이 늘어나는 데서 볼 수 있듯이 한 장소에서 물질적 다양성이 더 커지고 있음을 보여 주는 증거들도 있다. 사람과 물자의 국가 간 이동이 급속하게 증가함에 따라 문화 혼종화 과정도 더욱 빨라져, 세계 각지는 더욱 친근해지면서 더욱 낯설어지고 있다.

이주자들

20세기 후반에는 이주의 형태와 더불어 행선지도 전에 없이 다양해졌다. 북아메리카 지역은 여전히 세계 각지 사람들의 주요 목적지였지만, 제2차 세계대전 이후 미국으로 향하는 이민의 비율은 이민율이 미국 전체 인구 1000명당 11명을 넘었던 20세기 초만큼 높지 않았다. 미국으로 향하는 이민율은 1940년대에 1000명당 0.4명으로 떨어졌다가, 1990년대에 제2차 세계대전 후 최고 수준인 1000명당 4명 정도로까지 올라갔다.[66] 이민자들의 인종 구성도 판이해졌다. 초기 미국 이주민은 대부분 유럽 출신이었지만, 20세기 후반에는 라틴아메리카와 아프리카, 아시아 출신이 주를 이루었다. 그러나 이민의 이유는 여전해서, 주로 경제적 곤란이나 인구 증가, 폭력 때문이었다.

탈식민화도 제2차 세계대전 이후 국제 이주를 초래한 요인 가운데 하나로 작용했다. 역식민화reverse colonization라 불리기도 하는, 옛 식민지 주민들의 본토 유입으로 산업 세계의 도시들이 다채로워졌다. 아프리카아인과 아시아인들이 영국, 프랑스, 벨기에, 네덜란드로 이주했고, 필리핀 사람들은 북미나 중동, 일본으로, 또 라틴아메리카인과 아시아인, 아프리카인들은 미국과 캐나다로 이주했다. 물론 식민지 세계는 처음 접촉했을 때부터 주로 원자재, 수공업 생산물, 그리고 향신료, 곡물, 커피, 차 같은 이국적 먹거리로 본토에 침투했다.[67] 이제 식민지 사람들이 식민지 산물을 뒤따라 본토로 가서 인종 구성은 물론이고 문화까지 변화시켰다.

탈식민화는 잇달아 세 차례의 이주 물결을 불러일으켰다. 첫 번째는 백인 정착민과 관리자들administrators의 본토 귀환 물결로, 귀환자 중에 토착 주민과 결혼한 사람들이 있어서 두 번째 이민 물결을 자극하는 역할도 했다. 두 번째 대열은 토착 친지들과 신생 독립국에서 권력자나 특권층으로서 지위를 잃게 된 식민지 엘리트층으로 이루어졌다. 세 번째 이주 물결은 옛 식민 세계 내부에서 일어났는데, 토착민들이 농촌에서 도시 지역으로, 척박한 땅에서 비옥한 땅으로, 또 국경 안팎으로 노동력 수요가 적은 곳에서 많은 곳으로 이동했다. 노동 인력이 국경을 넘나드는 예로는, 100만 명에 가까운 아프리카 노동자가 계절에 따라 북아프리카 각지에서 남아프리카 공화국으로 대규모로 이동

하는 것을 들 수 있다.[68]

유럽의 이주 유형도 제2차 세계대전 이후 크게 달라졌다. 우선 전쟁과 박해로 내몰렸던 사람들이 대거 이동했다. 1965년부터 2000년 사이에, 서유럽 인구 중 외국에서 출생한 사람의 비율은 2.2퍼센트에서 10.3퍼센트로 증가했다. 이처럼 서유럽은 (주로 미국으로 향하는) 출발지였다가, 아시아와 아프리카 출신뿐 아니라 다른 유럽 국가 출신 이민자들의 목적지로 바뀌었다. 유럽 연합 소속 국가로의 이민은 1989년에서 1993년 사이에 매년 100만 명을 웃돌며 사상 최고치를 기록했는데, 이는 주로 소련 붕괴의 여파 때문이었다. 이민자 수는 1980년대에는 20만 명 선이었고, 1993년 이후에는 매년 60만 명을 약간 넘기는 수준으로 유지되었다.[69]

제2차 세계대전 동안과 전쟁 직후 유럽 내 이주는 새로 등장한 사회주의 체제에서 추방당하거나 도피한 사람들의 정치적 이주가 주를 이루었다. 1950~1960년대에는 북유럽과 서유럽에서 노동력이 부족해 남유럽 노동자들이 북유럽과 서유럽으로 이동하는 경제적 이주가 우세해졌다. 예를 들어 독일은 1955년에서 1968년 사이에 이탈리아, 에스파냐, 그리스, 포르투갈, 터키, 튀니지, 모로코, 유고슬라비아와 협정을 맺고 250만 명이 넘는 그 지역 출신 사람들과 임시 노동계약을 체결했다. 1973년 독일 정부가 이 프로그램을 종결지을 당시에는, 이미 많은 노동자가 가족을 초청해서 석탄 및 철강 산업의 중심지인 루르 지역을 비롯한 주요 산업도시에 영구적으로 정착한 상태였다. 이주 노동자 가정의 2세대와 3세대는 독일 문화에 완전히 통합되지도, 부모들의 고국과 밀접하게 연결되지도 않은 문화적 환경에서 자랐다. 1970~1980년대에 독일 경제가 침체에 빠지자, 외국인 혐오가 고조되면서 외국인들을 겨냥한 폭력이 급증했다. 이민 역사가 긴 남유럽 이민자들이나 보다 최근에 이민을 온 아프리카인, 아시아인 가릴 것 없이 표적이 되었다. 독일 통일 이후에는 실업이 증가함에 따라 이민 정책과 외국인들을 독일 사회에 통합하는 문제, 독일 고유의 문화 정체성을 둘러싼 논쟁이 격렬해졌다.

알제리-프랑스 전쟁이 끝나고 무슬림이 대다수인 북아프리카 이주민을 프랑스 사회에 통합하는 일도 마찬가지로 난항을 겪었다. 이민자들은 대부분 주요 도시 외곽의 분리된 구역에 거주하면서 암울한 경제적 전망과 더불어 다양한 형태의 차별과 맞닥뜨렸다. 영국은 유럽과 영연방국가 출신 이민을 받아들이다가 1962년에 영연방 이민법Commonwealth Immigrants Act을 제정해 옛 식민지 주민들의 유입을 엄격하게 제한하기 시작했다. 영연방 이민법은 아시아 지역 영연방국가 출신 이민자 수를 매년 1500명밖에 허용하지 않고, 아시아와 아프리카 주민의 유입을 제한하는 데 주안점을 두었다. 하지만 전체 영국 이민 인구 중에서 아시아나 아프리카 출신 이민자들이 차지하는 비율은 호주와 뉴질랜드, 캐나다처럼 백인이 다수인 영연방국가 출신의 유럽계 백인 이민자 비율보다 훨씬 낮았다.[70]

라틴아메리카에서도 이민 유형에 변화가 나타났다. 한때 유럽인과 아시아인들의 목적지였던 라틴아메리카는 제2차 세계대전 이후 이주를 보내는 지역이 되었다. 1960년부터 1980년 사이에 180만 명이 라틴아메리카를 떠나 대다수는 미국과 캐나다로 향했다. 특히 멕시코와 카리브 제도 주민들이 1965년에 미국 이민법이 완화된 덕분에 북쪽으로 이주할 수 있었다. 멕시코와 카리브해 지역 출신 이주민들은 대부분 계절에 따라 캘리포니아에서 과일과 채소를 생산하고 판매하는 대기업을 위해 일하거나, 동부와 서부의 해안 지역에서 가사 노동자로 일했다.[71] 북아메리카의 모든 주요 도시에 새로운 특정 민족 거주 구역들이 등장했다. 1959년에 피델 카스트로가 혁명에 성공한 후, 플로리다에 대규모 쿠바인 사회가 형성되었다. 그 후 수십 년 동안 쿠바계 미국인들은 플로리다의 지역 문화를 변화시켰을 뿐 아니라, 냉전으로 인한 반공 분위기에 크게 힘입어 워싱턴에서도 상당한 정치적 영향력을 행사했다.[72]

중동에서는 석유 경기 호황이 외국인 노동력, 특히 아시아와 아프리카의 노동자들을 대거 끌어들였다. 중동에 온 노동자들은 대부분 독신 남성으로 단기간만 체류했다. 이들의 가족·사회 관계는 고국에 남겨진 채였고, 임금 또한 대부분이 고국의 지역 경제로 흘러들어 갔다.[73] 아랍에미리트에서만 유일하게 1990년대에 외국인 인구가 토착 인구를 9 대 1의 비율로 압도했다.[74] 아랍에미리트의 압도적인 외국인 인구는 상업적 호황의 원인이자 결과였다. 아울러 아랍에미리트의 정치 지도자들과 지식인들 사이에서 자신들이 베두인 유산을 보존할 수 있을지에 대한 우려를 낳았다.[75] 이들은 자녀들을 영국과 북미의 명문 학교와 대학으로 유학 보낸 터라 전통 관습을 보존하는 일은 더욱 어려워졌다.

일시 이주는 전후에 새롭게 나타난 현상이 아니었다. 20세기가 시작될 무렵 미국에 이민 온 사람 중 30퍼센트가량이 고국으로 돌아갔다. 실제로 20세기 초에는 수백만 명의 노동자가 철에 따라, 수확일을 찾아 남유럽이나 라틴아메리카로, 공장 일을 찾아 북유럽이나 미국으로 이동하곤 했다.[76] 20세기가 끝나갈 무렵, 이주는 일생에 한 번 있는, 돌아갈 가능성도 희박한 일생일대once-in-a-lifetime의 사건이라기보다 상당수의 세계인에게 평생의 과정a lifelong process이 되었다. 국경을 넘나드는 통근자 중 일부는 고등교육을 받은 상당히 부유한 전문가 계급에 속했고, 적어도 한 개 이상의 대륙에서 복수의 가계household를 꾸려 나갈 여유가 있었다. 이들은 대개 국제적인 업무를 담당해서 일 때문에 자주 이동해야 했다.[77] 월경越境 통근자들은 대부분 토착 주민을 접할 기회가 거의 없었고, 그다지 교류하고 싶어 하지도 않았다. 이들은 종종 해외 거주민 단체를 통해 자신들의 민족 전통을 보존하고, 아이들을 위해 국제 학교를 설립했다.[78] 특히 서구 엘리트 사업가들은 중동과 라틴아메리카, 아시아, 아프리카에 주거와 교육, 쇼핑, 기타 여가 시설을 갖춘, 토착민들의 경제 수준으로는 접근할 수 없는 초국적 고립지들transnational enclaves을 건설했다. 이들은 이처럼 거주국의 지역사회보다 세계 곳곳을 다니는 사업가들과 더 편하게 어울리며 새로운 해외 체류민 사회계층을 형성했다.

비행기 여행이 점차 대중화되면서 부유하지 않은 이민자들도 고국에 다녀오기 시작했다. 해외 체류민들은 또한 새로운 매체와 전자 통신의 발달 덕분에 개인적으로, 문화적으로 고국과 이어져 있었다. 예를 들어 1990년대 말 무렵에 뉴욕과 런던의 인도 이민자들은 위성을 통해 인도 방송을 시청하고 정기적으로 가족 및 친지들과 연락을 취했다. 인류학자 맥신 마골리스Maxine L. Margolis에 따르면, 브라질인들도 뉴욕에 영구적으로 이민을 왔다기보다 한시적으로 머무른다고 여겼다. 마골리스는 브라질 사람들이 "국경에 상관없이 고국과 현現 거주 사회를 아울러 가족·문화·경제 관계를 떠받치는 초국적 이

주민"이 되었다고 표현했다.[79] 전화와 인터넷이 남반구에서도 더 널리, 더 저렴하게 보급되었다. 20세기 후반의 이민자들에게 더는 공간적 거리가 문화적 거리를 초래하지 않았다. 이민자들의 특정 문화 공동체를 향한 소속감은 영토를 초월했다.[80] 세계 각지의 해외 거주민 집단은 앞선 19세기 이민자들과 달리 동질적이라고 여겨지는 민족문화에 동화되어야 한다는 압력을 받지 않게 되었다. 이민자들은 종종 주요 도시 지역으로 이주해서 문화적 다양성을 체험하곤 했다. 그들은 대도시에서 특유한 문화적 적소cultural niche를 찾을지, 아니면 고국의 문화적 속박에서 해방될지를 선택할 수 있었다. 문화적 정체성은, 적어도 일부 이민자에게는 계승이나 지역성의 문제이기도 하지만 선택의 문제이기도 했다.

농촌에서 도시로 향하는 국내 이주 또한 문화적 다양성에 영향을 미쳤다. 20세기 내내 세계 인구는 점점 더 도시로 모여들었고, 2008년에 결국 도시 인구 쪽으로 균형추가 기울었다. 하지만 2005년 『유엔 인구 연감United Nations Demographic Yearbook』에 따르면, "도시의urban" 정의는 나라에 따라 매우 다양하므로 다소 부정확한 지표가 될 수도 있다.[81] 어떤 나라에서는 인구 밀도가, 다른 나라에서는 행정권의 수준이, 또 다른 나라에서는 특정 지역 거주민의 총합이 척도가 되었다.[82] 그렇지만 수치들을 통해 뚜렷하고 지속적인 도시화 추세를 엿볼 수 있다. 유엔에 따르면, 1950년에 인구가 1000만을 넘는 도시는 뉴욕과 도쿄뿐이었다. 2005년에는 인구가 1000만 명 이상인 도시가 스무 곳이나 되었고, 그중 일곱 개 도시만 산업화된 세계에 있었다.[83] 최근의 도시 인구 증가는 대부분 아시아와 아프리카, 라틴아메리카에서 이루어졌다. 2001년 유엔 인구 보고서에 따르면, 1950년에서 1975년 사이에 인구 증가율이 가장 높았던 두 도시는 멕시코시티와 브라질의 상파울루였다. 이 두 도시에서는 이 기간에 인구가 네 배 이상 증가하여 각각 290만, 260만이었던 멕시코시티와 상파울루 인구는 1975년에 1000만을 돌파했다. 이 기간에 연평균 인구 증가율이 가장 높았던 곳은 7.6퍼센트를 기록한 대한민국의 서울이었다. 1950년에 100만 명에도 못 미쳤던 서울의 인구는 1975년에 680만 명에 이르렀다. 20세기의 마지막 사분기 동안 사우디아라비아의 리야드와 제다, 방글라데시의 다카, 나이지리아의 라고스, 과테말라시티에서 연평균 인구 증가율이 6퍼센트를 넘었다.

전반적인 인구 증가와 더불어 도시로의 이주도 늘어났다. 1950년 이후, 아시아와 아프리카의 인구 증가율이 유럽과 북미보다 높아졌다. 도시 지역에서는 시민들에게 더 나은 보건과 교육을 제공했다. 하지만 도시가 짧은 기간에 급속하게 성장한 경우, 공중위생과 주택, 사회복지 사업이 급격한 인구 유입과 보조를 맞출 수 없었다. 예를 들어 나이지리아의 수도 라고스는 1970년대와 1980년대에 인구가 매년 14퍼센트 넘게 증가했기 때문에 시 공공복지가 이에 제대로 대처하지 못했다. 전기와 수도, 위생 시설 공급이 자주 부족했을 뿐 아니라 학교를 비롯한 기초 사회 시설도 모자랐다.[84] 인도 뭄바이의 인구는 1950년에 300만 명에서 2000년에 1600만 명 이상으로 증가했다. 21세기로 접어드는 전환기에 뭄바이 주민의 절반 이상이 빈민가에 거주하고 있었다. 뭄바이는 대비를 보여 주는 대표적 사례다. 뭄바이 도심에서는 인도 공업 생산량의 약 20퍼센트가 나오고, 국제적인 현대식 고층 건물이 즐비하다. 반면에 뭄바이 인구 대부분은 산업화 이전의 형편없는 가옥에 거주하고 있다. 고등교육을 받은 뭄바이의 소수 전문 인력은 인도 영화 및 문화 산업뿐만 아니라 국제적 자본을 창출하는 사업에 몸담고 있다. 그에 반해 뭄바이 변두리의 가난한 사회적 주변인들은 빈곤의 수렁에 점점 더 깊이 휘말리고 있다. 이처럼 뭄바이는 세계화로 인한 양극화 현상을 보여 주는 진열장이 되었다.[85] 극명한 빈부차가 이제 북반구-남반구 구도로 드러나기보다 단일한 도시의 좁은 지리적 경계 안에서 더 두드러지게 나타났다.

20세기 후반에 이루어진 전체 이주 가운데 일부는 경제적인 이유 때문이었고, 나머지는 전쟁과 자연재해, 정치적·인종적 박해에 기인했다. 특히 제2차 세계대전은 유럽 전역에서 수백만 명의 삶을 혼란에 빠뜨렸다. 독일과 독일 점령 지역 전역에서 수백만 명의 유대인과 집시, 반체제 인사, 장애인들이 강제수용소로 추방당하고 살해당했다. 강제로 동원된 노동자들이 동유럽과 남유럽에서 독일로, 동남아시아에서 일본으로 유입되었다. 전쟁이 끝난 후에는 국경이 재조정되면서 중동부 유럽에서 수백만 명의 주민이 쫓겨났다. 게다가 수백만 명이 전쟁의 와중에, 그리고 전쟁이 끝난 후 더 나은 삶의 조건과 더 많은 정치적 자유를 찾아 전란으로 피폐해진 유럽을 벗어나려 했다.

유럽을 빠져나간 이들 중에는 강제수용소에 보내지기 전에 가까스로 도 망치거나 수용소에서 살아남은 수백만 명의 유대인이 있었다. 그들의 목적지 는 주로 미국과 팔레스타인이었다.[86] 유대인 난민이 대규모로 팔레스타인에 유입되면서(1949년에 이스라엘 이민 인구는 26퍼센트에 달했다.) 이 지역 인구 통계 를 급격하게 변화시키고, 아랍계 팔레스타인인들을 둘러싼 또 다른 난민 위 기를 초래했다. 1917년에 영국이 밸푸어 선언Balfour Declaration을 발표하자, 유대 인 시온주의자들은 영국 식민지였던 팔레스타인 지역에 유대인 국가를 건설 하려 했다. 영국 정부는 밸푸어 선언을 통해 팔레스타인 내 비유대인 공동체 들의 권리가 보장된다면, 유대인들이 팔레스타인에 조국homeland을 건설하는 데 찬성한다고 밝혔다.[87] 영국이 1947년에 팔레스타인에서 위임통치를 종결 한 뒤 유엔이 개입해 팔레스타인을 유대 국가와 아랍 국가로 분리했다. 이스 라엘 국가가 1948년 5월에 선포되자마자 제1차 아랍-이스라엘 전쟁이 발발 했다. 이스라엘은 이후 수차례에 걸친 아랍-이스라엘 전쟁을 통해 영토를 확 장해 나갔고, 아랍인 33만 명가량이 인접국으로 피신했다.[88] 많은 팔레스타 인 난민이 정착한 난민 수용소들은 이후 수십 년 동안 정치적 급진주의의 온 상이 되었다. 한편 이스라엘로의 이민은 지속적으로 높은 수준을 유지했다. 1972년 이스라엘 인구의 91.5퍼센트에 달하는 절대다수가 해외에서 태어난 사람들이었다. 이스라엘에 이민 온 사람들의 출신지는 홀로코스트 직후에는 유럽이 주를 이루다가 1960년대에는 아시아와 아프리카로, 1990년대에는 러 시아로 바뀌었다.[89] 이스라엘-팔레스타인 분쟁은 문화적·민족적·종교적으로 다른 집단에 속한 사람들이 더 가까이 이웃한다고 해서 상호 이해가 저절로 증진되지 않을뿐더러, 긴장이 더 커지고, 공공연한 적대감과 폭력을 초래할 수도 있음을 분명하게 상기시켜 주었다.

아프리카도 비자발적 이주involuntary migrations의 현장이 되었다. 아프리카 신생 독립국가들이 내전의 참화를 겪으면서, 수많은 주민이 식량과 거처를 찾 아 임시 수용소로 향할 수밖에 없었다. 르완다, 부룬디, 에티오피아, 수단, 콩

——1948년 10월 30일, 이스라엘군을 피해 마을을 떠나는 팔레스타인 난민들. 1948년 5월에 이스라엘 국가가 선포되자마자 제1차 아랍-이스라엘 전쟁이 발발했다. 수차례에 걸친 아랍-이스라엘 전쟁으로 이스라엘 영토가 확장되었고, 대략 72만 6000명에 달하는 아랍인이 요르단을 비롯한 인접국으로 피신했다. 많은 팔레스타인 난민이 정착한 난민 수용소는 이후 수십 년 동안 정치적 급진주의의 온상이 되었다. (Wikimedia Commons, © Government Press Office (Israel))

고, 앙골라 같은 나라에서는 독립 이후 난민 위기가 거듭되었다.[90] 세계에서 가장 빈곤한 지역에서 이루어진 이러한 이동은 종종 대기근을 초래하곤 했다. 예를 들어 에티오피아는 1960년대에서 1980년대까지, 나이지리아(비아프라)는 1968년에서 1970년까지 거듭 기근을 겪었고, 수단은 1980년대 이후로 간헐적 기근에 시달려 왔다.[91]

난민 일부가 북유럽과 북아메리카로 망명을 시도함에 따라, 이들 국가에서 인권이 미치는 범위와 이민 규제의 교차점을 둘러싸고 열띤 논쟁이 벌어졌다. 역사적으로 이민의 비율이 높은 미국이나 캐나다, 호주 같은 나라에서는 인구 구성이 더 동질적인 서유럽이나 북유럽의 국가들보다 새 이민자와 망명자 들의 유입으로 인한 혼란이 덜했던 것처럼 보인다. 하지만 모든 나라에서 이민이, 특히 이민자들이 남반구 출신일 경우에는 여전히 정치적 논쟁거리로 남아 있다. 통합의 성공 여부는 종종 각 나라 집권층의 정치적 의지에 달려 있었다.

일시 체류자들

경제적 이민자와 난민 들은 대개 낯선 환경에 영구적으로 뿌리를 내렸지만, 여가나 업무, 교육을 위한 여행 또한 비록 잠깐이기는 해도 또 다른 문화 교류의 기회를 제공했다. 제2차 세계대전 이후 경제적 번영과 경제 세계화로 인해 해외여행이 더욱 늘어났다. 각국의 엘리트 계층 성원들은 19세기부터 여행을 다니며 여가를 보냈다. 20세기 후반에는 운송 수단이 발달하고 비용이 줄어든 덕분에 해외여행이 한층 증가했다. 이러한 변화로 인해 점점 더 많은 세계 인구가 그 어느 때보다 자주 외국인과 외국어, 외국 풍습, 외국 음식을 접할 수 있게 되었다. 인류학자와 사회학자, 역사가들은 최근에 들어서야 비로소 국제 관광global tourism이 여행자들과 토착 문화에 미친 문화적 영향력에 대해 더 깊이 연구하기 시작했다.[92]

제2차 세계대전 직후 수십 년 동안은 미군들, 관광객과 사업가들이 해외여행을 주도했다. 전쟁 중에 유럽과 북아프리카, 아시아에 배치된 병사들은 대부분 처음으로 외국에 나와 본 사람들이었다.[93] 미군은 제2차 세계대전이 끝날 무렵 독일과 오스트리아, 일본을 점령하고, 태평양 지역과 아시아, 유럽 각지에 영구적인 군사기지를 건설했다. 해외 배치 경험을 통해 미군 병사들이 외국 문화를 대하는 태도가 달라졌고, 미군 기지 인근 주민들도 미국을 더 가깝게 느끼게 되었다. 미군Gls은 미국 대중문화 수출의 주역이었다.[94] 그들은 제2차 세계대전 동안, 그리고 전쟁이 끝난 후 최초의 유럽 관광객이었다. 미군 병사들은 1944년 봄과 여름에 프랑스를 누빌 동안, 전투병 임무와 함께 프랑스의 모든 것에 관해 호기심을 달고 다녔다. 병사들의 호기심이 때때로 그들의 임무에 지장을 주기도 했다. 한 병사는 노르망디에 도착했을 때, "해방이나 전투, 독일군을 몰아내는 데 이바지하겠다는 생각보다 프랑스 땅에 발을 디뎠으니 프랑스인에게 프랑스어 한 마디라도 건네 봐야겠다는 생각이 앞섰다."고 털어놓았다.[95] 전쟁이 끝나고 유럽과 아시아에서 전투 임무가 점령 임무로 바뀌자, 병사들은 점점 더 여느 관광객들처럼 지역을 둘러보는 데 시간을 들였다.

　대중 관광은 전후 세계경제 회복에 중요한 몫을 담당했다. 미국인, 이어서 유럽인과 아시아인의 해외여행이 늘어나면서 관광객의 소비재 구매비, 호텔비, 교통비의 지출도 커졌다. 해외여행이 매우 광범위해짐에 따라 미국 정부는 1948년에 마셜 플랜의 지원을 받아 여행 담당 분과를 개설했다. 여행 개발과Travel Development Section: TDS로 알려진 이 부서는 파리에 세 명의 직원을 둔 사무소를 열었는데, 얼마 지나지 않아 직원을 열일곱 명으로 늘렸고 마셜 플랜이 시행된 모든 유럽 국가에 대리인을 파견했다. 여행 개발과의 임무는 유럽에서 해외여행을 촉진하고, 지역 관광산업을 장려해 그 수준을 높이는 것이었다. 아울러 미국 자본의 유럽 관광산업 투자를 용이하게 하는 방안도 마련했다. 그뿐만 아니라 미국의 정책 입안자들은 면세품 한도액을 100달러에서 500달러로 늘려 해외여행과 소비를 장려했다.[96] 최초로 이루어진 전 세계적 규모의 시도로 유엔이 1947년에 헤이그에 국제관설관광기구International Union of Official Travel Organization: IUOTO를 설치했다. 국제관설관광기구는 여행 규제를 완화하고 여권과 비자의 자격 요건을 전 세계적으로 통일하려 했다. 국제관설관광기구의 발의로, 유엔은 "관광은 평화로 가는 여권Tourism, Passport to Peace"이라는 구호를 내걸고 1967년을 국제 관광의 해International Tourist Year: ITY로 선포했다. 국제관설관광기구의 임무는 사람들이 쉽게 국경을 넘어 이동할 수 있게 함으로써 국제적 이해를 증진하고, 세계적으로 소비를 진작시켜 경제 발전과 현대화를 촉진하는 것이었다.[97]

　해외여행이 더 저렴해지고, 서유럽과 아시아의 국가들이 전쟁의 참화에서 회복되면서 관광객들의 사회적·인종적 면모가 달라졌다. 1970년대에 들어서면서 해외여행은 더는 상류층의 전유물이 아니었다. 따라서 더 광범위한 계층의 세계인들이 서로 접촉할 수 있게 되었다. 1974년에 설립된 유엔 세계 관광기구United Nations World Tourism Organization: UNWTO에 따르면, 1950년에 2500만 명이었던 해외여행객이 2005년에는 8억 600만 명에 달했다. 전 세계적으로 해외여행을 통해 창출되는 수입이 6800억 달러에 달하고, 1950년 이후 연평균

11.2퍼센트씩 증가했다. 여행객 수가 늘어나면서 행선지도 다양해졌다. 제2차 세계대전 직후 가장 각광을 받았던 열다섯 개의 행선지는 대부분 유럽과 북아메리카 지역에 있었고, 전체 여행객의 88퍼센트가 그 지역으로 여행을 떠났다. 하지만 유럽과 북아메리카가 차지하는 비중은 1970년에 75퍼센트로, 2005년에는 57퍼센트로 떨어졌다. 새로운 여행지 중 다수가 아프리카와 동남아시아에 있었고, 이를 통해 국제 관광의 전 세계적 영향력을 엿볼 수 있다.[98]

프랑스 인류학자 마르크 오제Marc Augé에 따르면, 관광산업 역시 "비장소들non-places"을 만들어 낸다. 오로지 여행자만을 위해 설계되고 여행자만이 드나드는 통과 장소places of transit인 공항 터미널, 호텔 로비, 고속도로 휴게소 같은 비장소들은 해당 지역의 문화적 특색을 지니고 있지 않지만 중요한 문화적 장소로 기능했다. 그러한 비장소들은 여행자들의 문화 체험보다 관광 문화를 의미했다. 그곳들은 문화적·지리적 일시성transiency을 드러내는 주요 장소로, 문화적 다양성뿐만 아니라 문화적 변화를 구체적으로 보여 주었다. 오제에 따르면, 여행자들은 종종 자신들이 거주하는 지역의 공항에 들어서자마자 비공간non-space에 있는 느낌이 든다고 이야기했다. 항공사 탑승 수속대 앞에서 그들은 이미 정신적으로 출발지를 떠난 상태였다. 여행 세계traveling world의 비공간들은 기이하게도 실제 물리적 장소에 정박하고 있지 않았다. 현지인들은 이러한 장소에 거의 드나들지 않았다. 마찬가지로 이러한 비공간을 지나는 사람들이 그 지역 문화를 체험해 보는 경우도 드물었다.[99]

국제 관광의 발전이 미친 문화적 영향은 경제적 영향보다 측정하기가 어렵다. 유엔과 기타 국제기구들은 관광이 상호 이해 증진과 평화로 나아가는 길이라고 장려했지만, 생활수준의 차이와 다양한 문화 사이에서 사회적 관습의 차이가 드러나면서 관광이 새로운 마찰을 불러일으키기도 했다. 1960년대 초 미국 정부 관계자들 사이에서 일부 미국 관광객들이 해외에서 요란한 행동과 졸부 행세로 미국의 대외 이미지를 훼손할지도 모른다는 우려가 점점 더 깊어 갔다. 1960년 《퍼레이드Parade》에 실린 기사는 미국 독자들에게 "추한 미국인ugly Americans이 되지 말라."고 경고했다.[100] 이 기사를 기고한 프랜시스 나이트Frances Knight는 미국 여권국US Passport Office 국장이었기 때문에, 미국 관광객의 범죄에 대한 다른 나라 사법 당국의 불만을 잘 알고 있었다. 나이트가 무례하고 몰지각한 관광객을 "추한 미국인"이라 칭하면서, 유진 버딕Eugene Burdick과 윌리엄 J. 레더러William J. Lederer가 1958년에 발표한 동명의 소설에서 "추한 미국인"에 처음 부여했던 의미를 뒤바꿔 놓았다. 두 저자가 그린 추한 미국인은 호머 앳킨스Homer Atkins라는 못생긴 엔지니어로, 풀뿌리 기업가 정신과 박애 정신의 화신이었다. 버딕과 레더러의 추한 미국인은 가상의 동남아시아 국가에서 수도에 있는 안전한 영사관에서 일하는 어떤 미국 외교관보다 지역 주민들에게 실질적으로 더 많은 도움을 주었다.[101] 그러나 나이트가 묘사한 추한 미국인, 즉 요란하고 거만하고 까다로운 미국인상像이 전 세계에서 대중적인 미국인상으로 자리 잡게 되었다.

국제 관광의 증가가 인기 행선지들에 축복이기만 한 것은 아니었다. 지역 공동체들은 외환이 유입되고 기반 시설의 건설이 활성화하면서 많은 혜택을 입었다. 그러나 지역민들의 소득으로는 이용하기 어려운 값비싼 호텔과 레스토랑, 바, 관광 명소들이 대거 들어서면서 불만도 터져 나왔다. 아울러 많은 사람이 이런 변화 때문에 토착 문화가 약화될지 모른다고 우려하기 시작했다. 1970년대 들어 문제는 더욱 확산되었다. 중간계급 및 상층 중간계급 출신의 유럽인과 아시아인 들이 미국인과 함께 여행 열풍에 가세해 세계 주요 휴양지를 더 국제적으로 변모시킨 동시에, 지역 주민과의 충돌 요인도 증가시켰기 때문이다. 그에 대응해 관광사업의 확대를 규제하기 시작한 지역도 있었지만, 국제적인 호텔 경영자들과 여행사들에 맞서지 못한 지역도 많았다. 저항하지 못한 지역들은 자신들의 지역 사회가 "비장소", 즉 문화 정체성이 사라진 관광지로 변해 가는 것을 지켜볼 수밖에 없었다.

해외여행은 국제정치와도 긴밀한 관련을 맺었다. 어떤 지역에서 소요나 무장 충돌이 발발하면 그 지역의 관광산업은 사실상 중단되었다. 게다가 냉전 기간 내내 동서 간의 여가 여행이 엄격하게 통제를 받아, 서방으로 여행하기를 원하는 동유럽 사람들은 종종 진퇴양난에 빠지곤 했다. 설령 출신국에서 출국 비자를 내준다 하더라도, 서방 국가의 세관 담당자들이 공산국가에서 문제없이 출국을 허가받았다면 적어도 열렬한 공산주의자이거나 스파이

일 것으로 의심하고 입국 비자 발급을 거부하곤 했다. 서유럽 국가들과 미국은 또한 자국 시민들, 특히 공산당과 관계 있는 것으로 알려진 사람들이 소련의 영향 아래에 있는 지역으로 여행하는 것을 규제했다. 미국은 1950년대에 유력 공산주의자들과 좌파 인사들의 여권을 압수했다. 가수 겸 배우이자 흑인 시민권 운동가인 폴 로브슨Paul Robeson, 전미 유색인 지위 향상 협회NAACP 창립자 중 한 명인 윌리엄 에드워드 버가트 듀보이스W. E. B. Du Bois, 언론인 겸 작가 앨버트 칸Albert E. Kahn 등과 공산당 간부들이 여권을 압수당했다.[102] 미 연방대법원은 1958년에 이러한 관행에 반대하는 판결을 내리고, 공산주의자와 비공산주의자의 구분 없이 미국 시민이라면 누구나 해외여행을 할 권리를 되살려 놓았다.[103] 1970년대 들어 데탕트로 동서 간의 긴장이 완화되면서, 양 진영 모두 동서를 왕래하는 여행에 대한 규제를 완화했다.

물론 로브슨을 비롯한 좌파 인사들은 휴양지를 찾아 떠난 관광객들이 아니라, 점점 더 적극적이 되어 가던 정치 여행자political travelers 집단의 일원이었다. 그들의 여행 목적은 이중적이었다. 정치 여행자들은 다른 나라의 정치 상황과 사회 상황을 살펴보는 한편, 미국의 정치 상황과 사회 상황을 외국에 알리려 했다. 미국 정부는 1950년대에 오랫동안 로브슨이나 듀보이스 같은 좌파 인사들이 이러한 임무를 수행하지 못하도록 막았지만, 미국의 좋은 이미지를 퍼뜨려 줄 만한 사람들은 지지하고 후원했다. 실제로 미국 정부는 예술가, 연예인, 지식인들을 적극적으로 모집해 해외에서 미국의 자유와 민주주의 이념을 전파하려 했다. 1959년에 희극인 밥 호프Bob Hope와 묘기 농구단 할렘 글로브트로터스Harlem Globetrotters가 소련에서 많은 청중을 불러 모았다. 디지 길레스피Dizzy Gillespie, 루이 암스트롱, 베니 굿맨Benny Goodman 등은 1950년대 말부터 1960년대까지 아프리카와 아시아, 동유럽을 순회하며 재즈 공연을 벌였다. 미국의 정책 입안자들은 이러한 해외 순회공연을 통해 서로 연관된 두 가지 목표를 추구했다. 첫째는 국제적으로 점점 더 주목받기 시작한 미국 대중문화의 인기를 이용하려는 것이었고, 둘째는 아프리카계 미국 대중문화인들을 동반해 인종차별 국가라는 오명에 대응하려는 것이었다. 미국은 아프리카와 아시아의 유색인들에게 충성allegiance을 얻으려 소련과 첨예하게 경쟁하는 상황에서, 미국이 인종 간 평등 향상에서 뒤처져 있음을 심각하게 인식하고 흑인 예술인들을 해외 순회공연에 파견해 이를 극복하려고 했다.[104]

친선 여행 참가자들은 종종 새로운, 그리고 때로는 더 비판적인 관점에서 미국의 외교정책을 바라보게 되었다. 그러한 예로 1960년대 초부터 평화 봉사단Peace Corps에 참여한 미국 청년들이 있다. 1961년에 평화 봉사단이 업무를 개시한 이후 10년 동안 케네디의 공공 봉사public service 메시지에 영감을 받은 젊은 이상주의자 7만여 명이 2년 예정으로 미국 정부가 공산주의 소요로 위기에 처해 있다고 판단한 지역으로 출발했다.[105] 이들은 저개발 지역의 고통을 새롭게 인식하게 되었고, 때로는 좌익 평등주의 정치관에 공감을 품고 귀국했다.[106] 1960년대에 학생운동이 격렬해지면서, 많은 평화 봉사단 자원 활동가가 소리 높여 자신들이 활동했던 국가의 권익을 옹호하기 시작했다.

학생들과 학자들도 초국적 일시 체류자 집단을 형성했다. 제2차 세계대전 이후, 개별적으로 혹은 정부 차원에서 더 나은 교육을 위해 젊은이들을 외국에 보낼 기회를 모색하면서 공식적인 교류 프로그램이 급속하게 늘어났다. 사립이 다수인 미국 유수 대학들이 연구와 개발에 대한 투자를 크게 늘리면서, 1950년대 들어 외국 학생과 학자 들이 주로 미국으로 향하기 시작했다. 이는 놀랄 만한 역전이었다. 불과 수십 년 전만 하더라도 학생들과 학자들이 반대로 움직여 부유한 미국 학생들이 고등교육을 받기 위해 유럽 명문 대학에 모여들었다.[107]

미국 정부는 문화적 냉전의 각축장에서 사용할 또 다른 무기로 교육 교류를 장려해, 해외 인재를 미국에 유치하고 타국의 미래 엘리트들에게 영향력을 발휘하려 했다. 미국과 소련이 1958년에 체결한 문화 협정에는 학생 상호 교류 조항이 포함되어 있었다. 하지만 협정이 체결된 첫해에 소련과 미국에서 교류에 참여한 학생은 스무 명으로, 미국의 기대에 훨씬 못 미치는 수치였다. 소련은 자국 학생들이 미국 정보기관에 포섭될지도 모른다는 우려 때문에 프로그램에 소극적이었다. 아이젠하워 미국 대통령은 소련의 의심이 근거 없다고 일축했지만, 소련은 당시 CIA 인력이 미국과 소련의 학생 교류 확대를 위해 강력한 로비 활동을 벌이던 전미 학생 협회National Students' Association에 침투한 일을 분명히 인지하고 있었던 것으로 보인다. 소련의 근거 있는 우려에도 불구하고 교류 프로그램에 참여한 양측 학생 수는 2년 만에 1500명을 넘어섰다.[108]

소련과 동유럽 국가들도 아프리카와 아시아의 비동맹국가 학생들을 유치하기 위해 노력을 기울였다. 식민 체제의 일환으로 식민지의 정치·사회 엘리트를 선진 산업 세계의 주요 학교와 대학에서 육성했기 때문에, 탈식민화 과정에서 신생 독립국가의 많은 시민이 과거 식민 종주국들이 식민지에서 행한 교육 사업에 의구심을 품게 되었다. 그에 따라 동유럽과 소련이 옛 제국의 권력 중심부를 대체할 장소로 떠올랐다.[109] 하지만 소련권이 고등교육을 위한 투자에서 서방세계에 크게 뒤쳐졌기 때문에, 옛 식민지 국가에서 뛰어난 학생들을 유치하는 데 더 어려움을 겪었다. 소련은 많은 성과를 올린 미국의 풀브라이트 프로그램과 경쟁해야 했다. 미국은 풀브라이트 프로그램 덕분에 학생과 학자, 전문가 수천 명을 미국에 유치하고, 미국 학생과 학자 수천 명을 해외에 보낼 수 있었다. 아칸소주 민주당 상원 의원 제임스 윌리엄 풀브라이트J. William Fulbright의 노력으로 1946년에 시작된 이 장학 프로그램은 144개국과 교류 프로그램을 진행하는 중요한 정부 출자 기관으로 성장했다. 그러나 냉전이 벌어지는 동안 철의 장막을 뚫고 동유럽과 소련에 진출하지는 못했다.[110]

제2차 세계대전 이후 전 세계적인 인구 이동을 통해 수많은 이가 외국 문화를 접하면서, 다른 문화와의 관계 속에서 자신들의 문화 정체성을 새롭게 이해하게 되었다. 문화적 전통주의자들은 대개 문화 혼종화 추세를 막으려 했다. 이들은 이방인을 본국의 주류 문화에 동화시키는 데 더 엄격한 요건을 요구했을 뿐 아니라 이민 규제를 주장했다. 반면에 세계적으로 문화적 다양성이 확대되어 가는 추세를 영구적이며 돌이킬 수 없는 현대 세계의 고정적 특성으로 인정하고 환영하는 이들도 있었는데, 직접 해외 각지를 다녀 본 사람들이 특히 그러했다. 실제로 20세기 말에 복수의 문화권에서 생활하면서 일하고 소통하는 능력은 개인의 성공에 중요한 자산이 되었다. 모든 주요 대학에서 국제학International studies, 경영학, 외국어 강좌가 급속하게 늘어나면서 경제와 문화의 세계화 추세가 더욱 빨라졌다. 게다가 바로 이러한 변화를 통해 세계화가 동질화와 이질화를 동시에 추동하고 있음이 드러났다.

세계적 소비

1945년 이후 국가 간에 물자가 이동하는 흐름이 급속도로 빨라지면서 도시지역의 민족적 다양성이 물질적으로 발현되었다. 실제로 전 세계적 소비재 시장의 출현은 세계화의 가장 두드러진 특징일 것이다. 세계시장은 두바이 주민들이 세계 최대로 일컬어지는 실내 쇼핑몰 개점을 경축한 2008년 11월 4일에 상징적 의미에서 정점에 도달했다고 할 수 있다. 이 쇼핑몰은 매장 수(개장 시에는 1200개 중 600개만 입점)와 면적(1200만 제곱피트)에서 최대를 자랑했고, 식당과 호텔 시설뿐 아니라 실내 수족관, 빙상장, 아동 오락 시설, 영화관을 갖추었다. 개발자들은 홍보 영상에서 이 쇼핑몰을 "새로운 지구의 중심"이라고 불렀다.[111] 두바이 쇼핑센터는 세계경제가 침체에 빠지고 유가油價가 사상 최고치를 기록한 뒤 급속하게 하락해 이런 대규모 사업 계획의 재정적 성공 가능성이 위협받던 시기에 문을 열었다. 이 쇼핑몰이 중동에 들어선 것은 세계 자본주의의 중심이 옛 산업 열강인 유럽과 북아메리카에서 신흥 경제 세력권으로 이동하고 있음을 분명하게 보여 주었다.

두바이 쇼핑센터는 규모가 훨씬 크기는 하지만, 내용 면에서는 전 세계 어느 도시지역에서나 볼 수 있는 무수한 쇼핑몰과 다를 바 없었다. 유럽, 북아메리카, 동아시아의 상인들이 한 공간에 모인 것은 세계 문화 발전에서 소비가 차지하는 중요성뿐만 아니라 소비의 세계화를 상징했다. 두바이 몰은 세계의 축소판이라기보다 축구장 쉰 개 크기의 세계라 할 수 있었다. 쇼핑몰 상품도 대부분 아랍에미리트 출신이 아닌 쇼핑몰 고객만큼이나 국제적이었다. 세계적인 상표들이 모두 입점하거나 자리를 예약한 쇼핑몰 내의 상점 배치는 두바이 주민들과 여행객들의 국제적인 면모를 반영했다. 두바이 몰은 소비의 장이 산업화된 북반구와 서구를 넘어 확대되고 있음을 분명하게 보여 주었다.[112] 더 중요한 점은 세계화 반대론자들이 품은 최악의 우려가 실현된 것처럼 보였다는 것이다. 세계화 반대론자들은 포괄적인 서구 소비문화의 압도적 경제력이 주변부 토착 문화를 짓밟아 버릴 것으로 내다보았다.

비판자들은 소비문화의 전 세계적 확산을 미국이 세계의 패권 국가로 떠오르고, 미국산 소비재가 전 세계로 팔려 나가는 상황과 결부시켰다. 그러나 역사가 크리스틴 호건슨Kristin Hoganson이 지적한 것처럼 세계적 소비는 미국이 세계열강으로 부상하기 전, 즉 미국이 국외 시장에 내놓으려고 생산하는 상품보다 더 많은 해외 생산품을 소비하던 시기에도 이미 진행되고 있었다.[113] 미국인들은 이미 18세기부터 열렬한 수입품 소비자들이었으며, 차를 비롯한 일부 품목은 영국으로부터 정치적 독립을 얻기 위해 미국인들을 결집하는 역할을 할 정도였다.[114]

훨씬 오래전부터 유럽과 아시아를 잇는 교역로를 통해 두 세계 간의 물자 교류가 활발하게 이루어져 왔다. 인도와 중국에서 가져온 향신료와 차가 유럽 음식을 변화시켰다. 20세기 들어 서구 사회에서 필수품이 된 커피는 에티오피아에서 유래해 16세기에 터키를 거쳐 17세기에 남부 유럽과 중부 유럽으로 흘러들어 왔다.[115] 동남아시아와 지중해 사이에 펼쳐진 실크로드를 따라 왕래한 여행자들이 옷감, 식품, 식물, 도기, 생산 기술, 사상 등을 전달했다. 두 세계 사이의 문물 교류를 통해 3000년 이상 전부터 문화적·물질적 혼종화 양식이 확립되었다.[116] 소비와 문화 변동은 자본주의가 흥하기 훨씬 전부터 국제 교역과 관련을 맺고 있었다. 그렇지만 국제 교역이 아프리카와 아메리카로 급속하게 확대된 것은 탐험의 시대 동안, 특히 중상주의와 자본주의가 등장하고 나서부터였다.

미국 가정에서 외제 수입품 사용이 계속해서 늘어났지만, 20세기 들어 미국산 소비재 수출이 전 세계적으로 급증한 것에 비할 수는 없었다.[117] 미국을 전 세계에 판매하는 것이 제2차 세계대전 이후 미국 외교정책의 일부가 되었다. 미국을 소비하는 것은 제2차 세계대전 직후 서유럽에서, 그리고 1970년대 이후 전 세계적으로 유행했다. 그러나 맥도날드 매장이나 코카콜라의 해외 확산을 추적하거나 미국 영화와 스타벅스 매장의 국제적 확산을 수치화하기는 비교적 쉽지만, 그것의 정치적·문화적 영향력을 가늠하기는 훨씬 더 어렵다.

전 세계적 소비는 1945년 이후 이루어진 어떠한 발전보다 동질화를 초래했다는 비판을 불러일으켰다.[118] 사회학자 더글러스 굿맨Douglas Goodman은

2007년에 "세계 문화가 존재한다면 그것은 소비문화다."라고 주장했다.[119] 만약 굿맨의 전제가 맞는다면, 세계 소비재의 생산과 수출을 주도하는 미국이 세계 문화의 표준이 되었을 것이다. 그러나 상품과 음악, 영화 같은 문화 상품은 원산지와 밀접한 관련이 있는 고정된 표준적 의미를 담고 있지 않다. 맥도날드 햄버거를 먹는 것은 타이완, 네덜란드, 미국의 소비자들에게 각기 다른 문화적 의미가 있다. 전 세계적인 상품 유통은 이미 오래전에 시작되었지만, 사회학자, 인류학자, 문화사가들은 최근 들어서야 문화적 맥락에 따라 달라지는 물건들의 다양한 의미에 관해 더 깊이 고찰하기 시작했다.[120]

독일의 철학자 발터 벤야민Walter Benjamin은 처음으로 물건들이 시간 및 공간과 맺고 있는 관계에 대해 질문을 던진 연구자 중 한 명이었다. 그는 1936년에 발표한 대량생산이 예술의 문화적 의미에 미치는 영향에 관한 글에서, 새로운 기계적 재생산 기술로 인해 예술이 고유한 "아우라aura"를 잃어 가고 있다고 주장했다. 벤야민에 따르면 "아우라"는 "시간 및 공간 속에서 예술 작품의 현존성, 즉 예술 작품이 지금 여기에서 가지는 유일무이한 존재감"이다. 예술 작품은 기계적인 재생산 과정을 통해 다른 시간과 공간으로 옮겨져 매우 다른 맥락에서 "다시 활성화된다." 벤야민은 이러한 이동이 "대대적인 전통 파괴", 즉 예술을 상업화하지만 동시에 더욱 광범위한 관람층이 예술을 접할 수 있게 함으로써 민주화하는 것이라고 결론지었다.[121] 이러한 비판적 관점에서 보면 대중문화 상품의 이동, 특히 영화는 제작지 미국에서 세계 곳곳으로 이동해 소비되면서 자신의 "진품성authenticity", 즉 시간적·공간적 유일무이성을 잃게 된다. 그것은 현대 소비문화의 포괄적 특성을 나타내는 상징이 되었다. 예술품이든 소비 상품이든 인공물이 고유한 시간과 공간에서 멀어질 때 나타나는 인식론적 표류에 관한 벤야민의 지적은 옳다. 그러나 "아우라"의 상실과 의미의 상실을 혼동해서는 안 된다. 예술품과 인공물의 소비자들은 자신들이 속한 시간과 공간에 특유한 방식으로 문화적 의미를 다시 조립했다.

벤야민의 분석은 20세기가 시작하면서부터 계속되어 온 대량 소비와 현대화를 둘러싼 유럽 지식인들의 논쟁에 이해의 실마리를 제공했다. 한편에는 그것을 진보의 이야기로 보는 사람들이 있었다. 이들은 산업화 이후로 사람들이 더 많이 생산하고, 더 많이 소비하며, 더 많이 알게 되고, 더 오래, 그리고 더 편안하게 살게 되었다고 주장했다. 옹호자들은 문화적 측면에서 현대화를 정보에 더 능통한 대중, 성 평등 및 정치 참여의 확대(벤야민의 민주화)와 연관 지었다.[122] 다른 한편에는 벤야민이 말한 "아우라" 혹은 진품성의 상실을 우려하는 사람들이 있었다. 비판자들은 현대화에서 생산의 탈인격화, 갈수록 기술 만능주의적이고 관료적이 되어 가는 사회에서 개인주의의 상실, 물질주의와 소비주의의 만연을 보았다. 이러한 견해는 1920~1930년대에 프랑크푸르트학파를 필두로 제2차 세계대전 후 서구 산업사회를 향한 주요한 비판으로 자리 잡았고, 1960년대 들어 저항운동을 촉발하는 데 기여했다. 비판자들은 물질주의의 영향력과 자본주의 체제의 압도적 힘이 토착 문화들을 진정한 의미를 박탈당한 복제품으로 대체해 버릴 것이라고 경고했다.[123]

학자들은 대부분 미국산인, 세계적 유명 상품들에 대한 해외 반응을 자세히 살핀 뒤 비판자들이 예견한 것보다는 다양성이 크다는 점을 발견했다. 맥도날드는 인류학자들과 사회학자들이 선호하는 조사 대상이었는데, 아마도 맥도날드가 전 세계로 급속하게 퍼져 나가면서 문화적 전통주의자들의 주요 공격 대상이 되었기 때문이었을 것이다. 1937년에 맥도날드 형제가 로스앤젤레스 교외에서 창립한 패스트푸드 체인은 1950년대 들어 레이 크록Ray Kroc이 경영을 맡으면서 전국적으로 점포를 늘려 나갔다. 나중에 맥도날드의 소유주가 된 크록은 음식을 준비하는 과정에 포드주의와 테일러주의의 방식을 도입했다. 햄버거와 감자튀김이 20세기 초 포드 사의 모델 T 자동차처럼 생산 라인을 따라 '조립'되었다. 이 과정을 통해 제품이 더 균일해지고 저렴해져서 주머니가 가벼운 새로운 소비자층이 쉽게 구매할 수 있게 되었다. 미국의 인구 변동과 사회 기반의 변화(교외화suburbanization와 베이비 붐) 덕택에 맥도날드는 미국에서 하층과 중산층에 속하는 가족이 이용하기 편리한 식당으로 번창했다. 맥도날드는 1960년대에 해외 확장을 시작해서 20세기 말에는 120개 국가에 진출하기에 이르렀다.[124] 그리고 국제적으로 이름난 그 어떤 상표보다 더 미국 문화의 세계화를 상징하게 되었다. 맥도날드는 햄버거와 감자튀김 외에 미국을 떠올리게 하는 생활양식을 판매했다. 이러한 생활양식을 세계시민주의cosmopolitanism로 받아들이는 사람들도 있었지만, 단조로운 획일성으로 보는 사람들도 있었다. 비판자들은 맥도날드가 고유한 지역성을 결여한 최악의 세계 문화를 상징한다고 지탄했다. 이들은 합리화가 "카리스마와 개인에 따라 차별화된 행동의 중요성"[125]을 제한한다고 본 막스 베버Max Weher의 불길한 예언이 실현되었다고 보았다.

합리화와 현대화는 맥도날드의 가장 큰 자산이 되었다. 예를 들어 아시아 고객들은 주로 높은 위생 수준, 음식 선택의 예측 가능성predictability, 믿을 만한 품질, 직원들의 능숙한 접대를 맥도날드 체인의 장점으로 꼽고는 했다. 고객들이 맥도날드 햄버거를 먹으면서 미국 문화를 떠올린다 하더라도, 연구자들은 이러한 식당들로 인해 각 지역의 관습이 위기에 처한 징후를 거의 발견할 수 없었다. 그 대신에 맥도날드 체인도 토착화indigenization와 혼종화의 과정에 참여한다는 점을 발견했다. 인근 사업체들이 맥도날드의 혁신을 모방하는 사이, 맥도날드 체인점들은 각 지역의 식성과 서비스 기호에 맞추어 적응해 나갔다.[126]

맥도날드는 급속하게 팽창해 가는 국제적 유통 체인망의 극히 일부분을 대표할 뿐이었다. 이러한 사업들은 조지 리처가 명명한 맥도날드화의 일부가 되었고, 이 과정은 패스트푸드 체인과 유통업 체인을 넘어 교육, 보육, 의료, 여행, 여가와 같은 다양한 분야로 확산되었다. 리처는 맥도날드화의 핵심 요소로 효율성, 이해타산성calculability(판매 상품의 수량화가 가능한 측면에 대한 강조), 예측 가능성(어디서나 같은 서비스와 상품), 그리고 기술을 통한 통제를 꼽았다.[127] 이러한 요소들이 어우러져 지역 사업체를 세계시장으로 도약시킨 강력한 공식을 창출해 냈다. 맥도날드화는 세계의 문화 동질화를 위한 경제적 매개체가 된 것처럼 보였다.

리처는 세계 자본주의global capitalism의 평준화 효과에 대해 우려를 표명한 학자 가운데 한 명이었다. 정치학자 벤저민 바버Benjamin Barber를 비롯한 또 다른 학자들은 새로운 문화 형식을 낳는 혼종화 과정뿐만 아니라 지역 문화의 탄성을 강조했다.[128] 바버는 보편화하는 세력universalizing forces과 특수화하는 세력particularizing forces이 같이 작동하고 있다고 보았고, 두 세력 모두 위험하다고 간주했다. 그는 평준화하는 세력을 (리처와 마찬가지로) "맥월드McWorld", 특수화하는 세력을 "지하드Jihad"라 부르고, 지하드를 배타적인 종교적·민족적 분리주의 체제로 규정했다. 바버는 맥월드와 지하드 둘 다 무정부주의적이고, 민주적 자유주의를 약화시키기 때문에 궁극적으로 파괴적인 사회적 도구라고 평가했다.[129] 사회학자 롤런드 로버트슨Roland Robertson은 세계적 소비global consumption의 경쟁적이면서 때로는 모순적인 결과들을 설명하기 위해 '세계 지역화glocalization'라는 용어를 만들었다. 그는 세계적 상품의 지역에 따른 적응을 강조했는데, 이것은 상품의 지역에 따른 변형이 중심지에서 그 상품이 소비되는 방식에 영향을 줄 수도 있다는, 영향력의 역류 가능성도 포괄했다.[130] 하지만 리처를 비롯한 비판자들은 세계 지역화 개념이 다국적기업과 지역 생산자들 사이의 압도적인 경제적 불균형 실태와 그러한 경제적 불균형의 문화적 대가를 간과했다고 비판했다.[131]

소비의 정치

그 장구한 역사를 고려한다면, 소비는 왜 20세기 후반에 들어와서야 세계화 역사 서술의 주된 관심사로 주목받기 시작했을까? 아마도 냉전 초기에 나타난 소비의 정치화가 하나의 답이 될 수 있을 것이다. 미국은 소련과의 이념 전쟁에서 소비의 자유를 관건으로 삼았다. 1950년대 초 미국 뉴스영화 속 광고에서는 미국 슈퍼마켓과 쇼핑몰에 진열된 '갖가지 현란한' 상품과 소련 상점의 황량하게 빈 선반들을 대비시키며 미국의 소비주의consumerism와 민주주의를 직접 연관 지었다. 서구 민주주의에서 구매의 자유는 투표의 자유만큼이나 중대한 것으로 보였다.[132]

전후 독일과 일본은 미국식 소비 민주주의의 실험장이 되었다. 점령국인 미국 관리들은 제2차 세계대전에서 미국과 맞서 싸운 두 나라의 민주화를 위한 전제 조건으로 물질적 안정과 경제 회복을 강조했다. 독일에서는 서구 자본주의의 소비 지향 경제와 소련이 지지하는 집산주의적 계획경제 사이의 차이가 1948년 베를린 위기를 통해 극명하게 드러났다. 당시 소련은 베를린으로 향하는 모든 교통을 봉쇄했고, 서방 연합국들은 비행기로 서베를린 지역에 식료품과 연료를 포함한 생필품을 보급했다. 비행기에 물자를 가득 실어 소련 점령 지구 한복판으로 나른 베를린 공수는 소비와 서구 민주주의 체제를 상징적으로 연결했다. 거의 1년 만에 봉쇄가 끝나고 독일이 두 개의 국가로 나뉘었을 때, 서베를린도 서독과 마찬가지로 서구의 민주적 자본주의 체제와 더불어 소비주의의 결실을 누리고 있었다. 당시 서독의 보수 집권 여당인 기독교 민주 연합Christian Democratic Union: CDU의 1949년 선거 포스터는 서독에서 민주주의를 이해하는 데 소비가 큰 부분을 차지하고 있음을 드러냈다. 이 포스터에는 "이제 다시 살 수 있어요."라는 구호가 인쇄되어 있었다.[133] 서독 정치권은 소비를 공약으로 내걸고 그 바탕 위에 국가를 건설했다. 그들은 이 약속을 경제 기적의 시기로 알려진 1950년대에 기대보다 훨씬 더 잘 이행했다.

일본에서는 미군이 지역 주민에게 부족한 식품과 물자를 나누어 주면서 민주주의와 소비문화의 밀접한 관계에 관한 메시지를 전파했다. 독일에서와 마찬가지로 미제 담배와 나일론 스타킹, 껌, 미군 피엑스PX 보급품이 암시장에서 유통되었고, 성적 향응에 대한 대가나 선물로 사용되었다. 일본의 국가 경제는 독일과 마찬가지로 전후 첫 번째 경제 호황기인 1950년대 초에 소비경제로 전환하기 시작했다.[134] 일본 경제는 이후 30년 동안 급격하게 팽창하면서, 소비재, 특히 자동차와 가전제품 생산에서 선두 주자로 떠올랐다. 소비는 전후 일본 정치 문화의 불가결한 부분이 되었다.

냉전이 심화하면서, 미국은 세계적으로 상품을 유통하고 싶어 하는 사기업들의 도움을 받아 미국 상품을 정치적 목적에 활용하곤 했다. 예를 들어 코카콜라라는 자사의 대표 음료수 소비를 자유주의와 민주주의의 추구와 결부시킨 국제 광고 캠페인에 착수했다. 제2차 세계대전 중에는 코카콜라 제품을 미군이 가는 곳마다 실어 보내는 한편, 국내에서는 광고 캠페인을 통해 코카콜라 소비를 애국심, 자유, 미군을 향한 지지와 긴밀하게 연관 지었다. 냉전기에는 코카콜라 수출 회사 이사장이자 열렬한 반공주의자인 제임스 팔리James Farley가 코카콜라 광고에 반공 메시지를 불어넣었다. 그는 1952년 헬싱키 올림픽에 맞춰 코카콜라 3만 상자를 다시 건조한, 제2차 세계대전 당시 상륙용 주정에 싣고 핀란드 해안에 상륙하는 장관을 연출했다. 팔리는 자본주의와

——아르헨티나의 코카콜라 배달 트럭, 1942년. 코카콜라 상표는 미국 소비문화의 전 세계적 확산을 상징했다. 코카콜라 수출 부문의 최고 책임자 제임스 팔리는 코카콜라를 활용해 전 세계에서 공산주의를 봉쇄하는 임무에 기여하려 했다. (General Archive of the Nation (Argentina))

공산주의가 대치하는 경계선에 있는 나라에 수륙 양면으로 침투해, 비록 청량음료로 무장했을 따름이지만, 냉전에서는 군사적 무기와 문화적 무기가 서로 밀접하게 결부되어 있다는 것을 보여 주었다.[135] 이것은 또한 미국 소비문화의 전 세계적 확산을 반영했다.

냉전의 소비 정치는 1959년 7월 모스크바에서 열린 미국 무역 박람회장에서 리처드 닉슨 미국 부통령과 니키타 흐루쇼프 소련 공산당 서기장 사이에 벌어진 유명한 '부엌 논쟁'을 통해 주목받았다. 미국과 소련은 1년 전에 상대국에서 각각 무역 박람회를 개최하기로 협정을 맺었다. 소련은 1959년 6월과 7월에 뉴욕에서, 미국은 그 뒤를 이어 모스크바에서 박람회를 개최했다. 소련은 견본 중장비와 함께 1957년형 러시아 위성 '스푸트니크Sputnik'를 포함한 우주 기술을 선보였다.[136] 그와 대조적으로 미국 측 출품자들은 중공업과 첨단 기술이 아니라 평범한 소비재를 전시하기로 했다. 자금 지원은 대부분 미국 기업이 맡고, 의회는 연방 기금으로 360만 달러밖에 지원하지 않았다. 미국 측 박람회에는 시어스Sears 사의 재봉틀과 후버Hoover 사의 진공청소기, 완벽하게 설비를 갖춘 부엌이 딸린 랜치 하우스ranch house[1] 모델 등이 전시되었다. 이 부엌은 닉슨과 흐루쇼프가 공산주의가 자본주의보다 나은 점을 놓고 열띤 설전을 벌인 무대가 되었다. 러시아 공산당 서기장은 "미국 주택은 20년밖에 견디지 못하기 때문에 건설업자들은 또 새집을 팔 수 있게 된다고 하더군요. 하지만 우리는 튼튼하게, 우리 아이들과 손주들을 위해 집을 짓습니다."라고 공격했다. 닉슨은 소비가 최우선임을 강력하게 시사하면서 이렇게 응수했다. "미국 주택은 20년 이상 가지만, 그렇더라도 20년이 지나면 미국인들은 새집이나 새 부엌을 원하게 될 겁니다. 그때쯤이면 부엌이 구식이 되어 버릴 테니까요. …… 미국의 체제는 새로운 발명과 새로운 기술을 활용하도록 만들어졌습니다."[137] 흐루쇼프는 소련의 생산 기술을 강조했지만, 닉슨은 미국인들의 새로운 소비 상품을 향한 욕구를 강조했다.

닉슨과 흐루쇼프 간의 '부엌 논쟁'은 1950년대에 소련이 소비에 대해 취한 역설적 태도를 상징적으로 보여 주었다. 한편으로 흐루쇼프는 미국산 최신식 부엌에 드러난 과시적 소비를 거부하는 것처럼 보였다. 하지만 다른 한편으로는 소련이 대중 소비의 영역에서 성공을 거두어야 한다고 주장하고, 그에 따라 대중 소비를 국가적 목표로 승인했다.[138] 닉슨과 미국 무역 박람회 주최 측이 볼 때, 품질이 더 좋은 미국 소비재와 보통 미국인들이 누리는 더 높은 생활수준은 서구 자본주의 체제의 우월성을 뒷받침하는 중요한 증거였다. 민주주의의 상징인 투표용 기표소도 미국 무역 박람회장에 전시되었지만, 기발한 미국산 소비재들이 놓인 근사한 진열대에 가려졌다. 박람회 후원사 중 하나인 미국의 펩시코PepsiCo는 관람객들에게 무료로 청량음료를 나누어 주어, 관람객들이 미국의 물질적 풍요에 관한 메시지를 각 가정에 전달할 수 있도록

---

1 농장에 딸린 농장주 주택을 모델로 해, 전후 새로 개발된 교외 지역에 주로 지어진 마당이 딸린 단층 주택을 지칭.

했다. 모스크바에서 열린 미국 무역 박람회는 소련에서보다 미국에서 훨씬 안락한 생활을 누릴 수 있고, 이러한 안락함이 추상적 자유나 민주적 특권보다 보통 미국 시민들이 구매할 수 있는 상품에 바탕을 두고 있음을 시사했다.

흐루쇼프의 은폐 노력에도 모스크바에서 열린 미국 무역 박람회를 통해 소련과 동유럽이 소비재 생산에서 뒤처져 있다는 사실이 더욱 분명하게 부각되었다. 흐루쇼프는 동구와 서구의 물질적 격차가 더 벌어지면 정치적으로도 악영향을 미치게 되리라는 점을 깨닫고, 이미 1956년에 열린 제20차 당대회에서 소련인들의 생활수준을 향상시키겠다고 약속한 바 있었다. 흐루쇼프는 유명한 스탈린 공개 비판에 이어, "우리는 1인당 소비, 모든 종류의 소비재 물자 공급에서 가장 부유한 자본주의국가들을 능가해야 할 임무를 짊어지고 있다."고 선언했다.[139]

곧이어 해빙기가 도래했지만, 바라던 번영을 가져오는 대신 몇몇 동유럽 국가를 중심으로 불만이 급속하게 번져 나갔다. 파업과 민중 봉기가 1956년 여름 폴란드에서, 곧이어 10월과 11월에 헝가리에서 최고조에 달했다. 소련군이 개입해 봉기를 진압하면서 스탈린 사후 이루어진 자유화의 한계를 여실히 보여 주었다. 비록 문화 영역, 특히 모더니즘이 산업 디자인과 건축 분야를 주도하면서 창작 예술 분야에서는 변화가 진행 중이었지만, 정치 영역에서는 이처럼 스탈린주의적 방법론이 여전히 지배적이었다.[140]

다른 사회주의국가에서도 소비재 생산의 증대를 강력하게 추진했다. 동독의 집권 사회주의통일당은 1958년 7월에 열린 제5차 당대회에서 1961년까지는 동독이 1인당 소비에서 경쟁자 서독 수준에 도달할 수 있을 뿐만 아니라 곧 서독을 추월할 것이라고 선언했다. 발터 울브리히트 동독 공산당 서기장이 선언한 목표는 사회주의적 사회질서가 제국주의 세력이 이끄는 서독 체제보다 우월함을 보여 주려는 것이었다.[141] 1960년대 들어 제조업자들이 점점 더 주택 건설에서 가구, 가사 용품, 패션 디자인 분야로 눈을 돌리기 시작했다. 동독은 전쟁 이전부터 발달한 화학 산업을 바탕으로 동구권에서 플라스틱을 비롯한 합성 제품 생산을 주도했다.[142]

동독에서는 열가소성 수지를 사용해 가사 용품부터 자동차까지 매우 다양한 제품을 제조했다. 자동차는 동독이 소비사회로 나아가고 있음을 자랑하기 위한 물품이었지만, 도리어 소비재 제조와 마케팅에서 사회주의의 실패를 보여 주는 상징물이 되었다. 동독 사람들은 국민차라 할 수 있는 트라반트Trabant 한 대를 인도받기 위해 보통 15년은 기다려야 했다. 트라반트나 그 자매 모델인 바르트부르크Wartburg의 디자인은 오랫동안 거의 변화가 없었다. 동독 관료들은 이렇게 장수한 디자인이 사회주의 체제가 자본주의 체제보다 우월함을 증명한다고 찬양했다. 예를 들어 1950년대 말에 어떤 사회주의자 디자인 평론가는, "미국에서 막대한 양의 플라스틱이 생산되고 있지만, 대부분 대량으로 생산되는 쓸모없는 저질 싸구려 상품, 즉 저가 잡화점 울워스Woolworth에서나 파는 제품을 만드는 데 사용된다. 이런 제품은 과도한 장식 때문에 금세 한물가, 유행에 더 잘 맞는 새 상품에 자리를 내주곤 한다."고 주장했다. 그는 계속해서, 반대로 사회주의적 생산은 장기적 실용성에 초점을 맞추고 있다고 주장하며 미국의 낭비를 비난했다.[143]

동유럽 정부 당국자들은 1950년대에 나타난 의복 취향의 변화를 마지못해 받아들여야 했다. 동구에서는 긴 생산 주기와 5개년 경제계획으로 인해 서구 디자인의 빠른 변화 속도를 따라잡을 수가 없었다. 그러나 1950년대 말에 동구권 정부당국자들은 미국식 캐주얼 의류의 인기가 점점 더 높아져 가는 상황에 직면했다. 청바지와 티셔츠는 서구 소비재를 판매하는 지하 시장에서 귀한 물건이 되었다. 특히 청바지는 동서를 막론하고 전통적인 유럽 사회의 엄격한 규범에 맞서는 청춘의 반항을 상징했다. 서유럽 보수층은 결국 청춘 문화의 상품화를 받아들였다. 하지만 동유럽 보수층은 이를 자본주의적 물질주의와 퇴폐의 증거로 보았고, 더 심하게는 청소년 범죄를 유발하고 공산주의 이념을 위협한다고 비난했다.

소련 당국자들은 소비를 증진하고 현대화를 이룩하려는 자신들의 노력을 서구 물질주의에 대한 경멸과 별개로 여겼다. 흐루쇼프는 생활수준 향상이 사회주의의 목표라고 포장했다. 그는 소비재 부족이 소련과 동유럽의 시민들이 가진 불만의 주요 원인임을 인정하고, 사회주의 체제 이념이 허용하는 한도 내에서 소비경제를 구축하겠다고 결의했다.[144] 즉 승용차와 미국 스타일

청바지를 비롯한 서구 소비재를 대표하는 물품들의 국내 생산을 가속화하려 했다.[145]

이념적 개혁 없이 소비사회주의를 건설하려던 소련의 시도는 결국 실패했다. 소비는 개인주의와 사적 소유를 수호했다. 시민들은 자동차와 집을 가지고 나서 더 자유롭게 사생활을 누리고, 더 쉽게 이동할 수 있었다. 따라서 국가의 감시와 통제 가능성은 제한될 수밖에 없었다. 공산주의 국가들은 소비를 옹호함으로써 물질적인 면에서는 제한적으로나마 자유로운 표현을 허용했지만, 언어와 이미지 표현의 자유는 더 축소했다. 그러나 공산주의 국가들은 곧 물건이 국가에 대한 정치적 저항을 상징할 수 있음을 깨달았다. 예를 들어 공공장소에서 진짜 미국산 청바지를 입고 다니는 행동은 냉전 상황에서 정치적 항의로 비칠 수 있었다. 공산권에서 소비는 냉전기 내내 고도로 정치화되고 논란의 여지가 있는 영역이었다.

그러나 더 중요한 것은 동유럽 정부들이 상품을 만들어 내놓을 수 없었다는 점이다. 소비재 생산에서 서구를 추월하겠다는 공약에도 불구하고, 동유럽 제조업자들이 청바지든 가사 용품이든 자동차든 새 디자인을 대규모로 생산하기에는 물자가 부족했다. 특히 동독은 전후에 서독과 생활수준을 비교하면서 물자 부족을 더욱 절감하게 되었다.[146]

정치적 장벽 때문에 서구 소비재 상품의 공산권 진입이 가로막혔지만, 그 밖의 모든 지역에서는 운송 기술의 발달로 유통이 더욱 활발해졌다. 그 덕분에 지역 상품 또한 세계시장에 진출할 수 있었고 소비자들의 요구에 어느 때보다 빠르게 대응할 수 있었다. 코카콜라 같은 국제적 상표들은 저가 생산과 국제적 유통망, 세계적 마케팅의 도움을 받았다. 통신 기술의 발달은 주로 전 세계 고객을 향한 새로운 광고 수단을 통해 소비 상품의 세계화를 진전시키는 또 다른 매개체가 되었다. 광고업은 1920년대 미국에서 하나의 산업으로 발전했고, 전후에 모든 주요 산업국가에서 급속하게 성장했다. 광고 제작자는 대중문화의 해석자이자 대중적 욕구의 생산자였다. 그들은 지역, 전국, 그리고 국제 시장에 맞춰 메시지를 조율하고, 대상 고객층의 문화·사회·경제 환경에 맞추어 상품의 이미지를 변형했다. 광고업자들은 인쇄물과 오디오, 1950년

대부터는 텔레비전을 통해 메시지를 확산했다. 새로운 통신 기술 덕분에 더 많은 관객층에 접근할 수 있게 되면서 광고 수익도 점점 더 늘어났다. 특히 텔레비전의 도래로 시각적 메시지를 수백만 명에게 동시에 전파할 수 있게 됨에 따라 상품이 국내외에 알려지는 속도가 급속도로 빨라졌다.

소비의 망이 세계 각지에서 점점 더 많은 사람을 더욱 가깝게 만들고 있는데도 수많은 빈민이 여전히 이 세계화된 소비사회 바깥에 남겨져 있다는 사실을 알아야 한다. 소비는 불평등, 나아가 차이를 드러내고 심화시켰다. 선진국과 개발도상국 빈민들은 대부분 광고판이나 신문, 텔레비전 화면을 통해 명품의 이미지를 접할 수 있지만, 명품을 실제로 접하지는 못했다. 불평등은 여전히 남반구와 북반구 사이의 격차와 주로 관련이 있지만, 전적으로 남북 격차의 문제만은 아니었다. 세계의 많은 지역, 특히 남반구에서는, 극도의 빈곤과 넘치는 부가 한 지역에 병존했다. 도시 엘리트층은 보편적인 세계 소비자 공동체와 유대를 맺고, 계급 간 불평등으로 인해 가난한 이웃들과 분리되었다.

세계화의 다른 분야들과 마찬가지로, 소비도 소비자들이 시장에서 각자 경제적으로, 문화적으로 확고한 선택을 했기 때문에 동질화와 이질화를 모두 촉진했다. 주요 인구 밀집 지역의 중간계급과 상층계급 소비자들은 훨씬 폭넓은 상품 선택의 자유를 누렸지만, 이러한 다양성은 세계 주요 도시 어디서나 똑같이 누릴 수 있었다. 소비자들은 아랍에미리트의 두바이 몰에서 볼 수 있는 세계 유명 상표들을 미국 미네소타주의 교외 도시 블루밍턴에 있는 몰 오브 아메리카에서도 볼 수 있었다. 21세기가 시작될 무렵, 국적보다는 계급이 소비자로서의 경험을 가르는 것처럼 보였다.

3   문화적 규범에 도전하기

초국적인 인적·물적 교류의 속도와 규모가 급속도로 증가함에 따라 지배적인 문화 규범과 관행에 대한 도전도 크게 늘어났다. 1950년대 말부터 이러한 문화적 도전이 갑자기 정치 무대를 흔들기 시작하면서 곳곳에서 정치·문화 엘리트의 힘을 약화시켰다. 미국에서는 시민권 운동가들이 법 앞에서 인종 평등을 요구했다. 유럽과 아메리카, 동아시아의 젊은이들은 문화적·정치적 자유의 확대를 주장하며 동서 진영의 냉전 합의consensus를 약화시켰다. 여성들은 젠더 및 성sexual 규범에 도전하며 평등한 권리를 요구했다. 그리고 종교 단체들은 다른 신앙 체계에 대한 관용의 확대를 주장하는 한편, 점점 더 세속화하는 세계에서 근본적인 종교적 가치의 회복을 주장하기도 했다. 이러한 변화들은 서로 멀리 떨어져 존재하는 문화 간 연결성 확대의 효과에 관해 중요한 질문을 제기했다. 이 변화들은 문화적 차이에 관한 이해와 관용을 증진했을까, 아니면 문화적 파편화와 문화적 충돌 가능성을 확대했을까?

초국적 청년 문화
청년들은 전후 어떤 인구 집단보다 앞장서서 문화 세계화 운동을 주도했다. 그들은 점점 더 국경을 초월해 음악과 패션, 언어, 행동 양식에 대한 취향을 공유하는 탈지역화 문화deterritorialized culture에 동질감을 느꼈다. 탈지역화 문화는 서구 선진 산업국가에서 처음 나타났지만, 결국 전 세계로 확산되었다. 젊은이들은 지역 및 국가의 지배적 문화로부터 독립적이면서 종종 그것에 저항하곤 하는 초국적 청년 공동체와의 연계를 추구했고, 이로 인해 자신들이 속한 공동체 내에서 세대 간 갈등을 불러일으키기도 했다. 청년들은 모국 사회 내의 순응 압력에 저항했으며, 결국에는 그 압력을 약화시키는 데 핵심적 역할을 했다. 젊은이들은 문화 영역 안에서부터 대안을 모색하기 시작했는데, 기존 구조 내에서 자신들에게 맞는 문화적 적소를 만들어 내려 했다. 이러한 모색은 1960년대 들어 기성 체제 자체에 대한 정치적 도전으로 바뀌면서 정치적·문화적 파편화를 초래했다.

전쟁 직후에는 독자적 청년 문화 개념을 주로 미국 대중문화와 동일시했다. 미국 문화가 우세했던 이유는 양차 대전 사이에서부터 미국이 대중오락물 제작과 배급에서 수행해 온 역사적 역할과 더불어 전후 미국의 경제 발전과 인구 증가 때문이었다. 미국인들은 대공황과 전쟁을 겪고 나서 경제적으로 전례 없이 높은 생산성을 누리게 되었다. 소비재 제조업이 베이비 붐(표 4.1 참조)의 사회적·경제적 영향에 힘입어 전후 미국 경제가 번영하는 동력이 되었고, 1960년대까지 미국 상품의 세계시장 지배를 보장했다.

인구학적 변화도 독자적인 미국 청년 문화 발전에 영향을 미쳤다. 대공황기에 한 가족당 2.4명이던 출생률이 1950년대에 들어 3.2명으로 증가했다.[147] 뉴욕과 클리블랜드, 시카고, 로스앤젤레스의 교외 지역이 급속하게 팽창하면서, 늘어나는 중간계급이 베이비 붐 세대를 양육하는 터전이 되었다. 교외 생활은 베이비 붐 세대의 필요와 욕구를 중심으로 돌아갔다. 1950년대에 10대로 성장한 이 아이들은 독자적인 청년 문화 발전을 주도하는 세력으로 떠올랐다. 베이비 붐 세대는 손위 세대와 패션, 음악, 오락 취향이 많이 달랐고, 이들의 구매력은 국내 및 국제 소비재 시장에 많은 영향을 미쳤다.

전후의 아이들은 대공황과 전쟁 통에 성인이 되어 안전과 경제적 안정, 중산층의 지위를 누리려고 교외에 틀어박힌 부모 세대와 충돌했다. 사회학자 데이비드 리스먼David Riesman은 『고독한 군중The Lonely Crowd』(1950)에서 대공황

표 4.1 조출생률(인구 1000명에 대한 연간 출생 수): 독일과 일본, 미국

연도	독일	일본	미국
1945	16.1	30.9	20.4
1950	16.3	28.1	24.1
1955	15.8	19.4	25.0
1960	17.4	17.2	23.7
1965	17.4	18.6	19.4

출처: Statistiches Bundesamt Deutschland, Genesis, table 12612-0016: "Lebendgeborene je 1000 Einwohner: Deutschland, Jahre," www.genesis.destatis.de/genesis/online; Japan, Statistics Bureau, *Historical Statistics of Japan*, chap. 2, "Population and House holds," table 2-24, "Live Births by Sex and Sex Ration of Live Birth, 91872-2004," www.stat.go.jp/english/data/chouki/02.htm; Michael R. Haines, "Crude Birth Rate and General Fertility Rate, by Race: 1800-1998," table Ab40-51, in *Historical Statistics of the United States, Earliest Times to the Present: Millennial Edition*, edited by Susan B. Carter, Scott Sigmund Gartner, Michael R. Haines, Alan L. Olmstead, Richard Sutch, and Gavin Wright (New York: Cambridge University Press, 2006), http://dx.doi.org/10.1017/ISBN-9780511132971.Ab40-643 .

주: 일본의 1945년도 자료는 1943년의 것이다.

세대의 심리적 면모를 제시했다. 그는 타인 지향적 인간other-directed individual을 전후 세대의 지배적 사회 유형으로 보았다. 타인 지향적 인간은 주변 사람의 기대를 충족시키고 타인이 정해 놓은 사회 환경에 자신을 맞추려는 사람을 가리킨다. 전후 사회에 관한 리스먼의 날카로운 비판은 그 후 20년 동안 청춘의 반항과 공명했다.[148]

리스먼의 진단은 1950년대 중엽 소설과 논픽션 작품에 깊은 영향을 주었다. 슬론 윌슨Sloan Wilson은 1955년에 출간한 소설 『회색 플란넬 양복을 입은 사나이The man in the Gray Flannel Suit』에서 일과 가정생활, 높아져 가는 물질적 기대치, 전쟁의 상흔과 타협해야 하는 중간관리직 종사자들의 분투를 보여 주었다.[149] 윌슨의 소설은 성공한 가장과 자상한 아버지라는 남성을 향한 두 가지 주요한 사회적 기대에 관해 이야기한다. 이 두 요소는 전후에 성공한 남성을 규정하는 기준으로 여겨졌고, 때로는 서로 갈등을 일으키기도 했다. 미국의 사회 비평가 밴스 패커드Vance Packard가 1959년에 출간한 『출세주의자들The Status Seekers』은 증가 일로에 있던 중산계급이 직면한 사회적 제약을 폭로했다. 패커드는 미국의 사회계층에 관한 면밀한 분석을 통해, 미국에서 대기업이 발전하면서 사회적 유동성social mobility과 개인의 창의성이라는 미국적 이상을 성취하기가 한층 더 어려워졌다고 결론 내렸다.[150] 일터에서의 단조로움과 순응성이 아메리칸드림의 핵심 가치를 약화하고 있는 것처럼 보였다.

전후 미국의 청년 문화는 기대 상승과 순응에 대한 사회적 압력에 맞서 등장했다. 처음 도전을 시도한 이들은 더 높은 생활수준과 더 많은 고용 기회를 누리는 또래 중간계급 출신에게 박탈감을 느끼던 노동계급 청년들이었다. 전쟁이 끝나고 처음 몇 년 동안 노동계급 청년들은 독특한 옷차림과 언어, 아프리카계 미국 음악과 문화에 경도된 음악 취향을 선보이면서 중간계급의 관습과 행동 규칙을 거부했다. 노동계급 청년 문화의 외양과 언어는 1953년 영화 「위험한 질주The Wild One」를 통해 전국적으로 주목받기 시작했다. 말런 브랜도Marlon Brando가 주인공 노동계급 출신 오토바이 폭주족 우두머리, 조니Johnny로 분했다. 청바지와 검정 가죽 재킷을 걸친 조니와 동료 폭주족의 모습은 반항적이면서 묘하게 순응적으로 보이기도 했다. 영화 줄거리는 1947년 7월에 오토바이 폭주족 4000명가량이 캘리포니아의 중부에 있는 홀리스터Hollister라는 소도시를 며칠간 공포에 떨게 한 실화에 바탕을 두었다.[151] 영화는 폭주족의 무례하고 파괴적인 행동에 대해 매우 비판적이긴 했지만, 그들의 행동을 심리학적·사회학적으로 설명하려 했다. 조니의 반항은 처음에는 제멋대로에 산만해 보였다. 술집에서 손님 한 명이 무엇에 반항하냐고 묻자, 조니는 "별것 있나요?"라고 답한다. 하지만 웨이트리스로 일하는 경찰서장의 딸 케이시Kathie와 친해지면서, 아버지에게 받은 신체적 학대로 생긴 정신적 상흔을 내보인다. 케이시도 경찰관으로서 단호한 모습을 보여 주지 못하고 주민들과 폭주족 청년들에게 이리저리 휘둘리는 아버지와 사이가 좋지 않았기 때문에 두 사람은 유대감을 갖게 된다. 영화는 청년들의 비행만큼이나

_____「위험한 질주」(1953)의 포스터와 영화에 등장한 오토바이. 이 영화는 1940년대 말에서 1950년대 초의 미국 청년 문화를 잘 보여 주었다. 주인공 말런 브랜도는 세계적으로 젊은이들의 반항을 상징하는 우상이 되었다. (Wikimedia Commons, © Midnight bird)

부성에 관해 이야기한다. 「위험한 질주」는 문제 청년들에 대한 책임이 학대하는 아버지나 우유부단한 아버지 모두에게 있음을 시사했다.

젊은이들의 반항은 또 다른 두 편의 영화를 통해 할리우드의 흥행 장르로 입지를 굳혔다. 「폭력 교실Blackboard Jungle」에서는 도심 빈민가 고등학생으로 분한 젊은 시드니 포이티어Sidney Poitier가 학교 친구들과 함께 교사의 권위에 도전했다. 「폭력 교실」은 부모의 권위에 반항하면서 또한 그것을 갈망하는 노동계급 비행 청소년이라는 주제에 인종 갈등이라는 층을 가미했다. 「폭력 교실」은 「위험한 질주」와 마찬가지로 젊은이들의 행동을 비판하면서도 인간적으로 그려 냈고, 결손가정과 부모들의 감독 부족을 탓했다.[152] 같은 해에 떠오르는 청춘의 우상 제임스 딘James Dean이 「이유 없는 반항Rebel without Cause」에서 사랑과 부모의 관심을 바라는 환멸에 찬 고등학생을 연기했다. 딘은 백인 중간계급 청소년들을 청년 문화로 이끌었다. 영화의 세 주인공인 짐(제임스 딘)과 플레이토(살 미네오Sal Mineo)와 주디(내털리 우드Natalie Wood)는 모두 부모에게 소외감을 느꼈다. 짐은 위압적이고 강압적인 어머니에게 맞서지 못하는 아버지에게 실망했고, 주디는 청소년기에 들어선 이후 자신과 대화를 나누지 않는 냉정해 보이는 아버지에게 거부당하고 있다고 느꼈으며, 플레이토는 어릴 때 자신을 버리고 떠난 아버지와 가사 도우미에게 자신을 맡긴 채 거의 항상 집을 비우는 어머니 때문에 외로워했다. 이 세 사람은 짐과 주디가 플레이토의 부모 역할을 하며 가상의 핵가족을 형성했다. 이들은 진정성과 정서적 배려, 도덕적 지도를 구하려 하지만 물질적 안락함만을 누릴 수 있을 뿐이었고, 정서적으로는 부모에게 거부당했다.[153] 이 영화가 부모들의 천박한 삶에 가한 비판은 1960년대 들어 신좌파New Left가 제기할 미국식 물질주의에 대한 정치적·문화적 비판을 예고했다.

　　로큰롤이라는 새로운 음악 장르의 등장으로 세대 간의 정서적 간극이 증폭되었다. 전후에 미국 젊은이들, 특히 백인 청년 다수가 재즈와 블루스, 기타 흑인 음악 전통에 근간을 둔 새로운 형태의 리듬을 실험했다. 빌 헤일리Bill Haley, 버디 홀리Buddy Holly, 엘비스 프레슬리Elvis Presley 같은 젊은 음악가들이 아프리카계 미국 음악을 바탕으로 독특한 리듬과 음향을 만들어 냈다.[154] 엘비스는 처음에 기존 음반 산업계에서 거부당하고 나서, 선 레코즈Sun Records라는 무명 회사를 통해 음반을 내고 유명해졌다. 남부의 백인 라디오 진행자들은 여전히 아프리카계 미국 음악 전통에서 받은 영향 때문에 엘비스의 노래를 틀지 않으려 했다. 일부 흑인 라디오 방송국에서도 엘비스가 백인인 데다 흑인 음악가들의 노래를 표절했다고 여겨 그의 노래를 거부했다.[155] 1950년대 중엽 엘비스가 성공을 거두고 나서도, 대다수가 백인인 보수적 평론가들은 엘비스의 음악뿐 아니라 선정적인 춤동작에 경악했다. 평론가들은 엘비스가 지나치게 성적이고 여성적이라고 비난했다. 엘비스의 공연에는 무절제한 비명이 난무하고 심지어 팬들 사이에서 큰 소동이 벌어지기도 했기 때문에, 경찰관들은 엘비스가 공공질서를 위협한다고 여겼다. 부정적인 반응에도 불구하고, 혹은 그러한 반응 때문에 미국 국내와 해외 각지에서 엘비스 프레슬리의 인기가 놀랄 만큼 급속하게 치솟았다. 젊은이들은 엘비스의 춤 동작과 머리 모양(엘비스는 배우 토니 커티스Tony Curtis처럼 보이려고 흑발로 염색했다.), 옷차림을 따라 했다. 엘비스가 대중 앞에서 보여 준 모습이나 음악은 전례가 없었기 때문에 따라 하면 쉽게 눈에 띄었고, 엘비스 스타일은 기성 문화 규범과 사회적 관습에 도전하는 수단이 되었다.

유럽과 일본의 도시 청년들은 미국 청년들의 옷차림, 선호 음악, 심지어 언어 표현까지도 받아들였다. 미국 청년들을 따라 유럽과 일본의 청년들도 매우 보수적이고 순응적인 부모 세대의 문화에 반기를 들었다.[156] 재즈와 록 음악, 청바지, 담배, 껌은 전 세계적으로 전후 청년들의 반항의 상징이 되었다. 영국에서는 "모드족Mods"[2]이 현대적 소비주의를 받아들여 유행에 따라 멋지게 옷을 입고, 이탈리아제 스쿠터를 몰고, 리듬앤드블루스를 들었다. 모드 족이 따르는 본보기는 미국 로커rocker보다는 미국식 이탈리아 마피아 단원이었다. 모드족은 재즈를 듣고 도심의 커피 바에 모였다.[157] 독일에서는 이런 젊은이들을 '할프슈타르케Halbstarke'라 불렀다. 그들은 오토바이를 타고 배회하며, 엘비스식 머리 모양을 뽐내고, 말런 브랜도와 제임스 딘처럼 청바지와 가죽 재킷을 걸쳤다. 1950년대 중엽에 청소년 범죄와 소요가 급증하면서 부모들의 근심이 더욱 커졌다.[158] 서독 당국자들은 소요의 원인을 내부에서 찾으려 하기보다 미국에서 수입된 문제로 보고 미국화의 해악을 놓고 전간기에 벌어진 논쟁을 재개했다. 서독 당국자들은 이렇게 국내의 세대 간 갈등을 외국에서 수입된 문화적 갈등으로 뒤바꾸어 놓았다.

미국 청년 문화가 동유럽에도 침투해서 동유럽 젊은이들도 동년배 서구 청년들의 유행을 열심히 따라 했다. 동독 사람들은 서베를린의 미국 점령 지역 라디오 방송Rundfunk im amerikanischen Sektor: RIAS과 미국의 소리 같은 서구 라디오 방송을 통해 미국에서 유행하는 최신 대중문화를 접했다. 그들은 또 서베를린으로 건너가 새로 배급된 미국 영화를 보고 오곤 했다. 동독 당국은

_____ 2 모던 재즈 음악가들과 그 팬을 지칭하는 '모더니스트modernist'에서 유래한 명칭이다. 모드 스타일의 대표적 예로는 영국 록 밴드 비틀스를 들 수 있다.

1956년과 1957년 사이에 매일 약 2만 6000명의 동베를린 시민이 서베를린에 있는 극장에 드나들었다고 추산했다.[159] 동독에서도 미국식 오토바이 폭주족이 빠르게 늘어 갔다. 동독 정부 당국자들도 서독에서와 마찬가지로 젊은 세대의 유행이 공공질서를 위협하고 외국에서 수입되었다는 이유로 비난했다. 그러나 동독 당국에는 이념적 이해관계가 걸린 문제이기도 했다. 동독 당국은 '할프슈타르케'의 행동과 옷차림이 물질주의적인 서구 자본주의 문화를 무분별하게 따라 한 것으로, 독일의 전통뿐 아니라 사회주의사상을 위협한다고 판단했다.[160] 동독은 1950년대 말에 로큰롤에 대한 공격을 한층 강화했다. 발터 울브리히트 동독 공산당 서기장과 빌리 슈토프Willi Stoph 국방부 장관은 로큰롤이 동독의 국가 안보를 위협하려는 무정부주의와 자본주의의 공격이라고 선언했다. 법 집행 관리들은 공개적으로 로큰롤을 듣거나 지지하는 팬들에게 엄중한 처벌을 가했다. 예를 들어 1959년 가을에 라이프치히에서 벌어진 대표적인 사건에서는 법원이 열다섯 명의 젊은이에게 징역형을 선고했다. 이 청년들은 동독에서 만든 립시Lipsi라 불리는 건전한 춤 대신 로큰롤을 요구하고 사회주의 지도부를 야유하며 거리를 행진했다는 죄목으로 감옥에 갇혔다.[161]

　　전후 폴란드에는 '비키냐쉬Bikiniarze-Bikini Boys'라 불린 집단을 통해 미국 청년 문화가 스며들었다. '비키냐쉬'는 미국이 핵실험을 한 남태평양에 있는 비키니 환초에서 유래한 명칭이었다. '비키냐쉬'들은 주로 바르샤바에서 활동했고, 서구식 옷차림과 공개적 행동 때문에 쉽게 눈에 띄었다. 그들은 재즈를 듣고 미국 담배를 피우며 서로를 미국식 이름으로 불렀다. 폴란드 당국은 이들을 '훌리건chuligani'이라고 조롱하고, 성적으로 문란하다고 비난했다.[162] 체코슬로바키아에서는 미국 대중문화를 좋아하는 사람들이 자신들을 '파섹pásek'[3]이라 불렀다. 그리고 헝가리에서는 '얌펙jampec'[4]으로 불렸다.[163] 유럽 전역에서 자본주의와 사회주의를 막론하고 모든 정부가 비슷하게 미국식 물질

3　체코어로 허리띠, 벨트를 지칭한다.
4　헝가리 속어로 멋쟁이, 건달을 지칭한다.

주의와 문화 제국주의, 사회 분열을 우려했다.

그러나 유럽 젊은이들에게 미국화Americanization는 완전히 다른 무언가를 의미했다. 미국화는 해방과 현대화, 그리고 때에 따라서는 민주화를 뜻했다. 유럽 청년들은 문화 제국주의 때문이 아니라 부모 세대의 문화적 순응과 국가의 권위주의에 반항하기 위해 미국 대중문화를 적극적으로 받아들인다고 생각했다. 따라서 미국은 유럽 각국에서 문화적 동질성과 문화적 이질성이 충돌한 세대 갈등의 핵심 요소가 되었다.[164] 유럽 각지의 청년들은 외래 문물을 자신들이 순응주의라 여기는 것에 도전하는 수단으로 활용했다. 그들이 보기에 미국 대중문화는 순응을 강요하는 대신에 다양성을 제공했다.

전후 10년 동안 당국자들이 합심해서 미국화를 막기 위해 노력했지만, 소련에서조차 젊은이들 사이에서 미국 대중문화가 퍼져 나가는 상황을 막지 못했다. 스탈린은 1946년에 안드레이 즈다노프 장군에게 서구화에 맞서는 선전 운동을 관장하는 임무를 맡겼다. 즈다노프는 제2차 세계대전에서 활약한 백전노장으로 독일의 공격에 맞서 레닌그라드 방어를 지휘했다. 반미 운동은 즈다노프 사망 후, 1950년대 초부터 '스틸랴기stilyagi'로 불리는 집단을 목표물로 삼았다. '유행 사냥꾼'을 뜻하는 스틸랴기는 1940년대 말부터 소련의 여러 도시에서 등장했다. 그들은 대공황기에 로스앤젤레스에서 볼 수 있었던 주트 슈터즈Zoot-suiters를 떠올리게 하는, 어깨가 넓고 길이가 긴 재킷과 통이 좁은 바지로 구성된 멋스러운 정장을 차려입었다. 그리고 머리를 기르고 재즈를 들으며 미국식 이름을 사용했다. 그들은 검열을 통과한 미국 영화에 등장하는 배우처럼 꾸몄다. 예를 들어 조니 와이즈뮬러Johnny Weissmuller가 「타잔Tarzan」에서 남성적 원시성을 드러내며 젊은이들을 매혹했고, 「포효하는 20년대The Roaring Twenties」에서 제임스 캐그니James Cagney가 사용하는 뒷골목 은어도 젊은이들 사이에서 금세 퍼져 나갔다. '스틸랴기' 간의 대화에서는 '친구dudes', '젊은 여자chicks', '끝내주는groovy' 같은 표현을 늘상 들을 수 있었다. 이 청년들은 스탈린 체제가 요구하는 문화적 순응에 도전했을 뿐 아니라 근면이라는 전통적 가치와 부모 세대의 전통에도 문제를 제기했다. 미국 심리학자나 청소년 전문가 들과 마찬가지로 소련 당국자들도 "아무것도 하지 않으며 배회하는"

청소년들을 제대로 가르치지 않는다고 부모들을 탓했다.[165] 당국은 또 경범죄 단속을 통해 '스틸랴기'를 괴롭히곤 했다.

스탈린 사후 흐루쇼프가 주도한 해빙기에는 서구 음악과 서구의 영향을 받은 청년 집단에 대한 태도도 점차 완화되었다. 아마도 소련의 정치적 목표에 서구 음악을 이용하려는 시도로, 소련 정부가 1957년 모스크바에서 열린 제6차 세계 청년 축전에 동구와 서구의 재즈밴드를 초청하면서 재즈 음악이 사실상 해금되었다. 재즈 음악가들과 더불어 빌 헤일리의 「록 어라운드 더 클록Rock around the Clock」 같은 히트곡을 대중화시킨 로큰롤광들도 참가했다. 서구 자본주의 세계의 대중음악을 국제 공산주의의 이념적 원칙 및 평화와 우정이라는 청년 축전 주제와 결합시키며, 소련 당국자들은 공산주의가 젊은이들에게 친숙하게 받아들여지고, 나아가 인기를 끌게 되기를 희망했다. 축전은 이념 전선에서는 성공을 거두지 못한 듯 보였지만, 동구권에서 재즈와 미국 록 음악이 대중화하는 데 돌파구를 열어 주었다.[166]

모스크바 축전은 1947년 이후 세계 민주 청년 연맹World Federation of Democratic Youth이 개최한 가장 큰 행사였다. 그리고 소련이 처음으로 많은 외국인을 소련 심장부에 초대한 일대 사건이기도 했다. 소련 측 공식 통계에 따르면, 131개국에서 3만 4000명에 달하는 인원이 축전에 참석했다. 소련 측 참가자들을 합하면, 개막식 참가자 수만 최대 200만 명에 달한다고 추산되었다.[167] 미국을 포함한 서방 정부들은 모스크바 축전을 거대한 정치 세뇌 캠프로 규정하고, 자국 청년 단체들의 참가를 적극적으로 만류했다. 정부의 경고를 무시한 참가자들은 모스크바에서 선입견을 깨뜨리는 소련 체제 내부 생활의 진솔한 면모를 접할 수 있었다. 축전을 취재한 미국 기자들은 160명의 미국 참가자가 미친 중대한 영향에 주목했다. 미국 참가자들은 동유럽 및 소련의 청년들과 최근에 일어난 헝가리 침공을 포함해서 미국과 소련의 정책에 관해 토론을 벌이곤 했다.[168]

축전 기간 내내 소련 당국과 경찰은 놀랄 만한 자제심을 발휘하며 서구 대중음악과 정치 토론, 참석자들의 개인적 교류를 허용했다. 당시 목격자들은 놀랄 만큼 많은 개인적 교류가 낭만적 관계로 바뀌는 것을 경이와 불안이 뒤섞인 눈길로 바라보았다.[169] 많은 소련 젊은이는 나중에 청년 축전이 서구 문화와 정치에 대한 그들의 관점을 뒤바꿔 놓았고, 1960년대와 1970년대에 자신들을 정치적 저항의 길로 인도했다고 평가했다.[170] 모스크바 청년 축전과 후속 축전들이 서구 청년들에게 미친 영향은 훨씬 적었지만, 초국적인 문화적·정치적 대화의 기틀을 마련하는 데 도움을 주었다. 모스크바 축전을 통해, 잠깐의 꿈이었을지언정 한 세대 전체가 냉전으로 인한 분열을 극복해 보겠다는 결심을 다졌다.

정치적 반항

국제 청년 문화의 정치화는 동구와 서구에서 서로 다른 시기에, 지역과 세계 현안에 대응하면서 이루어졌다. 미국에서는 1950년대 말에 민권운동이 청년들의 행동을 촉발하는 기폭제 역할을 했다. 20세기 초부터 전미 유색인 지위 향상 협회 같은 조직들이 인종차별에 맞서 싸워 왔지만 대중 참여가 많지 않았고 법정 투쟁이 주를 이루었다. 이러한 양상이 바뀐 것은 1950년대 들어 아프리카계 미국인들이 대규모 대중 시위를 조직하기 시작하면서부터였다. 대표적 예로 1956년 앨라배마주 몽고메리Montgomery 버스 승차 거부 운동, 1960년 노스캐롤라이나주 그린즈버러Greensboro 간이식당 연좌 농성, 1963년 앨라배마주 버밍햄Birmingham 시내 상업 지구 인종 분리 철폐 운동을 들 수 있다. 아프리카계 미국인들의 대규모 대중운동이 국제적으로 주목받기 시작하면서 연방 정부가 미국 내 인종차별 문제 해결에 나서야 한다는 압력이 높아져 갔다.[171] 1960년대 들어 미국 민권 투쟁은 아프리카와 아시아에서 벌어진 탈식민화 운동, 냉전 정치, 베트남 전쟁과 복잡하게 얽혀 들었다.

청년 운동가들은 미국 내 인종 평등 투쟁에서 중대한 역할을 맡았을 뿐 아니라 냉전의 국제 질서에도 도전했다. 이들은 1950년대 말부터 일본, 서유럽, 미국에서 오랫동안 활동해 온 평화주의자, 좌파 지식인, 관련 과학자 집단과 손잡고 핵무기 경쟁의 종식을 요구했다.[172] 핵 경쟁은 1949년 소련이 핵폭탄 개발에 성공한 이후 격화일로에 있었다. 1960년 무렵에는 반핵운동이 산업화한 북반구와 서구의 대학을 중심으로 청년 운동가들의 대중운동으로 성장했다. 청년 반핵운동가들은 냉전으로 인한 이념 대결에 문제를 제기하고 핵무기 철폐를 요구했다. 이들은 1940년대부터 소련이 주창해 온 평화 공존을 지지했지만, 서구의 고삐 풀린 자본주의 체제를 거부했듯이 소련 체제의 이념적 원칙도 거부했다. 전통적인 냉전 이념 구도의 경계 밖에 있었던 이들의 독특한 정치적 입장은 초국적 신좌파 운동으로 수렴되었다.[173]

　신좌파 운동의 사상적 기원은 테오도어 아도르노Theodor Adorno, 막스 호르크하이머Max Horkheimer, 헤르베르트 마르쿠제Herbert Marcuse가 이끈 프랑크푸르트학파의 신新마르크스주의 이론에 있었다. 미국의 대학생들은 사회학자 데이비드 리스먼과 찰스 라이트 밀스C. Wright Mills, 프랑스 철학자 장폴 사르트르Jean-Paul Sartre에게도 영향을 받았다. 사르트르는 실존주의를 통해, 리스먼이 내부 지향적 인간형을 이상화한 것처럼, 자신의 존재에 의미를 부여하려면 외부의 기대보다 내면의 의식을 따르라고 충고했다. 한편 아도르노와 호르크하이머는 분별없는 현대 물질 만능주의를 비판했다. 이들이 보기에 현대 물질 만능주의는 문화적 독창성을 파괴하고 인류가 전체주의에 빠져들기 쉽게 만들었다. 아도르노와 호르크하이머는 서구 소비사회의 물질주의적 충동과 마찬가지로, 소련식 마르크스주의 이념 구현도 정치적·문화적 자율성 상실을 초래했다는 점에서 실패로 보았다. 그에 따르면 현대 대중매체도 시민들을 문화적으로 세뇌하고 탈정치화하면서 협조했다.[174]

　대중문화와 서구 민주주의에 대한 철학적·문화적 비판은 1962년에 발표된 미국의 신좌파 조직인 민주 사회를 위한 학생 연합Students for a Democratic Society: SDS의 창립 선언문인 「포트휴런 선언문Port Huron Statement」에 잘 나타나 있다. 선언문 작성을 주도한 톰 헤이든Tom Hayden은 미시간 대학에서 학생 정치에 참여했다. 「포트휴런 선언문」은 다시 시민들이 정치 과정에 직접 나서는 "참여 민주주의participatory democracy"를 주창했다. 호르크하이머와 아도르노, 사르트르, 밀스의 사상에 의지해, 선언문은 학생들과 시민들 사이에서 소외의 심화, 일상생활에서 관료화의 확대, 노동자, 관리자, 학생들의 자율성 결여에 주목했다. 그리고 급진적 정치 활동의 중심을 좌파의 전통적 기반인 산업 노동 현장에서 기업의 사무 단지와 대학으로 이동시켰다.[175] 「포트휴런 선언문」은 마르크스주의적 구좌파의 전통적인 정치적 주장이 신좌파 풀뿌리 운동으로 전환되는 세대교체를 반영했다.

인종 평등과 핵전쟁 방지, 제3세계 민족해방운동이 1960년대 미국과 서유럽의 신좌파 운동에서 핵심 의제로 떠올랐다. 더 급진적인 일부 단체가 자국 정부의 규제에 맞선 국내에서의 저항을 식민주의 및 제국주의에 대항하는 전 세계적 투쟁의 일부로 여기기 시작했다. 전투적 활동가들은 특히 프란츠 파농에게 영감을 받았다. 파농은『대지의 저주받은 사람들』에서 식민지인들이 식민지 점령자들에게서 해방되려면 불가피하게 폭력을 사용할 수밖에 없다고 주장했다.[176] 파농의 저작은 호찌민, 체 게바라Che Guevara, 마오쩌둥 등이 대표하는 전투적인 제3세계 혁명가들에 대한 낭만적 관념에 실제적 근거를 부여해 주었다. 특히 체 게바라는 곳곳에서 게릴라전을 수행하며 1960년대 중엽 서구 청년들의 우상으로 떠올랐다. 그는 1959년 정초에 쿠바에서 피델 카스트로를 도와 풀헨시오 바티스타Fulgencio Batista 정권을 축출하고 난 뒤에도 콩고와 볼리비아 등지에서 혁명 투쟁을 이어 갔지만 성공하지 못했다. 체는 1967년 10월 8일 볼리비아 산악 지역에서 체포된 지 이틀 만에 처형당했다.[177] 이 죽음으로 민족 해방 투쟁의 영웅으로서 체의 신화적 지위가 굳건해졌고, 그 신화는 오늘날까지 이어지고 있다.[178]

그러나 폭력이 체 게바라 같은 혁명 투사나 파농 같은 급진적 작가들을 통해 외부에서 서구 세계로 수입되었다는 판단은 틀린 것일 수도 있다. 폭력은 전 세계적으로 1960년대 청년운동과 불가분의 관계에 있었다. 미국 남부에서는 성난 백인 분리주의자 패거리가 간이식당에서 평화롭게 연좌 농성을 하는 시위대에 폭력을 행사했다. 경찰은 민권운동가들을 구타하거나, 1963년 5월 앨라배마주 버밍햄에서 그런 것처럼 개를 풀어 도보 행진에 나선 시위대를 공격했다. 과격 분리주의자들은 교회를 폭파하고, 아프리카계 미국인들에게 린치를 가하고, 메드거 에버스Medgar Evers와 마틴 루서 킹Martin Luther King 같은 민권운동 지도자들을 암살했다. 1960년대 중엽 미국 도시에서는 경찰의 부당함과 민권 관련 개혁의 지지부진함에 대한 불만으로 폭력 사태가 빈번하게 발생하곤 했다. 경찰의 만행이 폭동을 촉발하기도 하고, 거리 폭력과 살인에 대한 대응으로 폭동이 일어나기도 했다. 1968년 4월에 마틴 루서 킹 목사가 암살당한 여파로 시카고와 볼티모어, 워싱턴 D.C.를 비롯한 전국 여러 도시에서 폭동이 일어났다.[179] 몇 달 뒤 시카고에서 열린 민주당 전당대회에서는 경찰이 시위자들을 쫓아가 구타했기 때문에 나중에 작성된 공식 보고서에서 "경찰 폭동police riot"이라 칭하기도 했다.[180] 이처럼 1960년대에 국가는 폭력 사태를 촉발하기도 하고, 폭력의 주요 표적이 되기도 했다.

유럽에서도 1960년대 말에 국가 폭력이 대중 폭력을 낳는 악순환이 심화되었다. 1967년 6월에 독일 학생들이 이란의 샤 방문에 항의해 베를린 거리를 점거하자, 경찰이 총탄을 발사해 시위에 참여한 베노 오네조르크Benno Ohnesorg가 사망했다. 오네조르크가 머리 뒷부분에 총알을 맞은 것으로 미루어 보아, 경찰의 최초 주장과 달리 급박한 위협을 가할 수 없는 위치에 있었던 것으로 판명되었다. 이 무고한 시위 대학생 살해 사건은 독일 전역에서 학생들을 들끓게 했다.[181] 이 사건은 또한 독일 사회주의 학생 연맹Sozialistischer Deutscher Studentenbund, SDS 베를린 지부를 이끌던 루디 두치케Rudi Dutschke를 일약 전국 명사로 만들었다. 두치케 자신도 이듬해인 1968년 4월 11일 극우파 청년이 쏜 총에 머리를 맞고 폭력 피해자가 되었다. 두치케가 저격당한 사건은 선정주의적 보수 일간지 《빌트_Bild_》에 실린 악의적인 반反두치케 기사와 일주일 전에 일어난 마틴 루서 킹 목사 암살 사건에 영향을 받은 것이 분명해 보였다. 두치케는 총격에서 가까스로 목숨을 건졌지만, 10년 후 그로 말미암은 건강상의 문제로 사망했다.[182] 이미 오네조르크 살해로 과격해진 학생들은 언론과 정부에 분노의 화살을 돌렸다. 가장 급진적인 학생들은 6월 2일 운동이나 바더 마인호프Badder-Meinhof단, 적군파Red Army Faction: RAF 같은 무장 조직에 가담하거나 그 조직들을 후원했다. 적군파는 1970년대부터 1990년대까지 재계와 정계의 유력 인사들에 대한 폭탄 공격과 납치, 살해 등에 관여했다.[183]

파리의 거리에서도 1968년 5월 '바리케이드의 밤'에 학생 시위대가 경찰과 충돌하면서 폭동이 일어났다. 이 폭력 충돌은 연초에 파리 외곽에 있는 낭테르Nanterre 대학 캠퍼스에서 불붙어 몇 달 동안 이어진 소요 사태가 최고조에 이르렀음을 보여 주었다. 최초의 시위는 대학의 규제, 대표적으로 남학생의 여학생 기숙사 출입을 엄격하게 금지하는 규칙에 맞선 행동이었다. 대학 당국자들이 조금도 물러서는 기색을 보이지 않자, 시위가 더 격렬해지고 불만 목록도 더 길어졌다.[184] 목록에는 결국 드골 정권의 보수적인 정치·사회 노선에 대한 광범위한 비판, 학생들이 대학, 나아가 국가 운영에 민주적으로 참여할 수 있는 권리 확대, 점점 더 과격해져 가는 지역 경찰의 학생 시위 진압 방식에 대한 분노까지 망라되었다. 5월 초 들어 시위가 낭테르를 넘어 파리 중심부에 있는 소르본까지 확산되었다. 충돌이 점점 더 격렬해질수록, 당국이 공권력을 남용하고 있다고 믿기 시작한 온건파가 시위대에 대한 지지를 더욱 높여 갔다. 5월 10~11일에 벌어진 '바리케이드의 밤' 동안에 200명이 넘는 학생이 불법적으로 체포당하자 분노한 학생 수천 명이 바리케이드를 쌓고 파리 라탱 구역에서 경찰과 시가전을 벌였다. 그로 인해 수백 명이 다치고, 더 많은 운동가가 체포당했다.[185]

학생 시위의 여세를 몰아 프랑스 노조들이 5월 13일에 총파업을 선언하면서 프랑스 정부가 거의 붕괴될 뻔했다. 공산당과 공산당이 주도하는 노동총연맹Confédération Générale du Travail: CGT은 이 투쟁에서 사실상 빠져 있었다. 이들은 학생운동도, 노동자들이 요구하는 자주 관리auto-gestion도 지지하지 않았다. 프랑스 공산주의자들은 신좌파 학생운동의 성장이 공산당의 정치적 좌파에 대한 장악력을 위협한다고 보았는데, 완전히 틀린 생각은 아니었다. 학생과 노동자들은 위계적이고 경직된 공산당 지도부의 권위에 도전했다. '격앙파enragés'로 알려진 학생 시위자들을 이끈 다니엘 콘벤디트Daniel Cohn-Bendit는 공산주의자들을 종종 권위적이고 "지저분한 스탈린주의자들Stalinist slobs"[186]이라며 공격했다. 프랑스에서 학생-노동자 동맹은 국가의 권위와 정치판에서 구좌파의 지배력을 모두 위협했다. 그러나 아래로부터의 압력에도 불구하고 프랑스 정치체제에서 영구적으로 변한 것은 거의 없었다. 6월에 치러진 프랑스 총선은 드골 대통령이 이끄는 보수파의 명백한 승리로 끝났다.

철의 장막 건너편에 있는 국가의 정부들도 서구에서 일어난 저항운동을 점점 더 불안한 시선으로 바라보았다. 그들은 프랑스 공산당과 마찬가지로 좌파적 정치 의제에 대한 주도권 상실을 우려했다. 동유럽 정부 당국자들은 서구의 저항운동을 자본주의 체제의 붕괴가 임박했음을 알리는 고무적인 신호로 해석하기보다, 동구권 청년들이 저항 정신에 물들어 자국 정부에 맞서게 될까 봐 불안해했다. 그래서 소련과 다른 동구권 국가 지도자들은 1960년대 중엽 폴란드와 체코슬로바키아에서 개혁 운동이 대두하자 엄중하게 대처했다. 1968년 프라하의 봄은, 소련 공산권 체제가 1989년에 붕괴하기 전까지 냉전기에 직면한 최대의 정치적·사회적·문화적 도전이었다. 소련은 이 도전에 맞서 바르샤바 조약기구에 가입한 국가 대부분과 연합해 체코슬로바키아에 군사적 침공을 단행했다. 이러한 대응은 향후 20년 동안 동구권에서 체제 개혁에 대한 희망을 사실상 분쇄해 버렸다.[187]

체코슬로바키아에서 맨 처음 개혁을 추동한 세력은 서구에서처럼 학생들이 아니라 문단 엘리트들이었다. 그러나 체코 사회주의를 향한 비판이 학생과 지식인, 전문가들 사이에서 반향을 불러일으키면서 더욱 광범위한 개혁 운동으로 발전해 나갔다. 1967년 6월 27일부터 29일 사이에 열린 제4차 체코슬로바키아 작가 대회 참석자들은 체코 공산당의 정책, 특히 언론의 자유 제한을 공개적으로 비판했다. 연사로 나선 시인 파벨 코호우트Pavel Kohout는 청중에게 "언론법 개정 요구는 작가와 비평가 대다수가 속한 작가 연맹 총회 자리인 이 대회의 의무입니다. 이는 작가 각자가 헌법이 정한 틀 안에서(틀 안에서라는 점을 강조합니다.) 언론의 자유를 수호할 권리를 보장받기 위해서입니다."라고 밝혔다.[188]

체코 지도자이자 공산당 제1서기였던 안토닌 노보트니Antonín Novotný는 작가들의 저항적 수사를 대대적으로 규탄하고, 자유화 세력을 좌시하지 않겠다고 위협했다. 그러나 슬로바키아 공산당 제1서기인 알렉산드르 둡체크는 그보다 우호적인 태도를 보였다. 1967년 10월 말에 열린 중앙위원회 총회에서 둡체크는 당 지도부에 "당내 민주주의를 강화하고" 위계적인 하향식 권력 구조를 완화할 것을 촉구했다.[189] 노보트니는 군과 정부, 당의 최고위직을 보유하고 있었지만 공산당 조직 내에서 점점 더 고립되어 갔다. 1월 들어 공산당은 당과 정부를 분리하는 근본적인 구조 개편을 하기로 했다. 노보트니는 상징적 직책이라고 할 수 있는 대통령 직함을 보유한 반면, 둡체크는 체코슬로바키아 공산당Communist Party of Czechoslovakia: CPCz 제1서기가 되었다. 이러한 관제 및 인사 개혁이 체코슬로바키아에서 전면적 개혁으로 나아가는 길을 열어 주었다. 이를 통해 1960년대 초부터 지속해서 체코슬로바키아의 정치·사회 구조 내에서 개방 확대를 촉구해 온 공산당 내 혁신 세력이 권력을 장악했다.

둡체크가 이끄는 새로운 당 지도부는 1968년 4월 정치적 다양성과 표현의 자유 확대를 위한 대책인 '행동 강령Action Program'을 공식적으로 승인했다.[190] 행동 강령은 체코슬로바키아 내에서 이미 진행 중이던 개혁을 공식적으로 인정했다. 신문들은 이미 3월부터 사회주의에 비판적인 논평을 포함해 점점 더 폭넓은 정치적 견해들을 싣고 있었다. 비공산주의 정당들도 유배에서 풀려나 각자 개혁을 위한 청사진을 발표했다. 1968년 6월에는 주요 작가와 지식인들이 '2000어Two Thousand Words' 선언을 발표했다. 이 선언은 기층의 희망과 개혁 운동을 향한 기대, 그리고 "인간의 얼굴을 한 사회주의" 개념의 취지를 펼쳐 보였다. 그리고 노동자와 학생, 지식인들에게 각자 서 있는 자리에서 개혁에 매진해 달라고 요청했다.[191] '2000어' 선언은 미국 신좌파가 6년 전에 발표한 '포트휴런 선언'과 몇 가지 공통점이 있었다. 체코슬로바키아의 선언도 미국에서 발표된 선언과 마찬가지로, 노동자와 지식인이 연합하고 모든 시민이 각자의 정치 이념에 상관없이 민주적 과정에 대거 참여해 달라고 요청했다.

둡체크의 보장에도 불구하고 체코슬로바키아와 인접한 국가의 강경파들은 개혁에 대해 심각한 우려를 표명했다. 소련 지도자 레오니트 브레즈네프는 대중적인 자유주의 물결을 막도록 둡체크에게 압력을 가했다. 동독 지도자 발터 울브리히트는 서독과 체코 양편에서 발산되는 개혁의 기세가 동독 젊은이들에게 영향을 미칠지 모른다는 우려로 더욱 단호하게 개혁을 막으려 했다. 동유럽 사회주의국가 중에서 루마니아와 유고슬라비아만이 프라하의 봄에 동요하지 않는 듯 보였다. 두 나라는 제2차 세계대전 이후 독자적인 경로를 따라 사회주의를 발전시켰고, 이른바 형제 주권국의 내정 문제에 대한 외세의 간섭을 거부했다. 알바니아는 소련과 이미 소원한 관계였으므로 체코의 개혁 정신이 미칠 여파보다 자국의 주권 침해를 우려했다.[192]

바르샤바 조약기구 회원국 중 다섯 나라(소련, 폴란드, 동독, 불가리아, 헝가리)가 1968년 8월 20일에 체코슬로바키아를 침공하면서 동유럽의 개혁 열기에 찬물을 끼얹었다. 정치 면에서 당 지도부는 소련의 이념 노선을 충실하게 따르는 보수적인 사회주의관으로 되돌아갔다. 따라서 미국이나 1968년 여름 프랑스에서와 마찬가지로, 체코슬로바키아에서도 냉전 질서에 대한 도전은 실패한 것처럼 보였다. 그럼에도 이 도전이 남긴 문화적 유산은 서구의 대안 공동체communes와 동구의 반체제 지하조직을 통해 발전해 나갔다.[193]

문화적 파편화

프라하의 봄은 정치적으로 실패했지만, 문화적으로는 프라하의 봄을 거치며 순응을 거부하는 언더그라운드 문화가 등장해 1970~1980년대에 활기차게 활동하며 공산 체제의 힘을 약화시키는 데 기여했다. 프랭크 자파Frank Zappa와 벨벳 언더그라운드Velvet Underground 같은 미국 밴드가 체코 젊은이들에게 강렬한 영감을 주었다. 체코 음악인들은 외국 록 음반을 듣는 것 외에도, 1950년대 초부터 스스로 록 그룹을 결성했다. 대표적 밴드로는 프라하 도심에 있는 라두타Raduta 클럽에서 공연하던 아코르트 클럽Akord Club과 자파가 1967년에 발표한 노래에서 명칭을 딴 플라스틱 피플 오브 더 유니버스Plastic People of the Universe가 있었다. 1950년대 말에서 1960년대까지는 대다수 밴드가 프라하에 있는 유명 나이트클럽 거의 어디서나 연주할 수 있었지만, 프라하의 봄이 실패로 끝나면서 활동에 제약을 받게 되었다. 공산당 지도부가 플라스틱 피플 같은 밴드들을 금지하면서 지하로 쫓겨난 이들이 "제2의 문화"라 불리는 일군의 활동적인 음악 집단들을 키워 냈다. "제2의 문화" 운동은 록 콘서트 무대를 당 관료들의 철저한 감시의 눈길이 미치지 않는 체코와 슬로바키아의 작은 도시들로 옮겨, 철의 장막 뒤에서 록 음악의 명맥을 유지해 나갈 수 있었다.[194] 체코슬로바키아 반체제운동의 대표 활동가이자 공산 체제가 붕괴한 후 민주적으로 선출된 첫 번째 대통령인 바츨라프 하벨은 서구 음악과 청년 문화가 자신의 정치적·문화적 성장에 지대한 영향을 미쳤다고 강조했다.[195]

청년들이 록 음악에 심취하는 것은 정치적 형태의 저항이 아니었지만, 당국은 그렇게 받아들였다. 1970년대 중엽에는 몇몇 언더그라운드 록 콘서트장에서 경찰과 록 팬들 사이에 격렬한 충돌이 발생하기도 했다. 한번은 보헤미아의 소도시 크디네Kdyně에서 주최 측이 소란을 우려해 콘서트를 취소하자 젊은 팬들이 소요를 일으켰다. 성난 젊은이들이 도시 곳곳에서 광란의 물결에 휩쓸려 차 유리창을 깨고, 기차역에서 경찰에 맞서 싸움을 벌였다. 이 소요로 100명 이상이 다쳤다.[196] 당 지도부 내 온건파는 록 음악에 대한 당의 강경 노선 때문에 비정치적인 음악 팬들이 정권에 등을 돌리게 될 것이라고 경고했다. 하지만 당 지도부는 비판자들의 경고에 구애받지 않고, 제2의 문화록 밴드들을 계속해서 억누르려고 조처하면서 문화적 저항운동을 확실하게 정치화시켰다.

1970년대 들어 서구 청년들은 자신들의 삶과 더 직접 연관된 정치 운동에 주력하기 시작했다. 이러한 전환은 정치체제를 바꾸지 못하는 무력함을 받아들여서라기보다 전 지구적 문제에 대한 지역적·개별적 해결책을 찾으려는 노력에서 비롯되었다고 볼 수 있다. 1960년대 말에서 1970년대 초 사이에 등장한 운동들(예를 들어 환경 운동, 여성 운동, 게이 운동과 레즈비언 운동 등)은 국적이나 젠더, 인종에 상관없이 개인의 행복에 더 큰 관심을 표명했다. 이 운동들은 보편적으로 적용할 수 있다는 점에서 지역적인 동시에 세계적이었다. 미국과 유럽의 젊은이들은 동반자 관계, 가족, 공동체를 조직하는 대안적 방법을 실험했다. 성인을 위한 대안 노동환경과 어린이를 위한 대안 학습 환경을 조성한 이들도 있었다.[197] 이러한 파편화fragmentation는 1960년대 운동의 힘을 분산시켰고, 동시에 서유럽과 미국의 사회적·문화적 풍경을 점차 변화시켜 나갔다.

개인적 성취와 문화적 다양성에 관한 신념이 많은 서유럽 국가의 교육개혁을 통해 표출되었다. 다니엘 콘벤디트의 1968년 이후의 행적은 이러한 변화의 일면을 보여 준다. 그는 1968년의 격변에서 중요한 역할을 맡았다는 이유로 프랑스에서 추방당한 뒤, 프랑크푸르트에 있는 실험적 유치원에서 교사로 일했다. 콘벤디트는 다른 교사들과 더불어 1960년대에 발달한 반反권위주의적 교육 이론을 따랐다. 이 이론은 아동기와 청소년기에 받은 엄격한 권위주의적 육아와 교육 방식을 거부하는 신좌파 활동가들에게 대안으로 받아들여졌다. 반권위주의 운동은, 아동이 자신을 비롯해 또래 아이들과 연장자들의 성 정체성을 탐색할 수 있게 해야 한다는 발상처럼 논란의 소지가 있는 요소도 있었지만, 현대 교육에서 더욱 협동적인 학습 환경을 확립하는 데 이바지했다. 학교 교육과정에서 기계적 암기가 줄어들고, 질문과 토론, 실험 학습이 더 권장되었다.[198] 대학에서도, 비록 유럽과 북아메리카 각지에서 변화의 속도가 달랐지만, 민권운동과 민족운동, 여성운동의 성과로 교육과정이 점진적으로 변화했다. 북아메리카 지역 대학들이 1970년대 들어 아프리카계 미국학African American studies, 여성학, 민족학 과정ethnic studies programs 등을 개설하며 이 흐름을 선도해 나갔다.

환경 운동은 20세기 후반의 사회와 문화에 지대한 영향을 미쳤다. 1960년대 후반의 환경 운동가들은 전후 소비문화의 산물이나 다름이 없었다. 맑은 공기와 깨끗한 물, 청정한 공원은 중산층 교외 거주자들을 위한 소비자 편의 시설이었다.[199] 그러나 환경주의는 신좌파의 반물질주의 철학antimaterialist philosophy과 평화운동가들의 반핵 요구도 공유했다. 소비의 해악은 살충제와 기타 유해 화학약품의 위험을 폭로한 레이첼 카슨의 『침묵의 봄』에 잘 드러나 있다. 1962년에 미국에서 출간된 이 책은 지구 생태계의 화학적 오염과 산업 공해에 대한 저항을 불러일으키고, 더 엄격한 환경 규제를 이끌어 냈다.[200] 카슨의 책은 또한 지역 환경을 세계 환경에 연결했다. 한 지역의 토양오염, 대기오염, 수질오염이 세계 다른 지역의 환경에도 영향을 미치기 때문이었다. 다시 말해 환경오염에는 국경이 없다.

카슨의 책은 핵전쟁과 핵폐기물에 대한 우려가 고조되기 시작한 시기에 출간되었다. 1950년대 반핵운동은 이미 정치적 메시지와 환경 메시지를 하나로 결합하기 시작했다. 핵 과학자들은 처음부터 핵전쟁으로 인한 장기적 환경 훼손을 경고했다.[201] 그러나 핵물질 오염의 위험은 1950년대 중반 태평양에 있는 미국의 핵실험지에서 발생한 낙진이 사람들이 거주하는 섬과 국제 어장에 떨어지기 시작하면서 대중의 주목을 받기 시작했다. 1954년 3월 미국이 비키니 환초에서 수중 핵실험을 하는 동안 방사능 구름이 지나가는 길목에서 참치잡이를 하던 일본 국적 저인망 어선 럭키 드래건Lucky Dragon호[202]의 선원과 어획물이 고준위 방사능에 피폭당했다. 이 사건은 전 세계적으로 관심을 불러일으켰고, 반핵운동 및 핵실험 중지를 요구하는 국제 캠페인을 활성화하는 계기가 되었다.[5] 1963년에 소련, 미국, 영국이 부분적 핵실험 금지 조약Partial Test Ban Treaty에 서명한 뒤, 지상에서 핵무기 실험이 폐지되었다. 그러나 지하 실험은 조금도 줄어들지 않았다.[203]

원자력 공해와 화학적 오염, 산업공해에 대한 두려움이 환경 운동이 전 세계적으로 주목받는 데 중요한 역할을 했다. 1960년대와 1970년대 초에는 미국인들이 환경 운동에 앞장섰다. 미국인들은 1970년 시민들의 환경 의식을 고양하고 지구의 천연자원 보호 노력을 증진하려 4월 22일을 지구의 날로 제정했다. 미국 환경 운동가들은 야생 보호법Wilderness Act이 제정된 1964년부터 슈퍼펀드법Superfund Act,[6] 정식 명칭으로는 종합 환경 대응 보상 책임법[204]이 제정된 1980년 사이에 중요한 환경보호 법률을 다수 통과시키는 데 성공했다. 반면에 유럽인들은 환경 문제에 주력하는 정당을 만들어 오랫동안 유지해 왔다. 환경 정당들은 입법 활동에서 어느 정도 성공을 거두어 환경오염에 대한 엄격한 규제를 확립하는 데 이바지했다. 서독 녹색당은 1985년에 처음으로 헤센주에서 사민당 연립정부에 참여했고, 1998년에서 2005년까지는 연방 연립정부에도 참여했다. 유럽 정치 무대에 환경 정당이 등장하면서 주류 정당들도 환경오염 억제, 재생에너지에 대한 보조금 지원, 원자력 사용 제한 같은 환경 정책을 일부나마 수용하지 않을 수 없게 되었다.

비정부 환경 단체들도 1970년대 들어 급속하게 늘어나기 시작했다. 이는 환경에 대한 폭넓은 관심을 반영하는 것이자, 1960년대 풀뿌리 청년운동이 더 뚜렷한 정치 활동으로 노선을 전환하는 것이기도 했다. 환경 단체들은 대부분 지역 차원이나 국가 차원에서 활동했지만, 그린피스나 어스 퍼스트Earth First처럼 국제적 조직으로 성장한 단체들도 있었다.[205] 그린피스는 특히

_____ 5 일본어 명칭은 다이고후쿠류마루第五福龍丸.
_____ 6 정식 명칭은 'Comprehensive Environmental Response, Compensation, and Liability Act: CERCLA'로 오염 원인자가 그 피해에 대한 보상을 책임지게 하는 것을 골자로 한다.

극적인 항의 시위를 조직하고 널리 홍보해 국제적으로 관심과 지지를 받았다. 1970년대 초에 캐나다 브리티시컬럼비아에서 창설된 그린피스는 반핵 요구를 환경 시위와 결합시켰다. 그린피스의 첫 번째 활동은 알래스카주 남서쪽에 있는 암치카Amchitka섬에서 실시한 핵실험에 반대하는 시위였다. 그 후 그린피스가 벌인 활동 중에는 남태평양의 모루로아 환초Moruroa Atoll에 있는 프랑스 핵실험 기지에서 벌인 반대 시위가 있다. 이 시위에 맞서 프랑스 정부가 그린피스 선박 '레인보 워리어Rainbow Warrior'호를 비밀리에 폭파하라는 지시를 내렸고, 배에서 제때 대피하지 못한 사진작가가 폭발로 목숨을 잃었다. 그린피스는 1970년대 말 환경 운동을 선도하는 단체로 발돋움하고 나서 본부를 암스테르담으로 옮겼다. 이러한 움직임은 유럽 환경 운동의 성장을 의미했다. 그린피스는 반핵운동 단체로 출범한 이후 포경, 지구온난화, 삼림 파괴를 포함한 광범위한 문제들을 다루어 왔다.[206]

반핵운동은 1980년대 초 나토가 제안한 이중 결의double-track decision에 반대하며 국제 평화운동과 다시 손을 잡았다. 나토 회원국들은 이중 결의를 통해 중거리 미사일 상호 감축을 제안하는 동시에, 소련과 바르샤바 조약기구 회원국들이 이 제안을 거부할 경우 서유럽 핵미사일을 증강하겠다고 위협했다. 서유럽에 미사일을 배치하기로 한 날짜가 가까워지면서 대규모 시위와 평화 행진 물결이 서유럽 주요 도시를 휩쓸었다. 시위 참가자들은 "상호확증파괴mutually assured destruction" 전략 때문에 추가 핵무기 배치가 무의미하다고 규탄했다. 유럽은 이미 영내에 소련권을 여러 번 파괴할 수 있을 만큼 많은 핵탄두를 보유하고 있었기 때문이다. 유럽인 대다수가 시위대와 마찬가지로 핵무기 증강 배치가 무용하다고 생각했지만, 해당 서유럽 국가 정부는 핵미사일 배치를 계속 진행했다.

1970년대와 1980년대의 청년 문화는 새로운 통신 기술을 통해 멀리서도 서로 연결되어 있던 무수히 많은 정치적·비정치적 하위 집단들로 확산되었다. 다양한 청년 문화는 동질화 세력과 이질화 세력 간의 복잡한 상호작용을 보여 주는 본보기였다. 초국적 청년운동과 청년 문화는 주류 문화에 도전하면서 주도적으로 지역적·세계적 대항문화를 창출했다. 그 결과는 보는 관점에 따라 문화적 파편화일 수도 문화적 다원주의일 수도 있었다. 파편화는 상실을 뜻했고, 다원주의는 획득을 의미했다. 주류 문화의 일원이었던 사람들은 다양화를 문화 전통과 문화적 통합의 상실로 보았다. 그러나 다양화를 선택권 확대의 기회로 본 사람들도 있었다. 젊은 세대는 대부분 다문화주의 multiculturalism에 익숙했지만, 다양성 창출에 기여한 세계화가 바로 그 다양성을 짓밟아 버릴 수 있다는 사실에 대해서도 경각심을 높여 갔다.

젠더 규범에 도전하기

전 세계에 가장 지대한 영향을 미친 문화 규범에 맞선 도전 가운데 하나는 1960년대와 1970년대에 다시 활기차게 성장한 국제 여권운동에서 비롯했다. 여권운동가들은 20세기 후반 내내 공적 영역에서 여성의 삶이 가시적으로 드러나게 하고, 정치 영역에서 여성의 권리를 명확하게 하고자 투쟁했다. 그녀들은 미국 민권운동에서 많은 활력을 얻었고, 1970년대 초에 인권 의제가 확대되면서 더 큰 힘을 얻었다. 여성들은 전후의 문화적 전환에 이바지하고, 또 그로부터 영향을 받았다. 1945년 이후, 그 어느 때보다 더 많은 여성이 가정 밖에서 일하고, 정치과정에 참여하며, 자신의 권리를 지키려고 목소리를 높였다. 경제 세계화와 문화 세계화가 차례로 사회가 여성의 역할과 지위를 규정하는 방식에 영향을 미쳤다. 하지만 여성들이 차지하는 사회·정치 공간과 그녀들이 이룩한 발전은 각 사회의 지배적 젠더 규범에 따라 크게 달라졌다. 여성의 사회적 지위에 관한 논쟁은 젠더 관계에 깔린 문화적 전제에 기초하고 있어서, 20세기에 전 세계에서 일어난 문화적 변화를 둘러싼 논쟁에서 빠질 수 없는 부분이 되었다. 여성들은 각자 처한 환경에서 불평등을 극복하려고 노력했고, 또한 여성의 권리에 관해 보편적 합의를 이끌어내려 애썼다.

민족, 계급, 문화 관습이 남성에게 영향을 미친 것과 유사한 방식으로 여성의 경험에도 영향을 미치면서, 여성의 경험을 냉전, 탈식민화, 이주가 초래한 전 세계적 변화의 일부로 만들었다. 그렇지만 젠더 개념은 여성이 그러한 변화에 참여하는 데 특정한 방식으로 영향을 미쳤기 때문에 따로 살펴보는 게 마땅하다. 젠더라는 렌즈를 통해 문화적 변화를 분석하면, 한편으로는 동질화 대 이질화, 다른 한편으로는 보편주의 대 특수주의의 경쟁을 볼 수 있다. 여성의 삶은 세계 각지의 아주 다른 지역에서 서로 더 비슷해지기도 하고, 특수한 각각의 지역 환경에서 더 다양해지기도 했다. 여성의 역할과 권리는 각자 속한 사회의 지역 전통과도, 인권을 둘러싼 전 세계적 논쟁과도 깊이 얽혀 있었다.

　여성의 사회적 지위는 냉전이 시작된 1940년대 말과 1950년대에 중요한 쟁점으로 떠올랐다. 공산주의자들과 자본주의자들은 각자 사회에서 이상적인 여성의 역할상을 제시하면서, 자기 사회의 여성이 누리는 이점을 강조하고 상대 사회의 여성이 처한 상황을 고발했다. 미국인들과 그보다 정도는 덜하지만 서유럽인들은 서구에서 생활수준이 높아지면서 여성들이 식기세척기, 진공청소기 등 현대적인 편의 시설을 갖춘, 점점 더 기계화되어 가는 주거 환경에서 더 안락한 생활을 누리게 되었다고 널리 선전했다. 소련과 동유럽 국가들은 반대로 여성들이 생산과 연구 분야에서 이룩한 성과를 홍보했다. 이렇게 이상적으로 그려진 여성의 모습을 통해 여성의 삶과 역할을 바라보는 서로 대립하는 두 가지 관점, 즉 하나는 소비자로서 여성의 역할을, 다른 하나는 생산자로서 여성의 역할을 강조하는 관점이 드러났다.

　미국에서는 여성들이 전후 "소비 공화국Consumers' Republic"건설에서 주역을 맡았다. 역사학자 리자베스 코언Lizabeth Cohen이 명명한 "소비 공화국"은 소비를 미국의 민주적 이상을 확인해 주는 애국 행위로 격상시켰다.[207] "소비 공화국"의 이념적 토대는 대량 소비가 전후 경제의 동력이고, 결국 소련과 대항하는 미국의 안보를 강화했다는 것이다. 게다가 애국 소비자들이 바란 생활수준 향상과 풍부한 물자는 국제 무대에서 자본주의 체제가 사회주의와 공산주의보다 우월하다는 것을 보여 주었다. 민주적 소비자라는 이상은 가정에서 여성의 역할 재건과 밀접한 관련이 있었다. 미국 여성들은 전시에 공장에서 생산자 대열에 합류했지만, 이제 다시 전통적인 어머니, 주부, 소비자의 역할로 복귀하도록 권장받았다. 쇼핑은 현대적인 자유주의적 자본주의국가의 이점을 누리는 방식인 동시에 미국의 국가 안보를 강화해 주는 수단이 되었다.

　소비 민주주의의 젠더화는 미국에만 국한되지 않았다. 전후 서독에서는 가정이 국가 경제 회복의 원천이 되었고, 가정주부는 합리적 소비자로서 자유와 민주주의의 보증인이 되었다. 여성들은 시장에서 (상품의 가격과 이점과 질을 따지는) 의식적인 선택을 통해 국민경제 형성에 능동적으로 이바지하고, 시민들의 국가 건설 기획에서도 충분한 권한을 부여받았다고 여겨졌다. 장바구니를 든 어머니가 등장하는 1948년 기독교 민주 연합 선거운동 포스터는 소비자로서 여성의 애국 의무를 의도적으로 떠올리게 했다.[208] 반대로 소련의 영향을 받는 사회주의 동독에서는 경제 회복이 훨씬 느리게 이루어졌고, 여성이 국가 건설에 이바지한 바를 여성의 노동 참여도로 평가했다.[209]

　서구 세계에서 소비자로서 여성의 역할을 공적으로 강조하는 것이 여성이 생산자로서 사회에 기여하지 않았다는 의미는 아니었다. 전시에 여성들은 대개 부득이한 상황에서 직업을 갖고 공적 활동에 참여했다. 병역을 포함해 여성 고용이 전쟁의 영향을 받은 모든 나라에서 매우 증가했다. 미국 정부는 여성의 취업이 전투하는 남성의 아내, 어머니, 딸로서 이행해야 할 의무의 연장선에 있다고 선전했다. 독일에서도 나치 선전가들이 가정 바깥에서 여성의 노동을 국가를 위한 봉사로 장려했지만, 경쟁 상대인 미국에 비해 초라한 성과를 거두었다.[210] 집 밖에서 일하는 여성 대다수는 자기 일을 전쟁에 힘을 보태고 남성 가장이 부재한 상황에서 보조 수입을 벌어 가족을 돕는 임시방편으로 보았다. 그러나 일부 여성은 전에는 자신들에게 막혀 있던 직종에 진출할 새로운 기회로 보았다. 용접이나 건설처럼 전통적으로 남성의 영역이던 분야에 진출한 여성 대다수는 대체할 남성 지원자가 나타나지 않는데도 실직했다.[211] 전쟁 직후의 후퇴에도 불구하고 여성 고용이 서구 산업국가에서 향후 수십 년 동안 지속해서 증가하면서, 여성 스스로 취업을 대하는 태도와 일하는 여성을 바라보는 사회의 시선이 달라졌음을 보여 주었다. 미국 노동인구에서 여성이 차지하는 비율은 1965년에 34퍼센트에 이르렀다. 이는 1940년 이후 9퍼센트 늘어난 수치였다.[212]

　소련 공산주의 체제는 여성의 취업을 아주 다른 방식으로 다루었다. 소련은 1920년대부터 여성의 취업을 장려하기 시작했다. 1930년대에는 소련 당국이 산업 확장을 추진하려고 여성들을 적극 고용함에 따라, 노동인구 가운데 여성이 차지하는 비율이 42퍼센트에 달했다. 여성 고용은 전통적으로 남성을 위한 직종이었던 분야에서도 늘어났지만, 반드시 남녀평등의 확대로 이어지지는 않았다.[213] 남성들은 대개 일터에서 여성들을 적대했으며 차별하고 괴롭혔다.[214] 그렇지만 전시에는 노동력이 부족했기 때문에 여성들이 모든 노동 분야에 진출할 수 있었고, 농촌에서는 여성이 대규모 집단농장을 책임지는 자리를 맡는 경우도 있었다. 미국 여성들과 마찬가지로 소련 여성들도 전쟁이 끝나고 대부분 책임자 자리에서 물러났지만, 전체 여성 취업 인구는 비록 느린 속도일지라도 계속해서 증가했다.[215] 흐루쇼프 시대가 끝나갈 무렵에는 산업 노동력에서 여성이 차지하는 비율이 45퍼센트에 달했다.[216] 다른 동유럽 국가들도 유사한 경로를 밟았다. 동독에서는 여성 노동 인력 비율이 1960년에 45퍼센트에서 1970년에 48퍼센트로 증가했다.[217]

소련은 미술과 문화를 통해 생산자로서 공산주의 여성상을 선전했다. 사회주의 리얼리즘 전통을 따르는 폴란드 화가 보이치에흐 판고르Wojciech Fangor의 작품 「포스타치(형상/인물)Postaci(Form/Figure)」는 젠더를 이용해 자본주의와 공산주의의 대비를 분명하게 보여 주었다. 그림 한편에는 단순한 작업복을 입은 강건한 남녀 한 쌍이, 다른 한편에는 하얀 원피스를 입고 진주 목걸이를 건 채 노란 선글라스를 쓴 화장이 짙은 연약한 여성이 서 있다. 여성 노동자의 용모는 강하고 진지하며, 그녀 뒤에 서 있는 남성 노동자도 비슷하다. 둘둘 말아 올린 소매 아래로 여성 노동자의 강건한 팔이 보이고, 한 손은 허리에, 다른 한 손은 삽 위에 올려져 있다. 확연하게 대비되는 서구 여성의 매니큐어 바른 섬세한 손은 앙증맞은 지갑을 쥐었다. 그녀의 원피스에는 코카콜라와 월가를 포함한 상업 광고 문양이 찍혀 있다. 배경이 인물들 간의 대비를 증폭했다. 남성 노동자와 여성 노동자 뒤로는 파란 하늘 아래 흰 건물이 높이 서 있는 반면, 자본가 여성 뒤로는 아마도 오염된 잿빛 하늘과 갈색의 폐허가 펼쳐졌다.[218] 자본주의의 피상적이고 꾸며진 아름다움은 배경에 드러난 부패와 오염을 가리지 못하는 것처럼 보이지만, 맑고 정직하며 근면한 사회주의의 얼굴은 똑같이 맑고 현대적이며 생산적인 도시 풍경 앞에서 빛이 났다.

라트비아 화가 미하일스 코르네츠키스Michails Korneckis의 1959년 작품은 여성의 노동과 여성성을 함께 찬양한다. 그림 속에는 비계 위에 선 세 명의 여성 벽돌공이 등장한다. 두 명은 작업복을, 다른 한 명은 치마를 입었고, 모두 머리에 스카프를 썼다. 세 여성 노동자는 전통적으로 남성이 하던 일에 아주 능숙해 보인다.[219] 그러나 일터에서의 양성평등을 찬양하는 그림들은 현실 속에서 계속되는 차별을 은폐했다. 사회주의 치하에서 여성의 취업이 많이 늘어났지만 임금과 인사 불평등은 여전했다. 게다가 남성들이 가사나 육아처럼 전통적으로 여성이 맡아 온 일을 분담하려 하지 않았기 때문에, 임금 노동과 가사, 육아 사이에서 균형을 유지하는 일은 전적으로 여성들에게 떠맡겨졌다.[220]

냉전 경쟁국들 사이에서 이루어진 소비자 정신과 생산자 정신의 젠더화는 1959년 닉슨과 흐루쇼프가 벌인 부엌 논쟁으로 더 분명하게 드러났다. 닉슨은 미국 소비문화의 수혜자로서 여성이 차지하는 중요한 위치를 거론했다. 다양한 주방 용품이 가득 전시된 자리에서, 닉슨은 "미국에서는 여성을 위해 생활을 더욱 편리하게 만들려 한다."라고 힘주어 말했다. 흐루쇼프는 "여성을 대하는 귀하의 자본주의적 태도를 공산주의 치하에서는 볼 수 없다."라며 닉슨에게 응수했다. 당시에 자세히 설명하지는 않았지만, 흐루쇼프의 응수에는 양성 관계와 관련한 평등 정신이 엿보인다. 흐루쇼프가 보기에 공산주의 치하에서는 여성을 '위해for' 무엇을 하지 않고, 공동체의 복지를 증진하려고 여성'과and' 남성이 함께 행동했다. 흐루쇼프의 공산주의 사회에서는 여성이 물자를 생산하고 '또한and' 소비했다.

소련은 화제를 불러일으킬 깜짝쇼로, 1963년 6월에 첫 여성 우주인을 배출하며 양성평등 개념을 과시했다. 소련의 한 수는 이미 자존심을 다친 미국 항공우주국에 더한 수모를 안겨 주었고, 젠더와 과학을 둘러싼 초국적 논쟁을 촉발했다. 1963년 6월 16일에 이루어진 발렌티나 블라디미로브나 테레시코바Valentina Vladimirovna Tereshkova의 우주 진출은 소련이 이룩한 수많은 최초 목록에 등재된 최신 항목이었다. 소련은 6년 전인 1957년 10월 4일, 최초의 인공위성 '스푸트니크 1호Sputnik I'를 우주로 발사했다. 한 달 뒤에는 라이카라는 개를 '스푸트니크 2호'에 태워 우주로 보냈다. 미국인들은 생명체를 우주에 보낸 일을 대단한 업적으로 인정하기보다 실험의 잔인성에 주목했다. 실제로 러시아인들이 아직 대기권 재진입 장치를 개발하지 못해서 라이카는 우주에서 생명을 잃을 수밖에 없었다.[221] 소련인들은 1961년에 이 문제를 해결하고 유리 가가린Yuri Gagarin을 인간으로서는 최초로 우주로 쏘아 올렸다가 지구로 무사히 귀환시켰다.

소련이 테레시코바의 업적을 선전한 방식과 서구 세계가 이 소식을 받아들인 방식은 양성 관계가 냉전의 갈등 상황과 얼마나 복잡하게 얽혀 있었는지를 분명하게 보여 준다. 테레시코바는 1937년 러시아 중부에 있는 야로슬라블Yaroslavl 지방의 작은 마을에서 태어나 방직공장에서 일하다 1962년에 우주인 육성 프로그램에 선발되었다. 그전에 테레시코바가 유일하게 갖춘 자격은 1950년대 말에 지역 시설에서 딴 낙하산 훈련 프로그램 이수증뿐이었다.[222] 흐루쇼프와 소련 언론은 즉시 테레시코바를 공산주의 사회에서 여성의 동등한 지위를 상징하는 인물로 만들었다.[223] 테레시코바보다 이틀 앞서 동료 남성 우주인이 우주로 나가 지구 주변을 가장 오랫동안 비행한 기록을 경신했지만, 테레시코바에게 가려져 거의 주목받지 못했다. 소련인들은 모스크바의 붉은 광장에서 거창하게 첫 여성 우주인의 귀환을 환영했다. 흐루쇼프는 테레시코바의 비행을 소련이 이룩한 최고의 금자탑이라 칭하고, 의기양양하게 선언했다. "부르주아 사회에서는 여성이 약자the weaker sex라고 합니다. 발렌티나 블라디미로브나의 이름은 세계사에 길이 남을 것입니다. 그녀는 사회주의사회에서 자란 여성들이 인민의 모든 관심사인 헌신적 노동과 영웅적 업적 모두에서 남성과 어깨를 나란히 하고 있음을 다시 한번 보여 주며 세계를 놀라게 했습니다."[224] 테레시코바는 소련의 국민 영웅이 되었다.

테레시코바의 우주 비행은 서방세계에서도 언론의 주목을 받았다. 최초 보도는 전반적으로 긍정적이었지만, 성차별sexism이 저변에 깔려 있었고 갈수록 심해졌다. 테레시코바와 동료 우주인 발레리 비콥스키Valery Bykovsky가 거의 동시에 비행에 나섰기 때문에, 미국 신문들은 두 우주 비행사가 "우주 만남"을 가질지도 모른다고 추측하는 기사들을 실었다. 미국 언론은 또한 그녀의 외모를 거듭해서 언급했다. 테레시코바를 우주의 "금발"로 묘사한 기사도 있었고(그러나 다른 기사에서는 갈색 머리로 묘사했다.), 굽이 가늘고 긴 "스파이크

힐과 고전음악"을 좋아한다고 소개한 기사나, 그녀를 "우주 소녀space girl"라 칭한 기사도 있었다.[225] 《라이프》는 기사에 "새로운 머리 모양을 한 파란 눈의 금발 미녀가 러시아 우주 쇼에서 주연을 맡다."라는 부제를 달았다.[226] 실제로 소련 선전 기관은 테레시코바가 우주 비행을 떠나기 전에 미용실에 들른 사진을 배포해 외모를 향한 과도한 관심을 부추겼다.[227] 소련 당국자들은 일하는 러시아 여성을 여성성을 결여한 존재로 그리는 미국 측 묘사에 대응하려는 의도를 분명히 했다.

우주에 가기를 열망하는 미국 여성들에게 테레시코바의 비행은 반갑지만은 않은 소식이었다. 테레시코바의 비행은 미국 여성 지원자들의 주장대로 여성도 남성과 마찬가지로 우주 비행 임무를 수행할 수 있다는 것을 증명했다. 그러나 미국항공우주국 책임자들이 계속해서 여성을 우주 비행사 육성 프로그램에서 배제했기 때문에, 미국 여성 지원자들이 당하는 차별 대우가 훨씬 더 크게 느껴지기 시작했다. 미국항공우주국 비행사인 제리 코브Jerrie Cobb는 "미국도 결국 여성을 우주로 보내게 될 텐데, 미국이 먼저 나서지 못했다."라며 유감을 표명했다. 코브는 그전에 열아홉 명의 여성과 함께 민간단체의 자금 지원을 받은 우주 비행사 육성 시험 과정에 참가해 정식 육성 과정에 뽑힌 남성 후보자들과 똑같은 훈련을 받았다. 열아홉 명 중 열세 명이 과정을 통과했지만, 아무도 정식 우주 비행사 육성 과정에 뽑히지 못했다. 제리 코브는 시험 과정 결과를 손에 들고, 여성도 우주 비행사 육성 프로그램에 선발해 달라고 2년 동안 미국 의회에서 청원운동을 벌였다.

코브는 미시간주 상원 의원 필립 A. 하트Philip A. Hart의 부인인 제인 하트Jane Hart의 지원을 받았다. 조종사이기도 한 제인 하트는 미국항공우주국이 이른 시일 안에 방침을 바꾸기 바란다고 밝혔다.[228] 또 다른 공공연한 지지자는 유력 공화당원이자 출판인인 헨리 루스의 부인 클레어 부스 루스Clare Boothe Luce로, 그녀는 테레시코바의 비행 다음 주에 《라이프》에 기백이 넘치는 논평을 실었다. 루스는 여성이 선천적으로 남성보다 우주 프로그램에 적합하지 않다는, 소련의 시도는 화제를 모으기 위한 쇼에 불과하다는 남성 기득권층의 주장에 이의를 제기했다. 공화당과의 유대 관계, 공화당의 강력한 반공 이념을 고려한다면 대담해 보이는 결론에서, 루스는 "소비에트 러시아가 여성을 우주로 보낸 일은 1917년 혁명 이후 공산주의가 천부적 남녀평등을 강조하고 실천해 온 덕분"이라고 역설했다. 루스는 또한 미국에서는 여전히 남성이 압도적으로 우세한 기술 및 의학 분야에서 러시아 여성들이 이룩한 성과를 보여 주는 수치를 한참 열거한 후, "따라서 발렌티나 테레시코바의 비행은 공산권 여성의 해방을 상징한다. 그것은 러시아 여성들이 (미국 여성들처럼 수동적으로 혜택을 받는 것이 아니라) 적극적으로 우주 정복의 영광을 함께 나누고 있음을 뜻한다."라고 썼다.[229]

여성을 우주 계획에서 배제한 미국의 결정을 정당화하려는 시도는 과학-기술적인 시도에서 문화 국수주의적인 시도까지 다양했다. 일부 논평은 테레시코바가 하늘에서 고작 낙하산을 타 봤을 뿐이고, 기술 훈련도 별로 받지 않았다며 그녀의 자격을 문제 삼았다.[230] 또한 테레시코바의 비행은 뚜렷한 과학적 성과를 거두지 못했기 때문에, 우주 경쟁에서 미국을 누르려고 기획된 깜짝쇼에 불과하다고 깎아내린 논평도 있었다.[231] 독일 언론 기사는 장차 미국 우주선을 더 넓혀 125파운드[7] 나가는 "오락 기구"를 추가로 싣게 할 것이라는 미국항공우주국 책임자의 부적절한 농담을 인용하기도 했다.[232] 남성이 우세한 영역에서 테레시코바와 다른 여성들이 거둔 성공을 손실로 표현하는 사람들도 여전히 존재했다. 그들은 러시아 여성들이 어머니, 주부, 노동자로서 여러 가지 의무를 수행하느라 과로하고, 설상가상으로 여성성을 빼앗기고 있다고 주장했다. 《뉴욕 타임스》 모스크바 수석 특파원의 부인이며 언론인 겸 작가이기도 한 오드리 토핑Audrey Topping이 쓴 기사에 따르면, "혁명이 일어나고 한 세대 반이 지나는 동안 러시아 여성들은 남녀평등을 실천하고 국가 번영에 기여해 자신들의 가치를 증명해야 한다는 강박과 여성스러워지고 싶은 욕망 사이에서 괴로워하고 있었다." 토핑은 처음에는 러시아 여성들이 "부르주아적"인 서구적 여성성을 거부해야 한다고 배웠지만, 이제 다시 패션과 미용에 관심을 쏟기 시작했다고 전했다. 그러나 "평범한 소련 여성이 미국과 유

———— **7** 약 56.7킬로그램.

럽의 수준에 도달하려면 갈 길이 멀어" 보였다. 기사의 결론은 4년 전에 닉슨과 흐루쇼프가 벌인 부엌 논쟁을 떠올리게 했다. "여성이 우주 비행을 아무리 많이 한다 해도 그것은 낡은 빨래 건조기나 식기세척기, 효율적인 기저귀 대여점만큼 보통 소련 여성을 잡다한 집안일에서 벗어나게 해 주지 못할 것이다. 그러나 소련에서는 이것들을 이용할 수 없다."[233] 토핑은 러시아 여성들이 우주 탐험이나 기술 같은 남성 주도 영역에서 이룩한 성과를 이른바 여성들이 정말로 관심을 가져야 할 영역, 즉 패션과 미용, 가정 관리, 소비에서의 결핍으로 치환했다.

루스[8]와 토핑[9]은 넓게 보아 비슷한 세대였지만, 전후 사회에서 여성의 역할에 관한 견해는 정반대였다. 토핑은 여성의 역할에 대한 전통적 견해를 고수한 반면, 루스의 비판은 일에서 성공을 가로막는 장벽에 끊임없이 부딪혀야 하는, 대학을 졸업한 수많은 여성이 느끼는 좌절감을 드러내 주었다. 바로 이 여성들이 1960년대 중엽 최고조에 이른 2세대 여성운동의 선봉에 섰다.

루스보다 다섯 살 어린, 프랑스 실존주의 작가 시몬 드 보부아르Simone de Beauvoir가 새로운 페미니즘에 철학적 토대를 제공했다. 보부아르는『제2의 성』에서, 현대사회가 여성을 오로지 남성과 관련지어 규정한다고 비판했다. 남성은 과학적인 객관적 주체로, 여성은 주관적인 '타자'로 간주되었다. 그녀는 실존주의 철학을 바탕으로, 여성들은 여성으로 태어나는 것이 아니라 사회적 여건에 따라 점진적으로 여성이 되어 간다고 선언했다. 성sex을 젠더gender와 구별하고 젠더를 생물학적 실제보다 사회적 구성물로 봄으로써, 보부아르는 여성주의적 현대사회 비판의 기틀을 마련했다. 젠더의 사회적 구성을 바꾸어야, 여성들 스스로 "주체적" 자아를 만들 수 있었다.[234] 보부아르의 저작은 1960년대 서유럽과 미국의 여권운동에 활기를 불어넣었다.

미국 언론인 겸 작가 베티 프리던Betty Friedan은 1963년 보부아르의 제2의 성에 많은 영향을 받은『여성성의 신화The Feminine Mystique』를 발표했다. 테레시

_____ **8** 1903년 출생.
_____ **9** 1928년 출생.

코바가 우주 비행에 나서기 불과 몇 달 전에 출간된 이 책은, 훨씬 더 많은 공적 활동을 담당할 만한 지적 능력이 있지만, 여전히 어머니나 아내의 역할에 머물러야 하는 수많은 여성의 좌절감을 기록했다.[235] 프리던은 이른바 "이름 붙일 수 없는 문제들"을 구체화해 미국에서 제2세대 여성운동을 촉발하는 데 결정적 역할을 했다. 하지만 비판자들은 프리던이 중간계급 여성 문제에 매몰되어 가정에 헌신하도록 여성에게 가해지는 압력을 과장했다고 지적했다.[236] 그럼에도 불구하고 프리던이 1960년대와 1970년대의 여성운동에 미친 영향은 명백했다.

프리던의 책에서 제기된 문제들이 주목받기 시작한 시점은 미국 여성들이 유례없이 많이 대학에 진학하고, 민권운동과 신좌파 운동에 대거 참여하면서부터였다. 이 여성 활동가들은 선배들처럼 모성과 가정생활을 강요받지 않았고, 스스로 '제2의 성'이라 여기지도 않았다. 그렇지만 그녀들은 인종 평등을 위해 싸우듯이 일상적으로 젠더 불평등에 맞서야 했다. 조직 내에서 이루어지는 일상 활동에서 남성 동료들은 대개 여성 활동가들에게 비서 업무, 청소나 요리 같은 살림살이를 포함한 하찮은 업무를 떠맡겼다. 1965년에 미국 학생 비폭력 실천 위원회American Student Nonviolent Coordinating Committe: SNCC 의 두 백인 활동가 케이시 헤이든Casey Haden과 메리 킹Mary King은 "성과 카스트: 짧은 글Sex and Caste: A Kind of Memo"이라고 제목을 단 문건에 자신들의 불만을 조목조목 밝히고, 아프리카계 미국인이 백인 지배 사회에서 겪는 차별과 여성이 남성 지배 사회에서 당하는 차별을 비교했다.[237] 두 여성 활동가의 주장은 프리던의 "이름 붙일 수 없는 문제들"과 보부아르의 "제2의 성"이 제기한 문제의식을 확대하고, 새로운 상황을 반영해 더 급진화한 것이었다. "성과 카스트"는 남성 민권운동가들의 반발을 야기하며, 여성운동가들 사이에서 평등한 권리를 쟁취하려면 별도의 조직을 만들어야 한다는 결의를 불러일으켰다. 아프리카계 미국 여성들도 비슷한 경험을 많이 공유했지만 중대한 딜레마에 직면했다. 그녀들은 성차별을 구체화하는 것은 물론, 성차별에 맞서 싸우는 것이 인종차별 투쟁에 걸림돌이 되지 않을까 갈등해야만 했다.[238]

유럽의 여성운동도 미국에서와 마찬가지로 1960년대 학생운동에서 자라

나왔다. 젊은 여성들은 자신들이 속한 조직 내 권력 구조에 더 많이 참여하게 해 달라고 요구하면서, 젠더 불평등 문제를 다루는 활동 집단을 만들기 시작했다. 영국에서는 런던 여성해방 워크숍London Women's Liberation Workshop이 미국에서 만들어진 의식화consciousness-raising 단체들과 비슷한 노선으로 활동했다. 동시에 전국 여성 실천 위원회Women's National Coordinating Committee가 토론을 개최하고, 의식화 단체를 만들어 낙태권뿐 아니라 일터에서 여성 평등을 쟁취하고자 공개적으로 투쟁했다.[239] 1968년 서독에서는 학생운동가이자 새로 조직된 여성해방 활동 위원회Aktionsrat zur Befreiung der Frau 회원이기도 한 헬케 잔더Helke Sander가 독일 사회주의 학생 연맹SDS 집회에서 여성들의 불만 사항을 조목조목 제기했다.[240]

프랑스 여성운동은 1968년 5월 학생운동의 결과로 크게 확대되었다. 1970년 무렵 다양한 조직체가 여성해방운동Mouvement de Libération des Femmes: MLF에 통합되었다. 여성해방운동에 속한, 정신분석학자 앙투아네트 푸케Antoinette Fouque가 만든 정신분석과 정치Psychoanalyse et Politique라는 조직은 '페미니스트'라는 명칭이 경멸적이라는 이유로 공개적으로 거부하고, 곧 독자적인 길을 모색했다. 푸케는 평등을 위한 투쟁이 여성스러움을 부정한다고 느껴서 거부하고, 그 대신에 차이를 포용하면서 여성의 자력화를 모색했다. 정신분석과 정치는 여성해방운동 내 다른 집단에 비해 훨씬 체계적이었다. 더욱이 《여성의 일상Le Quotidien des Femmes》,《주간 여성운동Des Femmes en Movements Hebdo》,《시크 & 포(정신분석과 정치)Pscych et Po》 같은 정기간행물을 통해 훨씬 더 적극적으로 발언했기 때문에, 명성을 얻고 나자 곧 다른 페미니스트 조직을 초라하게 했다. 푸케의 선전 활동도 프랑스 내에서 《시크 & 포》가 여성운동의 실질적 대변자라는 인상을 심어 주었다. 1979년에 조직의 명칭을 'MLF(여성해방운동)'으로 공식 변경하면서 푸케 스스로 그런 오해를 키웠고, 프랑스에서 다른 페미니스트들의 목소리를 사실상 잠재워 버렸다.[241]

여성운동가들은 곳곳에서 페미니스트 운동을 선전하는 정기간행물을 발행해 평등을 요구하는 자신들의 주장을 널리 알렸다. 미국에서는 글로리아 스타이넘Gloria Steinem이 《미즈Ms.》를, 서독에서는 알리스 슈바르처Alice

Schwarzer가 《엠마*Emma*》를, 영국의 페미니스트들은 《스페어 립*Spare Rib*》을 발행했다.[242] 발행 부수가 증가하고 독자층이 더 넓어지면서 여성의 권리가 공적 담론과 학술 담론에서도 더 큰 비중을 차지하게 되었다. 대학에서도 점차 여성 문제를 다루는 과목이 늘어나기 시작했고, 일부는 본격적인 여성학 과정으로 발전했다.

서구 여성운동이 성장하면서 여성들의 다양한 삶과 다양한 정치적 목표를 반영하는 무수히 많은 특수 이익집단이 확산되었다. 계급, 인종, 정치적 신념, 직업, 성적 지향의 구분 선을 따라 여성운동이 파편화되었다. 1970년대에는 게이 집단과 레즈비언 집단이 많이 늘어나면서, 동성애를 불법화하는 차별 법률 폐지를 위한 로비 활동을 벌일 독자적인 정치 조직을 결성하기 시작했다. 미국과 서유럽의 게이 운동가와 레즈비언 운동가들은 민권운동에서 사용한 전술을 다수 활용해 연좌 농성과 거리 행진을 조직하고, 의도적인 불복종 행위를 시도하며 법에 도전했다. 미국의 동성애자 권리 단체인 마타신 협회The Mattachine Society[10]는 술집에서 동성애자에게 주류를 판매하지 못하게 한 뉴욕주 법률에 맞서 1966년 뉴욕의 술집에서 연좌시위sip-in를 벌였다. 이듬해 영국에서는 성범죄법Sexual Offenses Act이 제정되어 남성 동성애를 법적 처벌 대상에서 제외했다.[243] 1980년대에는 서유럽 국가 대부분에서 동성애를 금지하는 법률을 완화하거나 철폐했지만, 동성애를 꺼리는 문화는 지속되었다. 그리고 일부 국가에서는 21세기에도 여전히 동성애가 법적 처벌 대상으로 남아 있다.[244]

서구 세계의 여성 활동가들 사이에서는 성적 권리와 재생산 권리가 주요 관심사로 떠올랐다. 1960년에 피임약이 등장한 이후, 여성이 재생산 과정을 더 많이 통제할 수 있게 되면서 선진 산업 세계에 성 혁명이 도래했다. 피임약은 가벼운 성관계로 인한 임신의 위험을 효과적으로 제거해 주었지만, 여성들을 지속적인 성 착취로부터 보호해 주지는 못했다. 반대로 일부 급진적

―― **10** 후일 "게이 해방운동의 아버지"라 불리기도 한 해리 헤이Harry Hay의 주도로 1950년에 캘리포니아에서 만들어진 단체로, 미국에서 가장 오래된 동성애자 권익 단체 중 하나다.

페미니스트들은 산아제한으로 아버지가 될지도 모른다는 걱정을 할 필요가 없어진 남성들이 여성을 성적으로 착취하는 예가 오히려 증가했다고 주장했다.[245] 캐나다 출신 여성운동가로 뉴욕에 기반을 둔 급진 단체인 레드스타킹스Redstockings의 설립자인 슐라미스 파이어스톤Shulamith Firestone은 생물학적 재생산 기능 때문에 여성이 남성의 착취에 취약해졌다고 주장했다. 성행위는 남성이 여성보다 우월하다는 표현으로 여성의 종속을 초래하는 근본 원인이었다.[246] 성폭력이 모든 페미니스트에게 중요한 문제이기는 했지만, 대다수 페미니스트는 성관계를 덜 극단적으로 평가하고 싶어 했다. 그녀들은 남성들과 똑같이 성 해방을 누릴 권리와 더불어 평등 원칙을 전제한 이성애적 성관계에 대한 합의를 요구했다. 제2세대 페미니스트들이 1970년대에 유행시킨 "개인적인 것이 정치적인 것이다.The personal is political."라는 문구는 1960년대에 벌어진 다양한 권리 운동에서 나타난 집단에서 개인으로의 거대한 이행을 잘 포착해 냈다.

1970년대 초 서구 여성 단체들의 또 다른 주요 관심사는 낙태권이었다. 당시에는 대다수 국가가 여성의 낙태를 금지하거나 제한했다. 1970년대 초에 미국 전역에서 유명해진 글로리아 스타이넘을 비롯한 여성운동가들이 맹렬하게 로비를 벌인 끝에, 1973년 연방 대법원이 낙태권을 미국 헌법이 보장하는 기본권으로 선언했다.[247] 그 후 30년 동안 특히 사회적 보수파와 가톨릭교회가 미국에서 로 대 웨이드Roe vs. Wade 판결[11]을 뒤엎고 다른 곳에서 유사한 법률이 제정되는 것을 막기 위해 끈질기게 로비 활동을 벌였다. 과격한 비주류 단체가 낙태 시술을 한 의사를 공격해 인명 살상을 초래하기도 했다. 낙태 반대주의자들이 휘두른 치명적 폭력의 첫 번째 희생양이 된 데이비드 건David Gunn 박사는 1993년에 플로리다주 펜서콜라Pensacola에 있는 자기 병원 앞에서 낙태 반대 운동가가 쏜 총에 맞아 숨졌다.[248]

독일에서도 낙태권 문제가 페미니스트들을 결집시켰다. 낙태는 독일 형

_____ **11** 1973년에 미국 연방 대법원이 임신 6개월까지는 낙태권을 인정한 판결로, 이에 따라 각 주에서 시행되던 낙태 처벌법이 수정헌법 14조에 규정된 사생활 보호권에 대한 침해로 헌법을 위반하기 때문에 폐지되었다.

법 218조에 따라 법률로 금지되었다. 1971년에 저명한 독일 페미니스트들이 유력 정치 주간지에 낙태 경험을 공개하고, 사법 당국에 자신들을 기소하라고 요구했다.[249] 이 기사가 촉발한 논란이 공개적 논의로 발전해, 1974년에 임신 3개월 이전의 낙태가 합법화되기에 이르렀다. 그러나 1년 뒤에 독일 대법원이 부분적 낙태 허용 법률이 위헌이라는 결정을 내림에 따라, 입법자들은 의학적 이유나 범죄와 관련이 있는 경우처럼 매우 제한적인 상황에서만 낙태할 수 있도록 한정할 수밖에 없었다. 낙태를 둘러싼 법정 투쟁은 독일이 통일되고 나서 1990년대에 동독과 서독의 법률이 통합될 때까지 계속되었다. 동독은 이미 1972년에 낙태를 합법화한 상태였다.[250] 새로운 통일 독일 법률에 따르면, 임신 3개월 이내에는 의무적으로 상담을 받고 3일간의 숙려 기간을 거치면 낙태할 수 있었지만, 3개월이 지난 후에는 의학적 이유가 있을 때에만 제한적으로 허용했다.

프랑스 페미니스트들도 1971년부터 무제한 낙태권을 요구하기 시작했다. 그녀들은 보부아르를 비롯한 몇몇 저명인사의 지원으로 언론의 주목을 받았다. 그 밖에도 낙태권 옹호론자들은 대중 시위를 벌이고 낙태 권리 선언문을 발표했다. 1975년에 (보건부 장관 시몬 베유Simone Veil의 이름을 딴) 베유 법이 제정되고 임신 3개월 이전의 낙태가 합법화되었다.[251] 1970년대를 거치면서 다른 서유럽 국가도 대부분 낙태를 합법화하거나 규제를 완화했다.

남반구에서는 여권운동가들이 운동의 우선순위를 다르게 설정했다. 그녀들은 여성차별에 맞서야 했을 뿐만 아니라 젠더 차이를 초월해 사회적·경제적 권리를 쟁취하기 위해 싸워야 했다. 특히 아시아와 아프리카에서 페미니즘은 탈식민화와 민족자결이라는 과제와 긴밀하게 연결되었다. 인도에서는 여성운동이 1920년대에 영국에서 독립하려는 운동과 연계해 조직되었다. 인도 여성운동 단체들은 서구 여성운동가들만큼 개인의 해방이나 성 해방 문제에는 관심을 기울이지 않았고, 대개 민족 해방을 목표로 삼은 조직들과 협력했다.[252] 이집트에서도 여성들이 1920년대부터 페미니스트 운동을 활발히 전개하기 시작해 1956년에 참정권을 획득하고 나서 공적 토론이나 정치 토론에 점점 더 활발하게 참여했다. 이집트의 선구적 페미니스트이며 의사이자 소설가인 나왈 엘 사다위Nawal El Saadawi는 1972년에 『여성과 성Women and Sex』을 발표해 엄청난 논란을 불러일으켰다. 이 책은 여성 할례를 포함해 이집트 사회에서 여성에게 가해지는 다양한 형태의 폭력을 다루었다. 사다위의 활동은 평등을 쟁취하기 위해 지역 여건에 초점을 맞춘 제3세계 페미니스트들의 더 폭넓은 전략을 보여 주었다.[253] 지역마다 페미니스트들이 각기 다르게 접근해야 하는 특수한 종교적·사회적·정치적 맥락이 존재했다.[254] 예를 들면 케냐 여성들은 육아와 보건, 경제개발을 포함해 여성 및 빈민과 관련한 특수한 문제들을 다룰 농촌 공동체를 조직할 필요가 있었다. 라틴아메리카의 여성 단체들은 지역 현안이 대개 노동문제와 관련 있었기 때문에, 여성들이 남성 노동운동가들과 긴밀히 협력하게 해야 했다. 라틴아메리카 여성운동가들의 목표는 여성과 남성 모두에게 임금 상승과 사회복지 향상, 정치 참여 기회의 확대를 보장하는 것이었다.[255]

평등을 지향하는 비서구 여성들의 투쟁은 언제나 인종과 계급 지배라는 여과 장치를 거쳐 조정되었다. 인도 태생의 사회학자 찬드라 모한티Chandra Mohanty에 따르면, 제3세계 페미니즘과 서구 페미니즘을 가르는 기준은 "평등한 권리의 기반으로 오로지 젠더에만 초점을 맞추는 것과 더 광범위한 해방 투쟁의 일부로 인종 그리고/또는 계급과 관련지어 젠더에 초점을 맞추는 것 간의 대비"였다.[256] 남반구에서 여성들이 겪는 아주 다른 경험들과 각 지역의 복잡한 사회·정치 관계 때문에 아시아와 아프리카, 라틴아메리카 여성들은 지역 문제에 천착하는 여성운동 및 조직을 발전시켰다. 그런데 지역 현안들이 반드시 대륙 수준으로, 더구나 세계 수준으로 확대되지는 않았다. 여성 단체들이 유엔과 다른 국제 회합을 통해 세계 무대에서 만나면서 이러한 차이가 노출되기 시작했다.

페미니스트 국제주의

페미니스트 국제주의는 20세기의 상당 기간에 대체로 서구 산업 세계에 국한된 현상이었다. 1915년에 미국에서 설립된 여성 국제 평화 자유 연맹 Women's International League for Peace and Freedom: WILPF은 최초의 초국적 여성 단체였지만, 초기에는 여성 평등보다 세계 평화를 향한 투쟁에 주력했다. 비록 연맹의 회원 구성은 여전히 유럽과 미국이 중심이었지만, 점차 정강을 확대해 비서구 여권운동가들의 주요 관심사인 인종 평등과 경제적 평등을 포함시켰다.[257] 1945년에 국제 여성 민주 연맹Women's International Democratic Federation: WIDF이 여성 국제 평화 자유 연맹의 대체자로 떠올랐다. 주로 공산권 국가에서 회원을 모집했지만, 국제 여성 민주 연맹은 서구와 비동맹권의 여성 단체들과 접촉하려고 많은 노력을 기울였다.[258] 국제 여성 민주 연맹이 스스로 내건 사명은 "민족의 독립과 민주적 자유를 수호하고, 아파르트헤이트와 인종차별, 파시즘을 철폐"하는 것이었다. 이러한 사명은 남반구 여성 단체들의 관심을 끌었지만, 국제 여성 민주 연맹과 소련의 밀접한 정치적 관계가 가입을 꺼리게 했다.[259]

유엔 같은 국가 중심의 국제 조직에서는 여성 문제를 전담할 하부 조직이 더디게 만들어졌다. 1970년대 들어 상황이 바뀌면서, 대중적 페미니스트 운동 열기에 힘입은 유엔이 1975년을 국제 여성의 해International Women's Year: IWY로 지정했다. 그러고는 서둘러 6월에 멕시코시티에서 세계 여성 회의International Women's Conference를 개최했다. 이는 국제 여성 민주 연맹이 국제 여성의 해를 기념해 동베를린에서 국제 여성 대회를 열기로 함에 따라 유엔이 선수를 뺏길지도 모른다는 우려에서 나온 결정이었다.[260] 멕시코시티 세계 여성 회의는 공식 회의와 비공식 포럼으로 구성되었다. 공식 회의장에는 유엔 회원국에서 파견한 대표가 1000여 명(3분의 1가량은 남성) 참석했다. 한편 도심을 가로질러 반대편에서 열린 비공식 포럼에는 각종 여성 단체 및 비정부기구 대표, 개별 활동가들을 포함해 5000명이 넘는 인원이 참석했다. 공식 대표단으로 참석한 여성 국가수반은 스리랑카의 시리마보 반다라나이케Sirimavo Bandaranaike 총리가 유일했다. 다른 두 명의 여성 국가수반인 인도의 인디라 간디 총리와 아르헨티나의 마리아 에스텔라 페론María Estela Perón 대통령은 불안한 국내 상황을 이유로 참석을 거절했다. 소련은 발렌티나 테레시코바를 공식 대표로 파견했다. 이스라엘 총리 부인 레아 라빈Leah Rabin, 이집트 대통령 부인 예한 사다트Jehan Sadat, 이란 왕의 쌍둥이 누이 아슈라프 팔라비Ashraf

Pahlavi 공주처럼 국가수반의 부인 또는 여성 친척이 대표로 참석한 나라도 있었다.[261] 비공식 비정부기구 토론장에는 미국의 글로리아 스타이넘과 베티 프리던, 호주의 저메인 그리어Germaine Greer, 볼리비아의 노동운동가 도미틸라 바리오스 데 충가라Domitila Barrios de Chúngara 같은 국제적으로 이름이 알려진 페미니스트들도 참석했다.

멕시코 회의는 여성 문제와 관련해 세계 공통의 의제를 마련할 기반을 조성하기 위한 모임으로 다소 성급하게 "세계 최대의 의식 고취 행사"라는 찬사를 받았다. 하지만 공통의 관심사만큼이나 많은 차이점을 노정했다. 갈등이 가장 심하게 불거져 나온 곳은 비정부기구 회의 석상이었다. 《시카고 디펜더 Chicago Defender》 특파원으로 참석한 에설 L. 페인Ethel L. Payne은 그 광경을 "갖가지 신념을 표방하는 각양각색의 저항 인사들이 멕시코시티 의료 센터Centro Medico 홀에 모여 싸우면서 여성들의 분노를 분출한 한 편의 코믹 오페라"로 묘사했다.[262] 대표들이 비공식 포럼에서 공공연하게 이견을 표출한 것은 분위기가 덜 형식적이고, 대표들이 정부에 뜻에 따라 특정한 견해를 대변할 필요가 없었기 때문이다.

그중에서도 서구와 비서구의 페미니스트들이 무엇을 세계 여성을 위한 의제로 설정할지를 놓고 가장 격렬하게 부딪쳤다. 선진 산업 세계에서 온 페미니스트들은 대부분 사회적 평등과 더불어 낙태권과 레즈비언의 권리를 포함한 성 해방 문제를 우선시하기를 바랐다. 하지만 남반구 페미니스트들은 경제개발과 부의 재분배에 초점을 맞추어야 한다고 주장했다.[263] 분열은 계급 간에도 나타났다. 도미틸라 바리오스 데 충가라는 상층 중간계급 출신 라틴 아메리카 대표들이 노동계급 여성들에게 보이는 거짓된 동질감을 비판하며 맞섰다. 그녀는 화가 나서 이렇게 소리쳤다고 회고했다. "자, 이야기해 보시죠. 도대체 당신들의 처지가 내 처지와 비슷하긴 합니까? 내 처지가 과연 당신들 처지와 같을까요? 대체 우리 사이에 무슨 평등을 이야기하겠습니까? 만약 당신들과 내가 같지 않다면, 만약 당신들과 내가 아주 다르다면요? 지금 우리는 동등하지 않습니다. 여성으로서조차도요. 그렇지 않은가요?"[264] 바리오스 데 충가라에게 여성의 불평등은 빈곤, 경제적 불평등과 뗄 수 없는 문제였다.

그녀는 여성의 권리를 위한 투쟁이 자기 사회에서 남성들과 함께 하는 경제적 평등을 향한 투쟁과 연계되어야 한다고 생각했다.

정치적 노선에 따른 분열도 나타났다. 공산국가에서 온 비공식 포럼과 공식 회의의 대표들은 공산권 사회에서는 이미 양성평등을 이룩했다고 자신 있게 선언했다. 따라서 그들은 여성들이 일단 새로운 세계경제 질서의 확립에 주력하면, 양성평등은 저절로 따라온다고 주장했다. 쿠바 국방부 장관 라울 카스트로Raul Castro의 아내로 피델 카스트로의 제수이기도 한 빌마 에스핀 Vilma Espín은 쿠바 대표단 일원으로 유엔 공식 회의에 참석해 이렇게 발언했다. "우리 쿠바 여성들은 이 회의가 추구하는 모든 것을 이미 다 얻었습니다. 여기서 우리가 할 수 있는 일은 다른 여성들에게 우리의 경험을 이야기하고, 그녀들을 돕는 것입니다." 프랑스 대표로 참석한 언론인 프랑수아즈 지루Françoise Giroud를 비롯한 서구 페미니스트들이 보기에 양성 불평등을 해소하기 위해 경제적 해결책을 강조하는 것은 '우회' 전략일 따름이었다.[265] 그러나 비공식 포럼에 참석한 바리오스 데 충가라 같은 제3세계 대표들에게는 자국의 경제 상황이 혁명 전 쿠바의 상황과 비슷했으므로 쿠바의 성공이 희망차게 들렸다.

공식 회의 최종 선언문인 "세계 행동 강령World Plan of Act"은 회의가 내건 세 가지 목표인 평등, 개발, 평화가 서로 연결되어 있음을 재확인했다. "강령"은 각국 정부에 여성의 완전한 평등과 공적 활동 참여를 보장하고 경제 개발 기금을 분담하는 규정을 확립하도록 촉구했다. 유엔은 목표를 달성하기 위해 여성 지위 향상을 위한 국제 연구 훈련원International Research and Training Institute for the Advancement of Women: INSTRAW과 유엔 여성 개발 기금United Nations Development Fund for Women: UNIFEM을 설립했다.[266] 그러나 공식 회의와 비공식 포럼의 결과는 모두에게 실망스러웠다. 비서구 세계 여권운동가들은 경제적 불평등에 관한 관심 부족을 비판했고, 서구에서 온 참관인들은 강령이 주로 서구에서 이미 해결된 문제들에 대한 해결책을 제시했을 뿐이라고 주장했다. "유엔을 주도하는 가난한 나라들로서는 페미니즘이 별 의미가 없다."며 한탄한 서구의 논자도 있었다. "페미니스트들은 이런 자리에서 별로 할 말이 없는 부유한 나라 출신들이다."[267] 비공식 포럼 참석자들도 결과가 불만스럽긴 매한 가지였다. 1971년에 출간된 문제작 『여성 거세당하다_The Female Eunuch_』로 유명해진, 호주의 페미니스트 저메인 그리어는 세계 여성 회의를 모든 여성의 공통 관심사를 덮어 버린 정치적 가식의 "그림자놀이"라고 불렀다.[268] 비판은 적어도 부분적으로는 옳았다. 서구 사회냐 비서구 사회냐에 따라서뿐만 아니라 공산주의 사회냐 자유민주주의 사회냐에 따라서도 여성들의 관심사가 너무 많이 달랐기 때문에 하나의 문서로 정리하는 것이 불가능했다. 게다가 정치적 전략이 공식 대표들뿐만 아니라 많은 비공식 포럼 참석자가 제기한 안건에 영향을 미쳤다. 하지만 일부 비판자가 주장한 대로, 남성이 주도하는 대표단이나, 남성 지도자들의 대리인 역할을 맡은 여성 대표들이 개발 관련 안건을 밀어붙였다 할지라도, 멕시코시티에서 이루어진 교류는 세계 각지 여성들에게 가장 중요한 것이 무엇인지, 그리고 어떻게 하면 보편적 평등을 이룩할지에 관한 초국적 논의를 진전시켰다. 이처럼 차이가 드러나면서 모든 편을 더 가깝게 이어 줄 과정도 함께 시작되었다.

유엔 여성 10년 계획UN Women's Decade이 진행되는 동안, 그리고 그 후에도 초국적 논의가 계속 진전되면서 상호 오해와 갈등이 줄어들었다. 1980년 코펜하겐, 1985년 나이로비, 1995년 베이징에서 잇따라 열린 유엔 여성 회의에서는 경제개발 문제에 점점 더 많은 관심이 쏟아져 제3세계 페미니스트들이 멕시코시티에서보다 더 많은 발언 기회를 부여받았다. 인도 경제학자 비나 아가월Bina Agarwal은 1975년 이후 세계 여성 회의의 역사를 되살펴 보고, 경제적 평등이 여성 평등을 이루는 데 필수 요소임을 인정하는 방향으로 꾸준히 전진해 나간 점에 주목했다. 그녀는 베이징 "행동 강령"이 이전 강령들과 비교해 상당한 진전을 보여 주었다고 평가했다. "[베이징 강령에서는] 경제력과 소유권, 빈곤에 깃들인 성별 격차가 주목받았다. 그것은 또한 여성의 빈곤과 젠더 불평등을 분명하게 연결 지었다." 아가월은 강령 조항 중에서 "여성의 빈곤은 경제적 기회와 자율성 부재, 신용과 토지 소유, 유산을 포함한 경제적 자원을 획득할 기회 결여, …… 교육 및 지원 업무, 그리고 의사 결정 과정에 최소한의 참여를 보장하는 기회 결여와 직접 관련이 있다."는 조항을 강조했다. 그녀는 멕시코시티와 베이징 사이에서 "낭만적 자매애"가 "전략적 자매애"로 전환되었다고 보았다.[269] 다시 말해 멕시코의 이상주의가 세계 각지의 페미니스트들 사이에 존재하는 거대한 격차를 실감하고 산산이 조각났다면, 베이징 회의의 실용주의는 특수한 형태의 불평등에 대한 구체적 해결책을 마련할 토대를 제공했다. 전환이 이루어진 것은 전반적인 의제가 달라져서라기보다 서구와 비서구의 여권운동가들 사이의 세력 분포가 변해서였다.[270] 비서구 여권운동가들은 1975년 이후로 경제개발을 더 중요시해야 한다고 주장해 왔고, 시간이 지나면서 서구 여권운동가들을 적어도 일부는 설득해 냈다.

국제 여권운동가들의 연결망을 만들려는 시도가 유엔의 제도적 틀 밖에서도 뿌리를 내렸다. 1984년에 미국 페미니스트 언론인이자 《미즈》의 공동 편집장인 로빈 모건Robin Morgan이 세계 페미니스트들에게 지속적인 지적 교류의 장을 제공하기 위해 '자매애는 세계적이다 협회Sisterhood Is Global Institute: SIGI'를 결성했다. 모건은 전 세계 페미니스트들의 글을 모아 800쪽에 달하는 선집인 『자매애는 세계적이다Sisterhood Is Global』를 펴내고 협회를 설립했다.[271] 글을 기고한 사람들이 협회의 첫 동반자가 되어 주었다. '자매애는 세계적이다 협회'는 점차 유력한 페미니스트 국제 조직으로 성장해 나갔다. 협회는 유엔이나 '무슬림 법 아래 사는 여성들Women Living under Muslim Law: WLUML' 같은 다른 초국적 단체들과도 긴밀하게 협력했다. '무슬림 법 아래 사는 여성들'은 알제리 사회학자이자 여권운동가인 마리 에메 엘리뤼카Marie Aimée Hélie-Lucas가 '자매애는 세계적이다 협회'보다 2년 뒤에 파리에서 설립한 단체다.[272]

1970년대에서 1990년대까지 초국적 여성단체에서 제3세계 페미니스트들의 목소리가 점점 더 높아지면서, "보편적 자매애"에 대한 서구 페미니스트들의 이해를 매우 복잡하게 했다. 논쟁에 참여한 많은 제3세계 페미니스트가 서구식 교육을 받거나 서구 세계에서 살아 보고 일해 본 사람들이었기 때문에, 바리오스 데 충가라 같은 노동계급 여성들은 소외되었다.[273] 그래도 서양의 영향을 받은 제3세계 페미니스트들은 서구 페미니즘의 언어를 사용해 비서구 여성이 보는 관점을 설명하려 했다. 인도 뭄바이에서 태어나 일리노이 대학에서 사회학 박사 학위를 받은 찬드라 모한티는 서구 동료들이 "제3세계 여성을 동질적인 '무기력한' 집단, 종종 특정한 사회-경제 체제의 암묵적 피해자"로 묘사한다고 비판했다. 이런 타자화에서, 남반구 여성은 대개 주체성이나 고유한 개성이 없는 희생자와 의존자들로 그려졌다.[274]

모한티는 페미니스트 담론뿐 아니라 분석 범주로서 젠더에 내재한 중요한 역설을 지적했다. 만약 젠더가 조앤 W. 스콧Joan Wallach Scott이 1985년에 규정한 것처럼 생물학적 차이의 사회적 구성물이라면, 젠더 개념은 사회적·문화적 맥락에 따라 다르게 정립될 수 있다.[275] 어느 문화에서나 젠더 관계에는 차이가 존재하지만, 차이들의 특성과 정의는 사회적·문화적 맥락에 따라 달라진다. 모한티 등은 서구 페미니스트들이 제3세계 여성이 겪는 불평등을 묘사하는 방식이 제국주의자들이 식민지의 "타자"를 묘사한 방식을 그대로 따라한 것이라고 비판했다.[276] 서구 페미니스트들은 젠더의 사회적 구성을 정의할 권리가 자기들에게 있다고 주장하며, 자신들이 내린 정의를 고정 범주로 제시했다. 그녀들은 여성의 권리 향상을 고정된 서구적 기준에 따라 평가했다. 시몬 드 보부아르의 "제2의 성"은 이처럼 서구·비서구 여성 간의 관계에서 똑같이 복제되었다. 비서구 여성은 서구 여성의 "주체"에 대한 "타자"였다. 제3세계 여성은 "제2의 성"에서 "두 번째"가 되었다.

서구 페미니즘 언어에 정통한 제3세계 페미니스트들은 제3세계 여성과 관련한 자신들의 전제에 대해서도 문제를 제기하기 시작했다. 인도 상류층 출신 문학평론가 가야트리 차크라보르티 스피박Gayatri Chakravorty Spivak은 동료들(서구와 비서구 양쪽 모두)에게 "제3세계 여성에 대해 충분히 배우고 또 다른 독자층을 개발하려면 그 집단의 거대한 이질성을 제대로 파악해야 하고, 제1세계 페미니스트들은 더는 '여성으로서' 특권을 누린다고 느껴서는 안 된다는 것을 알아야 한다."라고 경고했다.[277]

두 가지 사례가 이러한 이질성뿐만 아니라 보편적 페미니스트 의식을 획득하기 위한 노력의 결과를 잘 보여 준다. 첫 번째 사례는 국제적인 여성 성기 절제female genital mutilation: FGM 반대 운동이다. 아프리카와 중동 지역, 그리고 그보다 덜하지만 아시아의 무슬림 지역에서 널리 행해지는 여성 할례 관행은 1970년대 말부터 서구 페미니스트들에게 중대한 현안으로 떠올랐다. 여성의 성기를 절제하는 관행은 1979년에 언론인 겸 여권운동가인 프랜 호스켄

Fran Hosken이 집필한 여성 할례 관행을 규탄하는 자료집 『호스켄 보고서Hosken Report』가 나오고 나서 미국 전역에서 주목받았고, 서구 사회에서 분노와 우려를 낳았다.[278] 비록 이 의식을 옹호하는 여성이나 의료 전문가는 거의 없었지만, 공격적이고 때때로 가부장적이기까지 한 호스켄의 접근 방식을 비판하는 사람들도 많았다. 《미즈》편집자 글로리아 스타이넘과 로빈 모건은 1980년에 《미즈》에 기고한 기사에서 다른 목소리를 내려 했다. 두 사람은 할례 관행을 규탄했지만, 피해자들 스스로 목소리를 내게 했다.[279] 그중에는 1970년대 초부터 모국 이집트에서 여성 할례를 공공연하게 비판해 온 나왈 엘 사다위의 증언도 있었다. 이집트에서 음핵 절제술 반대 운동의 강력한 대변인으로 활동해 온 엘 사다위는 자신이 여섯 살 때 겪은 경험과 여동생의 경험을 묘사했다. 그 경험은 결국 그녀를 페미니스트 저항운동의 길에 나서게 했다.[280]

이 관행의 야만성에 대한 근본적 합의를 고려한다면, 1980년 코펜하겐에서 열린 유엔 여성 회의에서 엘 사다위를 비롯한 무슬림 페미니스트들이 여성 할례 문제를 놓고 서구 여성들과 충돌한 사건은 뜻밖의 상황처럼 보였다.[281] 하지만 그 논쟁을 전 세계적 페미니스트 의제라는 맥락에서 더 면밀하게 분석해 보면 이해가 가능해진다. 무슬림 여성들은 서구에서 온 동료들과 마찬가지로 할례 관행에 격분했지만, 두 가지 이유를 들어 코펜하겐 포럼에서 그 문제를 논의하는 데 반대했다. 첫째, 무슬림 여성들은 이 주제가 경제적 착취나 제국주의 같은 문제에서 주의를 돌리게 한다고 생각했다.[282] 둘째, 엘 사다위를 비롯한 무슬림 여성들은 여성 할례에 주목해 아프리카와 아랍의 문화를 후진적이고 야만적이라고 낙인찍는 방식에 반발했다.[283] 제3세계 여성들은 이처럼 투쟁의 올바른 의제가 무엇인지, 그리고 어떤 사항을 기준으로 여성의 성취를 평가해야 할지를 놓고 제1세계 여성들과 여전히 싸우고 있었다.

여성들이 겪는 경험의 이질성뿐만 아니라 페미니스트 세계 내의 균열을 잘 보여 준 두 번째 사안은 무슬림 베일을 둘러싼 논쟁이었다. 대다수의 서구 여성은 이슬람 국가 여성들의 베일 착용을 여성 비하를 드러내는 증거로 보았다. 따라서 여성들이 통상적으로 베일을 착용하는 나라 출신 페미니스트들은 난처한 처지에 놓이게 되었다. 그녀들은 베일 착용을 지지하지 않더라도, 마지못해 변호하거나 적어도 적절한 맥락에서 보아 달라고 요청할 수밖에 없었다. 일부 무슬림 여성에게는 베일이 서구 국가에서 받는 문화적 동화 압력에 저항하는 수단이 되었다. 1989년 파리 근교 중학교에서 벌어진 세 여학생 사건이 그 실례다. 사건의 발단은 학교 관계자들이 열세 살에서 열네 살인 여학생 세 명이 머리를 가리는 스카프를 착용해서는 안 된다는 교칙을 어겼다는 이유로 정학 처분을 내린 데서 시작되었다.[284] 그러나 프랑스 내 무슬림 이민 사회와 문화적 관용을 지지하는 진보적 저명인사들이 강력하게 항의하자, 사회당 정부가 한발 물러섰다. 이어진 논쟁에서는, 머리카락만 가리는 것부터 얼굴 전체를 가리는 것까지 상당한 차이가 있었는데도 서로 다른 얼굴 및 머리 가리개 명칭(머리 스카프, 베일, 히잡hijab,[12] 차도르chador[13])이 혼용되었다.[285]

그래도 더 중요한 것은 논쟁을 통해 무슬림 여성의 베일 착용 관행에 부여된 서로 다른 의미가 드러났다는 점이다. 호주 출신 페미니스트 저메인 그리어는 1994년에 쓴 신랄한 논평에서, 현대사회에서 베일이 가지는 복합적인 상징 기능을 지적했다. "베일은 억압 또는 해방, 특권 또는 장애, 무력함 또는 자력화, 그 어느 것과도 동일시될 수 있다. 한 가지 확실한 것은, 만약 베일을 착용할 권리를 거부당한다면 그것은 자유의 상징이 될 것이다. 만약 베일을 착용하려 하는 집단을 차별한다고 알려진 정부 당국이 베일을 착용할 권리를 부정한다면, 베일은 저항의 상징, 심지어 전쟁 무기가 될 수도 있다."[286] 베일 논쟁은 이렇게 문화 규범과 문화 통합을 둘러싸고 벌어지는 투쟁에서 여성의 권리든 소수자의 권리든 개인의 권리를 확고히 하려는 투쟁으로 발전해 갔다. 그리어는 논쟁의 다양한 차원을 인정하고 자유로운 선택이 가장 중요하다는 태도를 보였다.

프랑스에서 벌어진 논쟁은 여성 평등과 문화적 다양성 모두와 관련된 더 폭넓은 갈등을 예고했다. 역사가 조앤 W. 스콧에 따르면, "머리에 두르는 스

___ **12** 아랍어로 가리개 또는 장막을 뜻하며, 얼굴은 드러내고 머리와 가슴 부분을 가리는 베일을 지칭한다.

___ **13** 얼굴만 드러내고 여성의 몸매가 드러나지 않게 몸 전체를 감싸는 베일로 색상은 주로 검은색이다.

카프는 용인할 수 없는 차이를 드러내는 확실한 표시다. 그것은 오로지 이민자가 동화했을 때에만(신앙을 사적으로 실천해야만) 완전하게 '프랑스인'이 될 수 있다는 오래된 자격 요건을 거스르는 것이다."[287] 머리에 두르는 스카프는 이민자들이 프랑스 사회에 동화하기를 거부하는 상징이자, 무슬림 사회에서 자행되는 여성 비하의 상징으로 보였다. 따라서 프랑스의 젠더 평등 규범과 양립할 수 없었다. 그러나 머리에 두른 스카프가 어떤 이들에게는 여성 비하를 의미했지만, 또 다른 이들에게는 여성의 자력화를 뜻했다. 무슬림 소녀들과 여성들은 머리에 스카프를 두를 권리를 강력하게 주장함으로써 자신들의 문화적 정체성을 지킬 권리를 요구했고, 그렇게 문화적 다양성을 둘러싼 정치 논쟁에 뛰어들었다.[288]

이처럼 베일은 상징적 의미의 범위가 매우 넓었고, 페미니스트들 사이에서조차 베일 논쟁에 어떻게 접근할지를 두고 의견이 엇갈렸다. 이는 문화적 보편성과 특수성을 가르는 구분선이 서구와 비서구의 페미니스트, 심지어 페미니스트와 비페미니스트 들 사이에조차 뚜렷하게 그어져 있지 않음을 드러낸다. 그러나 여성의 경험이 다양하므로 세계 무대에서 여성의 권리를 규정할 최소한의 기준에 대한 합의도 불가능하리라 여기는 것은 틀린 일일 수 있다. 오히려 찬드라 모한티에 따르면, 서구적 젠더 관계 및 여성 평등 개념만을 전제로 하지 않는 대안적 보편성을 모색할 필요가 있지만, 경험과 사회적 맥락의 차이도 고려해야 할 필요가 있다. "문제는 어떻게 차이를 통해 연결과 경계 넘기를 더 잘, 그리고 더 정확하게 설명할 수 있을지, 또 어떻게 차이를 구체화해야 보편적 관심사를 더 완전하게 이론화할 수 있을지다."[289] 차이와 보편성은 서로 협력해야 할 뿐 아니라, 가장 중요한 일은 아닐지라도, 새로운 세계 페미니스트 의식을 창출해 내야 한다. 차이와 보편성을 통해 보편적 권리의 테두리 안에서 여성의 다양한 경험을 포착해 내야 한다. 보편주의와 특수주의를 대립시키는 이분법을 극복해야 여성의 폭넓은 요구와 목표를 제대로 살필 수 있을 것이다.

종교 문화의 지속성과 종교 문화에 대한 도전

프랑스에서 벌어진 머리 스카프 논쟁은 공적 영역에서 종교의 역할에 대한 논쟁도 함께 점화했다. 프랑스는 오랫동안 공적 영역에서 정치와 종교의 분리를 유지하는 '세속화laïcité' 원칙을 고수해 왔다. 그러나 세속주의를 수용하기는 했지만 프랑스는 가톨릭의 유산이 사회적·문화적·정치적 정체성에 깊이 뿌리박혀 있는, 종교적으로, 그리고 문화적으로 동질적인 국가였다. 베일 논쟁은 백인이 아닌 비기독교도 이주민들이 어느 때보다 많이 프랑스에 정착하면서 광범위한 사회적 변화가 일어나던 중에 발생했다. 이민자들의 상이한 사회·문화·종교 관행이 프랑스 사회의 세속주의와 대립했는데, 세속주의는 지배적인 단일 종교와 추상적인 시민 통합 사상을 토대로 형성되었다.[290] 다양한 종교가 서로 이웃하게 된 상황은 전후 북아메리카와 유럽에 새로 나타난 현상으로, 특수한 문화적 문제를 제기하고 종교적 관용의 한계를 시험했다. 전 세계적으로 종교는 문화 동질화에도, 문화 이질화에도 영향력을 행사했다.

모든 현대 민주 헌법에는 종교 다원주의가 명문화되어 있고 민법에는 종교의 자유가 보장되어 있지만, 유럽과 아메리카 대륙에 있는 나라들에는 대부분 유대-기독교의 관행과 수사가 뿌리 깊게 남아 있다. 전후 유럽의 양대 보수 정당인 이탈리아 기독민주당Democrazia Cristiana과 서독 기독교 민주 연합은 정치적 사명에 기독교를 명시적으로 내세웠다. 미국 의회는 냉전이 절정에 달한 1954년에 "하나님 아래under God"를 국기에 대한 맹세에 다시 집어넣고, 모든 미국 지폐에 "우리가 믿는 하나님 안에서In God we trust"라는 문구를 집어넣게 했다. 국가와 종교 권력이 확실하게 분리되었지만, 이처럼 종교적 가치와 종교적 형상은 여전히 국가 업무와 외교 업무에서 필수적인 역할을 맡았다.[291] 세속화 과정을 19세기부터 진행된 정치적·경제적·사회적 근대화의 불가피한 결과로 간주해 온 사회학자들은 1980년대 들어 자신들의 가설을 재고하기 시작했다. 세속화 명제로는 종교 근본주의의 부활과 다양한 종교 종파의 전 세계적 확산을 설명할 수가 없었다. 사회학자들은 현대 사회에서 종교의 역할을 더 깊이 탐구하기 시작하면서, 앞선 수십 년 동안 이루어진 이른바 세속화

가 기껏해야 피상적일 뿐이었음을 깨닫게 되었다.[292]

냉전기 내내 종교적 수사가 소련과 미국 간 경쟁에서 중대한 역할을 했기 때문에, 냉전을 서슴없이 "역사적인 종교 대전 중 하나"라고 부른 학자도 있었다.[293] 미국의 경우, 신이 약속한 땅이 공화국 안에서 실현되었다고 보는 섭리주의providentialism 개념이 미국 예외주의 사상의 골자였다.[294] 20세기 초에 윌슨은 세계를 향한 미국의 선교 사명에 관한 종교적 암시를 외교정책에 주입했다.[295] 종교적 수사는 제2차 세계대전이 끝나고 나서 더욱 강화되었다. 정치와 종교의 지도자들은 점점 더 반공 투쟁을 공산국가의 무신론에 맞서 유대-기독교적 가치를 지키려는 투쟁으로 묘사했다.[296] 유력한 냉전 전략가들, 예를 들어 딘 애치슨과 존 포스터 덜레스는 둘 다 개신교 목사의 아들로, 정치적 성명에 종교적 이미지를 자주 사용하곤 했다.[297]

미국과 서방 동맹국들에 종교적 상징주의는 지정학적 갈등을 이념-문화 갈등으로 바꿔 줄 중요한 수사가 되었다. 그 덕분에 정치가들은 동서 갈등을 단순한 선악 이분법 틀에 끼워 넣고, 공산주의에 맞서 자국민을 동원할 수 있었다. 민주적 자유주의와 유대-기독교적 가치 사이의 구별이 냉전기의 정치적 수사에서 거의 사라졌다. 아이젠하워 미국 대통령은 거리낌 없이 종교를 정치에 끼워 넣었다. 그는 국무회의를 시작할 때마다 공동 기도를 하도록 하고, 개신교 부흥목사인 빌리 그레이엄Billy Graham에게 정기적으로 조언을 구하곤 했다. 그레이엄은 그때부터 버락 오바마 대통령에 이르기까지 모든 대통령의 영적 자문 임무를 수행했다. 아이젠하워는 1955년에 "하나님을 인정하는 것이 미국주의Americanism의 가장 기본적인, 첫 번째 표현이다. 신이 존재하지 않는다면 미국의 정체政體뿐만 아니라 미국적 생활 방식도 없을 것"이라고 선언했다.[298] 아이젠하워 정부에서 국무부 장관을 지낸 덜레스도 아이젠하워와 마찬가지로 신앙심이 돈독했던 터라, 종교적 신념이 모든 정책 결정에 중요한 요인으로 작용했다.

서구에서는 일반적으로 공산주의 국가 체제가 무신론적일 뿐 아니라 종교예식에 드러내 놓고 적대적이리라고 추정했다. 그러나 정치학자 엘리자베스 셰이크먼 허드Elizabeth Shakman Hurd에 따르면, 그것은 오해였다. 그녀는 소련 국가가 세속주의적 정교분리 모델을 채택했다고 주장했다. 이는 정치체제가 종교적 색채를 띠지 않고 종교 활동은 사적 영역에 제한됨을 뜻했다.[299] 마르크스는 종교를 "민중의 아편"이라 일컬었지만, 레닌이 이끈 소련 체제는 종교 활동을 금지하지 않았다. 실제로 레닌은 1905년에 사적인 종교 활동을 모든 시민의 권리로 인정했다. 그러나 그는 공적 영역이나 정치적 영역에는 종교의 자리가 없다고 믿었다.[300] 이 점에서 레닌은 자유주의적인 서구의 적수들과 관점이 그렇게 다르지 않았다. 양쪽 모두 공적 영역에서 종교의 역할, 정교분리와 관련해 계몽주의적 접근법에 아주 많은 영향을 받았다. 스탈린은 집권 초기 종교 집단들에 대해 훨씬 더 강경한 노선을 취했다. 그는 양차 대전 사이에 종교 지도자들을 박해하고, 독립적이고 자유로운 활동을 제한했다. 그러나 스탈린은 제2차 세계대전 중에 국가 통합을 강화하려고 정교회와 타협했다. 그는 소련인들이 교회에 갖는 정서적 애착을 똑같이 국가에 대한 정서적인 애착과 융합시키려 했다. 1970년대에 사회주의 독일민주공화국에서도 유사한 타협이 이루어졌다. 동독 지도부는 동독의 사회주의적 현재와 과거 독일의 지적 전통을 이어 보려는 시도로, 동독의 몇몇 도시에서 일생을 보낸 16세기 프로테스탄트 신학자 마르틴 루터Martin Luther를 복권했다. 당국자들은 종교 정체성과 국민 정체성을 연결해 국가에 대한 충성을 고취할 수 있기를 바랐다.[301] 이러한 타협에도 불구하고 동유럽과 소련의 당국자들은 냉전기 내내 탄압과 통합을 오가며 교회와 불편한 관계를 유지했다.[301]

종교가 냉전 담론에 널리 영향을 미치면서 현대 세계의 세속화에 관한 핵심 가정을 약화시켰다. 계몽주의 사상에 기반을 둔 세속화 명제를 지지하는 사람들은 근대화가 정치와 사회에서 종교의 쇠퇴를 초래했다고 주장했다. 이 논리는 종종 역으로, 사회와 정치의 세속화를 근대화의 징표로 여기기도 했다. 근대화와 세속화 사이의 이른바 연쇄는 사회 내 진보 세력이 정치적·공적 활동의 세속화를 고집한 반면, 종교 지도자들은 종교가 쇠퇴할지 모른다는 두려움 때문에 근대화에 저항하곤 한다는 근대적 사고에 깊이 뿌리내리고 있었다.[303] 두 입장의 본보기로, 한편에는 1920년대에 터키를 근대화하고 세속화하려 한 무스타파 케말Mustafa Kemal 아타튀르크의 시도가 있고, 다른 한편에는 1990년대에 엄격한 종교 규범을 공적 활동에 다시 도입해 정치·사회 근대화 추세를 역전시킨 아프가니스탄의 탈레반 체제가 존재한다.

세속화 명제 지지자들은 1950년대 이후 종교 가입자와 교회 신도의 수가 지속해서 감소한 서유럽을 근거로 들 수 있다. 그러나 영국의 종교사회학자 그레이스 데이비Grace Davie는 서유럽의 교회 신도 수 감소가 반드시 종교 신앙의 쇠퇴를 의미하지는 않는다고 주장했다. 도리어 대안 종교로 선회하거나 자선 단체를 통해 신앙을 실천하는 등 비제도적인 사적 종교의식에 집중하는 대안적 형태의 종교 관행들이 나타났다.[304] 게다가 서유럽 전역에는 매우 다양한 형태의 종교 관행이 존재했다. 개신교 국가가 주를 이루는 유럽 북부에서는 가톨릭이나 정교회가 우세한 유럽 남부 지역보다 종교 관행이 더 많이 쇠퇴했다. 아일랜드는 독특한 사례였는데, 북아일랜드에서 벌어진 개신교와 가톨릭 간의 정치적 충돌이 종교적 소속에 결정적 영향을 미쳤기 때문이다. 더욱이 주로 옛 식민지 지역에서 온 이민자들이 비서구 지역에서 기원한 소수 종교를 대다수 유럽 국가에 퍼뜨렸다. 20세기 말에 무슬림은 유럽 인구의 3퍼센트 정도였다. 프랑스는 300만 명에서 400만 명에 이르는 무슬림의 터전이었다. 1980년대 말에 160만 명 정도였던 독일 무슬림 인구는 2008년에 320만 명으로 증가했다.[305] 영국에는 100만 명을 조금 넘는 힌두교도와 시크교도가 거주했다.[306]

하지만 프랑스에서 벌어진 머리 스카프 논쟁에서 드러났듯이, 세속화의 심화로 서유럽에서 종교적 관용의 수준이 높아지기만 한 것은 아니다. 오히려 논쟁을 통해 일상적 관행과 공적 활동의 관습에 깊이 뿌리박힌 세속화된 종교적secularized-religious 토대가 드러났다. 머리에 스카프를 둘러 공공연하게 종교적 믿음을 드러내는 행위는 문화적 동질성 표시와 세속성 고수를 모두 불안정하게 했다. 머리 스카프 착용 반대파 중에는 동질성과 평등을 하나로 보는 이들도 있었다. 학교 관계자들은 복장과 외양의 동질성이 문화·종교 또는 민족 배경이 다르다는 이유로 학생을 가리지 않는 더욱 평등한 학습 환경 조성에 이바지한다고 주장했다. 이 관계자들은 자신들의 문화적 평등주의 사상이 대중을 지배적인 유대-기독교 문화 체제에 동화시키려는, 특히 프랑스적이고 서구적이며 기독교적인 동질성을 지키기 위한 처방이라는 점을 깨닫지 못했다.

종교는 문화적 순응을 부추기거나 심지어 요구하기도 하는 만큼, 문화적·정치적 저항을 촉발하기도 했다. 종교운동은 동유럽에서 공산주의 체제에 맞서는 주요한 저항 세력이 되었다. 1978년 폴란드 출신인 카롤 보이티와Karol Wojtyła 추기경이 교황 요한 바오로 2세John Paul II로 즉위해 폴란드에서 종교 부흥을 고무했다. 되살아난 종교적 활력이 노동자 연대 노조에 힘을 실어 주어, 1980년에 일어난, 공산주의 국가에 맞선 반체제운동이 광범위한 지지를 받을 수 있었다. 연대 노조 핵심 인사들, 특히 레흐 바웬사는 교황이 연대 운동에 결정적 영향을 미쳤다고 인정했다. 폴란드 대통령 보이치에흐 야루젤스키가 1981년에 비상사태를 선포하고 연대 노조를 금지했지만, 가톨릭이 압도적인 국가에서 강력한 교회 기구를 분쇄하기란 불가능했다. 그 후 10년 동안 가톨릭교회는 폴란드 반체제운동의 보호막이 되어 주었다.

폴란드와 이웃한 동독에서는 개신교 교회가 권위주의적 국가에 맞선 저항운동을 활성화하는 데 핵심적인 역할을 했다. 1980년대에는 교회 지도자들이 교회 건물을 반체제 인사들에게 은신처로 제공했다. 1989년 가을 라이프치히에서 반정부 시위가 격렬해지면서, 도심에 있는 성 니콜라이 교회가 매주 열리는 촛불 시위의 집결지가 되었다. 라이프치히에서 열린 기도회와 시위에 모인 군중이 9월에는 1000명가량이었는데, 베를린 장벽이 붕괴하기 3일 전인 11월 6일에는 50만 명 이상으로 늘어났다.[307] 종교가 서구에서는 냉전 초기에 사상적 무기 역할을 했다면, 동유럽에서는 냉전 끝자락에 정치적 저항운동의 구심점 노릇을 했다.

종교는 반식민지 투쟁과 민권 투쟁에서도 중요한 역할을 맡았다. 1940년대 인도에서는 모한다스 간디가 자신이 믿는 힌두 신앙의 계율을 바탕으로 비폭력 저항 철학을 발전시켰다. 간디의 철학은 이어서 침례교 목사 마틴 루서 킹의 민권운동에 영감을 주었다. 아프리카계 미국인의 평등권을 지지하는 킹 목사의 대중 연설에는 종교적 수사가 가득 담겨 있었고, 남부의 교회는 인종 분리 체제에 맞서는 저항의 중심지가 되었다.[308] 맬컴 엑스Malcolm X의 인종

정의racial justice를 향한 요구는 이슬람으로의 개종과 아프리카계 미국인 단체인 이슬람 민족Nation of Islam 활동에서 영감을 받았다. 그는 결국 이슬람 민족과 그 지도자인 일라이자 무함마드Elijah Muhammad와 멀어졌지만, 1965년 2월 이슬람 민족 조직원들에게 암살당할 때까지 무슬림으로 남아 있었다.[309] 마틴 루서 킹과 맬컴 엑스는 종교적 신념을 통해 강해졌고, 미국 사회에 깊이 뿌리박힌 법적·정치적 불평등에 반대하는 자신들의 대의가 옳다는 믿음을 공유했다.

라틴아메리카에서는 저항운동 세력이 해방신학의 영적 교의에 의지해, 가난한 사람들이 대륙 각지에서 사회적·경제적으로 내몰리는 상황에 저항하려 했다. 중앙아메리카와 남아메리카에서는 1945년 이후 급속한 경제성장과 도시화가 엄청난 빈부 격차를 초래했다. 저명한 라틴아메리카 가톨릭 신학자들이 가난한 사람들의 고통을 덜어 주는 것이 기독교의 의무임을 다시 역설한 새로운 기독교 해석을 공개적으로 지지했다. 대표적인 인물로, 1980년에 암살당한 엘살바도르의 오스카 로메로Óscar Romero 추기경과 페루의 구스타보 구티에레스Gustavo Gutiérrez, 브라질의 레오나르두 보프Leonardo Boff 신부와 동생 클로도비스 보프Clodovis Boff 신부 등을 꼽을 수 있다.[310] 이 신학자들은 가톨릭 교회가 전통적으로 실천해 온 자선사업에만 머물지 않고, 고삐 풀린 자본주의와 억압적인 정치적 권위가 결합한 라틴아메리카 정치체제를 공공연하게 비판했다. 그들은 대안으로 최저 생계 수준의 보장을 통한 인간 존엄성 보존과 기독교 윤리에 따른 부의 재분배를 전제로 하는 체제를 요구했다. 정치적으로 좌파인 이 신학자들은 노동 기준의 향상과 산업 규제를 요구했고, 외국 투자자, 주로 미국 투자자들의 권한 축소도 요구했다. 그러나 그들은 형평성 증대를 위한 운동의 대가로 바티칸의 검열을 받았고, 고국에서는 박해를 당했다. 로메로 추기경은 이러한 박해로 목숨을 잃었다.[311]

개신교 복음주의가 가톨릭교회의 교조주의에 실망한 사람들과 해방신학의 좌파 정치에 등 돌린 사람들에게 대안을 제시했다. 1950년대부터 복음주의 선교사 수천 명이 유럽과 북아메리카의 주요 지역에서 아시아와 아프리카, 라틴아메리카로 이동해 지역 주민들을 개종시키는 데 혁혁한 성과를 거두었다.[312] 복음주의 교회는 금세 세계에서 가장 빠르게 성장한 종교 집단이 되

———1979년 3월 25일, 로마를 방문한 오스카 로메로 추기경. 로메로 추기경은 1970년대 말부터 라틴아메리카 신학자들이 주창한 해방신학을 지지하기 시작했다. 해방신학은 가난한 사람들의 고통을 덜어 주는 것이 기독교의 사명이라고 공개적으로 주장했다. 로메로는 또한 엘살바도르에서 군부 체제가 자행한 인권 침해와 사회적 불의를 거침없이 비판했다. 그는 이듬해 암살당했다. (Wikimedia Commons)

어 여러 지역, 특히 라틴아메리카에서 전통적인 가톨릭교회의 주도권을 위협했다.[313] 2000년에 복음주의 기독교도는 미국 인구의 27퍼센트, 라틴아메리카 인구의 17퍼센트, 아시아 인구의 5퍼센트를 차지했다. 그러나 20세기 초에는 이들 지역 인구의 평균 2퍼센트에도 미치지 못했었다.[314]

　　남반구에서 이런 특수한 유형의 대중 영합주의적 기독교가 퍼져 나간 상황은 지역 기득권층에 맞선 일종의 저항으로 해석될 수 있다. 하지만 동시에 지역 주민들이 부유하고 보수적인 문화 제국주의자들에게 포섭당한 것으로 보일 수도 있다. 해방신학자들이 라틴아메리카의 복음주의 운동을 가장 신랄하게 비판했다. 이들은 북아메리카 복음주의 교회들이 중앙아메리카와 남아메리카에서 벌어지는 선교 활동이 미국 외교와 미국 기업의 이해관계를 반영한다고 주장했는데, 완전히 틀린 견해는 아니었다.[315] 가톨릭교회 지도부가 해방신학의 기본 전제들을 지지하지 않아, 복음주의와 오순절 교회Pentecostals가 라틴아메리카에서 엄청난 성공을 거두는 데 이바지했을 수도 있다. 중앙 집중적 통제에서 벗어난 오늘날의 선교사들은 지역사회의 필요와 요구에 신속하게 대처할 수 있다. 선교사들은 아주 개인적인 영적 메시지를 전파하고 개인의 구원에 초점을 맞추었다. 그러나 동시에 그들은 서구 산업 세계의 중심부에서 막대한 재력과 정치적 영향력을 행사하는 유력 복음주의자들의 세계적 관계망에 연결되어 있었다.

근본주의와 다원주의

근본주의적 개신교 복음주의는 1920년대 미국에서 출현했다. 그것은 많은 이의 신앙을 뒤흔든 과학기술의 진보와 현대 산업사회에 맞선 농촌의 저항에서 비롯했다. 그러나 전후에 되살아난 개신교 복음주의 운동은 이제 반대로 현대화의 산물을, 무엇보다 최신 통신 기술을 사회적·문화적 보수주의를 전파하는 데 적극적으로 활용했다.[316] 1970년대 들어 오럴 로버츠Oral Roberts, 제리 폴웰Jerry Falwell, 지미 스웨거트Jimmy Swaggart, 짐 베이커Jim Bakker 같은 미국의 텔레비전 복음주의 전도사들이 실제 혹은 가상의 신자 공동체를 만들기 시작했다. 이들은 신자들이 교회 조직을 중심으로 직업 활동과 개인 생활을 꾸려나가도록 이끌었다. 제리 폴웰은 버지니아주 린치버그Lynchburg에 미국 최초의 "거대 교회megachurches" 중 하나인 토머스 로드 침례교회 Thomas Road Baptist Church를 설립했다. 폴웰은 현대 광고 기술을 활용해 급속도로 신자를 늘리고, 신자들에게 기부를 요청했다. 그리고 1967년에 린치버그 크리스천 아카데미를, 1971년에 리버티 대학Liberty University을 설립했다.[317] 2010년에 7만 3000명이 넘는 학생들이 리버티 대학에 등록했고, 이 중 6만명 이상이 온라인 학위 과정에 등록한 학생이었다. 폴웰의 교회를 비롯한 거대 교회들은 세속 사회에서 벗어나 은신처를 찾으려는 기독교 근본주의자들에게 종교적 고립 지대enclaves 역할을 했다.

그러나 폴웰의 목표가 세속 세계와의 분리라는 가정은 틀린 것일 수 있다. 오히려 폴웰은 외부 세계를 자신의 세계처럼 만들려고 했다. 그런 이유로 1970년대 후반에 "도덕적 다수Moral Majority"라는 정치적 로비 단체를 조직해 공직 선거에 출마한 보수 기독교 후보들을 공개적으로 지지했다.[318] "도덕적 다수"는 기독교 신우파New Christian Right로 총칭되는 다수의 보수 정치조직이 생겨나게 했다. 이들은 로널드 레이건이 출마한 1980년 대통령 선거운동뿐 아니라, 미국 각 주와 연방 공직 선거에 출마한 수많은 기독교 보수 후보의 선거운동에 막대한 자금을 지원했다. 기독교 신우파의 로비 활동 덕분에, 미국의 종교적 보수주의자들이 1980년대 들어 실질적인 정치적 영향력을 행사하기 시작했다. 그들은 낙태권, 동성애, 공립학교의 진화론 교육 같은 사회적으로 민감한 주제를 둘러싼 토론에 많은 영향을 미쳤다.

근본주의는 또한 다른 주요 종교들, 특히 이슬람에 깊이 뿌리내렸다. 근본주의 종교운동은 같은 종파 내에서 더 자유주의적인 입장을 취하는 다른 분파를 겨냥한 비판으로 이해되어야 한다. 그리고 사회학자 겸 종교학자인 피터 루트비히 버거Peter L. Berger가 규정한 대로, "세속 엘리트"에 대항하는 "대중영합주의populist" 운동으로도 해석할 수 있다.[319] 근본주의자들이 모두 정치적 저항의 영역에 뛰어들지도 않았고, 폭력에 기대는 경우는 더욱 드물었다. 하지만 과격한 행동을 한 사람들은 대개 경제와 문화의 세계화 과정에 불만을 품은 사람들 중에서도 가장 크게 실망하고 혼란에 빠진 부류였다. 그렇지만 동시에 캐나다의 종교학자인 피터 바이어Peter Beyer와 로리 비먼Lori Beaman의 주장처럼 "종교와 종교인들은 세계화의 핵심 요소로 단지 '외부' 응답자나 희생양이 아니었다."[320]

'근본주의자fundamentalist'라는 용어에는 1920년대부터 경멸적 어조뿐만 아니라 심각한 정치적 의미가 담겨 있었다. 그 개념은 20세기의 마지막 25년 동안 이슬람교와 힌두교, 유대교의 종파를 망라한 많은 종교 집단에, 그리고 때때로 비종교적 운동에도 붙는 명칭으로 널리 사용되었다. 게다가 때로는 논란을 불러일으키는 방식으로 사용되거나 서로 뚜렷하게 구분되는 종교들에 혼용되면서 점점 더 명확한 정의를 내리기가 어려워졌다. 개념을 명확하게 하려는 시도로, 미국 예술 과학 아카데미American Academy of Arts and Sciences가 1987년에 개신교 종교 학자 마틴 에밀 마티Martin E. Marty와 역사가 스콧 애플비R. Scott Appleby에게 종교적 근본주의 운동에 관한 연구와 개념 규정을 의뢰했다. 그 후 8년 동안 200명의 학자가 참여해 다섯 권의 성과물을 내놓았다.[321] 마티는 1988년에 근본주의를 정의하려는 첫 시도로 근본주의가 아닌 것부터 정의하기 시작했다. 근본주의는 보수주의나 전통주의의 유의어가 아니고, 반反근대적이거나 반反과학적이지도 않았으므로, 변하지 않으며 비역사적인 이상적 종교 관행을 되살리려는 운동이 아니었다. 근본주의자들이 항상 활동가나 투사 또는 테러리스트도 아니었고, 반드시 가난하거나 무지하지도 않았다.[322] 그 대신에 마티에 따르면, 근본주의는 항상 반응적이거나 반동적이었으며, "선택적 취사"에 따라 그 종교의 특정 측면에 중점을 두고 다른 것들은 무시하고, "배타적이거나 분리주의적"이었다. 마티는 근본주의 신봉자들이 다르게 생각하는 사람들과 조금도 타협할 줄 모른다는 점에서 "적대적," "절대주의적," "권위주의적"이라는 수식어까지 사용했다. 따라서 근본주의는 "반反진화적·반해석학적·반관용적"이기도 했다.[323]

　　포괄적이기는 하지만, 마티가 내린 근본주의들(그는 점차 복수형을 선호했다.)의 정의에는 여전히 이론의 여지가 남아 있었다. 일부 학자들, 특히 기독교외 다른 종교 전문가들은 다양한 근본주의 운동 내 종교적·교리적 요소들이 매우 달라서 서로 비교할 수 없을 뿐 아니라, 공통의 기원이나 결과를 밝혀내기는 더욱 불가능하다는 점을 적절하게 지적했다. 또 다른 학자들은 마티와 마찬가지로 근본주의 종교 간에는 차이에도 불구하고 공통점이 존재한다고 보았지만, 훨씬 더 일반적인 정의를 제시했다. 피터 버거에 따르면, 근본주의는 "몇 가지 특징, 예를 들어 뜨거운 종교적 열정, 이른바 '시대정신Zeitgeist'에 맞선 도전, 종교적 권위의 전통적 근원으로의 회귀 같은 요소들의 결합을 의미한다."[324] 이슬람 전문가인 인류학자 리처드 앤툰Richard Antoun의 주장에 따르면, 근본주의자들은 서로 다른 종교를 믿더라도 사생활과 공적 활동의 모든 측면을 지배하는 신성the sacred의 절대적 권위를 믿는다는 점에서는 한데 뭉쳤다. 그들은 종교적 영감을 받은 세계관을 엄격하게 준수하고 그에 따라 행동 수칙을 결정했다.[325]

종교적 절대주의가 20세기의 마지막 사반세기 동안 계속 확대되었다. 하지만 그 이유에 대한 설명은 일치하지 않았다. 한편에서는 주로 종교적 측면에서 종교 관행 자유화에 대한, 특히 독실한 신자들의 불만을 주요 원인으로 보았다. 반면에 다른 한편에서는 사회적 또는 정치적 맥락에서, 사회적·경제적 쇠퇴에 대한 종교-정치적 반응으로 분석했다. 예컨대 제대로 지켜지지 않은 탈식민화 약속, 고질적 빈곤, 빈부 격차 심화, 도시화의 사회적 악영향, 높아지는 기대 수준에 못 미치는 청년 세대를 위한 기회, 세속적이고 동질적이며 갈수록 물질적이 되어 가는 세계 문화와의 접촉 등을 종교적 절대주의 확산에 영향을 미친 요인들로 꼽았다.[326]

종교적 정체성과 정치적 정체성의 융합 현상은 전후에 중동에서 가장 뚜렷하게 나타났다. 수단 태생 법학자로 이슬람 및 인권 전문가인 압둘라히 아메드 안나임Abdullahi A. An-Na'im은 정치적 이슬람을 "이슬람 사회 내에서, 그리고 다른 사회와의 관계에서 공공 정책의 특정 목표를 추구하려고 이슬람 정체성을 동원"하는 이들로 규정했다.[327] 중동 지역의 근대화를 이끈 지도자들은 세속주의뿐만 아니라 옛 식민 열강과도 제휴를 맺었다. 종교적 근본주의자들은 이를 구실 삼아 이슬람의 이념과 관행을 정치적인 반反제국주의 운동, 반서구주의 운동과 결합시킬 수 있었다.[328] 1979년에 일어난 이란 혁명은 이러한 정치 이념과 종교 이념의 결합을 반영했다. 이란 혁명은 1953년 CIA의 배후 지원을 받은 쿠데타로 세워진 세속적이면서 억압적인 레자 샤 팔라비 체제를 무너뜨렸다. 팔라비 왕은 민주적으로 선출된 대중적 지도자 모하마드 모사데크 총리를 쿠데타로 축출하고 이란에서 민주적 통치 체제를 붕괴시킨 장본인이었다. 이슬람 근본주의자들은 1979년에 자유주의 지식인들과 손잡고 샤를 성공적으로 축출하고 난 뒤, 자유주의 세력으로부터 등을 돌리고 아야톨라 호메이니가 이끄는 신권정치체제를 수립했다. 새 정권은 표현의 자유와 정치적 권리, 여성의 권리를 제한했다. 게다가 서구의 문화적·정치적 영향에 단호

——아야톨라 호메이니, 1980년대. 호메이니는 레자 샤 팔라비를 축출한 혁명에 성공하고 나서 이란의 최고 지도자가 되었다. 혁명은 정치적 이념과 종교적 이념을 융합한 이슬람 신권정치체제의 확립으로 이어졌다. (Wikimedia Commons)

하게 맞섰다. 이란은 정치적 이슬람주의 국가의 표본이 되었다.[329]

종교와 정치는 1948년 이후 아랍과 이스라엘 간의 갈등에서도 서로 중첩되었다. 이웃 아랍인들은 이스라엘을 옛 서구 제국주의 열강의 보호를 받는 "이식 식민자colonial implant"로 보았다. 정치적 이슬람주의 급진파는 이스라엘 국가 축출을 종교적 성전jihad의 목표로 삼았다. 야세르 아라파트가 이끄는 민족주의 운동에서 비롯한 팔레스타인 해방기구와 그 정치조직은 점차 종교와 정치적 정체성을 통합해 나갔다. 이스라엘 측에서도 마찬가지로 더 급진적인 정당들은 이웃 아랍 국가와의 투쟁을 종교적 언어로 표현했다. 극단적인 종교-정치적 주장들이 더 온건하고 세속화한 정치가들의 협상 노력을 약화시키곤 했다. 빈곤하고 정치적 발언권도 없는 주민들이 경제적·사회적으로 내몰리면서 갈등이 더 악화되었다. 팔레스타인 사람들은 경제적으로뿐만 아니라 공간적으로도 내몰렸다. 그들이 임시로 시리아, 레바논, 이집트, 요르단, 가자 지구, 요르단강 서안 지구 난민촌에 들어갔다가 영구적으로 머물게 되었기 때문이다.[330] 아랍과 이스라엘 간 갈등의 이해관계는, 마티의 표현을 빌리면 "절대주의적"이 되어서 타협이 불가능해졌다.

중동에서는 종교적 정체성의 양극화 현상이 나타났지만, 종파 간 대화를 증진하려는 노력도 진행되었다. 제2차 세계대전이 끝나고 얼마 지나지 않은 1948년에 가톨릭교회를 제외한 기독교 주요 교파들이 교리와 실천, 사회 문제에 관한 협력과 소통을 증진하려는 노력으로 세계교회협의회World Council of Churches: WCC를 조직했다. 로마 가톨릭교회는 세계교회협의회 모임에 참관인을 파견하고, 기독교 외의 종교들과도 그 후 수십 년 동안 대화를 점차 늘려 나갔다. 제2차 바티칸 공의회에서 몇 가지 진전이 이루어졌는데, 가톨릭과 비기독교 종교와의 관계를 재규정한 "우리 시대Nostra Aetate" 선언도 그중 하나였다. 교황 바오로 6세Paul VI가 재위 중이던 1965년에 발표된 이 선언은 비기독교 종교, 특히 힌두교, 불교, 이슬람교, 유대교와의 대화와 이해를 도모했다.[331] 전후에 서로 다른 종교 간의 지리적 근접성이 커지는 것과 보조를 맞추어, 세계 각지에서 기독교 초교파ecumenical 조직과 범종교interfaith 조직이 늘어 갔다. 이런 조직들은 다양한 종교가 근접하면서 생길 수 있는 갈등과 증오를 억제하고, 종교적 차이에 대한 인정과 이해를 증진하려 했다.

범종교운동의 발전은 서구 산업 세계에서 비서구 종교의 인기가 전반적으로 상승한 것과 관련이 있었다. 1950년대부터 미국과 서유럽에서 선불교를 향한 관심이 높아졌다.[332] 1960년대에 힌두교와 선불교가 많은 대항문화 지지자에게 현대사회의 기술 만능주의적이고 물질주의적인 현실에서 벗어나게 해 줄 영적 은신처를 제공했다. 1970년 미국에서 시행된 설문 조사에 따르면, 샌프란시스코 인구의 3퍼센트가 불교 명상을, 5퍼센트가 초월 명상Transcendental Meditation을 체험해 보았다고 밝혔다. 전국적으로도 초월 명상을 시도해 본 사람이 샌프란시스코와 비슷한 수준인 4퍼센트를 기록해, 영적 수행이 대항문화 중심지 바깥에서도 지지자를 확보했음을 보여 주었다. 수행자들이 'TM'이라 부르는 초월 명상은 힌두교 영성술사 마하리시 마헤시 요기Maharishi Mahesh Yogi에 의해 대중에 널리 알려졌다. 전통적인 힌두교 영성 지도자들은 마하리시의 명상 방식이 수련과 금욕 의식에 몇 주 또는 몇 달씩 걸리는 전통 힌두교식 명상 과정보다 훨씬 짧고 느슨하다는 점 때문에 의구심을 품었다. 마하리시의 방식은 비틀스가 1968년에 인도 리시케시Rishikesh에 있는 마하리시의 명상 센터에 3개월간 머물고 간 뒤 국제적으로 유명해졌다. 배우 미아 패로Mia Farrow나 셜리 매클레인Shirley MacLaine 같은 유명인들이 비틀스의 뒤를 따랐다. 그러나 마하리시의 영향력은 유명인들 사이에만 머물지 않고 훨씬 멀리까지 퍼져 나갔다. 마하리시는 비서구 종교를 향한 관심이 높은 서유럽과 미국 서부 지역을 정기적으로 순회했다. 초월 명상은 영적 갱생을 추구하는 서구 전문직 종사자들의 필요에 부응했다.[333]

    1970~1980년대에 서구에서는 대안적 영성을 찾으려는 시도가 이어진 동시에 실험적 종교 공동체가 확산되었고, 그중 상당수가 힌두교의 영향을 받았다. 가장 많은 논란을 불러일으킨 집단으로 인도의 철학 교수 바그완 쉬리 라즈니시Bhagwan Shree Rajneesh를 따르는 라즈니시푸람Rajneeshpuram이 있었다. 라즈니시는 1970년대에 인도의 푸나Puna에 아슈람ashram[14]을 세워, 명상을 이끌고 영적인 주제로 강연했다. 그는 성性에 대한 자유분방한 태도와 간디 비판으로 인도에서 강력한 적대 세력을 얻어 1980년대 초에 미국으로 터전을 옮겼다. 그 무렵 라즈니시 추종자는 대부분 미국인이었다. 오리건주 작은 농

_____ **14** 전통적으로 힌두교 수도자들의 공동체나 사원을 뜻하는 말이었으나 오늘날에는 종교 교육, 요가 같은 힌두교에 관련된 문화 활동 전반이 이루어지는 공간을 지칭한다.

촌 마을 안티로프에 거처를 정한 지 1년도 안 돼 라즈니시 공동체 구성원들과 지역 공동체 사이에 갈등이 불거졌고, 라즈니시 공동체 내에서도 불화가 싹텄다.[334] 게다가 라즈니시 자신도 탈세와 이민법 위반으로 연방 당국의 철저한 조사를 받았다. 그는 1985년에 사전 형량 조정plea bargain에 합의해 미국을 떠나기로 했다. 라즈니시는 유럽과 아시아를 두루 돌고 나서 1987년 인도에 귀국했고, 3년 뒤 58세를 일기로 타계했다.[335] 라즈니시가 세운 푸나 명상 센터는 여전히 전 세계에서 영적 갱생, 명상, 스트레스 관리를 원하는 방문객을 끌어모으고 있다.

힌두교와 선불교, 기타 동양 종교를 향한 관심은 뉴에이지New Age 운동의 일부가 되어, 20세기의 마지막 25년 동안 서구 세계 전역으로 확산되었다. '뉴에이지'라는 용어에 '운동'을 덧붙이는 것은 오해를 불러일으킬 소지가 있다. '뉴에이지'적 실천을 정의하고 조정해 줄 중심 집단이나 심지어 소집단들의 무리조차 존재하지 않았기 때문이다. 하지만 뉴에이지 현상은 수많은 저술과 그만큼 많은 워크숍, 영리기업, 건강 산업을 낳을 정도로 규모가 커졌다. 뉴에이지는 주술occult과 점성술에 관한 관심에서 심리 치료, 자조self-help, 대체 의학, 생태학에 이르기까지 광범한 영역에 걸쳐 있었다. "뉴에이지 운동의 특성은 세속화된 비교esotericism 용어로 표현된 서구 대중문화 비판"이라고 정의한 이도 있었다.[336] 뉴에이지 운동 참가자들은 주로 백인 중산층으로, 물질 만능주의에 대한 불안을 공유하고 함께 영적·비교적 대안을 모색하려 했다. 하지만 이들은 현대 소비사회를 전적으로 거부하는 대신, 대안 소비문화를 발전시켰다. 뉴에이지는 1980년대 말에 세계적인 사업으로 떠올랐다. 특히 독일, 뉴질랜드, 이스라엘, 영국, 미국에 추종자가 많았고, 수익성 높은 산업이 뉴에이지를 뒷받침했다.[337] 그와 동시에 비판자들이 비술, 타로, 영혼을 상대로 한 대화 시도 같은 일부 뉴에이지 관행에 문제를 제기하기 시작했다. 다른 한편으로 뉴에이지를 사회운동이나 종교운동으로 보기보다 개인적 성취와 영적 향상에 이르는 길로 보기 시작한 사람들도 있었다.

영적 갱생을 추구하는 서구의 뉴에이지 추종자들이 주로 찾은 장소는 인도였다. 라즈니쉬가 휴양지를 건설한 푸나를 포함해, 20세기 초에 설립된 뉴에이지 운동의 선구라 할 수 있는 신지학 협회Theosophical Society 본부가 들어선 마드라스(첸나이) 시 교외의 아디아르Adyar, 1920년대에 영적 지도자 스리 오로빈도Sri Aurobindo와 "어머니Mother"로 알려진 그의 동지 미라 리처즈Mirra Richards가 아슈람을 건설한 푸두체리Puducherry 등이 대표적이었다. 오로빈도의 아슈람은, 1950년에 오로빈도가 타계한 뒤 아슈람을 지탱하고 확장하는 데 중요한 역할을 한 리처즈가 1968년에 오로빌Auroville이라 불리는 실험 도시를 건설하면서 국제적으로 주목받게 되었다. 유네스코의 공식 후원을 받은 이 공동체에는 수십 개 국가에서 온 사람들이 참가해 오로빈도 철학의 영적 가르침을 실생활에서 실천하려 했다. 인도의 종교 사상과 관행을 서구식으로 응용한 오로빌과 다른 뉴에이지 공동체들은 인도의 중산층과 상류층에서 새로운 지지층을 확보했다. 그리하여 서구화된 형태의 힌두교 영성주의가 인도 고유의 뿌리와 다시 연결되었다.[338]

비서구적 종교 관행의 수용은 인간의 육체와 자연환경 사이의 관계를 새롭게 이해하려는 환경에 대한 관심과도 융합되었다.[339] 동종 요법Homeopathy, 요가, 전인 의학holistic medicine, 방향 요법aromatherapy, 중국식 침술 등이 1970년대 들어 유럽과 북아메리카의 중산층 지식인 사이에서 인기를 끌기 시작했다.[340] 의료인들은 육체 건강과 정신 건강의 연관성을 점점 더 강조했다. 서구 심리학자와 정신과 의사, 의학자들 역시 둘 사이의 관계를 더 체계적으로 연구하기 시작했다. 그에 따라 의학 전문가들이 오래된 약초와 기타 자연 치료제 등을 사용하는 비서구적 방법을 치료 과정에 점진적으로 도입하기 시작했다.

뉴에이지는 여러 가지 면에서 인간의 기술 의존도가 높아지는 데 대한 반응이었지만, 결코 반근대적 운동이 아니었다. 오히려 과학기술의 발전을 인류 개개인의 향상을 위한 기획에 활용하려 했다. 그 목표는 분명히 집단적이기보다 개인적이었다. 육체와 영혼의 갱생은 물질과 정신뿐 아니라 모더니즘과 전통의 조화를 통해 성취할 수 있었다. 이 새로운 영성에 대한 세계적 관심은 분명히 풍요롭고 안락한 생활에서 나왔다. 그런 점에서 뉴에이지는 다른 종교 운동, 예를 들어 해방신학이나 이슬람 근본주의의 확산과는 뚜렷하게 대비되었다.

표 4.2 세계 인구 대비 주요 종교의 신자 비율(단위: %)

종교	1900	1970	2000	2010
불가지론	0.19	14.68	10.70	9.81
불교	7.84	6.36	7.32	7.16
중국 전통 종교	23.46	6.16	6.99	6.30
기독교	34.46	33.24	32.43	32.81
힌두교	12.53	12.53	13.47	13.76
이슬람교	12.34	15.62	21.08	22.51

출처: World Religion Database.

  종교적 근본주의가 종교적 다원주의와 동시에 부상한 데서 볼 수 있듯이, 세계의 종교는 문화적 변화에 영향을 받지 않고 심지어 교리에도 변화가 없는 고정적 실체가 아니었다. 종교 신앙과 종교 관행은 더 광범위한 사회적·문화적·정치적 영향력과 나란히, 또 그에 대응하며 발전했다. 마찬가지로 변화하는 종교 정체성과 종교 관행, 신앙 체계는 20세기 후반의 문화적 전환에 이바지했다. 특히 두 가지 요인이 문화적 전환에서 종교의 역할을 규정했다. 첫 번째 요인은 종교와 모더니즘의 관계였다. 21세기에 들어서면서 모더니즘이 세속화를 추동하는 힘이라는 전통적 가설이 더는 유효하지 않다는 것이 점점 더 분명해졌다. 다시 말해 경제, 사회, 정치의 근대화가 반드시 종교성의 쇠퇴를 초래하지는 않았다. 확실히 종교 신앙 체계와 종교 기관들이 전통적으로 수행해 온 기능 중 일부는 다른 분야에 맡겨졌다. 예를 들어 자연 세계의 신비와 생명의 기원을 설명하는 영적 기능은 점차 과학에 맡겨졌다. 공동체를 구성하고 자선을 베푸는 실용적 기능은, 적어도 서구 세계에서는 점차 정부 기관과 세속 인도주의 단체로 넘어갔다. 그러나 신자들과 종교 집단들은 종교적 소속이 쓸모없게 되지 않도록 현대 세계에서 종교의 기능 변화에 적응해 나갔다. 종교 집단은 신도의 영적·정서적 요구 변화에 더 유연하게 대처할 수록 더 잘 유지되었고, 더 번성하기도 했다. 모더니즘은 이렇게 의외의 방식으로 종교에 영향을 미쳤다. 모더니즘은 더 유연하고, 더 파편화되고, 더 다양해진 종교 신앙과 종교 관행 체제의 발전에 힘이 되었다. 모든 주요 종교, 무엇보다 기독교, 힌두교, 유대교, 이슬람교 내부에서 자유주의-진보에서 근본주의-보수에 이르기까지 매우 다양한 성향을 보이는 하위 집단이 나타났다.

지난 60년 동안 일어난 문화적 전환에서 종교의 두 번째 중요한 공헌은 종교적 다원주의 사상의 강화였다. 1945년 이후 종교적 경계가 늘어난 동시에 널리 분산되었다. 많은 하위 종교 집단이 세속 세계에서 영토를 나누지 않더라도, 영적으로 장벽을 세우면서 종교적 경계가 급증했다. 종교적 고립 지대를 만드는 과정은 주로 근본주의적이고 보수적인 하위 집단 안에서 이루어졌다. 그러나 종교적 경계가 정치나 국가의 경계와 일치하는 경우가 거의 없었으므로 경계는 더 분산되었다. 같은 종교의 보수적 변형과 진보적 변형이 한 지역에 공존하면서 종종 같은 도시 공간 안에서 신자를 모으곤 했다. 세계 주요 대도시 어디서나 모든 주요 종교에서 파견한 대표자들은 물론이고 각 종교 내 하위 집단들도 종종 볼 수 있었다.

종교적 다원주의는, 외교학자 토머스 밴초프Thomas Banchoff가 정의한 바에 따르면, "정치와 사회에서 일어나는 종교 집단 간의 상호작용"이다. 밴초프는 종교적 다원주의가 1945년 이후에 국제 이주의 증가와 도시화, 문화 세계화의 결과로 나타났다고 주장했다. "현대성과 세계화의 맥락에서, 개인들이 더 유동적인 토대 위에서 종교 집단을 구성하고 또 재구성했다."[341] 그러나 다원주의 사회에서 제공되는 다른 상품처럼 개인이 종교를 고르거나 "소비"한다는 종교적 다원주의 사상이 현실화되기는 쉽지 않다. 오랜 종교적 관용의 전통을 가진 미국에서조차 대립하는 가치를 각 주와 합중국의 법에 명문화하는 문제를 놓고 다수파 종교 집단과 소수파 종교 집단 사이에 긴장이 고조되곤 했다. 특히 공공장소에서 종교적 표식 착용, 낙태의 권리, 동성애 및 동성 간 결혼 등이 문제시되었다. 유럽에서는 종교적 다원주의가 심각한 분열을 초래했는데, 종교 신앙보다는 종교 관행과 관련해 외적으로 드러나는 문화적 표식이 문제가 되었다. 무슬림 문화권에서 여성의 처우나 이슬람의 법체계 샤리아를 적용하는 문제도 분열 요인으로 작용했다. 이로 인해 무슬림들이 유럽-미국 법과 정면으로 충돌할 가능성도 대두했다.

다원주의는 모든 민주주의 체제를 구성하는 핵심 요소이지만, 때로는 종교적 다원주의가 민주주의를 위협하는 요소로 비치기도 했다. 이러한 주장의 근거는 서구 종교, 특히 기독교 및 유대교와 비서구 종교 사이의 대립에서 찾을 수 있다. 유대-기독교 유산의 영향 아래 형성된 가치를 바탕으로 세워진 정치체제는 여러모로 그 유산에 배치되는 종교와 문화에 깊이 영향을 받은 집단과 개인을 어떻게 받아들이고 수용해야 할까? 또는 법학자이자 철학자인 마사 누스바움Martha Nussbaum의 질문을 빌리면, "특히 국내에서 종교적 다원주의가 확산해 가는 시기에, 그리고 국내에서뿐만 아니라 민족 및 국가들 사이에서도 관용을 키워 나가야 하는 세계에서, 다원주의를 존중하는 사회는 취약한 관용의 토대를 어떻게 강화할 수 있을까?" 누스바움에 따르면, 장 자크 루소Jean-Jacques Rousseau가 처음 주장한 세속화한 시민 종교가 제시한 해결책에는 결함이 있다. 그 결과가 시민 종교의 기본 원칙을 지지하지 않는 사람들을 향한 불관용이었고, 결국 국제 관계에서 훨씬 더 큰 문제를 초래했기 때문이다. 실제로 1762년에 루소는 "저주받았다고 여겨지는 사람들과 평화롭게 살아가기는 불가능하다."고 선언했다.[342] 누스바움이 제안한 또 다른 대안은 19세기에 오귀스트 콩트Auguste Comte가 처음 제안하고, 존 스튜어트 밀John Stuart Mill이 가다듬은 "인류교religion of humanity"에 바탕을 두었다.[343] 이 종교는 "공적 제도나 공교육을 통해 길러질 수 있는 도덕 감정인 연민"을 신봉한다. 누스바움에 따르면, 이 새로운 형태의 애국심은 타인을 향한 관용과 연민을 담고 있기에 보편적 인간성에 대한 자긍심을 길러 준다. 이어서 누스바움은 이렇게 주장했다. "자유로운 사회는 다원주의에 대한 존중을 훼손하지 않고, 이러한 종류의 도덕적 이상[연민]을 확립하며, 그것을 뒷받침할 도덕 교육을 장려할 수 있다. 이 이상은 평등과 존중의 공적 규범과 결부되어 공적 정치 문화의 토대가 되어 줄 것이다."[344] 따라서 관용적 국가는 공적 활동에서 종교 정체성을 드러내지 못하게 하기보다 종교적 다원주의와 관용을 국민 정체성의 일부로 적극적으로 수용할 것이다.

누스바움의 제안은 특수주의를 더 광범위한 보편성의 틀 안에 뿌리내리게 하려는 생각으로 되돌아가게 해 준다. 종교적 다원주의와 가치의 다양성을 더 광범위한 공교육 기획 속에 포함하고, 궁극적으로 국민 정체성에 통합함으로써, 국가는 다양성을 통합 과정의 중심에 놓을 수 있다. 이러한 통합 과정은 국가와 지역 또는 세계 어디서나 궁극적으로 성취하기 어려울지도 모르는 기본적인 인간적 가치와 도덕에 관한 합의를 전제로 한다. 그것은 또한 종교 지도자들과 신자들에게 더 세세한 교리와 관례 대신 인간의 존엄성과 행복이라는 근본 원칙에 주목해 달라고 요구한다. 역설적으로 세계 주요 종교의 근본주의 교파들이야말로 이러한 근본 가치들을 망각하고, 그 대신에 다른 종교와 양립할 수 없게 하는 정교한 교리와 규칙, 사회적 관행 체계를 세웠다.[345] 종교적·문화적 차이를 드러내는 표현의 자유와 언론의 자유를 축소하는 강압적 방법을 쓰지 않고 다원주의를 무력화하려는 이들의 힘을 어떻게 억제할지가 21세기에 들어서도 여전히 과제로 남아 있다.

4   인권과 세계화

인권 문제가 전후 국제 무대에서 다양하게 대두하면서 전 세계의 합리적 계몽사상가들에게 일종의 세속 종교가 되었다. 국제 법률 전문가와 인도주의 활동가, 외교관, 종교 지도자들이 개인과 국가의 권리가 일련의 공통법을 통해 보장받는 새로운 세계 질서를 수립하려는 계획에 동참했다. 인권의 정의와 범위를 둘러싼 논쟁은 모든 인류에 적용 가능한 보편 가치를 바라는 이상주의에서 비롯했으며, 제2차 세계대전 이후 특수주의와 보편주의, 그리고 동질화와 이질화 간의 문화적 이분법을 부각했다.

권리를 둘러싼 논쟁은 수 세기에 걸친 국가 형성 과정의 일부로, 처음에는 시민권과 국내 법치에 관련된 사안에 초점이 맞춰졌다. 그러나 이 논쟁은, 20세기 전반에 세계 공동체가 두 차례에 걸친 참혹한 대전을 겪고 난 뒤, 국내 영역에서 국제 영역으로 확대되었다. 핵심 쟁점은 인류가 문화적·정치적 차이에도 불구하고 상호 교류를 활성화하고 전쟁을 미연에 방지해 줄 보편적 행위 규범에 합의할 수 있을지였다. 그러한 가치의 본질 규정이 권리, 즉 민권, 여성의 권리, 경제적 권리, 소수자 권리 등에 관한 국제적 담론을 구성했다. 담론에 참여가 늘면서 보편적 가치의 성격과 범위에 관한 합의가 더 어려워졌다. 인권 논쟁은 모든 인간에게 부여된 기본권에 관한 세계적 합의를 어렵게 만드는 정치적 제약, 그리고 보편적 권리 규약의 전 세계적 이행을 방해하는 현실적 제약을 분명하게 보여 준다.

　유엔은 1945년에 샌프란시스코에서 열린 첫 번째 회담을 통해 국제 인권 논쟁의 틀을 짜는 데 이바지했다. 대다수가 민간인인 회담 대표들은 5000만 명에서 7000만 명에 이르는 인명을 앗아 간 참혹한 전쟁에서 막 빠져나와 국제 평화와 정의의 핵심 원칙을 확립하기 위해 힘을 모았다. 그들은 유엔 헌장 전문에 명시된 "천부 인권, 인간의 존엄과 가치, 남녀 및 대소 각국의 평등한 권리에 대한 신념"을 포함한, 유엔 회원국 간 관계에서 길잡이가 될 일련의 기본 원칙에 합의했다.[346] 그러나 의도적으로 유엔 헌장에 권리의 내용과 범위를 분명히 밝히지 않았기 때문에 그 후 60년 동안 국가와 개인, 인권 운동가들 간에 논쟁이 이어졌다. 아울러 의도적으로 권리의 집행 방식을 명시하지 않았기 때문에 각 나라가 관할권 내에서 개인의 권리가 미치는 범위를 자유롭게 결정할 수 있었다.

　학자들은 인권 담론의 기원을 찾아 초기 계몽사상가들에게까지 거슬러 올라가지만, 인권 의제에 대한 의식이 초국적 차원에서 구체적으로 드러난 경우는 드물었다.[347] 19세기 내내 각기 다른 정치적·사회적 맥락에서 노예제 반대 운동, 여권운동, 노동자들의 권리 투쟁 같은 다양한 권리를 위한 운동이 대두했다. 1864년 12개국이 비준한 첫 번째 제네바 협정은 적군 포로와 부상병의 처우에 관한 국제 원칙을 제시했다.[348] 그러나 19세기 말의 잔혹한 식민 체제, 20세기 전반에 일어난 집단살해와 전쟁은 인권 담론이 더 공정하고 인도적인 세상으로 이끌어 주리라는 환상을 산산조각 냈다.[349] 제1차 세계대전이 끝나고, 우드로 윌슨이 전쟁 없이 국가 간의 관계를 조정해 줄 국제법 체계를 만들어야 한다고 주장했지만, 인권을 열 네 개 조항에 집어넣으려 하지는 않았다. 한편 프랑스 인권 연맹Ligue des Droits de l'Homme 같은 비정부 인권 운동 단체들은 정치적 관심을 얻으려 분투했다. 인권 연맹은 1898년에 프랑스에서 반유대주의를 여실히 드러낸 드레퓌스 사건의 영향으로 만들어졌고, 소수자 보호에 앞장서 왔다.[350]

　1941년에서 1948년 사이에 미국과 유엔의 후원을 받으며 세계 인권 의제가 서서히 대두했다. 프랭클린 델러노 루스벨트 미국 대통령이 1941년 1월의 연두교서에서 인권 수호를 언급하고, 1942년 1월 1일 미국이 참전한 직후 선포된 전쟁 목표에 관한 연합국 공동선언의 일부로 인권 수호를 재천명했다.[351] 1941년 8월에 발표된 대서양 헌장Atlantic Charter에는 인권 관련 조항이 들어가지 않았지만, 6개월 뒤에 추축국과 교전 중인 국가들이 공동으로 발표한 연합국 선언Declaration of the United Nations은 "자국 및 타국 영토에서 인권과 정의를 수호"하기로 맹세했다. 하지만 인권이 무엇이며 어떻게 실행해야 하는지를 상세히 밝히지는 않았다.[352]

유엔 헌장의 인권 규정이 매우 모호했기 때문에 국제 인권 운동가들은 별도로 세계 권리장전Universal Bill of Rights을 제정해야 한다고 계속해서 요구했다. 곧이어 유엔이 그와 같은 문서를 작성하기 위해 전임 미국 대통령 부인 엘리너 루스벨트Eleanor Roosevelt가 이끄는 인권위원회를 결성했다. 위원회가 제출한 최종 산물인 세계인권선언에는 개인의 민권과 참정권, 집단적 경제권과 사회권이 포함되었다. 선언문 전문前文에는 존엄성, 자유, 평등, 우애 같은 일반 원칙과 선언의 동기가 제시되었다. 이어서 개인의 권리(제3조~11조), 집단과 관련한 개인의 권리(제12조~17조), 종교적 권리와 공적 권리, 참정권(제18조~21조), 경제·사회·문화 권리(제22조~27조)에 관한 조항들이 뒤따랐다. 제28조~30조는 권리를 제한하는 상황, 의무, 질서와 관련된 더 광범위한 맥락에서 인권을 규정했다.[353] 선언문은 구성이 명쾌하고 정연했지만, 문구의 모호함을 감출 수 없었다. 이 때문에 곧바로 자유 같은 개념, 그리고 개인, 공동체, 국가의 권리 간의 관계를 둘러싼 논쟁이 불거졌다. 무엇보다 권리 실행에 관한 조항의 공백이 두드러졌다. 따라서 세계인권선언은 현실에서 인권의 정치적 실행을 보장한다기보다 이상주의적 염원을 반영할 따름이었다. 선언문은 1948년 12월 10일에 열린 유엔 총회에서 찬성 48표, 반대 0표, 기권 8표로 통과되었다. 소련과 그 위성국가인 벨라루스, 폴란드, 체코슬로바키아, 우크라이나, 독자적 사회주의국가인 유고슬라비아, 그리고 사우디아라비아에서 기권 표가 나왔다. 기권 표는 선언문에 인권 의제의 실행에 관한 조항이 들어 있지 않지만, 개별 국가의 주권을 침해할지도 모른다는 근본적 불안감을 반영했다.

냉전 인권

보편성을 표방했는데도 유엔 세계인권선언은 동서 냉전 발발 이후 반세기 동안 세계에서 벌어진 모든 주요한 정치적·문화적 갈등의 중심에 있었다. 실제로 뉴욕에서 선언문이 채택되자마자, 미국이 유엔에 소련의 인권 침해를 고발했다. 다섯 달 전에 소련은 서방 연합국의 통화개혁에 항의해 베를린의 서방 연합국 점령 지역과 서독 지역 간의 교통을 봉쇄했다. 소련은 서베를린 지역에 새로운 통화가 도입되면 베를린을 둘러싼 소련 점령 지역뿐만 아니라 소련이 통제하는 모든 지역에서 아직 통용 중인 기존 화폐를 못 쓰게 될지도 모른다고 우려했다. 유엔 주재 미국 대표인 필립 C. 제섭Philip C. Jessup은 소련이 베를린 시민들에게서 세계인권선언 제25조에 명시된 기본권, 즉 식료품, 연료, 의료를 포함한, "자신과 가족의 건강과 안녕에 적합한 생활수준"을 누릴 권리를 박탈했다고 규탄했다.[354] 결국 양 진영은 이듬해 5월에 이르러서야 유엔 회의장 밖에서 위기를 타개했다. 베를린 봉쇄는 냉전기에 서로 대립하는 인권에 대한 정의가 중요한 역할을 한 수많은 충돌 중 첫 번째로 기록되었다.

미국과 서유럽의 반공주의자들은 소련에 맞선 이념 투쟁에 인권 의제를 총동원했다. 그들은 공산주의 통치 아래에 있는 사람들이 표현의 자유, 이동의 자유, 종교적·정치적 자유 같은 기본권을 박탈당하기 때문에 공산주의 자체가 반인권적이라고 규탄했다. 반공주의자들은 세계인권선언을 선별적으로 활용해 서구 자유민주주의 체제를 인권의 수호자로 치켜세우고, 소련 지배 체제를 인권의 직접적인 적이라고 비난했다. 반공주의자들은 또한 스탈린 체제의 반체제 인사 탄압을 비롯한 몇 가지 확실한 정보를 자신들의 주장을 뒷받침할 근거로 들었다. 그러나 인권은 소련 체제에 맞선 수사적 선전 활동에서 그다지 부각되지 않았다. 반공주의자들 스스로 비난받을 여지를 주지 않기 위해서였는데, 특히 미국에서 매카시즘으로 인해 이념적 억압이 심해지면서 도외시되었다. 위스콘신주 공화당 상원 의원인 조지프 매카시Joseph McCarthy를 필두로 정책 입안자들과 법 집행 관료들이 맹렬하게 공적 영역에서 정치적 좌파에 반대하는 운동을 벌이면서 좌파 인사들의 사회 활동을 가로막았고, 소련을 위한 첩보 활동을 포함한 체제 전복 활동을 한 혐의로 많은 사람을 가두었다. 정부는 반공에 사로잡혀 국가 안보를 위한다는 명목으로 표현의 자유와 정당한 법 절차를 근본적으로 침해했다.[355]

소련도 아프리카계 미국인들과 관련한 미국의 암울한 인권 상황에 주목했다. 소련은 미국의 조직적 인종차별 사례를 유엔 총회에 들고 와 관심을 불러일으킨 아프리카계 미국인들을 적극 지원했다. 1947년 가을에 제네바에서 열린 유엔 소수자 권리 소위원회UN subcommission for minority rights에서 소련 대표는 듀보이스가 유엔에 제출한 청원서를 거론하며, 소수자 권리 보호를 위한 미국의 국제적 지원이 미국 내 소수자들의 열악한 처우와 상충한다고 비판했다. 그 당시 듀보이스와 아프리카계 미국인 민권운동 단체인 전미 유색인 지위 향상 협회는 아프리카계 미국인들의 평등권을 세계인권선언에 넣어 달라고 요구하며 공개적으로 로비 활동을 벌이고 있었다. 듀보이스는 유엔 총회에 「세계에 호소한다: 미국 내 흑인 후손 시민들을 대상으로 하는 소수자 인권 침해에 관한 성명 및 이의 시정을 위해 유엔에 보내는 호소문」을 전달했다. 듀보이스의 행동은 엘리너 루스벨트를 비롯한 백인 자유주의 민권 활동가들의 강한 반발에 부딪혔다.[356]

처음에 미국 정치 지도자들은 비록 미약하지만, 제2차 세계대전 후 미국에서 이루어진 진전을 내세워 비판을 모면하려 했다. 그러나 그들은 곧바로 동일 노동 동일 임금 권리, 주거권, 보건권을 비롯한 인권에 대한 일부 요구를 공산주의와 결부시키며 더 계획적으로 대응했다. 역사학자 캐럴 앤더슨Carol Anderson은 이처럼 인권 목표가 냉전의 '블랙리스트'에 올라가면서 아프리카계 미국인들의 평등권 투쟁을 심각하게 약화하고, 정치적·법적 평등을 주장하는 훨씬 더 제한적인 투쟁에 머물게 했다고 주장했다. 앤더슨에 따르면, 진보적인 liberal 흑인 평등권 지지자들조차 미국 내에서, 그리고 국제적으로 사회적·경제적 권리의 수호를 내걸고 싸우려 하지 않았다. 미국 인권 운동가들은 세계인권선언 제25조와 제26조에 명시된 이 두 가지 핵심 권리의 국제적 실행을 보장하려 나서지 않았고, 그로 인해 세계인권선언을 통해 보편적 평등을 이룩할 가능성을 크게 약화시켰다.[357]

인권 의제를 둘러싼 분열은 1950~1960년대의 탈식민화 투쟁 중에도 나타났다. 유럽 열강은 1940년대에 식민지인들을 보편적 인권이 미치는 범위에서 배제하려 많은 노력을 기울였고, 특히 민권과 참정권 분야에 주의를 기울였다.[358] 해외 식민지를 수호하고 싶어 하는 벨기에, 영국, 프랑스 같은 식민 열강은 식민지 영토에 관해 면제 조항을 요구했다. 열강들은 문화적 차이를 이유로 면제를 정당화했지만, 이는 인종차별을 에둘러 표현한 데 지나지 않았다. 면제 조항 옹호론자들은 식민지 신민에게 동일한 권리를 부여하면 식민지 영토 내 공공질서를 위태롭게 할 수 있다고 주장했다.[359]

반면에 반反식민 운동가들은 인권 의제가 독립 투쟁에 중요한 수단이 되어 주리라고 보았다. 1955년 반둥 비동맹국 회의에 모인(일부 신생국을 포함한) 아프리카·아시아 국가들은 경제 및 정치 협력을 긴밀하게 추구하고 식민주의와 제국주의에 맞설 공동 전략을 모색하면서 자결self-determination을 "첫 번째 권리"로 내세웠다. 비록 나중에 인권 학자들이 자결권을 인권으로 볼 수 있을지에 이의를 제기했지만, 반둥 회의에 참석한 대표들은 자결권을 분명하게 인권으로 규정하고 이에 특권적 지위를 부여했다.[360] 자결권은 세계인권선언에는 분명하게 언급되지 않았지만, 정부의 형태를 자유롭게 선택하고 정치적 협치 과정에 참여하는 개인의 집단적 권리와 밀접하게 결부되었다.

반둥 회의 대표들은 개인의 인권에 관해서도 논의했다. 예를 들어 가말 압델 나세르를 공개적으로 비판해서 추방당한 이집트 언론인 겸 출판인 마흐무드 아불 파스Mahmoud Aboul Fath는 대표들이 개인의 인권, 그중에서도 언론의 자유를 간과해서는 안 된다고 경고했다. 파스는 회의 참석자들에게 보내는 공개서한에서 대표들에게 세계인권선언이 제시한 기준을 지켜 달라고 호소했다. 그는 "제국주의자들이 자신들의 강압적 지배 아래에 있는 민족을 상대로 자행하는 인권 침해는 분명히 용인해서는 안 될 악행이지만, 일부 국민이 동포의 인권을 침해하는 것은 더 비난받아 마땅한 더 나쁜 악행"이라고 경고했다.[361] 파스의 성명은 개인의 권리와 집단의 권리 사이에 존재하는 긴장을 선명하게 드러내 주었다. 자결권은 개인보다 국가에 먼저 적용되었고, 유엔에서 정식화된 개인의 권리보다 제1차 세계대전 후에 주목받은 소수 집단의 권리를 상기시켰다.[362] 파스는 권리의 한 범주를 다른 범주로 대체하는 권리의 위계질서 수립을 막아야 한다고 경고했다. 그 대신에 집단적 권리와 개인의 권리를 모두 수호하는 것이 공정한 탈식민 세계를 건설하기 위한 필수 전제 조건이라고 주장했다.

보편적 인권 언어는 1950년대와 1960년대에 아시아와 아프리카에서 일어난 정치적 독립 운동에 도움을 주었다. 아시아인과 아프리카인들은 인권선언의 최초 서명자들이 부여받은 권리를 똑같이 요구했다. 반둥 회의에서 아프리카와 아시아의 국가들은 전통적인 정치적 식민 통치 체제뿐만 아니라 문화적인 인권 상대주의 체계도 거부했다. 보편적 인권과 반식민 투쟁의 연계는 아시아와 아프리카 각지의 독립선언문에 잘 드러났다. 예를 들어 아프리카 민족 회의는 1955년에 「자유헌장Freedom Charter」을 작성하면서 인권 언어를 많이 사용했다.[363] 「자유헌장」은 남아프리카 공화국에서 오랫동안 소수 백인의 특권이었던 개인의 권리를 피부색과 관계없이 모든 남아프리카 공화국 시민에게 확대해야 한다고 주장했다.

인권의 의미와 범위를 둘러싼 논쟁 중 일부는 문화적 차이의 언어로 표현되었다. 실제로 문화적 차이는 이미 세계인권선언문을 기초할 당시부터 논쟁거리였다. 하지만 유럽과 미국 출신 백인이 주를 이룬 위원회는 세계 각지에서 인권을 다르게 해석하고 실행해야 한다는 주장을 신속하게 회피했다. 사실 위원회는 인권선언의 문안을 확정하기 전에 저명한 비서구 지식인들에게 조언을 구했다. 당시 인도 독립 투쟁을 이끌던 간디는 권리보다 의무를 강조하기를 바란다고 밝혔다. 그는 "생존권은 우리가 세계시민의 의무를 이행할 때에만 부여된다."라고 설명했다. 세계인권선언 대신에, 간디는 "남성과 여성의 의무를 규정하고 각각의 권리를 우선 준수해야 할 의무와 서로 연결"시키자고 제안했다. 그리고 "그 밖의 다른 모든 권리는 애써서 얻지 않은 부당한 것으로 보일 수 있다."고 덧붙였다. 중국의 철학자 뤄중수羅忠恕도 중국의 사회 및 정치 담론에서 권리는 이웃에 대한 의무를 표현하는 말 속에 명시되어 있다고 비슷한 견해를 제시했다.[364] 비판자들은 인권 개념을 거부하는 데까지 나아가지는 않았지만, 그 개념을 만든 방식에는 이의를 제기했다. 그러나 가장 중요한 것은 그들이 문화적 차이를 넘어 권리와 의무의 보편성을 인정했다는 점이다.

1960년대 들어 인권 논쟁은 각 정부를 대표하는 단체 간의 국제 토론장을 벗어나 지역, 나아가 초국적 수준의 대중운동으로 확산되었다. 선진 산업 세계에서 학생 시위대가 민주적 통치 원칙을 침해한 자국 정부를 규탄하면서 냉전 질서를 위협하고 있을 때, 전 세계 차원에서 인권 수호를 목표로 내건 새로운 조직들이 등장했다. 가장 유명한 조직은 1961년에 영국 출신의 변호사 겸 노동운동가인 피터 베넨슨Peter Benenson이 설립한 국제사면위원회Amnesty International였다.[365] 국제사면위원회의 사명은 정치적 이유로 감옥에 갇힌 사람들에 대한 대중의 관심을 일깨우는 것이었다. 베넨슨은 정치범 석방을 위해 사법 당국과 정부를 압박하는 대중적 편지 쓰기 운동을 활발하게 전개했다. 그 후 10년 동안의 활동 기록은 상세하게 전해지지 않지만, 국제사면위원회는 국제적 조직망을 급속하게 확장하고, 운동 영역을 여성, 아동, 난민, 고문 희생자들의 권리로까지 확대해 나갔다. 1960년대와 1970년대 국제사면위원회 활동의 의의는 인권 운동을 정부들 간의 고위급 외교 노력에서 초국적 차원의 풀뿌리 운동으로 확대했다는 점에 있다. 1960년대 대중 정치 운동의 열기 속에서 각국 정치 지도자들의 안이함에 불만을 품은 사람들이 늘어 가면서, 국제사면위원회의 이상주의적 목표가 점점 더 관심을 끌기 시작했다.[366]

국제사면위원회는 개인들이 처한 곤경에 집중하고 공적 영역에서는 정치적 중립을 지키려 했기 때문에, 일부 체제에서 자행된 인권 침해가 정치적 상황과 불가분의 관계에 있다고 생각하는 사람들을 크게 실망하게 했다.[367] 국제사면위원회는 심지어 서방 국가, 공산권, 제3세계에서 똑같은 비율로 정치범을 '선정'하도록 각 지부에 권고하기까지 했다.[368] 게다가 국제사면위원회에 대한 대중의 관심을 불러일으키려고 선정적일 수도 있는 사례들을 뚜렷하게 선호했다. 비판자들은 이처럼 실제 사건보다 선전에 중점을 두는 활동 방식으로 인해 동등한 혹은 더 많은 관심을 받아 마땅한 인권 침해 사례가 등한 시될 수도 있다고 지적했다.

국제사면위원회의 활동은 1970년대 들어 세계 인권 운동의 중심 의제가 개인의 권리 영역으로 이동했음을 보여 주는 본보기라 할 수 있다. 조직의 활동 반경도, 앞서 언급한 파스의 경고에도 불구하고 인권 침해가 점점 늘어나고 있던 남반구로 확대되었다. 많은 정치 지도자가 식민지에서 독립한 후 자신들의 권력을 굳건하게 하고자 물리적 폭력을 행사하고 정치적 탄압을 자행했다. 이러한 정권들은 냉전이 진행되는 기간 내내 정치적 탄압을 공공질서와 정치 안정을 유지하기 위한 정당한 수단으로 합리화했고, 대개 두 초강대 세력 중 한쪽 편의 정치적 보호를 받았다. 심지어 1977년에 지미 카터 미국 대통령이 인권을 행정부 정책의 핵심 원칙으로 삼겠다고 선언했을 때조차 지정학적 고려가 끼어들었다.[369] 카터는 칠레에 압력을 가하고, 소련을 상대로 한 교섭에서 인권을 정치적 지렛대로 활용했지만, 경제적·정치적으로 중요한 동맹국들에는 이러한 원칙을 고수할 수 없었다. 예를 들어 남아프리카 공화국의 아파르트헤이트 정권은 노골적으로 인권을 유린했지만, 반공 정책을 내세운 덕분에 냉전기에 미국의 굳건한 동맹국으로 자리매김할 수 있었다.[370]

비록 카터 행정부의 인권 정책은 냉전에 대한 고려에 얽매여 있었지만, 유럽 무대에서는 서유럽과 동유럽 국가들, 그리고 미국과 캐나다가 참여하는 유럽 안보협력회의Conference on Security and Cooperation in Europe: CSCE가 여러 해 동안 열리면서 인권 문제에서 진전이 이루어졌다. 동유럽 국가들은 서방 국가들이 전후에 조정된 당시의 국경 체제를 수용하게 하려고 회의를 소집했다. 서유럽 국가들은 최종 합의에 인권 관련 조항을 집어넣는 조건으로 전후 국경 체제의 영속성을 인정하겠다는 태도를 취했다.[371] 인권 관련 조항 중에는 "사상, 양심, 종교, 신념의 자유를 포함하는 인권과 천부적 자유를 인종, 성性, 언어, 종교에 차별을 두지 않고 존중"한다는 항목과 더불어 "민족들 사이의 동등한 권리와 자결권"에 관한 항목이 들어 있었다.[372] 1975년 헬싱키 협정Helsinki Accords의 후속 조치로, 동유럽과 소련에서 협정의 이행 여부를 감시하는 비정부기구인 헬싱키 감시단Helsinki Watch이 창설되었다.[373] 헬싱키 협정은 동유럽 반체제 인사들, 예를 들어 러시아 물리학자 안드레이 사하로프, 작가 알렉산드르 솔제니친, 체코 극작가 바츨라프 하벨 등이 반정부 운동을 벌이도록 고무하고, 결국 1989년에 공산주의 체제가 붕괴하는 데 기여했다.[374] 헬싱키 협정의 조인으로 문서상으로나마 냉전으로 인한 분열을 초월하는 인권의 불가침성에 대한 합의가 이루어졌다. 그러나 이러한 노력에도 불구하고 동유럽에서 탄압이 계속되면서, 인권 체제human rights regime가 조만간 이루어질 현실이라기보다 여전히 이상으로 머물러 있음을 보여 주었다.

냉전 이후 인권을 정의하기

1989년은 국제 관계에서 인권이 성공을 거두리라는 기대를 다시 품게 했다. 동유럽과 소련에서 공산주의 체제가 붕괴하자, 유엔이 전 세계에서 평화와 정의, 보편적 권리를 수호하는 데 훨씬 더 적극적인 역할을 떠맡을 태세였다. 세계 각지의 독재자들에게 지원되던 자금줄도 말라 버렸다. 남아프리카 공화국은 가장 유명한 정치범인 넬슨 만델라를 베를린 장벽이 무너지고 두 달이 지나지 않아 석방했다. 라틴아메리카 반군과 독재자들은 이제 자금 지원을 받을 수 없게 되었다. 니카라과는 1990년에 복수의 정당이 참여한 민주적 선거를 치러 소련을 등에 업은 산디니스타Sandinista 정권을 몰아냈다. 냉전의 종식과 동시에 전 세계적 통신망이 구축되어, 인터넷이 등장하고 새로운 통신위성이 우주로 발사되었다. 이러한 발전이 모두 어우러져 탈냉전 시대에는 문화적 장벽이 무너지고 세계 평화의 새 시대가 열리리라는 낙관주의가 팽배해졌다.

그러나 전 세계에 쇄도한 낙관주의는 1989년이 지나자마자 산산이 흩어졌다. 냉전 종식은 이념적·문화적 차이를 뛰어넘는 새로운 유대 관계 형성에 이바지한 만큼 민족적·문화적·정치적 분열도 노출했다. 분열의 대표적 예로 유고슬라비아에서 1990년대에 일어난 민족 분규를 들 수 있다. 세르비아와 크로아티아, 보스니아, 알바니아인들이 공산 치하에서 억눌려 있던 역사적 적대감을 분출하며 제2차 세계대전 이후 유럽 대륙에서 볼 수 없었던 잔혹한 폭력으로 대결을 벌였다. 1990년대 초에 세르비아가 보스니아에서 벌인 인종 청소는 과거에 그 지역에서 벌어진 참상의 고통을 생생하게 떠올리게 하고, 국제사회가 인권유린 피해자들을 위한 대처에 소극적이고 무능했음을 여실히 보여 주었다. 220만 명에 달하는 민간인이 보스니아에서 쫓겨나 옛 유고슬라비아 지역 내 난민 캠프로 가거나 유럽 연합 국가와 북아메리카로 옮겨 갔다. 2006년 유엔 보고서에 따르면 난민 중 절반가량만이 보스니아로 되돌아왔다.[375]

유럽 연합 국가들은 발칸 난민뿐 아니라 다른 동유럽 국가에서도 이민을 받아들였고, 이들을 통합하기 위해 사회적·경제적·문화적으로 진통을 겪

_____1986년에 베를린에서 시위자들이 남아프리카 공화국 아파르트헤이트 체제하에 1964년부터 수감 중인 넬슨 만델라의 석방을 요구하고 있다. 1980년대 들어 남아프리카 공화국의 인권유린과 흑인 시민을 차별하는 관행의 종식을 요구하는 국제 여론의 압력이 커졌다. 만델라는 석방되고 나서 4년 뒤인 1994년에 아파르트헤이트 종식 후 처음으로 민주적으로 선출된 남아프리카 공화국 대통령이 되었다. (Wikimedia Commons, © Bundesarchiv, Bild 183-1986-0920-016)

었다. 독일, 프랑스, 오스트리아, 네덜란드 등지에서는 극우 보수정당들이 이민 반대와 극단적 민족주의를 내세워 표를 얻었다. 옛 공산권에 국경을 개방한 이후 한동안 세계 통합이 진전되기보다 민족주의적 반발이 나타났다. 서유럽인들은 시민권, 언어 교육에 대한 책임, 외래문화 관행을 향한 관용, 여성의 권리, 의료와 같은 사회복지 혜택을 놓고 논쟁을 벌였다. 대다수 국가 정부는 이중적으로 대처했다. 즉 이민과 정치적 망명에 대한 규제를 강화하는 동시에 이미 입국을 허용한 사람들에게 기초 복지를 제공하고 통합 노력을 확대했다. 국제 이주가 항상 문화적 이해를 증진한 것은 아닐지라도, 21세기 초 유럽의 모든 주요 국가에서 문화적·민족적 다양성을 확대했다.

1994년에 르완다에서는 종족 갈등이 폭발해 대량 학살로 번졌다. 르완다와 부룬디의 대통령이 탑승한 비행기가 르완다 수도 키갈리 인근 상공에서

공격을 받아 두 대통령이 사망하면서 집단살해가 촉발되었다. 두 사람 다 소수 부족인 투치족과 오랫동안 반목해 온 후투족 출신이었다. 후투족은 3개월에 걸쳐 50만 명에서 100만 명에 달하는 투치족과 온건파 후투족을 학살했다. 유엔군이 1993년부터 평화 유지를 위해 그 지역에 주둔하고 있었지만, 사태를 방관했다. 유엔 평화유지군은 나중에 해명한 대로 유엔의 개입 명령을 받지 못했기 때문에 학살을 막을 힘이 없었다.[376]

　무슬림 인구를 서구, 주로 기독교 사회에 통합하는 문제를 둘러싼 긴장도 지속되었다. 프랑스에서는 학교와 공공장소에서 베일을 착용하는 문제를 놓고 논쟁이 격화되었다. 그 와중에 이민을 반대하고 이민자들의 사회적·문화적 동화를 강제하려는 보수파와 베일 착용이 프랑스의 세속 국가 전통을 위배하고 공적 영역에서 여성 비하를 드러낸다고 본 자유주의자, 좌파, 페미니스트 정치가들 사이에 기묘한 동맹이 형성되었다. 장기간 지속된 논쟁은 2004년에 "공립학교에서 눈에 띄게 종교적 소속을 드러내는 표식" 착용을 금지하는 법이 제정되면서 끝이 났다. 이어서 2010년에는 의회에서 표결을 통해 "얼굴을 가리는 용도의” 베일을 금지했다.[377] 이 금지 조항은 2011년 4월부터 효력을 발휘했다. 뒤이어 벨기에도 유사한 금지 조치를 취해 3개월 후부터 실행되었다.

냉전이 종식된 후 중동에서 정치적 이슬람주의가 대두하고, 더 구체적으로는 다양한 전투적 신조를 내건 지역, 나아가 초국적 비밀 조직이 생겨나면서 무슬림 인구 통합을 둘러싼 우려가 증폭되었다. 이러한 조직은 무슬림 인구가 많은 나라에 근거지를 마련했다. 수단과 파키스탄처럼 1990년대에 이들을 용인하고 지원한 나라도 있지만, 이라크처럼 반대한 나라도 있다. 이라크의 세속 독재자 사담 후세인은 정치적 이슬람주의자들을 정권을 위협하는 존재로 간주했다. 정치적 이슬람주의 단체의 과격 분파가 중동을 비롯한 세계 각지에서 테러 행위를 감행했다. 이슬람 전문가들은 이슬람의 종교 관행과 근본주의 정치 원리를 하나로 보아서는 안 된다고 경고했다. 그들은 또한 이슬람 근본주의 종파와 정치적 과격파 이슬람을 혼동해서는 안 된다고 경고했다.[378] 하지만 대중적인 서구 논객 대다수가 이러한 미묘한 차이를 간과했고, 특히 미국에서 반反이슬람 감정을 부채질했다.

새뮤얼 헌팅턴Samuel Huntington이 1993년에 발표해 논란을 불러일으킨 “문명 충돌”론은 새로운 유형의 문화적 비관주의를 표명했다.[379] 헌팅턴은 “인류를 크게 분열시키고 충돌을 불러일으킬 주된 원인은 문화적 요인”일 것이라고 주장했다. 그는 세계를 일곱 개 또는 여덟 개 문명으로 나누고, 현재도 그렇고 앞으로도 폭력적 충돌은 주로 서로 다른 문명 간에 벌어지리라고 보았다. 헌팅턴은 문명을 공통의 “역사, 언어, 문화, 전통, 그리고 가장 중요하게는 종교”를 공유하는 문화적 실체로 정의했다. 그에 따르면, “각 문명에 속한 사람들은 신과 인간, 개인과 집단, 시민과 국가, 부모와 자식, 남편과 아내 간의 관계에 관해 각자 고유한 견해를 가지고 있을 뿐 아니라 권리와 책임, 자유와 권위, 평등과 위계의 경중에 관해서도 각기 다른 관점을 가진다.”[380] 헌팅턴은 종교가 그러한 문화적 실체의 가장 중요한 토대라고 평가했다. 그러나 종교-문화적 차이가 각 문명에 너무 깊이 뿌리박혀 있어서 문명 간 경계를 초월하는 타협이 불가능하리라고 예언한 점이 더 중요하다. 즉 헌팅턴이 보기에는 충돌이 불가피했다.

헌팅턴은 문화 세계화가 낳은 동질화 효과에 관한 경고를 받아들이지 않았다. 그는 서로 다른 종교적·문화적 배경을 가진 민족 간에 상호작용이 늘어나고 있다는 것은 인정했다. 하지만 헌팅턴에 따르면, 상호작용의 증대가 차이에 대한 이해와 관용의 확대로 이어지지 않았다. 오히려 정반대의 결과를 초래해 충돌할 가능성이 더 커지고, 때로는 폭력을 초래하기도 했다. "사람들은 민족, 종교와 관련지어 자신의 정체성을 규정한다. 따라서 다른 민족에 속하거나 다른 종교를 가진 사람들과의 사이에 '우리us' 대對 '그들them'의 관계가 존재한다고 보기 쉽다."[381] 헌팅턴은 실제로 종교가 민족 분규의 불씨로 작용한 20세기 후반에 일어난 몇몇 충돌(북아일랜드에서 개신교도와 가톨릭교도 사이에 벌어진 충돌, 세르비아, 크로아티아, 보스니아에서 벌어진 동방정교회 신자와 무슬림 간의 충돌, 중동에서 벌어진 아랍인과 이스라엘인 사이의 충돌)을 지목했다.[382] 사회학자 스티브 브루스Steve Bruce에 따르면, 서로 다른 종교를 표방하는 두 문화가 충돌하거나 한 종교를 표방하는 문화가 다른 종교의 문화를 지배할 경우, 종교적 정체성이 "새로운 의미를 획득해 새로운 충성심을 불러일으킬 수 있다."

비판자들은 헌팅턴이 19~20세기에 마르크스주의자들이 개진한 경제 결정론을 떠올리게 하는 일종의 문화 결정론을 보여 주었다고 비판했다.[383] 그들은 또한 헌팅턴이 이슬람에 대해서는 부정적 고정관념을, 반대로 '서구'에 대해서는 긍정적 고정관념을 만들었다고 비판했다.[384] 비판자들의 눈에는 이슬람은 정치적으로 민주주의와 양립할 수 없다는 헌팅턴의 견해가 특히 우려스러워 보였다. 중동 전문가인 버나드 루이스Bernard Lewis와 대니얼 파이프스 Daniel Pipes 같은 유력한 보수 지식인들도 이러한 믿음을 공유했다.[385]헌팅턴은 종교-문화적 요인을 국제 관계와 국제 갈등의 유일한 원인으로 보았다. 따라서 문화적 요인이 어느 정도까지 민족 간 관계와 인간관계에 영향을 미치는지 본격적으로 탐구해 볼 여지를 남겨 놓지 않았다. 헌팅턴의 단선적 인과론은 국제적으로 점점 더 연관되고 통합되어 가는 세계 사회가 시작되었지만, 문화적 차이와 문화적 충돌의 증거가 여전히 뚜렷하게 남아 있음을 보여 주었다.

헌팅턴의 주장은 2001년 9월 11일 뉴욕 월드 트레이드 센터와 워싱턴

D.C.의 펜타곤이 테러 공격을 당한 후에 다시 힘을 얻었다. 오사마 빈라덴이 이끄는 이슬람주의 테러 단체 알카에다의 공격으로 거의 3000명이 목숨을 잃었다. 세상 끝까지 쫓아가서라도 빈라덴을 검거하겠다고 맹세한 미국 정부는 알카에다 수뇌부를 숨겨 주고 있다고 여겨지던 아프가니스탄에서 군사작전을 단행했다. 이어서 2003년에는 이라크를 침공했지만, 이라크 대통령 사담 후세인은 오히려 알카에다에 적대적이기로 유명했다. 조지 부시 미국 행정부는 부분적으로는 탈레반과 사담 후세인이 인권을 유린했다는 구실로, 아프가니스탄과 이라크에서 이슬람주의 테러리스트를 추적하는 일을 정당화했다. 그러나 2004년 이라크 아부그라이브 교도소에서 미군이 수감자들에게 육체적 학대와 고문을 가한 사실이 알려지면서 미국의 인권유린에 맹렬한 비난이 쏟아졌다.[386] 법률 자문단이 물고문 같은 폭력적 심문 기술을 정당화하려 하면서 국내외에서 엄청난 논란을 불러일으켰다. 이 사건은 보편적 인권 수호자로서 미국이 지닌 평판을 심각하게 훼손하고, 국제 인권 기준 집행을 향한 희망을 무너뜨렸다.[387] 미국이 독자적으로 국제 협약과 어긋나게 고문을 규정할 권한을 갖는다면, 국제적으로 인정받는 인권 이행 체제를 확립하려는 노력은 사실상 무산될 것이었다.

　　1945년에 유엔이 설립된 이후 인권 체제를 확립하려는 노력은 계속되었지만, 냉전으로 인한 이념 갈등 때문에 그다지 진전을 보지 못했다. 그러나 1990년대 들어 전 세계적 인권 이행을 위한 국제 협력 기회가 새롭게 열렸다. 미국은 전쟁범죄자를 재판하는 국제재판소의 설립을 확고하게 지지했다. 1993년 유엔 안전보장이사회가 옛 유고슬라비아에서 자행된 인권유린을 재판하기 위해 최초로 국제재판소 설립을 승인했다. 옛 유고슬라비아 국제형사재판소International Criminal Tribunal for the former Yugoslavia: ICTY는 1991년 이후 옛 유고슬라비아 영토 내에서 인권침해로 기소당한 개인들을 재판했다. 재판정에 선 피고인 가운데 전前 세르비아 대통령 슬로보단 밀로셰비치, 전 보스니아-헤르체고비나 공화국 대통령 라도반 카라지치, 전 세르비아 군사령관인 라트코 플라디치Ratko Mladić 등이 가장 유명했다.[388]

　　1994년에 유엔 안전보장이사회는 다시 미국의 지지를 업고, 같은 해에 르완다에서 자행된 대규모 투치족 학살을 재판할 두 번째 재판소를 세웠다. 냉전 종식 후 유엔에서 새롭게 조성된 협력 분위기 덕분에 안전보장이사회가 폭력을 규탄하고 르완다 국제형사재판소International Criminal Tribunal for Rwanda: ICTR 설립을 승인하는 결의안을 통과시킬 수 있었다. 옛 유고슬라비아에서와 마찬가지로 르완다에서도 국제사회가 학살을 방지하지 못했다. 그러나 국제사회는 가해자들을 법정에 세우기 위해 발 빠르게 움직였다. 1996년부터 르완다 국제형사재판소에서 수십 건의 심리가 진행되었다. 가장 중요한 피고인으로는 르완다 임시 총리인 장 캄반다Jean Kambanda와 학살 당시 투치족이 대규모로 사살된 타바Taba시의 시장 장폴 아카예수Jean-Paul Akayesu 등이 있었다. 캄반다와 아카예수 두 사람 다 종신형을 선고받았다.[389] 옛 유고슬라비아와 르완다의 재판소는 유엔이 대규모 인권유린 사태를 방지하거나 끝내기 위해 직접 지역 분쟁에 개입할 권한을 가지고 있지는 않지만, 인류에 반反한 범죄를 저지른 사람들을 법에 따라 처벌할 방법을 차츰 발전시켜 나가고 있음을 보여 주었다.

유엔 회원국들은 2002년에 국제형사재판소International Criminal Court: ICC를 설립함으로써 국제 형사재판 체계의 확립에 한발 더 다가섰다. 그러나 미국은 조지 W. 부시 대통령이 재임하는 동안 국제형사재판소 규정안을 비준하기를 거부하고 지지를 철회했다. 국제형사재판소는 미국이 거부했는데도 성공을 거두었고, 새로운 서명국도 늘어났다. 2011년 말까지 119개국이 국제형사재판소에 가입했다. 재판소가 관할하는 지역이 지리적으로는 넓었지만, 여전히 가입국 국민밖에 기소할 수 없었고 "당사국이 조사나 기소를 제대로 할 의사나 능력이 없을" 경우에만 사건을 맡을 수 있다는 제약도 있었다. 처음 10년 동안 국제형사재판소로 넘어온 사건은 대부분 아프리카 국가의 국민과 관련이 있었다.[390]

국제형사재판소와 같은 국제재판소들은 국가와 개인이 국내외에서 행하는 행위에 단일한 법률 체계를 적용해야 한다는 전제에 근거해 운영되었다. 이러한 법률 기관의 성공 여부는 각 나라의 가입 의지와 법 집행 의지가 얼마나 높은지에 달려 있었다.[391] 그러나 국제사회는 20세기의 마지막 10년 동안에도 인권을 구성하는 요소가 무엇인지, 그리고 인류 전체에 어떤 법을 적용해야 하는지를 놓고 여전히 분열되어 있었다. 실제로 1990년대 초부터 유엔에서는 권리의 보편성이라는 개념 자체가 새롭게 도전받았다. 35년 전에 반둥회의에서 민족자결권을 얻기 위해 싸웠던 이들의 후계자들이 국제 무대에서 특수주의적 인권 해석을 요구하기 시작했다.

1991년에 유엔 개발계획이 새로 정한 인간 자유 지표Human Freedom Index를 둘러싸고 논쟁이 불거졌다. 인간의 자유와 관련된, 40가지 기준으로 이루어진 이 지표에 따라 매겨진 각 나라의 순위표가 유엔 개발계획이 1991년에 발행한 두 번째 연례 보고서에 실렸다. 유엔 주재 가나 대사이자 유엔 내 개발도상국 모임인 77 그룹Group of 77의 대변인 코피 아우노르Kofi Awoonor는 "자유는 사회마다 다른 형태와 방식으로 표현되는 가치판단이 내포된 개념"이라며 이 기준 목록에 이의를 제기했다. "유엔 개발계획은 최근 역사에서 세계의 광대한 지역에서 널리 자행된 억압, 착취와 관련이 있다고 여겨지는 특정 문화를 대표하는 특정 학자의 작업을 토대로 모든 사회와 문화에 적용할 지표를 개발함으로써 세계 기구가 용납해서는 안 될 무신경함을 보여 주었다."[392] 77 그룹은 특히 자유 지표에 동성애자를 위한 자유를 포함하는 것에 반대했다. 일흔일곱 개 회원국 중에는 아프리카와 중동의 국가가 다수 있었고, 일부 국가에서는 동성애가 여전히 법적 처벌 대상이었다. 더는 동성애를 범죄로 여기지 않는 나라에서도 성적 권리, 그리고 여성의 권리와 관련된 주제(동성애자의 군 복무 권리 및 결혼의 권리, 여성들의 낙태권 등)를 둘러싸고 여전히 열띤 논쟁이 벌어지고 있었다.

1993년에 빈에서 열린 세계 인권 회의World Conference on Human Rights에서 중국, 이란, 시리아, 싱가포르, 말레이시아, 쿠바를 포함한 비서구권 국가들이 세계인권선언의 보편적 적용에 문제를 제기하면서, 인권의 보편성은 더욱 광범위한 도전을 받게 되었다. 이들은 세계인권선언이 서구 제국주의의 도구일 뿐이라고 일축하고, 국민 주권이 보편적 인권에 대한 요구보다 우선한다고 주장했다.[393] 비판의 선봉에 선 싱가포르, 인도네시아 같은 나라들은 인권침해 혐의를 받았기 때문에 인권 의제의 속성을 재규정하는 데 이해관계가 걸려

있었다.[394]

　문화상대주의를 둘러싼 투쟁은 빈 회의가 열리기 3개월 전에 아시아 국가들이 태국 방콕에서 개최한 준비 모임에서 구체화되었다.[395] 방콕 회의에서 아시아 국가들은 개인의 권리를 각 지역의 문화적 특수성에 따라 다르게 적용해야 한다고 강조했다. 방콕 선언 제8조는 "인권은 본디 보편적이지만, 국제적 규범을 설정하는 과정의 역동성과 진화라는 맥락에서 고려되어야 한다. 그리고 국가적·지역적 특수성과 다양한 역사적·문화적·종교적 배경의 중요성도 염두에 두어야 한다."고 명시했다.[396] 이러한 노선은 40년 전 아시아인과 아프리카인의 자결권을 주장하고자 인권의 보편적 적용을 지지했던 반둥 회의와의 중대한 결별을 의미했다. 반둥에서와 반대로, 방콕에서는 문화적 차이에 따른 특수성이 인권의 보편성을 압도했다.

　아시아의 인권 단체와 유력 지식인 들이 즉각 방콕 회의의 공식 노선에 이의를 제기했다. 이들은 정부 간 회의와 동시에 모임을 열고, 문화상대주의를 거부하고 아시아에서도 인권은 보편적이며 양도되거나 분리될 수 없다는 원칙을 고수해야 한다는 입장을 재차 확인했다. 비정부기구 모임은 "보편적 인권은 여러 문화에 뿌리를 두고" 있으며, "보편적 관심사이자 보편적 가치이므로 인권 옹호를 국민주권의 침해로 간주할 수 없다."고 반대 성명을 발표했다.[397] 아시아 인권 단체들은 아시아 각국 정부가 인권침해를 정당화하려고 어떻게 문화상대주의 논쟁을 활용했는지 잘 알고 있었다. 그들은 문화적 차이를 인정하지만, 보편적 인권은 1948년 세계인권선언이 규정한 것처럼 모든 문화에 적용된다고 주장했다. 결국 빈에서는 아시아 인권 단체들의 주장이 승리를 거뒀다. 빈 회의는 인권의 보편적 적용을 지지하는 강력한 성명으로 끝맺었다. 게다가 아시아 각국 정부 대표들은 반대하고 아시아 비정부 단체들은 지지한 유엔 인권판무관사무소office of the UN Commissioner for Human Rights 설치에도 성공했다.[398]

　인권 운동가들은 문화적 가치의 공유를 바탕으로 인권이 보편적으로 적용되어야 한다는 신념을 문화적 다양성 보존에 대한 강력한 지지와 조화시켜야 했다. 인도의 경제학자 아마티아 센Amartya Sen이 가장 분명하게 특수주의와 보편주의의 통합을 주장했다. 그는 아시아 전체가 '서구'와 다른 특수한 가치 체계를 공유하고 있다는 생각은 낡은 유럽 중심주의적 시각을 되풀이하고 강화하는 것이라고 비판했다. 센은 다른 모든 대륙에서와 마찬가지로 아시아 내에도 다양성이 존재한다는 점에서 문화적 다양성의 존재를 수용했다. 하지만 센은 다양성 때문에 공통의 가치가 존재할 수 없는 것은 아니라고 주장했다. 센은 특히 아시아 문화권에서는 개인의 자유와 시민권보다 권위주의적 통치를 더 높이 평가하고 권위주의를 따른 덕분에 경제성장이 가능했다는 리콴유 전 싱가포르 총리와 리펑李鵬 전 중국 총리의 주장을 일축했다.[399] 센은 경제 발전이 이루어지기 훨씬 전부터 권위주의 체제가 존재하고 있었기 때문에, 성공의 원인을 다른 데서 찾아야 한다고 반박했다. 게다가 불교를 비롯한 아시아 특유의 종교·문화 사상은 권위에 대한 맹목적 복종보다 시민과 개인의 자립을 고취했다는 점을 지적했다. 반면에 센에 따르면, 서구의 철학과 지적 전통은 질서와 권위의 가치를 높이 평가했다. 그는 다양성 때문에 공통 기반이 존재할 수 없는 것이 아니라고 결론지었다.

인권의 보편성을 둘러싼 논쟁은 전 세계에서 지역에 따라 다르게 진행되었다. 인권에 관한 특수주의와 보편주의의 입장은 배타적이고 경쟁적이기보다 상호 보완적이었다. 이러한 논쟁은 탈냉전 세계화 시대에 권력과 행위의 담지자로서 국가의 역할을 포기하지는 않지만 국민국가의 지상권에 문제를 제기했다. 그리고 지역과 세계를 연결함으로써 국가 공동체와 국제 공동체들을 해체했다. 인권을 둘러싼 논쟁은 새로운 의사소통 수단과 정보 기술의 중요성을 두드러지게 했다. 비록 불완전하고 불균등했지만, 전 세계 인권 활동가들의 관계망을 통해 인권침해에 대한 증언과 시각적 자료들이 널리 알려지면서 가해자들에게 대항하는 활동에 전 세계적인 관심을 불러일으켰다.[400] 이러한 운동은 인권 체제의 의미와 범위에 대한 국제적 합의를 끌어내지 못했다. 반대로, 다양한 집단과 정치적 지지층이 인권을 어떻게 정의할지를 놓고 계속해서 싸우고 있고, 이 집단들은 도덕적 원칙보다 정치적 이해에 따라 움직이곤 했다. 21세기를 앞둔 10년 동안 인권에 대한 이해는 어느 때보다도 더 파편화되었다.

세계화 문화

탈냉전 시대의 도래로 문화 세계화의 의미와 영향에 관한 논쟁도 한층 가열되었다. 세상이 눈에 띄게 좁아지고, 세계화가 지구에 사는 거의 모든 인간의 삶에 영향을 미쳤다는 데에는 이론이 거의 없었다. 논쟁 참가자들은 정치적·경제적·사상적 신념에 따라 주위에서 동질화 또는 이질화, 통합 또는 분열, 특수주의 또는 보편주의를 목격했다. 그리고 서로 더 가까워지도록, 또는 더 멀어지도록 밀고 당기는 힘들에 대해 복합적인 감정을 느꼈다. 양편 지지자들이 대중 시위와 정치 토론의 장, 신문과 잡지의 지면에서 대결을 펼쳤다. 그러나 지역과 계급, 또는 세대에 따라 전선이 분명하게 그어지지는 않았다. 때에 따라 문화 세계화를 지지하고 반대하는 사람들도 종종 있었다.

젊은 층이 문화 세계화가 제공한 새로운 기회에 가장 잘 적응했다. 그들은 특히 지리적으로 멀리 떨어진 곳들을 이어 주며 세계 각지로 유행을 전파하는 매개체인 인터넷을 적극 활용했다. 젊은 층은 물리적 환경의 제약을 뛰어넘게 해 주는 다양한 문화 상품과 장비를 활용해 가장 능숙하게 문화 세계화의 성과를 누렸다. 그들은 연장자들만큼 지역 문화의 전통이 사라져 가는 것을 걱정하지도 않았다. 젊은이들은 텔레비전과 인터넷, 그 밖의 현대적 통신수단을 통해 취향과 신념, 관심사를 공유하는 사람들의 가상 공동체에 접속했다. 그렇게 젊은이들은 지리적 위치에 구애받지 않는 매우 독특한 자신들만의 문화적 틈새를 만들 수 있었다.

인터넷은 이용자들에게 정보와 통신의 민주화를 실현해 주었다. 그러나 비판자들이 우려한 것처럼 보편적 정보 접근이 문화 동질화 현상을 초래하지는 않았다. 그리고 문화적 다양성에 대한 이해와 문화적 차이에 대한 관용이 확대될 가능성이 커졌지만, 실제로 반드시 그렇게 되지는 않았다. 사상과 통신의 가상 시장이 팽창하면서 온갖 사상을 무분별하게 배양했다. 그 덕분에 2011년 아랍의 봄 동안 튀니지와 이집트에서 민주주의를 요구하는 평화 시위가 조직될 수 있었지만, 이슬람 지하디스트들이 증오 메시지를 퍼뜨리기도 더욱 용이해졌다. 양편 모두 새로운 기술을 활용해 국내외의 청중에게 즉각적으로 자신들의 메시지를 전파했다.

젊은 층이 새로운 기술을 쉽게 받아들였다고 해서 반드시 세계화를 열렬히 지지하지는 않았다. 반대로 많은 젊은이가 1990년대 말에서 2000년대 초에 세계무역기구와 세계경제 포럼을 비롯한 여러 경제 정상 회의의 연례 회합에 맞춰 경제 세계화에 반대하는 시위를 조직하고 참여했다.[401] 국제 언론은 발 빠르게 이들에게 반反세계화 시위자들이라는 꼬리표를 붙였다. 하지만 시위대의 비판은 주로 세계은행과 국제통화기금, 그리고 세계를 주도하는 경제 강국들의 정책에 깊이 뿌리박혀 있는 경제 세계화의 특정한 신자유주의적 측면에 초점이 맞춰져 있었다. 항의자들은 경제 강대국들이 옹호한 정책들, 특히 자유무역 및 경제 규제 철폐가 세계에서 가장 부유한 국가들에 부당한 혜택을 주었다고 비판했다. 그들은 1990년대 초에 국제무역을 촉진하기 위해 체결한 일련의 국제 협정들이 오히려 국제시장에서 경쟁력이 없는 지역 사업체들을 위험에 처하게 했다고 지적했다. 그러한 협정으로는 북미 자유무역협정과 1994년부터 효력을 발효한 최신 관세무역일반협정이 있다.

자유무역협정들은 실제로 각국 경제에 불균등한 결과를 초래했다. 자유무역협정 덕분에 20세기의 마지막 10년 동안 국제 물자의 교류는 더욱 저렴해지고 용이해지고 신속해졌다. 아울러 국제 해운 기술이 발달하면서 교역 속도는 더욱 빨라지고, 물자를 생산지에서 소비지로 운송하는 비용도 줄어들었다. 이러한 발전 덕분에 공산국가인 중국이 미국 시장에 수출하는 소비재 생산을 선도하는 국가로 부상했다. 더욱 중요한 점은, 생산과정 자체가 세계화되어 제품을 고안하고 판매하는 장소와 멀리 떨어진 여러 나라에서 부품을 제작하고 조립한다는 사실이었다. 이런 다국적 생산과정이 국제 시장에서 소비재 가격을 떨어뜨렸다.

그러나 부정적인 효과도 나타났다. 예를 들어 생산자들이 미국이나 서유럽, 일본 같은 고임금 노동시장에서 동남아시아와 라틴아메리카 등지의 저임금 노동시장으로 이동하면서 제조업 분야 전반에 임금 하락 현상이 나타났다.[402] 경제학자 제프 포Jeff Faux에 따르면, 이 과정에서 이제 국적보다 계급에 따라 승자와 패자가 갈렸다. 세계적으로 임금이 하락하면서 전 세계 부에서 노동자들이 차지하는 몫은 감소했지만, 다국적기업 엘리트들이 차지하는 이익은 과도하게 늘어났다. 소비자들은 의류와 신발 같은 일상 용품을 비롯한 더 많은 저가 상품을 더욱 손쉽게 살 수 있었다. 하지만 노동자들은 임금의 정체나 하락으로 고통받았고, 더 심한 경우 아예 일자리를 잃었다. 노동자들은 소비자이기도 했기 때문에, 이러한 상황의 승자와 패자 양편 모두에 서게 되었다. 북미 자유무역협정과 관세무역일반협정을 둘러싼 갈등은 참여국들 내부에서 노동자, 소비자, 생산자들을 분열시켰지만, 다른 한편으로 국적과 문화적 차이를 초월하는 새로운 연대를 창출해 냈다. 저항이 초국적 사회운동의 조직화로 이어져, 세계화가 경제적 계층화 대신 세계 정의에 이바지하도록 하려는 세계 사회 포럼 같은 단체가 만들어지게 되었다.

세계화는 사회적·경제적 계층화를 심화해 경제 영역에서 차이가 증폭되었다. 정반대로 문화 영역에서는 세계화가 차이를 없애는 역할을 한 것처럼 보였다. 그러나 반대되는 증거들도 볼 수 있었다. 세계 대다수 대도시에서 다문화주의가 확산하고 있고, 세계 어디서나 외국 음식점이 늘고 있으며, 특히 유럽과 북아메리카 외의 지역으로 떠나는 여행이 증가했다. 실제로 색다른 체험이 관심을 끄는 요인으로 작용해 탈냉전 시대에 국제 관광이 크게 늘어나는 데 이바지했다. 부유한 서구 투자자들이 남반구와 극동 지역에서 새로운 개발 기회를 모색하면서, 베트남이나 인도네시아같이 예전에 정치적 분쟁이 있었던 아시아와 아프리카의 지역들이 관광 개발의 주요 대상지로 떠올랐다. 특히 1990년대 들어 생태 관광이 새롭게 주목받기 시작하면서, 이전에는 외부 방문객들이 접근할 수 없었던 지역에서 '개발cultivation'을 규제할 필요가 생겼다. 생태 관광의 목표는 서구 관광객을 새로 개발된 지역에 끌어모으는 동시에, 그 지역을 가능한 한 원래대로 보존하려는 것이어서 상당히 모순적이었다.

1990년대 들어 생태 관광이 인기가 높아지자, 유엔에서 2002년을 국제 생태 관광의 해로 선포했다.[403] 같은 해에 퀘벡에서 열린 세계 생태 관광 총회에서 참석자들은 「생태 관광 퀘벡 선언Quebec Declaration on Ecotourism」을 선포했다. 선언문에는 최선을 다해 관광지의 "자연과 문화유산"을 보존할 뿐 아니라 이른바 "지속 가능한 관광sustainable tourism"을 실현하기 위해 많은 노력을 기울이겠다는 맹세가 담겼다. 세계 생태 관광 총회는 국제 생태 관광의 해와 더불어 지속 가능한 개발을 향한 관심뿐 아니라 탈냉전 시대에 새로워진, 환경에 대한 관심사를 보여 주었다. 총회 주최자들은 국제 관광이 경제개발이 거의 이루어지지 않은 지역의 주요한 수입원이라는 점을 의식했다. 그러나 더 중요한 것은 총회를 통해 21세기로 접어드는 전환기 관광의 심각한 역설이 드러났다는 점이다. 생태 관광객들은 문화·경제 세계화를 거부하는 동시에 추동했다. 그들은 세계의 오지로 진정한 문화적 경험을 찾아 나섰지만, 팽창하는 그들의 집단적 욕구가 경제력과 결합해 어김없이 방문지의 문화적·경제적 역학 구도를 바꾸어 놓았다. 차이를 찾아 나선 생태 관광객들은 지역적인 것과 세계적인 것을 이어 놓았다. 그들은 순수성authenticity을 찬양하는 바로 그 순간에 혼종성hybridity을 창출해 냈다.

생태 관광은 본래 상업적 현상이지만, 각자 고유한 방식으로 문화적 차이를 생생하게 체험해 보고 싶어 하는 깊은 욕구를 표현했다. 차이의 포용은 문화적·지리적 경계를 뛰어넘는 상호 연계성interconnectedness과 어우러져 20세기 말에 세계시민주의cosmopolitanism 철학으로 구체화되었다. 세계시민주의 철학을 대표하는 철학자 콰메 앤서니 아피아Kwame Anthony Appiah는 세계시민주의를 불분명하게 남용되는 세계화 개념을 대신할 유용한 대안으로 보았다. 아피아는 세계화가 "한때는 마케팅 전략을 지칭했고, 그다음에는 거시 경제의 주제 중 하나를 가리켰으며, 이제는 모든 것을 포괄하는 것처럼 보이면서 아무것도 아닌 용어"라고 주장했다.[404] 아피아의 세계시민주의 개념은 이마누엘 칸트Immanuel Kant가 1795년에 발표한 『영구 평화론Zum ewigen Frieden』에서 가져온 것으로, 세계의 물질적 연계성보다 "우리에게 타인에 대한 의무, 즉 친족의 유대나 심지어 더 형식적인 시민적 유대조차 넘어서는 의무가 있다는 생각"을 표현했다. 게다가 세계시민주의는 "차이로부터 배우기 위해" 자신이 속한 문화적 궤도 바깥에 있는 인간 존재와 관계를 맺어 나가는 것이었다.[405] 아피아에 따르면, 세계시민들은 친숙하지 않은 외부 세계의 이방인들과 자신들을 묶어 주는 보편적 공유 가치와 문화적 다원주의 사상을 믿는다. 그는 종종 글을 통해 자신의 다문화적 배경을 강조하면서, 그 덕분에 문화적 보편주의와 다원주의에 대한 감수성을 지닐 수 있었다고 언급하곤 했다. 아피아는 가나 서부 아샨티주, 주도 쿠마 시에서 영국인 어머니와 가나인 아버지 사이에서 태어나 자랐지만, 영국과 가나의 문화를 똑같이 친숙하게 느꼈으며 결국에는 미국으로 이주했다.

세계시민주의도 세계화와 마찬가지로 철학 개념으로서 논쟁의 여지가 없지 않았다. 정치철학자 세일라 벤하비브Seyla Benhabib는 세계시민주의 개념에 관한 견해를 세 가지 유형으로 정리했다. 첫 번째 유형은 "'인류애'보다 '애국'을 앞세우지 않는 계몽적인 도덕적 태도"였다. 두 번째 유형은 세계시민주의를 "혼종성, 유동성" 그리고 국가 공동체를 넘어서는 "복잡한 열망을 가진 인간 주체 및 시민들의 균열과 내적 분열"의 기표로 보는 것이었다. 마지막으로 세 번째 유형은 "국민국가의 경계를 초월하는 담론 윤리의 보편적 규범을 담지하는 규범 철학"으로서의 세계시민주의였다.[406] 벤하비브 자신은 세 번째 유형과 가장 밀접한 관련을 맺었다. 세계시민주의를 향한 벤하비브의 관심은 그 개념을 국제법과 제도를 통해 구체화하고 규범화하는 데 있었다. 거기에는 인권의 정의, 인도주의적 구호, 난민 및 망명 자격, 시민권의 초국적 규정, 국제형사재판소, 초국적 인권 단체, 그리고 당연히 유엔이 들어 있었다. 벤하비브가 보기에 세계시민주의는 국가가 그 국민과 맺는 관계(개인이 국가에 대해 가지는 권리) 및 국경을 오가는 사람들 사이의 관계를 정리하는 데 도덕적·윤리적 토대를 제공했다. 상이한 접근법에도 불구하고, 아피아와 벤하비브는 결국 세계화가 이루어진 21세기 세계에서 세계시민주의가 가지는 중요성에 대해 비슷한 결론을 내렸다. 두 사람이 제시한 세계시민주의 유형은 보편주의 세력과 특수주의 세력 사이의 끊임없는 투쟁에 대한 해결책을 제시해 주지 못했지만, 당면한 과제가 무엇인지를 분명하게 보여 주었다.

차이를 보편화하기

차이는 21세기로 접어드는 전환기의 문화적 충돌을 이해하는 데 실마리를 제공해 준다. 차이는 또한 문화적 충돌을 해소할 실마리도 제공한다. 국민국가를 건설하는 과정에서 문화적 차이를 융합하는 일이 탈냉전 시대의 가장 큰 과제가 되었다. 세계화가 무자비하게 진행되면서 국민국가를 건설하려는 기획 자체가 망가질 수도 있었다. 초국적 대기업과 정치조직, 문화단체들이 국민국가의 우위에 도전하고 있다. 확실히 주권국가들은 권력을 고위 정치기구들에 전혀 양보하려 하지 않았다. 하지만 주권국가들은 국민경제와 사회가 점점 더 세계적 네트워크에 의존하고 있다는 점을 인정한다. 주권국가들은 기꺼이 물자, 사람, 정보가 활발하게 국경을 넘나들 수 있게 하지만, 이동이 초래한 문화적 영향을 우려한다.

그러한 우려는 문화적 정체성이 시간과 장소에 따라 고정된다는 특수한 사고에서 유래했다. 그러한 사고는 국민국가를 중심에 두는 19세기 초 계몽사상의 산물이다. 인쇄 문화, 자본주의, 제국주의가 유럽과 미국에서 국민 의식을 형성하고 강화하는 데 기여했다.[407] 민족주의는 정의가 더 명확해지고 규범적일수록, 점점 더 역사적 연속성이라는 선형적linear 신화에 의존했다. 현재의 국가 정체성에 맞춰 과거를 재조명했다. 국가는 선형적 신화에 의존할수록 차이에 편협해졌다. 20세기 전반에 발발한 두 차례의 세계대전은 다른 문화에 대항해 자신을 정립하는 극단적 민족주의 이념이 초래한 참혹한 결과를 여실히 보여 주었다. 나치 독일의 경우, '타자'로 간주한 집단 전체를 절멸시키려고까지 했다. 20세기 후반의 특징은 적어도 문화 영역에서는 민족주의 세력과 초국주의 세력 사이에 절충이 이루어지기 시작했다는 점이다. 차이를 수용하는 것은 절충하는 과정의 일부일 뿐 아니라 공통점을 찾는 과정이기도 하다. 역사가 미하엘 가이어Michael Geyer와 찰스 브라이트Charles Bright는 2002년에 발표한 글에서 "차이가 지역적으로 재생산된다."고 주장했다. "이는 전통 가치와 관행을 주장해서라기보다 일상적으로 펼쳐지는 세계적 변화 과정과 관계를 맺기 때문이다."[408] 그렇다고 해서 21세기에 민족주의 이념이나 민족 정체성이 무용하다는 것은 아니며, 초국적 자극에 맞서서라기보다 그것과 계속 상호작용을 하면서 민족 정체성을 형성하고 재생산한다는 새로운 해석을 제시한다.

비록 문화 세계화는 경제 세계화와 정치 세계화의 결과물처럼 보이지만, 미술가, 작가, 음악가 같은 문화 생산자들이 문화 혼종화에 앞장섰다. 파블로 피카소Pablo Picasso와 그가 "아프리카 시대"[15]에 제작한 작품들은 이미 유명한 예다. 최근에서야 국제적으로 주목받기 시작한 작가 중에는 개념 미술 작가인 잉카 쇼니바레Yinka Shonibare를 꼽을 수 있다. 쇼니바레의 설치 작업은 탈식민·탈냉전 시대의 문화 혼종화를 보여 주는 본보기라 할 수 있다. 쇼니바레는 예술가이자 개인으로서 쉽게 분류되기를 거부한다. 쇼니바레의 설치 예술은 여러 가지 방식으로 문화적 고정관념의 부조리를 보여 준다. 쇼니바레는 즐겨 사용하는 재료인 밀랍 염색을 한 아프리카 바틱batik 천이 사실은 아프리카산産이 아니라 네덜란드에서 수입한 천이라는 사실을 알게 되었다. 네덜란드 사람들 역시 17세기에 식민지로 삼은 자바에서 수입한 바틱을 바탕으로 그 천을 생산했다. 그리하여 백인과 수많은 아프리카인이 '진짜 아프리카산authentically African'이라고 생각해 온 바틱 천이 식민 정복과 네덜란드 제국 체제 내에서 이루어진 상호작용의 다층적 산물임이 밝혀졌다.

쇼니바레가 혼종 '아프리카' 직물을 접하게 된 이야기는 탈식민, 그리고 궁극적으로 탈냉전의 복잡한 문화 세계화 과정을 잘 보여 준다. 이 일화는 또한 애피아가 그린 세계시민주의에 실질적 의미를 부여할 수 있도록 도와준다. 쇼니바레는 1962년에 영국에서 태어났다. 그의 부친은 나이지리아 출신으로 영국에서 법률을 공부하던 중이었다. 쇼니바레는 3년 후 가족 모두가 나이지리아로 귀국하고 난 뒤에도 매년 여름을 영국에서 보내면서, 두 언어와 두 문화가 병존하는 두 개의 세계에서 자라났다. 그는 열여덟 살에 횡단 척수염을 앓고 나서 부분적인 장애를 얻었는데, 나중에 인터뷰에서 예술가로 성장하게 된 특수한 상황을 이렇게 회상했다. "잘못되었다고 생각한 모든 것이 실제로는 저에게 엄청난 자산이 되었습니다. 인종이나 장애 같은 것 말이에요. 그것들은 우리 사회에서 부정적으로 받아들여지지만, 나를 해방해 주었습니다."[409] 쇼니바레는 장애 때문에 보다 관습적인 예술 표현 방식과 결별하고, 그 대신 개념 미술에 집중하면서 새로운 매체를 탐색할 수 있었다. 인종적인 면

<hr />

15 아프리카 조각, 특히 가면에 영향을 많이 받은, 대략 1906년에서 1909년에 이르는 시기로 대표작으로는 1907년에 제작된 「아비뇽의 처녀들」을 들 수 있다.

에서 해방의 계기는 1980년대 중반에 런던의 바이엄 쇼 미술학교Byam Shaw School of Art에서 백인 지도 교수와 대화를 나누던 중에 찾아왔다. 당시 그는 "페레스트로이카에 관한 작품"을 만들고 싶었지만, 적절한 방식을 찾지 못해 애쓰던 중이었다. 지도 교수는 그 기획의 타당성에 의문을 제기하고, 그 대신에 아프리카 출신이니 "정통 아프리카 예술"에 주목해야 한다고 충고했다. 쇼니바레는 인종적 편견뿐만 아니라 한 대륙 전체의 예술 표현을 고민해야 하는 부당한 상황을 극복해 나가면서, 백인 제국주의자들(더불어 포스트 제국주의자들)이 무엇을 "정통 아프리카 예술"이라고 여기는지에 대해 모색하기 시작했다. 그 과정에서 아프리카에서 왔다고 생각한 천이 실제로는 네덜란드가 통치한 자바에서 만들어졌음을 알게 되었고, 결국 예술과 문화 전반에 존재하는 정통성 개념이 얼마나 얄팍한지를 깨달았다. 쇼니바레는 또한 앞서 언급한 인터뷰에서, "지도 교수는 내가 순수하게 아프리카적이기를 바랐습니다. 하지만 나는 넓은 세상에서 다양한 영향을 받으면서 살고 있음을 보여 주고 싶었습니다. 지난 수 세기 동안 백인 예술가들이 그래 온 것처럼 말이에요."[410]라고 회고했다. 그는 작품을 통해 유럽과 미국에서 요구하는 아프리카 정체성을 받아들이거나 자신의 인종적 정체성을 규정하려 하지 않았다. 그 대신에 쇼니바레는 유럽식 인종 정체성을 표현하는 목록에 식민지에 관련된 주제를 끼워 넣었다.[410]

쇼니바레의 작품은 통상적 고정관념을 거꾸로 뒤집어 보여 준다. 「빅토리아 시대 멋쟁이의 일기Diary of a Victorian Dandy」라는 제목이 붙은 연출 사진 연작 중 한 작품은 쇼니바레가 빅토리아풍 침실의 편안한 침대에 누워 있고 하녀 네 명과 집사 한 명이 그를 에워싸고 비위를 맞추려 애쓰는 장면을 보여 준다. 그 장면은 벽에 걸려 있는 영국 시골 전경을 그린 고전적 풍경화로 완성된다. 그는 또한 네덜란드-자바-아프리카 바틱 천으로 정교하게 빅토리아 시대 드레스를 제작해 식민주의와 인종, 계급의 문제를 하나로 아울렀다. 대개 머리가 없는 마네킹에 드레스를 입혔는데, 피부가 흰색과 검은색 사이의 어중간한 색깔이어서 통상적인 인종 분류를 거슬렀다. 쇼니바레는 설치 작업을 통해 문화적 고정관념뿐만 아니라 문화적 정통성authenticity에 대해서도 질문을 던진다. 그의 예술 창작물은 문화 정체성을 뒤섞고 때로는 뒤집는다. 이런 창작 활동을 통해 쇼니바레는 기존의 국가적 또는 대륙적 '정통성'을 고수하지 않으면서, 그 자체로 정통적인 새로운 문화 공간을 창조해 낸다. 브라이트와 가이어의 표현을 빌리면, 쇼니바레는 "일상적으로 펼쳐지는 세계적 변화 과정에" 관여함으로써 지역적으로 차이를 만들어 내고 있다.[412]

쇼니바레는 백인 중심의 기성 국제 미술계가 부여한, 가상의 인종 미술 대표라는 역할을 거부한 비서구권 예술가 집단에 속한다. 쇼니바레 외에도 콩고 출신 셰리 삼바Chéri Samba와 가나 출신 고드프리드 돈코르Godfried Donkor, 베냉 출신 조르주 아데아그보Georges Adéagbo 등이 있다.[413] 이러한 예술가들은 탈식민과 탈냉전 시대에 문화 세계화의 가능성과 과제를 내다볼 수 있는 창을 열어 준다. 그들의 예술은 문화 혼종화 체험의 본보기로, 문화 혼종화가 이론적 개념 이상의 것임을 생생하게 보여 준다. 그들의 작품은 여러 곳을 옮겨 다니며 여러 문화를 접하고, 여러 나라 또는 여러 지역의 문화유산에 영향을 받은 그들의 삶을 구체적인 방식으로 반영한다. 네덜란드 태생의 인류학자 얀 네데르베인 피테르서Jan Nederveen Pieterse에 따르면, 그러한 체험은 "일반적이다. 그리고 어떤 형태로든, 우리는 모두 이주자다."[414] 피테르서 자신은 제2차 세계대전 후 네덜란드에서 태어났다. 그의 부모가 조상들이 17세기 초부터 네덜란드 동인도회사의 일원으로 뿌리를 내리고 살아온 자바를 떠나 도착한 지 11일 만이었다. 그는 자신에게 "자바, 포르투갈, 프랑스, 독일 등의 유산이 뒤섞여 있고 인도-네덜란드 메스티소 문화의 영향도 깊이 스며 있다."고 설명했다.[415]

피테르서의 초국적 이력은 수십 년 전과 달리 20세기 말에는 그다지 특이해 보이지 않았다. 그렇지만 세계 인구의 대다수는 여전히 평생 태어난 곳에서 멀리 벗어날 엄두를 내지 못한다. 다국적 체험은 언제나 문화 생산과 문화 분석에 종사하는 사람들(지식인, 과학자, 선교사, 미술가, 음악가, 작가, 정치가들) 사이에서 훨씬 흔하게 이루어진다. 더 중요한 점은 서구권에서의 이력과 비서구권에서의 이력을 접목하는 사람들이 그 어느 때보다 빠르게 증가하고 있다는 사실이다. 이들의 목소리는 국제기구와 정치 분야, 예술 분야, 문학 분야에서 비서구권의 목소리가 높아지면서 함께 커졌다.

최근 수십 년 동안에 노벨 문학상을 받은 사람의 명단을 보면 세계적 문화 생산에 비서구권의 목소리가 점점 더 많이 반영되는 방향으로 문화적 변동이 일어나고 있음을 알 수 있다. 1980년에서 2012년 사이에 노벨 재단은 열두 차례에 걸쳐 아시아와 아프리카, 남미의 작가들에게 노벨 문학상을 수여했다. 반면에 노벨상이 만들어지고 처음 80년 동안에는 다섯 차례에 지나지 않았다. 게다가 최근 들어 위원회가 문화 간, 인종 간의 문제를 주제로 삼은 작가들을 수상자로 선정하는 경우가 점점 늘고 있다. 그중에는 남아프리카의 아파르트헤이트(네이딘 고디머Nadine Gordimer, 1991), 미국의 인종 문제(토니 모리슨Tony Morrison, 1993), 식민주의와 탈식민주의(데릭 월컷Derek Walcott, 1992/비디아다르 수라지프라사드 나이폴V. S. Naipaul, 2001) 같은 주제들이 있다.[416] 이 작가들과 함께 살만 루슈디Salman Rushdie, 아니타 데사이Anita Desai, 줌파 라히리Jhumpa Lahiri 같은 베스트셀러 작가들도 국제 문단의 광범위한 변화를 보여 준다. 인도 태생인 루슈디는 영국에서 교육을 받고 그곳에 정착했다. 데사이는 인도에서 독일인 어머니와 벵골인 아버지 사이에서 태어났으며, 인도에서 교육을 받고 인도와 미국 양쪽에서 작품 활동을 했다. 2000년에 단편집 『축복받은 집Interpreter of Maladies』으로 퓰리처 문학상을 받은 라히리는 런던에서 벵골인 부모 사이에 태어나 세 살 때 미국으로 이주했다.[417] 이처럼 세계문학계에서 비서구 세계와 관련이 있거나 초국적인 개인사를 가진 작가들과 함께 다문화 주제를 다루는 작품의 비중이 커지고 있다. 이는 문화들 사이의 연결망이 확대되고 있음을 보여 주는 지표라 할 수 있다. 이들은 공통의 세계어로 소통하는 세계시민 집단의 일부가 되었다.

세계어는 다문화적일 뿐만 아니라 다지역적multilocal이며, 결코 새로운 언어가 아니다. 문화 교류와 문화 차용이 수천 년은 아닐지라도 수 세기에 걸쳐 지속했기 때문이다. 하지만 세계어는 1990년대 이후 영향권을 넓혀 엘리트 계층에서 중산층으로, 또 북반구에서 남반구로 퍼져 나갔다. 세계어의 확산 덕분에 다양성이 증대하고 공통의 문화 영역이 확대되었다. 하지만 다양한 문화 집단이 지역과 국가, 나아가 세계 무대에서 우위를 확보하려고 경쟁을 벌이면서 세계어의 확산이 문화적 파편화와 충돌을 초래하기도 했다. 1945년 이후 세계 문화의 등장과 발전에는 이처럼 구심력과 원심력이 함께 작용했다. 세계 대도시에서 볼 수 있는 세계 문화들에는 동질화와 더불어 이질화가 뚜렷하게 나타났다. 문화적 상호작용을 통해 행동과 권리, 가치의 보편적 기준이 만들어졌다. 동시에 문화적 상호작용은 그러한 가치를 지역에 따라 특수하게 해석할 수도 있음을 드러냈다. 그리고 결국은 문화 교류에 관계하는 사람들이 순응 요구와 차별화 욕구 사이에서 타협했고, 여전히 타협하고 있다. 사람, 물자, 사상의 세계적 교류망이 나날이 촘촘해져 가고 있지만, 21세기로 접어드는 전환기의 문화 경관은 그 어느 때보다 더 다면적이었다.

초국적 세계의 형성

이리에 아키라

1945 이후

5

머리말

1940년 6월 초, 전쟁이 서유럽으로 번지자 미처 피난을 떠나지 못한 파리 시민들은 임박한 독일의 공격에 대비하고 있었다. 그 와중에 파리 오페라 극장에서는 예정대로 쥘 마스네Jules Massenet의 오페라 「타이스Thaïs」(1894)를 무대에 올렸다. 「타이스」는 광신적인 기독교도가 방탕한 창녀를 개종시키려다 도리어 그녀의 유혹에 빠져들고 마는 이야기다. 고작 쉰 명 정도였던 오페라 관객 중에는 일본 대사관에 근무하는 젊은 외교관이 있었다.[1] 그는 소르본 대학에서 블레즈 파스칼Blaise Pascal의 철학을 공부하려고 파리로 유학을 왔지만, 1939년에 전쟁이 터지자 일본 대사관의 직원으로 충원되었다. 이 외교관은 파리 주재 일본 대사관에서 4년 동안 근무한 뒤, 1944년 연합국이 노르망디에서 반격에 성공하고 독일군을 프랑스 밖으로 내몰기 시작하자 베를린으로 옮겨 갔다. 그는 파리를 떠나기에 앞서 프랑스 각지를 둘러보던 중에 나치의 명령으로 감옥에서 끌려 나와 강제로 행군 중이던 수형자들과 맞닥뜨렸다. 훗날 역사가들이 "죽음의 행군death marches"[2]이라 부를 장면이었다. 다양한 종교와 국적을 가진 남성과 여성이 행렬을 이루고 있었다. 일본인 외교관은 여태까지 세인들은 볼 수 없었던 이 사람들과의 조우를 결코 잊을 수 없었다. 그는 1945년 5월 독일이 항복하고 나서 대사관 동료와 그 가족, 민간인 몇 명과 함께 오스트리아의 바트 가슈타인Baad Gastein에 억류되었다. 민간인 억류자 중에는 전쟁 중에 유럽에서 학업과 연주 활동을 병행하던 여성 바이올리니스트도 있었는데, 전쟁이 끝난 후 세계적으로 유명해졌다. 일행은 미국 국무부의 결정에 따라 1945년 8월 펜실베이니아주의 베드퍼드 스프링스Bedford Springs로 이송되어 몇 달 동안 호텔에 갇혀 있다 그해 말에 일본으로 송환되었다.[3]

이 외교관의 이야기는 여러 가지 맥락에서 이해될 수 있다. 그것은 한편으로는 국가들이 서로 짓밟고 굴복시키기 위해 싸우는 전쟁 이야기다. 국제 관계는 불가피하게 개인의 삶에 영향을 미치고, 이 일본인 외교관의 경험도 분명히 제2차 세계대전의 우여곡절을 겪으며 빚어졌다. 하지만 거기에서 그친다면 개인에게도 역사에도 부당한 일일 터다. 이는 역사를 국가적 사안과 국제 관계를 바탕으로 규정하고, 개인의 체험을 다른 수억 명의 체험과 함께 일개 각주로 처리해 버리는 것이나 다름없다. 그런데 만약 이 외교관이 보고 행하고 생각한 바를 음악사, 국경을 넘나드는 사람들의 이동, 서로 다른 배경을 가진 사람들 사이의 접촉 같은 또 다른 맥락에서 살펴보면 의미심장해진다. 이런 주제가 꼭 전쟁이나 외교 같은 거대한 이야기와 어울리지 않는다 하더라도, 그 자체로 타당성과 완결성을 띨 수 있다. 그러한 경험의 자취를 되짚어 본다면 세계사에 또 다른 층위layer를 보탤 수 있을 것이다.

5부에서는 제2차 세계대전 종전 이후 세계의 발전을 이해하기 위해 초국적 관점transnational perspective이라고 부를 수 있는 층위를 더해 보려고 한다. 초국적 역사는 국경을 초월하는 현상과 주제를 통해 과거를 살펴보려는 시도라고 할 수 있다. 초국적 역사에서는 비정부기구와 기업 같은 비국가 행위자들non-national actors과 이를테면 문명과 인종 같은 실체들entities이 중대한 역할을 한다. 초국적 접근에서는 개인과 인간 집단이 우선 국가 공동체의 구성원으로서가 아니라 다른 신분(예를 들어 이주자, 여행자, 예술가, 선교사, 학생 등)으로서 역사에 참여한다. 이들 간에 이루어지는 상호작용은 각 나라가 국가적 목표를 달성하려고 서로 관계를 맺는 통상적인 '국제 관계'와 다르다. 이들은 또한 국가가 정해 놓은 영토 경계선을 넘나드는 자체 관계망을 만들고 가교를 놓는다. 따라서 초국적 관계는 개념상 국제 관계와 다르고, 초국적 사안은 국가적 사안과 구별된다.

이런 식의 초국적 역사는 오래전부터 존재해 왔다. 레반트와 동아시아를 잇는 고대 무역로인 실크로드를 통해 다양한 인종과 종교가 만나고 교류한 역사는 초국적 역사의 경이로운 예라 할 수 있다.[4] 그러나 근대 세계에서, 특히 18세기 이후에 국가가 유럽에서 시작해 점차 지구의 다른 지역에서도 인간 활동의 핵심 단위가 되었다. 개인, 심지어 비국가 행위자도 영토 국가와 얽히게 되었다. 그렇지만 19세기 내내 무엇보다 전신, 전화, 철도 그리고 더 신속한 기타 교통수단과 통신수단의 발달 같은 기술혁신 덕분에 초국적 관계가 전 세계에서 꾸준히 확립되어 나갔다. 경제에서는 세계시장이 출현했다. 그런데도 국민국가가 역사를 규정하는 결정적 역할을 맡아 왔다. 국가가 내부적으로, 그리고 다른 국가를 향해 어떻게 움직이는지를 통해 사람들이 살아가는 방식이 정해졌기 때문이다. 20세기 초에 초국적 세계가 형성되고 있었지만, 중앙집권적 국가가 등장하고 국가 간, 특히 '열강들' 간에 경쟁이 시작되면서 그 기세가 꺾이곤 했다.

따라서 제2차 세계대전 이후 세계사를 이해하는 방법의 하나는 국가 및 국제 상황이 어떻게 흘러갔는지와 그에 병행해 초국적 세력이 어떻게 발전해 갔는지를 살펴보는 것이다. 1900년 즈음에 등장하는 초국적 세계는 20세기 전반 세계사에 산재한 국내 및 국제 위기의 혼란에서 살아남았을까? 그 점과 관련해 2000년의 세계를 100년 전의 세계와 어떻게 비교할 수 있을까? 5부에서는 초국적 접촉 및 활동, 초국적 사고 같은 몇 가지 주제에 중점을 두고 세계의 초국화transnationalization를 추적하고, 21세기 첫 10년에 이르기까지 초국적 세계 발전에 진전이 있었는지와 그 발전이 어떻게 진행되었는지를 살펴보려고 한다.

사람들이 국경을 넘어 초국적으로 접촉하는 일은 당연히 평시와 전시를 불문하고 이루어진다. 1934년에 프랑스 철학을 공부하려고 파리로 간 젊은 일본인 유학생은 다른 나라에서뿐만 아니라 일본에서도 각양각색의 외국인과 마주쳤다. 일단 파리에 도착한 뒤, 이 일본인 유학생 부부와 아이들을 비롯한 다른 가족 구성원들은 이웃 사람, 동네 가게 주인, 하녀들뿐만 아니라 세계 각지에서 온 학생 및 연구자들과 매일같이 만나고 교류했다. 전쟁이 발발하자 일부 외국인 지인, 이를테면 미국에서 온 지인들은 점차 프랑스를 떠났지만, 새로운 사람들이 주로 독일에서 들어왔다. 가족 앨범과 편지로 초국적 접촉의 내용 및 양식의 변화를 추적해 볼 수 있다. 1945년 5월에 유럽에서 전쟁이 끝나자 초국적 접촉은 훨씬 제한되었다. 이전과 달리 이 일본인 외교관이나 그와 같은 부류의 사람들이 접촉한 대상은 미국에서든 유럽에서든 대부분 미국인이었다. 이와 같은 이야기는 전쟁 전과 전쟁 중에 전 세계적으로 이루어진 초국적 접촉을 통해 수백만 번 되풀이되었다. 이러한 상황을 정확하게 수치화하거나 전쟁이 끝난 후에 국경을 넘는 만남의 규모가 얼마나 확대되었는지 확실하게 말할 수는 없지만, 1945년 이후 나타난 몇 가지 추세와 특징을 제시할 수는 있다.

초국적 접촉은 초국적 활동을 창출해 내거나 그 일부가 되지 않는 한 그저 통계적 관심거리일 뿐이다. 서로 다른 나라에서 온 개인들끼리 마주치고 별다른 인상을 남기지 못할 수도 있다. 초국적 접촉은 이 개인들이 함께 어떤 일에 착수하기로 했을 때, 이를테면 대화를 나눈다거나, 음식을 같이 먹고 서로의 예술 작품을 감상한다거나, 같은 목적을 위해 조직을 결성할 때 비로소 의미가 생긴다. 역사상 가장 유명한 초국적 활동의 예로는 종교와 사상을 공유하고 확산시키려 한 시도들을 들 수 있다. 다시 일본인 외교관의 예로 돌아가면, 그의 양친은 20세기 초 일본에 온 미국 퀘이커 교도들을 접촉하고 '친우Friends', 즉 퀘이커 교도가 되었다. 물론 종교적 박해 및 타협의 역사는 길다. 그 속에서 개인과 다양한 종교 공동체가 힘을 합해 초교파적인ecumenical 환경을 조성한 적도 있지만, 서로 맞서서 심지어 폭력을 행사한 적도 있었다. 또한 유사 종교적이거나 세속적인 이념 운동도 이러한 초국적 활동 범주에 넣을 수 있을 것이다. 프랑스 혁명 이후 혁명 및 개혁 사상과 운동이 국경을 넘어 퍼져 나갔다. 미국인 역사가 로버트 로즈월 파머R. R. Palmer가 거의 반세기 전에 『민주혁명의 시대The Age of the Democratic Revolution』에서 보여 준 것처럼, 자유와 민주주의 사상에는 국경이 없었고, 정치가와 지식인들이 이를 적극적으로 고취해 준 덕분에 세계적이지는 않아도 대서양을 포괄하는 운동으로 발전할 수 있었다.[5] 19세기 중엽부터 사회주의와 마르크스주의가 초국적 이념으로 성장했고, 전향자converts 수백만 명이 학습 모임이나 소조직, 정치 정당 등을 조직해 새로운 '복음'을 퍼뜨렸다. 20세기에는 세계시민주의cosmopolitanism와 국제주의internationalism, 그리고 마침내 초국주의transnationalism가 세계 이념에 합류했다. 세계 이념은 고유한 안건과 추진력으로 작동하는 지지자들의 관계망을 창출했다.

이러한 종교나 이념 활동에는 대부분 정치적 차원이 깃들어 있어서, 그것들은 국가적 사안이자 국제 관계의 일부분이기도 했다. 국가는 종종 다른 사람들에게 자국의 종교나 사상을 따르게 함으로써 외국으로 지배력과 영향력을 확대해 나가려고 했다. 기독교 선교 활동은 19세기 열강들의 식민지 획득 및 통치와 떼려야 뗄 수 없는 관계를 맺었다. 문명 개념과 문명화 사명 같은 세속 이념이 제국주의의 핵심 토대가 되었다. 그러나 모든 종교 혹은 유사종교의 이념이 국가이익과 목표에 부합하지는 않았다. 국가의 권위가 미치는 범위 바깥에 남아서 때로는 개별 정부 정책에 영향력을 행사하려고 한 종교 및 세속 운동도 존재했다. 무정부주의 같은 일부 극단적 이데올로기 지지자들은 초국적인 사상과 행동이 명백하게 국가를 겨냥할 수도 있음을 보여 주었다. 하지만 초국적 종교나 이념 조직은 대개 공동 목표를 추구하고자 유엔 같은 정부 간 기구와 협력하곤 한다. 이와 같은 활동은 대부분 전통적인 각 나라의 역사와 국제 관계 체제 내에서 이해될 수 있다. 그러나 초국적 활동은 다양한 배경과 맥락 속에서 근대사를 통해 꾸준히 확대되어 나갔다. 따라서 국가 및 국제 문제의 테두리 밖에서 이루어진 발전에 주목하지 않으면 1945년 이후 세계사를 이해할 수 없을지도 모른다는 점을 항시 염두에 두어야 한다.

일부 활동은 개인적이든 집단적이든 더 자율적으로, 그리고 더 유연하게 초국적 관계를 이어 나가는 듯했다. 문학 및 미술 활동이 좋은 예라고 할 수 있다. 셰익스피어의 작품이 전 세계에서 읽히는 이유는 각국 정부가 수백만 명에게 강제하기 때문이 아니라, 사람들이 어디서나 17세기 영국의 극작가가 창조한 가상의 세계를 즐기고 공유하며 그로부터 영감을 받기 때문이다. 세익스피어의 희곡은 여러 언어로 무대에 올려지기 때문에 번역은 초국적 관계망을 조성하는 가장 중요한 수단 중 하나다. 영어가 모국어가 아닌 사람이 영어로 무엇인가를 읽는 일은 초국적 경험이다. 이는 초국적 공동체가 보통 말과 글을 통해 형성되고, 영어를 통해 그런 사례가 점점 더 늘어나고 있음을 시사한다. 실제로 중국인이 미국인이나 유럽인뿐 아니라 일본인과도 영어로 소통할 수 있고, 이 두 사람은 상대방의 언어를 배우기보다 영어를 배우기가 더 쉽다고 생각할 수 있다. 따라서 초국적 독자와 청중의 증가는 초국화의 진전을 나타내는 중요한 지표로 간주할 수 있다. 미술, 건축, 음악 및 기타 창작 활동에서도 마찬가지다. 국적에 상관없이 화가와 건축가, 음악가는 국경을 초월해 의미 있는 작품을 창조한다. 많은 나라 사람이 그림을 보고 음악을 들으러 다닐 뿐 아니라, 19세기 말부터 음악과 미술에서 초국적 영향력이 점점 더 커지고 협업도 점점 더 늘어났다. 프랑스인 지휘자가 미국 오케스트라와 독일 곡을 연주하고, 그 악단에 한국, 중국, 러시아를 비롯한 여러 나라에서 온 연주자가 많이 포함되어 있다면, 이러한 현상을 초국적이라고 보지 않을 수 없다. 학술 분야에서도 마찬가지다. 19세기 말 이후 역사와 문학, 미술, 음악의 연구는 점점 더 초국적이 되어 갔다. 이를테면 프랑스의 역사가들이 영국 역사에 관한 중요한 연구서를 발표하고, 미국 미술사가들이 르네상스 미술 연구에 학문적으로 이바지해 왔다.

그러나 초국적 활동은 초국적 정서를 불러일으키고 강화할까? 아니면 그러한 정서를 고양하는 데 별다른 영향을 미치지 못할까? 이것이 초국적 역사의 세 번째 측면으로, 초국적 사고나 초국적 의식이라고 부를 수 있다. 이는 사람들이 국경을 넘어 연결되어 있고 궁극적으로는 인류애를 나누고 있다는 의식, 다양한 정체성에 상관없이 실제로 서로 소통할 수 있다는 믿음을 말한다. 그러니까 과거를 살펴볼 때 초국적 현상과 초국적 주제에 초점을 맞춘다는 것은 특정한 시기에 세계가 더 초국적이 되었는지, 아니면 그 반대로 되었는지를 검토하는 것이다.

초국적 의식의 발달은 개인의 경험을 통해서도 살펴볼 수 있다. 예컨대 앞서 언급한 일본인 외교관과 지도 교수는 1930년대 파리에서 파스칼을 연구하면서, 철학이 그 기원이나 특성과 관계없이 국적을 초월해 의미가 있다는, 더 확대해서 말하면 학문에는 국경이 없다는 생각을 모범적으로 보여 주었다. 사실 소르본 대학의 몇몇 교수는 처음에 국외자outsider가 파스칼 같은 유럽 사상가의 정수를 결코 이해할 수 없다며 이 장래 외교관을 포기시키려고 했다. 그러나 편견이 덜한 교수도 있었다. 이들과 일본인 유학생 사이뿐만 아니라 확실히 17세기의 프랑스 철학자 파스칼과 이 20세기의 일본인 청년 사이에도 공통의 지적 세계가 형성되었다. 물론 그 무렵 서구에서는 학술적 초국주의가 상당히 발달해 있었다. 때때로 문화 민족주의cultural nationalism가 방해를 하곤 했지만, 학술 활동에서는 개인적 자질(지적 소양이나 학습 의지, 낯선 사고를 수용하는 능력)이 민족 정체성보다 중요하다는 생각을 바탕으로 국경을 초월하는 학술 교류 프로그램이 만들어졌다. 록펠러 재단(1909), 카네기 재단(1922), 포드 재단(1936) 같은 미국의 자선단체가 이른바 초국적 의식을 함양하기 위한 교육과 문화의 교류를 활발하게 추진했다. 나치가 권력을 장악하고 나서 외국인과 유대인을 독일 대학과 연구 기관에서 추방해 버린 예처럼 정치가 학술적 초국주의를 가로막자 추방당한 많은 사람이 더 개방적인 환경을 찾아 나섰다. 대표적으로 미국의 대학이 독일 출신의 망명 학자에게 선뜻 문을 열어 주었다. 지적 초국주의는 정치적인 반초국주의anti-transnationalism의 도전을 받았지만, 거기에 완전히 굴복하지 않았다.

마찬가지로 1940년에 파리를 뒤덮을 위기가 임박했음에도 오페라를 관람하러 간 일본인 외교관의 예는 음악의 장에서 초국적 의식을 전형적으로 보여 준다고 할 수 있다. 국가적·국제적 '현실'을 거스르는 공통의 음악 세계가 존재했다. 1945년에 일본인 외교관과 함께 대서양을 건넌 일본인 바이올리니스트처럼, 전쟁이 일어나기 전과 전쟁 중에 유럽에서 수학한 외국 음악가가 많았다. 이 경우 외국인 음악도들과 유럽인 스승들도 음악적 초국주의를 믿었다고 할 수 있다. 이들처럼 유대인을 포함한 독일 음악가 다수가 1930년대와 그 이후에도 계속 유럽에서 멀리 떨어진 곳에서 악단을 지휘하고 음악을 가르쳤다.[6] 이 음악가들은 예술(이 경우에는 음악)은 영원하지만, 정치는 일시적이고 덧없다는 생각을 공유했다. 이처럼 예술은 언제 어디서나 통한다는 견해는 나라마다, 그리고 문화마다 존재하는 고유한 음악 유산을 다른 사람들은 이해할 수도, 나눌 수도 없을뿐더러 그들에게 전해질 수도 없다는 편협한 생각과 대조를 이룬다. 많은 국가, 가장 끔찍하게는 나치 독일과 그 이론가들이 국위를 선양하고자 고유한 음악(그리고 회화와 영화 같은 다른 예술 형식)을 장려했다. 그러나 이러한 시도가 국가정책이나 국수주의적 선동과 무관하게 초국적으로 문화를 감상하려는 태도를 억누르지는 못했다. 얀니晏妮는 1930년대 중국의 일본 영화에 관한 연구에서 일본 감독이 중국에서 영화를 만들 때 분명히 외교정책의 영향을 받았지만, 그들을 도운 중국 영화인들과 열광적인 중국 관객들은 예술과 선동을 구별할 줄 알았고, 일본의 지배에 맹렬하게 저항하면서도 예술 활동을 위한 여지를 둘 줄도 알았음을 보여 주었다. 이 경우에도 예술적 초국주의가 정치적 우여곡절과 나란히 존재했지만, 결국 그것을 이겨 냈다.[7]

독일 역사학자 제시카 기노-헤히트Jessica Gienow-Hecht에 따르면, 초국주의의 매우 중요한 영역인 유럽 고전음악은 20세기로 접어들 무렵에야 미국에서 진지하게 대접받기 시작했다.[8] 그녀는 유럽과 북아메리카를 묶어 주는 공통의 감수성이나 공통의 정서가 존재했다고 보았다. 나머지 세계는 어떠했을까? 1920년대에 상하이에 거주하는 유럽인들이 관현악단을 창립하면서 서양 고전음악이 중국에 소개되기 시작했다. 그러나 처음에는 서구인만 연주를 들으러 갔다.[9] (중국인은 음악회장에 들어갈 수조차 없었다.) 일본에는 19세기 말 교육과정 및 군사훈련의 일부로 서구 음악이 들어왔고, 일본 여행객들은 서구 도시에서 음악회나 오페라를 관람하러 가기도 했다. 소설가 나가이 가후永井荷風[1]는 20세기 초에 처음으로 뉴욕 메트로폴리탄 오페라 극장에서 공연을 관람한 일본인 중 한 명이었고, 그에 관해 기록을 남기기도 했다. 나가이는 공연에 깊이 감동해 자기 나라에는 전 세계 청중의 관심을 끌, 그에 견줄 만한 것이 없다고 한탄했다.[10] 서양 고전 음악뿐 아니라 초대륙적(아프리카인과 아프

———— **1** 1879~1959. 청년기에 미국, 프랑스, 중국 등지에서 몸소 외국 문화를 접하고, 자연주의 문학에 영향을 받아 졸라의 『인간 짐승』을 번역하기도 했다. 국내에는 『묵동기담』, 『게다를 신고 어슬렁어슬렁』 등이 소개되었다.

리카계 미국인) 뿌리를 둔 재즈 음악도 1920년대에 외국에서 인기를 끌었다. 소련에서도 아프리카계 미국인 음악가들을 초청해 공연을 벌이곤 했다.[11] 전쟁이 음악적 초국주의의 발전을 가로막았는데도 음악적 초국주의는 결코 사라지지 않았다. 그 생생한 예로 독일군이 모스크바를 점령한 동안 드미트리 쇼스타코비치Dmitri Shostakovich의 「교향곡 7번」 악보가 밀반출되어 유럽 전역과 북미에서 연주된 사건을 들 수 있다. 리하르트 슈트라우스Richard Strauss의 오페라 「카프리치오Capriccio」[2]와 벤저민 브리튼Benjamin Britten의 오페라 「피터 그라임스Peter Grimes」[3]는 종전 무렵에 쓰여 무대에 올려졌다. 이 작품들은 민족주의 감정과 거의 또는 전혀 무관했지만, 보편적 주제로 전 세계 청중의 관심을 끌었다. 「카프리치오」는 음악과 문학의 섬세한 조화를, 「피터 그라임스」는 소외와 사회적 따돌림 문제를 다루었다. 슈트라우스는 정치적으로 나치즘과 명백하게 거리를 두지는 않았지만, 「카프리치오」의 여주인공이 예술은 온 세상을 위한 것이며 오페라에는 끝이 없다고 노래하는 장면을 통해, 세상만사가 그러하듯이 군사적 격돌은 곧 끝날 테지만, 예술은 영원히 살아남을 것이라는 초국적 메시지를 전쟁으로 황폐해진 세상에 전했다.

초국적 의식은 심지어 전쟁 중에도 문학을 통해 함양될 수 있다. 문학사가 폴 퍼셀Paul Fussell의 연구는 애국주의적 저술이 각광받는 와중에도 많은 미국 작가가 보편적 인류애의 언어로 이야기했음을 보여 준다.[12] 그에 반해 일본에서는 소설가와 시인 들이 국수주의적 입장을 견지하고, 아시아에서 서구를 몰아내는 일이 일본의 새로운 사명이라고 소리를 높였다. 미국 내 일본 문학 연구의 권위자인 도널드 킨Donald Keene은 일본 작가들의 언어가 편협하고 국수주의적이었으며, 많은 이가 세계시민주의를 서양에서 유입된 구식 문물로 여기며 의도적으로 배척했다고 기록했다.[13] 하지만 흥미롭게도 킨 자신을

_____ 2 슈트라우스의 마지막 오페라로 1942년에 초연되었다. 1930년대에 유대계 오스트리아 작가인 슈테판 츠바이크가 제공한 소재를 바탕으로 시와 음악 중 어느 것이 더 위대한지에 관한 논쟁을 다루고 있다.
_____ 3 1945년에 초연되었으며, 서픽 해안가 마을에 사는 어부 피터 그라임스가 마을 사람들과 갈등을 빚다 결국 파국을 맞게 되는 이야기를 그렸다.

포함한 많은 미국인이 전쟁을 겪으며 일본 전통문학의 진가를 알게 되었다. 역사가 로저 딩먼Roger Dingman은 몇몇 미국 해군이 일본인 전쟁 포로를 심문하는 과정에서 일본 문화에 호기심을 느껴, 전쟁이 끝나면 일본 문화를 더 깊이 연구해 보기로 했다는 점에 주목했다.[14] 이 또한 초국적 의식, 즉 어떤 문화유산은 전 세계적으로 가치가 있다는 관점을 보여 준다. 여건이 다르기는 했지만, 중국계 미국인 작가들이 출간한 문학작품도 그에 못지않게 초국적이었다. 아시아와 미국의 관계를 연구하는 인샤오황尹曉煌에 따르면, 1930년대까지 미국에서 몇 세대에 걸쳐 중국어와 영어로 글을 써 온 미국 내 중국계 작가들은 한결같이 중국인임을 자각하면서도 이른바 중국스러움Chineseness을 넘어서기 위해 애쓰기 시작했다. 중국계 미국인 작가들은 다른 미국 작가들의 문체와 문학적 실험에도 영향을 받았다. 그들은 자신의 작품이 중국적인 동시에 미국적이라고 생각하게 되었고, 이 글의 맥락에서 보면 초국적 문학이라 부를 수 있는 작품을 내놓으며 세계문학에 이바지했다.[15]

끝으로는 초국적 기억을 살펴보려 한다. 앞서 이야기한 일본인 외교관이 전쟁을 회상했을 때, 그의 사적인 기억은 일국적이면서 초국적이었다. 그는 세계 각지에서 온 친구나 지인들과 기억을 공유했다. 이러한 상황은 1940년대 초에 세계대전을 기억할 만한 나이였던 전 세계 사람 거의 모두에게 마찬가지였다. 직접적으로든 간접적으로든 전쟁에 관여한 사람마다 나름의 전쟁 기억을 간직하고 있을 터였다. 그런 기억은 대부분 전쟁터에 불려 나가 살해당하지 않으려고 적을 죽이고, 후방에서 무기를 생산하거나 가르치거나 국력을 증진하는 임무에 종사하며, 적군의 침공을 받아 자기 집이 파괴당하는 상황을 목도한 갖가지 이야기로 이루어진 국가적 드라마 안에 자리매김할 수 있었다. 전쟁 기억은 사람마다 다르지만, 동시에 국가적 기억을 형성한다.[16] 모든 미국인과 중국인 등 각 나라 국민이 공유하는 기억이 있고, 이런 국가적 기억은 역사 교육, 책, 역사 전시회 등을 통해 다음 세대로 전해진다.

그렇다면 초국적 기억이라고 할 만한 것도 있을까? 미국인과 독일인, 또는 중국인과 일본인이 함께 나눈 전쟁 기억이 있다고 말할 수 있을까? 또는 전쟁 기억이 아니더라도 수 세기를 거슬러 올라가거나 아니면 최근 경험, 예를 들어 테러리스트들이 미국에 폭탄 공격을 자행한 2001년 9·11 사건과 같은 과거를 공유하는 의식이 있을까? 어쨌든 기억은 역사의 본질적인 부분을 이루므로 초국적 역사를 연구하려면 이러한 질문을 던질 수밖에 없다. 일종의 초국적 기억을 공유하는지 물으려면 초국적 역사 연구에 관한 근본적인 방법론의 문제들을 다루어야 할 필요가 있다. 이에 관해 마틴 콘웨이Martin Conway와 키란 파텔Kiran Patel은 공동으로 편집한 『20세기의 유럽화 Europeanization in the Twentieth Century』에서 몇 가지 중요한 제안을 했다.[17] 두 편저자는 기고자들과 함께 적어도 유럽 차원에서 초국적인 "기억을 공유하는 공동체community of shared memory"라는 것이 존재하는지를 논의한다. 저자들은 유럽을 기억을 함께 나누는 공동체로 정의할 수 있다고 본다. 이 기억은 참혹한 전쟁에서 문화적 성취에 이르기까지 유럽인들이 기억하는 과거를 담고 있다. 긍정적이거나 부정적인 기록 모두 공통의 기억을 구성하고, 모든 유럽인은 그것을 자기 정체성의 핵심으로 "기억한다." 기억을 공유하는 다른 공동체도 존재할 수 있을까? 동아시아, 남아시아, 이슬람 중동, 아프리카, 남아메리카는 어떨까? 이렇게 지리적으로 구분되는 각 지역이 공통의 유산을 가진 지역을 이룰까? 그 점에서 북아메리카와 유럽도 역사적 기억을 공유한다고 말할 수 있을까? 태평양에 국경이 맞닿아 있는 모든 나라와 지역이 공통으로 물려받은 태평양의 유산Pacific legacy이 존재할까? 또는 지리에서 벗어나 인종이나 종교 또는 문명도 기억을 공유할 수 있을까? 예를 들어 서구 문명을 하나의 기억 공동체라고 정의할 수 있다면, 다른 문명은 어떨까?

이런 질문은 궁극적으로 전 세계가 공유하는 기억, 또는 인류 공통의 유산에 관한 질문으로 이어진다. 모든 사람이 자기를 거주지나 국적, 종교, 인종에 상관없이 기억을 공유하는 공동체의 구성원이라고 생각할 수 있을까? 지구사global history, 요컨대 전 지구적인 세계사global world history, 즉 전 세계가 함께 나눈 발전에 질문의 초점을 맞추는 세계사 같은 것이 있을까?

제2차 세계대전을 겪은 세대는 국경이나 여타 경계를 초월해 공유하는 기억이 있다고 볼 수 있다. 물론 전 세계적 격돌이 종식된 지 거의 70년이나 지난 오늘날에도 제2차 세계대전은 특정 국가 차원에서 기억되곤 한다. 개인

————마케도니아의 스코페 홀로코스트 기념관 내부, 2011년. 스코페를 비롯해 세계 각지에 세워진 홀로코스트 기념관은 인류의 비극이 어떻게 세계적으로 공유되는지를 보여 준다. (Wikimedia Commons, ⓒ Rašo)

적 기억은 국가적 기억의 일부로 의미를 부여받는다. 그런데도 제2차 세계대전을 기억하는 행위는 국경을 초월해 이루어진다는 바로 그 점 때문에 초국적 경험이 된다. 더 구체적으로는, 나라가 다르더라도 각 세대가 전쟁을 기억하는 나름의 방식이 존재할 수 있다. 1925년 이전이나 그 무렵에 태어난 사람들은 전쟁에 직접 참여할 수 있는 나이여서 이 연배 남성 중 절반이 전투에 참여했고, 여성들은 후방에서 전쟁을 겪었다. 이제 90대에 들어선 이 세대는 어디에 살든 전시 체험을 인생의 결정적 순간으로 기억하는 듯하다. 그에 반해 1925년에서 1940년 사이에 출생한 대다수는 연장자들과 상당히 다르게 전쟁을 기억하는 듯 보인다. 따라서 세계적으로 공유되는 세대 기억이라는 것이 존재한다고 볼 수 있다. 전후 세대 또한 초국적 기억을 만들어 나가고 있는지는 앞으로 이 글 곳곳에서 살펴보려고 한다. 그러나 어떤 세대에 속하든, 각 개인이 국적이나 나이, 기타 신원에 상관없이 과거를 이해하려는 노력과 함께한다면 초국적 기억이 존재할 수 있을 것이다. 일리노이주에 있는 중학교 교사가 학생들에게 트루먼 대통령이 일본에 원자폭탄을 투하하기로 한 결정이 어떻게 내려졌는지, 그리고 그가 원자폭탄을 투하하지 말았어야 했는지를 토론하게 한다면 교사와 학생들은 기억을 공유하는 일에 참여하는 것이다. 이런 활동에는 국경을 비롯해 어떠한 경계도 없다. 존 애덤스John Adams가 작곡하고 피터 셸러스Peter Sellars가 대본을 쓴 오페라 『원자폭탄 박사*Dr. Atomic*』[4]에는 로버트 오펜하이머J. Robert Oppenheimer로 분한 가수가 뉴멕시코에서 원자폭탄이 처음으로 폭발하기 몇 초 전에 "더는 분도, 초도 없어! 시간은 사라지고 이제 영원이 지배하는 거야."라고 노래하는 장면이 나온다. 애덤스와 셸러스는 이 장면을 통해 모든 나라 사람이 핵 시대atomic age의 도래에 관해 깊이 생각하게 했다.[18] 이렇게 역사적 기억은 초국적으로 공유되는 중이다.

　제2차 세계대전 이후 초국주의가 경험을 통해 사고나 태도로 어떻게 발전해 왔는지를 살펴보는 일이 이 글의 주요 골자가 될 것이다. 여기서는 더 전통적인 '세계시민주의'나 '국제주의'보다 '초국주의'라는 용어를 사용하려고 한다. 세계주의와 국제주의도 초국주의 못지않게 유효한 개념이지만, 덜 초국적인 시대에 더 적합해 보인다. 국제주의는 국가 간 협조를 통해 국가들 사이의 협력을 조성하려는 생각으로 볼 수 있고, 세계시민주의는 보통 다른 국가전통을 인정하려고 하는 교양 있는 엘리트층의 심리 상태를 가리킨다. 그에반해 이념으로서의 초국주의는 많은 나라에서 민간인과 비국가 행위자가 서로를 향해 다리를 놓고 공동 활동에 참여하려는 노력을 지탱한다. 초국주의는 현재뿐만이 아니라, 역사 발전을 국경을 초월하는 현상과 공통의 관심사, 전 세계 인류의 관점에서 이해하려는 시도를 반영하고 강화한다.

―――　4　1945년 로스앨러모스에서 이루어진 최초의 핵실험에 참여한 과학자들의 긴장과 불안을 다룬 작품으로 2005년에 샌프란시스코에서 초연되었다.

1   전후 초국주의

다시 제2차 세계대전의 기억이 국경을 넘어 공유되었는지를 묻는 문제로 초국적 전후사戰後史에 관한 고찰을 시작해 보려 한다. 제2차 세계대전에 관한 책과 논문이 계속해서 나오는 중이고, 그 절대다수는 교전국 중 한 나라에 초점을 맞추고 있다. 그러나 동시에 전쟁 경험을 도덕적 딜레마와 비극적 결과가 국경을 초월한, 전 세계 인류의 사건으로 보려는 시도도 이루어졌다.[19] 전쟁을 초국적으로 바라보는 시각은 1945년 이후 역사의 중요한 일면이다. 전쟁이 끝난 직후, 특히 전쟁범죄를 재판하는 동안 각 나라의 기억이 서로 대립했던 것이 사실이다. 독일과 일본의 군 지휘관과 정치 지도자들이 법정에 불려 나오자, 양측에서는 뚜렷하게 대비되는 전쟁 전과 전쟁 동안의 역사를 제시했다. 승전국을 대변하는 검사들은 독일과 일본 그리고 그 동맹국이 세계를 지배하려는 음모에 가담한 과거를 보여 주려고 했다. 반면에 피고 측 변호인은 상이한 역사적 기억을 바탕으로 그것을 반박했다. 독일의 기억은 부당한 베르사유 평화협정으로, 일본의 기억은 그보다 더 오래전 서구 열강이 아시아 정복을 개시한 시점으로 떠올려지는 19세기까지 거슬러 올라갔다. 아울러 국제법에 관한 해석도 서로 달랐다. 예를 들어 미국과 연합국 측에서는 1925년에 체결된 제네바 의정서Geneva Protocol[5]와 1928년에 체결된 파리조약[6]뿐 아니라 그보다 앞선 1899년과 1907년의 헤이그 협약Hague conventions[7]을 근거로 독일과 일본을 (전쟁 포로 학대와 같은) 전쟁범죄와 반反평화 범죄 혐의로 기소했다. 반면에 피고 측 변호인들은 같은 법을 근거로, 기소한 나라들도 전략적 폭격을 감행해 비무장 민간인을 살상했으므로 마찬가지로 국제법을 위반했다고 주장했다. 의견 차이뿐만 아니라, 양측은 상충하는 과거의 기억을 대변했다. 결국 한쪽이 내세운 기억이 거부되고 전범들은 처벌받았지만, 서로 대립하는 기억은 계속 남았다. 게다가 연합국 사이에서도 금세 뚜렷하게 엇갈리는 전쟁 기억이 형성되기 시작했다. 예를 들어 미국인과 러시아인은 어떻게 승리를 쟁취했는지에 관해 서로 다른 해석을 내놓았다. 나라별 기억이 사라지지 않고 역사교육과 국립박물관을 비롯한 여러 매개체를 통해 계속 보존되었다.

그러나 동시에 전쟁의 즉각적인 여파로 국경을 초월해 무수히 많은 경험이 공유되었다. 결국 승전국민, 패전국민 할 것 없이 모두 그 경험을 비슷하게 기억하게 되었다. 유대인이라는 이유로 강제수용소에 끌려가 목숨을 잃을지도 모르는 상황에서 암스테르담의 은신처로 피신한 안네 프랑크Anne Frank의 이야기를 예로 들어 보자. 안네 프랑크의 기억은 그녀의 일기가 전쟁 직후에 번역되어 전쟁 세대뿐 아니라 후속 세대 수십만 명에게 읽히면서 널리 공유되었다. 마찬가지로 빅토어 프랑클Viktor Frankl이 1950년대 초에 나치 강제수용소에서 겪은 경험을 책으로 출간해, 수용소에서 무슨 일이 일어났는지 세계적으로 관심을 불러일으키는 데 기여했다.(일본어 번역본은 1956년 출간 직후부터 베스트셀러가 되어 두 달 만에 12쇄를 찍었다고 전해진다.[20]) 1960년대 이전부터 나치 독일, 특히 유대인 박해에 관한 책이 다수 출간되기 시작했던 점으로 미루

_____ 5 질식가스나 독가스 같은 화학무기와 박테리아 등을 이용한 생물학무기의 전시 사용을 금지한 다자간 협약.

_____ 6 미국 국무 장관 프랭크 켈로그Frank Kellogg와 프랑스 외무 장관 아리스티드 브리앙Aristide Briand이 주축이 되어 체결한 다자간 조약으로 켈로그-브리앙 조약이라고도 불린다. 조약에 서명한 국가들은 전쟁을 국가정책의 도구로 삼지 않겠다고 선언했다. 그러나 실제적 방안의 미비로 조약 서명국인 독일, 이탈리아, 일본의 전쟁 도발을 막지 못했다.

_____ 7 헤이그에서 열린 두 차례의 만국평화회의에 이어 체결된 국제조약으로 전쟁과 전쟁범죄, 전쟁 포로 등에 관한 규정을 담고 있다.

어 보아, 이른바 제2차 세계대전에 관한 초국적 기억이 전범 재판 같은 정치적 사건과 별도로 이미 형성 중이었다고 볼 수 있다. 태평양전쟁 지역으로 말하자면, 1931년부터 14년간 이어진 전쟁의 기억을 초국적으로 공유하게 되기까지 훨씬 더 많은 시간이 걸렸다. 아시아 지역에는 안네 프랑크나 빅토어 프랑클의 책처럼 국경을 초월해 공유된 것이 없었다. 그래서 앞으로 살펴보겠지만 기억 공동체를 만들어 내는 데 실패했고, 오늘날에도 아시아에서는 유럽 연합 같은 기구 설립을 기대하기 어려운 형편이다. 일본이 진주만을 공격하면서 제2차 세계대전이 태평양전쟁 국면에 돌입하자마자 미국인들 사이에는 수 세대 동안 이어질 공동 기억이 생성되었다. 머지않아 미국과 일본의 참전 용사들이 모여 그 사건을 함께 기념하기 시작했지만, 일본에서는 그에 걸맞은 기억을 일깨우지 못했다.[21] 태평양전쟁의 결정적 사건인 원자폭탄 투하와 관련하여 처음에는 그 비밀 병기에 관한 정보가 공유된 것이든 아니든 거의 없었다. 물론 미국인과 일본인뿐 아니라 전 세계인이 원자폭탄이 도시와 인간에게 미치는 영향을 알고 싶어 했지만, 초기에는 미국 점령 당국이 민간인의 피해자 인터뷰를 허용하지 않았다. 그러나 1947년에 미국에서 존 허시John Hersey가 『1945 히로시마Hiroshima』를 출간하자 상황이 달라지기 시작했다.(『1945 히로시마』는 1946년 8월에 《뉴요커》 기사로 먼저 발표되었다.[22]) 허시는 가장 먼저 히로시마를 찾은 사람 중 한 명으로 그의 보도 덕분에 핵전쟁이 거의 하룻밤 사이 전 세계적인 사안으로 주목받았다. 그에 따라 제2차 세계대전이 끝난 지 10년도 지나지 않아 핵무기 확산에 반대하는 강력한 초국적 운동이 벌어지기 시작했다. 핵무기에 대한 경각심이 제2차 세계대전에서 맞붙어 싸운 양 진영 모두에서 커지면서, 인간성을 회복하려는 의지를 다시 세우는 강력한 도구가 되었다.

미국과 소련, 영국, 프랑스, 중국 같은 승전국의 독일, 오스트리아, 일본 점령에서도 비슷한 상황을 엿볼 수 있다. 적어도 서유럽과 일본에 관한 한 공통의 점령기 기억이 존재하는 듯해 보인다. 이 기간에 피점령국 주민이 미국, 영국, 프랑스 등 점령국 주민과 접촉하면서 양편 모두 과거보다 서로를 훨씬 더 잘 알게 되었다. 그러나 독일인과 러시아인은 달랐다. 역사가 노먼 네이마

———1945년 8월 6일, 히로시마에 투하된 원자폭탄은 일본의 항복을 끌어냈을 뿐 아니라 핵 시대의 개막을 알렸다. (Wikimedia Commons)

크Norman Naimark가 『독일의 러시아인Russians in Germany』에서 보여 준 바에 따르면, 러시아 점령 구역은 공통의 기억, 더군다나 초국적 인류애 의식이 형성되기에 좋은 환경이 아니었다.[23] 하지만 여기서도 동독, 폴란드, 헝가리 등지의 같은 세대가 막 겪고 난 전쟁과 마찬가지로 러시아 점령기의 경험을 공유했다는 사실에는 변함이 없다.

　　미국의 일본 점령을 자세히 살펴봄으로써 점령 경험이 어떻게 초국적 의식을 불러일으켰는지 알아볼 수 있을 것이다. 군사 점령을 통한 초국적·초문화적 접촉은 일본에서 특히 두드러졌는데, 일본을 점령한 병력은 대다수가 미군이었다. 일본에 온 미국 선교사와 미국으로 간 일본인 이민자를 빼면 전쟁 전에 일본인과 미국인이 직접 접촉하는 경우는 거의 없었다. 그러나 이런 상황은 1945년 8월 미군 점령 인력이 일본에 도착하자마자 그야말로 하룻밤 사이에 급변했다. 9월 2일 도쿄만에 정박한 전함 미주리Missouri호에서 항복 의식이 치러지고 나서 일본 어디서나 미군 병사들을 쉽게 볼 수 있게 되었다. 물론 미군이 맡은 주요 임무는 평화와 질서의 보장이었지만, 점령인과 피점령 인은 그 밖의 많은 부문에서도 긴밀하게 접촉했다. 독일에서처럼 여성들이 종 종 이 두 집단을 이어 주곤 했다. 역사학자 나오코 시부사와Naoko Shibusawa가 보여 주었듯, 미군은 아주 초기부터 일본 여성과 대부분 매춘을 통해 관계를 맺었지만, 시간이 지나면서 다른 형태의 제휴도 늘어 갔다.[24] 일본인과 미군의 제휴에서는 전후 개혁이 가장 중요했다. 더글러스 맥아더 장군이 이끄는 미 군 점령 당국은 일본을 개조하려는 의지가 확고해, 군국주의적이고 권위주의 적인 과거를 청산하고 일본을 현대적인 민주주의 체제로 전환하려고 했다. 맥 아더의 참모진 중에는 뉴딜 기간에 활동하거나 미국의 사회적·경제적 변화에 참여한 장교가 다수 있었다. 그들은 일본을 변화시키는 데 힘이 되려 했고, 그 과정에서 그들과 노고를 함께할 많은 일본인 남성과 여성을 만나게 되었 다. 점령군과 피점령민 모두 일본이 1930년대에 침략 전쟁에 나서기 전까지는 민주주의와 평화의 전망이 밝았다고 본 점에서 1920년대의 '기억'을 공유했다 고 볼 수 있다.[25] 일본 여성은 참정권을 행사할 수 없는 데다 남편과 시부모를 따라야 하는 전통적인 정서에서 자란 만큼 여성의 권리는 매우 중요한 쟁점 이었다. 새 헌법이 양성평등을 보장하면서, 일본 여성은 곧 대중문화 및 교육 분야뿐 아니라 정치 무대에서도 활동하기 시작했다. 미국인들은 다양한 활동 을 하는 일본 여성과 알고 지내면서 집단적으로 일본에 대해 다른 인상을 받 게 되었다. 이는 독일에서 이루어진 진전에 견줄 만한 정도였다.

이 모두는 여전히 미국과 연합국의 일본 점령이라는 지정학적 현상의 일 면으로 간주할 수 있다. 전후 일본에서 형성된 초국적 관계는 결코 동등한 사 람들 간의 관계가 아니었다. 그런데도 점령인과 피점령민은 전쟁 전과는 결 코 비교할 수 없을 정도로 서로를 알게 되었다. 일부에서는 초국적 연계를 발 전시켜 전후 시대의 기억을 공유하는 토대로 삼았다. 많은 미국인 점령 요원 이 가부키와 노 같은 일본 전통극에 매료되어 이를 적극적으로 서구 관객에 게 소개했다. 일본의 근대문학 작품을 번역해 세계문학의 반열에 들게 한 사람도 있었다. 육군과 해군의 많은 장교가 나중에 미국으로 돌아가서 서구에서 일본학이 본격적으로 입지를 다지는 데 공헌했다. 이는 일본 점령 공식 지침에서 예상하지 못한 상황이었고, 제2차 세계대전으로 생겨난 초국적 교류의 중요한 특징으로 볼 수 있다.

일본의 미국 문화 수용에 관해서도 똑같은 이야기를 할 수 있다. 야구와 한정된 편수의 할리우드 영화, 프랭크 로이드 라이트Frank Lloyd Wright 같은 미국 건축가가 설계한 주옥 같은 건축물을 제외하면, 전쟁 전 평범한 일본인이 아는 미국에 관한 지식은 극도로 제한적이었다. 그러나 이제 학교에서 민주주의를 가르치기 시작하고, 영어 교과서에는 미국식 생활이 등장했다. 학자들은 뒤늦게나마 미국의 역사와 정치를 연구하기 시작했고, 일반 시민들은 미국 음식을 접하게 되었다. 전쟁 직후 일본을 위태롭게 한 기근을 막으려는 맥아더의 결단 덕분에 캔에 담긴 콘비프 같은 미국 식료품이 처음으로 일본인의 식생활에 들어왔다. 일본인의 미국 식품 애호는 독일과 오스트리아에서 나타난 유사한 현상과 마찬가지로 애초에는 점령 정책의 산물이었지만, 점령이 끝난 뒤에도 이 현상은 이어졌고 점점 더 확산해 갔다. 아마도 일본인이 미국 사회와 미국 문화에 익숙해지는 데는 할리우드 영화가 더 유용했을 것이다. 역사가 히로시 기타무라Hiroshi Kitamura는 『영화로 계몽하기Screening Enlightenment』를 통해 전후 일본에서 상영된 영화를 선택한 배후에는 명백하게 정치적 목적이 있었으며, 일본 지도자들도 개혁 임무를 더 수월하게 하려고 할리우드 영화를 활용하려 했음을 보여 주었다.[26] 그러나 할리우드 영화를 보러 간 일본 관객들이 미국식 가정생활과 음식, 의복을 비롯해 장차 세계 어디서나 꿈꾸는 풍요로운 삶의 모델이 될 미국 중산층 생활의 제반 면모를 잘 살펴볼 수 있었다는 점에도 주목해야 한다.

미국 점령 요원 대부분과 일본에서 점령을 경험한 사람들이 속한 세대에게는 오늘날에도 여전히 생생한 기억이 형성되었다. 바로 그들이 미일 관계를 이해하기 시작한 시점이 전쟁 직후부터였다는 인식이다. 그러한 기억 형성은 초국적 의식의 가장 중요한 측면이다. 점령과 관련된 사람들이 다음 세대에게 기억을 물려주는 한, 전후 세대가 현대사를 어떻게 이해할지는 많은 부분이 그러한 기억의 전수에 좌우될 것이다. 미국과 일본, 더 나아가 다른 곳에서 1945년 이후 세대는 윗세대의 초국적 경험을 어떻게 보고 반응할까? 그들은 윗세대의 기억을 공유할까? 아니면 가까운 과거를 그 나름의 방식으로 이해할까? 이는 앞으로 살펴보아야 할 매우 중요한 질문이다.

공통 경험으로서의 이주

국제 이주의 경험과 기억도 전쟁 직후의 초국적 의식에 중요하게 작용했다. 전쟁 직후는 수백만 명에게 국경을 대개는 여러 번 넘어, 마침내 새로운 터전에 정착하거나 고향으로 돌아간 시기로 떠올려진다. 그런 이동은 당연히 초국적 개인을 만들어 냈지만, 그들이 이주 경험을 긍정적으로 기억하는지는 사람마다, 그리고 상황에 따라 다르다. 하지만 전후 이주의 역사는 세계적으로 공유되는 기억의 중요한 부분을 구성한다.

제2차 세계대전이 끝날 무렵에 전 세계 인구는 약 20억 명이었고, 그중 0.5퍼센트를 조금 넘는 1100만여 명이 고국을 떠나 있었다.[27] 눈에 띄는 점은 이런 사람들, 즉 광범위한 의미의 이주민 수가 줄어들지 않고 오히려 1945년 이후 급격하게 늘어난 사실이다. 제2차 세계대전은 전례 없이 막대한 군 사상자와 민간인 사상자를 초래했기 때문에 전쟁으로 가족을 잃은 사람이 엄청나게 많았다. 그중에는 새로운 터전을 찾아 이주민 대열에 합류한 가족도 있었다. 게다가 세계 곳곳에서 전쟁 종식과 함께 반反식민 세력이 전쟁 전의 제국주의 체제로 되돌아가지 못하도록 식민 세력을 막으면서 제국 내부에서 충돌이 벌어지기 시작했다. 그런 지역에서는 폭력이 수그러들지 않았고, 그 과정에서 거대한 이주자 대열이 형성되었다. 대체로 1945년 이후 몇 년 동안은 국제 이주가 특이하게 활발했던 시기였다고 할 수 있다. 이주는 당연히 멈추지 않고 오늘날에도 계속되고 있지만, 전쟁 직후에는 이주민 대다수가 원치 않는 난민이었다는 점에서 이례적인 상황이었다. 반면에 1960년대 이후에는 이주가 점점 더 세계적인 경제 기회와 연관되었다.

이러한 맥락에서 중요한 질문은 이주를 어느 정도까지 전후 세계의 중요한 부분을 이루는 공통 경험으로 간주할지다. 유대 민족의 경험이 공통 경험의 일례로 광범위하게 받아들여지고 있는 듯 보인다. 유대인은 가장 초국적인 민족 공동체를 이루고 있었다. 그러므로 그들이 나치 치하 강제수용소에서 죽음을 기다리며 초국성transnationality을 확인받은 상황은 잔인한 운명의 장난이었다. 그 과정에서 유대인들은 독일인, 프랑스인, 폴란드인을 비롯해 여러 나라 사람과 마주쳤지만, 대개는 서로 이해하지 못하는 참담한 상황이었다. 이런 상황은 전쟁의 마지막 몇 달 동안 유대인들이 다른 수감자들과 함께 수용소에서 나와 알 수 없는 목적지로 끌려가는 동안 더욱 확연해졌다. 이들은 연합군에 의해 풀려나서는 안 되었기 때문에, 히틀러의 명령에 따라 대부분 아직 정해지지 않은 새로운 목적지로 이송되었다. 이송자들은 '죽음의 행군' 과정에서 독일 시민을 비롯해 많은 사람과 마주치며, 그들이 던지는 조롱과 폭언, 심지어 폭력을 감수해야 했다. 죽음의 행군에 끌려 나온 사람 중에 무시할 수 없는 규모의 비유대인 소수 집단도 포함되어 있었다는 사실 때문에 죽음의 행군은 훨씬 더 비극적인 초국적 현상이 되었다.[28] 홀로코스트 희생자와 다른 절멸 대상자 중에는 로마Roma, 즉 '집시'뿐 아니라 공산주의자, 동성애자, 정신 질환자가 들어 있었다는 사실을 기억해야 한다. 그리고 이들도 모두 초국적 인간으로 간주할 수 있다.

이렇게 비극적인 상황에서 살아남은 생존자들이 목소리를 내고 그들의 경험이 전 세계에 알려지면서, 공통의 인류 의식이 싹트기 시작했다. 유대인과 다른 희생자들에게 가해진 행위를 지칭하려고 '집단살해genocide'라는 용어가 사용되기 시작했다. 그 밑바탕에는 희생자들에게 가해진 행위가 인간성을 부정하는 행위라는 전제가 깔려 있었다. 다시 말해 유대인을 비롯한 희생자들에게 가해진 범죄는 세계 인구의 일부를 인간 존재로 인정하기를 거부한 행동이었다. 역사가 브루스 머즐리시Bruce Mazlish가 밝혔듯이 '반反인류 범죄crime against humanity'라는 용어는 제1차 세계대전 중에 일어난, 터키에 거주하는 수십만에 이르는 아르메니아인 학살에 처음으로 사용되었다.[29] 나치가 유대인에게 자행한 잔혹 행위를 기소한 뉘른베르크 재판에서도 '반인류 범죄'라는 용어가 채택되었다. 유엔이 1948년에 반포한 세계인권선언은 초국적 인류라는 개념을 확립하는 마지막 단계였다. 따라서 유대인을 비롯한 희생자들이 겪은 고난이 각 나라의 국민과 민족의 기억을 넘어서는 초국적 기억이라는 새로운 의식을 불러일으켰음이 분명하다.

아울러 나치가 집권한 뒤 독일과 유럽 각지를 떠난 수많은 유대인의 독특한 초국적 경험이 모여 전후 기억을 구성하는 중요한 요소가 되었다. 이들 중 일부는 1933년에 히틀러가 집권하자 팔레스타인 등지로 떠났다. 여전히 남았던 사람들도 1938년 11월 (나치의 선전에서는 수정의 밤이라 불리는) 유대인 대학살의 밤이 지난 뒤 유럽을 떠날 수밖에 없었다. 이들의 목적지는 영국에서 미국, 아르헨티나에서 만주에 이르기까지 광범위했다. 그러나 유대인의 이주 전체는 다양한 국적과 민족을 망라한 모든 이주자의 경험을 통틀은 대서사saga의 일부였다. 예를 들어 에스토니아인과 라트비아인, 리투아니아인은 제2차 세계대전 동안 소련과 독일에 차례로 점령당하고, 전쟁이 끝난 뒤에는 다시 러시아인의 지배를 받게 되면서 유럽을 떠나 다른 지역에 정착했다. 그리고 전쟁이 끝나고 폴란드에 귀속된 슐레지엔 등지에 살던 독일인들의 예도 있다. 독일인 1000만 명가량이 그 과정에서 집을 잃고 연합국이 전쟁 후에 새로 규정한 독일 영토로 송환되었다. 이들은 전시와 전후에 이주민으로 초국적 정체성을 공유한, 현대 세계사의 중요한 주제를 대표하는 전형적인 예다. 유럽에 비해 적은 수였지만, 해외에 거주하던 일본인 수십만 명도 아시아 대륙에 주둔한 200만에 달하는 일본군 병사와 함께 전쟁이 끝난 후 네 개의 주요 섬으로 축소된 일본 본토로 되돌아가야 했다. 많은 사람이 긴 귀향 여정 도중에 사망했고, 이들이 남긴 아이들은 중국인 가족에게 맡겨지거나 팔려갔다.[30] 이러한 일본인의 경험은 유럽 이주민의 경험과 크게 다르지 않았다.

아시아와 중동, 아프리카에서 진행된 탈식민화와 국가 건설에 수반된 이주 물결에 초점을 맞추면 공통 기억의 구성이 더욱 복잡해질 수 있다. 동남아시아의 유럽 식민지에서는 지역 공동체와 그 지도자들이 전쟁 전 상황으로 되돌아가지 않으려고 반反식민 운동을 조직했다. 프랑스령 인도차이나, 네덜란드령 동인도제도, 영국령 말레이반도에서 식민 세력과 피식민 주민 간에 폭력 충돌이 발생해 여러 해 동안 이어졌고, 대개 유럽인의 본토 귀환으로 끝이 났다. 식민지 독립 운동에 나선 사람들이 내건 가장 중요한 이념은 민족주의였다. 민족주의는 겉으로는 초국주의의 반대처럼 보인다. 그러나 인도 역사가 수가타 보스Sugata Bose 등이 주장하듯, 적어도 남아시아에서는 반식민 민족주의를 세계시민주의의 틀 안에서 이해할 수도 있다.[31] "반식민 시대에 민족주의가 저항의 주요한 정치적 목표라면, 세계시민주의는 주요한 윤리적 목표이다. 그리고 이 둘은 함께 작동한다."[32] 모한다스 간디, 자와할랄 네루, 무함마드 알리 진나 같은 반식민 운동 지도자들은 보편적 원칙을 대변한다고 자처했다. 따라서 그들이 국가 독립을 위해 투쟁하는 동안 그들의 민족주의는 초국주의와 공존했을 뿐 아니라, 전쟁이 끝나고 등장한 세계 질서의 중요한 부분을 구성했다.

역설적이게도 토착 주민들은 성공적으로 해방을 쟁취하고 독립국가를 세우고 나서 식민 열강들과 마찬가지로 협치 문제를 겪었다. 예를 들어 영토의 경계를 정하고 복잡하게 얽힌 민족 공동체들을 관리하며 교육과 복지를 제공하는 문제 등이 즐비했다. 제1차 세계대전이 끝나고, 새로운 국가들(터키, 유고슬라비아, 체코슬로바키아 등)이 비슷한 문제와 씨름하는 과정에서 수백만 명의 송환자와 무국적자가 발생했다. 마찬가지로 1945년 이후 이주자가 급증하면서 많은 사람이 자기 터전에서 쫓겨나 결국 난민 수용소로 향하게 되었다. 심지어 국제적이라고 여겨지던 남아시아에서조차, 1947년에 영국 제국에서 세 개의 신생국가(인도, 파키스탄, 실론)가 탄생하면서 서로 국경을 인정하지 않았다. 설상가상으로 인도와 파키스탄은 불확실한 경계 내에서 또 민족 집단에 따라 갈라졌다. 인도는 힌두교도와 불교도가 주를 이루는 나라임을 자처했지만, 파키스탄은 이슬람 국가로 세워졌다. 따라서 무슬림 수백만 명이 인도 영토에서 파키스탄에 속한 지역으로 이동하고 힌두교도와 불교도는 그 반대 방향으로 움직였다. 약 1790만 명이 원래 거주지를 떠나야 했고, 그중 1450만 명이 결국 새로 세워진 나라 중 한 곳에 정착했다. 이는 340만 명 이상이 이주 도중에 사망하거나 실종되었음을 뜻한다. 다른 종교 집단들, 예를 들어 시크교도와 기독교도는 대부분 새로운 인도에서 살고 싶어 했다. 제1차 세계대전이 끝나고, 터키와 그리스 사이에서 이루어진 민족 이동을 떠올리게 하는 남아시아인의 재정착 과정에서 수많은 사람이 수세대 동안 살아온 터전에서 내몰렸다. 그러나 남아시아의 상황은 불분명한 국경 때문에 훨씬 더 심각했다. 게다가 파키스탄에서 다수를 차지한 무슬림 사이에서도 벵골 지역 무슬림이 파키스탄에서 떨어져 나와 독립국가를 세우려고 들썩였다. 그 와중에 불교도가 다수를 이루는 실론에서는 인구의 거의 20퍼센트를 차지하는 힌두교도 타밀인이 마찬가지로 민족자결 원칙을 따르려 했다. 다수파에 지배당하고 싶어 하지 않던 많은 타밀인이 바다를 건너 인도 남부로 옮겨 갔다. 이런 상황에서 남아시아에서 기억을 공유하는 공동체가 형성되기는 어려워 보였다. 하지만 이러한 문제 모두 1945년 이후 역사를 구성하는 요소였으므로 남아시아인의 경험에도 초국적인 부분이 존재했다. 다시 말해 이 같은 상황은 남아시아에서만 벌어지지 않았고, 다른 곳에서도 유사한 상황이 전개되었다. 민족주의적 적대감도 이를테면 초국적이 되어 갔다. 이와 같은 상황에서 장래에 포괄적인 초국적 관점이 형성될 수 있을지는 지켜보아야 했다.

그러한 점에서 팔레스타인에서는 기억 문제가 훨씬 더 심각했다. 물론 이스라엘의 탄생과 그 뒤에 벌어진 이스라엘인과 팔레스타인 아랍인 간의 투쟁은 1945년 이후의 국제사와 중동 역사에서 핵심적 사건이다. 그러나 우리는 이러한 상황을 과거 공유의 모색이라는 틀에서 살펴볼 수도 있다. 유대인과 아랍인 모두 수 세기를 거슬러 올라가는 긴 역사의식을 가졌지만, 불행하게도 최근의 과거에 관한 이해는 그다지 초국적이지 않았다. 전쟁 전에 팔레스타인에 거주하던 유대인은 40만 명이 채 안 되었다. 하지만 1948년에 새로운 이스라엘 국가가 선포될 즈음에는 65만 명으로 증가해 현대에 가장 주목할 만한 초국적 인구 이동으로 떠올랐다. 그와 대조적으로 팔레스타인 거주 아랍인은 1945년에 100만 명을 넘었지만, 그중 60만에서 70만 명가량이 1948년에 이스라엘 국가가 수립된 후 발발한 아랍-이스라엘 전쟁으로 인해 자신들의 터전에서 쫓겨났다. 수백 개의 마을이 완전히 비워졌고, 이스라엘인이 버려진 마을을 불도저로 밀어 버리거나 그곳에 정착했다.[33] 전반적인 통계에는 이론이 없지만, 이스라엘과 팔레스타인 양측은 통계가 의미하는 바를 보는 관점에서 서로 날카롭게 대립했다. 이런 관점은 기억된 과거를 구성하는 필수 요소이기도 했다. 팔레스타인인은 오스만 제국의 일부였다가 제1차 세계대전 이후 영국의 위임통치령이 된 그 지역에서 수 세대에 걸쳐 거주해 왔다. 그래서 팔레스타인 난민은 대부분 자신들에게 고향으로 돌아갈 권리가 있다고 믿었다. 반면에 유대인의 기억은 완전히 다른 성격을 띠었고, 그 핵심은 나치 치하에서 겪은 박해의 역사였다. 1933년 이후 팔레스타인으로 이주한 사람들의 대열에 전쟁 이후 새로운 이주자 대열이 가세했다. 유대인 이주민이 보기에 현대사가 시사하는 바가 있다면, 그것은 자신들을 내부와 외부의 적으로부터 보호해 줄 독자적인 국가 건설이라는 지상 과제였다. 아랍 난민도 비슷한 관점을 공유했지만, 아랍인이 생각한 새로운 팔레스타인 국가는 설립자들이 유대인 국가로 규정한 이스라엘과 판이했다. 따라서 만약 팔레스타인 난민이 모두 팔레스타인 땅에 있는 자기 고향으로 돌아가 유대인 인구보다 수가 많아지면 난감한 상황이 벌어질 터였다. 유대인이 아랍인보다 수적으로 적어지면 유대인의 기대 수명이 더 길다 하더라도(이스라엘은 수십 년 만에 기대 수명이 가장 긴 나라 중 하나로 떠올랐다.) 다수의 팔레스타인 아랍인을 배제하지 않는다면 유대인 국가의 전망은 그다지 밝아 보이지 않았다.(그리고 팔레스타인인의 출생률은 20세기 마지막 10년까지 매우 높은 수준을 유지했다.) 결과적으로 팔레스타인인은 자기 나라를 갖지 못한 채 계속 요르단강 서안에 세워진 난민촌에 거주하게 되었다. 이 상황에서 역사적 기억의 공유는 불가능해 보였다.

그러나 이로 인해 이스라엘인이나 팔레스타인인이 나머지 세계와의 초국적 연계 의식을 강화할 수 없었던 것은 아니다. 새로운 이스라엘 국가는 전 세계 유대인에게 새 나라에 합류하거나 이스라엘의 존속과 번영을 위해 지원해 달라고 요청했다. 동시에 유대 민족이 최근에 겪은 재앙이 세계적 기억의 일부가 되었다는 점을 염두에 두어야 한다. 홀로코스트, 유대인 주민이 나치 점령군에 맞서 조직적으로 저항한 1943년 바르샤바 봉기, 전쟁이 벌어지는 동안, 그리고 전쟁이 끝난 후 전 세계로 뿔뿔이 흩어진 유대인의 이미지는 곧바로 초국적 역사로 공유되었다. 팔레스타인 아랍인도 다른 지역 무슬림과 초국적으로 관계를 맺었다. 무슬림은 대부분 각자 자기 나라의 시민이었다. 그 중에는 오래된 나라(이란, 터키)도 있었고, 새로운 나라(파키스탄, 말라야, 인도네시아)도 있었다. 리비아, 시리아, 이집트 같은 새로운 아랍 국가는 이스라엘 국

가를 인정하기를 거부했다. 아랍 국가와 이스라엘 간에 벌어진 일련의 군사적 충돌은 전후 국제 관계에서 중요한 장을 구성했다. 그러나 초국주의의 역사에서 전 세계 아랍인과 무슬림 공동체는 아직 이스라엘인과 유대인만큼 초국적 연대감을 부여하지 못하고 있다. 왜 그런 상황이 벌어졌는지는 전쟁 직후의 세계사에서 가장 중대한 문제 중 하나로 연구가 필요하다.

그러나 이 모든 차이에도 불구하고 난민, 강제 이주자, 무국적자는 그저 통계 수치가 아니라 '인권' 개념이 전후 세계에서 기본 가치로 중요해져 가는 시대를 살아가는 개별적 인간이었다. 어디에 살든, 그들은 적어도 원칙적으로는 보살핌을 받아야 했다. 그들의 생계, 건강, 교육은 단지 사적인 문제가 아니라 공적 관심사였다. 이러한 문제는 우선 개별 국가의 관할권 내에 존재하기 때문에 초국적 역사보다는 각국사의 영역에 속했다. 하지만 '복지국가'에 관한 관점 일체가 초국적이 되어 가는 중이었다. 역사가 라나 미터Rana Mitter에 따르면, 일본과 전쟁 중에 고향에서 쫓겨난 수십만 명에 달하는 중국 전쟁 난민 문제에 봉착한 국민당 정부는 국가가 사회의 안녕을 책임져야 한다는 관점에서 그 중대한 과제를 떠맡았다. 이러한 국가 책임에 관한 관념은 이제 막 생겨나는 중이었다.[34] 전쟁 직후의 시기는 유럽에서 북아메리카까지, 중동에서 동아시아까지 전 세계에서 공공복지가 인권과 마찬가지로 모든 나라의 공공 정책 문제로 여겨지기 시작했다는 점에서 주목할 만하다. 이와 관련해 정부가 제 의무를 이행하지 못하면 수많은 민간 비정부 단체뿐 아니라 유엔 같은 국제기구가 나서서 그 임무를 떠맡았다. 이주는 명백하게 초국적인 현상이었기 때문에 이주민의 안녕은 국제단체, 특히 유엔 구제 부흥 사업국United Nations Relief and Rehabilitation Agency: UNRRA의 관심사가 되었다. 여기서도 초국적 세계 건설의 또 다른 사례를 볼 수 있다.

지적·문화적 교류

제2차 세계대전 및 전후 이주와 관련해 논의한 것과 같은 종류의 질문을 냉전의 초국적 이해와 기억에 관해서도 제기할 수 있다. 냉전이 끝나고 지정학적 경계 양편에 있던 연구자들이 미국과 소련이 각자의 동맹국 및 위성국과 함께 벌인 대결에 관한 자료를 공동으로 연구할 수 있게 되었다. 그에 따라 1945년 이후 역사의 중요한 측면인 미소 양 진영의 대결에 관해 더 명료하게 이해할 길이 열렸다. 옛 소련과 동구권 동맹국뿐 아니라 중화인민공화국의 문서고가 개방되어, 냉전도 이제 모두가 공유하는 기억의 한 장을 구성할 수 있게 되었다.[35] 동시에 냉전은 근본적으로 전 세계적인 기억의 공유가 아니라 국제 동맹 및 국가 안보에 관한 우려를 수반했다. 냉전의 본질은 세계를 가르고, 가능하면 분열을 토대로 현상을 고착하려는 것이어서 초국적 의식의 성장을 고무하지 않았다. '소련인'과 '서구인'이 지구 사람들을 지배하고 갈라놓는 한 보편적 인류관을 유지하기 어려울 터였다.

프랭크 닌코비치Frank Ninkovich, 폴커 롤프 베르크한Volker R. Berghahn, 리처드 펠스Richard Pells 같은 역사가들에 따르면, 냉전의 전략적 사고가 미국을 문화 외교에 나서게 했다. 미국은 문화 외교를 통해 유럽과 아시아 등지에서 친

미적 관점을 확립하려고 했다.[36] 특히 CIA는 미국의 좋은 인상을 심고 소련의 부정적 이미지를 전파하는 해외 문화 활동을 적극적으로 장려했다. 제2차 세계대전 중에 추축국의 선전에 대항하려고 미국 정부의 자금으로 만든 해외 송출 방송국인 미국의 소리는 1946년에 국무부로 이관된 후 외교 무기가 되었다. 미국의 소리가 송출하는 방송 언어에는 러시아어와 아랍어도 들어 있었다. 소련은 전파를 방해해 자국 시민이 미국의 소리 방송을 청취하지 못하게 하려고 했다. 모스크바 역시 독자적인 초국적 문화 전략을 내세웠다. 예를 들어 아시아와 아프리카의 학생을 초청해 정통 마르크스주의를 주입하고, 이들이 서구 식민주의와 제국주의에 등을 돌리게 하려고 했다. 그렇지만 이러한 활동이 모두 냉전사 항목에 들어가서는 안 된다. 앞으로 살펴보겠지만, 전 세계적인 지정학적 투쟁에 나설 문화 전사를 육성하려 한 계획은 종종 후원자의 기대를 저버리고 그 나름의 의제를 만들어 냈다. 게다가 서구에서 정부가 주도한 기획은 전후에 착수한 국제 이해와 초국적 사고를 증진하려는 대규모 문화 및 교육 교류 사업의 일부분일 따름이었다.

미국에서는 전쟁 직후부터 록펠러, 포드, 카네기 같은 민간 재단이 국제 교육과 문화 교류에 앞장섰다. 록펠러 재단은 1947년부터 잘츠부르크 미국학 세미나를 개최했다. 이 세미나는 유럽인, 특히 독일인, 오스트리아인과 미국인 간의 교류를 재개하고 확대해 전후 화해를 촉진하고자 했다. 화해 임무가 민간 재단에 적합한 영역으로 여겨진 점은 놀랍지 않다. 공식 정책은 지정학적 이해관계에 좌우되었지만, 비영리 민간단체들은 자금을 지원하고 나름의 의제를 주도해 나갈 수 있는 위치에 있었다. 잘츠부르크 세미나는 시작은 소박했지만, 대서양을 잇는 가장 오래되고 성공적인 교류 프로그램으로 성장했다. 냉전기의 인식과 정책은 민간 교류 활동에도 영향을 미쳤다. 그렇다고 지정학적 갈등이 민간 교류 활동을 전적으로 좌우하지는 않았다. 민간 교류는 자체 추진력으로 진행되곤 했다. 일부 비정부 단체는 자신들의 활동이 국가 정책 및 전략에 이용당하거나 심지어 무산될지도 모르는 위험을 잘 알았고, 최대한 자율성을 유지하려 했다. 전후 화해와 상호 이해 증진을 위해 민간에서 나설 여지는 충분했다. 로완 게이터Rowan Gaither 포드 재단 이사장이

1951년에 밝힌 바에 따르면, "평화의 궁극적 조건에는 최소한의 경제적 복지와 보건, 세계에 관한 이해 증진, 세계적인 법질서와 정의가 포함된다."[37] 다양한 목표 중에서 "세계에 관한 이해 증진"은 민간 재단이 맡을 수 있는 일이라서 특히 중요했다. 1950년대 들어 크고 작은 미국 민간 재단이 유럽과 아시아 등지에서 점점 더 많은 학생, 학자, 언론인, 예술가를 초청하고 '국제 지역학 international area studies'에도 자금을 지원하기 시작했다.(연방 정부도 민간의 노력에 발맞춰, 1958년에 미국 대학의 외국어 교육에 자금을 지원하는 국가 방위 교육법National Defense Education Act을 제정했다. 초기에 중점적으로 지원을 받은 대상은 중국어와 일본어, 아랍어, 포르투갈어, 러시아어, 힌두-우르두어였다.)

이런 지원 프로그램은 당연히 초국적 접촉을 낳았다. 전쟁이 끝나고 통계상으로 교환학생을 비롯한 인력 교류 수치가 급격하게 늘어났다. 처음에는 미국에 집중되었지만, 1960년대 초부터 다른 나라에서도 교류가 늘어나기 시작했다. 당시에는 1947년에 미국에서 시작한 풀브라이트 교환 프로그램이 가장 유명했다. 특히 최초 수혜자 중에 수천 명에 달하는, 독일과 일본 학생이 들어 있었다는 점이 두드러진다. 독일과 일본에서 온 유학생들은 미국 각지에 있는 대학 캠퍼스에서 전후 화해에 크게 기여했다. 그리고 가까운 과거를 더 잘 이해하고 역사적 기억을 공유하려는 노력은 전후 화해의 관건이었다.[38] 풀브라이트 프로그램은 정부의 자금 지원을 받기는 했지만, 주로 워싱턴과 다수 대학 및 연구소에 소재한 비정부기구가 운영했다. 마찬가지로 국제 학생 교류를 도모한 소규모 재단들도 있었다. 퀘이커교 조직인 미국 친우 봉사 위원회American Friends Service Committee는 미국인과 일본인을 비롯해 세계 여러 나라 사람이 공통의 경험을 나누고 서로 의지하는 세계를 만들고자 일본 및 아시아 각지에서 세미나와 봉사 캠프를 열었다. 체험한 바는 각기 달랐지만, 참가자들은 국경을 초월한 만남과 관계 맺기에 관한 의식을 형성하는 데 분명히 기여했다. 다른 나라에서 온 학생 및 식자층을 만나는 일은 초국적 경험에 참여하는 것이었고, 이로부터 공통의 인류애 의식이 발전해 갔다.

이와 관련해 초국주의의 부상을 뒷받침한 학문의 발전과 문화적 추세에 주목할 필요가 있다. 전쟁 중에, 그리고 전쟁 직후에 미국이 세계적인 학문의 중심지로 떠올랐다. 부분적으로는 미국이 전쟁 중에 전 세계 자원의 동원을 주도했기 때문이고, 수많은 유럽 및 (유럽보다는 적었지만) 다른 지역 출신 망명 학자의 피난처였기 때문이기도 했다. 저명한 과학자와 인문학자 들이 고국, 특히 독일에서 다른 나라로 피난해 학문 활동을 이어 나갔다. 이들 모두가 유대계라서 피난을 떠난 것은 아니었다. 뛰어난 비교문학자인 에리히 아우어바흐Erich Auerbach를 비롯해 상당히 많은 수의 학자가 전시에 터키에서 체류하다가 전쟁이 끝난 후 미국으로 옮겨 갔다. 엔리코 페르미를 비롯한 과학자들처럼 미국으로 건너가 핵무기 개발 및 관련 연구에 참여하다 전쟁이 끝난 뒤에도 미국에 남아 대학에서 강의와 연구를 지속한 예도 많았다. 저명한 프랑크푸르트학파와 관계된 몇몇 학자도 미국에 정착했다. 프랑크푸르트학파는 사회과학 연구의 구심 역할을 하며 번성했다. 프랑크푸르트학파에서 가장 영향력 있는 학자라 할 수 있는 테오도어 아도르노는 1938년에서 1941년까지 프린스턴 대학에 머물다가 캘리포니아의 버클리 대학으로 옮겨 7년을 보내고 1949년에 독일로 귀국했다. 그의 연구 가운데 "권위주의적 인간형"에 관한 저술은 파시즘, 나치즘, 그리고 전쟁 전 유럽에서 나타난 여러 형태의 전체주의를 이해하는 실마리를 제공했기 때문에 영향력이 컸다. 독일에서 온 수많은 망명 학자가 뉴욕에 있는 신사회 연구소New School for Social Research에 초빙되었다. 신사회 연구소 사회과학 대학원 과정은 이들에게 연구와 강의를 할 새로운 터전이 되어 주었다.

미국으로 망명한 학자들은 지적 초국화의 본보기다. 이들은 수많은 미국 대학 및 연구 기관에 학식을 제공하고, 체류국 학생 및 학자들과 서로 생각을 나누었다. 그에 따라 체류국 학자와 학생은 유럽에서 건너온 새로운 관점을 받아들여 지적 지평을 확대할 수 있었다. 예를 들어 독일의 사회학자 겸 정치이론가인 막스 베버의 방대한 저작 대부분이 전후에 처음으로 영어로 번역되었다. 유일한 예외인『프로테스탄티즘의 윤리와 자본주의 정신The Protestant Ethic and the Spirit Capitalism』만 1930년에 영어 번역본이 출간되었다. 영어로 번역된 막스 베버의 저작은 역사 연구, 특히 서구 자본주의의 흥기, 그리고 서구와 나머지 세계 간의 차이를 연구하는 데 지대한 영향을 미쳤다. 이른바 근대화에 관한 논의는 대개 베버의 사상에서 유래했다. 베버는 사회경제적 변화의 종교적·지적 전제 조건들을 강조했다. 이런 관점은 물질적 요인과 계급 관계를 변화의 동력으로 강조한 마르크스 사상에 도전하는 듯 보여서 서구에서 환영받았다. 그래도 베버주의와 마르크스주의는 둘 다 국경을 초월하는 사회현상을 이해하기 위한 이론을 제공한다는 점에서 초국적 관점이었다. 냉전이 벌어지면서 마르크스주의가 반자본주의적 성향 때문에 기피해야 할 위험한 이념이 되어 가고 있을 때 망명 학자들이 그 명맥을 이어 나갔다. 그사이 프로이트의 이론이 전후에 북아메리카와 남아메리카, 오스트레일리아 등지로 퍼져 나가 역사와 사회과학 분야의 학술 연구에 영향을 미치기 시작했다. 마르크스주의와 프로이트주의는 둘 다 명백하게 이념적·정치적 함의가 있었지만, 특정한 국가의 경계를 초월했다. 마르크스주의는 전 세계적 틀에서 근대 세계사를 이해할 수 있다고 강조했고, 프로이트주의는 소수 인종 같은 국가 내 하위 집단의 정체성을 강조했다.[39]

다른 분야에서도 초국적 망명 학자들이 전후 학문 발전에 큰 영향을 미쳤다. 예를 들어 비교문학 연구는 아우어바흐, 르네 야진츠키René Jasinzki, 헤르베르트 디크만Herbert Dieckmann 등이 미국에 들여온 유럽 학문이 퍼져 나가면서 큰 활력을 얻었다. 비록 이들의 분야를 '비교comparative'문학이라고 부르지만, 이 비교문학자들은 국가별로 나뉜 문학 전통이 아닌 새로운 문학 연구를 촉진했다. 이윽고 전쟁 후에 미국으로 건너온 한국, 중국, 일본의 지식인이 가세해 문학 연구에 아시아의 관점을 더하면서 비교문학의 대열이 더욱 확대되었다. 게다가 최근에 얻은 동아시아 문화에 관한 지식을 문학 연구에 적용한 미국과 유럽의 학자들도 있었다. 마찬가지로 유럽 출신 망명 학자들이 음악 이론과 음악사를 연구하는 음악학 분야를 주도했다. 그중 한 명인 체코슬로바키아 출신 음악학자 브루노 네틀Bruno Nettl이 생생하게 기억하듯, 처음에는 1930년대와 전쟁 중에 자기 직위에서 쫓겨난 유럽 출신 유대인 학자가 대다수였다. 네틀이 언급한 대로 전쟁 전에는 미국에 음악학 연구와 음악학 강의가 거의 없었다. 그러나 1945년 이후에는 미국 대학이 "음악학의 요람으로 여겨지는 베를린, 빈, 프라하, 라이프치히, 뮌헨에 있는 큰 기관"의 경쟁 상대로 떠올랐다.[40] 처음에는 서양음악 연구에 중점을 두었지만, 음악학은 곧 다른 음악 전통도 아우르기 시작했다. 민족음악학으로 알려진 이 분야는 진정 초국적인 방식으로 음악사를 다루었다. 또 다른 망명 음악학자인 쿠르트 작스Curt Sachs가 1933년에 독일을 떠나 파리에서 가르치다, 1937년에 뉴욕 대학으로 옮기고 나서 1958년에 사망할 때까지 민족음악학계를 이끌었다. 이러한 학자들 덕분에 전후에 미국을 비롯한 각지의 지식계가 점점 더 초국적이 되어 간 점에는 의심의 여지가 없다.

물론 전쟁이 끝나고 전 세계에서 벌어진 문학 및 예술 활동으로 문학과 음악 같은 분야에서 초국적 학문이 더욱 풍성해지고 탄탄해졌다. 정확한 통계를 제시하기는 어렵지만, 여러 일화를 통해 전쟁이 끝나자마자 초국적 문화 활동이 재개되었음을 엿볼 수 있다. 초국적 문화 활동은 소설과 시의 번역에서 미술 전시회, 음악 공연, 국제영화제에 이르기까지 다양했다. 일부 활동은 분명히 국가가 외교정책의 일환으로 주도하거나 후원했고, 초국주의보다는 문화 선전의 영역에 속했다. 냉전 탓에 워싱턴과 모스크바를 비롯한 각국 정부가 국제 미술·음악 행사에 깊숙이 관여했다. 예를 들어 미국에서 매카시즘이 맹위를 떨치는 동안 국무부의 지원 아래 설립된 해외 도서관에서 많은 책을 치워 버리는 조치가 취해졌다. 금서 목록에는 어니스트 헤밍웨이Ernest Hemingway의 『강을 건너 숲속으로Across the River and into the Trees』, 데이비드 허버트 로런스D. H. Lawrence의 『채털리 부인의 연인』 등이 들어 있었다. 소련 측에서는 국제 스탈린상을 제정해 폴 로브슨을 1954년 수상자 중 한 명으로 선정했다. 아프리카계 미국인 가수 로브슨은 냉전 정책에 반대하는 활동을 펼쳐서 미국에서는 사실상 기피 대상이었다.

다양한 사례를 들 수 있지만, 그 사례들을 단지 지정학적 틀 안에서 이해하려 한다면 너무 안이한 일일 것이다. 심지어 국가가 나서서 자금을 대고 행사를 지휘하거나 활동을 와해시킨 경우에서조차 국가는 초국적 문화 활동이 국경을 초월해 개인들에게 미칠 영향을 통제하거나 예측할 수 없었다. 모스크바에서 열린 차이콥스키 국제 음악 콩쿠르 피아노 부문을 예로 들면, 국가 기관인 소련 음악 아카데미가 후원하는 행사이지만, 1958년에는 미국인 밴 클라이번Van Cliburn에게 1등상을 수여했다. 밴 클라이번의 수상은 여러 가지 초국적 결과를 초래했다. 물론 음악에는 국경이나 정치적 경계가 없다는 생각을 실제로 확인한 점도 중요한 성과였다. 5부를 시작하면서 언급한 일본인 바이올리니스트는 1945년에 유럽에서 미국을 거쳐 일본으로 돌아간 후, 일본을 대표하는 바이올리니스트가 되어 모국에 유럽 음악을 다시 소개했다. 그 사이 독일 문화 행사의 진수인 바이로이트 바그너 축제가 1948년에 재개되어 정치적 파장을 불러일으켰다. 그해에는 헤르베르트 폰 카라얀Herbert von Karajan이 바그너의 「니벨룽의 반지」 연작과 「뉘른베르크의 명가수」를 지휘했다. 그러나 정치적 문제가 매년 유럽 전역과 북아메리카에서 (그리고 마침내 세계 다른 지역에서도) 바이로이트로 순례를 오는 오페라 애호가들을 막지는 못했다. 저명한 오케스트라 지휘자인 빌헬름 푸르트벵글러Wilhelm Furtwängler도 곧 활동을 재개했다. 푸르트벵글러는 나치 치하의 독일에 남았던 터라 외국에서 나치 동조자로 의심받았다. 하지만 그는 해외 활동도 곧 재개해, 1951년에는 베를린 필하모닉 오케스트라를 이끌고 처음으로 영국 순회공연에 나서기도 했다. 1952년에 미국을 비롯한 외국 점령군이 일본을 떠나고 나서 유럽 연주자들의 공연이 다시 빈번해졌다. 1935년에 중국에서 태어난 도쿄 출신의 젊은 음악가 오자와 세이지小澤征爾는 여러 나라에서 온 음악가들과 함께 매사추세츠주 탱글우드Tanglewood 등지에서 지휘자 수업을 받았다. 일본의 가부키 극단은 1950년대 중엽에 최초로 미국 도시를 순회하며 공연을 벌였다.

초국적 문화 활동의 재개 및 활성화는 확실히 전후 통신 기술의 향상과 혁신의 도움을 받았다. 예를 들어 국제전화의 통화 요금이 점점 내려가서 보통 시민들도 전화로 문화 행사를 예약하고, 그에 관해 이야기를 나눌 수 있게 되었다. (예를 들어 1940년에 189달러였던 뉴욕과 런던 간 3분 통화 요금은 20년 후에 46달러로 떨어졌고, 1990년에는 몇 달러에 불과했다.[41]) 자기magnetic 테이프를 사용해서 소리를 녹음하는 장치인 녹음기의 보급은 더 큰 의미가 있었다. 녹음기는 원래 군사용으로 발명되었지만, 금세 목소리와 음악을 녹음하는 대중용 기기가 되어 목소리와 음악을 점점 더 많이 초국적으로 유통했다. 게다가 전쟁이 끝난 후 점점 더 많은 미국 가정에서 텔레비전을 볼 수 있게 되었다.

1950년대 말에는 세계 다른 지역의 가정에서도 텔레비전을 볼 수 있었다. 이러한 기기들 덕분에 문화 상품의 국제 전파가 이전보다 더 쉬워지면서 경험을 공유하는 의식의 형성에도 기여했다.

이와 같은 발전, 특히 텔레비전 수상기의 확산은 무엇보다 영화에 뚜렷한 파장을 미쳤다. 텔레비전이 곧 화면 위 오락의 한 형태인 영화를 대체하리라는 믿음이 널리 퍼졌지만, 그런 일은 일어나지 않았다. 그 이유는 부분적으로는 대형 화면("시네라마cinerama"[8])과 총천연색 '테크니컬러technicolors'로 대응한 할리우드가 관객들이 꾸준히 극장을 찾게 했기 때문이다. 게다가 할리우드 영화 산업은 세계 각지에 있는 관객의 관심을 끌 만한 영화를 많이 제작했다. 1953년 한 해만 해도 게리 쿠퍼Gary Cooper의 「하이 눈」, 찰리 채플린Charlie Chaplin의 「라임라이트」, 진 켈리Gene Kelly의 「사랑은 비를 타고」 같이 할리우드에서 제작된 영화가 미국뿐만 아니라 유럽과 아시아의 여러 곳에서 선풍을 일으켰다. 이러한 영화 상품이 할리우드를 해외에 수출하는 동안, 할리우드에서는 미국인들과 전 세계를 연결해 주는 영화도 제작되었다. 1956년에 제작된 「80일간의 세계 일주」는 1870년대에 나온 프랑스 소설을 각색한 작품으로, 흥행에 성공해 미국 관객에게 초국적 경험을 맛보게 해 주었다. 마찬가지로 미국 밖에서 만들어진 영화들이 시각 경험의 공유를 통해 국경을 초월해서 사람들을 이어 주는 데 많은 기여를 한 점도 초국적 역사의 맥락에서 중요하다. 이탈리아에서 만들어진 「자전거 도둑」과 일본에서 만들어진 「라쇼몽」 같은 걸작이 전 세계 관객의 마음을 끌었다. 이 작품들이 도덕성 및 기억의 층위와 관련된 보편적 주제에 호소하는 듯 보였기 때문이다. 이러한 작품들은 국제영화제에서도 상을 받았다. 국제영화제는 전쟁 직후부터 활기를 되찾기 시작해 해가 가면서 그 수가 점점 늘어나 문화 상품의 생산을 초국화하는 데 이바지했다.

마지막으로 역사 연구를 초국적 경험으로 간주할 수 있다. 역사학이 국경

_____ **8** 깊게 휜 대형 화면에 세 대의 35mm 영사기로 동시에 필름을 영사해 파노라마 효과를 내는 영사 방식.

을 초월해 과거 이해를 공유하고 촉진하는 데 어느 정도까지 기여한다고 말할 수 있을까? 미국에서 역사 연구는 다른 학문 분야와 마찬가지로 이민의 영향을 받았다. 예를 들어 하요 홀보른Hajo Holborn, 펠릭스 길버트Felix Gilbert 같은 독일 출신 망명 역사가들이 미국사를 서양사 또는 때에 따라 대서양사의 맥락에서 살펴봄으로써 미국사의 범위를 확장하는 데 크게 기여했다. 이들은 모두 공통의 역사 유산을 이어받은 유럽과 북아메리카에서 병행해 이루어진 발전을 연구해야 할 필요가 있다고 강조했다. 이들의 영향은 봉건제, 사회구조, 정치 같은 주제에 관해 여러 나라를 함께 연구하는 비교사가 등장하면서 뚜렷해졌다.(『역사 속의 봉건제Feudalism in History』라는 제목으로 1956년에 출간된 책은 유럽과 일본의 봉건제를 비교해 비교사 분야의 선구가 되었다.[42]) 미국에는 미국이 경험한 바의 예외성을 지속해서 강조하는 역사가들도 분명 존재했다. 예를 들어 데이비드 포터David Potter의 『풍요로운 사람들: 경제 발전과 미국적 특성People of Plenty: Economic Advance and the American Character』은 독보적으로 풍부한 미국의 천연자원을 배경으로 미국인의 역사를 그렸다. 루이스 하츠Louis Hartz, 리처드 호프스태터Richard Hofstadter 같은 역사가들도 미국의 "자유주의적 전통"을 유럽의 정치 발전과 뚜렷이 구별되는 현상으로 보고 그 의미를 탐구했다.[43] 이러한 연구는 역사가들의 일국 지향성을 영구화했다. 그들은 미국의 발전과 유럽의 발전을 비교할 때조차도 그 둘이 어떻게 상호작용을 주고받았는지를 거의 생각하지 않았다. 더 심각한 점은 그들이 세계의 나머지 부분은 전혀 고려하지 않았다는 점이다. 그러나 덜 지역주의적이면서 더 초국적인 관점을 제시한 학자들도 있었다. 예컨대 데이비드 리스먼의 선구적인 저작 『고독한 군중The Lonely Crowd』은 미국 중산층 가족들 사이에 잘 알려진 사회적 순응 현상을 산업화 및 도시화의 세계적 진전이라는 맥락 속에 놓았다. 한편 월트 휘트먼 로스토의 『경제성장의 단계Stages of Economic Growth』는 모든 나라와 사회에 적용한 경제 발전의 단계라는 틀 안에서 세계사를 포괄적으로 이해하는 방법을 제시했다.[44]

이러한 저작들의 인기와 광범위한 영향은 전후에 미국 등지에서 사회과학의 영향력이 점점 커지고 있었음을 보여 준다.(리스먼은 사회학자이고, 로스토는 경제학자다.) 인류학과 사회학은 19세기 말에 유럽에서 발달했지만, 제2차 세계대전까지는 대부분 연구가 지역주의적인 경향을 띠었다. 두 학문 모두 일반화를 시도하고, 유럽과 미국의 모형을 토대로 한 가설을 전개하곤 했다. 그리고 아시아와 아프리카, 중동이 서구와 질적으로 다르다고 보고 비서구를 '본질화essentialize'하는 경향이 있었다. 하지만 1950년대 들어 모든 사회를 이해하기 위한 포괄적인 틀을 마련하려는 다양한 시도가 이루어지기 시작했다. 탤컷 파슨스Talcott Parsons 같은 사회학자들에 의해 유명해진 근대화 이론이 이 새로운 경향을 대표했다. 모든 사회가 산업화, 도시화, 민주화로 정의되곤 하는 근대화를 향해 나아간다고 생각한다면, 국경을 초월한 의미 있는 비교가 가능해질 수 있었다. 이런 종류의 방법론적 초국주의는 전후에 사회과학자들이 수행한 작업의 특징이 되었다. 많은 사회과학자가 외국에서 군 복무를 하고 전후에 점령 임무를 수행했다. 해외에서 복무한 경험은 이들이 지역주의적 관점을 탈피하는 데 도움을 주었다. 다시 말해 신체적인 월경越境, border-crossing이 지적·정신적 월경으로 이어졌다. 이러한 현상이 초래한 의미심장한 여파는 그것이 초국적 사고를 키우는 데 이바지했다는 점이다. 정치학 같은 일부 사회과학 분야에서는 각 나라의 협치 체제와 정책 결정 과정의 특수성에 천착하는 경향과 더불어 국가의 이익 및 가능한 선택에 관한 '현실적' 평가를 어쩔 수 없이 강조했다.(당시에는 국제 관계 이론에서 '현실주의'가 전성기를 누리고 있었다. '현실주의' 이론은 독일 출신의 망명 학자인 한스 요하힘 모르겐타우Hans J. Morgenthau에 의해 미국에 널리 알려졌다.) 그러나 다른 분야, 특히 경제학과 사회학 분야, 그중에서도 1950년대에 등장해 사회학자 로버트 머턴Robert Merton, 역사학자 존 킹 페어뱅크John K. Fairbank 등에 의해 널리 알려진 '역사사회학'에서는 공통으로, 더 보편적으로 적용 가능한 일반화 시도를 고무했다.

이런 상황에서 전후에 세계사와 세계 문명을 향한 관심이 다시 일기 시작한 것은 놀랍지 않다. 20세기 초에 오스발트 슈펭글러Oswald Spengler와 허버트 조지 웰스를 비롯한 몇몇 (대부분 유럽인인) 작가가 세계사에 관한 책을 내놓았다. 이들은 유럽사에서만 파생되지 않은 주제와 연대기로 이루어진 역사를 보는 관점을 제공하려고 했다.[45] 이런 선구적 작업은 대공황을 거칠 때까지

역사학에 그다지 영향을 미치지 못했고, 전쟁으로 인해 더 서구 중심적인 관점이 되살아났다. 경제 위기를 극복하려는 노력과 전체주의적인 적들에 맞선 투쟁은 서구 문명의 생존 투쟁으로 여겨졌다. 같은 이데올로기가 서유럽과 북아메리카에서 냉전을 이해하는 방식에 많은 영향을 미쳤다. 동시에 전쟁의 여파로 인류의 운명에는 국경이나 문명의 경계가 존재하지 않는다는 의식이 커졌다. 아널드 조지프 토인비Arnold J. Toynbee가 1948년에 출간한 저서 제목에서 언급한 대로 이른바 문명이 시련에 처한 상황이었다.[46] 토인비는 오랫동안 영국 왕립 국제 문제 연구소Royal Institute of International Affairs에서 펴내는《국제 문제 연구Survey of International Affairs》의 편집에 참여해 거의 매해 국제 관계 연대기를 작성했다. 그러나 토인비는 세계 역사의 발전에도 관심을 가졌다. 그것은 제1차 세계대전 직후에 유럽 대륙, 특히 그리스와 발칸반도에서 얻은 경험에서 생겨난 관심이었다. 토인비는 1934년부터 『역사의 연구A Study of History』를 출판하기 시작해 1961년에 열두 권으로 완성했다.[47] 그러나 작업 대부분은 제2차 세계대전 직후에 마무리되었다. 토인비의 역사 연구법에서는 종교가 문명 발전에서 핵심적인 역할을 한 것처럼 보였지만, 국가와 지역, 종교보다는 문명을 분석 단위로 사용했다. 이런 점에서 토인비는 초국적 역사가였다. 토인비의 연구는 세계 여러 곳을 여행한 경험을 통해 더욱 풍성해졌는데, 토인비는 특히 1945년 이후에 여행을 많이 했다. 토인비는 문명을 세계사 발전의 관건으로 보고 역사의 물질적 토대보다 정신적·지적 토대를 강조했다. 또한 토인비는 변화하는 자연 및 인간의 조건으로 인해 특정한 문명이 맞닥뜨린 '도전'과 그에 맞선 '응전'에 초점을 맞추었다.《국제 문제 연구》의 편집에 협력한 토인비의 후배 연구자 윌리엄 하디 맥닐William H. McNeill이 기획을 이어받아 학술적으로 더 높이 평가받는 세계사로 발전시켰다. 토인비와 맥닐의 연구는 서구도 역사화되어야 한다는 인식을 확실하게 반영했다. 즉 서구가 인류 역사를 결정한다고 여겨서는 안 되며, 역사는 매우 다양한 문명 간의 상호작용이 일어나는 무대로 이해되어야 했다. 이런 식으로 역사 연구 또한 초국화하기 시작했다.

제3세계의 초국화

전후 세계에서 진행된 탈식민화와 국가 건설 이야기는 국제적이고 제국적이며 민족적인 역사에 더 많이 해당된다. 그렇더라도 국제기구에서뿐 아니라 새로운 나라 및 기존 국가의 지도자와 시민들에 의해 제3세계를 지구의 나머지 지역과 연결하려는 노력이 꾸준히 이루어지고 있었다는 점에 주목할 필요가 있다. 제3세계라는 개념 자체가 이를 반영했다. 그 개념은 탈식민 지역과 여전히 식민지로 남아 있는 지역이 개념적으로 인식 가능한 세계 공동체에서 매우 중요한 부분을 차지한다는 초국적 의식을 담고 있었다. 이제 그 어느 때보다 더 지구가 모든 나라와 지역과 민족으로 이루어져 있다고 볼 필요가 있었다. 모든 나라와 지역과 민족을 각각 "제1세계"(냉전의 주요한 적수), "제2세계"(주로 서구에 있는 선진 산업국가들), "제3세계"에 속하는 집단으로 나누는 것이 추축국 대 민주주의 진영, 또는 윈스턴 처칠이 1946년에 처음으로 사용한 용어인 철의 장막을 사이에 둔 분열이라는 관점에서 세계를 양극으로 나누는 것보다 현실을 더 잘 반영하는 것으로 보였다. 제3세계는 인류 대부분을 포함하며 고유한 정체성을 지닌다고 여겨졌다.

1950년대에 세계 공동체 내에서 제3세계의 자리를 확인하고자 제3세계를 개념화하려는 시도가 활발하게 이루어졌다. 한 가지 방식은 당시에 잘 알려진 식민주의 대 반식민주의의 이분법을 통한 개념화였다. 식민주의와 반식민주의는 모두 초국적 개념일 수 있었다. 그러나 세계인권선언과 거의 모든 아시아·중동 지역 국가의 탈식민화 여파로 반식민 투쟁의 역사가 더욱 광범위하게 공유되는 기억이 되었다. 서구에서 알베르 카뮈Albert Camus와 조지 오웰을 비롯해 많은 사람이 계속 식민주의를 통렬하게 비판하는 작품을 발표했다. 이들의 저작은 옛 식민지에서뿐 아니라 여전히 식민지로 남아 있는 지역에서도 널리 읽히며 제3세계를 포괄하는 통합안을 제시했다. 반식민주의는 제3세계에서 일어난 일과 일어나고 있는 일에 관한 공통의 기억과 그것을 이해하는 데 필요한 공통의 어휘를 구성했다. 예를 들어 나이지리아 소설가 치누아 아체베는 이런 사고에 영감을 받아 1958년에 『모든 것이 산산이 부서지다』를 발표했다. 아체베는 이 작품에서 영국 식민자들과 기독교 선교사들이 이그보Igbo족에 미친 영향을 묘사했다.[48] 제3세계는 이러한 구도 안에서 토착적 생활 방식을 근본적으로 뒤바꿔 놓은 식민 지배로 인한 희생의 무대로 여겨졌다.

서구와 그 밖의 지역에서 공적 지도자들과 민간인들이 제3세계를 전 지구 안에 개념적으로 통합하려고 내놓은 개발 구상은 사뭇 달랐다. 데이비드 엥어먼David Engerman과 데이비드 엑블라드David Ekbladh 같은 역사학자들은 '개발development'이 냉전으로 나뉜 양 진영에서 모두 볼 수 있었던 1950년대의 주도적 이념이었다고 지적했다.[49] 제임스 파크James William Park가 보여 주었듯이, 제2차 세계대전이 끝나고 나서도 '저개발underdeveloped'이란 관형어는 거의 사용되지 않았다. 그 대신에 경제적 전환에 착수하지 못한 나라와 사람들은 "후진적backward"이거나 "낙후retarded"되었다고 일컬어졌다.[50] 확실히 19세기 말과 20세기 초에 아시아를 비롯한 세계 다른 지역의 '각성awakening'에 관한 언급이 많아지면서 서구가 빠르게 앞서 나가는 동안 잠들어 있던 '후진' 지역들도 조만간 긴 잠에서 깨어나 근대로 나아가리라 전망했다. 그러나 제2차 세계대전 전에는 오직 일본과 터키를 비롯한 소수의 국가만이 근대화를 이룩했다고 인정받을 수 있었다. 그와 반대로 전후에는 개발주의developmentalism가 혼란에 빠진 세계를 이해하는 초국적 방식으로 널리 공유되었다. 이는 부분적으로는 냉전에서 맞선 양 진영이 각자 세력권을 넓히려고 제3세계의 개발을 촉진하려 했기 때문이다. 하지만 제3세계 국가들이 국가를 건설하는 과정에서 적극적으로 개발에 착수하지 않았다면 초강대국들이 제3세계로 관심을 돌리지 않았을지도 모른다는 점에 주목해야 한다. 개발주의는 냉전에 어느 정도 영향을 미쳤지만, 냉전이 개발주의에 영향을 미쳤다고 보기는 어렵다. 어쨌든 워싱턴과 모스크바가 똑같이 다른 나라의 경제 근대화를 돕겠다는 생각을 밝혔고, 오래된 독립국이나 신생 독립국 할 것 없이 라틴아메리카 국가처럼 개발이 덜 된 국가는 사방으로 개발원조를 구하러 나섰다.

여기 서로 경쟁하며 영향력을 키우려고 한, 두 가지 초국적 근대화 학설의 흥미로운 예가 있다. 한편에서는 역사가들이 "자유주의적 개발주의"라 부른 학설이 자유 시장 경쟁하에서 경제개발이 가장 잘 촉진된다고 주장했다.[51]

국가가 수립한 경제계획이 필요조건이 되었다 하더라도 민간 부문이 미국과 서유럽 등지에서처럼 활기를 띠어야 했다. 로스토는 『경제성장의 단계』에서 대다수 사회가 경제 발전의 표준적 과정을 따른다고 주장했다. 그 과정은 수렵 단계에서 농경 단계로, 또 농경 단계에서 산업화 단계로 이어지고, 그다음으로 탈산업화 소비문화로 이어졌다. 이런 이론 자체는 새롭지 않았다. 19세기에 이미 영국 사회학자 허버트 스펜서Herbert Spencer가 인간 사회의 지속적 성장을 단계별로 서술한 바 있다. 그 문제에 관해 카를 마르크스는 원시시대에서 봉건사회, 그리고 자본주의 단계로 나아가는 역사의 전진을 필연적이고 보편적인 발전으로 이론화했다. 그러나 마르크스주의자들은 탈산업화 국면을 사회주의 단계로 상정하고, 그 단계에서는 산업 노동자들이 국가를 장악하고 모든 민중에게 이롭도록 계획된 경제개발을 수행하리라고 내다보았다.

따라서 "자유주의적 개발주의"와 사회주의 이론에는 공통점이 많았고, 오직 미래 전망에서만 의견이 갈렸다. 실제로는 어느 전망도 현실적이지 않았다. 탈식민 국가 중에 미국식 경로 혹은 소련식 경로대로 근대화를 수행한 나라는 거의 없었다. 실제로 이후 수십 년 동안에도 '근대화하지' 못하거나 아예 근대화에 착수하지 못한 나라도 있었다. 라틴아메리카의 오래된 나라 중에는 아르헨티나처럼 근대화 이론에 반기를 든 나라도 있었다. 근대화 이론은 대개 자본축적과 기술 발전, 도시화를 통한 산업화를 의미했다. 그런데 아르헨티나는 수입 대체 정책을 채택해, 토착적인 산업화 계획을 실행하기보다 해외에서 공산품을 사들이고 그 대가로 농산물을 실어 보냈다. 카리브해 연안 국가 쿠바는 1950년대 말에 피델 카스트로가 이끄는 혁명 세력이 국가 권력을 장악하고 사회주의를 채택했다. 그러나 아바나에 수립된 새로운 체제는 소비에트식 프롤레타리아 독재 모델에 꼭 들어맞지 않았다. 산업화 단계에 들어서지도 않은 상태에서 산업 노동자들이 국가를 장악하는 것은 어불성설이었다. 1949년에 공산당 통치가 시작된 중국도 마찬가지였다. 중국은 스스로 동유럽의 "인민민주주의"와 매우 유사한 "인민공화국"이라 칭하고, 국가가 계획하고 주도하는 산업화를 강력하게 추진했다. 그러나 1950년대 말에 착수한 "대약진"이라 불린 중요한 실험은 중국식, 즉 마오주의식이라 자처하는 방식으로 산업화를 달성하려는 시도였다. "대약진" 계획은 소련식 도시 산업화 모델을 분명하게 거부하고, 노동자들이 모여 물자를 생산할 '인민공사'의 설립을 주장했다. 그러나 이 계획은 '집산화'로 인해 드넓은 농촌 지역이 헐벗게 되면서 식량 생산을 감소하게 해서 수백만 명을 기아 상태에 빠뜨렸다. 그래도 중국공산당 지도부는 한참 후까지 자유주의적 개발 모형으로 이행하기를 거부했다. 그러나 이런 차이와 격차에도 불구하고 그때까지는 개발 개념이 확실하게 인정받고 있었고, 제3세계와 더 많이 산업화한 다른 지역 간의 관계를 더 잘 이해할 수 있는 틀을 제공했다.

제3세계를 개념적으로 초국화할 또 다른 방식은 '서구와 비서구', '서구와 나머지', 또는 당시에 더 일반적이었던 '동과 서'의 이분법을 통한 것이었다. ('동과 서'는 또한 냉전의 지정학적 분할을 가리켰다. 제3세계는 '동과 서'에 맞서 1970년대에 '남과 북'의 이분법을 제안했다.) 이러한 관점은 제3세계를 초국적 구도에 집어넣어 '타자the other'를 표상하게 했다. 동과 서로 나뉜 이분법적 인류관이 오랫동안 존재해 왔고, 그 기원은 세계를 '유럽'과 '아시아'로 나누었던 고대 그리스까지 거슬러 올라간다. 제밀 아이든Cemil Aydin에 따르면, 20세기로 접어드는 전환기에도 동양 문명 사상은 터키에서 일본에 이르기까지 아시아 전역에서 사상가를 모을 수 있을 만큼 영향력이 컸다.[52] 그러나 1930년대와 1940년대 초에 일본이 동양에서 서양 세력을 몰아내고 동양을 유럽인과 미국인에게 침략당하기 전의 순수한 상태로 되돌리겠다는 사명을 내걸면서 아시아에서 전쟁을 정당화하는 데 동서 이분법을 무단으로 전용했다. 놀랍게도 동서 이분법은 이러한 오용에도 불구하고 전쟁에서 살아남아 제3세계의 출현을 이해하는 그럴듯한 틀로 다시 등장했다.

새로운 구도에서는 제3세계가 동양을 표상했다. 일본이 동양보다 서양에 더 잘 맞는지는 그때까지도 (또는 그 이후로도) 해결되지 않는 문제였다. 중국과 인도, 이집트 같은 나라는 동양을 더 잘 표상하는 듯 보였다. 이 나라들의 지도자는 서양 문명에 대응하는 동양 문명이 존재하고, 그 두 문명이 인류의 두 반쪽이라고 믿었다. 유럽인과 미국인이 형제 살해fratricide를 끝내고 이제 다시 서양의 유산에 헌신하는 것처럼 아시아인도 공통의 정체성을 다시 일깨워야 했다. 아프리카인도 대개 동양이라는 개념 안에 포함되었다. 동양과 서양이 인류의 두 절반이라면, 그리고 아프리카인이 서양의 일부가 아니라면, 아프리카인은 동양에 속한다고 여겨지거나 적어도 아프리카인과 아시아인이 공통으로 가진 것을 확인하기 위해 협력해야 했다. 1955년에 새로 독립한 나라가 대다수인 아시아와 아프리카의 29개국에서 파견한 대표가 인도네시아 반둥에 모였을 때 만든 소위원회를 예로 들 수 있다. 이 소위원회는 문화 협력에 중점을 두고 유네스코가 추진하는 다양한 세계적 기획의 일환으로 아시아와 아프리카 지역에서 교류를 촉진해야 한다고 강조했다. 각국 대표는 아시아와 아프리카가 인류 문명의 발상지로 전 세계에서 소통과 이해를 증진하는 데 중요한 역할을 한다고 자랑스러워했다. 같은 기조에서 마찬가지로 1955년에 인도의 새 지도자 자와할랄 네루가 '동양'과 '서양'의 문명을 체계적으로 비교해 동서양의 상호 이해를 증진하는 기획에 착수해 달라고 유네스코에 제안했다. 물론 '동양'의 정의가 다소 모호했지만, 네루를 비롯해 10년간 이어진 이 기획에 참여한 사람들이 '동양'으로 대표되는 비서양을 서양과 같은 수준에 놓는 데 성공했다 점이 중요하다. 이것은 그 이후로 국제적인 이해 증진이 초국적 노력과 개념화를 통해서만 이루어질 수 있음을 확인하게 한 방식이었다.

서구에서 '지역학'이 활성화한 것도 제3세계의 초국화 맥락에 놓을 수 있다. 이 현상에는 분명히 지정학적 차원이 존재하지만, 자체적인 추진력도 작용해 제3세계 관련 주제가 유럽 및 북아메리카의 교과과정과 도서관에 지속해서 침투했다. 교육자와 학자, 재단 지도자들에게 아시아, 아프리카, 중동, 라틴아메리카의 문명과 역사는 그 자체로 연구할 만한 가치가 있었다. 미국에서 지역학으로 알려진 이러한 연구는 대개 '국제학international studies'이라는 더 큰 틀 안에 놓여 세계 문제를 이해하려면 반드시 비서구 사회의 전통과 현재의 발전 상황을 면밀히 살펴봐야 한다는 인식을 드러냈다. 이러한 연구는 대부분 비서구 사회를 '타자'로 본다는 점에서 '오리엔탈리즘적'이었다. 그 전제는 서양이 '나머지'를 비교하고 그 차이를 설명할 기준을 제시한다는 것이었다.[53] 1950년대에 특히 영향력이 컸던 접근 방식은 '도전'과 '응전'의 틀에서 비서구 국가의 역사를 기술하는 것이었다. 토인비가 초기에 제시한 틀을 빌려와 제3세계와 서양의 관계에 적용함으로써 많은 사람이 비서구 세계가 맞닥뜨린 서구의 '도전'과 그에 대한 비서구 세계의 다양한 '응전'을 통해 비서구 세계의 역사를 이해하려고 했다. 이 같은 세계사의 개념화는 적어도 근대사를 서로 다른 지역 및 국가 역사의 혼합물로서가 아니라 세계화의 추진력이라는 측면에서 이해하는 방식을 제공했고, 그런 점에서 지적 지평의 초국화를 보여 주는 또 다른 사례였다. 하버드 대학의 학자 두 명이 편집을 맡은 중요한 자료 모음집인 『서양에 맞선 중국의 응전China's Response to the West』은 이러한 세계사 이해 방식의 본보기를 보여 주는 저작이다.[54]

이와 같은 발전에서 나타난 대로 제3세계의 정체성은 탈식민화와 국가 건설의 경험에서부터 공통의 문명에 대한 믿음에 이르기까지 광범위했다. 모든 상황에서 비서구 세계는 서로, 그리고 서구 국가들과 함께 초국적 경험을 확대해 나갔다. 그 결과 국가마다 특정한 문제와 전반적인 국제적 사안이 한편에서 '현실'을 규정하고 있는데도 초국적 사고를 더욱 심화했다. 1950년대에 학문 분야와 비학문 분야에서 '현실주의'가 유행하면서 이러한 초국적 층위를 가려 버리곤 했지만, 그리 오래가지 못했다.

초국적 단체들

전쟁 직후와 1950년대에 국경을 초월하는 단체가 점점 늘어나면서 초국적인 사고와 접촉이 눈에 띄게 활발해졌다. 이 점에서 1945년 이후 세계는 그 이전 세계와 눈에 띄게 달랐다. 전쟁 전에도 국경을 초월한 접촉이 다양한 형태로 무수히 많았지만, 전쟁이 끝나고 나서 빠르게 제도화하기 시작했다. 개인이 모여 초국적 단체를 결성하는 동안 국가도 공동으로 이주자나 전염병 희생자에 대한 복지 증진부터 전 세계에서 이루어지는 경제 거래의 원활한 작동을 위한 지원까지 다양한 사명을 띤 국제기구를 설립했다. 이러한 제도적 틀 덕분에 초국적인 운동 및 활동이 이전보다 더 안정적이고 확실하게 유지될 수 있었다. 말하자면 초국주의가 강력한 조직 기반을 토대로 강화되고 있었다고 할 수 있다.

많은 단체가 여러 국가 간 협정을 통해 군비 축소나 인도적 구호 같은 특정한 공동 목표를 달성하고자 만들어졌다는 점에서 정부 간 조직으로 불리는 것이 더 적절하다. 유엔과 세계보건기구, 국제노동기구International Labour Organization 같은 유엔 산하 단체가 대표적인 예다. 마찬가지로 국제통화기금을 비롯한 브레턴우즈 체제를 구성하는 단체도 정부 간 조직에 해당한다. 정부 간 조직은 초국적 역사보다 국제 문제에 관련한 논의에 더 잘 어울리지만, 정부 대표들뿐 아니라 전 세계인이 함께 모일 수 있는 공간을 제공했다. 개인과 민간 협회 들이 정부 간 기구를 통해 자주 만나면서 나름의 관계망을 형성했다. 이런 활동은 때로는 정부 공직자 및 국제공무원 들이 지휘하는 보다 공식적인 일상 업무와 별개로 이루어지기도 했다.

초국적 단체는 엄밀하게 말하면 비국가 행위자non-state actors라고 할 수 있다. 초국적 단체는 그 정의상 어떤 정부도 대표하지 않는다. 그러나 권위주의적 통치 체제가 들어선 나라에서는 공적 권위와 민간 활동이 항상 선명하게 구별되지는 않는다. 비국가 행위자와 국가기구를 구별하자면, 비국가 행위자에는 구체적인 인도적·종교적 또는 경제적 목표를 수행하려고 결성된 자발적인 민간단체들이 속한다. 민간단체는 항상 존재해 왔고, 대부분 지역이나 국가를 단위로 회원을 모으고 활동한다. 처음부터 초국적 의도를 표방한 단체도 있었지만, 1945년 이후 초국적 조직의 수가 늘어났다. 1951년에 유엔이 공식적으로 188개의 초국적 비정부 조직을 인정했다. 그중 예순네 개가 전쟁 중에, 그리고 전후에 만들어졌다. 초국적 인도주의 단체 중에는 종교 단체가 두드러졌다. 그 예로는 국제 가톨릭 사회봉사 연맹Catholic International Union for Social Service, 유대인 단체 평의회Council of Jewish Organization, 퀘이커교의 친우 세계 자문 위원회Friends' World Committee for Consultation 등을 들 수 있다. 의료 단체로는 국제적십자위원회International Committee of the Red Cross, 국제 간호 협의회 International Council of Nurses, 세계 정신 건강 연맹World Federation for Mental Health, 세계 의사 협회World Medical Association 등이 결핵과 천연두 같은 전염성 질병을 지구상에서 퇴치하고자 세계보건기구와 긴밀하게 협력했다.[55]

초국적 단체는 다양한 나라에서 온 개인과 단체가 함께 모일 기회와 공간을 제공하고 초국적 지향을 다질 수 있게 해 주었다. 예를 들어 1946년에

66개국 전기통신 전문가들이 모스크바에 모여 각 나라에서 사용하는 무선 주파수에 관한 정보 교환소 역할을 하는 국제주파수등록위원회International Frequency Registration Board라는 초국적 기구를 설립했다. 지정학적 무대에서 긴장이 고조되는 와중에도 국제주파수등록위원회는 활동을 계속 이어 나가면서 미국과 소련의 전문가들이 모여 더 일상적이지만 똑같이 중대한 문제를 논의하는 공간을 제공했다. 냉전이 '고조'되던 1950년대에도 비정부 단체가 설립되는 속도는 느려지지 않았다. 일부 초국적 단체는 구체적으로, 냉전으로 인한 긴장을 완화하고 세계를 다시 통합하는 데 도움을 주고자 만들어졌다. 핵무기 통제를 도모하려고 결성된 다양한 단체가 좋은 예다. 핵전쟁 위험을 줄이고자 헌신한 과학자들의 비공식적 관계망이 지정학적 경계선 양편에 모두 존재했다. 그 가운데 일부 과학자가 모여 1957년에 핵무기 통제를 도모하는 과학과 국제 정세에 관한 퍼그워시 회의Pugwash Conferences on Science and World Affairs를 설립했다. 퍼그워시 회의에는 다양한 나라의 평화주의자 및 인도주의 단체도 참여했다. 이들 중 많은 사람이 이미 1955년 여름에 히로시마에 모여 핵폭탄과 수소폭탄에 맞서 세계 여론을 결집하자고 다짐한 바 있었다. 역사학자 로런스 위트너Lawrence Wittner와 매슈 에반젤리스타Matthew Evangelista 등에 따르면, 이런 주도적 움직임이 결국 핵실험을 제한하고 전략 무기를 감축하는 국제 협정을 이끌어 냈다.[56] 초국적 의식과 폭탄 반대 운동이 서로 힘을 실어 주면서, 전 세계에서 평화를 추구하는 단체들의 조직망으로 이루어진 세계 공동체를 형성했다. 드와이트 D. 아이젠하워 미국 대통령이 원자력을 평화적으로 사용하려는 계획을 발표하면서, 세계 각지에 건설된 원자력발전소의 안전을 보장하고 무기 공장으로 전환하지 못하게 하는 초국적 협력의 길이 열렸다. 1955년에 유엔이 조직한 과학자 회의에는 서방 연합국뿐 아니라 소련과 체코의 과학자도 참석했다. 이 모임에서 이듬해인 1956년에 설립된 국제 원자력 위원회International Atomic Energy Commission의 토대가 마련되었다. 이것은 냉전의 지정학보다 인류의 미래에 훨씬 더 중요하게 작용한 중대한 초국적 순간이었다.

비슷한 맥락에서 1958~1961년 사이에 미국인 수천 명이 다양한 전시 행사를 조직하려고 소련을 방문했다. 소련 시민도 비슷한 수가 유사한 목적으로 미국에 다녀갔다. 미국과 소련 간 교류는 분명히 워싱턴과 모스크바 간 공식 합의를 통해 이루어졌다. 그러나 미소 간 합의는 초국적 교류를 위해 국경을 개방하라고 민간단체들이 가한 압력의 산물이었다고 주장할 수도 있다.[57] 그동안에 몇몇 초국적 단체가 신생 독립국의 경제 발전, 학교 및 의료 시설의 근대화를 도우려고 매우 활발하게 활동했다. 예를 들어 1954년에 설립된 국제 의료 지원 프로그램Medical Assistance Programs International은 유럽과 북아메리카에서 의사와 간호사를 새로운 개발도상국에 파견했다. 그다음 해부터 일본도 중동과 아프리카에 전문가를 파견해 결핵 극복을 지원했다. 1950년대 말에는 미국에서 내 형제의 수호자My Brother's Keeper가 설립되었다. 이 단체는 "미국의 막대한 의료 자원을 세계 각지의 의료 지원이 필요한 곳에 연결해 주는 일에 헌신하는 자발적이며 중립적인" 조직을 표방했다.[58] 교육에서도 민간단체, 특히 미국 재단들이 개발도상국 어린이 모두가 초등교육을 받게 해 문자 해독률을 높이려는 노력에 동참했다. 교육 지원은 공교육 확대에 필요한 자원과 기반 시설을 갖추지 못한 신생 독립국가에 보건만큼 중대한 문제였다. 외국에서 온 가톨릭 및 개신교 선교사들이 록펠러, 카네기, 포드 같은 민간 재단과 마찬가지로 격차를 줄이려 노력했다. 이들은 유네스코와 긴밀하게 협력했다. 유네스코 헌장에 따르면, "문화를 널리 퍼뜨리고, 정의와 자유, 평화를 위해 인류를 교육하는 일은 인간의 존엄에 필수적"이었다. 교육은 국가 건설에서 가장 어려운 문제 중 하나였지만, 초국주의의 필수 구성 요소이기도 했다. 마찬가지로 초국적 접촉은 교육의 주요한 목표인 공통의 인류 의식을 증진하는 데 이바지했다.

구체적 문제를 해결하는 데 집중하는 초국적 단체 외에 세계경제를 다시 세계화하는 데 중요한 역할을 한 단체도 살펴볼 필요가 있다. 국제경제는 1950년대까지는 아직 완전히 세계적이지 않았다. 무역과 해운이 전 세계에서 급속하게 팽창했지만,(1950년대에 모든 나라의 무역량 총합이 거의 두 배로 늘어났다.) 미국과 서유럽, 일본의 성장 속도가 다른 나라보다 훨씬 빨랐다. 달러가 유일한 국제통화로 각 국가 간에 교환 수단이 되었다. 미국 재무부가 보유한 막대한 양의 금이 미국의 힘을 뒷받침했다.(미국은 1950년에 전 세계 금 보유액의 3분의 2 이상을 차지했다.) 게다가 많은 나라가 보유한 재원의 상당 부분은 군비로 지출되었다. 1950년에 710억 달러에 이른 전 세계 국민총생산 중에서 거의 20퍼센트에 달하는 130억 달러 이상이 핵무기를 비롯한 군사 무기에 쓰였다. 이런 상황에서 세계경제는 미국의 지배를 받으며 지정학적 고려에 많이 좌우되었다.

그런데도 세계경제는 이전에는 없었던 국제적·초국적 조직에 의해 지탱되었다. 가장 눈에 띄는 예로 보호주의 무역과 투자 정책을 해체하고, 물자와 자본의 세계적 교류를 촉진할 더 안정적인 체제를 확립하고자 고안된 브레턴우즈 체제가 있다. 브레턴우즈 체제는 무역과 통화 거래를 더욱 원활하게 하려는 국제통화기금과 개발도상국의 경제계획을 지원하려고 만든 세계은행을 통해 제도적으로 자리 잡았다. 이 조직들은 정부 간 기구였지만, 유엔처럼 세계 곳곳의 은행가와 산업가, 경제학자들이 교류망을 형성할 장소를 제공했다. 훨씬 더 순수하게 초국적인 조직은 생산품의 품질 및 안전 기준을 제시하기 위해 만들어진 단체들이었다. 가장 먼저 만들어진 단체로는 1947년에 공산품의 국제 규격을 마련하기 위해 설립된 국제표준화기구International Organization for Standardization: ISO가 있다. 나라마다 고유한 규격이 있지만, 국제표준화기구가 처음으로 나라마다 다른 체계를 종합해서 국가 간 무역을 원활하게 했다.[59] 이때부터 국제표준화기구와 비슷한 기구들이 계속해서 초국적 기준을 더해 나가기 시작했고, 이는 경제 세계화의 중요한 측면이기도 했다. 이러한 단체는 정부 간 조직과 더불어 제2차 세계대전 직후에 이루어진 초국적 의식의 성장을 반영한다고 볼 수 있다.

2   인류의 초국화

    1969년 7월 20일, 미국 우주 비행사 닐 암스트롱Neil Armstrong이 달에 첫발을 내디딘 순간은 인류의 관점에서 중대한 초국적 순간이었다고 할 수 있다. 암스트롱과 동료 두 명을 태운 로켓을 달로 발사한 사건은 한편으로는 분명히 미국 냉전 전략의 산물이었다. 존 F. 케네디 미국 대통령은 소련보다 먼저 인간을 달에 보내는 일을 재임 기간의 주요 목표로 삼았다. 그러한 개가를 올린다면 국가의 위신을 높이고, 우주 공간에서 이제 막 시작된 경쟁과 관련해 군사적으로도 영향을 미칠 수 있을 터였다.(로켓을 달로 보내는 데 필요한 수학과 과학기술은 모스크바를 향해 대륙간탄도유도탄ICBM을 발사하는 기술과 같았다.) 그러나 세계 각지에서 모두가 달 착륙을 전략적 관점에서 바라보지는 않았다. 사람들은 텔레비전을 통해 암스트롱이 달에 발을 디디며 "이것은 한 사람의 작은 발걸음에 불과하지만, 인류에게는 위대한 도약"이라고 선언하는 순간을 시청했다. 암스트롱은 달에 미국 국기를 꽂았지만, 이제 미국이 달의 소유권을 갖는다는 오만함을 내보이지는 않았다. 실제로 암스트롱이 미국 국기 옆에 남긴, 리처드 닉슨 대통령과 우주 비행사 세 명이 서명한 동판에는 영어로 이런 문구가 새겨져 있었다. "여기 지구 행성에서 온 인간들이 달에 첫발을 디뎠다. 서기 1969년 7월. 우리는 온 인류를 대표해 평화롭게 왔다."

———1969년 7월에 미국 우주 비행사들이 달 표면에 놓게 될 동판. 그 위에 새겨진 문구에는 국가적 위업에 관한 자긍심과 그것을 온 인류가 공유하는 경험으로 보려는 열의가 합쳐져 있었다. (NASA)

달 착륙은 사실상 온 인류와 관련된 사건이었다. 아시아, 유럽, 라틴아메리카 등지에서 수억 명이 그 위업을 지켜보면서 성공적인 모험에 환호를 보냈을 뿐 아니라 우주에서 바라본 지구 풍경을 함께 나누었다. 이른바 "지구 행성Planet Earth"은 갈라진 국토와 국경이 아니라 산과 강, 바다로 이루어진 것처럼 보였다. 36억 명이 넘는 모든 지구 주민이 함께 "우주선 지구호Spaceship Earth"를 공유했다. "우주선 지구호"라는 명칭도 인기를 얻었다. 지구 주민들이 그토록 많은 것을 공유하는데도 지구를 자의적이고 상호 적대적인 단위로 나누는 어리석음을 범하고 있다고 실감한 것이 결코 처음은 아니었다. 제2차 세계대전 이후 초국적 의식이 꾸준히 성장했지만, 달 착륙은 이를 더욱 강화하면서 말하자면 영토 국가territorial states가 최우선으로 인간사human affairs를 결정한다는 원칙에 대한 문제 제기에 정당성을 부여했다.

그러한 문제 제기는 전쟁 직후부터, 실제로는 훨씬 전부터 시작되었지만,

1960년대 들어 전 세계에서 더욱 힘을 얻어 갔다. 새로워진 문제 제기에 영감을 준 요인이 많았지만, 그 밑바탕에는 인간으로 존재한다는 것은 반항하는 것이고, 자신이 처한 상황에 의문을 제기하며 대안을 모색하는 것이라는 생각이 깔려 있었다. 알베르 카뮈는 1951년에 출간한 『반항하는 인간L'Homme révolté』을 통해 이런 생각을 설득력 있게 표현했다. 카뮈는 노예제와 식민주의를 비롯해 불의에 저항한 역사적 운동뿐 아니라 기존 정치·사회 제도를 향한 저항도 염두에 두었다. 카뮈의 관점은 미국과 유럽 등지에서 벌어진 베트남 전쟁 반대 운동에 잘 부합했고, 결국 냉전과 그것을 지탱하는 정치체제에 관한 문제 제기로 이어졌다.

1950년대 말에 미국에서 핵전쟁에 반대하고자 설립된 분별 있는 핵 정책을 위한 위원회Committee for a SANE Nuclear Policy는 "인간 공동체의 주권이 다른 모든 것, 즉 집단, 종족 또는 국가 주권에 우선한다."라고 주창했다.[60] 이는 세계를 각자 살상 무기로 무장한 동맹국과 적으로 나누는 세계관에 맞서는 초국주의적 언어였다. 그 밑바탕에는 계속 진행 중인 냉전과 냉전의 세계정세 및 제로섬 게임에 대한 조바심이 깔려 있었다. 베트남 전쟁이 이러한 심리 상태를 확실하게 보여 주는 듯했다. 여기에서 1960년대 반전운동의 연대기를 기술하지는 않겠지만, 반전운동이 정말로 세계적인 현상이었다는 점은 짚고 넘어가려 한다. 반전운동은 1960년대 중반에 미국 각지의 대학 교정에서 시작했다. 징집 가능성이 있는 남학생을 포함한 학생들과 교수진이 '토론회teach-ins'를 열어 전쟁에 관해 토론하고, 대개는 전쟁을 강력하게 비난하곤 했다. 반전운동은 금세 다른 많은 나라로 번져 나갔고, 다른 다양한 활동과 결합해 초국적 반체제운동으로 발전했다.

반전운동은 베트남 전쟁에 저항한 사람들이 각 나라 지도자(이른바 "가장 뛰어나고 가장 똑똑한 사람들")의 분별력에 문제를 제기하기 시작했다는 점에서 반체제운동이었다. 이 지도자들은 1930년대에서 1960년대까지 한 세대 동안 국가의 운명을 이끌어 온 사람들이었다.[61] 그들은 대공황을 극복하고 제2차 세계대전에서 싸우다가 이제는 냉전을 벌이는 중인 전쟁 세대로, 그 과정에서 전 세계에 '국가 안보 국가national security states'를 확립했다. 국가 안보 국가에서는 국가 예산의 많은 부분이 군사력을 강화하는 데 바쳐졌고, 전함과 비행기를 포함한 무기 제조사가 민간 경제를 주도하는 경향이 있었다. 무엇보다 세계 정세와 국내 정세를 국가 안보의 프리즘을 통해 바라보려는 심리가 지배적이었다. 국가의 이해관계가 이론의 여지없이 정책을 주도하고, 민족주의는 시민들에게 (열전이든 냉전이든) 전쟁에 대비하게 하는 이념적 틀을 제공했다.

이러한 이념적 지향과 지적 전제에 관해 동남아시아에서 진행 중인 전쟁에 반대하는 사람들이 날카롭게 문제를 제기했다. 전쟁에 직접 영향을 받지는 않았지만, '체제'가 무엇을 제공해야 하는지에 대해 똑같이 회의를 품은 사람들도 여기에 가세했다. 그리하여 미국에서 프랑스로, 영국에서 독일로 저항의 목소리가 점점 더 높아지면서 1968년에 절정에 달해 이 나라들을 비롯한 세계 각지에서 대규모 시위와 파업이 줄을 이었다.[62] 저항운동의 지도자 상당수는 전후 '베이비 붐' 세대에 속하는 사람들로 1960년대에 청소년기를 보냈다. 그들은 자기들을 "급진파radicals", "수정주의자revisionists", "신좌파", "대항문화"의 대변자라 부르곤 했다. 이러한 명칭은 구세대가 정의한 당시의 주류 문화에 맞선다는 저항운동가들의 자의식을 보여 준다.[63] 운동의 지도자들이 분명하게 밝히고 후속 세대가 기억하듯, "문화적인 것이 정치적인 것이다.The cultural is the political."가 이들이 강조하는 기본 이념이었다. 다시 말해 국가의 정치 엘리트층이 규정한 정체성과 다른 정체성을 모색하는 일은 매우 정치적인 행위였고, 국내 및 국제 정세에도 영향을 미칠 수 있었다. 이것은 국가의 권위에 맞서게 하고, 국경을 넘어 널리 공유되기 시작했다는 점에서 초국적 자의식이었다.

사실 "대항문화"는 근대성modernity에 관해 상반되는 관점을 견지했다. 한편에서는 대항문화 지지자들이 산업화가 수질오염과 대기오염의 주범이라고 비판했다. 환경 문제는 1960년대에 런던에서 도쿄까지 공통으로 나타난 현상이었다. 동시에 많은 급진적인 젊은이가 자동차, 트랜지스터라디오, 전기기타 같은 기술 제품을 적극적으로 받아들였다. 그러나 1960년대 "급진파"의 핵심은 이들이 일반적으로 민족보다 인류를, 국가보다 인민을, 정해진 교육, 군 복무, 경력 개발의 경로를 따라가기보다 "자기 일을 하는" 개인을 강조한 점이다. 급진주의를 국가 내부의 개조에 적용해 특히 인종 불평등과 젠더 불평등에 관심을 쏟은 이들도 있었고, 더 나아가 결혼이나 가족 같은 사회질서의 아주 오래된 토대에 문제를 제기하기 시작한 이들도 있었다. 결혼하지 않은 채 동거하는 사람이 많았고, 낙태한 이도 있었으며, 게이와 레즈비언도 공개적으로 만나기 시작했다. 급진주의자들은 이런 행동을 하면서 자신들이 낡은 전제를 버리고 사람들의 의식을 개조하는 "문화혁명cultural revolution"을 한다고 생각했다. "의식 고양consciousness-raising"이 실제로 이들의 운동 목표가 되었고, 사람들에게 자신과 세계를 보는 관점을 바꾸고 행동을 변혁하라고 촉구했다. 이러한 상황에서 국가는 설 자리가 거의 없어지거나, 아니면 정치적으로, 때로는 물리적으로까지 공격받았다.

따라서 "문화혁명"은 자신, 그리고 자신이 세계 및 국가와 맺고 있는 관계를 새롭게 규정하는 일종의 정신적 전환이었다. 그 전환이 근본적으로 초국적이었다는 점은 놀랍지 않다. 그것이 국적에 상관없이 각 개인 존재의 진정성을 강조했기 때문이고, 아울러 한 나라에서 운동을 이끈 사람들이 다른 나라에서 무슨 일이 일어나는지를 잘 알았기 때문이기도 하다. 많은 이가 서로 연락을 취했다. 예를 들어 마르틴 클림케Martin Klimke에 따르면, 미국과 독일의 급진적 대학생들은 서로 방문하고 함께 활동을 펼치곤 했다. 특히 인종 평등과 정의를 촉진하고자 협력했다.[64] 동유럽에서도 냉전의 경계를 넘어 서유럽에서 벌어진 소요의 반향이 일었다. 예를 들어 체코슬로바키아에서는 반체제 세력이 1960년대에 꾸준히 성장해 1968년 프라하의 봄에서 최고조에 올랐다. 그러나 프라하의 민주화 정권은 오래가지 못했다. 프라하의 봄은 근본적으로 국가적 사건이었지만, 초국적 세력(이 경우에는 록 음악의 인기)이 쉽게 국경을 넘을 수 있음을 보여 주기도 했다. 로큰롤은 미국에서, 특히 1940년대 말에서 1950년대 초 사이에 아프리카계 미국인들 사이에서 생겨났다. 영국 음악인들이 로큰롤을 들여와 비틀스와 롤링 스톤스 같은 밴드를 조직해 인기를 끌면서 로큰롤이 전 세계를 휩쓸었다. 나라마다 대표적인 '록' 밴드가 있었지만, 서유럽과 동유럽의 음악인과 청중이 직접 만나는 경우도 있었다. 냉전이 끝난 후에 나온 수많은 증언에 따르면, 유럽 전역에 걸쳐 상당히 광범위한 대중음악 애호가들의 교류망이 존재했음을 알 수 있다.[65] 동유럽의 음악 애호가들에게 로큰롤은 전하려는 메시지가 있는 음악이었다. 심지어 서구에서도 '록'은 혁명적이고 반체제적으로 여겨졌다. 로큰롤의 가사는 종종 자유로운 생활을 향한 갈망뿐 아니라 국경과 이념의 장벽을 뛰어넘는 연대를 노래하곤 했다.

유럽과 미국 외의 다른 지역에서도 느리게나마 정치적·문화적 수정주의가 침투해 의식의 초국화에 이바지했다. 일례로 중국은 자체 문화혁명을 겪었는데 1966년에 시작해 10년 동안 이어졌다. 중국의 문화혁명은 그 기원에서 다른 지역의 혁명과 극명하게 달랐다. 마오쩌둥을 위시한 중국공산당 지도자들은 젊은이들에게 가족과 학교, 관료제에서 궁극적으로는 군에 이르기까지 기성 관습과 제도를 공격하게 하고, 전국에서 혁명의 순수성을 복원하는 운동을 펼쳐 나가게 했다. 지식인들은 강제로 시골로 보내져 농촌에서 일개 농부로 지내야만 했다. 이 운동은 상업과 산업화, 도시화가 혁명을 타락시켰으므로 도시 주민, 특히 지식인을 인민들 속으로 돌려보내 혁명의 정수를 되찾아야 한다는 마오주의적 인식을 반영했다. 그런 맥락에서 보면 고등교육과 고급문화는 무용하고 해로웠다. 인민들은 항상 지참하고 암송해야 하는 '마오쩌둥 어록Little Red Book'에 쓰인 몇 가지 기본 원칙만을 생활 지침으로 삼아야 했다.

이윽고 중국의 "자연으로 회귀return to nature" 운동이 일군의 동시대 서구 혁명가에게도 깊은 영향을 미쳤다. 이들은 마오주의자임을 자처하며 자본주의와 부르주아 문화를 공격하기 시작했다. 미국 및 일부 유럽 국가와 중국 사이에 아직 공식 외교 관계가 수립되지 않은 상태라, 직접 중국에 다녀온 미국인이나 유럽인은 거의 없었다. 1970년 무렵에 영국, 프랑스, 이탈리아 등이 베이징 정권을 인정했지만, 중국 당국은 외교 관계가 있는 나라에조차 쉽게 비자를 발행해 주지 않고 중국을 나머지 세상으로부터 고립시키고 싶어 했다. 중국과 서구의 혁명가들을 연결해 준 구체적인 초국적 순간은 거의 없었다. 그렇다 해도 소박한 생활 방식을 강조하고 교육기관, 상업 활동, 군사 기관 및 여타 국가 기관을 공격한 점에서 중국 문화혁명은 서구에서 벌어진 문화혁명과 유사했다. 리처드 울린Richard Wolin에 따르면, 대항문화 혁명가들 사이의 연계는 중국과 프랑스의 급진주의자들 사이에서 특히 두드러졌다. 장폴 사르트르와 미셸 푸코Michel Foucault 같은 저명한 지식인들이 마오주의를, 또는 자신들이 마오주의의 핵심 메시지라고 여긴 이념을 받아들였다. 이들은 혁명의 격변 속에 있던 중국 학생들과 공명하고, 지식인들은 어디서나 "민중"과 더불어 시대에 뒤떨어진 타락한 생활 방식에서 해방되고자 하는 투쟁에 함께 나서야 한다고 선언했다.[66]

이러한 정치적·정신적 격변의 초국적 성격은 세계 다른 지역에서도 분명하게 나타났다. 일본에서도 1960년대에 보수적인 자민당 정부에 맞서 전국에서 저항운동이 일어났다. 집권당인 자민당 지도부에는 전쟁에 깊이 관여하고, 이제는 일본의 안보를 더욱 확실하게 미국의 '핵우산' 아래 두고자 일본과 미국이 1951년에 맺은 동맹 협정을 개정하려는 사람들이 있었다. 특정 사안에 집중한 저항운동이기는 하지만, 이 운동을 이끈 사람들은 종종 중국을 미국의 대안으로 거론하며 '민주주의'의 대의를 지지했다. 이 운동가들에게 민주주의란 "보수적이고 반동적인" 정치가, 관료, 자본가에게 맞서 인민이 권력을 장악하는 것을 의미했다. 새로운 안보 조약은 결국 일본 의회에서 비준을 받고 실행되었다. 그러나 처음부터 조약에 반대한 많은 사람뿐만 아니라 1960년대에 성년에 이른 젊은이들도 미일 안보 조약 반대 운동이 점점 더 확대되어 가는 전 세계적 저항운동의 일부라는 사실을 깨달았다. 따라서 이들은 미국과 동맹을 맺는 데 반대하지만, 유럽 인민과 마찬가지로 정치·사회 체제를 근본적으로 변화시키려 하는 미국 인민을 존중했다. 반면에 소수의 일본 급진파는 중국의 문화혁명에 공감하며 문화혁명을 미래의 물결로 보았다. 동시에 일부 극단적 비주류 집단이 계속 독자 노선을 견지하며 폭력 행위를 감행했지만, 결국 그로 인해 실패하고 말았다.(5부의 머리말에서 언급한 일본 외교관은 당시 도쿄 대학에서 프랑스 철학을 가르치고 있었다. 그는 동료들과 더불어 급진파 대학생들이 캠퍼스를 점거하고 수업을 취소시키는 상황을 목격했다. 이런 상황은 1970년대 초 일본 전역에서 되풀이되었다.)

이 모든 사건은 초국적 사상, 특히 초국적인 지적 협력에 어떤 영향을 미쳤을까? 실증적 증거를 살펴보면 긍정적인 영향도 있었고 부정적인 영향도 있었다. 한편으로는 국제 학술 교류가 전혀 위축되지 않고 이어졌다. 급진 운동이 확산하면서 전 세계적 상호 의존 의식이 높아졌기 때문에, 국제 학술 모임이 세대 차를 메우는 장으로 더 추동력을 얻었을 수 있다. 다양한 나라에서 온 구세대와 너무 어려 전쟁을 경험하지 못한 세대를 대표하는 이들이 함께 모여 과거를 연구하고 비교 관점을 심화할 수 있었다. 가장 성공적인 국제 학술 교류 사례로 "일본의 근대화" 기획이 있다. 미국과 영국, 일본의 역사가와 사회과학자들이 1960년대 내내 이 기획에 참여해 성과물을 여러 권 내놓았다.[67] 컬럼비아 대학에서 일본 전문가들이 매달 모여 19세기 이후 일본의 외교를 재검토한 기획도 있었다.[68] 이러한 교류 중에서 아마도 가장 잘 알려진 성과로는 1969년에 일본에서 미국과 일본의 역사학자들이 모여 "진주만으로 가기까지the road to Pearl Harbor"를 논한 학술 대회를 들 수 있다. 그것은 전쟁이 끝난 지 사반세기가 지나기도 전에 전시에 적대국이었던 두 나라 연구자들이 모여 1941년 이전의 미일 관계에 관해 토론을 벌인 놀랄 만한 학문적 사건이었다. 참석자들은 각자 자기 나라가 내린 결정을 옹호하는 데 매몰되지 않았다. 그 대신에 그들은 어떻게 정책 입안자들과 대중이 꾸준히 전쟁을 향해 나아갔는지를 비교의 관점에서 함께 연구했다.[69] 모임의 유일한 흠은 학내 위기를 해결하느라 참석을 취소할 수밖에 없었던 학자가 소수 있었다는 점뿐이다. 당시에 중국과 일본, 또는 중국과 미국의 학자들을 함께 모을 만한 비슷한 모임은 없었다. 이 문제와 관련하여 반체제 사상의 초국적 확산에도 불구하고 냉전의 분계를 넘어선 지적 협력은 아직 거의 이루어지지 않았다. 그러한 협력은 러시아와 동유럽의 지식인들이 서구로 옮겨 가 역사학과 여타 학문의 어휘를 풍성하게 하면서 비로소 이루어졌고, 1980년대 초 이후 활발해지기 시작했다.

여타 아시아 지역에서는 상황이 훨씬 더 복잡했다. 1960년대와 1970년대의 중심 사건은 베트남 전쟁이었다. 이 장에서는 북베트남인(그리고 남베트남에 거점을 둔 그들의 동조 세력 베트콩)과 남베트남인 모두 자신들의 상황을 그저 냉전의 양 진영이 벌인 세력 다툼의 틀에서가 아니라 초국적 언어로 표현하려 한 점을 언급하는 것으로 충분할 듯하다. 호찌민을 비롯한 하노이 지도자들은 자유와 정의, 자결을 내세우며 세계 여론에 호소했다. 반면에 1963년 암살당할 때까지 응오딘지엠이 이끈 사이공 정권은 반도의 남쪽 절반을 국가 건설과 경제 발전의 언어로 소개했다.[70] 북베트남이 남베트남을 제압하고, 1975년에 미군이 철수하자 새로 통일된 베트남은 이 두 가지 접근법을 결합했다. 아마도 그 때문에 통일 베트남이 마오주의가 지배하는 중국보다 덜 급진적이라는 인상을 주었을 것이다. 그에 반해 이웃 나라 캄보디아에서는 중국식 문화혁명을 극단적인 형태로 수용했다. 크메르루주Khmer Rouge 정권(1975~1978)은 "농촌으로의 귀환back to the land"이라는 명목으로 지식인과 전문가를 체포하고 추방하고 살해했다. 크메르루주의 만행은 베트남이 캄보디아를 침공해 정권을 종식할 때까지 이어졌고, 그로 인해 중국과 베트남 사이에 전쟁이 발발했다. 이 이야기는 아시아 국제 관계사의 일부다. 하지만 중국과 캄보디아에서 자행된 극단적 만행 때문에 나머지 세계가 용인할 수 있을 정도로 상황이 바뀔 때까지 사실상 모든 초국적인 교류와 접촉이 거부된 데 주목할 필요가 있다.

따라서 1960년대에 벌어진 세계적인 문화혁명은 초국주의 관점에서 긍정적인 측면과 부정적인 측면이 모두 존재했다. 부정적 측면, 예를 들어 여러 나라에서 나타난 반지성주의는 개탄할 만하다. 하지만 가장 전망이 밝았을 때는 세계적인 문화혁명이 서로 다른 나라 사람들을 묶어 주는 공통의 인간성과 보편적 어휘에 대한 공감을 심화하는 데 이바지한 점에 주목해야 한다. 이즈음에 일본을 비롯한 여러 나라에서 빅토어 프랑클의 영향력이 커진 것은 결코 우연이 아니다.(프랑클은 1969년에 일본을 방문했다.[71]) 프랑클이 말로 표현하기 어려운 역경 앞에서도 보편적 인간성을 강조한 점이 1960~1970년대의 혼란을 겪던 사람들의 관심을 끌었다.

표면적으로 중동에서는 보편적인 것은커녕 그 비슷한 것도 찾아보기가 어려워 보였다. 중동에서는 여전히 팔레스타인 문제가 두드러진 쟁점이었고, 그로 인해 1967년과 1973년에 아랍 국가들과 이스라엘 사이에 무력 분쟁이 발생했다. 하지만 중동에서도 초국적인 사상과 운동을 찾아볼 수 있다. 그중 하나는 "아랍주의Arabism"로 불리기도 하는 아랍 통합 사상으로, 많은 중동 국가가 독립을 획득할 때 큰 영향을 미쳤다. 이집트의 지도자 가말 압델 나세르가 강력하게 주창한 아랍주의는 제3세계주의와 아랍민족주의, 사회주의를 아우른 것으로 1960년대에 중동에서 이념적·정치적 영향력을 행사했다. 그러나 초국적 세력으로서 아랍주의는 1967년의 중동전쟁 이후 힘을 잃고, 무슬림 형제단Muslim Brotherhood과 종파적 이슬람 같은 더 전투적인 운동에 가려졌다. 이들 또한 초국적 현상이지만, "성전holy war"을 내세우면서 거리낌 없이, 특히 이스라엘과 그 지지자들을 향한 폭력을 옹호했기 때문에 주목받았다.

초국주의를 고무하는 데는 아마도 프란츠 파농, 에드워드 사이드 등의 사상이 더 성공적이었던 것으로 보인다. 이들의 사상은 서구가 중동 및 아시아 전체를 이해해 온 지적 틀과 비서구가 자기를 바라봐 온 방식에 도전했다. 알제리 작가 프란츠 파농은 1961년에 발표한 『대지의 저주받은 사람들』에서 옛 식민지 주민 모두가 제국주의자들이 부과한 언어와 사고, 생활 방식에서 폭력을 통해서라도 해방되어야 한다고 촉구했다.[72] 단지 서구에서 온 유입물을 다시 토해 내는 데 그치지 않고 독자적으로 사고하기 위해서는 정신 혁명이 필요했다. 이러한 사상은 서구 문화혁명가들이 제시한 사상과 놀랄 만큼 비슷했다. 이처럼 서구와 비서구에서 유래한 급진 사상이 어우러져 인간의 활동과 과거, 현재, 미래를 규정하고 설명해 온 패권적 이념인 서구the West를 탈중심화하는 길을 함께 닦았다. 이 주제는 4장에서 다시 살펴보려고 한다.

사이드의 영향력 있는 저서 『오리엔탈리즘』은 파농의 『대지의 저주받은 사람들』이 나오고 17년 뒤인 1978년에 발표되었다.[73] 사이드는 팔레스타인 출신 미국 학자로, 서구("서양the Occident")가 비서구the non-West("동양the Orient")에 세계를 바라보는 개념적 틀을, 심지어는 자기를 어떻게 바라보아야 할지를 규정하는 개념적 틀을 부과했다고 주장했다. 사이드에 따르면, "동양"이라는 개념 자체가 서양에서 들어온 수입품이었다. 즉, "동양"은 이른바 "동양의Oriental" 나라에 존재하지 않았으며, "타자", 즉 서구가 표상하는 모든 것, 즉 운동, 진보, 과학, 심지어 아름다움의 반대를 의미했다. 사이드는 파농의 사상에 공명해 "타자"가 독자적으로 사고하고, 서구의 지적·이념적 지배에서 스스로 해방되어야 할 때가 왔음을 시사했다. 어떤 면에서는 파농과 사이드의 사상이 유네스코 같은 단체들이 계속 시도해 온 동서 간 대화를 가로막는 듯 보였지만,

1960~1970년대에 전 세계에서 익숙한 사상과 전제를 재검토하게 한 세계적 초국주의의 어휘에 잘 들어맞기도 했다.

미국의 극작가 에드워드 앨비Edward Albee가 1966년에 발표한 희곡「미량천칭A Delicate Balance」은 이러한 상황을 적절하게 묘사한 작품이라고 할 수 있다.[74] 이 작품은 중산층의 교외 주택에 거주하는 노부부를 중심으로 한 가족이 미묘한 균형을 유지해 나가는 모습을 그렸다. 은퇴한 사업가인 남편과 그 아내는 생활의 질서를 유지하려 하지만, 알코올 중독자인 아내의 여동생이 끼어들면서 상황이 복잡해진다. 부부는 외아들을 잃었고, 서른두 살인 딸은 이혼을 세 번 하고 네 번째 남편과도 헤어지려는 중이었다. 그다지 바람직하지 않은 상황에서 가족의 규범과 가족 모두가 이해하는 특정한 단어들, 심지어 표정과 몸짓을 통해 유지되어 온 "미묘한 균형"이 결국 주인공 부부와 절친한 다른 부부가 갑자기 들이닥치면서 깨지고 만다. 이들은 별 이유 없이 겁에 질려 주인공 가족의 집으로 와 버렸다. 극 중 상황은 1960년대에 겪은 익숙한 정치 질서와 정신세계의 붕괴를 떠올리게 한다. 모든 기성 규범과 체계가 완전히 붕괴하지 않았을지라도 끝없이 의심받는 중이었다.

1960년대의 문화적 소요도 결국 활기를 잃어 가는 듯했다. 중국 문화대혁명은 점차 기세를 잃고, 마오가 사망한 1976년 이전에 이미 흐지부지되었다. 서구에서도 '기성 체제establishment'가 권좌에 복귀했다.[75] 그러나 '1960년대'의 유산은 쉽게 지워지지 않았다. 이는 기본적으로 세계적 문화혁명의 일환인 심성의 초국화trasnationalization of mentality가 1960년대 이전부터 뚜렷해지기 시작해, 1960~1970년대에 다른 분야에서 동시에 이루어진 발전을 통해 강화된 추세를 확고하게 했기 때문이다.

세계시민사회?

'세계시민사회global civil society'보다 이러한 발전을 더 압축적으로 보여 주는 표현은 없다. '세계시민사회'라는 용어는 1970년대에 정치학자와 국제 관계 전문가들이 처음 사용하기 시작한 이후 점차 확산했다. '세계시민사회'에 관해서는 기준이 될 만한 정의가 없어서, 심지어 오늘날에도 그것이 정확하게 무엇을 가리키는지를 두고 의견이 엇갈린다. 역사적 관점에서 보면, '사회society'에 무슨 일이 일어나고 있는지 보여 주려고 '세계적global'과 '시민의civil'라는 관형어를 정연하게 붙여 놓은 것이 분명하다. 따라서 이 경우에 사회는 지역 집단보다는 '세계 공동체world community', 더 나아가 '인류humanity'에 가깝다고 볼 수 있다. 이제까지 '시민사회'는 한 나라 안에서 국가state와 별개인 존재를 지칭했다. 근대국가는 국가기구와 시민으로 구성되어 있다고 하고, 이 둘은 앨비의 희곡을 다시 떠올리면 나라의 생존과 번영을 지키려고 각자 맡은 임무를 수행하며 '미묘한 균형'을 이루었다. 국가와 사회를 나누는 이분법이 새롭지는 않았지만, 1960년대에 많은 나라에서 '인민people'이 '기성 체제'에 대항하면서 널리 통용되기 시작했다. 독일의 위르겐 하버마스Jürgen Habermas와 프랑스의 미셸 푸코 같은 영향력 있는 사상가들이 국가에 맞서 자율적으로 존재하는 '시민사회'라는 개념을 대중화했다.

1970년대 들어 시민사회 개념이 국제 무대로 옮겨지면서 세계적 존재로 여겨지기 시작했다. 다시 말해 전 세계가 두 개의 층위로 구성된 듯 보였다. 하나는 국가들로 이루어진 층위이고, 다른 하나는 '세계시민사회'로 구성된 층위였다. 세계정부 또는 그에 상응하는 조직이 부재하기 때문에 당연히 국가와 사회의 국내적 유추domestic analogy를 국제 무대에 문자 그대로 옮겨 놓을 수는 없다. 그렇지만 1960년대와 그 이후의 경험은 국경을 넘나드는 비국가 행위자들의 활동이 확대되어 가는 현상을 간과하고서는 현대 세계를 이해할 수 없다는 점을 시사하는 듯했다. 이러한 생각은 1970년대부터 정치학자들의 주도로 세계시민사회 사상과 어우러지기 시작했지만, 결국 다른 분야 학자들도 이에 동참해 1970년대를 이전보다 훨씬 더 초국적으로 만들었다.[76]

세계적인 비국가 행위자들은 누구였는가? 비국가 행위자는 국경을 넘은 이주자와 난민에서 관광객까지, 다국적기업에서 비정부기구에 이르기까지 다양했다. 이들은 오래전부터 존재했지만, 1970년대 들어 그 중요성을 인정받기 시작했다. 비국가 행위자들은 국가와 정부 간 기구들처럼 세계 공동체를 구성한다고 여겨졌다. 이는 비국가 행위자의 수가 1970년대에 점진적으로 (그리고 때에 따라 급격하게) 증가했기 때문이며, 동시에 많은 비국가 행위자가 개별 국가의 이해관계와 다른 초국적 이해관계를 도모했기 때문이기도 하다. 여기서는 다국적기업과 이주 같은 현상의 개요를 살펴보는 것으로 비국가 행위자와 발전하는 세계시민사회의 관계를 보여 주는 데 충분할 듯하다.

이와 관련해 유엔이 정기적으로 발행하는 국제 이주 통계는 상당히 의미심장하다. 유엔 자료는 일거리를 찾으려고 국경을 넘는 사람과 외국 거주자뿐 아니라 난민까지 포괄한다. 예를 들어 1960년에는 국제 이주자가 7300만 명 정도였는데, 1980년 무렵에는 거의 1억 명으로 늘어났다. 이러한 수치는 같은 기간에 30억 2300만 명에서 52억 7900만 명으로 늘어난 세계 전체 인구의 작은 부분에 불과하다.[77](경이적인 인구 증가의 이유는 여러 가지였는데, 특히 선진국에서 보건 의료가 향상되면서 기대 수명이 증가한 데서 비롯했다. 기대 수명의 증가는 매우 중요한 초국적 현상으로, 부유한 나라에서 경구 피임약의 사용 증가로 인한 산아제한뿐만 아니라 저개발 지역에서 여전히 높은 유아 사망률을 상쇄했다.) 하지만 학생, 사업가 등 이주 통계에는 포함되지 않지만 국경을 넘나드는 개인에 여행자까지 더하면 상황이 달라지기 시작한다. 이들은 외국에 단기간 체류하면서 고유한 초국적 경험을 쌓았다.

예를 들어 1960년에는 국제 여행객이 6900만 명에 불과했는데, 이는 세계 인구의 2퍼센트를 약간 넘는 수치였다. 20년 뒤에는 그 수가 2억 7800만 명으로 세계 총인구의 5퍼센트를 넘어섰다. 매년 열아홉 명당 한 명은 다른 나라를 방문한다는 이 통계는 변화하는 세계 상황에 관해 많은 점을 시사해 준다. 이러한 통계는 각 나라가 제공한 입국 자료에서 나왔기 때문에 복수의 국가를 방문한 사람이 통계에 여러 번 포함되었을 수 있다. 따라서 실제 해외여행객 수는 통계보다 적을 것이다. 그렇지만 1960년대 이후 수십 년 동안 관광이 눈에 띄게 성장한 점에 주목해야 한다.(국제 관광은 1980년대 초 세계무역에서 두 번째로 큰 비중을 차지한 부문이었다고 한다.[78]) 게다가 1960년에는 유럽과 북아메리카가 국제 관광객 절대다수의 목적지였지만, 아프리카와 중동, 특히 아시아가 점점 더 많은 관광객을 끌어모으면서 20년 뒤에는 그 비율이 86퍼센트로 떨어졌다. 비교할 만한 다른 범주의 일시적 국제 이주자, 즉 주로 사업가와 학생의 통계는 이들의 수도 같은 기간에 증가했을 뿐 아니라 이제 세계 모든 지역에서 이들을 볼 수 있음을 알려 준다. 석유 자원 덕분에 외국 투자자와 상인, 노동자를 끌어들이는 장소로 중동의 중요성이 높아진 것이 좋은 예다. 그러나 이 수십 년 동안 상당히 많은 일본의 은행가와 사업가가 북아메리카와 유럽뿐 아니라 다른 지역을 찾았다. 곧이어 한국, 타이완, 싱가포르, 인도 및 아시아 각지의 은행가와 사업가가 뒤따랐다. 이런 모든 활동의 결과로 서구뿐 아니라 수많은 나라의 자본과 노동, 시장이 어우러져 상품뿐만 아니라 발상idea을 생산하고 판매하는 다국적기업이 발전했다. 이 과정에서 세계무역이 놀랄 만큼 확대되었고, 중동과 동아시아가 세계시장에서 차지하는 비중이 점점 커졌다.

이러한 현상은 모두 초국적 접촉 사례로 세계시민사회의 발전에 이바지했다. 그것이 얼마나 초국적 사고를 심화시켰는지를 일반화하기는 어렵겠지만, 이러한 현상이 급속하게 늘어나면서 세계가 국가들, 특히 특정 시기에 국제 '질서'를 결정한 열강들로 구성되어 있다는 전통적 인식을 급격하게 바꿔 놓는 데 일조했다고 보는 것이 타당하다. 여전히 주권국가와 초강대국이 존재했다. 그러나 어느 수준에서는 이들 간의 '국제' 관계가 작동하지만, 비국가 행위자들이 여러 층위의 '초국적' 관계를 보태고 있었다.

세계 곳곳에서 점점 더 많은 국제 난민이 배출되고 있다는 점에서 이제는 국제 난민도 초국적이 되어 가고 있다고까지 말할 수 있다. 1960년에는 200만 명을 약간 넘는 난민이 전체 이주 인구의 2.9퍼센트를 차지했다. 반면 1980년 무렵에는 난민이 900만 명에 달해, 거의 1억 명에 이르는 국경을 넘나드는 사람의 9.1퍼센트를 차지했다. 그중 일부는 팔레스타인 사람들 같은 장기 난민이었다. 팔레스타인 난민은 이스라엘과 주변 아랍 국가 사이에 긴장이 이어지면서 고향으로 돌아갈 수 없게 되었다. 1980년에는 70만 명가량의 팔레스타인인이 이스라엘에 거주했다. 하지만 100만 명이 넘는 팔레스타인 난민이 여전히 레바논과 요르단, 시리아 같은 주변 아랍어권 국가에 체류했다. 더 최근에 발생한 동남아시아 난민도 있다. 베트남 전쟁이 끝나고 5년이 지난 후인 1980년에 동남아시아 난민의 수는 39만 명에 달했다. 베트남 난민 다수는 하노이 정부가 베트남을 통일하자 남베트남을 떠난 이들이었다. 그들은 미국과 캐나다를 비롯해 그들을 받아 준 여러 나라에서 새로운 터전을 찾았다. 베트남이 1978~1979년에 크메르루주 정권을 무너뜨리려고 캄보디아를 침공하면서 캄보디아에서도 난민이 발생했다. 50만 명에 가까운 캄보디아인이 국경을 넘어 태국에 설치된 난민촌에 들어갔다. 베트남과 캄보디아를 떠난 많은 난민이 오스트레일리아와 말레이시아 등지로 가려고 작은 배를 타고 대양을 떠돌기 시작하면서 '보트피플boat people'로 알려지게 되었다. 이 나라들은 동티모르 난민에게도 피난처로 떠올랐다. 동티모르 난민은 인도네시아가 동티모르의 독립을 위협하고 동티모르를 침공해 잔혹한 전쟁을 벌인 까닭에 고국을 떠나야 했다. 아프리카에서도 마찬가지로 처참한 상황이 벌어졌다. 앙골라 내전으로 수십만 명이 잠비아와 자이르[9] 같은 주변 국가로 피난을 떠나야 했다. 에티오피아와 에리트레아 사이에 벌어진 장기간의 전쟁은 1960년대 초에서 1990년대 초까지 계속되었고, 50만 명에 달하는 난민이 피난처를 찾아 수단과 예멘으로 떠났다.

이러한 대규모 이주가 국내에서, 그리고 국제적으로 미친 영향은 어렵지 않게 찾아볼 수 있다. 창립할 때부터 인류의 복지 증진을 목표로 삼은 유엔은 이주자와 난민이 직면한 건강, 교육, 주거 등의 문제를 유엔 난민 고등판무관 사무소Office of the United Nations High Commissioner for Refugees: UNHCR를 통해 해결하고자 했다. 그러나 그 과정에서 각 나라의 도움이 필요했다. 유엔은 각 나라가 매년 일정 수의 국제 난민을 받아들이게 하는 데 중요한 역할을 했다. 주로 북아메리카와 서유럽의 국가들이 자발적으로 난민을 인정했다. 지구촌의 대두는 이런 정책의 산물이기도 했다. 그 어느 때보다 더 국가와 국제기구가 나서서 국경을 넘는 사람들, 그리고 때로는 무국적자 문제까지 해결하려 고심했다. 그 와중에 각 나라가 매우 다양한 배경을 가진 사람들을 받아들이면서 주권국가들의 민족 구성이 달라지기 시작했다. 가장 많은 수의 난민을 받아들인 미국에서는 통합이나 순응보다 다양성을 국가의 특성으로 거론하기 시작했다. 네덜란드와 스웨덴, 오스트레일리아 등지에서도 같은 추세를 볼 수

_____ **9** 현 콩고 민주공화국.

있었다.

이 같은 현상은 분명히 초국적으로 영향을 미쳤다. 첫째, 소수민족의 주거지와 공동체를 이제 전 세계에서 볼 수 있게 되었다. 예를 들어 베트남인이 북아메리카와 오스트레일리아, 유럽 각지로 흩어져서 베트남 음식이 중국 요리나 일본 요리와 마찬가지로 더는 '이국적'으로 느껴지지 않게 되었다. 다시 말해 베트남은 국경을 가진 국가일 뿐 아니라 전 세계에 흩어진 베트남 사람들로 대표되는 초국적 존재였다. 다른 나라들도 마찬가지였는데, 특히 1970년대 초에 외부 세계에 문호를 개방한 이후 중국과 중국인들이 그러했다.

초국적 노동자가 늘어나면서 이러한 현상은 가속했다. 초국적 노동자들은 영원히 고국을 떠나지는 않았지만, 그들을 받아들인 나라의 노동력 구성에서 중요한 비중을 차지하기 시작했다. 인도네시아에서 태어난 화교 출신으로 화교 연구의 권위자인 왕궁우王賡武는 이들을 "일시 체류자sojourners"로 부르고, 목적지로 삼은 나라에 머물면서 영주민이나 시민이 되는 이민자와 구별했다.[79] 일시 이주자에 관한 놀랄 만한 사실은 1960년대부터 수용국에 정착해 결국 이민자가 된 사람들까지 포함한 일시 체류자의 대부분을 비유럽인이 차지하기 시작했다는 점이다. 특히 일거리를 찾아 나선 노동자들이 그러했다. 예를 들어 독일 경제가 성장하면서 터키인 수십만 명이 독일로 건너가 일자리를 채웠다. 마찬가지로 프랑스는 대부분 옛 프랑스 식민지 출신인 북아프리카인 수백만 명의 터전이 되었다. 네덜란드도 인도네시아와 수리남 같은 옛 식민지 사람과 모로코 등지의 노동자를 끌어들이기 시작했다. 이런 나라에서는 외국에서 태어난 사람이 전체 인구에서 차지하는 비중이 점차 증가해 1990년대에는 거의 10퍼센트에 달했다. 동아시아에서는 1965년에 미국이 이민법을 개정해 1920년대부터 유럽인에게 유리하게 작용해 온 할당제를 폐지한 뒤로 점점 더 많은 한국인이 고국을 떠나 미국으로 향했다.(할당제하에서 라틴아메리카인은 규제받지 않았다. 그러나 비백인으로 구분된 아시아인과 아프리카인, 아랍인 등은 완전히 배제되었다.) 이제 아시아에서 오는 이민이 유럽에서 오는 이민을 수적으로 앞서게 되었다. 1960~1970년대에는 한국과 타이완에서 온 이민자가 가장 많았지만, 얼마 지나지 않아 중국과 남아시아(인도와 파키스탄)에서 온 이민자가 더 많아졌다. 그 결과 미국과 몇몇 유럽 국가에서 민족적 다양성이 더욱 뚜렷해졌다.

이러한 현상은 세계 공동체에 아주 뚜렷하게 또 다른 초국적 층위를 덧붙였다. 그러나 그것들이 얼마나 초국적 사고를 강화했을지를 밝혀내기는 훨씬 어렵다. 다양한 민족 출신이 전례 없이 많이 들어와 '혼종' 인간 및 공동체를 형성하면서 공통의 인간성 의식을 확인하고 강화했을까? 아니면 더욱 국지적이고 편협한 태도를 초래했을까? 학자들이 이러한 현상의 특성을 설명하려고 사용하기 시작한 개념인 '혼종성'은 한 나라에 유익한 발전으로 보였을까? 아니면 '순수성purity'이 어떻게 정의 내려지든지 간에, 대다수 사람은 자기 사회의 '순수성'을 유지하기를 선호했을까? 물론 수백만 명의 개인을 일반화할 수는 없다. 그러나 우리는 적어도 이 문제를 살펴보는 데 도움이 될 만한 두 가지 현상, 즉 '다문화주의'와 '두뇌 유출brain drain'을 살펴볼 수 있을 것이다. 이 두 현상은 지난 수십 년 동안 심화했다.

두뇌 유출과 다문화주의는 서로를 강화했다. 두뇌 유출을 통해 의사와 과학자, 학자, 교육자들이 제3세계에서 미국과 유럽으로 이동했다. 두뇌 유출은 이제 막 경제와 교육, 의료를 근대화하려고 노력 중이던 이들의 출신 국가에 매우 심각한 문제를 초래했다. 하지만 두뇌 유출의 물결은 모든 유형의 인간 활동을 포괄하는 초국적 네트워크가 확대되면서 나타나는 불가피한 측면이기도 했다. 외국 학생의 경우도 마찬가지였다. 아시아와 중동, 아프리카, 라틴아메리카 출신 학생이 점점 더 많이 서유럽과 북아메리카, 오스트레일리아에서 교육을 받으려고 했다. 미국은 매년 국제 학생의 3분의 1가량을 자국 대학에 유치했다. 하지만 1960년에 미국 내 국제 학생 수는 5만 명을 넘지 않았으며, 미국 전체 학생 인구의 1.3퍼센트 정도를 차지했다. 국제 학생 수는 1980년에 여섯 배로 늘어나 30만 명, 즉 미국 전체 학생 인구의 2.6퍼센트를 차지했다. 영국과 프랑스, 네덜란드에도 남아 있는 식민지나 옛 식민지에서 온 학생 인구가 상당히 많았지만, 미국만큼 외국 학생이 대학에서 높은 비율을 차지하는 나라는 없었다. 많은 외국 학생이 유학한 나라에 남아 그 나라 학계에서 중요한 비중을 차지하게 되었다. 1970년대에 중국과 서방 국가들이 공식(혹은 비공식)적으로 관계를 정상화하자마자, 유럽과 미국의 대학에 들어오기 시작한 중국 본토 출신 유학생이 느리지만 꾸준히 늘어난 점이 특히 두드러졌다.

두뇌 유출에 자극받기도 했지만, 1960~1970년대에 서구 및 여타 지역에서 일어난 사회적·문화적 변화로 다문화주의의 영향력이 더욱 커졌다. 다문화주의는 국가들이, 그리고 전 세계가 서로 가까이 살면서 각자 고유하지만 뒤섞이기도 하는 전통과 생활양식을 가진 다양한 사람들로 구성되어 있다는 생각이다. 예전에는 지구가 별개의 민족 집단과 문명으로 나뉘어 있다는 생각이 일반적이었다면, 새로운 관점에서는 이러한 실체들이 한데 묶여 하나의 인간 집단과 인류, 그리고 모든 사람을 포괄하는 하나의 문명으로 존재했다. 그러나 인류와 인류 문명은 동질적이거나 단일해 보이지 않았으며, 오히려 무한한 다양성을 담고 있었다. 통일성은 다양성을 바탕으로 형성되거나 다양성과 공존했다.('혼합 결혼mixed marriages'에 관한 정확한 통계를 얻기 어렵지만, 1960년대부터 수십 년 동안 다른 인종 간 결합으로 이루어진 가구와 다른 인종 간에 태어난 아이들이 눈에 띄게 증가한 것으로 보인다. 1962년에 태어난 버락 오바마가 가장 유명한 예라고 할 수 있다. 1970년대 초에 비틀스 멤버이자 일본인 아내를 둔 존 레넌John Lennon이 미국을 "유라시아 혼혈아를 키우기에 가장 좋은 장소"로 꼽았다. 그러나 레넌은 아마도 미국뿐 아니라 점점 늘어 가는 중이던 다른 지역의 혼혈아들도 염두에 두고 그런 말을 했을 것이다.[80])

따라서 새로 등장한 세계시민사회는 인류 통합 사상과 셀 수 없이 다양한 생활 방식 및 사고에 대한 존중 사상을 아울렀다. 역사학자 아서 만Arthur Mann이 미국사의 맥락에서 "하나와 다수the one and the many"라 지칭한 이 두 가지의 공존은 혼종성 수용, 즉 다양한 배경을 가진 사람들 및 단체들의 공생과 협업을 장려했다. 우리는 이러한 상황을 세계 문화global culture 발전과 다국적기업의 놀랄 만한 증가를 통해 살펴볼 수 있다. 여기서는 이러한 발전을 초국주의의 맥락에 놓기 위해 개략적으로 살펴보는 것으로 충분할 듯하다.

세계 문화는 '주류mainstream' 문화 상품과 '주변부peripheral' 문화 상품의 국경을 초월한 공유를 의미했다. 세계적으로 공유된 문화 상품이라 하면 보통 열광적인 인기를 얻은 로큰롤을 떠올리게 된다. 로큰롤은 냉전의 분계를 쉽게 뛰어넘고, 가사와 선율을 결합하는 새롭고도 보편적인 방식을 제시하면서 '지배적hegemonic'이 되었다. 나라마다 변형이 존재했지만, 로큰롤이라는 음악 장르는 새로운 물결을 일으키며 재즈와 블루스, 컨트리 음악을 넘어섰다. 그러나 이 시기에 세계 문화의 무대에서 유일하게 주목할 만한 발전을 이룩한 것으로 로큰롤에만 초점을 맞추는 것은 옳지 않다. '고급문화high culture' 영역에서도 이 수십 년 동안 초국적 교류가 뚜렷하게 나타났다. 클래식 음악계에서는 냉전의 분계에 자주 틈이 생기곤 했다. 미국과 다른 서방 국가 출신 피아니스트들이 모스크바와 프라하를 비롯한 동유럽 도시에서 열린 경연 대회에 계속 참가해 우승을 거두기도 했다. 마찬가지로 반대 방향의 움직임도 존재했다. 예를 들어 1961년에는 키로프 발레단이 파리에서 공연하고, 1년 뒤에는 레닌그라드 발레단이 북아메리카 도시를 순회했다.(키로프 발레단 무용수인 23세의 루돌프 누레예프Rudolf Nureyev가 파리 공항에서 망명한 뒤 유럽과 미국의 발레 무대에서 스타로 부상했다.) 필라델피아 관현악단은 워싱턴과 베이징의 공식 관계가 재확립되자마자 중화인민공화국을 방문했다. 1960~1970년대는 클래식 음악 녹음의 전성기였다. 녹음기가 확산된 덕분에 모든 사람이 쉽게 클래식 음악을 접할 수 있게 되었다. 특히 소니에서 개발한 워크맨을 가지고 다니면서, 걷거나 자전거 또는 기차를 타면서 좋아하는 음악을 들을 수 있게 되었다. 그러는 사이에 아직 주변적이었던 문화 활동이 더 넓은 지역에 소개되고 서로 뒤섞이기 시작했다. 1972년에 설립된 일본국제교류기금Japan Foundation과 영국 문화원British Council, 독일 문화원Goethe Institute, 알리앙스 프랑세즈Alliance Française를 비롯한 반semi공식 조직들이 국경을 초월한 문화 교류를 증진하고자 했다. 한국과 타이완, 중국 본토를 비롯한 아시아 각지에서도 유사한 단체들이 만들어졌다. 이러한 단체는 공적 자금을 지원받았지만, 미국의 포드, 카네기, 록펠러 재단 같은 민간 문화 교류 조직과 비슷한 방식으로 운영되었다.

문화 단체의 활동에 참여하지 않는 사람들도 음식과 패션, 영화 같은 분야에서 세계적 문화 교류망의 일부가 되었다. 이주의 물결이 퍼져 나가면서 비서구 음식도 당연히 유럽과 북아메리카, 오세아니아로 퍼져 나갔다. 서구

—2016년 11월, 소니 워크맨의 초기 모델이 전시되어 있다. 일본에서 발명되고 생산된 이 간편한 휴대용 오디오 기기는 세계 각지의 사람들을 쉽게 연결해 주는 대중문화의 상징이 되었다. (Wikimedia Commons, ⓒ Yoshikazu TAKADA)

어느 나라에나 중국 식당이 있지만, 대부분 광둥요리에 국한되었다. 그러나 이제는 베이징요리와 상하이요리 같은 다른 다양한 요리를 접할 수 있게 되었다. 일상적 일화를 통해 점점 더 많은 미국인과 유럽인이 젓가락 사용에 능숙해지고 있음을 엿볼 수 있다. 이는 한국과 일본, 동남아시아의 요리가 인기가 높아진 덕분에 나타난 현상이기도 했다. 한국과 일본의 사업가들이 대개 자국에서 온 요리사들이 만든 자국 요리를 대중화시키기도 했다. 더는 일본 음식의 중심인 생선회를 이국적이거나 맛없고 비위생적인 음식으로 여기지 않게 되었다. 일본계 주민뿐 아니라 점점 더 많은 미국인과 유럽인이 생선회와 더불어 두부 같은 식품이 건강에 좋고 맛도 있다고 인정하기 시작했다. 마찬가지로 베트남 전쟁 이후 유입된 베트남인을 비롯한 동남아시아인들 덕분에 서구인들이 베트남과 태국의 음식에도 익숙해졌다. 동시에 아시아 국가에서 서양 음식, 특히 미국, 프랑스, 이탈리아의 요리를 제공하는 식당도 빠르게 늘어 갔다. 햄버거와 핫도그가 미국 문화의 일부로 아시아인들을 사로잡았다. 일본 최초의 맥도날드 체인점은 1970년대 초에 문을 열었다.

패션에서는 리바이스Levi's가 미국에서 공격적인 판매 활동을 벌인 이후 서구에서 대중화된 청바지가 전 세계 청년층과 더불어 장년층까지 하나로 모으며 일상복으로 인기를 끌었다. 점점 더 많은 비서구인이 파리와 뉴욕 등지에서 열리는 패션쇼에 참석했고, 유럽과 북아메리카에 자기 매장을 여는 국외자들도 있었다. 최신 유행하는 옷을 입은 '바비 인형'이 국제적으로 인기를 끈 것도 주목할 만하다. 텔레비전 수상기가 세계 각지에 보급되면서 사람들이 유행하는 스타일을 어디서나 볼 수 있게 되었고, 그것을 모방하기 시작했다.

영화 관람도 유행이 되었다. 1960년대에는 「졸업The Graduate」이나 「시계태엽 오렌지A Clockwork Orange」 같은 비순응적이면서 대항문화적이기도 한 영화가 주목받았다. 「졸업」은 할리우드에서, 「시계태엽 오렌지」는 영국에서 만들어졌다. 「졸업」에는 더스틴 호프먼Dustin Hoffman이 출연해 옛 여자 친구의 결혼식을 중단시키고 함께 도망치는 대학생을 연기했다. 영화 앞부분에서 더스틴 호프먼은 여자 친구의 어머니와 관계를 갖는다. 영화 속에 나오는 이런저런 일화는 시대에 뒤처지고 위선적인 전통 가족관과 도덕 기준의 붕괴를 보여 준다. 그 대신에 이제 자신의 욕망과 신념에 솔직해지려는 의지가 주요한 원동력이 되었다. 「졸업」은 미국에서 널리 호평을 받았고, 다른 여러 나라에서 상영되어 다른 나라 관람객들도 대항문화 세대가 미국에서 만들어 내는 것들을 간접적으로 공유했다. 미국 출신인 스탠리 큐브릭Stanley Kubrick 감독이 만든 「시계태엽 오렌지」도 모든 사회 규범을 무시하고 기성 체제에 맞서 폭력을 행사하는, 심지어 그 과정에서 집단 강간에까지 가담하는 영국의 불량 청소년들을 보여 준다. 그들은 코크니cockeney[10] 은어에 슬라브 단어를 뒤섞어 썼다. 큐

_____ 10 이스트엔드 노동자 계급이 주로 사용하던 런던 토박이 영어로, 런던의 서민층과 젊은 이들 사이에서 많이 들을 수 있다.

브릭의 영화는 더 어린 세대의 대항문화 충동을 극단적으로 그려 다른 지역의 젊은 남성과 여성들에게도 반향을 불러일으켰다. 「시계태엽 오렌지」는 잭 니컬슨Jack Nicholson과 워런 비티Warren Beatty, 데니스 호퍼Dennis Hopper 같은 다른 반영웅antiheroes과 반체제 배우들에게 영감을 주었다.

물론 이런 극단적 표현이 전통 질서와 국가관을 위협한다고 본 사람들에게서 때로는 과격하기까지 한 저항과 반발이 터져 나오기도 했다. 미국과 유럽의 반대파에는 전통 가치의 붕괴와 다름없는 다문화주의가 서구 문명을 파멸시킬 것처럼 보였다. 앞서 언급한 영화들이 예시한 성도덕 붕괴는 보수주의자뿐만 아니라 대항문화 운동이 지나치다고 여기는 자유주의자에게까지 경종을 울렸다. 수많은 보수주의자와 자유주의자가 낙태 안건과 동성애 안건을 둘러싸고 하나로 뭉쳤다. 미국 대법원은 1975년에 내린 로 대 웨이드 판결을 통해 특정한 상황에서 낙태를 합법화했다. 이 판결은 태아를 생명체로 보고 낙태를 살인이나 마찬가지로 여기는, 가톨릭교회를 비롯한 이들에게 비난받았다. 일부 국가, 특히 유럽의 개신교 국가뿐만 아니라 중국과 일본 등지에서도 낙태를 합법화했다. 그러나 로 대 웨이드 판결은 바티칸 및 라틴아메리카 등지의 가톨릭교도에게 생명의 신성함을 향한 헌신을 되살리려는 투쟁의 구호가 되었다. 이들은 생명의 신성함이 태아가 수정되는 순간 생겨난다고 주장했다. 동성애에 대해서도 마찬가지였다. 동성 결혼은 여전히 대다수 국가에서 불법이었지만, 점점 더 많은 동성 커플이 스스로 동성애자임을 밝히려 했다. 명백하게 동성애를 주제로 삼은 영화와 드라마가 많은 이의 관심을 끌기 시작했다. 예를 들어 성 정체성을 찾아 나선 두 명의 게이가 등장하는 미셸 트랑블레Michel Tremblay의 희곡 「호산나Hosanna」는 1973년에 퀘벡에서 처음 무대에 올려진 뒤 곧바로 토론토와 뉴욕 등지에서도 공연되었다. 동성애 단체들의 초국적 관계망이 확대되면서 세계 각지에서 적대적 반응을 초래하기도 했다. 1970년대에 아프리카를 필두로 동남아시아 등지에서 주로 동성애자들 사이에 에이즈가 발병하자 에이즈 감염에 대한 두려움이 전 세계에서 동성애를 향한 반감을 불러일으켰다. 동시에 비정부 단체와 유엔이 나서 에이즈 확산에 대처하기 시작했다.

이러한 방식으로 세계 문화의 발전은 수많은 초국적 접촉 및 운동을 낳았다. 세계 각지에서 국가 건설이 계속되고 냉전이 심화하고 있었지만, 간접적인 초국적 순간이 어디서나 만들어지면서 훨씬 더 중요한 현상이 일어나, 세계 곳곳에서 사람들의 의식과 행동에 영향을 미치고 있다는 생각을 하게 했다. 그 과정에서 사람들의 심성이 근본적으로 영향을 받았고, 심지어 변하기도 했다.

만약 이러한 것들을 이른바 세계시민사회의 토대가 되는 초국적 문화 현상의 예라 한다면, 초국적 문화 현상은 다국적기업의 활동을 통해서도 강화되었다. 그 배경에는 제2차 세계대전 직후에 미국 경제가 누린 패권적 지위의 점진적 약화가 있었다. 미국 경제가 약화하는 징후는 1960년대와 1970년대에 걸쳐 브레턴우즈 체제의 중추인 달러화가 점차 그 우월성을 잃어 간 사실에서 가장 뚜렷하게 드러났다. 영국, 프랑스, 일본 같은 나라가 경제적으로 발전하고 해외무역이 증가하면서 더 많은 달러화를 보유하게 되었다. 그에 따라 이들 나라의 통화인 파운드스털링화, 프랑화, 엔화의 가치도 상승했다. 바꿔 말하면 세계무역과 금융 거래가 점점 더 다원화하면서 달러화도 이제 주요 통화 중 하나일 따름이었다. 이러한 통화들의 가치가 하루하루 변동을 거듭하면서 환투기의 가능성을 열어 놓았다. 실제로 1980년대 들어 환투기가 널리 퍼졌다. 따라서 (각 기업의 모국이 수립한 법과 정책 체계 내에서 활동하는 기업들 사이에서 이루어지는) 경제 교류는 국제적인 만큼 (국경을 초월하는 개인과 민간 기관 사이에서) 초국적이 되었다.

다국적기업의 성장은 그러한 추세를 잘 보여 주는 지표다. 다국적기업은 두 나라 이상의 자본, 기술, 노동이 모여 전 세계에 판매될 재화와 용역을 생산하는 초국적 사업체다. 여러 나라의 금융가와 제조업자, 노동자, 소비자가 초국적 행위자가 되어 가장 잘 그리고 많이 이윤을 내는 생산, 판매, 소비 수단을 찾아내려 했다. 다국적기업의 수는 1970년에는 100개에 못 미쳤지만, 1980년 무렵에는 900개를 넘었다.[81] 다국적기업은 국경을 가로지르는 가교를 놓는다는 점에서뿐만 아니라 국가적 고려보다는 사업의 이해관계에 따라 움직인다는 점에서 초국적이었다. 다국적기업은 본질적으로 비국가적이었다. 활동 무대가 되는 국가의 규칙과 지침에 따라야 하지만, 반드시 특정 국가의 정책이나 목표를 따르거나 지지할 필요는 없었기 때문이다. 이러한 상황은 제1차 세계대전 이전의 상황과 대조적이었다. 제1차 세계대전 이전에는 기업이 특정한 나라에 훨씬 더 깊이 뿌리내리고, 앞다투어 민족주의적 경쟁에 뛰어들었다. 국가들, 그중에서도 미국은 관세 장벽을 세워 국내의 제조업자를 보호하려고 했다. 그와 반대로 20세기의 마지막 수십 년 동안에는 기업이 세계적인 경제 교류를 지지하는 다수의 정부가 만든 틀 안에서 운영되었고, 출신국에 상관없이 경쟁을 벌였다. 이전에는 국제적 경제 활동이 존재했지만 세계시민사회가 존재하지 않았다면, 이제는 이 둘이 서로에게 힘을 실어 주었다.

'세계화'는 1960년대나 1970년대에는 아직 널리 통용되지 않던 용어였다. 그러나 이 기간에 전 세계의 경제는 분명히 세계화의 방향으로 나아가고 있었다. 닉슨 행정부가 1971년 7월에 취한 경제정책[11]이 초래한 "닉슨 쇼크Nixon shock"는 달러 가치를 떨어뜨리며 경제 세계화가 이제 그 어느 때보다 초국적이 되어 가는 중임을 잘 보여 주었다. 다시 말해서 국제무역 및 투자 증가 상황과는 별도로 세계화의 주역들이 점점 더 널리 흩어져 나갔다. 브레턴우즈 체제는 주요 국가의 정부 간 협력을 토대로 작동하다가 1971년부터 달러 가치가 평가절하되기 시작한 이후에도 제한적으로 유지되었다. 그러나 국가 간 거래 체제 바깥에서는 초국적 연계가 점점 더 확대되어 갔다. 1970년대 세계 경제의 침체에도 불구하고 세계무역이 감소하지 않은 것은 아마 그 때문이기도 했을 것이다.

1970년대의 경기 침체는 주로 중동에서 생산되는 원유 가격이 세 배에서 네 배 폭등한 '석유파동'에 기인했다. 석유파동은 1973년에 석유수출국기구 인접국을 공격한 이스라엘에 보복하려고 내린 의도적 결정 때문에 일어났다. 이스라엘뿐만 아니라 이스라엘을 지지한다고 여겨진 미국과 서유럽, 일본 등이 석유수출국기구 회원국의 대다수를 차지하는 아랍 국가들로부터 보

___

11 달러와 금의 교환을 정지하고 수입관세를 10퍼센트 부과하는 조치 등을 포함하는 달러 방어 정책으로 브레턴우즈 체제 시대가 서서히 막을 내리는 계기가 되었다.

복을 당했다. 아랍 국가들은 이들 나라가 수입 석유에 의존하고 있음을 인지하고, 원유 산출량을 줄여 가격을 올리는 방식으로 취약점을 공략했다. 이러한 결정은 1979년에 되풀이되었다. 그 결과 에너지 비용이 막대하게 증가하면서 오랜만에 처음으로 석유 수입국에서 무역 적자를 초래했다. 1970년대의 세계 에너지 위기로 인해 많은 나라가 대체에너지원을 찾아 나서야 했다. 미국과 소련, 유럽 국가들뿐 아니라 일본까지도 1950년대 말에서 1960년대에 걸쳐 원자력발전소를 건설해 왔다. 1970년대에는 원자력발전이 수입 석유를 대체할 최선의 대안으로 주목받았다. 그런데도 1970년대에 원자력은 산업과 개인들에게 필요한 에너지의 극히 일부분을 제공했을 따름이다. 따라서 각 나라의 석유 의존도는 낮아지지 않았다. 그 결과 선진 공업국에서 생산된 상품 가격은 올랐지만, 소비자들의 (식료품과 에너지의 비용을 지급하고 남은) 가처분소득은 줄어들어 급격한 인플레이션이 경기 침체와 함께 나타났다. 실업이 뒤따르고 선진국의 경제성장률이 곤두박질쳤다. 심지어 제로성장 또는 마이너스 성장을 기록한 나라도 있었다. 석유파동이 세계에서 가장 부유한 나라들에 어떤 영향을 미쳤는지를 가장 뚜렷하게 보여 주는 상징적인 사건은 1976년에 영국 정부가 국제통화기금에 차관을 신청해 40억 달러를 빌린 일일 것이다.[82]

그러나 이러한 재난에도 불구하고 국제무역 규모가 증가해 대공황과 무역 감소가 동시에 일어난 1930년대와 극명한 대조를 이루었다. 국제무역이 늘어난 주 요인은 제조업 회사들이 1970년대 들어 '역외offshore' 조달, 즉 경비를 절감하기 위해 더 싼 노동력을 찾아 해외로 눈을 돌리기 시작했기 때문이다. 국내 경제에서 포화 상태였던 투자 자본 또한 해외로 빠져나가 저개발국가의 경제를 산업화하는 데 투자되었다. 이와 연계해 미국과 영국을 비롯한 선진국 경제가 산업 생산에서 금융과 보험, 부동산 같은 서비스 부문으로 방향을 전환했다. 새로운 세계적 노동 분업이 1970년대 말에 등장한 변동환율제 덕분에 더욱 활성화되었다. 각 나라의 통화가 끊임없이 초국적으로 이동했다. 예를 들어 미국과 영국, 일본의 자본이 중국과 인도에 투자되어 현지 노동력을 제조업에 고용하는 동안, 중국 및 인도의 신흥 부자들은 자신들이 벌어들인 이윤으로 뉴욕이나 런던, 도쿄 등지에서 채권과 증권을 사들였다. 게다가 석유 수출국이 현금으로 벌어들인 '오일달러'가 놀랄 만큼 증가하면서 석유 수출국의 사치품 구매뿐만 아니라 해외 투자도 늘어났다. 따라서 수많은 초국적인 자본, 상품, 노동의 거래가 이루어진 것은 놀라운 일이 아니다.

초국적 정의

세계시민사회 등장의 가장 극적인 면모는 국제 비정부기구가 폭발적으로 늘어난 일이다. 국제 비정부기구는 개인(이주자, 여행자 등) 및 다국적 기업과 더불어 비국가 행위자를 구성하고 개별 국가 및 정부 간 기구들과 함께 세계를 공유했다.

비정부기구는 보통 자발적으로 모여 특정한 공동 목표를 함께 추구하는 사람들이 조직한 민간단체로, 공적인 협치 체제 안에 포함되지 않았다. 이런 정의를 사적 활동까지도 통제하는 권위주의적 국가의 단체에 엄격하게 적용하기는 어려울 것이다. 따라서 모든 민간단체가 진정한 시민 사회의 구성원이라고 볼 수는 없다. 그러나 우리는 그 자체가 비국가 행위자이기도 한 국제협회연합Union of International Associations이 제시한 목록을 믿을 만한 통계 지표로 참고할 수 있을 것이다. 국제협회연합에서 펴낸 자료에 따르면, 국제 비정부기구의 수는 1972년에 2795개에서 1984년에 1만 2688개(지부들까지 계산하면 7만 9786개)로 증가했다. 이는 대단한 증가세로, 비정부기구의 역사에서 전무후무한 일이었다.[83]

왜 이러한 현상이 일어났을까? 그것은 1960~1970년대의 세계가 보인 전반적 특징의 또 다른 측면으로 보는 것이 가장 좋을 듯하다. 즉 제2차 세계대전 이후 역사에 영향을 미친 국가의 권위와 특권이 앞서 살펴본, 새로 대두한 사회 및 문화 세력에 도전받기 시작했다. 특히 기존 국가가 초국적 문제에 효과적으로 대처하지 못하고 있다는 의식이 점점 커지는 상황과 관련이 있었다. 많은 초국적 쟁점이 정의에 관한 고려와 얽혀 있었다. 정의 개념은 이미 오래전부터 국제법과 각 나라 법체계에 존재했다. 그러나 1960년대와 1970년대에 세계 각지의 사람들이 인권침해와 생태계 파괴에 저항하기 시작하면서 더 중요하게 주목받았다. 인권 보호와 자연환경 보존 운동은 연원이 서로 다르지만, 1970년대 들어 정의를 전 세계적 의제로 삼으며 합쳐졌다. 인권 및 환경 보호와 관련된 비정부기구가 급속하게 늘어난 것은 우연이 아니다.

인권은 본질적으로 초국적인 개념이다. 사람들이 다른 나라에서 서로 멀리 떨어져 살았을 때는 누가 인류 공동체를 구성하는지에 관한 정의가 상당히 제한적이었다. 혁명기의 프랑스인들처럼 누군가 인간의 권리를 언급할 때조차도 '인간'이 꼭 전 세계인을 뜻하는 것은 아니었다. 실제로 혁명은 인간의 권리와 국민의 권리가 서로를 강화하게 하려고 이 둘을 결합했다. 다른 대부분 나라에서도 마찬가지였다. 인권은 시민들에게 법과 질서를 보장하는 국민국가의 틀 안에서 보호받을 수 있었다. 다시 말해 시민의 권리는 대개 인권보다 민권으로 받아들여졌다. 그러나 1945년 이후 서로 다른 나라 사람이 만나 어울릴 기회가 그 어느 때보다 더 늘어났다. 따라서 인권이 각 나라 사람 간의 상호 교류와 국가가 시민을 대하는 태도에 중요한 원칙으로 떠오른 것이 놀라운 일은 아니다.

인권의 역사에서 1960년대와 1970년대가 중요한 이유는 이 시기 들어 인권이 배경이나 환경에 상관없이 모든 사람과 관련되기 시작했다는 사실 때문이다. 유엔은 1960년대에 일련의 결의안을 통해 "외국의 정복과 지배, 수탈에 대한 굴종", "온갖 형태의 인종차별", "여성차별"을 인권 침해라고 선언했다. 각 나라가 이러한 원칙을 충실히 지키는지를 확인하려고 국제사면위원회와 국제 인권 감시단Human Rights Watch을 비롯한 많은 비정부기구가 만들어졌다. 1961년에 설립된 국제사면위원회는 "양심수"를 대변하는 중요한 초국적 기구로, "국가와 문화, 종교, 이념의 경계"를 뛰어넘어 전 세계적으로 정치범 탄압에 대한 대중 의식을 고양하고, 또 그에 항의했다.[84] 인권의 언어는 이제 인간됨to be human이 국민 정체성 및 기타 정체성에 우선하는 상위의 존재 조건으로 여겨지기 시작했음을 보여 준다. 국제사면위원회가 1977년에 노벨 평화상을 받은 사실은 평화로운 세계 질서와 인권 존중이 상호 의존적이라는 관점이 부각하기 시작했음을 시사한다. 바로 그 무렵에 설립된 국제 인권 감시단은 특히 미국과 소련 사이에 긴장이 완화되기 시작하면서 냉전의 양 진영이 인권에 관한 고려 사항을 보장하도록 하는 데 결정적인 역할을 했다.(북대서양

조약기구와 바르샤바 조약기구의 회원국이 1975년에 체결한 헬싱키 협정에는 인권이 명시적으로 언급되었다.)

　　1970년대 들어 인권은 여성의 권리 보호와 특별한 연관을 맺었다. 여성의 목소리가 개별 국가에서뿐만 아니라 국경을 초월해 그 어느 때보다 더 분명하고 크게 들리기 시작했다. 특히 수많은 초국적 단체가 여성의 목소리를 내기 위해 만들어졌다. 1960년대에는 여성운동이 주로 서구에 국한되었지만, 1970년대에는 아시아와 아프리카 등지의 여성들도 적극적으로 나서기 시작했다. 유엔은 1975년을 "국제 여성의 해"로 선포하고, 1975년에서 1985년까지를 "여성을 위한 10년Decade for Women"으로 지정했다. 1975년에 처음으로 멕시코시티에서 열린 세계 여성 회의에서 참석자들은 전 세계 여성 단체 네트워크를 결성하기로 했다. 1976년에는 브뤼셀에서 열린 반反여성 범죄 국제재판소International Tribunal on Crimes Against Women에 40개국 2000명의 여성이 모여 여성에게 가해지는 온갖 형태의 범죄를 제시하고 규탄했다. 확실히 이제는 인류를 정의하면서 여성을 배제할 수 없게 되었고, 초국적인 여성 단체와 모임이 남성들에게 이 단순한 진리를 계속해서 상기시켰다.

　　'인간됨'은 신체 및 정신의 장애를 가지고 태어난 사람들, 스스로 돌볼 수 없거나 뇌 손상으로 의사 표현을 할 수조차 없는 사람들도 아울렀을까? 세계에서 가장 유명한 '장애'인은 아마도 헬렌 켈러Helen Keller (1880~1968)일 것이다. 켈러는 특수 훈련과 끈기로 시각과 청각의 장애를 극복하고 청각장애인과 시각장애인을 돕는 운동을 이끌었다. 켈러의 생애는 1959년에 출간된 희곡 「미라클 워커The Miracle Worker」와 1962년에 나온 같은 제목의 영화를 통해 초국적인 관심을 끌었다. 신체 장애인들은 어느 사회에서나 중요한 소수 집단을 형성하고, 일부는 자신들의 필요에 부합하는 프로그램을 개발했다. 그러나 장애인을 향한 초국적 관심은 매우 더디게 퍼져 나갔다. 심한 상처를 입은 참전 용사를 지원하는 몇몇 단체를 제외하면 인도주의적 구호단체들은 장애인이 '정상'인처럼 대우받을 수 있게 하려는 노력에 동참하지 않았다. 이 점에서 1960년 로마에서 하계 올림픽에 이어 장애인 올림픽이 열린 일은 획기적인 사건이었다. 여러 나라에서 온 많은 남녀 장애인이 1960년 로마 장애인 올

———1960년 하계 올림픽에 이어 로마에서 열린 제1회 국제 장애인 올림픽 개막식에 참석한 오스트레일리아 선수들. 장애인 올림픽은 1960년부터 4년에 한 번씩 열렸고, 세계가 뒤늦게나마 장애인에게 관심을 가지고 그들을 인정하기 시작했음을 보여 주었다. (Wikimedia Commons, ©Australian Paralympic Committee)

림픽에서 역사상 처음으로 스포츠 경기를 통해 경쟁을 펼쳤다. 이 실험이 참가자와 후원자들을 아주 즐겁게 했기 때문에, 1964년 도쿄 올림픽과 1968년 멕시코시티 올림픽은 물론 이어진 모든 올림픽에서 장애인 올림픽이 이어졌다. 국가와 연관이 적은 초국적 행사로는 1970년에 영국 에일즈베리Aylesbury에서 열린 국제 신체 장애인 경기를 들 수 있다. 곧이어 시각장애인과 뇌성마비인들도 이러한 체육 행사에 참여하게 되었다.[85]

이러한 행사들은 비록 주목받기는 했지만, 오직 신체 장애인만을 대상으로 했으므로 정신, 감정, 심리, 언어에 장애가 있는 수많은 사람을 간과했다. 유엔은 1971년에 뒤늦게나마 정신장애인의 권리를 인권 목록에 포함했다. 그리고 4년 뒤에는 유엔에서 모든 종류의 장애에 대한 차별을 규탄했다. 그러나 1980년에 와서야 정신장애인이 함께 모이는 '스페셜 올림픽Special Olympics'이 개최되었다. 이는 분명히 인권의 정의가 확대되었는데도 여전히 인류의 상당수를 차지하는 집단이 제대로 보호받지 못하는 영역이었다. 그렇지만 곧바로 가장 심한 장애를 가진 사람들도 인류의 정의에서 빠뜨려서는 안 된다고 전 세계가 인정했다. 오히려 장애인들에게 '인간 안보human security'가 더 많이 필요했다. 인간 안보는 이즈음에 통용되기 시작한 용어로, 전통적 '국가 안보' 관념만큼이나, 혹은 그보다 훨씬 더 인간으로서 누구나 누려야 할 행복이 정의 개념의 밑바탕에 있다는 관점을 보여 주었다.[86]

'인간 안보'의 중요한 요소로는 환경도 있었다. 1960년 이후 수십 년에 걸쳐 인간이 소비하는 공기와 물, 먹거리의 질과 더불어 동물, 새, 나무를 비롯한 모든 생물이 살아가는 생태계 보존과 관련해 전 세계에서 물리적 환경에 대한 관심이 눈에 띄게 높아졌다. 이 모두는 국경을 초월해 중요한 초국적 관심사였다. 그 바탕에는 제2차 세계대전 이후 수십 년 동안 두드러지게 나타난 두 가지 현상, 즉 인구 증가와 경제 변화를 향한 초국적 관심의 확대가 있었다. 1945년에서 1980년 사이에 세계 인구가 두 배 이상으로 증가하고, 점점더 많은 사람이 도심지에 살게 되었다. 아울러 산업화가 소도시와 촌락에까지 확산되면서 하늘은 어두워지기 시작하고, 물은 더러워지고, 공기는 때때로 들이마시기조차 어려울 정도가 되었다. 물론 전쟁과 군비 확충도 이러한 현상에 일부 기여했다. 대기권 내 핵실험은 1963년에 중지될 때까지 모든 생물에 '죽음의 재'를 무차별적으로 살포했다. 1963년에 체결된 핵실험 금지 조약에는 미국과 영국, 소련이 서명했다. 베트남 전쟁에서는 미군이 베트남 농촌에 '에이전트 오렌지'를 살포했다. 에이전트 오렌지는 다이옥신을 함유한 고엽제의 일종으로 숲과 농지를 파괴할 뿐만 아니라 인체에 강력한 발암물질로 작용했다.[87] 고엽제에 노출된 베트남인들의 자손 300만 명에게까지 그 영향이 미쳤다고 알려졌다. 전쟁터가 아닌 곳에서도 공기와 물이 오염되었고, 공장과 자동차에서 배출된 일산화탄소와 질소산화물, 이산화황 같은 오염 물질 때문에 상태가 더욱 심각해졌다. 동시에 하수와 산업 쓰레기 때문에 강과 호수, 바다 오염도 점점 더 심해졌다.

　　환경 훼손을 뚜렷하게 보여 준 중요한 사건이 일본 서부 해안에 위치한 미나마타라는 어촌에서 일어났다. 1950년대 후반부터 미나마타에서 기형아와 정신장애아들이 태어나기 시작했다. '미나마타병'은 수은 중독에서 비롯되었는데, 아세트알데하이드로 알려진 물질을 제조하는 공장에서 생산공정에 수은을 사용한 후 바다에 폐기했기 때문이었다. 기형아 출산이 너무나 충격적인 일이라서 1960년대 들어 설립된 시민 단체들이 문제가 된 회사를 규탄하고 정부가 사태 해결에 나서도록 촉구하기 시작했다. 이 무렵에는 이미 수많은 사람이 미나마타병으로 사망한 상태였다.[88] 미나마타병 소식은 외국에도 알려졌고, 다른 나라에서도 비슷한 사례들이 보고되기도 했다. 시간이 흐르면서 수은 중독에 대한 전 세계적인 우려가 초국적 환경주의environmentalism의 중요한 원천이 되었다. 미나마타병은 무분별한 산업 개발의 위험을 분명하게 보여 줌으로써 그러한 흐름을 막으려는 국제적인 운동을 성장시켰다. 로마 클럽Club of Rome이 대표하는, 무제한적인 경제성장에 맞서는 초국적 운동이 일어나기 시작했다. 1960년대 말에 설립된 로마 클럽은 점점 더 심각해지는 산업화의 영향에 대응하기 위해 경제학자를 비롯한 다양한 전문가들이 모이는 장이었다.

　　이들의 주장이 보편적이지는 않았다. 제3세계 국가들은 처음부터 제한 성장론에 반대했다. 그들은 이미 산업화에 착수해 산업화 과정에서 빈곤한 나라의 풍부한 자원을 이용한 나라들이 환경문제를 초래했다고 주장했다. 제3세계 국가들에 따르면, 빈곤한 나라가 경제개발을 억제하도록 요구받아서는 안 되었다. 제한 성장은 빈곤한 나라를 영원히 저개발 상태에 놓이게 해, 이미 크게 벌어진 부유한 나라와 빈곤한 나라 사이의 격차를 더 크게 벌려 놓을 터였다. 환경주의와 개발주의 간의 충돌이 심각했고, 이는 오늘날에도 여전하다. 그러나 산업화나 도시화의 수준에 상관없이 모든 나라가 멸종 위기에 처한 종을 보호하고, 공기와 물의 질을 향상해야 할 필요성에 동의했다. 그 정도까지는 초국적 합의가 존재했다. 그러나 목적을 이루기 위해 어떤 구체적인 수단을 써야 할지를 둘러싸고 의견이 갈렸다. 가난한 나라들은 부유한 나라들이 자연환경을 개선하기 위해 더 많은 노력을 기울이고, 빈곤한 나라들이 '지속 가능한 성장', 즉 환경 보존과 경제 발전을 함께 이룩할 수 있도록 도와야 한다고 주장했다.

1972년에 유엔이 개최한 스톡홀름 회의는 초국적 환경주의 발전에서 획기적 사건이었다. 스톡홀름 회의는 (초국적이기보다는) 중요한 국제 회의였지만, 많은 초국적 비정부기구가 스톡홀름 회의가 열릴 수 있도록 길을 닦아 놓았다. 그중 하나인 국제자연보호연맹International Union for the Protection of Nature 은 1948년에 설립된 이후 이른바 '생물권biosphere' 보호를 위한 국제회의를 열어 왔다. 1956년에 단체명에 들어 있던 '보호protection'라는 단어가 '보존 conservation'으로 바뀌고, 1960~1970년대에 비슷한 명칭을 가진 다른 기구들이 만들어졌다. 가장 영향력 있는 단체인 지구의 벗은 1969년에 미국에서 출범한 뒤 곧바로 전 세계에 지부를 설립했다. 이러한 단체들(유엔 조사에 따르면, 그중 적어도 열 개 단체는 국제적 규모였다.)은 '행성 지구Planet Earth'를 보호하는 데 헌신했다. 이들은 인간들 사이의 전쟁만큼이나 인간의 생활양식과 야심, 탐욕이 생태계를 파괴한다고 주장했다.

스톡홀름 회의에는 선진 산업국과 개발도상국이 모두 대표를 파견하고, 정부 관료뿐만 아니라 비정부기구 대표도 참석했다. 스톡홀름 회의의 후속 조처를 하기 위해 1973년에 설립된 유엔 환경계획은 국제기구이면서 공통의 관심사를 가진 많은 민간단체 대표가 모일 수 있는 장을 제공해 주었다. 환경 주의에 헌신하는 초국적 단체의 수가 급속하게 늘어, 1975년에 오스트리아에서 이들이 유엔 및 각 국가와 맺고 있는 관계뿐 아니라 이들 간의 상호 관계를 검토하기 위한 회의가 열렸다.[89] 국내 및 국제 무대 안팎에서 가장 큰 화제를 불러일으킨 환경 운동 단체는 1970년에 설립된 그린피스였다. 그린피스는 생물권 보존과 멸종 위기에 처한 종, 특히 고래의 보호를 주장했을 뿐만 아니라, 종종 직접 행동에 나서곤 했다. 그린피스를 창설한 캐나다인들과 캐나다에 거주하는 미국인들은 처음부터 수중 핵실험과 고래잡이에 적극적으로 맞서고, 선박을 파견해 이를 저지하려 했다. 그린피스만 행동에 나선 것은 아니었다. 고래를 구하려는 그린피스 활동에는 지구의 벗과 1971년에 설립된 세계

자연 기금World Wildlife Fund 같은 단체도 힘을 보탰다. 이 단체들의 활동 덕분에 적어도 특정한 종류의 고래 포획을 금지하는 국제 협약이 논의되기 시작했다. 아직 고래잡이를 하고 고래 고기를 먹기도 하는 노르웨이와 일본을 비롯한 몇몇 나라가 포경 금지에 반대했지만, 점점 더 높아져 가는 초국적인 반대 목소리를 잠재울 수 없었다.

따라서 광범위하게 보면 인권과 환경을 향한 관심이 정의의 개념을 확대했다. 전통적인 법 관념을 넘어 사람과 자연환경이 정당하게 대우받아야 한다는 초국적 의식이 나타났다. 초국적 정의는 기술적으로 유엔이 한참 후에 공식적으로 채택한 개념으로, 주로 한 나라 안에서 폭력 충돌이나 독재 통치가 있고 난 후에 모색되는 화해와 복원을 가리켰다.[90] 그러나 정의가 전 세계적으로 승리해야 하고, 그러려면 초국적으로 노력을 기울여야 한다는 생각은 1980년 이전부터 분명하게 나타났다. 국제적인 비정부 활동 단체가 전례 없이 늘어나고, 그 활동이 어느 때보다 활발해졌다. 동시에 모든 사람이 각자 차이에 상관없이 부당한 처우에 맞서 보호받아야 하고, 행성 지구와 그에 거주하는 모든 생물이 정당하게 대우받아야 한다는 의식이 확대된 것은 놀라운 일이 아니다. 이러한 사안들은 초국적 관심사로, 국가의 권위가 약해져 가거나 기존 정부가 그러한 문제에 대처하지 못했기 때문에 비정부기구가 급속하게 늘어났다. 초국적 단체들은 개별 정부 및 국제기구와 힘을 합쳐 대처하려고 했다. 그러나 각국 정부와 국제기구가 부족해 보이면 민간단체들이 기꺼이 그들을 대신해 전 인류의 이름으로 주도권을 행사했다.

이것은 초국적 정의를 보장하려면 새로운 법률적 틀, 즉 초국적 사법재판소를 세워야 한다는 생각으로 나아가는 한 걸음이었을 따름이다. 한 국가 또는 민족 집단이 다른 국가나 민족 집단에 저지른 전쟁범죄를 다루는 국제 사법재판소와 달리, 초국적 재판소는 어디서나 사람들을 대변하고 같은 나라 시민의 인권을 침해한 사람들도 법정에 세우고자 했다.

역설적이게도 초국적 정의 관념이 성숙해 가던 바로 그 시기에 초국적 정의에 대한 새로운 도전이 테러리즘의 형태로 나타났다. 테러리즘은 정의의 언어로 표현되곤 했고, 예전보다 훨씬 초국적이었다. 테러 행위는 항상 존재했지만, 대부분 국가적 현상이었다. 1970년대에는 서독 적군파가 서독 지배계급이 나치 시대의 유산을 너무 많이 지니고 있다고 주장하며 지배계급에 대항했다. 동시에 아일랜드 공화군이 북아일랜드에서 영국 점령군에 맞서 게릴라전을 이끌었다.[91] 쿠르드 노동자당은 이라크 북부와 터키 동부에 쿠르드족 국가를 세우려 했다. 에스파냐 북부에서는 1968년에 조직된 바스크 분리주의단체 에타ETA[12]가 이베리아반도 바스크 민족을 위한 터전을 획득하고자 했다. 이러한 단체 모두 테러리즘을 동원하려 했지만, 가장 충격적인 테러 사건은 1972년에 팔레스타인 해방기구가 뮌헨 올림픽에서 이스라엘 선수들을 살해한 사건일 것이다. 1970년대 말에 소련군이 아프가니스탄을 침공했을 때는 무자헤딘으로 불린 이슬람 지하디스트 세력이 소련군에 맞서 게릴라 공격을 감행했다. 이러한 사례들은 정치적 목적을 띤 테러 행위로 극적인 국가적(또는 국가 형성) 드라마의 일부였다. 그러나 1960년대 말과 1970년대 초에 더 초국적 지향을 띤 테러리즘 조직이 출현했다. 특히 아랍인(가장 유명한 예는 이집트 대통령인 안와르 사다트로 1981년에 이슬람 형제단에게 암살당했다.)과 비아랍인을 망라해 이슬람의 적으로 여기는 이들을 목표로 삼아 국경을 초월해 모인 무슬림 조직들이 두드러졌다. 무슬림이 남아시아와 동남아시아, 중동에 특히 많았기 때문에 이들 지역에서 비밀 조직망이 만들어지기 시작했다. 1990년대 초에 만들어진 가장 유명한 초국적 테러리스트 집단인 알카에다도 그로부터 나왔다.

　　테러리즘은 지역적이든 국가적이든 초국적이든, 국적이나 종교, 생활 방식을 이유로 적으로 삼은 사람들을 공격함으로써 명백하게 보편적 인권을 침해했다. 마찬가지로 테러리스트들이 자살 폭탄 공격을 감행하며 자기 생명의 존엄성을 도외시한 것도 심각한 사안이었다. 천황의 명예를 드높이는 신성한 임무라고 생각하며 소형 항공기를 몰고 미국 선박에 돌진한 일본군 가미카제('신이 일으키는 바람') 조종사들처럼, 이슬람 극단주의자들도 예언자의 이름으로, 그리고 정의의 이름으로 '성전'에서 자폭을 감행했다.(그들은 서구가 팔레스타인의 아랍인들을 희생시켜 가며 이스라엘을 지원하는 것을 부당하다고 보았다.) 그러

―――― **12** 바스크어로 "조국과 자유"를 뜻하는 'Euskadi Ta Askatasuna'의 약칭이다.

나 테러 행위는 유엔과 종교 단체를 비롯한 여타 단체들이 공표한 모든 세계 인권에 관한 선언을 위반한 범죄행위였다. 테러 행위는 집단살해만큼 심각한 반인륜 범죄이며, 규모 면에서 더 초국적이기도 했다. 초국적인 민간 테러 사건은 유감스럽게도 이후 수십 년간 더욱 심각해졌다. 그러나 언론에 대서특 필되는 테러 범죄는 범위가 초국적인 만큼 전 세계적으로 규탄을 불러일으켰 다. 초국적 테러리즘을 억제하려면 국가 또는 국제사회가 나서서 무력을 사 용해야 하는 것은 아닌지, 그리고 그렇게 무력으로 대응함으로써 국가도 인권 을 침해하는 것은 아닌지에 관한 질문이 이후 수십 년 동안 이어져 왔다.

종교 부흥과 초국주의의 한계

1970년대에 이슬람 테러리즘이 등장한 맥락을 다른 식으로 바라볼 수도 있다. 이슬람 테러리즘의 출현은 개인들 및 국가들 사이에서, 그리고 세계 각 지에서 종교의 영향력이 눈에 띄게 커지고 있음을 생생하게 보여 주었다. 테 러리즘을 종교운동과 동일시하는 것은 옳지 않지만, 인권 및 환경보호주의 같은 영역에서 뚜렷한 성과를 이룩한 시기에 초국적 폭력과 종교 부흥이 동시 에 나타난 현상은 주목할 만한 가치가 있다. 특정 종교가 발전하면서 국가와 지역의 문제를 두드러져 보이게 하는 경향이 있었다. 종교 신앙은 전통적으로 신 앞에서 인간의 통합을 강조했지만, 종파적이고 배타적인 세력이 명백하게 보편주의에 반하는 의제를 들고 나오는 것을 막지는 못했다.

특히 이 수십 년 동안에 국가에 이바지하는 종교, 그리고 종교에 이바지 하는 국가가 늘어났다. 정치학자 스콧 토머스Scott Thomas는 이를 적절하게 "종 교 민족주의religious nationalism"라고 칭했다.[92] 1979년 혁명 이후의 이란이 좋은 예다. 이란은 아야톨라,[13] 즉 종교 지도자가 지배하는 국가가 되었다. 물론 유 대 국가 이스라엘이 이란보다 먼저 종교를 바탕으로 세워진 국가라고 보는 이 들도 있다. 그러나 이스라엘을 신정국가라 할 수는 없다. 이스라엘에서는 세 속적 유대인과 종교적 유대인이 권력을 공유했다. 팔레스타인 영토 내의 하

_____ **13** 이슬람 시아파 고위 성직자.

마스와 레바논 남부의 헤즈볼라, 아프가니스탄(1980년대 소련 점령 종식 이후)과 파키스탄의 탈레반처럼 한 나라 정부를 장악하지는 않았지만, 정치권력을 잡으려고 시도한 조직도 있었다. 이 모든 사례에서 종교 부흥은 정치화를 통해 분명하게 드러났다. '정치적 이슬람Political Islam'이 그 좋은 예였다.

그러나 이슬람만 그렇지도 않았다. 1970년대에는 다른 종교에서도 근본주의적 종파가 되살아났다. 역사학자 토머스 보스텔먼Thomas Borstelmann이 보여 주었듯이, 1970년대 미국의 특징은 사회적 다양성과 종교 부흥이 함께 나타난 점이다.[93] 다른 지역에서도 똑같은 현상을 감지할 수 있었다. 주로 개인적 신앙으로, 국민국가 내에서 대체로 세속 권위에 종속적으로 존재해 온 기독교가 단호하게 목소리를 내기 시작했다. 사실 기독교의 영향력은 대부분 시민사회 내에 머물렀는데, 교회 출석이 늘어나기 시작하고 복음 전도사들과 복음주의 운동의 영향력이 커졌다. 그러나 기독교 교회 내부에서, 가톨릭과 개신교 모두에 중요한 새로운 현상이 나타났다. 1960년대 내내, 그리고 그 후 수십 년 동안 가톨릭교회가 앞장서서 핵무기 통제와 인종 간 화합을 주창했다. 반면에 가톨릭교회는 결혼과 산아제한 같은 문제에 관해서는 전통적 관점을 고수했다. 게다가 가톨릭, 특히 유럽 가톨릭은 해외에서 개발 및 인도주의 활동에도 깊숙이 관여했다. 이러한 노력이 특히 활발했던 라틴아메리카에서는 이른바 '해방신학'이 나타났다. 해방신학은 신자들이 성서에 기록된 예수Jesus의 가르침을 엄격하게 고수하려 한 점에서 근본주의와 비슷했지만, 지지자들을 세속 국가의 정부에 맞서게 해서 정치적 파장을 불러일으키기도 했다.

개신교에서 해방신학에 견줄 만한 상대로는 때로 복음주의evangelicalism로 불리기도 하는 부흥 운동revivalism이 있다. 부흥 운동은 그리스도의 '재림'이 임박했으므로 개인의 구원을 위해 열렬히 기도해야 한다고 강조했다. 1960년대 들어 유럽과 미국의 주류 개신교 교회에 나오는 사람은 줄었지만, 초교파적이고 카리스마적인 종파가 급증했다. 이들은 율법이 하나님에게서 그리스도를 통해 전해졌으므로 성서를 문자 그대로 이해해야 한다고 강조했다. 예를 들어 미국에서는 1970년대 들어 '도덕적 다수파The Moral Majority'라고 자칭

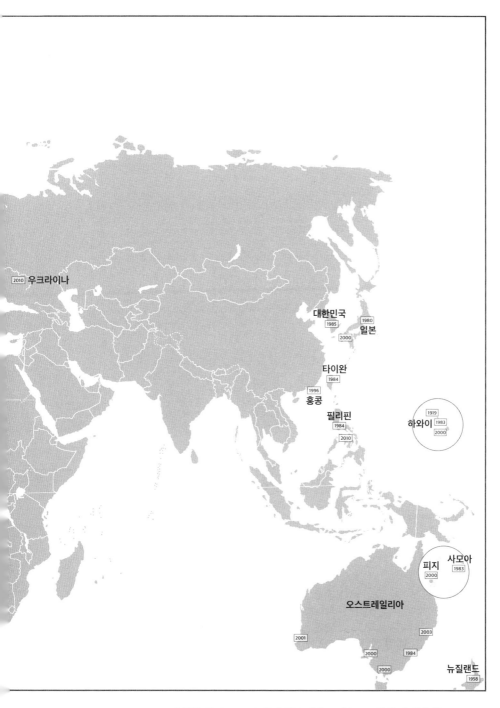

———— 초국적 종교: 2013년, 후기 성도 예수 그리스도교회의 전 세계 분포도.

하는 집단의 영향력이 커지면서 전통 복음주의자들과 힘을 합쳤다. 전통 복음주의는 18세기에 일어난 대각성Great Awakening 운동에 뿌리를 두었다. 빌리 그레이엄 목사는 20세기 중반형 복음주의의 전형적인 예였다. 그레이엄은 모든 독실한 신자에게 기독교 교리를 일상생활에 끌어들여야 한다고 촉구했다. 이러한 운동은 교리뿐만 아니라 정치 문제와 사회 문제에도 영향을 미치려 했다는 점에서 이슬람 근본주의에 대응하는 기독교 근본주의라고 할 수 있다. 산아제한 및 낙태에 반대하는 운동에 적극적으로 참여하는 근본주의자들도 있었고, 1920년대에 (특히 미국에서) 한창이었던 반다윈주의 운동을 되살려 과학, 특히 학교에서 가르치는 과학이 성서에 합치해야 한다고 주장하는 이들도 있었다. 이른바 '창조론' 신봉자들은 인류의 기원에 관한 다윈의 관점에 반대하면서 인류와 세계가 전적으로 신의 작업에서 비롯되었다고 주장했다.

특히 이슬람과 기독교에서 새롭게 근본주의적 교리를 강조하는 경향이 두드러지게 나타났다. 그러나 다른 종교 또한 이러한 추세의 영향을 받아 근본주의, 심지어 극단주의를 지향하는 집단이 형성되었다. 예를 들어 남아시아에서는 여러 세기 동안 불교와 힌두교가 공존해 왔지만, 불교가 빈곤층에 중대한 영향을 미치면서 이러한 공존을 위태롭게 했다. 그에 따라 개인이나 집단들이 서로, 때로는 다른 종교에 맞서 폭력을 행사했다. 이러한 종교적 행동주의는 국경 안에서 민족 분쟁과 뒤얽힐 경우 더 심각해졌다. 예를 들어 스리랑카에서는 힌두교를 믿는 타밀 소수민족이 다수를 구성하는 불교도에 맞서 완전한 독립은 아닐지라도 자치권을 얻고자 투쟁을 벌였다. 티베트에서는 달라이 라마Dalai Lama 지지자들이 티베트가 중국 소유라고 주장하는 중국 정부에 맞서 달라이 라마의 소극적 저항passive resistance 원칙을 따랐다. 그러나 소수 급진파는 서슴지 않고 더 직접적인 저항 수단을 썼다. 아울러 남아프리카 공화국에 거주하는 백인 주민인 아프리카너Afrikaners의 사례도 더할 수 있다. 아프리카너 대다수는 네덜란드 개신교 신자였다. 그들은 초국적 공동체가 남아프리카 공화국의 인종 분리 정책, 즉 아파르트헤이트를 총체적 인권 침해라고 지탄하는데도 그것을 지지했다. 국가에 이바지하는 종교, 그리고 종교에 이바지하는 국가는 초국적 사고와 열망이 뚜렷하게 확대되어 가던 시대에 나

_____2007년 12월, 이탈리아를 방문한 달라이 라마. 1949년에 티베트가 중국에 합병된 후 망명한 달라이 라마는 전 세계에 지지자를 두었고, 초국적 개인의 영적 지도자를 상징했다. (Wikimedia Commons, © Luca Galuzzi)

타난, 여러모로 이례적인 현상이었다.[94]

왜 이러한 상황이 전개되었을까? 그것은 분명히 민족 공동체를 희생해 초국적 개인을 드높이고, 국가의 권위는 꾸준히 약해져 가는데 비국가 행위자의 힘은 강해져 가는 시대 경향에 대한 반발이었다. 종교 민족주의가 어떤 의미에서는 국가를 구제했다. 이러한 현상을 가장 뚜렷하게 살펴볼 수 있는 나라는 미국이다. 미국에서는 종교 부흥이 민족주의, 정치적 반급진주의, 나아가 반자유주의와 밀접한 관련을 맺었다. 1960년대에 국가의 권위가 급진 운동에 도전받은 데 충격을 받은 사람들이 종종 종교, 대부분 기독교 교회에서 피난처를 찾았다. 많은 종교적 보수주의자가 정치적 민족주의자와 뜻을 같이 했다. 베트남 전쟁 기간에 미국 정부에 가해진 맹렬한 비난과 더불어 초국적 운동의 성장이 불가피하게 반발을 불러일으키면서, 교회뿐 아니라 국가에 대한 존중을 회복하려는 사람들을 하나로 뭉치게 했다. 이런 의미에서 종교와 국가는 서로를 강하게 했다.

그러나 이 시기의 종교 부흥은 비서구 국가 및 비서구인들의 적극적 자기 주장이라는 또 다른 주목할 만한 현상과도 관련이 있었다. 이란의 아야톨라들은 권력을 잡자마자 현대 서구 문명, 특히 세속적 생활 방식과 민주적 협치에 대한 경멸을 거리낌 없이 드러냈다. 다른 이슬람 근본주의자들도 마찬가지로 이른바 서구의 세계 지배를 가차 없이 비난했다. 덜 정치화된 무슬림들도 서구적 가치를 멀리하고, 서구적 가치가 보편적으로 타당하지 않으며 비서구 세계가 고유한 신념 체계를 고수해야 한다고 주장하기 시작했다. 앞에서 파농과 사이드 같은 작가의 영향력을 언급했는데, 이들은 서구가 규정하고 비서구가 아무 의심 없이 받아들인 정치 용어와 문화 용어에 문제를 제기했다. 종교 지도자뿐 아니라 이러한 사상가들도 서구와 비서구가 동등하고 어느 쪽도 보편적으로 타당하지 않다고 주장했다. 이들은 초국적 세력이 그 어느 때보다 빠르게 성장하던 시기에 다양성을, 나아가 인류가 각기 다른 종교 및 여타 정체성에 따라 나뉘어 있음을 인정해야 한다고 주장했다. 종교의 정치화는 이 같은 현상의 일면으로 간주할 수 있다.

역사가 윌리엄 맥닐은 1963년에 『서구의 발흥The Rise of the West』을 발표해 널리 호평을 받았다. 이 책의 의도는 근대 서구 문명의 승리를 기리려는 것이 아니라, 그것을 장기적 인류사의 맥락에서 살펴보려는 것이어서 제목에 오해의 여지가 있다. 맥닐이 보기에 "서구의 발흥"은 예정되어 있지 않았다. 서구의 발흥은 비교적 최근의 현상으로, 18세기 중엽에야 비로소 시작되었다. 서구는 계몽주의 시대의 과학적·지적 성취 덕분에 '발흥하여' 세계를 지배하게 되었다. 그러나 맥닐은 서구의 지배가 과거 다른 문명의 지배보다 더 오래 이어지지는 않을 것이라고 주장했다. 맥닐은 초국화는 고사하고 장차 세계화라 불릴 현상의 위력에 대해서도 어렴풋하게 인식했을 따름이다. 그러나 맥닐은 선배 역사가 토인비처럼 문명 간의 관계가 인류 역사의 주요한 원동력임을 강조했다. 물론 맥닐은 이러한 현상들이 이미 『서구의 발흥』을 펴낼 당시에 근대 서구에 관한 오래된 관념을 뒤흔들고 있음을 분명하게 인식하지는 못했다. 그렇지만 역사를 단지 각 국가나 종교 측면에서가 아니라 전 세계를 아우르는 발전으로 보아야 한다는 맥닐의 주장은 20~30년 후에는 평범해 보일 터였다.

　여하튼 맥닐의 책 제목을 빌리면, 1960년대와 1970년대는 사실상 비서구가 발흥하기 시작한 시기였다. 이미 1950년대에도 반둥 회의와 동서 간 상호 이해에 관한 유네스코 10년 계획 같은 사례를 볼 수 있었다. 이 두 사례는 서구를 기준으로 삼아 온 전통적 사고에 도전하고, 서구와 비서구를 대등한 위치에 놓으려 했다. 마찬가지로 '개발development' 개념이 정치적 성격을 띠면서 서구와 분리되는 방식에 주목해 볼 만하다. 적어도 근대사에서 '개발'보다 더 '서구적'인 개념은 없었다. 그리고 개발은 비서구인 사이에서 어마어마한 지지 세력을 얻었다. 경제개발은 1950년대와 그 이후에 신생 독립국들의 일차적 목표가 되었다. 더 많은 나라가 신생 독립국 대열에 합류하면서, 탈식민 국가가 1970년대 유엔 회원국의 3분의 2 이상을 차지했다. 그에 따라 개발이 더더욱 시급한 과제로 떠올랐다. 1960년대에 들어서자마자 유엔 총회는 1960년대를 개발 10년Decade of Development으로 지정하는 결의안을 통과시켰다.

　그러나 개발도상국이 '신국제경제 질서new international economic order'를 요구하고 나선 1970년대 초부터 상황이 달라지기 시작했다. 신국제경제 질서는 서구 선진국을 상대로 한 무역과 투자 등의 관계에서 개발도상국에 특혜를 준다면 개발도상국의 개발을 촉진할 수 있다는 구상이었다. 동시에 제3세계 일부에서 파농과 사이드 등의 사상을 반영해 지배적 경제개발관에 도전했다. 지배적 경제개발 관념에 따르면 농업 사회는 사회주의적이든 비사회주의적이든 일종의 국가 계획 체제를 통해 산업화와 도시화에 착수해야 했고, 선진 산업국은 이를 위해 자본과 기술을 제공해야 했다. 이러한 사고는 1960년 이후에 영향력을 갖기 시작했다. 새로운 개발관은 실제로 존 F. 케네디 대통령이 대외 원조를 전담하는 부서(국제 개발처Agency for International Development)를 설립하고, 아시아, 아프리카, 라틴아메리카에서 국가 건설 및 경제개발을 적극적으로 장려하면서 미국에서도 공식적으로 인정받았다. 그 밖에 케네디 대통령은 평화 봉사단Peace Corps을 창설했다. 평화 봉사단은 미국 젊은이들이 외국에 나가 엔지니어, 교사, 병원 노동자를 비롯한 다양한 자격으로 봉사하면서 개발도상국의 근대화를 돕는 프로그램이었다. 핵심 주제는 다시 개발이었다. 개발은 이제 더 확실하게 미국의 공식 정책에 포함되었는데, 이는 저명한 개발론자 로스토를 국가안전보장회의 위원으로 임명한 데서 잘 드러났다. 케네디 정부 아래에서 점점 심각해지다 후임자인 린든 존슨 정부 시기에 급격하게 확대된 베트남 전쟁도 남베트남의 자결과 경제 근대화를 돕는다는 명분으로 시작했다.

이 시기는 학문적인 개발론의 전성기였다. 경제학자뿐만 아니라 정치학자와 사회학자들도 근대화 이론을 내놓았다. 역사학자들도 근대화에 관한 사회과학 저술을 적극적으로 받아들였다. 앞서 언급한 바처럼 근대화의 틀을 이용해 일본 근대사를 설명하고, 터키와 중국 같은 나라에도 똑같은 개념화 방식을 적용했다. 그리고 각 나라 역사뿐만 아니라 국제 관계도 종종 같은 틀 안에서 이해하려고 했다. 냉전은 보통 초강대국 사이에서 누가 제3세계 국가의 근대화를 돕기 위한 준비를 더 잘하고 더 성공을 거둘지를 겨루는 경쟁으로 비쳤다. 그러나 북한과 베트남 같은 나라의 개발 전략에 영향을 미치려는 모스크바와 베이징 간의 다툼에서 볼 수 있듯이, 전 세계 지정학은 훨씬 더 복잡하게 얽혀 있었다. 최근 연구에 따르면, 평양이나 하노이의 경우 정치 지도자들이 냉전으로 인한 초강대국 간의 경쟁보다 자기 나라뿐 아니라 자신들의 생존을 가장 잘 보장해 줄 이념과 방법을 선택하는 문제에 훨씬 더 큰 관심을 기울였다.[95]

따라서 이 단계에서 개발은 국가 문제와 국제 문제를 이해하기 위한 실마리일 뿐 아니라 널리 공유된 초국적 이념이기도 했다. 그러나 서구식 개발에 맞선 제3세계의 강령 또한 1960년대에 발전해 1970년대에는 훨씬 더 확산했다. 반개발주의counterdevelopmentalism가 성장하게 된 중요한 계기로는 '종속이론 dependency theory'의 등장이 가장 획기적이었다고 할 수 있다. 종속이론은 아르헨티나 출신의 경제학자이자 정치가 라울 프레비시가 처음 선보였다. 프레비시는 1960년대에 유엔 라틴아메리카 경제 위원회를 이끌면서, 경제 선진국들이 개발 원조를 약속할 때조차 자기들의 이익을 추구했다고 계속해서 비판했다. 프레시비는 또한 선진국의 원조에는 항상 조건이 따른다고 주장했다. 예를 들어 자본주의국가들은 원조를 이용해 후진국에 대한 영향력을 공고하게 함으로써 후진국들을 세계적인 무역 및 투자 네트워크에 묶어 놓으려고 했다. 결국 후진국을 속박에서 풀려나게 하기보다 선진 산업국에 의존하게 하여 영구적으로 선진 산업국의 지배하에 머물게 했다. 파농이 제3세계의 서구를 향한 정신적 의존을 정식화했듯이, 프레비시는 같은 현상을 경제 영역에서 이론화했다. 두 사람은 자기들의 역사를 다른 이들에게 모범으로 제시하는 서구의 특권에 문제를 제기하고, 비서구 세계를 영구적인 듯 보이는 선진국의 세계 자원 지배와 세계시장 지배에서 해방하고자 했다. 종속이론은 곧 개발도상국 사이에서 널리 공유되기 시작했다. 개발도상국들은 자국을 세계적 경제 세력의 희생양으로 보게 되었다.

그러나 반개발주의는 비서구에만 국한되지 않았다. 앞 장에서 살펴보았듯이, 1960년대에 서구에서 일어난 '문화혁명'의 중요한 측면은 근대화와 진보의 전제에 관한 문제 제기였다. 혁명가들은 산업화와 도시화에 뒤처진 지역의 전망을 영원히 발전할 것처럼 보이는 산업 세계의 현실과 대조했다. 하지만 많은 혁명가가 반개발주의를 자신들과 제3세계를 연결해 줄 개념으로 받아들이기도 했다. 1960년대 서구 혁명가들의 초국적 세계에서는 전 세계의 남성과 여성이 세계경제의 성장을 더 촉진하기 위해서가 아니라, 세계 각지에서 빈곤 및 불평등과 싸우기 위해 힘을 합쳤다. 그들은 인종 불평등과 종교적 불관용 같은 불의를 일소하고자 했다. 그래서 아파르트헤이트 정책을 포기할 때까지는 남아프리카 공화국과 거래를 끊도록 정부와 기업에 압력을 가하기도 했다. 그와 관련해 초국적 급진주의자들은 여성과 아동, 소수자의 권리가 보호받을 수 있게 하려고 모든 나라의 국내 문제에 깊은 관심을 기울였다. 당연히 마틴 루서 킹은 1968년에 암살당하기 전까지 줄곧 자신이 미국에서 벌이는 평등권 투쟁이 간디가 인도에서 벌인 운동을 비롯해 외국에서 벌어지는 비슷한 운동과 관련이 있다고 생각했다. 인도의 독립 운동 지도자 간디는 이미 20년 전에 암살당했지만, 킹은 간디뿐만 아니라 남아프리카 공화국 등지에서 정의를 위해 싸우는 사람들과도 굳건한 유대를 맺고 있다고 믿었다. 이러한 투쟁은 경제개발을 위한 경제개발에 반대하고 비경제적 목표를 우선시했다.

이와 같은 사고는 비서구 발흥사의 일부였다. 근대화와 경제개발은 근본적으로 서구에서 기원했지만, 인종 평등에 대한 강조나 제3세계가 종속에서 해방되는 것에 대한 강조는 비서구가 세계 무대에 등장했음을 보여 주었다. 이제 비서구의 관심과 의사를 신중하게 고려하고, 비서구의 관점을 인간의 조건과 인류의 미래를 보는 관점에 포함해야만 했다. 앞서 언급한 대로 이 시기 들어 일부 공직자와 민간 인사들이 국익보다 인간이 우선함을 보여 주려고 '인간 안보'라는 용어를 사용하기 시작했다. 그들이 보기에 각 나라가 각자의 필요에 맞춰 규정하는 국가 안보에 관심을 보이는 것만으로는 충분치 않았다. 그에 반해 인간 안보는 전 세계인의 복지를 고려했다. 전 세계인이 최소한의 음식과 보금자리, 건강, 교육, 존엄성을 보장받을 수 있을 때에만 개별 국가를 포함해 모두를 위한 진정한 안보가 이루어질 수 있을 터였다. 확실히 사람들이 이런 식으로 생각을 표현하기 시작하면서부터 인류가 더는 근대 문명의 상징인 '서구인'이 아니라 전 세계인을 뜻하게 되었다.

1970년대의 종교 부흥도 어느 정도 그런 맥락에 놓을 수 있다. 그것은 단순히 특정 종교운동이 영향력을 얻거나 민족주의를 옹호하는 강력한 세력으로 부상한 데 그치지 않는다. 이러한 운동의 다수는 비서구 국가에서 발생했는데, 마치 '서구의 발흥' 현상의 일부인 세계경제, 세계 질서, 세계 문화에 도전하려고 비서구가 '발흥'하는 듯했다. 이슬람 및 기타 종교의 부활은 제3세계의 자각, 중국의 부상, 반개발주의, 그리고 동시에 일어나던, 서구의 힘과 영향력에 도전하는 다른 많은 현상과 결합했다.

이런 상황이 초국적 연결망을 발전시켰는지, 혹은 변화시키거나 훼손했는지는 간단하게 답할 수 없는 흥미로운 질문이다. 만약 비서구가 서구에 등을 돌렸다면, 확실히 세계는 서로 연결되지 않고 분열되었을 것이다. 그러나 그런 일은 일어나지 않았다. 비서구는 반서구anti-West 연합이 아니었다. 아시아와 중동, 아프리카, 라틴아메리카의 사람들은 계속해서 일거리를 찾아, 또는 학업을 위해 서구 국가로 이주했으며, 이 지역의 국가들 사이에서 초국적 관계가 발전했다. 비서구 정체성을 고취하기 위해 의식적으로 지역주의적인 태도를 보인 나라도 있었지만, 전 세계 모든 지역의 국가를 포함하는 다자간 네트워크와 비교하면 수적으로 확실히 열세였다. 다시 말해 이제 막 발흥하기 시작한 비서구 세계는 초국적 역사 발전에 또 하나의 층위를 더한 중요한 실재였다. 종교, 기업, 비정부기구, 인종 같은 비국가적 실체가 세계 무대에서 자신의 존재를 드러내기 시작했듯이, 비서구의 사람들과 종교, 사상, 물자가 서구의 의식을 침범했다. 그리고 그 과정에서 더욱 완전한 지구촌global community 형성에 기여했다.

3   초국주의의 층위들

20세기의 마지막 20년은 보통 급속한 세계화의 시기로 특징지어지곤 한다. '세계화'는 1980년대 들어 널리 사용되기 시작한 용어로, 특히 다국적기업의 활동이 두드러지게 증가하고 활동 범위가 확대된 현상을 가리켰다. 세계화는 이제 세계 대부분의 국가를 포괄하기에 이르렀다.

앞선 시기와 마찬가지로 경제적 층위가 세계의 초국화를 진전시킨 몇 가지 층위 중 하나일 따름이었다는 점을 염두에 두는 것이 중요하다. 1980년대와 1990년대의 특징은 이러한 층위 간의 모순, 심지어 충돌이 훨씬 더 두드러지게 드러나기 시작했다는 점이다.

경제 영역에서 이루어진 가장 중요한 발전은 아마도 덩샤오핑이 이끄는 중화인민공화국이 1979년에 국제무역과 국제투자에 문호를 개방하면서 근대화를 시작한 일일 것이다. 이로 인해 외국의 자본과 기술이 중국에 대거 투입되었을 뿐 아니라 제조업체들이 설립되어 외국의 자본과 기술을 중국의 값싼 노동력과 결합했다.[96] 20세기 말에 중국은 경제성장이 가장 빠른 나라 중 하나로 떠올라 1980~2000년 사이에 연간 경제성장률이 평균 9퍼센트에 달했다. 원래 중국산 상품은 농산물과 광물이 대부분이었지만, 점차 중국의 제조업 생산품이 전 세계의 시장으로 쏟아져 들어가기 시작했다. 1980년에는 사실상 무無에 가까웠던 중국의 수출 무역이 1990년에 이미 전 세계의 무역에서 1.8퍼센트를 차지하고, 2000년에는 4.0퍼센트까지 늘어났다. 수출이 중국의 국내총생산에서 차지하는 비중은 1980년의 13퍼센트에서 2000년에 44퍼센트까지 증가했다. 한 나라의 국제수지가 얼마나 양호한지를 보여 주는 지표인 외환 보유고도 1990년의 300억 달러에서 2000년에 1680억 달러로 증가했다. 중국은 외환 보유고 면에서 세계 최상위권에 진입했다. 세계 거의 모든 나라에서 식기류와 의류뿐 아니라 텔레비전, 라디오, 에어컨, 컴퓨터를 망라한 엄청나게 많은 '중국산' 소비재를 볼 수 있게 되었다. 그러나 '중국산' 표시가 부착되었다고 해서 그 수출품을 전적으로 중국인들이 생산했다는 뜻은 아니다. 미국인이나 유럽인이 제품을 고안하고, 중국 노동자뿐 아니라 인도, 베트남, 인도네시아의 노동자가 제품을 생산했을 수도 있었다. 다시 말해 중국은 국적 표시가 예전처럼 독점적 의미를 갖지 못하는 세계경제에 완전히 통합되어 가는 중이었다. 다른 나라도 부분적으로 열린 중국 시장에 상품과 자본을 서둘러 투입했다. 중국인들은 자국 시장에서 서구 중산층의 생활양식을 누릴 수단을, 또는 적어도 그것을 꿈꿀 수단을 얻으려 했다. 적어도 중국인들은 예전보다 덜 가난했다. 예를 들어 농촌 빈곤율이 1990년에 42.8퍼센트에 달했지만, 1997년에는 24.2퍼센트로 감소했다. 중국에서 하루 수입이 미화 1달러 미만인 사람의 비율은 1990년대에 약 9퍼센트에서 4퍼센트로 줄어들었다.[97]

사실상 시장의 힘보다 국가 계획이 중국 경제가 나아갈 방향과 규모, 구체적 내용을 전반적으로 좌우했다. 공산당이 장악한 베이징 정권은 매년 경제성장 목표를 설정하고, 산업과 농업의 생산 계획을 세우고, 수출 지향 기업에 보조금을 지급했다. '1가구 1자녀' 원칙으로 알려진 중국의 인구 정책도 국민 생산성을 높이려는 국가 시책의 일부였다. 중국의 지도자들은 전체 인구를 제한함으로써 태어난 사람들이 생산적인 국가 구성원이 되어 국제 무대에서 성공하도록 그들을 교육하고 훈련하기를 바랐다. 이는 중국 근대화 전략의 일환이었다. 중국은 1980년대 초부터 선진국을 따라잡고 세계경제에서 더 큰 지분을 차지하고자 근대화에 착수했다. 그렇지만 중국인들의 협력 없이 국가 홀로 변화를 이끌어 나갈 수는 없었다. 특히 근대화가 중국을 세계 무대에 끌어들였기 때문에 더욱 그러했다. 이러한 상황은 결국 야심만만하고 근면한 개인들이 국내외 시장에서 경쟁하도록 이윤 동기를 제공했다. 점점 더 많은 중국인이 세계시장에 진출할 기회를 적극적으로 활용해 이윤을 추구했다. 20세기 말에는 경제적 사다리의 꼭대기까지 올라간 소수의 백만장자가 등장해 나머지 사람들에게 선망의 대상이 되기에 이르렀다. 성공한 소수와 나머지 사람들 간 격차가 사회 불안과 정치적 긴장을 야기했고, 국내에서 질서를 유지하려는 집권 엘리트층의 노력에도 불구하고 결코 사라지지 않았다.

이런 상황은 다른 많은 나라에서도 똑같이 나타날 수 있었다. 따라서 공식적인 국가정책과 다른 의제를 가진, 전 세계적으로 연결된 개인 및 비국가 행위자 공동체가 등장했다. 인도와 브라질 같은 나라는 이 시기에 경제성장률이 더 낮았지만, 중국보다 많이 뒤처지지 않았다. 1980년대 말에서 1990년대 초에 냉전이 끝나고 소련이 붕괴한 이후 동유럽 국가들이 세계 무대에 진입해 경제 자율화와 성장을 향한 기회를 잡았다. 옛 사회주의국가 중 일부는 다른 나라들보다 더 잘 대처했다. 폴란드와 헝가리, 체코 공화국은 상당히 성공적으로 시장경제로 이행했다. 반면에 러시아 경제는 1990년에서 2000년 사이에 3.5퍼센트 마이너스 성장을 기록했고, 우크라이나의 경제성장률은 매년 거의 7퍼센트씩 하락했다. 그런데도 변함없는 사실은 이제 세계화에 참여자가 더욱 많아졌다는 점이다. 따라서 세계경제를 지배해 온 미국과 일본, 서유럽 국가들이 이제는 당연하게 패권적 지위를 유지할 수 없게 되었고, 새로 세계화하는 국가들에 점점 더 많은 관심을 기울일 수밖에 없게 되었다.

그러나 세계화의 가속화를 이처럼 국가별로 서술하면 오해를 불러일으킬 수 있다. 이제 세계경제에서 주요한 역할을 맡은 구성단위가 국가뿐만이 아니었다. 20세기 말에 이루어진 세계화의 의의는 국가가 경제활동을 점점 덜 좌우하고, 전통적으로 국가가 맡아 온 중심 역할을 비국가 행위자와 개인들이 대체까지는 아니더라도 보완하기 시작한 점이다. 이 현상은 이미 1970년대부터 뚜렷해지기 시작했지만, 1980년대 들어 한층 빨라졌다. 중국의 부상과 동유럽 국가들의 세계경제 무대 진입에만 초점을 맞추지 않고, 예전보다 훨씬 더 자유로워진 상품과 자본, 노동의 흐름에도 똑같이 주목해야 한다. 예를 들어 중국을 단일한 경제적 실체로 보는 대신, 이윤을 지향하는 기업뿐 아니라 각각의 중국인에 관해서도 이야기해야 한다. 이들은 중국인이고 중국 조직이 지만, 그 역할이 국경에 얽매여 있지 않았다. 이들은 사업의 기회를 찾아 전 세계에 진출했다.

자본 또한 이제까지 이동을 규제해 온 다양한 제약에서 벗어나 점점 더 무국적이 되어 갔다. 자본의 초국화에 결정적인 순간은 아마도 1985년 말에 찾아왔을 것이다. 미국과 영국, 독일, 프랑스, 일본의 중앙은행 대표자 및 재무 장관이 1985년 9월에 뉴욕 플라자 호텔에 모여 국제통화 거래를 자유화하기로 했다. 이 모임에 참석한 국가들은 이미 1971년부터 달러화 가치를 일정 수준으로 유지하려고 통화정책의 조율을 시도해 왔다. 그러나 이제는 국가의 간섭을 완전히 없애지는 않더라도 최소화하려고 했다. 플라자 합의는 국제 거래에서 기축통화로 통용되는 달러화를 사실상 부양하지 않기로 하고, 적어도 이론적으로는 국가가 환율을 통제하지 못하게 했다. 실제로는 여전히 많은 나라에서 중앙은행이 자국 통화를 사거나 팔아 환율을 통제할 수단을 보유하고 있었는데, 중국이 대표적인 예였다. 그렇지만 전 세계의 외환 트레이더와 투기자, 심지어 평범한 시민까지 과거와 비교하면 훨씬 더 자유롭게 원하는 나라의 통화를 다량으로 사고팔고 축적할 수 있게 되었다. 근대에 들어 처음으로 변동환율제가 세계적으로 시행되기 시작하면서 사업 계획을 복잡하게 했다. 하지만 이는 세계경제의 초국화가 낳은 불가피한 측면이기도 했다.

1991년에 유럽 연합이 출범하고, 1999년에 회원국 대부분(영국은 눈에 띄는 예외였다.)이 유로화를 공통의 화폐 단위로 채택하기로 한 일은 세계경제의 초국화를 보여 주는 추가 증거였다. 이제 각 나라 국경에서 환전하지 않아도 서유럽과 중부 유럽의 국가 대부분을 여행할 수 있게 되었다. 동시에 지역 공동체의 수입과 수출은 유로화와 달러화, 더불어 유로화와 파운드화 및 기타 통화 간의 환율 변동에 따라 늘고 줄기를 반복했다.

이처럼 상황이 변화하는데도 평자들과 학계 전문가들이 그것을 중요한 역사적 현상으로 인식하기까지는 시간이 걸렸다. 1980년대 들어 경제학자와 사회과학자들이 '세계화'라는 용어를 사용하기 시작하고 언론인, 기업계, 정치가, 관료, 심지어 (1991년에 국제교류기금Japan Foundation 내에 세워진 세계 협력 센터Center for Global Partnership 같은) 재단들도 '세계화'라는 용어를 점점 더 많이 사용했지만, 역사가들은 이를 처음부터 파악하지는 못했다. 역사가들의 저술 목록을 대략 훑어보면 20세기 말까지도 세계화를 논하기는 고사하고 언급한 경우도 거의 없었다. 1990년대까지는 '세계global'나 '세계화globalizing' 같은 단어조차 역사가들 사이에서 거의 사용되지 않았다. 그러나 1990년대 들어 역사가들이 어느 정도는 강박적인 합의에 이끌린 듯 책 제목에 그런 단어들을 사용하기 시작했다.[98] 지구사Global history가 순식간에 역사, 특히 근대사를 연구하는 데 적절한 틀로 받아들여지기 시작했다. 세계사World history도 다시 인기를 얻었다. 앞서 언급한 1963년에 나온 맥닐의 『서구의 발흥』은 이 분야의 선구작이었다. 그러나 맥닐이 전 세계와 다양한 문명의 역사를 향해 보여 준 열정이 당시에는 그다지 관심을 끌지 못했고, 역사가들은 계속해서 각국의 역사에 집중했다. 각국의 역사 연구는 19세기에 역사가 학문으로 정립되기 시작했을 때부터 과거를 연구하는 방식으로 굳어져 왔다. 역사는 한 국가의 과거(그리고 현재)에 관한 연구를 의미했다. 그러나 20세기 말에 접어들어 세계사가 인기를 끌면서 개별 국가의 역사가 점점 불만스럽고 편협해 보이기 시작했다. 미국 역사학회American Historical Association가 주기적으로 조사한 바에 따르면, 1980년에는 미국 대학 내 역사학과에서 세계사를 가르치는 교수가 극소수에 불과했지만, 20년이 흐른 뒤에는 거의 20퍼센트에 달하는 교수가 세계사를 가르쳤다.[99] 비서구 세계의 역사를 가르치고 연구하는 교수진과 대학원생의 비율도 계속 증가해 한때 압도적으로 많았던 '미국사 전문가Americanist'와 '유럽사 전문가Europeanist'의 지위를 흔들었다. 이런 상황에서 '지구사'라는 용어가 등장했다. 대개 지구사는 세계사와 다를 바 없었지만, 점점 더 많은 학자가 자신들의 작업과 그 의도를 설명하는 데 '세계world' 대신에 '지구global'라는 용어를 선호하기 시작했다. 근대에 관해 가르치거나 저술할 경우에는 특히 더 그러했다.

어떤 용어를 사용하든 1990년대에 점점 더 많은 대학이 세계사 강의를 개설하기 시작한 일은 주목할 만하다. 더는 개별 국가의 과거 연구만으로는 충분하지 않게 되었고, 모든 나라 역사의 상호 연관성을 인정해야만 했다. 이는 학자와 교사들이 강조한 대로 그 어떤 나라의 역사도 자족적이지 않고, 각 나라의 역사는 내적 동력만큼이나 다른 나라와의 상호작용의 산물이기 때문이었다. 그런 의미에서 순전한 국사national history란 존재하지 않고, 지구사가 존재할 따름이었다. 하지만 지구사는 모든 나라와 문명에 관해 알아야 한다고 상정한다는 점에서 대단한 개념이다. 이제 국경이 더는 중요하지 않다는 인상을 주었기 때문에 자신들이 주창하는 역사를 "초국적 역사transnational history"로 부르는 이들도 있었다. 초국적 역사는 개별 국가의 존재와 의미를 부정하지는 않지만, 각 나라 사이의 상호 연계 및 상호 영향을 강조했다. 국가가 여전히 중요했지만, 다른 수많은 행위자가 역사 무대에 등장해 물자와 사람, 사상이 끊임없이 국경을 넘어 이동하게 했다. 인종과 종교, 문명이 국가와는 다른 차원에서 상호작용을 했다. 대부분의 학자가 이러한 현상을 국제 관계사의 주제로 포함시켰지만, '국제'라는 용어는 시민사회 간, 사람 간의 관계보다 국가 간의 관계를 의미하는 경향이 있었다. 따라서 일부에서는 이러한 관계를 국제적이기보다는 초국적인 관계로 분류하는 것이 중요하다고 주장했다.

이처럼 초국적 역사 분야가 역사, 특히 근대사 개념을 재정립할 방법으로 떠올랐다. 근대에 들어 국가가 정치적 협치와 경제활동, 사회질서의 핵심 단위로 부상하고, 역사 연구와 역사 교육은 보통 국가 건설의 임무와 밀접한 관련을 맺었다. 그러므로 국가 중심주의에서 탈피해 한 국가의 과거와 현재에서 나타나는 초국적인 면모에도 똑같이 관심을 기울이는 것이 중요하다. 이러한 점들을 염두에 두고 학자들이 점차 근대 세계와 현대 세계의 초국적 주제들과 초국적 발전을 거론하기 시작했다. 이러한 방향으로 앞장서 나간 역사가 중에 미국사 연구자들이 있었던 것은 우연이 아니다. 미국사 분야는 수십 년 동안 미국 내의 정치사와 사회사, 문화사에 초점을 맞추고, 미국사의 특수성을 강조하는 저자들이 주도해 왔다. 하지만 토머스 벤더Thomas Bender와 이언 타이럴Ian Tyrrell 같은 학자들이 미국사를 세계사와 지구적global 발전의 맥락에서 바라볼 필요가 있다고 역설하기 시작했다. 타이럴은 1991년에 《미국 역사학지American Historical Review》에 발표한 논문에서 "초국적 역사Transnational History"

라는 표현을 처음으로 사용했다. 초국적 역사 개념은 아직 제대로 정립되지 않았기 때문에 곧바로 통용되지 못하고, 학자와 교사, 교양 있는 독자들 사이에서 인정받기 위해 '세계사' 및 '지구사'와 경쟁해야 했다. 그럼에도 불구하고 역사 저술에도 초국적 순간이 도래했다.[100] 학자들은 기꺼이 초국적 의식의 발전에 주목하고 과거 연구를 재개념화하려고 했다.

　현실, 즉 세계의 지속적 세계화와 학문적 인식 사이의 격차를 어떻게 설명할 수 있을까? 확실히 역사 연구가 역사보다 뒤처졌다. 예를 들어 1983년에 유럽과 미국, 일본의 역사학자들이 20세기의 격동적 사건을 돌이켜 보기 위해 모였을 때 '세계화'라는 용어를 사용한 사람은 거의 없었다. 하지만 이 모임에 참석한 학자들이 또 다른 학자들과 10년 뒤에 다시 모였을 때는 거의 모든 참석자가 세계화라는 용어를 사용하며 가까운 과거를 이해하고자 다양한 '세계적global' 주제를 거론했다.[101] 이러한 격차는 대중과 역사가들의 관심이 1990년대 초까지는 압도적으로 냉전의 우여곡절에 쏠려 있었다는 사실에서 비롯되었다고 보기 십상이다. 실제로 1980년대 들어 지정학적 무대에서 사태가 급변하기 시작했다. 1980년대는 소련의 아프가니스탄 침공과 레이건 행정부가 그에 맞선 대응으로 핵무기를 급격히 증강한 데 따른 이른바 '제2의 냉전'과 함께 시작했다. '제2의 냉전'은 로널드 레이건과 소련 지도자인 미하일 고르바초프 간의 정상회담으로 이어졌다. 그사이 고르바초프가 글라스노스트(개방)와 페레스트로이카(재건)의 원칙을 내걸고 단행한 소련 내 개혁으로 소련 공산권의 안정과 응집력이 꾸준히 약해졌다. 이는 결국 베를린 장벽 붕괴를 초래한, 동유럽의 정치 격변으로 이어졌다. 이 모든 격변이 1980년대에 일어났고, 처음에는 냉전사의 틀 안에서 해석되었다. 그러한 줄거리는 나름대로 타당성이 있지만, 동시에 일어난 수많은 초국적 사건을 감추어 버린다. 그러한 예로 베를린 장벽의 붕괴에 앞서 1985년에 체결된 플라자 합의로 달러화가 하락한 사건을 들 수 있다. 그와 더불어 초국적 경제 영역에서 일어난 많은 사건이 직접 냉전을 종식했다고 할 수는 없지만, 냉전 종식은 모든 영역에서 동시에 이루어지던 전 세계적 변화의 맥락에서 살펴보아야 한다. 이에 관해서는 다음 절에서 논의하고자 한다.

——1989년 5월 민주화 운동을 지지하며 톈안먼 광장 근처에서 시위하는 학생. 톈안먼 사건은 텔레비전을 통해 전 세계에 중계되었고, 전 세계적인 민주화 운동의 일부로 여겨졌다. 시위는 무자비하게 진압당했지만, 중국에서는 개혁 운동이 다양한 형태로 이어졌다. (Wikimedia Commons, ⓒ 蔡淑芳@sfchoi8964)

동시대 상황을 살피는 다른 관찰자뿐만 아니라 역사가들도 이러한 병행하는 주제들을 매우 더디게 인식했다. 이들은 세계정세를 냉전의 틀 안에서 바라보는 데 몰두하는 습성이 있었기 때문이다. 더 광범위하게는 역사가나 기타 관찰자들이 역사를 지정학적 관점에서 이해하는 데 몰두했기 때문인

데, 이는 이들의 국가 중심적 시각을 드러내 준다. 이들은 초국적 의식의 성장을 간과하고 미국과 소련 간의 지정학적 관계에 집중했다. 사실 점점 더 많은 관찰자가 세계 각지에서 일어난 민주화 운동에 이끌렸다. 1970년대 중반부터 정치 자유화의 물결이 그리스와 포르투갈, 에스파냐에서 아르헨티나, 필리핀, 한국, 남아프리카 공화국, 동유럽, 중국 등지까지 퍼져 나갔다. 그러나 이러한 현상은 애초에 특수한 국내 상황이 낳은 국가적 사건으로 받아들여지거나, 아니면 1980년대 말에 절정에 달한 초강대국 간 긴장 완화의 부산물로 여겨졌다. 그러나 민주화 운동의 물결은 그 당시에도 모든 사람의 행복을 향한 전 세계적인 공동 관심을 반영하고 있었음이 분명하다. 1989년 봄에 베이징 톈안먼 광장의 시위대가 자유를 추구하는 보편적 상징물로 뉴욕에 있는 자유의 여신상 복제품을 만들어 놓은 것이 우연은 아니었다. 무자비한 시위 진압은 중국 국내 문제였지만, 저항의 기억은 초국적이었고 결코 사라지지 않았다. 따라서 '톈안먼 사건'은 전 세계 어디서나 민중의 열망에 대한 배신을 뜻하게 되었다.

냉전 종식을 향한 초국적 기여

1980년대 말에 이루어진 극적인 냉전 종식은 보통 지정학적 요인, 특히 미국의 군사력, 경제력, 기술력의 우위 덕분으로 여겨진다. 그에 관한 지배적 서사는 양극단의 힘겨루기가 한쪽 편의 승리로 끝나는 목적론을 상정한다. 그에 따르면 미국은 군사적·경제적으로 더 강력했을 뿐 아니라, (조지프 나이 Joseph Nye가 "소프트 파워soft power"로 부른) 지적·문화적 자원도 더 많이 보유하고 있었기 때문에 승리할 수 있었다. 막대한 무기를 비축하고 있었을지 모르지만, 미국의 우세에 대응할 만한 다른 힘이 거의 없었던 상대방에 맞서 미국은 소프트 파워를 효과적으로 사용했다.[102] 하지만 이렇게 한쪽으로 치우친 힘의 방정식이 냉전의 전부였다면 냉전은 그렇게 오래 이어지지 않았을 터였다. 우리는 소련뿐 아니라 중화인민공화국을 포함한 다른 사회주의국가들이 세계 각지에서 사회주의사회가 미래의 물결이라는 인상을 심으며 자본주의와 서구에 반대하는 여론의 관심을 끈 덕분에 세계에서 많은 영향력을 행사할 수 있었다는 점을 기억해야 한다. 냉전의 군사적 토대뿐 아니라 이념적 토대에 대한 도전이 세계의 지정학적 지도를 뒤흔들고 뒤바꾸어 놓는 데 이바지했다. 이러한 도전은 근본적으로 초국적이었고, 전 세계적인 인권 운동과 세계 평화를 위한 운동에서 소련과 서구 모두에 맞서는 이슬람 근본주의에 이르기까지 광범위했다. 냉전 종식에는 이런 모든 요소가 담겨 있었고, 지정학적 '현실realities'만을 원인으로 지목한다면 기본적으로 동어반복일 것이다. 즉 냉전이 그러한 '현실'에 의해 규정되어 왔다고 본다면 '현실'이 변해서 냉전이 끝났다는 주장은 뻔한 이야기일 따름이다. 지정학적 게임이 벌어지는 무대가 크게 변해서 점차 게임의 성격이 달라졌다는 점에 주목하는 것이 더 도움이 될 것이다. 핵무장국도 여전히 존재하고 국제 관계와 국가 간 경쟁도 활발하게 이어지고 있지만, 초국적 세력이 꾸준히 그 자리를 침범해 가는 중이었다.

냉전을 종식하기 위한 초국적 기여는 여러 가지 형태로 이루어졌지만, 비국가 행위자의 증가가 근본적이었다. 비정부기구와 다국적기업이 1970년대에 급격하게 늘어나, 1980년대 들어 지구촌 의식을 전파하는 데 계속해서 도움을 주었다. 초강대국의 핵무장과 핵전략, 특히 중거리 미사일의 유럽 배치에 반대하는 운동에 주력한 비정부기구도 있었다. 가톨릭교회는 긴장을 완화하라는 전 세계적인 요구에 적극 동참하고, 다른 국제 비정부기구들과 함께 유럽, 남아메리카, 아시아에서 항의 집회와 시위에 참여했다. 초국적으로 연대하는 분위기가 형성되면서 소련 진영의 국가에서도 참여가 이루어지기 시작했다. 그동안 다국적기업들도 소련 진영의 국가와 중국에서 사업을 확대하면서 그 과정에 동참했다. 비록 미약한 규모이기는 했지만, 이런 활동을 통해 서구 (및 일본) 사업가들과 소련, 동구권, 중국 측 사업가들이 접촉했다. 고르바초프와 덩샤오핑이 대표하는 소련과 중국의 지도자들은 외국 자본가와의 개인적 만남이 자국의 경제를 근대화하려는 계획을 위해 필요하고, 또 불가피하다는 점을 잘 알았다. 사업 제휴를 향한 관심이 높아지면서 냉전으로 인한 분열을 초월한, 공통의 이해관계에 이끌린 공동체 의식의 창출에 기여했음이 틀림없다.

1980년대의 극적 상황에서 등장한 또 다른 초국적 요인은 환경보호주의 environmentalism였다. 요약해 보자면, 지구를 공해와 폐기물로부터 보호하려는 운동이 1970년대에 활기를 띠기 시작했지만, 1980년대까지는 큰 성과를 보이지 못했다. 환경 문제를 가장 생생히 보여 준 예는 지구의 기온이었다. 20세기 첫 10년 동안 평균 화씨 56.5도(섭씨 13.6도)였던 지구의 기온이 70년 뒤에는 화씨 57.0도(섭씨 13.9도)로 상승했다. 하지만 1980년대에는 더욱 빠른 속도로 상승해 화씨 57.4도(섭씨 14.1도)에 이르렀다. 이는 대기 중에 열을 가두는 이산화탄소와 기타 가스로 인해 발생한 '온실효과'의 위협적인 영향력을 보여 준다. 1980년에 세계는 석탄과 석유, 천연가스 같은 화석연료를 태워 총 183억 3300만 미터톤의 이산화탄소를 배출했고, 1990년에는 배출량이 214억 2600만 미터톤으로 증가했다.[103] 미국과 소련이 이산화탄소를 가장 많이 배출했다. 두 나라 통틀어 1980년에는 전 세계 총배출량의 42퍼센트, 1990년에는 41퍼센트를 배출했다. 중국은 1980년에 8퍼센트, 1990년에는 11퍼센트를 보탰다. 따라서 이 세 대국은 이른바 '지구온난화'에 크게 기여했다.

물론 점점 더 심각해지는 온실효과가 냉전을 약화하고 결국 종식했다고 주장한다면 억지일 것이다. 그렇지만 서구에서와 마찬가지로 소련 진영 내에서도 환경에 대한 관심이 높아졌고, 그러한 관심을 초국적으로 공유하고 있음을 점점 더 실감하게 되었다. 1986년에 우크라이나 체르노빌에 있는 원자력발전소에서 발생한 끔찍한 방사능 누출 사고보다 이를 더 극적으로 보여 준 예는 없었다. 4월 26일에 체르노빌 발전소의 4호 원자로가 폭발하면서 화재가 발생해 대기 중으로 오염을 확산시켰다. 오염 물질은 바람을 타고 더 광범위하게 퍼져 나갔다. 이 사건은 방사능 가스가 소련 국경을 넘어 퍼져 나가면서 초국적인 비극으로 번졌다. 유해할 수 있는 고도의 방사능 낙진이 서유럽에 이어 그린란드에까지 도달했다.(2011년에도 여전히 웨일스의 양 방목용 목초지에서 낮은 수준의 방사능이 탐지된다고 알려졌다.[104]) 체르노빌 사건은 군이 아닌 민간의 재난이었다. 그러나 배출된 방사능이 1945년 8월에 일본의 두 도시에 투하된 원자폭탄에서 발생한 것보다 훨씬 강도가 높다고 평가되었으므로 그 영향은 훨씬 더 컸다. 아울러 수많은 사람이 사망하고, 주민들은 피난을 떠나

_____체르노빌 원자력발전소에 인접한, 우크라이나의 북부에 있는 도시 프리피야티의 황폐한 광경. 발전소에서 일어난 사고로 방사능 물질이 우크라이나 전역과 유럽 각지로 퍼져 나갔다. 이 사건은 전 세계에서 핵에너지 생산의 타당성에 의문을 제기하게 하는 계기를 제공했다. (Public Domain Pictures.net)

오늘날까지 돌아가지 못한 사람도 많다. 미국에서는 영화 「차이나 신드롬The China Syndrome」에 등장한 방사능 낙진을 보고 많은 이가 심한 충격을 받았다. 이 영화는 체르노빌 위기, 그리고 그보다는 덜 심각했던, 1979년에 펜실베이니아주 스리마일섬 원자력발전소에서 일어난 방사능 유출 사건과 함께 환경 재난에는 국경이 없다는 초국적 믿음을 확인해 주었다. 고르바초프는 이 점을 분명하게 이해하고, 우크라이나 원자력발전소에서 나온 잔해를 치우는 일에 다른 나라의 도움을 요청했다. 이런 상황에서 미국과 그 동맹국들에 적대적 태도를 고수하는 것은 아무런 의미가 없어 보였다. 냉전이 예전에 어떤 의미를 가졌든, 핵을 보유한 적대 세력들이 환경 재난과 지구온난화에 기여하는 동시에 피해를 당하면서 그 의미를 잃게 되었다.

인권은 철의 장막 양편에 있는 나라를 연결해 준 또 다른 초국적 주제였다. 역사학자 세라 스나이더Sarah Snyder가 『인권 운동과 냉전 종식Human Rights

Activism and the End of the Cold War』에 상술한 바에 따르면, 1975년에 인권 조항을 포함한 헬싱키 협정이 체결되고 나서 서구 활동가들은 정치적으로 탄압받는 피해자들을 보호하고자, 비밀리에 활동하는 경우가 많은 사회주의국가 내 인권 활동 단체와 접촉하려고 더 많은 노력을 기울였다.[105] 어느 정도는 그런 노력 덕분에 동유럽인들이 점점 더 대담하게 자국 지도자들에게 맞서기 시작했다. 처음에는 미미했지만, 민주화를 향한 움직임이 실제로 나타나고 있었다. 체코슬로바키아와 헝가리, 동독, 폴란드 등지에서, 심지어 여전히 매우 잔혹한 정권이 지배하는 루마니아에서까지 시민들이 조직적으로 권력자에게 맞섰다. 예전과 달리 이번에는 고르바초프가 이끄는 소련 지도부가 탱크와 군대를 보내 이들을 진압하지 않았다. 결국에는 소련이 나서서 "개방" 정신을 선전하기까지 했다. 그 결과 1980년대 말로 접어들면서 공산주의 정권이 차례로 무너지고, 동유럽과 서유럽 사이의 국경이 열리기 시작했다. 특히 극적이었던 1989년 11월의 베를린 장벽 붕괴는 동유럽 민주화 드라마의 정점이었다. 대개 냉전 종식의 맥락에서 동유럽 민주화 운동을 보곤 하지만, 그보다는 인권사의 한 장으로 보는 것이 더 적합할 듯하다. 환경을 비롯한 초국적 요인과 더불어 민주화가 냉전의 종식을 이끈 것이지, 그 반대가 아니었다. 게다가 동유럽 민주화가 지정학적 경쟁에서 미국의 승리를 의미한다는 주장은 지나치게 단순하다. 많은 사람이 전 세계에 비국가적인 활동 네트워크를 구축하고 인권을 고취했다. 이런 현상이 국제 정세의 우여곡절보다 훨씬 더 중요했다. 인권 운동의 기록은 초국적 역사에 속하고, 그런 의미에서 1980년대에 일어난 일들은 종래의 국제 관계가 초국적 관계에 자리를 내주고 있음을 명백하게 보여 주었다. 스나이더의 연구 같은 예들은 지정학적 역사, 인권의 역사, 환경 재난 및 대처의 역사를 비롯한 여러 역사가 병행한다는 것을 보여 준다. 1970년대와 1980년대는 인권이, 아마도 역사상 처음으로 다른 서사들을 가리고 전면에 나서기 시작했음을 보여 주었다. 그것은 또한 초국적 세계의 형성에서 중요한 주제이기도 하다.

초국적 민족주의?

초국적 물결이 세계를 휩쓸자 역설적이게도 전통적인 민족주의 세력이 되살아나는 듯 보였다. 이 현상은 동유럽과 남동부 유럽에서 가장 두드러졌다. 이런 지역에서는 민족 정체성에 관한 새로운 주장이 종종 독립국가를 향한 요구로 이어졌다. 이러한 민족주의는 1980년대에는 동유럽 국가들이 소련의 통제에서 벗어나 자립을 요구하는 형태였지만, 냉전이 끝나면서 더욱 광범위한 현상으로 발전했다. 소련을 구성하던 많은 지역이 모스크바로부터 독립해 리투아니아, 에스토니아, 조지아, 우즈베키스탄, 투르크메니스탄 같은 자치 국가를 (대부분 다시) 세웠다. 이들 중에는 모스크바가 독립을 묵인한 경우도 있었지만, 그렇지 않은 경우도 있었다. 이들 나라의 분리 독립은 1991년 소련의 최종 해체를 예고했다. 이후 러시아 역시 연방을 구성하는 여러 국가 가운데 하나가 되었지만, 예전보다 작아진 연방국가 내에서도 여전히 독립을 쟁취하려고 하는 구성원이 존재했다. 체첸 이슬람 공화국이 가장 눈에 띄는 예다. 체첸 분리파 반군은 1994년에 러시아 연방에서 독립하려 했고, 여러 해 동안 러시아 군대에 맞서 싸웠다. 그 과정에서 러시아군이 체첸 공화국의 수도 그로즈니를 파괴했다. 체첸과 러시아의 대립은 새로운 세기에도 이어지고 있다.

동유럽의 나머지 지역에서는 체코슬로바키아가 체코 공화국과 슬로바키아로 나뉘었다. 그러나 가장 극단적인 예는 발칸반도에 위치한 유고슬라비아였다. 유고슬라비아는 제1차 세계대전의 결과로 만들어진 나라로 각자 다른 정체성과 종교를 가진 여러 개의 지역으로 이루어졌다. 제2차 세계대전 이후 유고슬라비아를 이끌어 온 요시프 브로즈 티토가 1980년에 사망한 뒤, 유고슬라비아는 몇 개의 나라로 나뉘면서 소련이나 체코슬로바키아처럼 지도에서 사라졌다. 이제 오래된 나라인 알바니아, 불가리아, 그리스에 덧붙여 마케도니아, 세르비아 몬테네그로(연방을 구성했던 두 공화국은 2006년에 분리되었다.), 보스니아 헤르체고비나, 크로아티아, 슬로베니아, 코소보 같은 나라가 발칸 지역을 구성했다. 이들은 모두 매우 작은 나라였지만, 각자 독특한 역사와 종교, 민족 정체성을 지녔다. 새로운 나라의 정확한 국경과 민족 구성을 결정하면서 불가피하게 여러 가지 문제가 발생했다. 예를 들어 세르비아 몬테네그로

———2008년 2월에 런던에서 열린 집회에서 세르비아 시위대가 국제사회의 코소보 독립 승인에 항의하고 있다. 이 장면은 종족적 민족주의가 국제경찰군(international police forces) 등과 대립하는 양상을 보여 준다. (Wikimedia Commons)

와 크로아티아 간에 심각한 충돌이 빚어졌다. 최악의 사태는 1992년에 보스니아 헤르체고비나의 수도 사라예보에서 발생했다. 세르비아계 민병대가 사라예보를 둘러싼 언덕에서 '세르비아 공화국'을 선포하고 사라예보를 포위하며 공격했다. 사라예보 포위 공격은 1995년에 북대서양조약기구가 세르비아계 민병대의 진지에 공중폭격을 가한 뒤에야 끝이 났다. 이런저런 상황에서 각 민족 집단 간의 적대감이 매우 강해 세르비아계, 무슬림, 크로아티아계 등이 벌인 치열한 전투는 종종 '종족 청소ethnic cleansing'로 이어지곤 했다.

20세기 말로 접어들면서 다른 지역에서도 종족적 민족주의가 강화되었다. 아프리카 대륙은 1990년대 내내 일련의 잔혹한 분쟁으로 고통을 겪었다. 소말리아에서는 1991년에 중앙정부와 북서부 지역에 자리 잡은 분리파 간에 내전이 발발했다. 시에라리온은 다이아몬드 광산의 통제권을 둘러싼 분쟁, 소년병 징집, 강간, 사지 절단 등을 비롯한 잔혹 행위에 시달렸다. 중앙아프리카, 특히 광물자원이 풍부한 콩고 민주공화국은 이른바 아프리카 '대전great wars'이 벌어진 장소였다. 이 전쟁에는 아프리카 8개국이 얽혀 있었고, 수십 개의 민병 단체가 참여해 전투가 가장 치열했을 때는 하루 평균 1000여 명을 살해했다. 서아프리카에서와 마찬가지로 콩고 전쟁도 집단 강간과 소년병 징집, 대량 학살로 점철되었다. 르완다에서는 주요한 두 종족 집단인 투치족과 후투족이 격렬하게 싸웠다. 1994년에 후투족이 투치족에 자행한 공격은 집단 살해로 여겨졌다.

남아시아에서는 무슬림, 힌두교도, 불교도, 시크교도, 기독교도 및 기타 종교 집단이 주기적으로 다른 종교 집단에 힘을 행사했다. 스리랑카의 타밀족은 힌두교도 소수 집단으로 불교도 다수파의 지배에 맞서 1983년에 공개적인 반란을 일으켰으며, 이웃 나라 인도의 중재 노력에도 불구하고 투쟁을 이어 나갔다.

서유럽 국가들과 캐나다까지도 분리주의의 물결에 휩쓸렸다. 지배적 국가 체제를 향한 이러한 도전은 대부분 평화로웠다. 하지만 북아일랜드에서는 아일랜드 공화군Irish Republican Army이 주기적으로 개신교 시민들에게 테러 공격을 가하고, 개신교도 측에서도 똑같이 대응하는 상황이 이어지다가 1998년에 평화협정이 체결되었다. 에스파냐에서는 바스크 분리파 무장 세력이 계속해서 독립을 요구하며 21세기 초까지도 폭탄 공격을 감행했다.[106]

이러한 사건들을 어떻게 해석해야 할까? 그것들은 19세기, 심지어 그 이전까지 거슬러 올라가는 뿌리 깊은 종족적 민족주의를 분명하게 보여 주었다. 소련과 미국 간의 냉전 경쟁 체제에서 민족 집단의 열망보다 현상 유지가 우선시되면서 오랫동안 억눌려 온 민족 집단이 이제는 제약에서 벗어났다고 느끼며 각자의 정체성을 반영하는 새로운 국가를 세우고자 했다. 그러나 세계 대부분 국가에서는 민족적 자의식이 독립국가를 향한 요구로 바뀌지 않았다는 점에 주목해야 한다. 어쨌든 대부분의 나라는 다민족적 실체였다. 러시아에는 소련이 해체된 후에도 여전히 거의 200개에 달하는 민족 집단이 있었다. 한편 중화인민공화국은 쉰다섯 개의 민족으로 이루어졌고, 그중 10퍼센트가량이 비중국계였다. 미국에는 세계의 거의 모든 인종과 종교가 존재했다. 20세기의 마지막 수십 년 동안 미국에서 비아프리카계 인종 집단, 특히 라틴계와 아시아계가 급속하게 늘어났다. 하지만 어떤 인종이나 종교, 민족 집단도 개별 국가를 만들려고 하는 조짐을 보이지 않았다. 미국은 아마도 전반적인 국민 의식이 국가가 민족별로 나뉘는 상황을 상상할 수 없을 정도로까지 발달한 가장 훌륭한 예일 것이다. 에스파냐 같은 예외도 소수 존재했지만, 다른 '기성established' 국가의 상황도 대개 비슷해서 적어도 20세기의 마지막 수십 년 동안은 민족적 자의식이 국민 통합을 위협하지 않았다.

하지만 이런 몇몇 나라에서도 소수민족 집단들은 민족(또는 아마도 더 정확하게는 하위 민족subnational) 정체성을 지니고 있어서 더 큰 공동체에 완전히 통합되지 않았다.[107] 독일의 터키인, 프랑스의 알제리인, 영국의 파키스탄인은 보통 더 큰 국민 공동체에 동화되기보다 자신들의 민족성을 강조하는 쪽을 택하곤 했다. 중국의 티베트족, 위구르족, 조선족 같은 소수민족은 여전히 응집력이 있고, 다수 민족인 한족(중국인)에 동질감을 느끼지 않았다. 이런 현상은 결국 인구의 다수를 차지하는 집단이 국수주의적 대응을 하도록 촉발했다. 때로는 이들이 극단적 민족주의 운동을 조직화하기도 했다. 20세기 후반이 초국주의의 시대라면, 동시에 소수집단과 다수 집단의 민족주의도 모두 강화한 것처럼 보였다. 초국주의와 민족주의의 이중 현상을 가장 잘 이해할 방법은 아마도 그것들이 서로 다른 차원 또는 층위에 동시에 존재한다고, 즉 떨어져 있지만 배타적이지 않은 공간에 깃들여 있다고 보는 방식일 것이다. 초국주의와 민족주의는 영향력을 놓고 경쟁하기보다는 동시에 존재하는 힘이었다. 한 예로 민족주의가 초국적 현상이 되어 가는 중이었다. 다른 모든 것과 마찬가지로 민족주의도 말하자면 세계적으로 발전했다. 게다가 세계대전과 지역 전쟁을 초래한 앞선 '민족주의의 시대'와 달리, 이번에는 많은 민족주의 세력이 국내로 눈을 돌려 별개의 정체성을 찾으려 했고, 때로는 독자적인 공동체를 세우고 심지어는 기존 국가에서 독립을 감행하기까지 했다. 전통적 유형의 민족주의적 경쟁이 여전히 영토 분쟁, 무역 분쟁 등과 관련을 맺었다. 그러나 이러한 국제적 드라마가 펼쳐지는 동안에도 세계적 세력들은 또 다른 초국적 연계의 층위를 만들어 나가고 있었다. 다시 말해 민족주의는 세계화 세력과 더불어 성장한 여타 '지역' 정체성과 다를 바 없었다. 그런 점에서 민족주의와 초국주의 간에는 내재적 모순이나 해소할 수 없는 대립이 존재하지 않았다.

단일민족주의가 민족주의보다 초국주의를 더 심각하게 위협했다고 여겨질 수 있다. 단일민족주의는 조국에 배타적으로 충성하고 국경을 넘어오는 산물을 (상품이든 사상이든 개인이든) 배척한다는 점에서 초국주의와 양립할 수 없으며 점점 희귀해져 갔다. 그래도 단일민족주의는 마치 민족의 존재감을 재확인하려는 듯 이따금 나타나곤 했다. 이는 역사적 기억에서 가장 잘 엿볼 수 있다. 머리말에서 언급한 바처럼, 한 민족이 과거를 어떻게 기억하느냐가 항상 민족 정체성의 핵심을 이루었다. 하지만 초국적 시대에는 이론상으로는 국경을 초월한 집단 기억이 등장해 결국 인류 전체가 공유하는 기억이 될 수도 있었다. 유럽에서는 그러한 집단 기억의 형성을 포착할 수 있는데, 이에 관해서는 다음 절에서 논의하려 한다. 하지만 20세기 말에는 많은 나라에서 단일민족주의를 강화한 경쟁적인 기억이 더욱 두드러졌다. 예를 들어 중국과 일본은 현대에 양국 간에 벌어진 전쟁, 특히 1930년대 일본의 중국 침략에 관한 공식 기억을 두고 충돌했다. 민간인 저자들이 집필하지만, 수업에 도입하기 전에 공식 검인정을 받아야 하는 일본 역사 교과서가 1980년대 이후 한국과 중국을 비롯한 아시아 국가들의 관심을 끌었다. 아시아 국가들은 도쿄 당국이 최근 과거에 관한 수정주의 교육을 부추기고, 일본군이 자행한 침략과 만행을 눈가림하려 한다는 비판을 제기했다. 반대로 일본 일각에서는 일본을 비판하는 나라들이 공식 역사 서술에서 희생자 수를 비롯한 전쟁의 여러 가지 양상을 과장했다고 비난했다. 일본 민족주의자들은 아시아-태평양전쟁을 아시아를 '해방'하려고 치른 전쟁으로 보았지만, 중국 민족주의자들은 일본 제국주의가 유럽 열강의 제국주의보다 훨씬 나빴다고 주장했다. 한국과 필리핀 등의 민족주의자들도 중국에 동조했다.[108] 제2차 세계대전의 역사 또한 1990년대 중엽에 미국과 일본을 논쟁에 휩싸이게 했다. 스미스소니언 협회가 워싱턴에 있는 국립항공 우주 박물관National Air and Space Museum에서 개최하기로 한

「에놀라 게이Enola Gay」 전시회 계획안이 논란의 중심에 있었다. 에놀라 게이는 1945년 히로시마에 원자폭탄을 투하한 폭격기로, 전시회는 원래 새로운 무기 개발만큼이나 원자폭탄 투하로 인한 파괴에 관심을 기울여 보려는 의도로 기획되었다. 그러나 전시 기획안은 핵 공격이 더는 사상자를 내지 않고 태평양 전쟁을 끝내려는 완전히 정당한 수단이었음을 보여 주는 방향으로 대폭 수정될 수밖에 없었다.[109] 일본인들은 히로시마를 매우 대조적인 방식, 즉 정당화할 수 없는 비인간적인 방식으로 일반 대중을 살상한 사건으로 기억했다. 그렇게 서로 충돌하는 두 기억을 화해시키기가 쉽지 않았고, 동맹국 사이에서조차 역사적 기억의 초국화가 쉬운 일이 아님을 보여 주었다. 한 나라 역사에 관해서라면 단일민족주의가 초국주의보다 우세해 보였다. 마치 국경을 넘어 초국적 연계가 확대되어 갈수록 개인과 집단의 정체성을 구성하는 역사와 기억에 관한 의식도 더 강해지는 듯했다.

초국적 지역들

만약 의식의 초국적 층위와 국가적 층위를 조화시킬 방안이 있다면, 유럽의 사례는 지역 공동체의 건설이 그 해결책일 수도 있음을 보여 주었다. 민족주의와 초국주의, 즉 지역적 힘과 세계적 힘이 지역 공동체를 통해 타협에 이를 수도 있었다. 1994년에 유럽 연합이 된 유럽 공동체가 모범을 보였듯, 모든 구성원이 특정한 정책을 공유하고, 심지어 같은 통화를 사용하는 지역 체제 안에 다양한 민족주의가 함께 놓일 수 있었다. 유럽 연합의 역사는 각국사와 국제사에 속하지만, 유럽 연합의 초국적 영향력은 분명하다. 이주와 수자원, 환경보호 같은 국경을 초월하는 문제에 관해 지역 공동체가 함께 대처할 수 있었다. 유럽 연합 내에서 국경을 없애 모든 회원국 시민이 자유롭게 국경을 넘나들었다. 외국인도 일단 유럽 연합 회원국 중 한 곳에서 입국을 허가받으면 유럽 연합 내 모든 나라를 방문할 수 있었다. 유럽인들은 특히 수자원 문제에 관심을 두었다. 유럽 연합 안에 아주 건조한 지역은 없지만, 산업과 농업, 소비자의 필요에 맞춰 물을 충분히 공급하려면 강과 호수를 반드시 보존해야 했다. 1960년대부터 회원국이 협력해 물 사용을 통제할 전략 개발에 나섰다.[110] 유럽 국가들은 또한 탄소 배출량을 줄이고 삼림 벌채를 막을 공동 방안을 마련하는 등 자연환경보호를 위해서도 협력했다.

초국적 범유럽 의식은 1976년에 피렌체 외곽의 피에솔레Fiesole에 설립된 유럽 대학European University Institute을 통해 어느 곳에서보다 더 생생하게 드러났다. 유럽 대학의 설립자들은 유럽 전역에서 온 사람들로, 지적·문화적 경험을 공유하지 않고는 지역 공동체를 유지할 수 없다는 점을 분명하게 인식했다. 특히 교육은 더욱 그러했다. 전통적으로 교육은 지극히 국가적인 업무였다. 각 나라는 글을 읽고 쓸 줄 알고, 단결해서 국가의 필요에 복무할 장래의 시민을 육성하려 했다. 따라서 초등학교뿐 아니라 고등교육기관도 국가에서 조직하곤 했다. 새로운 유럽 지도자들은 그러한 좁은 시각에서 벗어나야 할 필요성을 절감했다. 그들은 여전히 국립 교육기관과 학문 연구 기관을 지원하지만, 기꺼이 재원을 분담해 유럽 전역뿐 아니라 미국 등지의 대학생을 유치해 더 초국적인 학문 및 연구 환경을 접할 수 있게 했다. 유럽 대학은 초기에는 경제학과 법학, 역사 및 문명, 정치학, 사회과학 분야 강좌가 주를 이루면서, 지식 공유와 유럽 내 문화 교류를 향한 유럽인들의 노력을 잘 보여 주었다. 이런 노력은 1987년에 만들어져 유럽 학생들이 국경을 초월해 강의를 들을 수 있도록 한 에라스무스European Region Action Scheme for the Mobility of University Students: ERASMUS 프로그램과 1999년부터 유럽 고등교육 지역European Higher Education Area 내 고등교육기관의 학위 과정을 통일한 볼로냐 프로세스Bologna Process를 통해 더욱 공고해졌다. 프로그램의 성공 여부를 평가하기에는 너무 이르지만, 그러한 방식을 통해 초국적 삶이 형성되는 중이라 해도 과언이 아닐 듯하다.

다른 지역에서도 유럽의 움직임에 상응해 지역 공동체가 성장했다. 훨씬 체계적이지 못하거나 불완전하게 성장했지만, 미국과 캐나다, 멕시코가 함께한 북미 자유무역 지대와 중미공동시장Central American Common Market 같은 초국적 조직이 초국적 공동체를 향해 첫발을 내디뎠다. 그러나 경제협력을 넘어서까지 인접국들을 한데 모으기가 쉽지 않았다. 예를 들어 북미 자유무역 지대는 환경문제와 노동문제에 관해 공동 정책을 수립하려 했지만, 세 회원국의 의견이 항상 일치하지는 않았다. 아직 유럽 대학에 견줄 만한 교육기관도 없었다. 주요한 까닭은 미국이 계속 세계 각지에서 학생들을 끌어들이면서, 미국 영토 안에 어느 정도 초국적이라고 할 수 있는 교육 환경을 조성했기 때문이다. 그런 상황에서 특별히 북아메리카와 남아메리카인을 위한 국제 대학을 설립해야 한다는 압력이 그다지 높지 않았다.(반면에 미국과 캐나다의 고등교육기관은 정기적으로 교수진과 학생을 교환했다. 두 나라는 지리적으로 가깝고 언어를 공유해서 그런 초국주의가 쉽게 나타날 수 있었다.)

유럽 연합의 성공적 출범에서 핵심은 일부 역사학자가 명명한 "기억 공동체"의 발전이었다.[111] 다시 말해 유럽인들은 과거의 상호작용에 관한 공통의 이해를 증진해 왔다. 전쟁과 집단살해, 불관용 등과 같이 고통스러운 과거사도 있었다. 동시에 유럽인들은 근대 과학과 계몽주의의 발전, 미술, 음악, 문학의 위대한 작품 같은 좀 더 건설적인 과거도 공유했다. 유럽사는 비극과 성취, 악행과 선행이 뒤섞인 기록으로 초국적으로 이해되어야만 했다. 유럽인은 모두 이런 다양한 갈림길을 거쳐 왔지만, 영광스러운 동시에 부끄럽기도 한 모순되는 과거의 계승자였다. 중요한 점은 그들이 다양한 형태의 과거를 공통의 유산으로 기억한다는 것이었다. 그러나 신세계의 미국인과 캐나다인, 멕시코인, 남아메리카인은 아직 과거를 공유할 수 있는 단계에 도달하지 못했다. 적어도 미국인과 캐나다인 사이에는 공통 언어와 문학 전통의 유산이 존재했다. 그들은 비록 모호하지만, 같은 과거를 공유한다는 의식이 있다고 할 수도 있었다.(브로드웨이의 연극과 뮤지컬은 당연히 캐나다의 극장에서도 공연되고, 캐나다 관객은 미국의 과거에서 나온 장면을 보면서 이국적이거나 낯설다고 생각하지 않았다.) 반면에 미국인 및 캐나다인과 멕시코인 사이에는 그런 공통 의식이 거의 존재하지 않았다. 대표적인 예로 미국이 멕시코로부터 텍사스와 남서부, 캘리포니아를 획득한 1846~1848년 전쟁을 바라보는 관점이 리오그란데강[14] 양편에서 첨예하게 갈렸다. 다른 한편으로 20세기의 마지막 몇십 년 동안 미국과 멕시코의 국경 지대에서는 국경 공동체로서의 자의식이 형성되기 시작했다. 이

_____ 14 미국과 멕시코를 가르는 강으로 1846~1848년의 전쟁으로 미국과 멕시코의 국경이 되었다.

는 역사가들이 "국경사border history"라 부르기 시작한, 세계의 다른 여러 지역을 포괄하는 현상의 일부였다. 점차 새로운 시각이 퍼져 나가면서, 세계가 영토적으로 구분되는 국민 공동체뿐만 아니라 접경지대로 이루어져 있다는 의식을 낳았다. 이 또한 초국적 정체성의 확대를 보여 주는 예였다.

더불어 아메리카 대륙은 대서양과 태평양 모두와 접하고 있으므로 이중의 지역 정체성이 존재한다는 점에 주목하는 것이 타당하다. 그중에서 대서양 국가 공동체에 관한 생각은 오래전부터 존재했다. 미국과 캐나다는 오래전부터 함께 자신들을 더 광범위한 대서양 세계의 일원으로 규정해 왔다. 대서양 세계는 북대서양조약기구 같은 지정학적 체계뿐만 아니라 서양 문명의 유산으로 이루어졌다. 그에 비해 태평양 공동체라는 관념은 훨씬 느리게 발전했다. 그러나 역사학자 월터 맥두걸Walter McDougall이 이미 1993년에 출판한 『태평양이 소리 내게 하라Let the Sea Make a Noise』에서 지적했듯이, 북태평양 연안의 국가와 사람들은 중국인과 러시아인부터 하와이인, 캐나다인, 미국인까지 오랫동안 서로 영향을 주고받아 왔다.[12] 마치 그런 시각을 본받은 듯, 오스트레일리아, 캐나다, 미국 등지의 역사가들이 대서양 공동체보다 훨씬 규모가 클 수도 있는 태평양 공동체 개념을 정립하기 시작했다. 하지만 유럽 연합에 필적할 만한 포괄적인 태평양 공동체 건설을 위한 청사진은 아직 나오지 않았다.

태평양 공동체 건설을 진전시키려면, 아시아 국가가 먼저 지역 정체성을 확립해야만 했다. 그러나 아시아 내 상황은 계속해서 복잡해졌다. 이미 1960년대 말에 동남아시아 국가 중 일부가 자체 지역 공동체인 동남아시아국가연합Association of Southeast Asian Nations: ASEAN을 창설했다. 동남아시아국가연합은 경제적으로뿐만 아니라 정치적으로도 회원국들의 상호 의존을 도모했다. 동남아시아국가연합 회원국들은 1990년대 말에 경제적으로 심각한 재정 위기를 겪었다. 태국을 비롯한 몇몇 나라가 겪은 갑작스러운 외환 부족 사태는 외국산 물품의 소비가 늘어난 데서 비롯된 위기였다. 무역 적자가 급격하게 늘어나면서 이들 나라의 통화가치가 떨어졌다. 국제통화기금이 때맞춰 개입하면서 1930년대 초의 전 세계 외환 위기 같은 최악의 사태는 벌어지지 않았다. 국제통화기금은 경제정책을 재조정하겠다는 동남아시아 국가들의 서약을 받고 임시 재정 지원에 나섰다. 하지만 이 경험은 거의 전적으로 경제협력에만 치중하는 지역 공동체로는 충분하지 않음을 보여 주었다. 동남아시아국가연합은 이 무렵부터 한국, 중국, 일본, 유럽 연합 같은 비회원국들과 무역협정을 체결하면서 더 세계적인 활동에 나섰다. 이런 활동은 여전히 전통적인 국제 관계 체제 내에서 이루어졌지만, 국경을 초월하는 환경 및 문화에 관한 지역 의식 또한 성장해 갔다. 이것은 북쪽으로는 중국, 남쪽으로는 오스트레일리아, 뉴질랜드와 마주한 이 지역의 위치에 관한 자의식을 반영하는 정체성이었다. 동남아시아의 지도자들과 대중은 인권 및 환경보호주의 같은 문제를 보는 공통의 관점을 정립할 수 있게 해 줄 초국적 정체성을 키워 나가려 했다. 예를 들어 동남아시아 국가들을 둘러싼 바다에는 산호초가 매우 풍부해 전세계 매장량의 3분의 1가량이 있었다. 그러나 1990년대 들어 거의 모든 산호초가 오염 때문에 멸종 위기에 놓였다는 보고가 나왔고, 동남아시아국가연합이 이런 심각한 상황에 대처하기 위한 초국적 협력의 틀을 제공했다.

　　동남아시아 국가의 지역 계획은 소박했지만, 동아시아보다 훨씬 앞서 있었다. 한국과 북한, (타이완도 포함한) 중국, 일본이 주가 되는 동아시아 지역은 여전히 분열되어 있었다. 이는 중국 본토와 타이완섬, 그리고 한국과 북한 간의 불확실한 관계 때문이기도 했지만, 유럽에서와 같은 기억의 공유가 이루어지지 않았기 때문이기도 했다. 한국인들은 여전히 일본이 15세기 말에 반도의 왕국을 침략한 데 대해, 그리고 일본 제국이 20세기 초에 수십 년 동안 자국을 지배한 데 대해 분노했다. 동시에 중국인들은 대일본 전쟁에 대한 쓰라린 기억을 간직하고 있었다. 독일이 전쟁 동안 자행한 잔혹 행위를 집단 기억으로 어느 정도 수용할 수 있게 된 유럽과 달리, 동아시아에서는 한국인, 중국인, 일본인이 각자의 기억에 집착하면서 역사를 초국화하기보다 민족적으로 만들었다. 한국과 북한은 최근의 과거, 특히 한국전쟁을 극명하게 대비되는 방식으로 다루었다. 조선민주주의인민공화국 측에서는 전쟁의 원인을 미국 제국주의자들과 공모한 한국의 침략 탓으로 돌렸다. 반면에 대한민국에서는 한국전쟁을 북한 공산주의 정권이 자행한 민족 비극으로 기억했다. 그에 따르면, 북한은 1950년에 선제공격을 감행했을 뿐만 아니라 수많은 사람을 남쪽에 있는 고향으로 돌아갈 수 없게 했다. 이런 상황에서 지역 정체성(심지어 한민족 정체성)을 고취하기는 매우 어려웠다.

　그럼에도 불구하고, 적어도 한국과 중국, 일본 사이에서는 지역 문제와 지역의 운명에 관한 관심을 공유하려는 의식이 느리게나마 발달해 갔다. 이러한 의식은 무엇보다 경제 관계에서 두드러지게 나타났다. 1980년대와 1990년대에 세계에서(미국과 독일에 이어) 세 번째로 큰 무역국이었던 일본의 대중국 수출액은 1980년의 50억 달러에서 20년 후에는 300억 달러로 증가했다. 일본이 중국에서 수입한 액수는 같은 기간에 40억 달러에서 550억 달러로 늘어났다. 미국이 여전히 일본의 주요 무역 상대였지만, 중국이 빠르게 치고 올라왔다. 아시아 "신흥공업국newly industrialized countries", 즉 한국과 타이완, 홍콩, 싱가포르는 2000년에 일본 전체 수출 무역의 8.9퍼센트, 수입 무역의 18.4퍼센트를 차지했다. 전체적으로 동아시아가 급속히 팽창하는 주요 시장으로 떠오르고 있었다. 동아시아의 세계무역 전체에서 동아시아 국가 간에 이루어지는 역내 무역이 차지하는 비중이 1980년에는 35.6퍼센트였지만, 20년 뒤에는 46.8퍼센트로 증가했다. 이러한 수치는 2000년에 각각 73.1퍼센트와 55.7퍼센트를 기록한 유럽 연합과 북미 자유무역 지대 간의 역내 무역 비중에 비하면 여전히 낮았지만, 아세안에 비하면 훨씬 높았다. 아세안 회원국 간의 무역은 전체 무역량의 4분의 1에 지나지 않았다. 동아시아 지역 내 투자도 늘어났다. 중국에 세워지는 일본 회사의 수가 꾸준히 늘어나, 일본 회사 및 공장에서 일하는 사람 수가 1990년의 6만 3000명에서 10년 뒤에는 56만 7000명으로 뛰어올랐다.(비교할 만한 수치로 미국에서 일시적으로 일하는 일본인 수는 같은 기간에 47만 9000명에서 66만 1000명으로 늘어났다.) 역으로 점점 더 많은 중국인이 일본을 방문했다. 그중 일부는 일본에 머물면서 비일본계 아시아인 인구를 늘렸는데, 그 수치가 20세기 말에 어림잡아 100만 명에 달했다.

　한국인과 중국인과 일본인 간의 대중문화 및 고급문화의 교류 수준도 더욱 높아졌다. 한국에서 만든 영화가 일본에서 인기를 얻고, 일본 텔레비전 드라마를 중국 텔레비전에서 볼 수 있었다. 세 나라 역사가가 모여 소박하게나마 과거를 함께 연구하기 시작하면서, 점차 초국적 지역사의 중요성이 부각되었다. 다시 말해 한국과 중국, 일본의 역사가는 개별 국가의 역사라는 틀에서 과거를 연구하기보다 지역의 과거를 포괄적으로 탐구하면서 경제, 사회, 문화 면에서 세 나라의 상호 의존 관계를 추적하기 시작했다. 유럽사에 필적할 만한 일관성 있는 동아시아 지역사가 머지않아 가능할지는 여전히 두고 보아야만 한다. 그래도 학자와 언론인 등의 공동 노력으로 공식 관계를 뛰어넘는 초국적인 순간과 공간이 만들어지고 있다는 점에는 의심의 여지가 없었다.

미국의 세기이자 초국적 세기

20세기 말에 접어들면서, 특히 냉전이 종식된 이후 많은 사람이 미국을 유일한 초강대국, 새로운 패권국 또는 제국으로 불렀다. 이런 표현은 모두 군사력과 경제력을 통해 질서를 유지하는 주권국가가 세계를 근본적으로 좌우한다고 보는 사고방식을 드러냈다. 그러나 세계화와 초국화의 시대에는 그런 전통적인 영향력 측정이 더는 적절하지 않게 되었다. 한 국가가 '승자winner'가 되려면 세계적 추세를 반영하고 강화하고, 사람들과 공동체 간의 네트워크를 확대해야만 했다. 아마도 이러한 중요한 사실을 알아보았기 때문에 많은 이가 헨리 루스가 1941년에 《라이프》에 기고한 "미국의 세기"에 관한 논설을 떠올리거나, 프랜시스 후쿠야마Francis Fukuyama가 2002년에 발표한 『역사의 종말The End of History』에 그렇게 주목할 수 있었을 것이다. 미국에서는 심지어 일군의 보수주의자가 "새로운 미국의 세기를 위하여For a New American Century"라는 운동을 벌이기도 했다. 그러나 그것은 본질적으로 초국적인 현상에 관한 국수주의적 해석이었다. 루스나 후쿠야마 등이 쓴 글에서는 미국의 지정학적 힘보다는 "소프트 파워"가 강조되었기 때문이다. 소프트 파워라는 용어는 조지프 나이가 1990년에 『이끌어 나가야 할 운명Bound to lead』에서 사용한 이후 통용되기 시작했다. 나이는 이 책에서 미국의 기술과 발상, 뛰어난 본보기가 미국이 전 세계에서 영향력을 행사하는 비결이라고 언급했다. 20세기 말에 미국이 세계를 변화시킨 사상과 이상의 화신으로 우뚝 섰다는 데는 의심할 여지가 없었다. 그것은 후쿠야마가 "역사의 종말"을 통해 시사한 바이기도 했는데, 미국이 모범을 보인 민주주의와 자유 같은 계몽사상이 전 세계에서 보편적으로 받아들여졌으므로 역사가 완성되었다는 의미였다.

이런 낙관주의는 그 후 호되게 비판받아 왔다. 하지만 나이와 후쿠야마 등이 미국의 운명을 현대의 세계적 전환과 결부시킨 점은 확실히 옳았다. 하지만 그들은 이 전환이 근본적으로 초국화를 수반하고, 그에 기여하면서 미국 역시 달라졌다는 점도 강조했어야 했다. 미국이 나머지 세계와 점점 더 많은 연관을 맺으면서 미국의 독특함은 줄어들고, 많은 특성과 현상을 다른 나라와 공유하게 되었다. 그런 의미에서 미국의 세기는 미국을 덜 '미국적'이게 했고, 다른 나라와 더 비슷하게 했다. 이런 과정, 즉 세계의 미국화, 그리고 미국의 세계화는 인구 이동과 기술 발전을 비롯한 많은 영역에서 동시에 일어나고 있었다.

예를 들어 국제 관광이 점점 더 초국적이 되어 갔다. 초기에는 미국인이, 그리고 전쟁에서 벗어난 유럽인이 관광객의 다수를 차지했지만, 세계 다른 지역에서 온 여행자도 꾸준히 국제 관광객의 수를 늘려 갔다. 전체 국제 관광객의 수는 1980년에 2억 7800만 명에서 2000년에 6억 8700만 명으로 증가했다. 1980년에는 어림잡아 열다섯 명 중 한 명이, 2000년에는 아홉 명 중 한 명이 국제 관광을 떠난 셈이었다.(이런 통계에는 동일인이 여러 번 들어갈 수 있는데, 앞에서 본 것처럼 관광객을 수용한 나라마다 따로 조사한 뒤 통계를 집계하기 때문이다. 그래도 증가 추세는 분명하게 확인할 수 있다.) 마찬가지로 관광객의 국적과 목적지가 점점 더 다양해져 가는 점도 흥미롭다. 20세기의 마지막 20년 동안 일본 중산층과 아랍 부유층 관광객, 그리고 한국인과 중국인까지 미국인 여행객 및 유럽인 여행객과 합류해 해외여행은 진정으로 초국적인 현상이 되었다. 뉴욕, 런던, 파리 같은 서구 도시에 있는 상점이 일본어를 비롯한 비서구 언어로 쓰인 안내 표지를 부착하고, 새로운 방문객의 요구에 부응하고자 비서구 언어가 모국어인 사람을 채용하기 시작했다. 국제 관광객이 서유럽이나 아메리카 대륙 외의 지역을 점점 더 많이 방문하기 시작한 점 또한 중요하다. 예를 들어 1980년에는 2300만 명가량의 여행객이 아시아-태평양 지역을 방문했는데, 이는 전체 관광객 수의 9퍼센트에 못 미치는 수치였다. 나머지는 주로 유럽과 북아메리카를 방문했다. 그러나 20년 후에는 1억 1000만 명이 아시아-태평양 지역을 방문하고, 또 다른 2800만 명은 아프리카로, 2300만 명은 중동으로 향했다. 이 지역들이 함께 전 세계 관광객의 4분의 1가량을 유치했다.[113]

국제 관광의 확대는 전 세계에서 관광객들이 소비한 액수가 눈에 띄게 늘어난 데서도 엿볼 수 있다. 관광에 든 비용은 1980년에 1040억 달러, 10년 뒤에는 2640억 달러, 2000년에는 4750억 달러로 증가했다.[114] 이 수치에 따르면, 2000년에는 관광객 한 명당 평균 700달러가량을 사용한 셈이었다. 여기에 항공 요금 및 기타 운임은 포함되지 않았다. 장거리 여행은 대부분 비행기를 타고 움직이는데, 유가가 오르면서 비행기 여행이 더 비싸졌다. 그럼에도 불구하고 관광객 수치를 통해, 단체 관광에 합류하거나 좀 더 싼 숙소에 체류하면 비싼 비행기 여행을 감당할 수 있다고 생각한 사람이 점점 더 많아졌음을 알 수 있다. 개발도상국 사람들은 대부분 수입이 충분치 않아 여전히 가장 저렴한 해외여행도 할 수 없는 형편이었다. 하지만 선진국 그리고 선진국 대열에 진입하려는 나라의 사람들은 대다수가 국제 관광을 할 수 있게 되었다. 유럽과 미국이 관광 수입의 가장 큰 몫을 차지했다. 그러나 아시아와 아프리카, 중동을 방문하는 관광객의 지출도 수십억 달러에 달해, 관광 수입이 그 지역 국가의 수입에서 차지하는 비중이 점점 높아져 갔다.

2000년에 어림잡아 세계 인구 아홉 명 중 한 명이 매년 관광객으로 국경을 넘어가 외국에서 그렇게 많은 돈을 지출했다는 사실은 세계의 초국화와 세계의 미국화를 보여 주는 중요한 측면이다. 그러나 국제 관광은 점점 심각해져 가는 세계 환경 위기의 주요한 원인 제공자이기도 했다. 많은 관광객이 대도시와 지방 소도시에 몰려들어 수자원을 부족하게 하고, 하늘과 호수를 오염시키고 나무를 훼손했으며, 심지어 멸종 위기에 처한 종을 죽이기도 했다. 예를 들어 아프리카의 사파리가 많은 인기를 끌면서, 1980년대에 이미 코끼리와 사자를 비롯한 여러 동물의 생존이 위험에 처했다고 경고하는 소리가 나오기 시작했다. 국제 관광의 발전과 더불어 천연 서식지의 보호와 멸종 위기에 처한 종의 보존을 향한 관심이 높아졌다. 그것 또한 미국인들이 다른 나라 사람들과 공유하게 된 것이었다.

수억 명이 외국에 나가 비록 잠깐이나마 다른 나라 사람들을 만나면서 셀 수 없이 많은 초국적 순간이 만들어지고, 그 결과 초국적인 사고와 태도를 더 많이 공유할 수 있게 되었다. 작가들은 신속하게 이런 새로운 현상을 작품에 담아냈다. 데이비드 로지David Lodge의 『자리바꿈Changing Places』(1975)과 『교수들Small World』(1984)은 아마도 이런 추세를 가장 잘 그려 낸 예일 것이다. 이런 소설들에서 대학생과 교수는 기본적으로 국적 없는 존재로 그려졌다. 그들이 참여하는 연구와 교육, 사회 활동에서는 국적보다 그들이 만들어 낸 초국적 공간이 더 큰 의미를 가졌다. 이런 베스트셀러 작품을 읽는 독자들은 그 배경을 즉시 파악했다. 주인공들은 일부 사회학자가 "비공간", 즉 공항, 관광버스, 쇼핑센터 등처럼 세계 어디서나 비슷비슷한 공간이라고 규정한 배경 속에서 서로 섞이고 공통의 언어로 이야기했다. 많은 소설 작품이 여러 나라에서 온 학생과 교수진이 뒤섞여 초국적 공동체를 형성하는 장소인 학문 기관을 배경으로 삼았다. 그렇지만 각 나라의 서로 다른 지적 환경과 제도적 전통이 어떻게 통합되고 변화했는지, 또는 다시 공고해졌는지에 관한 묘사는 모든 국제 방문객들, 그리고 고국에 머물고 있지만 국제 방문객들과 교류하는 사람들에게도 적용될 수 있을 것이다. 물론 이런 만남의 복합적 영향을 일반화할 수는 없다. 그중에는 확실히 다른 만남보다 덜 우호적이고 '외국인'을 향한 기존의 편견이나 고정관념을 확인한 만남도 있었다. 그럼에도 불구하고 관광을 통해 세계 사람들이 공통의 인간성뿐 아니라 인간의 다양성을 이전보다 더 많이 의식하게 되었다는 점을 언급하는 것이 공평할 것이다. 문제는 그런 의식이 관용 정신의 고취 같은 건설적 결과를 초래했는지, 아니면 낯선 것을 향한 전통적 편견을 극복하는 데 거의 도움을 주지 못했는지였다. 제인 데즈먼드Jane Desmond가 1999년에 발표한 와이키키 관광에 관한 연구에서 보여 주었듯이, 필시 두 과정이 동시에 진행되었을 것이다.[115] 어쨌든 관광은 현대 세계의 핵심 현상 중 하나인 다양한 배경과 지향을 가진 사람들이 끊임없이 뒤섞이는 현상의 또 다른 표현으로 이해될 수 있다.

미국은 또한 다양성을 용인하므로 하나의 국가로서 다른 대부분의 나라보다 훨씬 더 초국적이었다. 전 세계적인 이주는 20세기의 마지막 20년 동안 전혀 줄어들지 않았다. 특히 합법 이민이든 불법 이민이든, 사업 때문이든 교육 때문이든 미국으로 이주하는 사람의 수가 놀랄 만큼 늘어났다. 미국 인구 중 외국에서 출생한 사람의 비율은 20세기 초에 14퍼센트에 달했다가 꾸준히 감소해 1970년에 최저 수준인 4.7퍼센트를 기록했다. 그러나 그 이후 추세가 급속하게 역전되기 시작해 2000년에는 외국에서 태어난 사람이 미국 인구의 10분의 1 이상을 차지했다. 20세기의 마지막 수십 년 동안은 중앙아메리카와 남아메리카에서 온 이민자 집단이 단연코 가장 많았다. 이들은 20세기 말에 1400만 명을 넘어서 외국에서 출생한 미국인 전체 인구의 절반 이상을 차지했다. 그다음으로 큰 집단은 아시아인 이민자로 700만 명을 넘었다. 1960년대까지는 외국에서 출생한 미국 주민의 50퍼센트 이상이 유럽인이었지만, 이제 15퍼센트가량으로 감소했다. 특히 멕시코가 국경의 북쪽인 미국에 정착한 이민자를 단연코 가장 많이 배출했다. 1980년에 이미 200만 명 이상의 멕시코 이민자가 들어와 외국에서 출생한 미국 인구의 약 15.6퍼센트를 차지했다. 하지만 2000년에는 그 수가 900만 명 이상으로 늘어나 외국에서 출생한 미국 인구의 30퍼센트에 가까워졌다. 쿠바에서 온 이민자의 규모도 상당했다. 이는 여전히 피델 카스트로가 이끄는 사회주의 체제하에 있던 이 섬나라의 많은 주민이 온갖 수단을 동원해 멕시코만을 건너 북쪽으로 가려 했기 때문이다. 1980년에 일시적으로 아바나 정부가 12만 명의 쿠바인이 미국으로 가도록 허용했다. 그러나 이들은 몇 년 동안 지위가 불분명한 채로 있었고, 많은 사람이 연방 교도소에 수감되었다.[116] 어쨌든 멕시코를 비롯한 중남미 출신 '라티노Latinos'의 수가 매우 빠르게 증가해 반세기 안에 이들이 유럽계 미국인을 제치고 미국 인구의 다수를 차지하게 되리라는 예측까지 나올 정도였다. 동서유럽을 가르는 경계가 허물어진 후 새로운 이주민 중 유럽계 미국인 범주에서도 중요한 변화가 나타났다. 점점 더 많은 동유럽인, 특히 폴란드인이 미국 도시에 새로 정착해 일자리를 찾았다. 그사이 필리핀과 베트남, 인도에서 온 이민자들이 먼저 도착한 동아시아 출신 이민자들과 합류해 미국에서 아시아인의 수를 늘렸다.

이러한 주목할 만한 인구 변화는 미국 내에서 불가피하게 반초국주의적 저항을 불러일으켰다. 많은 전통주의자가 이민을 더욱 엄격하게 통제하라고 요구했고, 심지어 불법 체류자에게는 교육과 의료의 혜택을 제공하지 말라고 주장하는 사람들도 있었다. 이런 문제들이 다른 나라, 특히 유럽에서도 제기되는 점에 주목해야 한다. 그래도 변함없는 사실은 미국과 서유럽, 일본 등지에서 이민자들이 합법이든 불법이든 고령화사회의 요구를 충족해 주었다는 점이다. 이 나라들은 모두 고령화사회의 문제를 인식하고 병원과 요양원, 가사 같은 분야에서 심각한 노동력 부족에 대처하려 했다. 어쨌든 수많은 사람이 최근에 미국에 도착해서 특정 부문의 일자리, 즉 간호사, 건물 관리인, 정원사, 사과 수확 노동자, 가정 미화원, 보모 등으로 고용되었다. 이들은 20세기 말의 미국을 매우 초국적인 나라로 만드는 데 이바지했다. 미국에서 태어난 신생아는 귀화법에 따라 자동으로 미국 시민권을 부여받았다. 따라서 젊은 세대 미국 시민은 인종적으로 연장자들보다 훨씬 이질적이었다.(미국 통계청 US Census Bureau 발표에 따르면, 한 사람이 한 인종으로만 신고할 수 있었던 마지막 해인 1990년의 인구조사에서 미국인의 80.3퍼센트가 자신을 '백인'으로 간주했고, 12.1퍼센트가 '흑인', 2.8퍼센트가 '아시아인'으로 여겼다. 히스패닉계 대부분은 '백'인종으로 신고했지만, 자신들이 따로 전체 인구의 9퍼센트를 차지한다고 생각했다.) 아마도 미국에서 서로 다른 인종 간 결혼이 다른 나라에서보다 더 흔했을 것이다. 이는 미국 통계청이 2000년 조사에서 하나 이상의 인종 정체성을 써넣을 수 있도록 허용한 이유 중 하나로, 미국 인구의 초국화에 기여했다.[117]

마찬가지로 미국 내 외국인 학생 수의 증가도 의미 있는 변화를 보였다. 1977~1978학년도에 미국 대학에 다니는 외국인 학생의 비율이 처음으로 2퍼센트를 넘어섰다. 외국인 학생의 비율은 20세기 말에 3.6퍼센트에 도달했는데, 거의 50만 명에 가까운 외국인 학생이 학업을 위해 미국으로 건너온 것이었다. 당시 미국 대학에 등록한 전체 학생 수는 1500만 명에 이르렀다. 이러한 수치는 점점 더 많은 미국인이 대학에 진학하고, 외국인 대학생 수도 점점 늘어나고 있었음을 보여 준다. 1959~1960학년도까지도 외국에서 온 학생의 수가 1만 5000명을 넘지 않았던 사실을 떠올려 본다면, 미국이 전 세계에서 대학 진학 연령대에 속한 남성과 여성을 끌어들이는 힘이 계속 커졌음을 알 수 있다. 만약 미국 고등교육이 다른 나라보다 우수하다고 인정받지 않았다면,

그리고 외국 학생이 미국에 남아 취업하기로 할 경우 취업할 수 있는 여건이 좋지 않았다면, 그렇게 많은 외국 유학생이 학업을 위해 미국에 가지 않았을 것이다. 20세기가 미국의 세기였을지 모른다고 이야기할 때는, 미국이 확실하게 우위를 점한 분야가 고등교육이었음을 잊지 말아야 한다. 그 어떤 나라에서도 외국 학생이나 외국에서 태어난 학자, 연구자, 교육자의 비율이 그 정도로 높지 않았다.

이 같은 상황은 미국 태생이든 외국 태생이든, 미국 내 학자들이 받은 노벨상 수에도 잘 나타났다. 그들은 자신의 학문적 업적을 국제화하고, 실험실과 강의실을 초국적 협력 활동의 장으로 바꾸어 놓았다. 1980년에서 2000년 사이에 과학 분야(의학 포함)에서 어림잡아 120개의 노벨상이 주어졌는데, 그중 70개가 미국에 돌아갔다. 나머지 수상자도 대부분 미국에서 활동한 적이 있었다. 물론 노벨상을 받은 미국인 중에도 외국에서 연구 활동을 하거나 강의를 한 적이 있는 사람이 많았다. 이 학자들을 민족 집단별로 분류하는 일은 그다지 의미가 없다. 다양한 민족 집단 출신 학자들의 존재는 그 자체로 학문 세계에서 국경을 넘나드는 일이 일상적임을 보여 주는 또 다른 지표이기 때문이다. 그렇지만 미국의 연구 기관이 초국적 공동 작업에 기회를 제공했다는 데는 논란의 여지가 없다. 1969년에 신설된 노벨 경제학상 역시 미국 학자들의 수상이 두드러졌다. 2000년까지 마흔여섯 명의 경제학자가 이 상을 받았는데, 그중 스물일곱 명이 미국인 경제학자였다. 사실상 모든 수상자가 수많은 외국인 경제학자를 길러 내는 데 참여했다고 보아도 무방하다. 예를 들어 노벨 경제학상 초기의 수상자인 밀턴 프리드먼Milton Friedman을 비롯한 시카고 대학의 경제학자들은 "통화주의monetarism"를 주창한 것으로 유명하다. 통화주의는 정부 규제보다 화폐의 자유로운 흐름이 사회의 안녕을 유지해 주는 기제로 지극히 중요하다고 강조했다. 사회주의뿐 아니라 뉴딜식 국가 주도 계획도 거부하는 통화주의가 외국 경제학자와 정부 관료에게도 지대한 영향을 미쳤다. 이들이 함께 1980년대와 1990년대를 사회 및 경제 문제를 규제하는 국가의 역할이 축소된 시대로 만들었다. "시카고학파"는 특히 남아메리카에서 영향력이 컸다. 시카고 대학을 비롯한 미국 대학에서 교육받은 경제학자들이 남아메리카 국가 정부들의 통제 체계를 해체하기 시작했다.

그러나 세기말 즈음(1998년)에 노벨 경제학상이 인도 출신으로 영국과 미국에서 연구 활동을 한 아마티아 센에게 돌아간 일에도 주목할 필요가 있다. 센은 프리드먼과 확연히 다르게 경제 현상의 정치적·사회적 측면을 강조했다. 또한 모든 나라에서 가난한 사람을 곤궁에서 벗어나게 하려면 교육을 받게 해야 한다고 역설했다. 센은 국가 간 상호 연계를 강조하고, 보편적 가치를 지역 상황에 맞추려 한 새로운 세계시민주의를 강력하게 주창했다. 센의 사상에서는 인도 전통과 미국 교육의 영향을 모두 어렵지 않게 감지할 수 있다. 그런 의미에서 센은 미국 교육의 성과와 초국적 학문 발전의 상호 연관을 보여 주는 대표적인 예였다. 전 세계에서 경제학 및 기타 분야의 학자들이 세계화 현상을 연구하는 데 매달린 듯 보였다. 프리드먼을 위시한 학자들은 경제적 힘이 원활하게 기능하는 데 방해가 되는 이른바 정치적·관료주의적 장애물을 제거해야 한다고 주장했다. 반면에 센과 뜻을 같이하는 사람들은 세계적 변화의 사회적·문화적 차원을 인식하고, 인간의 적극적인 참여로 역사의 흐름을 바꾸고자 했다. 양쪽 모두 여전해 보이는 미국의 세기가 특히 교육과 학문 분야의 초국주의를 통해 잘 드러나고 있음을 보여 주었다.

간단히 말해서 미국의 세기가 거둔 핵심적 성과는 그 어느 때보다 더 세계를 초국화한 것이었다. 1980년대와 1990년대는 무엇보다 세계가 급속하게 서로 연관을 맺어 나간 시기였다. 지구상의 어디서나 사람들이 예전에 결코 볼 수 없었던 정도로 서로 연결되고 있었다. 이주나 관광, 교육뿐만 아니라 더 근본적으로는 기술 발전과 물질문화, 특히 음식을 통해 사람들이 막대한 양의 지적·물질적 산물을 공유하기 시작했다. 초국적 연결망이 여러 층위에서 겹겹이 구축되었다고 말할 수 있을 것이다. 일부는 사람들을 통해 구축되었고, 상품과 지식을 통해서도 구축되었다. 그리고 정보 기술과 통신 기술의 급속한 발전을 통해 가능해진 '가상' 연결을 통해서도 구축되었다.

전 세계 사람이 인터넷에 연결, 이른바 '접속wired'하기 시작했다. 원래 미국에서 군사적 목적으로 개발한 인터넷 통신 체계가 점차 민간에서도 사용되기 시작했다. 1980년대 중반부터는 회사와 개인들이 대거 인터넷 통신을 이용하

기 시작했다. 전자우편은 미국의 기술이 초국적 연결을 쉽게 한 또 다른 주목할 만한 예였다. 전자우편을 이용해 아주 쉽고 빠르게 연락할 수 있었다. 따라서 컴 퓨터를 갖출 수 있는 사람들 사이에서 전자우편이 점차 통신 수단으로 인기를 얻었다. 인터넷 이용자 수도 계속해서 증가해 갔다. 예를 들어 1995년에는 인터 넷 이용 인구가 1600만 명으로 세계 인구의 0.4퍼센트를 차지했는데, 2000년 12월에는 벌써 3억 6100만 명으로 뛰어올랐다. 이는 세계 인구의 5.8퍼센트에 달하는 수였다. 2000년에 인터넷 이용자의 비중이 가장 큰 곳이 아시아였다 는 사실은 새로운 기술의 초국적이고 세계적인 성격을 분명하게 보여 준다. 아 시아의 인터넷 이용자 수는 1억 1400만 명으로 인터넷을 이용하는 세계 인구 의 31퍼센트를 차지했다. 참고로 유럽에서는 1억 800만 명이 인터넷을 이용했 고, 북아메리카에서 인터넷을 이용하는 사람 수도 그와 엇비슷했다.[118]

인터넷은 새로운 통신 수단에 머무르지 않고 점차 중요한 정보 전달자로 떠올랐다. 단체들이 자판에 주소를 정확하게 치면 누구나 접근할 수 있는 자체 웹사이트를 제작하기 시작했다. 이제 온갖 정보를 수집해 인터넷 이용자들이 이용할 수 있게 할 수단을 개발하는 일은 그저 시간문제일 따름이었다. 구글 체계가 새로운 현상의 전형을 보여 주었다. 1990년대 말에 젊은 공학도 몇 명이 캘리포니아에 모여 설립한 구글은 전 세계에서 상점, 기차 및 비행기 시간표, 문화 행사, 날씨를 비롯한 거의 모든 주제에 관해 막대한 정보를 모아 인터넷에 접속하는 사람이라면 누구나 무료로 이용할 수 있게 했다. 누구나 주제나 질문을 입력하기만 하면 구글이 답을 제공했다. 처음에는 소수의 인터넷 이용자만이 구글이 제공하는 서비스를 활용했다. 1990년대 말에는 구글 이용이 하루 평균 10만 건 정도에 불과했다. 그러나 이미 다음 세기에 이루어질 어마어마한 정보망 확대를 위한 씨앗이 뿌려지고 있었다.

인터넷 정보망은 적어도 한동안은 영어의 패권을 확고하게 했다. 미국에서 정보 기술이 가장 빠르게 발전하고 퍼져 나갔기 때문에, 그와 관련된 것들은 영어로 제공될 수밖에 없었다. 컴퓨터 자판과 용어, 사용자 설명서는 영어로 쓰였고, 비영어권 사용자들은 여기에 익숙해져야만 했다. 이메일 주소와 링크도 마찬가지로 영어였다. 일본과 중국을 비롯한 비영어권 국가들이 컴퓨터를 제조하기 시작한 뒤에도 상황이 즉시 바뀌지는 않았다. 그래도 21세기 들어 중국어, 에스파냐어, 일본어 및 기타 언어로 된 웹사이트의 수가 늘어났다. 어쨌든 인터넷의 확산은 세계가 전례 없는 수준으로 기술과 정보를 공유하면서 상호 연결되어 가고 있음을 보여 주었다.

인터넷이 세계 각지의 사람들을 연결해 주는 유일한 매개는 아니었다. 20세기 말에 등장한 또 다른 획기적인 발명품으로 미국에서 셀 폰cell phone으로도 부르는 이동전화가 있었다. 전 세계 이동전화의 가입자 수는 1990년에 1100만 명에서 2000년에 7억 4000만 명으로 껑충 뛰어올랐다. 이 수치는 대략 전 세계에서 아홉 명당 한 명꼴로, 만일 유아와 어린이를 제외하면 일곱 명당 한 명꼴로 새로운 기기를 사용한다는 의미였다.(0세에서 14세까지의 아이들은 2000년에 세계 총인구의 30퍼센트가량을 차지했다.) 누구나 주머니에 넣어 어디로든 가지고 다닐 수 있는 휴대전화는 단지 기술의 승리로만 그치지 않았다.

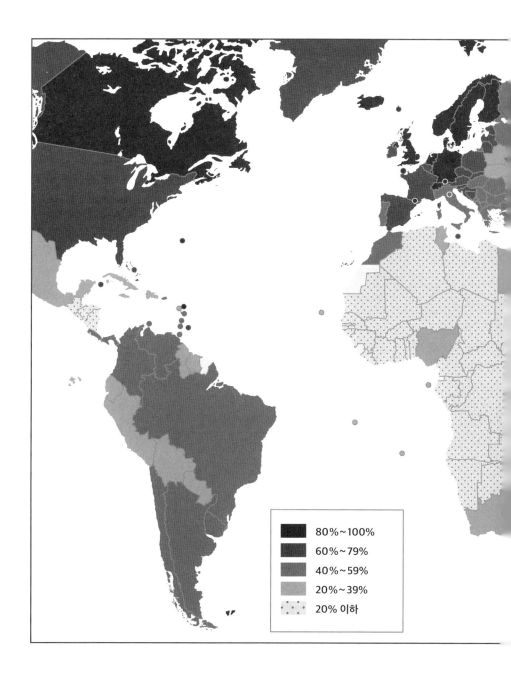

■	80%~100%
■	60%~79%
■	40%~59%
■	20%~39%
▦	20% 이하

———— 국가별 인터넷 이용 인구 비율(2011).

휴대전화 덕분에 더는 전화를 받으려고 집이나 직장에 머물러 있어야 할 필요가 없어지면서 사람들의 이동성이 향상되었다. 이메일에다 이동전화가 세계 각지의 사람을 그 어느 때보다 더 쉽게 연결해 주었다. 국외로는 통화할 수 없는 이동전화도 있었지만, 휴대전화와 더불어 전통적인 통화까지 합한 국제전화 이용은 1990년에 330억 분에서 2000년에 1180억 분으로 늘어났다.[119](전세계에서 이메일과 이동전화가 널리 사용되면서 전통적 형태의 서신 왕래는 당연히 급격하게 줄어들었다. 외국으로 편지를 쓰는 사람이 점점 줄어들면서 국제우편요금이 치솟았고, 아마도 그로 인해 외국으로 편지를 보내는 일이 더욱 줄어든 것으로 보인다.)

여하튼 세계 각지에 사는 개개인이 직접은 아니지만, 간접적으로 서로 알게 되었다. 그들이 서로에 관해 얻은 지식은 기초적 수준을 벗어나지 못했다. 하지만 지구상 거의 모든 지역에서 선조들보다 훨씬 많은 수의 남성과 여성, 심지어는 어린아이들도 서로의 존재를 인식하고 정보와 경험을 공유했다. 이는 전 세계에 다양한 종류의 음식이 퍼져 나간 데서 잘 드러난다. 20세기의 마지막 수십 년 동안 '이국적' 식당 네트워크가 전 세계로 퍼져 나갔다. 세계 대부분의 대도시에서 고를 수 있는 음식의 폭이 프랑스, 이탈리아, 그리스, 에티오피아, 터키, 인도, 태국, 베트남, 캄보디아, 인도네시아, 중국, 한국, 일본 등의 요리로 매우 넓어졌다. 이것은 이주로 인한 결과이기도 했는데, 사람들이 국경을 넘어 이동하면서 고유한 요리법을 가져갔기 때문이다. 지역 주민들은 국경을 넘어온 요리를 진기하게 보기보다는 흥미롭고 시식해 볼 만하다고 여겼다. 민족적 다양성과 음식의 다채로움이 서로를 더 도드라지게 했다. 동시에 도시 거주자들이 외식하는 일이 더욱 흔해졌다. 식당 사업과 출장 요리 사업이 세계 어디서나 많이 늘어나는 듯했다. 이는 확실히 점점 더 많은 여성이 일을 해서 전통적으로 가정에서 요리에 할애하던 시간이 훨씬 줄어든 사실을 반영했다. 요컨대 사람들이 친숙한 패스트푸드 외에도 전통적이지 않은 음식을 집이 아니면 식당에서 기꺼이 먹어 보려고 했다는 것이다.

이러한 발전은 세계 주요 도시를 더욱 비슷해 보이게 했다. 상하이와 뉴욕은 방문객에게 비슷한 인상을 심어 주었다. 더불어 모든 도시가 늘어나는 인구를 수용하는 문제에 부닥쳤다. 선진국에서는 이미 1950년대에 인구 절반가량이 도시에 거주했고, 2000년에는 도시에 거주하는 인구의 비율이 70퍼센트에 이르렀다. 세계 나머지 지역에서도 1970년에 25퍼센트였던 도시 인구가 2000년에는 40퍼센트까지 증가했다. 서유럽과 북아메리카의 도심지가 이미 한 세기 전에 당면했던 문제들, 즉 범죄, 사회 질서, 공교육, 쓰레기 수거, 거리 청소 등이 이제 전 세계적인 문제가 되었다. 도시 문제에 대처하면서 중앙정부가 부족한 기구임이 드러남에 따라 도시 협치urban governance의 주도권이 해당 도시로 되돌아간 점 또한 중요하다. 세계 각 도시의 시장 및 대표자들이 정기적으로 만나 의견을 나누고 공동 전략을 개발했다. 사회학자 사스키아 사센Saskia Sassen이 "세계 도시global cities"[15]라고 부른 곳에 거주하든 아니든 전 세계 도시민은 점차 초국적 존재가 되어 갔다.[120]

올림픽과 축구 월드컵 같은 세계적인 스포츠 행사는 초국적 상호 연계 현상을 가장 생생하게 드러내 주었다. 올림픽과 월드컵에 참가하는 팀은 자기 나라를 대표해 경쟁하고, 경기가 벌어지는 동안 민족 감정이 거리낌 없이 고양되었다. 그러나 그런 민족주의 또한 초국적 현상이었다. 그것은 전 세계 곳곳에서 나타났지만, 전통적으로 국가 간 관계를 악화시켰던 배타적인 배외 감정이 아니었다. 월드컵 경기에서는 관람객들이 나라별로 관중석에 나누어 앉곤 하지만, 팀 구성은 점점 덜 '국가적'이 되어 갔다. 유럽 축구 리그 팀들은 1990년대에 지역이나 국가적 실체와 (이름만 빼고) 거의 완전히 분리되었다. 원형적인 초국적 기업과 마찬가지로, (현재는 정말로 초국적 기업처럼 되었다.)각 팀은 코치진과 선수를 전 세계에서 선발했다. 1991년 이후로 국제축구연맹FIFA이 수여한 올해의 선수상을 받은 선수들을 훑어보면, 선수의 국적과 팀의 '국적'이 그다지 연관이 없음을 알 수 있다.

1988년에서 2000년까지 하계 올림픽이 열린 서울과 바르셀로나, 애틀랜타, 시드니는 세계에서 가장 빠르게 도심이 성장한 도시들이기도 하다. 모스크바와 로스앤젤레스라는 두 대도시 지역에서 열린 1980년과 1984년의 올림

----

15 뉴욕, 런던, 도쿄 등과 같이 제조업이 교외로 이전하고, 다국적기업의 본사가 들어선, 금융, 무역, 광고를 비롯한 서비스산업의 세계적 중심지를 지칭.

픽에는 지정학적 이유로 불참한 나라들이 있었다. 이는 국가가 어떻게 세계의 운동선수들이 '평화의 축제'를 함께하고자 하는 열망을 무시했는지를 보여 주는 두드러진 예다. 1950년대와 1960년대에 냉전이 한창일 동안에도 올림픽에 불참하지는 않았기 때문에 1980년과 1984년의 사례는 다소 특이했다. 국가들은 1988년 이후 어떠한 경우에도 올림픽 경기의 재개를 막지 못했다.(1980년 뉴욕주 레이크플래시드Lake Placid와 1984년 유고슬라비아 사라예보에서 열린 동계 올림픽에는 모든 나라의 선수가 참가했다.) 젊은 남성과 여성이 도심지에 모여 같은 구역에 머물며 서로 경쟁하는 과정에서 초국적 경험이 더욱 풍부해졌다. 많은 관중이 모이는 스포츠 행사의 초국적 영향을 가장 극적으로 보여 준 순간이 1998년 초에 나가노(일본)에서 열린 동계 올림픽 개막식 중에 있었다. 지휘자 오자와 세이지가 루트비히 판 베토벤Ludwig van Beethoven의 「교향곡 제9번」 중 「환희의 송가」를 부르는 세계 합창단을 지휘했다. 오스트레일리아, 남아프리카, 유럽, 중국, 미국 등 세계 여러 나라의 합창단이 텔레비전 위성을 통해 실시간으로 일본 중부에서 오자와가 움직이는 지휘봉에 따라 화음을 맞추었다. 그것은 초국주의 시대에 걸맞은 장면이었다.

초국적 범죄자들

불행하게도 초국적 활동의 모든 층위가 세계를 더욱 평화롭게 하는 데 이바지하지는 않았다. 특정 국가를 대표하지는 않지만, 국경을 초월하는 관계가 제공하는 기회를 활용한다는 점에서 초국적인 상당수의 개인과 집단이 범죄 행위에 가담하기 시작했다. 국제 테러범, 마약 밀수범, 여성과 아동의 인신매매범이 국내의 안녕뿐 아니라 세계 질서에도 줄곧 위협을 가했다. 이런 범죄자들은 특히 20세기의 마지막 20년 동안에 세계 사회에 엄청난 해를 끼쳤다.

이슬람 근본주의자가 지난 몇십 년 동안 자행한 테러 행위는 미국을 비롯한 서구 세계 전반을 겨냥했다고 보는 것이 통상적이다. 1983년에는 자살 폭파범이 레바논 베이루트에 주둔한 미 해군의 기지를 공격했다. 1998년에는 케냐와 탄자니아에 주재한 미국 대사관이 폭탄 테러를 당해 200명 이상이 사망했다. 이 사건들은 국제 정세와 관련이 있었지만, 한 나라가 다른 나라에 맞서 싸우게 하지는 않았다. 테러범들은 특정 국가를 대표하거나 그 나라의 이익을 도모하려 하지 않고 다 함께 미국을 겨냥했다. 그 이유는 미국의 이스라엘 지원이나 중동에 대한 전반적인 영향력 때문이거나, 그들이 보기에 미국이 자본주의, 부르주아적 퇴폐, 세속주의, 물질주의, 그리고 그와 관련된 많은 죄악을 대표했기 때문이다. 따라서 1993년에 아랍 근본주의자 집단이 세계무역 센터를 공격한 사건은 현대적인 서구식 생활 방식과 전통주의적이고 반서구적인 생활 방식 간에 벌어진 근본적 충돌의 전형으로 비쳤다. 1990년대에 가장 영향력 있는 저술가 중 한 명인 새뮤얼 헌팅턴이 1996년에 출판한 화제작 『문명의 충돌 The Clash of Civilizations』에서 이런 이분법적 구도를 제시했다. 헌팅턴은 기독교 문명이 기틀을 놓은 현대 서구 세계가 다른 문명, 특히 이슬람 문명과 중국 문명에 위협받고 있다고 주장했다. 또한 세계정세를 결정짓는 결정적 요인이 국가가 아니라 문명이라는 점을 입증하는 예로 이슬람 근본주의자들의 테러 공격을 거론했다. 그러나 헌팅턴은 아시아의 부상에 대해서도 반서구적인 방향으로 나아갈 수 있다고 보고 우려했다.(역설적이게도 헌팅턴은 그가 21세기에 벌어지리라고 예상한 서구와 '나머지' 세계 간의 충돌에서, 인도가 러시아를 비롯해 '서구적' 요소를 조금이라도 지닌 국가나 문명과 마찬가지로 서구 편에 설 것이라고 기대했다.)

헌팅턴을 비롯해 이런 관점에서 국제적 테러 행위를 이해한 많은 사람이 세계 질서를 흔드는 초국적 도전 세력의 등장에 주목한 점은 타당했다. 그러나 이들은 세계를 "서구와 나머지"로 양분하려는 경향이 있어서 전통적 사고, 즉 20세기 말에 미국과 유럽의 사상가들이 많이 보여 준 사고를 크게 넘어서지 못했다. 게다가 이들은 20세기 말에 동과 서, 유럽인과 아시아인, 그리고 세계의 서로 다른 여러 인종이 빠르게 합쳐지고, 어떤 경우에는 말 그대로 서로 뒤섞이면서 새로운 혼종 세계 문명을 만들어 내는 중이라는 사실을 간과했다. 초국적인 연계와 교류가 새로운 혼종 세계 문명의 특징이었다. 테러범들의 행동조차 새로운 세계적 드라마의 일부로 새로이 등장한 월경cross-border 의식의 한 층위를 보여 주었다. 테러범들이 한 문명을 다른 문명과 대립하게 하거나, 한 나라를 다른 나라와 대립하게 하거나 심지어 한 종교를 다른 종교와 대립하게 한 것이 아니었다. 오히려 테러범은 어디에나 존재하는, 세상과 동떨어져 주변화한 소외된 개인들과 다를 바 없었다. 그들은 사회와 공동체의 일에서 의미를 찾는 대신, 자신들의 순수성을 유지하고 그것을 방해하는 것은 전부 뿌리 뽑으려 했다. 그들은 한 나라에 소속감을 느끼거나 한 나라를 대표해 행동하지 않았다는 점에서 초국적 존재였다. 하지만 그들은 동시에 다른 초국적 존재들이 세계 각 지역과 문명 사이에 가교를 놓으려는 시도에 타격을 가하려고 했다.

이슬람 테러리스트는 출신국에 머무르는 사람이 거의 없다는 점에서도 초국적이었다. 주요한 테러리스트 중에는 예멘에서 온 사람도 있었고, 사우디아라비아와 기타 중동 지역뿐 아니라 남아시아에서 온 사람도 있었다. 테러리스트들은 이러한 나라와 지역을 오갔으며, 유럽과 북아메리카에서 유학한 사람들도 있었다. 서구에 체류하면서 급진적 이슬람에 빠진 이들도 있었다. 그 이유를 추론하기는 어렵지 않다. 다른 종교, 그리고 완전히 다른 생활 방식을 따르는 나라에서 이방인으로 살면서 느끼는 소외감과 거류 중인 나라의 어엿한 구성원으로 인정받지 못하는 데 대한 불만이 결합해 종종 외국인 거류자들을 절망에 빠지게 했다. 극단적인 경우에 이들은 분노를 표출하고자 폭력행위를 정당화할 정도로 적대감을 느꼈다. 이러한 분노는 도덕적 우월감에서 나온 사명 의식을 자아내는 이슬람 신학자들의 가르침에서 비롯했다. 이런 독선은 장래의 테러리스트들이 종교 집회와 신학교에 모여 교리의 순수성과 엄정함, 우월함을 향한 편협한 믿음을 가진 이들에게 가르침을 받으면서 촉발되었다.

왜 초국적인 사람들 중 일부가 자신들의 초국적 자산을 침해할 반발, 예를 들어 엄격한 이민 규제나 외국 은행 계좌 감시 등을 초래할지도 모를(초래하기도 한) 반사회적 행동을 지지했는지는 현대 사회에 관한 핵심 질문 중 하나다. 그래도 대다수는 평화로운 초국주의를 수용하거나, 적어도 그에 따르며 살아가려고 했다. 지하드, 즉 '성전' 개념은 이슬람 신앙의 핵심 교리이지만, 이슬람 종파 및 신자 대다수에게 모든 걸림돌에 맞서는 집단행동을 (그리고 폭력을) 촉구하지는 않았다. 그러나 성전은 세속 권위, 특히 이슬람(또는 이슬람 종파 중 하나)에 기반을 두지 않은 모든 국가에 대한 무시를 의미했다. 그러 므로 이슬람 테러를 어떤 면에서는 독립국가로 구성된 세계에 대한 공격으로 볼 수도 있었다. 다른 초국적 인간들은 비국가 조직을 만들고, 그 사이에 가교 를 놓아 국가의 권위에 도전했다. 그러나 테러리스트들은 이슬람과 관련이 없 는 세속 국가뿐 아니라 비정부기구를 없애려고 했다. 물론 테러리스트들의 구 상은 실현 불가능한 일이었고, 그들도 기존 제도를 활용해야 한다는 점을 잘 알고 있었다. 따라서 테러리스트들과 전 세계 대다수 사람 사이의 뚜렷한 차 이는 테러리스트들이 독자적인 종말론적 미래 외에 다른 초국적 미래는 생각 하지 않으려 했다는 점이다. 그들은 다른 인간들과 지구를 공유하지 않으려 했다는 점에서 범죄자들이었다. 동시에 많은 테러리스트가 점점 더 혼종화 해 가는 세계에서 순혈주의자로 남아 있었다는 점에 주목해야 한다. 그런 의 미에서 그들은 다른 종교적·인종적 또는 민족주의적 순혈주의자들과 심리적 일체감을 느꼈다. 역사가 케네스 와이스브로드Kenneth Weisbrode가 지적했듯이, 테러리스트들은 더욱더 모호해져 가는 세상에서 교조적인(그리고 실현 불가능 한) 순수성을 선호했다.[121]

　　그러나 테러리스트만 세계 공동체의 보전을 심각하게 위협한 것이 아니 었다. 마약 밀매업자, 여성과 아동의 인신매매범을 비롯한 범죄자들이 초국주 의를 더욱 심각하게 위협했다. 마약 밀매는 전 세계에서 생산자와 소비자의 연결망을 활용해 그 어느 때보다 큰 성공을 거두었다. 20세기 들어 아편 소비 는 현저하게 줄어들었지만, 다른 마약 소비는 더 늘어났다. 마약을 더 쉽게 구 할 수 있어서 수요가 늘어났는지, 아니면 늘어나는 수요에 공급이 부응했는 지를 분명하게 판명하기는 어렵다. 하지만 마약의 소비 증가는 불법 마약의 판매가 수익성이 좋은 사업으로 범죄 조직의 수입원 역할을 하는 많은 나라 에서 범죄 활동과 관련이 있었다. 세계화도 이 현상과 관련이 있었다. 수요와 공급에 관한 정보가 순식간에 국경을 넘어 전해지고, 인터넷을 통해 불법 거 래가 이루어졌기 때문이다. 마약 밀매업자들 사이에는 일종의 초국적 형제애 가 존재했다. 반면에 그에 맞서 법을 집행하는 기구들은 대개 속수무책이었 고, 심지어 뇌물을 챙기는 관계자도 있었다. 아프가니스탄과 파키스탄의 국경

———2011년 3월, 미 해병이 아프가니스탄의 양귀비 재배지에서 양귀비꽃을 골라내고 있다. 마약의 재배와 소비, 밀매는 현대의 심각한 초국적 문제로 떠올랐다. (United States Marine Corps)

과 미얀마 인근 지역 등에서는 종종 불법행위와 합법 행위를 구별하기가 어려웠다.

국경을 넘나드는 마약 밀매도 국제 테러 범죄처럼 한 나라의 관할권을 넘어서는 문제여서 억제하기가 어려웠다. 그리고 이러한 위법행위를 충분히 세계적인 범위에서 억제할 수 있는 비군사적 장치가 존재하지 않았다. 1923년에 국제사회가 국경을 넘어 치안 활동을 조율할 협력 기관으로 국제형사경찰기구, 즉 인터폴Interpol을 설립했다. 초기에는 몇몇 나라만이 인터폴에 참여했지만, 제2차 세계대전이 끝난 후 회원국이 빠르게 늘어나 20세기 말에는 100개국 이상이 인터폴에 참여했다.[122] 그러나 마약 밀매를 억제하는 인터폴의 활약은 지역마다 달랐다.(유럽에서는 1992년에 유럽 연합 경찰 기구인 유로폴Europol이 설립되었다. 그러나 세계 다른 지역에는 비슷한 조직이 전혀 없다.) 마약 밀매업자는 테러리스트와 달리 세상을 바꾸려는 폭력 이념을 지지하지 않았으므로 그들의 존재가 테러리스트와 동등할 정도로 중대한 위협으로 여겨지지는 않는 듯했다. 하지만 마약 문제는 21세기 들어 훨씬 더 심각해지고 있다.

20세기 초부터 아편 밀매를 막기 위한 운동을 활발하게 펼쳐 온 초국적 인도주의 단체들이 이제는 인신매매, 특히 20세기 말에 규모가 커진 여성과 아동의 인신매매 문제에 더 많은 관심을 쏟고 있다.(다양한 통계가 있지만, 유엔이 추산한 자료에 따르면 인신매매 피해자는 2000년에 100만 명가량에 달했다.[123]) 여기에 빠르게 세계화하는 세계의 또 다른 측면이 있었다. 국경을 넘나들기가 점점 더 쉬워지면서, 동유럽과 동남아시아 등지에서 납치된 여성들이 세계 다른 지역으로 보내져 '성 노예'가 되었다. 10대들까지도 외국에서 일할 수 있게 해 주겠다는 꾐에 빠져 가출해 여권을 빼앗기고, 비좁은 공간에 갇힌 채 하인처럼 낯선 사람의 시중을 들도록 강요받았다. 하지만 이처럼 덫에 걸린 사람들의 서비스에 대한 수요는 점점 늘어 갔다. 초국적 범죄 조직들은 국제 사회가 인권을 보호하고자 공표한 모든 원칙을 어기고 인신매매당한 사람들의 이동과 활동을 구속했다. 지역사회 및 초국적 단체와 더불어 인터폴과 유로폴 같은 경찰 기구가 이러한 인권침해 문제를 잘 해결할 수 있을지는 더 지켜보아야 한다.

20세기 말의 세계는 이렇게 초국적인 존재들이 국경을 초월한 다양한 층위의 활동과 감정을 보여 주는 만화경 같았다. 초국적 존재는 대부분 국경이 낮아지고 국경을 초월한 정보 획득과 의사소통이 쉬워지면서 생긴 새로운 기회를 활용해 자신과 타인을 위해 더 나은 미래를 건설하려고 했다. 하지만 세계를 폭력과 혼란의 도가니에 몰아넣을 활동을 벌인 부정적인 존재도 소수 있었다.

결코 초국적이 되지 못한 사람들은 어떠했을까? 물론 세계에는 초국적이지 못한 사람이 많았다. 그중에는 다른 나라나 사회와 물리적으로 단절된 사람도 있었고, 원칙과 취향, 성격 등을 이유로 스스로 고립을 선택한 이도 있었다. 많은 사람이 초국주의의 일부 측면에는 반대하지만, 또 다른 측면에는 반대하지 않았다. 예를 들어 1999년에 세계무역기구가 시애틀에서 개최한 회의에 반대하는 대규모 시위에 나선 사람들은 경제 세계화에 반대를 표명했다.

그러나 그들은 덜 탐욕스러운 세계 질서를 수립하고자 초국적으로 힘을 합쳤다. 이런 사람들은 발전해 가는 세계시민사회의 일원이었다. 반면에 초국적 연결망 바깥에 남아 있는 이들도 있었는데, 그들이 꼭 반초국적이기 때문만은 아니었다. 그들에게 가장 우선적이고 가장 강력한 정체성이 각자의 국가와 함께 있었고, 그것을 바꾸려 하지 않았다는 점에서 그들은 근본적으로 일국적mono-national 존재들이었다. 설사 외국인과 마주치거나 때때로 이국적 음식을 먹고 심지어 외국에 나가더라도 그들은 항상 일국적 관점에서 사고할 터였다. 그들의 안녕과 교육, 삶의 목표는 모두 자기 나라의 힘과 위신, 이익과 밀접하게 얽혀 있었다. 아마도 인류 대부분은 초국적 경험과 국가적 관점을 겸비했을 터다. 오로지 소수만이 자신을 "초국적 삶"을 영위하는 초국적 개인으로 여겼을 것이다. "초국적 삶"은 일부 역사가가 최근 들어 사용하기 시작한 용어다.[124] 바꿔 말하면 민족 감정과 민족주의적 태도는 세계가 초국적으로 연결되어 가고 있는데도 사라지지 않았다. 초국적 의식의 층위가 전통적인 민족의식에 더해졌다. 다양한 초국적 층위가 어떻게 변화할지, 합쳐질지, 늘어날지, 아니면 서로 격렬하게 충돌할지는 20세기 말이 21세기에 물려준 질문이다.

4 　 21세기

　　2001년 이후의 해들은 20세기의 마지막 몇십 년 가운데 어디에선가 시작한 현대사contemporary history의 일부다. 아마도 그래서 21세기의 진로를 예측하려는 시도가 상대적으로 적었을 것이다. 19세기 말에서 20세기 초와 달리 이번에는 인류 문명이 갈등이나 전쟁, 인간 집단 간의 적대감이 없는 세상을 열 것이라는 견해를 자신 있게 표명한 경우가 거의 없었다. 확실히 1999년 12월 31일에서 2000년 1월 1일로의 이행에 관한 우려가 더 컸다. 핵무기 개발부터 비행기 조종까지 세상에서 이루어지는 온갖 종류의 활동이 컴퓨터로 설정되어 있었다. 이른바 'Y2K' 문제는 컴퓨터가 2000으로의 이행을 인식하지 못해서(숫자 2000을 100, 1900 등으로 인식할 수 있어서) 재앙을 초래할 수 있다는 사실에서 비롯했다. "밀레니엄 버그millennium bug"에 대처하려 전 세계에서 수십억 달러를 사용했다고 전해진다. 그러나 이것은 다가올 세기에 관한 예측이라기보다는 구체적인 기술적 문제에 관한 실제적인 우려였다. 비슷한 부류로 중국이 새로운 세기에 최강대국으로 부상할 것이라거나, 인도가 가장 인구가 많은 나라가 될 것이라는 예측이 있었다. 새 천년 전야에 나온 이런 예측은 그다지 심오한 관찰도 아니었거니와 상상력의 결여를 드러냈다.

　　많은 관찰자가 세계화가 계속되면서 국가의 성쇠뿐 아니라 사람들의 삶에 영향을 미치리라고 보았다. 미국이 유일한 초강대국으로 남아 있을지도 수많은 관찰자의 흥미를 끈 인기 있는 주제였다. 그러나 이처럼 지정학적인 틀에서 제기된 문제는 세계화 시대에 특별히 흥미를 끌지 않았다. 중국과 인도, 브라질 같은 나라의 경제가 계속 발전하면서 환경에 끔찍한 영향을 미칠 수 있다는 견해나, 세계 인구의 끊임없는 증가가 식량과 천연자원을 두고 새로운 쟁탈전을 초래할지도 모른다는 문제 제기가 더 적절해 보였다. 100년 전과 달리 과학이 이런 모든 문제를 해결해 주리라는 믿음은 훨씬 약해졌다. 반면에 20세기 초처럼 초강대국 간에 군사적 충돌이 불가피하다는 견해도 그다지 공감을 얻지 못했다. 그 대신에 국가 간 협력이 계속되고 국제기구를 통해 당면한 문제를 해결할 수 있으리라는 믿음이 어느 정도 존재했다. 다시 말해 1960년대 이후 수십 년을 특징지은 많은 사상이 계속해서 새로운 세기를 위한 주요한 틀을 제공했다.

미국을 주요 공격 목표로 삼은 2001년 9월 11일의 테러 사건 이후에도 상황은 변하지 않았다. 대다수 사람은 요즈음에도 9·11 사건을 21세기 첫해에 일어난 중대한 사건으로 떠올린다. 그날 이슬람 테러리스트 몇 명이 보스턴의 로건Logan 공항에서 서부를 향해 비행 중이던 두 대의 항공기를 탈취해 조종석을 장악하고, 뉴욕으로 항로를 변경해 세계무역 센터 빌딩에 충돌했다. 그로 인해 쌍둥이 빌딩이 무너지고 거의 3000명에 달하는 사람이 목숨을 잃었다. 사망자 대다수는 미국인이었지만, 외국인도 상당수 있었다. 그와 동시에 워싱턴 덜레스Dulles 국제공항에서 출발한 세 번째 피랍 항공기가 워싱턴 D.C. 외곽에 소재한 국방부 건물(펜타곤)에 부분적으로 손상을 입혔다. 그리고 네 번째 항공기는 펜실베이니아주 상공을 지나 또 다른 도시, 아마도 시카고를 향해 날아가는 중이었다. 뉴욕에서 일어난 사건을 인지한 승객들은 테러리스트들을 공격해 기수를 서쪽으로 돌렸다. 비행기는 결국 서머싯 카운티 Somerset County 들판에 추락하고, 탑승자 전원이 목숨을 잃었다. 9·11 테러 공격은 모두 오사마 빈라덴이 이끄는, 아프가니스탄에 본거지를 둔 테러 집단 알카에다가 계획한 것이었다.

이 극악하고 말할 수 없이 비극적인 사건은 미국인뿐만 아니라 전 세계인에게 엄청난 충격을 안겨 주었다. 9·11 사건이 일어나기 전부터 그런 초국적 범죄 사건이 일어날 수 있으리라고 예상한 사람도 있었을 것이다. 그러나 그런 사건이 실제로 전 세계에서 불러일으킬 공포감을 내다본 사람은 거의 없었다. 이념적으로 테러리스트 편에 서서 강력한 미국이 당한 수모를 고소하게 여긴 소수를 제외한 전 세계의 지도자와 평범한 시민 대부분이 그 범죄에 깊은 혐오감을 표시하고, 미국민에게 진심 어린 애도를 표했다. 범인뿐 아니라 희생자도 초국적이었다. 따라서 9·11 공격을 점점 더 서로 연결되어 가는 세상에서 앞으로 다가올 일을 내다보게 해 주는 징조로 보는 사람이 많았다. 테러리스트 중에는 유럽에서 공부한 사람도 있었고, 미국에서 비행술을 배운 사람도 있었다. 범인들은 아프가니스탄의 외진 산악 지대에 머물던 빈 라덴과 메시지를 주고받았다. 그들은 미국 등지에서 합법적으로 개설한 은행 계좌를 통해 다양한 출처에서 자금을 지원받았다.

반면에 테러리스트의 이념은 결코 초국적이지 않았다. 이슬람 근본주의는 모든 사람을 진실한 신자와 그렇지 않은 나머지로 가르고, 이슬람 신자가 아닌 사람을 없애 버려야 할 신앙의 적으로 간주했다. 이러한 이념은 이슬람 내부에서조차 종교적 해석의 다양성을 용인하지 않았다. 서구, 특히 미국은 물질주의적이고 세속적이고 온갖 종교를 믿는 사람들로 구성된 세계 공동체를 표방했기 때문에 적을 대표했다. 더 구체적으로 말하자면, 이슬람 테러리스트들은 미국이 이스라엘을 강력하게 지지하고 이라크와 이란 같은 이슬람 국가를 적대시한다는 이유로 미국을 맹비난했다.

그러나 9·11 테러를 테러리스트들과 미국 사이의 전쟁 행위로 보는 것은 옳지 않다. 조지 W. 부시 대통령은 9·11 공격을 전쟁으로 인식했다. 또한 세계가 이제 미국이 가차 없는 전쟁을 벌여 나갈, 테러리스트들을 지지하는 세력과 반대하는 세력으로 구성된다고 믿었다. 하지만 국가가 어떻게 비국가, 즉 주권국가와 별개로 존재하는 실체와 '전쟁'을 벌일 수 있을까? 사실 로널드 레이건 대통령이 이미 1980년대에 전임자들이 "빈곤과의 전쟁", "문맹과의 전쟁" 같은 개념을 대중화시킨 것처럼 "테러와의 전쟁"을 언급한 바 있었다. 그러나 전통적인 국제법에는 한 나라가 다른 국가와 연계되지 않은 개인이나 단체와 벌이는 전쟁에 관한 조항이 없었다.(그러므로 백악관은 2011년 미군의 오사마 빈라덴 사살을 전쟁 행위로 정당화했지만, 보편적으로 정당하게 받아들여지지 않았다.) 다른 한편으로 테러리스트뿐만 아니라 마약 밀매업자, 해적, 여성 인신매매범 등의 활동이 세계에 점점 더 암운을 드리웠다. 따라서 이런 문제에 대처하기 위한 국제적 공조가 시급한 과제로 떠올랐다. 문제는 어떻게 국제적 공조를 주선하고 그런 '전쟁'을 수행해 나갈지였다.

게다가 9·11 공격을 감행한 범인들은 단지 한 나라에 맞서 전쟁을 벌인 것이 아니었다. 그들의 범죄행위는 실제로, 그리고 인식상으로 존재하는 인류 공동체 전체를 목표로 삼았다고 보는 게 더 정확할 터다. 초국적으로 연결된 지구촌이라는 개념 자체가 급진 이슬람주의자들에게는 혐오스럽게 여겨졌다. 급진 이슬람주의자들은 세계 사회가 공포와 분노를 공유하면서 초국적 세계의 존재를 확인하는 방식으로 9·11 사건에 대응하리라고 예상하지 못했음이 분명하다. 만약 테러리스트들이 자신들이 저지른 테러 행위로 새로 만들어지는 지구촌을 위협하거나 약화할 수 있다고 생각했다면 완전한 오산이었다.

역설적이게도 미국 정부 또한 9·11 공격에 국가 중심적으로 대응하면서 인류 통합을 약화한 경향이 있었다. 전 세계에서 미국민에게 애도와 지지가 쏟아졌지만, 다양한 이유로 오래 이어지지 못했다. 그중 가장 중요한 요인은 분명히 부시 행정부가 위기를 다룬 방식이었다. 부시 행정부는 9·11 공격을 전통적인 방식대로, 미리 알아차리지 못한 나라를 향한 기습 공격으로 규정지었다. 9·11 사건은 많은 미국인에게 진주만과의 유사성을 쉽게 떠올리게 했다. 따라서 국민이 합심해 진주만 공격자들에게 맞섰듯, 대통령이 앞장서 주동자를 처벌하기 위한 싸움을 지휘했다. 부시 대통령처럼 "우리 편이 아니면 적"이라고 말하는 것은 세상을 양분하는 것이었다. 하지만 여기서 "우리"는 미국이므로, 전 세계를 미국에 맞서 싸우는 편과 미국을 지지하는 편으로 양분하는 구도였다. 이런 구도는 변화하는 세계 상황에 둔감한 것일 뿐만 아니라, 극도로 국가 중심적이고 비현실적이었다.

사실 테러리스트들보다 미국의 일방주의적 대응이 9·11 공격 이후 초국화의 진전을 어렵게 한 것 같았다. 9·11 사건은 지구촌의 존재를 확인해 주었지만, 부시 행정부가 내놓은 대응책은 한 강대국이 세계를 변화시킬 수 있었던, 혹은 변화시킬 수 있다고 믿었던 시대로 되돌아간 듯했다. 실제로 워싱턴은 9·11 사건이 터지기 전인 2001년 봄에, 기후변화를 방지하고자 1998년에 체결한 교토 의정서에서 탈퇴했다. 미국은 또한 미군의 면책특권을 주장하며 국제형사재판소 설립을 위한 협약에 조인하지 않았다. 부시 행정부는 1997년에 체결된 대인지뢰를 금지하는 오타와 협약Ottawa treaty에도 서명하지 않았다. 처음부터 확고하게 국가이익에 대한 고려만을 외교정책의 기준으로 삼고, 미국이 하는 행동의 자유를 제약하는 어떤 상황에도 단호하게 저항했다. 이러한 결정들은 확실히 세계적 추세에 어긋났다. 9·11 공격이 가해졌을 때는 이미 일방주의unilateralism가 새로운 미국 정부의 특징으로 자리 잡고 있었다. 9·11 테러 공격 직후에 국제사회가 미국인들에게 보낸 절대적인 공감과 지지 덕분에 만들어진, 미국과 나머지 세계가 다시 하나로 힘을 합칠 기회는 미국과 국제사회의 차이가 매우 뚜렷해지면서 무산되었다. 그에 따라 상호 의존적인 초국적 세계의 발전이 심각하게 퇴보했다.

　9·11 테러를 "미국의 세기"가 끝나는 시점으로 본 역사가들도 있었다. 그러나 9·11 사건이 막강한 미국조차 초국적 테러 행위에 취약하다는 것을 보여 주었다는 점에서 그렇게 생각했다면, 그들이 틀렸을 수도 있다.[125] 앞선 절에서 언급한 바처럼 "미국의 세기"는 점점 더 초국화하는 세계에서 그 의미를 잃어 가는 중이라고 말하는 것이 더 정확할 것이다. 워싱턴의 지도자들이 만약 "미국의 세기"를 되돌리려 한다면, 시대착오적인 임무에 나선 셈이 될 것이었다.(일군의 신보수주의 지도자가 1997년에 "새로운 미국의 세기 계획project for the new American century"을 도모했지만, 오래가지 못했다. 이 계획은 방위비 지출의 증대를 요구하고, "적대적 정권"과 맞서 싸우고, 해외에 "자유"의 이상을 널리 알리고, 국제 질서를 유지하고 확장하는 일을 국가의 "고유한" 역할로 받아들이고자 했다.[126] 그러나 "새로운 미국의 세기" 건설은 실현 불가능한 꿈이었다. 미국이 테러리즘과 싸우는 데 모든 군사적·경제적 자원을 동원할 수 없었기 때문이 아니라, 지구촌이 21세기의 세계가 그처럼 일국 지향적이며 국가 중심적으로 규정되는 것을 받아들이지 않을 터였기 때문이다.)

미국과 다른 국가들, 특히 무슬림 인구가 상당한 비중을 차지하는 자유민주주의국가들이 테러범을 처벌하고 테러 행위의 재발을 막으려고 공조했다. 독재국가와 냉전 시대의 적대국을 포함한 거의 모든 국가가 일부 조치에 선뜻 협조했다. 예를 들어 많은 나라가 미국의 '범인 인도' 정책에 협력했다. 이에 따라 테러 용의자는 범죄 용의자들이 비인간적인 조건에서 심지어 고문을 당하기도 하는, CIA의 비밀 교도소나 외국의 여러 장소로 '이송되었다'. 대부분의 나라가 국경 통제를 강화해 잠재적 테러리스트의 입국을 더 어렵게 하려고 했다. 많은 나라가 더욱 엄격한 공항 검색 체계를 도입하고, 수하물 검사와 운반에 더 각별한 주의를 기울였다. 처음에는 손톱깎이나 바늘 같은 물건까지도 압수당했다. 나중에는 용량이 100ml가 넘는 액체는 기내에 반입이 금지되고 탑승 전에 부치는 짐 속에 넣어야 했다. 테러를 시도한 용의자의 신발에서 소형 폭발물이 발견되자 미국을 포함한 몇몇 나라에서는 탑승객이 검색대를 지날 때 의무적으로 신발을 벗게 했다. 미국과 일본을 비롯한 일부 국가에서는 입국하는 모든 외국인에게 지문 날인을 요구하기 시작했다. 9·11 사건의 범인 중에 미국에서 공부한 사람이 있었기 때문에 학생 비자로 미국에 입국하기가 더 까다로워져서 미국에 들어오는 외국인 학생의 수가 줄어들었다.(2002~2003학년도에 미국에 입국한 학생의 수가 58만 6000명이었던 데 비해, 3년 후에는 56만 4000명으로 감소했다.) 그렇지 않았으면 미국에서 공부했을 많은 학생이 이제 다른 나라, 특히 캐나다, 영국, 오스트레일리아 등지로 향했다.

유럽 우방국들은 처음에는 미국이 주도하는, 아프가니스탄에 대한 징벌적 타격을 기꺼이 수용했다. 아프가니스탄의 탈레반 정권은 오사마 빈라덴과 알카에다 테러 조직의 동맹으로 여겨졌다. 북대서양조약기구의 동맹국들은 한 회원국에 대한 공격은 전체 동맹국을 향한 공격이라는 북대서양조약 제5조를 근거로 삼았다. 미국 정부는 빈라덴이 아프가니스탄에 은신했다고 믿고 아프가니스탄 정권에 빈라덴을 넘겨 달라고 요구했다. 탈레반 정권이 이를 거부하자 워싱턴과 런던이 아프가니스탄의 수도 카불과 외곽 지역을 폭격하기 시작했다. 그 결과 탈레반은 주변 지역, 특히 파키스탄 접경의 산악 지대로 신속하게 후퇴했다. 2001년 말에 하미드 카르자이가 이끄는 새로운 비탈레반 정권이 들어서면서 점점 더 많은 나라의 인정을 받았다. 하지만 아프가니스탄은 여전히 극도로 불안정한 상태로 내란과 탈레반의 공격이 끊이지 않았다. 그렇게 불안정한 상황이 계속되면서 미국이 주도하는 아프가니스탄 정책에 대한 국제적 지지도 약해지기 시작했다.

특히 2003년에 워싱턴이 세계 여론을 무시하고 이라크를 겨냥한 군사작전을 개시하면서 미국의 정책에 대한 적극적 지지가 뚜렷하게 약해졌다.(이라크를 침공하기 전에 전 세계적으로 600만에서 1000만 명에 이르는 사람이 임박한 전쟁에 반대하는 시위에 참여한 것으로 추산된다.[127]) 미국이 이라크 공격을 감행하면서 내건 표면적 이유는 이라크의 사담 후세인 정권이 테러리스트들을 숨겨 주고, 핵무기를 비롯한 '대량 살상 무기'를 개발했다는 것이었다. 이 중 어떤 혐의도 입증되지 않았지만, 조지 W. 부시는 필요하다면 미국 단독으로라도 행동하려 했다. 나중에서야 부시의 고위 보좌관들이 그러한 혐의와 모순되는, 일부는 미국 정보기관 관계자들이 제공하기도 한 정보를 무시했고, 심지어 가장 가까운 동맹국인 영국조차 이라크 공격에 회의적이었다는 사실이 밝혀졌다. 이라크 공격을 감행하는 데 유엔의 동의를 얻기가 무척 어려웠지만, 미국은 뜻을 꺾지 않고 2003년 3월에 폭격을 개시하고 이라크를 침공했다. 영국도 군대를 파견했지만, 에스파냐와 프랑스처럼 공개적으로 전쟁을 비판한 북대서양조약기구 회원국도 있었다.(프랑스는 이라크 공격에 나선 미군 항공기가 프랑스 상공을 통과하지 못하게 했다.) 이러한 미국의 일방주의는 국제사회뿐만 아니라 미국 여론도 상당 부분 멀어지게 했다. 그러나 세계가 워싱턴을 비판하면 할수록 부시 행정부의 태도는 더 완강해지는 듯해 보였다. 초국적으로 연결된 세계, 그리고 적어도 이라크 문제에 관해서만큼은 세계와 유리된 듯 보이는 미국 정부 사이에 간극이 뚜렷하게 존재했다.

모든 전쟁은 국제적이면서 초국적이다. 전쟁은 국경을 넘어 평상시라면 연결되지 않았을지도 모르는 사람들을 이어 주었다. 그러나 아프가니스탄과 이라크에서 벌어진 전쟁에서는 서로 다른 이유로 이러한 연결이 훨씬 덜 이루어졌음이 드러났다. 아프가니스탄의 초국주의는 외부적이기보다는 내부적이었다. 아프가니스탄은 정치적·군사적으로 서로 맞서 싸우는 여러 부족 집단으로 이루어진 나라였다. 따라서 탈레반에 맞서 온 이들도 안정적인 국가적 협치 체계를 확립할 수 없었다. 남아시아 지역임을 감안하더라도 이웃 나라, 특히 파키스탄과 맞닿은 국경이 매우 인위적이었던 아프가니스탄에서는 종족과 부족을 향한 충성심이 국민감정보다 우세했다. 파슈툰Pashtuns족,[16] 하자르Hazaris족,[17] 타지크Tajiks족[18]의 사람들은 자신들이 국경의 어느 쪽에 속해 있는지 신경 쓰지 않았다. 이들은 카불이나 이슬라마바드에 있는 힘없는 중앙정부에서 내려오는 지시에는 더더군다나 관심이 없었다. 초국적 연계는 주로 인도주의 단체들이 만들어 낸 산물이었다. 인도주의 활동을 펼치는 정부 간 기구와 비정부기구들은 국가를 재건하려는 아프가니스탄의 노력을 돕고자 원조를 제공했다. 하지만 인도주의 활동은 종종 폭력과 불안정한 상황 때문에 좌절을 겪곤 했다. 그것은 제2차 세계대전이 끝나고 독일, 오스트리아, 일본에서 형성된 초국적 관계와 완전히 달랐다.

이라크에서는 초국적 접촉이 이루어지기에는 상황이 훨씬 더 나빴다. 전쟁은 반드시 군사적 임무와 비군사적 임무를 같이 수반하는데도, 그에 대한 준비가 거의 없었다. 비군사적 임무에는 점령 지역에서 법과 질서를 유지하는 일부터 사담 후세인의 독재 체제를 대체할 안정된 정부의 수립을 보장하는 일까지 다양한 업무가 들어 있었다. 정권을 무너뜨리는 일이 국가를 재건하는 일보다 훨씬 쉬웠다. 이라크가 10년 넘게 혼란 상태였다는 점도 상황을 더 어렵게 만든 요인 중 하나였다. 1990년대에 유엔 제재뿐 아니라 미군의 폭격이 간간이 가해지면서 이라크의 사회 시설과 교육 시설뿐 아니라 사회 기반 시설이 상당 부분 파괴된 상태였다. 질서를 회복하고 사회사업을 복구하려면 민간 차원의 초국적 협력이 대거 필요했지만, 협력은 대부분 현장에서 이루어질 수밖에 없었다. 그런 임무에 대한 준비가 거의 없었던 점은 독일과 일본

_____ **16** 아프가니스탄의 가장 큰 종족 집단으로 수니파 이슬람교를 믿고 파슈토어를 사용하며, 파키스탄에도 일부가 거주한다.
_____ **17** 몽골족의 후예이며 시아파 무슬림이고 탈레반의 핍박을 받았다.
_____ **18** 페르시아어를 사용하는 수니파 무슬림으로, 대다수가 타지키스탄에 거주하고 아프가니스탄과 중국 등지에서 소수민족을 이루고 있다.

에 대한 점령 계획이 제2차 세계대전 중에 신중하게 세워진 사실과 뚜렷하게 대비되었다. 미군과 민간 관계자들이 사담 후세인 이후에 이라크를 재건하는 임무를 짊어졌지만, 이라크의 언어나 문화에 관해 훈련을 받고 온 사람이 거의 없었다. 미국이나 다른 나라에서 온 민간인 하청업자들이 이들의 업무를 보조하고 때로는 전담하기도 했는데, 하청업자들 역시 필수 배경 지식이 부족했다. 유엔이 나서 재건 업무를 도우려 했지만, 2003년 9월에 자살 테러범이 운전하는, 폭탄을 실은 트럭이 바그다드 주재 유엔 사무소 밖에서 폭발하면서 유엔의 노력에 심각한 타격을 입혔다. 이 폭발로 브라질 출신의 유엔 특사 세르지우 비에이라 지 멜루Sérgio Vieira de Mello가 목숨을 잃었다. 유엔은 10월에 두 번째 폭탄 공격이 가해지자 전쟁으로 피폐해진 이라크에서 인력을 철수했다.

이런 상황에서는 초국적 접촉이 피상적일 수밖에 없었다. 국제적십자와 국경없는의사회를 비롯한, 이라크인 구호에 헌신하는 소규모 단체를 포함한 많은 비정부기구가 진지한 노력을 기울였다. 그렇지만 이들은 초국주의를 촉진하려는 모든 시도를 업신여기는 극단주의 단체의 공격에서 자신들을 지키는 데 많은 시간을 들여야 했다. 생명의 위협에 직면해서 인도주의 단체와 구호 활동가들은 종종 미국과 다른 나라의 군대에 보호를 요청해야만 했다. 이라크의 시민사회가 취약했기에 초국적 접촉을 주선하고 유지하기가 극도로 어려웠다.

문명 간 대화

초국주의는 확실히 시험대에 올랐다. 그러나 9·11 공격과 이어서 아프가니스탄과 이라크에서 발발한 전쟁은 역사가 국가, 종교, 문명 간의 대화와 이해를 증진하려는 시도뿐 아니라, 20세기가 끝나 가면서 더욱 뚜렷해진 경제와 문화의 세계화라는 흐름에서 역행하고 있음을 뜻하지 않았다. 국가, 종교, 문명 간의 대화는 2001년에 미국에서 자행된 테러 공격과 그로 인한 반이슬람 감정의 고조로 좌초한 듯 보였다. 9·11 사건은 분명히 세계 각지에서 이슬람을 향한 두려움을 자아내었다. 특히 유럽과 북아메리카는 다른 지역, 예를 들어 상당한 규모의 무슬림 소수집단이 존재하는 인도나 중국에 비해 이슬람 종교에 관한 지식이나 경험이 풍부하지 않았으므로, 두려움이 더 크게 일었다. 서구에서는 많은 사람이 이슬람 극단주의자를 다수를 차지하며 온건한 (또는 정치와 관련이 없는) 이슬람교도와 구별하지 못했다. 누가 이슬람 극단주의자인지를 놓고 혼선이 빚어졌고, 정부 관계자를 포함해 많은 사람이 모든 무슬림을 잠재적 테러 용의자로 보곤 했다.

9·11 공격 이후 규모는 작지만, 민간인을 겨냥한 유사한 테러 공격이 잇따라 벌어지자 일부에서는 이슬람을 향한 두려움이 정당하게 받아들여졌다. 예를 들어 2002년 10월에는 발리에 있는 휴양지에서 폭발이 있었고, 2003년에는 신발 안에 폭약을 감춘 테러범이 대서양 횡단 여객기를 폭파하려 했다. 2005년 7월에는 런던에서 지하철과 버스에 폭탄 공격이 있었고, 2008년에는 인도의 최대 도시인 뭄바이를 공격했다. 이어서 2009년 크리스마스에는 암스테르담에서 디트로이트로 향하던 노선을 운항하는 미국 민간항공기를 폭파하려는 시도가 있었지만, 실패했다. 이러한 공격은 대부분 '자살' 테러 사건으로, 테러범은 목표물과 함께 자폭했다. 더 고귀해 보이는 대의를 좇아 자폭하는 광신도의 이미지는 제2차 세계대전이 끝나갈 무렵 일본 조종사들이 감행한 가미카제 폭격을 떠올리게 했다. 그러나 가미카제의 비유가 꼭 들어맞지는 않았다. 가미카제 조종사들은 군사적 임무를 띠고 주로 미국 전함을 목표물로 삼은 반면에, 이슬람 테러리스트들은 국가의 명령을 받지도 않았고 목표물에 차별을 두지도 않았기 때문이다. 어쨌든 이슬람과 일본인의 자살 공격은 인류 대다수에게 이해가 불가능했고, 더 나아가 비이성적 믿음에 휩쓸린 광신도의 이미지로 굳어졌다. 이슬람의 자살 테러로 이슬람교 전체, 또는 전 세계 무슬림 대다수가 비이성의 문화를 부추긴다고 간주되고 일반화하기 쉬웠다. 성공했든 실패했든 폭탄 테러 사건이 일어나고 나서 초국적으로 겪게 된 엄격한 공항 보안 검사를 좋아하는 사람은 거의 없었다. 이런 상황에서 비관론자들은 이슬람과 대화를 개시하거나 심지어 서로 다른 문화 간에 소통과 이해를 증진하고자 초국적으로 노력을 기울일 때가 아니라고 여기는 듯했다.

그러나 실제로는 2001년 이후에도 소통과 이해를 향한 노력이 결코 수그러들지 않았다. 오히려 위기의 심각성 때문에 국제기구뿐 아니라 민간단체들도 문명 간 대화를 이어 가려는 노력을 배가했다. 유엔은 1998년에 2001년을 문명 간 대화의 해Year of Dialogue among Civilizations로 부르기로 한 결의안을 채택한 바 있었다. 유엔을 비롯한 다양한 국제 단체와 국내 단체가 문명 간 대화를 다루는 모임을 후원했다. 2001년 7월에 리투아니아 빌뉴스Vilnius에서 가장 먼저 모임이 열렸다. 마쓰우라 고이치로松浦晃一郎 유네스코 사무총장은 회의 개막 연설을 통해 새로운 세계 질서가 문명 간의 소통과 이해를 바탕으로 굳건하게 세워져야 한다고 언급했다. 마쓰우라 사무총장과 회의 참석자들은 세계의 다양한 문화와 문명에 관한 이해를 증진하기 위한 노력을 강화할 필요가 있다는 데 분명하게 뜻을 모았다. 2001년에 열린 다양한 모임(예를 들어, 유네스코가 후원하고 뉴욕에서 열린, 생물 다양성biodiversity을 논의하기 위한 과학자들의 모임)은 훨씬 극적인 9·11 사건에 가려졌다. 하지만 테러 공격이 문명 간 대화라는 이상을 향한 열정이나 헌신을 꺾지 못했다는 점에 주목해야만 한다. 빌뉴스에서 회의가 열리고 나서, 2001년의 나머지 기간에 그와 비슷한 모임이 세계 각지에서 열렸다. 이는 테러리스트들이 초국주의를 증진하려는 노력을 위협하는 데 성공하지 못했음을 잘 보여 준다.

이러한 활동을 응원하려는 듯 2001년 12월 초에 오슬로의 노벨 평화상 위원회는 평화상 100주년을 기념하는 심포지엄을 개최했다. 그해에 노벨 평화상을 받은 코피 아난Kofi Annan 유엔 사무총장뿐 아니라 역대 노벨 평화상 수상자도 다수 참여했다. 아울러 수상의 영예를 안은 바 있는 미국 친우 봉사 위원회, 국제사면위원회, 국경없는의사회, 국제 지뢰 금지 운동International Coalition Against Landmines 같은 다양한 단체의 대표도 자리를 같이했다. 9·11 공격이 있은 지 고작 3개월이 지나고 열린 노벨 평화상 100주년 기념 모임은 세계 평화 및 상호 이해를 향한 헌신을 되살리며 주목받았다. 참석자들은 아프가니스탄에 대한 군사 개입에 압도적으로 반대하고, 미국 정부가 이라크에서 유사한 군사행동을 고려하는 것에 우려를 표시했다. 코피 아난은 노벨 평화상 수락 연설을 통해 참석자들에게, 그리고 그들을 통해 평화로운 세계를 건설하는 일이 테러 행위의 근절에만 달려 있지 않다는 점을 전 세계에 일깨웠다. 코피 아난은 예를 들어 아프리카에서 세계무역 센터 공격으로 인한 희생자 수의 두 배가 넘는 7000명가량이 매일 후천성 면역 결핍 증후군AIDS으로 사망한다고 지적했다. 이런 모든 비극에 대처하고, 마침내 근절하지 않는다면 안정적인 세계 질서는 불가능할 터였다.(다행히도 유엔은 21세기의 두 번째 10년을 시작하면서 젊은이들 사이에서 인간 면역 결핍 바이러스HIV 감염률이 눈에 띄게 낮아지고 있다고 보고했다. 이러한 고무적 추세는 에이즈에 가장 크게 타격을 받았던 사하라 사막 이남 지역에서도 나타났다.)

그사이에 문명 간의 대화를 촉진하려는 노력이 21세기의 두 번째 해와 그 이후로도 계속되었다. 유엔의 주도로 문명 간의 대화를 장려하는 모임이 추가로 열렸다. 이러한 노력은 종종 실망스러웠고, 때로는 이슬람 극단주의자와는 어떠한 대화나 이해도 불가능하다고 주장하는 사람들에게 혹독한 비판을 받기도 했다. 이슬람 극단주의자들도 "악마"와 화해하지 않겠다는 특유의 순수주의purism를 내세우며 비슷하게 반응했다. 아랍인, 파키스탄인, 아프간인, 알바니아인을 비롯한 이슬람 이민자가 유럽과 북아메리카, 오스트레일리아로 계속 유입되었다. 특히 새로 도착한 이주민들이 주로 대도시에 있는, 분리된 가난한 동네에 거주하면서 자주 사회적 긴장을 유발하곤 했다. 2005년 가을에 파리 외곽에서 일어난 폭동에서는 주로 아랍계 이주민으로 구성된 군중이 경찰 차량과 공공건물, 학교를 공격했다. 이 사건은 서로 다른 신앙과 생활 방식을 지지하는 공동체 간의 차이를 상징적으로 보여 주었다.

각각의 집단에 고유한 신앙 체계와 생활 방식을 용인하는 문화적 다양성과 다원주의의 이상은 특정한 가치, 예를 들어 여성의 권리 존중 등이 보편적으로 타당하게 여겨져야 하고 모두에게 인정받아야 한다고 역설하는 세속주의와 종종 갈등을 빚곤 했다. 예를 들어 세속주의 전통이 강한 프랑스에서는 정부가 학교와 같은 공공장소에서 '히잡'(머리 스카프, 베일, 부르카) 착용을 금지했다. 영국에서는 (외무 장관이기도 했던) 국회의원이 얼굴을 가리는 스카프를 착용하고 자신을 만나러 온 여성 선거구민을 비난했다. 2005년에는 덴마크의 시사만화가가 예언자 무함마드Muhammad의 초상을 그려 전 세계 무슬림의 반발을 불러일으켰다. 2011년에 노르웨이에서는 극단주의자가 라이플총을 쏴

많은 젊은이를 살해했다. 희생자들은 한 섬에서 열린, 인종과 종파를 초월한 모임에 참석 중이었고, 그중에는 무슬림도 몇 명 있었다. 유럽 도시에 등장한 모스크는 보는 이들에게 어울리지 않는다는 인상을 주었고, 이슬람의 기독교 문명 침입으로 보였다. 미국에서는 뉴욕 맨해튼의 '그라운드 제로ground zero' 근처에 이슬람 문화원을 지으려는 계획으로 국론이 심각하게 분열했다. 하지만 이 경우에는 문화적 다원주의와 종교의 자유에 관한 세속적 원칙이 한편에, 국가적 비극에 관한 기억이 다른 편에 선 듯했다.

그러나 치열한 갈등 아래에서 문명과 종교 또는 종족 간의 갈등 및 불화를 극복하고 극단적이거나 교조적이지 않은 세계관을 계발하려는 조용한 노력이 계속되고 있었다. 필요한 것은 서로 다르면서 통합되어 있고, 지역적이면서 세계적인 인류와 세계의 상이었다. 중요한 일례로 미국과 캐나다, 오스트레일리아, 영국을 비롯한 유럽 각지의 역사가들이 연구와 교육을 통해, 과거를 바라보는 전통적인 자민족 중심주의ethnocentrism와 국가 중심적 관점을 극복하고자 맹렬하게 노력을 기울인 일을 들 수 있다. 21세기 들어 처음 10년 동안 많은 대학이 세계사와 지구사 또는 초국적 역사 강좌를 추가하거나 확대했다. 2008년에는 하버드 대학이 모든 대륙의 역사가들이 참석한 첫 번째 지구사 학회를 주최했다. 빈에 소재한 만델바움 출판사Mandelbaum Verlag는 '지구사와 개발 정책Global History and Development Policy' 시리즈를 새로 펴내기 시작했다.[128] 과거의 연구에 세계적 관점을 접목한 훌륭한 교과서가 여러 권 나왔다. 예를 들어 1997년부터 몇 년 동안 역사학자 리처드 불리엣Richard Bulliet과 동료 학자들이 펴낸 『지구와 지구 사람들The Earth and Its Peoples』은 일반적인 유럽 중심의 서술에서 어떻게 벗어날 수 있는지를 보여 주었다. 저자들이 세계 다른 지역에 관한 서술을 추가한 데 그치지 않고 계속 전 지구를 염두에 두고 살펴보았기 때문에, 독자들은 어떻게 다른 민족과 다른 지역이 서로 관계를 맺어 왔는지를 알아 나갈 수 있었다. 저자들은 21세기에는 "사람들이 점점 더 하나의 지구촌을 그려 나갈 수 있을" 것으로 보았다.[129] 또 다른 근대 세계사 교과서 『함께, 또 따로인 세계Worlds Together, Worlds Apart』(2002)는 "흑사병, 아메리카 은의 세계경제로의 유입, 민족주의의 대두처럼 전 세계에 반향을 불러일으킨" 현상의 초국적 전개 과정을 다루었다. 저자들에 따르면 이러한 현상들은 "지역에 따라 다양한 반응을 낳았다."[130] 이 책에서는 상호 연계성 interconnectedness과 차이divergence 사이의 대화를 강조했다. 많은 학자가 이 주제를 세계사와 지구사 또는 초국적 역사의 연구에 유용한 개념 틀로 채택했다. 관건은 국가를 분석 단위로 삼고 그에 초점을 맞추는 데서 벗어나는 것이었다. 오히려 이러한 역사가들은 이주와 질병, 금과 은의 유통 등과 같이 국경을 초월하는 다양한 주제에 초점을 맞춘다면 역사 발전을 더 균형 있게 이해할 수 있으리라고 믿었다.

한 나라의 역사를 다루는 경우에도 저자들이 점점 더 전 세계적 발전의 맥락에서 살펴보려는 데 관심을 기울였다. 예를 들어 토머스 벤더의『국가 중의 국가A Nation among Nations』(2006)는 콜럼버스에서 현재까지 미국사를 다루지만, 미국의 정치, 사회, 문화가 독특하게 보이지 않도록 줄곧 미국의 발전을 세계의 발전에 견주었다.[131] 벤더는 이제까지 많이 쏟아져 나온 "예외주의적exceptionalist" 미국사 서술을 반박하려 했다. 또한 그 대신에 국경을 초월한 상호작용과 그에 상응하는 발전이 미국에서 일어난 많은 일, 또는 다른 나라에서 일어난 많은 일을 설명해 준다고 주장했다. 마찬가지로 오스트레일리아의 역사가 이언 타이럴의『초국적 국가Transnational Nation』(2007)는 미국사를 분명하게 지구사의 맥락에 놓고, 미국사가 내부 요인만큼이나 (경제, 문화, 사회 같은) 외부 요인의 산물임을 보여 주려 했다.[132] 이런 예들은 미국 정부가 일방적인 외교정책을 추구하려 한 만큼이나, 미국의 교육자와 학자들은 미국인들이 더 넓은 세계로 관심을 돌리게 하려고 노력했음을 보여 주었다. 만약 어린 세대를 교육을 통해 세계 문제에 더 정통한 시민으로, 다른 사람들과 문화에 더 민감한 시민으로 육성할 수 있다면, 새로운 세기에 가장 기대되는 발전 가운데 하나가 될 것이 분명해 보였다.[133]

아시아에서도 비슷한 노력이 없지 않았다. 말레이시아에서는 말레야 대학교에 문명 간 대화 센터Center for Civilizational Dialogue가 설립되었다. 일본 오사카에 있는 간사이 대학은 2007년에 동아시아에서 문화 전파를 연구하는 새로운 연구소를 열었다. 중국의 역사가 타오더민陶德民이 이끄는 이 연구소는 근대 초에 이루어진 지역 내(아울러 지역 간) 문화 전파와 문화 혼합의 연구에 주안점을 두었다. 비슷한 시기에 인류 문명의 현 상태와 미래를 숙고하는 심포지엄이 베이징과 서울에서 해마다 열리기 시작했다. 이런 시도를 통해 문명이나 문명 간 대화에 관한 이해가 쉽사리 이루어지지는 않았다. 하지만 이러한 노력은 아시아에서도 과거를 일국적 관점에서 이해하려는 틀에서 벗어나고자 진지한 관심을 기울이고 있음을 잘 보여 주었다. 다른 곳에서 동시대 교육자들이 기울이는 노력과 함께 이런 사례들은, 역사가 브루스 머즐리시의 표현을 빌리자면, 이제는 문명이 모든 곳에서 모든 인류를 아우른다는 인식이 초국적으로 공유되고 있음을 시사했다.[134]

세계경제 위기의 초국적 여파

그사이 세계화가 빠르게 진행되고 있었다. 하지만 2007년부터 세계경제가 침체하기 시작하면서 극심한 위기로 접어들어 몇 년 동안 이어졌다. 상승세든 하락세든, 세계경제의 부침은 세계 모든 지역이 예전보다 훨씬 긴밀하게 얽혀 있음을 확인해 주었을 따름이다.

21세기의 첫 10년 동안 세계 총인구가 대략 61억에서 69억가량으로 늘어났다. 이런 추세가 이어진다면 세계 인구가 2025 무렵에는 80억, 2050년에는 90억에까지 도달하리라는 전망이다. 세계 인구가 1900년에 16억, 1950년에 25억이었을 뿐이라는 점을 고려하면, 거의 통제하기 어려울 정도의 인구 증가로 인간 환경과 지구 자원, 질서 유지를 위한 정부와 공동체의 능력이 어디서나 도전받게 되었다. 그러나 21세기 초의 인구 증가율이 20세기 중반보다 낮다는 점에 주목해야 한다. 자연 증가율, 즉 전체 인구 대비 출생률에서 사망률을 뺀 비율은 1950년에서 1955년 사이에 17.8퍼센트였으나, 50년 후에는 12.3퍼센트로 감소했다.

이 수치들에 따르면 사망률이 현저하게 낮아졌지만, 대규모 전쟁의 부재와 의학 발전 덕분에 출생률도 감소했다. 이러한 일반화가 경제 선진국뿐만 아니라 개발도상국에도 적용된다는 사실은 주목할 만하다. 개발도상국은 계속 더 높은 출생률을 기록하고 전 세계 인구의 80퍼센트 이상을 차지했다. 그러나 개발도상국 인구도 21세기 들어 처음 10년 동안은 더 느리게 증가했다. 여기에는 여러 가지 이유가 있었다. 산아제한과 더불어 더는 다자녀 가정을 적절하다고 여기지 않는 덜 전통적인 생활 방식이 확산했다. 정부 정책도 소규모 가족을 장려하거나 심지어 강제하기도 했다. 중국이 산아제한 정책의 가장 대표적인 예였다. 베이징 정부는 1970년대에 공표한 초기 "1가구 1자녀" 정책을 약간만 수정했다. 그 결과 중국의 인구는 2005~2010년 사이에 0.58퍼센트 증가하는 데 그쳤다. 이는 세계 평균인 1.17퍼센트에 한참 못 미치는 수치였다. 미국(0.97퍼센트)과 멕시코(1.12퍼센트), 그리고 브라질(1.26퍼센트)을 비롯한 남아메리카 대륙의 거의 모든 나라에서 인구가 훨씬 빠르게 증가했다.

세기 전환기 이후 새롭게 나타난 현상은 한국, 싱가포르, 중국 같은 나라에서 사람들의 수명이 눈에 띄게 길어졌다는 점이다. 20세기 말로 향하면서 일부 유럽 국가와 일본에서 인구노령화 문제가 대두했다. 하지만 이제는 다른 나라에서도 똑같은 문제를 볼 수 있게 되었다. 미국에서는 이민자들이 들어와 평균연령을 낮추었는데도, 2004년에 미국인의 3.1퍼센트가 75세 이상의 노령 인구였다. 러시아, 이탈리아, 스웨덴, 영국의 75세 이상 인구 비율은 각각 2.5, 4.5, 4.4, 3.8퍼센트였다. 2005년에 벌써 평균 기대 수명이 72세에 도달한 중국에서도 70세 이상 인구가 전체 인구의 2퍼센트 이상을 차지했다. 반면에 러시아에서는 2004년에 남성의 평균 기대 수명이 58.5세(여성은 71.8세)에 불과했다. 하지만 이는 주로 1990년대 초의 경제 붕괴로 말미암은 예외적 현상이었을 따름이다. 이런 통계들은 세계 인구가 예전에 비해 느릴지라도 전체적으로 증가하고 있을 뿐 아니라, 인구 구성이 급속하게 변하고 있음을 보여 주었다. 인구노령화는 경제 문제일 뿐 아니라 사회 문제이기도 했다. 70대와 80대, 그리고 그 이상의 고령 시민은 일정하게 일을 하지 않는 데다 다양한 종류의 지원을 받아야 하기 때문이다. 고령자를 지원하려면 사회복지사와 의료비 지급을 위한 자금이 필요했다. 부유한 나라에서는 공립과 사립의 양로 시설에서 노인들을 돌보고, 점점 더 많은 시민이 자립 공동체를 꾸려 양로 시설에 들어가지 않고 서로 돕고 있다. 그러나 나머지 부유하지 않은 나라에서는 양로 시설이나 프로그램이 거의 없어 가족과 일가, 촌락이 온갖 노력을 기울여 새로운 상황에 대처해야만 했다.

21세기의 첫 번째 10년 동안에도 지구에 거주하는 사람은 더 늘어났고, 사람들은 여전히 식량과 일거리, 안정을 찾아 이주해야 했다. 국경을 넘나드는 이주의 역사는 21세기의 첫 10년 동안에도 20세기 말에 확립된 추세를 계속 따라갔다. 하지만 카리브해와 남아메리카에서 북아메리카로 떠난 수많은 이주자의 대열에 더 안전한 피난처를 찾아 아프리카와 중동, 중앙아시아를 탈출한 사람들이 점점 더 많이 가세했다. 그중 일부는 난민들로 사회적 분쟁과 종파 간 무력 충돌, 테러가 일으킨 국내 혼란으로 조국을 떠날 수밖에 없었다. 2008년에는 이라크와 아프가니스탄이 각각 180만 명이 넘는 가장 많은 수의 난민을 배출했다. 이라크와 아프가니스탄의 난민은 대부분 파키스탄과 이란에 받아들여져 이들 나라에 인구 문제를 가중했다.[135] 비교적 새로운 현상은 "국내에서 내쫓긴 사람들" 문제였다. 이들은 자기 집과 마을에서 쫓겨나 국경 안의 난민촌에 수용되었다. 이런 내부 난민이 2004년에 700만 명을 넘어섰다고 전해진다.[136] 이들은 엄밀한 의미에서 초국적 존재라 할 수 없지만, 대부분이 유엔 난민 고등판무관 사무소 같은 국제단체와 초국적 구호 활동가들의 도움을 받았다.

늘어나는 세계 인구의 최소 필요량을 충족시키기에 충분한 자원이 남아 있을까? 관계자들이 수십 년 동안 이 문제에 매달려 왔다. 그러나 21세기 초에는 식량 안보뿐 아니라 식량 가용성 문제가 매우 중요해져 그와 관련해 기후변화가 긴급한 문제로 떠올랐다. 기후변화는 1998년에 온실가스 감축을 위해 교토 의정서를 체결하게 한 요인 가운데 하나였다. 그러나 미국이 유럽, 일본과 달리 협정 비준을 거부한 데다 중국과 인도 같은 개발도상국도 협정에 조인하지 않았다. 하지만 이 범세계적 위기에서 분열된 지구를 드러낸 일부 국가의 회피가 21세기에는 용납되지 않았다. 생활수준이 꾸준히 높아진 일부 나라에서 냉방기와 냉장고 같은 기구의 사용이 늘어나면서 지구를 뒤덮는 평균 열 수준을 높였다. 미국 부통령을 지낸 앨 고어AI Gore가 제작한 영화 「불편한 진실An Inconvenient Truth」이 널리 상영되어 이러한 상황에 경종을 울렸다. 이 영화가 이야기하고자 하는 바는 간단명료했다. 「불편한 진실」을 비롯한 다른 많은 교육용 프로그램이 생생하게 보여 준 대로 평균기온이 상승하고 북극의 빙하가 녹아 없어지고 있었다. 어쩔 수 없이 두꺼운 빙하층을 찾아 대양에서 수백 마일을 헤엄쳐 가는 북극곰들을 찍은 사진도 볼 수 있었다. 지구온난화의 결과로 강우량이 증가한 듯 보였다. 실제로 21세기 들어 처음 몇 년 동안 생명을 위협하는 허리케인과 태풍이 여러 번 몰아닥쳤다. 그뿐 아니라 지진과 폭염, 홍수, 화산 폭발도 세계적인 기후변화 때문은 아닐지라도 대개 그와 관련이 있다고 여겨졌다.

일부 정치가뿐만 아니라 소수의 과학자도 인간의 행동이 기후변화를 초래한다는 데 의심을 품었다. 그들은 기후변화가 자연 주기의 일부라고 믿었다. 그래도 인간이 에너지를 점점 더 많이 사용하고 있다는 사실에는 변함이 없었다. 석탄, 물, 천연가스, 전기를 포함한 '일차에너지' 관련 통계에 따르면, 이러한 전력원의 총소비량이 1980년에서 2004년 사이에 (석유 연료로 전환했을 때) 65억 톤에서 97억 톤으로 거의 50퍼센트가량 늘어났다. 이 수치는 세계 인구 증가율과 대략 일치한다. 그러나 많은 나라가 생산하는 것보다 많은 에너지를 소비했다. 예를 들어 미국은 2004년에 14억 2500만 톤의 에너지를 생산했지만, 20억 5200만 톤을 소비했다. 중국은 12억 4200만 톤을 생산하고 12억 6000만 톤을 소비했다. 두 나라가 전 세계 에너지자원의 27퍼센트를 생산했지만, 36퍼센트가량을 소비한 셈이었다. 에너지의 소비와 생산의 격차는 북아메리카와 유럽, 아시아에서 두드러졌고, 부족분은 남아메리카와 아프리카, 중동 같은 지역에서 남는 연료를 수입해 보충했다. 만약 에너지를 수출하는 지역에서도 다른 지역에서와 같은 속도로 산업화와 도시화가 이루어진다면, 에너지자원이 심각하게 부족해질 터임이 분명했다. 당장은 에너지 원료 수입만이 북아메리카와 유럽, 아시아의 대다수 국가의 필요를 충족할 수 있는 유일한 방법이었다.[137] 2011년 3월에 일본 북부에 있는 후쿠시마 제1원자력 발전소의 발전기가 손상을 입은 재난이 일어나고 나서 전 세계 전력의 15퍼센트가량을 제공하는 원자력의 미래가 불투명해 보이기 시작했다.[138]

같은 종류의 생산과 소비 간 불균형이 식량 분야에서도 두드러졌다. 미국은 옥수수와 밀 같은 기본 식량을 자급자족하고, 국내에서 소비하지 않은 분량은 수출을 하는 흔하지 않은 나라였다. 미국은 2006년에 전 세계 옥수수의 38.5퍼센트, 밀의 9.5퍼센트를 생산했다. 많은 먹거리가 해외로 실려 갔다. 미국의 옥수수 판매는 전 세계 옥수수 수출의 절반 이상을 차지했다. 한국과 일본은 옥수수를 많이 생산하지 않고, 두 나라가 함께 세계시장에서 거래되는 옥수수의 4분의 1 이상을 수입했다. 곡물 전체로 보면, 일본은 28퍼센트만 자급자족하고, 나머지 72퍼센트를 수입해야 했다. 2005년에 일본 어부의 어획량은 전 세계 어획량의 4.4퍼센트를 차지했다. 하지만 일본인은 생선을 매우 많이 소비하므로 비슷한 양을 다른 나라에서 수입해 와야 했다. 영국과 에스파냐, 네덜란드에서도 비슷한 상황이 벌어졌다. 이들 나라는 다른 품목, 특히 공산품 수출로 식량 수입을 충당했다.(2004년에 일본의 자동차와 공작기계가 각각 전체 수출의 20.7퍼센트와 17.3퍼센트를 담당했다. 영국의 수출 무역에서는 이 두 품목의 비중이 각각 9.8퍼센트와 13.3퍼센트였다.)

따라서 국제무역의 원활한 작동이 세계 식량 자원의 확보에 매우 중요해졌다. 다행히도 대다수 나라가 세계무역기구 회원으로 기본적인 자유무역 원칙을 따랐고, 수입 규제가 존재하더라도 대부분은 세계무역기구의 기준을 벗어나지 않았다. 하지만 일부 빈곤한 아프리카와 아시아의 국가는 수출무역을 통해 기본 생필품을 충분히 확보할 수 없어 국제기관뿐 아니라 다른 나라의 원조가 이들에게 지극히 중요해졌다. 그러나 만약 밀이나 쌀 같은 기본 식량 가격이 2007년에 세계경제 위기가 발발하기 직전처럼 요동친다면, 상황이 복잡해질 터였다. 한 가지만 예로 들자면, 전반적인 겨울 밀 가격은 한 세기에 걸쳐 하락했지만, 2005년에 옥수수와 쌀, 콩, 귀리의 가격과 동반 상승했다. 그 이유는 가뭄이나 전염병처럼 식량 생산 체계에 가해진 외부 충격 때문이 아니라 생필품 시장에서 일어난 투기 '거품bubble' 때문이었다.[139] 가격 상승으로 개발도상국 전반에서 폭동과 폭력 사태가 발생하고, 수십만 명이 추가로 충분한 먹거리를 얻을 수 없게 되었다. 심지어 미국에서도 식량 부족을 느낄 수 있었는데, 일부 미국 도매상은 고객에게 쌀 같은 특정 농산물의 구매를 제한하기도 했다.[140]

세계적인 생산과 소비, 무역, 원조의 체계에서 핵심은 통화를 대부분 서로 자유롭게 교환할 수 있게 한 금융 체계였다. 1985년 플라자 합의로 환거래가 자유화된 이후 해외무역 활동과 해외 투자 활동이 더욱 초국적이 되었다. 그렇지만 해외무역 활동과 해외 투자 활동은 여전히 대부분 미국 달러화로 이루어졌고, 유로화 이용은 점차 늘어나는 추세였다. 각 나라의 외환 거래는 여전히 미국 달러화 기준으로 환산되곤 했다. 그래도 다른 통화들이 거래의 준국제적 단위로 지위를 확보해 나가기 시작했다. 중국과 인도, 브라질 등이 국제 무대에서 중요한 역할을 하기 시작하면서 외환 매매에 사실상 무한 경쟁 상태가 도래했다. 원칙적으로 누구나 어디서든 자유롭게 외환과 증권을 사고팔 수 있게 되면서, 전 세계인이 투기사업에 참여해 환율과 투자 수익률이 등락을 거듭했다. 많은 나라의 중앙은행이 간혹 다른 나라의 통화에 대비해 자국의 통화가치를 지탱하려 하거나 떨어뜨리려 하곤 했다. 중국 당국은 가장 눈에 띄는 예로, 수출을 확대하려고 런민비(중국의 주요 통화 단위) 가치를 낮게 유지했다. 이 정책은 다른 나라, 특히 중국을 상대로 무역 적자가 큰 미국의 불만을 불러일으켰다. 그러나 중국인들이 미국 시장에서 채권과 주식을 사들이면서, 부분적으로는 달러화와 런민비 간의 안정적 환율이 채권과 주식의 가치를 좌우했다. 이제 금융자본주의의 시대였다. 그러나 소수의 은행가, 기업가, 주주가 사업을 사실상 독점한 100년 전 상황과 달리, 이제는 전 세계가, 사실상 모든 사람이 적어도 원칙적으로는 시장과 투자자로 관여했다.

2007년에 국제 금융시장의 과열이 최고조에 달하면서 어느 때보다 더 세계적인 규모로 상품과 자금, 주식의 소유주가 바뀌었다. 이러한 상황은 당연히 반작용을 초래했다. 주식 가치가 폭락하고, 통화가치가 떨어지고, 많은 사람이 직장과 집을 잃었다. 한 가지 면에서 이 위기는 "자본 없는 자본주의"라는 문구로 요약될 수 있었다. 다시 말해 저축이 거의 혹은 전혀 없는 개인들이(특히 미국에서 두드러졌다.) 물건을 갚을 수 있는 능력 이상으로 신용 구매하고 거액을 빌리려고 집을 재저당 잡혔다. 이들은 주택 가치가 계속 올라 대출을 상환할 수 있으리라고 기대했다. 게다가 대부분 사립으로 운영되고, 매달 내는 비용뿐 아니라 거액의 입주비를 내야 하는 은퇴자 주거 시설에 들어가려고 수많은 고령 시민이 돈을 빌렸다. 은행과 신용 회사, 증권 중개인 등도 상당한 수익을 기대하고 소비자 대출을 홍보했다. 신용증권을 자산으로 간주하면서 보유자는 더 많은 돈을 빌릴 수 있었다. 이런 체제는 오래 이어질 수 없었다. 결국 2007년에 미국에서 이른바 서브프라임 사태로 거품이 터지면서 파국이 오고야 말았다. 은행과 주택 구매자에게 위험 대출을 해 주는 주택 담보 대출 회사들이 대출을 상환받기가 점점 더 어려워졌고, 그 과정에서 거액의 자산을 잃어버렸다. 그사이 많은 헤지 펀드와 다양한 은행과 보험회사, 외국 증권 및 외국환 투자 계획이 원래 목표한 손쉬운 이익을 순식간에 날려 버렸다. 많은 투자 회사와 금융기관이 쓰러졌다. 모든 거래가 국경을 초월해 이루어졌기 때문에, 그 영향은 실로 세계적이었다. 개인과 기관 모두 먼 나라의 통화 시장과 주식시장에 크게 의존했기 때문에 전 세계 각지를 잇는 연쇄 반응이 일어났다.

그러나 놀랍게도 1930년대의 대공황과 달리 세계무역이나 외국 투자가 그다지 위축되지 않았다. 이 두 가지 범주의 초국적 활동은 수요가 급속하게 줄어들지 않아 사실상 그 기세가 꺾이지 않았다. 그러나 특정 상품, 특히 자동차는 세계시장이 위축되어 많은 노동자가 일관 작업대와 자동차 부품을 만드는 하청 공장에서 정리 해고를 당했다. 극단적인 예로 2008년에 도요타에 추월당하기 전까지 세계 최대의 자동차 제조 회사였던 제너럴 모터스가 파산했다. 미국 정부는 제너럴 모터스에 수십억 달러에 달하는 긴급 구제 자금을 제공해야 했고, 그 과정에서 제너럴 모터스의 소유주가 되었다. 긴급 구제 자금이 공적 자금에서 나왔기 때문에 이제 납세자들이 회사를 지배하게 되었다. 미국과 독일을 비롯해 경제협력개발기구에 속한 몇몇 다른 '선진'국도 마찬가지로 특정 금융기관의 붕괴를 막으려고 자금을 투입함으로써 은행 위기에 개입했다. 이런저런 사례에도 불구하고, 국제무역이나 국제투자가 급격하게 축소되지 않았다. 이는 부분적으로는 식량과 에너지자원의 수요가 줄어들지 않았기 때문이다. 또 어느 정도는 미국이나 유럽과 달리 중국 인도 같은 나라가 국내 경제 위기를 겪지 않고, 어떤 면에서는 세계경제에서 미국과 유럽이 맡았던 역할을 일시적으로 감당할 수 있었기 때문이다. 중국이나 인도 같은 나라는 계속해서 외국 제품을 구매하고 역외 기업에 투자했다. 중국은 특히 달러화와 유로화를 많이 보유하고 있었다. 중국은 보유한 외환을 매각하기보다 신중하게 활용해 다른 통화가치가 급속하게 떨어지지 않도록 도움을 주었다. 다른 통화가치가 떨어졌다면, 미국과 유럽 국가의 공공 부채가 더 늘어나서 세계경제 위기를 악화시켰을 터였다.

21세기 초의 세계경제 위기는 규모 면에서 1930년대 초의 대공황보다 훨씬 더 초국적이었다. 하지만 다행히도 위기 대응 면에서도 국경을 초월해 더 많은 협력이 이루어졌다. 타이완과 홍콩을 아울러 중국이 (국민총생산 면에서) 미국에 이어 세계에서 두 번째로 부유한 국가로 급속하게 부상하면서 세계경제 위기를 완화하는 데 크게 기여한 점은 세계경제 문제의 초국적 성격을 상징적으로 보여 준다. 각 나라의 머리글자를 따서 브릭스BRICs로 불리는 브라질, 러시아, 인도, 중국뿐 아니라 다른 많은 나라의 중요성이 더욱 커지고 있음은 2009년 금융 붕괴 직후에 열린 국제회의에서 가장 생생하게 드러났다. 이 회의에는 세계에서 가장 부유한 20개국이 참석했다. G20으로 알려진 이 모임 참가국이 세계 총수입의 90퍼센트를 차지했다. 1970년대의 국제통화 위기는 G7 모임을 정례화했고, 여기에 러시아가 합류해 G8이 되었다. 1970년대와 대조적으로 21세기 초에는 가장 부유한 일곱 개 혹은 여덟 개 나라만으로는 거대한 시장뿐 아니라 농업, 광업, 제조업의 생산을 대표하는 다른 나라들의 참여 없이 세계경제 문제를 해결할 수 없다는 인식이 퍼져 있었다. 2009년 9월에 열린 G20 모임에서는 일부 국가가 지나치게 소비하거나 절약하지 않도록, 그리고 은행과 투자 기금이 보통 시민을 희생해 가며 무절제한 관행에 다시 빠지지 않도록 상호 협의와 감시를 요구하는 공동 의제를 채택했다. 세계의 농장과 공장, 금융의 상호 연계, 그리고 중요 생산자와 소비자가 공통의 문제를 함께 논의하려는 의지가 2009년 말부터 경제가 회복하기 시작해 2010년 말에 안정을 되찾을 수 있었던 근본 원인이었다.

어떤 면에서는 경제 위기가 세계를 가르고 탈세계화한 1930년대와 극명하게 대조적으로, 21세기 초의 혼란은 세계의 상호 연계를 확인해 주었을 따름이다. 초국적인 유대와 관계망이 붕괴하지 않고 더 확고부동해졌다. 예를 들어 인터넷 사용은 2008~2010년의 위기 동안 계속해서 확대되었다. 주요한 세계적 회사는 초국적 거대 기업이 되고자 국제적으로 재원을 모으려고 했다. 자동차 제조업체인 독일의 폭스바겐과 일본의 스즈키가 이런 길을 선택했다. 두 회사는 2009년 말에 제휴를 맺고 자본과 기술, 시장 전략을 공유했다. 폭스바겐과 스즈키의 소형차가 이미 중국과 인도, 아프리카 같은 세계 주요 시장을 장악한 상태였으므로 두 회사의 통합 시장 점유율은 매우 높았다. 마찬가지로 큰 적자로 어려움을 겪던 일본항공Japan Airline이 아메리칸 항공 American Airlines과 제휴를 맺었다. 아메리칸 항공은 두 항공사의 제휴를 통해 점점 더 수익성이 커지는 아시아·태평양 지역의 항공 여행 시장에서 더 큰 몫을 차지할 수 있으리라 기대하며 일본항공에 새로운 자본을 제공했다. 국제 관광객과 교환학생의 수도 그다지 줄어들지 않았다. 사람들은 계속해서 국경을 넘어 왕래했다. 분명히 수백만 명이 일자리를 찾아 국경을 넘었다. 일부 국가가 국내 노동자를 보호하려고 제정한 규제 조치에도 불구하고, 이주민이 계속해서 들어왔다. 불법적인 마약 밀수업자도 마찬가지였다. 이 모두는 21세기 초에도 초국적 운동이 여전히 유의미함을 입증했다.

초국적 동반자 관계를 향하여

견고한 초국적 세계가 때맞춰 나타날 수 있을까? 미래 예측은 역사가의 일이 아니다. 하지만 우리는 제2차 세계대전 이후 세계사의 맥락에서 21세기 초를 이해하는 데 도움이 될 만한 두 가지 주제를 살펴보려 한다. 첫 번째 주제는 태평양 공동체, 그리고 가능하다면 다른 지역 공동체의 발전이다. 두 번째는 이른바 "오바마 현상Obama phenomenon"이다. 오바마 현상은 미국 정치를 초월해 '혼종성'이라는 점점 더 중요해지는 주제를 반영했다. 이러한 예들은 초국적인 연계와 사고가 더욱 발전했음을 시사한다.

무역과 금융을 비롯해 다양한 관계가 동아시아와 동남아시아, 남아시아, 앤티퍼디스Antipodes(오스트레일리아와 뉴질랜드), 태평양 제도, 북아메리카와 남아메리카를 계속해서 더 가까워지게 했다. 무역에서는 동아시아가 나머지 세계와의 중요한 연결 고리 역할을 했다. 미국의 대중국 무역은 2000년에서 2004년 사이에 두 배 이상으로 늘어났다. 중국은 2004년 무렵 이미 전 세계 수출 총액의 6.9퍼센트를 차지했다. 오로지 독일(10.6퍼센트)과 미국(12.7퍼센트)만이 중국을 넘어섰다. 다른 아시아 국가, 특히 한국과 일본은 계속해서 세계 상위 수출국에 들었다. 21세기 초에 눈에 띄는 발전은 동아시아 국가 간의 무역이 더욱 집중적으로 이루어졌다는 점이다. 2003년에 일본 수출의 거의 절반이 다른 아시아 국가로 향했고, 중국도 37퍼센트를 아시아 국가에 수출했다. 수입 관련 수치를 보면 일본은 58.0퍼센트, 중국은 42.1퍼센트를 아시아 국가에서 수입했다. 통계가 입증하듯, 아시아는 지역 국가들끼리 점점 더 많은 양의 상품을 사고파는 거대한 무역 지대로 성장하고 있었다. 공식적인 지역 공동체가 부재함에도 동아시아는 분명히 하나가 되어 가는 중이었다.

동아시아와 동남아시아 사이의 금융 관계가 1990년대 말의 외환 위기 이후 강화되었다. 1990년대 말에 몰아친 외환 위기로 한국, 인도네시아, 태국 같은 아시아 국가는 자국 통화의 달러 대비 가치가 곤두박질치는 경험을 했다. 그로 인해 각 나라의 통화 체계와 은행 체계가 큰 혼란을 겪었고, 실업이 속출하고 주식시장이 폭락했다. 국제통화기금도 미국도 큰 도움이 되지 못했다. 그들은 "워싱턴 합의Washington consensus"에 따라 시간이 지나면 시장 기제가 상황을 바로잡으리라고 생각했기 때문이다. 1980년대 이후 외환 거래의 세계화로 각 나라의 통화가치가 격변한 것은 분명한 사실이다. 그러나 워싱턴 합의는 일부 아시아 국가에서 달러 대비 통화가치가 80퍼센트가량 떨어졌는데도 사실상 방임 정책을 채택했다. 이는 위기에 영향을 받은 국가들이 결코 받아들일 수 없는 정책이었다. 따라서 그들은 지역 내에서 무언가를 해보고자 조처를 했다. 1997년 12월에 열린 동남아시아국가연합 회담에 한국과 일본, 중국의 정상이 초대받은 일을 계기로 정례화한 동남아시아국가연합+3은 지역적으로 집단행동을 취할 수 있는 틀을 제공했다.[141] 이 모임은 21세기에 들어서도 매년 열리고 있으며, 아시아 지역 공동체를 창출하기 위한 노력을 탄탄하게 밑받침했다. 1997년 위기의 와중에 일본이 먼저 300억 달러 차관을 임시 제공한 데 이어, 동남아시아국가연합+3 국가 사이에 "통화 스와프currency swaps" 체제가 확립되었다. 그에 따라 한 나라가 외환 문제를 겪을 경우 긴급하게 다른 통화를 투입받을 수 있게 되었다.

동남아시아국가연합과 동아시아 국가들의 노력은 점차 환경과 기후변화, 문화 교류, 경제 발전, 심지어 정치와 군사 안보 같은 영역으로까지 확대되었다. 추가 협약들이 지역의 유대를 강화하는 데 기여했다. 가장 성공한 예는 자유무역협정으로, 2000년 이후 더욱 빈번하게 맺어졌다. 예를 들어 싱가포르와 뉴질랜드, 동남아시아국가연합과 중국, 태국과 인도, 한국과 싱가포르, 일본과 말레이시아, 태국과 오스트리아가 각각 자유무역협정을 체결했다. 이러한 협정이 지역 내 무역을 활발하게 해 2008년에는 자유무역협정 체결국 간의 무역량이 아시아 지역 전체 무역의 50퍼센트가량을 차지했다.

오스트레일리아와 뉴질랜드, 인도의 자유무역협정 협상 참여는 지역 발전의 맥락에서 '아시아'의 정의가 더 광범위해지고 있음을 시사한다. 무역협정들은 적어도 인도에서 뉴질랜드까지 스무 개 이상의 나라를 포함하는 넓은 지역에 속한 나라 대부분을 포괄했다. 신흥 '아시아' 지역 공동체는 사실상 '아시아와 태평양' 공동체였다. 미국은 경제협력과 지원을 위해 1989년에 설립된 지역 기구인 아시아태평양경제협력체Asia-Pacific Economic Cooperation: APEC에 처음부터 가입했다. 시간이 지나면서 멕시코와 페루 같은 아메리카 대륙의 다른 나라들도 아시아태평양경제협력체에 합류한지라, 아시아태평양경제협력체의 지리적 경계는 느슨한 상태로 유지되었다. 이렇게 다양하면서 중첩되는 관계망은 아시아 지역 공동체가 만약 실현된다면, 배타적 실체가 되지 않을 것임을 시사했다. 그리고 한국과 일본, 중국이 자원은 풍부하지만 경제적으로 개발이 덜 된 지역, 특히 남아메리카와 아프리카에 많은 투자를 하는 것에도 주목해야 한다. 사하라 이남 아프리카에서는 중국이 외교적으로나 경제적으로 거의 어디서나 점점 더 존재감을 드러냈다. 최근에는 중국이 아프리카에서 계속해서 위상을 강화하면서 서구 국가들보다 유리한 위치를 점하게 되었다. 그 이유로는 중국과 아프리카 대륙 간의 관계가 식민 착취의 역사적 기억에서 자유롭고, 베이징이 수단을 비롯해 인권침해로 비난받는 나라와 무역 관계를 확대하는 데 미국이나 유럽 국가보다 훨씬 적극적이었다는 점을 들 수 있다.

아시아와 태평양의 경제 공동체가 21세기 초에 실제로 대두하고 있다는 데는 의심의 여지가 없다. 한국과(홍콩을 포함한) 중국, 타이완, 그리고 주요 아세안 회원국들이 2005년에 세계 총무역량의 20퍼센트 이상을 점유했다. 유럽연합은 29퍼센트를 차지했고, 미국은 28퍼센트를 차지했다. 이 세 무역 중심지가 모든 국제 물류 거래의 거의 5분의 4를 도맡았다. 이러한 무역 공동체가 앞으로 (1999년에 도입된) 유로와 비슷한 단일 화폐를 사용할 수 있을지는 아직 알 수 없다. 2010년 무렵, 아시아 국가 대부분은 여전히 미국 달러화를 교환 통화로 사용했다. 오로지 일본만이 전체의 20퍼센트가량을 달러 외의 통화로 거래했다. 모든 아시아 국가, 더불어 세계 나머지 지역의 국가 대부분이 자국의 달러 보유고를 지키려 했고, 달러화의 안정에 이해가 걸려 있었다.

환태평양 경제 동반자 협정Trans-Pacific Partnership이라는 구상은 진행 중인 발전 양상에 꼭 들어맞았다. 태평양 안에, 또는 태평양과 면해 있는 나라 간의 긴밀한 경제적 관계를 고려하면, 각 나라를 더 긴밀하게 묶어 주어 궁극적으로 유럽 연합과 비슷한 조직을 기대해 볼 수 있게 하는 '동반자 관계partnership'의 수립이 타당해 보였다. 환태평양 경제 동반자 협정은 회원국 간의 더 자유로운 무역을 가능하게 할 뿐 아니라 노동자, 관광객, 학생을 망라한 모든 이에게 국경을 개방해 줄 터였다. 그것은 역사상 처음으로 태평양의 세기를 도래하게 할, 진정으로 거대한 사업이 될 것이다. 물론 21세기가 태평양의 세기가 될지는 불확실하다. 하지만 환태평양 경제 동반자 협정 구상 자체만으로도 환태평양 지역이 태평양이 결코 '평화롭지pacific' 않았던 20세기 전반을 거쳐 먼 길을 지나왔음을 엿볼 수 있다.

태평양 지역의 국가들이 동반자 관계를 위해 정치적·문화적 토대를 굳건하게 다지려면 물론 많은 시간과 노력이 들 것이다. 그리고 그러기 위한 첫 발걸음은 당연히 과거사 인식을 공유하는 일이 될 터다. 과거사 문제는 동아시아 국가들 사이에서도 극도로 어려운 문제임이 드러났다. 독일, 프랑스와 달리, 일본과 중국은 여전히 과거를 극복하지 못한 채다. 일본과 그 식민지였던 한국도 불행한 식민지 경험에 관해 충분히 합의에 이르지 못했다. 이 세 나라는 경제적으로 분명하게 서로 의존하고 있지만, 이른바 "역사 문제history problem"로 인해 정치적·심리적으로는 더 가까워지지 못하고 있다. 세 나라의 교사와 학자들이 앞장서 공동으로 책을 집필하는 기획을 시도했다. 하지만 이런 노력은 종종 바람직하지 못한 사건으로 좌절을 겪곤 했다. 대표적인 예로 2001년에 일본에서 몇몇 국수주의 저자가 과거를 오로지 일본의 관점에서 본 일국 중심의 국수주의적 역사 교과서를 출판한 사건을 들 수 있다. 이 교과서가 일본 문부성의 검정을 통과하면서 한국과 중국에서 즉각 반발을 불러일으켰고 민족주의에 불을 붙였다. 다행히도 초국적 성향을 띤 역사가들도 세기 전환기에 더 가시적으로 활동하기 시작했다. 이들은 함께 모여 일본의 우익 교과서가 촉발한 이 불행한 사태에 대응하고자 했다. 세 나라의 역사 학자들은 매년 서울과 도쿄, 베이징에 모였다. 2005년에는 이들 중 일부 학자들이 19세기 이후에 초점을 맞춘 동아시아 근현대사 저서를 공동으로 출판했다. 저자들은 책 서문에 과거에서 배우고 평화와 민주주의, 인권을 부각하는 동아시아의 미래를 도모하고자 이 책을 썼다고 밝혔다. 이 책은 일본이 과거에 한국을 강점하고 중국을 공격한 일을 통렬하게 비판했지만, 세 나라 사람들, 특히 젊은 세대가 힘을 합쳐 상호 이해를 증진하려 한 노력도 언급했다. 이 책은 수백만 명이 강제 이주와 기아로 목숨을 잃은, 처참했던 대약진이나 문화혁명 같은 공산당 정권 치하 중국의 심각한 오점을 언급하지 않은 점에서 결함이 있었다. 그럼에도 이 책은 동아시아사 연구를 위한 협력이 시작되었음을 보여 주는 중요한 징표였다.

이런 소박한 진전이 장래에 유럽 연합처럼 기억을 공유하는 지역 공동체를 건설하는 데, 이미 굳건해진 경제 관계망을 더욱 강화하는 데 이바지할 것이다. 다시 말해 초국적 접촉이 경제 교류에 수반되는 것에 머무르지 않고 점점 더 확대되었다. 따라서 한국, 중국, 일본의 충분히 많은 사람이 국수주의적 성향을 극복한다면 앞으로 세 나라 사람들 사이에 초국적 의식이 발전할 수 있으리라고 기대할 수 있을 것이다.

이와 관련해 흥미로운 질문은 비슷한 노력을 통해 다른 아시아·태평양 지역에서도 이런 소박한 시작이 이어질지다. 앤티퍼디스와 아메리카 대륙은 물론이고 동남아시아와 남아시아 지역도 대부분 역사적으로, 그리고 문화적으로 아시아보다는 유럽과 더 가까웠다. 그러나 앞에서 살펴보았듯이, 오스트레일리아와 캐나다, 미국에서 자국의 역사를 광범위한 태평양 지역 국가들과의 상호작용과 상호 연관의 맥락에서 이해하려는 진지한 노력을 기울이기 시작했다. 이 나라들로 이주한 아시아 이민자와 더불어 이들을 향한 대다수 백인의 편견이 이제 각 나라 역사에서 떼어 낼 수 없는 부분으로 여겨지고 있다.[142] 이런 관점에서 이 나라들은 모두 과거를 공유했다. 역사적으로 다양한 민족의 어우러짐이 중요한 동아시아와 동남아시아, 남아시아의 국가들도 마찬가지였다. 대표적인 예라 할 수 있는 도시국가 싱가포르는 상이한 인종과 종족이 모여 '혼종' 공동체를 형성했고, 또 형성해 가는 중이다. 그리고 이러한 싱가포르의 과거에 관한 다소 뒤늦은 자각이 장차 공통의 기억에 관한 의식을 생성할 수 있을 것으로 기대된다.

　21세기 초에 제기된 커다란 질문은 아프리카와 중동, 남아메리카와 같은 지역도 성공적으로 지역 공동체를 건설할 수 있을지였다. 마흔 개가 넘는 아프리카 독립국이 모두 모여 2004년에 아프리카 연합African Union을 창설했다. 하지만 아프리카 연합은 경제 공동체나 문화 공동체로 나아가는 데 실패했다. 여러 아프리카 국가가 계속되는 내전에 신음하고, 수십만 명이 아프리카를 떠나 유럽으로 일자리와 기회를 찾아 나섰다. 그럼에도 불구하고 가느다란 희망도 있었다. 주최국인 남아프리카 공화국을 비롯해 아프리카 대륙이 함께 성공적인 2010년 월드컵 개최를 경축했다. 그리고 말라리아와 에이즈 바이러스를 더 잘 치료하고 예방할 기술 개발이 임박한 듯 보였다. 중앙아프리카의 일부 지역은 대량 학살을 초래한 분쟁, 폭정, 경제 침체, 부패, 전쟁의 수렁에서 헤어 나오지 못하는 듯 보였다. 반면에 서아프리카의 전쟁 피해 지역은 국제형사재판소를 활용해 전쟁범죄자들을 법정에 세우고 내전 피해자들의 상처를 치유하는 진전을 일궈 냈다. 2012년에 이 전쟁범죄 용의자들에게 첫 번째 선고가 내려졌다. 중동에서는 이슬람 국가가 대부분인데도 종파 투쟁과 종족 투쟁으로 질서와 공동체 의식이 약해졌다. 2011년에 "아랍의 봄Arab spring"이 보여 주었듯이, 민주화는 유일한 요건은 아닐지라도, 각 나라 안에서 또는 각 나라 간에 질서를 일관되고 응집력 있게 유지하기 위한 필수 요건이다. 확실히 중동과 북아프리카의 몇몇 이슬람 국가에서 독재 체제가 붕괴하고 더 개방적이고 민주적인 사회가 등장한 사건은, 어떤 지역 공동체가 만들어질지는 결국 인민의 뜻에 달려 있음을 보여 주었다. 이것은 지역 공동체는 그 자체로 초국적이고 자유와 인권의 추구는 가장 핵심적인 초국적 이상이라는 사실에 비추어 보면 놀라운 일이 아니다.

그사이 라틴아메리카는 점점 더 자신의 창창한 미래에 대한 자신감을 키워 가는 듯했다. 브라질은 2000년에 이미 잠재적인 경제 대국으로 떠올랐고, 2009년에 국제올림픽위원회International Olympic Committee가 리우데자네이루를 2016년 하계 올림픽의 개최지로 선정하자 남아메리카 전역에서 환호를 보냈다. (브라질을 제외하고) 공용어인 에스파냐어를 포함해 많은 문화를 공유한 남아메리카인들은 항상 그들의 대륙을 지역적 맥락에서 바라보았다. 그래도 그들 사이에도 민족주의적 경쟁과 심지어 전쟁도 존재했다. 21세기에 기대되는 바는 전 세계적인 경제적·정치적 구도에서 지역이 성장하는 것이다. 2000년에는 유럽과 북아메리카, 동아시아가 세계의 생산과 무역을 지배하는 듯 보였다. 그러나 2020년대에 이르면 라틴아메리카가 세계의 부를 상당량 차지하고 지구상의 다른 지역들과 함께 초국적 동반자 관계를 구축하는 임무를 나누어 맡게 될 것으로 기대된다.

오바마 시대

제44대 미국 대통령인 버락 오바마보다 21세기 초 세계사의 초국적 추세와 인류의 초국적 희망을 잘 보여 주는 사람은 없는 듯 보인다. 오바마의 개인적 배경과 그가 받은 교육, 미국과 세계에 관한 생각, 대통령으로서의 업적(뿐만 아니라 실패한 시도), 이 모두는 현대 세계를 형성 중인 힘의 결집을 보여 주었다.

오바마는 한 사람이 가질 수 있는 가장 초국적인 배경을 지닌 사람이다. 그리고 세계 인구에서 점점 더 비중이 커지는 인종 간 결혼에서 태어난 아이였다. 오바마는 서로 이어진 세계에서 다양한 배경을 가진 사람들이 만나 서로 뒤섞이고 혼합되기 시작하며 '혼종성'의 위력이 더 커지는 시대에 태어난 '혼종'이었다. 대통령에 취임할 당시 47세였던 오바마는 1960년대 이후post-

1960s 세계의 산물이다. 오바마의 아버지는 하와이 대학으로 유학 온 케냐 학생이었는데, 모계 조상이 아일랜드 출신인 미국 학생과 만났다. 그들은 결혼해서 아들 한 명(버락)을 낳고 이혼했다. 버락의 아버지는 케냐로 돌아가고, 버락은 어머니와 함께 인도네시아로 이주해 거기서 고등학교에 다니면서 그곳 언어를 배웠다. 그는 몇 년 후에 다시 하와이로 돌아와 호놀룰루에 있는 다인종 학교인 푸나호우Punahou 고등학교를 졸업한 뒤, 캘리포니아에 있는 옥시덴털 칼리지Occidental College에 입학했다. 1년 뒤에는 컬럼비아 대학으로 옮겨 학부를 졸업한 뒤, 시카고로 가서 지역사회 조직가community organizer로 일하는 동안 프린스턴 대학 졸업생과 결혼했다. 그 후 오바마는 법학 학위를 얻기로 하고 하버드 법학 대학원에 입학해 하버드 《로 리뷰Law Review》 편집장을 지냈다. 그는 학업을 마치고 시카고로 돌아가 시카고 법대에서 법학을 가르쳤지만, 정치에 입문하기로 하고 일리노이주 상원 의원 선거에 출마해 당선되었다. 인종이 다른 부모, 외국에서 받은 중등교육, 명문 대학에서 받은 교육, 경제 세계화 과정에서 고통받는 지역사회를 위한 봉사, 이 모두가 오바마를 초국적 인간으로 만드는 데 이바지했다. 미국의 초국적 특성을 고려할 때 미국이 이런 사람을 배출한 것은 우연이 아니었다. 같은 이유로 오바마가 미국 정치 무대에서 기대주로 부상한 상황은 미국의 힘과 영향력의 원천이 어디에 있는지를 잘 보여 준다.(미국에서 반대 세력이 오바마가 이른바 '외국' 태생임을 이유로 들며 그의 자격을 문제 삼은 사실도 짚고 넘어갈 필요가 있다. 이는 여전히 초국주의에 맞서는 국수적이고 심지어 인종주의적인 저항이 상당했음을 시사한다.)

　미국 정치에서 오바마 시대는 그가 상원 의원 선거에 출마해 당선된 2004년에 시작되었다. 오바마는 보스턴에서 열린 민주당 전당대회에서 한 연설로 일약 명성을 얻었다. "미국은 흑인의 나라도 백인의 나라도 아닙니다. 우리는 미합중국입니다."라는 문구가 유명하지만, 오바마의 연설은 그 밖에도 많은 내용을 담고 있었다. 그는 연설의 나머지 부분에서 세계 상황을 언급하며 공화당 정부가 이라크에서 국제 여론을 무시하고 무모한 전쟁을 벌였다고 비판하고, 평화롭고 정의로우며 평등한 세계 질서를 수립하자고 호소했다. 그는 지역사회와 미국 내에서 열렬한 정의의 대변자였지만, 일국주의적이지 않았다. 오바마는 미국과 국제사회가 바라는 염원과 가치가 상호 의존적일 뿐 아니라 상호 호환이 가능하다고 믿었다. 건설적인 초국주의의 대의는 가장 강력한 대변자를 갖게 되었다.

그러므로 왜 세계가 숨죽이고 2008년 미국 대통령 선거의 결과를 기다렸는지 설명이 될 것이다. 다른 지역에서 보았을 때, 미국은 두 진영, 즉 일방적으로 미국의 정책을 밀고 나가야 한다고 믿는 미국 중심적인 사람들, 그리고 미국 밖의 세계와 유대 관계를 유지하고 강화해 나가기를 열망하는 사람들로 나뉜 듯했다. 미국 내 여론은 오바마 지지자, 그리고 경쟁자인 공화당 후보 존 매케인John McCain 상원 의원(공교롭게도 매케인도 미국이 아닌 파나마 운하 지대 Panama Canal Zone에서 태어났다.) 지지자로 양분된 상황이었다. 하지만 미국 바깥에서는 오바마의 인기가 월등히 높았다. 오바마는 5월에 베를린을 방문해 전승 기념탑에서 연설하고 30만 명의 청중에게 열렬한 환호를 받았다. 오바마의 연설은 당당하게 국제주의를 내세웠다. 그는 자신을 세계시민으로, 전 인류의 잠재적 지도자로, 그리고 어떤 정치가도 시도하지 않은 방식으로 인류의 미래를 이야기했다. 오바마는 초국적 정신을 몸소 보여 주었다. 그의 초국적 정신은 모두가 지구를 공유하고 모두를 위해 지구를 보존해야 한다는, 모두가 공동의 목표를 위해 협력한다면 세계의 평화와 번영이 멀리 있지 않다는 단순한 진실을 인정하는 것이었다.

21세기 들어 처음 몇 년 동안 미국에 좌절하고 환멸을 느끼기 시작한 듯 보였던 세계 여론이 2008년 11월에 오바마가 당선되자 사실상 하나가 되어 기쁨을 표시했다. 영국에서 독일까지, 케냐에서 인도까지, 오스트레일리아에서 일본까지 세계 각지에서 사람들이 즉흥적으로 모여 환희를 표출했다. 이는 오바마 개인뿐만 아니라 미국에서 가장 높은 공직, 아마도 세계에서 가장 중요한 자리에 오바마 같은 배경을 가진 사람을 선출한 미국을 향한 환호이기도 했다. 오바마는 미국의 대통령이자 세계의 지도자로 거의 하룻밤 사이에 미국을 향한 국제 여론을 뒤바꾸어 놓았다. 다른 지역 사람들이 다시 미국을 인류의 희망으로, 정의와 자유의 땅으로 보기 시작했다. 초국적 국가와 초국적 지도자를 축하하려고 많은 사람이 초국적으로 참여했다. 오바마가 당

———2009년 1월, 케냐인들이 버락 오바마의 대통령 취임 연설을 시청하고 있다. 오바마의 대선 승리를 축하하는 세계인의 모습은 국경을 초월한 국가 정치의 한 예다. (DipNote)

선된 순간은 그야말로 전 세계 모든 사람의 순간이었다.

여기서 오바마 대통령의 임기를 자세하게 기록하거나 평가하지는 않겠지만, 오바마 자신이 초국적 존재이기에 초국주의의 강력한 대변자를 자처했음이 분명해 보인다. 그는 미국 지도자로서 미국의 이해관계와 국내 문제를 주로 대변해야 했지만, 기회가 주어질 때마다 평화롭고 서로 의지하는 다양한 세계를 만들기 위해 매진하겠다는 약속을 거듭 밝혔다. 예를 들어 오바마 행정부는 이란과 북한, 심지어 일부 테러리스트들까지도 공동의 이익을 위한 국제 협력에 더 호의적일 수 있도록 미국과 이들을 중재해 줄 비군사적 수단(경제, 사회, 문화)의 중요성을 강조했다. 구체적으로 오바마 행정부는 이라크, 아프가니스탄 등지에서 경제계획을 추진하기 위해 미국뿐 아니라 다른 나라 시민들이 구호 사업을 조직하도록 장려했다. 이라크, 아프가니스탄 등지는 실업률이 여전히 높아 테러리스트들이 추가로 조직원을 모집할 수 있는 빌미를 제공했다. 인도주의 단체와 교육 단체가 그에 대응해 이들 나라에서 활동을 확대했다. 교육기관, 특히 어린이와 여성의 교육과 관련된 기관의 재건이 무엇보다 중대한 문제였다. 인도주의 단체들은 여성과 소수민족, 반정부 인사의 권리를 보장하려는 노력을 강화했다. 이러한 임무는 독재 정권이 교육과 언론을 필사적으로 통제하려 했기 때문에 극도로 민감한 일이었다. 하지만 오바마 행정부는 모든 사람이 가능한 교육받을 수 있는 모든 권리와 모든 경제적 기회를 가져야 한다고 계속해서 강조했다. 이 때문에 오바마 행정부는 전 세계에서 인터넷에 제한 없이 접속할 수 있게 하려고 적극적으로 노력했다.

오바마 대통령은 군사 전략과 전통적인 국제적 접근법을 사용해 문제 해결을 시도하기도 했지만, 훨씬 야심 찬 초국적 구상을 염두에 두고 있었다. 이 때문에 노르웨이의 노벨 평화상 위원회는 오바마에게 2009년 노벨 평화상을 수여하기로 했다. 노벨 평화상은 오바마의 업적보다 포부에 대한 인정이었다. 그러나 오바마의 노벨 평화상 수상은 국제사면위원회, 국경없는의사회, 미국 퀘이커 봉사 위원회 같은 단체가 받은 평화상의 취지와 부합했다. 노벨상을 받은 이 단체들은 국가의 정책이나 전략과 상관없이 초국적 가교를 놓고 모든 사람을 도우려 헌신하는 개인들이 모인 민간단체들이었다.

오바마의 초국적 지도력은 기후변화 문제를 해결하려는 공동 전략을 도모하면서 가장 분명하게 드러났다. 전임자들은 지구온난화를 막고자 이산화탄소와 다른 화학물질을 규제하는 국제 협정을 체결하려는 구상에 적대적이지는 않더라도 미온적이었다. 오바마는 미국을 포함한 모든 나라가 즉시 지구온난화를 방지하기 위해 적극적으로 조처하게 하는 데 앞장섰다. 그리고 2009년 12월에 코펜하겐에서 열린 기후변화 회의에 직접 참석해 참석자들이 지구온난화를 역전시키기 위한 특별 계획을 채택하게 하는 데 중요한 역할을 했다. 기후 문제에 관한 오바마의 후속 정책은 그가 개별 국가만을 위한 것이 아니라 전 인류를 위한 의제라고 표현한 정책을 적극적으로 밀어붙였어야 한다고 생각한 사람들을 실망하게 한 편이었다. 하지만 지구온난화의 심화로 나아가는 재앙의 길을 부분적으로라도 점검해 볼 수 있었다면, 그 성과는 분명히 초국적 시대정신을 대표하는 또 다른 예라 할 수 있다.

오바마 대통령 재임의 가장 깊은 의미는 여전히 국가들로 이루어진 세계에서 초국주의가 증진될 가능성을 보여 주었다는 점이다. 실제로 2011년에 세계를 뒤흔든 주요 사건들은 초국적 틀이 현대사를 이해하는 유일한 방법임을 드러냈다. 2011년 내내 북아프리카와 중동의 시민들이 자국의 정치제도를 민주화하려는 운동에 참여했다. 오랫동안 과두 지배 세력이나 독재자에게 억압받아 온 개인과 민간단체 들은 자신들이 더 많은 권리와 자유를 요구하면 국제사회가 지지를 보낼 것을 알게 되었다. 튀니지와 이집트, 리비아 같은 나라에서는 독재 체제가 무너졌지만, 다른 나라, 특히 시리아에서는 완강하게 버텼다. 그러나 이러한 상황 전개는 개별 국가만의 현상이 아니라 전 세계적인 발전의 일부로 보아야 했다. 2010년 말에 튀니지에서 시작해 북아프리카와 중동 지역으로 번진 민주화 운동을 총칭하는 "아랍의 봄"은 오로지 국가에 한정된 사건이 아니었다. 세계 공동체가 유엔과 다른 기구들을 통해 지지를 표명했다. 사실 적어도 겉보기에는 무관심한 나라들도 있었다. 러시아와 중국 같은 나라는 혼란에 빠진 아랍 국가의 상황에 어떠한 개입도 하려 하지 않았고, 자국 내에서 일어나는 일을 엄격하게 통제하려 했다. 그러나 국가 대 국가 식 대응은 시대에 맞지 않았다. 미국뿐 아니라 북대서양조약기구 회원국 일부가 군용기를 파견해 민주화 운동을 돕기로 한 결정도 재래의 국제적 접근 방식이었다. 반정부 운동을 지원하고 도운 민간단체들이 더 많은 성과를 낼 가능성이 컸는데, 그들은 국가별이 아니라 초국적으로 노력을 기울였기 때문이다.

초국적 참여의 의미는 2011년에 일본을 강타한 일련의 위기 상황, 즉 지진과 지진해일, 원자력발전소 사고에서 더할 나위 없이 분명해졌다. 국제사회의 대응은 신속하고 광범위했다. 100개가 넘는 나라의 개인과 단체가 동정을 표하고 자연재해 희생자들에게 지지를 보냈다. 많은 나라 정부가 군 인력과 의사, 구호 활동가들을 재난 현장에 파견했다. 원자력발전소에 문제가 생겨 원자로 노심이 녹아내리기 시작하면서 토양과 (태평양을 포함하는) 물, 대기 중으로 방사능을 확산시키자 국제원자력기구International Atomic Energy Agency: IAEA뿐 아니라 한국과 프랑스, 독일, 미국, 중국을 비롯한 많은 나라 정상이 일본을 방문해 조언하고 정보를 함께 나누었다. 이 모든 나라가 원자력을 사용하기 때문에, 일본에서 일어난 이 엄청난 재앙은 국경을 초월한 협력을 통해 대처해야 할 초국적 위기로 여겨졌다.

적어도 중동의 민주화 운동과 일본의 원전 사고는 서로 연결된 하나뿐인 세계가 존재함을 입증했다. 모든 나라와 사람, 종교, 문화가 서로 이어져 있었다. 제2차 세계대전 이후 역사를 움직여 온 모든 세력이 만들어 낸 산물인 인류의 초국화가 뚜렷해졌다. 국가별 이해관계가 여전히 존재했지만, 초국적 인류의 이해관계라는 맥락 속에 놓여야만 했다. 역사의 방향을 가늠하고, 여전히 영향력을 행사하는 국수주의적 사고에 맞서 싸우며, 지구를 물려받아 세계의 초국화를 진전시킬 임무를 맡게 될 후속 세대에게 귀중한 유산을 물려주는 일은 지도자들뿐 아니라 시민들과 학자들을 비롯한 모든 사람의 임무일 터다.

미주

서문

1)   Bertrand Russell, *Autobiography: The Middle Years*, 1914-1944 (Boston: Little, Brown, 1967), 326.

1부 국가와 권력관계의 변화

1)   제2차 세계대전 이후의 상황에 관한 나의 첫 정리는 그 전쟁의 역사적 위상을 다룬 논문 모음 집에 실린 적이 있다. Wilfried Loth, "Weltpolitische Zäsur 1945: Der Zweite Weltkrieg und der Untergang des alten Europa," in Christoph Kleßmann (Hg.), *Nicht nur Hitlers Krieg: Der Zweite Weltkrieg und die Deutschen* (Düsseldorf: Droste, 1989), 99~112.

2)   Manfred Hildermeier, *Geschichte der Sowjetunion, 1917-1991: Entstehung und Niedergang des ersten sozialistischen Staates* (München: Beck, 1998), 615~616.

3)   그 상황의 정리는 Walter Lipgens, *A History of European Integration*, vol. I, 1945-1947 (Oxford: Clarendon Press, 1982), 7~9를 보라.

4)   Alan S. Milward, "Europe and the Marshall Plan: 50 years On," in John Agnew and J. Nicholas Entrikin ed., *The Marshall Plan Today: Model and Metaphor* (London: Routledge, 2004), 58~81.

5)   Alexeij M. Filitov, "Problems of Post-War Construction in Soviet Foreign Policy Conceptions during World War II," in Francesca Gori and Silvio Pons ed., *The Soviet Union and Europe in the Cold War, 1943-53* (New York: St. Martin's Press, 1996), 3~22, 인용은 13.

6)   SSSR i *germanskij vopros, 1941-1949*, Bd. I: 22 ijunja 1941-8 maja 1945 (Moscow, 1996), 333~360.

7) Georgij Dimitroff zur Führung der tschechoslowakischen Kommunisten, 6.12.1944, Karel Kaplan, *Der Kurze Marsch: Kommunistische Machtübernahme in der Tschechoslowakei 1945-1948* (München: R. Oldenbourg, 1981), 15.

8) Aufzeichnung Wilhelm Pieck zur Beratung der KPD-Führung mit Stalin 4.6.1945 in Rolf Badstübner and Wilfried Loth (Hg.) *Wilhelm Pieck-Aufzeichnungen zur Deutschlandpolitik 1945-1953* (Berlin: Akademie, 1994), 50~53.

9) "Declaration on Liberated Europe", in *Foreign Relations of the United States (FRUS), 1945: The Conferences of Malta and Yalta* (Washington, DC: US Department of State, 1995), 971~972.

10) Ellen Clayton-Garwood, *Will Clayton: A Short Biography* (Austin: University of Texas Press, 1958), 115~118.

11) *FRUS, 1947*, II, 815~817.

12) Besprechung mit Semjonow 9.7.1949. in Badstübner and Loth (Hg.), *Wilhelm Pieck*, 287~291. 특히 288.

13) NSC 48/1 and 48/2, in Thomas H. Etzold and John L. Gaddis (ed.), *Containment: Documents on American Policy and Strategy, 1945-1950* (New York: Columbia University Press, 1978), 253, 256~259, 273~275.

14) 1950년 9월 5일의 정치국 회의는 Nikita S. Chruschtschow, "Koreiska voina" *Ogonek*, no.1 (1991), 27~28에 나와 있다.

15) Chairman of the Joint Chiefs of Staff Omar Bradley at a congressional hearing, *The History of Joint Chiefs of Staff, vol.3: The Joint Chiefs of Staff and National Policy: The Korean War* (Wilmington, DE, 1979) 67.

16) 1953년 3월 19일의 소련 국무회의 결의. Kathryn Weathersby, "New Russian Documents on the Korean War", *CWIHP Bulletin* (1995-1996), 30~84, 특히 80~82에서 인용.

17) 1949년 5월 23일의 독일연방공화국 기본법 서문.

18) 1949년 10월 13일에 독일민주공화국의 창건을 맞아 스탈린이 보낸 전문, Hermann Weber (Hg.), *DDR: Dokumente zur Geschichte der Deutschen Demokratischen Republik, 1945-1985* (München: Deutscher Taschenbuch-Verlag, 1986), 163~164.

19) *FRUS*, 1950, 1, 234~292.

20) 1950년 8월 29일 문서, Klaus von Schubert (Hg.), *Sicherheitspolitik der Bundesrepublik Deutschland: Dokumentation, 1945-1977*, Teil I (Bonn: Verlag Wissenschaft und Politik, 1977), 79~85.

21) 1950년 10월 24일의 정부 성명, *Journal Officiel de la République française* (October 25, 1950), 7118~7119.

22) Bakulin an Semjonow am 18.2.1952, Wilfried Loth, *Die Sowjetunion und die deutsch Frage* (Göttingen: Vandenhoeck & Ruprecht, 2007), 143에서 인용.

23) 스탈린 각서가 진정성이 없었다는 주장이 여전히 자주 유포되지만, 근거가 약하다. 이에 대해서는 Wilfried Loth, "The German Question from Stalin to Khrushchev: The Meaning of New Documents," *Cold War History* 10, no.2 (2010), 229~245를 참조하라.

24) Malenkow zur SED-Führung 2.6.1953, Loth, *Die Sowjetunion*, 302에서 인용.

25) 1953년 5월 19일 딕슨의 메모, Josef Foschepoth, "Churchill, Adenauer und die Neutralisierung Deutschlands," *Deutschland-Archiv* 17 (1984), 1286~1301, 인용은 1292.

26) *Dokumente zur Deutschlandpolitik*, vol. 3.1 (Frankfurt an Main: Metzner, 1955), 76~80.

27) *Europa-Archiv* 10 (1955), 8121.

28) *Voprosi istorii* 8-9 (1992), 76.

29) *FRUS*, 1955-1957, Bd. 25, 317~318.

30) 런던 주재 프랑스 대사에게 보내는 훈령에 나오는 언급. 인용은 René Massigli, *Une comédie des erreurs, 1943-1956* (Paris: Plon, 1978), 157.

31) 미국 언론 대표들에게 보낸 에르하르트의 1957년 3월 15일 자 서한, Karl Kaiser, *EWG und Freihandelszone* (Leiden: A. W. Sythoff, 1963), 136에서 인용.

32) 조약문은 *Europa-Archiv* 27 (1963), D 84~86.

33) *Europa-Archiv* 34 (1970), D 44.

34) Jean Monnet, *Erinnerungen eines Eruopäers* (München: Deutscher Teschenbuch-Verlag, 1980), 651.

35) Michael R. Beschloss, *Powergame. Kennedy und Chruschtschow-Die Krisenjahre, 1960-1963* (Düsseldorf: Econ 1991), 589에서 인용.

36) Charles de Gaulle, *Memoiren der Hoffnung: Die Wiedergeburt 1958-1962* (Wien: Fritz Molden, 1971), 275.

37) *Dokumente zur Deutschlandpolitik*, V. Reihe, Bd. I/I (Frankfurt am Main: Metzner, 1984), 1047~1054.

38) *Pravda*, September 26, 1968.

39) 1969년 1월 20일의 대통령 취임 연설에서 인용.

40) Heinrich von Siegler (Hg.), *Dokumentation zur Deutschlandfrage*, Bd. 5 (Bonn: Siegler, 1970), 713~717.

41) *Außenpolitik der Bundesrepublik Deutschland: Dokumente von 1949 bis 1994* (Bonn: AA, 1995), 337 에서 인용.

42) Ibid., 370~374.

43) Ibid., 352~354.

44) 헬싱키 최종 의정서는 *Europa-Archiv* 30 (1975), D 437~484.

45) Anatoly Dobrynin, *In Confidence: Moscow's Ambassador to America's Six Cold War Presidents (1962-1986)* (New York: Time Books, 1995), 417

46) Ibid., 431.

47) 이에 관한 정보는 Béla Balassa, *Economic Policies in the Pacific Area Developing Countries* (London: Macmillan, 1991), 25을 참조하라.

48) Fiona Venn, *Oil Diplomacy in the Twentieth Century* (London: Macmillan, 1986), 11.

49) Victor Israelyan, *Inside the Kremlin during the Yom Kippur War* (University Park: Pennsylvania State University Press, 1995), 169~170에서 인용.

50) 통계자료는 Edward R. Fried and Charles L. Shultze, *Higher Oil Prices and the World Economy: The*

Adjustment Problem (Washington, DC: Brookings Institution, 1975).

51) Harold James, *Rambouillet, 15. November 1975: Die Globalisierung der Wirtschaft* (München: Deuscher Taschenbuch Verlag, 1997), 11.

52) 1970년대 후반에 벌어진 전략 군비경쟁의 분석은 Wilfried Loth, *Overcoming the Cold War: A History of Detente, 1950-1991* (UK: Palgrave, 2002), 143~145와 150~151을 참조하라.

53) Interview on October 16, 1981, *Weekly Compilation of Presidential Documents*, vol. 17 (October 26, 1981), 1160~1161.

54) Speech given on March 8, 1983. *Weekly Compilation of Presidential Documents*, vol. 19 (March 14, 1983), 369.

55) Interview on October 16, 1981. In *Weekly Compilation of Presidential Documents*, vol. 17 (October 26, 1981), 1160~1161.

56) Ernst-Otto Czempiel, *Machtprobe: Die USA und die Sowjetunion in den achtziger Jahren* (München: Beck, 1989), 153.

57) Minutes of the Politburo meeting on December 10, 1981; excerpts published in *CWIHP Bulletin*, no. 5 (Spring 1995), 121, 134~137.

58) Memo to the leaders of the Warsaw Pact countries. December 1 or 2, 1983, 인용은 Vladislav M. Zubok, *A Failed Empire: The Soviet Union in the Cold War from Stalin to Gorbachev* (Chapel Hill: University of North Carolina Press, 2007), 275.

59) 인터뷰 *Washington Post*, October 17, 1984.

60) 인용은 Raymond L. Grathoff, *The Great Transition: American-Soviet Relations and the End of the Cold War* (Washington, DC: Brookings Institution, 1994), 159~160, 163~164.

61) 1985년 3월 11일에 정치국에서 한 발언. 인용은 David Remnick, *Lenin's Tomb: The Last Days of the Soviet Empire* (New York: Random House, 1993), 520.

62) Dobrynin, *In Confidence*, 597.

63) *Wsesojusnaja konferenzija Kommunistitscheskoi partii Sowjetskogo sojusa: Stempgrafitscheskiotschet* (Moscow, 1988), 42~43.

64) 고르바초프의 이 인정은 1989년 12월 1일의 밀라노 기자회견에서 나온 말이다. 인용은 Rafael Biermann, *Zwischen Kreml und Kanzlersmt: Wie Moskau mit der deutschen Einheit rang* (Paderborn: Schöningh, 1997), 344.

65) Michail Gorbachev, *Erinnerungen* (Berlin: Siedler, 1995), 723.

66) *Europa-Archiv* 11 (1990), D283.

67) 마스트리히트 조약 J.7. 인용은 Thomas Läufer (Beara.), *Europäische Gemeinschaft-Europäische Union. Die Vertragstext von Maastricht* (Bonn, 1993), 181.

68) Constitutional Treaty, Article I-40.

69) 이 통계는 David Reynolds, *One World Divisible: A Global History since 1945* (London: Allen Lane, 2000), 645를 참조하라.

70) 나토와 러시아 연방의 상호 관계와 협력과 안보에 대한 기본 텍스트는 www.nato.int/docu/basictxt/grndakt.htm을 참조하라.

71) 그 용어가 처음 사용된 것은 Tilman Altenburg and Julia Leininger, "Global Shifts Caused by the Rise of Anchor Countries," *in Zeitschrift füt Wirtschaftsgeographie 52* (2008), 4~19.

72) World bank, *China 2020: Development Challenges in the New Century* (Washington, DC: World Bank, 1997), 3.

73) Ibid., 6.

74) 최근 경향에 관해 비교적 현실적인 평가는 Fareed Zakaria, *The Post American World* (London: Allen Lane, 2008)을 참조하라.

2부 세계경제의 문호 개방

1) Tom Verducci, "Global Warming." *Sports Illustrated*, March 6, 2006, 56. 또한 Robert Whiting, *The Meaning of Ichiro: The New Wave from Japan and the Transformation of Our National Pastime* (New York: Grand Central, 2004), 96~110; Arturo J. Marcano Guevara and David P. Fidler, *Stealing Lives: The Globalization of Baseball and the Tragic Story of Alexis Quiroz* (Bloomington: Indiana University Press, 2002)을 보라.

2) Reinhold Wagnleitner, "The Empire of the Fun, or Talkin' Soviet Blues: The Sound of Freedom and U.S. Cultural Hegemony in Europe," *Diplomatic History* 23 (Summer 1999): 507.

3) Randall B. Woods, *A Changing of the Guard: Anglo-American Relations, 1945-1946* (Chapel Hill: University of North Carolina Press, 1990), 2~61.

4) Robert M. Hathaway, "1933-1945: Economic Diplomacy in a Time of Crisis", *Economics and World Power: An Assessment of American Diplomacy Since 1789*, ed. William H. Becker and Samuel F. Wells Jr. (New York: Columbia University Press, 1984), 314~322.

5) Robert M. Pollard and Samuel F Wells Jr., "1945-1960: The Era of American Economic Hegemony," Becher and Wells, *Economics and World Power*, 337.

6) Woods, *Changing of the Guard*, 145. 또한 Robert Pollard, *Economic Security and the Origins of the Cold War, 1945-1950* (New York: Columbia University Press, 1985), 13~17을 보라.

7) Warren F. Kimball, *The Juggler: Franklin Roosevelt as Wartime Statesman* (Princeton, NJ: Princeton University Press, 1991), 44~45.

8) Thomas W. Zeiler, *Free Trade, Free World: The Advent of GATT* (Chapel Hill: University of North Caroline Press, 1999), 151. 2~19, 34, 42~50, 128, 139~146.

9) Ibid., 131~134

10) Ibid., 109.

11) Ibid., 109~110.

12) Alfred E. Eckes Jr., *Opening America's Market: U.S. Foreign Trade Policy since 1776* (Chapel Hill: University of North Carolina Press, 1995).

13) Alfred E. Eckes Jr. and Thomas W. Zeiler, *Globalization and the American Century* (New York: Cambridge University Press, 2003), 127~132

14) Pollard, *Economic Security*, 73~81; Zeiler, Free Trade, Free World, 177.

15) Judith Goldstein, "Creating the GATT Rules: Politics, Institutions, and American Policy", *Multilateralism Matters: The Theory and Praxis of an Institutional Form*, ed. John Gerard Ruggie (New York: Columbia University Press, 1993), 160~164, 202~203, 213, 219, 225.

16) Paul Steege, *Black Market, Cold War: Everyday Life in Berlin, 1946-1949* (Cambridge: Cambridge University Press, 2007), 106~126.

17) Pollard, *Economic Security*, 131, 158~159; Pollard and Wells, "1945-1960," 345~346.

18) Alan S. Milward, *The Reconstruction of Western Europe, 1945-1951* (Berkeley: University of California Press, 1984), 2~3.

19) Michael J. Hogan, *The Marshall Plan: America, Britain, and the Reconstruction of Western Europe, 1947-1952* (New York: Cambridge University Press, 1987), 443~445.

20) Melvyn P. Leffler, *A Preponderance of Power: National Security, the Truman Administration, and the Cold War* (Stanford, CA: Stanford University Press, 1992), 188~192.

21) Diane Kunz, *Butter and Guns: America's Cold War Economic Diplomacy* (New York: Free Press, 1997), 35.

22) Hogan, *The Marshall Plan*, 138~149.

23) Milward, *Reconstruction of Western Europe*, 332~333, 419~420, 456~461.

24) Victoria de Grazia, *Irresistible Empire: America's Advance through Twentieth-Century Europe* (Cambridge, MA: Harvard University Press, 2005), 348, 340~347.

25) Pollard, *Economic Security*, 162~163.

26) Jeffrey A. Engel, *The Cold War at 30,000 Feet: The Anglo-American Fight for Aviation Supremacy* (Cambridge, MA: Harvard University Press, 2007), 53~88.

27) Ian Jackson, *The Economic Cold War: America, Britain, and East-West Trade, 1948-63* (Houndsmill, UK: Palgrave, 2001), 68. 26~72도 보라.

28) Steege, *Black Market, Cold War*, 158~187.

29) Robert Bideleux and Ian Jeffries, *A History of Eastern Europe: Crisis and Change*, 2nd, ed. (London: Routledge, 2007), 480.

30) Ibid, 481~483.

31) Francine McKenzie, "GATT and the Cold War: Accession Debates, Institutional Development, and the Western Alliance, 1947-1959," *Journal of Cold War History* 10 (Summer 2008): 84~98.

32) Bideleux and Jeffries, *History of Eastern Europe*, 484~487.

33) Pollard, *Economic Security*, 164.

34) John W. Dower, *Embracing Defeat: Japan in the Wake of World War II* (New York: W. W. Norton, 1999), 112~116, 530.

35) Walter LaFeber, *The Clash: U.S.-Japanese Relations throughout History* (New York: W. W. Norton, 1997), 265, 269.

36) Michael Schaller, *The American Occupation of Japan: The Origins of the Cold War in Asia* (New York: Oxford University Press, 2003), 219.

37) Pollard, *Economic Security*, 167~187.

38) Haruo Iguchi, *Unfinished Business: Ayukawa Yoshisuke and U.S.-Japan Relations, 1937-1953* (Cambridge, MA: Harvard University Press, 2003), 219.

39) Schaller, *American Occupation of Japan*, 110, 141~160.

40) LaFeber, *The Clash*, 273. 271도 보라.

41) William S. Borden, *The Pacific Alliance: United States Foreign Economic Policy and Japanese Trade Recovery, 1947-1955* (Madison: University of Wisconsin Press, 1984), 122~123; Dower, *Embracing Defeat*, 536~538.

42) Pollard, *Economic Security*, 192~193.

43) Gordon H. Chang, *Friends and Enemies: The United States, China, and the Soviet Union, 1948-1972* (Stanford, CA: Stanford University Press, 1990), 42~74.

44) Engel, *Cold War at 30,000 Feet*, 104~199.

45) Schaller, *Altered States*, 48.

46) Dower, *Embracing Defeat*, 542~543; Borden, *The Pacific Alliance*, 150~165.

47) Eckes and Zeiler, *Globalization*, 139.

48) Schaller, *Altered States*, 32. 53과 57도 보라.

49) LaFeber, *The Clash*, 294~295; Pollard and Wells, "1945-1960," 350, 353.

50) Amy L.S. Staples, *The Birth of Development: How the World Bank, Food and Agriculture Organization, and World Health Organization Changed the World, 1945-1965* (Kent, OH: Kent State University Press, 2006), 33~51.

51) Louis A. Picard and Terry F. Buss, *A Fragile Balance: Re-examining the History of Foreign Aid, Security and Diplomacy* (Sterling, VA: Kumarian Press, 2009), 83~90.

52) Pollard, *Economic Security*, 203~209.

53) Odd Arne Westad, *The Global Cold War: Third World Interventions and the Making of Our Times* (Cambridge: Cambridge University Press, 2007), 32. 27~31도 보라.

54) Dennis Merrill, *Bread and the Ballot: The United States and India's Economic Development 1947-1963* (Chapel Hill: University of North Carolina Press, 1990), 85. 48~94도 보라.

55) Andrew J. Rotter, *Comrades at Odds: The United States and India, 1947-1964* (Ithaca, NY: Cornell University Press, 2000), 88, 92~114.

56) Pollard and Wells, "1945-1960," 352, 354; Pollard, *Economic Security*, 209~218.

57) Staples, *The Birth of Development*, 49~53; Eckes and Zeiler, *Globalization*, 142~143.

58) Gabriel Kolko, *Confronting the Third World: United States Foreign Policy, 1945-1980* (New York: Pantheon Books, 1988), 75~77.

59) Douglas Little, *American Orientalism: The United States and the Middle East since 1945* (Chapel Hill: University of North Carolina Press, 2002), 58. 52~57도 보라.

60) Pollard and Wells, "1945-1960," 363~364.

61) Westad, *The Global Cold War*, 31~32, 66~72.

62) Merrill, *Bread and the Ballot*, 123, 117~124.

63) Stephen G. Rabe, *Eisenhower and Latin America: The Foreign Policy of Anticommunism* (Chapel Hill: University of North Carolina Press, 1988), 90~91.

64) Piero Gleijeses, *Shattered Hope: The Guatemalan Revolution and the United States, 1944-1954* (Princeton, NJ: Princeton University Press, 1991).

65) Bevan Sewell, "A Perfect (Free-Market) World? Economics, the Eisenhower Administration, and the Soviet Economic Offensive in Latin America," *Diplomatic History* 32 (November 2008): 841, 843~868.

66) Burton I. Kaufman, *Trade and Aid: Eisenhower's Foregn Economic Policy, 1953-1961* (Baltimore: Johns Hopkins University Press, 1982), 64.

67) Ibid., 69, 68~73; Merrill, *Bread and the Ballot*, 134~136.

68) Westad, *The Global Cold War*, 155~156.

69) Kaufman, *Trade and Aid*, 56~57, 95~110, 133~174.

70) Kyle Longley, *In the Eagle's Shadow: The United States and Latin America* (Wheeling, IL: Harlan Davidson, 2002), 237. See also Rabe, *Eisenhower and Latin America*, 92~93.

71) Stephen G. Rabe, *The Most Dangerous Area in the World: John F. Kennedy Confronts Communist Revolution in Latin America* (Chapel Hill: University of North Carolina Press, 1999), 164~166.

72) David F. Schmitz, *Thank God They're on Our Side: The United States and Right-Wing Dictatorships, 1921-1965* (Chapel Hill: University of North Carolina Press, 1999), 240~243.

73) Longley, *In the Eagle's Shadow*, 237~238, 246~250, 266~268; Jeffrey F. Taffet, *Foreign Aid as Foreign Policy: The Alliance for Progress in Latin America* (London: Routledge, 2007), 175~194.

74) George McTurnan Kahin, *The Asian-African Conference, Bandung, Indonesia, April 1955* (Ithaca, NY: Cornell University Press, 1956), 42, 76~78.

75) Jason C. Parker, "Small Victory, Missed Chance: The Eisenhower Administration, the Bandung Conference, and the Turning of the Cold War," in *The Eisenhower Administration, the Third World, and the Globalization of the Cold War*, ed. Kathryn C. Statler and Andrew L. Johns (Lanham, MD: Rowman and Littlefield, 2006), 160~170.

76) Michael E. Latham, "Introduction: Modernization, International History, and the Cold War World," in *Staging Growth: Modernization, Development, and the Global Cold War*, ed. David C. Engerman, Nils Gilman, Mark H. Haefele, and Michael E. Latham (Amherst: University of Massachusetts Press, 2003), 6. See also Nils Gilman, "Modernization Theory, the Highest Stage of American Intellectual History" in Engerman et al., *Staging Growth*, 54~75.

77) W. W. Rostow, *The Stages of Economic Growth: A Non-Communist Manifesto* (Cambridge: Cambridge University Press, 1960).

78) Daniel Speich, "The Kenyan Style of 'African Socialism': Developmental Knowledge Claims and the Explanatory Limits of the Cold War," *Diplomatic History* 33 (June 2009): 451.

79) Joan E. Spero and Jeffrey A. Hart, *The Politics of International Economic Relations*, 6th ed. (Belmont, CA: Wadsworth, 2003), 175~186; Edgar J. Dosman, *The Life and Times of Raúl Prebisch, 1901-1986* (Montreal: McGill-Queen's University Press, 2010).

80) Enrique Cardenas, Jose Antonio Ocampo, and Rosemary Thorp, eds., *An Economic History of Twentieth-Century Latin America*, vol. 3, *Industrialization and the State in Latin America; The Postwar Years* (Houndsmill, UK: Palgrave, 2000).

81) Thomas W. Zeiler, *American Trade and Power in the 1960s* (New York: Columbia University Press, 1992), 29~31, 191~206; UNCTAD official site, www.unctad.org/Templates/Page. asp?intItemID=1530&lang=1.

82) U.S. Trade Representative, "Generalized System of Preferences," www.ustr.gov/Trade_ Development/Preference_Programs/GSP/Section_Index.html.

83) Staples, *The Birth of Development*, 56~62.

84) Diane B. Kunz, *The Economic Diplomacy of the Suez Crisis* (Chapel Hill: University of North Carolina Press, 1991), 153~186.

85) Peter L. Hahn, *The United States, Great Britain, and Egypt, 1945-1956: Strategy and Diplomacy in the Early Cold War* (Chapel Hill: University of North Carolina Press, 1991), 211~239.

86) Ronn Pineo, *Ecuador and the Unites States: Useful Strangers* (Athens: University of Georgia Press, 2007), 133~138, 148~154, 177~186.

87) Kaufman, *Trade and Aid*, 60~63.

88) Alan P. Dobson, *US Economic Statecraft for Survival, 1933-1991: Of Sanctions, Embargoes and Economic Warfare* (London: Routledge, 2002), 114~281; Philip J. Funigiello, *American-Soviet Trade in the Cold War* (Chapel Hill: University of North Carolina Press, 1988), 153~209.

89) Bideleux and Jeffries, *History of Eastern Europe*, 507~511.

90) Pollard and Wells, "1945-1960," 367; Pascaline Winand, *Eisenhower, Kennedy, and the United States of Europe* (New York: st. Martin's Press, 1993), 109~137, 310~315.

91) Zeiler, *American Trade and Power*, 25~29, 225~238; David P. Calleo, "Since 1961: American Power in a New World Economy," in Becker and Wells, *Economics and World Power*, 400~405, 408~409, 447.

92) De Grazia, *Irresistible Empire*, 364~370.

93) Stephen D. Krasner, "Multinational Corporations," in *International Political Economy: Perspectives on Global Power and Wealth*, 4th ed. (New York: Routledge, 1999), 173~175; Mira Wilkins, *The Maturing of Multinational Enterprise: American Business Abroad from 1914 to 1970* (Cambridge, MA: Harvard University Press, 1974), 341~348, 395; Alfred E. Eckes Jr., "Europe and Economic Globalization since 1945," in *A Companion to Europe since 1945*, ed. Klaus Larres (Malden, MA: Wiley-Blackwell, 2009), 255~256.

94) De Grazia, *Irresistible Empire*, 376~388, 404; Eckes and Zeiler, *Globalization*, 161, 171~172.

95) Wilkins, *Maturing of Multinational Enterprise*, 328. See also World Tourism Organization, "International Tourism on Track for a Rebound after an Exceptionally Challenging 2009," www. unwto.org/media/news/en/press_det.php?id=5361; Concorde History, www.concordesst.com/.

96) Marc Levinson, *The Box: How the Shipping Container Made the World Smaller and the World Economy Bigger* (Princeton, NJ: Princeton University Press, 2006), 11, 275~278; "On the Water: The

World's Largest Container Ship Launched," July 11, 2006, www.gizmag.com/go/5853/; Eckes and Zeiler, *Globalization*, 157~160.

97) Royce J. Ammon, *Global Television and the Shaping of World Politics: CNN, Telediplomacy, and Foregn Policy* (Jefferson, NC: McFarland, 2001), 34~35; International Telecommunications Union, "The World in 2009: ICT Facts and Figures," www.itu.int/ITU-D/ict/material/Telecomo9_flyer.pdf.

98) Kaufman, *Trade and Aid*, 176~179; Eckes and Zeiler, *Globalization*, 178; Calleo, "Since 1961," 409~417.

99) Robert D. Schulzinger, *A Time for War: The United States and Vietnam, 1941-1975* (New York: Oxford University Press, 1997), 135~185, 242~243.

100) Francis J. Gavin, *Gold, Dollars, and Power: The Politics of International Monetary Relations, 1958-1971* (Chapel Hill: University of North Carolina Press, 2004), 187, 166~185.

101) Charles Maier, "'Malaise': The Crisis of Capitalism in the 1970s," in *The Shock of the Global: The 1970s in Perspective*, ed. Niall Ferguson, Charles Maier, Erez Manela, and Daniel J. Sargent (Cambridge, MA: Belknap Press of Harvard University Press, 2010), 45; Gavin, *Gold, Dollars, and Power*, 188~196.

102) Giovanni Arrighi, "The World Economy and the Cold War, 1970-1990," in *The Cambridge History of the Cold War*, vol. 2, *Endings*, ed. Melvyn P. Leffler and Odd Arne Westad (Cambridge, UK: Cambridge University Press, 2010); Eckes and Zeiler, *Globalization*, 182~183; Calleo, "Since 1961," 417~421.

103) Little, *American Orientalism*, 62. See also Calleo, "Since 1961," 421~427. 미국 회사는 모빌과 엑손, 소칼, 즉 셰브론, 텍사코, 걸프였다.

104) Daniel Yergin, *The Prize: The Epic Quest for Oil, Money, and Power* (New York: Simon and Schuster, 1991), 587.

105) Eckes and Zeiler, *Globalization*, 187.

106) Little, *American Orientalism*, 70. See also Kunz, *Butter and Guns*, 229.

107) Yergin, *The Prize*, 602~616, 626.

108) Eckes and Zeiler, *Globalization*, 185; Little, *Third World Orientalism*, 70, 72.

109) Kunz, *Butter and Guns*, 238.

110) Yergin, *The Prize*, 698.

111) Ibid., 635~636, 664~670, 720, 746~750; Little, *American Orientalism*, 73.

112) Eckes and Zeiler, *Globalization*, 187~193; Kunz, *Butter and Guns*, 249, 251.

113) Spero and Hart, *The Politics*, 301~325.

114) Mark Atwood Lawrence, "History from Below: The United States and Latin America in the Nixon Years," in *Nixon in the World: American Foreign Relations, 1969-1977*, ed. Fredric Logevall and Andrew Preston (New York: Oxford University Press, 2008), 277~280; Kunz, *Butter and Guns*, 262~268.

115) Spero and Hart, *The Politics*, 96~102.

116) Ibid., 185~186, 243~255, 246, 311~316; United Nations, "Declaration on the Establishment of a

New International Economic Order," www.un-documnets.net/s6r3201.htm: Craig Murphy, *The Emergence of the NIEO Ideology* (Boulder, CO: Westview Press, 1984), 125~147.

117) Yergin, *The Prize*, 635~636.

118) The Lomé convention, http://homepages.uel.ac.uk/myeo278s/ACPi.htm: Council on Hemispheric Affairs, "Banana Wars Continue," www.coha.org/2005/05/banana-wars-continue-%E2%80%93-chiquita-once-again-tries-to-work-its-omnipotent-will-now-under-new-management-likely-big-losers-will-be-caricom%E2%80%99s-windward-islands/.

119) WTO, "The Uruguay Round," www.wto.org/english/thewto_e/shatis_e/fact5_e.htm.

120) Richard E. Mshomba, *Africa in the Global Economy* (Boulder, CO: Lynne Rienner, 2000), 94.

121) Spero and Hart, *The Politics*, 204~214.

122) Robert A. Pastor, ed., *Latin America's Debt Crisis: Adjusting to the Past or Planning for the Future* (Boulder, CO: Lynne Rienner, 1987), 6~14.

123) Jeffrey A. Frieden, *Debt, Development, and Democracy: Modern Political Economy and Latin America, 1965-1985* (Princeton, NJ: Princeton University Press, 1991), 118~134, 145, 169~175, 189~228.

124) Sebastian Edwards, *Crisis and Reform in Latin America: From Despair to Hope* (New York: Oxford University Press, 1995), 23~57.

125) Kunz, *Butter and Guns*, 267~269.

126) Eckes and Zeiler, *Globalization*, 195~197.

127) Charles H. Feinstein, *An Economic History of South Africa: Conquest, Discrimination, and Development* (New York: Cambridge University PRess, 2005), 165~240.

128) Bill Freund, *The Making of Contemporary Africa: The Development of African Society since 1800*, 2nd ed. (Houndsmill, UK: Palgrave, 1998), 253.

129) Mshomba, *Africa in the Global Economy*, 94

130) Freund, *The Making of Contemporary Africa*, 257~260.

131) John Iliffe, *Africans: The History of a Continent*, 2nd ed. (Cambridge: Cambridge University Press, 2007), 261.

132) Paul Kennedy, *African Capitalism: The Struggle for Ascendancy* (New York: Cambridge University Press, 1988), 104~134.

133) Alex Thomson, *An Introduction to African Politics* (London: Routledge, 2000), 176, 165~186.

134) Lourdes Beneria and Savitri Bisnath, "Gender and Poverty: An Analysis for Action," in *The Globalization Reader*, ed. Frank H. Lechner and John Boli (Malden, MA: Wiley-Blackwell, 2000), 172~176.

135) James H. Mittelman, *The Globalization Syndrome: Transformation and Resistance* (Princeton, NJ: Princeton University Press, 2000), 74~87.

136) Bruce Cumings, *Korea's Place in the Sun: A Modern History* (New York: Norton, 2005), 303~331.

137) Gregg Andrew Brazinsky, "Koreanizing Modernization: Modernization Theory and South Korean Intellectuals," in Engerman et al., *Staging Growth*, 253~270: Alice H. Amsden, *Asia's Next Giant: South Korea and Late Industrialization* (New York: Oxford University Press, 1989), 55,

66~76, 93~111, 215~235.

138) LaFeber, *The Clash*, 296~310; Michael A. Barnhart, "From Hershey Bars to Motor Cars: America's Economic Policy toward Japan, 1945-1976," in *Partnership: The United States and Japan, 1951-2001*, ed. Akira Iriye and Robert A. Wampler (Tokyo: Kodansha International, 2001), 219.

139) Eckes, *Opening America's Market*, 200, 168~175.

140) LaFeber, *The Clash*, 327~332, 365.

141) Eckes and Zeiler, *Globalization*, 199.

142) LaFeber, *The Clash*, 301~302.

143) Kunz, *Butter and Guns*, 300.

144) LaFeber, *The Clash*, 353~354.

145) Thomas W. Zeiler, "Business Is War in U.S.-Japanese Economic Relations, 1977-2001," in Iriye and Wampler, *Partnership*, 303; LaFeber, *The Clash*, 357~363; Kunz, *Butter and Guns*, 303.

146) Barnhart, "From Hershey Bars," 219; Zeiler, "Business Is War," 225~230.

147) "Imports of Color Television Sets Exceed Domestic Production," http://web-japan.org/trends95/29.html.

148) Kunz, *Butter and Guns*, 313~323.

149) Eckes and Zeiler, *Globalization*, 214, 229~230.

150) Zeiler, "Business Is War," 237~238, 240~246.

151) Jinglian Wu, *Understanding and Interpreting Chinese Economic Reform* (Mason, OH: Thomson/South-Western, 2005), 294.

152) Ibid., 309~310.

153) Carolyn Carter, *Globalizing South China* (Oxford: Blackwell, 2001), 213~214; Nick Knight, *Imagining Globalisation in China: Debates on Ideology, Politics and Culture* (Cheltenham, UK: E. Elgar, 2008), 56~77.

154) SIP, www.sipac.gov.cn/english/Investment/200403/t20040329_5263.htm.

155) Knight, *Imagining Globalisation*, 172~178.

156) Eckes and Zeiler, *Globalization*, 201.

157) Wu, *Understanding and Interpreting*, 295~305, 319~324.

158) Spero and Hart, *The Politics*, 364~374; LaFeber, *The Clash*, 403~404.

159) World Bank, *World Development Indicators, Data: Countries and Economies*, http://data.worldbank.org/country.

160) Alfred E. Eckes Jr., *U.S. Trade Issues* (Santa Barbara: ABC-CLIO, 2009), 58~62.

161) Shalendra D. Sharma, "India's Economic Liberalization: A Progress Report, April 2003," in *South Asia*, ed. Sumit Ganguly (New York: New York University Press, 2006), 147.

162) Satyendra S. Nayak, *Globalization and the Indian Economy: Roadmap to Convertible Rupee* (London: Routledge, 2008), 115~132, 4, 8.

163) Vinay Rai and William L. Simon, *Think India* (New York: Dutton, 2007), 17~26, 47~62; Eckes and Zeiler, *Globalization*, 241.

164) Eckes and Zeiler, *Globalization*, 1, 204~206, 210~212, 216~218.

165) CIA, *The World Factbook: European Union*, https://www.cia.gov/library/publications/the-world-factbook/geos/ee.html; IMF, *Report for Selected Country Groups and Subjects*, www.imf.org/external/pubs/ft/weo/2008/01/weodata/weorept.aspx?sy=2006&ey=2008&ssd=1&sort=country&ds=.&br=1&c=998&s=NGDPD%2CPPPGDP&grp=1&a=1&pr.x=46&pr.y=7.

166) David Marsh, *The Euro: The Politics of the New Global Currency* (New Haven, CT: Yale University Press, 2009), 236~261; Eckes, "Europe and Economic Globalization," 257~265; de Grazia, *Irresistible Empire*, 465~467.

167) "Wake up Europe!," *Economist*, October 10, 2009, 13; Spero and Hart, *The Politics*, 78~80, 258; John McCormick, *Understanding the European Union*, 3rd ed. (New York: St. Martin's Press, 2005).

168) Kees Van Der Pijl, *Global Rivalries from the Cold War to Iraq* (London: Pluto Press, 2006), 283~290.

169) Michael Hart, *A Trading Nation: Canadian Trade Policy from Colonialism to Globalization* (Vancouver: University of British Columbia Press, 2002), 423~424.

170) Sidney Weintraub, ed., *NAFTA's Impact on North America: The First Decade* (Washington, DC: CSIS Press, 2004); U.S. Department of Commerce, "NAFTA 10 Years Later: An Overview," www.ita.doc.gov/td/industry/otea/nafta/CoverPage.pdf; Dan Griswold, "NAFTA at 10: An Economic and Foreign Policy Success," www.freetrade.org/pubs/FTBs/FTB-001.html; Public Citizen, "North American Free Trade Agreement (Nafta)," www.citizen.org/trade/nafta/.

171) Council on Foreign Relations, "Mercosur: South America's Fractious Trade Bloc," www.cfr.org/publication/12762/; Spero and Hart, *The Politics*, 94~96, 255~259.

172) Jorge Robledo, "Why Say No to FTAA," www.bilaterals.org/article.php3?id_article=1064; Jerry Haar and John Price, *Can Latin America Compete? Confronting the Challenges of Globalization* (New York: Palgrave Macmillan, 2008), 33~40.

173) Gerald Tan, *ASEAN: Economic Development and Cooperation* (Singapore: Times Academic Press, 2003), 5~37, 234~276.

174) "ASEAN-China Trade to Hit $200b by 2008," www.bilaterals.org/article.php3?id_article=9660; "About APEC," www.apec.org/apec/about_apec.html.

175) "What Is the WTO?," www.wto.org/english/thewto_e/whatis_e/whatis_e.htm; Gongressional Research Service, Ian F. Fergusson, "The World Trade Organization: Background and Issues," www.nationalaglawcenter.org/assets/crs/98-928.pdf.

176) Gerald Greider, *One World, Ready or Not: The Manic Logic of Global Capitalism* (New York: Simon and Schuster, 1997), 13~19; Eckes, *U.S. Trade Issues*, 68~69; Spero and Hart, *The Politics*, 9.

177) Joseph M. Grieco and G. John Ikenberry, *State Power and World Markets: The International Political Economy* (New York: W. W. Norton, 2003), 6~7, 14~15, 208~212, 222~226. See OECD(2011), "Trade in Goods by Partner Countries and Regions," *Trade: Key Tables from OECD*, no. 6, doi: 10.1787/trd-gds-part-table-2011-1-en.

178) Eckes, *Opening*, 217~218; Eckes, *U.S. Trade Issues*, 40~45.

179) Eckes and Zeiler, *Globalization*, 209~210, 213~214.

180) Petra Rivoli, *The Travels of a T-Shirt in the Global Economy* (Hoboken, NJ: John Wiley and sons, 2005), xix~xx, 6, 64~72, 86~92, 146~168, 181~190.

181) Spero and Hart, *The Politics*, 90~94, 96~106.

182) Gary P. Sampson, "Developing Countries and the Liberalization of Trade Services," in *Developing Countries and the Global Trading System*, vol. 1, ed. John Whalley (London: Macmillan, 1989), 132~145.

183) Eckes, *Opening*, 285. See also Gary P. Sampson, "Non-Tariff Barriers Facing Developing Country Exports," in Whalley, *Developing Countries*, 1:171~185.

184) London School of Economics, "What Is civil Society?," www.lse.ac.uk/collections/CCS/what_is_civil_society.htm; Ronnie D. Lipschutz, "Reconstructin World Politics: The Emergence of Global Civil Society," in *Civil Societies and Social Movements*, ed. Ronnie D. Lipschutz (Aldershot, UK: Ashgate, 2006), 237~268.

185) Peter Baker, "The Mellowing of William Jefferson Clinton," *New York Times Magazine*, May 31, 2009, 46; William J. Clinton Foundation, www.clintonfoundation.org/facts/; Andrew F. Cooper, *Celebrity Diplomacy* (Boulder, CO: Paradigm, 2008), 31~34, 38, 47, 56, 84, 100~101.

186) Live 8, www.live8live.com/makepromiseshappen/.

187) Susan Geroge, "Fixing or Nixing the WTO," *Le Monde Diplomatique*, mondediplo. com/2000/01/07george; Grieco and Ikenberry, *State Power*, 226~238.

188) Walter LaFeber, *Michael Jordan and the New Global Capitalism* (New York: W. W. Norton, 1999), 126, 147~151.

189) James L. Watson, ed., *Golden Arches East: McDonald's in East Asia* (Stanford, CA: Stanford University Press, 1997), 10~18.

190) David M. Dickson, "Farm Tariffs Sink World Trade Talks," *Washington Times*, www. washingtontimes.com/news/2008/jul/30/farm-tariffs-sink-world-trade-talks/. See also Congressional Research Service, "World Trade Organization Negotiating: The Doha Development Agenda," www.nationalaglawcenter.org/assets/crs/RL32060.pdf; Alan Beattie and Frances Williams, "Doha Trade Talks Collapse," *Financial Times*, www.ft.com/cms/s/o/0638a320-5d8a-11dd-8129-000077b07658.html?nclick_check=1.

191) "Energy: The Kyoto Protocol," www.globalization101.org/index.php?file=issue&pass1=subs&id=376.

192) Climate Savers Computing, www.climatesaverscomputing.org/about/; "Starbucks and the Environment," www.starbucks.com/retail/spring_environment.asp.

193) Matthew Ocheltree, "Energy Issue Brief: Examples of Micropower," www.globalization101.org/index.php?file=issue&pass1=subs&id=336; "Globalization and the Tourist Industry," January 6, 2009, *Globalization 101.org*, www.globalization101.org/news1/globalization_tourism.

194) See also Bideleux and Jeffries, *History of Eastern Europe*, 556~597; OECD, "Russian Federation,"

www.oecd.org/dataoecd/7/50/2452793.pdf.

195) Elaine Sciolino, "U.S. Is Abandoning 'Shock Therapy' for the Russians," *New York Times*, December 21, 1992, http://query.nytimes.com/gst/fullpage.html?res=9F0CEED91F39F932A157 51C1A965958260.

196) Cumings, *Korea's Place in the Sun*, 33; Tan, *ASEAN*, 200~233; Eckes and Zeiler, *Globalization*, 249~251.

197) Joseph E. Stiglitz, *Globalization and Its Discontents* (New York: W. W. Norton, 2002), 99~100.

198) Eckes and Zeiler, *Globalization*, 257.

199) Richard A. Posner, *A Failure of Capitalism: The Crisis of '08 and the Descent into Depression* (Cambridge, MA: Harvard University Press, 2009); see also Eckes, *U.S. Trade Issues*, 70.

200) IMF, *World Economic Outlook Report*, October 2008, www.cfr.org/publication/17483/.

201) "Global Troubles," *New York Times*, February 22, 2009, 2.

202) Nigel Holmes and Megan McArdle, "Iceland's Meltdown," *Atlantic*, December 2008, 66~67.

203) Carter Dougherty, "A Scramble to Shore Up Economies Worldwide," *New York Times*, October 28, 2008, www.nytimes.com/2008/10/28/business/worldbusiness/28banks.html?_ r=1&scp=1&sq=A%20Scramble%20to%20Shore%20Up&st=cse.

204) World Bank, *World Development Indicators, Data: Countries and Economies*, http://data.worldbank. org/country.

205) "Failed States: Insights into Two of the World's Most Broken States," November 30, 2009, *Globalization 101.org*, www.globalization101.org/news1/failed_states.

206) Stephen Castle and David Jolly, "Giant Stimulus Plan Proposed for Europe," *New York Times*, November 28, 2008, www.nytimes.com/2008/11/27/business/worldbusiness/27euro. html?scp=1&sq=Giant%20Plan&st=cse; IMF, *World Economic Outlook: Recovery, Risk, and Rebalancing*, Octorber 2010, www.imf.org/external/pubs/ft/weo/2010/02/index.htm.

207) Paul Krugman, "Moment of Truth," *New York Times*, October 10, 2007, www.nytimes. com/2008/10/10/opinion/10krugman.html?scp=1&sq=Moment%20of%20Truth&st=cse.

208) "The Pittsburgh Summit 2009: A Report by the Pittsburgh G-20 Partnership," https://www. pittsburghg20.org/PDFs/G20Report1109.pdf.

209) The World Bank, *Global Economic Prospects*, June 10, 2010, http://web.worldbank.org/WBSITE/ EXTERNAL/EXTDEC/EXTDECPROSPECTS/EXTGBLPROSPECTSAPRIL/o,,menuPK :659178~pagePK:64218926~theSitePK:659149,00.html; Economy 2011, http://economy2011. org/?p=28.

210) Matt Taibbi, "How I Stopped Worrying and Learned to Love the Protests," *Rolling Stone*, November 24, 2011, 65~66.

211) Niall Ferguson, *The Ascent of Money: A Financial History of the World* (New York: Penguin, 2008), 296~300; David S. Landes, *The Wealth and Poverty of Nations: Why Some Are So Rich and Some So Poor* (New York: W. W. Norton, 1998), 465~520; John Templeton Foundation, "Does the Free Market Corrode Moral Character?," www.templeton.org/market/; UN, *The Millennium*

Development Goals Report (New York, 2009).

3부 인류세

1) Paul Crutzen and Eugene Stoermer, "The Anthropocene," *IGBP Global Change Newsletter* 41 (2000): 17~18. 이탈리아의 어느 지질학자는 일찍이 1873년에 인간세(anthropozoic)라는 용어를 썼으나 널리 유포되지는 않았다. A. Stoppani, *Corso di geologia* (Milan: Bernadona & Brigoli, 1873).

2) Will Steffen, Paul Crutzen, J. R. McNeill, "The Anthropocene: Are Humans Now Overwhelming the Great Forces of Nature?," *Ambio* 36 (2007): 614~621.

3) 약 7만 6000년 전 대규모 화산 폭발에 뒤이어 인류가 거의 멸종할 뻔했던 때가 이에 비견될 만하다. 유전적 증거를 보면 인류는 번식이 가능한 수천 쌍으로 줄어들었다. 멸종에 거의 가까웠다고 할 수 있다.

4) William Ruddiman, *Plows, Plagues and Petroleum: How Humans Took Control of Climate* (Princeton, NJ: Princeton University Press, 2005).

5) 농업의 팽창에 관해서는 다음을 보라. John F. Richards, *The Unending Frontier: An Environmental History of the Early Modern World* (Berkeley: University of California Press, 2003).

6) 이러한 주제들을 다룬 책으로는 다음을 보라. Alfred Crosby, *Ecological Imperialism: The Biological Expansion of Europe, 900 to 1900 A.D.* (New York: Cambridge University Press, 1986); William H. McNeill, *Plagues and Peoples* (New York: Doubleday, 1976); Emmanuel Le Roy Ladurie, "Un concept: L'Unification microbienne du monde," *Revue suisse d'histoire* 23 (1978): 627~696.

7) Angus Maddison, *The World Economy: A Millennial Perspective* (Paris: OECD, 2001), 261.

8) 아래의 몇 단락은 다음에 의존했다. Vaclav Smil, *Energy in World History* (Boulder, CO: Westview, 1994); Smil, *Energy in Nature and Society* (Cambridge, MA: MIT Press, 2008); Alfred Crosby, *Children of the Sun: A History of Humanity's Unappeasable Appetite for Energy* (New York: Norton, 2006); Frank Niele, *Energy: Engine of Evolution* (Amsterdam: Elsevier, 2005).

9) Charles Hall, Praddep Tharakan, John Hallock, Cutler Cleveland, and Michael Jefferson, "Hydrocarbons and the Evolution of Human Culture," *Nature* 426 (2003): 318~322.

10) 중국의 수치는 IEA/OECD, *Cleaner Coal in China* (Paris: IEA/OECD, 2009), 45~46; 영국의 수치는 F. D. K. Liddell, "Mortality of British Coal Miners in 1961," *British Journal of Industrial Medicine* 30 (1973): 16. 미국에서는 2000년경 진폐증으로 사망하는 전직 광부가 연간 약 1400명이었다. Barbara Freese, *Coal: A Human History* (Cambridge, MA: Perseus, 2003), 175.

11) Chad Montrie, *To Save the Land and People: A History of Opposition to Surface Mining in Appalachia* (Chapel Hill: University of North Carolina Press, 2003).

12) Irina Gildeeva, "Environmental Protection during Exploration and Exploitation of Oil and Gas Fields," *Environmental Geosciences* 6 (2009): 153~154.

13) Joanna Burger, *Oil Spills* (New Brunswick, NJ: Rutgers University Press, 1997), 42~44.

14) 수산업과 생태계 영향에 관해서는 다음을 보라. Harold Upton, "The Deepwater Horizon Oil Spill and the Gulf of Mexico Fishing Industry," Congressional Research Service report, February 17, 2011. 다음에서 볼 수 있다. http://fpc.state.gov/documents/organization/159014.pdf. 법률적 측면에 관해서는 다음 학술토론회를 보라. "Deep Trouble: Legal Ramifications of the Deepwater Horizon Oil Spill," *Tulane Law Review* 85 (March 2011). 저널리즘 성격의 설명 중에서 지금까지 최고는 다음이다. Joel Achenbach, *A Hole at the Bottom of the Sea: The Race to Kill the BP Oil Gusher* (New York: Simon and Schuster, 2011).

15) 이 논의는 다음을 토대로 했다. Anna-Karin Hurtig and Miguel San Sebastian, "Geographical Differences in Cancer Incidence in the Amazon Basin of Ecuador in Relation to Residence near Oil Fields," *International Journal of Epidemiology* 31 (2002): 1021~1027; Miguel San Sebastian and Anna-Karin Hurgig, "Oil Exploitation in the Amazon Basin of Ecuador: A Public Health Emergency," *Revista Panamericana de Salud Pública* 15 (2004): 205~211. 암 발병 주장은 다음에서 논의한다. Michael kelsh, Libby Morimoto, and Edmund Lau, "Cancer Mortality and Oil Production in the Amazon Region of Ecuador, 1990-2005," *International Archives of Occupational and Environmental Health* 82 (2008): 381~395. 다음도 참조하라. Judith Kimmerling, "Oil Development in Ecuador and Peru: Law, Politics, and the Environment," in *Amazonia at the Crossroads: The Challenge of Sustainable Development*, ed. Anthony Hall (London: Institute of Latin American Studies, University of London, 2000), 73~98.

16) M. Finer, C. N. Jenkins, S. L. Pimm, B. Keane, and C. Ross, "Oil and Gas Projects in the Western Amazon: Threats to Wilderness, Biodiversity, and Indigenous Peoples," *PLoS ONE* 3, no. 8 (2008): e2932, doi:10.1371/journal.pone.0002932. 전반적인 맥락에 관해서는 다음을 보라. Allen Gerlach, *Indians, Oil, and Politics: A Recent History of Ecuador* (Wilmington, DE: Scholarly Resources, 2003). 국제연합개발계획의 협정에 설명되어 잇다. http://mdtf.undp.org/yasuni.

17) P. A. Olajide et al., "Fish Kills and Physiochemical Qualities of a Crude Oil Polluted River in Nigeria," *Research Journal of Fisheries and Hydrobiology* 4 (2009): 55~64.

18) J. S. Omotola, "'Liberation Movements' and Rising Violence in the Niger Delta: The New Contentious Site of Oil and Environmental Politics," *Studies in Conflict and Terrorism* 33 (2010): 36~54; Tobias Haller et al., *Fossil Fuels, Oil Companies, and Indigenous People*s (Berlin: Lit Verlag, 2007), 69~76. 정치적 분석은 마이클 와츠(Michael Watts)의 여러 글을 보라. Watts, "Blood Oil: The Anatomy of a Petro-insurgency in the Niger Delta," *Focaal* 52 (2008): 18~38; Watts, ed., *The Curse of the Black Gold: 50 Years of Oil in the Niger Delta* (Brooklyn: PowerHouse Books, 2009).

19) Haller et al., *Fossil Fuels*, 166~167.

20) D. O'Rourke and S. Connolly, "Just Oil? The Distribution of Environmental and Social Impacts of Oil Production and Consumption," *Annual Review of Environment and Resources* 28 (2003): 598.

21) Ibid., 599~601.

22) 1990년대 미국에서 송유관 안전관리를 담당한 기관은 검사원을 송유관과 가스관 6만 킬로미터당 한 명꼴로 고용했다. 나머지 세계에서는 상황이 이보다 더 열악했을 것이다. O'Rourke and

Connolly, "Just Oil?," 611.

23) 현재 우신스크는 누출에 관한 웹사이트를 운영한다. http://usinsk.ru/katastropfa_city.html. 이를 알게 해 준 루트비히 막시밀리안 대학의 발렌티나 록소(Valentina Roxo)에게 감사한다.

24) G. E. Vilchek and a. A. Tishkov, "Usinsk Oil Spill," in *Disturbance and Recovery in Arctic Lands*, ed. R. M. M. Crawford (Dordrecht: Kluwer Academic, 1997), 411~420; Anna Kireeva, "Oil Spills in Komi: Cause and the Size of the Spill Kept Hidden," www.bellona.org/articles/articles_2007/Oil_Spill_in_Komi. 다음도 참조하라. "West Siberia Oil Industry Environmental and Social Profile," a Greenpeace report, www.greenpeace.org/raw/content/nederland-old/reports/west-siberia-oil-industry-envi.pdf.

25) Marjorie M. Balzer, "The Tension between Might and Rights: Siberians and Energy Developers in Post-Socialist Binds," *Europe-Asia Studies* 58 (2006): 567~588; Haller et al., *Fossil Fuels*, 168~178.

26) B. K. Sovacool, "The cost of Failure: A Preliminary Assessment of Major Energy Accidents, 1907-2007," *Energy Policy* 36 (2008): 1802~1820.

27) Michelle Bell, Devra Davis, and Tony Fletcher, "A Retrospective Assessment of Mortality from the London Smog Episode of 1952: The Role of Influenza and Pollution," *Environmental Health Perspectives* 112 (2004): 6~8.

28) 1940년 9월에서 1941년 5월까지 아홉 달 넘게 이어진 전격전에서 약 2만 명의 런던 시민이 사망했다.

29) 다음에서 인용. Devra Davis, *When Smoke Ran Like Water* (New York: Basic Books, 2002), 45.

30) Ibid., 31~54; Peter Brimblecombe, *The Big Smoke: A History of Air Pollution in London since Medieval Times* (London: Methuen, 1987), 165~169.

31) 다음의 자료에서 추론했다. B. Brunekreef and S. Holgate, "Air Pollution and Health," *Lancet* 360 (2002): 1239.

32) Eri Saikawa et al., "Present and Potential Future Contributions of Sulfate, Black and Organic Aerosols from China to Global Air Quality, Premature Mortality, and Radiative Forcing," *Atmospheric Environment* 43 (2009): 2814~2822.

33) M. Ezzati, A. Lopez, A. Rodgers, S. Vander Hoorn, and C. Murray, "Selected Major Risk Factors and Global and Regional Burden of Disease," Lancet 360 (2002): 1347~1360. 다음에 제시된 수치도 비슷하다. A. J. Cohen et al., "The Global Burden of Disease due to Outdoor Air Pollution," *Journal of Toxicology and Environmental Health* 68 (2005): 1301~1307.

34) 대기오염이 대체로 아주 어린 사람들, 나이가 많은 사람들, 호흡기나 심장에 문제가 있는 사람들을 죽인다는 사실을 명심하라. 전쟁은 주로 삶의 전성기에 있는 자들을 죽인다. 따라서 경제적 관점에서 보면, 대기오염으로 인한 사망은 전쟁으로 인한 사망보다 손실이 훨씬 더 적다. 주로 쉽게 대체할 수 있는 자들과(영아와 유아) 이미 이바지할 수 있는 것을 다 한 자들을(나이가 아주 많은 자들) 주로 죽이기 때문이다. 당연한 얘기지만 모든 인간은 동등하다고 생각하는 자들에게 이러한 계산법은 혐오스러울 것이다.

35) 이러한 문제 전반에 관해서는 다음을 보라. John Watt et al., eds., *The Effects of Air Pollution on*

Cultural Heritage (Berlin: Springer, 2009).

36) David Stern, "Global Sulfur Emissions from 1850 to 2000," *Chemosphere* 58 (2005): 163~175; Z. Lu et al., "Sulfur Dioxide Emissions in China and Sulfur Trends in East Asia since 2000," *Atmospheric Chemistry and Physics Discussions* 10 (2010): 8657~8715; C. K. Chan and X. H. Yao, "Air Pollution in Mega Cities in China," *Atmospheric Environment* 42 (2008): 1~42; M. Fang, C. K. Chan, and X. H. Yao, "Managing Air Quality in a Rapidly Developing Nation: China," *Atmospheric Environment* 43 no. 1 (2009): 79~86.

37) Jes Fenger, "Air Pollution in the Last 50 Years: From Local to Global," *Atmospheric Environment* 43 (2009): 15.

38) H. R. Anderson, "Air Pollution and Mortality: A History," *Atmospheric Environment* 43 (2009): 144~145.

39) M. Hashimoto, "History of Air Pollution Control in Japan," in *How to Conquer Air Pollution: A Japanese Experience*, ed. H. Nishimura (Amsterdam: Elsevier, 1989), 1~94.

40) James Fleming, *Fixing the Sky: The Checkered History of Weather and Climate Control* (New York: Columbia University Press, 20101).

41) J. Samuel Walker, *Three Mile Island: A Nuclear Crisis in Historical Perspective* (Berkeley: University of California Press, 2004).

42) March 29, 1986, *The Economist*.

43) A. V. Yablokov, V. B. Nesterenko, and A. V. Nesterenko, "Consequences of the Chernobyl Catastrophe for the Environment," *Annals of the New York Academy of Sciences* 1181 (2009): 221~286. 동물에 미치는 영향은 체르노빌 출입금지 구역 너머 멀리까지 퍼졌다. 예를 들면 스웨덴의 큰사슴에서는 평소보다 서른세 배나 많은 방사능이 검출되었다.(1988년경). Ibid., 256.

44) Jim Smith and Nicholas Beresford, Chernobyl (Berlin: Springer, 2005); A. B. Nesterenko, V. B. Nesterenko, and A. V. Yblokov, "Consequences of the Chernobyl Catastrophe for Public Health," *Annals of the New York Academy of Sciences* 1181 (2009): 31~220.

45) 핵폐기물은 주로 원자로가 있는 곳에 콘크리트와 강철로 만든 컨테이너에 담아 보관했다. 해양 투기와 마찬가지로 깊은 지층에 보관하는 것도 정치적 문제를 일으켰다. 핵에 찬성하는 핵에너지 연구소(Nuclear Energy Institute)의 인터넷 페이지를 보라. www.nei.org/keyissues/nuclearwastedisposal/factsheets/safelymanagingusednuclearfuel/.

46) 유용한 자료와 시각은 《환경사(*Environmental History*)》 2012년 4월호를, 특히 다음을 보라. Sara Pritchard, "An Envirotechnical Disaster: Nature, Technology, and Politics at Fukushima," *Environmental History* 17 (2012): 219~243. 다음도 참조하라. J. C. MacDonald, "Fukushima: One Year Later," *Radiation Protection Dosimetry* 149 (2012): 353~354; Koich Hasegawa, "Facing Nuclear Risks: Lessons from the Fukushima Nuclear Disaster," *International Journal of Japanese Sociology* 21 (2012): 84~91.

47) 큰 실수에 관한 내부자의 견해는 다음을 보라. Yoichi Funabashi and Kay Kitazawa, "Fukushima in Review: A Complex Disaster, a Disastrous Response," *Bulletin of the Atomic Scientists* 68 (2012): 9~21.

48) 수력 개발을 둘러싼 논쟁에 관해서는 다음을 보라. R. Sternberg, "Hydropower: Dimensions of Social and Environmental Coexistence," *Renewable and Sustainable Energy Reviews* 12 (2008): 1588~1621.

49) 1954년에서 1962년까지 건설된 인도 우타르프라데시 주의 리한드(Rihand) 댐. E. G. Thukral, *Big Dams, Displaced People: Rivers of Sorrow, Rivers of Change* (New Delhi: Sage, 1992), 13~14.

50) A. G. Nilsen, *Dispossession and Resistance in India: The River and the Rage* (London: Routledge, 2010).

51) Satyajit Singh, *Taming the Waters: The Political Economy of Large Dams in India* (Delhi: Oxford University Press, 1997); John R. Wood, *The Politics of Water Resource Development in India: The Narmada Dams Controversy* (Los Angeles: Sage, 2007); Nilsen, *Dispossession and Resistance*.

52) K. Xu and J. D. Milliman, "Seasonal Variations of Sediment Discharge from the Yangtze River before and after Impoundment of the Three Gorges Dam," *Geomorphology* 104 (2009): 276~283.

53) P. Zhang et al., "Opportunities and Challenges for Renewable Energy Policy in China," *Renewable and Sustainable Energy Reviews* 13 (2009): 439~449.

54) 인용구는 캐나디안 벌목꾼 안스트 쿠렐렉(Arnst Kurelek)의 말이다. R. C. Silversides, *Broadaxe to Flying Shear: The Mechanization for forest Harvesting East of the Rockies* (Ottawa: National Museum of Science and Technology, 1997), 107.

55) Manfred Weissenbacher, *Sources of Power: How Energy Forges Human History* (Santa Barbara, CA: ABC-CLIO, 2009), 452.

56) 이러한 사례들에 관해서는 다음을 보라. A. P. Muñoz, R. S. Pavón, and L. Z. Villareal, "Rehabilitación turística y capacidad de carga en Cozumel," *Revista iberoamericana de economica ecológica* 11 (2009): 53~63; S. Gössling et al., "Ecological Footprint Analysis as a Tool to Assess Tourism Sustainability," *Ecological Economics* 43 (2002): 199~211 (이것은 세이셸 군도에 관한 것인데, 이 사례는 그 정부가 관광에서 세입을 거두면서도 환경을 보존하려고 노력했기에 흥미롭다.); G. M. Mudd, "Gold Mining in Australia: Linking Historical Trends and Environmental and Resource Sustainability," *Environmental Science and Policy* 10 (20070: 629~644; M. Cryer, B. Hartill, and S. O'Shea, "Modification of Marine Benthos by Trawling: Generalization for the Deep Ocean?," *Ecological Applications* 12 (2002): 1824~1839; Lawrence Solomon, *Toronto Sprawls: A History* (Toronto: University of Toronto Press, 2007); John Sewell, *The Shape of the Suburbs: Understanding Toronto's Sprawl* (Toronto: University of Toronto Press, 2009).

57) Joel Cohen, *How Many People Can the Earth Support?* (New York: Norton, 1995), 78~79.

58) 다음에서 차용했다. Carlo Cipolla, *An Economic History of World Population* (Harmondsworth, UK: Penguin, 1978), 89.

59) Robert Fogel, *The Escape from Hunger and Premature Death, 1700-2100* (New york: Cambridge University Press, 2004), 21.

60) 말라리아 통제의 성공과 실패는 다음에 상세히 기술되어 잇다. James L. A. Webb Jr., *Humanity's Burden: A Global History of Malaria* (New York: Cambridge University Press, 2009). 농업에 관한 이야기는 다음을 보라. Giovanni Federico, *Feeding the World: An Economic History of World*

Agriculture, 1800-2000 (Princeton, NJ: Princeton University Press, 2005).

61) Fogel, *The Escape from Hunger* (40)에 따르면, 영국에서는 1875년에 태어난 '엘리트' 집단이 국민 전체 평균보다 약 17년 더 오래 살았다. 2000년이 되면 그 격차는 4년으로 준다. 국제연합의 기대 수명 자료는 다음을 보라. http://esa.un.org/unpp/p2kodata.asp.

62) Han Feizi, *Han Feizi: Basic Writings*, trans. Burton Watson (New York: Columbia University Press, 2003), 98.

63) 테르툴리아누스의 말은 다음에서 인용했다. Cohen, *How Many People*, 6.

64) Leo Silberman, "Hung Liang-chi: A Chinese Malthus," *Population Studies* 13 (1960): 257~265.

65) 당시 인도의 출생률은 1000명당 36명이었고, 목표치는 1000명당 25명이었는데, 이는 기대했 던 것보다 약 20년 늦은 2000년경에야 달성되었다. Ramachandra Guha, *India after Gandhi: The History of the World's Largest Democracy* (New York: HarperCollins, 2007), 415~416, 511~514.

66) Yves Blayo, *Des politiques démographiques en Chine* (Lille: Atelier National de Reproductions des Thèses, 2006); Thomas Scharping, *Birth Control in China, 1949-2000* (London: RoutledgeCurzon, 2003); Tyrene White, *China's Longest Campaign: Birth Planning in the People's Republic, 1949-2005* (Ithaca, NY: Cornell University Press, 2006). Susan Greenhalgh, *Just One Child: Science and Policy in Deng's China* (Berkeley: University of California Press, 2008); Greenhalgh, *Cultivating Global Citizens: Population in the Rise of China* (Cambridge, MA: Harvard University Press, 2010). 인도와 중국을 다 다룬 것으로는 다음을 보라. Matthew Connelly, Fatal Misconception: The Struggle to Control World Population (Cambridge, MA: Harvard University Press, 2008).

67) 북부 중국의 사막화에 관한 최근의 자료는 다음을 보라. Ma Yonghuan and Fan Shengyue, "The Protection Policy of Eco-environment in Desertification Areas of Northern China: Contradiction and Countermeasures," *Ambio* 35 (2006): 133~134. 역사적 관점에 관해서는 다음을 보라. James Reardon-Anderson, *Reluctant Pioneers: China's Northward Expansion, 1644-1937* (Stanford, CA: Stanford University Press, 2005); Peter Perdue, *China Marches West: The Qing Conquest of Central Asia* (Cambridge, MA: Harvard University Press, 2005); Dee Mack Williams, *Beyond Great Walls: Environment, Identity, and Development on the Chinese Grasslands of Inner Mongolia* (Stanford, CA: Stanford University Press, 2002).

68) Mary Tiffen, Michel Mortimore, and Francis Gichuki, *More People, Less Erosion: Environmental Recovery in Kenya* (Chichester, NY: Wiley, 1994). 지중해에 관해서는 다음을 보라. J. R. McNeill, *The Mountains of the Mediterranean: An Environmental History* (New York: Cambridge University Press, 1992).

69) 2010년 전 세계의 관개 지역은 텍사스주 크기의 약 다섯 배, 프랑스 크기의 약 일곱 배가 되 는 약 3억 헥타르였다. Bridget Scanlon, Ian Jolly, Marios Sophocleous, and Lu Ahang, "Global Impacts of Conversions from Natural to Agricultural Ecosystems on Water Resources: Quantity vs. Quality," *Water Resources Research* 43 (2007):W03437. 다음에서 얻을 수 있다. www.agu.org/ pubs/crossref/2007/2006WR005486.shtml.

70) Dean Bavington, *Managed Annihilation: An Unnatural History of the Newfoundland Cod Collapse*

(Vancouver: University of British Columbia Press, 2010).

71) Jason Link, Bjarte Bogstad, Henrik Sparholt, and George Lilly, "Trophic Role of Atlantic Cod in the Ecosystem," *Fish and Fisheries* 10 (2008): 58~87; Ilona Stobutzki, Geronimo Silvestre, and Len Garces, "Key Issues in Coastal Fisheries in South and Southeast Asia: Outcomes of a Regional Initiative," *Fisheries Research* 78 (2006): 109~118. 최상위 포식자인 대구의 고갈은 그랜드뱅크스(Grand Banks) 같은 곳의 해양생태계를 완전히 바꿔 놓았다.

72) FAO 바닷물고기 어획량 자료는 다음을 보라. www.fao.org/fishery/statistics/global-production/en. FAO의 자료는 1950년 이전 것은 없으며, 최근의 자료일수록 더 믿을 수 있을 것이다.

73) H. Bruce Franklin, *The Most Important Fish in the Sea: Menhaden and America* (Washington, DC: Island Press, 2007).

74) Anqing Shi, "The Impact of Population Pressure on Global Carbon Emissions, 1975-1996: Evidence from Pooled Cross-Country Data," *Ecological Economics* 44 (2003): 29~42. 더 많은 논의는 다음을 보라. John R. McNeill, *Something New under the Sun: An Environmental History of the Twentieth-Century World* (New York: Norton, 2000), 272~273. 1751년부터 2004년까지 오로지 화석연료 사용에만 기인한 탄소 배출의 자료는 다음에서 얻을 수 있다. http://cdiac.ornl.gov/trends/emis/em_cont.html.

75) 이 공장은 인도 농업에 쓰이는 살충제를 생산했다. 사고가 발생한 것이 인도의 인구 증가 때문이라고 주장할 사람도 있겠지만, 이는 그 사고를 전혀 설명하지 못한다. 그 사고가 관리 부주의 때문에 발생했기 때문이다. 최근의 설명은 다음을 보라. Suroopa Mukerjee, *Surviving Bhopal: Dancing Bodies, Written Texts, and Oral Testimonials of Women in the Wake of an Industrial Disaster* (London: Palgrave, 2010), 17~40.

76) Dirk Hoerder, *Cultures in Contact: World Migration in the Second Millennium* (Durham, NC: Duke University Press, 2002), 508~582.

77) Char Miller, *On the Border: An Environmental History of San Antonio* (Pittsburgh: Unviersity of Pittsburgh Press, 2001).

78) Ren Qiang and Yuan Xin, "Impacts of Migration to Xinjiang since the 1950s," in *China's Minorities on the Move*, ed. Robyn Iredale, Naran Bilik, and Fei Guo (Armonk, NY: M. E. Sharpe, 2003), 89~105. 신장으로 이주한 한족의 정확한 수는 분명하지 않다.

79) J. M. Foggin, "Depopulating the Tibetan Grasslands," Mountain Research and Development 28 (2008): 26~31; A. M. Fischer, "Urban Fault Lines in Shangri-La: Population and Economics Foundations of Inter-ethnic Conflict in the Tibetan Area of Western China," London School of Economics Crisis States Program Working Paper 《42; Hao Xin, "A Green Fervor Sweeps the Qinghai-Tibetan Plateau," *Science* 321 (2008): 633~635. 동부 티베트 고원의 한 지역에 관한 역사적 연구는 다음을 보라. P. Hayes, "Modernisation with Local Characteristics: Development Efforts and the Environment on the Zoige Grass and Wetlands, 1949-2005," *Environment and History* 16 (2010): 323~347.

80) Greg Grandin, *Fordlandia: The Rise and Fall of Henry Ford's Forgotten Jungle City* (New York: Metropolitan Books, 2009).

81) 최근의 평가는 다음을 보라. P. M. Fearnside, "Deforestation in Brazilian Amazonia: History, Rates, and Consequences," *Conseration Biology* 19, no. 3 (2005), 680~688. 다음도 참조하라. Michael Williams, *Deforesting the Earth* (Chicago: University of Chicago Press, 2003), 460~481. 2008년 이후 중국으로 가는 콩 수출이 급증하면서 아마존의 벌채가 급격히 감소했다. 가용한 모든 재원이 고이아스 주와 여타 아마존 남부 주들의 초원지대를 일구는 데 투자되었기 때문이다. 브라질공간연구소(INPE)의 웹 페이지를 보라. www.inpe.br/ingles/news/news_dest154.php.

82) Peter Dauvergne, "The Politics of Deforestation in Indonesia," *Pacific Affairs* 66 (1993-1994): 497~518; J. M. Hardjono, "The Indonesian Transmigration Scheme in Historical Perspective," *International Migration* 26 (1988): 427~438. 벌목과 플랜테이션 농업, 그 밖의 많은 것들이 인도네시아 숲의 급속함 감소에 기여했다.

83) 이 논의는 다음을 참조하라. Jonathan Cowie, *Climate Change: Biological And Human Aspects* (New York: Cambridge University Press, 2007), 1~16, 22~31, 126~167.

84) 지구의 탄소순환에 관해서는 다음을 보라. Bert Bolin, *A History of the Science and Politics of Climate Change: The Role of the Intergovernmental Panel on Climate Change* (New York: Cambridge University Press, 2007), chap. 2.

85) Michael R. Raupach et al., "Global and Regional Drivers of Accelerating CO_2 Emissions," *Proceedings of the National Academy of Sciences of the United States of America* 104, no. 24 (June 12, 2007): 10288. 열대우림의 남벌이 지구의 탄소 배출량에 미치는 영향을 평가한 것으로는 다음을 보라. Wolfgang Cramer et al., "Tropical Forests and the Global Carbon Cycle: Impacts of Atmospheric Carbon Dioxide, Climate Change and Rate of Deforestation," *Philosophical Transactions of the Royal Society: Biological Sciences* 359, no. 1443 (March 29, 2004): 331~343. 역사적 맥락에서 본 산림 벌채에 관해서는 다음을 보라. Williams, *Deforesting the Earth*.

86) T. A. boden, G. Marland, and R. J. Andres, "Global, Regional, and National Fossil-Fuel CO_2 Emissions," in *Trends: A Compendium of Data on Global Change* (Oak Ridge, TN: Carbon Dioxide Information Analysis Center, Oak Ridge National Laboratory, U. S. Department of Energy, 2009), doi: 10.3334/CDIAC/00001; Raupach et al., "Global and Regional Drivers," 10288.

87) Joseph G. Canadella et al., "Contributions to Accelerating Atmospheric CO_2 Growth from Economic Activity, Carbon Intensity, and Efficiency of Natural Sinks," *Proceedings of the National Academy of Sciences of the United States of America* 104, no. 47 (November 20, 2007): 18866~18870; Raupach et al., "Global and Regional Drivers," 10288~10292.

88) James Hansen et al., "Global Temperature Change," *Proceedings of the National Academy of Sciences of the United States of America* 103, no. 39 (September 26, 2006): 14288~14293; P. D. Jones, D. E. Parker, T. J. Osborn, and K. R. Briffa, "Global and Hemispheric Temperature Anomalies: Land and Marine Instrumental Records," in Oak Ridge National Laboratory, *Trends*, doi: 10.3334/CDIAC/cli.002; John M. Broder, "Past Decade Was Warmest Ever, NASA Finds," *New York Times*, January 22, 2010, A8.

89) Andrew E. Dessler and Edward A. Parson, *The Science and Politics of Global Climate Change: A Guide to the Debate* (New York: Cambridge University Press, 2006), table 3.1; Edward L. Miles, "On the Increasing Vulnerability of the World Ocean to Multiple Stresses," *Annual Review of Environment and Resources* 34 (2009): 18~26; Catherine P. McMullen and Jason Jabbour, eds., *Climate Change Science Compendium, 2009* (New York: United Nations Environment Programme, 2009), 17~23.

90) Scott C. Doney and David S. Schimel, "Carbon and Climate System Coupling on Timescales from the Precambrian to the Anthropocene," *Annual Review of Environment and Resources* 32 (2007): 31~66; Miles, "On the Increasing Vulnerability," 26~28.

91) United Nations Environment Programme, *Climate Change Science Compendium, 2009*, 15~16.

92) Jianchu Xu et al., "The Melting Himalayas: Cascading Effects of Climate Change on Water, Biodiversity, and Livelihoods," *Conservation Biology* 23, no. 3 (June 2009): 520~530.

93) M. Monirul Qader Mirza, "Climate Change, Flooding and Implications in South Asia," *Regional Environmental Change* 11, suppl. 1 (2011): 95~107; Katherine Morton, "Climate Change and Security at the Third Pole," *Survival* 53 (2011): 121~132.

94) Bolin, A History, chap. 1.

95) Spencer Weart, *The Discovery of Global Warming* (Cambridge, MA: Harvard University Press, 2008), 14~17.

96) Ibid., 19~33. 마우나로아 시계열에 관한 최근의 개요는 다음을 보라. R. F. Keeling, S. C. Piper, A. F. Bollenbacher, and J. S. Walker, "Atmospheric CO_2 Records from Sites in the SIC Air Sampling Network," in Oak Ridge National Laboratory, *Trends*, doi: 10.3334/CDIAC/atg.035. Doney and Schimel (2007)은 마우나로아의 시계열이 "모든 과학은 아닐지언정 적어도 지구물리학에서는 가장 상징적인 자료의 하나"라고 썼다.(48).

97) Cowie, *Climate Change*, 20~21; Weart, *Discovery of Global Warming*, 53~58, 70~78, 126~137.

98) Bolin, *A History*, 20~34; Weart, *Discovery of Global Warming*, chaps. 4 and 5.

99) William C. Clark et al., "Acid Rain, Ozone Depletion, and Climate Change: An Historical Overview," in *Learning to Manage Global Environmental Risks*, vol. 1, *A Comparative History of Social Responses to Climate Change, Ozone Depletion and Acid Rain*, ed. The Social Learning Group (Cambridge, MA: MIT Press, 2007), 21~39; Cass R. Sunstein, "Of Montreal and Kyoto: A Tale of Two Protocols," *Harvard Environmental Law Review* 31, no. 1 (2007): 10~22; Intergovernmental Panel on Climate Change, *Climate Change 2007, Synthesis Report; Contribution of Working Groups I, II, and III to the Fourth Assessment Report of the Intergovernmental Panel on Climate Change* (Geneva: Intergovernmental Panel on Climate Change, 2007). 2~22; Bolin, A History, 44~49; Dessler and Parson, Global Climate Change, 12~16. 1980년대와 1990년대 오존 정책과 기후 정책에서 과학자 공동체가 수행한 역할에 관한 매력적인 해석은 다음을 보라. Reiner Grundmann, "Ozone and Climate: Scientific Consensus and Leadership," *Science, Technology, & Human Values* 31, no. 1 (January 2006): 73~101.

100) Geoffrey J. Blanford, Richard G. Richels, and Thomas F. Rutherford, "Revised Emissions

Growth Projections for China: Why Post-Kyoto Climate Policy Must Look East," in *Post-Kyoto International Climate Policy: Implementing Architectures for Agreement*, ed. Joseph E. Aldy and Robert N. Stavins (New York: Cambridge University Press, 2010), 822~856; Paul G. Harris and Hongyuan Yu, "Climate Change in Chinese Foreign Policy: Internal and External Responses," in *Climate Change and Foreign Policy: Case Studies from East to West*, ed. Paul G. Harris (New York: Routledge, 2009), 53~67; Boden, Marland, and Andres, "Fossil-Fuel CO_2 Emissions,"; Jos Olivier, *Trends in Global CO_2 Emissions* (The Hague: Netherlands Environmental Assessment Agency, 2012).

101) Paul G. Harris, "Climate Change in Environmental Foreign Policy: Science, Diplomacy, and Politics," and Michael T. Hatch, "The Politics of Climate Change in Germany: Domestic Sources of Environmental Foreign Policy," both in Harris, *Climate Change and Foreign Policy*, 1~17, 41~62; Boden, Marland, and Andres, "Fossil-Fuel Co_2 Emissions"; Nigel Purvis and Andrew Stevenson, *Rethinking Climate Diplomacy: New Ideas for Transatlantic Cooperation Post-Copenhagen* (Washington, DC: German Marshall Fund of the United States, 2010), at www.gmfus.org/cs/publications/publication_view?publication.id=176; Sunstein, "Of Montreal and Kyoto," 22~53; Renat Perelet, Serguey Pegov, and Mikhail Yulkin, "Climate Change: Russia Country Paper" (New York: United Nations Development Program, 2007), at http://hdr.undp.org/en/reports/global/hdr2007-2008/papers/; David A. Wirth, "The Sixth Session (Part Two) and Seventh Session of the Conference of the Parties to the Framework Convention on Climate Change," *American Journal of International Law* 96, no. 3 (July 2002): 648~660. 러시아의 무더위에 관해서는 다음을 보라. David Barriopedro et al., "The Hot Summer of 2010: Redrawing the Temperature Record Map of Europe," *Science* 332, no. 6026 (April 8, 2011): 220~224.

102) E. O. Wilson, "Editor's Foreword," in *Biodiversity*, ed. E. O. Wilson with Frances M. Peter (Washington, DC: National Academy Press, 1988), v; Williams, *Deforesting the Earth*, 437~446.

103) Gordon H. Orians and Martha J. Groom, "Global Biodiversity: Patterns and Processes," in *Principles of Conservation Biology*, ed. Martha J. Groom, Gary K. Meffe, and C. Ronald Carroll (Sunderland, MA: Sinauer Associates, 2006), 30~31; Catherine Badgley, "The Multiple Scales of Biodiversity," *Paleobiology* 29, no. 1 (Winter 2003): 11~13; Martin Jenkins, "Prospects for Biodiversity," *Science* 302, no. 5648 (November 14, 2003): 1175. 다른 견해에 관해서는 다음을 보라. Geerat J. Vermeij and Lindsey R. Leighton, "does Global Diversity Mean Anything?" *Paleobiology* 29, no. 1 (Winter 2003): 3~7; D. M. J. S. Bowman, "Death of Biodiversity: The Urgent Need for Global Ecology," *Global Ecology and Biogeography Letters* 7, no. 4 (July 1998): 237~240.

104) Craig Hilton-Taylor et al., "State of the World's Species," in *Wildlife in a Changing World: An Analysis of the 2008 IUCN Red List of Threatened Species*, ed. Jean-Christophe Vié, Craig Hilton-Taylor, and Simon N. Stuart (Gland, Switzerland: International Union for Conservation of Nature and Natural Resources, 2009), 15~17; James P. Collins and Martha L. Crump, *Extinction in Our Times: Global Amphibian Decline* (New York: Oxford University Press, 2009), 1~2; Orians

and Groom, "Global Diodiversity," 33~34.

105) Jens Mutke et al., "Terrestrial Plant Diversity," in *Plant Conservation: A Natural History Approach*, ed. Gary A. Krupnick and W. John Kress (Chicago: University of Chicago Press, 2005), 15~25; Simon L. Lewis, "Tropical Forests and the Changing Earth System," *Philosophical Transactions: Biological Sciences* 361, no. 1465, Reviews (January 29, 2006): 195~196.

106) Michael L. McKinney, "Is Marine Biodiversity at Less Risk? Evidence and Implications," *Diversity and Distributions* 4, no. 1 (January 1998): 3~8; Beth A. Plidoro et al., "Status of the World's Marine Species," in Vié, Hilton-Taylor, and Stuart, *Wildlife*, 55.

107) Paul K. Dayton, "The Importance of the Natural Sciences to Conservation," *American Naturalist* 162, no. 1 (July 2003): 2; Polidoro et al., "Status," 57~58.

108) E. O. Wilson, "The Current State of Biological Diversity," in Wilson and Peter, *Biodiversity*, 12~13; David S. Woodruff, "Declines of Biomes and Biotas and the Future of Evolution," *Proceedings of the National Academy of Sciences of the United States of America* 98, no. 10 (May 8, 2001): 5471~5476. 종 소멸의 요인과 소멸 종의 숫자를 평가하는 일의 어려움에 관해서는 다음을 보라. Richard G. Davies et al., "Human Impacts and the Global Distribution of Extinction Risk," *Proceedings: Biological Sciences* 273, no. 1598 (September 7, 2006): 2127~2133; Bruce A. Stein and Warren L. Wagner, "Current Plant Extinctions: Chiaroscuro in Shades of Green," in Krupnick and Kress, *Plant Conservation*, 59~60; A. D. Barnosky et al., "Has the Earth's Sixth Mass Extinction Already Arrived?," *Nature* 471 (March 3, 2011): 51~57.

109) William Adams, *Against Extinction: The Story of Conservation* (London: Earthscan, 2004), 47~50; J. Donald Hughes, "Biodiversity in World History," in *The Face of the Earth: Environment and World History*, ed., J. Donald Hughes (Armonk, NY: M. E. Sharpe, 2000), 35; Jena-Christophe Vié et al., "The IUCN Red List: A Key Conservation Tool," in Vié, Hilton-Taylor, and Stuart, *Wildlife*, 1~13; Hiton-Taylor et al., "State of the World's Species," 15~42; 2012년 적색 목록은 다음에 있다. http://www.iucnredlist.org/.

110) Martha J. Groom, "Threats to Biodiversity," in Groom, Meffe, and Carroll, *Principles of Conservation Biology*, 64~65. 토지이용 통계는 다음을 보라. McNeill, *Something New*, table 7.1. 조류 서식 밀도에 관한 자료는 다음에서 볼 수 있다. Kevin J. Gaston, Tim M. Balckburn, and Kees Klein Goldewijk, "Habitat Conversion and Global Avian Biodiversity Loss," *Proceedings: Biological Sciences* 270, no. 1521 (June 22, 2003): table 1.

111) Williams, *Deforesting the Earth*, 386~421; Lewis, "Tropical Forests," 197~199.

112) Williams, *Deforesting the Earth*, 420~481

113) Gary J. Wiles et al., "Impacts of the Brown Tree Snake: Patterns of Decline and Species Persistence in Guam's Avifauna," *Conservation Biology* 17, no. 5 (October 2003): 1350~1360; Dieter C. Wasshausen and Werner Rauh, "Habitat Loss: The Extreme Case of Madagascar," in Krupnick and Kress, *Plant Conservation*, 151~155; Mutke et al., "Terrestrial Plant Diversity," 18; Willimas, *Deforesting the Earth*, 343.

114) Michael Meybeck, "Global Analysis of River Systems: From Earth System Controls to

Anthropocene Syndromes," *Philosophical Transactions: Biological Sciences* 358, no. 1440 (December 29, 2003): 1935~1955.

115) 나일퍼치가 빅토리아 호로 언제 들어왔는지는 아직도 논란거리다. 어떤 이들은 식민지 관리들이 호수의 상업적 어로를 개선하기 위해 의도적으로 들여왔다고 주장하고, 다른 이들은 나일퍼치가 우연히 도입되었다고 주장한다. Robert M. Pringle, "The Nile Perch in Lake Victoria: Local Responses and Adaptations," *Africa: Journal of the International African Institute* 75, no. 4 (2005): 510~538.

116) 다음을 보라. Dayton, "Importance of the Natural Sciences."

117) Callum Roberts, *The Unnatural History of the Sea* (Washington, DC: Island Press, 2007), chaps. 12, 20~22.

118) Carmel Finlery, "A Political History of Maximum Sustained Yield, 1945-1955," in *Oceans Past: Management Insights from the History of Marine Animal Populations*, ed. David J. Starkey, Poul Holm, and Michaele Barnard (London: Earthscan, 2008), 189~206; Roberts, *Unnatural History of the Sea*, 321~323.

119) Roberts, *Unnatural History of the Sea*, 288~302, 314~326. 양식에 관해서는 다음을 보라. James Muir, "Managing to Harvest? Perspectives on the Potential of Aquaculture," *Philosophical Transactions: Biological Sciences* 360, no. 1453 (January 29, 2005): 191~218.

120) Randall Reeves and Tim Smith, "A Taxonomy of World Whaling Operations and Eras," in *Whales, Whaling, and Ocean Ecosystems*, ed. James Estes et al. (Berkeley: University of California Press, 2006), 82~101; John A. Knauss, "The International Whaling Commission: Its Past and Possible Future," *Ocean Development & International Law* 28, no. 1 (1997): 79~87.

121) clive Wilkinson, "Status of Coral Reefs of the World: Summary of Threats and Remedial Action," in *Coral Reef Conservation*, ed. Isabelle M. Cote and John D. Reynolds (Cambridge: Cambridge University Press, 2006), 3~21; Zvy Dubinsky and Noga Stambler, eds., *Coral Reefs: An Ecosystem in Transition* (Dordrecht: Springer, 2011).

122) Adams, *Against Extinction*, 176~201; Hughes, "Biodiversity in World History," 35~40. 아메리카생태협회(ESA)와 늑대에 관해서는 다음을 보라. John Erb and Michael W. DonCarlos, "An Overview of the Legal History and Population Status of Wolves in Minnesota," in *Recovery of Gray Wolves in the Great Lakes Region of the United States: An Endangered Species Success Story*, ed. Adrian P. Wydeven, Timothy R. Van Deelen, and Edward J. Heske (New York: Springer, 2009), 49~85. 인도의 호랑이 프로젝트와 야생 생물 보호에 관해서는 다음을 보라. Mahesh Rangarajan, "The Politics of Ecology: The Debate on Wildlife and People in India, 1970-95," in *Battles over Nature: Science and the Politics of Conservation*, ed. Vasant K. Saberwal and Mahesh Rangarajan (Delhi: Orient Blackswan, 2003), 189~230.

123) Adams, *Against Extinction*, 25~53, 67~96. 아프리카 역사 속의 유럽인 자연보호주의자들에 대한 가혹한 견해는 다음을 보라. Jonathan S. Adams and Thomas O. McShane, *The Myth of Wild Africa: Conservation without Illusion* (Berkeley: University of California Press, 1996). 가봉에 관해서는 다음을 보라. Lydia Polgreen, "Pristine African Park Faces Development," *New York Times*,

February 22, 2009, A6.

124) Roberts, *Unnatural History of the Sea*, preface, chaps. 1, 25; Louisa Wood et al., "Assessing Progress towards Global Marine Protection Targets: Shortfalls in Information and Action," *Oryx* 42 (2008): 340~351; Juliet Eilperin, "'Biological Gem' Becones Largest Marine Reserve; Coral, Tuna, Sharks Expected to Thrive in Chagos Islands," *Washington Post*, April 2, 2010. A10; John M. Broder, "Bush to Protect Vast New Pacific Tracts," *New York Times*, January 6, 2009, A13.

125) 고래잡이 논쟁에 관해서는 다음을 보라. Stephen Palumbi and Joe Roman, "The History of Whales Read from DNA," and J. A. Estes et al., "Retrospection and Review," both in Estes et al., *Whales, Whaling, and Ocean Ecosystems*, 102~115, 388~393; Juliet Eilperin, "A Crossroads for Whales: With Some Species Rebounding, Commission Weighs Loosening of Hunting Ban," *Washington Post*, March 29, 2010, A01.

126) 호랑이 보호에 관해서는 다음을 보라. Virginia Morell, "Can the Wild Tiger Survive?," Science 317, no. 5843 (September 7, 2007): 1312~1314.

127) Camille Parmesan and John Matthews, "Biological Impacts of Climate Change," in Groom, Meffe, and Carroll, *Principles of Conservation Biology*, 352; Wilkinson, "Status of Coral Reefs," 19~21.

128) Celia Dugger, "U.N. Predicts Urban Population Explosion," *New York Times*, June 28, 2007, 6. 전 세계의 도시에 관한 자료는 다음에서 얻었다. Thomas Brinkhoff, "The Principal Agglomerations of the World," www.citypopulation.de; '도시권역(agglomeration)'은 "중심 도시와 (예를 들면) 연이은 주택지구나 통근자들로 이에 연결된 주변 지역사회들"로 규정된다. 따라서 도쿄에는 요코하마와 가와사키, 사이타마가 포함된다.

129) 뉴욕의 쓰레기 해양 투기에 관해서는 다음을 보라. Martin Melosi, *The Sanitary City: Urban Infrastructure in America from Colonial Times to the Present* (Baltimore: Johns Hopkins University Press, 2000), 180~182, 260. 도시에 원인이 있는 온실가스 배출에 관해서는 다음을 보라. Grimm et al., "Global Change and the Ecology of Cities," *Science* 319 (February 6, 2008): 756~760.

130) 인용구는 다음을 보라. Martin Melosi, "The Place of the City in Environmental History," *Environmental History Review* 17 (Spring 1993): 7. 뉘른베르크는 배가 오갈 수 있는 큰 강가에 자리 잡지 못했다는 사실로 어려웠다. 멀리 떨어진 상류의 숲에서 목재를 구매할 수 없었기 때문이다. 따라서 뉘른베르크는 현지의 자원을 통제해야 했다. 다음을 보라. Joachim Radukau, *Nature and Power: A Global History of the Environment* (New York: Cambridge University Press, 2008), 146~147.

131) Verena Winiwarter and Martin Knoll, *Umweltgeschichte: Eine Einführung* (Cologne: Böhlau, 2007), 181~182, 199; Christopher G. Boone and Ali Modarres, *City and Environment* (Philadelphia: Temple University Press, 2006), 77~78, 101~102; Grimm et al., "Global Change," 756~760.

132) Melosi, "Place of the City," 7; Grimm et al., "Global Change," 756. 도시 여성 출산력의 복잡성에 관해서는 다음을 보라. Oğuz Işik and M. Melih Pinarcioğlu, "Geographies of a Silent Transition: A Geographically Weighted Regression Approach to Regional Fertility Differences in Turkey,"

European Journal of Population / Revue Européenne de Démographie 22, no. 4 (December 2006): 399~421; Eric R. Jensen and Dennis A. Ahlburg, "Why does Migration Decrease Fertility? Evidence from the Philippines," *Population Studies* 58, no. 2 (July 2004): 219~231; Amson Sibanda et al., "The Proximate Determinants of the Decline to Below-Replacement Fertility in Addis Ababa, Ethiopia," *Studies in Family Planning* 34, no. 1 (March 2003): 1~7; Patrick R. Galloway, Ronald D. Lee, and Eugene A. Hammel, "Urban versus Rural: Fertility Decline in the Cities and Rural Districts of Prussia, 1875 to 1910," *European Journal of Population / Revue Européenne de Démographie* 14, no. 3 (September 1998): 209~264.

133) Kenneth T. Jackson, "Cities," in *The Columbia History of the 20th Century*, ed. Richard W. Bulliet (New York, 1998), 529~530; John Reader, *Cities* (New York: Atlantic Monthly Press, 2004), 122~124. 도시 인구사의 표준적인 통계는 다음을 보라. Tertius Chandler and Gerald Fox, *3000 Years of Urban Growth* (New York: Academic Press, 1974); esp. 300~326.

134) 목재 운송에 관해서는 다음을 보라. Radkau, *Nature and Power*, 146. 도시의 일반적인 한계에 관해서는 다음의 예리한 지적을 보라. H. G. Wells, *Anticipations of the Reaction of Mechanical and Scientific Progress upon Human Life and Thought* (New York: Harper Bros., 1902), 44~54, 70~71.

135) 유럽의 전염병과 콜레라, 격리에 관해서는 다음을 보라. Gerry Kearns, "Zivilis or Hygaeia: Urban Public Health and the Epidemiologic Transition," in *The Rise and Fall of Great Cities: Aspects of Urbanization in the Western World*, ed. Richard Lawton (New York: Bellhaven, 1989), 98~99, 107~111. 일본에 관해서는 다음을 보라. Susan B. Hanley, "Urban Sanitation in Preindustrial Japan," *Journal of Interdisciplinary History* 18, no. 1. (Summer 1987): 1~26.

136) Wells, *Anticipations*, 54.

137) Jackson, "Cities," 530~532. 19세기에 런던이 어떻게 식량을 공급했는지에 관한 논의는 다음을 보라. Reader, Cities, 127~132.

138) 전반적으로는 다음을 보라. United Nations Department for Economic and Social Information and Policy Analysis, Population Division, *The Challenge of Urbanization: The World's Largest Cities* (New York: Author, 1995). 오스트레일리아에 관해서는 다음을 보라. Clive Forster, *Australian Cities: Continuity and Change* (Melbourne: Oxford University Press, 1995), chap. 1.

139) P. P. Karan, "The Citiy in Japan," in *The Japanese City*, ed. P. P. Karan and Kristin Stapleton (Lexington: University Press of Kentucky, 1997), 12~21; Foster, *Australian Cities*, 6~12.

140) Wells, *Anticipations*, 54.

141) 이 부분의 시카고 역사는 다음을 보라. William Cronon, *Nature's Metropolis: Chicago and the Great West* (New York: Norton, 1991).

142) Martin Melosi, *Effluent America: Cities, Industry, Energy, and the Environment* (Pittsburgh: University of Pittsburgh Press, 2001), 54~56, 178~179; Peter Hall, *Cities of Tomorrow: An Intellectual History of Urban Planning and Design in the Twentieth Century* (Oxford: Blackwell, 1996), 31~33; Leonardo Benevolo, *The Origins of Modern Town Planning* (Cambridge, MA: MIT Press, 1967), 20~23; Reader, *Cities*, 147~148.

143) Melosi, *The Sanitary City*, chaps. 2~9. 오스만과 파리에 관해서는 다음을 보라. Howard Saalman,

Haussmann: Paris Transformed (New York: Braziller, 1971), 19~20; Reader, Cities, 211~214.

144) Andrew Raymond, Cairo, trans. Willard Wood (Cambridge, MA: Harvard University Press, 2000), 309~321; James B. Pick and Edgar W. Butler, Mexico Megacity (Boulder, CO: Westview, 2000), 30~37 (자료는 table 3.2, p. 32). 1939년 이전 미국의 교통 역사에 관해서는 다음을 보라. Owen D. Gutfreund, Twentieth-Century Sprawl: Highways and Reshaping of the American Landscape (New York: Oxford University Press, 2004), chap. 1; Clay McShane, Down the Asphalt Path: The Automobile and the American City (New York: Columbia University Press, 1994), 103~122; John Jakle, "Landscapes Redesigned for the Automobile," in The Making of the American Landscape, ed. Michael P. Conzen (Boston: Unwin Hyman, 1990), 293~299.

145) United Nations Department for Economic and Social Information and Policy Analysis, Population Division, World Urbanization Prospects: The 2003 Revision (New York: UN Population Division, 2004), tables 1.1, 1.7 (pp. 3, 11). 거대 도시의 수는 어느 정도까지는 도시의 경계를 어떻게 규정하는가에 따라 다르다.

146) United Nations Department for Economic and Social Information and Policy Analysis, Population Division, World Urbanization Prospects, tables 1.1, 1.3 (pp. 3~5). 대략적인 수치다.

147) United Nations Human Settlements Programme (UN-Habitat), The Challenge of Slums: Global Report on Human Settlements 2003 (London: Earthscan, 2003), 25~27.

148) 페르시아만에 관해서는 다음을 보라. Yasser Elsheshtawy, "Cities of Sand and Fog: Abu Dhabi's Global Ambitions," in The Evolving Arab City: Tradition, Modernity and Urban Development, ed. Yasser Elsheshtawy (New York: Routledge, 2008), 258~304; Janet Abu-Lughod, "Urbanization in the Arab World and the International System," in The Urban Transformation of the Developing World, ed. Josef Gugler (Oxford: Oxford University Press, 1996), 185~210. 카라치에 관해서는 다음을 보라. Arif Hasan, "The Growth of a Metropolis," in Karachi: Megacity of Our Times, ed. Hamida Khuhro and Anwer Mooraj (Karachi: Oxford University Press, 1997), 174. 중국에 관해서는 다음을 보라. Anthony M. Orum and Xiangming Chen, The World of Cities: Places in Comparative and Historical Perspective (Malden, MA: Blackwell, 2003), table 4.1 (pp. 101~103).

149) James Heitzman, The City in South Asia (London: Routledge, 2008), 179, 187; David Satterthwaite, "In Pursuit of a Healthy Urban Environment in Low- and Middle-Income Nations," in Scaling Urban Environmental Challenges: From Local to Global and Back, ed. Peter J. Marcotullion and Gordon McGranahan (London: Earthscan, 2007), 79; Alan Gilbert, "Land, Housing, and Infrastructure in Latin America's Major Cities," in The Mega-city in Latin America, ed. Alan Gilbert (New York: United Nations University Press, 1996), table 4.1 (pp. 74~75); Hasan, "Growth of a Metropolis," 188~189.

150) Satterthwaite, "In Pursuit," 69~71; United Nations Centre for Human Settlements (Habitat), Cities in a Globalizing World: Global Report on Human Settlements, 2001 (London: Earthscan, 2001), 105~110. 인도 도시들의 물 공급과 수요에 관해서는 다음을 보라. Rajendra Sagane, "Water Management in Mega-cities in India: Mumbai, Delhi, Calcutta, and Chennai," in Water for Urban Areas: Challenges and Perspectives, ed. Juha I. Uitto and Asit K. Biswas (New York:

United Nations University Press, 2000), 84~111.

151) United Nations Centre for Human Settlements Programme (UN-Habitat), *The Challenge of Slums*, table 6.8 (p. 113); Gilbert, "Land, Housing," 78~80.

152) grimm et al., "Global Change," 757; Mario J. Molina and Luisa T. Molina, "Megacities and Atmospheric Pollution," *Journal of the Air and Waste Management Association* 54 (June 2004): 644~680; World Health Organization and United Nations Environment Programme, *Urban Air Pollution in Megacities of the World* (Cambridge, MA: Blackwell Reference, 1992), 56~65, 203~210.

153) United Nations Centre for Human Settlements Programme (UN-Habitat), *The Challenge of Slums*, 211~212; World Health Organization and United Nations Environment Programme, *Urban Air Pollution*, 107~113; Robert Cribb, "The Politics of Pollution Control in Indonesia," *Asian Survey* 30, no. 12 (December 1990): 1123~1235; Susan Abeyasekere, *Jakarta: A History* (Singapore: Oxford University Press, 1989), 167~245.

154) United Nations Department for Economic and Social Information and Policy Analysis, Population Division, *World Urbanization Prospects*, table 1.1 (p. 3).

155) Frank Uekoetter, *The Age of Smoke: Environmental Policy in Germany and the United States, 1880-1970* (Pittsburgh: University of Pittsburgh Press, 2009), 113~195, 209~258; Joel Tarr, "The Metabolism of the Industrial City: The Case of Pittsburgh," *Journal of American History* 28, no. 5 (July 2002): 523~528.

156) World Health Organization and United Nations Environment Programme, *Urban Air Pollution*, 124~134, 172~177, 211~218.

157) Uekoetter, *The Age of Smoke*, 198~207; Molina and Molina, "Megacities and Atmospheric Pollution," 644~661. 아디스아바바에 관해서는 다음을 보라. V. Etyemezian et al., "Results from a Pilot-Scale Air Quality Study in Addis Ababa, Ethiopia," *Atmospheric Environment* 39 (2005): 7849~7860.

158) McShane, *Down the Asphalt Path*, 1~56, 103~122, 203~223; Barbara Schmucki, *Der Traum vom Verkehrsfluss: Städtische Verkehrsplanung seit 1945 im deutsch-deutschen Vergleich* (Frankfurt: Campus, 2001), 100~103, 126, 401; Peter Newman and Jeffrey Kenworthy, *Sustainability and Cities: Overcoming Automobile Dependence* (Washington, DC: Island Press, 1999), table 3.8 (p. 60); Foster, *Australian Cities*, 18; Jakle, "Landscapes Redesigned," 299~300.

159) Jeffrey Kenworthy and Felix Laube, *An International Sourcebook of Automobile Dependence in Cities, 1960-1990* (Niwot, CO: University Press of Colorado, 1999), 361; Newman and Kenworthy, *Sustainability and Cities*, table 3.12; Karan, "The City in Japan," 33; Foster, *Australian Cities*, 15~20.

160) Newman and Kenworthy, *Sustainability and Cities*, table 3. 4, 3.8, 3.14; Matthew E. Kahn, "The Environmental Impact of Suburbanization," *Journal of Policy Analysis and Management* 19, no. 4 (Autumn 2000): 569~586. 미국의 휘발유 가격과 자동차 크기에 관해서는 다음을 보라. Rudi Volti, "A Century of Automobility," *Technology and Culture* 37, no. 4 (October 1996): 663~685.

161) Melosi, *The Sanitary City*, 297~298, 338~341, 373~374, 395~422. 전후 시대 영국의 도시
화와 토지이용에 관해서는 다음을 보라. Peter Hall, "The Containment of Urban England,"
Geographical Journal 140, no. 3 (October 1974): 386~408.

162) Grimm et al., "Global Change," 756, 758.

163) William E. Rees, "Ecological Footprints and Appropriated Carrying Capacity: What Urban
Economics Leaves Out," *Environment and Urbanization* 4, no. 2 (October 1992): 121~130 (인용
은 125쪽). 이 생각에 대한 비판의 개요는 다음을 보라. Winiwarter and Knoll, *Umweltgeschichte*,
182~185.

164) Charles J. Kibert, "Green Buildings: An Overview of Progress," *Journal of Land Use &
Environmental Law* 19 (2004): 491~502; R. R. White, "Editorial: Convergent Trends in
Architecture and Urban Environmental Planning," *Environment and Planning D: Society and Space*
11, no. 4 (August 1993): 375~378.

165) Timothy Beatley, "Green Urbanism in European Cities," in *The Humane Metropolis: People
and Nature in the 21th-Century City*, ed. Rutherford H. Platt (Amherst, MA: University of
Massachusetts Press, 2006), 297~314; Timothy Beatley, *Green Urbanism: Learning from European
Cities* (Washington, DC: Island Press, 2000).

166) Anna Lehmann and Ulrich Schulte, "Brüder, zur Sonne, nach Freiburg!...," *TAZ, Die Tageszeitung*
(July 31, 2007), Berlin Metro Section, 21; Thomas Schroepfer and Limin Hee, "Emerging Forms
of Sustainable Urbanism: Case Studies of Vauban Freiburg and solarCity Linz," *Journal of Green
Building* 3, n0. 2 (Spring 2008): 67~76. 프라이부르크의 선전 책자는 다음을 보라. City of
Freburg im Breisgau, Freiburg Green City (October 2008), 다음에서 볼 수 있다. www.freiburg.
de/greencity.

167) John Pucher and Ralph Buehler, "Making Cycling Irresistible: Lessons from the Netherlands,
Denmark, and Germany," *Transport Reviews* 28, no. 4 (July 2008): 495~528; Newman and
Kenworthy, *Sustainability and Cities*, 201~208; John Pucher, "Bicycling Boom in Germany: A
Revival Engineered by Public Policy," *Transportation Quarterly* 51, no. 4 (Fall 1997): 31~45.

168) 쿠리치바에 관한 이 개요는 다음에 의존했다. Bill McKibben, Hope, *Human and Wild: True
Stories of Living Lightly on the Earth* (Minneapolis: Milkweed, 2007), 59~111; Hugh Schwartz,
Urban Renewal, Municipal Revitalization: The Case of Curitiba, Brazil (Alexandria, VA: Hugh
Schwartz, 2004), chap. 1; Donnella Meadows, "The City of first Priorities," *Whole Earth Review* 85
(Spring 1995): 58~59; Jonas Rabinovitch, "Curitiba: Towards Sustainable Urban Development,"
Environment and Urbanization 4, no. 2 (October 1992): 62~73.

169) 아바나에 관한 논의는 다음에 의존했다. Shawn Miller, *Environmental History of Latin America*,
230~235; Adriana Premat, "Moving between the Pland and the Ground: Shifting Perspectives
on Urban Agriculture in Havana, Cuba," in *Agropolis: The Social, Political, and Environmental
Dimensions of Urban Agriculture*, ed. Luc J. A. Mougeot (London: Earthscan, 2005), 153~185;
Reader, Cities, 168~171.

170) Luc J. A. Mougeot, introduction to Mougeot, *Agropolis*, 1~4 and table 17.

171) 바르셀로나의 녹화 노력에 대한 비판적인 태도는 다음을 보라. Juan Martinez-Alier, *The Environmentalism of the Poor: A Study of Ecological Conflicts and Valuation* (New Delhi: Oxford University Press, 2004), 161~167. 전 세계의 자동차에 관해서는 다음을 보라. United Nations Centre for Human Settlements (Habitat), *Cities in a Globalizing World*, table 11.1. 중국과 자동차에 관해서는 다음을 보라. Yok-shiu F. Lee, "Mortorization in Rapidly Developing Cities," in *Scaling Urban Environmental Challenges: From Local to Global and Back*, ed. Peter J. Marcotullio and Gordon McGranahan (London: Earthscan, 2007), 179~205.

172) Angus Maddison, *The World Economy*, vol. 1, *A Millennial Perspective* (Paris: OECD, 2006), 125~126.

173) Jürgen Osterhammel and Niels P. Petersson, *Globalization: A Short History* (Princeton, NJ: Princeton University Press, 2005), 94~103; J. R. McNeill, "Social, Economic, and Political Forces in Environmental Change, Decadal Scale (1900 to 2000)," in *Sustainability or Collapse? An Integrated History and Future of People on Earth*, ed. Robert Costanza, Lisa J. Graumlich, and Will Steffen (Cambridge, MA: MIT Press, 2007), 307~308; Jeffry Frieden, Global Capitalism: Its Fall and Rise in the 20th Century (New York: Norton, 2006).

174) Ivan Berend, *Central and Eastern Europe, 1944-1993: Detour from the Periphery to the Periphery* (Cambridge: Cambridge University Press, 1996).

175) Stephen Kotkin, *Armageddon Averted: The Soviet Collapse, 1970-2000* (Oxford: Oxford University Press, 2008), 17~25, 32~34; Maddison, *The World Economy*, vol. 1, table 3-5; Robert C. Allen, *From Farm to Factory: A Reinterpretation of the Soviet Industrial Revolution* (Princeton, NJ: Princeton University Press, 2003).

176) 바이오매스는 전 세계의 가난한 지역에 사는 수백만 가구에 지속적으로 중요했지만 이 수치에 포함되지 않았다. 바이오매스는 상업경제 밖에서 수집되어 이용되는 경향이 있어서 대체로 드러나지 않을 때가 많다. 다음을 보라. Vaclav Smil, *Energy in Nature and Society: General Energetics of Complex Systems* (Cambridge, MA: MIT Press, 2008), chap. 9 (특히 fig. 9.1을 보라).

177) Ibid., 241~243, 257~259.

178) Vaclav Smil, *Energy at the Crossroads: Global Perspectives and Uncertainties* (Cambridge, MA: MIT Press, 2005), 65~105.

179) Massimo Livi-Bacci, *A Concise History of World Population* (Cambridge, MA: Blackwell, 1992), table 4.3; Maddison, *The World Economy*, vol. 2, *Historical Statistics* (Paris: OECD Development Centre, 2006), table 5a.

180) Vaclav Smil, *Transforming the Twentieth Century: Technical Innovations and Their Consequences* (New York: Oxford University Press, 2006), 221~224.

181) John McCormick, *Reclaiming Paradise: The Global Environmental Movement* (Bloomington: Indiana University Press, 1989), 55~56, 69~71.

182) Smil, *Transforming the Twentieth Century*, 123~130; Peter Clark, "Versatile Plastics for Future," *Science News-Letter* 76, no. 24 (December 12, 1959): 402~403.

183) John B. Colton Jr., Frederick D. Knapp, and Bruce R. Burns, "Plastic Particles in Surface Waters

of the Northwestern Atlantic," *Science* 185, no. 4150 (August 9, 1974): 491~497; "Oily Seas and Plastic Waters of the Atlantic," *Science News* 103, no. 8 (February 24, 1973): 119; Thor Heyerdahl, *The Ra Expeditions* (New York: Doubleday, 1971), 209~210, 253, 312 (인용은 209쪽).

184) Smil, *Transforming the Twentieth Century*, 123.

185) P. G. Ryan, C. J. Moore, J. A. van Franeker, and C. L. Moloney, "Monitoring the Abundance of Plastic Debris in the Marine Environment," *Philosophical Transactions of the Royal Society* (*Biology*) 364 (2009): 1999~2012; D. K. Barnes, F. Galgani, R. C. Thompson, and M. Barlaz, "Accumulation and Fragmentation of Plastic Debris in Gloval Environments," *Philosophical Transactions of the Royal Society* (*Biology*) 364 (2009): 1985~1998; Lindsey Hoshaw, "Afloat in the Ocean, Expanding Islands of Trash," *New York Times*, November 10, 2009, D2; Richard C. Thompson et al., "Lost at Sea: Where Is All the Plastic?," *Science* 304, no. 5672 (May 7, 2004): 838. 좀 더 대중적인 글은 다음을 보라. Gurtis Ebbesmeyer and Eric Scigliano, *Flotsametrics and the Floating World* (New York: HarperCollins, 2009), 186~221.

186) Peter Dauvergne, *The Shadows of Consumption: Consequences for the Global Environment* (Cambridge, MA: MIT Press, 2008), 99~131; Smil, *Transforming the Twentieth Century*, 41; Catherine Wolfram, Orie Shelef, and Paul J. Gertler, "How Will Energy Demand Develop in the Developing World?," National Bureau of Economic Research Working Paper nO. 17747 (2012) at www.nber.org/papers/w17747.

187) Maddison, *The World Economy*, 1:131~134; Rondo Cameron and Larry Neal, *A Concise Economic History of the World from Paleolithic Times to the Present* (New York: Oxford University Press, 2003), 367~370. 전후 시대 유럽에서 저렴한 석유가 미친 영향에 관해서는 다음을 보라. Christian Pfister, "The Syndrome of the 1950s," in *Getting and Spending: European and American Consumer Societies in the Twentieth Century*, ed. Susan Strasser, charles McGovern, and Matthias Judt (Cambridge: Cambridge University Press, 1998), 3590377.

188) Maddison, *The World Economy*, 1:139~141; Yasukichi Yasuba, "Japan's Post-war Growth in Historical Perspective," in *The Economic Development of Modern Japan, 1945-1995*, vol. 1, *From Occupation to the Bubble Economy*, ed. Steven Tolliday (Northampton, MA: Edward Elgar, 2001), 2~16.

189) 미국화 이론에 관해서는 다음을 보라. Richard Kuisel, "Commentary: Americanization for Historians," *Diplomatic History* 24, no. 3 (Summer 2000): 509~515. 유럽의 미국화에 관한 문헌은 대단히 많다. 예를 들어 다음을 보라. Emanuella Scarpellini, "Shopping American style" The Arrival of the Supermarket in Postwar Italy," *Enterprise and Society* 5, no. 4 (2004): 625~668; Detlef Junker, "The Continuity of Ambivalence: German Views of America, 1933-1945," in *Transatlantic Images and Perceptions: Germany and america since 1776*, ed. David Barkley and Elisabeth Glaser-Schmidt (New York: Cambridge Unviersity Press and German Historical Institute, 1997), 243~263; Richard Kuisel, *Seducing the French: The Dilemma of Americanization* (Berkeley: University of California Press, 19930; Frank Costigliola, *Awkward Dominion: American Political, Economic and Cultural Relations with Europe, 1919-33* (Ithaca, NY: Cornell University

Press, 1984). 미국 문화가 일본의 소비주의에 끼친 영향에 관해서는 다음을 보라. Penelope Francks, *The Japanese Consumer: An Alternative Economic History of Modern Japan* (Cambridge: Cambridge University Press, 2009), 151~162; Yasuba, "Japan's Post-war Growth," 13~14. 미국과 동아시아의 소비주의 전반에 관해서는 다음을 보라. James L. Watson, *Golden Arches East: McDonald's in East Asia* (Stanford, CA: Stanford University Press, 2006).

190) Maddison, *The World Economy*, vol. 2, tables 5a, 5b, 5c (pp. 542~543, 552~553, 562~563).

191) Kotkin, *Armageddon Averted*, chap. 1; Cameron and Neal, *Concise Economic History*, 372~373. 농업집단화가 동유럽의 자연과 주민에게 끼친 영향에 관해서는 다음의 논의를 보라. Katrina Z. S. Schwartz, *Nature and National Identity after Communism: Globalizing the Ethnoscape* (Pittsburgh: University of Pittsburgh Press, 2006); Arvid Nelson, *Gold War Ecology: Forests, Farms, and People in the East German Landscape, 1945-1989* (New Haven, CT: Yale University Press, 2005).

192) Kotkin, *Armageddon Averted*, 10~17, 48~53.

193) Ibid., chap. 3.

194) Ibid., chap. 5; Maddison, *The World Economy*, 1:155~161.

195) Ho-fung Hung, "Introduction: The Three Transformations of Global Capitalism," in *China and the Transformation of Global Capitalism*, ed. Ho-fung Hung (Baltimore: Johns Hopkins University Press, 2009), 10~11; Osterhammel and Petersson, *Globalization*, 115~116.

196) Giovanni Arrighi, "China's Market Economy in the Long Run," 1~21; Ho-fung Hung, "Introduction," 6~13; John Minns, "World Economies: Southeast Asia since the 1950s," in *The Southeast Asia Handbook*, ed. Patrick Heenan and Monique Lamontagne (London: Fitzroy Dearborn, 2001), 24~37.

197) 바나나 무역에 관해서는 다음을 보라. Marcelo Bucheli and Ian Read, "Banana Boats and Baby Food: The Banana in U.S. History," in *From Silver to Cocaine: Latin American Commodity Chains and the Building of the World Economy, 1500-2000*, ed. Steven Topik, Carlos Marichal, and Zephyr Frank (Durham, NC: Duke University Press, 2006), 204~227.

198) Osterhammel and Petersson, *Globalization*, 128~130; Minns, "World Economies."

199) Maddison, *The World Economy*, 1:151~155 and table 3-5.

200) Martinez-Alier, *Environmentalism of the Poor*, chap. 2; Ramachandra Guha and Juan Martinez-Alier, *Varieties of Environmentalism: Essays North and South* (Delhi: Oxford University Press, 1998), chap. 9; Herman E. Daly, "Steady-State Economics versus Growthmania: A Critique of the Orthodox Conceptions of Growth, Wants, Scarcity, and Efficiency," *Policy Sciences* 5, no. 2 (June 1974): 149~167.

201) Robert Costanza et al., "The Value of the World's Ecosystem Services and Natural Capital," *Nature* 387 (May 15, 1997): 253~260; Robert Costanza, "Ecological Economics: Reintegrating the Study of Humans and Nature," *Ecological Applications* 6, no. 4 (November 1996): 978~990; Kenneth Arrow et al., "Economic Growth, Carrying Capacity, and the Environment," *Ecological Applications* 6, no. 1 (February 1996): 13~15; Herman E. Daly, "ON Economics as a Life Science," *Journal of Political Economy* 76, no. 3 (May-June 1968): 392~406; Kenneth E. Boulding,

"Economics and Ecology," in *Future Environments of North America: Being the Record of a Conference Convened by the Conservation Foundation in April, 1965, at Airlie House, Warrenton, Virginia*, ed. F. Fraser Darling and John P. Milton (Garden City, NY: Natural History Press, 1966), 225~234.

202) David Satterthwaite, *Barbara Ward and the Origins of Sustainable Development* (London: International Institute for Environment and Development, 2006); Susan Baker, *Sustainable Development* (New York: International Institute for Environment and Development, 2006); Lorraine Elliott, *The Global Politics of the Environment* (New York: New York University Press, 2004); Robert Paehlke, "Environmental Politics, Sustainability and Social Science," *Environmental Politics* 10, no. 4 (Winter 2001): 1~22; United Nations Environment Programme, *In Defence of the Earth: The Basic Texts on Environment: Founex-Stockholm-Cocoyoc* (Nairobi: United Nations Environment Programme, 1981).

203) 이 문제들 다룬 탁월한 글은 다음을 보라. Ramachandra Guha, *How Much Should a Person Consume? Environmentalism in India and the United States* (Berkeley: University of California Press, 2006), chap. 9.

204) Vaclav Smil, *Energy in World History* (Boulder, CO: Westview, 1994), 185; 소련에 관해서는 다음을 보라. Paul Josephson, "War on Nature as Part of the Cold War: The Strategic and Ideological Roots of Environmental Degradation in the Soviet Union," in *Environmental Histories of the Cold War*, ed. J. R. McNeill and Corinna Unger (New York: Cambridge University Press, 2010), 46. 찰스 메이어Charles Maier의 "The World Economy and the Cold War in the Middle of the Twentieth Century," in *The Cambridge History of the Cold War*, ed. Melvyn Leffler and Arne Westad (Cambridge: Cambridge University Press, 2010), 1: 64에 따르면 소련은 국민총생산의 약 20퍼센트를 군비 지출로 쓴 반면 미국과 프랑스, 영국은 국민총생산의 5퍼센트 내지 10퍼센트를 군사적 목적에 썼다. 미국은 석유 소비량의 약 3~4퍼센트를 군대에 돌렸다. 1979년 이래로 공군의 주력기였던 F-16 한 대가 반나절 만에 평균적인 미국인 가정의 자동차가 2년 넘게 쓸 것보다 더 많은 연료를 소비했다.

205) 국가 간 체제와 그 생태학적 영향에 관해서는 다음을 보라. J. R. McNeill, "The Cold War and the Biosphere," in Leffler and Westad, *Cambridge History of the Cold War*, 3: 434~436.

206) Christopher J. Ward, *Brezhnev's Folly: The Building of BAM and Late Soviet Socialism* (Pittsburgh: University of Pittsburgh Press, 2009). 물론 이 사업의 동기도 여러 가지였다.

207) Philip Micklin, "The Aral Sea Disaster," *Annual Review of Earth and Planetary Sciences* 35 (2007): 47~72. 냉전과 직접 관련이 있는 한 가지 잠재적인 문제는 이전에 보즈로즈데니야 섬이었던 곳의 문제이다. 이 섬은 탄저균과 천연두, 기타 여러 가지 병원균을 무기화한 소련 생물 무기 프로그램의 주된 실험 장소였다. 2001년 섬은 반도의 일부로 연결되었고, 따라서 설치류를 비롯한 여러 동물들이 한때는 고립되었던 실험 장소였던 곳을 쉽게 들락거렸다.

208) Yin Shaoting, "Rubber Planting and Eco-Environmental/Socio-cultural Transition in Xishuangbanna," in *Good Earths: Regional and Historical Insights into China's Environment*, ed. Abe Ken-ichi and James E. Nickum (Kyoto: Kyoto University Press, 2009), 136~143; Judith Shapiro, *Mao's War against Nature* (New York: Cambridge University Press, 2001), 172~184; Hongmei Li,

T. M. Aide, Youxin Ma, Wenjun Liu, and Min Cao, "Demand for Rubber Is Causing the Loss of High Diversity Rain Forest in SW China," *Biodiversity and Conservation* 16 (2007): 1731~1745; Wenjin Liu, Huabin Hu, Youxin Ma, and Hongmei Li, "Environmental and Socio-economic Impacts of Increasing Rubber Plantations in Menglun Township, Southwest China," *Mountain Research and Development* 26 (2006): 245~253.

209) 나바호족 보호 구역의 우라늄 광산 광부들에 관해서는 다음을 보라. B. R. Johnston, S. E. Dawson, and G. Madsen, "Uranium Mining and Milling: Navajo Experiences in the American Southwest," in *Half-Lives and Half-Truths: Confronting the Radioactive Legacies of the Cold War*, ed. Barbara Rose Johnston (Santa Fe, NM: School for Advanced Research Press, 2007), 97~116.

210) 기본적인 자료는 다음에 있다. Arjun Makhijani, Howard Hu, and Katherine Yih, eds., *Nuclear Wastelands: A Global Guide to Nuclear Weapons Production and Its Health and Environmental Effects* (Cambridge, MA: MIT Press, 1995).

211) Kate Brown, *Plutopia: Nuclear Families, Atomic Cities, and the Great Soviet and American Plutonium Disasters* (New York: Oxford University Press, 2013); Michele Stenehjem Gerber, *On the Home Front: The Cold War Legacy of the Hanford Nuclear Site* (Lincoln: University of Nebraska Press, 2002); T. E. Marceau et al., *Hanford Site Historic District: History of the Plutonium Production Facilities, 1943-1990* (Columbus, OH: Battelle Press, 2003); John M. Whiteley, "The Hanford Nuclear Reservation: The Old Realities and the New," in *Critical Masses: Citizens, Nuclear Weapons Production, and Environmental Destruction in the United States and Russia*, ed. Russell J. Dalton, Paula Garb, Nicholas Lovrich, John Pierce, and John Whitely (Cambridge, MA: MIT Press, 1999), 29~58.

212) Ian Stacy, "Roads to Ruin on the Atomic Frontier: Environmental Decision Making at the Hanford Nuclear Reservation, 1942-1952," *Environmental History* 15 (2010): 415~448.

213) Brown, *Plutopia*, 169~170; Gerber, Home Front, 90~92; M. A. Robkin, "Experimental Release of 131I: The Green Run," Health Physics 62, no. 6 (1992): 487~495.

214) Bengt Danielsson and Marie-Thérèse Danielsson, *Poisoned Reign: French Nuclear Colonialism in the Pacific* (New York: Penguin, 1986); Stewart Firth, *Nuclear Playground* (Honolulu: University of Hawai'i Press, 1986); Mark Merlin and Ricardo Gonzalez, "Environmental Impacts of Nuclear Testing in Remote Oceania, 1946-1996," in McNeill and Unger, *Environmental Histories*, 167~202. 수십 년 동안 마지못해 미국의 핵실험을 받아들였던 마셜 제도 주민들의 운명에 관해서는 다음을 보라. Barbara Rose Johnston and Holly M. Barker, *Consequential Damages of Nuclear War: The Rongelap Report* (Walnut Creek, CA: Left Coast Press, 2008).

215) 전체 방사성 핵종 누출량은 톰스크-7에서 더 많았을지도 모르지만, 여기서 훨씬 더 널리 퍼졌다. Don J. Bradley, *Behind the Nuclear Curtain: Radioactive Waste Management in the Former Soviet Union* (Columbus: Battelle Press, 1997), 451ff. 소련의 핵무기 복합 단지에 관해서는 다음을 보라. Nikolai Egorov, Valdimir Novikov, Frank Parker, and Victor Popov, eds., *The Radiation Legacy of the Soviet Nuclear Complex* (London: Earthscan, 2000); Igor Kudrik, Charles Digges, Alexnader Nikitin, Nils Bøhmer, Vladimir Kuznetsov, and Vladislav Larin, *The Russian Nuclear Industry*

(Oslo: Bellona Foundation, 2004); John Whiteley, "The Compelling Realities of Mayak," in Dalton et al., *Critical Masses*, 59~96. 인간에 미친 영향에 관해서는 다음을 보라. Paula Garb, "Russia's Radiation Victims of cold War Weapons Production Surviving in a Culture of Secrecy and Denial," and Cynthia Werner and Kathleen Purvis-Roberts, "Unraveling the Secrets of the Past: Contested Visions of Nuclear Testing in the Soviet Republic of Kazakhstan," both in Johnston, *Half-Lives and Half-Truths*, 249~276, 277~298.

216) 노르웨이와 러시아의 합동 조사단은 1948년에서 1996년 사이에 마야크에서 사고로 또 고의로 누출된 스트론튬-90과 세슘-137이 8900 페타베크렐에 달한다고 계산했다. Rob Edwards, "Russia's Toxic Shocker," *New Scientist* 6 (December 1997): 15. 1 페타베크렐이 10의 15승 베크렐이므로, 8900 페타베크렐은 약 2억 4000퀴리로 대략 공시적인 수치의 1.8배에 달한다.

217) Bradley, *Behind the Nuclear Curtain*, 399~401; Garb, "Russia's Radiation Victims", 253~260.

218) Zhores Medvedev, *Nuclear Disaster in the Urals* (New York: Norton, 1979).

219) 핵과 관련하여 소련이 처한 곤혹스러운 상황을 개략한 최근의 문헌으로는 다음을 보라. Paul Josephson, "War on Nature as Part of the Cold War: The Strategic and Ideological Roots of Environmental Degradation in the Soviet Union," in McNeill and Unger, *Environmental Histories*, 43~46; McNeill, "Cold War and the Biosphere," 437~443 (이 부분의 설명은 이 책에 크게 빚졌다.); Brown, *Plutopia*, 189~212, 231~246.

220) Egorov et al., *Radiation Legacy*, 150~153; Bradley, *Behind the Nuclear Curtain*, 419~420.

221) 예를 들면 다음을 보라. Mark Hertsgaard, *Earth Odyssey* (New York: Broadway Books, 1998); Garb, "Russia's Radiation Victims."; Murray Feshbach, *Ecological Disaster: Cleaning Up the Hidden Legacy of the Soviet Regime* (New York: Twentieth Century Fund, 1995), 48~49; Murray Feshbach and Alfred Friendly Jr., *Ecocide in the USSR* (New York: Basic Books, 1992), 174~179; Brown, *Plutopia*.

222) N. A. Koshikurnikova et al., "Moratlity among Personnel Who Worked at the Mayak Complex in the First Years of Its Operation," *Health Physics* 71 (1996): 90~99; M. M. Kossenko, "Cancer Mortality among Techa River Residents and Their Offspring," *Health Physics* 17 (1996): 77~82; N. A. Koshikurnikova et al., "Sudies on the Mayak Nuclear Workers: Health Effects," *Radiation and Environmental Biophysics* 41 (2002): 29~31; Mikhail Balonov et al., "Assessment of Current Exposure of the Population Living in the Techa Basin from Radioactive Releases from the Mayak Facility," *Health Physics* 92 (2007): 134~137. 현재 진행 중인 미국 에너지부의 연구에 따르면 마야크에서 일했던 노동자들은 심각한 건강 문제를 안고 있다. 다음을 보라. http://hss.energy.gov/HealthSafety/IHS/ihp/jccrer/active_projects.html. 최근의 훌륭한 개요는 다음을 보라. W. J. F. Standring, Mark Dowdall, and Per Strand, "Overview of Dose Assessment Developments and the Health of Riverside Residents Close to the 'Mayak' PA Facilities, Russia," *International Journal of Environmental Research and Public Health* 6 (2009): 174~199.

223) Whiteley, "Compelling Realities," 90. 다음을 인용했다. Paula Garb, "Complex Problems and No Clear Solutions: Difficulties of Defining and Assigning Culpability for Radiation Victimization in the Chelyabinsk Region of Russia," in *Life and Death Matters: Human Rights at the End of the*

Millennium, ed. B. R. Johnston (Walnut Creek, CA: AltaMira Press, 1997).

224) 가장 명확하지 않은 것은 중국의 상황이었다. 중국의 경우 러시아보다 자료는 훨씬 더 적었고 신뢰성도 더 떨어졌다. 다음을 보라. Alexandra Brooks and Howard Hu, "China," in Makhijani et al., *Nuclear Wastelands*, 515~518.

225) Bellona Foundation, *Bellona Report No. 8: Sellafield*, at www.bellona.org. 다음도 참조하라. Jacob Hamblin, *Poison in the Well: Radioactive Waste in the Oceans at the Dawn of the Nuclear Age* (New Brunswick, NJ: Rutgers University Press, 2008).

226) 2006년 러시아 법원은 마야크의 관리자인 비탈리 사도프니코프(Vitaly Sadovnikov)가 비용을 삭감하고 사사로이 이익을 챙기려고 2001~2004년에 수천만 세제곱미터의 방사능 폐기물을 테차 강에 투기할 것을 허가했다고 판단했다. 다음을 보라. Bellona post of March 20, 2006, at www.bellona.ru/bellona.org/news/news_2006/Mayak_plant_%20general_director_dismissed_from_his_post.

227) National Geographic News: http://news.nationalgeographic.com/news/2001/08/0828_wirenukesites.html.

228) 스트론튬-90은 몇 가지 생화학적 측면에서 칼슘과 흡사하며 음식과 음료를 통해 사람의 치아와 뼈, 골수에 쉽게 흡수되어 암과 백혈병을 유발한다.

229) Arhun Makhijani and Stephen I. Schwartz, "Victims of the Bomb," in *Atomic Audit: The Costs and Consequences of U.S. Nuclear Weapons since 1940*, ed. Stephen I. Schwartz (Washington, DC: Brollkings Institution Press, 1998), 395는 미국의 대기 핵실험 때문에 발생한 암으로 사망한 사람을 전 세계에서 7만 명에서 80만 명 사이로 잡고 있다. 핵무기 프로그램의 다른 면으로 인한 사망자 수치는 특히 중국과 소련과 관련된 곳에서는 훨씬 더 부정확하다.

230) 미국에서는 에드워드 텔러(Edward Teller)가 그가 말한 '지리공학(geographical engineering)'의 주된 옹호자였다. 부다페스트 태생으로 독일에서 공부한 맹렬한 반공주의자인 텔러는 핵폭발에 지리공학을 이용하는 문제에 관해서는 가장 열정적인 소련 몽상가에 어울린다. Teller et al., *The Constructive Uses of Nuclear Explosives* (New York: McGraw-Hill, 1968); Scott Kirsch, *Proving Grounds: Project Plowshare and the Unrealized Dream of Nuclear Earthmoving* (New Brunswick, NJ: Rutgers University Press, 2005).

231) 이 사건은 항공기와 핵무기가 관련된 여러 사고들 중 하나인데, 그러한 사고들은 어느 것도 완전한 대재난으로 이어지지 않았다. Randall C. Maydew, *America's Lost H-Bomb: Palomares, Spain, 1966* (Manhattan, KS: Sunflower University Press, 1997); 읽을 만한 저널리즘적 설명은 다음을 보라. Barbara Moran, *The Day We Lost the H-bomb: Cold War, Hot Nukes, and the Worst Nuclear Weapons Disaster in History* (New York: Presidio Press, 2009)

232) 연설은 다음에 인용. Frank Dikötter, *Mao's Great Famine: The History of China's Most Devastating Catastrophe, 1958-1962* (New York: Walker and Co., 2010), 174. 대약진운동에 관해서는 다음을 보라. Alfred Chan, *Mao's Crusade: Politics and Policy Implementation in China's Great Leap Forward* (New York: Oxford University Press, 2001); Dali Yang, *Calamity and Reform in China: State, Rural Society, and Institutional Change since the Great Leap Forward* (Stanford, CA: Stanford University Press, 1998). 좋은 평가를 받는 저널리즘적 개관은 다음을 보라. Jasper Becker, *Hungry*

Ghosts: Mao's Secret Famine (New York: Holt, 1998). 상세한 정치적 설명은 다음을 보라. Roderick MacFarquhar, The Origins of the Cultural Revolution, vol. 2, The Great Leap Forward (New York: Columbia University Press, 1983). 가장 권위 있는 설명은 다음일 것이다. Yang Jisheng, Bu Mei, now in English as Tombstone: The Great Chinese Famine, 1958-62 (New York: Farrar, Straus and Giroux, 2012). 환경 측면에 관해서는 다음을 보라. Shapiro, Mao's War against Nature, 70~93; Elizabeth Economy, The River Runs Black: The Environmental Challenge to China's Future (Ithaca, NY: Cornell University Press, 2004), 51~53; Dikötter, Mao's Great Famine, 174~188.

233) 대다수 학자는 약 3000만 명 정도로 제시하며, 양지성(楊繼繩)은 『묘비(Tombstone)』에서 3800만 명으로 계산한다. 프랑크 디쾨터(Frank Dikötter)는 『마오의 대기근』에서 최소한 4500만 명이 죽었을 것이라고 쓰고 있다. 전형적인 기근은 어린 아이들을 많이 희생시키지만, 이상하게도 이 기근은 마흔 살 넘은 남자들을 가장 많이 죽였다. Susan Cotts Watkins and Jane Menken, "Famines in Historical Perspective," Population and Development Review 11 (1985): 647~675.

234) 한때 마오쩌둥은 7년 안에 미국의 강철 생산량을 뛰어넘을 것을 목표로 삼았다. Bao Mohong, "The Evolution of Environmental Problems and Environmental Policy in China," in McNeill and Unger, Environmental Histories, 317. 다음에서 인용. Xie Chuntao, The Roaring Waves of the Great Leap Forward (Henan: People Press, 1990), 25 (in Chinese).

235) Roderick MacFarquhar, Timothy Cheek, and Eugene Wu, eds., The Secret Speeches of Chairman Mao: From the Hundred Flowers to the Great Leap Forward (Cambridge, MA: Harvard University Press, 1989), 377~517, esp. 409, 511; MacFarquhar, Origins of the Cultural Revolution, 2: 90.

236) 9000만 명이라는 수는 마오쩌둥의 말이며 학자들이 널리 되풀이하기는 했어도 공상적이다. MacFarquhar, Origins of the Cultural Revolution, 2: 113~116, 128~130; Bao Maohong, "The Evolution of Environmental Problems," 326~327; Economy, River Runs Black, 53; Shapiro, Mao's War against Nature, 81.

237) Shapiro, Mao's War against Nature, 81~83; Dikötter, Mao's Great Famine, 176~178. 쓰촨성에 관해서는 다음을 보라. John Studley, "Forests and Environmental Degradation in SW China," International Forestry Review 1 (1999): 260~265; S. D. Richardson, Forests and Forestry in China (Washington, Dc: Island Press, 1990). 장기적인 관점에 관해서는 다음을 보라. Mark Elvin, Retreat of the Elephants (New Haven, CT: Yale Uniersity Press, 2004), 19~85.

238) 자료는 다음을 보라. Bao Maohong, "The Evolution of Environmental Problems," 327.

239) MacFarquhar et al., The Secret Speeches of Chairman Mao, 378.

240) Bao Maohong, "The Evolution of Environmental Problems," 328.

241) 대약진운동 중에는 광적인 서두름과 외국에 대한 경쟁이 지위를 막론하고 모든 사람들에게 침투했다. 중국고생물학회는 7년 안에 자본주의의 화석 수집가들을 추월하겠다고 맹세했다. Stanley Karnow, Mao and China (New York: Viking Penguin, 1990), 89.

242) Lillian Li, Fighting Famine in North China: State, market, and Environmental Decline (Stanford, CA: Stanford University Press, 2007), 369~370.

243) Karnow, Mao and China, 91~92.

244) Dikötter, Mao's Great Famine, 188. 대약진운동이 초래한 환경 비용에 관해서는 다음을 보라.

Shapiro, *Mao's War against Nature*; Dikötter, *Mao's Great Famine*; Bao Maohong, "The Evolution of Environmental Problems." 다음의 마오쩌둥 성명도 참조하라. MacFarquhar et al., *The Secret Speeches of Chairman Mao*, esp. 379, 403, 409, 441, 450.

245) Barry Naughton, "The Third Front: Defence Industrialization in the Chinese Interiro," *China Quarterly* 115 (1988): 351~386.

246) 환경 비용에 관해서는 다음을 보라. Shapiro, *Mao's War against* Nature.

247) MacFarquhar et al., *The Secret Speeches of Chairman Mao*, 384. 1958년 1월 4일 연설.

248) Qu Geping and Li Jinchang, *Population and the Environment in China* (Boulder, Co: Lynne Rienner, 1994), 180.

249) Bao Maohong, "The Evolution of Environmental Problems," 330~339.

250) 남부 아프리카에서 벌어진 이 전쟁들의 국제정치에 관해서는 다음을 보라. Cjros Saunders and Sue Onslow, "The Cold War and Southern Africa, 1976-1990," in Leffler and Westad, *Cambridge History of the Cold War*, 3:222~243. 사회적·환경적 영향에 관해서는 다음을 보라. Emmanuel Kreike, "War and Environmental Effects of Displacement in Southern Africa (1970s-1990s)," in *African Environment and Development: Rhetoric, Programs, Realities*, ed. William Moseley and B. Ikubolajeh Logan (Aldershot, UK: Ashgate, 2004), 89~110; Joseph P. Dudley, J. R. Ginsberg, A. J. Plumptre, J. A. Hart, and L. C. Campos, "Effects of War and Civil Strife on Wildlife and Wildlife Habitats," *Conservation Biology* 16, no. 2 (2002): 319~329.

251) Rodolphe de Koninck, *Deforestation in Viet Nam* (Ottawa: International Development Research Centre, 1999), 12. 고엽제와 롬플로의 이야기는 여러 곳에서 언급된다. 간략한 개요는 다음을 보라. Greg Bankoff, "A Curtain of Silence: Asia's Fauna in the Cold War," in McNeill and Unger, *Environmental Histories*, 215~216; David Biggs, Quagmire: Nation-Building and Nature in the Mekong Delta (Seattle: University of Washington Press, 2012).

252) 베트남 전쟁이 생태계에 미친 영향에 관한 가장 권위 있는 연구는 다음을 보라. A. H. Westing, ed., *Herbicides in War: The Long-Term Ecological and Human Consequences* (London: Taylor and Francis, 1984).

253) Bankoff, "Curtain of Silence."

254) Dudley et al., "Effects of War"; M. J. Chase and C. R. Griffin, "Elephants Caught in the Middle: Impacts of War, Fences, and People on Elephant Distribution and Abundance in the Caprivi Strip, Namibia," *African Journal of Ecology* 47 (2009): 223~233.

255) Andrew Terry, Karin Ullrich, and Uwe Riecken, *The Green Belt of Europe: From Vision to Reality* (Gland, Switzerland: IUCN, 2006).

256) Lisa Brady, "Life in the DMZ: Turning a Diplomatic Failure into an Environmental Success," *Diplomatic History* 32 (2008): 585~611; Ke Chung Kim, "Preserving Korea's Demilitarized Corridor for Conservation: A Green Approach to Conflict Resolution," in *Peace Parks: Conservation and Conflict Resolution*, ed. Saleem Ali (Cambridge, MA: MIT Press, 2007), 239~260; Hall Healy, "Korean Demilitarized Zone Peace and Nature Park," *International Journal on World Peace* 24 (2007): 61~84.

257) Franz-Josef Strauss, 다음에서 인용. Ramachandra Guha, *Environmentalism* (New York: Longman, 2000), 97.

258) Guha, *Environmentalism*, 69~79; Miller, *Environmental History of Latin America*, 204~205. 카슨과『침묵의 봄』의 수용에 관해서는 다음을 보라. Linda J. Lear, "Rachel Carson's 'Silent Spring,'" *Environmental History Review* 17, no. 2 (Summer 1993): 23~48.『침묵의 봄』출간을 전후한 DDT 인식에 관해서는 다음을 보라. Thomas R. Dunlap, ed., *DDT, Silent Spring, and the Rise of Environmentalism: Classic Texts* (Seattle: University of Washington Press, 2008).

259) 한 사람만 들자면 윌리엄 크로넌(William Cronon)은 카슨과『침묵의 봄』에 큰 빚을 지고 있음을 인정하면서도 그 영향을 지나치게 단순화하는 데 반대한다. 다음의 서문을 보라. Dunlap, *DDT*, "*Silent Spring*", ix~xii.

260) Uekoetter, *The Age of Smoke*, 113~207.

261) Adam Rome, "'Give Earth a Chance': The Environmental Movement and the Sixites," *Journal of American History* 90, no. 2 (September 2003): 525~554; McCormick, *Reclaiming Paradise*, 52~54. 라마찬드라 구하(Ramachandra Guha)는 제2차 세계대전에 뒤이은 20년에 "생태학적 무지의 시대"라는 이름을 붙였다. Guha, Environmentalism, 63~68.

262) Russel J. Dalton, *The Green Rainbow: Environmental Groups in Western Europe* (New Haven, CT: Yale University Press, 1994), 36~37.

263) Jeffrey Broadbent, *Environmental Politics in Japan: Networks of Power and Protest* (Cambridge: Cambridge University Press, 1998), 12~19; Miranda Schreurs, *Environmental Politics in Japan, Germany, and the United States* (Cambridge: Cambridge University Press, 2003), 35~46; Rome, "'Give Earth a Chnace'"; Catherine Knight, "The Nature Conservation Movement in Post-War Japan," *Environment and History* 16 (2010): 349~370; Brett Walker, *Toxic Archipelago: A History of Industrial Disease in Japan* (Seattle: University of Washington Press, 2010).

264)『성장의 한계』같은 책의 출판은 지적 활력이 넘치는 강력한 반응을 유발했다. 미국의 경제학자 줄리언 사이먼(Julian Simon)은 그 옹호자들 중 매우 유명한 사람이다. Julian Simon, *The Ultimate Resource* (Princeton, Nj: Princeton University Press, 1981).

265) McCormick, *Reclaiming Paradise*, 144~145; Frank Zelko, *Make It a Green Peace: The Rise of Countercultural Environmentalism* (New York: Oxford University Press, 2013)

266) Martinez-Alier, *Environmentalism of the Poor*; Guha and Martinez-Alier, *Varieties of Environmentalism*, 3~5.

267) Ramachandra Guha, "Environmentalist of the Poor", *Economic and Political Weekly* 37, no. 3 (January 19-25, 2002): 204~207. 포스트머티리얼리즘의 가정은 미국의 정치학자 로널드 잉글하트(Ronald Inglehart)와 가장 긴밀한 관계가 있다.

268) 부자 나라의 환경보호주의자들과 가난한 나라의 환경보호자들 사이의 논쟁을 촉발하는 데 특별히 중요한 인물은 인도의 지식인 아닐 아가월(Anil Agarwal)과 라마찬드라 구하다. 다음을 보라. Guha, "Environmentalist of the Poor." 치프코에 관해서는 다음을 보라. Guha, *The Unquiet Woods: Ecological Change and Peasant Resistance in the Himalayas* (Berkeley: University of California Press, 2000), 152~179, 197~200. 미국의 환경사, 그리고 인도인 비판자들이 이를 수용하는 과정

에 관해서는 다음을 보라. Paul Sutter, "When Environmental Traditions Collide: Ramachandra Guha's *The Unquiet Woods* and U.S. Environmental History," *Environmental History* 14 (july 2009): 543~550. 치프코 운동의 여러 해석에 관한 개요는 다음을 보라. Haripriya Rangan, *Of Myths and Movements: Rewriting Chipko into Himalayan History* (London: Verso, 2000), 13~18. 좀 더 낭만적인 설명은 다음을 보라. Vandana Shiva, "The Green Movement in Asia," in *Research in Social Movements, Conflicts and Change: The Green Movement Worldwide*, ed. Matthias Finger (Greenwich,CT: JAI Press, 1992), 195~215 (특히 202쪽을 보라).

269) 치코 멘데스에 관해서는 다음을 보라. Kathryn Hochstetler and Margaret E. Keck, *Greening Brazil: Environmental Activism in State and Society* (Durham, NC: Duke University Press, 2007), 111~112. 나르마다강에 관해서는 다음을 보라. Madhav Gadgil and Ramachandra Guha, *Ecology and Equity: The Use and Abuse of Nature in Contemporary India* (London: Routlege, 1995), 61~63, 73~76. 켄 사로위와의 생애에 관한 짧은 개요는 다음을 보라. Guha and Martinez-Alier, *Varieties of Environmentalism*, xviii~xix.

270) Martinez-Alier, *Environmentalism of the Poor*, 168~194. 미국의 환경정의에 관한 고전적인 문헌은 다음을 보라. Robert D. Bullard, *Dumping in Dixie: Race, Class and Environmental Quality* (Boulder, CO: Westview, 1990).

271) Shapiro, *Mao's War against Nature*, 21~65.

272) Valery J. Cholakov, "Toward Eco-Revival? The Cultural Roots of Russian Environmental Concerns," in Hughes, *Face of the Earth*, 155~157. 두 대전 사이 자연보호주의에 관해서는 다음을 보라. Guha, Environmentalism, 125~130. 소련의 강에 관해서는 다음을 보라. Charles Ziegler, "Political Participation, Nationalism and Environmental Politics in the USSR," in *The Soviet Environment: Problems, Policies, and Politics*, ed. John Massey Stewart (New York: Cambridge University Press, 1992), 32~33. 쿠바에 관해서는 다음을 보라. Sergio Diaz-Briquets and Jorge Perez-Lopez, *Conquering Nature: The Environmental Legacy of Socialism in Cuba* (Pittsburgh: University of Pittsburgh Press, 2000), 13~17.

273) Marshall Goldman, "Environmentalism and Nationalism: An Unlikely Twist in an Unlikely Diretion," in Stewart, *The Soviet Environment*, 2~3; Stephen Brain, *Song of the Forest: Russian Forestry and Stalin's Environmentalism* (Pittsburgh: University of Pittsburgh Press, 2011).

274) Cholakov, "Toward Eco-Revival?," 157~158; Ziegler, "Political Participation," 30~32.

275) Merrill E. Jones, "Origins of the East German Environmental Movement," *German Studies Review* 16, no. 2 (May 1993): 238~247; William T. Markham, *Environmental Organizations in Modern Germany: Hardy Survivors in the Twentieth Century and Beyond* (New York: Berghahn, 2008), 134~141.

276) Oleg N. Yanitsky, "Russian Environmental Movements," in *Earth, Air, Fire, Water: Humanistic Studies of the Environment*, ed. Jill Ker Conway, Kenneth Keniston, and Leo Marx (Amherst, MA: University of Massachusetts Press, 1999), 184~186; Cholakov, "Toward Eco-Revival?," 161; Ze' ev Wolfson and Vladimir Butenko, "The Green Movement in the USSR and Eastern Europe," in Finger, *Research in Social Movements*, 41~50.

277) Yanfei Sun and Dingxin Zhao, "Environmental Campaigns," in *Popular Protest in China*, ed. Kevin J. O'brien (Cambridge, MA: Harvard University Press, 2008), 144~162; Robert Weller, *Discovering Nature: Globalization and Environmental Culture in China and Taiwan* (Cambridge: Cambridge University Press, 2006), 115~129.

278) Uekoetter, *The Age of Smoke*, 252~258; Miller, *Environmental History of Latin America*, 206~208; Russell J. Dalton, "The Environmental Movement in Western Europe," in *Environmental Politics in the International Arena: Movements, Parties, Organizations, and Policy*, ed. Sheldon Kamieniecki (Albany: SUNY Press, 1993), 52~53; McCormick, *Reclaiming Paradise*, 125~131. 닉슨에 관해서는 다음을 보라. Ted Steinberg, *Down to Earth: Nature's Role in American History* (New York: Oxford University Press, 2009), 251.

279) Lorraine Elliott, *The Global Politics of the Environment* (New York: New York University Press, 2004), 7~13; Hughes, "Biodiversity in World History," 35~36.

280) McCormick, *Reclaiming Paradise*, 88~105.

281) Samuel P. Hays, *A History of Environmental Politics since 1945* (Pittsburgh: University of Pittsburgh Press, 2000), 95~117; Hays, *Explorations in Environmental History: Essays by Samuel P. Hays* (Pittsburgh: University of Pittsburgh Press, 1998), 223~258.

282) Wangari Maathai, *Unbowed: A Memoir* (New York: Knopf, 2006), 119~138; Maathai, *The Green Belt Movement: Sharing the Approach and Experience* (New York: Lantern Books, 2003).

283) 브라질에 칭찬할 만한 오랜 자연보호주의 전통이 있지만, 그 지도자들은 힘이 없다. 조제 루이스 지 안드라지 프랑쿠(José Luiz de Andrade Franco)와 조제 아우구스투 드루몬드(José Augusto Drummond)의 여러 글을 보라. *Environmental History* 13 (October 2008): 724~750, and 14 (January 2009): 82~102.

284) Hochstetler and Keck, *Greening Brazil*, 26~33, 70~81, 97~130. 브라질과 서독의 핵 협력에 환경 보호주의자들이 주목한 사례는 다음을 보라. *Das deutsch-brasilianische Atomgeschäft* (Bonn, 1977), self-published by Amnesty Internation/Brasilienkoordinationsgruppe, Arbeitsgemeinschaft katholischer Studenten-und Hochschulgemeinden, and Bundesverband Bürgerinitiativen Umweltschutz.

285) 다음 웹사이트를 보라. www.globalgreens.org/.

286) 20세기가 끝날 때까지 초대형 유조선 사고는 여러 차례 더 발생한다.(석탄과 석유의 운송에 관한 절을 참조하라). 가장 유명한 것은 1978년 프랑스의 브르타뉴 외해에서 일어난 아모코 카디스(Amoco Cadiz)호 사건과 1989년 알라스카 외해에서 발생한 엑슨 밸디즈호 사건이다. 두 사고의 규모는 토리 캐니언(Torrey Canyon)호 사고의 약 두 배였다. 다음을 보라. Joanna Burger, *Oil Spills* (New Brunswick, NJ: Rutgers University Press, 1997), 28~61.

287) Christopher Key Chapple, "Toward an Indigenous Indian Environmentalism," in *Purifying the Earthly Body of God: Religion and Ecology in Hindu India*, ed. Lance E. Nelson (Albany, NY: SUNY Press, 1998), 13~38; Miller, *Environmental History of Latin America*, 209~211; Dalton, "The Environmental MOvement," 58. 체르노빌 사고 전후 프랑스의 핵 정책에 관한 논의는 다음을 보라. Michael Bess, *The Light-Green Society: Ecology and Technological Modernity in France, 1960-2000*

(Chicago: University of Chicago Press, 2003), 92~109.

288) 역설적이게도 쿠스토는 프랑스 환경보호주의자들과 관계가 좋지 않았다. 그들은 쿠스토가 순진하다고 생각했다. 그랬는데도 이들은 쿠스토에게 선거에서 녹색당을 이끌어달라고 청했고, 쿠스토는 거절했다. 다음을 보라. Bess, *The Light-Green Society*, 72~73.

289) 이 모든 것이 다 이익 때문은 아니었다. 쿠바의 유기농 실험은 아마도 세계 최대 규모일 것이다. 쿠바는 1990년대에 소련의 석유를 이용할 수 없게 되면서 절망에 빠져 유기농으로 전환했다. 어떤 이들은 지금 쿠바 국민이 과거 그 어느 때보다도 더 건강에 좋고 더 맛있고 더 지속가능한 음식을 누리고 있다고 주장한다. 다음을 보라. Miller, *Environmental History of Latin America*, 230~235.

4부 세계 문화

1) Charles Bright and Michael Geyer, "Where in the World Is America? The History of the United States in the Global Age? In *Rethinking American History in a Global Age*, ed. Thomas Bender (Berkeley, CA: University of California Press, 2002), 63~99.

2) 장기적 세계화의 역사에 관해서는 J. R. McNeill and William H. McNeill, *The Human Web: A Bird's-Eye View of World History* (New York: Norton, 2003)와 David Armitage, "Is There a Pre-History of Globalization?" in *Comparison and History: Europe in Cross-National Perspective*, ed. Deborah Cohen and Maura O'Conner (London: Routledge, 2004), 165~176를 참조. 최근의 세계화에 관해서는, Jürgen Osterhammel and Niels Petersson, *Globalization: A Short History*, trans. Dona Geyer (Princeton, NJ: Princeton University Press, 2005) 참조.

3) Franz Boas, *The Mind of Primitive Man* (New York: Macmillan, 1911), Ruth Benedict, *Patterns of Culture* (Boston: Houghton Mifflin, 1934) Margaret Mead, *Continuities in Cultural Evolution* (New Haven, CT: Yale University Press, 1964). *Continuities in Cultural Evolution* (New Brunswick, NJ: Transaction)의 1999년 판에 스티븐 툴민(Stephen Toulmin)이 쓴 서문도 참조.

4) Alfred Eckes Jr., "Open Door Expansionism Reconsidered: The World War II Experience," *Journal of American History* 59, no. 4 (1973), 924; Raymond Vernon, *Sovereignty at Bay: The Multinational Spread of U.S. Enterprises* (New York: Basic Books, 1971).

5) 세계화를 다룬 문헌에 대한 간략한 개관과 문헌 목록으로는, Andreas Wimmer, "Globlizations *avant la lettre:* A comparative View of Isomorphization and Heteromorphization in an Inter-Connecting World," *Comparative Studies in Society and History* 43, 3 (July 2001): 436이 유용.

6) George Ritzer, *The McDonaldization of Society*, 20th anniv. Ed., (Los Angeles: Sage, 2013).

7) José Corrêa Leite with Carolina Gil, *The World Social Forum: Strategies of Resistance* (Chicago: Haymarket Book, 2005).

8) 1948년 12월 10일에 열린 유엔 총회에서 세계인권선언문을 결의안 217호 A (III)로 채택하고 선포했다. www.un.org/Overview/rights.html.

9) 유엔 외에도 국제통화기금, 헤이그에 소재한 국제사법재판소(International Court of Justice), 유엔 교육과학문화기구(United Nations Educational Scientific and Cultural Organization:

UNESCO), 유엔 아동기금(United Nations Children's Fund: UNICEF) 같은 국제기구가 있다. Akira Iriye, *Global Community: The Role of International Organizations in the Making of the Contemporary World* (Berkeley: University of California Press, 2002)도 참조.

10) Amy L. S. Staples, *The Birth of Development: How the World Bank, Food and Agriculture Organization, and World Health Organization Changed the World, 1945-1965* (Kent, OH: Kent State University Press, 2006).

11) '도시(urban)'라는 용어의 해석은 지역에 따라 달라진다. 유엔통계기록사무소(United Nations statistical record office)는 회원국에서 보내온 보고서를 바탕으로 정보를 수집했다. 유럽에서조차 통계 기록 관리는 나라마다 크게 다르다. 예를 들어, 알바니아에서는 400명 이상이 모여 사는 곳은 모두 도시로 분류해 보고했지만, 동쪽으로 멀지 않은 터키에서는 인구 2만 명 이상 거주하는 시(cities)만 '도시'로 간주한다. United Nations, *Demographic Yearbook 2005* (New York: United Nations Publications, 2008), table 6 참조. 이 자료는 http://unstats.un.org/unsd/demographic/products/dyb/dyb2005.htm에서 볼 수 있다.

12) Dietmar Rothermund, *The Routledge Companion to Decolonization* (London: Routledge, 2006).

13) Partha Chatterjee, *The Nation and Its Fragments: Colonial and Postcolonial Histories* (Princeton, NJ: Princeton University Press, 1993).

14) Tony Judt, *Postwar: A History of Europe since 1945* (New York: Penguin, 2005), 17~21.

15) 수용소에 관해서는, Roger Daniels, *Prisoners without Trial: Japanese Americans in World War II* (New York: Hill and Wang, 1993) 참조. 강제 이주에 관해서는, Peter Gatrell and Nick Baron, eds., *Warlands: Population Resettlement and State Reconstruction in the Soviet East European Borderlands, 1945-1950* (Basingstoke, UK: Palgrave MacMillan, 2009) 참조. 강제 노동과 홀로코스트에 관해서는, Michael Thad Allen, *The Business of Genocide: The SS, Slave Labor, and the Concentration Camps* (Chapel Hill: University of North Carolina Press, 2002); Timothy Snyder, *Bloodlands: Europe between Hitler and Stalin* (New York: Basic Books, 2010); Paul B. Jaskot, *The Architecture of Oppression: The SS, Forced Labor and the Nazi Monumental Building Economy* (London: Routledge, 2000) 참조.

16) Lori Watt, *When Empire Comes Home: Repatriation and Reintegration in Postwar Japan* (Cambridge, MA: Harvard University Asia Center, 2009); John Dower, *Embracing Defeat: Japan in the Wake of World War II* (New York: Norton, 1999), 48~51.

17) 이스라엘의 독일 출신 유대인에 관해서는, Shlomo Erel, *Neue Wurzeln: 50 Jahre Immigration deutschsprachiger Juden in Israel* (Gerlingen: Bleicher Verlag, 1983) 참조. Curt D. Wormann, "German Jews in Israel: Their Cultural Situation since 1933," in *Leo Baeck Institute Yearbook* (1970), 73~103. 서독에 정착한 다른 나라에서 추방당한 독일인들에 관해서는, Andreas Kossert, *Kalte Heimat: Die Geschichte der deutschen Vertriebenen nach 1945* (Munich: Siedler, 2008); Eagle Glassheim, "The Mechanics of Ethnic Cleansing: The Expulsion of Germans from Czechoslovakia, 1945-1946," in *Redrawing Nations: Ethnic Cleansing in East-Central Europe, 1944-1948*, ed. Philipp Ther and Ana Siljak (Lanham, MD: Rowman and Little field, 2001), 197~219 참조.

18) Vladislav M. Zubok, *A Failed Empire: The Soviet Union in the Cold War from Stalin to Gorbachev* (Chapel Hill: University of North Carolina Press, 2007); Zubok, *Zhivago's Children: The Last Russian Intelligentsia* (Cambridge, MA: Belknap Press of Harvard University Press, 2009), 259~443.

19) 『수용소 군도』는 1973년에 서구에서 먼저 출간되고 나서 지하 출판물 형태로 소련에 밀반입되었다. 더 자세한 상황에 관해서는 Zubok, *Zhivago's Children*, 308~309 참조. 소련 제국주의에 관해서는 Odd Arne Westad, Sven Holtsmark, and Iver B. Neumann, eds., *The Soviet Union in Eastern Europe, 1945-1989* (New York: St. Martin's Press, 1994) 참조.

20) Mark J. Gasiorowski and Malcolm Byrne, eds., *Mohammad Mosaddeq and the 1953 Coup in Iran* (Syracuse, NY: Syracuse University Press, 2004); Stephen Kinzer, *All the Shah's Men: An American Coup and the Roots of Middle East Terror* (Hoboken, NJ: Wiley and Sons, 2003); Richard H. Immerman, *The CIA in Guatemala: The Foreign Policy of Intervention* (Austin: University of Texas Press, 1982).

21) 라틴아메리카에 관해서는, Walter LaFeber, *Inevitable Revolutions: The United States in Central America* (New York: Norton, 1984); Greg Grandin, *Empire's Workshop: Latin America, the United States, and the Rise of the New Imperialism* (New York: Metropolitan Books, 2006); Greg Grandin and Gilbert M. Joseph, eds., *A Century of Revolution: Insurgent and Counterinsurgent Violence during Latin America's Long Cold War* (Durham, NC: Duke University Press, 2010) 참조.

22) John Morton Blum, *V was for Victory: Politics and America Culture during World War II* (New York: Houghton Mifflin, 1976), 325~327.

23) Thomas J. Knock, *To End All Wars: Woodraw Wilson and the Quest for a New World Order* (New York: Oxford University Press, 1992), 263~270.

24) Henry Luce, "The American Century," *Life*, February 17, 1941. Reprinted in Luce, *The American Century* (New York: Farrar & Rinehart, 1941), 39.

25) Luce, *The American Century*, 33~34.

26) Frank Ninkovich, *The Diplomacy of Ideas: U.S. Foreign Policy and Cultural Relations, 1938-1950* (New York: Cambridge University Press, 1981), 25~34.

27) Walter L. Hixson, *Parting the Curtain: Propaganda, Culture, and the Cold War, 1945-1961* (New York: St. Martin's Press, 1997), 2, 11.

28) Ibid., 21, 37~38.

29) 세계 문화자유회의에 관해 더 알아보려면, Peter Coleman, *The Liberal Conspiracy: The Congress for Cultural Freedom and the Struggle for the Mind of Postwar Europe* (New York: Free Press, 1989); Michael Hochgeschwender, *Freiheit in der Offensive? Der Kongress für Kulturelle Freiheit und die Deutschen* (Munich: Oldenbourg, 1998), 217~219, 229~253, 559~571 참조.

30) Hixon, *Parting the Curtain*, 17~18 참조.

31) David Caute, *The Dancer Defects: The Struggle for Cultural Supremacy during the Cold War* (Oxford: Oxford University Press, 2003), 450; Hixon, *Parting the Curtain*, 117.

32) Penny M. von Eschen, *Satchmo Blows Up the World: Jazz Ambassadors Play the Cold War* (Cambridge,

MA: Harvard University Press, 2004), 79~91.

33) Lizabeth Cohen, *A Consumer's Republic: The Politics of Mass Consumption in Postwar America* (New York: Knopf, 2003).

34) Hixon, *Parting the Curtain*, 153~154; Caute, *The Dancer Defects*, 40~43. 두 박람회는 1958년에 체결된 미소 문화 및 과학 교류 협정의 일환으로 개최되었다.

35) 역사가 첸지안(陳兼)에 따르면, 중국 지도자들은 1968년 소련이 체코슬로바키아에 개입하자 미국과의 관계 개선을 모색하기 시작했다. Chen Jian, *Mao's China and the Cold War* (Chapel Hill: University of North Carolina Press, 2001), 243~245 참조. Jan Foitzik, ed., *Entstalinisierungskrise in Ostmitteleuropa, 1953-1956: Vom 17. Juni bis zum ungarischen Volksaufstand—Politische, militärische, soziale und nationale Dimensionen* (Paderborn: Schöningh, 2001); Christiane Brenner and Peter Heumos, *Sozialgeschichtliche Kommunismusforschung: Tschechoslowakei, Polen, Ungarn und DDR, 1945-1968* (Munich: Oldenbourg, 2005)도 참조.

36) John Dower, *War without Mercy: Race and Power in the Pacific War* (New York: Pantheon, 1986), 118~190.

37) 레닌의 사상은 1917년에 나온 팸플릿 『제국주의론(*Imperialism, the Highest Stage of Capitalism: A Popular Outline*)』에 잘 나타나 있으며, 영역본은 1939년에 출간되었다 (New York: International, 1939).

38) "World Youth Groups Converge on Prague," *New York Times*, July 24, 1947; "International: Festival of Youth," *Time*, August 11, 1947;《타임》은 참석자가 3만 명에 이른 것으로 추정했는데, 주최 측의 공식 추산을 훨씬 뛰어넘는 수치였다.

39) 더 자세한 사항에 관해서는, Lawrence Wittner, *The Struggle against the Bomb*, vol. 1: *One World or None* (Stanford, CA: Stanford University Press, 1993), 177~186 참조.

40) Henry Luce, "Flight of the Dove," *Time*, September 17, 1951.

41) 1955~1974년 사이의 상세한 해외 출판 간행물 목록과 방송 시간 통계에 관해서는, Baruch A. Hazan, *Soviet Propaganda: A Case Study of the Middle East Conflict* (Jerusalem: Israel University Press, 1976), 50~79 참조.

42) Odd Arne Westad, *The Global Cold War: Third World Interventions and Making of Our Times* (Cambridge: Cambridge University Press, 2005), 124~125; Salim Yaqub, *Containing Arab Nationalism: The Eisenhower Doctrine and the Middle East* (Chapel Hill: University of North Carolina Press, 2004), 257~259.

43) Nikita Khrushchev, "Report of the Central Committee of the Communist Party of the Soviet Union to the 20th Party Congress," *Pravda*, February 15, 1956. Robert C. Horn, *Soviet-Indian Relations: Issues and Influence* (New York: Praeger, 1982), 5~6에서 재인용.

44) Pierre Brocheux, *Ho Chi Minh: A Biography*, trans. Claire Duiker (New York: Cambridge University Press, 2007), 7~22; David Macey, *Frantz Fanon: A Biography* (New York: Picador, 2001), 112~153; Stanley Wolpert, *Gandhi's Passion: The Life and Legacy of Mahatma Gandhi* (New York: Oxford University Press, 2001), 20~27; Judith M. Brown, *Nehru: A Political Life* (New Haven, CT: Yale University Press, 2003).

45) 당연히 이 모델의 지역적·지방적 변형이 존재하는데, 식민 국가는 독립 직후 갈라진 경우가 많았다. 탈식민화의 정치적 과정과 지역적 변형의 윤곽을 살펴보려면, Rothermund, *Routledge Companion to Decolonization*이 유용.

46) Ibid., 165~167; 더 자세한 상황에 관해서는, Mahmood Mamdani, *When Victims Become Killers: Colonialism, Nativism, and the Genocide in Rwanda* (Princeton, NJ: Princeton University Press, 2001)를 참조.

47) 케냐의 마우마우(Mau Mau) 반란을 비롯해 콩고, 인도, 앙골라, 알제리, 인도차이나 등지에서도 소요가 발생했다. 더 자세한 상황에 관해서는, Westad, *The Global Cold War*, 207~249; Rothermund, *Routledge Companion to Decolonization*, 153~157 참조.

48) Terry Bell with Dumisa Buhle Ntsebeza, *Unfinished Business: South Africa, Apartheid, and Truth* (London: Verso 2003); Heather Deegan, *The Politics of the New South Africa: Apartheid and After* (Harlow, UK: Longman, 2001).

49) Todd Shepard, *The Invention of Decolonization: The Algerian War and Remaking of France* (Ithaca, NY: Cornell University Press, 2006); Matthew Connelly, *A Diplomatic Revolution: Algeria's Fight for Independence and the Origins of the Post-Cold War Era* (New York: Oxford University Press, 2002).

50) Dipesh Chakrabrty, *Provincializing Europe: Postcolonial Thought and Historical Difference* (Princeton, NJ: Princeton University Press, 2000), 8. See also Chakrabarty, "The Muddle of Modernity," in *American Historical Review* 116, no. 3 (June 2011): 664.

51) C. I. R. James, *The Black Jacobins: Toussaint L'Ouverture and the San Domingo Revolution* (1938; New York: Vintage, 1989).

52) Léopold Sédar Senghor, "What is Négritude?," in *The Ideologies of the Developing Nations*, ed. Paul Sigmund (New York: Frederick A. Praeger, 1963), 248~249; Robert Tignor et al., *Worlds Together, Worlds Apart: A History of the World from the Beginnings of Humankind to the Present*, 2nd ed. (New York: W. W. Norton, 2008), 874에서 재인용.

53) 포괄적인 분석으로는, Rob Nixon, "Carribean and African Appropriations of *The Tempest*," in *Critical Inquiry* 13 (Spring 1987): 557~578 참조. 문화적 해방 사례 연구로는, Harvey Neptune, *Caliban and the Yankees: Trinidad and the United States Occupation* (Chapel Hill: University of North Carolina Press, 2006); Aimé Césaire, *Une Tempête: D'Après "la Tempête" de Shakespeare— Adaptation pour un théâtre nègre* (Paris: Éditions du Seuil, 1969); Edward W. Said, *Culture and Imperialism* (New York: Vintage, 1994), 212~215도 참조.

54) Césaire quoted in Nixon, "Appropriations of *The Tempest*," 571.

55) Frantz Fanon, *The Wretched of the Earth: A Negro Pshychoanalyst's Study of the Problems of Racism and Colonialism in the World Today*, trans. Constance Farrington (New York: Grove Press, 1963), 212.

56) Ibid., 214.

57) Ulf Hannerz, *Cultural Complexity: Studies in the Social Organization of Meaning* (New York: Columbia University Press, 1992); James Clifford, *The Predicament of Culture: Twentieth Century Ethnography, Literature, and Art* (Cambridge, MA: Harvard University Press, 1988); Stuart Hall,

"The Local and the Global: Globalization and Ethnicity," in *Dangerous Liaisons: Gender, Nation, and Postcolonial Perspectives*, *ed.* Anne McClintock, Aamir Mufti, and Ella Shohat (Minneapolis: University of Minnesota Press, 1997); James Lull, *Media, Communication, Culture: A Global Approach* (Cambridge: Polity Press, 1995); Kevin Robins, "Tradition and Translation: National Culture in Its Global Context," in *Enterprise and Heritage: Crosscurrents of National Culture*, ed. John Corner and Sylvia Harvey (London: Routledge, 1991); John Tomlinson, *Globalization and Culture* (Chicago: University of Chicago Press, 1999) 참조.

58) Edward W. Said, *Orientalism* (New York: Pantheon, 1978.

59) Christina Klein, *Cold War Orientalism: Asia in the Middlebrow Imagination* (Berkeley: University of California Press, 2003); Douglas Little, *American Orientalism: The United States and the Middle East since 1945* (Chapel Hill: University of North Carolina Press, 2002); Naoko Shibusawa, *America's Geisha Ally: Reimagining the Japanese Enemy* (Cambridge, MA: Harvard University Press, 2006).

60) 대표적인 사이드 비판자로는 중동 전문가 버나드 루이스가 있고, 더 최근의 예로는 인류학자 대니얼 마틴 바리스코(Daniel Martin Varisco)를 들 수 있다. 『오리엔탈리즘』의 영향과 수용에 관한 상세한 논의로는, Gyan Prakash, "Orientalism Now," in *History and Theory* 34, no. 3 (October 1995): 199~212 참조.

61) Said, *Culture and Imperialism*, xxv, 214.

62) Patrick Manning, *Francophone Sub-Saharan Africa, 1880-1995*, 2nd ed. (Cambridge: Cambridge University Press, 1998), 162. Chinua Achebe, *Things Fall Apart* (New York: McDowell, Obolensky, 1959).

63) Chinua Achebe, *Morning Yet on Creation Day: Essays* (London: Heinemann, 1975), 77~78.

64) 아체베의 언어 선택을 둘러싼 논쟁에 관해 더 살펴보려면, Kalu Ogbaa, *Understanding Things Fall Apart: A Student Casebook to Issues, Sources, and Historical Documents* (Westport, CT: Greenwood Press, 1999), 191~206 참조; Ezenwa-Ohaeto, *Chinua Achebe: A Biography* (Bloomington: Indiana University Press, 1997), 246도 참조.

65) Sasaki Sassen, "The Global City: Introducing a Concept," *Brown Journal of World Affairs* 11, no. 2 (Winter/Spring 2005): 39. 사례 연구로는 Shahrzad Faryadi, "Urban Representation of Multiculturalism in a Global City: Toronto's Iranian Community," accessed through the Institute on Globalization and the Human Condition working papers series at McMaster University, Hamilton, Ontario, Canada, at http://globalization.mcmaster.ca/wps.htm 참조.

66) Timothy J. Hatton and Jeffrey G. Williamson, *Global Migration and the World Economy. Two Centuries of Policy and Performance* (Cambridge, MA.:MIT Press, 2005), 203.

67) William G. Clarence-Smith, "The Global Consumption of Hot Beverages, c.1500 to c. 1900," in *Food and Globalization: Consumption, Markets and Politics in the Modern World*, ed. Alexander Nützenadel and Frank Trentmann (Oxford: Berg, 2008), 37~55; David Inglis and Debra Gimlin, eds., *The Globalization of Food* (Oxford: Berg, 2009).

68) Dirk Hoerder, *Cultures in Contact: World Migrations in the Second Millenium* (Durham, NC: Duke University Press, 2002), 499~505.

69) Hatton and Williamson, *Global Migration*, 206~207.

70) Wendy Webster, "Immigration and Racism," in *A Companion to Contemporary Britain, 1939-2000*, ed. Paul Addison and Harriet Jones (Malden, MA: Blackwell, 2005), 97~100.

71) Hoerder, *Cultures in Contact*, 524.

72) Alejandro Portes and Alex Stepick, *City on the Edge: Transformation of Miami* (Berkeley: University of California Press, 1993).

73) Hatton and Williamson, *Global Migration*, 209~210.

74) 수치는 "Emirates See Fiscal Crisis as Chance to Save Culture," *New York Times*, November 12, 2008, 1에서 재인용.

75) Frauke Heard-Bey, "The United Arab Emirates: Statehood and Nation Building in a Traditional Society," *Middle East Journal* 59, no 3, *Democratization and Civil Society* (Summer 2005): 357~375. Jim Krane, *City of Gold: Dubai and the Dream and the Dream of Capitalism* (New York: St. Martin's Press, 2009).

76) Timothy J. Hatton and Jeffrey G. Williamson, *The Age of Mass Migration: Causes and Economic Impact* (New York: Oxford University Press, 1998), 9.

77) 국제노동기구는 이주 노동을 계약 이주(contract migration)와 정착 이주(settlement migration)로 구분했다. K. C. Zachariah, B. A. Prakash, and S. Irudaya Rajan, "Indian Workers in UAE: Employment, Wages and Working Conditions," *Economic and Political Weekly* 39, no. 22 (2004): 2228.

78) Ibid., 2227~2234.

79) Maxine L. Margolis, *An Invisible Minority: Brazilians in New York City* (Boston: Allyn and Bacon, 1998), 114.

80) Arjun Appadurai, *Modernity at Large: Cultural Dimensions of Globalization* (Minneapolis: University of Minnesota Press, 1996), 4.

81) 유엔 인구기금이 내린 정의. 유엔 인구기금에서 펴낸 "State of World Population, 2007"은 www.unfpa.org/swp/2007/english/introduction.html에서 열람 가능.

82) 유엔에서 펴낸 *Demographic Yearbook 2005* (New York: United Nations Publications, 2008)의 표 6은 http://unstats.un.org/unsd/demographic/products/dyb/dyb2005.htm에서 참조.

83) 그런 도시로는 일본의 도쿄와 오사카, 미국의 뉴욕과 로스앤젤레스, 러시아의 모스크바, 중국의 베이징과 상하이를 들 수 있다. 유엔 사무국 경제사회국 인구분과(United Nations Department of Economics and Social Affairs, Population Division)에서 펴낸 조사 보고서 no. ESA/P/WP/200, "World Urbanization Prospects: The 2005 Revision"에 제시된 정보 참조.

84) Matthew Gandy, "Planning, Anti-Planning and the Infrastructure Crisis Facing Metropolitan Lagos," in *Urban Studies* 43, no. 2 (February 2006): 371~391. 같은 호에 실린 아프리카 도시 지역에 관한 논문들도 참조.

85) Table A. 11, "The 30 largest urban agglomerations ranked by population size, 1950-2015," in Population Division, Department of Economic and Social Affairs, United Nations Secretariat, *World Urbanization Prospect: The 2001 Revision* (New York: United Nations, 2001). www.un.org/

esa/population/publicaions/wup2001/wup2001dh.pdf 참조. 뭄바이의 빈민가(slum)에 관해 더 알아보려면 유엔 인간정주위원회(United Nations Human Settlements Programme, UN Habitat)에서 펴낸 조사 보고서, "Slums of the World: The Face of Urban Poverty in the New Millennium," (Nairobi: UN-Habitat, 2003) 참조.

86) Hoerder, *Cultures in Contact*, 497.

87) 1917년 10월 31일의 밸푸어 선언. Charles D. Smith, *Palestine and the Arab-Israeli Conflict: A History with Documents*, 6th ed. (New York: Bedford/St. Martin's Press, 2007), 102~103에 전문 게재.

88) Hoerder, *Cultures in Contact*, 496; Benny Morris, *The Birth of the Palestinian Refugee Problem Revisited*, 2nd ed. (Cambridge: Cambridge University Press, 2004).

89) Hoerder, *Cultures in Contact*, 499.

90) Rothermund, *Routledge Companion to Decolonization*, 151~157, 161~167, 231~237.

91) 20세기의 기아와 그로 인한 갈등에 관한 자세한 사항은 Stephen Devereux, Institute of Development Studies, UK, "Famine in the 20th Century," IDS Working Paper 105 (Brighton: IDS, 2000), 6 참조.

92) 2003년에 두 명의 학자(영국 리즈 메트로폴리탄 대학(Leeds Metropolitan University)의 관광과 문화 변동 연구소(Center for Tourism and Cultural Change) 설립자 겸 소장 마이크 로빈슨(Mike Robinson)과 글래스고 대학 교육학부 앨리슨 핍스(Alison Phipps) 교수)가《관광과 문화 변동(*Tourism and Cultural Change*)》이란 학술지를 창간했다. 이는 현대 세계에서 관광의 역할이 점차 중요해지고 있음을 입증하는 것이다. 창간사에 따르면《관광과 문화 변동》의 목표는 관광 문화 그 자체뿐만 아니라 관광의 문화적 토대를 탐구하려는 것이다. Mike Robinson and Alison Phipps, "Editorial: World Passing By: Journeys of Culture and Cultural Journeys," in *Tourism and Cultural Change* 1, no. 1 (2003): 7. Christopher Endy, *Cold War Holidays: American Tourism in France* (Chapel Hill: University of North Carolina Press, 2004).

93) David Reynolds, *Rich Relation: The American Occupation of Britain, 1942-1945* (New York: Random House, 1995); Beth Bailey and David Farber, *The First Strange Place: The Alchemy of Race and Sex in World War II Hawaii* (New York: Free Press, 1992).

94) Petra Goedde, *GIs and Germans: Culture, Gender, and Foreign Relations, 1945-1949* (New Haven, CT: Yale University Press, 2003).

95) Endy, *Cold War Holidays*, 19에서 재인용.

96) Ibid., 44~46.

97) 국제관설관광기구는 1970년에 유엔 세계관광기구(United Nations World Tourism Organization, UNWTO)로 이름을 바꾸었다. 기구의 역사에 관해서는 공식 웹사이트, www.unwto.org/ 참조.

98) 유엔 세계관광기구 웹사이트, www.unwto.org/aboutwto/why/en/why.php?op=I 자료.

99) Marc Augé, *Non-Place: Introduction to an Anthropology of Supermodernity*, trans. John Howe (London: Verso, 1995).

100) Endy, *Cold War Holidays*, 140에서 재인용.

101) William J. Lederer and Eugene Burdick, *The Ugly American* (New York: Norton, 1958).

102) 공산주의자 탄압에 관한 더 자세한 사항은 Ellen Schrecker, *Many Are the Crimes: McCarthyism in America* (Boston: Little, Brown, 1998).

103) Martin B. Duberman, *Paul Robeson* (New York: Knopf, 1988), 463.

104) Hixon, *Parting the Curtain*, 157; von Eschen, *Satchmo Blows Up the World*, 58~91.

105) Fritz Fischer, *Making Them Like Us: Peace Corps Volunteers in the 1960s* (Washington, DC: Smithsonian Institution Press, 1998), I; Elizabeth Cobbs Hoffman, *All You Need Is Love: The Peace Corps and the Spirit of the 1960s* (Cambridge, MA: Harvard University Press, 1998).

106) Fischer, *Making Them Like Us*, 131, 184~185.

107) Daniel T. Rodgers, *Atlantic Crossing: Social Politics in a Progressive Age* (Boston: Belknap Press of Harvard University Press, 1998), 76.

108) Hixon, *Parting the Curtain*, 153, 157~158.

109) 동유럽에서 유학한 인사로는 2008년에서 2013년까지 케냐 수상으로 재임한 라일라 아몰로 오딩가(Raila Amollo Odinga)를 들 수 있다. 그는 1960년대에 동독에서 기계공학을 공부했다.

110) Ninkovich, *The Diplomacy of Ideas*, 140~144; Hixon, *Parting the Curtain*, 8~9.

111) www.youtube.com/watch?v=4whguZ_Nufg&NR=1에서 두바이 몰 광고 영상을 볼 수 있다. 두바이 몰의 물리적 크기에 관한 더 자세한 정보는 http://en.wikipedia.org/wiki/Dubai_Mall 참조.

112) 중국 둥관의 사우스차이나 몰처럼 두바이 몰보다 총임대 면적이 더 넓은 몰이 아시아에 몇 개 더 있다. 사우스차이나 몰은 2005년 완공 후에도 빈 공간이 여전히 많이 남아 있다.

113) Kristin I. Hoganson, *Consumer's Imperium: The Global Production of American Domesticity, 1865-1920* (Chapel Hill: University of North Carolina Press, 2007), 11~12.

114) T. H. Breen, *The Marketplace of Revolution: How Consumer Politics Shaped American Independence* (Oxford: Oxford University Press, 2004).

115) William G. Clarence Smith, "The Global Consumption of Hot Beverages, 1500-1900," in Nützenadel and Trentmann, *Food and Globalization*, 37~55.

116) Hans-Joachim Klimkeit, *Die Seidenstrasse: Handelsweg and Kulturbrücke zwischen Morgen-and Abendland* (Cologne: DuMont Buchverlag, 1988); McNeill and McNeill, *The Human Web*, 156~157, William H. McNeill, *The Rise of the West: A History of the Human Community* (Chicago: University of Chicago Press, 1963), 485~558.

117) 다른 나라가 계속해서 미국의 소비에 미친 영향에 관한 더 자세한 사항은, Andrew C. McKevitt, "Consuming Japan: Cultural Relations and the Globalizing of America, 1973-1993," PhD diss., Temple University, 2009.

118) Ritzer, *The McDonaldization of Society*; Benjamin R. Barber, *Jihad vs. McWorld: How Globalism and Tribalism Are Reshaping the World* (New York: Ballantine, 1995); Bryant Simon, *Everything but the Coffee: Learning about America from Starbucks* (Berkeley: University of California Press, 2009); Eric L. Gans, *The End of Culture: Toward a Generative Anthropology* (Berkeley: University of California Press, 1985).

119) Douglas Goodman, "Globalization and Consumer Culture," in *The Blackwell Companion to Globalization*, ed. Geroge Ritzer (Malden MA: Blackwell, 2007), 347.

120) James L. Watson, ed., *Golden Arches East: McDonald's in East Asia* (Stanford, CA: Stanford University Press, 1997); Hannerz, *Cultural Complexity*.

121) Walter Benjamin, "The Work of Art in the Age of Mechanical Reproduction," in *Illuminations*, edited with an introduction by Hannah Arendt, trans. by Harry Zohn (New York: Harcourt, Brace and World, 1968).

122) Ronald Inglehart and Wayne E. Baker, "Modernization, Cultural Change, and the Persistence of Traditional Values," *American Sociological Review* 65, no 1 (February, 2000): 21.

123) Ariel Dorfman and Armand Mattelart, *How to Read Donald Duck: Imperialist Ideology in the Disney Comic*, trans. David Kunzle (New York: International General, 1975). Ritzer, *The McDonaldization of Society*도 참조; Watson, *Golden Arches East*.

124) Petra Goedde, "McDonald's," in *Palgrave Dictionary of Transnational History* (Basingstoke, UK: Palgrave MacMillan, 2008), 700~701.

125) Max Weber, *Economy and Society: An Outline of Interpretive Sociology*, ed. Guenther Roth and Claus Wittich, trans. Ephraim Fischoff et al., 3 vols. (Totowa, NJ: Bedminster Press, 1921, 1968), 1156.

126) 더 자세한 사항에 관해서는, Watson, *Golden Arches East*; John F. Love, *McDonald's: Behind the Arches* (New York: Bantam, 1995) 참조.

127) Ritzer, *The McDonaldization of Society*, 12~15.

128) Ibid., 147~148; Wimmer, "Globalization avant la lettre," 436. 소비문화에 관한 이론과 논쟁을 더 자세히 살펴보려면, Goodman, "Globalization and Consumer Culture," 344~347. Hannerz, *Cultural Complexity*도 참조; Watson, *Golden Arches East*.

129) 굿맨(Goodman)은 이 이론적 논쟁의 양 극단에 서 있는 인물들로 네스토르 가르시아 칸클리니(Néstor García Canclini)와 벤저민 바버를 들었다. García Canclini, *Hybrid Cultures: Strategies for Entering and Leaving Modernity*, trans. Christopher L. Chiappari and Sylvia L. López (Minneapolis: University of Minnesota Press, 1995) 참조; 아울러 García Canclini, *Consumers and Citizens: Globalization and Multicultural Conflict*, trans. George Yúdici (Minneapolis: University of Minnesota Press, 2001)도 참조; 바버의 저작으로는 『맥월드와 지하드』 참조.

130) Roland Robertson, "Glocalization: Time-Space and Homogeneity-Heterogeneity," in *Global Modernities*, ed. Mike Featherstone, Scott Lash, and Roland Robertson (Lodon: Sage, 1995), 25~44.

131) George Ritzer, *The Globalization of Nothing* (Thousand Oaks, CA: Pine Forge Press, 2004).

132) 케빈 라퍼티(Kevin Rafferty)와 제인 로더(Jayne Loader), 피어스 라퍼티(Pierce Rafferty)가 제작한 *Atomic Café* (New York: Docurama, distributed by New Video Group, 1982, 2002)에 나온 뉴스 영화; Cohen, *Consumer's Republic*도 참조.

133) "Endlich wieder Kaufen Können: Wählt CDU," campaign poster of the Christian Democratic Union, 1948. ACDP-Poster Collection, 10-017-202, Konrad Adenauer Stiftung, e.V. Archive for Christian Democratic Politics, St. Augustin, Germany. 상세한 내용에 관해서는, Petra Goedde, *GIs and Germans: Culture, Gender, and Foreign Relations, 1945-1949* (New Haven, CT: Yale University Press, 2003), 196~198 참조.

134) Dower, *Embracing Defeat*, 136~138, 543~544. Penelope Francks, *The Japanese Consumer: An Alternative Economic History of Modern Japan* (New York: Cambridge University Press, 2009).

135) Petra Goedde, "Coca-Cola," *Palgrave Dictionary of Transnational History*, 36~37.

136) Hixon, *Parting the Curtain*, 170.

137) See ibid., 179. 흐루쇼프-닉슨 논쟁 전문은 www.teachingamericanhistory.org/library/index.asp?document=176에 게재.

138) Ibid.

139) Nordica Nttleton, "Driving toward Communist Consumerism AvtoVAZ," in *Cahiers du Monde Russe* 47, nos. 1-2 (January-June 2006), 131에서 재인용.

140) Susan E. Reid, "Khrushchev Modern: Agency and Modernization in the Soviet Home," in *Cahiers du Monde Russe* 47, nos. 1-2 (January-June 2006): 227~268.

141) Raymond G. Stokes, "Plastics and the New Society: The German Democratic Republic in the 1950s and 1960s," in *Style and Socialism: Modernity and Material Culture in Post-War Eastern Europe*, ed. Susan E. Reid and David Crowley (Oxford: Berg 2000), 69. 울브리히트가 당 대회에서 한 연설 발췌문은 *Protokoll der Verhandlungen des V. Parteitages der Sozialistischen Einheitspartei Deutschlands. 10. bis 16. Juli 1958 in der Werner-Seelenbinder-Halle zu Berlin: 1. bis 5. Verhandlungstag* (Berlin: Dietz Verlag, 1958)에 참조.

142) David Crowley, "Thaw Modern: Design in Eastern Europe after 1956," in *Cold War Modern: Design, 1945-1970*, ed. David Crowley and Jane Pavitt (London: V&A Publishing, 2008), 138~139.

143) Horst Redeker, *Chemie Gibt Schönheit* (Berlin: Institut für angewandte Kunst, 1959), 30~31, cited in Stokes, "Plastics and the New Society," 75.

144) Nettleton, "Driving," 148~149.

145) Uta G. Poiger, *Jazz, Rock, and Rebels: Cold War Politics and American Culture in a Divided Germany* (Berkeley: University of California Press, 2000), 106~136.

146) Stokes, "Plastics and the New Society," 76.

147) Elaine Tyler May, *Homeward Bound: American Families in the Cold War Era* (New York: Basic Books, 1988), 6~10, 137.

148) David Riesman, *The Lonely Crowd: A Study of the Changing American Character* (New Haven, CT: Yale University Press, 1950).

149) Sloan Wilson, *The Man in the Gray Flannel Suit* (New York: Simon and Schuster, 1955); 영화로 각색한 *The Man in the Gray Flannel Suit*, dir. Nunally Johnson (20th Century Fox, 1956)도 참조.

150) 예를 들어, Vance Packard, *The Status Seekers: An Exploration of Class Behavior in America and the Hidden Barriers That Affect You, Your Community, Your Future* (New York: David McKay, 1959).

151) "Cyclist's Holiday," *Life*, July 21, 1947, 31.

152) *Blackboard Jungle*, dir. Richard Brooks (Metro-Goldwyn-Mayer, 1955).

153) *Rebel Without a Cause*, dir. Nicholas Ray (Warner Brothers, 1955).

154) Michael T. Bertrand, *Race, Rock, and Elvis* (Urbana: University of Illinois Press, 2000), 97~101.

155) Ibid., 189~195, 202.

156) Kaspar Maase, *Bravo Amerika: Erkundungen zur Jugendkultur der Bundesrepublik in den fünfziger Jahren* (Hamburg: Junius, 1992). Poiger, *Jazz, Rock, and Rebels*.

157) Dick Hebdige, "The Meaning of Mod," in *Resistance through Rituals: Youth Subcultures in Post-war Britain*, ed. Stuart Hall and Tony Jefferson (London: Routledge, 1975), 87~96, 167~173.

158) Poiger, *Jazz, Rock, and Rebels*, 79; Reinhold Wagnleitner, *Coca-Colonization and the Cold War: The Cultural Mission of the United States in Austria after the Second World War*, trans. Diana M. Wolf (Chapel Hill: University of North Carolina Press, 1994)도 참조.

159) 수치는 Poiger, *Jazz, Rock, and Rebel*, 85에서 재인용.

160) 이 말은 "반강자(half-strong, 半强者)" 정도로 번역할 수 있는데, 완전히 성인은 아니지만 이미 자신들의 힘을 확인한 이들을 가리킨다.

161) Ibid., 197.

162) David Crowley, "Warsaw's Shops, stalinism and the Thaw," in Reid and Crowley, *Style and Socialism*, 28.

163) Timothy Ryback, *Rock Around the Bloc: A History of Rock Music in Eastern Europe and the Soviet Union* (New York: Oxford University Press, 1990), 9.

164) Hixon, *Parting the Curtain*, 116.

165) S. Frederick Starr, *Red and Hot: The Fate of Jazz in the Soviet Union, 1917-1980* (New York: Oxford University Press, 1983), 239, 236~237; Zubok, *Zhivago's Children*, 40~44.

166) 크리스틴 로스아이(Kristin Roth-Ey)는 축전 기간에 음악회가 791회, 기타 "대중 음악회"가 63회 열렸다고 언급했다. Roth-Ey, "'Loose Girls' on the Loose? Sex, Prapaganda and the 1957 Youth Festival," in *Women in the Khrushchev Era*, ed. Melanie Ilič, Susan Reid, and Lynne Atwood (Basingstoke, UK: Palgrave, 2004), 76, n2, 91. Zubok, *Zhivago's Children*, 100~111, esp. 105.

167) Roth-Ey, "'Loose Girls' on the Loose?," 76.

168) Hixson, *Parting the Curtain*, 159~160.

169) Roth-Ey, "'Loose Girls' on the Loose?"; Zubok, *Zhivago's Children*, 109.

170) Zubok, *Zhivago's Children*, 111; Juliane Fürst, *Stalin's Last Generation: Soviet Post-War Youth and the Emergence of Mature Socialism* (New York: Oxford University Press, 2010).

171) 20세기 미국 민권운동을 개관하려면, Kevin K. Gaines, *Uplifting the Race: Black Leadership, Politics, and Culture in the Twentieth Century* (Chapel Hill: University of North Carolina Press, 1996) 참조; Mary Dudziak, *Cold War Civil Rights: Race and the Image of American Democracy* (Princeton, NJ: Princeton University Press, 2000)도 참조.

172) 참여한 지식인으로는 철학자 버트런드 러셀과 핵 과학자 알베르트 아인슈타인(Albert Einstein), 레오 실라르드(Leó Szilárd)가 있었다. Paul Boyer, *By the Bomb's Early Light: American Thought and Culture at the Dawn of the Atomic Age* (New York: Pantheon, 1983) 참조; Wittner, *One World or None*.

173) Van Gosse, *Rethinking the New Left: An Interpretative History* (New York: Palgrave Macmillan, 2005); Norbert Frei, *1968: Jugendrevolte und globaler Protest* (Munich: DTV, 2008), 92~94;

Martin Klimke, *The Other Alliance: Student Protest in West Germany and the United States in the Global Sixties* (Princeton, NJ: Princeton, NJ: Princeton University Press, 2010), 89~90.

174) Theodore W. Adorno and Max Horkheimer, *Dialectic of Enlightenment: Philosophical Fragments*, ed. Gunselin Schmid Noerr, trans. Edmund Jephcott (Stanford, CA: Stanford University Press 2002) C. Wright Mills, *The Causes of World War Three* (New York: Simon and Schuster, 1958); Riesman, *The Lonery Crowd*; Jean-Paul Sartre, *Extentialism Is a Humanism*, ed. John Kulka, trans. Carol Macomber, preface by Arlette Elkaim-Sartre, introduction by Annie Cohen-Solal (New Haven, CT: Yale University Press, 2007) Herbert Marcuse, *One-Dimensional Man: Studies in the Ideology of Advanced Industrial Society* (Boston: Beacon Press, 1964.

175) 「포트휴런 선언문」은 *The Sixties Papers: Documents of a Rebellious Decade*, ed. Judith Clavier Albert and Stewart Edward Albert (New York: Praeger, 1984), 176~196에 전문 게재.

176) Fanon, *Wretched of the Earth*, 43, 61.

177) John Lee Anderson, *Che Guevara: A Revolutionary Life* (New York: Grove Press, 1997), 733~739.

178) 2006년 런던에 있는 빅토리아 앤드 앨버트 박물관에서는 「체 게바라, 혁명가 그리고 우상(*Che Guevara Revolutionary & Icon*, Victoria & Albert Museum, Curator, Trisha Ziff.)」이라는 전시회가 열렸다. 전시 기획자가 집필한 전시회 도록 서문에 따르면, 체 게바라의 이미지는 "반체제 그리고 급진적 사고와 행동을 상징한다."

179) David Mark Chalmers, *And the Crooked Places Made Straight: The Struggle for Social Change in the 1960s* (Baltimore: Johns Hopkins Press, 1991), 139~140.

180) Todd Gitlin, *The Sixties: Years of Hope, Days of Rage* (Toronto: Bantam, 1987), 319. David Farber, *Chicago '68* (Chicago: University of Chicago Press, 1988).

181) Stefan Aust, *Der Baader Meinhof Komplex: Erweiterte und aktualisierte Ausgabe* (Munich: Goldmann Verlag, 1998), 56~60. 2009년에 새로 공개된 동독 비밀경찰 문서를 통해 총격을 가한 경찰관 카를-하인츠 쿠라스(Karl-Heinz Kurras)가 동독 비밀경찰 슈타지의 정보원이었음이 밝혀졌다. 그러나 그 자료로 동독이 총격에 개입했다는 것을 입증하지는 못했다.

182) Gretchen Dutschke-Klotz, *Rudi Dutxchke: Wir hatten ein barbarisches, schönes Leben—Eine Biographie* (Cologne: Kiepenheuer une Witsch, 1996), 197~200. Ulrich Chaussy, *Die Drei Leben des Rudi Dutschke: Eine Biographie* (Zürich: Pendo Verlag, 1999), 79. 바흐만의 우파 연루설에 관해서는, "Schrecken aus dem braunen Sumpf: Enthüllungen über Dutschke Attentäter," *Spiegel*, December 6, 2009 참조.

183) Aust, *Der Baader Meinhof Komplex*.

184) Alain Touraine, *The May Movement: Revolt and Reform*, trans. Leonard F. X. Mayhew (New York: Random House, 1971), 138~139. Ingrid Gilcher-Holtey, *Die Phantasie an der Macht: Mai 68 in Frankreich* (Frankfurt: Suhrkamp, 1995).

185) Gilcher-Holtey, *Die Phantasie an der Macht*; Gilcher-Holtey, ed., *1968: Vom Ereignis zum Gegenstand der Geschichtswissenschaft* (Göttingen: Vandenhoeck & Ruprecht, 1998), 20~21.

186) Alain Touraine, *The May Movement*, 209, 233; Gilcher-Holtey, ed., *1968*, 24.

187) '프라하의 봄'을 포괄적으로 다룬 저작으로는, Stefan Karner, Natalja G. Tomilina, Alexander

Tschubarjan, et. al., *Prager Früling: Das International Krisenjahr 1968*, vol. 1: *Beiträge*, vol. 2: *Dokumente* (Cologne: Böhlau Verlag, 2008) 참조. Judt, *Postwar*, 436~447도 참조.

188) *The Prague Spring 1968: A National Security Archives Document Reader*, compiled and ed. Antonín Benčik (Budapest: Central European University Press, 1998), 10에서 재인용.

189) 알렉산데르 둡체크의 1967년 10월 30~31일 자 연설. *The Prague Spring 1968*, 14에서 재인용.

190) 행동 강령 발췌문은 *Prague Spring*, 92~95에서 재인용. H. Gordon Skilling, *Czechoslovakia's Interrupted Revolution* (Princeton, NJ: Princeton University Press, 1976), 217~221도 참조.

191) 1967년 6월 27일에 발표된 "2000어 선언"은 *Prague Spring 1968*, 177~181에 전재.

192) Skilling, *Czechoslovakia's Interrupted Revolution*, 708~710, 749.

193) Zubok, *Zhivago's Children*, 321~331. Paul Berman, *A Tale of Two Utopias: The Political Journey of the Generation of 1968* (New York: Norton, 1996), 235~240.

194) Berman, *A Tale of Two Utopias*, 195, 235~236; Ryback, *Rock Around the Bloc*, 25, 145~147.

195) 1967년 6월 27~29일에 열린 제4차 체코슬로바키아 작가 회의에서 바츨라프 하벨이 한 연설은 *Prague Spring 1968*, 9~10에 전재.

196) Ryback, *Rock Around the Bloc*, 145.

197) Ulrich Enzensberger, *Die Jahre der Kommune 1: Berlin, 1967-1969* (Cologne: Kiepenheuer & Witsch, 2004).

198) Reinhard Uhle, "Pädagogik der Sibziger Jahre-zwischen wissenschaftsorientierter Bildung und repressionsarmer Erziehung," in *Die Kultur der 70er Jahre*, ed. Werner Faulstich (Munich: Wilhelm Fink Verlag, 2004), 49~63.

199) Samuel Hays, *Beauty, Health, and Permanence: Environmental Politics in the United States, 1955-1985* (New York: Cambridge University Press, 1987).

200) Adam Rome, "'Give Earth a Chance': The Environmental Movement and the Sixties," *Journal of American History* 90, no. 2 (September, 2003): 525~554.

201) Boyer, *Bomb's Early Light*, 15, 49~75.

202) Ralph H. Lutts, "Chemical Fallout: Rachel Carson's *Silent Spring*, Radioactive Fallout, and the Environmental Movement," *Environmental Review* 9, no. 3 (Fall 1985): 213~214; Ralph E. Lapp, *The Voyage of the Lucky Dragon* (New York: Harper, 1958); Richard P. Tucker, "The International Environmental Movement and the Cold War," in *The Oxford Handbook of the Cold War*, ed. Richard Immerman and Petra Goedde (Oxford: Oxford University Press, 2013), 565~583.

203) Lawrence Wittner, *Resisting the Bomb: A History of the World Nuclear Disarmament Movement, 1954-1970* (Stanford, CA: Stanford University Press, 1997).

204) Peter Anker, "The Ecological Colonization of Space," *Environmental History* 10, no. 2 (April 2005): 239~268. 지구의 날의 국제화에 관해서는, Barnaby J. Feder, "The Business of Earth Day," *New York Times*, November 12, 1989 참조.

205) 1970년대 들어 환경문제와 관련된 정부 및 비정부 단체가 늘어났다. 이들의 정치적 성향은 온건 보수파인 시에라 클럽에서 급진적인 지구 해방 전선(Earth Liberation Front)까지 폭넓었다.

206) Frank Zelko, "Making Greenpeace: The Development of Direct Action Environmentalism in

British Columbia," *BC Studies*, nos. 142-143 (Summer‒Autumn 2004): 236~237.

207) Cohen, *A Consumer's Republic*, 11.

208) 상세한 사항에 관해서는, 581쪽의 포스터 설명 참조.

209) Erica Carter, *How German Is She? Postwar West German Reconstruction and the Consuming Woman* (Ann Arbor: University of Michigan Press, 1997), 80~81, 112~144; Victoria de Grazia, *Irresistible Empire: America's Advance through 20th Century Europe* (Cambridge, MA: Belknap Press of Harvard University Press, 2005), 352.

210) Leila J. Rupp, *Mobilizing Women for War: German and American Propaganda, 1939-1945* (Princeton, NJ: Princeton University Press, 1978).

211) Susan M. Hartmann, *The Homefront and Beyond: American Women in the 1940s* (Boston: Twayne, 1982), 53~70; Leisa Meyer, *Creating GI Jane: Sexuality and Power in the Women's Army Corps during World War II* (New York: Columbia University Press, 1996).

212) May, *Homeward Bound*; Margaret R. Higonnet et al., eds., *Behind the Lines: Gender and the Two World Wars* (New Haven, CT: Yale University Press, 1987). U.S. Census Bureau, *Statistical Abstracts* (The National Data Book) 참조.

213) Wendy Goldman, "*Babas* at the Bench: Gender Conflict in Soviet Industry in the 1930s," in *Women in the Stalin Era*, ed. Melanie Ilič (Basingstoke, UK: Palgrave, 2001), 69; Melanie Ilič, ed., *Women Workers in the Soviet Interwar Economy: From "Protection" to "Equality"* (Basingstroke, UK: Palgrave, 1999)도 참조.

214) Goldman, "*Babas* at the Bench," 77~85; Sarah Davie, "'A Mother's Cases'" Workers and Popular Opinion in Stalin's Russia 1934-1941," in Ilič, *Women in the Stalin Era*, 91.

215) Susann Conze, "Women's Work and Emancipation in the Soviet Union, 1941-1950," in Ilič, *Women in the Stalin Era*, 216~234.

216) Donald Filtzer, "Women Workers in the Khrushchev Era," in Ilič, Reid, and Atwook, *Women in the Khrushchev Era*, 31.

217) 수치 출처는 *Statistisches Jahrbunch der DDR* (1987), 17.

218) Wojciech Fangor, *Postaci*, 1950. 원본은 폴란드 우치(Łódź) 현대미술관(Museum Sztuki)에 소장. Crowley and Pavitt, *Cold War Modern*, 130에서 사진을 볼 수 있다.

219) Michails Korneckis (Lettland), "*Mädchen, packen wir es an*," 1959. 이 그림은 2009년 11월 13일에서 2010년 2월 14일까지 빈 현대미술관(MUMOK)에서, 그리고 2010년 3월 19일에서 6월 13일까지 바르샤바 자케타(Zacheta) 국립 미술관에서 열린 「젠더 확인: 동유럽 예술에서 여성성과 남성성(*Gender Check: Feminity and Masculinity in the Art of Eastern Europe*)」전에 전시되었다.

220) 여성들의 육아 의무에 관해서는, Deborah A. Field, "Mothers and Fathers and the Problem of Selfishness in the Khrushchev Period," in Ilič, Reid, and Atwood, *Women in the Khrushchev Era*, 101 참조. 가사와 소비에트 국가에 관해서는, Susan E. Reid, "Women in the Home," in Ilič, Reid and Atwood, *Women in the Khrushchev Era*, 222~237 참조.

221) William J. Jorden, "1,056 Miles High: Russia Reports New Satellite Is Final Stage of Rocket," *New York Times*, November 4, 1957, 1. 소련의 비인도적 행위를 향한 항의에 관해서는, "Leika, a

U.N. Issue: Uruguayan Says She Straved—Soviet Aide Denies It," *New York Times*, November 21, 1957, 10; "Animals: The She-Hound of Heaven," *Time*, November 18, 1957.

222) Sue Bridger, "The Cold War and the Cosmos: Valentina Tereshkova and the First Woman's Space Flight," in Ilič, Reid and Atwood, *Women in the Khrushchev Era*, 222~237.

223) "Khrushchev: Now You See What Women Can Do," *Boston Globe*, June 17, 1963, 3.

224) Bridger, "Cold War and the Cosmos," 231에서 인용.

225) "She Loves Spike Heels," *Boston Globe*, June 17, 1963, 3; "Russian Blonde in Space: See Possibility of Rendezvous with Bykovsky," *Chicago Tribune*, June 17, 1963, 1; 이 표제 아래 머리카락 색이 짙은 테레시코바의 사진이 함께 실렸다.

226) "She Orbits over the Sex Barrier," *Life*, June 28, 1963, 28~30.

227) "From Factory into Space, She Fits Ideal of Soviet Heroine," *Los Angeles Times*, June 17, 1963, 3; Dorothy McCardle, "New Cultural Attaché Says: USSR Training Women by Dozens for Space Roles," *Washington Post, Times Herald*, June 20, 1963, B3.

228) "U.S. Women Feel Low about Red High Filer: Think It's Shame," *Los Angeles Times*, June 17, 1963, 1; "U.S. Not Planning Orbit by Woman: Some Leading Filers Have Protested Exclusion," *New York Times*, June 17, 1963, 8; "U.S. Has No Plans to Put Woman in Space: And None in Training," *Washington Post, Times Herald*, June 18, 1963, B5.

229) Clare Boothe Luce, "But Some People Simply Never Get the Message," *Life*, June 28, 1963, 31.

230) Richard Witkin, "Training for Space: Soviet and U. S. Differ in Assessing the Qualifications of and Astronaut," *New York Times*, June 18, 1963, 3.

231) Luce, "Never Get the Message," 31. 소련은 테레시코바의 비행 후 20년이 지나고 나서야 두 번째 여성 우주인 스베틀라나 사비츠카야(Svetlana Savitskaya)를 우주로 보냈다. 이 두 번째 비행은 미국이 첫 번째 여성 우주인 샐리 라이드(Sally Ride)를 우주로 보낸다는 사실을 미리 알고 진행되었다. 따라서 테레시코바의 첫 우주 비행이 깜짝 쇼에 불과하다는 비판에 어느 정도 타당성을 부여했다. 하지만 그러한 의도 때문에 테레시코바의 업적을 깎아내려서는 안 될 것이다.

232) "Kosmonautin: Sterne Abgestaubt," *Der Spiegel*, June 26, 1963, 68.

233) Audrey R. Topping , "First in Space but Not in Femininity," *New York Times*, June 30, 1963, 42~46.

234) Simone de Beauvoir, *The Second Sex*, trans. Constance Borde and Sheila Movancy-Chevalier, introduction by Judith Thurman (New York: Vintage, 2011); Judith Butler, "Sex and Gender in Simone de Beauvoir's *Second Sex*," in *Yale French Studies*, no. 72 (1986): 35~49도 참조.

235) Betty Friedan, *The Feminine Mystique* (New York: Norton, 1963).

236) Joanne Meyerowitz, "Beyond the Feminine Mystique: A Reassessment of Postwar Mass Culture, 1946-1958," in *Journal of American History* 79, no. 4 (March 1993): p. 1458 참조; Meyerowitz, *Not June Cleaver: Women and Gender in Postwar America 1945-1960* (Philadelphia: Temple University Press, 1994)도 참조.

237) Casey Hayden and Mary King, "Sex and Caste: A Kind of Memo," 1965, *"Takin' It to the Streets":A Sixties Reader*, ed. Alexander Bloom and Wini Breines (New York: Oxford University Press,

1995), 47~51에 발췌문 게재.

238) 민권운동에 참여한 흑인 여성들이 맞부닥친 문제를 강렬하게 묘사한 Anne Moody, *Coming of Age in Mississippi* (New York: Dial Press, 1968; repr., Delta, 2004) 참조; Sara Evans, *Personal Politics: The Roots of Women's Liberation in the Civil Rights Movement and the New Left* (New York: Knopf, 1979), 88~89도 참조.

239) Sheila Rowbotham, *The Past Is Before Us: Feminism in Action since the 1960s* (London: Pandora, 1989); Holger Nehring, "The Growth of Social Movements," in *A Companion to Contemporary Britain*, 391~392; Adam Lent, *British Social Movements since 1945: Sex, Colour, Peace and Power* (Basingstoke, UK: Palgrave, 2001).

240) Hilke Schlaeger and Nancy Vedder-Shults, "The West German Women's Movement," *New German Critique*, no. 13, *Special Feminist Issue* (Winter 1978): 63.

241) Dorothy Kaufmann-MacCall, "Politics of Difference: The Women's Movement in France from May 1968 to Mitterand," *Signs* 9, no. 2 (Winter 1983): 283~287.

242) Amy Erdman Farrell, *Yours in Sisterhood:* Ms. *Magazine and the Promise of Popular Feminism* (Chapel Hill: University of North Carolina Press, 1998); Edith Hoshino Altbach, "The New German Women's Movement," *Signs* 9, no. 3 (Spring 1984), 455.

243) Alkarim Jivani, "It's Not Unusual: Gay and Lesbian History in Britain," in *Global Feminism since 1945*, ed. Bonnie G. Smith (London: Routledge, 2000), 164~179. 자세한 내용에 관해서는 Jivani, *It's Not Unusual: A History of Lesbian and Gay Britain in the Twentieth Century* (London: Michael O'Mara Books, 1997) 참조.

244) Neil Miller, *Out of the Past: Gay and Lesbian History from 1869 to the Present* (New York: Vintage, 1995). 세계평등협의회(Council for Global Equality) 같은 단체들이 전 세계적으로 동성애 차별 법 현황을 감시하고 목록을 갱신하고 있다.

245) Robin Morgan, *Sisterhood Is Powerful: An Anthology of Writings from the Women's Liberation Movement* (New York: Random House, 1970); Morgan, "Good Bye to All That,"; Bloom and Breines, "*Takin' It to the Streets*," 499~503에 발췌문 게재.

246) Shulamith Firestone, *The Dialectic of Sex: The Case for Feminist Revolution* (New York: Morrow, 1970).

247) Linda Gordon, *Woman's Body, Woman's Right: Birth Control in America*, rev. ed. (1974, 1976; New York: Penguin, 1990), 400~409; David J. Garrow, *Liberty and Sexuality: The Right to Privacy and the Making of Roe v. Wade* (New York: Macmillan, 1994).

248) Larry Rohter, "Doctor Slain during Protest over Abortion," *New York Times*, March 11, 1993, A1; 이 사건을 다룬 사설 "The Death of Dr. Gunn," *New York Times*, March 12, 1993, A28 참조.

249) 알리스 슈바르처를 비롯한 여성 유명 인사들의 "고백"을 실은 기사가 1971년 6월 6일에 발행된 인기 시사 주간지 《슈테른(*Der Stern*)》에 실렸다. 알리스 슈바르처는 수십 년이 지난 뒤 낙태를 한 적이 없다고 고백했다. Altbach, "New German Women's Movement," 455. Schlaeger, "West German Women's Movement," 59~68도 참조.

250) 동독에 관해서는, Donna Harsch, "Society, the State, and Abortion in East Germany," *American*

Historical Review 102, no. 1 (February 1997): 53~84.

251) Kaufmann-McCall, "Politics of Difference," 284.

252) Mangala Subramaniam, "The Indian Women's Movement," *Contemporary Sociology* 33, no. 6 (November 2004): 635.

253) 여기서 "제3세계(Third World)"라는 용어는 탈식민 세계(postcolonial world) 페미니스트를 지칭하기 위해 "남반구(global South)" 및 "비서구(non-Western)"의 유의어로 사용된다.

254) Soha Abdel Kader, *Egyptian Women in a Changing Society, 1899-1987* (Boulder, CO: Lynne Rienner, 1987); Neyereh Tohidi, "Gender and Islamic Fundamentalism: Feminist Politics in Iran," in *Third World Women and the Politics of Feminism*, ed. Chandra Talpade Mohanty, Ann Russo, and Lourdes Torres (Bloomington: Indiana University Press, 1991), 251~267.

255) Domitila Barrios de Chúngara, *Let me Speak! Testimony of Domitila, a Woman of the Bolivian Mines*, with Moema Viezzer, trans. Victoria Ortiz (New York: Monthly Review Press, 1978).

256) Chandra Tapade Mohanty, "Introduction: Cartographies of Struggle: Third World Women and the Politics of Feminism," in Mohanty, Russo, and Torres, *Third World Women*, 11.

257) Joyce Blackwell, *No Peace without Freedom: Race and the Women's International League for Peace and Freedom, 1915-1975* (Carbondale: Southern Illinois University Press, 2004), 143~194.

258) Leila J. Rupp, "From Rosie the Riveter to the Global Assembly Line: American Women on the World Stage," *Magazine of History* 18, no. 4, *Sex, Courtship, and Dating* (July 2004): 55.

259) 국제여성민주연맹(WIDF)의 지위에 관해서는 Cheryl Johnson-Odim and Nina Emma Mba, *For Women and the Nation: Funmilayo Ransome-Kuti of Nigeria* (Champaign: University of Illinois Press, 1997), 137에 요약되어 있다. 국제여성민주연맹과 제3세계 여성 단체들을 끌어들이려는 연맹의 노력을 다룬 학술 연구가 아직은 없다. 하지만 동시대 관찰자들은 이 공산주의 "위장조직(front organization)"의 아시아와 아프리카 진출에 주목했다. 예를 들어, Walter Kolarz, "The Impact of Communism on West Africa," *International Affairs* 38, no. 2 (April 1962): 164 참조.

260) Jocelyn Olcott, "Cold War Conflicts and Cheap Cabaret: Sexual Politics at the 1975 United Nations International Women's Year Conference," *Gender and History* 22, no. 3 (November 2010): 733~754.

261) James P. Sterba, "Equal Rights Vital, U.N. Chief Asserts at Women's Parley," *New York Times*, June 20, 1975, 1.

262) Ethel L. Payne, "From Where I Sit: Women's Year Meet," *Chicago Defender*, July 5, 1975, 6.

263) Christa Wichterich, "Strategische Verschwisterung, multiple Feminismen und die Glokalisierung von Frauenbewegungen," in *Franuenbewegungen weltweit: Aufbrüche, Kontinuitäten, Verändrungen*, ed. Ilse Lenz, Michiko Mae, and Karin Klose (Opaladen, Germany: Leske & Budrich Verlag, 2000), 257~258.

264) Barrios de Chúngara, *Let me Speak!*, 202~203.; Olcott, "Cold War Conflicts," 748도 참조.

265) Judy Klemesrud, "As the Conference Ends, What Now for Women?," *New york Times*, July 2, 1975.

266) 총회에서 승인한 "세계 행동 강령"을 보려면, United Nations A/RES/30/3520 참조; 총회에

서 채택한 결의안 3520(XXX): 세계 여성의 해 세계 회의에 관해서는 www.un-documents. net/a30r3520.htm 참조. 멕시코 선언문을 보려면, www.un-documents.net/mex-dec.htm에서 "United Nations E/CONF.66/34: Declaration of Mexico on the Equality of Women and Their Contribution to Development and Peace," July 2, 1975 참조.

267) Stanley Meisler, "Unity Eludes the World's Women," *Los Angeles Times*, July 6, 1975, D1.

268) James Streba, "Women Find Unity Elusive," *New York Times*, June 24, 1975, 3.

269) Bina Agarwal, "From Mexico 1975 to Beijing 1995," *Indian Journal of Gender Studies* 3, no. 1 (March 1996): 90~91.

270) Martha Alter Chen, "Engendering World Conferences: The International Women's Movement and the United Nations," *Third World Quarterly* 16, no. 3, *Nongovernmental Organizations, the United Nations and Global Governance* (September 1995): 478; Malika Dutt, "Some Reflections on United Stated Women of Colour and the United Nations Fourth World Conference on Woen and NGO Forum in Beijing, China," in Smith, *Global Feminism*, 305~313도 참조.

271) Robin Morgan, ed., *Sisterhood Is Global: The International Women's Movement Anthology* (Garden City, NY: Anchor/Doubleday, 1984); Kelly Shannon, "Veiled Intentions: Islam, Global Feminism, and U.S. Foreign Policy since the Late 1970s," PhD diss., Temple University, 2010.; and Valentine M. Moghadam, *Globalizing Women: Transnational Feminist Networks* (Baltimore: Johns Hopkins University Press, 2005), 142~172도 참조.

272) Marie Aimée Hélie-Lucas, "Women Living under Muslim Laws," in *Ours by Right: Women's Rights as Human Rights*, ed. Joanna Kerr (London: Zed Books, 1993).

273) Barrios de Chúngara, *Let me Speak!*, 198~199.; Olcott, "Cold War Conflicts,"도 참조.

274) Chandra Talpade Mohanty, "Under Western Eyes: Feminist Scholarship and Colonial Discourses,"는 *Boundary 2* 12/13(Spring/Fall 1984): 333~358에 처음 발표된 후 수정, 증보해 Mohanty, Russo, and Torress, *Third World Women*, 57에 재발표.

275) Joan W. Scott, "Gender: A Useful Category of Historical Analysis," *American Historical Review* 91, no. 5 (December 1986): 1056.

276) 예를 들어, Gayatri Chakravorty Spivak in "French Feminism in and International Frame," *Yale French Studies*, no. 62, *Feminist Readings: French Texts/American Contexts* (1981): 154~184. Prakash, "Orientalism Now," 210도 참조.

277) Spivak, "French Feminism," 157, 원문에 이탤릭체로 강조.

278) Fran P. Hosken, *The Hosken Report: Genital and Sexual Mutilation of Females* (Lexington, MA: Women's International Network News, 1979); Elizabeth Heger Boyle, *Female Genital Cutting: Cultural Conflict in the Global Community* (Baltimore: Johns Hopkins University Press, 2002); Kelly J. Shannon, "The Right to Bodily Integrity: Women's Rights as Human Rights and the International Movement to End Female Genital Mutilation, 1970-1990s," in *The Human Rights Revolution: An International History*, ed. Akira Iriye, Petra Goedde, and William I. Hitchcock (New York: Oxford University Press, 2012), 285~310도 참조.

279) Robin Morgan and Gloria Steinem, "The International Crime of Female Genital Mutilation,"

Ms., March 1980, 65~67, p. 98, p.100.

280) Nawal el Saadawi, "The Question No One Would Answer," *Ms.*, March 1980, 68~69.

281) Wichterich, "Strategische Verschwisterung," 258; Inge Rowhani, "Resümee zum Ende der Dekade der Frauen," in *Frauen: Ein Weltbericht*, ed. New Internationalist (Berlin: Orlanda Frauenverlag, 1986), 337~349도 참조.

282) Angela Gilliam, "Women's Equality and National Liberation," in Mohanty, Russo, and Torres, *Third Workd Women*, 218~219.

283) Ibid., 218.

284) Youssef M. Ibrahim, "Arab Girls/Veils at Issue in France," *New York Times*, November 12, 1989, 5.

285) Khalid L. Rehman, 편집자에게 보내는 편지, "Muslim Head Covering Far Different from Veil," *New York Times*, December 23, 1989, E10. 《뉴욕타임스》 특파원 유세프 M. 이브라힘(Yussef M. Ibrahim)조차 머리 스카프(headscarf)와 베일을 혼용했다. Ibrahim, "Arab Girls," November 12, 1989, 5 참조.

286) Germaine Greer, "Veiled Thoughts on Fashion and Democracy," *Guardian*, October 17, 1994, 18.

287) Joan W. Scott, "Symptomatic Politics: The Banning of Islamic Head Scarves in French Public Schools," *French Politics, Culture & Society* 23, no. 3 (Winter 2005): 110. Scott, *The Politics of the Veil* (Princeton, NJ: Princeton University Press, 2007)도 참조.

288) 독립적이면서 일부는 상당한 성공을 거두기도 한 이러한 여성들의 사례에 관해서는, Madeleine Bunting, "A Meeting of Two Worlds," *Guardian*, June 13, 1990, 21 참조.

289) Chandra Talpade Mohanty, "'Under Western Eyes' Revisited: Feminist Solidarity through Anticapitalist Struggles," *Signs* 28, no 2 (Winter 2003): 505.

290) Susanne Hoeber Rudolph, "Dehomogenizing Religious Formations," in *Transnational Religion and Fading States*, ed. Susanne Hoeber Rudolph and James Piscatori (Boulder, CO: Westview Press, 1997), 24.

291) 미국 외교 관계에서 종교의 역할에 관한 상세한 논의로는, Andrew Preston, *Sword of the Spirit, Shield of Faith: Religion in American War and Diplomacy* (New York: Knopf, 2012) 참조.

292) Peter L. Berger, ed., *The Desecularization of the World: Resurgent Religion and World Politics* (Grand Rapids, MI: Eerdmans, 1999); Susanne Hoeber Rudolph, "Introduction: Religion, States, and Transnational Civil Society," in Rudolph and Piscatori, *Transnational Religion*, 1~2; Charles Tylor, *A Secular Age* (Cambridge, MA: Belknap Press of Harvard University Press, 2007).

293) Dianne Kirby, ed., *Religion and the Cold War* (Basingstoke, UK: Palgrave, 2003), p, 1.

294) Nicholas Guyatt, *Providence and the Invention of the United States, 1607-1876* (New York: Cambridge University Press, 2007).

295) Andrew J. Rotter, "Christians, Muslims, and Hindus: Religion and U.S.-South Asian Relations, 1947-1954," *Diplomatic History* 24, no. 4 (Fall 2000): 595. Knock, *To End All Wars*, 3~4, 8도 참조.

296) Dianne Kirby, "Divinely Sanctioned: The Anglo-American Cold War Alliance and the Defence of Western Civilisation and Christianity, 1945-48," *Journal of Contemporary History* 35, no. 3 (July 2000): 388~389.

297) Rotter, "Christian, Muslims, and Hindus," 598.

298) Dianne Kirby, "The Religious Cold War," in Immerman and Goedde, *Oxford Handbook of the Cold War*, 549에서 재인용.

299) Elizabeth Shakman Hurd, *The Politics of Secularism in International Relations* (Princeton, NJ: Princeton University Press, 2008), 29. Kirby, "The Religious Cold War," 542~544도 참조.

300) Vladimir Lenin, "Socialism and Religion," in *Collected Works*, vol. 10 (1965)은 *Marxists Internet Archive*, www.marxists.org/archive/lenin/works/1905/dec/03.htm에서 볼 수 있다. Kirby, "The Religious Cold War," 544에서 재인용.

301) Anna Dickinson, "Domestic Foreign Policy Considerations and the Origins of Postwar Soviet Church-State Relations, 1941-6," in Kirby, *Religion and the Cold War*, 23~26; Hartmut Lehmann, "The Rehabilitation of Martin Luther in the GDR: Or Why Thomas Müntzer Failed to Stabilize the Moorings of Socialist Ideology," in Kirby, *Religion and the Cold War*, pp. 205~207. Kirby, "Anglican-Orthodox Relations and the Religious Rehabilitation of the Soviet Regime during the Second World War," *Revue d'Histoire Ecclesiastique* 96, nos. 1-2 (2001): 101~123도 참조.

302) 이런 변덕스러운 상황에 관해서는, Zubok, *Zhivago's Children*, 127~128 참조; Tony Shaw, "Martyrs, Miracles and Martians': Religion and Cold War Cinematic Propaganda in the 1950s," in Kirby, *Religion and the Cold War*, 215~216.; Gerhard Besier, *Der SED Staat und die Kirche, 1969-1990: Die Vision vom "Dritten Weg"* (Berlin: Propläen, 1995)도 참조.

303) Peter L. Berger, "The Desecularization of the World: A Global Overview," in Berger, *Desecularization of the World*, 2~3.

304) Grace Davie, "Europe: The Exception That Proves the Rule?" in Berger, *Desecularization of the World*, p. 65. Davie, *Europe: The Exceptional Case: Parameters of Faith in the Modern World* (London: Darnton, Longman and Todd, 2002)도 참조.

305) 1980년대 말 자료로는, Jørgen S. Nielsen, *Muslims in Western Europe* (Edinburgh: Edinburgh University Press, 1992), 26 참조; 2008년 자료는, Forschungsgruppe Weltanschauungen in Deutschland, "Religonszugehörigkeit, Deutschland, 1950-2008," version of March 27, 2009 참조. 자료 출처는 독일 연방통계청 연감(Jahresberichte des Statistischen Bundesamtes)이다.

306) 시크교도 공동체에 관한 상세한 사항은, R. Ballard and C. Ballard, "The Sikh: The Development of Southern Asian Settlement in Britain," in *Between Two Cultures: Migrants and Minorities in Britain*, ed. James L. Watson (Oxford: Blackwell, 1977); Sewa Singh Kalsi, *The Evolution of a Sikh Community in Britain: Religious and Social Change among the Sikhs of Leeds and Bradford* (Leeds: University of Leeds, Department of Theology and Religious Studies, 1992) 참조. 서유럽 무슬림 인구에 관한 더 상세한 정보를 얻으려면, Nielsen, *Muslims in Western Europe* 참조.

307) Detlef Pollack, Wolf-Jürgen Grabner, and Christiane Heinze, eds., *Leipzig im Oltober: Kirchen und alternative Gruppen im Umbruch der DDR—Analysen zur Wende*, 2nd ed. (Berlin: Wichern, 1990, 1994); Günther Heydemann, Gunther Mai, and Werner Müller, eds., *Revolution und Transformation in der DDR 1989/90* (Berlin: Duncker & Humblot, 1999); Charles S. Maier,

Dissolution: The Crisis of Communism and the End of East Germany (Princeton, NJ: Princeton University Press, 1997)도 참조.

308) Richard Wayne Wils Sr., *Martin Luther King Jr. and the Image of God* (New York: Oxford University Press, 2009), 139~190.

309) Malcolm X, *The Autobiography of Malcolm X*, with the assistance of Alex Haley (New York: Grove Press, 1965); Manning Marable, *Malcolm X: A Life of Reinvention* (New York: Penguin, 2011). 두 민권운동가(맬컴 엑스와 마틴 루서 킹)와 두 사람의 종교를 비교하는 연구로는, Lewis V. Baldwin and Amiri YaSin Al-Hadid, *Between Cross and Crescent: Christian and Muslim Perspectives on Malcolm and Martin* (Gainsville: University Press of Florida, 2002); Louis A. DeCaro Jr., *Malcolm and the Cross: The Nation of Islam, Malcolm X, and Christianity* (New York: New York University Press, 1998)도 참조.

310) Gustavo Gutiérrez, *A Theology of Liberation: History, Politics and Salvation*, trans. and ed. Sister Caridad Inda and John Eagleson (Maryknoll, NY: Orbis, 1973); Leonardo and Clodovis Boff, *Introducing Liberation Theology*, trans. Paul Burns (Maryknoll, NY: Orbis, 1986). 해방신학을 전반적으로 살펴보려면 Phillip Berryman, *Liberation Theology: Essential Facts about the Revolutionary Movement in Latin America and Beyond* (Philadelphia: Temple University Press, 1987) 참조; Paul E. Sigmund, *Liberation Theology at the Crossroads: Democracy of Revolution?* (Oxford: Oxford University Press, 1990).

311) José Casanova, *Public Religions in the Modern World* (Chicago: University of Chicago Press, 1994), 126, 133~134.; Berryman, *Liberation Theology*, 185~200도 참조.

312) David B. Barett and Todd M. Johnson, "Annual Statistical Table on Global Mission: 2004," *International Bulletin of Missionary Research* 28 (January 2004): 25. 베냐민 브란덴부르크가 언급한 내용이며, 브란덴부르크는 템플 대학에서 박사학위 논문 「복음의 제국(Evangelical Empire)」을 준비 중이다.

313) Guillermo Cook, ed., *New Face of the Church in Latin America: Between Tradition and Change* (Maryknoll, NY: Orbis, 1994).

314) 기독교의 변화하는 외양에 관한 상세한 개관은, Pew-Templeton Global Religious Futures Project, *Global Christianity: A Report on the Size and Distribution of the World's Christian Population* (Washington, DC: Pew Research Center's Forum on Religion and Public Life, 2011) 참조.

315) Steve Bruce, *Religion in the Modern World: From Cathedrals to Cults* (Oxford University Press, 1996), 121~122.

316) David Harrington Watt, *A Transforming Faith: Explorations of Twentieth-Century American Evangelicalism* (New Brunswick, NJ: Rutgers University Press, 1991), 81.

317) Frances Fitzgerald, *Cities on a Hill: A Journey through Contemporary American Cultures* (New York: Simon and Schuster, 1986), 121~201, 150~153.

318) Ibid., 180.

319) 버거에 따르면, 개신교와 이슬람이 가장 광범위한 근본주의를 낳았다. Berger, "Desecularization of the World," 6~7, 11.

320) Peter Beyer and Lori Beaman, eds., *Religion, Globalization, and Culture* (Leiden: Brill, 2007), 2, 4.

321) Martin E. Marty and R. Scott Appleby, *The Fundamentalism Project* (Chicago: University of Chicago Press): vol. 1, *Fundamentalism Observed* (1991); vol. 2, *Fundamentalisms and Society: Reclaiming the Sciences, the Family, and Education* (1993); vol. 3, *Fundamentalisms and the State: Remaking Politics, Economies, and Militance* (1993); vol. 4, *Accounting for Fundamentalisms: The Dynamic Character of Movements* (1994); vol. 5, *Fundamentalisms Comprehended* (1995).

322) Martin Marty, "Fundamentalism as a Social Phenomenon," *Bulletin of the American Academy of Arts and Sciences* 42, no. 2 (November 1988): 15~19.

323) Ibid., 19~23.

324) Berger, "Desecularization of the World," 6~7.

325) Richard T. Antoun, *Understanding Fundamentalism: Christian, Islamic and Jewish Movements* (London: Roman and Littlefield, 2001), 1~3.

326) 근본주의 프로젝트(Fundamentalism Project)는 근본주의의 종교적 측면에 주로 초점을 맞추었지만, 사회적·정치적 원인과 영향에 대해서도 논의했다. 탈구(dislocation)론에 관해서는, Nikki R. Keddie, "The New Religious Politics: Where, When, and Why do "Fundamentalisms" Appear?," *Comparative Studies in Society and History* 40, no. 4 (October 1998): 698~699, 718; Abdullahi A. Na'im, "Political Islam in National Politics and International Relations," in Berger, *Desecularization of the World*, 106.

327) Na'im, "Political Islam," 103.

328) Ibid., 106.

329) Nikki R. Keddie, with Yann Richard, *Modern Iran: Roots and Results of Revolution* (New Haven, CT: Yale University Press, 2003), 214~243.

330) Morris, *Birth of Palestinian Refugee Problem.* 이 주제는 여전히 논란거리이며, 이른바 새로운 역사가들이 팔레스타인 난민에 대한 전통적 기술에 도전하기 시작했다.

331) 『우리 시대』 원문은 www.vatican.va/archive/hist_councils/ii_vatican_council/documents/vat-ii_decl_19651028_nostra-aetate_en.html에서 볼 수 있다.

332) Bruce, *Religion in the Modern World*, 169.

333) 힌두교의 인기 고조에 관해서는, "Hinduism in New York: A Growing Religion," *New York Times*, November 2, 1967, 49, 55 참조.; Shandip Saha, "Hinduism, Gurus, and Globalization," in Beyer and Beaman, *Religion, Globalization and Culture*, 485~502도 참조.; 영국에 관해서는, Bruce, *Religion in the Modern World*, 176, 197~198 참조; 독일에 관해서는, Barney Lefferts, "Chief Guru of the Western World," *New York Times*, December 17, 1967, 45, 48 참조.

334) Lewis F. Carter, "The 'New Renunciates' of the Bhagwan Shree Rajneesh: Observation and Identification Problems of Interpreting New Religious Movements," *Journal for the Scientific Study of Religion* 26, no. 2 (June 1987): 148~172.; Lewis F. Carter, *Charisma and Control in Rajneeshpuram: The Role of Shared Values in the Creation of a Community* (Cambridge: Cambridge University Press 1990); Frances FitzGerald, "A Reporter at Large: Rajneeshpuram," *New Yorker*, pt. 1, September 22, 1986, 46~96; pt. 2, September 29, 1986, 83~125도 참조.

335) Bruce, *Religion in the Modern World*, 178~179.

336) Wouter J. Hanegraaff, *New Religion and Western Culture: Esotericism in the Mirror of Secular Thought* (Leiden: Brill, 1996), 521.

337) 영국과 미국에서의 추정치는, Paul Heelas, *The New Age Movement: The Celebration of the Self and the Sacralization of Modernity* (Oxford: Blackwell, 1996), 108~130 참조.

338) Ibid., 122~123.

339) Laurel Kearns, "Religion and Ecology in the Context of Globalization," in Beyer and Beaman, *Religion, Globalization and Culture*, 305~334.

340) Bruce, *Religion in the Modern World*, 210~211, 223~224.

341) Thomas Banchoff, introduction to *Democracy and the New Religious Pluralism*, ed. Thomas Banchoff (New York: Oxford University Press, 2007), 6.; Robert Wuthnow, *The Restructuring of American Religion: Society and Faith since World War II* (Princeton, NJ: Princeton University Press, 1988), 218~222도 참조.

342) Jean-Jacques Rousseau, "On the Social Contract," in *Basic Political Writings*, trans. and ed. Donald A. Cress (Indianapolis: Hackett, 1987), 226:. 누스바움의 루소 독해에 관해서는 그녀의 논문, "Radical Evil in Liberal Democracies: The Neglect of the Political Emotions," in Banchoff, *Democracy and the New Religious Pluralism*, 180를 참고했다.

343) 누스바움은 논문에, 콩트의 "인류교" 발상을 한층 더 발전시킨 밀의 "종교의 효용(The Utility of Religion)"을 언급했다. John Stuart Mill, *Three Essays on Religion* (New York: H. Holt and Co., 1874), 69~122, esp. 109, 117 참조.

344) Nussbaum, "Radical Evil in Liberal Democracies," 183.

345) 누스바움은 인도 힌두교 우파의 예를 거론했는데, 그들은 2007년에 다원주의 사회를 힌두교도에게는 특권을 부여하고 다른 종교, 사회집단에 대해서는 불관용적인 체제로 전환하려 했다. Ibid., 182 참조.

346) 1946년 6월 26일 샌프란시스코에서 조인된 유엔 헌장은 Paul Kennedy, *The Parliament of Man: The Past, Present, and Future of the United Nations* (New York: Random House, 2006), 314에 전재.

347) Lynn Hunt, ed., *The French Revolution and Human Rights: A Brief Documentary History* (Boston: Bedford/St. Martin's Press, 1996) 참조.

348) Paul Gordon Lauren, *The Evolution of International Human Rights: Visions Seen*, 2nd ed. (Philadelphia: University of Pennsylvania Press, 2003), 37~70.

349) 예를 들어 벨기에가 콩고에 세운 잔혹한 식민 체제에 관해서는, Adam Hochschild, *King Leopold's Ghost: A Story of Greed, Terror, and Heroism in Colonial Africa* (Boston: Houghton Mifflin, 1998).

350) Lauren, *Evolution of International Human Rights*, 73.

351) Jan Herman Burgers, "The Road to San Fransisco: The Revival of the Human Rights Idea in the Twentieth Century," *Human Rights Quarterly* 14, no. 4 (November 1992): 448; Elizabeth Borgwardt, *A New Deal for the World: America's Vision for Human Rights* (Cambridge, MA: Belknap Press of Harvard University Press, 2005)

352) Mark Mazower, "The Strange Triumph of Human Rights, 1933-1950," *Historical Journal* 47, no. 2

(June 2004): 385.

353) Mary Ann Glendon, *A World Made New: Eleanor Roosevelt and the Universal Declaration of Human Rights* (New York: Random House, 2001), 174.

354) Goedde, *GIs and Germans*, 178~179. 25조에 관해서는 Gordon, *A World Made New*, 313 참조.

355) Schrecker, *Many Are the Crimes*; Stanley I. Kutler, *The American Inquisition: Justice and Injustice in the Cold War* (New York: Hill and Wang, 1982).

356) Carol Anderson, *Eyes Off the Prize: The United Nations and the African American Struggle for Human Rights, 1944-1955* (New York: Cambridge University Press, 2003), 105~110. Mazower, "Strange Triumph," 395도 참조.

357) Anderson, *Eyes Off the Prize*, 5; Dudziak, *Cold War Civil Rights*. Barbara Keys and Roland Burke, "Human Rights," in Immerman and Goedde, *Oxford Handbook of the Cold War*, 486~502도 참조.

358) Mark Mazower, *No Enchanted Palace: The End of Empire and the Ideological Origins of the United Nations* (Princeton, NJ: Princeton University Press, 2009), 61~63; Jan Eckel, "Utopie der Moral, Kalkül der Macht: Menschenrechte in der Globalen Politik seit 1945," *Arhiv für Sozialgeschichte* 49 (2009): 452; Andreas Eckert, "African Nationalists and Human Rights, 1940s-1970s," in *Human Rights in the Twentieth Century*, ed. Stefan-Ludwig Hoffmann (Cambridge: Cambridge University Press, 2011), 283~300.

359) Roland Burke, "'The Compelling Dialogue of Freedom': Human Rights at the Bandung Conference," *Human Rights Quarterly* 28, no. 4 (November 2006): 962. Roland Burke, *Decolonization and the Evolution of International Human Rights* (Philadelphia: University of Pennsylvania Press, 2010), 40도 참조.

360) 자결권(self-determination)을 인권으로 보지 않는 학자로는 앨프리드 윌리엄 브라이언 심프슨 (A. W. Brian Simpson)과 새뮤얼 모인(Samuel Moyn)이 있다. 반대로, 자결권을 인권으로 보는 학자로는 롤런드 버크(Roland Burke)와 브래들리 심프슨(Bradley Simpson)을 들 수 있다. A. W. Brian Simpson, *Human Rights and the End of Empire: Britain and the Genesis of the European Convention* (New Yrok: Oxford University Press, 2001), 300; Samuel Moyn, *The Last Utopia: Human Rights in History* (Cambridge, MA: Belknap Press of Harvard University Press, 2010), 84~89; Bradley Simpson, "'The First Right': The Carter Administration, Indonesia and the Transnational Human Rights Politics of the 1970s," in Iriye, Goedde, and Hitchcock, *The Human Rights Revolution*; Burke, *Decolonization* 참조.

361) 마흐무드 아불 파스가 반둥 회의 대표단에 보내는 서한(1955년 4월 13일 자)은 Burke, *Decolonization*, 17~18에서 재인용. 1954년 《타임》에 실린 기사에 따르면, 아불 파스와 동생 후세인 파스(Hussein Fath)가 나세르의 정책에 반대한 것은 자유 언론에 대한 염려만이라기보다 적어도 일정 부분은 사업적 이해관계에 기인했다. "The Press: Egyptian Uproar," *Time*, May 17, 1954 참조.

362) Mazower, "Strange Triumph," 382.

363) "The Freedom Charter,"는 *Third World Quarterly* 9, no. 2 (April 1987): 672~677에 전재.

364) Mohandas Gandhi, "Letter Adressed to the Director-General of UNESCO," 그리고 Chung-Shu

Lo, "Human Rights in the Chinese Tradition"은 Glendon, *A World Made New*, 75에서 인용.

365) Tom Buchanan, "'The Truth Will Set You Free': The Making of Amnesty International," *Journal of Contemporary History* 37, no. 4 (2002): 575~597.

366) Jonathan Power, *Amnesty International: The Human Rights Story* (New York: Pergamon Press, 1981); Kirsten Sellars, *The Rise and Rise of Human Rights* (Stroud, UK: Sutton, 2002); Stephen Hopgood, *Keepers of the Flame: Understanding Amnesty International* (Ithaca, NY: Cornell University Press, 2006).

367) Sellars, *Rise and Rise of Human Rights*, 97. 셀러스는 국제사면위원회가 공식적으로는 정치적 중립을 고수했지만, 지도부가 때때로 영국의 입장을 강력하게 지지하곤 했다고 주장했다. Hopgood, *Keepers of the Flame*, 4~6도 참조.

368) Eckel, "Utopie der Moral," 460.

369) Gaddis Smith, *Morality, Reason, and Power: American Diplomacy in the Carter Years* (New York: Hill and Wang, 1986).

370) Jan Eckel, "Under a Magnifying Glass: The International Human Rights Campaign against Chile in the Seventies," in Hoffmann, *Human Rights in the Twentieth Century*, 338.

371) William Korey, *The Promises We Keep: Human Rights, the Helsinki Process, and American Foreign Policy* (New York: St. Martin's Press, 1993), 5~9.

372) 헬싱키 협정 전문은 www1.umn.edu/humanarts/osce/basics/finact75.htm 참조. 헌장에 관한 동시대 논의에 관해서는 Gordon Skilling, *Charter 77 and Human Rights in Czechoslovakia* (London: Allen and Unwin, 1981) 참조.

373) Keys and Burke, "Human Rights."

374) Daniel C. Thomas, *The Helsinki Effect: International Norms, Human Rights and the Demise of Communism* (Princeton, NJ: Princeton University Press, 2001).

375) United Nations High Commissioner for Refugees (UNHCR), Representation in Bosnia and Herzegovina, "The State of Annex VII, May, 2006."

376) Jared Diamond, *Collapse: How Societies Choose to Fail or Succeed* (New York: Vikings, 2005); Alison Des Forges, *"Leave None to Tell the Story": Genocide in Rwanda* (New York: Human Rights Watch, 1999).

377) Scott, "Symptomatic Politics," 109.; Scott, *Politics of the Veil*도 참조. 2010년 법에 관해서는, Nadim Audi, "France: Draft Veil Ban Approved," *New York Times*, May 19, 2010, A10 참조.

378) Richard Crockatt, *America Embattled: September 11, Anti-Americanism, and the Global Order* (London: Routledge, 2003), 75~88.

379) Samuel P. Huntington, "The Clash of Civilization?" *Foreign Affairs* 72, no. 3 (Summer 1993): 22~49. 헌팅턴은 이후 이 주제를 확대해 책으로 펴냈다.: *The Clash of Civilizations and the Remaking of World Order* (New York: Simon and Schuster, 1996) 헌팅턴은 "문명의 충돌"이라는 표현을 버나드 루이스가 1992년에 발표한 "The Roots of Muslim Rage," in *Atlantic Monthly*, September 1990. 60에서 빌려 왔다.

380) Huntington, "The Clash of Civilization?," 25.

381) Ibid., 29.

382) Bruce, *Religion in the Modern World*, 96. 브루스는 막스 베버의 "민족적 명예: 자기 민족 고유 풍습에 대한 우월감 그리고 다른 민족 풍습의 열등성" 개념도 언급한다. In Weber, *Economy and Society*, 391.

383) 예를 들어 윌리엄 파프(William Pfaff)가 헌팅턴의 책에 관해 쓴 평 참조. "The Reality of Human Affairs," *World Policy Journal* 14, no. 2 (Summer 1997): 89~96.

384) 헌팅턴의 저서에 대한 학계의 평을 대표하는 예로는, see Robert Jervis in *Political Science Quarterly* 112, no. 2 (Summer, 1997): 307~308; Shahid Qadir, "Civilisational Clashes: Surveying the Fault Lines," *Third World Quarterly* 19, no. 1 (March, 1998): 149~152; Richard Rosecrance in *American Political Science Review* 92., no. 4 (December 1998): 978~980; Stephen Schulman in *Journal of Politics* 60, no. 1 (February 1998): 304~306.

385) 이슬람이 민주주의와 대척한다는 주장과 그것을 반박하는 주장에 관해 자세히 알아보려면, Fawaz A. Gerges, *America and Political Islam: Clash of Cultures or Clash of Interests?* (New York: Cambridge University Press, 1999), 21~36 참조.

386) 아부그라이브 사건에 대한 자세한 설명은《뉴요커》에 실린 Seymour M. Hersh, "Torture at Abu Ghraib," May 10, 2004, 42; "Chain of Command," May 17, 2004, 38; "The Gray Zone," May 24, 2004, 38 참조.

387) Jane Mayer, "The Memo: How and Internal Effort to Ban the Abuse and Torture of Detainees Was Thwarted," *New Yorker*, February 27, 2006, 32.

388) Samantha Power, "*A Problem from Hell*": America and the Age of Genocide (New York: Basic Books, 2002), 326, 475~476.

389) Ibid., 484~486.

390) 국제형사재판소의 공식 웹사이트 www.icc-cpi.int/ 참조.

391) 이러한 역설을 명확하게 보여 준 Seyla Benhabib, *Another Cosmopolitanism*, with commentaries by Jeremy Waldron, Bonnie Honig, and Will Kymlicka (New York: Oxford University Press, 2006), 31 참조.

392) Kofi Awoonor, "Statement by H.E. Dr. Kofi Awoonor, Ambassador and Permanent Representative of Ghana and Chairman of the Group of 77 in the General Debate of the UNDP Governing Council, 11th June 1991," New York, The Group of 77 (1992), 2.; Russel Lawrence Barsh, "Measuring Human Rights: Problems of Methodology and Purpose," *Human Rights Quarterly* 15, no. 1 (February 1993): 87~88에서 재인용.

393) 개막일 관련 기사인 Elaine Sciolino, "U.S. Rejects Notion That Human Rights Vary by Culture," *New York Times*, June 15, 1993 참조.

394) Asian Cultural Forum on Development, *Our Voice: Bangkok NGO's Declaration on Human Rights: Report of the Asia Pacific NGO Conference on Human Rights and NGO's Statements to the Asian Regional Meeting* (Bangkok: Asian Cultural Forum on Development, 1993).

395) 아프리카에서는 1992년 11월 튀니스 회의를 통해 인권으로서의 개발이 우선함을 강조했다. 라틴 아메리카에서는 1993년 1월에 열린 모임에서 인권의 보편성을 확인했다. 방콕에서 열린 아시아

대표 모임에서만 논쟁이 벌어졌다.

396) 선언문은 Asian Cultural Forum on Development, *Our Voice*, 244에 전재.

397) Ibid., 199.

398) 빈 선언문과 행동 강령(VDPA) 전문은 www.unhchr.ch/huridocda.nsf/(Symbol)/ A.CONF.157.23.En?OpenDocument 참조. William Korey, *NGOs and the Universal Declaration of Human Rights: "A Curious Grapevine"* (New York: St. Martin's Press, 1998), 273~306.

399) Amartya Sen, "Human Rights and Asian Values: What Lee Kuan Yew and Li Peng Don't Understand about Asia," *New Republic*, July 14, 1997, 33~40.

400) 소통의 중요성에 관해서는 Kenneth Cmiel, "The Emergence of Human Rights Politics in the United States," *Journal of American History* 86, no. 3 (December 1999): 1231~1250.

401) 최대 규모의 시위는 1999년 세계무역기구 회의가 열린 시애틀에서 일어났고, 가장 격렬한 시위는 2001년 G8 정상회담이 열린 제노바에서 벌어졌다.

402) Jeff Faux, *The Global Class War: How America's Bipartisan Elite Lost Our Future, and What It Will Take to Win It Back* (Hoboken, NJ: Wiley, 2006).

403) UN 세계관광기구 공식 웹사이트 www.unwto.org/aboutwto/his/en/his.php?op=5 참조.

404) Kwame Anthony Appiah, *Cosmopolitanism: Ethics in a World of Strangers* (New York: Norton, 2006), xiii.

405) Ibid., xv.

406) Benhabib, *Another Cosmopolitanism*, 17~18.

407) Benedict Anderson, *Imagined Communities: Reflections on the Origin and Spread of Nationalism* (London: Verso, 1983, 1991, 2006).

408) Bright and Geyer, "Where in the World Is America?," 68.

409) Deborah Sontag, "Headless Bodies from a Bottomless Imagination," *New York Times*, June 21, 2009, Arts section, 26.

410) Ibid.

411) Viktoria Schmidt-Linsenhoff, "Das koloniale Unbewusste in der Kunstgeschichte," in *Globalisierung/Hierarchisierung: Kulturelle Dominanzen in Kunst und Kunstgeschichte*, ed. Irene Below and Beatrice von Bismarck (Marburg: Jonas Verlag, 2005), 22.

412) Bright and Geyer, "Where in the World Is America?," 68.

413) Schmidt-Linsenhoff, "Das Koloniale Unbewusste," 20~21.

414) Jan Nederveen Pieterse, *Globalization and Culture: Global Mélange*, 2nd ed. (Lanham, MD: Rowman and Littlefield, 2009), 3.

415) Ibid., 2.

416) 월컷은 트리니다드에 거주하고 네이폴은 그곳에서 태어났지만, 두 사람은 식민주의와 탈식민주의에 대한 해석을 놓고 서로 대립했다. 노벨 문학상 수상자 목록은 http://nobelprizes.com/nobel/ literature/ 참조.

417) 루슈디의 가장 논쟁적인 작품은 *The Satanic Verses* (New York: Viking, 1988)였다. 아니타 데사이의 가장 유명한 작품인 *In Custody* (New York: Harper and Row, 1987)는 부커상 후보에 올랐

고, 머천트 아이보리 프로덕션(Merchant Ivory Productions)이 영화로 제작했다. Jhumpa Lahiri, *Interpreter of Maladies* (Boston: Houghton Mifflin, 1999).

5부 초국적 세계의 형성

이 글을 준비하면서 연구 보조자들, 특히 케네스 와이스브로드와 브라이언 니컬슨(Bryan Nicholson), 스테펀 림너(Steffen Rimner)가 제공한 의견을 크게 활용했다. 특히 세계사 프로젝트를 함께한 이 책의 저자들에게서 많은 것을 배웠음은 물론이다. 세계사와 초국적 역사의 연구에 전념하는 전 세계의 모든 학자에게 나는 계속해서 빚을 지고 있다.

1) 前田陽一,『西歐に學んで』, (東京, 要書房, 1953). 독일 점령하 프랑스 문화에 관한 체계적인 연구로는 Alan Riding, *And the Show Went On: Cultural Life in Nazi-Occupied Paris* (New York, Knopf, 2011) 참조.

2) Daniel Blatman, *The Death Marches: The Final Phase of Nazi Genocide*, trans. Chaya Galai (Cambridge, MA: Belknap Press of Harvard University Press, 2010).

3) Arthur E. Barbeau, "The Japanese at Bedford," *Western Pennsylvania Historical Magazine* 64, no. 2 (April 1981): 151~163.

4) 실크로드 관련 최근 전시에 관해서는 *The University of Pennsylvania Magazine* 2011년 봄호를 참조.

5) R. R. Palmer, *The Age of the Democratic Revolution: A Political History of Europe and America, 1760-1800* (Princeton, NJ: Princeton University Press, 1964)

6) 미국으로 망명한 독일 음악가들이 받은 전반적 대우에 관해서는 Horst Weber & Manuela Schwartz, eds., *Geschichte emigrierter Musiker, 1933-1950: Kalifornien* (Munich: K. G. Saur, 2003) 참조.

7) 晏妮,『戰時日中映画交渉史』(東京: 岩波書店, 2010).

8) Jessica Gienow-Hecht, *Sound Diplomacy: Music and Emotions in Transatlantic Relations, 1850-1920* (Chicago: University of Chicago Press, 2009).

9) 1920년대 중국 클래식 음악에 관한 훌륭한 참고문헌으로 Sheila Melvin & Jindong Cai, *Rhapsody in Red: How Western Classical Music Became Chinese* (New York: Algora, 2004)가 있다.

10) Nagai Kafū, *American Stories*, trans. Mitsuko Iriye(New York: Columbia University Press, 2000) 참조.

11) Frederic Starr, *Red and Hot: The Fate of Jazz in the Soviet Union* (New York: Limelight, 1985) 참조.

12) Paul Fussell, *Wartime: Understanding and Behavior in the Second World War* (New York: Oxford University Press, 1989)

13) Donald Keene, *Chronicles of My Life: An American in the Heart of Japan* (New York: Columbia University Press, 2008).

14) Roger Dingman, *Deciphering the Rising Sun: Navy and Marine Corps Codebreakers, Translators, and Interpreters in the Pacific War* (Annapolis, MD: Naval Institute Press, 2009)

15) Xiao-huang Yin, *Chinese-American Literature since the 1850s* (Urbana: University of Illinois Press, 2000).

16) 점점 늘어나는 공적 기억에 관한 연구 문헌의 최근작으로는 Bernhard Giesen and Christoph Schneider, eds., *Tätertrauma, Nationale Erinnerungen im öffentlichen Diskurs* (Konstanz, Germany: UVK, 2004); Christian Meier, *Das Gebot zu vergessen und die Unabweisbarkeit des Erinnerns* (Munich: Siedler, 2010)가 있다.

17) Martin Conway and Kiran Patel, eds., *Europeanization in the Twentieth Century* (Basingstoke, UK: Palgrave Macmillan, 2010).

18) "Dr. Atomic," in Lyric Opera of Chicago, *2007/2008 Season*, 12.

19) Adam Krisch, "The Battle for History," *New York Times Book Review*, May 29, 2011, 10~11 참조.

20) *Asahi*, April 21, 2011, 18.

21) Emily S. Rosenberg, *A Date Which Will Live: Pearl Harbor in American Memory* (Durham, NC: Duke University Press, 2003) 참조.

22) Paul Boyer, *By the Bomb's Early Light* (New York: Pantheon, 1985), 203~206 참조.

23) Norman Naimark, *Russians in Germany: A History of the Soviet Zone of Occupation, 1945-1949* (Cambridge, MA: Belknap Press of Harvard University Press, 1995).

24) Naoko Shibusawa, *America's Geisha Ally: Reimaging the Japanese Enemy* (Cambridge, MA: Harvard University Press, 2006)

25) 일부 미국 관리와 일본의 전후 개혁가들이 1920년대에 관해 공통으로 가진 견해에 관해서는 Akira Iriye, *Power and Culture* (Cambridge, M. A.: Harvard University Press, 1983) 참조.

26) Hiroshi Kitamura, *Screening Enlightenment: Hollywood and the Cultural Reconstruction of Defeated Japan* (Ithaca, NY: Cornell University Press, 2010).

27) Ian Goldin et al., *Exceptional People: How Migration Shaped Our World and Will Define Our Future* (Princeton, NJ: Princeton University Press, 2010)

28) Blatman, *Death Marches*.

29) Bruce Mazlish, *The Idea of Humanity in a Global Era* (New York: Palgrave Macmillan, 2008).

30) Lori Watt, *When Empire Comes Home: Repatriation and Reintegration in Postwar Japa*n (Cambridge, MA: Harvard University Asia Center/Harvard University Press, 2009) 참조.

31) Sugata Bose and Kris Manjapra, eds., *Cosmopolitan Thought Zones: South Asia and the Global Circulation of Ideas* (Basingstoke, UK: Palgrave Macmillan, 2010).

32) Ibid., 2.

33) Benny Morris, *The Birth of the Palestinian Refugee Problem, 1947-1949* (Cambridge: Cambridge University Press, 987, 295~298.

34) Rana Mitter, *China's War with Japan, 1937-1945: The Struggle for Survival* (London: Allen Lane, 2013).

35) 소련과 중국 문서고 자료를 활용한 최근 냉전 연구를 모은 연구서로 Tsuyoshi Hasegawa, ed., *The Cold War in East Asia, 1945-1991* (Stanford, CA: Stanford University Press, 2011) 참조.

36) Frank Ninkovich, *The Diplomacy of Ideas: U.S. Foreign Policy and Cultural Relation*s, *1938-1950*

(Cambridge: Cambridge University Press, 1981); Volker R. Berghahn, *America and the Intellectual Cold War in Europe* (Princeton, NJ: Princeton University Press, 2001); Richard Pells, *Not Like Us: How Europeans Have Loved, Hated, and Transformed American Culture since World War II* (New York: Basic Books, 1997).

37) Tadashi Yamamoto, Akira Iriye, and Makoto Iokibe, eds., *Philanthropy and Reconciliation: Rebuilding Postwar U.S.-Japan Relations* (Tokyo: Japan Center for International Exchange, 2006), 49에서 재인용.

38) 유럽과 아시아의 전후 화해를 비교한 첫 번째 연구인 Yinan He, *The Search for Reconciliation: Sino-Japanese and German-Polish Relations since World War II* (Cambridge: Cambridge University Press, 2009) 참조.

39) Joy Damousi and Mariano Ben Plotkin, eds., *The Transnational Unconscious: Essays in the History of Psychoanalysis and Transnationalism* (Basingstoke, UK: Palgrave Macmillan, 2009), I.

40) Bruno Nettle, *Encounters with Musicology: A memoir* (Warren, MI: Harmonie Park, 2002), 36.

41) Laurent Carroué et al., eds., *La mondialisation: Genèse, acteurs et enjeux*, 2nd ed. (Rosny-sur-Bois, France: Bréal, 2009), 96.

42) Rushton Coulborn, ed., *Feudalism in History* (Princeton, NJ: Princeton University Press, 1956).

43) Louis Hartz, *The Liberal Tradition in America: An Interpretation of American Political Thought since the Revolution* (New York: Harcourt, Brace, 1955).; Richard Hofstadter, *The American Political Tradition and the Men Who Made It* (New York: Vintage, 1955).

44) David Riesman, *The Lonely Crowd: A Study of the Changing American Character* (Garden City, NY: Doubleday, 1953); W. W. Rostow, *The Stages of Economic Growth: A Non-Communist Manifesto* (Cambridge: Cambridge University Press, 1960).

45) Oswald Spengler, *The Decline of the West*, 2 vols., trans. Charles Francis Atkinson (New York: Knopf, 1926-1928).; H. G. Wells, *A Short History of the World*, ed. Michael Sherborne (London: Penguin, 2006).

46) Arnold J. Toynbee, *Civilization on Trial* (New York: Knopf, 1958).

47) Arnold J. Toynbee, *A Study of History*, 12 vols. (London: Oxford University Press, 1934-1961).

48) Chinua Achebe, *Things Fall Apart* (New York: Knopf, 1958).

49) David C. Engerman, *Modernization from the Other Shore: American Intellectuals and the Romance of Russian Development* (Cambridge, MA: Harvard University Press, 2003).

50) James William Park, *Latin American Underdevelopment* (Baton Rouge: Louisiana State University Press, 1995), 2.

51) 자유주의적 개발주의에 관해서는 Robert Latham, *The Liberal Moment: Modernity, Security, and the Making of Postwar International Order* (New York: Columbia University Press, 1997) 참조.

52) Cemil Aydin, *The Politics of Anti-Westernism in Asia* (New York: Columbia University Press, 2007).

53) "오리엔탈리즘"에 관해서는 Edward Said, *Orientalism* (New York: Pantheon, 1978) 참조.

54) Ssu-Yü Teng and John K. Fairbank, eds., *China's Response to the West: A Documentary Survey, 1839-1923* (Cambridge, MA: Harvard University Press, 1954).

55) Akira Iriye, *Global Community: The Role of International Organization in the Making of the Contemporary World* (Berkeley: University of California Press, 2002), 47~48.

56) Lawrence S. Wittner, *Our World or None: A History of the World Nuclear Disarmament Movement through 1953* (Stanford, CA: Stanford University Press, 1993); Matthew Evangelista, *Unarmed Forces: The Transnational Movement to End the Cold Wa*r (Ithaca, NY: Cornell University Press, 1999).

57) Walter Hixon, *Parting the Curtain: Propaganda*, Culture, *and the Cold War, 1945-1961* (New York: St. Martin's Press, 1997).

58) Iriye, *Global Community*, 75~76.

59) Steven Vogel, *Freer Market, More Rules: Regulatory Reform in Advanced Industrial Countries* (Ithaca, NY: Cornell University Press, 1996) 참조.

60) Iriye, *Global Community*, 75~76.

61) Sandra Kraft, *Von Hörsaal auf die Anklagenbank: Die 68er und das Establishment in Deutschland und den USA* (Frankfurt: Campus, 1996) 참조.

62) Philip Gassert and Martin Klimke, eds., *1968: Memories and Legacies of a Global Revolt* (Washington, DC: German Historical Institute, 2009).

63) Gerd Koenen, *Das rote Jahrzehnt: Unsere kleine deutsche Kulturrevolution, 1967-1977* (Frankfurt: Fischer, 2002).

64) Martin Klimke, *The Other Alliance: Student Protest in West Germany and the United States in the Global Sixties* (Princeton, NJ: Princeton University Press, 2011).

65) Conway and Patel, *Europeanization in the Twentieth Century* 서론 참조.

66) Richard Wolin, *The Wind from the East: French Intellectuals, the Cultural Revolution, and the Legacy of the 1960s* (Princeton, NJ: Princeton University Press, 2010).

67) 예를 들어, Marius B. Jansen, ed., *Changing Japanese Attitudes toward Modernization* (Princeton, NJ: Princeton University Press, 1965) 참조.

68) 이러한 모임이 낳은 주목할 만한 성과물로 James W. Morley, ed., *Japan's Foreign Policy, 1868-1941: A Research Guide* (New York: Columbia University Press, 1974)가 있다.

69) 학회에서 발표된 논문은 Dorothy Borg and Shumpei Okamoto, eds., *Pearl Harbor as History: Japanese-American Relations, 1931-1941* (New York: Columbia University Press, 1973)로 묶여 출판되었다.

70) Edward Miller, *Misalliance: Ngo Dinh Diem, the United States, and the Fate of South Vietnam* (Cambridge, M.A.: Harvard University Press, 2013) 참조.

71) Viktor F. Frankl, *Der Mensch vor der Frage nach dem Sinn* (Munich: Piper, 1985). *Asahi*, April 28, 2011, 18 참조.

72) Frantz Fanon, *The Wretched of the Earth* (New York: Grove, 1961).

73) Said, *Orientalism*.

74) Edward Albee, *A Delicate Balance* (New York: Plume, 1997).

75) Kathrin Fahlenbrach, Martin Klimke, Joachim Scharloth, and Laura Wong, eds., *The

Establishment Responds: Power, Politics and Protest since 1945 (Basingstoke, UK: Palgrave Macmillan, 2011).

76) 1970년대의 의미에 관한 훌륭한 논의로 Thomas Borstelmann, *The 1970: A New Global History from Civil Rights to Economic Inequality* (Princeton, NJ: Princeton University Press, 2011) 참조.

77) Goldin et al., *Exceptional People*, 90~95.

78) Jane Desmond, *Staging Tourism: Bodies on Display from Waikiki to Sea World* (Chicago: University of Chicago Press, 1990), xvii.

79) *Conceptualizing Global History*, ed. Bruce Mazlish and Ralph Buultjens (Boulder, CO: Westview, 1993)에 실린 왕궁우의 글 참조.

80) Ted Morgan, *On Becoming American* (Boston: Houghton Mifflin, 1978), 185.

81) Eric J. Hobsbawm, *The Age of Extremes: A History of the World, 1914-1991* (New York: Vintage, 1996).

82) Kathleen Burk and Alec Cairncross, *Good-bye, Great Britain: The 1976 IMF Crisis* (New Haven, CT: Yale University Press, 1992) 참조.

83) 이 현상에 관한 자세한 논의는 주 82에 소개된 캐슬린 버크와 알렉 케언크로스의 책 129~134쪽 참조.

84) Ibid., 112.

85) Ibid., 137.

86) 1970년대에서 1980년대까지 장애인을 대변하는 초국적 운동에 관한 유익한 연구로 Francine Saillant, I*dentité et handicaps: Circuits humanitaires et posthumanitaires* (Paris: Karthala, 2007) 참조. 중요한 요소로 장애인의 법적 교육권이 있다. Ralf Pscher, Johanners Rux, and Thomas Langer, *Von der Intergration zur Inklusion: Das Recht auf Bildung aus der Behindertenrechtskonvention der Vereinten Nationen und seine innerstaatliche Umsetzung* (Baden-Baden, Germany: Nomos, 2008) 참조.

87) 에이전트 오렌지 사용(그리고 그에 대한 저항)에 관한 가장 훌륭한 연구는 David Zierler, *The Invention of Ecocide: Agent Orange, Vietnam, and the Scientists Who Changed the Way We Think about the Environment* (Athens: University of Georgia Press, 2011)이다.

88) Timothy S. George, *Minamata: Pollution and the Struggle for Democracy in Postwar Japan* (Cambridge, MA.:Harvard University Asia Center/Harvard University Press, 2001).

89) Iriye, *Global Community*, 147.

90) Ana Cutter Patel et al., *Disarming the Past: Transnational Justice and Ex-Combatants* (New York: Social Science Research Council, 2009), 263 참조.

91) 적군파 주역 중 하나인 울리케 마인호프(Ulrike Marie Meinhof)는 *Die Würde des Menschen ist antastbar Aufsätze und Polemiken* (Berlin: Wagenbuch, 2008)을 통해 자신의 목소리를 냈다.

92) Scott M. Thomas, *The Global Resurgence of Religion and the Transformation of International Relations* (New York: Palgrave Macmillan, 2005).

93) Borstelmann, *The 1970s*.

94) Thomas, *Global Resurgence*, xii.

95) Hasegawa, *Cold War in East Asia*에 실린 시모토마이(Shimotomai)의 글 참조.

96) 최근에 나온 가장 훌륭한 덩샤오핑 전기는 에즈라 보걸(Ezra Vogel)이 쓴 『덩샤오핑 평전: 중국의 건설자』다.

97) Sakamoto Masahiro(坂本正弘), ed., *20 seiki no sekai* (The world of the twentieth century) (Tokyo: Nihon Keizai Shimbunsha, 1992), 148~153. 20세기 말에 관한 많은 통계 자료는 Laurent Carroué et al., *La mondialisation: Genèse, acteurs et enjeux*, 2nd ed. (Rosny-sous-Bois, France: Bréal, 2009)의 도움을 받았다.

98) 예를 들어 Mazlish and Buultjens, *Conceptualizing Global History* 그리고 Akira Iriye, *The Globalizing of America* (Cambridge: Cambridge University Press, 1992)가 있다.

99) American Historical Association, *Perspectives* (September 2011): 14~17.

100) Jürgen Osterhammel, *Geschichtswissenschaft jenseits des Nationalstaats: Studien zu Beziehungsgeschichte und Zivilisationsvergleich* (Göttingen: Vandenhoeck & Ruprecht, 2001)에 담긴 선구적인 논문들도 참조.

101) 이 두 학회에서 발표된 논문은 Nobutoshi Hagaihara et al., eds., *Experiencing the Twentieth Century* (Tokyo: University of Tokyo Press, 1985)와 Japan Foundation Center for Global Partnership, ed., *The End of the Century* (Tokyo: Kodansha International, 1995)에 실렸다.

102) Joseph S. Nye Jr., *Bound to Lead: The Changing Nature of American Power* (New York: Basic Books, 1990) 참조.

103) *The World Almanac and Book of Facts 2007* (New York: World Almanac Books, 2007), 283.

104) Asahi, June 1, 2011, 8.

105) Sarah Snyder, *Human Rights Activism and the End of the Cold War: A Transnational History of the Helsinki Network* (New York: Cambridge University Press, 2011).

106) 독일에서 저항이 테러 행위로 격화된 상황에 관해서는 Stefan Aust, *Der Baader-Meinhof Komplex* (Hamburg: Hoffmann und Campe, 1985) 참조.

107) 독일 상황을 전반적으로 살펴본 연구서로는 Berthold Löffler, *Integration in Deutschland* (Munich: Oldenbourg, 2010)이 있다.

108) "교과서 논쟁"을 사려 깊게 검토한 Daqing Yang et al., *Toward a History beyond Borders* (Cambridge, MA: Harvard University Asia Center/Harvard University Press, 2012) 참조.

109) 논쟁 관련자인 국립항공우주박물관 관장의 증언은 Martin Harwit, *An Exhibit Denied: Lobbying the History of Enola Gay* (New York: Copernicus, 1996) 참조.

110) David Blanchon, *Atlas mondial de l'eau* (Paris: Autrement, 2009) 참조.

111) Conway and Patel, *Europeanization in the Twentieth Century* 참조.

112) Walter A. McDougall, *Let the Sea Make a Noise: A History of the North Pacific from Magellan to MacArthur* (New York: basic Books, 1993).

113) 국제 관광 통계는 유엔 연례 보고서에서 실린 자료로 *The World Almanac and Book of Facts* (New York)와 *Kokusai tōkei yōran* (Summary of international statistics, Tokyo) 등에 요약되어 있다.

114) *The World Almanac and Book of Facts 2010* (New York: World Almanac, 2010), 91.

115) Desmond, *Staging Tourism.*

116) Mark S. Hamm, *The Abandoned Ones: The Imprisonment and Uprising of the Mariel Boat People* (Boston: Northeastern University Press, 1995).

117) 이 인구 통계 출처는 *The World Almanac and Book of Facts 2007*, 601~603이다.

118) www.internetworldstats.com/stats7.html과 www.internetworldstats.com/emarketing.htm 참조.

119) *World Almanac 2010*, 369.

120) Saskia Sassen, *The Global City: New York, London, Tokyo* (Princeton, NJ: Princeton University Press, 2001).

121) Kenneth Weisbrode, *On Ambivalence* (Cambridge, MA: MIT Press, 2012).

122) Fabrizio Maccaglia and Marie-Anne Matard-Bonucci, eds., *Atlas des mafias* (Paris: Autrement, 2009), 69.

123) www.pbs.org/wgbh/pages/frontline/slaves/etc/stats/html 참조.

124) Desley Deacon, Penny Russell, and Angela Woollacott, eds., *Transnational Lives: Biographies of Global Modernity, 1700-Present* (Basingstoke, UK: Palgrave Macmillan, 2009); Patricia A. Schechter, *Exploring the Decolonial Imaginary: Four Transnational Lives* (New York: Palgrave Macmillan, 2012).

125) "미국의 세기" 종식에 관한 다양한 관점을 소개하는 글로는 Andrew Bacevich, ed., *The Short American Century: A Postmortem* (Cambridge, MA: Harvard University Press, 2012) 참조.

126) www.newamericancentury.org/statementofprinciples.htm 참조.

127) "낡은 유럽(old Europe)"을 업신여긴 미국 국방 장관 도널드 럼즈펠드(Donald Rumsfeld)를 향한 유럽 지식인의 분노는 "Das alte Europa antwortet Herrn Rumsfeld," *Frankfurter Allegemeine Zeitung*, January 24, 2003, 33에 실렸다.

128) Margarete Grandner, Dietmar Rothermund, and Wolfgang Schwentker, eds., *Globalisierung und Globalgeschichte* (Vienna: Mandelbaum, 2005).

129) Richard Bulliet et al., *The Earth and Its Peoples* (Boston: Houghton Mifflin, 2005), xxiii.

130) Robert Tignor et al., *Worlds Together, Worlds Apart: A History of the Modern World from the Mongol Empire to the Present* (New York: Norton, 2002), xxvi.

131) Thomas Bender, *A Nation among Nations: America's Place in World History* (New York: Hill and Wang, 2006).

132) Ian Tyrrell, *Transnationl Nation: United States History in Global Perspective since 1789* (New York: Palgrave Macmillan, 2007).

133) 현재 독일 고등학교 교과과정은 "역사 교육에서 세계적 관점"을 강조한다. *Geschichte für Heute: Zeitschrift für historisch-politisch Bildung* (2009) 참조.

134) Bruce Mazlish, *Civilization and Its Contents* (Stanford, CA: Stanford University Press, 2004), 161.

135) Goldin et al., *Exceptional People*, p. 150.

136) Catherin Withol de Wendein, *Atlas mondial des migrations* (Paris: Autrement, 2009), 12.

137) 2009년에 나와 전 세계에서 27억 달러를 벌어들인 영화 「아바타(*Avatar*)」는 인구 폭발로 더욱 심해진 환경위기에 관한 우화다. 이 영화는 인구 과잉과 에너지 부족이 심각한 2154년의 세계를 그리고 있다. 사람들은 하늘에서 귀중한 에너지를 찾아다니기 시작한다. 주인공은 최대 산유국 중

하나인 베네수엘라에서 전투 중 상처를 입고 하반신이 마비된 미국 해병대원이고, 가상의 행성에서 일하는 주인공의 지휘관 역시 석유 자원이 풍부한 니카라과에서 전투에 참여했던 퇴역군인이다. 이들이 지구를 떠나 가상의 행성으로 가게 된 동기는 초전도전기(superconducting electricity)에 필요한 가상의 광물 때문이었다.

138) 원자력의 발전에 관한 간략한 개관으로는 Bruno Tertrais, *Atlas Mondial du Nucleaire* (Paris: Autrement, 2011) 참조.

139) www.harper.org/arcguve/2010/07/0083022 참조.

140) www.cnn.com/2008/US/04/24/samsclub.rices/index.html 참조.

141) 이러한 발전을 훌륭하게 개관한 平川均 外, 『東アジア地域協力の共同設計』 (東京: 西田書店, 2009)를 참조했다.

142) 이런 관점에서 쓰인 훌륭한 역사서로는 Bruce Cumings, *Domination from Sea to Sea: Pacific Ascendancy and American Power* (New Haven, CT: Yale University Press, 2009); Marilyn Lake and Henry Reynolds, *Drawing the Global Colour Line: White Men's Countries and the Question of Racial Equality* (Carlton, Australia: Melbourne University Press, 2009); John Price, *Orienting Canada: Race, Empire, and the Transpacific* (Vancouver: UBC Press, 2011) 등을 들 수 있다.

참고 문헌

1부 국가와 권력관계의 변화

Biermann, Rafael. *Zwischen Kreml und Kanzleramt: Wie Moskau mit der deutschen Einheit rang.* Paderborn, Germany: Schöningh, 1997.

Bitsch, Marie-Thérèse, ed., *Cinquante ans de traité de Rome, 1957–2007: Regards sur la construction européenne.* Stuttgart: Franz Steiner, 2009.

Bose, Sugata, and Ayesha Jalal. *Modern South Asia: History, Culture, Political Economy.* London: Routledge, 1998.

Bowie, Robert R., and Richard H. Immerman. *Waging Peace: How Eisenhower Shaped an Enduring Cold War Strategy.* New York: Oxford University Press, 1998.

Brown, Archie. *The Gorbachev Factor.* New York: Oxford University Press, 1996.

———. *Seven Years That Changed the World: Perestroika in Perspective.* New York: Oxford University Press, 2007.

Calvocoressi, Peter. *World Politics, 1945–2000.* 8th ed. London: Longman, 2001.

Casey, Steven, and Jonathan Wright, eds. *Mental Maps in the Early Cold War Era, 1945–1968.* Basingstoke, UK: Palgrave Macmillan, 2011.

Chen Jian. *Mao's China and the Cold War.* Chapel Hill: University of North Carolina Press, 2001.

Coase, Ronald, and Ning Wang. *How China Became Capitalist.* Basingstoke, UK: Palgrave Macmillan, 2011.

Cohen, Warren I., and Akira Iriye, eds. *The Great Powers in East Asia, 1953–1960.* New York: Columbia University Press, 1990.

Coleman, David G., and Joseph M. Siracusa. *Real-World Nuclear Deterrence: The Making of International Strategy.* Westport, CT: Praeger Security International, 2006.

Czempiel, Ernst-Otto. *Machtprobe: Die USA und die Sowjetunion in den achtziger Jahren*. Munich: C. H. Beck, 1989.

Dobbs, Michael. *One Minute to Midnight: Kennedy, Khrushchev, and Castro on the Brink of Nuclear War*. New York: Knopf, 2008.

Fink, Carole, and Bernd Schaefer, eds. *Ostpolitik, 1969–1974: European and Global Responses*. Cambridge: Cambridge University Press, 2009.

Freedman, Lawrence. *The Evolution of Nuclear Strategy*. 3rd ed. Basingstoke, UK: Palgrave Macmillan, 2003.

Fursenko, Aleksandr, and Timothy Naftali. *Khrushchev's Cold War: The Inside Story of an American Adversary*. New York: Norton, 2006.

Gaddis, John Lewis. *The Cold War: A New History*. New York: Penguin, 2005.

———. *We Now Know: Rethinking Cold War History*. New York: Oxford University Press, 1997.

Garthoff, Raymond L. *Détente and Confrontation: American-Soviet Relations from Nixon to Reagan*. Washington, DC: Brookings Institution Press, 1994.

———. *The Great Transition: American-Soviet Relations and the End of the Cold War*. Washington, DC: Brookings Institution Press, 1994.

Gori, Francesca, and Silvio Pons, eds. *The Soviet Union and Europe in the Cold War, 1943–53*. Basingstoke, UK: Macmillan, 1996.

Grandin, Greg. *Empire's Workshop: Latin America, the United States, and the Rise of the New Imperialism*. New York: Metropolitan, 2005.

Grob-Fitzgibbon, Benjamin. *Imperial Endgame: Britain's Dirty Wars and the End of Empire*. Basingstoke, UK: Palgrave Macmillan, 2011.

Harrison, Hope M. *Driving the Soviets up the Wall: Soviet–East German Relations, 1953–1961*. Princeton, NJ: Princeton University Press, 2003.

Herring, George C. *America's Longest War: The United States and Vietnam, 1950–1975*. 4th ed. Boston: McGraw-Hill, 2002.

Hitchcock, William I. *France Restored: Cold War Diplomacy and the Quest for Leadership in Europe, 1944–1954*. Chapel Hill: University of North Carolina Press, 1998.

Hobsbawm, Eric. *The Age of Extremes: The Short Twentieth Century, 1914–1991*. London: Michael Joseph, 1994.

Iriye, Akira. *China and Japan in the Global Setting*. Cambridge, MA: Harvard University Press, 1992.

James, Harold. *Rambouillet, 15. November 1975: Die Globalisierung der Wirtschaft*. Munich: Deutscher Taschenbuch Verlag, 1997.

Judt, Tony. *Postwar: A History of Europe since 1945*. London: Heinemann, 2005.

Kennedy-Pipe, Caroline. *Russia and the World, 1917–1991*. London: Arnold, 1998.

Lawrence, Marc Atwood. *Assuming the Burden: Europe and American Commitment to the War in Vietnam*. Berkeley: University of California Press, 2005.

Leffler, Melvyn P., and Odd Arne Westad, eds. *The Cambridge History of the Cold War*. 3 vols.

Cambridge: Cambridge University Press, 2010.

Loth, Wilfried, ed. *Experiencing Europe: 50 Years of European Construction, 1957–2007*. Baden-Baden, Germany: Nomos, 2009.

_____. *Overcoming the Cold War: A History of Détente, 1950–1991*. London: Palgrave, 2002.

_____. *Die Sowjetunion und die deutsche Frage: Studien zur sowjetischen Deutschlandpolitik von Stalin bis Chruschtschow*. Göttingen: Vandenhoeck & Ruprecht, 2007.

_____. *Stalin's Unwanted Child: The Soviet Union, the German Question, and the Founding of the GDR*. London: Macmillan , 1998.

_____. *Der Weg nach Europa: Geschichte der europäischen Integration, 1939–1957*. 3rd ed. Göttingen: Vandenhoeck & Ruprecht, 1995.

Loth, Wilfried, and Georges-Henri Soutou, eds. *The Making of Détente: Eastern and Western Europe in the Cold War, 1965–75*. London: Routledge, 2009.

Louis, Wm. Roger. *The British Empire in the Middle East, 1945–1951: Arab Nationalism, the United States, and Postwar Imperialism*. New York: Oxford University Press, 1984.

Mansfield, Peter, with Nicolas Pelham. *A History of the Middle East*. 2nd ed. New York: Penguin, 2003.

Mark, Chi-Kwan. *China and the World since 1945: An International History*. New York: Routledge, 2012.

Mastny, Wojtech. *The Cold War and Soviet Insecurity: The Stalin Years*. New York: Oxford University Press, 1996.

McAllister, Richard. *European Union: An Historical and Political Survey*. 2nd ed. New York: Routledge, 2009.

Möckli, Daniel. *European Foreign Policy during the Cold War: Heath, Brandt, Pompidou and the Dream of Political Unity*. London: Tauris, 2009.

Nagai, Yōnosuke, and Akira Iriye, eds. *The Origins of the Cold War in Asia*. New York: Columbia University Press, 1977.

Naimark, Norman, and Leonid Gibianskii, eds. *The Establishment of Communist Regimes in Eastern Europe, 1944–1949*. Boulder, CO: Westview, 1997.

Ouimet, Matthew J. *The Rise and Fall of the Brezhnev Doctrine in Soviet Foreign Policy*. Chapel Hill: University of North Carolina Press, 2003.

Reinisch, Jessica, and Elizabeth White, eds. *The Disentanglement of Populations: Migration, Expulsion and Displacement in Post-war Europe, 1944–9*. Basingstoke, UK: Palgrave Macmillan, 2011.

Reynolds, David. *One World Divisible: A Global History since 1945*. London: Allen Lane, 2000.

Roberts, Geoffrey. *Stalin's Wars: From World War to Cold War, 1939–1953*. New Haven, CT: Yale University Press, 2006.

Rödder, Andreas. *Deutschland einig Vaterland: Die Geschichte der Wiedervereinigung*. Munich: C. H. Beck, 2009.

Rothermund, Dietmar. *The Routledge Companion to Decolonization*. New York: Routledge, 2006.

Sanderson, Claire. *L'impossible alliance? France, Grande-Bretagne et la défense de l'Europe, 1945–1958*.

Paris: Publications de la Sorbonne, 2003.

Sayigh, Yazid, and Avi Slaim, eds. *The Cold War and the Middle East.* Oxford: Clarendon, 1997.

Schenk, Catherine R. *International Economic Relations since 1945.* New York: Routledge, 2011.

Schulz, Matthias, and Thomas A. Schwartz, eds. *The Strained Alliance: U. S.-European Relations from Nixon to Carter.* Cambridge: Cambridge University Press, 2009.

Self, Robert. *British Foreign and Defence Policy since 1945: Challenges and Dilemmas in a Changing World.* Basingstoke, UK: Palgrave Macmillan, 2010.

Soutou, Georges-Henri. *L'alliance incertaine: Les rapports politico-stratégiques franco-allemands, 1954–1996.* Paris: Fayard, 1996.

Stueck, William. *Rethinking the Korean War: A New Diplomatic and Strategic History.* Princeton, NJ: Princeton University Press, 2002.

Taubman, William. *Khrushchev: The Man and His Era.* New York: Norton, 2003.

Thackrah, John Richard. *The Routledge Companion to Military Conflict since 1945.* New York: Routledge, 2008.

Thomas, Daniel C. *The Helsinki Effect: International Norms, Human Rights, and the Demise of Communism.* Princeton, NJ: Princeton University Press, 2001.

Trachtenberg, Marc. *A Constructed Peace: The Making of the European Settlement, 1945–1963.* Princeton, NJ: Princeton University Press, 1999.

Vaisse, Maurice. *La grandeur: Politique étrangere du général de Gaulle, 1958–1969.* Paris: Fayard, 1998.

Villaume, Poul, and Odd Arne Westad, eds. *Perforating the Iron Curtain: European Détente, Transatlantic Relations, and the Cold War, 1965–1985.* Copenhagen: Museum Tusculanum Press, 2010.

Westad, Odd Arne, ed. *Brother in Arms: The Rise and Fall of the Sino-Soviet Alliance, 1945–1963.* Stanford, CA: Stanford University Press, 1998.

———. *The Global Cold War: Third World Interventions and the Making of Our Times.* Cambridge: Cambridge University Press, 2005.

———, ed. *Reviewing the Cold War: Approaches, Interpretations, Theory.* London: Frank Cass, 2000.

Zajec, Olivier. *La nouvelle impuissance américaine: Essai sur dix années d'autodissolution stratégique.* Paris: Oeuvre, 2011.

Zakaria, Fareed. *The Post-American World.* London: Allen Lane, 2008.

Zubok, Vladislav M. *A Failed Empire: The Soviet Union in the Cold War from Stalin to Gorbachev.* Chapel Hill: University of North Carolina Press, 2007.

2부 세계경제의 문호 개방

Ammon, Royce J. *Global Television and the Shaping of World Politics: CNN, Telediplomacy, and Foreign Policy.* Jefferson, NC: McFarland, 2001.

Amsden, Alice H. *Asia's Next Giant: South Korea and Late Industrialization.* New York: Oxford University Press, 1989.

Arrighi, Giovanni. "The World Economy and the Cold War, 1970–1990." In *The Cambridge History of the Cold War*, vol. 2, *Endings*, ed. Melvyn P. Leffler and Odd Arne Westad. Cambridge: Cambridge University Press, 2010.

Baker, Peter. "The Mellowing of William Jefferson Clinton." *New York Times Magazine.* May 31, 2009.

Barnhart, Michael A. "From Hershey Bars to Motor Cars: America's Economic Policy toward Japan, 1945–76." In *Partnership: The United States and Japan, 1951–2001*, ed. Akira Iriye and Robert A. Wampler. Tokyo: Kodansha International, 2001.

Beneria, Lourdes, and Savitri Bisnath. "Gender and Poverty: An Analysis for Action." In *The Globalization Reader*, ed. Frank H. Lechner and John Boli. Malden, MA: Wiley-Blackwell, 2000.

Bideleux, Robert, and Ian Jeffries. *A History of Eastern Europe: Crisis and Change.* 2nd ed. London: Routledge, 2007.

Borden, William S. *The Pacific Alliance: United States Foreign Economic Policy and Japanese Trade Recovery, 1947–1955.* Madison: University of Wisconsin Press, 1984.

Brazinsky, Gregg Andrew. "Koreanizing Modernization: Modernization Theory and South Korean Intellectuals." In *Staging Growth: Modernization, Development, and the Global Cold War*, ed. David C. Engerman, Nils Gilman, Mark H. Haefele, and Michael E. Latham. Amherst: University of Massachusetts Press, 2003.

Calleo, David P. "Since 1961: American Power in a New World Economy." In *Economics and World Power: An Assessment of American Diplomacy since 1789*, ed. William H. Becker and Samuel F. Wells Jr. New York: Columbia University Press, 1984.

Cardenas, Enrique, Jose Antonio Ocampo, and Rosemary Thorp, eds. *An Economic History of Twentieth-Century Latin America*, vol. 3, *Industrialization and the State in Latin America: The Postwar Years.* Basingstoke, UK: Palgrave, 2000.

Cartier, Carolyn. *Globalizing South China.* Oxford: Blackwell, 2001.

Central Intelligence Agency (CIA). *The World Factbook: European Union.* https://www.cia.gov/library/publications/the-world-factbook/geos/ee.html.

Chang, Gordon H. *Friends and Enemies: The United States, China, and the Soviet Union, 1948–1972.* Stanford, CA: Stanford University Press, 1990.

Cooper, Andrew F. *Celebrity Diplomacy.* Boulder, CO: Paradigm, 2008.

Cumings, Bruce. *Korea's Place in the Sun: A Modern History.* 2nd ed. New York: Norton, 2005.

De Grazia, Victoria. *Irresistible Empire: America's Advance through Twentieth-Century Europe.* Cambridge, MA: Belknap Press of Harvard University Press, 2005.

Dobson, Alan P. *US Economic Statecraft for Survival, 1933–1991: Of Sanctions, Embargoes, and Economic Warfare.* London: Routledge, 2002.

Dosman, Edgar J. *The Life and Times of Raúl Prebisch, 1901–1986.* Montreal: McGill-Queen's University Press, 2008.

Dower, John W. *Embracing Defeat: Japan in the Wake of World War II*. New York: Norton, 1999.

Eckes, Alfred E., Jr. "Europe and Economic Globalization since 1945." In *A Companion to Europe since 1945*, ed. Klaus Larres. Malden, MA: Wiley-Blackwell, 2009.

————. *Opening America's Market: U. S. Foreign Trade Policy since 1776*. Chapel Hill: University of North Carolina Press, 1995.

————. *U. S. Trade Issues: A Reference Handbook*. Santa Barbara, CA: ABC-CLIO, 2009.

Eckes, Alfred E., Jr., and Thomas W. Zeiler. *Globalization and the American Century*. Cambridge: Cambridge University Press, 2003.

Edwards, Sebastian. *Crisis and Reform in Latin America: From Despair to Hope*. New York: Oxford University Press, 1995.

Engel, Jeffrey A. *The Cold War at 30,000 Feet: The Anglo-American Fight for Aviation Supremacy*. Cambridge, MA: Harvard University Press, 2007.

Feinstein, Charles H. *An Economic History of South Africa: Conquest, Discrimination and Development*. Cambridge: Cambridge University Press, 2005.

Ferguson, Niall. *The Ascent of Money: A Financial History of the World*. New York: Penguin, 2008.

Fergusson, Ian F. "The World Trade Organization: Background and Issues." Congressional Research Service Report for Congress. http://www.nationalaglawcenter.org/assets/crs/98-928.pdf.

————. "World Trade Organization Negotiations: The Doha Development Agenda." Congressional Research Service Report for Congress. http://www.nationalaglawcenter.org/assets/crs/RL32060.pdf.

Freund, Bill. *The Making of Contemporary Africa: The Development of African Society since 1800*. 2nd ed. Basingstoke, UK: Macmillan, 1998.

Frieden, Jeffry A. *Debt, Development, and Democracy: Modern Political Economy and Latin America, 1965–1985*. Princeton, NJ: Princeton University Press, 1991.

Funigiello, Philip J. *American-Soviet Trade in the Cold War*. Chapel Hill: University of North Carolina Press, 1988.

Gavin, Francis J. *Gold, Dollars, and Power: The Politics of International Monetary Relations, 1958–1971*. Chapel Hill: University of North Carolina Press, 2004.

Gilman, Nils. "Modernization Theory, the Highest Stage of American Intellectual History." In *Staging Growth: Modernization, Development, and the Global Cold War*, ed. David C. Engerman, Nils Gilman, Mark H. Haefele, and Michael E. Latham. Amherst: University of Massachusetts Press, 2003.

Gleijeses, Piero. *Shattered Hope: The Guatemalan Revolution and the United States, 1944–1954*. Princeton, NJ: Princeton University Press, 1991.

Goldstein, Judith. "Creating the GATT Rules: Politics, Institutions, and American Policy." In *Multilateralism Matters: The Theory and Praxis of an Institutional Form*, ed. John Gerard Ruggie. New York: Columbia University Press, 1993.

Greider, William. *One World, Ready or Not: The Manic Logic of Global Capitalism*. New York: Simon and Schuster, 1997.

Grieco, Joseph M., and G. John Ikenberry. *State Power and World Markets: The International Political Economy*. New York: Norton, 2003.

Griswold, Dan. "NAFTA at 10: An Economic and Foreign Policy Success." *Free Trade Bulletin*, no. 1 (December 17, 2002). http://www.freetrade.org/pubs/FTBs/FTB-001.html.

Haar, Jerry, and John Price, eds. *Can Latin America Compete? Confronting the Challenges of Globalization*. New York: Palgrave Macmillan, 2008.

Hahn, Peter L. *The United States, Great Britain, and Egypt, 1945–1956: Strategy and Diplomacy in the Early Cold War*. Chapel Hill: University of North Carolina Press, 1991.

Hart, Michael. *A Trading Nation: Canadian Trade Policy from Colonialism to Globalization*. Vancouver: UBC Press, 2002.

Hathaway, Robert M. "1933–1945: Economic Diplomacy in a Time of Crisis." In *Economics and World Power: An Assessment of American Diplomacy since 1789*, ed. William H. Becker and Samuel F. Wells Jr. New York: Columbia University Press, 1984.

Hogan, Michael J. *The Marshall Plan: America, Britain, and the Reconstruction of Western Europe, 1947–1952*. Cambridge: Cambridge University Press, 1987.

Holmes, Nigel, and Megan McArdle. "Iceland's Meltdown." *Atlantic*. December 2008.

Iguchi, Haruo. *Unfinished Business: Ayukawa Yoshisuke and U. S.–Japan Relations, 1937–1953*. Cambridge, MA: Harvard University Asia Center/Harvard University Press, 2003.

Iliffe, John. *Africans: The History of a Continent*. 2nd ed. Cambridge: Cambridge University Press, 2007.

International Monetary Fund (IMF). *Report for Selected Country Groups and Subjects*. http://www.imf.org/external/pubs/ft/weo/2008/01/weodata/weorept.aspx?sy|2006&ey|2008&ssd|1&sort|country&ds|.&br|1&c|998&s|NGDPD%2CPPPGDP&grp|1&a|1&pr.x|46&pr.y|7.

———. *World Economic Outlook (WEO): Financial Stress, Downturns, and Recoveries*, October 2008. http://www.imf.org/external/pubs/ft/weo/2008/02/index.htm.

———. *World Economic Outlook (WEO): Recovery, Risk, and Rebalancing*. October 2010. http://www.imf.org/external/pubs/ft/weo/2010/02/index.htm.

International Telecommunications Union. "The World in 2009: ICT Facts and Figures." http://www.itu.int/ITU-D/ict/material/Telecom09flyer.pdf.

Jackson, Ian. *The Economic Cold War: America, Britain, and East-West Trade, 1948–63*. Basingstoke, UK: Palgrave, 2001.

John Templeton Foundation. "Does the Free Market Corrode Moral Character?" http://www.templeton.org/market/.

Kahin, George McTurnan. *The Asian-African Conference, Bandung, Indonesia, April 1955*. Ithaca, NY: Cornell University Press, 1956.

Kaufman, Burton I. *Trade and Aid: Eisenhower's Foreign Economic Policy, 1953–1961*. Baltimore: Johns Hopkins University Press, 1982.

Kennedy, Paul. *African Capitalism: The Struggle for Ascendancy.* Cambridge: Cambridge University Press, 1988.

Kimball, Warren F. *The Juggler: Franklin Roosevelt as War time Statesman.* Princeton, NJ: Princeton University Press, 1991.

Klonsky, Joanna, and Stephanie Hanson. "Mercosur: South America's Fractious Trade Bloc." Council on Foreign Relations. http://www.cfr.org/publication/12762/.

Knight, Nick. *Imagining Globalisation in China: Debates on Ideology, Politics, and Culture.* Cheltenham, UK: Elgar, 2008.

Kolko, Gabriel. *Confronting the Third World: United States Foreign Policy, 1945–1980.* New York: Pantheon, 1988.

Krasner, Stephen D. "Multinational Corporations." In *International Political Economy: Perspectives on Global Power and Wealth,* ed. Jeffry A. Frieden and David A. Lake. 4th ed. New York: Routledge, 1999.

Kunz, Diane B. *Butter and Guns: America's Cold War Economic Diplomacy.* New York: Free Press, 1997.
———. *The Economic Diplomacy of the Suez Crisis.* Chapel Hill: University of North Carolina Press, 1991.

LaFeber, Walter. *The Clash: U. S.–Japanese Relations throughout History.* New York: Norton, 1997.
———. *Michael Jordan and the New Global Capitalism.* New York: Norton, 1999.

Landes, David S. *The Wealth and Poverty of Nations: Why Some Are So Rich and Some So Poor.* New York: Norton, 1998.

Latham, Michael E. "Introduction: Modernization, International History, and the Cold War World." In *Staging Growth: Modernization, Development, and the Global Cold War,* ed. David C. Engerman, Nils Gilman, Mark H. Haefele, and Michael E. Latham. Amherst: University of Massachusetts Press, 2003.

Lawrence, Mark Atwood. "History from Below: The United States and Latin America in the Nixon Years." In *Nixon in the World: American Foreign Relations, 1969–1977,* ed. Fredrik Logevall and Andrew Preston. New York: Oxford University Press, 2008.

Leffler, Melvyn P. *A Preponderance of Power: National Security, the Truman Administration, and the Cold War.* Stanford, CA: Stanford University Press, 1992.

Levinson, Marc. *The Box: How the Shipping Container Made the World Smaller and the World Economy Bigger.* Princeton, NJ: Princeton University Press, 2006.

Lipschutz, Ronnie D. "Reconstructing World Politics: The Emergence of Global Civil Society." In *Civil Societies and Social Movements: Domestic, Transnational, Global,* ed. Ronnie D. Lipschutz. Aldershot, UK: Ashgate, 2006.

Little, Douglas. *American Orientalism: The United States and the Middle East since 1945.* Chapel Hill: University of North Carolina Press, 2002.

Longley, Kyle. *In the Eagle's Shadow: The United States and Latin America.* Wheeling, IL: Harlan Davidson, 2002.

Maier, Charles. "'Malaise': The Crisis of Capitalism in the 1970s." In *The Shock of the Global: The 1970s in Perspective*, ed. Niall Ferguson, Charles S. Maier, Erez Manela, and Daniel J. Sargent. Cambridge, MA: Belknap Press of Harvard University Press, 2010.

Marcano Guevara, Arturo J., and David P. Fidler. *Stealing Lives: The Globalization of Baseball and the Tragic Story of Alexis Quiroz*. Bloomington: Indiana University Press, 2002.

Marsh, David. *The Euro: The Politics of the New Global Currency*. New Haven, CT: Yale University Press, 2009.

McCormick, John. *Understanding the European Union: A Concise Introduction*. 3rd ed. Basingstoke, UK: Palgrave Macmillan, 2005.

McKenzie, Francine. "GATT and the Cold War: Accession Debates, Institutional Development, and the Western Alliance, 1947–1959." *Journal of Cold War History* 10 (Summer 2008): 84~98.

Merrill, Dennis. *Bread and the Ballot: The United States and India's Economic Development, 1947–1963*. Chapel Hill: University of North Carolina Press, 1990.

Milward, Alan S. *The Reconstruction of Western Europe, 1945–1951*. Berkeley: University of California Press, 1984.

Mittelman, James H. *The Globalization Syndrome: Transformation and Resistance*. Princeton, NJ: Princeton University Press, 2000.

Mshomba, Richard E. *Africa in the Global Economy*. Boulder, CO: Lynne Rienner, 2000.

Murphy, Craig. *The Emergence of the NIEO Ideology*. Boulder, CO: Westview, 1984.

Nayak, Satyendra S. *Globalization and the Indian Economy: Roadmap to Convertible Rupee*. London: Routledge, 2008.

Organisation for Economic Co-operation and Development (OECD). "Russian Federation." http://www.oecd.org/dataoecd/7/50/2452793.pdf.

Parker, Jason C. "Small Victory, Missed Chance: The Eisenhower Administration, the Bandung Conference, and the Turning of the Cold War." In *The Eisenhower Administration, the Third World, and the Globalization of the Cold War*, ed. Kathryn C. Statler and Andrew L. Johns. Lanham, MD: Rowman and Littlefield, 2006.

Pastor, Robert A., ed. *Latin America's Debt Crisis: Adjusting to the Past or Planning for the Future?* Boulder, CO: Lynne Rienner, 1987.

Picard, Louis A., and Terry F. Buss. *A Fragile Balance: Re-examining the History of Foreign Aid, Security, and Diplomacy*. Sterling, VA: Kumarian, 2009.

Pineo, Ronn. *Ecuador and the United States: Useful Strangers*. Athens: University of Georgia Press, 2007.

Pollard, Robert A. *Economic Security and the Origins of the Cold War, 1945–1950*. New York: Columbia University Press, 1985.

Pollard, Robert A., and Samuel F. Wells Jr. "1945–1960: The Era of American Economic Hegemony." In *Economics and World Power: An Assessment of American Diplomacy since 1789*, ed. William H. Becker and Samuel F. Wells Jr. New York: Columbia University Press, 1984.

Posner, Richard A. *A Failure of Capitalism: The Crisis of '08 and the Descent into Depression*. Cambridge,

MA: Harvard University Press, 2009.

Rabe, Stephen G. *Eisenhower and Latin America: The Foreign Policy of Anticommunism*. Chapel Hill: University of North Carolina Press, 1988.

_____. *The Most Dangerous Area in the World: John F. Kennedy Confronts Communist Revolution in Latin America*. Chapel Hill: University of North Carolina Press, 1999.

Rai, Vinay, and William L. Simon, *Think India: The Rise of the World's Next Superpower and What It Means for Every American*. New York: Dutton, 2007.

Rivoli, Petra. *The Travels of a T-Shirt in the Global Economy: An Economist Examines the Markets, Power and Politics of World Trade*. Hoboken, NJ: John Wiley, 2005.

Rostow, W. W. *The Stages of Economic Growth: A Non-Communist Manifesto*. Cambridge: Cambridge University Press, 1960.

Rotter, Andrew J. *Comrades at Odds: The United States and India, 1947–1964*. Ithaca, NY: Cornell University Press, 2000.

Sampson, Gary P. "Developing Countries and the Liberalization of Trade Services." In *Developing Countries and the Global Trading System*, vol. 1, *Thematic Studies*, ed. John Whalley. London: Macmillan, 1989.

_____. "Non-Tariff Barriers Facing Developing Country Exports." In *Developing Countries and the Global Trading System*, vol. 1, *Thematic Studies*, ed. John Whalley. London: Macmillan, 1989.

Schaller, Michael. *The American Occupation of Japan: The Origins of the Cold War in Asia*. New York: Oxford University Press, 1985.

Schmitz, David F. *Thank God They're on Our Side: The United States and Right-Wing Dictatorships, 1921–1965*. Chapel Hill: University of North Carolina Press, 1999.

Schulzinger, Robert D. *A Time for War: The United States and Vietnam*, 1941–1975. New York: Oxford University Press, 1997.

Sewell, Bevan. "A Perfect (Free-Market) World? Economics, the Eisenhower Administration, and the Soviet Economic Offensive in Latin America." *Diplomatic History* 32 (November 2008): 841~868.

Sharma, Shalendra D. "India's Economic Liberalization: The Elephant Comes of Age." In *South Asia*, ed. Sumit Ganguly. New York: New York University Press, 2006.

Speich, Daniel. "The Kenyan Style of 'African Socialism': Developmental Knowledge Claims and the Explanatory Limits of the Cold War." *Diplomatic History* 33 (June 2009): 449~466.

Spero, Joan E., and Jeffrey A. Hart. *The Politics of International Economic Relations*. 6th ed. Belmont, CA: Thomson/Wadsworth, 2003.

Staples, Amy L. S. *The Birth of Development: How the World Bank, Food and Agriculture Organization, and World Health Organization Changed the World, 1945–1965*. Kent, OH: Kent State University Press, 2006.

Steege, Paul. *Black Market, Cold War: Everyday Life in Berlin, 1946–1949*. Cambridge: Cambridge University Press, 2007.

Stiglitz, Joseph E. *Globalization and Its Discontents*. New York: Norton, 2002.

Taffet, Jeffrey F. *Foreign Aid as Foreign Policy: The Alliance for Progress in Latin America*. London: Routledge, 2007.

Taibbi, Matt. "How I Stopped Worrying and Learned to Love the Protests." *Rolling Stone*. November 24, 2011.

Tan, Gerald. *ASEAN: Economic Development and Cooperation*. Singapore: Times Academic, 2003.

Thomson, Alex. *An Introduction to African Politics*. London: Routledge, 2000.

United Nations (UN). "Declaration on the Establishment of a New International Economic Order." http://www.un-documents.net/s6r3201.htm.

_____. *The Millennium Development Goals Report*. New York: United Nations, 2009. http://www. un.org/millenniumgoals/pdf/MDG_Report_2009_ENG.pdf.

United Nations Conference on Trade and Development (UNCTAD). http://www.unctad.org.

United States. Department of Commerce. International Trade Administration. Office of Industry Trade Policy. "NAFTA 10 Years Later: An Overview." http://www.trade.gov/mas/ian/build/ groups/public/@tg_ian/documents/webcontent/tg_ian_001987.pdf.

United States. Office of the Trade Representative. "Generalized System of Preferences." http://www. ustr.gov/Trade_Development/Preference_Programs/GSP/Section_Index.html.

Van der Pijl, Kees. *Global Rivalries from the Cold War to Iraq*. London: Pluto, 2006.

Verducci, Tom. "Global Warming." *Sports Illustrated*. March 6, 2006, 56~58.

Wagnleitner, Reinhold. "The Empire of the Fun, or Talkin' Soviet Union Blues: The Sound of Freedom and U.S. Cultural Hegemony in Europe." *Diplomatic History* 23 (Summer 1999): 499~524.

Watson, James L., ed. *Golden Arches East: McDonald's in East Asia*. Stanford, CA: Stanford University Press, 1997.

Weintraub, Sidney, ed. *NAFTA's Impact on North America: The First Decade*. Washington, DC: CSIS, 2004.

Westad, Odd Arne. *The Global Cold War: Third World Interventions and the Making of Our Times*. Cambridge: Cambridge University Press, 2007.

Whiting, Robert. *The Meaning of Ichiro: The New Wave from Japan and the Transformation of Our National Pastime*. New York: Warner, 2004.

Wilkins, Mira. *The Maturing of Multinational Enterprise: American Business Abroad from 1914 to 1970*. Cambridge, MA: Harvard University Press, 1974.

Winand, Pascaline. *Eisenhower, Kennedy, and the United States of Europe*. New York: St. Martin's Press, 1993.

Woods, Randall Bennett. *A Changing of the Guard: Anglo-American Relations, 1941–1946*. Chapel Hill: University of North Carolina Press, 1990.

World Bank. *Data: Countries and Economies*. http://data.worldbank.org/country.

World Tourism Organization. "International Tourism on Track for a Rebound after an Exceptionally Challenging 2009." http://www.unwto.org/media/news/en/press_det.php?id|5361.

World Trade Organization (WTO). "The Uruguay Round." http://www.wto.org/english/thewto_e/
     whatis_e/tif_e/fact5_e.htm.
_____. "What Is the WTO?" http://www.wto.org/english/thewto_e/whatis_e/whatis_e.htm.
Wu, Jinglian. *Understanding and Interpreting Chinese Economic Reform*. Mason, OH: Thomson/South-
     Western, 2005.
Yergin, Daniel. *The Prize: The Epic Quest for Oil, Money, and Power*. New York: Simon and Schuster,
     1991.
Zeiler, Thomas W. *American Trade and Power in the 1960s*. New York: Columbia University Press,
     1992.
_____. "Business Is War in U. S.-Japanese Economic Relations, 1977-2001." In *Partnership: The
     United States and Japan, 1951-2001*, ed. Akira Iriye and Robert A. Wampler. Tokyo: Kodansha
     International, 2001.
_____. *Free Trade, Free World: The Advent of GATT*. Chapel Hill: University of North Carolina Press,
     1999.

3부 인류세: 인간과 그들의 행성

Broadbent, Jeffrey. *Environmental Politics in Japan: Networks of Power and Protest*. Cambridge:
     Cambridge University Press, 1998.
Brown, Kate. *Plutopia: Nuclear Families, Atomic Cities, and the Great Soviet and American Plutonium
     Disasters*. New York: Oxford University Press, 2013.
Bullard, Robert D. *Dumping in Dixie: Race, Class and Environmental Quality*. Boulder, CO: Westview,
     1990.
Burger, Joanna. *Oil Spills*. New Brunswick, NJ: Rutgers University Press, 1997.
Canadell, Josep G., et al. "Contributions to Accelerating Atmospheric CO2 Growth from Economic
     Activity, Carbon Intensity, and Efficiency of Natural Sinks." *Proceedings of the National Academy
     of Sciences of the United States of America* 104, no. 47 (November 20, 2007): 18866~18870.
Chan, Chak K., and Xiaohong Yao. "Air Pollution in Mega Cities in China." *Atmospheric Environment*
     42 (2008): 1~42.
Chase, Michael J., and Curtice R. Griffin. "Elephants Caught in the Middle: Impacts of War, Fences
     and People on Elephant Distribution and Abundance in the Caprivi Strip, Namibia." *African
     Journal of Ecology* 47 (2009): 223~233.
Clark, William C., et al. "Acid Rain, Ozone Depletion, and Climate Change: An Historical Overview."
     In *Learning to Manage Global Environmental Risks*, vol. 1: *A Comparative History of Social Responses
     to Climate Change, Ozone Depletion, and Acid Rain*, ed. Social Learning Group. Cambridge, MA:
     MIT Press, 2007.
Cohen, Aaron J., et al. "The Global Burden of Disease Due to Outdoor Air Pollution." *Journal of*

Toxicology and Environmental Health 68 (2005): 1301~1307.

Cohen, Joel E. *How Many People Can the Earth Support?* New York: Norton, 1995.

Collins, James P., and Martha L. Crump. *Extinction in Our Times: Global Amphibian Decline.* New York: Oxford University Press, 2009.

Conzen, Michael P., ed. *The Making of the American Landscape.* Boston: Unwin Hyman, 1990.

Costanza, Robert, et al. "The Value of the World's Ecosystem Services and Natural Capital." *Nature* 387 (May 15, 1997): 253~260.

Costanza, Robert, Lisa J. Graumlich, and Will Steffen, eds. *Sustainability or Collapse? An Integrated History and Future of People on Earth.* Cambridge, MA: MIT Press, 2007.

Cowie, Jonathan. *Climate Change: Biological and Human Aspects.* Cambridge: Cambridge University Press, 2007.

Cramer, Wolfgang, et al. "Tropical Forests and the Global Carbon Cycle: Impacts of Atmospheric Carbon Dioxide, Climate Change and Rate of Deforestation." *Philosophical Transactions of the Royal Society: Biological Sciences* 359, no. 1443 (March 29, 2004): 331~343.

Cribb, Robert. "The Politics of Pollution Control in Indonesia." *Asian Survey* 30, no. 12 (December 1990): 1123~1135.

Crosby, Alfred W. *Children of the Sun: A History of Humanity's Unappeasable Appetite for Energy.* New York: Norton, 2006.

Crutzen, Paul, and Eugene Stoermer. "The Anthropocene." *IGBP Global Change Newsletter* 41 (2000): 17~18.

Cryer, Martin, Bruce Hartill, and Steve O'Shea. "Modification of Marine Benthos by Trawling: Toward a Generalization for the Deep Ocean?" *Ecological Applications* 12 (2002): 1824~1839.

Dalton, Russell J. *The Green Rainbow: Environmental Groups in Western Europe.* New Haven, CT: Yale University Press, 1994.

Dalton, Russell J., et al. *Critical Masses: Citizens, Nuclear Weapons Production, and Environmental Destruction in the United States and Russia.* Cambridge MA: MIT Press, 1999.

Daly, Herman E. "Steady-State Economics versus Growthmania: A Critique of the Orthodox Conceptions of Growth, Wants, Scarcity, and Efficiency." *Policy Science*s 5, no. 2 (1974): 149~167.

Danielsson, Bengt, and Marie-Thérèse Danielsson. *Poisoned Reign: French Nuclear Colonialism in the Pacific.* Rev. ed. New York: Penguin, 1986.

Dauvergne, Peter. "The Politics of Deforestation in Indonesia." *Pacific Affairs* 66, no. 4 (Winter, 1993 – 1994): 497~518.

Davies, Richard G., et al. "Human Impacts and the Global Distribution of Extinction Risk." *Proceedings of the Royal Society: Biological Sciences* 273, no. 1598 (September 7, 2006): 2127~2133.

Davis, Devra. *When Smoke Ran Like Water: Tales of Environmental Deception and the Battle against Pollution.* New York: Basic Books, 2002.

Dessler, Andrew E., and Edward A. Parson. *The Science and Politics of Global Climate Change: A Guide to the Debate.* Cambridge: Cambridge University Press, 2006.

Díaz-Briquets, Sergio, and Jorge Pérez-López. *Conquering Nature: The Environmental Legacy of Socialism in Cuba*. Pittsburgh: University of Pittsburgh Press, 2000.

Dikötter, Frank. *Mao's Great Famine: The History of China's Most Devastating Catastrophe, 1958–1962*. New York: Walker, 2010.

Doney, Scott C., and David S. Schimel. "Carbon and Climate System Coupling on Timescales from the Precambrian to the Anthropocene." *Annual Review of Environment and Resources* 32 (2007): 31~66.

Dubinsky, Zvy, and Noga Stambler, eds. *Coral Reefs: An Ecosystem in Transition*. New York: Springer, 2011.

Dudley, Joseph P., et al. "Effects of War and Civil Strife on Wildlife and Wildlife Habitats." *Conservation Biology* 16, no. 2 (2002): 319~329.

Dukes, J. S. "Burning Buried Sunshine: Human Consumption of Ancient Solar Energy." *Climatic Change* 61 (2003): 31~44.

Dunlap, Thomas R., ed. *DDT, Silent Spring, and the Rise of Environmentalism: Classic Texts*. Seattle: University of Washington Press, 2008.

Economy, Elizabeth. *The River Runs Black: The Environmental Challenge to China's Future*. Ithaca, NY: Cornell University Press, 2004.

Egorov, Nikolai N., Vladimir M. Novikov, Frank L. Parker, and Victor K. Popov, eds. *The Radiation Legacy of the Soviet Nuclear Complex: An Analytical Overview*. London: Earthscan, 2000.

Elliott, Lorraine. *The Global Politics of the Environment*. New York: New York University Press, 2004.

Elsheshtawy, Yasser, ed. *The Evolving Arab City: Tradition, Modernity and Urban Development*. London: Routledge, 2008.

Ezzati, Majid, et al. "Selected Major Risk Factors and Global and Regional Burden of Disease." *Lancet* 360 (2002): 1347~1360.

Fang, Ming, Chak K. Chan, and Xiaohong Yao. "Managing Air Quality in a Rapidly Developing Nation: China." *Atmospheric Environment* 43, no. 1 (2009): 79~86.

Fearnside, Philip M. "Deforestation in Brazilian Amazonia: History, Rates, and Consequences." *Conservation Biology* 19, no. 3 (2005): 680~688.

Fenger, Jes. "Air Pollution in the Last 50 Years: From Local to Global." *Atmospheric Environment* 43 (2009): 13~22.

Feshbach, Murray. *Ecological Disaster: Cleaning Up the Hidden Legacy of the Soviet Regime*. New York: Twentieth Century Fund, 1995.

Feshbach, Murray, and Alfred Friendly Jr. *Ecocide in the USSR: Health and Nature under Siege*. New York: Basic Books, 1992.

Finley, Carmel. "A Political History of Maximum Sustained Yield, 1945–1955." In *Oceans Past: Management Insights from the History of Marine Animal Populations*, ed. David J. Starkey, Poul Holm, and Michaela Barnard. London: Earthscan, 2008.

Firth, Stewart. *Nuclear Playground*. Honolulu: University of Hawai'i Press, 1986.

Fleming, James Rodger. *Fixing the Sky: The Checkered History of Weather and Climate Control*. New York: Columbia University Press, 2010.

Fogel, Robert William. *The Escape from Hunger and Premature Death, 1700–2100: Europe, America, and the Third World*. Cambridge: Cambridge University Press, 2004.

Forster, Clive. *Australian Cities: Continuity and Change*. Melbourne: Oxford University Press, 1995.

Franklin, H. Bruce. *The Most Important Fish in the Sea: Menhaden and America*. Washington, DC: Island Press, 2007.

Freese, Barbara. *Coal: A Human History*. Cambridge, MA: Perseus, 2003.

Gadgil, Madhav, and Ramachandra Guha. *Ecology and Equity: The Use and Abuse of Nature in Contemporary India*. London: Routledge, 1995.

Gaston, Kevin J., Tim M. Blackburn, and Kees Klein Goldewijk. "Habitat Conversion and Global Avian Biodiversity Loss." *Proceedings of the Royal Society of London: Biological Sciences* 270, no. 1521 (June 22, 2003): 1293~1300.

Gerber, Michele Stenehjem. *On the Home Front: The Cold War Legacy of the Hanford Nuclear Site*. 2nd ed. Lincoln: University of Nebraska Press, 2002.

Gerlach, Allen. *Indians, Oil, and Politics: A Recent History of Ecuador*. Wilmington, DE: Scholarly Resources, 2003.

Gilbert, Alan, ed. *The Mega-city in Latin America*. New York: United Nations University Press, 1996.

Gildeeva, Irina. "Environmental Protection during Exploration and Exploitation of Oil and Gas Fields." *Environmental Geosciences* 6 (1999): 153~154.

Gössling, Stefan, Carina Borgström Hansson, Oliver Hörstmeir, and Stefan Saggel. "Ecological Footprint Analysis as a Tool to Assess Tourism Sustainability." *Ecological Economics* 43 (2002): 199~211.

Greenhalgh, Susan. *Cultivating Global Citizens: Population in the Rise of China*. Cambridge, MA: Harvard University Press, 2010.

_____. *Just One Child: Science and Policy in Deng's China*. Berkeley: University of California Press, 2008.

Grimm, Nancy B., et al. "Global Change and the Ecology of Cities." *Science* 319 (February 8, 2008): 756~760.

Grundmann, Reiner. "Ozone and Climate: Scientific Consensus and Leadership." *Science, Technology, & Human Values* 31, no. 1 (January 2006): 73~101.

Guha, Ramachandra. *Environmentalism: A Global History*. New York: Longman, 2000.

_____. *India after Gandhi: The History of the World's Largest Democracy*. New York: Harper-Collins, 2007.

_____. *The Unquiet Woods: Ecological Change and Peasant Resistance in the Himalayas*. Rev. ed. Berkeley: University of California Press, 2000.

Guha, Ramachandra, and Juan Martinez-Alier. *Varieties of Environmentalism: Essays North and South*. Delhi: Oxford University Press, 1998.

Gutfreund, Owen D. *Twentieth-Century Sprawl: Highways and the Reshaping of the American Landscape.* New York: Oxford University Press, 2004.

Hall, Charles, et al. "Hydrocarbons and the Evolution of Human Culture." *Nature* 426 (2003): 318~322.

Hall, Peter. *Cities of Tomorrow: An Intellectual History of Urban Planning and Design in the Twentieth Century.* Rev. ed. Oxford, UK: Blackwell, 1996.

Haller, Tobias, et al., eds. *Fossil Fuels, Oil Companies, and Indigenous Peoples: Strategies of Multinational Oil Companies, States, and Ethnic Minorities; Impact on Environment, Livelihoods, and Cultural Change.* Zurich: Lit, 2007.

Hamblin, Jacob Darwin. *Poison in the Well: Radioactive Waste in the Oceans at the Dawn of the Nuclear Age.* New Brunswick, NJ: Rutgers University Press, 2008.

Hardjono, J. "The Indonesian Transmigration Scheme in Historical Perspective." *International Migration* 26 (1988): 427~438.

Hashimoto, M. "History of Air Pollution Control in Japan." In *How to Conquer Air Pollution: A Japanese Experience*, ed. H. Nishimura. Amsterdam: Elsevier, 1989.

Hays, Samuel P. *Explorations in Environmental History: Essays.* Pittsburgh: University of Pittsburgh Press, 1998.

_____. *A History of Environmental Politics since 1945.* Pittsburgh: University of Pittsburgh Press, 2000.

Heitzman, James. *The City in South Asia.* New York: Routledge, 2008.

Hochstetler, Kathryn, and Margaret E. Keck. *Greening Brazil: Environmental Activism in State and Society.* Durham, NC: Duke University Press, 2007.

Hughes, J. Donald, ed. *The Face of the Earth: Environment and World History.* Armonk, NY: M. E. Sharpe, 2000.

International Energy Agency (IEA)/Organisation for Economic Co-operation and Development (OECD). *Cleaner Coal in China.* Paris: OECD/IEA, 2009.

Jenkins, Martin. "Prospects for Biodiversity." *Science* 302, no. 5648 (November 14, 2003): 1175~1177.

Johnston, Barbara Rose, ed. *Half-Lives and Half-Truths: Confronting the Radioactive Legacies of the Cold War.* Santa Fe, NM: School for Advanced Research Press, 2007.

Johnston, Barbara Rose, and Holly M. Barker. *Consequential Damages of Nuclear War: The Rongelap Report.* Walnut Creek, CA: Left Coast, 2008.

Jones, Merrill E. "Origins of the East German Environmental Movement." *German Studies Review* 16, no. 2 (1993): 235~264.

Jones, P. D., D. E. Parker, T. J. Osborn, and K. R. Briffa. "Global and Hemispheric Temperature Anomalies—Land and Marine Instrumental Records." In *Trends: A Compendium of Data on Global Change*, Carbon Dioxide Information Analysis Center, Oak Ridge National Laboratory, U.S. Department of Energy, Oak Ridge, TN (2011). doi: 10.3334/CDIAC/cli.002.

Kahn, Matthew E. "The Environmental Impact of Suburbanization." *Journal of Policy Analysis and*

Management 19, no. 4 (2000): 569~586.

Karan, P. P., and Kristin Stapleton, eds. *The Japanese City*. Lexington: University Press of Kentucky, 1997.

Kashi, Ed. *The Curse of the Black Gold: 50 Years of Oil in the Niger Delta*. Edited by Michael Watts. Brooklyn: Power House, 2009.

Keeling, R. F., S. C. Piper, A. F. Bollenbacher, and J. S. Walker. "Atmospheric CO2 Records from Sites in the SIO Air Sampling Network." In *Trends: A Compendium of Data on Global Change*, Carbon Dioxide Information Analysis Center, Oak Ridge National Laboratory, U. S. Department of Energy, Oak Ridge, TN (2009). doi: 10.3334/CDIAC/atg.035.

Ken-ichi, Abe, and James E. Nickum, eds. *Good Earths: Regional and Historical Insights into China's Environment*. Kyoto: Kyoto University Press, 2009.

Khuhro, Hamida, and Anwer Mooraj, eds. *Karachi: Megacity of Our Times*. Karachi: Oxford University Press, 1997.

Kimmerling, Judith. "Oil Development in Ecuador and Peru: Law, Politics, and the Environment." In *Amazonia at the Crossroads: The Challenge of Sustainable Development*, ed. Anthony Hall. London: Institute of Latin American Studies, 2000.

Knauss, John A. "The International Whaling Commission: Its Past and Possible Future." *Ocean Development and International Law* 28 (1997): 79~87.

Knight, Catherine. "The Nature Conservation Movement in Post-war Japan." *Environment and History* 16 (2010): 349~370.

Koninck, Rodolphe de. *Deforestation in Viet Nam*. Ottawa: International Development Research Centre, 1999.

Kreike, Emmanuel. "War and Environmental Effects of Displacement in Southern Africa (1970s–1990s)." In *African Environment and Development: Rhetoric, Programs, Realities*, ed. William G. Moseley and B. Ikubolajeh Logan. Burlington, VT: Ashgate, 2003.

Kudrik, Igor, et al. *The Russian Nuclear Industry*. Oslo: Bellona Foundation, 2004.

Lawton, Richard, ed. *The Rise and Fall of Great Cities: Aspects of Urbanization in the Western World*. New York: Belhaven, 1989.

Lewis, Simon L. "Tropical Forests and the Changing Earth System." *Philosophical Transactions: Biological Sciences* 361, no. 1465 (January 29, 2006): 195~196.

Li, Hongmei, et al. "Demand for Rubber Is Causing the Loss of High Diversity Rain Forest in SW China." *Biodiversity and Conservation* 16 (2007): 1731~1745.

Li, Lillian M. *Fighting Famine in North China: State, Market, and Environmental Decline, 1690s–1990s*. Stanford, CA: Stanford University Press, 2007.

Link, Jason S., Bjarte Bogstad, Henrik Sparholt, and George R. Lilly. "Trophic Role of Atlantic Cod in the Ecosystem." *Fish and Fisheries* 10 (2009): 58~87.

Liu, Wenjun, Huabin Hu, Youxin Ma, and Hongmei Li. "Environmental and Socioeconomic Impacts of Increasing Rubber Plantations in Menglun Township, Southwest China." *Mountain Research and Development* 26 (2006): 245~253.

Lu, Z., et al. "Sulfur Dioxide Emissions in China and Sulfur Trends in East Asia since 2000." *Atmospheric Chemistry and Physics Discussion* 10 (2010): 8657~8715.

Ma, Yonghuan, and Fan Shengyue. "The Protection Policy of Eco-environment in Desertification Areas of Northern China: Contradiction and Countermea sures." *Ambio* 35 (2006): 133~134.

Maathai, Wangari. *Unbowed: A Memoir*. New York: Knopf, 2006.

Makhijani, Arjun, Howard Hu, and Katherine Yih, eds. *Nuclear Wastelands: A Global Guide to Nuclear Weapons Production and Its Health and Environmental Effects*. Cambridge, MA: MIT Press, 1995.

Markham, William T. *Environmental Organizations in Modern Germany: Hardy Survivors in the Twentieth Century and Beyond*. New York: Berghahn, 2008.

Martinez-Alier, Juan. *The Environmentalism of the Poor: A Study of Ecological Conflicts and Valuation*. New Delhi: Oxford University Press, 2004.

McCormick, John. *Reclaiming Paradise: The Global Environmental Movement*. Bloomington: Indiana University Press, 1989.

McKibben, Bill. *Hope, Human and Wild: True Stories of Living Lightly on the Earth*. Minneapolis: Milkweed, 2007.

McKinney, Michael L. "Is Marine Biodiversity at Less Risk? Evidence and Implications." *Diversity and Distributions* 4, no. 1 (January 1998): 3~8.

McNeill, J. R. "The Cold War and the Biosphere." In *The Cambridge History of the Cold War*, vol. 3: *Endings*, ed. Melvyn P. Leffler and Odd Arne Westad. Cambridge: Cambridge University Press, 2010.

_____. *The Mountains of the Mediterranean World: An Environmental History*. Cambridge: Cambridge University Press, 1992.

_____. *Something New under the Sun: An Environmental History of the Twentieth-Century World*. New York: Norton, 2000.

McNeill, J. R., and Corinna Unger, eds. *Environmental Histories of the Cold War*. New York: Cambridge University Press, 2010.

McNeill, William H. *Plagues and Peoples*. Garden City, NY: Anchor/Doubleday, 1976.

McShane, Clay. *Down the Asphalt Path: The Automobile and the American City*. New York: Columbia University Press, 1994.

Medvedev, Zhores A. *Nuclear Disaster in the Urals*. New York: Norton, 1979.

Melosi, Martin V. *Effluent America: Cities, Industry, Energy, and the Environment*. Pittsburgh: University of Pittsburgh Press, 2001.

_____. "The Place of the City in Environmental History." *Environmental History Review* 17 (1993): 1~23.

_____. *The Sanitary City: Urban Infrastructure in America from Colonial Times to the Present*. Baltimore: Johns Hopkins University Press, 2000.

Meybeck, Michael. "Global Analysis of River Systems: From Earth System Controls to Anthropocene

Syndromes." *Philosophical Transactions: Biological Sciences* 358, no. 1440 (December 29, 2003): 1935~1955.

Micklin, Philip. "The Aral Sea Disaster." *Annual Review of Earth and Planetary Sciences* 35 (2007): 47~72.

Miles, Edward L. "On the Increasing Vulnerability of the World Ocean to Multiple Stresses." *Annual Review of Environment and Resources* 34 (2009): 18~26.

Miller, Char, ed. *On the Border: An Environmental History of San Antonio.* Pittsburgh: University of Pittsburgh Press, 2001.

Miller, Shawn William. *An Environmental History of Latin America.* New York: Cambridge University Press, 2007.

Mirza, M. Monirul Qader. "Climate Change, Flooding and Implications in South Asia." *Regional Environmental Change* 11, supp. 1 (2011): 95~107.

Molina, Mario J., and Luisa T. Molina. "Megacities and Atmospheric Pollution." *Journal of the Air and Waste Management Association* 54 (2004): 644~680.

Montrie, Chad. *To Save the Land and People: A History of Opposition to Surface Mining in Appalachia.* Chapel Hill: University of North Carolina Press, 2003.

Morell, Virginia. "Can the Wild Tiger Survive?" *Science* 317, no. 5843 (September 7, 2007): 1312~1314.

Mudd, G. M. "Gold Mining in Australia: Linking Historical Trends and Environmental and Resource Sustainability." *Environmental Science and Policy* 10 (2007): 629~644.

Mukherjee, Suroopa. *Surviving Bhopal: Dancing Bodies, Written Texts, and Oral Testimonials of Women in the Wake of an Industrial Disaster.* New York: Palgrave Macmillan, 2010.

Mutke, Jens, Gerold Kier, Gary A. Krupnick, and Wilhelm Barthlott. "Terrestrial Plant Diversity." In *Plant Conservation: A Natural History Approach*, ed. Gary A. Krupnick and W. John Kress. Chicago: University of Chicago Press, 2005.

Nelson, Arvid. *Cold War Ecology: Forests, Farms, and People in the East German Landscape, 1945–1989.* New Haven, CT: Yale University Press, 2005.

Nelson, Lane E., ed. *Purifying the Earthly Body of God: Religion and Ecology in Hindu India.* Albany: State University of New York Press, 1998.

Nesterenko, Alexey B., Vassily B. Nesterenko, and Alexey V. Yablokov. "Consequences of the Chernobyl Catastrophe for Public Health." *Annals of the New York Academy of Sciences* 1181 (2009): 31~220.

Newman, Peter, and Jeffrey Kenworthy. *Sustainability and Cities: Overcoming Automobile Dependence.* Washington, DC: Island Press, 1999.

Niele, Frank. *Energy: Engine of Evolution.* Amsterdam: Elsevier, 2005.

Nilsen, Alf Gunvald. *Dispossession and Resistance in India: The River and the Rage.* London: Routledge, 2010.

Olajide, P. A., et al. "Fish Kills and Physiochemical Qualities of a Crude Oil Polluted River in Nigeria." *Research Journal of Fisheries and Hydrobiology* 4 (2009): 55~64.

Omotola, J. Shola "'Liberation Movements' and Rising Violence in the Niger Delta: The New Contentious Site of Oil and Environmental Politics." *Studies in Conflict and Terrorism* 33 (2010): 36~54.

O'Rourke, Dara, and Sarah Connolly. "Just Oil? The Distribution of Environmental and Social Impacts of Oil Production and Consumption." *Annual Review of Environment and Resources* 28 (2003): 587~617.

Orum, Anthony M., and Xiangming Chen, *The World of Cities: Places in Comparative and Historical Perspective.* Malden, MA: Blackwell, 2003.

Pfister, Christian. "The 'Syndrome of the 1950s' in Switzerland: Cheap Energy, Mass Consumption, and the Environment." In *Getting and Spending: European and American Consumer Societies in the Twentieth Century*, ed. Susan Strasser, Charles McGovern, and Matthias Judt. Cambridge: Cambridge University Press, 1998.

Pick, James B., and Edgar W. Butler. *Mexico Megacity.* Boulder, CO: Westview, 2000.

Premat, Adriana. "Moving between the Plan and the Ground: Shifting Perspectives on Urban Agriculture in Havana, Cuba." In *Agropolis: The Social, Political, and Environmental Dimensions of Urban Agriculture*, ed. Luc J. A. Mougeot. London: Earthscan, 2005.

Purvis, Nigel, and Andrew Stevenson. *Rethinking Climate Diplomacy: New Ideas for Transatlantic Cooperation Post-Copenhagen.* Washington, DC: German Marshall Fund of the United States, 2010. http://www.gmfus.org/archives/rethinking-climate-diplomacy-new-ideas-for-transatlantic-cooperation-post-copenhagen.

Qu, Geping, and Li Jinchang. *Population and the Environment in China.* Edited by Robert B. Boardman. Translated by Jiang Baozhong and Gu Ran. Boulder, CO: Lynne Rienner, 1994.

Radkau, Joachim. *Nature and Power: A Global History of the Environment.* Translated by Thomas Dunlap. Cambridge: Cambridge University Press, 2008.

Rangarajan, Mahesh. "The Politics of Ecology: The Debate on Wildlife and People in India, 1970–95." In *Battles over Nature: Science and the Politics of Conservation*, ed. Vasant K. Saberwal and Mahesh Rangarajan. Delhi: Orient Blackswan, 2003.

Raupach, Michael R., et al. "Global and Regional Drivers of Accelerating CO2 Emissions." *Proceedings of the National Academy of Sciences of the United States of America* 104, no. 24 (June 12, 2007): 10288~10293.

Reader, John. *Cities.* New York: Atlantic Monthly, 2004.

Rees, William E. "Ecological Footprints and Appropriated Carrying Capacity: What Urban Economics Leaves Out." *Environment and Urbanization* 4, no. 2 (1992): 121~130.

Reeves, Randall, and Tim Smith. "A Taxonomy of World Whaling Operations and Eras." In *Whales, Whaling, and Ocean Ecosystems*, ed. James A. Estes, Douglas P. DeMaster, Daniel F. Doak, Terrie M. Williams, and Robert L. Brownell Jr. Berkeley: University of California Press, 2006.

Roberts, Callum. *The Unnatural History of the Sea.* Washington, DC: Island Press, 2007.

Rome, Adam. "'Give Earth a Chance': The Environmental Movement and the Sixties." *Journal of*

American History 90, no. 2 (September 2003): 525~554.

Ruddiman, William H. *Plows, Plagues and Petroleum: How Humans Took Control of Climate*. Princeton, NJ: Princeton University Press, 2005.

Sagane, Rajendra. "Water Management in Mega-cities in India: Mumbai, Delhi, Calcutta, and Chennai." In *Water for Urban Areas: Challenges and Perspectives*, ed. Juha I. Uitto and Asit K. Biswas. New York: United Nations University Press, 2000.

Saikawa, Eri, Vaishali Naik, Larry W. Horowitz, Junfeng Liu, and Denise L. Mauzerall. "Present and Potential Future Contributions of Sulfate, Black and Organic Aerosols from China to Global Air Quality, Premature Mortality and Radiative Forcing." *Atmospheric Environment* 43 (2009): 2814~2822.

San Sebastián, Miguel, and Anna-Karin Hurtig. "Oil Exploitation in the Amazon Basin of Ecuador: A Public Health Emergency." *Revista panamericana de salud pública* 15 (2004): 205~211.

Satterthwaite, David. *Barbara Ward and the Origins of Sustainable Development*. London: International Institute for Environment and Development, 2006.

Scharping, Thomas. *Birth Control in China, 1949–2000: Population Policy and Demographic Development*. London: RoutledgeCurzon, 2003.

Schmucki, Barbara. *Der Traum vom Verkehrsfluss: Städtische Verkehrsplanung seit 1945 im deutsch-deutschen Vergleich*. Frankfurt: Campus, 2001.

Schreurs, Miranda A. *Environmental Politics in Japan, Germany, and the United States*. Cambridge: Cambridge University Press, 2002.

Schwartz, Stephen I., ed., *Atomic Audit: The Costs and Consequences of U. S. Nuclear Weapons since 1940*. Washington, DC: Brookings Institution, 1998.

Sewell, John. *The Shape of the Suburbs: Understanding Toronto's Sprawl*. Toronto: University of Toronto Press, 2009.

Shapiro, Judith. *Mao's War against Nature: Politics and the Environment in Revolutionary China*. Cambridge: Cambridge University Press, 2001.

Shi, Anqing. "The Impact of Population Pressure on Global Carbon Emissions, 1975–1996: Evidence from Pooled Cross-Country Data." *Ecological Economics* 44 (2003): 29~42.

Singh, Satyajit. *Taming the Waters: The Political Economy of Large Dams in India*. Delhi: Oxford University Press, 1997.

Smil, Vaclav. *Energy at the Crossroads: Global Perspectives and Uncertainties*. Cambridge, MA: MIT Press, 2003.

_____. *Energy in Nature and Society: General Energetics of Complex Systems*. Cambridge, MA: MIT Press, 2008.

_____. *Energy in World History*. Boulder, CO: Westview, 1994.

_____. *Transforming the Twentieth Century: Technical Innovations and Their Consequences*. New York: Oxford University Press, 2006.

Smith, Jim T., and Nicholas A. Beresford. *Chernobyl: Catastrophe and Consequences*. Berlin: Springer,

2005.

Solomon, Lawrence. *Toronto Sprawls: A History.* Toronto: University of Toronto Press, 2007.

Sovacool, Benjamin K. "The Costs of Failure: A Preliminary Assessment of Major Energy Accidents, 1907–2007." *Energy Policy* 36 (2008): 1802~1820.

Stacy, Ian. "Roads to Ruin on the Atomic Frontier: Environmental Decision Making at the Hanford Nuclear Reservation, 1942–1952." *Environmental History* 15 (2010): 415~448.

Standring, William J. F., Mark Dowdall, and Per Strand. "Overview of Dose Assessment Developments and the Health of Riverside Residents Close to the 'Mayak' PA Facilities, Russia." *International Journal of Environmental Research and Public Health* 6 (2009): 174~199.

Steffen, Will, Paul J. Crutzen, and J. R. McNeill. "The Anthropocene: Are Humans Now Overwhelming the Great Forces of Nature?" *Ambio* 36 (2007): 614~621.

Steinberg, Ted. *Down to Earth: Nature's Role in American History.* 2nd ed. New York: Oxford University Press, 2009.

Stern, David I. "Global Sulfur Emissions from 1850 to 2000." *Chemosphere* 58 (2005): 163~175.

Sternberg, R. "Hydropower: Dimensions of Social and Environmental Coexistence." *Renewable and Sustainable Energy Reviews* 12 (2008): 1588~1621.

Sun, Yanfei, and Dingxin Zhao. "State–Society Relations and Environmental Campaigns." In *Popular Protest in China*, ed. Kevin J. O'Brien. Cambridge, MA: Harvard University Press, 2008.

Terry, Andrew, Karin Ullrich, and Uwe Riecken. *The Green Belt of Europe: From Vision to Reality.* Gland, Switzerland: International Union for Conservation of Nature, 2006.

Thukral, Enakshi Ganguly, ed. *Big Dams, Displaced People: Rivers of Sorrow, Rivers of Change.* New Delhi: Sage, 1992.

Tiffen, Mary, Michael Mortimore, and Francis Gichuki. *More People, Less Erosion: Environmental Recovery in Kenya.* Chichester, UK: Wiley, 1994.

Uekoetter, Frank. *The Age of Smoke: Environmental Policy in Germany and the United States, 1880–1970.* Pittsburgh: University of Pittsburgh Press, 2009.

Vermeij, Geerat J., and Lindsey R. Leighton. "Does Global Diversity Mean Anything?" *Paleobiology* 29, no. 1 (2003): 3~7.

Vilchek, G. E., and A. A. Tishkov. "Usinsk Oil Spill." In *Disturbance and Recovery in Arctic Lands: An Ecological Perspective*, ed. R. M. M. Crawford. Dordrecht, Netherlands: Kluwer Academic, 1997.

Volti, Rudi. "A Century of Automobility." *Technology and Culture* 37, no. 4 (1996): 663~685.

Walker, Brett L. *Toxic Archipelago: A History of Industrial Disease in Japan.* Seattle: University of Washington Press, 2010.

Walker, J. Samuel. *Three Mile Island: A Nuclear Crisis in Historical Perspective.* Berkeley: University of California Press, 2004.

Watt, John, Johan Tidblad, Vladimir Kucera, and Ron Hamilton, eds. *The Effects of Air Pollution on Cultural Heritage.* Berlin: Springer, 2009.

Weart, Spencer R. *The Discovery of Global Warming.* Rev. ed. Cambridge, MA: Harvard University

Press, 2008.

Webb, James L. A., Jr. *Humanity's Burden: A Global History of Malaria*. Cambridge: Cambridge University Press, 2009.

Weissenbacher, Manfred. *Sources of Power: How Energy Forges Human History*. 2 vols. Santa Barbara, CA: ABC-CLIO, 2009.

Weller, Robert P. *Discovering Nature: Globalization and Environmental Culture in China and Taiwan*. Cambridge: Cambridge University Press, 2006.

Westing, Arthur H., ed. *Herbicides in War: The Long-Term Ecological and Human Consequences*. London: Taylor and Francis, 1984.

White, Tyrene. *China's Longest Campaign: Birth Planning in the People's Republic, 1949–2005*. Ithaca, NY: Cornell University Press, 2006.

Williams, Michael. *Deforesting the Earth: From Prehistory to Global Crisis*. Chicago: University of Chicago Press, 2003.

Wilson, E. O., with Frances M. Peter, eds. *Biodiversity*. Washington, DC: National Academy Press, 1986.

Winiwarter, Verena, and Martin Knoll. *Umweltgeschichte: Eine Einführung*. Cologne: Böhlau, 2007.

Wood, John R. *The Politics of Water Resource Development in India: The Narmada Dams Controversy*. Los Angeles: Sage, 2007.

World Health Organization and United Nations Environment Programme. *Urban Air Pollution in Megacities of the World*. Cambridge, MA: Blackwell Reference, 1992.

Xu, Kehui, and John D. Milliman. "Seasonal Variations of Sediment Discharge from the Yangtze River before and after Impoundment of the Three Gorges Dam." *Geomorphology* 104 (2009): 276~283.

Yablokov, Alexey V., Vassily B. Nesterenko, and Alexey V. Nesterenko. "Consequences of the Chernobyl Catastrophe for the Environment." *Annals of the New York Academy of Sciences* 1181 (2009): 221~286.

Zelko, Frank. *Make It a Green Peace: The Rise of Countercultural Environmentalism*. New York: Oxford University Press, 2013.

4부 세계 문화

Abdel Kader, Soha. *Egyptian Women in a Changing Society, 1899–1987*. Boulder, CO: Lynne Rienner, 1987.

Achebe, Chinua. *Things Fall Apart*. New York: McDowell, Obolensky, 1959.

Adorno, Theodor W., and Max Horkheimer. *Dialectic of Enlightenment: Philosophical Fragments*. Edited by Gunzelin Schmid Noerr. Translated by Edmund Jephcott. Stanford, CA: Stanford University Press, 2002.

Agarwal, Bina. "From Mexico 1975 to Beijing 1995." *Indian Journal of Gender Studies* 3, no. 1 (March

1996): 87~92.

Anderson, Benedict. *Imagined Communities: Reflections on the Origin and Spread of Nationalism*. Rev. ed. London: Verso, 1991.

Anderson, Carol. *Eyes Off the Prize: The United Nations and the African American Struggle for Human Rights, 1944-1955*. Cambridge: Cambridge University Press, 2003.

Anderson, Jon Lee. *Che Guevara: A Revolutionary Life*. New York: Grove Press, 1997.

Anker, Peter. "The Ecological Colonization of Space." *Environmental History* 10, no. 2 (April 2005): 239~268.

Antoun, Richard T. *Understanding Fundamentalism: Christian, Islamic and Jewish Movements*. London: Rowman and Littlefield, 2001.

Appadurai, Arjun. *Modernity at Large: Cultural Dimensions of Globalization*. Minneapolis: University of Minnesota Press, 1996.

Appiah, Kwame Anthony. *Cosmopolitanism: Ethics in a World of Strangers*. New York: W. W. Norton, 2006.

Armitage, David. "Is There a Pre-history of Globalization?" In *Comparison and History: Europe in Cross-National Perspective*, ed. Deborah Cohen and Maura O'Connor. London: Routledge, 2004.

Augé, Marc. *Non-Places: Introduction to an Anthropology of Supermodernity*. Translated by John Howe. London: Verso, 1995.

Aust, Stefan. *Der Baader Meinhof Komplex: Erweiterte und aktualisierte Ausgabe*. Munich: Goldmann Verlag, 1998.

Bailey, Beth, and David Farber. *The First Strange Place: The Alchemy of Race and Sex in World War II Hawaii*. New York: Free Press, 1992.

Baldwin, Lewis V., and Amiri YaSin Al-Hadid. *Between Cross and Crescent: Christian and Muslim Perspectives on Malcolm and Martin*. Gainesville: University Press of Florida, 2002.

Ballard, R., and C. Ballard. "The Sikh: The Development of Southern Asian Settlement in Britain." In *Between Two Cultures: Migrants and Minorities in Britain*, ed. James L. Watson. Oxford: Blackwell, 1977.

Banchoff, Thomas, ed. *Democracy and the New Religious Pluralism*. New York: Oxford University Press, 2007.

Barber, Benjamin R. *Jihad vs. McWorld: How Globalism and Tribalism Are Reshaping the World*. New York: Ballantine, 1995.

Beauvoir, Simone de. *The Second Sex*. Translated by Constance Borde and Sheila Malovany-Chevalier. Introduction by Judith Thurman. New York: Vintage 2011.

Bell, Terry, with Dumisa Buhle Ntsebeza. *Unfinished Business: South Africa, Apartheid, and Truth*. London: Verso, 2003.

Benedict, Ruth. *Patterns of Culture*. Boston: Houghton Mifflin, 1934.

Benhabib, Seyla. *Another Cosmopolitanism*. With commentary by Jeremy Waldron, Bonnie Honig, and Will Kymlicka. Edited by Robert Post. New York: Oxford Unversity Press, 2006.

Benjamin, Walter. "The Work of Art in the Age of Mechanical Reproduction." In *Illuminations*. Edited with an introduction by Hannah Arendt. Translated by Harry Zohn. New York: Harcourt, Brace and World, 1968.

Berger, Peter L., ed. *The Desecularization of the World: Resurgent Religion and World Politics*. Grand Rapids, MI: Eerdmans, 1999.

Berman, Paul. *A Tale of Two Utopias: The Political Journey of the Generation of 1968*. New York: W. W. Norton, 1996.

Berryman, Phillip. *Liberation Theology: Essential Facts about the Revolutionary Movement in Latin America—and Beyond*. Philadelphia: Temple University Press, 1987.

Bertrand, Michael T. *Race, Rock, and Elvis*. Urbana: University of Illinois Press, 2000.

Besier, Gerhard. *Der SED-Staat und die Kirche 1969–1990: Die Vision vom "Dritten Weg."* Berlin: Propyläen, 1995.

Beyer, Peter, and Lori Beaman, eds. *Religion, Globalization, and Culture*. Leiden: Brill, 2007.

Blackwell, Joyce. *No Peace without Freedom: Race and the Women's International League for Peace and Freedom, 1915–1975*. Carbondale: Southern Illinois University Press, 2004.

Boas, Franz. *The Mind of Primitive Man*. New York: Macmillan, 1911.

Boff, Leonardo, and Clodovis Boff. *Introducing Liberation Theology*. Translated by Paul Burns. Maryknoll, NY: Orbis, 1986.

Borgwardt, Elizabeth. *A New Deal for the World: America's Vision for Human Rights*. Cambridge, MA: Belknap Press of Harvard University Press, 2005.

Boyer, Paul. *By the Bomb's Early Light: American Thought and Culture at the Dawn of the Atomic Age*. New York: Pantheon, 1985.

Boyle, Elizabeth Heger. *Female Genital Cutting: Cultural Conflict in the Global Community*. Baltimore: Johns Hopkins University Press, 2002.

Brenner, Christiane, and Peter Heumos. *Sozialgeschichtliche Kommunismusforschung: schechoslowakei, Polen, Ungarn und DDR, 1945–1968*. Munich: Oldenbourg, 2005.

Bright, Charles, and Michael Geyer. "Where in the World Is America? The History of the United States in the Global Age." In *Rethinking American History in a Global Age*, ed. Thomas Bender. Berkeley: University of California Press, 2002.

Brocheux, Pierre. *Ho Chi Minh: A Biography*. Translated by Claire Duiker. New York: Cambridge University Press, 2007.

Brown, Judith M. *Nehru: A Political Life*. New Haven, CT: Yale University Press, 2003.

Bruce, Steve. *Religion in the Modern World: From Cathedrals to Cults*. New York: Oxford University Press, 1996.

Buchanan, Tom. "'The Truth Will Set You Free': The Making of Amnesty International." *Journal of Contemporary History* 37, no. 4 (2002): 575~597.

Burgers, Jan Herman. "The Road to San Francisco: The Revival of the Human Rights Idea in the Twentieth Century." *Human Rights Quarterly* 14, no. 4 (November 1992): 447~477.

Burke, Roland. "'The Compelling Dialogue of Freedom': Human Rights at the Bandung Conference." *Human Rights Quarterly* 28, no. 4 (November 2006): 947~965.

――――. *Decolonization and the Evolution of International Human Rights.* Philadelphia: University of Pennsylvania Press, 2010.

Butler, Judith. "Sex and Gender in Simone de Beauvoir's Second Sex." *Yale French Studies*, no. 72 (1986): 35~49.

Carter, Erica. *How German Is She? Postwar West German Reconstruction and the Consuming Woman.* Ann Arbor: University of Michigan Press, 1997.

Carter, Lewis. F. *Charisma and Control in Rajneeshpuram: The Role of Shared Values in the Creation of a Community.* Cambridge: Cambridge University Press, 1990.

――――. "The 'New Renunciates' of the Bhagwan Shree Rajneesh: Observation and Identification Problems of Interpreting New Religious Movements." *Journal for the Scientific Study of Religion* 26, no. 2 (June 1987): 1948~1972.

Casanova, José. *Public Religions in the Modern World.* Chicago: University of Chicago Press, 1994.

Caute, David. *The Dancer Defects: The Struggle for Cultural Supremacy during the Cold War.* Oxford: Oxford University Press, 2003.

Césaire, Aimé. *Une tempete: D'Apres "La Tempete" de Shakespeare: Adaptation pour un théâtre negre.* Paris: Seuil, 1969.

Chakrabarty, Dipesh. *Provincializing Europe: Postcolonial Thought and Historical Difference.* Princeton, NJ: Princeton University Press, 2000.

Chatterjee, Partha. *The Nation and Its Fragments: Colonial and Postcolonial Histories.* Princeton, NJ: Princeton University Press, 1993.

Chaussy, Ulrich. *Die drei Leben des Rudi Dutschke: Eine Biographie.* Rev. ed. Zurich: Pendo, 1999.

Chen Jian. *Mao's China and the Cold War.* Chapel Hill: University of North Carolina Press, 2001.

Chen, Martha Alter. "Engendering World Conferences: The International Women's Movement and the United Nations." *Third World Quarterly* 16, no. 3, *Nongovernmental Organisations, the United Nations and Global Governance* (September 1995): 477~493.

Clarence-Smith, William G. "The Global Consumption of Hot Beverages, c. 1500 to c. 1900." In *Food and Globalization: Consumption, Markets and Politics in the Modern World*, ed. Alexander Nützenadel and Frank Trentmann. Oxford: Berg, 2008.

Clifford, James. *The Predicament of Culture: Twentieth-Century Ethnography, Literature, and Art.* Cambridge, MA: Harvard University Press, 1988.

Cmiel, Kenneth. "The Emergence of Human Rights Politics in the United States." *Journal of American History* 86, no. 3 (December 1999): 1231~1250.

Cobbs Hoffman, Elizabeth. *All You Need Is Love: The Peace Corps and the Spirit of the 1960s.* Cambridge, MA: Harvard University Press, 1998.

Cohen, Lizabeth. *A Consumer's Republic: The Politics of Mass Consumption in Postwar America.* New York: Knopf, 2003.

Coleman, Peter. *The Liberal Conspiracy: The Congress for Cultural Freedom and the Struggle for the Mind of Postwar Europe*. New York: Free Press, 1989.

Connelly, Matthew. *A Diplomatic Revolution: Algeria's Fight for Independence and the Origins of the Post–Cold War Era*. New York: Oxford University Press, 2002.

Cook, Guillermo, ed. *New Face of the Church in Latin America: Between Tradition and Change*. Maryknoll, NY: Orbis, 1994.

Crockatt, Richard. *America Embattled: September 11, Anti-Americanism, and the Global Order*. London: Routledge, 2003.

Crowley, David, and Jane Pavitt, eds. *Cold War Modern: Design, 1945–1970*. London: V&A Publishing, 2008.

Davie, Grace. "Europe: The Exception That Proves the Rule?" in *The Desecularization of the World: Resurgent Religion and World Politics*, ed. Peter L. Berger. Grand Rapids, MI: Eerdmans, 1999.

————. *Europe, the Exceptional Case: Parameters of Faith in the Modern World*. London: Darton, Longman and Todd, 2002.

DeCaro, Louis A., Jr. *Malcolm and the Cross: The Nation of Islam, Malcolm X, and Christianity*. New York: New York University Press, 1998.

Deegan, Heather. *The Politics of the New South Africa: Apartheid and After*. Harlow, UK: Longman, 2001.

De Grazia, Victoria. *Irresistible Empire: America's Advance through 20th Century Europe*. Cambridge, MA: Belknap Press of Harvard University Press, 2005.

Diamond, Jared. *Collapse: How Societies Choose to Fail or Succeed*. New York: Viking, 2005.

Dickinson, Anna. "Domestic Foreign Policy Considerations and the Origins of Postwar Soviet Church–State Relations, 1941–6." In *Religion and the Cold War*, ed. Diane Kirby. Basingstoke, UK: Palgrave Macmillan, 2003.

Dorfman, Ariel, and Armand Mattelart. *How to Read Donald Duck: Imperialist Ideology in the Disney Comic*. Translated by David Kunzle. New York: International General, 1975.

Dower, John W. *Embracing Defeat: Japan in the Wake of World War II*. New York: W. W. Norton, 1999.

————. *War without Mercy: Race and Power in the Pacific War*. New York: Pantheon, 1986.

Duberman, Martin B. *Paul Robeson*. New York: Knopf, 1988.

Dudziak, Mary L. *Cold War Civil Rights: Race and the Image of American Democracy*. Princeton, NJ: Princeton University Press, 2000.

Dutschke-Klotz, Gretchen. *Rudi Dutschke: Wir hatten ein barbarisches, schönes Leben—Eine Biographie*. Cologne: Kiepenheuer & Witsch, 1996.

Dutt, Malika. "Some Reflections on US Women of Colour and the United Nations Fourth World Conference on Women and NGO Forum in Beijing, China." In *Global Feminisms since 1945*, ed. Bonnie G. Smith. London: Routledge, 2000.

Eckel, Jan. "'Under a Magnifying Glass': The International Human Rights Campaign against Chile in the Seventies." In *Human Rights in the Twentieth Century*, ed. Stefan-Ludwig Hoffmann.

Cambridge: Cambridge University Press, 2011.

———. "Utopie der Moral, Kalkül der Macht: Menschenrechte in der globalen Politik seit 1945." *Archiv für Sozialgeschichte* 49 (2009): 437~484.

Endy, Christopher. *Cold War Holidays: American Tourism in France.* Chapel Hill: University of North Carolina Press, 2004.

Enzensberger, Ulrich. *Die Jahre der Kommune I: Berlin, 1967–1969.* Cologne: Kiepenheuer & Witsch, 2004.

Erel, Shlomo. *Neue Wurzeln: 50 Jahre Immigration deutschsprachiger Juden in Israel.* Gerlingen, Germany: Bleicher, 1983.

Evans, Sara. *Personal Politics: The Roots of Women's Liberation in the Civil Rights Movement* and *the New Left.* New York: Knopf, 1979.

Ezenwa-Ohaeto. *Chinua Achebe: A Biography.* Bloomington: Indiana University Press, 1997.

Fanon, Frantz. *The Wretched of the Earth: A Negro Psychoanalyst's Study of the Problems of Racism and Colonialism in the World Today.* Translated by Constance Farrington. New York: Grove, 1963.

Farber, David. *Chicago '68.* Chicago: University of Chicago Press, 1988.

Farrell, Amy Erdman. *Yours in Sisterhood: Ms. Magazine and the Promise of Popular Feminism.* Chapel Hill: University of North Carolina Press, 1998.

Faulstich, Werner, ed. *Die Kultur der 70er Jahre.* Munich: Fink, 2004.

Faux, Jeff. *The Global Class War: How America's Bipartisan Elite Lost Our Future—and What It Will Take to Win It Back.* Hoboken, NJ: Wiley, 2006.

Firestone, Shulamith. *The Dialectic of Sex: The Case for Feminist Revolution.* New York: Morrow, 1970.

Fischer, Fritz. *Making Them Like Us: Peace Corps Volunteers in the 1960s.* Washington, DC: Smithsonian Institution Press, 1998.

FitzGerald, Frances. *Cities on a Hill: A Journey through Contemporary American Cultures.* New York: Simon and Schuster, 1981.

Foitzik, Jan, ed. *Entstalinisierungskrise in Ostmitteleuropa, 1953–1956: Vom 17. Juni bis zum ungarischen Volksaufstand—Politische, militärische, soziale und nationale Dimensionen.* Paderborn, Germany: Schöningh, 2001.

Francks, Penelope. *The Japanese Consumer: An Alternative Economic History of Modern Japan.* New York: Cambridge University Press, 2009.

Frei, Norbert. *1968: Jugendrevolte und globaler Protest.* Munich: DTV, 2008.

Friedan, Betty. *The Feminine Mystique.* New York: W. W. Norton, 1963.

Fürst, Juliane. *Stalin's Last Generation: Soviet Post-War Youth and the Emergence of Mature Socialism.* New York: Oxford University Press, 2010.

Gaines, Kevin K. *Uplifting the Race: Black Leadership, Politics, and Culture in the Twentieth Century.* Chapel Hill: University of North Carolina Press, 1996.

Gandy, Matthew. "Planning, Anti-Planning and the Infrastructure Crisis Facing Metropolitan Lagos." *Urban Studies* 43, no.2 (February 2006): 371~391.

Gans, Eric L. *The End of Culture: Toward a Generative Anthropology*. Berkeley: University of California Press, 1985.

García Canclini, Néstor. *Consumers and Citizens: Globalization and Multicultural Conflicts*. Translated by George Yúdice. Minneapolis: University of Minnesota Press, 2001.

_____. *Hybrid Cultures: Strategies for Entering and Leaving Modernity*. Translated by Christopher L. Chiappari and Silvia L. López. Minneapolis: University of Minnesota Press, 1995.

Garrow, David J. *Liberty and Sexuality: The Right to Privacy and the Making of Roe v. Wade*. New York: Macmillan, 1994.

Gasiorowski, Mark J., and Malcolm Byrne, eds. *Mohammad Mosaddeq and the 1953 Coup in Iran*. Syracuse, NY: Syracuse University Press, 2004.

Gatrell, Peter, and Nick Baron, eds. *Warlands: Population Resettlement and State Reconstruction in the Soviet – East European Borderlands, 1945 – 1950*. Basingstoke, UK: Palgrave Macmillan, 2009.

Gerges, Fawaz A. *America and Political Islam: Clash of Cultures or Clash of Interests?* New York: Cambridge University Press, 1999.

Gilcher-Holtey, Ingrid, ed. *1968: Vom Ereignis zum Gegenstand der Geschichtswissenschaft*. Göttingen: Vandenhoeck & Ruprecht, 1998.

_____. *Die Phantasie an der Macht: Mai 68 in Frankreich*. Frankfurt: Suhrkamp, 1995.

Gilliam, Angela. "Women's Equality and National Liberation." In *Third World Women and the Politics of Feminism*, ed. Chandra Talpade Mohanty, Ann Russo, and Lourdes Torres. Bloomington: Indiana University Press, 1991.

Gitlin, Todd. *The Sixties: Years of Hope, Days of Rage*. Toronto: Bantam Books, 1987.

Glassheim, Eagle. "The Mechanics of Ethnic Cleansing: The Expulsion of Germans from Czechoslovakia, 1945 – 1947." In *Redrawing Nations: Ethnic Cleansing in East-Central Europe, 1944 – 1948*, ed. Philipp Ther and Ana Siljak. Lanham, MD: Rowman and Littlefield, 2001.

Glendon, Mary Ann. *A World Made New: Eleanor Roosevelt and the Universal Declaration of Human Rights*. New York: Random House, 2001.

Goedde, Petra. *GIs and Germans: Culture, Gender, and Foreign Relations, 1945 – 1949*. New Haven, CT: Yale University Press, 2003.

Goodman, Douglas. "Globalization and Consumer Culture." In *The Blackwell Companion to Globalization*, ed. George Ritzer. Malden MA: Blackwell, 2007.

Gordon, Linda. *Woman's Body, Woman's Right: Birth Control in America*. Revised and updated. New York: Penguin, 1990.

Gosse, Van. *Rethinking the New Left : An Interpretative History*. New York: Palgrave Macmillan, 2005.

Grandin, Greg. *Empire's Workshop: Latin America, the United States, and the Rise of the New Imperialism*. New York: Metropolitan, 2006.

Grandin, Greg, and Gilbert M. Joseph, eds. *A Century of Revolution: Insurgent and Counterinsurgent Violence during Latin America's Long Cold War*. Durham, NC: Duke University Press, 2010.

Gutiérrez, Gustavo. *A Theology of Liberation: History, Politics, and Salvation*. Edited and translated by

Sister Caridad Inda and John Eagleson. Maryknoll, NY: Orbis, 1973.

Guyatt, Nicholas. *Providence and the Invention of the United States, 1607–1876*. New York: Cambridge University Press, 2007.

Hall, Stuart. "The Local and the Global: Globalization and Ethnicity." In *Dangerous Liaisons: Gender, Nation, and Postcolonial Perspectives*, ed. Anne McClintock, Aamir Mufti, and Ella Shohat. Minneapolis: University of Minnesota Press, 1997.

Hanegraaff, Wouter J. *New Age Religion and Western Culture: Esotericism in the Mirror of Secular Thought*. Leiden: Brill, 1996.

Hannerz, Ulf. *Cultural Complexity: Studies in the Social Organization of Meaning*. New York: Columbia University Press, 1992.

Harsch, Donna. "Society, the State, and Abortion in East Germany." *American Historical Review* 102, no. 1 (February 1997): 53~84.

Hatton, Timothy J., and Jeffrey G. Williamson. *Global Migration and the World Economy: Two Centuries of Policy and Per for mance*. Cambridge, MA: MIT Press, 2005.

Hays, Samuel P., with Barbara D. Hays. *Beauty, Health, and Permanence: Environmental Politics in the United States, 1955–1985*. New York: Cambridge University Press, 1987.

Hazan, Baruch A. *Soviet Propaganda: A Case Study of the Middle East Conflict*. Jerusalem: Israel University Press, 1976.

Heard-Bey, Frauke. "The United Arab Emirates: Statehood and Nation Building in a Traditional Society." *Middle East Journal* 59, no. 3, *Demo cratization and Civil Society* (Summer 2005): 357~375.

Hebdige, Dick. "The Meaning of Mod." In *Resistance through Rituals: Youth Subcultures in Post-War Britain*, ed. Stuart Hall and Tony Jefferson. London: Routledge, 1975.

Heelas, Paul. *The New Age Movement: The Celebration of the Self and the Sacralization of Modernity*. Oxford: Blackwell, 1996.

Heydemann, Günther, Gunther Mai, and Werner Müller, eds. *Revolution und Transformation in der DDR 1989/90*. Berlin: Duncker & Humblot, 1999.

Higonnet, Margaret, Jane Jenson, Sonya Michel, and Margaret Collins Weitz, eds. *Behind the Lines: Gender and the Two World Wars*. New Haven, CT: Yale University Press, 1987.

Hixson, Walter L. *Parting the Curtain: Propaganda, Culture, and the Cold War, 1945–1961*. New York: St. Martin's Press, 1997.

Hochgeschwender, Michael. *Freiheit in der Offensive? Der Kongress für Kulturelle Freiheit und die Deutschen*. Munich: Oldenbourg, 1998.

Hoerder, Dirk. *Cultures in Contact: World Migrations in the Second Millennium*. Durham, NC: Duke University Press, 2002.

Hoffmann, Stefan-Ludwig, ed. *Human Rights in the Twentieth Century*. Cambridge: Cambridge University Press, 2011.

Hoganson, Kristin. *Consumer's Imperium: The Global Production of American Domesticity, 1865–1920*.

Chapel Hill: University of North Carolina Press, 2007.

Hopgood, Stephen. *Keepers of the Flame: Understanding Amnesty International*. Ithaca, NY: Cornell University Press, 2006.

Hosken, Fran P. *The Hosken Report: Genital and Sexual Mutilation of Females*. Lexington, MA: Women's International Network News, 1979.

Hunt, Lynn, ed. *The French Revolution and Human Rights: A Brief Documentary History*. Boston: Bedford/St. Martin's Press, 1996.

Huntington, Samuel. *The Clash of Civilizations and the Remaking of World Order*. New York: Simon and Schuster, 1996.

Hurd, Elizabeth Shakman. *The Politics of Secularism in International Relations*. Princeton, NJ: Princeton University Press, 2008.

Ilič, Melanie, ed. *Women in the Stalin Era*. Basingstoke, UK: Palgrave, 2001.

———. *Women Workers in the Soviet Interwar Economy: From "Protection" to "Equality."* Basingstroke, UK: Palgrave, 1999.

Ilič, Melanie, Susan E. Reid, and Lynne Atwood, eds. *Women in the Khrushchev Era*. Basingstoke, UK: Palgrave, 2004.

Immerman, Richard H. *The CIA in Guatemala: The Foreign Policy of Intervention*. Austin: University of Texas Press, 1982.

Immerman, Richard, and Petra Goedde, eds. *The Oxford Handbook of the Cold War*. Oxford: Oxford University Press, 2013.

Inglehart, Ronald, and Wayne E. Baker. "Modernization, Cultural Change, and the Persistence of Traditional Values." *American Sociological Review* 65, no. 1 (February 2000): 19~51.

Inglis, David, and Debra Gimlin, eds. *The Globalization of Food*. Oxford: Berg, 2009.

Iriye, Akira. *Global Community: The Role of International Organizations in the Making of the Contemporary World*. Berkeley: University of California Press, 2002.

Iriye, Akira, Petra Goedde, and William I. Hitchcock, eds. *The Human Rights Revolution: An International History*. New York: Oxford University Press, 2012.

James, C. L. R. *The Black Jacobins: Toussaint L'Ouverture and the San Domingo Revolution*. 2nd ed. New York: Vintage, 1989.

Jivani, Alkarim. *It's Not Unusual: A History of Lesbian and Gay Britain in the Twentieth Century*. London: Michael O'Mara Books, 1997.

Kalsi, Sewa Singh. *The Evolution of a Sikh Community in Britain: Religious and Social Change among the Sikhs of Leeds and Bradford*. Leeds: University of Leeds, Department of Theology and Religious Studies, 1992.

Karner, Stefan, et al., eds. *Prager Frühling: Das Internationale Krisenjahr 1968*. Cologne: Böhlau, 2008.

Kaufmann-McCall, Dorothy. "Politics of Difference: The Women's Movement in France from May 1968 to Mitterand." *Signs* 9, no. 2 (Winter 1983): 283~287.

Kearns, Laurel. "Religion and Ecology in the Context of Globalization." In *Religion, Globalization, and*

Culture, ed. Peter Beyer and Lori Beaman. Leiden: Brill, 2007.

Keddie, Nikki R. "The New Religious Politics: Where, When, and Why Do 'Fundamentalisms' Appear?" *Comparative Studies in Society and History* 40, no. 4 (October 1998): 696~723.

Keddie, Nikki R., with Yann Richard. *Modern Iran: Roots and Results of Revolution*. New Haven, CT: Yale University Press, 2003.

Kennedy, Paul. *The Parliament of Man: The Past, Present, and Future of the United Nations*. New York: Random House, 2006.

Kerr, Joanna, ed. *Ours by Right: Women's Rights as Human Rights*. London: Zed, 1993.

Keys, Barbara J. *Reclaiming American Virtue: The Human Rights Revolution of the 1970s*. Cambridge, MA: Harvard University Press, 2014.

Kinzer, Stephen. *All the Shah's Men: An American Coup and the Roots of Middle East Terror*. Hoboken, NJ: Wiley and Sons, 2003.

Kirby, Dianne. "Anglican-Orthodox Relations and the Religious Rehabilitation of the Soviet Regime during the Second World War." *Revue d'Histoire Ecclesiastique* 96, nos. 1–2 (2001): 101~123.

———. "Divinely Sanctioned: The Anglo-American Cold War Alliance and the Defence of Western Civilisation and Christianity, 1945–48." *Journal of Contemporary History* 35, no. 3 (July 2000): 385~412.

———, ed. *Religion and the Cold War*. Basingstoke, UK: Palgrave Macmillan, 2003.

Klein, Christina. *Cold War Orientalism: Asia in the Middlebrow Imagination*. Berkeley: University of California Press, 2003.

Klimke, Martin. *The Other Alliance: Student Protest in West Germany and the United States in the Global Sixties*. Princeton, NJ: Princeton University Press, 2010.

Korey, William. *NGOs and the Universal Declaration of Human Rights: "A Curious Grapevine."* New York: St. Martin's Press, 1998.

———. *The Promises We Keep: Human Rights, the Helsinki Process, and American Foreign Policy*. New York: St. Martin's, 1993.

Kossert, Andreas. *Kalte Heimat: Die Geschichte der deutschen Vertriebenen nach 1945*. Munich: Siedler, 2008.

Kutler, Stanley I. *The American Inquisition: Justice and Injustice in the Cold War*. New York: Hill and Wang, 1982.

LaFeber, Walter. *Inevitable Revolutions: The United States in Central America*. New York: W. W. Norton, 1984.

Lauren, Paul Gordon. *The Evolution of International Human Rights: Visions Seen*. 2nd ed. Philadelphia: University of Pennsylvania Press, 2003.

Leite, José Correa, with Carolina Gil. *The World Social Forum: Strategies of Resistance*. Translated by Traci Romine. Chicago: Haymarket, 2005.

Lent, Adam. *British Social Movements since 1945: Sex, Colour, Peace, and Power*. Basingstoke, UK: Palgrave, 2001.

Little, Douglas. *American Orientalism: The United States and the Middle East since 1945*. Chapel Hill: University of North Carolina Press, 2002.

Love, John F. *McDonald's: Behind the Arches*. New York: Bantam, 1995.

Luce, Henry. *The American Century*. New York: Farrar Strauss, 1941.

Lull, James. *Media, Communication, Culture: A Global Approach*. Cambridge: Polity Press, 1995.

Lutts, Ralph H. "Chemical Fallout: Rachel Carson's *Silent Spring*, Radioactive Fallout, and the Environmental Movement." *Environmental Review* 9, no. 3 (Fall 1985): 213~214.

Maase, Kaspar. *Bravo Amerika: Erkundungen zur Jugendkultur der Bundesrepublik in den fünfziger Jahren*. Hamburg: Junius, 1992.

Macey, David. *Frantz Fanon: A Biography*. New York: Picador, 2001.

Maier, Charles S. *Dissolution: The Crisis of Communism and the End of East Germany*. Princeton, NJ: Princeton University Press, 1997.

Mamdani, Mahmood. *When Victims Become Killers: Colonialism, Nativism, and the Genocide in Rwanda*. Princeton, NJ: Princeton University Press, 2001.

Manning, Patrick. *Francophone Sub-Saharan Africa, 1880–1995*. 2nd ed. Cambridge: Cambridge University Press, 1998.

Marable, Manning. *Malcolm X: A Life of Reinvention*. New York: Penguin, 2011.

Marcuse, Herbert. *One-Dimensional Man: Studies in the Ideology of Advanced Industrial Society*. Boston: Beacon Press, 1964.

Margolis, Maxine L. *An Invisible Minority: Brazilians in New York City*. Boston: Allyn and Bacon, 1998.

Marty, Martin E. "Fundamentalism as a Social Phenomenon." *Bulletin of the American Academy of Arts and Sciences* 42, no. 2 (November 1988): 15~29.

Marty, Martin E., and R. Scott Appleby, eds. *The Fundamentalism Project*. 5 vols. Chicago: University of Chicago Press, 1991–1995.

May, Elaine Tyler. *Homeward Bound: American Families in the Cold War Era*. New York: Basic Books, 1988.

Mazower, Mark. *No Enchanted Palace: The End of Empire and the Ideological Origins of the United Nations*. Princeton, NJ: Princeton University Press, 2009.

———. "The Strange Triumph of Human Rights, 1933–1950." *Historical Journal* 47, no. 2 (June 2004): 379~398.

McKevitt, Andrew C. "Consuming Japan: Cultural Relations and the Globalizing of America, 1973–1993." PhD diss., Temple University, 2009.

McNeill, J. R., and William H. McNeill. *The Human Web: A Bird's-Eye View of World History*. New York: W. W. Norton, 2003.

McNeill, William H. *The Rise of the West: A History of the Human Community*. Chicago: University of Chicago Press, 1963.

Mead, Margaret. *Continuities in Cultural Evolution*. New Haven, CT: Yale University Press, 1964.

Meyerowitz, Joanne. "Beyond the Feminine Mystique: A Reassessment of Postwar Mass Culture, 1946–1958." *Journal of American History* 79, no. 4 (March 1993): 1458.

———. *Not June Cleaver: Women and Gender in Postwar America, 1945–1960.* Philadelphia: Temple University Press, 1994.

Miller, Neil. *Out of the Past: Gay and Lesbian History from 1869 to the Present.* New York: Vintage, 1995.

Moghadam, Valentine M. *Globalizing Women: Transnational Feminist Networks.* Baltimore: Johns Hopkins University Press, 2005.

Mohanty, Chandra Talpade. "Under Western Eyes: Feminist Scholarship and Colonial Discourses." *Boundary 2* 12/13 (Spring/Fall 1984): 333~358.

Mohanty, Chandra Talpade, Ann Russo, and Lourdes Torres, eds. *Third World Women and the Politics of Feminism.* Bloomington: Indiana University Press, 1991.

Morgan, Robin, ed. *Sisterhood Is Global: The International Women's Movement Anthology.* Garden City, NY: Anchor/Doubleday, 1984.

———. *Sisterhood Is Powerful: An Anthology of Writings from the Women's Liberation Movement.* New York: Random House, 1970.

Morris, Benny. *The Birth of the Palestinian Refugee Problem Revisited.* 2nd ed. Cambridge: Cambridge University Press, 2004.

Moyn, Samuel. *The Last Utopia: Human Rights in History.* Cambridge, MA: Belknap Press of Harvard University Press, 2010.

Na'im, Abdullahi A. "Political Islam in National Politics and International Relations." In *The Desecularization of the World: Resurgent Religion and World Politics*, ed. Peter L. Berger. Grand Rapids, MI: Eerdmans, 1999.

Nehring, Holger. "The Growth of Social Movements." In *A Companion to Contemporary Britain, 1939–2000*, ed. Paul Addison and Harriet Jones. Malden, MA: Blackwell, 2005.

Neptune, Harvey. *Caliban and the Yankees: Trinidad and the United States Occupation.* Chapel Hill: University of North Carolina Press, 2006.

Nielsen, Jorgen S. *Muslims in Western Europe.* Edinburgh: Edinburgh University Press, 1992.

Ninkovich, Frank A. *The Diplomacy of Ideas: U.S. Foreign Policy and Cultural Relations, 1938–1950.* New York: Cambridge University Press, 1981.

Nixon, Rob. "Caribbean and African Appropriations of *The Tempest*." *Critical Inquiry* 13 (Spring 1987): 557~578

Nussbaum, Martha. "Radical Evil in Liberal Democracies: The Neglect of the Political Emotions." In *Democracy and the New Religious Pluralism*, ed. Thomas Banchoff. New York: Oxford University Press, 2007.

Nützenadel, Alexander, and Frank Trentmann, eds. *Food and Globalization: Consumption, Markets and Politics in the Modern World.* Oxford: Berg, 2008.

Olcott, Jocelyn. "Cold War Conflicts and Cheap Cabaret: Sexual Politics at the 1975 United Nations

International Women's Year Conference." *Gender and History* 22, no. 3 (November 2010): 733~754.

Osterhammel, Jürgen, and Niels Petersson. *Globalization: A Short History.* Translated by Dona Geyer. Princeton, NJ: Princeton University Press, 2005.

Our Voice: Bangkok NGOs' Declaration on Human Rights: *Reports of the Asia Pacific NGO Conference on Human Rights and NGOs' Statements to the Asian Regional Meeting.* Bangkok: Asian Cultural Forum on Development, 1993.

Pieterse, Jan Nederveen. *Globalization* and *Culture: Global Mélange.* 2nd ed. Lanham, MD: Rowman and Littlefield, 2009.

Poiger, Uta G. *Jazz, Rock, and Rebels: Cold War Politics and American Culture in a Divided Germany.* Berkeley: University of California Press, 2000.

Pollack, Detlef, Wolf-Jürgen Grabner, and Christiane Heinze, eds. *Leipzig im Oktober: Kirchen und alternative Gruppen im Umbruch der DDR—Analysen zur Wende.* 2nd ed. Berlin: Wichern, 1990, 1994.

Portes, Alejandro, and Alex Stepick. *City on the Edge: The Transformation of Miami.* Berkeley: University of California Press, 1993.

Power, Jonathan. *Amnesty International: The Human Rights Story.* New York: Pergamon, 1981.

Power, Samantha. *"A Problem from Hell": America and the Age of Genocide.* New York: Basic Books, 2002.

Prague Spring 1968: A National Security Archives Document Reader. Compiled and edited by Antonín Benčik. Budapest: Central European University Press, 1998.

Prakash, Gyan. *Mumbai Fables: A History of an Enchanted City.* Princeton, NJ: Princeton University Press, 2010.

———. "Orientalism Now." *History and Theory* 34, no. 3 (October 1995): 199~212.

Preston, Andrew. *Sword of the Spirit, Shield of Faith: Religion in American War and Diplomacy.* New York: Knopf, 2012.

Reid, Susan E. "Khrushchev Modern: Agency and Modernization in the Soviet Home." *Cahiers du Monde Russe* 47, nos. 1–2 (January–June 2006): 227~268.

Reid, Susan E., and David Crowley, eds. *Style and Socialism: Modernity and Material Culture in Post-War Eastern Europe.* Oxford: Berg, 2000.

Reynolds, David. *Rich Relations: The American Occupation of Britain, 1942–1945.* New York: Random House, 1995.

Riesman, David. *The Lonely Crowd: A Study of the Changing American Character.* New Haven, CT: Yale University Press, 1950.

Ritzer, George. *The Globalization of Nothing.* Thousand Oaks, CA: Pine Forge Press, 2004.

———. *The McDonaldization of Society.* 20th anniversary ed. Los Angeles: Sage, 2013.

Robertson, Roland. "Glocalization: Time-Space and Homogeneity-Heterogeneity." In *Global Modernities*, ed. Mike Featherstone, Scott Lash, and Roland Robertson. London: Sage, 1995.

Robins, Kevin. "Tradition and Translation: National Culture in Its Global Context." In *Enterprise and Heritage*, ed. John Corner and Sylvia Harvey. London: Routledge, 1991.

Robinson, Mike, and Alison Phipps. "Editorial: World Passing By—Journeys of Culture and Cultural Journeys." *Tourism and Cultural Change* 1, no. 1 (2003): 1~10.

Rodgers, Daniel T. *Atlantic Crossings: Social Politics in a Progressive Age*. Boston: Belknap Press of Harvard University Press, 1998.

Rome, Adam. "'Give Earth a Chance': The Environmental Movement and the Sixties." *Journal of American History* 90, no. 2 (September 2003): 525~554.

Rothermund, Dietmar. *The Routledge Companion to Decolonization*. London: Routledge, 2006.

Roth-Ey, Kristin. "'Loose Girls' on the Loose? Sex, Propaganda and the 1957 Youth Festival." In *Women in the Khrushchev Era*, ed. Melanie Ilič, Susan Reid, and Lynne Atwood. Basingstoke, UK: Palgrave, 2004.

Rotter, Andrew J. "Christians, Muslims, and Hindus: Religion and U.S.–South Asian Relations, 1947–1954." *Diplomatic History* 24, no. 4 (Fall 2000): 593~613.

Rowbotham, Sheila. *The Past Is before Us: Feminism in Action since the 1960s*. London: Pandora, 1989.

Rowhani, Inge. "Resümee zum Ende der Dekade der Frauen." In *Frauen: Ein Weltbericht*, ed. Debbie Taylor and the New Internationalist Co-operative. Berlin: Orlanda-Frauenverlag, 1986.

Rudolph, Susanne Hoeber, and James Piscatori, eds. *Transnational Religion and Fading States*. Boulder, CO: Westview, 1997.

Rupp, Leila J. "From Rosie the Riveter to the Global Assembly Line: American Women on the World Stage." *Magazine of History* 18, no. 4, *Sex, Courtship, and Dating* (July 2004): 53~57.

Ryback, Timothy. *Rock Around the Bloc: A History of Rock Music in Eastern Europe and the Soviet Union*. New York: Oxford University Press, 1990.

Saha, Shandip. "Hinduism, Gurus, and Globalization." In *Religion, Globalization, and Culture*, ed. Peter Beyer and Lori Beaman. Leiden: Brill, 2007.

Said, Edward W. *Culture and Imperialism*. New York: Vintage, 1994.

———. *Orientalism*. New York: Pantheon, 1978.

Sartre, Jean-Paul. *Existentialism Is a Humanism*. Translated by Carol Macomber. Preface by Arlette Elkaim-Sartre. Introduction by Annie Cohen-Solal. New Haven, CT: Yale University Press, 2007.

Sassen, Saskia. "The Global City: Introducing a Concept." *Brown Journal of World Affairs* 11, no. 2 (Winter/Spring 2005): 27~43.

Schlaeger, Hilke, and Nancy Vedder-Shults. "The West German Women's Movement." *New German Critique* 13 (Winter 1978): 59~68.

Schmidt-Linsenhoff, Viktoria. "Das koloniale Unbewusste in der Kunstgeschichte." In *Globalisierung/ Hierarchisierung: Kulturelle Dominanzen in Kunst und Kunstgeschichte*, ed. Irene Below and Beatrice von Bismarck. Marburg: Jonas, 2005.

Schrecker, Ellen. *Many Are the Crimes: McCarthyism in America*. Boston: Little, Brown, 1998.

Scott, Joan W. "Gender: A Useful Category of Historical Analysis." *American Historical Review* 91, no. 5 (December 1986): 1053~1075.

_____. *The Politics of the Veil.* Princeton, NJ: Princeton University Press, 2007.

_____. "Symptomatic Politics: The Banning of Islamic Head Scarves in French Public Schools." *French Politics, Culture & Society* 23, no. 3 (Winter 2005): 106~127.

Sellars, Kirsten. *The Rise and Rise of Human Rights.* Stroud, UK: Sutton, 2002.

Shannon, Kelly. "Veiled Intentions: Islam, Global Feminism, and U.S. Foreign Policy since the Late 1970s." PhD diss., Temple University, 2010.

Shaw, Tony. "'Martyrs, Miracles and Martians': Religion and Cold War Cinematic Propaganda in the 1950s." In *Religion and the Cold War,* ed. Dianne Kirby. Basingstoke, UK: Palgrave, 2003.

Shepard, Todd. *The Invention of Decolonization: The Algerian War and the Remaking of France.* Ithaca, NY: Cornell University Press, 2006.

Shibusawa, Naoko. *America's Geisha Ally: Reimagining the Japanese Enemy.* Cambridge, MA: Harvard University Press, 2006.

Sigmund, Paul, ed. *The Ideologies of the Developing Nations.* New York: Fredrick A. Praeger, 1963.

_____. *Liberation Theology at the Crossroads: Democracy or Revolution?* New York: Oxford University Press, 1990.

Simon, Bryant. *Everything but the Coffee: Learning about America from Starbucks.* Berkeley: University of California Press, 2009.

Simpson, A. W. Brian. *Human Rights and the End of Empire: Britain and the Genesis of the European Convention.* New York: Oxford University Press, 2001.

Simpson, Bradley. "'The First Right': The Carter Administration, Indonesia and the Transnational Human Rights Politics of the 1970s." In *The Human Rights Revolution: An International History,* ed. Akira Iriye, Petra Goedde, and William I. Hitchcock. New York: Oxford University Press, 2012.

Skilling, H. Gordon. *Charter 77 and Human Rights in Czecho slo vak i a.* London: Allen and Unwin, 1981.

_____. *Czechoslo vak i a's Interrupted Revolution.* Princeton, NJ: Princeton University Press, 1976.

Smith, Bonnie G., ed. *Global Feminisms since 1945.* London: Routledge, 2000.

Smith, Charles D. *Palestine and the Arab-Israeli Conflict: A History with Documents.* 6th ed. New York: Bedford/St.Martin's Press, 2007.

Smith, Gaddis. *Morality, Reason, and Power: American Diplomacy in the Carter Years.* New York: Hill and Wang, 1986.

Spivak, Gayatri Chakravorty. "French Feminism in an International Frame." *Yale French Studies,* no. 62, Feminist Readings: French Texts/American Contexts (1981): 154~184.

Staples, Amy L. S. *The Birth of Development: How the World Bank, Food and Agriculture Organization, and World Health Organization Changed the World, 1945–1965.* Kent, OH: Kent State University Press, 2006.

Starr, S. Frederick. *Red and Hot: The Fate of Jazz in the Soviet Union, 1917–1980*. New York: Oxford University Press, 1983.

Taylor, Charles. *A Secular Age*. Cambridge, MA: Belknap Press of Harvard University Press, 2007.

Thomas, Daniel C. *The Helsinki Effect: International Norms, Human Rights and the Demise of Communism*. Princeton, NJ: Princeton University Press, 2001.

Tomlinson, John. *Globalization and Culture*. Chicago: University of Chicago Press, 1999.

Touraine, Alain. *The May Movement: Revolt and Reform*. Translated by Leonard F. X. Mayhew. New York: Random House, 1971.

Vernon, Raymond. *Sovereignty at Bay: The Multinational Spread of U.S. Enterprises*. New York: Basic Books, 1971.

Von Eschen, Penny M. *Satchmo Blows Up the World: Jazz Ambassadors Play the Cold War*. Cambridge, MA: Harvard University Press, 2004.

Wagnleitner, Reinhold. *Coca-Colonization and the Cold War: The Cultural Mission of the United States in Austria after the Second World War*. Translated by Diana M. Wolf. Chapel Hill: University of North Carolina Press, 1994.

Watson, James L., ed. *Golden Arches East: McDonald's in East Asia*. Stanford, CA: Stanford University Press, 1997.

Watt, David Harrington. *A Transforming Faith: Explorations of Twentieth-Century American Evangelicalism*. New Brunswick, NJ: Rutgers University Press, 1991.

Watt, Lori. *When Empire Comes Home: Repatriation and Reintegration in Postwar Japan*. Cambridge, MA: Harvard University Asia Center Publications, 2009.

Webster, Wendy. "Immigration and Racism." In *A Companion to Contemporary Britain, 1939–2000*, ed. Paul Addison and Harriet Jones. Malden, MA: Blackwell, 2005.

Westad, Odd Arne. *The Global Cold War: Third World Interventions and the Making of Our Times*. Cambridge: Cambridge University Press, 2005.

Westad, Odd Arne, Sven Holtsmark, and Iver B. Neumann, eds. *The Soviet Union in Eastern Europe, 1945–1989*. New York: St. Martin's Press, 1994.

Wichterich, Christa. "Strategische Verschwisterung, multiple Feminismen und die Glokalisierung von Frauenbewegungen." In *Frauenbewegungen weltweit: Aufbrüche, Kontinuitäten, Veränderungen*, ed. Ilse Lenz, Michiko Mae, and Karin Klose. Opladen, Germany: Leske & Budrich, 2000.

Wills, Richard Wayne, Sr. *Martin Luther King Jr. and the Image of God*. New York: Oxford University Press, 2009.

Wimmer, Andreas. "Globalization *avant la Lettre*: A Comparative View of Isomorphization and Heteromorphization in an Inter-connecting World." *Comparative Studies in Society and History* 43, no. 3 (July 2001): 435~466.

Wittner, Lawrence. *Resisting the Bomb: A History of the World Nuclear Disarmament Movement, 1954–1970*. Stanford, CA: Stanford University Press, 1997.

———. *The Struggle Against the Bomb*. 3 vols. Stanford, CA: Stanford University Press, 1993~2003.

Wolpert, Stanley. *Gandhi's Passion: The Life and Legacy of Mahatma Gandhi*. New York: Oxford University Press, 2001.

Wormann, Curt D. "German Jews in Israel: Their Cultural Situation since 1933." *Leo Baeck Institute Yearbook* 15, no. 1 (1970): 73~103.

Wuthnow, Robert. *The Restructuring of American Religion: Society and Faith since World War II*. Princeton, NJ: Princeton University Press, 1988.

Yaqub, Salim. *Containing Arab Nationalism: The Eisenhower Doctrine and the Middle East*. Chapel Hill: University of North Carolina Press, 2004.

Zelko, Frank. "Making Greenpeace: The Development of Direct Action Environmentalism in British Columbia." *BC Studies*, nos. 142–143 (Summer –Autumn 2004), 236~237.

Zubok, Vladislav M. *A Failed Empire: The Soviet Union in the Cold War from Stalin to Gorbachev*. Chapel Hill: University of North Carolina Press, 2007.

_____. *Zhivago's Children: The Last Russian Intelligentsia*. Cambridge, MA: Belknap Press of Harvard University Press, 2009.

5부 초국적 세계의 형성

Achebe, Chinua. *Things Fall Apart*. New York: Knopf, 1958.

Albee, Edward. *A Delicate Balance*. New York: Plume, 1997.

Aust, Stefan. *Der Baader-Meinhof Komplex*. Hamburg: Hoffmann und Campe, 2008.

Aydin, Cemal. *The Politics of Anti-Westernism in Asia: Visions of World Order in Pan-Islamic and Pan-Asian Thought*. New York: Columbia University Press, 2007.

Bacevich, Andrew J., ed. *The Short American Century: A Postmortem*. Cambridge, MA: Harvard University Press, 2012.

Barbeau, Arthur E. "The Japanese at Bedford." *Western Pennsylvania Historical Magazine* 64, no. 2 (April 1981): 151~172.

Bender, Thomas. *A Nation among Nations: America's Place in World History*. New York: Hill and Wang, 2006.

Berghahn, Volker R. *America and the Intellectual Cold Wars in Europe: Shepard Stone between Philanthropy, Academy, and Diplomacy*. Princeton, NJ: Princeton University Press, 2001.

Blanchon, David. *Atlas mondial de l'eau: De l'eau pour tous*. Paris: Autrement, 2009.

Blatman, Daniel. *The Death Marches: The Final Phase of Nazi Genocide*. Translated by Chaya Galai. Cambridge, MA: Belknap Press of Harvard University Press, 2010.

Borg, Dorothy, and Shumpei Okamoto, with Dale K. A. Finlayson, eds. *Pearl Harbor as History: Japanese-American Relations, 1931–1941*. New York: Columbia University Press, 1973.

Borstelmann, Thomas. *The 1970s: A New Global History from Civil Rights to Economic In equality*. Princeton, NJ: Princeton University Press, 2012.

Bose, Sugata, and Kris Manjapra, eds. *Cosmopolitan Thought Zones: South Asia and the Global Circulation of Ideas.* Basingstoke, UK: Palgrave Macmillan, 2010.

Boyer, Paul. *By the Bomb's Early Light: American Thought and Culture at the Dawn of the Atomic Age.* New York: Pantheon, 1985.

Bulliet, Richard, Pamela Crossley, Daniel Headrick, and Steven Hirsch, eds. *The Earth and Its Peoples: A Global History.* 3rd ed. Boston: Houghton Mifflin, 2006.

Burk, Kathleen, and Alec Cairncross. *Good-bye, Great Britain: The 1976 IMF Crisis.* New Haven, CT: Yale University Press, 1992.

Carroué, Laurent, Didier Collet, and Claude Ruiz, eds. *La mondialisation: Genese, acteurs et enjeux.* 2nd ed. Rosny-sur-Bois, France: Bréal, 2009.

Conway, Martin, and Kiran Klaus Patel, eds. *Europeanization in the Twentieth Century: Historical Approaches.* Basingstoke, UK: Palgrave Macmillan, 2010.

Coulborn, Rushton, ed. *Feudalism in History.* Princeton, NJ: Princeton University Press, 1956.

Cumings, Bruce. *Dominion from Sea to Sea: Pacific Ascendancy and American Power.* New Haven, CT: Yale University Press, 2009.

Damousi, Joy, and Mariano Ben Plotkin, eds. *The Transnational Unconscious: Essays in the History of Psychoanalysis and Transnationalism.* Basingstoke, UK: Palgrave Macmillan, 2009.

Deacon, Desley, Penny Russell, and Angela Woollacott, eds. *Transnational Lives: Biographies of Global Modernity, 1700–Present.* Basingstoke, UK: Palgrave Macmillan, 2009.

Desmond, Jane C. Staging Tourism: Bodies on Display from Waikiki to Sea World. Chicago: University of Chicago Press, 1999.

Dingman, Roger. *Deciphering the Rising Sun: Navy and Marine Corps Codebreakers, Translators, and Interpreters in the Pacific War.* Annapolis, MD: Naval Institute Press, 2009.

Engerman, David C. *Modernization from the Other Shore: American Intellectuals and the Romance of Russian Development.* Cambridge, MA: Harvard University Press, 2003.

Evangelista, Matthew. *Unarmed Forces: The Transnational Movement to End the Cold War.* Ithaca, NY: Cornell University Press, 1999.

Fahlenbrach, Kathrin, Martin Klimke, Joachim Scharloth, and Laura Wong, eds. *The Establishment Responds: Power, Politics, and Protest since 1945.* Basingstoke, UK: Palgrave Macmillan, 2011.

Fanon, Frantz. *The Wretched of the Earth.* Translated by Constance Farrington. New York: Grove, 1963.

Frankl, Viktor E. *Der Mensch vor der Frage nach dem Sinn: Eine Auswahl aus dem Gesamtwerk.* Munich: Piper, 1985.

Fussell, Paul. *War time: Understanding and Behavior in the Second World War.* New York: Oxford University Press, 1989.

George, Timothy S. *Minamata: Pollution and the Struggle for Democracy in Postwar Japan.* Cambridge, MA: Harvard University Asia Center/Harvard University Press, 2001.

Geschichte für Heute: Zeitschrift für historisch-politische Bildung, no. 3 (2009).

Gienow-Hecht, Jessica C. E. *Sound Diplomacy: Music and Emotions in Transatlantic Relations, 1850–*

1920. Chicago: University of Chicago Press, 2009.

Giesen, Bernhard, and Christoph Schneider, eds. *Tätertrauma: Nationale Erinnerungen im öffentlichen Diskurs*. Konstanz, Germany: UVK, 2004.

Goedde, Petra. *GIs in Germany: Culture, Gender, and Foreign Relations, 1945–1949*. New Haven, CT: Yale University Press, 2003.

Goldin, Ian, Geoffrey Cameron, and Meera Balarajan. *Exceptional People: How Migration Shaped Our World and Will Define Our Future*. Princeton, NJ: Princeton University Press, 2011.

Grandner, Margarete, Dietmar Rothermund, and Wolfgang Schwentker, eds. *Globalisierung und Globalgeschichte*. Vienna: Mandelbaum, 2005.

Hagihara, Nobutoshi, Akira Iriye, Georges Nivat, and Philip Windsor, eds. *Experiencing the Twentieth Century*. Tokyo: University of Tokyo Press, 1985.

Hamm, Mark S. *The Abandoned Ones: The Imprisonment and Uprising of the Mariel Boat People*. Boston: Northeastern University Press, 1995.

Hartz, Louis. *The Liberal Tradition in America: An Interpretation of American Political Thought since the Revolution*. New York: Harcourt, Brace, 1955.

Harwit, Martin. *An Exhibit Denied: Lobbying the History of Enola Gay*. New York: Copernicus, 1996.

Hasegawa, Tsuyoshi, ed. *The Cold War in East Asia, 1945–1991*. Stanford, CA: Stanford University Press, 2011.

He, Yinan. *The Search for Reconciliation: Sino-Japanese and German-Polish Relations since World War II*. Cambridge: Cambridge University Press, 2009.

Hixson, Walter L. *Parting the Curtain: Propaganda, Culture, and the Cold War, 1945–1961*. New York: St. Martin's Press, 1997.

Hobsbawm, Eric. *The Age of Extremes: A History of the World, 1914–1991*. New York: Vintage, 1996.

Hofstadter, Richard. *The American Political Tradition and the Men Who Made It*. New York: Vintage, 1954.

Iriye, Akira, *Global Community: The Role of International Organizations in the Making of the Contemporary World*. Berkeley: University of California Press, 2002.

————. *The Globalizing of America, 1913–1945*. Vol. 3 of *The New Cambridge History of American Foreign Relations*, rev. ed. Edited by Warren I. Cohen. Cambridge: Cambridge University Press, 2013.

————. *Power and Culture: The Japanese-American War, 1941–1945*. Cambridge, MA: Harvard University Press, 1981.

Jansen, Marius B., ed. *Changing Japanese Attitudes toward Modernization*. Princeton, NJ: Princeton University Press, 1965.

Japan Foundation Center for Global Partnership, ed. *The End of the Century: The Future in the Past*. Tokyo: Kodansha International, 1995.

Keene, Donald. *Chronicles of My Life: An American in the Heart of Japan*. New York: Columbia University Press, 2008.

Kirsch, Adam. "The Battle for History." *New York Times Book Review*, May 29, 2011, 10~11.

Kitamura, Hiroshi. *Screening Enlightenment: Hollywood and the Cultural Reconstruction of Defeated Japan*. Ithaca, NY: Cornell University Press, 2010.

Klimke, Martin. *The Other Alliance: Student Protest in West Germany and the United States in the Global Sixties*. Princeton, NJ: Princeton University Press, 2011.

Koenen, Gerd. *Das rote Jahrzehnt: Unsere kleine deutsche Kulturrevolution, 1967–1977*. Frankfurt: Fischer, 2002.

Kokusai tōkei yōran. Tokyo: Sōrifu Tōkeikyoku, various years.

Kraft, Sandra. *Vom Hörsaal auf die Anklagebank: Die 68er und das Establishment in Deutschland und den USA*. Frankfurt: Campus, 2010.

Lake, Marilyn, and Henry Reynolds. *Drawing the Global Colour Line: White Men's Countries and the Question of Racial Equality*. Carlton, Australia: Melbourne University Press, 2008.

Löffler, Berthold. *Integration in Deutschland: Zwischen Assimilation und Multikulturalismus*. Munich: Oldenbourg, 2010.

Maccaglia, Fabrizio, and Marie-Anne Matard-Bonucci, eds. *Atlas des mafias: Actuers, trafics et marchés de la criminalité organisée*. Paris: Autrement, 2009.

Maeda, Yōichi. *Seiō ni manande*. Tokyo: Kaname Shobō, 1953.

Mazlish, Bruce. *Civilization and Its Contents*. Stanford, CA: Stanford University Press, 2004.

_____. *The Idea of Humanity in a Global Era*. New York: Palgrave Macmillan, 2009.

Mazlish, Bruce, and Ralph Buultjens, eds. *Conceptualizing Global History*. Boulder, CO: Westview, 1993.

McDougall, Walter A. *Let the Sea Make a Noise: A History of the North Pacific from Magellan to MacArthur*. New York: Basic Books, 1993.

Meier, Christian. *Das Gebot zu vergessen und die Unabweisbarkeit des Erinnerns: Vom öffentlichen Umgang mit schlimmer Vergangenheit*. Munich: Siedler, 2010.

Meinhof, Ulrike Marie. *Die Würde des Menschen ist antastbar: Aufsätze und Polemiken*. Berlin: Wagenbuch, 2008.

Miller, Edward. *Misalliance: Ngo Dinh Diem, the United States, and the Fate of South Vietnam*. Cambridge, MA: Harvard University Press, 2013.

Mitter, Rana. *China's War with Japan, 1937–1945: The Struggle for Survival*. London: Allen Lane, 2013.

Morgan, Ted. *On Becoming American*. Boston: Houghton Mifflin, 1978.

Morris, Benny. *The Birth of the Palestinian Refugee Problem, 1947–1949*. Cambridge: Cambridge University Press, 1987.

Nagai, Kafū. *American Stories*. Translated by Mitsuko Iriye. New York: Columbia University Press, 2000.

Naimark, Norman M. *Russians in Germany: A History of the Soviet Zone of Occupation, 1945–1949*. Cambridge, MA: Belknap Press of Harvard University Press, 1995.

Nettl, Bruno. *Encounters in Ethnomusicology: A Memoir.* Warren, MI: Harmonie Park, 2002.

Ni, Yan. *Senji Nitchū eiga kōshōshi.* Tokyo: Iwanami Shoten, 2010.

Ninkovich, Frank A. *The Diplomacy of Ideas: U.S. Foreign Policy and Cultural Relations, 1938–1950.* Cambridge: Cambridge University Press, 1981.

Nye, Joseph S. *Bound to Lead: The Changing Nature of American Power.* New York: Basic Books, 1990.

Osterhammel, Jürgen. *Geschichtswissenschaft jenseits des Nationalstaats: Studien zu Beziehungsgeschichte und Zivilisationsvergleich.* Göttingen: Vandenhoeck & Ruprecht, 2001.

Palmer, R. R. *The Age of the Demo cratic Revolution: A Political History of Europe and America, 1760–1800.* 2 vols. Princeton, NJ: Princeton University Press, 1959–1964.

Park, James William. *Latin American Underdevelopment: A History of Perspectives in the United States, 1870–1965.* Baton Rouge: Louisiana State University Press, 1995.

Patel, Ana Cutter, Pablo de Greiff, and Lars Waldorf, eds. *Disarming the Past: Transnational Justice and Ex-Combatants.* New York: Social Science Research Council, 2009.

Pells, Richard. *Not Like Us: How Europeans Have Loved, Hated, and Transformed American Culture since World War II.* New York: Basic Books, 1997.

Poscher, Ralf, Johannes Rux, and Thomas Langer. *Von der Integration zur Inklusion: Das Recht auf Bildung aus der Behindertenrechtskonvention der Vereinten Nationen und seine innerstaatliche Umsetzung.* Baden-Baden, Germany: Nomos, 2008.

Price, John. *Orienting Canada: Race, Empire, and the Transpacific.* Vancouver: UBC Press, 2011.

Riding, Alan. *And the Show Went On: Cultural Life in Nazi-Occupied Paris.* New York: Knopf, 2011.

Riesman, David, with Reuel Denney and Nathan Glazer. *The Lonely Crowd: A Study of the Changing American Character.* New Haven, CT: Yale University Press, 1950.

Rostow, W. W. *The Stages of Economic Growth: A Non-Communist Manifesto.* Cambridge: Cambridge University Press, 1960.

Said, Edward W. *Orientalism.* New York: Pantheon, 1978.

Saillant, Francine. *Identités et handicaps: Circuits humanitaires et posthumanitaires: La dignité pour horizon.* Paris: Karthala, 2007.

Sassen, Saskia. *The Global City: New York, London, Tokyo.* 2nd ed. Princeton, NJ: Princeton University Press, 2001.

Schechter, Patricia A. *Exploring the Decolonial Imaginary: Four Transnational Lives.* New York: Palgrave Macmillan, 2012.

Shibusawa, Naoko. *America's Geisha Ally: Reimagining the Japanese Enemy.* Cambridge, MA: Harvard University Press, 2006.

Snyder, Sarah B. *Human Rights Activism and the End of the Cold War: A Transnational History of the Helsinki Network.* New York: Cambridge University Press, 2011.

Spengler, Oswald. *The Decline of the West.* Translated by Charles Francis Atkinson. 2 vols. New York: Knopf, 1926–1928.

Starr, S. Frederick. *Red and Hot: The Fate of Jazz in the Soviet Union, 1917–1991.* Rev. ed. New York:

Limelight, 1994.

Teng, Ssu-Yü, and John K. Fairbank, eds. *China's Response to the West: A Documentary Survey, 1839–1923*. Cambridge, MA: Harvard University Press, 1954.

Tertrais, Bruno. *Atlas mondial du nucléaire: Civil et militaire*. Paris: Autrement, 2011.

Thomas, Scott M. *The Global Resurgence of Religion and the Transformation of International Relations: The Struggle for the Soul of the Twenty-First Century*. New York: Palgrave Macmillan, 2005.

Tignor, Robert, et al. *Worlds Together, Worlds Apart: A History of the Modern World from the Mongol Empire to the Present*. New York: Norton, 2002.

Toynbee, Arnold J. *Civilization on Trial*. New York: Oxford University Press, 1948.

———. *A Study of History*. 12 vols. London: Oxford University Press, 1934–1961.

Tyrrell, Ian. *Transnational Nation: United States History in Global Perspective since 1789*. Basingstoke, UK: Palgrave Macmillan, 2007.

Vogel, Ezra F. *Deng Xiaoping and the Transformation of China*. Cambridge, MA: Belknap Press of Harvard University Press, 2011.

Vogel, Steven K. *Freer Markets, More Rules: Regulatory Reform in Advanced Industrial Countries*. Ithaca, NY: Cornell University Press, 1996.

Watt, Lori. *When Empire Comes Home: Repatriation and Reintegration in Postwar Japan*. Cambridge, MA: Harvard University Asia Center/Harvard University Press, 2009.

Weber, Horst, and Manuela Schwartz, eds. *Kalifornien*. Vol. 1 of *Quellen zur Geschichte emigrierter Musiker, 1933–1950*. Munich: K. G. Saur, 2003.

Weber, Max. *The Religion of China: Confucianism and Taoism*. Edited and translated by Hans H. Gerth. Glencoe, IL: Free Press, 1951.

Wells, H. G. *A Short History of the World*. Edited by Michael Sherborne. London: Penguin, 2006.

Wihtol de Wenden, Catherine. *Atlas mondial des migrations: Réguler ou réprimer—gouverner*. Paris: Autrement, 2009.

Wittner, Lawrence S. *One World or None: A History of the World Nuclear Disarmament Movement through 1953*. Stanford, CA: Stanford University Press, 1993.

Wolin, Richard. *The Wind from the East: French Intellectuals, the Cultural Revolution, and the Legacy of the 1960s*. Princeton, NJ: Princeton University Press, 2010.

The World Almanac and Book of Facts 2007. New York: World Almanac, 2007.

The World Almanac and Book of Facts 2010. New York: World Almanac, 2010.

Yamamoto, Tadashi, Akira Iriye, and Makoto Iokibe, eds. *Philanthropy and Reconciliation: Rebuilding Postwar U.S.-Japan Relations*. Tokyo: Japan Center for International Exchange, 2006.

Yang, Daqing, Jie Liu, Hiroshi Mitani, and Andrew Gordon, eds. *History beyond Borders: Contentious Issues in Sino-Japanese Relations*. Cambridge, MA: Harvard University Asia Center/Harvard University Press, 2012.

Yin, Xiao-huang. *Chinese American Literature since the 1850s*. Urbana: University of Illinois Press, 2000.

Zierler, David. *The Invention of Ecocide: Agent Orange, Vietnam, and the Scientists Who Changed the Way We Think about the Environment.* Athens: University of Georgia Press, 2011.

피터 엥글키 Peter Engelke는 워싱턴 D.C.에 있는 애틀랜틱 카운실의 선임 연구원이다. 장기적인 세계의 경향과 지정학의 영향, 글로벌 거버넌스와 보안, 경제개발, 생태적 안정성 등에 연구의 초점을 맞추고 있다. 저서로는 『보건과 지역사회 디자인: 신체 활동에 관한 건축 환경의 영향』(공동 저술: 로런스 D. 프랭크와 토머스 L. 슈밋, 2003) 등이 있다.

페트라 괴데 Petra Goedde는 템플 대학의 역사 부교수다. 미국 대외 관계, 초국적 문화, 젠더 역사 등이 전문 영역이다. 저서로는 『미군과 독일인: 문화와 성별, 외교 관계, 1945~1949』(2003)와 『인권 혁명: 국제사』(공동 편집: 이리에 아키라, 윌리엄 I. 히치콕, 2012), 『옥스퍼드 핸드북, 냉전』(공동 편집: 리처드 H. 이머먼, 2013) 등이 있다.

이리에 아키라 Akira Iriye는 하버드 대학의 명예교수이자 워런 센터(하버드 대학의 북미 역사 연구 기관)의 찰스 워런 교수다. 초국적 역사의 개척자로서 미국 외교사와 미국과 아시아의 관계에 관해 폭넓게 저술했다. 저서로는 『글로벌 환경에서의 중국과 일본』(1992)과 『문화적 국제주의와 세계 질서』(1997), 『글로

벌 커뮤니티: 현대 사회 만들기에서 국제기구의 역할』(2002), 『세계사와 초국적 역사: 과거와 현재, 미래』(2012) 등이 있다.

빌프리트 로트 Wilfried Loth는 뒤스부르크-에센 대학의 근대사 및 현대사 교수다. 연구 분야로는 19세기와 20세기의 유럽사, 제2차 세계대전 이후의 국제관계, 냉전과 유럽 통합의 역사가 있다. 저서로는 『스탈린의 원치 않은 아이: 소련, 독일 문제, 동독의 설립』(1998)과 『냉전의 극복: 데탕트의 역사, 1950~1991』(2002)이 있다.

J. R. 맥닐J. R. McNeill은 조지타운 대학의 교수로 환경사와 세계사를 가르치고 있다. 저서로는 『20세기 환경의 역사』(2000)와 『휴먼 웹: 세계화의 세계사』(윌리엄 H. 맥닐과 공저, 2003), 『모기 제국: 대카리브해의 생태학과 전쟁, 1620~1914』(2010)이 있다.

토머스 W. 자일러 Thomas W. Zeiler는 콜로라도 대학 볼더 캠퍼스의 역사 교수로 미국의 대외 관계사를 가르치고 있으며, 국제 문제 프로그램의 책임자다. 미국 외교와 세계화를 연구하는 학자이며, 《디플로매틱 히스토리》의 전前 편집자이기도 하다. 저서로는 『세계화와 미국의 세기』(2003)와 『전멸: 제2차 세계대전의 세계 군사사』(2011)가 있고, 재키 로빈슨과 딘 러스크, 냉전 시대의 국제무역사 등도 그의 연구에 포함된다. 그는 미국 외교 관계사학자 협회의 전前 회장이기도 하다.

옮긴이 이동기   강원대학교 평화학과 교수로, 서울대학교 서양사학과를 졸업하고 동 대학원에서 석사 학위를 취득했으며 독일 예나 대학 사학과에서 박사 학위를 받았다. 독일 본 대학 아시아학부 초빙 연구원과 서울대학교 통일평화연구원 HK 연구 교수를 거쳐 《역사비평》 편집위원을 지냈다. 주요 연구 영역은 독일 현대사와 20세기의 냉전사와 평화사. 저서로는 『선택 가능한 길인가 망상인가? 1949~1990년 분단 독일의 국가연합안』(2010)과 『20세기 평화텍스트 15선』(2013)이 있고, 옮긴 책으로는 『역사에서 도피한 거인들』(2001)과 『근대세계체제 3』(2013, 공역)이 있다.

옮긴이 조행복   서울대학교 대학원 서양사학과에서 박사과정을 수료했다. 옮긴 책으로 『포스트워 1945~2005』(2008), 『독재자들』(2008), 『백두산으로 가는 길』(2008), 『20세기를 생각한다』(2015), 『나폴레옹』(2016), 『폭정』(2017), 『블랙어스』(2018) 등이 있다.

옮긴이 전지현   서울대학교 서양사학과와 동 대학원을 졸업하고 파리 사회과학고등연구원에서 박사과정을 수료했다. 주요 관심 분야는 19~20세기 프랑스의 사회사와 정치사다.

하버드-C.H.베크 세계사

1945 이후
서로 의존하는 세계

1판 1쇄 펴냄 2018년 6월 22일
1판 2쇄 펴냄 2022년 3월 21일

엮은이   이리에 아키라
옮긴이   이동기, 조행복, 전지현
펴낸이   박근섭, 박상준
펴낸곳   (주)민음사

출판등록   1966. 5. 19. (제16-490호)
주소   서울특별시 강남구 도산대로1길 62 강남출판문화센터 5층 (06027)
대표전화 02-515-2000 팩시밀리 02-515-2007

www.minumsa.com

한국어 판 ⓒ (주)민음사, 2018. Printed in Seoul, Korea
ISBN 978-89-374-3742-7 (04900)
ISBN 978-89-374-3736-6 (세트)

* 잘못 만들어진 책은 구입처에서 교환해 드립니다.